两岸之春

LIANGAN ZHICHUN

闫　华◎编著

（上）

華藝出版社
HUA YI PUBLISHING HOUSE

图书在版编目（CIP）数据

两岸之春 / 闫华著.—北京：华艺出版社，
2014.2
ISBN 978 - 7 - 80252 - 480 - 4

Ⅰ.①两… Ⅱ.①闫… Ⅲ.①海峡两岸－关系－研究 Ⅳ.①D618

中国版本图书馆CIP数据核字（2014）第 025695 号

两岸之春

编 著 者：闫 华
出 版 人：石永奇
策 划：张钢彦 郭建中
责任编辑：宋福江 陶 乐
封面设计：张 涛
版式设计：水晶方设计
出版发行：华艺出版社
社 址：北京北四环中路 229 号海泰大厦 10 层
邮 编：100083
电 话：010 - 82885151 - 222；82885023
E - mail：fujiang_song18@sina.com
印 刷：北京市兆成印刷有限责任公司
开 本：710 × 1000mm 1/16
字 数：1388 千字
印 张：79.75
印 数：1500 册
版 次：2014 年 12 月第 1 版第 1 次印刷
书 号：ISBN 978 - 7 - 80252 - 480 - 4
定 价：158.00元

序言

内蒙古自治区政协主席　任亚平

　　有很长时间没见到闫华同志了，不知道他在忙什么。突然有一天他来到我的办公室，谈起在近五年时间里，他除了吃饭和休息以外，几乎把所有时间都用在研究和写作上，而涉及的主题，竟是与他多年工作关联不大的台湾问题。浏览闫华同志送来的写作目录和部分书稿，使我回想起半个多世纪以来海峡两岸关系的跌宕起伏。

　　1949年后大陆与台湾两岸对峙长达数十载，"咫尺之隔，竟成海天之遥"。从1979年全国人大常委会发表《告台湾同胞书》，郑重宣示争取祖国和平统一的大政方针，到1987年两岸同胞长期隔绝状态被打破，两岸经济文化交流和人员往来日益频繁，再到1992年大陆海协会与台湾海基会达成"九二共识"，1998年10月在上海再次进行"汪辜会谈"，开启了两岸政治对话的序幕，两岸关系一直朝着良性互动方向发展。然而两岸关系并非全是顺风和坦途，1999年李登辉抛出"两国论"分裂主张，2000年奉行"台独"纲领的民进党上台"执政"，鼓噪"台湾正

名"，炮制"一边一国"，推行"去中国化"，兜售"文化台独"和"法理台独"，一面撕裂台湾社会，肆意煽动仇视大陆，一面采取实际行动，提出通过"制宪"走向"台独"的时间表，一度将两岸关系推到危险边缘。

面对由民进党当局在两岸关系上制造的阵阵"寒流"，坚决遏止旨在分裂中国的"台独"活动，维护台海和平稳定，成为两岸13亿同胞最为紧迫的任务。以胡锦涛同志为总书记的中共中央作出重大战略决策，首先严正警告"台独"势力不要"玩火自焚"，同时启动反分裂国家立法，表明全国人民绝不允许把台湾分裂出去的共同意志和坚定决心。同时团结岛内外一切反"台独"反分裂力量，促进台湾民众认清"台独"危害，共同维护两岸关系和平稳定大局。基于江泽民同志的"八项主张"和胡锦涛总书记的"四点意见"以及后来的"六点意见"，欢迎岛内愿意认同"九二共识"、反对"台独"、主张发展两岸关系的各党派、团体和代表性人士寻求协商解决问题的新途径，欢迎他们来大陆开展交流对话。同时通过促成春节台商包机、派海协会高级官员吊唁辜振甫先生等行动，不断释放争取两岸关系良性发展的善意和诚意。台湾各界有识之士也在严肃思考维护台海和平、发展两岸关系问题，并积极付诸行动。2005年3月和4月，国民党副主席江丙坤、国民党主席连战先后率团访问大陆，进行"破冰之旅、和平之旅"，两党发布"两岸和平发展共同愿景"。5月，亲民党主席宋楚瑜率团访问大陆，开展"搭桥之旅"。两岸政党之间的沟通平台建立起来，交流对话渐次展开，两岸关系的陈年坚冰开始融化，路转峰回。大陆随即实施了一系列便于扩大两岸交流、惠及台湾同胞的政策措施，两岸经贸文化和农业合作等各种论坛如雨后春笋，为协调解决两岸民众共同关心的问题提供了重要平台。岛内许多人开始客观理性地了解大陆、观察大陆，对大陆的隔阂、误解乃至敌意逐渐消融。岛内求和平求安定求发展的主流民意，对"台独"形成了有效的反对和抵制。2004年坚持反对"台独"、认同"九二共识"的泛蓝阵营在台湾"立委"选举中席次过半，打击了"台独"分裂势力的嚣张气焰。2008年3月国民党候选人马英九当选台湾地区领导人。两岸的共同努力，终于使台海形势转危为安，两岸形势实现历史性转折。

随着胡锦涛总书记2006年4月会见连战、2008年4月会见萧万长、5月会见吴伯雄，两岸关系"拨云见日、雨过天晴"。2008年6月，海协会与海基会在北京恢复中断九年之久的制度化协商，先后签署了运输、邮政合作、司法互助等大量攸关两岸同胞切身利益的协议，两岸在广泛领域形成了诸多共识。两岸同胞期待30年的"三通"基本实现，人员和经贸往来规模急剧扩大，文化交流空前活跃，两岸交流合作的动能迅速释放。两岸携手应对国际金融危机，在北京奥运这样的大型赛事中共襄盛举、同享荣光，在汶川地震等天灾面前患难与共、心手相连。正如闫华同志书名《两岸之春》蕴含的意境，在经历多年隔绝和两岸关系跌宕起伏之后，两岸同胞第一次有难得的机遇和良好的条件为实现中华民族伟大复兴而共同奋斗，并肩赢来了两岸民众共同的春天。

读罢书稿我又想到，闫华同志在自治区党委办公厅和

人大机关长期担任部门领导特别是分管文字工作，退休之后仍怀老骥之志，关心时政，深入思索，笔耕不辍，历时5年之久，撰写了洋洋百余万字的这部《两岸之春》。这部书资料充实，脉络清晰，言辞洗练，为我们展现了两岸关系起伏变化、由危转安、由严冬酷寒到春暖花开这段不平凡的历程。书中突出重大事件，实录各方反应，读来令人如历其境。

1997年我从巴彦淖尔调回党委办公厅工作，前任秘书长韩茂华同志已去宁夏任职。时任党委副秘书长、办公厅主任的闫华同志，给我多次介绍办公厅工作有关情况，共同商议决策了厅机关许多大事，为办公厅作参谋助手，起到了不可替代的作用，也为我适应环境、进入角色创造了很好的条件。离开工作岗位后，闫华同志退而不休，为《两岸之春》的告成，埋头于资料中，伏案至深夜里。这部报告文学的出版，不仅为读者提供了丰富翔实的史料，而且向世人展示了祖国统一大业早日完成的坚定信心。

愿更多的读者从书中汲取知识和智慧。

愿作者按照自已的思路坚持写作，争取第二部、第三部大作早日问世。

目 录

[第一章]《反分裂国家法》吹响了春风化雨的强劲号角

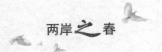
[第二章] 中国国民党副主席江丙坤率团进行的"破冰之旅"

[第三章] 中国国民党主席连战率团进行的"和平之旅"

[第四章] 亲民党主席宋楚瑜率团进行的"搭桥之旅"

目录

[第五章] 新党主席郁慕明率团进行的"民族之旅"

[第六章] 台湾名士李敖的"神州文化之旅"

[第七章] 美好愿景架起两岸积极互动的大桥

目录

两岸之春

[第八章] 两岸积极互动踩碎陈水扁的"急独"噩梦

[第九章] 两岸积极互动同心维护两岸和平发展的春天

[第十章] 两岸积极互动一心开创两岸和平发展春天般的新局面

《反分裂国家法》
吹响了春风化雨的强劲号角

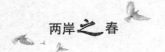

一、十届全国人大常委会第十三次会议全票通过了《反分裂国家法（草案）》

（一）

2004年12月25日至29日，十届全国人大常委会第十三次会议在北京召开。这是一次极其重要的会议。为什么说它是一次极其重要的会议？吴邦国委员长在闭幕会上的讲话中就开宗明义地强调了这次会议的极其重要性，因为"会议认真审议了委员长会议提出的《反分裂国家法（草案）》。刚才的表决，出席会议的常委会组成人员全票通过了《反分裂国家法（草案）》，并决定提请明年三月召开的十届全国人大三次会议审议"。

吴邦国委员长在讲话中还阐明了制定这部法律的原因："解决台湾问题，完成祖国统一大业，是我们党和国家的三大历史任务之一。长期以来，为了发展台湾海峡两岸关系，促进祖国和平统一，我们以极大的诚意，作了不懈的努力，但是，近一个时期以来，台湾当局加紧推行'台独'分裂活动，尤其是图谋通过所谓'宪政改造'等方式进行分裂国家的活动，日益成为两岸关系发展和祖国和平统一的最大障碍，成为台湾海峡地区和平稳定的最大威胁。为了反对和遏制'台独'分裂势力分裂国家，促进祖国和平统一，维护台湾海峡地区和平稳定，维护国家主权和领土完整，维护中华民族的根本利益，制定《反分裂国家法》是完全必要的。"

他接着指出制定这部法律的法律依据、指导思想和政策依据。他说："宪法明确规定：'台湾是中华人民共和国神圣领土的一部分。完成统一祖国的大业是包括台湾同胞在内的全国人民的神圣职责。'这是制定本法的宪法依据。三代中央领导集体特别是邓小平同志、江泽民同志有关解决台湾问题的思想，中央一系列对台方针政策，为制定本法提供了明确的指导思想和政策依据。"他指出："近几年来，广大人民群众、社会各界人士和海外侨胞要求以法律手段反对和遏制'台独'分裂势力分裂国家、促进祖国和平统一的呼声越来越高，全国人大代表、全国政协委员提出了不少对台立法的议案、建议和提案，表明制定本法是符合人民意愿的。现在制定本法的条件已经具备。""法学专家和对台事务专家进行的有关研究及取得的成果，也为制定本法创造了一定的条件。"

委员长强调："反分裂国家法草案是在广泛听取各方面意见的基础上研

究制定的。草案坚持以邓小平理论和'三个代表'重要思想为指导，以宪法为依据，贯彻'和平统一、一国两制'等中央对台工作的大政方针，紧紧围绕反对和遏制'台独'分裂势力分裂国家、促进祖国和平统一这个主题，充分体现我们的最大的诚意、尽最大的努力争取和平统一的一贯主张，同时表明全中国人民维护国家主权和领土完整，决不允许'台独'分裂势力以任何名义、任何方式把台湾从中国分裂出去的共同意志和坚定决心。"

他强调，拟定本法草案所遵循的最大原则，就是坚持一个中国原则。他说："坚持一个中国原则，是解决台湾问题不可动摇的基础。'和平统一、一国两制'是我们解决台湾问题的基本方针。以和平的方式实现国家统一，最符合包括台湾同胞在内的全中国人民的根本利益，有利于两岸同胞的感情融和，有利于台湾海峡地区乃至亚太地区的和平稳定，有利于实现中华民族的伟大复兴。我们一贯主张以和平方式实现国家统一。两岸同胞都是中国人，台湾同胞是我们的手足兄弟，没有人比我们更希望通过和平方式实现国家统一。和平统一即使只有一线希望，我们也要尽最大的努力争取而决不放弃。"委员长充满感情地阐释了全中国人民期盼以和平方式实现国家统一的极大诚意，同时他又强调指出："必须明确，维护国家主权和领土完整是国家的核心利益，是包括台湾同胞在内的全中国人民的共同义务。任何主权国家都不会容忍分裂国家的行为，都有权采取必要的方式捍卫国家主权和领土完整。"

委员长指出："制定反分裂国家法是国家政治生活中的一件大事。做好反分裂国家法的立法工作，是当前全国人大及其常委会的一项重要任务。"他代表全国人大及其常委会表示："我们一定要以邓小平理论和'三个代表'重要思想为指导，以宪法为依据，全面贯彻中央对台工作的大政方针，充分体现全中国人民的共同意志，把反分列国家法制定好。"

十届全国人大常委会第十三次会议所释放出来的全票通过《反分裂国家法（草案）》议案并决定提请十届全国人大第三次会议审议的信息，顿时引起全世界关注，各路媒体对各方面的反应纷纷作了报道。

（二）

岛内媒体对台湾执政者陈水扁面对即将面世的《反分裂国家法》表现出来的惊慌失措、气急败坏的丑态作了报道，扁扬言要通过制定"反中共并吞法"，或举办"反制公投"来对抗《反分裂国家法》。

对陈水扁的挑衅性表现，天下有识之士纷纷站出来予以批判。

台湾"中央社"2005年1月21日发表报道说，中国国民党发言人张荣恭表示，陈水扁宣称要以"反并吞法"或举办"反制公投"，对抗中国大陆的《反分裂国家法》，其实这是陈水扁对台海局势再次严重误判，根本是"以战求战"，今年两岸关系仍将动荡不安。

张荣恭说，中国的反分裂法已经上路，决不可能停下来，更不会因陈水扁讲了什么就有调整。如果陈水扁真敢推动什么反制法，台海危机将在上半年又升高。尤其所谓5月26日举办"反制公投"，这一天，等于就是两岸摊牌日。

张荣恭警告，如果陈水扁真要这样做，那必将是陈水扁自己搬起石头砸自己的脚。

2004年12月28日出版的新加坡《联合早报》刊登了台湾大学国研中心亚太所所长蔡玮先生的题为《2005年两岸关系之展望》的文章，规劝陈水扁"不要向不可能挑战，要向和平靠拢，要对中国大陆释出善意。"

文章说："陈水扁及民进党政府在面临最新民意及立法院反对党压力的情况下，其正名、制宪及其他一切可能挑动两岸关系敏感神经的举措，恐怕都会受到相当程度的制约。因此，陈水扁与其继续向不可能挑战，不如反过来向中间靠拢。"

文章指出："陈水扁已无连任压力，可以摆脱台联党及民进党基本教义分子的纠缠，好好思考自己的历史定位问题。"又说在国际压力下，在面对中国大陆即将面世的《反分裂国家法》的情况下，以及在台湾最新民意的反对下，既然"台独"是条死路，"陈水扁不如在新立法院的监督、制衡与认可下，对中国大陆释出善意，届时再配以具体具体行动，两岸关系不无柳暗花明的可能。"

文章分析说，两岸打仗是最坏的结果。"北京断无必要小不忍则乱大谋，破坏了中国发展的难得机遇。而打仗之外唯一可行的就是两岸恢复对话、降低紧张，毕竟北京迟早要面对民进党执政的事实。只要台北不敢宣布法理独立，与其拖下去，不如配合台湾立法院改选所展现的最新民意。只要陈水扁在内部压力或美国的劝和下，肯主动示好，又有具体行动，似无继续让局势僵持下去的必要。好为自己，也为台湾找到一条解困的道路。这对台湾固然有利，但也更合乎北京的利益。"

文章说，由于北京对陈水扁失去最起码的信任，"认为他言而无信，北京为把握'争取谈、准备打、不怕拖'的原则，所以，笔者研判，中国相关智库的理性政策建议应是，坚持台北必须接受'一个中国'原则或重返'九二共识'。"如果台北能够提出解释得通的其他变通、变形说法，如

"宪法一中"、"两岸都是中国人",或重开"国统会"等,而且在美国见证及台湾"立法院"同意之下,北京一定会积极进行两岸复谈。

2005年1月3日出版的新加坡《联合早报》发表了香港中文大学香港亚太研究所研究统筹员王家英先生题为《两岸关系日趋险峻》的文章。文章指出,"过去一年,两岸关系持续恶化,而且形势日趋险峻。当中主要原因是陈水扁政府推动'文化台独'和'法理台独'的动作越来越大。"

文章说,北京本来是以极大的耐心和诚意,等待陈水扁向和平靠拢,但失望了。"失望之余,北京在陈水扁就职前三天发表了语调十分强硬的'五一七'声明,严批他的'台独'路线,更将他的'制宪时间表'清楚的定性为'台独时间表',并警告,'台独'即意味战争。"

文章说,美国"目睹台湾当局对北京的挑衅行为有增无减,亦感到情况不妙,故此罕有地对台湾当局作出连番警告,包括公开表示台湾不是独立的主权国家,以及指责其为驻外'使馆'和'国企'正名也是片面改变台湾现状。"

文章指出,"现在北京正式启动反分裂国家法的制定,为'分裂'和'台独'的行为作出清晰具体的法律定义","为'台独'设定不可逾越的底线。""在正式立法之后,台湾当局以至国际社会便可清楚地知道北京对台政策的底线何在,如果台湾当局仍试图作出越线的行为,便必须慎重考虑有关行为所可能引发的严重后果。""反分裂国家法的制定,将会对台湾当局今后任何越线行为的企图造成沉重的压力,而这正是有关立法的最重要功能。""如果台湾当局能认清北京反'台独'的决心,根据其即将完成制订的反分裂国家法,在行动上避免擦触北京订立的法律底线,台海和平将有望维持。"

王先生的文章颇有见地,对台湾当局的忠告是中肯的。

(三)

王先生的文章中讲到的北京发表了语气十分强硬的"五一七"声明,是指中共中央台办、国务院台办受权在2004年5月17日就当时两岸关系问题发表的声明。这份庄严的声明,在维护国家主权和领土完整这一原则问题上,表达了坚定的立场,提出了"五个决不";而在一个中国原则下发展两岸关系上,具体展现出和平稳定发展的光明前景,字里行间洋溢着两岸手足同胞的亲情。

声明开宗明义指出,"当前,两岸关系形势严峻。坚决制止旨在分裂中国的

'台湾独立'活动，维护台海和平稳定，是两岸同胞当前最紧迫的任务。"

声明接着揭露陈水扁四年前曾信誓旦旦地作出所谓"四不一没有"的承诺，是欺骗台湾民众和国际社会的谎言。"四年来，陈水扁的所作所为表明，他自食其言，毫无诚信。他说不会宣布'台独'，却纠集各种分裂势力进行'台独'活动。他说不会改变所谓'国号'，却不断鼓噪'台湾正名'、'去中国化'。他说不会将'两国论入宪'，却抛出两岸'一边一国'的分裂主张。他说不会推动改变现状的'统独公投'，却早已将它束之高阁，令其名存实亡。他还强行撕裂台湾社会，恶意扭曲台湾民意，肆意煽动仇视大陆、'对抗中国'，竭力挑衅大陆和台湾同属一个中国的现状，公然提出通过'制宪'走向'台独'的时间表，将两岸关系推到了危险的边缘。"

声明庄严地表达了"五个决不"的坚定立场："'台独'没有和平，分裂没有稳定。我们坚持一个中国原则的立场决不妥协，争取和平谈判的努力决不放弃，与台湾同胞共谋两岸和平发展的诚意决不改变，坚决捍卫国家主权和领土完整的意志决不动摇，对'台独'决不容忍。"

声明说："未来四年，无论什么人在台湾当权，只要他们承认世界上只有一个中国，大陆和台湾同属一个中国，摒弃'台独'主张，停止'台独'活动，两岸关系即可展现和平稳定发展的光明前景。"

声明接着从恢复两岸对话与谈判，保持两岸密切联系，实现两岸全面、直接、双向"三通"，建立紧密的两岸经济合作关系，进一步密切两岸同胞各种交流，协助台湾同胞实现追求两岸和平、谋求经济发展的愿望，妥善解决台湾地区参与国际活动的问题等七个方面，提出了实现两岸和平稳定发展的意见。

声明指出，"现在，有两条道路摆在台湾当权者的面前：一是悬崖勒马，停止'台独'分裂活动，承认两岸同属一个中国，促进两岸关系发展；一条是一意孤行，妄图把台湾从中国分割出去，最终玩火自焚。何去何从，台湾当权者必须作出选择。"

声明最后说："我们将以最大的诚意、尽最大的努力争取祖国和平统一的前景。但是，如果台湾当权者铤而走险，胆敢制造'台独'重大事变，中国人民将不惜一切代价，坚决彻底地粉碎'台独'分裂图谋。"

这份声明充分地表达了全中国人民坚决反对"台独"分裂活动的坚定立场和热切期盼两岸关系和平发展的强烈愿望。声明也体现了制订反分裂国家法的精神。

（四）

天下有识之士都积极赞称中国制定《反分裂国家法》。2005年1月5日出版的香港《南华早报》发表了美国州立威斯康星大学史蒂文斯点校区政治学系一位教授写的题为《一场法律战的宣战》的文章指出，"台湾的政治现实迫使中国领导层意识到一点：要在短期实现两岸统一这一目标是不可能的。目前更加紧急、更加迫切的目标是挫败陈水扁的独立计划。这就是为什么拟议中的这项法律的名称不是统一法而是反分裂国家法的原因。"

文章说："具有讽刺意味的是，北京方面此次的先发制人政策正是从华盛顿和台北那里学来的。美国动辄将'与台湾关系法'凌驾于中美三个联合公报之上，这让北京感到非常失望。台湾去年通过的'公投法'也让大陆领导人感到警觉。尽管目前的'公投法'不包括与统一或独立有关的问题，但这项'公投法'总是可以修改的。因此，反分裂国家法的另一个作用就是要三方都能够拥有一部类似的法律，使三方在这一方面处于同一起跑线上。""只要合理运用这一法律，这项法律就能够起到通过创建一个新的三方制衡体系来维持台海两岸现状的作用。"

早在的十届全国人大常委会第十三次会议还未结束的时候，2004年12月27日出版的台湾《中国时报》发表了南方朔先生题为《"反台独"≠"反台湾"》的文章。文章开篇指出："自从北京方面透露出将审议制定反分裂国家法后，整个台北的反应，就被民进党牵引。在民进党的意识形态操作下，它刻意要把对方的'反台独'和'反台湾'划上等号，从而收到'敌忾同仇'的政治利益。对此，台湾在野党和非'台独'人士也必须提高警觉，要对该法有不同于民进党的认知；并要体会到该法对'台独'虽为严重的危机，但对'非独'则是重要的转机。"

文章说："北京随着国际化程度的增加，已日益懂得运用国际环境。在反分裂国家法里，它的行为已被定义为是一种'防御'而非'攻击'。而更关键的，乃是过去一年里，陈水扁动作频频，意图利用美国既主张'一中'，但同时又有'与台湾关系法'所造成的缝隙，借着挑动'与台湾关系法'，来达到美国改变'一中'政策的目的，此举已招致美国强烈反感，并迫使美国国务卿鲍威尔说出'台湾不享有独立国家的主权'，副国务卿阿米蒂奇说出'没有必要防御台湾'、'台湾是中国的一部分'等评语。这意味着'台独'的运作空间日益被压缩，口水战的战场也开始缩水，要在选举时炒作具有'台独'意涵的话题，也不会像以前那么无往不利了！"

文章分析道："反分裂国家法与阿米蒂奇的谈话，应被联系起来看待。鲍威尔及阿米蒂奇的谈话，其实都反映了一种美国外交政策的思维逻辑。那就是在两岸关系上，美国过去的模糊策略走向清晰。阿米蒂奇的谈话则是在重新解释'与台湾关系法'，美国对台湾安全当然仍有承诺，但对台湾挑衅所引起的冲突，则不在此承诺内。当台湾进一步作出'台独'动作，北京在反分裂国家法下，已经取得内部和国际社会用兵的法理权力。用这样的论点，衡诸当今北京和华府的互动逻辑，其实已不算突兀意外。"

文章指出："台湾人民已经不能再像过去一样，继续被民进党的观点所左右，而应理解到，由于陈水扁已经刷爆了美国外交所给予的信用卡，已经使得美国别无选择地必须和北京在'反独'问题上立场一致。过去几年里民进党政府持续在影射或明示地玩弄着'台独牌'，现在已到了'玩完了'的时候。'台独牌'已到了尽头，这对'台独'而言，是它最大的危机，他不但失去了国际社会上的正当性，甚至成了非法化的活动；但对非独势力而言，这却显然是个重大转机。"

文章最后指出："刚刚过去的立委选举，与其说是泛蓝的胜利，倒毋宁视为是反独和非独的胜利。北京在台湾选举之后，宣布将制定反分裂国家法，而该法又得到美国某种程度的'理解'，这意味着台湾的反独与非独力量，在目前这个时刻，已取得了历史性进程和国际现实政治上的'主流性'。台独势力躲在美国背后装鬼脸、伸舌头，向北京挑衅的时代已经结束，现在已到了台湾以反独和非独立场，主动开创自己未来的时候。"

2004年12月的31日出版的新加坡《海峡时报》发表题为《陈水扁丢面子》的文章，描述了反分裂的国家法使"台独"分子惊慌失措的丑态。

文章说："中国打算颁布一部针对台湾的反分裂法，此举使得该岛的台独游说分子惊慌失措。这是北京一段时间以来最严厉的举措，与的公开谴责台湾或提醒台湾不要忘记中国的基本要求相比，它所造成的影响更加引人注目。"

文章指出，过去一年台海局势的恶化应该归咎于陈水扁，他一直致力于挑衅中国的危险事业中，终于招致北京对他的挑衅行为作出反应。这一切已经发生了。

文章说，中国的民间舆论要求北京领导人努力阻止台湾出现像1999年那样自行其是的趋势——当时台湾的李登辉称台北与北京的关系是"国与国"之间的关系。"有人建议中国制定一部统一法。与之相比，即将面世的反分裂法不会引起那么激烈的争议，也不会为中国规定一个统一期限，这是明智之举。"文章规劝台湾当权者说："台湾领导人最好还是利用这个喘息的机会与中国大陆进行接触，为重新启动对话创造条件。"文章指出，"如果美国不想让陈水扁迫使北京采取行动，就至少要接受中国将台湾分裂活动归于非法行为这个事实。因为中国和美国一致同意维持现状，面对一部即将宣布分裂国家为非法行为的法律，华盛顿应该不会提出异议。"

以上文章和报道，仅是各路媒体对十届全国人大常委会第十三次会议全票通过《反分裂国家法（草案）》时所作的大量报道中的一小部分，但颇有代表性。从中人们可以看出，即将面世的《反分裂国家法》在国际社会引起的反响是怎样的热烈而积极。

二、贾庆林在隆重纪念江泽民同志《为促进祖国统一大业的完成而继续奋斗》重要讲话发表十周年大会上发表讲话，表达了全中国人民和平解决台湾问题的极大诚意

（一）

1995年1月30日，江泽民同志发表了《为促进祖国统一大业的完成而继续奋斗》的重要讲话，在继承和发展邓小平同志关于解决台湾问题思想的基础上，代表中国共产党第三代中央领导集体，提出了现阶段发展两岸关系、推进祖国和平统一进程的八项主张。这八项主张是：（1）坚持一个中国原则，是实现和平统一的基础和前提。（2）对于台湾同外国发展民间性经济文化关系，我们不持异议。（3）进行海峡两岸和平统一谈判，是我们的一贯主张。在一个中国的前提下，什么问题都可以谈。双方可先就"正式结束两岸敌对状态，逐步实现和平统一"进行谈判。（4）努力实现和平统一，中国人不打中国人。我们不承诺放弃武力，决不是针对台湾同胞，而是针对外国势力干涉中国统一和搞"台湾独立"图谋的。（5）面向二十一世纪世界经济的发展，要大力发展两岸经济交流与合作，以利于两岸经济共同繁荣，造福整个中华民族。（6）中华各族儿女共同创造的五千年灿烂文化，始终是维系全体中国人民的精神纽带，也是实现和平统一的一个重要基础。（7）充分尊重台湾同胞的生活方式和当家作主的愿望、保护台湾同胞一切正当权益。（8）欢迎台湾当局的领导人以适当身份前来访问；我们也愿意接受台湾方面的邀请，前往台湾。江泽民同志在讲话中，详细地充满手足情谊地阐释了这八项主张，世界媒体纷纷予以报道，被媒体称为"江八点"。

2005年1月28日，首都各界在人民大会堂集会，隆重纪念江泽民同志《为

促进祖国统一大业的完成而继续奋斗》重要讲话发表十周年。中共中央政治局常委、全国政协主席贾庆林发表了题为"坚决遏制'台独'的分裂活动，维护台海地区和平稳定，继续争取两岸关系朝着和平统一的方向发展"的讲话。讲话对江泽民同志提出的八项主张所具有的鲜明时代特色和所体现的新思想、新论断、新政策，进行了深入的阐述。

贾庆林在讲话中指出："江泽民同志的这篇重要讲话发表十年来，两岸关系走过了不平凡的历程。……十年来，祖国大陆的繁荣进步为两岸关系发展注入了强大的动力，极大地促进了台湾同胞投身发展两岸关系的进程。在两岸同胞共同努力下，两岸人员往来的规模迅速扩大，台商在大陆投资的领域不断拓展、产业逐步优化，两岸贸易额迭创新高，两岸通邮、通航取得进展。现在，每年有三百多万人次的两岸同胞往来于海峡两岸，去年有七百八十多亿美元的货物进出两地港口；台湾企业在大陆投资兴业近七万个项目，数十万台胞在大陆工作、居住。祖国大陆已成为台湾最大的出口市场和贸易顺差来源地。两岸同胞相互了解不断加深，各种联系和共同利益日益增多。互利互惠、合作双赢，共同发展、共同繁荣，越来越成为两岸同胞的共识。"

他指出，"但是，'台独'分裂势力却逆历史潮流而动。他们打着'认同台湾'和'民主'、'改革'等旗号，竭力进行'去中国化'、'文化台独'、'台湾正名'等'渐进式台独'活动。他们误导台湾民意，搅乱台湾社会，煽动仇视大陆……"所以，他强调，"当前，坚决制止'台独'分裂活动，维护台海和平和两岸关系稳定发展，是两岸同胞的共同任务。""不坚决制止'台独'分裂活动，威胁台海和平的紧张根源就难以消除，两岸共同发展、共同繁荣的历史机遇就会遭到破坏，台湾同胞的利益和福祉就会被断送。"

他庄严地宣告，"我们需要维护重要战略发展机遇期，全面建设小康社会。但是，如果以为我们会吞下'台独'这颗苦果，那就大错特错了。维护国家主权和领土完整，是一个国家、一个民族的核心利益。在这里，我郑重地重申，我们愿继续以最大的诚意、尽最大的努力争取和平统一的前景，但我们决不容忍'台独'，决不允许任何人以任何方式把台湾从中国分割出去。我们的这一立场是一贯的、坚定不移的。"

接着他对《反分裂国家法》的立法意义进行了阐述。他说："不久前，全国人民代表大会常务委员会启动了《反分裂国家法》的立法程序。这部法律，将贯彻'和平统一、一国两制'的基本方针和八项主张，把我们党和政府二十多年来争取以和平方式解决台湾问题的方针政策法律化，体现我们以最大的诚意、尽最大的努力争取和平统一前景的一贯立场。它将规范解决台湾问题的原则和方针；规范鼓励和推动两岸人员往来和经济文化交流，促进两岸直接'三通'，保护台湾同胞的正当权益；规范两岸协商与谈判，体现在一个中国原则基础上什么问题都可以谈。同时，这部法律还将表明全中国人民捍卫国家主权和领土完整、决不容忍'台独'分裂势力以任何名义任何方式把台湾从中国分割出去的共同意志。《反分裂国家法》将是一部促进两岸关系发展、反对和遏制'台独'分裂势力分裂国家、维护台海地区和平稳定的法律，一部符合中华民族根本利益的法律。"

他在讲话中着重强调了中共中央新的领导集体在和平解决台湾问题上所坚持的方针政策。他说："我们将一如既往地继续鼓励两岸人员往来，为台胞在大陆旅游、经商、交流、求学、工作提供更加便利的条件；继续广泛开展两岸教育、科技、文化、卫生、体育等方面的交流，共同弘扬中华文化的优秀传统；继续大力推动两岸经济交流与合作，保障台胞投资的一切合法权益，密切两岸经济关系、增进共同利益，努力开创两岸经济合作新局面，一起应对经济全球化和区域经济一体化的挑战。继续积极推进两岸直接'三通'进程，努力排除台湾当局实施'一边一国'分裂主张给'三通'制造的障碍，早日实现两岸直接'三通'，以满足两岸人员往来和经济交流等方面的需要。今年台商春节包机的成功，再次体现了我们急台湾同胞所急、务台湾同胞所需的真诚愿望。今后，对诸如解决台湾农产品在大陆销售等台湾同胞关切的问题，我们都将积极推动，努力促成。"

在讲到继续积极推动在一个中国原则基础上恢复两岸对话和谈判时，他讲得更具体、更务实。他说："尽管两岸迄今尚未统一，但大陆和台湾同属一个中国的事实从未改变，这就是两岸关系的现状。上世纪90年代初，当时的台湾当局认同一个中国，承认'大陆和台湾都是中国的领土'，'实现国家统一是两岸人民共同的责任'。那时，双方在共同的基础上开启了协商和对话，并且达成了各自以口头方式表述'海峡两岸均坚持一个中国原则'的'九二共识'。任何政治谈判都应具有共同的基础。在什么基础上进行谈判，关系到两岸关系的性质和前途，也关系到谈判最终能否取得成效。以一个中国原则为基础，体现的是大陆和台湾同属一个中国的两岸关系现状，追求的是和平统一目标。今天的台湾当局一方面拒不承认一个中国原则、否定'九二共识'，大肆鼓吹两岸'一边一国'，另一方面又声称进行两岸无条件谈判。其根本用心，不过是企图以'一边一国'取代一个中国作为谈判的

基础，以达到歪曲和改变两岸关系现状、实现其'台独'分裂的目的。这就是当前两岸谈判难以恢复的症结所在。"

怎么恢复谈判以及复谈后怎么谈，他讲得很坦率："对于同什么人谈，我们没有任何成见，也没有因为哪个人当权就不愿意谈。我们关切的是他推行的政策及对两岸既有谈判基础的态度。不管他曾经说过什么、做过什么，只要他从现在开始明确承认体现坚持一个中国原则的'九二共识'，两岸对话和谈判可以立即恢复，各界什么问题都可以谈。可以谈正式结束两岸敌对状态的问题和建立军事互信的问题，以共同构架两岸关系和平稳定发展的框架；可以谈妥善解决台湾地区在国际上与其身份相适应的活动空间问题，以使台湾同胞共享中华民族的尊严；也可以谈台湾当局的政治地位问题。在一个中国原则的前提下，谈判的议题是开放的，空间是广阔的。"同时，他明确地提出："我们也愿意与认同'九二共识'、反对'台独'、主张发展两岸关系的台湾各党派、团体和代表性人士寻求协商解决问题的新途径。欢迎他们来大陆开展交流和对话，就两岸'三通'、建立更紧密经贸关系安排及两岸同胞关心的所有问题交换意见，共同推动两岸关系改善的发展。"他说："我们一贯认为，广大民进党成员与极少数顽固的'台独'分子是有区别的。我们欢迎他们以适当身份来大陆参观访问。我们还一贯认为，任何政党在台湾地区执政，都不应当谋求一党之私利，而应该真正以台湾同胞的利益为重。只要民进党放弃'台独党纲'，停止'台独'分裂活动，我们愿意作出正面回应，与之接触交往。"

贾庆林的这篇讲话所释放出来的和平解决台湾问题的极大诚意与善意，立刻引起世人的关注，各路媒体又纷纷报道了各方面的反应。

（二）

就在贾庆林发表讲话的当天，台湾'中央社'驻北京的记者就接连发表了两篇报道。台湾记者十分关注《反分裂国家法》的内容和两岸恢复谈判的问题。一篇报道说，中共中央对台工作领导小组副组长、全国政协主席贾庆林，今天在"江八点"发表十周年纪念会上表示，中国制定的反分裂国家法将规范解决两岸问题的原则和方针，规范鼓励和推动两岸人员往来和经济文化交流，促进两岸直接"三通"，保护台湾同胞正当权益，规范两岸协商与谈判。贾庆林说，反分裂法也将表明"中国人民决不容忍'台独'"。他表示，只要台湾当局明确承认一个中国原则和"九二共识"，两岸对话和谈判可立即恢复，而且什么问题都可以谈。贾庆林同时宣告，两岸可以谈正式结束两岸敌对状态和建立军事互信的问题，以共同构建和平稳定发展的框架；还可以谈"妥善解决台湾在国际与其身份相适应的活动空间问题，也可以谈台湾当局的政治地位问题"。

另一篇报道说，贾庆林指出，中国必须抓住历史机遇期，进行经济建设，将继续贯彻"和平统一、一国两制"的对台基本方针和"江八点"的重要主张。但是，如果以为大陆方面因此会"吞下'台独'这颗苦果，那就大错特错了"。贾庆林表示，大陆方面将继续推动在"一个中国"原则基础上恢复两岸对话和谈判，对于与什么人谈判"没有任何成见，也没有因为哪个人当权就不愿意谈"，"我们关切的是它推行的政策及对两岸既有谈判基础的态度。不管他曾经说过什么，做过什么，只要他从现在开始明确承认体现坚持一个中国原则的'九二共识'，两岸对话和谈判可以立即恢复。而且什么问题都可以谈"。他同时也表示，广大民进党成员与极少数'台独'分子"是有区别的"，"欢迎他们以适当身份来大陆参观访问"；"只要民进党放弃'台独'党纲，停止'台独'分裂活动，我们愿意作出正面回应，与之接触交往"。

台湾"中央社"驻台北的记者在同一天也一口气发表了三篇报道。一篇报道说中国国民党发言人张荣恭表示，中国今天纪念"江八点"的活动是总书记胡锦涛掌权后第一次面对"江八点"周年纪念。在胡锦涛的主导下，对台政策的一贯两手策略在软硬两方面都同步强化，即针对台独动向加强高压威吓，面对台湾民众加强温和争取。

另一篇报道讲的是记者采访台湾淡江大学中国大陆研究所张五岳教授的情况。张五岳接受采访时表示，从某个角度看，贾庆林的位阶高，内容也清楚定调，未尝不是某种程度的善意，而且话中提到，"对于什么人谈判没有成见"，一改外界认为"只要陈总统在位、民进党执政，大陆就不会开启协商大门"的印象。张五岳说，贾庆林还说明中国将制定反分裂国家法的缘由，无异是中共领导人阶层首次表态，也明白透露要将"一国两制"政策法律化，而且重申是以最大诚意达成"和平统一"。张五岳认为，贾庆林今天的谈话意味着胡温对台政策机制化的意念，其中隐含两大要素值得注意，一是区隔对待，以是否接受"九二共识"、"一中原则"作为两岸是否恢复对话和谈判的区别；二是软硬极大化，反对"台独"分裂活动的态度十分坚决，对台湾人民寄予厚望。

再一篇是反映台湾当权者态度的报道。报道说，针对中国大陆在纪念"江八点"发表十周年所发表的言论，"行政院大陆委员会"今天表示，相

关内容仍以"一国两制"对台工作方针为框架,并无展现新思维、新格局。

"陆委会"说,大陆当局若不能理解台湾民意,坚持旧有思维及政治主张,面对两岸关系新格局时,一定无法迈开关键步伐。

面对"陆委会"这样的表态,香港《明报》在1月29日发表了一篇题为"北京虽释善意,独派依然故我"的文章说,北京昨日借纪念"江八点"发表十周年,对两岸关系现状作出了一系列新表述,并且在指出当前台海危机实质的同时,继续为海峡两岸当局重启谈判大门保留了空间。然而,台湾"陆委会"主任吴钊燮回应说,有关讲话显示北京不了解台湾。台湾的反应,令人对两岸关系前景难抱乐观。文章指出,贾庆林昨日首次代表中共高层对两岸现状作出明确的表述,即:"世界上只有一个中国,大陆和台湾同属一个中国,尽管两岸尚未统一,但是,台湾和大陆同属一个中国的事实没有改变。"这样的表述,无疑是针对台湾朝野近年所表达的台海两岸"一边一国"论的,同时对之前大陆当局所坚持的一个中国三段论(即:世界只有一个中国,中华人民共和国是唯一合法代表,台湾是中国的一部分)作了修正。文章说,虽然海协会会长汪道涵曾经做过类似表述,但因为谈话者的身份不同,发表谈话的场合不同,贾庆林昨日的表述更具权威性。北京今后在面对这一政治现实的基础上制定台湾问题的解决方法,将会具有更强的针对性和可操作性。

(三)

新闻媒体是很敏感的。就在贾庆林发表讲话的前一天,法新社驻北京的记者就发出一篇报道说,中国共产党最高领导人之一贾庆林28日将在人民大会堂发表讲话,纪念中国前国家主席江泽民在1995年宣布的对台政策。

报道说,纪念活动是在大陆和台湾自1949年以来首次实现包机直航的前一天举行的。尽管两岸政治关系经常出现敌对状态——最近是因为台湾"总统"陈水扁主张'台独'而引起的——去年两岸贸易首次突破700亿美元,比2003年增长34.2%。去年近370万台湾人前往大陆,比2003年增长35%。

报道说,香港城市大学中国问题分析家郑宇硕对记者说:"'江八点'是一份非常重要的文件。28日的纪念活动将成为中国领导人展示对台政策连续性的一个重要场合。"郑宇硕说:"在两岸实现直航之际,这是重申江泽民对台政策的一个大好时机,同时表明大陆准备采取务实和灵活的政策。"

香港《信报》2月1日刊登了一篇题为"第四代台湾政策的新突破"的文章说,全国政协主席贾庆林近日在纪念"江八点"会议上的讲话,被海内外视为中共第四代领导人对台新政策的系统表述。但贾庆林的讲话是不是就是第四代的最终对台政策，这一点有待观察。

文章指出，这个讲话的潜在主题可以用十二个字来概括，即"着眼现实、守住底线、再求突破"。从"着眼现实、守住底线"来说，这个讲话可以说是突破了以往的对台政策。但对如何求得统一，还有待于第四代或者以后的领导人来寻求突破。"着眼现实、守住底线"最明显的，是表达在对两岸现在还注意一个事实上来说统一状态的承认。

文章说，在守住"台湾不能'法理独立'"底线方面的突破，并不表明在寻求统一方面的突破，迄今为止，所有的突破或者调整都表现在具体政策的操作层面。如何推动国家的统一仍然呼吁着新思想、新思维。

文章指出，实际上，一种新的思维已经隐含在"五一七声明"和贾庆林这次讲话中，那就是"主权共享，治权分享"。主权不可分割，则可以共享；治权很难统一，则可以分享。在"一个中国"原则的基础上，或者说，台湾不在法理意义上独立的情况下，大陆和台湾共享"一个中国"的国际主权，可以说是不可避免的。另一方面，台湾享有治权的现实也很难改变。这种新思维已经隐约可见，但如何作精确的表述，还是个问题。

从以上报道和文章中可以看出，贾庆林的讲话所释放出来的和平解决台湾问题的诚意、善意、新意，得到各方面的积极回应，新闻媒体以"传达善意，争取民心"、"刚柔并济，务实主动"、"坚守底线，寻求突破"等语言赞许这篇讲话。尽管"北京虽释善意，独派依然故我"，但是我们可以看出独派已难以承受来自各方面的压力。

三、2005年台商春节包机实现了"多点开放、直接对飞、双向载客"，台湾媒体说，春节包机犹如一只报春的燕子

（一）

台湾"中央社"驻澳门记者在2005年1月15日发出一条消息说，两岸春节包机协商今天下午在澳门举行，不到两个小时，双方快速取得共识。航点为大陆的北京、上海、广州与台湾的台北、高雄，时间是2005年1月29日到2月20日，双方各有六家航空公司参与，规定由台商及台商眷属搭乘。消息说，协商于下午2时15分正式开始，大约4时结束，随后由大陆海峡两岸航空运输交流委员会副理事长浦照洲，与台湾台北市航空运输商业同业公会理事长乐大信，共同说明协商结果。浦照洲说，今天协商是在祥和气氛下，双方高效

率的沟通，并达成共识，各自执行。

2005年1月29日正是农历甲申年十二月二十日，距离被中国人视为一年中最为隆重的节日——春节还有10天的时间。特别是除夕之夜，中国人更为重视。那一刻需要阖家团聚，一起吃年夜饭，都要吃饺子"揣元宝"，共庆全家团团圆圆、和和美美，年年顺顺利利。俗称"过年"，主要是过这一刻。1月29日开启的"多点、双向、直航"的春节包机完全可以满足来大陆做生意的台商及其眷属返回台湾过团圆年的需要。2月20日已是农历乙酉年的正月十二日，距离正月十五元宵节只有三天的时间，到这一天结束包机直航应该说把中国人的习俗都考虑到了。这条包机直航的消息一经传出便受到海峡两岸同胞热烈拥护，特别是来大陆经商的台胞更是欣喜若狂。国际社会对此也给以热烈赞誉。

就在这条消息发布的当天，美联社驻澳门的记者发出报道说，台湾和大陆今天同意暂时解除台湾五十多年来的两岸直飞禁令——这一协议可能令亚洲最危险的热点地区的紧张局势得到缓解。报道还说，该协议是长期以来台海两岸实现的最重要的突破，他将令乘客在下个月的春节假期里在两岸间实现直飞，无需被迫在第三地（通常是香港）停留。

路透社驻澳门记者也在这一天发出报道说，台湾和大陆今天达成了一项具有重大意义的协议，允许包机在春节期间实现两岸直飞。这一举措可能缓解两岸的紧张形势并改善关系。

台湾"中央社"驻北京记者也在这一天连续发出两篇报道。一篇报道反映了大陆台商听到这个消息后的反应。报道说，北京台商协会秘书长陈国原今天表示，非常高兴两岸就台商春节包机的谈判达成协议；中国大陆的民航机将会是近五十年来首次降落台湾，他十分荣幸成为见证和参与这一历史时刻的人。东莞台商协会会长郭山辉表示，这是一次破冰之旅，两岸互有往来，加上中国大陆的民航机将会是近五十年来首次降落台湾，相当具有历史意义。

另一篇报道反映了专家学者的看法。报道说，北京联合大学台湾研究所所长徐博东今天指出，这对缓和两岸局势有帮助，是一次"双赢"。他表示，春节包机只是一次个案、特例，对此不能过度评估，也并不代表未来两岸"三通"就可以顺利实现。他表示，由于两岸的政治对立仍然存在，两岸"三通"还是遥远的事。

"中央社"驻香港的记者这一天发出的报道反映了香港学者专家的看法。报道说，香港的学者认为，两岸基于战略考虑，才达成春节台商包机协

· 16 ·

议。报道说，香港时事评论员刘锐绍表示，这次安排比较特殊，要实现两岸三通，仍需长时间磋商，才能有成果。他认为，两岸就春节包机达成的协议，虽然不是一般人理解的直航，但也算有所突破，比前年的安排有进步，对日后两岸的双向对飞，有参考作用。他指出，两岸要达成正式的双向直航，要视台湾会否将两岸航线定为国际航线，以及双方参与的官方色彩有多浓厚，因而会引出政治问题，所以仍然需要多些时间和耐心，未必一帆风顺。香港政策研究所主席叶国华表示，这次两岸就春节包机再度达成共识是出于实际考虑，不过很难说对将来两岸关系带来什么影响。

专家学者们所持谨慎的乐观态度是有道理的。他们的看法常常提醒人们要冷静面对现实。

台湾岛内各界对此事的反应自然要热烈得多。

"中央社"这一天在台北采访了各界代表人物后报道说，"总统府国策顾问"、暨南大学教授翁松燃表示，今天的结果可以视为"辜汪会谈"停摆以来的新进展，更有利益于缓和局势。他指出，两岸自上海"辜汪会谈"后再无正面接触，所以，今天的会谈尽管表面看是包机协商，但也是一种重要的关系突破。

淡江大学中国大陆研究所教授张五岳指出，在当前两岸关系微妙而紧绷的气氛下，两岸春节包机取得共识，意义在于创造两岸关系和平稳定的格局，启动两岸务实多元的协商机制，同时为将来两岸进行"三通"等议题谈判迈出关键性一步。他说，由于今年春节包机属于个案性质，在两岸互信基础不足的情况下，如果说包机协议象征两岸关系已拨云见日，是不够现实的。

台湾大学政治系教授杨永明表示，两岸今天达成的协议，已展现双方务实态度，是一大突破，也可视为和缓两岸关系的起点。他说，今年两岸达成双向对飞协议，较上一次往前跨出一大步。两岸基于人民需要，秉持务实态度，达成包机协议，是促进两岸关系的基础和开始。

台湾智库国际事务部主任赖恬忠认为："在中国处理反分裂国家法的氛围之下，两岸达成春节包机协议，显示中国对台战术运用越来越灵活，但战略却更为强硬，台湾必须小心中国在对台政策上的全新思维。"他说，中国大陆一方面提出《反分裂国家法》，一方面又和台湾达成春节包机协议，意味着中国大陆"硬的更硬，软的更软"，春节包机协议只是展现比较大的弹性而已。

中国国民党发言人张荣恭对两岸民航人士在澳门磋商所获共识表示欢迎。他认为，这比两年前的春节包机模式有多项突破。但他表示，这不能无

限扩大为台海局势已经缓和。

亲民党"立法院"党团总召集人刘文雄表示，两岸春节包机达成协议，亲民党团乐观其成，更期盼朝野尽力促成"台湾地区与大陆地区人民关系条例"修正草案早日通过，让两岸尽速三通。他说，希望两岸春节包机不仅限于春节，能早日成为定期航班，形成另一种形式的两岸三通。

一直致力推动包机的工商建研会副理事长赖正镒表示，包机成功对台湾经济有正面影响。他说，这次包机将是首度对飞，这项重大进展，更让过去对两岸关系感到忧心的外资、外商放心，这有助于台湾经济的发展。他也期许这是个好的开始，春节包机后，未来可以推动端午节包机、中秋节包机，甚至周末包机，朝两岸迈向大三通、台湾经济更进一步发展的方向努力。

真是"一石激起千层浪"。尽管两岸尚未正式结束敌对状态，但是春节包机的"双向、多点、不中停"的对飞实现，给两岸同胞带来了多少喜悦和期盼。以上报道虽然是众多报道中的一小部分，但两岸同胞的喜悦之情和期盼之意已溢于言表。

（二）

两岸尽早实现"三通"是由中国大陆提出来的。一九七九年元旦全国人大常委会发表《告台湾同胞书》，呼吁海峡两岸"相互之间完全应当发展贸易，互通有无，进行经济交流"。一九八一年九月叶剑英发表九条对台方针政策时，"建议双方共同为通邮、通商、通航等提供方便"，"欢迎台湾工商界人士回祖国大陆投资，兴办各种经济事业，保证其合法权益和利润"。这就是最早提出来的"三通"。但是台湾当权者就是设限阻挠两岸实现"三通"。他们怕中了中共的"木马计"。所谓"木马计"是指古代的希腊人对特洛伊城久攻不下时，就把一批勇士藏在一只特制的木马肚中，把这只木马遗弃在特洛伊城外。特洛伊人以为希腊人已经败退，那只木马应该是他们的战利品，于是将其运入城中。入夜以后木马中的勇士破肚而出，与城外攻击的希腊人相配合，一举占领了特洛伊城。这个有名的故事一直使台湾当权者警惕着，他们怕允许大陆民航飞机直飞台湾运来中共的特种部队，一口吃掉台湾。这次台湾当权者在台湾民意的迫使下接受了春节包机"双向、多点、直航"，心中仍是惴惴不安。他们只允许台商及其眷属乘春节包机，而把来大陆工作、求学和进行各种交流的台胞排除在外就泄露了他们的"天机"。有报道透露，在春节包机直航的那一天，台湾当权者就在台湾机场的周围秘密部署了武装部队，谨防中共实施"木马计"。看了这样的报道，不得不由人摇头哂笑。

促成这次春节包机实现"双向、多点、直航"的真正力量在民间。时事社驻北京记者在2005年1月9日发出一篇题为"两岸积极推动春节包机直航"的报道说，据悉，台湾在野党国民党代表团一行四人，于1月9日经由香港抵达北京，就二月初春节期间实现两岸包机直航与大陆方面进行磋商。报道指出，两岸航空当局有关负责人已经就此问题在澳门举行了秘密谈判。双方对直航都显示了积极姿态，并就技术层面的问题达成了一致。已经抵达北京的国民党代表团的人说："希望两岸实现直航，能够对大陆的台商有所帮助。"报道说，中国政府已经率先公开表示，计划同意春节期间两岸直航，因此台湾方面的态度就成了人们关注的焦点。秘密谈判之后，台湾方面的与会人士要将谈判结果拿回台湾，再向主管部门报告之后才能够决定。但相关人士表示："今年应该能够实现。"

"中央社"驻北京记者在1月10日发布一条消息说，中国国务院台湾事务办公室主任陈云林上午在北京钓鱼台国宾馆会见国民党协商团。国民党中央政策会执行长曾永权与"立委"章孝严在会后向媒体转述说，国台办主任陈云林今天向到访的国民党春节包机协商团宣布，今年的两岸春节包机"正式启动"。

"中央社"台北记者在1月10日也发表报道说，国务院台湾事务办公室主任陈云林，今天在北京会见由国民党中央政策会执行长曾永权率领的"推动台商春节包机参访团"时表示，台湾有关部门已表态今年台商春节包机可采取"双向、双飞、不中停第三地"方式，大陆方面对此表示欢迎。报道说，陈云林表示，他可以负责任地说，只要台湾方面有诚意，"言而有信，采取灵活、务实的做法，完成这次包机准备工作的时间不成问题"。陈云林还重申了大陆方面对春节包机的立场："共同参与、多点开放、直接对飞、双向载客"，并称，"两岸空中通航，是两岸中国人的内部事务，在当前的情况下，可以采取民间对民间的方式，由两岸航空业者就有关技术性、业务性安排直接沟通，达成共识，作出简单易行、便利快捷的安排，各自执行"。

台湾《联合报》1月9日发表了一篇题为"民间接手春节包机现曙光"的报道说，1月7日台北航空运输商业同业公会乐大信与大陆的民航总局台港澳事务办公室主任浦照洲于澳门会谈后，台湾春节包机案，似乎已出现曙光。报道指出，中共方面主张春节包机应通过民间协商。如台方坚持在"民间协商"中加入"官方"的色彩，有可能使春节包机破局。报道说，台商春节包机之"间接"直航，是冷峻的两岸政治关系上的一个突破口。寄望双方政府均退居幕后，让民间接手演出。

香港《新报》1月11日发表社论说，两岸在农历年（春节）间是否有直航包机，"球"已经踢到陈水扁脚下。社论说，台湾国民党"立法委员"代表曾永权、章孝严在北京访问，和大陆取得共识：农历年包机应该"双向、多点、直飞"。条件虽然是"互惠互利"，但民进党就咆哮：国民党的访京团未经阿扁授权，谈包机应由"政府之间协商"，所以不承认结果。社论指出，台湾陈水扁的政绩，在经济上乏善可陈，两岸能够通航，可以提高资源流动及运用，台湾每年起码节省三四十的亿港元的运输成本，令经济增长可冒升一个百分点以上。今次国民党在直航铺平了路，阿扁如果阻挠，很难对台商有交待；如果答应，又怕国民党领了功，更怕被大陆打开了缺口，人才和资金向大陆倾斜，影响台湾的"主权"。一般预料，就算陈水扁同意成事，亦会节外生枝，多少要设上一些"关卡"。

《新报》的社论果然料事如神，陈水扁果然在磋商春节包机的过程中设下两处陷阱，一处是要求是此次协商必须在政府与政府之间进行，企图给国际社会留下这次协商是国与国之间协商的印象；再一处是，包机可以直航，但需飞经国际航线，目的仍然是在推销"一边一国"的主张。对此，香港《明报》1月16日发表的题为"谈判桌下角力不断，台包装作国际航线，京柔劲化解"的报道把事情讲得清清楚楚。报道说，台方一改过去春节包机单向、不对飞、中间停香港等原则，同意双向、对飞、不中间停留，但要求必须"政府协商"；后来又比照"台港模式"，企图让陆委会、海基会等官员坐上谈判桌，目的是营造两岸政府、官方接触谈判的印象。报道说，此外，台湾又以"国家安全"为由，希望到期飞越包括琉球飞航情报区等香港以外的航空区，背后的目的无非是想制造包机是"国际航线"。大陆当然洞悉台湾的盘算，因此一开始就不同意以"台港模式"商谈，拒绝陆委会、海基会官员参与谈判，要求以民间航空业者代表商谈。到了最后，台湾民航局长张国政以"顾问"名义参与。大陆又拒绝包机飞越琉球飞航情报区，坚持经香港飞航情报区到台湾，目的就是强调包机是"国内航线"，不让外界有"国际航线"的印象。报道指出，大陆在坚持中也显示了弹性。原先要求台湾开放台北、高雄、台中等多个航点，并希望除了台商眷属外，非台商也能搭乘。不过，这些细节部分大陆最后都未坚持到底，显示出相当的弹性。

（三）

与台湾当局被动应付台商春节包机问题形成鲜明对比的，是大陆积极、务实、灵活的工作态度与工作作风。大陆的表现受到各方面的称赞。媒体用"善用形势，成功操作"、"快速反应，大获全胜"等类词语赞誉大陆的做法。

香港《明报》1月17日刊登了南方朔先生的文章，题目叫《由"春节包机"到"两岸直航"》。文章说，如果我们对2005年春节包机问题能有一个全局的概括认识，当会发现到这次包机谈判，乃是北京方面"善用形势"的一次成功操作，正因为操作成功，两岸代表坐上谈判桌时，已没有太多问题可以针锋相对。台湾代表原以为要在澳门过夜，没想到一个多小时即全部拍板定案。开会的时间如此之短，其实已"尽在不言中"说出了许多问题。在这次春节包机问题敲定之后，我们甚至可以预估到再接下来，两岸的直航问题已必将随之而至。有关两岸直航的球，现在已被丢到了台湾这边，而台湾并没有太多可以操控的空间。

文章指出，对于这次春节包机谈判，台湾倒是有一家媒体看到了问题的诀窍，那就是北京在这次谈判上可谓大胜，台湾只能勉强算是小赢。而在小赢里赢得最多的，则是国民党。民进党政府只赢到替一切背书的颜面而已。而这次两岸包机谈判所显露出来的台湾局促性，其实也正是台湾整体局促性的一个方面而已。

文章进一步指出，由于过去两年来民进党政府在两岸问题上极尽挑衅之的能事、使得台湾人民的忧虑日深，希望改善两岸关系的声浪和民意也告增加，不久前的台湾"立委"选举，泛绿无法过半，即是很好的证明。这意味着台湾的反独与非独力量渐趋集中，对两岸都是重要的信息。这也等于让泛蓝在两岸关系上有了更大的空间可以表现。两岸角色不必由执政党来扮演，在野党或许更可主动。这也是国民党"立委"在这次包机谈判上扮演"发动者"角色能够成功的关键。

文章说，近年来，台商至大陆者已逾30万，加上留学生及观光客，来往人次渐增，但因台湾经济欠佳，愈来愈介意两岸往来的费时费钱，而台湾民航业者由于经营困难，也更加迫切需要直航来创造利润，这些都是民间的压力。目前北京已做出《反分裂国家法》及公布《国防白皮书》两大反独动作，为了表达其"反'台独'不是反台湾人民"的立场，它当然必须做出许多争取反独与非独人民的努力，而包机问题遂成了很好的着力点。

文章十分称道北京在促进春节包机成功中所采用的策略和做法。文章说，北京采取了国民党"立委"们所揭示的"在野居中、'立委'出面、业者协商、政府支持"这样的立场，涉及原则部分与"立委"们协商，而有关

技术部分，则由航空业者协商，以对台湾政府施加压力。到了最后，官民双方代表谈判，其实一切差不多都已定案。一个多小时即告拍板，这不正是官方只有背书权而已了吗？文章不无嘲讽地说，相对于北京的从容应对而言，台湾官方打从一开始就表现出手足无措的尴尬。它不敢公然反对，反对就会得罪台商；它也不便赞成，赞成即违背"台独"立场，因而只能在技术上隔空放话。

新加坡《联合早报》1月21日刊登了王家英一篇题为"北京新台海战略的构架"的文章指出，两岸当局的互动有如一盘下不完的棋局，攻守之间战略与战术的布置与运用往往纵横交错，双方胜负形势的转变经常出现于一两子之间，带动两岸关系的起起伏伏。文章说，北京上月下旬开始先后主动出击的动作主要有二：一是启动《反分裂国家法》的立法，二是积极回应台湾当局春节包机要求。二者在时机拿捏上的精准细致和策略运用上的刚柔并济，反映出以胡温为首的新的领导层对国际和台湾局势思虑深详，布局宏远，出手迅捷的政策风格。

文章又指出，表面上，《反分裂国家法》的立法是北京被动回应台湾当局的步步进逼，在退无可退之下为"分裂"和"台独"划出一条清晰的界线。这样的立法其实也是先发制人、反被动为主动之举，一旦完成立法，台湾当局便如处身于《反分裂国家法》设置的鸟笼之中，任何冲击的举动都会面对极大的压力与危险。显而易见，从战略的层面看，《反分裂国家法》毫无疑问是北京反制台湾当局欲于2006年推动"公投制宪"、完成"法理台独"的精密部署。文章说，巧妙的是，在部署《反分裂国家法》的立法过程中，北京一直静待台湾当局的步步进逼和不断挑衅，在美国连番指责台湾当局是台海现状的破坏者之后，才在绝对有利的国际舆论背景下，以被动回应的姿态采取立法行动。文章又说，还有，在立法的名称上，北京也放弃了曾有论者建议的、较具攻击性的"统一法"的称谓，选择了较为被动的、让外界感到是以维持台海未曾分裂的现状为要旨的"反分裂国家法"的名字，以尽量减少国际社会和台湾民众的疑虑。

从上述报道和论述中，我们可以清楚地看到和感受到，《反分裂国家法》立法的启动和北京对台商春节包机的积极回应在国际社会和台海地区产生了多么积极的影响。难怪有的专家欣喜地评论道，《反分裂国家法》吹响了海峡两岸春风化雨的号角；台商春节包机的对飞直航犹如一只报春的燕子。此中流露出的喜悦之情溢于言表。

（四）

智者善思也善忧。就在春节包机开始对飞的当天，台湾《联合报》发表了一篇题为"莫使春节包机的美意消逝在新春鞭炮的硝烟之中"的社论。社论这样写道："两岸双向不中停台商春节包机今日首航。隔着一衣带水的台湾海峡，两岸断绝了56年的直接交通好不容易破冰，一口气竟有6家中国大陆的民航客机将先后降落中正及高雄机场，这不但是两岸视听上的震撼，势必也将在思维及心理层次引发激荡。"

"站在台湾的角度，望着大陆的飞机在中正机场降落，也目送台湾的客机在北京首都机场降落，国人应当想一想：为什么17年来往返两岸必须中停港澳？为什么如今又能直飞？最重要的是，以后两岸航班怎么飞？"

"两岸可以中转交通，却不能直飞，这是极其荒谬的景象。正如无法禁止孩子出门，却规定他必须爬窗子出去。待九七香港回归后，更明明已是直航，却仍禁止与中国其他城市直接交通，犹如严格规定进入台湾者必须经绿岛中转一般。当然，可以往返大陆却不准直接交通，其中必然存有政策性的用意。"

"最重要的用意就是要在两岸交通上设置障碍与惩罚，欲用以阻止及减缓两岸交流的发展。但是，即使在这种障碍与惩罚之下，两岸每年往返商旅仍逾300万人次，而两岸经贸纪录更屡创新高。所有的事实皆显示：不准人货直航是掩耳盗铃的蠢事，徒然浪费国人的时间及金钱而已。当局虽能禁止人货的直飞与直航，却毕竟不能完全禁绝人货的往来！如今两岸交流愈演愈盛，清晰地映衬出反直航、反三通政策的无力与无能。"

"两岸交流发展至今日阶段，显然应当对于'开'与'禁'作一原则性的思考。或'开'或'禁'，其实与最高层次的国家路线有关。简单地说，若走'台独'路线，也许必须采'禁'的政策；倘若采'非台独'路线，则应采'开'的政策。或者反过来说，倘若两岸交流'禁'不住，或'禁'了对台湾不利，也就不宜采'台独'路线。最坏的情况则是，欲走'台独'路线，但两岸交流又'禁'不住，且自以为'不直航'就等于'禁'住了！不幸的是，这似乎正是当局现行政策的写照。"

"此次春节直航，不能只像春节的鞭炮一般，噼噼啪啪一阵热闹，然后一切皆又在硝烟散去后回复旧观。"

类似《联合报》的忧思之作当时在各种媒体上并不鲜见。比如台湾《新新闻》周报在2月16日也发表了一篇题为"海峡水暖花未开 两岸鸡啼冬犹

· 23 ·

第一章 《反分裂国家法》吹响了春风化雨的强劲号角

眠"的社论。社论说，最近，由于春节双向包机启动，加上辜振甫之丧，对岸特派海协会副会长孙亚夫等一行专程前来致唁，因而"鸡啼春晓""春暖花开"之类的形容词开始大量出现。这些发展都显示出人们对两岸现状的稳定和改善是多么憧憬。正是因为有了这样的憧憬，人们才会把它投射在乐观气氛的铺陈上。社论向人们提出了这样的问题："但春节过后，包机告一段落，辜振甫的丧事也了了，这样的乐观气氛还会继续吗？如果我们不自欺欺人，就会肯定地知道，最近这些乐观气氛都将成为泡影，紧接着上演的将会是陈水扁现在业已开始放话的'反统一'群众运动。一旦这种假借民意而煽起的运动出现，不但两岸关系又会跌至冰点，甚至还会把两岸推向另一个危险的高峰，美国副国务卿阿米蒂奇所说的'台湾地雷论'不但不会解除，反而有可能加速被引爆。"社论忧心忡忡地指出："2005年春节过后，不但春暖花未开，反而有可能变成今年的春天比过去每年都更冷！"

为什么今年的春天的过去会更冷？社论作了这样的分析："如果我们细心回顾过去这几年陈水扁的两岸政策走向即会发现，不断向对岸挑衅，并将对外的仇恨转化成对内斗争的筹码，乃是他的不二法门。而在挑衅的过程里，借着语言游戏而不断地'切香肠'更是他的惯技，他切掉了辜振甫靠着高度智慧替台湾争取到的'九二共识，一中各表'的宽广空间；甚至还在'正名'、'公投'、'制宪'等问题上不断玩弄着自以为聪明的语言游戏。"

文中提到的"切香肠"是对陈水扁推行的"渐进式台独"路线的形象比喻。那"香肠"犹如阿扁的'台独'路线，他不是一口把那"香肠"吞下去，而是一片一片地切着向'台独'的方向发展下去。社论明确指出，阿扁"切香肠"式的把戏也不会得逞。社论说，这种"切香肠"式的语言游戏或许能糊弄一时，但这种意图破坏两岸现状、拖美国人下水的策略，终于招致北京和华府的联手抵制。美国国务卿鲍威尔在卸任前说出"台湾不享有独立国家的主权"，而北京方面也同样开始调整策略，由"江八点"十周年对岸官员的谈话我们已可看出，尽管在态度上已更加放软，但在立场上却抓得更紧，原本两岸尚有极大的空间，现在则是所谓"现状"已清楚地被定义成是"尚未统一"。由鲍威尔的"台湾不享有独立国家的主权"，和北京的"现状"即"尚未统一"，我们已可说，打着"爱台"招牌的陈水扁，其实已达到了把台湾彻底出卖掉的结果。以前的"一中各表，九二共识"，台湾至少还有虽不满意，但却极为宽广的空间，而这些现在全部消失了。

社论最后还向坚持"九二共识"、在促成春节包机的对飞直航中建有功劳的中国国民党建言道："在2005年的此刻，泛蓝已不能以目前两岸的暂时性气氛活络为满，而应警惕到在这股暖流下，更冷的寒流已有可能在民进党煽动下急速出现。当今的台湾空间已被民进党出卖得差不多了，甚至还有铤而走险把台湾当作赌注之虞，泛蓝更应在警惕中加强团结，并成立泛蓝本身的两岸对策及工作组织，除了必须以反独非独立场主动和华府与北京交往外，更应积极地服务台商及其眷属亲友，服务台湾至大陆的学生，服务台湾工商界及农渔牧业的产品销往大陆，只有透过更全面性的互动与努力，才有可能在互信中替台湾找出更大的空间。如果泛蓝不做这样的努力，而任由民进党持续挑衅煽动，则台湾人民整体福祉被出卖掉的日子已不远。我们必须勇敢地去阻止台湾被民进党出卖和毁灭。"社论毫不客气地呼吁道："在两岸这个大纲大节的问题上，泛蓝已不容再昏睡下去了！"

（五）

不幸的是，《联合报》和《新新闻》周报所担心的问题果然出现了。就在春节过后不久，台湾媒体便报道说，大陆著名的台资电子企业和舰集团董事长徐建华，在即将返回大陆上班的前夕，遭到台湾检调部门的拘提，移送侦讯，其处所也遭搜查。检调部门同时大肆搜查台湾晶圆（芯片）龙头企业联电，岛内财经界震惊，台湾股票市场因此风声鹤唳，岛内乃至国际舆论为之哗然，称之为"联电事件"。

台湾岛内在野党目睹这一事件的发生，纷纷站出来痛批当局的错误做法。亲民党把联电案比作当年整宋楚瑜的"兴票案"，痛批"联电事件"是政治迫害。国民党直呼这一事件是"标准的绿色恐怖"。各种媒体也发表文章予以批判。其中最有代表性的，当数《联合报》2月21日发表的陆以正先生的文章，题目叫"联电案，执政党两手策略的祭品"。文章写得十分精彩。

文章是这样写的："读联电董事长曹兴诚在报上刊登的半版广告，条理清楚，事实明晰。参照连日来有关政府高层事前'关切'、事后'灭火'的各种报道，可见联电案根本就是政治力假借司法之手，而行排除或至少是警告异己之实；再度证明台湾是非不明、民主政治沦丧程度之严重。"

"追根究底，隐藏在联电案背后的是个老掉牙的旧冲突：一方是台独基本教义派为达成终极目标，不惜代价与大陆切断一切联系的梦想；另一方面则是工商企业继续求存，必须在快速成长的大陆市场抢占一席之地，以免台湾经济被边缘化。两者间的矛盾，怎么看都无法化解。"

"执政党既需紧紧抓住它的深绿票仓，免得被台联党挖走；又要营造协商和解的假象，对美国有所交待，因而不得不采取两手策略，让情治和司法

机构去做恶人，高层与立委则假装诧异，一副全无所知、满脸无辜的样子。问题是，这种'两面人'的戏法变久了，休说玲珑剔透的科技人，再笨的老百姓也早已看得清清楚楚。再拿它来骗人，最终受伤的是台湾自身。"

"从李登辉的'戒急用忍'，到陈水扁的'积极开放，有效管理'，其实是脉络相传，换汤不换药的障眼法。民进党执政5年来，对涉及所有问题根本的两岸关系，始终拿不出有系统、有目标的对策。你以为它真的不懂吗？非也。你为它不知道经济如持续低迷不振，台湾前途岌岌可危吗？没那么回事。只不过是在它的算盘里，选票重于一切；为了长期掌握行政资源，巩固绿色（民进党）政权，必要时只能暂时让经济靠边站，等政局稳定些再说。"

文章说："问题在于，台湾产业必须去大陆投资才能保持灵活的竞争力与世界市场占有率。任凭政府设下多少层关卡阻挡，这些年来'偷跑'的公司不计其数，早已是公开的秘密。专挑联电一家找麻烦，既有失司法公平公正原则，又可能引起民怨。学法律的检察官，怎能懂得企业竞争的道理。"

文章最后质问台湾当局："中国自古以来，官逼民反的例子屡见不鲜。当局悍然不顾人民生计，使用不当高压手段，以莫须有之罪，强加于曾对经济发展有重大贡献的科技企业龙头，是何居心？说得坏些，等于要经济走上慢性自杀之路；说得好些，也是愚不可及！"

面对大陆不断释放出的和平解决台湾问题的诚意，面对飞来飞去的春节包机这只报春的燕子，台湾当权者就是死抱着"台独"路线不放，要尽手段，屡设障碍，企图阻隔和切断两岸日益繁荣、日益深入的交流与合作，恐怕终难得逞。季节的推移不可违，人民的意愿不可逆，春暖总要花开，鸡鸣定会天亮。诚如八百年前南宋著名的爱国词人辛弃疾面对祖国破碎的山河，满怀国家定然统一的信心写出的千古名句："青山遮不住，毕竟东流去"。国家的和平统一只是一个时间问题。

四、"双亚"飞赴台北市吊唁辜振甫先生仙逝，又释放出中共中央和平解决台湾问题的诚意，受到各方面的赞许

（一）

2005年1月3日台湾各类媒体都报道了辜振甫先生病逝的消息。"中央社"的报道说，海峡交流基金会董事长辜振甫今天凌晨4点05分在台北振兴医院病逝，享年88岁，死因为癌细胞全身转移且年迈体弱。他在妻子辜严倬云及家人陪伴下安详辞世。

消息传出，台湾各界深表哀悼。

中国国民党主席连战以"温文儒雅、博学多闻、雍容大度"形容辜老。连战表示，辜振甫先前因健康关系，曾多次请辞海基会董事长一职，他劝告辜振甫，因为辜老地位无人可取代，民进党要找到接替者，根本谈不上。"一动不如一静"，希望辜振甫勉为其难，因为实在找不到谁能接替辜振甫。

人在海外的亲民党主席宋楚瑜闻讯后，通过幕僚表示深感哀悼，强调"辜汪会谈"成为两岸关系20年来最重要的突破，辜振甫居功至伟。他认为，辜振甫从任中国国民党党职、商界大佬到两岸关系推手，每个职务对国家、对社会都有巨大贡献。对辜老的辞世，他深感难过。他说，未来两岸关系对台湾安全、发展、生存有深刻影响，希望朝野尽速通过两岸和平促进法，为两岸互动协商建立正式法律架构，以助两岸关系良性发展。

中国国民党副主席、台北市长马英九也表示哀悼。他说，辜振甫十多年来担任海基会董事长，推动两岸关系，一九九三年完成"辜汪会谈"，在两岸关系发展上有其历史地位。辜振甫过世后，台湾应在两岸关系上继续努力，让和平与稳定成为两岸关系主轴。他指出，两岸关系只能和不能战，没有其他选择。若不幸开战，一定是双输局面。怎么和、怎么让双方都有尊严，都有安全，才是两岸关系关键。

台湾当局也表示，辜振甫学识渊博，一生见证台湾超过半世纪的改革、建设与进步，不但在台湾工商建设与经济发展过程中扮演重要角色，并且协助国家推展国际事务，多次出席重要外交活动。当局还表示，两岸开始交流后，辜振甫受托出任海基会董事长，致力推动两岸关系的和平、稳定与发展，对此作出重大贡献。

（二）

两岸和平推手辜振甫的谢世，引起各方面的痛悼，但痛悼之余，更多的是惋惜。曾担任"陆委会"副主任，与辜振甫有密切互动的台北市长马英九形容辜振甫"是百年来难得一见的人物，有台湾心、有中国情，受过良好的教育，还能够唱京剧、写诗、从事文艺创作，又能经营事业，从事财经与外交，能够有这么多项才华的人的真是很少。"马英九指出，辜振甫给的他的感觉就是："温文儒雅，态度温和，立场坚定，对于两岸关系有非常明确的看法，所以他跟汪道涵先生真是绝配，可惜'两国论'使得两岸关系停滞下来，这恐怕是辜先生最大的遗憾"。辜振甫临终前仍心系两岸的发展，只是他已经等不到两岸的春天。

· 27 ·

香港《成报》1月4日发表题为"辜振甫深得中华文化的精髓"的社评说："这位长期致力于推动台海两岸沟通、促进统一的长者与世长辞，着实令人惋惜不已，沉痛哀悼。回顾过去十四年来，辜振甫先生身体力行地推动两岸会谈，从多渠道入手开展两岸的各种交流，包括民间的沟通以至半官方的接触，先后两次与大陆的海协会会长汪道涵共同缔造了历史性的'汪辜会谈'，成为台湾促统力量的象征。如果没有辜振甫等人努力推动，两岸人民今天可能会碰到更多障碍。所以，辜振甫先生的逝世确是两岸人民的一大损失。"

社评说："辜振甫先生在促进两岸统一的过程中，不单表现出它的政治道德和勇气，更表现出他的大智慧，值得其他政治人物借鉴。他深知由于两岸长期没有沟通接触，必然有很多互不理解以至互不相容之处，所以一切要由易到难，由浅到深。有一次，本身是京剧票友的辜振甫先生与香港传媒交流时，曾以京剧演员的'泼水袖'作比喻：水袖看来软而无力，但只要用得其所，水袖也可以快如闪电，气势如虹；这有如两岸关系，平时要细水长流，积累量变，创造质变，最后将水到渠成。所以，辜振甫先生大力推动两岸的民主性和经济性事务，例如文书验证、经贸往来、探亲旅游等，先把民间的桥梁架起来，其他问题则逐步解决。这类处事作风十分适合中国文化、华人社会以及两岸的具体情况，发挥了相当正面的作用。"

社评指出："反观今天不少急功近利的政治人物，为了达到某种目的，却不惜罔顾民意，一味按自己或本党的主张行事。例如民进党和陈水扁，为了搞'台独'，不惜扭曲民意，硬销自己的政策，并进行所谓'正名运动''制宪'，以致修正教科书，割裂台湾与大陆的关系。这些行动只会令两岸关系更为紧张，并把2300万台湾人民绑在危险战车之上，对两岸形势一点好处也没有。"

新加坡《联合早报》1月4日刊登周兆呈先生的文章，题目叫"汪辜绝配 已成绝响"。文章说，"哲人其萎，增我悲思"，这是大陆海协会会长汪道涵在辜振甫辞世后的吊唁之词。汪辜曾共造历史佳话，彼此惺惺相惜，如今形单影只，英雄岂不落寞？文章指出，汪辜成为两岸1949年以来最高层恢复对话的代表，有其必然因素。中国文化对睿智老人深存尊重，两位老者久经中国乱局，温文尔雅，同好国粹，羽扇纶巾，谈笑间指点天下。彼此融合历史的智慧、岁月的历练和人生的参悟，要在正式与随意之间，完成两岸的"不可能任务"。汪辜可说是绝配，风度才情、谈吐见识、背景资历，无不相称，正是两岸中华文化精髓的代表。学识饱览群书，却都不是僵化顽固的书生；生活优雅从容，却都有爱国报国的大志。彼此欣赏互有默契，皆有瑜亮之才，却无瑜亮情结。

文章不惋惜地写道："只要'汪辜'这个带有深厚历史意义的名字再次相会，就代表两岸可能重新开启新篇章。但自1998年辜振甫北上'破冰之旅'后，汪道涵回访台湾的计划因李登辉的'两国论'而告吹。2003年，新加坡筹划在汪辜会谈十周年之际，邀请两老狮城再聚首，却又不果。如今辜振甫辞世，汪辜会谈已成绝响，令人不胜唏嘘。"

当日的《联合早报》还发表了题为"台海两岸应结束白手套对弈"的社论说，1993年，辜振甫与中国大陆海协会会长汪道涵在新加坡举行历史性的"汪辜会谈"，签署四项事务性协议，开启了历史上最好的两岸气氛，台湾舆论至今犹津津乐道；如果第二次、第三次汪辜会谈一直谈下去，两岸关系会是怎样的一个面貌？可以断定两岸至少不会演变成如今的严峻局面。可惜，历经1996年台海危机后，尽管辜振甫1998年终于踏上大陆，与汪道涵二度会晤，并且首次进入政治协商，却依然在翌年因为李登辉的"两国论"断送了汪道涵回访的契机，并从此关掉了会晤协商的大门。

社论指出，五年多来，两岸关系持续恶化，台湾方面举办"公投"、要"制定新宪"，酝酿"改国号"，一再冲撞安定了几十年的"一个中国"框架；大陆方面，则不仅对"台独"势力口诛笔伐，在国防白皮书中频频发出严厉警告，还把《反分裂国家法》排入全国人大议程，这局面已是濒临摊牌。所幸，山不转路转，台湾民意在关键时刻发挥了理性作用。一场空前剧烈的"立委"选举，让几年来不断高涨的绿潮稍稍消退，连充满"战斗"性的阿扁总统，也终于放缓语气，谈"和解"，谈"两岸和平"，要筹组"两岸和平发展委员会"，积极推动并建立两岸和平稳定的互动架构。说法固然不新，但是，台湾政治气氛在"立委"选举后已经改变，露出令人稍感乐观的曙光。

社论提到的"立委选举"，是指台湾在前不久进行的"立法委员会"选举中执政的民进党没有获得过半数的选票，而在野的反对"台独"的国民党和亲民党却获得了过半数以上的选票，这就意味着民进党以后要出台主张"台独"的法案很难获得"立法委员会"的通过。所以社论才会不无调侃地说："连充满'战斗'性的阿扁总统，也终于放缓的语气，谈'和平'，谈'两岸和平'……"

社论指出："国民党副主席、立法院院长王金平日前公开表示愿意访问大陆，进行'破冰之旅'，与扁政府争夺大陆政策主导权，就很令人瞩目。这位南部本省籍政治人物的这一举动，在选前（指'立委'选举之前）是不

可想象的，几乎等于政治自杀，如今则备受媒体称许。"

社论特别指出："中国国家主席胡锦涛的元旦谈话，说'愿意以最大的诚意、尽最大的努力争取和平统一的前景'，不能说不是善意"。"台湾元旦升旗，陈水扁戴着绣有青天白日满地红旗的棒球帽，挥舞小'国旗'，与吕秀莲等民进党政要一起开口唱'三民主义，吾党所宗……'就让人耳目一新。"

社论最后这样说："哲人其萎，台湾如今失去了辜振甫，汪道涵也是耄耋之年，两岸要找如此般配的'白手套'，看来不易。但是，台湾的国家统一纲领既然'没有废除'，两岸沟通的平台还在，躲在白手套后面的政治豪杰，或许应该认真地让自己面对新局，亲自为两岸百姓的和平开创一个未来，不要'大江东去，浪淘尽，千古风流人物'，徒添浩叹。"

（三）

人民日报驻台北记者2月1日发出一篇报道说，海峡两岸关系协会副会长孙亚夫、秘书长李亚飞今天抵达台北后，即赴台湾海基会已故董事长辜振甫先生灵堂致祭，并转交海峡两岸关系协会会长汪道涵致辜严倬云女士的亲笔信。

报道说，孙亚夫一行下午2时30分抵达台北。在他们下榻的饭店门口，孙亚夫说，此行一路顺利，感谢辜振甫先生家属的接待，感谢有关方面的协助。孙亚夫表示，我们非常尊重辜振甫先生，他为促进两岸谈判和协商、达成"九二共识"作出了贡献。我们此行受汪会长个人嘱托，来台表达对辜先生的追悼之情，实现汪会长的心愿，不涉及两岸的其他问题。随后，孙亚夫一行来到位于台北德惠街的辜振甫先生灵堂，向辜先生遗像鞠躬行礼，向辜严倬云女士转交汪会长亲笔署名信。汪会长在信中写道："……惠函奉悉，深感盛情。唯道涵耄年，杖履不便，未克亲赴为憾。今特托亚夫、亚飞二君执礼代行，以申我悃。老友永逝，精神长存。云海遥念，思绪无限。仍望珍摄，不尽——……"

同一天，台湾"中央社"也发出一篇报道说，来台吊唁辜振甫的中国大陆海峡两岸关系协会副会长孙亚夫和秘书长李亚飞，今天结束吊唁后下午离台，两人在机场回答媒体问题时表示，希望两岸关系往和缓方向发展，希望海基会在辜振甫的期望下，尽早与他们合作，他们会将陈水扁"总统"邀请会长汪道涵访台的信息，向汪转达。

报道说，孙亚夫表示，他们这次台湾行的所有过程都会向汪道涵汇报，孙亚夫强调，这次来台确实是单纯来吊唁。促进两岸关系和平发展，是他们的愿望。经过这些年后，他们愈来愈感觉到，继续促进两岸和平稳定发展、维护台海地区的安宁，有赖两岸努力，争取往好的方向发展。他最大的感受是台湾社会各界对辜振甫的推崇，特别是辜振甫为两岸关系发展所作的努力，令他印象深刻。

"中央社"同时又发出另一篇报道说，陈"总统"今天在海峡交流基金会故董事长辜振甫追思会上，公开要求中国大陆海峡两岸关系协会会长汪道涵来台走走看看。代表汪老来台的海协会副会长孙亚夫回应："回去后会将在台北看到、听到、体会到的向汪道涵报告"。报道还说，孙亚夫、李亚飞等人在中午12时抵达追思会场，海基会秘书长刘德勋及副秘书长詹志宏在会场后的贵宾室迎接孙亚夫一行，双方互相握手。这是两岸两会自1999年"前总统"李登辉抛出"两国论"中断协商对话后，两会高层级首次接触。

"双亚"赴台吊唁辜先生一事同样引起各界的关注和好评。

新加坡《海峡时报》2月1日就发出报道说，北京派高级官员参加辜振甫葬礼一事表明，胡锦涛对棘手的台湾问题采取了温和策略。事实上，派孙亚夫这样一位高级官员前往台湾，让两岸的观察家吃了一惊，他们认为大陆方面很少这样表示自己的善意。通过派这两名代表前往台北，北京还突出表明了它对"九二共识"的重视。"九二共识"是大陆海协会会长汪道涵和台湾海基会董事长辜振甫取得的最重要的成果。双方同意坚持一个中国原则，不过"一中"的具体所指可以各自阐释。北京这一系列善意姿态能否促使海基会与海协会恢复谈判还有待观察。

香港《信报》2月4日刊登了陈子帛先生题为"解读'双亚'台北行"的文章说："历史的转折往往不以人的主观意志为转移，两岸关系持续多年的政治僵局，在最令人沮丧和悲观的低谷，却因为一个人的去世，获得足以产生丰富政治联想力的转机。孙亚夫和李亚飞在台北的临场表现，给人们最强烈的印象是，大方得体、不亢不卑、挥洒自如，既坚持原则，也'客随主便'，显示出中共涉台一线中青年官员的成长，以达到众望所归的成熟稳定的程度，预示着新老交替也达到水到渠成的阶段。"

文章分析说："如果没有事先充分授权，孙亚夫以及李亚飞一行绝不可能会在台北的短暂逗留期间表现得如此自如从容和淡定，意味着北京在处理错综复杂的两岸政治情势和专案的沙盘作业，已经不再出现或较少出现过往的拘谨僵硬。显见新一代的对台决策和执行系统，在处理对台事务问题上，的确比以前更务实，更主动，更强调原则之下的灵活性，更注重刚柔相济，

从而也就更加体现中共对台政策运作的柔性、温情、人性的一面。”

　　文章进一步分析道：“没有人会断定，去年底今年初两岸关系互动的几个重要事件，包括春节包机顺利成行，纪念‘江八点’讲话十周年，贾庆林发表的重要讲话，以及北京不断释放《反分裂国家法》的立法主旨和内涵，及至出乎外界意料的委派现职台办高层官员前往台北参加辜振甫的追思会和家庭拜祭活动等等，其中没有必然的逻辑联系，至少在北京方面，一个全新的或者说是告别过去自我设限、画地为牢，过于强调原则，缺乏灵活机动策略运作的惯性僵硬思维和运作形式，开始表现出一种泱泱大度，从容不迫，试图抢占两岸政治博弈新的制高点。”

　　“进而对北京高度评价辜振甫的潜台词解读，我们还会发现，这只是借此机会，充分肯定‘九二共识’的客观存在，肯定辜振甫在两会互动、‘九二共识’问题上的认识和坚持，并向台湾民众表示北京的善意，一个有人情味的对台政策，以及一个实事求是认知台湾、了解台湾的对台政策，会在很大程度上逐渐被台湾社会各界所接受。因此，‘双亚’赴台的政治意涵，已经远远超过吊唁辜振甫。”

　　文章最后说：“一个小小的跨步，不能意味两岸冰峰僵局的顷刻消融，离春暖花开的日子似乎还很遥远，但毕竟已经有一个新的转机和新的开始。”

　　在北京屡屡放出善意的情况下，台湾当权者却依然故我，我行我素，善良的人们不由得又担起心来，现在两岸的政治形势究竟是春暖花开还是春寒料峭？香港《亚洲周刊》果然在2月13日出版的一期周刊上登载了一篇未署名的文章，题目就叫“春暖花开还是春寒料峭”。

　　文章开篇这样写道：“最近，两岸春节包机业已首度对飞，这是中断56年后，大陆民航客机首次在台湾起降。其次则是海基会董事长辜振甫之丧，大陆方面也派人代表汪道涵抵台致唁。两岸关系被衬托得好像一片和乐融融，因而‘鸡啼春晓’‘春暖花开’等祥语，开始在台湾媒体上大量出现。”

　　“台湾媒体在这些题目上大做吉祥文章，反映了当今台湾民意的所向。过去几年里，两岸问题被陈水扁不断挑衅和操弄，搞得剑拔弩张，台湾人民也早已在疲惫里觉得厌烦。这时候一有什么风吹草动的好讯息，大家自然倾向于往好处看。因此，台湾人民相信这次包机将会扩展到货机直航、一年三节例行包机，甚至有人乐观地相信全面直航也不会远。”

　　这都是台湾善良民意的期待。文章接着指出，由陈水扁最近的谈话，我们却看到了一股更冷的寒流已在酝酿。那就是对北京释放的善意——只要民进党放弃“台独”的党纲，只要他承认“九二共识”，就可重启两岸协商大门——他竟然完全拒绝理会，反而扬言要搞"反统一"的群众运动，这已是进一步地要走向"台独"了。除此之外，他在接受日本共同社记者访问时，则更要求美日台形成军事安全联盟。由陈水扁的这些反应，已可看出当两岸实质关系日趋增进，"台独"在希望日趋渺茫之时，更有可能孤注一掷作历史性的豪赌。

文章进一步指出，所谓"台独"，其实是由一组似是而非、自欺欺人之词所包裹成的诡辞。他故意视而不见过去的历史，妄称"台湾已经独立50年"；它对辜振甫在"汪辜会谈"时为台湾争取到的"九二共识"，竟然敢否认说"没有九二共识"。这是他们自以为聪明的语言游戏，也就是美国所谓的往"台独"方向移动的"切香肠"。问题在于，这种自欺欺人之词说多了，甚至连他们自己也信以为真起来，不但为自己的谎言包住，难以回头，而且看不到机会所带来的阳光。

文章说，辜振甫之丧乃是特殊事件，它所造成的活络气氛，在丧事结束后，也将很快归于平淡。最近，陈水扁频频向宋楚瑜抛媚眼，但当他拒绝放弃"台独"党纲，又拒绝承认"九二共识"时，台湾还有什么人会愚蠢地入其彀中？解铃仍须系铃人，陈水扁本人应幡然改悟，他很难再搞"切香肠"的游戏了。

文章最后这样吁请台湾人民和在野党："2005年将是两岸关系的关键年，最好的可能与最坏的走向将同时并存，彼此交锋拉扯，但愿台湾人民和在野党努力奋发，不使自己的利益被当作赌注出卖，并替最好的可能奠定新的基础！"

春寒料峭毕竟是发生在春天里的短暂的寒冷天气过程。春天毕竟是春天，春暖必将是花开。

五、"扁宋会"的举行可以看出《反分裂国家法》这部和平之法所产生的不可抗拒的力量

（一）

前文提到的香港《亚洲周刊》2月13日出版的一期周刊上刊登的"春暖花开还是春寒料峭"的文章中就说："最近，陈水扁频频向宋楚瑜抛媚眼"。果然在2月21日，"中央社"驻台北的记者就发出一篇报道说，亲民党发言人谢公秉今天表示，陈水扁"总统"与亲民党主席宋楚瑜24日上午将在台北宾馆会面。双方将就两岸和平、"国防安全"与族群和谐三大议题交换意见

后，达成"务实而建设性的发展"，会后双方也将签署"白纸黑字的纪录"。

2月24日，"扁宋会"果然举行。"中央社"驻台北记者是这样报道的："扁宋会上午在台北宾馆举行，经过两个多小时结束，陈总统与宋楚瑜共同召开记者会，并且由亲民党政策中心主任张显耀宣读联合声明的十项结论。

"这十项共同结论，包括：（1）依照中华民国宪法所揭橥的国家定位，即为两岸目前在事实和法理上的现状，此一中华民国主权现况，必须受到两岸和国际的承认和尊重。（2）现阶段的两岸关系的最高原则，应为遵守宪法、维持现状、共创和平，在两岸和平的前提下，陈总统承诺，在其任期之内，不会宣布独立、也不会更改国号、不会推动两国论入宪、不会推动改变现况的统独公投、也没有废除国统纲领和国统会的问题（此即陈水扁上台时的"四不一没有承诺"），宋楚瑜对此表示同意与支持。（3）为提升国家整体的竞争力与政府管理的效能，有必要凝聚朝野共识、进行宪政改革，陈总统和宋楚瑜共同承诺，宪政改革的推动不涉及国家主权、领土及台海现状的改变，并依宪法所规定的程序进行修改。（4）武力威胁或压缩台湾的国际空间，均不利于两岸关系的改善，为促成两岸关系的正常化，并建立一个和平稳定的互动架构，双方将凝聚朝野共识，共同推动有关两岸和平的机制与法治化。（5）加强推动两岸经贸、文化与学术等交流，并以春节包机成功的模式，透过与对岸的协商与谈判，逐步推动货运便捷化，乃至于全面三通。（6）任何台海现况的改变，必须获得2300万台湾人民的同意，并在两岸善意的基础上，不排除两岸之间未来发展任何关系模式的可能。（7）台湾必须要有足够的国防力量，才能确保台海的和平，未来将在国家安全、台海稳定、区域和平的战略目标下，全面充实符合我国国防战备所需的武器装备。（8）无意与对岸进行武器军备竞赛，以缓和台海的紧张情势，并积极推动两岸军事缓冲区及建构台海军事安全互信机制。（9）依照宪法民族平等的精神，任何对族群具有歧视或攻击性的语言和行为，均应受到法律制裁和约束，双方将共同推动保障族群权益及促进族群和谐、平等的基础法制。（10）陈总统与宋楚瑜均承诺，致力于消弭族群对立，积极促进族群的和谐与团结。"

"最后双方一致主张，两岸问题的解决，应重视台湾优先的原则，两岸的未来，应由两岸人民共同以智慧来协商解决。朝野都应以更大的包容和爱心，尊重不同党派与族群的主张和理念，才能以更大的智慧来突破朝野的对立和两岸僵局，双方坚信没有不能解决的冲突，也没有不能化解的仇恨，更没有不能消弭的历史恩怨。只有真正走出五十年来政治的阴霾，国家整体发展才会有崭新的机会。"

(二)

就在"扁宋会"举行的当天，"中央社"又发出一条消息说，亲民党主席宋楚瑜今天表示，他与陈水扁"总统"会面，就代表"从我们两个开始化解族群对立与两岸对立"，"从自己先承认'中华民国'开始"，因为"若我们都不承认自己叫'中华民国'，又如何叫别人承认我们呢？"宋楚瑜说，台湾去年与中国大陆的贸易金额达美金500多亿元，事实证明没有大陆市场台湾产业就活不下去。大陆是台湾产业生存必备的市场。宋楚瑜说，如果台湾从来就不是中国一部分，怎么可能清朝被打败后，签订马关条约，将台湾割给日本。他说，没有清朝战败，孙中山不会用革命手段推翻清朝，没有孙中山就没有国民党，也没有中华民国。这是历史，是谁也无法否定的。

台湾《联合报》2月25日报道说："陈水扁总统昨天表示，中共推动反分裂法的制定将是损人不利己，伤害台湾人民感情，就像天边飘来一朵乌云，淋湿台湾释出的和平橄榄枝。亲民党主席宋楚瑜则认为，这是过去台湾某些行动撞击的结果，'是我们逼人家弄出来的'。宋楚瑜说，全世界任何国家都不能容许分裂，美国也曾为避免分裂而发生南北战争，而中共反分裂法的英文用词就是援用南北战争的用词。中共推动《反分裂国家法》，把过去所谓的'红色底线'以法制化方式形成集体决策，绝对不能掉以轻心。"

同日的《联合报》还刊登了一篇题目叫《民进党内有人鼓掌有人叹息》的文章说："民进党主席苏贞昌表示，陈水扁总统为了消弭目前的低迷的政治气氛，并让政府有效运作发展，主动打破朝野对立的僵局，可说是用心良苦。他认为，扁宋会达成的十点结论符合主流民意，应可获得最多数民众的支持。"文章还说："民进党立委对扁宋会则是反应两极。有人肯定，认为具有'整合性意义'；也有人'挫折'，担心深绿（指坚持'台独'的社团组织）选票出走，危及县市长选情，要求给'一个交代'。"

坚持"台独"的深绿阵营中的台湾团结联盟、台独联盟、台湾北社等"本土党派"与社团对"扁宋会"的十点结论一片不满声浪。"中央社"2月24日发出的一条消息说，台湾团结联盟秘书长陈建铭转述李登辉对"扁宋会"的感受时说："李登辉以一句'要抓鬼被鬼抓去'总结，形容了对扁宋会十点共识的感触。"

"中央社"2月25日发出的一条消息说："'台湾团结联盟'表示，扁宋会中陈水扁总统签下'一个中国'、'鸟笼宪政'、'维持现状'的丧权辱国条款。他们认为，扁宋会十项声明等于是'向统派投降'、'向一中屈

服'；比起过去李登辉提出的'特殊国与国关系'更为倒退，是'台湾主体性的严重倒退'。"

岛外媒体也纷纷对"扁宋会"作出评论。

《香港经济时报》2月25日刊登一篇题为"扁以退为进 抗反分裂法"的文章说，对于扁宋会达致的共识，其实基本上都是泛蓝阵营（指国民党、亲民党等反对"台独"的党派）一贯的两岸关系立场。外界多奇怪致力于2006年"台独制宪"的陈水扁为何愿意放下身段，与宋楚瑜签订这样一个迁就蓝营立场的声明呢？文章指出，陈水扁的动机不外乎是"内政外交"的考虑。在外，面对北京将于下月立法通过《反分裂国家法》，借此遏制、打击"台独"，陈水扁通过扁宋会表面上是向北京释出"善意"，其实是以退为进，使反分裂法无的放矢，也使得台湾在两岸关系上据有主动地位，争取国际同情。对内，由于去年"立法院"选举泛绿阵营（指民进党、台湾团结联盟等坚持"台独"的党派）未能取得过半数议席。陈水扁为改变"朝小野大"的局面，希望通过政党和解，来巩固权位和有效施政。

香港《新报》2月25日也发表文章分析道，陈水扁在这个时候显示缓和姿态，相信与北方即将举行全国人大会议可能通过《反分裂国家法》有关，同时也跟美国对华态度有关。文章说，既然台湾未能回应大陆的要求，并有各种各样令大陆担心的行动，北京索性先发制人，做到有理、有利、有节。相信台湾在评估形势后也懂得使出软招，不是妥协，而是避其锋芒，徐图后计。文章说，陈水扁作出缓和姿态，也跟美国的近期行动有关。美国一方面仍然继续以"台湾牌"来牵制大陆，一方面又不想这张"台湾牌"玩得太尽，万一擦枪走火，对美国也没有好处。在此背景下，陈水扁对北京的姿态也自然显得温和一点。

美国《国际先驱论坛报》2月25日也发出一篇题为"陈水扁暗示会缓和对北京的态度"的报道说，陈水扁和宋楚瑜代表着对台湾未来持截然不同观点的两个政治派别，分析人士说，这项声明对台湾政坛产生的直接影响可能比对台海关系的影响更大。台湾选民日益厌倦台湾政坛的明争暗斗和僵局，特别是厌倦了台湾与大陆关系的现状。他们说，这次发表的联合声明就是针对台湾选民的这种情绪作出的回应。

日本《读卖新闻》2月25日也发出报道说，"陈总统"领导的执政党联盟在去年十二月"立委"选举中败北。国民党、亲民党等在野党联盟获得了过半数的席位。因此，"陈总统"不得不应经济界的要求推进对大陆的融合政策，并努力与在野党和解。但是，民进党以本省人为主体，倾向于独立。

而亲民党以外省人为主体，倾向于统一。民、亲两党就像水和油一样互不相溶。他们的合作能否得到各自支持者的理解，能否出台具体的政策，能否改善两岸关系，都还是个未知数。当天，与民进党组成执政党联盟的台湾团结联盟就指责说，这是陈水扁"向统一派投降"。由此看来，这可能会搅乱执政党联盟的阵脚。

（三）

扁宋会后，宋楚瑜接受台湾《中国时报》的专访时指出，"我最有条件处理大陆事务。相较于国民党、民进党，我最无包袱"。当记者问及"扁宋会"中美国扮演了什么角色时，宋楚瑜转个弯反问道："如果没有美国，你认为陈水扁会与我会谈吗？"扁宋合作的关键，就是在两岸事务上。宋楚瑜说，他可以让两岸关系"缓冲一下"。他在美国期间，美国极高层级的人士向他透露，目前的两岸关系比台湾政府所说的还要严峻得多，美方尤其关切3月中共制定反分裂法和4月台湾要搞"修宪"，台海情势非常脆弱。

美国在"扁宋会"中所发生的作用是显而易见的。新加坡《联合早报》2月26日发表了一篇社论对此作了分析。社论说，"扁宋会"后，台湾一些舆论认为十点声明没有新意，国民党主席连战甚至讽刺说"还以为是国民党发表的宣示"。但是平心而论，它对岛内政治乃至两岸关系意义，恐怕不应低估。从主张"台独"的李登辉骂出"抓鬼的被鬼抓去"，以及台湾团结联盟恫吓阿扁要"罢免总统"来看，陈显然已为"扁宋会"作了巨大转折，甚至不惜背弃昔日"盟友"。社论说，陈水扁以掌握政权的台湾最高领导人身份，屈尊降贵与在野的第三大党主席宋楚瑜签署联合声明，接受亲民党的政策主张，还被媒体认为"形同宋楚瑜把自己的话放在陈总统的嘴里"，如果说不是背后有不得不然的巨大压力，谁能相信？

那么这巨大的压力来自哪里呢？社论分析道，这压力首先来自美国。宋楚瑜在会后接受媒体采访时那句"如果没有美国，你认为陈水扁会与我会谈吗？"便道尽了一切。人们都知道，美国政府对深绿的"急独"越来越反感。人们也相信，美国对陈水扁去年扬言"公投制宪"的莽动大不以为然，否则前国务卿鲍威尔就不会说出"台湾不是主权国家"的重话。现在美国政府非常担心台海两岸擦枪走火，打起仗来。社论指出，为了不打仗，宋楚瑜的"宪法一中"主张显然得到美国支持。所谓"宪法一中"，是指依照"宪法"解释，台湾政府必须承认两岸领土和主权都属于"中华民国"。1946年南京国民大会通过、1947年施行至今的"中华民国宪法"，主权涵盖大陆，

领土"依其固有之疆域，非经国民大会之决议不得变更之"。公开宣示遵守这一宪法规定的"国家定位"，等于回归"一个中国"，只不过这个中国指的是"中华民国"。这一直是泛蓝的主张，也是北京可以接受的"一中"底线。尽管陈水扁在记者会上把"中华民国"主权局限在"属于2300万台湾人民"，从而使北京怀疑他是为将来推动"台独""预留伏笔"。但是，只要他从此高举"中华民国宪法"，就能既安抚华盛顿的心，又可挡住北京的强大攻势，在台上再挥洒几年。

香港《东方日报》2月27日发表了一篇题为"美国促成'急独'煞车 扁回原点换京让步"的文章说，被炒得热热闹闹的"扁宋会"煞有介事地签署了"十点共识"，陈水扁重申任期内不会宣布"台湾独立"等"四不一没有"的两岸政策，尽管有人认为"十点共识"并没有太多新意，但依然引起了阵阵涟漪，为两岸关系带来一线曙光。美国前总统克林顿在日本接受专访时也给予高度评价，认为这是陈水扁的一次让步，是识大体的表现，对两岸关系具有正面意义。

文章指出，众所周知，陈水扁和亲民党主席宋楚瑜是台湾政坛的死对头，早已反目成仇，但这一次两人竟然会走在一起，又抱又搂地举行四年来的首次会面，这葫芦里到底卖的是什么药？要回答这个问题，必须先了解"扁宋会"的来龙去脉。其实，从克林顿对"扁宋会"的正面表态，已不难窥见美国在这次会谈背后所扮演的重要角色。宋楚瑜一月中旬曾访问华盛顿，当时他高调介入台美和两岸关系，除了与副国务卿阿米蒂奇会面，谈及两岸关系，还与美国国防部副部长帮办劳利斯见面，谈了6000亿台币军购案。宋楚瑜从美国返台后，"扁宋会"之说就甚嚣尘上，在经过一番扰攘后，两人终于正式于本月24日会面。很明显，这绝对不是时间上的巧合，美国实际上是这次"扁宋会"的幕后操控者，甚至是主角，宋楚瑜只不过是美国的代理人而已。所以，与其说是"扁宋会"，不如说是"扁美会"。所谓"扁宋共识"，实际上也就是"扁美共识"。

文章进一步分析道，美国为什么那么热心促成"扁宋会"？道理很简单，一切的一切，全是做给北京看。其目的有二：一是清楚地告诉北京，美国不支持"台独"，希望以此消除中国对美国的不满；二是换取北京的让步，通过陈水扁释放善意，希望北京在制定反分裂法时留有余地，不要把条款定得太过辛辣。

本章说，其实，对于陈水扁当局来说，赶在北京将于下个月的全国人大会议上正式通过《反分裂国家法》之前，扁宋达成共识，其"台独"立场有所软化，态度转趋温和，不管是出于真心，还是迫于无奈，都为陈水扁提供了一个台阶下。

文章又指出，很多人认为扁宋这次达成的"十点共识"并没有新意，都是老生常谈。但实际上，陈水扁在"国家"认同上的确已作出了某些调整，即从急于推动"台湾制宪"退回到"认同中华民国"的立场，用扁宋的话来说就是"中华民国是彼此对国家定位的最大公约数"。这种调整，无疑有助缓和两岸紧张的关系，对维持台海现状具有正面意义，而这也正符合美国的利益，是美国努力促成"扁宋会"的真正目的。从这个角度看，"扁宋会"不能说完全没有收获。

文章最后这样说，站在美国的角度，台海维持现状，不统不独，是对其最有利的。正如克林顿坦言，两岸最好是现在什么都不要做，美国既会继续坚持一个中国原则和遵守中美三个联合公报，但也不希望任何一方改变台海现状。当然，在这种情况下，美国可以协助台湾防守为理由，振振有词地大卖军火，坐收渔人之利。每年数百亿甚至上千亿元的军购，迟早会把台湾拖瘦拖垮，等到台湾只剩下一个空架子，再也榨不出油水来时，美国也许就会以更大的利益让两岸统一。

以上的文章和报道都指出，"扁宋会"的顺利举行是美国操控的结果。上文已明明白白地告诉人们：美国清楚地告诉北京，美国不支持"台独"，希望以此消除中国对美国的不满；希望北京在制定《反分裂国家法》时，不要把条款定得太过辛辣。从中我们不是可以清楚地看出，《反分裂国家法》进入立法程序后已经产生了多么巨大的力量了吗？

六、胡锦涛总书记在看望参加全国政协十届三次会议的民革、台盟、台联委员时的讲话，最权威地诠释了制定《反分裂国家法》的真谛，也最权威地释放出和平解决台海问题的极大诚意

(一)

中共中央总书记、国家主席、中央军委主席胡锦涛在3月4日下午看望了参加全国政协十届三次会议的民革、台盟、台联委员，并参加联组会。听取了委员们的意见和建议后，他发表了重要讲话。他在讲话中首先指出，解决台湾问题，实现祖国完全统一，是海内外中华儿女的共同心愿。长期以来，我们为此进行了不懈的努力。但是，近年来，台湾岛内发生了重大、复

杂的变化，"台独"分裂势力的活动不断加剧，给两岸关系和平稳定发展造成了严重影响。台湾当局不断在台湾政治、文化、教育等领域进行"台湾正名"、"去中国化"等"渐进式台独"活动，蓄意挑起两岸对立，竭力破坏大陆和台湾同属一个中国的现状。事实说明，"台独"分裂势力及其活动日益成为两岸关系发展的最大障碍，成为对台海地区和平稳定的最大现实威胁，如不予以坚决反对和遏制，势必严重威胁国家主权和领土完整，断送两岸和平统一的前景，危害中华民族的根本利益。他同时指出，当前，两岸关系出现了一些有利于遏制"台独"分裂活动的新的积极因素，台海紧张局势出现了某些缓和迹象，但反对"台独"分裂势力及其活动的斗争仍然是严峻的、复杂的。

胡锦涛就新形势下发展两岸关系提出了四点意见：

第一，坚持一个中国原则决不动摇。

胡锦涛说，1949年以来，尽管两岸尚未统一，但大陆和台湾同属一个中国的事实从未改变。这就是两岸关系的现状。这不仅是我们的立场，也见之于台湾现有的规定和文件。既然台湾和大陆同属一个中国，就不存在所谓大陆和台湾谁吞并谁的问题。当前两岸关系发展困难的症结，在于台湾当局拒绝一个中国原则，不承认体现一个中国原则的"九二共识"。解铃还须系铃人。只要台湾当局承认"九二共识"，两岸对话和谈判即可恢复，而且什么问题都可以谈。不仅可以谈我们已经提出的正式结束两岸敌对状态和建立军事互信、台湾地区在国际上与其身份相适应的活动空间、台湾当局的政治地位、两岸关系和平稳定发展的框架等问题，也可以谈在实现和平统一过程中需要解决的所有问题。对于台湾任何人、任何政党朝着承认一个中国原则方向所作的努力，我们都欢迎。只要承认一个中国原则，承认"九二共识"，不管是什么人、什么政党，也不管他们过去说过什么、做过什么，我们都愿意同他们谈发展两岸关系、促进和平统一的问题。我们希望台湾当局早日回到承认"九二共识"的轨道上来，停止"台独"分裂活动。只要确立了一个中国的大前提，我们对任何有利于维护台海和平、发展两岸关系、促进和平统一的意见和建议都愿意作出正面回应，也愿意在双方共同努力的基础上寻求接触、交往的新途径。

第二，争取和平统一的努力决不放弃。

胡锦涛说，和平解决台湾问题、实现祖国和平统一，符合两岸同胞的根本利益，符合中华民族的根本利益，也符合当今世界和平与发展的潮流。这是我们始终坚持为实现和平统一而不懈努力的根本原因。和平统一，不是一方吃掉另一方，而是平等协商、共议统一。实现两岸和平统一，是两岸同胞之福。两岸和平统一了，可以弥合两岸长期分离而造成的隔阂，可以使两岸同胞沉浸一家亲情；可以结束两岸在军事上的对抗，使两岸同胞共同致力于和平建设；可以使两岸经济更好的互补互利，使两岸同胞携手共谋发展；可以使两岸一起共同促进世界和平与发展的崇高事业，使两岸同胞共享伟大祖国的尊严和荣誉；可以真正确保国家主权和领土完整，使两岸同胞共同促进中华民族的伟大复兴。人民期盼和平，国家需要稳定。只要和平统一还有一线希望，我们就会进行百倍努力。我们真诚希望台湾有关人士和有关政党严肃思考这个重大问题，从民族大义出发，从两岸同胞的福祉出发，为保持台海和平、发展两岸关系、实现和平统一作出正确的历史性抉择。

第三，贯彻寄希望于台湾人民的方针决不改变。

胡锦涛说，台湾同胞是我们的骨肉兄弟，是发展两岸关系的重要力量，也是遏制"台独"分裂活动的重要力量。"台独"分裂势力越是想把台湾同胞同我们分隔开来，我们就越是要紧密地团结台湾同胞。无论在什么情况下，我们都尊重他们、信赖他们、依靠他们，并且设身处地地为他们着想，千方百计照顾和维护他们的正当权益。台湾农产品在大陆销售的问题，事关广大台湾农民的切身利益，要切实解决。如果两岸客运包机实现了"节日化"，还可以向常态化发展。两岸货运包机问题，也可以由两岸民间行业组织交换意见。我们将进一步陆续出台解决台湾同胞关心的问题、维护台湾同胞正当权益的政策措施。只要是对台湾同胞有利的事情，只要是对促进两岸交流有利的事情，只要对维护台海地区和平有利的事情，只要是对祖国和平统一有利的事情，我们都会尽最大努力去做，并且一定努力做好。这是我们对广大台湾同胞的庄严承诺。

第四，反对"台独"分裂活动决不妥协。

胡锦涛说，维护国家主权和领土完整，是国家的核心利益。任何人要危害中国的主权和领土完整，13亿中国人民坚决不答应。在反对分裂国家这个重大原则问题上，我们决不有丝毫犹豫、含糊和退让。"台独"分裂势力必须放弃"台独"分裂立场，停止一切"台独"分裂活动。我们希望，台湾当局领导人切实履行2月24日重申的"四不一没有"的承诺和不通过"宪改"进行"台湾法理独立"的承诺，通过自己的实际行动向世人表明这不是一句可以随意背弃的空话。中国是包括2300万台湾同胞在内的13亿中国人民的中国，大陆是包括2300万台湾同胞在内的13亿中国人民的大陆，台湾也是包括2300万台湾同胞在内的13亿中国人民的台湾。任何涉及中国主权和领土完整的问题，必须由全中国13亿人民共同决定。我们相信，广大台湾同胞一定会

同我们一道，坚定地维护国家主权和领土完整，坚定地维护中华民族的根本利益。

胡锦涛同志的这篇重要讲话，是对即将交付全国人民代表大会审议通过的《反分裂国家法》真谛的最权威最充分的诠释，同时也最权威地释放出和平解决台海问题的极大善意与诚意。

（二）

媒体是极为敏感的。就在胡锦涛同志这篇重要讲话发表的当天，各路媒体都作了积极的报道。

路透社驻北京的记者当天以"中国人民将尽最大努力争取两岸和平统一，但中国决不容忍台湾独立"为主旨发出报道说，中国准备在即将召开的全国人大会议上通过《反分裂国家法》。制定《反分裂国家法》是为了促进和平统一。报道援引了他们最为关注的胡锦涛讲话中的两句话："我们将继续以最大的诚意，尽最大的努力争取和平统一的前景。""同时我们决不容忍'台独'，决不允许'台独'分裂势力以任何名义、任何方式把台湾从祖国分割出去。"

美联社驻北京的记者当天也发出报道说，中国国家主席胡锦涛今天说，中国将不会容忍台湾正式独立；与此同时，全国人大正准备通过一项《反分裂国家法》，台湾领导层担心这项法律可能导致大陆的军事进攻。报道特别援引了胡锦涛讲话中的这样几句话："胡锦涛对政协委员说'台独'分裂势力活动不断加剧，给两岸关系和平稳定发展造成了严重影响。""对台湾任何人、任何政党朝着承认一个中国原则方向所作的努力，我们都欢迎。""只要承认一个中国原则，承认'九二共识'，不管是什么人、什么政党，也不管他们过去说过什么、做过什么，我们都愿意同他们谈发展两岸关系、促进和平统一的问题。"报道说，胡锦涛的这番话反映了大陆长期以来的对台政策。

报道还说，胡锦涛的其他一些讲话似乎表达了更加积极的态度。他说，两岸紧张局势出现了"某些缓和迹象"，并表示最近出现了"新的积极因素"，有利于遏制"台独"分裂活动。

德新社驻北京记者也在这一天发出报道说，中国国家主席胡锦涛今天谴责台湾领导人蓄意挑起两岸对立，企图进行"渐进式台独"，但他表示在两岸关系中看到了新的"积极因素"。报道说，中国媒体援引胡锦涛的话说，台湾当局不断进行"去中国化"、"台湾正名"等"渐进式台独"活动。他说，如果对"台独"分裂势力及其活动"不予以坚决反对和遏制，势必严重威胁国家主权和领土完整，断送两岸关系和平统一的前景，危害中华民族的根本利益"。但他也表示，"新的积极因素"令台海局势出现了"某些缓和的迹象"。

时事社驻北京记者同一天发出题为"胡锦涛强调为实现台湾的和平统一而努力"的报道说，中国国家主席胡锦涛4日出席了参加全国政协十届三次会议的台湾相关党派的联组会，并就台湾问题强调了"争取和平统一的努力决不放弃"等四项原则。报道说，在人大会议预定审议并通过《反分裂国家法》之前，胡主席再次强调重视通过和平手段统一台湾的姿态，希望借此呼吁两岸重新恢复对话。

共同社驻北京记者当天也发出了题为："胡主席'确认一个中国'原则"的报道说，中国国家主席胡锦涛4日参加全国政协十届三次会议联组会时发表讲话，就台湾问题指出，"反对'台独'分裂活动决不妥协"，再次强调坚持"一个中国"原则的决心。报道特别关注的是，与此同时，胡主席讲话中没有出现诸如"使用武力"等恐吓性词句，而反复强调"争取和平统一的努力决不放弃"，其用意很可能是为了消除台湾居民和国际社会对即将通过的《反分裂国家法》的担心。

俄塔斯社驻北京记者当天发出的报道说，胡锦涛在讲话中强调，北京将尽一切努力，实现大陆与台湾的和平统一，不让岛内分裂势力的企图得逞。胡锦涛还强调了为维护中国主权和领土完整而继续斗争的必要性。

台湾媒体反应更加积极。"中央社"在当天一口气发出三篇报道。一篇报道说，中国国家主席胡锦涛今天说，台海紧张局势"出现了某些缓和的迹象"，他还在未指名陈水扁"总统"或"扁宋会"的情形下，希望台湾履行陈水扁重申的"四不一没有"承诺和不透过"宪改"进行"台湾法理独立"的承诺，并回到"九二共识"，从而恢复两岸谈判。报道说，这是中国最高领导人首次公开表明，两岸情势在台湾"立委"选后和"陈总统"的政府推动朝野合作共生后已趋于缓和。

另一篇报道说，中国国家主席胡锦涛今天就新形势下发展两岸关系发表"四点意见"。报道说，尽管中国近年加强军力部署，也增强对台作战能力，而且中国人大将在近日通过《反分裂国家法》，但在这四点意见中，胡锦涛并未提到"不排除武力解决"或"以非和平方式"解决台湾问题。报道称，有学者认为，胡锦涛所讲的"遏制'台独'分裂活动的新的积极因素"和台海情势"缓和的迹象"，应包括2月24日陈水扁和亲民党宋楚瑜的会面及

晤谈的十点共同结论。胡锦涛的评论，是对"扁宋会"的正面回应。

又一篇报道说，对于中国国家主席胡锦涛今天表示希望台湾领导人履行2月24日重申的"四不一没有"承诺，中国观察家表示，这是肯定"扁宋会"的结论。报道说，这位观察家表示，"扁宋会"所达成的结论，等于说陈水扁又回到当初上任时在两岸问题立场上的原点，算是一个进步。北京方面尽管不满意，但可以接受。报道指出，不过，胡锦涛说："更关键的是，这样的承诺是否持久，是否会得到落实。"这也是北京方面今后注意的重点。报道又强调，胡锦涛在讲话中还说，如果台湾的领导人能够公开明确表示支持"一个中国"及回到"九二共识"，那更是北京方面的最大期许。

（三）

就在胡锦涛同志发表重要讲话三天之后，台湾媒体一天之内发出多篇评论性文章。台湾《联合报》3月7日刊登了张宗智先生的一篇文章，题目叫"'胡四点'开启两岸'机会之窗'"。文章说："中共国家主席胡锦涛对台湾最新的四点意见，是两岸六年多来唯一真正开启互动和对话的'机会之窗'。胡锦涛这次谈话对台北最大的意义，在北京当局领导人终于愿意面对两岸并非统一的'现状'，并释放出可能与'台湾当局领导人'互动和对话的空间和讯息。"文章指出，"陆委会"副主任邱太三用一句"空中对话"形容"胡四点"，无疑是迄今台北政府官员最有见识和切中核心的评论。而陈水扁用一场"扁宋会"的十点结论，即使面对独派激烈反弹，至少到目前仍堪称"自反而缩"的处理态度，换得北京当局多年来仅见的善意回应，成果恐怕也出乎陈水扁的意料之外。

台湾《中国时报》3月7日既发表文章，又发表社论。题为"对台一手抓一手推，'胡四点'已定调"的文章这样评论道，胡锦涛既坚持立法反独反分裂，又积极推动两岸三通，看似矛盾，但这种一手抓、一手推的操作，却符合两岸"既交流、又斗争"的互动规律，只要两岸找到得以"各说各话"的政治框架，并且不逾越"台独"红线，反分裂法不但不是障碍，甚至可能为两岸交流带来新契机。

题为"谁不期盼融雪破冰？"的社论说，从大陆高层最近的言行中看到比较务实的转变，"硬的更硬，软的更软"，手腕更加灵活。中国国家主席胡锦涛在"胡四点"中表示，大陆和台湾同属一个中国的事实就是两岸关系的现状，这见之于台湾现有的规定和文件。如果两岸领导人能够让最近展现的务实与负责姿态成为一个崭新互动模式的开始，那么，对未来，我们确实有理由期待。两岸"谁不期盼融雪破冰"？

香港3月8日的《成报》发表了罗恩玮先生的一篇文章，题目叫"对胡锦涛四点对台意见的看法"。文章说，国家主席胡锦涛发表了四点最新对台意见，对近年两岸关系的大陆立场做一总结与前瞻，极具意义。

文章说，胡锦涛四点意见，非常务实、清晰而带感情。首先是务实。这是"胡四点"最重要的特色。大陆领导人首度正式同意"1949年以来，尽管两岸尚未统一，但大陆和台湾同属一个中国的事实从未改变。这就是两岸关系的现状"，是务实定义台海现状的智慧展现。比昔日"台湾是叛离的一省"之说法，更可看到胡锦涛的决定性善意。

文章评论道，"胡四点"大胆突破，正确定义台海现状，意义非凡。这也会带给陈水扁及2008年以后的继任者一个正面的和平压力。另外，"胡四点"其实也对台湾稍为让步，台北起码做到"四不一没有"也算可以。也就是说，近期务实地框住陈水扁在"四不一没有"的范围之内，然长期仍须从属一中。预料"胡四点"将再对台湾政局起调整作用，且影响力更大更久。

文章说，"胡四点"的第二个特点是清晰。不仅立场清晰，应对方案也都相当具体，如台湾农产品运销大陆、包机节日化等。应可说服较多台人。

文章说，"胡四点"的第三个特点是感情丰富。胡锦涛首度喊出"大陆是包括2300万台湾同胞在内的13亿中国人民的大陆，台湾也是包括2300万台湾同胞在内的13亿中国人民的台湾"，开始将当家作主的台人感情纳入考量。对台湾政客常喊分化两岸的"2300万台湾人民"口号，在感情上予以化解。也否定了陈水扁所说，台湾前途只有2300万人民能最后决定等语。十分清楚，台湾的未来，必须两岸人民共同决定。

以上文章、报道仅是雪片似地诸多评论中的一小部分，但是我们从中已深切地感受到胡锦涛同志的重要讲话，在国际社会，在台海地区所产生的巨大而深刻的影响。有的文章把胡锦涛同志的重要讲话比作"吹拂在两岸间的浩荡春风"。这个比喻是生动而贴切的。

七、在2005年3月召开的十届全国人大三次会议上高票通过的《反分裂国家法》，是一部和平之法，它吹响了春风化雨的强劲号角

（一）

2005年3月8日，在第十届全国人民代表大会第三次全体会议上，副委员

长王兆国受全国人大常委会委托，作关于《反分裂国家法（草案）》的说明。

王兆国讲到制定《反分裂国家法》的必要性时，强调："解决台湾问题，完成祖国统一大业，是我们党和国家的三大历史任务之一。长期以来，为了发展海峡两岸关系，促进国家和平统一，我们进行了不懈的努力。但是，近一个时期以来，台湾当局加紧推行'台独'分裂活动。在各种不断的'台独'分裂活动中，应引起高度警惕的是，台湾当局妄图利用所谓'宪法'和'法律'形式，通过'公民投票'、'宪政改造'等方式，为实现'台独'分裂势力分裂国家的目标提供所谓'法理'支撑，改变大陆和台湾同属一个中国的事实，把台湾从中国分裂出去。事实表明，'台独'分裂势力分裂国家的活动，严重威胁着中国的主权和领土完整，严重破坏和平统一的前景，严重损害中华民族的根本利益，严重威胁着台海地区乃至亚太地区的和平稳定。因此，制定《反分裂国家法》是必要的、适时的。"

在讲到制定本法的客观条件时，王兆国说："近几年来，广大干部群众、社会各界人士和海外侨胞要求以法律手段反对和遏制'台独'分裂势力分裂国家的活动、实现祖国统一的呼声越来越高，全国人民代表提出了不少对台立法的议案和建议，全国政协委员也提出了不少对台立法的提案，表明制定本法是符合人民意愿的。现在制定本法的条件已经具备。"王兆国指出："宪法明确规定：'台湾是中华人民共和国的神圣领土的一部分。完成统一祖国的大业是包括台湾同胞在内的全中国人民的神圣职责。'这是制定本法的宪法依据。三代中央领导集体特别是邓小平同志、江泽民同志有关解决台湾问题的思想，中央一系列对台方针政策，为制定本法提供了明确的指导思想和政策依据。法学专家和对台事务专家进行的有关研究及取得的成果，也为制定本法创造了一定的条件。"

关于起草本法的原则，王兆国说："制定本法总的原则是：以邓小平理论和'三个代表'重要思想为指导，以宪法为依据，贯彻中央对台工作的大政方针，紧紧围绕反对和遏制'台独'分裂势力分裂国家的活动、促进祖国和平统一这个主题，充分体现我们以最大的诚意、尽最大的努力争取和平统一的一贯主张，同时表明全中国人民维护国家主权和领土完整，决不允许'台独'分裂势力以任何名义、任何方式把台湾从中国分裂出去的共同意志和坚定决心。"

接着王兆国向全体代表说明了本法草案的形成过程。他说："为了把这部法律制定好，起草本法的工作班子认真研究了近几年来全国人大代表、全国政协委员、社会各界人士和海外侨胞关于对台立法的意见和建议，吴邦国委员长又先后主持召开四个座谈会，分别听取了部分省（市）负责同志、法学专家和对台事务专家、中央有关部门负责同志以及部分台港澳同胞和海外侨胞的意见。经对各方面的意见进行汇总研究，草拟了《反分裂国家法（草案）》（征求意见稿）。胡锦涛总书记主持召开各民主党派中央和全国工商联的负责人及无党派人士座谈会，吴邦国委员长召开法学专家和对台事务专家座谈会，又听取了对草案征求意见稿的意见。在此基础上，经对草案征求意见稿的进一步修改，形成了《反分裂国家法（草案）》。十届全国人大常委会第十三次会议认真审议了该草案，出席会议的常委会组成人员全票通过了《反分裂国家法（草案）》的议案，并决定提请本次大会审议。"

王兆国接着对草案的主要内容作了说明。

对于本法的立法宗旨和适用范围，他作了这样的说明："从当前台海两岸关系形势及其发展趋势看，对'台独'分裂势力分裂国家的活动必须予以坚决反对和遏制，否则，威胁台海地区和平稳定的根源就难以消除，两岸共同发展、共同繁荣的历史机遇就会遭到破坏，台湾同胞的利益和福祉就会被断送，中华民族的根本利益就会受损害。因此，草案开宗明义作了规定。"他指的是草案第一条规定："为了反对和遏制'台独'分裂势力分裂国家，促进祖国和平统一，维护台湾海峡地区和平稳定，维护国家主权和领土完整，维护中华民族的根本利益，根据宪法，制定本法。"他说："这样的规定，既明确了本法的立法宗旨，又明确了本法的适用范围。"

怎样认识台湾问题的性质，是解决台湾问题的基点。就这一问题王兆国说："党的十六大明确提出：'世界上只有一个中国，大陆和台湾同属一个中国，中国的主权和领土完整不容分割。'这是我对台工作的原则立场，受到全中国人民的拥护。台湾问题是上个世纪40年代后期内战遗留的问题。由于种种复杂的原因，两岸迄今尚未统一，但台湾是中国一部分的地位，大陆和台湾同属一个中国的事实并未改变。解决台湾问题，完成祖国统一大业，完全是中国的内政，关系包括台湾同胞在内的全中国人民的根本利益。据此，草案作了规定。"他指的是第二条、第三条、第四条规定。

第二条作了两款规定，第一款规定："世界上只有一个中国，大陆和台湾同属一个中国，中国的主权和领土完整不容分割。维护国家主权和领土完整是包括台湾同胞在内的全中国人民的共同义务。"第二款规定："台湾是中国的一部分。国家决不允许'台独'分裂势力以任何名义、任何方式把台湾从中国分裂出去。"

第三条也作了两款规定，第一款是："台湾问题是中国内战的遗留问

题。"第二款是："解决台湾问题，实现祖国统一，是中国的内部事务，不受任何外国势力的干涉。"

第四条规定："完成统一祖国的大业是包括台湾同胞在内的全中国人民的神圣职责。"

关于以和平方式实现国家统一的问题，草案第五条分为三款作了规定。第一款是："坚持一个中国原则，是实现祖国和平统一的基础。"这是中国一贯坚持的原则立场。第二款的规定是："以和平方式实现祖国统一，最符合台湾海峡两岸同胞的根本利益。国家以最大的诚意，尽最大的努力，实现和平统一。"第三款规定："国家和平统一后，台湾可以执行不同于大陆的制度，高度自治。"

对于这一条，王兆国作了这样的说明："坚持一个中国原则，是解决台湾问题不可动摇的基础。以一个中国为原则，体现的是大陆和台湾同属一个中国的事实，追求的是和平统一目标。'和平统一、一国两制'是我们解决台湾问题的基本方针。以和平方式实现国家统一，有利于台海两岸同胞的感情融合，有利于台海地区乃至亚太地区的和平稳定，有利于实现中华民族的伟大复兴，最符合包括台湾同胞在内的全中国人民的根本利益。'一国两制'的构想，既体现实现祖国统一、维护国家主权和领土完整的原则性，又充分考虑了台湾的历史和现实，体现了高度的灵活性。"因此，草案作了上述的规定。

王兆国说："维护台海地区和平稳定，促进两岸共同发展、共同繁荣，是两岸同胞的共同愿望，符合两岸同胞的共同利益。"为此，草案第六条作了这样的规定："国家采取下列措施，维护台湾海峡地区和平稳定，发展两岸关系：（一）鼓励和推动两岸居民往来，增进了解，增强互信；（二）鼓励和推动两岸经济交流与合作，直接通邮通航通商，密切两岸经济关系，互惠互利；（三）鼓励和推动两岸教育、科技、文化、卫生、体育交流，共同弘扬中华文化的优秀传统；（四）鼓励和推动两岸共同打击犯罪；（五）鼓励和推动有利于维护台湾海峡地区和平稳定、发展两岸关系的其他活动。"本条还专门有一款这样规定："国家依法保护台湾同胞的权利和利益。"

王兆国说："实现国家和平统一，需要推动台海两岸协商和谈判，并为协商和谈判提供广阔的空间。在坚持一个中国原则的基础上，什么问题都可以谈。"为此，草案第七条规定："国家主张通过台湾海峡两岸平等的协商和谈判，实现和平统一。协商和谈判可以有步骤、分阶段进行，方式可以灵活多样。"本条第二款规定："台湾海峡两岸可以就下列事项进行协商和谈判：（一）正式结束两岸敌对状态；（二）发展两岸关系的规划；（三）和平统一的步骤和安排；（四）台湾当局的政治地位；（五）台湾地区在国际土与其地位相适应的活动空间；（六）与实现和平统一有关的其他任何问题。"

王兆国说："我们一贯主张以和平方式实现国家统一。两岸同胞都是中国人，台湾同胞是我们的手足兄弟，没有人比我们更希望通过和平方式实现国家统一。和平统一即使只有一线希望，我们也要尽最大的努力争取而绝不放弃。同时，必须明确，维护国家主权和领土完整，是我们国家、民族的核心利益，是包括台湾同胞在内的全中国人民的共同义务。我们从来没有承诺过放弃使用武力。任何主权国家都不会容忍分裂国家的行为，都有权采取必要的方式捍卫国家主权和领土完整。"他指出："采取非和平方式制止分裂国家、捍卫国家主权和领土完整，是我们在和平统一的努力完全无效的情况下，不得已作出的最后选择。"所以，第八条作了这样的规定："'台独'分裂势力以任何名义、任何方式造成台湾从中国分裂出去的事实，或者发生将会导致台湾从中国分裂出去的重大事变，或者和平统一的条件完全丧失，国家得采取非和平方式及其他必要措施，捍卫国家主权和领土完整。"同时还规定："采取非和平方式及其他必要措施，由国务院、中央军事委员会决定和组织实施，并及时向全国人民代表大会常务委员会报告。"

王兆国说："这里需要强调，如果'台独'分裂势力一意孤行，迫使我们不得不作出最后选择，采取非和平方式及其他必要措施，完全是针对'台独'分裂势力的，绝不是针对台湾同胞的。"所以，草案第九条明确规定："依照本法规定采取非和平方式及其他必要措施并组织实施时，国家尽最大可能保护台湾平民和在台湾的外国人的生命财产安全和其他正当权益，减少损失；同时，国家依法保护台湾同胞在中国其他地区的权利和利益。"

（二）

就是王兆国做完说明并将《反分裂国家法（草案）》交付代表审议的当天，各路媒体便纷纷发出报道加以评论。美联社驻北京记者在3月8日这一天接连发出两篇报道。一篇报道说，中国今天公布了《反分裂国家法（草案）》。这部新法既没有提出新条件，也没有发出新威胁。王兆国在对《反分裂国家法（草案）》作出说明时指出，采取非和平方式制止分裂国家、捍卫国家主权和领土完整，是我们在和平统一的努力完全无效的情况下，不得已作出的最后选择。中国官员称制定该法部分是因为陈水扁计划举行"制宪

公投"。北京担心陈水扁的计划可能包括正式宣布"台湾独立"。

另一篇报道说，中国今天提出了《反分裂国家法（草案）》，授权在台湾有正式独立动向的时候可发动攻击，进一步对台湾施加了压力，同时也警告其他国家在台湾问题上不要插手。

法新社驻北京记者在这一天发出的报道说，中国今天揭开了《反分裂国家法》的面纱。这部法律授予了中国军队收复台湾的法理基础。《反分裂国家法》的具体内容还不得而知，但是中国表明其收复台湾的立场没有丝毫动摇。王兆国在说明中指出，"一国两制"的构想，既体现了实现祖国统一、维护国家主权和领土完整的原则性，又充分考虑了台湾的历史和现实，体现了高度的灵活性。报道说，位于华盛顿的史汀生中心的东亚事务专家容安澜说："我们看不出北京有加快统一步伐的幻想。重要的是，这部法律要告诉台湾怎样和大陆相处。"

路透社驻北京记者当天发出的报道说，中国今天将一部允许动用武力挫败任何"台独"企图的反分裂法公之于众，但努力通过留有其他选择来减少美国的担忧。一些外交官和分析家认为，这一法案对"非和平"方式是最后选择的强调似乎旨在为中国提供战争之外的选择，比如封锁和制裁。报道说，除了硬措施之外，这一法案也包括一些软措施。目的是鼓励两岸经济交流与合作，实现直接通航通商，密切两岸经济关系，互惠互利。这项法案呼吁就结束两岸敌对状态进行协商和谈判，为最终实现和平统一规划两岸的未来关系。

时事社驻北京记者同日发出的报道说，在8日的中国全国人民代表大会上说明的《反分裂国家法（草案）》，其基础是国家主席胡锦涛4日提出的"四点意见"，即在"一个中国"的原则下通过和平统一解决台湾问题。在王兆国进行说明之前，胡锦涛主席透露出该法律制定的基础，这是相当有谋略的。"和平"是向表示担心的日美等国际社会发出的信息，而"武力"则是向出现"台独"倾向的台湾陈水扁施加的强大压力。报道说，另外，对日美两国将台湾海峡问题定为"共同战略目标"，中国表明是对主权的侵害，并坚决反对。所以说，这次中国制定《反分裂国家法》也有牵制日美动向的意图。

共同社驻东京记者同一天发出报道说，中国政府把法案实施对象限定为"台独势力"，一方面对台湾的陈水扁政权进行强有力的牵制，另一方面也避免使用"行使武力"的措辞，也没有设定惩罚条款等，其目的是想把对台湾居民和国际社会的冲击控制在最小范围内。中国政府认为，该法将对世界和平与稳定作出贡献，但是，台湾及日美等方面很可能因此加强对中国的警惕。

台湾各界对《反分裂国家法（草案）》的公布更为关注，各类媒体纷纷作了报道。"中央社"就在3月8日这一天，一口气发表了七、八篇报道。一篇报道说，尝试担任两岸沟通对话桥梁、也是日前春节包机成功推手的工商建研会秘书长王调军认为，反分裂法从一开始迄今，可以明显看出用词上在作调整。例如"非和平方式"代替武力，以及就算非和平手段也会尽可能保障台湾人民安全等。政府应该利用这个机会，化危机为转机，此时应好好地想清楚，台湾现在需要什么，例如国际空间等等，都可以趁此机会与对岸进行协商。

　　又一篇报道说，台湾淡江大学中国大陆研究所教授张五岳表示，从草案的说明来看，初步认定草案是将中国既有政策法律化，但政策宣示大于法律意义。

　　另一篇报道说，台湾前"国防部副部长"林中斌分析，中国全国人大常委会副委员长王兆国有关《反分裂国家法（草案）》说明显示，中国对台湾策略更趋灵活，明确区隔"台独"与"非台独"。他认为，中国对台展现更加灵活多变的身段，不仅寄希望于台湾人民，更付诸实际行动。他分析该草案说明的几项特点：没有设定统一时间表；不提"武"，只说"非和平方式及其他必要措施"；加强文统，加强两岸人民交流；政治互动方式灵活多样；多次提及台湾人民；考量国际局势；区隔"台独"与"非台独"。他认为，这些特点显示中共对台策略更加灵活多样，不提时间表可以避免绑死自己，至于"非和平方式及其他必要措施"，更涵盖各种临界威吓的次军事手段。他说，在加强文统方面，加强两岸人民文化交流、经济交流及体育、教育、技术、科技等专业交流，不只寄希望于台湾人民，更将拉拢人心直接付诸行动。至于在采取非和平方式时尽最大可能保护台湾人民和在台湾的外国人的生命财产安全和其他正当权益，这更是获得民心的规定。

　　有一篇报道反映了宋楚瑜的态度。报道说，亲民党主席宋楚瑜今天表示，和平与维持现状应是当前处理两岸问题的最高指导原则，更是"中华民国"与亚太周边国家的最大公约数。他表示，已注意在《反分裂国家法（草案）》的总说明中，接受两岸分治现状，提到"两岸平等的协商和谈判"、"和平稳定的发展两岸关系"，并了解其中仅强调"中国"、"中华民国"，未强调"中华人民共和国"的态度。他呼吁两岸政府与人民，以冷静理性态度，用智慧处理两岸问题，不要沉溺于情绪中，以免误判与错估形势，反而造成无可挽回的遗憾。

　　还有一篇报道反映了台湾政治大学国际关系中心研究员蔡玮的看法。

他说，草案虽然未出现"武力"二字，不过，未来中方可运用的空间极大，包括政治干扰、经济封锁、心理威吓、法律制裁等方式，对台湾权益影响甚大。蔡玮表示，对台湾来讲，《反分裂国家法》目前的版本，"可能不是最坏的结果"。他认为，现在的球已丢到台北这边，各界都在注意台北将如何评估解读，采取何种反应。

有一篇报道就反映了台湾当局的反应。这篇报道说："行政院发言人卓荣泰表示，目前还在审议阶段，行政院不评估；不过法案列出解决两岸关系三条件及'非和平方式'，字面看似较缓和，却赋予中国当局更大的诠释空间，值得关注。"

还有一篇报道说，中国的《反分裂国家法（草案）》披露后，"行政院大陆委员会"今天发表正式声明，表达强烈抗议。"陆委会"表示，《反分裂国家法》企图"否定中华民国主权"，片面改变台海现状。台联党今天呼吁陈水扁依据"公投法"发动"防御性公投"。否则，《反分裂国家法》通过立法，为时已晚。

3月9日，"中央社"又发表了一篇报道反映了中国国民党主席连战的态度。报告说，国民党上午举行中常会，发言人郑丽文在会后表示，有关反分裂法，连战表示，大家应该厘清"台独"分子只是台湾社会一小部分人，"台独"分子不等同也不代表台湾人民。连战表示，国民党希望在维护现状在前提下，尽速恢复两岸对话，加强经贸、人民的交流，避免任何形式的挑衅，希望创造两岸双赢。为维护台湾安全，应反对所有"台独"主张，包括"两国论"、"一边一国"、"制宪公投"等主张。

（三）

在王兆国同志作说明的前一天，香港《明报》已获悉《反分裂国家法（草案）》的内容，他们在3月7日的报纸上就刊登出题为"'台独'逼出了反分裂法"的文章，发表了他们对《反分裂国家法》的看法。文章说，中国政府与中国领导人在很多场合坚称在台湾问题上，将坚持以最大的诚意，尽最大的努力争取和平统一。中国人民和中国政府制定反分裂国家法，并不是要改变"两岸同属一个中国的现状"，更不是要为"并吞台湾"制造法律根据，而是一部维护"和平统一"的法，防御自卫的法，捍卫主权领土完整的法，代表两岸民众根本利益的法，这是世界上任何一个主权国家都必须拥有的法。这部法对两岸民众来说，是一部有益无害的法；对肆意制造分裂的"台独"分子来讲，是一部闻风丧胆的法。文章指出，但遗憾的是，台湾有些人和美国、日本有些人，对中国制定《反分裂国家法》万分不安，恶言连连，说什么中国大陆想要改变现状，想要吞并台湾，说这样话的人有些是被误导，有些是不了解真相，有些则是不顾事实的攻击，这恰恰暴露了他们包藏的祸心。

当其他媒体也获悉了《反分裂国家法（草案）》的内容后，3月9日也纷纷发表了评论性文章。

香港《成报》3月9日刊登一篇题为"反分裂法创造两岸和平新空间"的文章说，继国家主席胡锦涛日前发表发展两岸关系"四点意见"讲话后，《反分裂国家法（草案）》的亦正式提上人大议程，草案内容一方面对采取非和平方式捍卫主权，设下了清晰的底线；另一方面亦对处理台海现状，提供了更大的宽松和弹性。只要台湾不进行"法理台独"、"修改宪法"及"更改国号"，两岸同属一个中国的现状便得以维持。这对台北当局、国际社会以致两岸人民，均发出了明确而有力的信息，并同时为维持两岸和平制造了更大的空间，有利于两岸关系创造出新的局面。文章指出，综观已披露的草案条文内容，主调乃是以和平手段促进两岸长远统一，重点在反分裂国土，提及以非和平方式处理台独的内容，则只有一小段，并且对动武的前提作出了清晰的界定。依照这一内容，如果阿扁在"扁宋会"上重申的"四不一没有"的承诺能够言而有信的话，台海和平便有保证。

台湾《中国时报》3月9日也一连登出三篇文章加以评说。一篇题为"中共抢占反独制高点"的文章这样说，该法通过后，中共对台的法律战将全面启动，对中共而言，在经过多年的"台独"威胁后，抢占了反独的制高点。北京对台学者表示，美国有《与台湾关系法》，台湾当局一直想搞"制宪公投"，这些都可能加速"台独"进程。有了这部法律后，大陆将可师出有名、以逸待劳，未来美国与台湾行事也会有所节制。

一篇题为"北京踏出务实的一步"的文章说，北京的反分裂法在众所关切之下，终于出炉。由人大副委员长王兆国所作的草案立法过程的报告里，重申一贯原则立场居多，甚至用了较为温和弹性的词语，并未触及具体的统一时间表，也没有触及统一的模式，更多的是在表明如何进行两岸和平交往的方法手段。易言之，重点摆在经济交流及人员往来的两岸利益整合，而非是对"台独"人士的追究责罚。可以说，整个草案精神，显然是柔性较多，霸性较少，与先前所传闻的统一法之内容不同。文章指出，台湾方面除了独派团体会有强烈的反弹外，朝野政党应会比较务实地看待它。事实上，谢长廷也表示过"中华民国宪法"未修之前，是有"一中"架构成分；陈水扁宣

示的"四不一没有"以及国统纲领里亦有"一中"原则的论述。所以说,两岸都在向中间靠近,而追求一个合理、和平、安全的现状。文章最后说,多年来尽管"台独"势力有所强化,然台湾民意的主流仍是维持现状。维持现状意味"愿意在中华民国体制下生存发展,而不求独立建台湾国"。

另一篇题目叫"北京以'法理反独'反制'法理台独'"的文章说,备受国际社会与台湾朝野关切的反分裂法,法律架构已具体浮现。根据反分裂法的立法宗旨,这是根据大陆宪法规定,作为反制"台独"的"预防性立法"。虽然草案用语几经修改,避免使用"不放弃对台使用武力"或"不惜对台动武"等威吓性文字,但"非和平方式"仍意味着北京可以发动点穴战争、斩首行动、对台动武、实施经济封锁、进行贸易报复等军事经济手段。从这点来看,草案文字虽有修正,但"以武反独"的既定立场没有改变。文章最后说,和平与战争,是两条截然不同的发展道路。如何重启政治谈判,化解战争危机,应是当务之急。双方只有走回和平谈判的轨道,才能避免走向兵戎相见、两败俱伤的悲剧道路。

台湾《联合报》也在这一天连着发表了两篇文章。一篇题目叫做"中共将动武可能性'冷处理'"的文章说:"将《反分裂国家法(草案)》内容与今年以来大陆国家领导人陆续发表的对台政策讲话对照分析,不难看出大陆正试图将两岸定位导往'未来一中'的架构,重拾辜汪上海会晤时'平等协商、共议统一'的构想。"文章指出,"台湾朝野在反弹之余,不知是否发现'非和平方式'条件的说法,显然有将动武可能性'冷处理'的味道。'冷处理'当然不表示意在求和,却可以说明意在维持现状,而非立即达成统一。草案所设定的'现状',正是稍早中共全国政协主席贾庆林在'江八点十周年'纪念会上的讲话,以及中共国家主席胡锦涛的'四点意见'中提出的'尽管两岸迄今尚未统一,但大陆和台湾同属一个中国的事实从未改变,这就是两岸关系的现状'。"

另一篇题为"促统·反独·维持现状——从反分裂国家法看对台政策的三个台阶"的文章说,就《反分裂国家法(草案)》已经宣布的说明来看,最重要的是该法已经隐约承认"现状不是'台独'"。从这个角度来解读反分裂法,或许可以看出对台政策演化的三个台阶:促统,反独,维持现状。文章说,我们认为,进入维持现状的台阶,两岸关系的前景,应当是更宽阔,更具建设性。文章分析说,对于反分裂法,一般皆将注意投向"武力"或"非和平方式"等文字的斟酌,或欲分析"红线"、"底线"的表述形式;然而,这些应只是战术层次。例如,在措词上以"非和平方式"取代"武力",

恐怕听来只是感受不同，但实质无异。不过，该法所隐含的对于"现状"的维护，则属战略层次，事关两岸互动的大架构。

（四）

3月8日上午王兆国同志作了说明后，各代表团即召开全团会议、分组会议，结合学习胡锦涛同志3月4日重要讲话，审议了《反分裂国家法（草案）》。代表们一致拥护胡锦涛同志的讲话，认为讲话就新形势下发展两岸关系提出的四点意见，对于制定好、贯彻好《反分裂国家法》具有重要意义。大家普遍表示：解决台湾问题，完成统一祖国的大业，是宪法赋予包括台湾同胞在内的全中国人民的神圣职责。长期以来，我们为此作了不懈努力。但是，一个时期以来，"台独"分裂势力加紧推行分裂国家的活动，日益成为两岸关系发展的最大障碍，成为对台海地区和平稳定的最大现实威胁。为了反对和遏制"台独"分裂势力分裂国家，促进祖国和平统一，维护台海地区和平稳定，维护国家主权和领土完整，维护中华民族的根本利益，制定《反分裂国家法》是十分必要的。代表们认为，王兆国副委员长关于《反分裂国家法（草案）》的说明，对起草这部法律的立法背景、指导原则、立法宗旨和草案的主要内容，讲得很全面、很清楚。草案表明了我们坚持和平统一的一贯立场和最大诚意，同时体现了全中国人民坚决反对"台独"、捍卫国家主权和领土完整的共同意志和坚定决心。代表们一致建议提请本次会议表决通过这部法律草案。

在各代表团充分审议的基础上，3月9日全国人大代表大会法律委员会召开会议，对各代表团的审议意见和十届全国人大常委会第十三次会议的审议意见逐一进行了研究，对草案逐条进行了审议。法律委员会认为，总的看，草案已经成熟，是可行的。同时，根据代表们提出的意见也进行了修改。3月10日，法律委员会主任委员杨景宇在第十届全国人民代表大会第三次会议主席团第三次会议上，作了关于《反分裂国家法（草案）》审议结果的报告，向主席团全体成员报告了代表们的审议情况，并根据代表们在审议中提出的意见对草案中的哪些条款进行了修改作了具体说明。

具体修改情况是：（1）有的代表提出，草案说明中明确讲到，党的十六大关于"世界上只有一个中国，大陆和台湾同属一个中国，中国的主权和领土完整不容分割"的论断，表明了我们对台工作的原则立场，受到全中国人民的拥护，建议本法对这一原则立场作集中、完整的表述。法律委员会经研究，建议采纳上述意见，将草案第二条表述为："世界上只有一个中国，大

· 55 ·

陆和台湾同属一个中国，中国的主权和领土完整不容分割。维护国家主权和领土完整是包括台湾同胞在内的全中国人民的共同义务。"本条的第二款表述为："台湾是中国的一部分。国家绝不允许'台独'分裂势力以任何名义、任何方式把台湾从中国分裂出去。"

（2）草案第三条第二款规定："解决台湾问题，实现国家完全统一，是中国的内部事务，任何外国势力不得干涉。"有的代表提出，本法作为国内法，处理中国自己的内部事务，规定"不受任何外国势力的干涉"比较妥当。法律委员会经研究，建议根据上述意见，将这一款修改为："解决台湾问题，实现祖国统一，是中国的内部事务，不受任何外国势力的干涉。"

（3）草案第六条第一款第一项规定，国家采取措施"鼓励和推动两岸居民往来，增进了解，增强互信"。有的代表建议将上述规定中的"两岸居民往来"修改为"两岸人员往来"，理由是："人员往来"的含义比较宽，既包括个人往来，也可以包括社会团体所组织的人员往来。法律委员会经研究，建议采纳上述意见，将这一条修改为，国家采取措施，"鼓励和推动两岸人员往来，增进了解，增强互信"。

（4）草案第八条规定了"国家得采取非和平方式及其他必要措施"的三种情势，其中第三种情势是"和平统一的条件完全丧失"。有的代表提出，作为一种"情势"，将上述规定中的"条件"修改为"可能性"，可以更好地表明，只要和平统一还有一线希望，我们就会进行百倍努力。法律委员会经研究，建议根据上述意见，将这一条中的"和平统一的条件完全丧失"修改为"和平统一的可能性完全丧失"。

（5）有的代表提出，草案中有两条关于采取非和平方式的规定，第八条是实体性规定，第九条是程序性规定，将这两条并为一条，作为两款，更加简洁明了。法律委员会经研究，建议根据上述意见，将草案第八条、第九条并为一条，修改为一条两款，第一款表述为："'台独'分裂势力以任何名义、任何方式造成台湾从中国分裂出去的事实，或者发生将会导致台湾从中国分裂出去的重大事变，或者和平统一的可能性完全丧失，国家得采取非和平方式及其他必要措施，捍卫国家主权和领土完整。"第二款表述为："依照前款规定采取非和平方式及其他必要措施，由国务院、中央军事委员会决定和组织实施，并及时向全国人民代表大会常务委员会报告。"

杨景宇代表法律委员会所作的审议结果的报告经主席团全体成员仔细地审议，获得了通过。主席团决定由法律委员会依照主席团审议的结果，形成草案修改稿的表决稿交付3月14日召开的全体会议进行表决。

3月14日上午，十届全国人大三次会议举行全体会议。当表决《反分裂国家法》时，全场肃静庄严，最终以零票反对、高票赞成通过了这部法律。当计票结果公布后，全场响起了经久不息的热烈掌声。长达两分多钟的掌声十分感动人。至此，《反分裂国家法》成为了全国人民代表大会历史上第一部没有反对票而通过的法律，代表们说，这部法律是在人民代表大会全体会议上通过，而不是在人大常委会上通过，说明它不是一部普通法，而是一部特别立法和基本立法，以空前的高票通过，清楚地反映了全中国人民的意愿。

吴邦国委员长在十届全国人大三次会议闭幕会上的讲话，就高票通过的《反分裂国家法》讲道："会议审议并高票通过的《反分裂国家法》，将中央关于解决台湾问题的大政方针以法律的形式固定下来，充分体现了我们以最大的诚意、尽最大的努力争取和平统一的一贯主张，同时也表明了全中国人民维护国家主权和领土完整，绝不允许'台独'分裂势力以任何名义、任何方式把台湾从中国分裂出去的共同意志和坚定决心。这部重要法律的颁布实施，对推动两岸关系发展，促进祖国和平统一，反对和遏制'台独'分裂势力分裂国家，维护台湾海峡地区和平稳定，维护中华民族的根本利益，具有重大的现实作用和深远的历史意义影响。"吴邦国委员长用短短的几句话言简意赅地又一次阐明了制定这部法律的宗旨和重大意义。

就在这部法律通过的当天，国家主席胡锦涛发布了第三十四号"中华人民共和国主席令"。主席令说："《反分裂国家法》已由中华人民共和国第十届人民代表大会第三次会议于2005年3月14日通过，现予公布，自公布之日起施行。"

也就在十届全国人大三次会议闭幕的当天上午，温家宝总理在记者招待会上回答了中外记者的提问。第十一位提问的是美国有线电视新闻网记者，他问道："根据《反分裂国家法》，中国有权采取非和平的方式，能不能解释一下什么样的方式算是非和平的方式？如果中国遇到了一个范围更大的冲突，美国也参与进来，在这种情况下，中国是不是要建设一支能够打得赢的军队？就像你在政府工作报告中讲的那样。"

温家宝从容不迫地说："首先，我还是想说明《反分裂国家法》是一部什么样的法律。这不是一部针对台湾人民的法律，而是反对和遏制'台独'势力的法律；不是一部改变两岸同属一个中国现状的法律，而是有利于台海地区和平和稳定的法律。其次，我要讲一讲台海的现状是什么，这是一个重大问题。世界上只有一个中国，尽管大陆与台湾还没有实现统一，但这丝毫没有改变两岸同属一个中国这个事实。这就是当前台海的现状。第三，你所说的采用非和平方式的三种情况都是我们所不愿意看到的。因此,只要有一线希望,我们就会尽最大的努力推进国家的和平统一。我们制定这部法律,体现了包括2300万台湾同胞在内的全中国人民维护国家主权和领土完整、反对把台湾从中国分裂出去的意志。记者先生,你可以翻开1861年贵国制定的两部反分裂法,不也是同样的内容吗?……中国有句古话:一尺布,尚可缝;一斗粟,尚可春。同胞兄弟何不容?台湾同胞是我们的骨肉兄弟,我们希望全体台湾同胞能够理解我们的立法用意,也希望关心台海局势和平与稳定的国家和人民能够理解和支持这部法律。至于你谈到了中国军事力量的加强,我想在这里多讲两句。中国执行的是防御性的国防方针,中国的军事力量如果和贵国比起来,特别是就军费比起来,相差很远。这里不需要我们列举数字。我只想说明一个事实,就是近百年来,中国人总是受人欺侮的。至今,中国没有派过一兵一卒去占领任何国家一寸土地。台湾问题纯属中国的内政,不容外国干涉,我们不希望外国干涉,但也不怕外国干涉!"温总理充满智慧、知识、理性的回答,顿时博得全场的喝彩。那位美国记者面露尴尬,归于平静。不知这位记者先生是否了解自己祖国发生在十九世纪六十年代的"南北战争"。温总理说的美国在1861年制定反分裂法的事情就发生在这个时期。1860年共和党人林肯当选美国总统后,打破了长期以来由南方种植园主控制联邦政府的局面,这就引发了南方的几个州先后宣布脱离联邦而独立的分裂国家事件。林肯为了确保政府军队在南北战争中取得胜利,采取了一系列重要措施,其中最重要的就是制定并颁布了《宅地法》和《解放黑奴宣言》。《宅地法》的立法宗旨就是为了团结和稳定广大的美国公民;《解放黑奴宣言》则宣布所有叛乱各州境内的黑人奴隶为自由人,鼓励他们参加政府军队。这两部法律的颁布实施,确保了联邦政府在南北战争中的胜利,彻底挫败了南方奴隶主分裂国家的叛乱。1868年,美国宪法的第14条修正案正式制定了叛国罪,以法律的手段反对和遏制分裂国家的行为发生。有一个细节应引起人们注意,美国规定,凡是要加入美利坚合众国的每一个公民,都必须进行宣誓,誓言中的关键词就是"效忠国家,反对分裂"。这位记者先生如果不了解这段历史,真应该学一学自己国家的历史了;如果了解这段历史,那他的提问显然就是挑衅。

温总理说的:"中国有一句古话:一尺布,尚可缝;一斗粟,尚可春。同胞兄弟何不容?"头句话出自《史记·淮南衡山列传》,讲的是汉文帝刘恒和他的同父异母兄弟淮南厉王刘长的故事。刘恒是一位有作为的皇帝,他和他的儿子汉景帝刘启相继努力,创造了西汉初期"文景之治"的盛世。但是刘恒的老弟并不是一盏省油的灯，他自视是刘邦的小儿子，刘邦疼爱他，被封为淮南厉王后，为所欲为，在自己的封国内完全按皇帝的规制行事，招降纳叛，并暗派使者与匈奴等勾结，欲图谋逆，分裂国家。刘恒的大臣们屡屡劝谏刘恒要警惕刘长，要判刘长谋逆之罪，以保证国家稳定发展。但刘恒出于手足同胞之情一再忍让，刘长以为其兄软弱可欺，后来公然扯旗造反。刘恒不得已废掉了刘长的王位，杀掉参与谋反的刘长的亲信，遣送刘长去边远地区为民。刘恒下令沿途官吏要厚待刘长，不得为难他。但这刘长暴虐成性，沿途官吏不敢招惹他，一直把他关在囚车里给他送酒送肉。刘长受不了这等待遇，绝食而亡。于是老百姓作歌曰："一尺布，尚可缝；一斗粟，尚可舂，兄弟两人不相容。"温总理在答记者问时，把这最后一句改为反问句："同胞兄弟何不容？"意味深长。

（五）

十届全国人大三次会议闭幕的当天，各路媒体便纷纷作出报道。路透社驻北京记者接连发出两篇报道。一篇报道说，中国人大今天通过了《反分裂国家法》。这项法案几乎是在长时间起立的全体人大代表的鼓掌声中一致获得通过的。分析人士说，中国希望，这项法律能够阻止台湾"总统"陈水扁在其第二个也是最后一个任期内继续推动"台湾独立"。报道特别指出，国家主席胡锦涛立即签署了这项法案。报道说，这项法律强调，中国可能会诉诸"非和平"手段，但未必是战争。这样，北京就有了多种选择，如实行经济制裁、封锁等。分析人士认为，选择这一用词旨在缓和台湾、日本和美国的不安情绪。报道还指出，官方的新华通讯社说，此法正式通过之前作了一些修改。尽管改动很小，但台湾发行量很大的《联合报》却认为，进行修改是为了让大家易于接受而作出的努力。

路透社的另一篇报道说，温家宝在会后的记者招待会上说，《反分裂国家法》不是一部战争的法律，而是一部和平统一国家的法律。温家宝说："这个法是一部加强和推进两岸关系的法，是一部和平统一的法，而不是针对台湾人民的，也不是一部战争法。"温家宝引用了中国的一句老话："一尺布，尚可缝；一斗粟，尚可舂。同胞兄弟何不容？"温家宝在解释反分裂法时提到了美国在1861年到1865年爆发的南北战争，这场战争防止了南部各州从联邦从分离出去。温家宝在回答一名美国记者的提问时说："可以翻开1861年贵国制定的两部反分裂法，不也是同样的内容吗？而且随后就发生了南北战争。我们不愿意出现这种情况。"报道特别指出，当温家宝说到中国在寻求国家统一的过程中不怕外国干涉时，中国记者报以热烈的掌声。

时事社驻北京记者也在当天发出报道说，中国十届全国人大三次会议14日通过旨在防止"台湾独立"的《反分裂国家法》后宣告闭幕。对该法案进行投票表决时，赞成票为2896票，反对票为0票。该法把"和平统一"台湾摆在最优先地位，同时也第一次为对台动武提供了法律依据。中国政府强调，即使和平统一的希望很小也会为此付出百倍的努力，并通过修改草案向国际社会表明了灵活态度。

美联社在3月12日就发出报道说，中国大陆拟通过的《反分裂国家法》看似会增加两岸紧张气氛，但这种做法实际上是旨在维护和平。报道援引专家们的看法说，美国智库兰德公司亚洲政策主管威廉·奥韦霍尔特指出，《反分裂国家法》的本意是为了震慑台湾，而不是为了采取某种激烈行动寻找借口，是针对陈水扁可能会采取重要行动作出的反应。波士顿学院中国问题专家罗伯特·罗斯认为，大陆既然已经宣布要制定《反分裂国家法》，必然会将其推进下去，因为这方面的任何拖延都可能会纵容台湾领导人作出更大的挑衅行动，也可能会使其他分裂势力质疑北京政府的决心，还可能会使其他国家加大对这些势力的支持。

俄塔社莫斯科3月14日发出报道说，俄罗斯国家杜马对中国人大通过《反分裂国家法》表示理解。杜马国际事务委员会副主席、著名历史学家纳罗奇尼茨卡娅在接受记者采访时表示，中国完全有权动用一切手段捍卫本国领土完整，包括军事手段。她说，全国人大的决定是"完全正确"的，"台湾问题是中国的内部事务"。杜马独联体和同胞联系委员会主席科科申认为，"中国拥有武力维护国家领土完整的合法权力，因为国际社会承认中国对台湾的主权"。经济政策委员会主席德拉加诺夫指出，"中国通过的《反分裂国家法》确立了统一的合法权力"。他相信，"中国不会动用武力，因为它会首先立足于使用一切和平手段"。他强调，"中国现在距统一最近"。国家杜马副主席、自由民主党人日里诺夫斯基希望"台湾当局接受'一国两制'的模式"。

法新社驻布鲁塞尔的记者3月14日发出一条消息反映了欧盟委员会对中国通过的《反分裂国家法》的看法。消息说，欧盟坚持其在台海问题上的一贯立场，即坚持一个中国，坚持和平解决分歧，反对动用武力。

法新社驻悉尼记者也在这一天发出了一条消息反映澳大利亚外长的态度。消息说，外交部长唐纳在北京通过《反分裂国家法》之前发表讲话说："我们真正关心的是，一方面我们希望看到中国通过谈判的方式和平解决台湾问题，对此我感到很乐观；另一方面，我们不希望台湾采取极具挑衅性的行动，如宣布'台湾独立'。"

美联社驻东京的记者3月14日发出一条消息说，巴基斯坦外交部在首都伊斯兰堡发表声明说："巴基斯坦赞赏并完全支持中国实现国家统一，包括最近通过《反分裂国家法》在内的所有努力。"

俄塔社驻平壤记者3月15日发出报道说，朝鲜外交部发言人接受记者采访时说："通过这个法律对分裂分子是一个沉重打击，为捍卫国家主权、领土完整和国家的和平统一奠定了法律基础"。这位外交官说，平壤支持中国按照"一国两制"的原则实现与台湾的和平统一。

法新社驻布鲁塞尔的记者在3月14日发出消息说，塞尔维亚和黑山的外交部发表声明，表示完全支持中国通过《反分裂国家法》。

总之，中国人大通过《反分裂国家法》后，国际社会纷纷给予积极的正面回应，大多数国家明确表示赞赏和支持。

（六）

台湾岛内各界对大陆通过的《反分裂国家法》最为关切，各类媒体报道很多，"中央社"在3月14日这一天连着发出了七、八篇报道。一篇报道说，中国国民党发言人张荣恭表示，中共的调整展现弹性及宽松，应可降低国际间的疑虑；为了缓和两岸关系，他认为政府宜审慎因应，陈"总统"应以智慧判断是否参与民主进步党"三二六"游行。张荣恭说的"三二六"大游行，是指陈水扁在得知大陆要通过《反分裂国家法》时，就扬言要在3月26日这一天组织百万人的大游行反《反分裂国家法》。所以，张荣恭才有"宜审慎因应"，"应以智慧判断"等规劝性说法。

另一篇报道反映了亲民党主席宋楚瑜的态度。报道说，宋楚瑜今天发表九点声明，他认为大陆的《反分裂国家法》表达了善意。他指出，亲民党一向主张台湾意识不等同于"台独"分裂主张，"台独"不仅无法获得台湾主流民意认同，也无法解决两岸复杂问题，更会给台湾带来严重战争与灾难。

又一篇报道说，中国通过反分裂法后，民进党"立法院"党团上午召开记者会，要求立即召开朝野协商会，尽快通过决议，表达反对反分裂法的立场。

还有一篇报道反映了台湾工商界的反应。工商团体认为，大陆通过的《反分裂国家法》已尽力表达和缓，只盼两岸的领导人能用智慧与理性处理好两岸关系，让两岸尽速恢复到因春节包机露出一丝曙光的正面进展上。工

商建研会秘书长王调军表示，今天通过的反分裂法，可以看出大陆方面一直尽力希望不要造成台湾人民的反感，几乎可以说，只要台湾不要独立，这项法案就形同虚设。法案中还提出一些现在两岸可以进行协商的问题。他建议，台湾应该把握住这个机会，与对岸进行对谈。商业总会发言人陈正毅认为，从刚通过的法案内容看，大陆方面在表达反对分裂的立场同时，向台湾尽量传达善意。

当舆论界仔细研读过《反分裂国家法》后，便纷纷发表文章作出积极评价。

台湾《财讯》月刊3月号刊登一篇题为"对'台独'不利，对台湾有利"的文章说，《反分裂国家法》主要是冲着"台独"而来，像是中共的"遏独"天条。身为全球首霸的美国，对此虽有反对，但未强烈反对。美国态度如此，一方面是想给台湾当局颜色看，看看扁政府刷爆台湾信用卡的后果；另一方面美国自己还在进行反恐大业也需要中共配合，伊朗问题加上朝鲜问题都已迫在眉睫，而美国又分身乏术，无暇多顾两岸问题。这样的情势，对"台独"是不利的，而对台湾是有利的。文章指出，对台中美而言，"台独"都是威力无穷的核子武器，比起朝鲜自称拥有的核武、伊朗研制中的核武都不逊色。在中国、美国看来，近十年来从李登辉到陈水扁的台湾当局都在陆续进行"'台独'核武试爆"，深刻地冲击着台海现状，再不进行"武器管制"，终将引发世界级战争。所以，美国默认中共制定的反分裂法，实际上就是"'台独'核武管制法"。美国的想法就是"维持现状"，即：一中、对话、交往、和解。文章最后说："阿扁政府强烈反对反分裂法的心情是可以想见的，但是大势难抗。台湾从来不具备与中国摊牌的实力，而中共领导人基于'不要因小失大'的考虑，也一直'隐忍'。中共搞反分裂法，其实就是害怕台湾当局把油门踩到底，所以要'以法制独'。"

香港《信报》3月15日发表了郑海麟先生的文章，题目叫"《反分裂国家法》与未来两岸关系"。文章说，人大常委会副委员长王兆国在说明反分裂法草案时指出，《反分裂国家法》未使用"动武"字眼，而是用较温和的"非和平方式"一词。他解释："采用非和平方式制止分裂国家、捍卫国家主权和领土完整，是大陆在和平统一的努力完全无效的情况下，不得已作出的最后选择。"北京一再表明，在作出"非和平方式"的"最后选择"时，必须适合三个前提：一、"台独"分裂势力以任何名义、任何方式造成台湾从中国分裂出去的事实；二、或者发生将会导致台湾从中国分裂出去的重大事变；三、或者和平统一的可能性完全丧失。具体而言即是：一、遏止

"台独"势力；二、反制美国的"与台湾关系法"；三、反制台湾的"公投法"。接着文章对这三条作了具体分析。关于"遏止'台独'势力"，文章分析道，所谓"台独"分裂势力以任何名义、任何方式造成台湾从中国分裂出去的事实，是针对台湾当局"更改国号"和"变更领土"而言，台湾当局如宣布"中华民国"为"台湾共和国"或者将中华民国的领土范围缩限为台、澎、金、马，便意味着"实质台独"。对此，采取"非和平方式"的断然措施，也就是时下流行的"先斩后奏"。

文章在分析反制美国的"与台湾关系法"时说，北京当局非常清楚，台湾问题长期得不到解决，主要是外国势力干涉和台湾分裂势力阻挠的结果。而"台独"势力的迅速发展壮大，其所凭借的就是"与台湾关系法"。大陆今次出台的《反分裂国家法》，很大程度上是用来反制美国的"与台湾关系法"。有趣的是，《反分裂国家法》使用的许多关键性法律用语，就来源于"与台湾关系法"，其中"非和平方式"即是一例。《反分裂国家法》提出的"非和平方式"显然是针对"与台湾关系法"第二条（B）项第四款的。这一款规定："任何企图以非和平方式来决定台湾的前途之举——包括使用经济抵制及禁运手段在内，将被视为对西太平洋地区和平及安定的威胁，而为美国所严重关切。"《反分裂国家法》正是以其人之道还治其人之身。

关于反制台湾的"公投法"，文章是这样分析的，自从台湾"立法院"通过"公投法"以来，台湾当局一再声称：任何改变台湾现状的决定，都必须经台湾2300万人民同意。这点似乎已成为台湾朝野的共识。这其实是把2300万台湾人民当作人质威胁大陆。本年初，美日举行"二加二"会谈并发表将台湾纳入美日安保条约防卫范围的"共同目标"声明，使大陆和平统一台湾的条件进一步丧失。为扭转这一局面，北京将反制"公投法"和《美日安保条约》的内容加入《反分裂国家法》，表示维护主权和领土完整的决心和不能容忍台湾长期拒绝的态度。

文章最后说："概括地说，《反分裂国家法》是北京向'台独'势力摊牌和反制美日势力干涉的一项法律武器，其对未来两岸关系的影响至大且巨。"

新加坡《联合早报》3月19日发表丁伟达先生题为"台湾问题的终结"的文章也见解独到且深刻。文章说，中国最近通过《反分裂国家法》，明显是要公开传达两个信息：首先，台湾方面请别再玩前几年那些"'台独'擦边球"，大陆方面也懒得再一一回应，今后的反应就是一句话：依法办事。再者，对"台独"的策略现以法律形式固定下来，于是未来的人为与人事变动对此问题的影响也就随之减弱。也就是说，反分裂法已从根本上说明了一

切，无论谁掌权都会依此办事。于是，反分裂法注定要结束一个旧时期，开启一种新状态。旧时期的主题是"统一还是分裂"，而新状态的目标将转向"如何统一"。文章指出，据说台湾有政客为此要号召民众上街游行抗议，这就变得有些滑稽：抗议什么呢？抗议"反分裂"？这样的抗议，岂不是如"此地无银三百两，隔壁阿二不曾偷"一样不打自招了吗？文章说，亚太地区、美国、欧洲，甚至包括台湾内部的有识之士，都普遍相信反分裂法其实是极有助于"台湾问题"的终结，并有利于"台湾项目"的发展。其逻辑就像是用手术刀直面恶性病变以保健康，最终的目的不是武力，而是和平。

文章指出，所谓"台湾问题"，缘自可能由"台独"引起的战争与灾难。而"台湾项目"，则是在去除"台独"选项后两岸可更多集中在建设性方向的努力。从某种意义上讲，"台湾问题"也确实是因为长期缺少宏观规范所造成，导致有人假借民主之名行分裂之实，并在近年来发展到走火入魔的地步。

文章说，每当新一届美国总统上任，起先都会觉得以中国如此之大，区域影响如此之广，综合国力发展如此之迅猛，美中之间一定会首先最关注某种宏观的安全与合作框架，而不会纠缠在某个具体问题上。但很快，美国总统的耳膜里就会充斥了来自中国方面关于"台湾、台湾、台湾"的反复强调。据说，缺乏国际常识的牛仔小布什起初颇感诧异：台湾是何方神圣，竟让中国如此投入？赶紧去查看地图，一看不禁大惊失色：什么？台湾只像中国这只大公鸡嘴下的一粒米！不行，我们美国一定要努力加以"保护"才是！于是，中国方面的抗议迅猛高涨，小布什才有点明白，原来中国称台湾是中国的一部分，是关系国家统一还是分裂的大问题，为此中国是不惜一切手段和代价的，包括不惜与美国及日本兵戎相见，如果后者胆敢来"协防"的话。小布什下一步自然是恶补历史。经过一段努力，这才明白个大概，而且还悟出对华政策的第一定律：与中国人打交道时，只要在"台湾问题"上顺了，其他方面都会随之变爽，否则就可能出现争执甚至麻烦。由此又推演出"对华第二定律"，也是美国外交"胡萝卜加大棒"原则的中国特别版：用得上中国或大形势所迫时，美国就对"台独"凶点儿；需要对中国施加压力时，就不妨对"台独"表示点儿亲近，等于是让中国难受起来。但美国的有识之士与战略学家们普遍认为，这两个对华政策定律虽然还挺灵光，但却过于倒向机会与实用主义，与美中两大国的长远发展利益及整个亚太地区的和平发展稳定，其实鲜有益处。一旦美国在此问题上的小聪明玩过了头，弄不好还会搬起石头砸自己的脚。

文章指出，现在中国大陆制定反分裂法，其实是为中美双方都提供了一个战略性转机，即在为"台湾问题"划定一个"防止恶化"的框架之后，中美双方都可以开始甩脱长期以来在此问题上的过渡纠缠与消耗，而上升到更高远广阔的框架层面去审视规划两国关系与区域安全。而且，这反过来可能也有助于"台湾项目"的良性发展变化。

文章最后乐观地写道："'欲穷千里目，更上一层楼'。可以预期，在稳定以至终结'台湾问题'后，中美两大国进入到真正区域战略互动互补的状态前景，是令人乐观的。"

香港《新报》3月20日发表了王友金先生的文章，主题就是"反分裂法对台湾人民有利"。文章开头就提出了问题："海峡两岸以及国际间对《反分裂国家法》议论纷纷，甚至有人对其可能引起台海的紧张局势忧心忡忡，该法的真意何在，实是关键问题。"文章接着心平气和地写道："如果我们平心静气地将刚通过的《反分裂国家法》和国家领导人在政协会议上和全国人大代表会议上的讲话拿来研判，更正确的结论恰恰是对台湾人民有利，对海峡两岸维持和平有利，同时对香港也有利。"文章说，深入探索反分裂法，实质是在维护两岸的和平现状，并不急于改变这种现状。这部反分裂法开宗明义就规定："为了反对和遏制'台独'分裂势力分裂国家，促进祖国和平统一，维护台湾海峡地区和平稳定，维护国家主权和领土完整，维护中华民族的根本利益，根据宪法，制定本法。"这是立法宗旨，首先指出本法的真正目的是在于"遏独"。为此目的，反分裂反具体列出采取非和平方式，也即是对台用武的三大前提。在什么具体情况下会招致中共采取非和平手段对台动武呢？唯一的答案是：陈水扁宣布'台独'。过去，陈水扁确实咄咄逼人，处处采取"渐进式台独"行径，例如"去中国化"、"修宪公投"、"篡改中华民国国号"，只差最后一步宣布"台湾独立"，就坠入深渊，一失足成千古恨。中共就是在这种忍无可忍，是可忍孰不可忍的紧急关头，被迫制定反分裂法，责任应该谁负？

文章指出，从中共领导人最近在两会期间的讲话中，更可以体会出中共对台政策已有所松动。胡锦涛主席3月4日在政协会议联组讨论会上发表"四个决不"、"五个可以"、"四个只要"的讲话，中心要点是表示只要承认一个中国原则，承认"九二共识"，不管什么人、什么政党，也不管他们过去说过什么、做过什么，都愿意同他们谈发展两岸关系，促进和平统一的问题，这显然是向陈水扁伸出双手。胡锦涛的讲话基调可以总结为坚持一个中国、和平统一、寄希望台湾人民与反"台独"等"新四点意见"。除了一个

中国和反对"台独"之外，首先值得注意的是提出"寄希望于台湾人民"，这是表示尊重"台湾的主流民意"，而台湾的主流民意，正是台湾人民要求维持现状。另一个新提法是"两岸同属一中"，结合上述尊重台湾人民主流意识的表述，说明两岸的和平统一，也需要取得台湾2300万人民的同意。这一来，统一大业的完成，就要取得13亿中国人民、包括台湾人民的一致共识。反分裂法的主旨虽然是"遏独"，但间接的作用倒是呼应当前台湾的主流民意——维持现状。所以说，反分裂法的直接结果是海峡无战事。因为主要是遏止"台独"，迫使陈水扁放弃一切"台独"的行径，才能维持和平现状，最后才能谈到海峡两岸的统一。

文章最后这样写道："自从中共于去年宣布制定反分裂法之后，陈水扁虽然口口声声极力诋毁和反对，毕竟河水东流去，在"台独"的言行上，不得不暂作收敛，甚至最近与亲民党主席宋楚瑜会面后发表的声明中，不得不公开表示在他任内不会宣布"台独"。虽然陈水扁经常出尔反尔，但面对铁律反分裂法的铜墙铁壁，难道疯狂到甘冒天下之大不韪，连自己的前途和生命都不顾了？"天下炎黄子孙都在拭目以待陈水扁将作何表现。

（七）

陈水扁是不甘心的，他总想闹一闹，但又无计可施。正当他向隅而泣的时候，传来了赖斯将要访华的消息，顿使他发生奇想，想从赖斯那里得到一点支持。于是他下令部下密切观察赖斯的言行。台湾亲绿的《自由时报》刊登了一篇题为"赖斯将访中 我重点观察"的文章，活灵活现地反映出扁政府的期盼和窘境。文章如此描摹："对于赖斯的中国之行，总统府、国安会、陆委会、外交部皆严密注意，若干单位并组成工作小组搜集相关资讯，尤其在对岸通过反分裂法后，台湾不希望再发生伤害台湾的事。据指出，美国虽为我最重要盟邦，但台湾并不妄想美国政府会全然站在台湾的角度思考问题，尽管反分裂法成为正式条文后，布什总统与国务卿赖斯已经在第一时间表达负面看法，但中国自己冲击美日在亚太的战略布局才是最关键因素。因此，我方观察反分裂法草案释出以来的美方连续发言，对于赖斯多次提及'两岸皆应自制，不宜有相互挑衅的行动'之类的言词，台湾方面并不欣然同意。"

不知扁政府注意没有，就在赖斯访问印度的时候，这位新任美国国务卿女士就释放出不利于阿扁的信息。法新社驻新德里记者在3月15日发出消息说，赖斯在飞往印度的飞机上说："毫无疑问，中国是改变亚洲面貌的一个重要因素。"她还说："我们正设法与一个正在崛起的中国改善关系，而且已经改善了关系。这显然是一种建设性的关系，但也是一种存在分歧的关系。"她又说，中国无论如何都将在该地区具有重要的影响力，因为它是一个庞大的国家，而且经济发展很快。

同一天，香港《信报》刊发一篇题为"国务卿如期访华"的文章分析道："从中美关系大局看，合作是主流，也是未来的发展方向。本月20日，美国国务卿赖斯即将到访北京。如果美国真的认为《反分裂国家法》对两岸关系和中美关系有足够的损害，赖斯完全有理由取消这次访问。而北京方面完全有理由相信，赖斯到访本身即表明美国对台湾'急独'的态度。通过赖斯近期言论可以清楚地看到，美国人愈来愈从战略层面关注和处理中美关系问题，台湾问题只是中美关系中的一个问题，不是中美关系的全部。美国的关注点在于保持中美合作，不会让台湾问题影响中美关系。"

《信报》在这一天的报纸上还登出一篇文章，题目叫"美国对《反分裂国家法》的真实态度"。文章作如是分析："在牵涉到中美关系和两岸关系的重大问题上，美国都会表达自己的态度，这已经成了一种惯例。在《反分裂国家法》问题上同样不例外。通过这些表态，我们可以得出几点结论：第一，美国官员的这些表态没有太多实质性内容，大多是不痛不痒地做点样子。他们的用词都很克制，给自己留有余地，给中美关系也留有余地。第二，美国官员的这些表态力度不大，其中没有一句涉及到美国应对的方式，尤其是在军事、安全领域可能采取的应对行动。第三，但凡中美关系或台湾问题上出现重大问题，美国总统的表态是必不可少的。但这一次，总统布什却鲜见地躲在后面没有出声。我们可以回忆一下，当陈水扁提出'公投制宪'的时候，布什一而再、再而三地表示了反对意见。"

果然，阿扁在赖斯访华中确实没有捞到什么救命的稻草，等来的却是大大的失望。3月20日这一天，"中央社"驻北京的记者发出报道说，胡锦涛及温家宝会见赖斯时都在重申，中美双方有着广泛的共同利益，两国合作符合双边利益，有助于促进地区乃至世界稳定繁荣。胡锦涛及温家宝同时强调，《反分裂国家法》是维护台海和平的重要法律，希望美国予以理解、尊重、支持。赖斯表示，维护台海局势安宁并和平解决台湾问题符合美国利益，美方希望台湾问题获得和平解决。她说，中国正在发生为世人瞩目的巨大变化，美国希望看到一个自信强盛的中国，愿以建设性和相互尊重的方式处理双方分歧，加强美中在不同领域的合作。

德新社驻北京记者也在这一天发出消息说，美国国务卿赖斯今天重申，布什政府支持"一个中国"政策，并说美国不会改变它的对台政策。赖斯说，中美发展良好的外交关系对"整个世界有益"。赖斯在与胡锦涛主席会谈前说，双方"有机会讨论任何问题"。她说："我们一定能本着合作和彼此尊重的精神来处理我们的关系和有关问题。"

《香港商报》3月20日也发出报道说，布什的铁腕搭档赖斯，今天再一次造访被她看为"重要性正在增强"的中国。赖斯此行，是她出任美国国务卿之后首访中国，也是今年以来中美高层交往的重要举动，可谓使命重大，世所关注。赖斯此次访中国，前后两天，虽"闪电式"短暂，但据说"内容丰富"。台湾问题是中美关系中最重要、最敏感的核心问题。近来美方对中国人大通过的《反分裂国家法》又妄加评论，美对台政策仍明显具有牵制中国的战略意图，因此其在"阻独"上的作为将非常有限。专家认为，中国在《反分裂国家法》问题上，将"争取理解，但不受干涉"。中方领导会向赖斯强调，美国应该以实际行动履行坚持一个中国政策，与中方共同反对和遏制"台独"，维护台海地区和平和中美关系的稳定发展。

当赖斯结束访华后，3月22日台湾《联合报》发表了一篇题为"惊人的巧合！美中达成台海默契"的报道说："美国国务卿赖斯昨天在北京就反分裂法公开表态时，用语低调且缓和。显然，北京向美方展现'不独、不武'底线与'以武遏独'维持台海现状用意后，初步取得美方默许，美方虽不赞成，但也没有强烈反对之意。从美方媒体关注焦点和赖斯谈话内容来看，解决'北韩核武'问题是赖斯亚洲行的重头戏，远甚于台湾关切的《反分裂国家法》。在台海议题方面，赖斯对两岸的用语都相当谨慎，对台湾，她没有使用'不支持台独'或'反对台独'字眼，比去年布什表示'反对台独'的做法友善一点。不过，也没有一如台湾希望的，向北京表达反对《反分裂国家法》，似乎显示，美方不认为《反分裂国家法》会改变台海现状。自大陆通过《反分裂国家法》后，美国的态度大致保持低调，赖斯昨天称得上比较负面的用语，就是'《反分裂国家法》不受欢迎'、'确实升高两岸紧张'。赖斯一再强调的是，'希望北京采取步骤，展现善意，降低紧张'，这与北京下一步对台计划不谋而合。这一惊人的巧合，很难不让人怀疑北京和美国之间，是否已就台海议题达成某种默契。"

无独有偶，也是在这一天，台湾《中国时报》发表了题目叫"'共管'台海形势 美中渐有默契"的报道，表达了与前文相似的见解。报道说，未如台北的期待，赖斯在北京就《反分裂国家法》仅作出"不欢迎"的表态；而正如北京先前所预期，赖斯此行不会在反分裂法议题上大作文章。此前熟悉中美事务人士乐观认为，基于各自利益考虑，在台海议题上，中美共同管理的形势已经浮现。

不知仰洋人鼻息的陈水扁看了这些报道作何反应，恐怕也只能是继续向隅而泣了。

八、许文龙退休感言震撼台湾，它仿佛是《反分裂国家法》吹响的春风化雨号角中绽放的一束迎春花

（一）

陈水扁总是不甘心，他就是要闹一闹。他误导、欺骗民意，就是要搞"三二六"大游行抗议全国人大高票通过的《反分裂国家法》。目击游行情况的记者写报道说，据记者观察，一周以来，打开电视，翻开报纸，台湾当局和"台独"团体煽动"反反分裂法大游行"的活动充斥其中，花样百出，丑态也百出。有的地方号召民众带家中的宠物上街，说"爽就好"；有的团体在社会上征集3岁至5岁的小朋友，要在他们的小屁股上贴抗议贴纸，被媒体讥讽为"小屁屁抗飞弹"。在26日游行现场，被视为最有"创意"的一招儿，是以象征"民主"的一束白光，打到外形像海胆的被用来象征"中国飞弹"的充气玩具上。组织者在台上声嘶力竭，台下的民众有的摇着手中的游行道具随声附和，有的则干脆席地而坐，吃喝休息。组织者号称此次游行"有百万之众"，但据台北市警方统计，实际人数约二十多万。媒体报道，游行者多是从台湾中部、南部被动员来的，而台北市居民多数待在家里。据知情者透露，民进党每次动员这样的活动，都要花大钱，不光租旅游车，还给游行者准备水和便餐，有时还要给零花钱。有岛内媒体报道，民进党为煽动这次游行所花费的钱财达8000万新台币之巨。

就在台湾当局发动"三二六"游行的当天，另一桩新闻事件犹如一次大地震震撼着台湾，震得台湾当局手足无措——这就是在2000年台湾地区领导人选举中曾经公开支持陈水扁的台湾奇美集团创办人许文龙发表了退休感言，公开声明"我认为台湾、大陆同属一个中国，两岸人民都是同胞姐妹"。他表示，支持两岸"三通"。他说，胡锦涛主席有关台湾问题的讲话和《反分裂国家法》，让他"心里踏实了许多"。此言一出，立刻在岛内引起剧烈的震荡。台湾《中国时报》报道说，许文龙事先完全没有与当局打过招呼，是在毫无知会的情况下公开与"台独"划清界限，令当局非常惊愕。在"府院党"各方政要们准备上街参加"三二六"游行之际，如同当头被泼

了一盆冷水，当局有人形容"连伞都来不及打，实在太突然了"。惊愕之中，有关部门一时竟不知如何回应。"陆委会"副主任邱太三说，已请与许文龙熟识的人了解情况，看许文龙到底是基于怎样的思维写了这篇文章。

（二）

许文龙的退休感言是发表在3月26日的台湾《联合报》上的。选载如下：

"我是一生意人，出生在台湾，祖籍在福建海澄，1991年我到大陆福建寻根，我认为台湾、大陆同属一个中国，两岸人民都是同胞姐妹。"

"1991年我在福建捐款建校舍，并在福建举办塑胶染色培训班，后效果不佳，即于同年到丹阳、苏州等地投资建染色厂，获得相当好的成果，现在塑胶料的染色技术，已在大陆普遍运用，也提升了塑造加工技术。"

"奇美在大陆投资，一是看重大陆改革开放的商机，二是想通过两岸经济交往缩小两岸的经济差距，让两岸同胞都尽快地富裕起来。我常想，只有两岸民众都富裕了，才是中国人的富裕，只有两岸民众都幸福了，才是中国人的幸福。"

"多年来，我一直呼吁海峡两岸尽早实现'三通'才能使两岸资源互补，才能加快两岸经济的同步发展，今年春节台湾、大陆实现包机直飞，这是一种进步，我感到很高兴。"

"2000年台湾大选，我支持民进党支持陈水扁，缘于我对国民党的黑金政治的不满，但我支持陈水扁并不是支持'台独'，我认为台湾的经济发展离不开大陆，搞'台独'只会把台湾引向战争，把人民拖向灾难。我不希望两岸人民再受到战争的创伤，也不希望奇美同仁因此而流离失所。"

"2000年大选后，我已逐步淡出政治，今年初我已向长官两次提出辞去'资政'职务，这些都足以说我对台湾政治已经毫无兴趣。"

"最近胡锦涛主席的讲话和《反分裂国家法》的出台，我们都很关注。我觉得有了这个讲话和法律，我们心里踏实了许多，因为敢到大陆投资，就是我们不搞'台独'，因为不搞'台独'，所以奇美在大陆的发展就一定会更加兴旺。"

"现在，我已从董事长的位置上退下来了，将近一年，我寄望奇美在新董事长廖锦祥先生的带领下，能够作更好的发展，能够为国家、为社会、为两岸人民的幸福作更进一步的贡献。"

现年77岁的许文龙先生在台南长大，高职毕业后，17岁的他便独自出来闯天下，白手起家建立了奇美集团，经过多年的艰苦努力，使奇美拥有了将近900亿新台币的身价。在《福布斯》杂志公布的2004年全球10亿美元富豪榜上，台湾有10人上榜，许文龙位列第六。奇美实业是台湾第一家亚克力板生产者，许文龙亦被尊称为"台湾亚克力板之父"。在短短的十年之内，奇美成为世界上顶尖的亚克力板供应商之一。目前，奇美集团主要经营的领域有两个：石化和电子。现有从业人员一万多人。

香港《大公报》3月28日载文介绍许文龙说，长期以来，许文龙一直是民进党的"幕后金主"，对此，他也从不讳言。2001年12月30日，具有强烈亲陈水扁色彩的"财团法人台湾智库"在台北市正式成立，许文龙是主要捐助人。该智库的基金会金额目前估计有6000万元新台币。在2004年台湾"大选"中，许文龙对陈水扁也是鼎力相助的。所以，许文龙一直被冠以"绿色台商"的称号。所以，他在3月26日发表"退休感言"，公开反对"台独"的观点当然会在岛内引起强烈地震。

（三）

许文龙的"退休感言"公之于世后便热评如潮。台湾《工商时报》3月27日刊登报道说，奇美集团副总经理兼发言人许春华强调，前董事长许文龙的各种说法都属个人行为，该集团向来主张政治中立。不过，许文龙指出两岸同属一个中国等说法，让员工们心里更踏实。报道说，一年前，许文龙为避免绿色标识，妨碍奇美集团大陆投资，自愿卸下奇美集团董事长职位，目前仅担任奇美基金会、奇美医院董事长，期望与奇美集团切割，并多次于公开场合，一直呼吁两岸要尽快三通，政经分离、台湾没有分裂本钱。然而这些做法效果欠佳。

同一天，台湾《中国时报》发表报道说，奇美集团创办人许文龙选择在"三二六"游行当天发表公开信，强调两岸同属一个中国，相关说法令朝野均感震撼。一位奇美资深干部表示，许文龙原本就未曾明确认同"台独理念"，该封公开信形同把话讲清楚、说明白。报道说，该位奇美集团经理级资深干部说，许文龙本为股实商人，把心思投注事业，根本无意沾染政治，他自己也料想不到，有朝一日竟然跃居政治舞台，有关他的议题及谈话，还经常攻占报纸政治版面头条。他私下对外界老把他和"台独"联系在一起颇为在意，但一直没机会把话说清楚。报道指出，有北京台商认为，许文龙此举应是替奇美在大陆的发展解套。一位对台人士指出，任何人只要承认'一个中国'，就是好朋友，他认为"识时务者为俊杰"，相信像许文龙这样的人会越来越多。

3月28日，台湾《联合报》报道说，国民党主席连战27日表示，奇美集团创办人许文龙觉得"过去走的路，是条走不通的路"，这是讲的内心话。把这样的话讲出来很不容易。连战说："我很赞赏他的勇气！"国民党文传会主委张荣恭27日晚表示，外界过度用在商言商的角度，来贬低许文龙有关时局的思考层次，是有欠公允的。其实，多数企业家与许文龙的想法是相似的。但无论过去外界是否误解了许文龙，至少现在许文龙站在高处，评估、审视了台湾当前的处境，了解"台独"是条走不通的路，"台独"将让台湾遇到战争，所以提出新主张，对执政当局应是很好的启发。

同一天的《联合报》上还发表了一篇张忠本先生的文章，题目叫"奇美的无奈何尝不是台湾的处境"。文章开篇便指出："强力支持扁政府的奇美集团创办人许文龙，选在'三二六''反反分裂法'大游行当天，发表支持'一个中国'、反'台独'的主张，十分突兀，也显见想在大陆发展的台商是何等的无奈。过去两年执政的民进党提出'一边一国'、'正名'、'制宪'的主张，造成两岸关系紧张。一些表明支持扁政府的企业，多被赋予'绿色企业'的标签，招致中国大陆政府的制裁。有位与大陆关系良好的台商受托为某'绿色台商'向当地政府说项，当地官员回以'大陆提供廉价的生产资源、工人、土地、水电，又给予税捐优惠减免，让台资企业在中国市场赚取利益，台资企业却要反中国、主张'台独'，又令中国政府如何自处？'几句话说得那位台商无言以对。"文章又说，中国13亿人口，维持每年8%以上的经济增长，形成世界最庞大又最具成长潜力的消费市场。台商去大陆，先是为了降低生产成本，继而进占大陆市场，壮大企业规模。试想，离此正途，我们还有什么途径可使台湾企业发展起来呢？今天台商生产的笔记本电脑占世界销量的2/3，但其中有九成在中国大陆组装生产。台企能离开大陆吗？何况台商不去大陆，外商依然会去大陆，如奇美在中国大陆扩展受阻，就助长了韩国LG集团在中国大陆的扩展，后来居上，即将超越奇美。文章指出，中国经济发展，不会因为台湾的"戒急用忍"或闭关自守而停止。中国经济的成长，带动了世界经济的繁荣。台湾原居于最有利的人文、地理、语言、文化的优势，享有最大的经济利益，中国大陆是台湾经济发展的机会和腹地。目前，中国大陆是台湾最大的出口市场，占台湾出口的1/3；自1993年以来，每年台湾对中国大陆贸易顺差都超过台湾总出超。台湾的命脉在经济。任何无法取得国际认同、社会共识、又会制造两岸紧张的政治主张都是徒劳无益，只会伤害到台湾生存的命脉——经济。文章最后说，我们同情奇美对现实的无奈，这又何尝不是台湾处境的写照呢？"三二六"呛声，宣泄了台湾人的情绪之后，还是要回到现实中来，务实地处理两岸关系，为台湾谋取最大的利益。

《香港经济日报》4月8日刊登江素惠女士题为"民进党害苦了台商"的文章，开篇就不无讽刺地说，3月26日这一天，有数十万民进党及泛绿的信徒走上街头，表达他们对《反分裂国家法》的抗议，而在同一天，独派大佬南台湾电子龙头奇美集团的许文龙却发表了"退休感言"，表示他对《反分裂国家法》的支持。许文龙的公开信仿佛一巴掌掴在数十万"台独"支持者的脸上，极具震撼性。文章说："事情并不是到此为止，除此之外，大陆各地的台商协会签署表态支持《反分裂国家法》的法律文件，尤其是福建六个台商协会联合发出了倡议书，拥护《反分裂国家法》。民进党认为这是'中共的政治压力'，批判中共的'红色恐怖'。在此风波未平息之际，许文龙、施振荣两位商界龙头都相继传出辞去'总统府资政'之职，欲与陈水扁划清界线。"

文章分析说，民进党最担心的是北京的"以商围政"，从张荣发、许文龙等独派背景的人纷纷与民进党划清界线的势态来看，加上北京的政治运作，很可能起骨牌效应，令民进党进退维谷。今天民进党的两岸困境，一方面是怕台商"以商围政"的后果，另一方面又不能完全阻绝与大陆的经贸往来，否则，没有对大陆贸易高达数百亿美元的顺差，台湾的总体贸易将连年出现巨额逆差。由许文龙在大陆投资的案例来看，凸现了台湾对大陆经贸政策的紧缩中，仍不能完全禁绝台商于大陆投资。如果政府设过多路障，也只能阻断台商的竞争力，对大陆经济发展并不会产生什么影响。因为大陆这些年来的经济发展突飞猛进，今年国民总产值已是台湾的5倍，大陆是仅次于美国的世界级的吸引外资大国，在亚洲排名第一。现在民进党政府对大陆的两岸政策仍是冷战思维与仇恨，国民党赴大陆的"破冰之旅"，民进党称之为"卖台"、"朝贡"；台商相继表态支持《反分裂国家法》，又被称为"红色恐怖"；对许文龙等企业界代表人物纷纷起来与民进党划清界线，又被戴上"媚共台商"的帽子等等。民进党以政领商，忽略了在自由经济体制下，商界自由选择、自负成败的责任。民进党更没有看到，现在国际间已将台湾视为大中华市场的一环，台湾更无法自别于外的事实。文章最后说，"从大局视之，在市场机能的驱动下，两岸经济必须往结合的方向走，政府政策应顺势而为，民进党加强'有效管理'正与时势背道而驰"。"民进党的两岸经贸政策，正经受前所未有的冲击，考验以政治手段来处理经济问题是否可行。"文章中虽然没有明确写出"坚持'台独'是死路一条"的字样，但此

意已溢于言表。

特别值得一提的是，就在民进党政府刻意组织"三二六"大游行的第二天，在台北大安森林公园，举办了一场由台湾12支业余摇滚乐队共同参与的"十万青年一条心"演唱会。一批年轻的音乐人，用《中国，我的母亲》、《保卫中华》、《和平统一颂》等歌曲，表达"十万青年一条心，反'台独'、反分裂、要和平、要统一"的美好愿望。演唱会主持人、"砰砰乐队"主唱阿峰接受记者采访时说，现在台湾很多青年人并不了解大陆的《反分裂国家法》，就被民进党裹挟着走上街头，"民进党把中国大陆妖魔化，结果台湾的政治人物没有人敢讲统一，但我们就是要把我们的想法大声讲出来，相信慢慢会影响和吸引更多的青年人。"后生可畏。阿峰所言难道不是事实吗？

（四）

在众多评论"三二六"游行和许文龙"退休感言"的文章中，有一篇文章不可不读，那就是发表在台湾《新新闻》周报4月初出版的一期上的南方朔先生的文章，题目叫"后'三二六'时代的新两岸新思维要把台湾带回大路"。文笔辛辣，见解独到。

文章开头便不无讽刺地说，"三二六"终于不怎么光彩地结束了。"三二六"的不光彩，是台湾人的福气。它显示出那群什么都不会，只会搞撕裂，只会搞对立的人，他们的信用已快速折旧。他们的羞辱是我们的幸福。

文章说，另一边，国民党副主席江丙坤的大陆之行正式上路（指江丙坤所率国民党参访团已于3月28日飞抵广州开始正式访问大陆）。这是了不起的第一步，就两岸关系而言，它的重要性相当于太空人的登陆月球，因为这是历史性的一大步。在江丙坤返回后，紧接着，将是国民党主席连战要跨出更重要的一步。

文章指出，江丙坤和连战的先后成行，绝不像有些心存恶意，自己没本领而嫉妒别人有本领者所说的"朝贡"。因为连、江二人所做的，乃是要去开创一个真正有利于台湾全体人民、有利于两岸和亚洲的"双赢之路"。有理由相信，在连、江之后，会持续作出更多努力，两岸获得诺贝尔和平奖的日子已不远。台湾的方向目前已偏离到小路走尽的时候，必须扭转回来，重新走堂堂正正的大路。连、江两人所努力的，就是要把台湾带回大路。

文章接着作了如下的分析：台湾的整个情势演变到今天，可以说早已被过去那种"本省——外省""爱台——卖台""中国——台湾"的对立撕裂逻辑，以及今天这样说、明天又那样说的反复无常、毫无诚信，搞到了整个社会无论在国民道德、社会及政治发展，甚至更基本的人际关系，都严重倒退的程度。而对外，则因持续地挑衅与煽情，两岸一切沟通对话的管道已不复存在。而更加严重的，乃是由于撕裂与煽动是如此廉价的武器，他已不可能费心尽责于人民真正的福祉。怨憎、不满、失望、后悔，已成了当今台湾相当弥漫的情绪。最近和一位支持绿色的企业领袖闲话家常，他即感慨地说："台湾的民主代价太大了，太大了。""三二六"，陈水扁企图借着《反分裂国家法》这个题目，再次为泛绿造势，因而发动党国机器，谢长廷甚至要公务员出席凑数，以百万人为目标。他们用尽一切宣传机器，甚至包括行政资源在内，严格说来，这种统治者为了自己的政治利益，连行政资源都用来搞群众运动，已是严重的政治犯罪。任何民主国家都不可能发生，而且也不会容忍它发生。但台湾却堂而皇之地去做，而媒体和国会居然也不试图制止或严厉谴责。台湾所夸言的民主，究竟是哪门子的民主，已不言可喻。

接着文章指出，"三二六"当天，天气晴朗，冷热适中，本要号召百万人，但真正到的大概不足30万人。尽管绿色人物恼羞成怒，在数字上诡辩，又祭出老旗子说台北人"不爱台湾"，仍然无济于事。这愈发证明了，对这些人而言，他们永远自认是对的，任何事情不如他们的意，一定是别人不对。他们永远不会反省自己的偏狭、自私。

"三二六"为什么搞得不光彩？文章指出，最关键的原因是台湾民众已经开始觉醒。对此，文章从两方面进行了分析：其一，由于绿色人物别的不会，只会搞群众运动，永远把群众当作他们权力欲望的背景来使唤。一次、两次，群众乖乖听话，跟着摇旗呐喊。问题在于，群众也是人，毕竟不是布景工具，他们也会累，也会厌倦，也会前后作比较，把台湾拿来和别的国家对比。当群众发现怎么老是在要我，怎么我活得愈来愈糟糕，那种继续当布景工具的意愿就会降低，甚至加入反对阵营。尽管当局动员党国机器，用尽一切可以和不可以的手段，却只搞了一个大打折扣的"三二六"。此中所反映的，乃是台湾群众判断力的进步与觉醒。其二，由于绿色人物长期沉溺于廉价的撕裂与煽情搞政治对立就能轻轻松松地收割到政治利益，所以他们在任事治国上就不可能有什么进步。然而，台湾的民众已经开始觉醒了。因此，"三二六"前夕，才有许文龙公开支持"一中"的那些谈话。对许文龙的谈话，去猜测他的用意和真伪，其实都是多余之举。他讲话，没有人用枪逼迫。他财大业大，纵使不能到大陆设厂会受到影响，但也不至于会放弃自己一贯相信的政治主张。因此，我们倒可以相信，他的改变是一种对台湾

不忍之心的表露，他不忍心看着台湾再这样恶地搞下去。所以，他拼着被一些人谩骂，也要把话讲明白。可以这样说，"三二六"是绿色势力由盛转衰的一个重大分水岭。"三二六"之后，台湾当局已经陷入内外交困的死胡同里。在死胡同里纠缠争斗，继续尔虞我诈地天天搞动作，千变万化地讲空话，已经成了绿色人物的唯一选择。

文章指出，正因为绿色政权陷入泥淖一般的困局，才有了试图超越泥淖的江丙坤，以及紧接于后的连战访问大陆。而且平心而论，当今的台湾政治人物里，论身份、论胆识、论信用，尤其是论历史前瞻性，除了连、江人两人，可以说再也没有任何人足堪这样的重任。在连、江两人的一贯谈话里，人们必已知道他们乃是两岸"双赢"思想及策略的主催人。

文章说，去年底、今年初的两岸，因春节包机和辜振甫之丧而出现的加温，即显示出，现在已到了台湾"非独"及"反独"力量可以重拾信心，正正当当走回历史舞台，以国会多数党的力量，重新主导一切的时候。也正是有了这样的体悟，终于有了江丙坤和连战踏出历史大步伐，扭转台湾历史走向，替台湾开创新的历史机运。

文章强调指出，江丙坤正在进行的访问以及连战前往大陆访问，都必须体悟到这不是一党一己的事业，而是台湾的"非独"、"反独"、对两岸未来寄予期望、对现有不能接受者的一次集体行动。盖只有如此，那种真正的道德制高点意义才会凸显，并在国际上得到肯定；也只有如此，始可免被抹黑及挑拨分化。基于此，也应多邀企业精英、知识精英，以及各方面的领袖共同参与访问。北京也当体认这种历史机会的不易，宜有更多相互间真正的善意表露。这不是和谈，而是以善意重新交往，透过彼此的善良，替人类政治开创一种新的行为模式。

文章最后说，当年，约翰·列侬以"给和平一个机会"创下划时代的金句。今天，台湾要做的乃是"替自己创造一个机会"。这是一种具有道德制高点的事业，它是一种开创，可以让我们由自我闭锁和自我渺小化，变成"台湾人也可以很伟大"。对于这种事，我们又怎能不参与并乐观以待呢？

第二章

中国国民党副主席江丙坤率团进行的"破冰之旅"

一、行前江丙坤接受香港《亚洲周刊》记者专访，表露了自己的心迹，也表达了国民党的主张

（一）

就在《反分裂国家法》进入立法程序之后，台湾岛内媒体就传出，国民党副主席马英九、王金平等政要要访问大陆。沸沸扬扬，在媒体上传来传去。3月22日，法新社驻台北记者发出确凿消息说，台湾反对派政党国民党今天说，它将派一位高级官员访问中国大陆。这是自1949年国民党军队被共产党击败逃离大陆后，国民党首次派高级官员访问大陆。一位国民党女发言人说，国民党副主席江丙坤对大陆的访问或许能帮助缓解两岸关系。最近大陆颁布的反分裂法使两岸关系紧张到极致。江丙坤计划于下周一启程赴广州，在那里将祭拜1911年为推翻清王朝、建立中华民国而牺牲的国民党七十二烈士。该发言人说，江丙坤还将飞往南京拜谒中华民国国父孙中山先生的陵墓，此行具有"重要象征意义"。江丙坤预计会在北京会见大陆官员。该发言人说："希望我们能为缓解海峡两岸紧张局势做些事情。"

同一天，"中央社"台北记者也发出一篇报道说："中国国民党主席连战指派副主席江丙坤率团赴中国大陆展开'破冰之旅'。国民党中央党部今天宣布，江丙坤将于3月28日至4月1日访问中国大陆，但行程尚未定案。报道意味深长地指出，江丙坤此行选在3月26日民进党主办的'抗议中国制定反分裂法游行'之后、'内政部'颁布的3月29日为'革命先烈纪念日'前出发。"

3月27日，"中央社"台北记者连续发出两篇报道。一篇报道说，中国国民党副主席江丙坤明天将率国民党代表团，前往中国大陆黄花岗七十二烈士陵及南京中山陵谒陵，随后转往北京。目前行程保密，但预计将会见中国大陆重要官员。报道指出，由于国民党主席连战办公室主任丁远超、发言人张荣恭均将随团出访，此行是否担负为连战出访大陆破冰之行的协调任务，也是各方关注焦点。张荣恭并公布一份国民党委托民调显示，近半数民众支持国民党此时派代表团前往大陆，反对者仅约三成。张荣恭指出，这代表民众不愿两岸关系继续恶化，乐见国民党解决两岸僵局、促进交流。国民党主席连战今早也说，作为最大在野党，须提供人民另一种愿景与选择，不能默默没有行动，眼看当局横冲直撞，却跟着政府一直走下去。报道说，根据国民党今天公布的行程规划，代表团明天出发，首站飞往广州；3月29日拜谒黄花岗七十二烈士陵；下午转往南京，于30日拜谒中山陵；当日下午再飞往北京，接受当地官方宴请，31日在北京进行拜会活动，但是详细行程并未公开。江丙坤指出，此行除了缅怀开国先贤、先烈贡献外，在三个停留地点都会与当地台商交换意见，行程相当单纯；如有机会见到官方人士，将会表达台湾人民与台商的心声。

另一篇报道说，连战今天接见参访团成员时表示，面对严峻的两岸关系与反常的台湾政治环境，此行的确可能被人抹红，但两岸关系与时机正在持续恶化，国民党不能默默没有行动，眼看当局横冲直撞，升高对立，兵凶战危，却视而不见。连战指出："国民党是真正捍卫中华民国国家尊严与宪政体制的政党，国民党不认为台湾应该独立，但大陆也不该以武力相向，也就是'不独不武'。"

（二）

据消息灵通人士透露，中国国民党派团首访大陆的原本有两套方案，一套是由国民党副主席萧万长和江丙坤一同前往，另一套是由江丙坤率团出访。据说，经过连战反复思考和多方探询，最后还是决定由江丙坤率团出访。因为江丙坤是"中国领导人相当愿意认识之人物"。1997年李登辉推出"戒急用忍"，实行"渐进式台独"路线时，只有江丙坤公开表示异议。江丙坤是经济学博士，是务实的经济学家，他提出了"台湾的经济前途和两岸和平的不可分割"的主张，力主两岸和平稳定发展。江丙坤是地道的台湾人。民进党在台湾执政的5年间，陈水扁和谢长廷多次表示要借重江丙坤，使江丙坤的民间声望日隆，而江丙坤始终坚持国民党反对"台独"的立场。这样一位人物率团登陆访问，泛绿阵营也不宜轻易给戴上"红帽子"。所以，连战最终还是选择了江丙坤率团出访的方案。

江丙坤率团访问大陆的消息一传出，立刻受到两岸的高度重视。这是两岸隔绝56年以来，台湾的第一个大型访问团；是北京通过《反分裂国家法》后，国民党采取的积极行动，自然会引起两岸乃至世界的广泛关注。这一消息传出不久，香港《亚洲周报》便派出记者专访了江丙坤。江丙坤自辞去"立法院"副院长的职务后，并没有闲着，他被四处邀请去讲解怎样解决台湾经济面对困境的问题。2005年初他出任"立法院"世界台商总会的会长以来，更显得忙碌异常。《亚洲周报》记者专访他时，他还是欣然拨冗接受了采访。以下是访谈内容的摘要：

记者问："这些年台湾经济衰退的原因是什么？"

江丙坤说："执政的民进党在'立法院'是少数，过去几年是少数统治。少数应该是谦卑执政，但民进党却强势执政，搞'公投'、'正名'、'党产'等极敏感的议题，明知不可为而为之，造成过去三年台湾经济衰退、社会对立。世界上的惯例是少数统治要尊重在野多数，要谦卑执政，这样的话，台湾经济不会这么差。我讲过，假如要我进'行政院'，我真正要做的是把施政的主轴从'政治优先，选举第一'，变成'经济优先，人民第一'，这是唯一能够救台湾的做法，也就是施政的主轴。如果真能够调整过来，台湾就有希望。台湾参加APEC、参加WTO，我们为什么会成功？经济优先呀！以当前台湾面临的政经困境，任何人以政治挂帅去搞'经济外交'是绝对不会成功的。"

记者问："台湾现状既是这样，两岸关系有没有走好的迹象？"

江丙坤说，从最近的变化看来，当然比去年好多了，春节包机的成功模式，以及媒体报道陈水扁已回到中间路线等，都是好的迹象。春节包机能谈判成功，最主要是国民党从中扮演了一个角色。将来真正能让台湾安定发展的，就是国民党。这表示中国大陆已清楚地了解到国民党的角色，所以北京也能尽量配合。但大陆目前制定《反分裂国家法》，台湾要"反制"，要推出"反反分裂法"，甚至要推出"反并吞法"，气氛有点诡异。我们希望这个事件不要影响正在进行中的两岸和谐气氛。他说，此外，中国大陆显然也不得不跟扁政府来往，不得不释出一些善意。北京也觉得这样子下去两岸都不利，所以两边都有善意表达。整体来讲，未来两岸应会走向更和缓的局面，至少这段时间没有大选，陈水扁只剩下3年时间，他总要做点成绩出来。

记者问："3月下旬的大陆之行，你希望达成什么目标？"

江丙坤说，我希望能够开展两岸进一步的经贸交流。这种交流虽然不算政治效应，但有点儿代表党的整体活动，对两岸关系应有帮助。

记者问："国民党是不是考虑从务实的事情做起？"

江丙坤说，其实现在要解决台湾的经济问题，要先解决两岸的经济问题，要解决两岸的经济问题，一定要解决两岸的政治问题。政治问题过去差距最大，一边讲"一国两制"，另一边讲"台湾独立"，中间方向其实就是国民党过去讲的"一中各表"那个共识。这是让台湾能够维持现状的一个说辞。你现在讲的"九二共识"，就是将来的一个中国，至于哪个中国，也有可能就是中华民国，何乐而不为？他说，两岸交流国民党能够做的，就是促成春节包机、农产品出口、两岸货运直航，最后是人的直航。此外，犯罪引渡也可以谈，还有大陆观光客来台、大陆商人来台投资等也可以谈。

记者问："你这是第二次去大陆吗？"

江丙坤说，2000年9月去访问过一次，见到了汪道涵、钱其琛，还有上海市长、北京副市长等，那时谈"三通"问题、台商保护问题。我跟钱先生说，只要两岸继续交流，就像男女恋爱，总会要结婚，不必要设有前提。钱其琛回答说，假如开始就不想结婚，何必谈恋爱？意思是说，假如没有前提，浪费感情了。我那时候看到大陆变化之快、效率之高，曾经讲过两点，一是中国大陆将变成兵家必争之地，再就是中国大陆将变成世界最大的经济体。另外，2001年春节也去了昆明，但完全是观光度假。

记者问："维持现状是国际共识吗？"

江丙坤说，国际希望没有战争，能共同发展经济。两岸用和平手段解决争议，我想是大家的共识。因为没有人愿意利用打仗来解决问题。美国要是卷入这个漩涡，也会有死伤。我认为，美国也不愿意台湾投入对岸的怀抱。

记者问："你觉得两岸转机在哪儿？"

江丙坤说，我不认为台湾泛绿阵营的人有善意改变两岸关系，唯一有建树的是泛蓝阵营，让泛蓝阵营拿到执政权是解决两岸问题的唯一方法。去年有机会，很可惜失去了。民进党执政以来，始终没办法解决这些问题。台湾有没有机会？有，让国民党执政，让泛蓝执政，否则不可能。

江丙坤的答记者问，表露了他自己的心迹，也表达了国民党的主张。

二、江丙坤一行抵达黄花岗七十二烈士陵园时，立刻被热烈的掌声和问候声包围

（一）

3月28日下午，中国国民党副主席江丙坤率参访团抵达广州新白云国际机场，开始其在祖国大陆的"缅怀之旅"。这是56年来国民党首次组团参访祖国大陆。参访团一行34人，广州是此行的第一站。

当晚，广东省委副书记、省长黄华华即在广州花园酒店会见并宴请了江丙坤一行。黄华华首先对参访团的来访表示热忱欢迎。他说，广东是中国国民党创始人孙中山先生的故乡，又是台商在祖国大陆最早的投资地。截至去年底，广东的台资企业已达18440家，台商对广东投资合同金额累计达366亿美元，实际投资256亿美元。在广东投资的绝大多数台商都能挣到钱，因此他们在这里不断增资扩产。同时，台湾同胞在广东的后勤基地建设也在积极进展中，目前东莞、深圳已经有了台商子弟学校，并建起台商医院。常驻广州

的台商及其家属已超过20万人。黄华华欢迎更多的台商来广东投资有发展前途的制造业、服务业和"三高"农业，并祝参访团访问获得圆满成功。

江丙坤对广东省的周到热情接待表示谢意后说，这是中国国民党第一次正式组团访问大陆，此次大陆之行是"缅怀之旅"。广东是中国国民党的发源地、革命的基地，孙中山先生就是广东人。明天是黄花岗起义94周年的纪念日，参访团一行将到黄花岗七十二烈士陵园拜谒先烈，并希望能有机会参访黄埔军校。参访团明天还将赴南京中山陵谒陵，随后到北京香山碧云寺祭拜孙中山衣冠冢。他说，此次大陆之行也是"经贸之旅"。通过黄华华省长的介绍，他了解到台商在广东得到的支持和发展。他指出，目前台湾对大陆和香港地区的年出口高达450亿美元，占台湾整个出口的37%。这450亿美元对台湾意义重大。此次大陆之行，参访团一行也将与台商代表座谈。他表示，希望台商在大陆投资能够成功。目前两岸并没有实现直航，今年的春节包机成功了，台商提出货运便捷化的诉求，若能用包机的形式加速货物运输，将是便捷化的可行之路。

会见结束时，黄华华向江丙坤赠送了玉如意，江丙坤回赠以孙中山先生的手稿集。

会见和宴请中始终弥漫着浓浓的手足之情。优雅的广东音乐轻轻地诉说着浓浓的乡情。

这一天，各类媒体对江丙坤一行的大陆之行纷纷作出报道和评论。"中央社"驻广州的记者发出报道说，国民党副主席江丙坤率领三十多人的代表团下午抵达中国大陆广州访问。江丙坤表示，将这次的访问定性为"缅怀之旅"及"经贸之旅"。他指出，过去五年两岸的交流倒退，作为在野党希望此行可以促进两岸经贸交流，广东有30万台商投资做生意，希望此行可了解他们的生活有何困难，以便向有关单位反映。当记者问及台湾"三二六"大游行后，两岸气氛是否紧张时，江丙坤说，过去的情况已经很清楚，相信此行可以缓和两岸关系。他说，这次访问先是"缅怀之旅"，将往广州黄花岗七十二烈士墓致祭和南京中山陵谒陵，随后赴北京拜会相关人士和会见台商，从经贸角度切入改善两岸关系，回到两岸春节包机时的和缓气氛。

香港《东方日报》这一天发出题为"江丙坤率团访大陆，国共56年后破冰"的报道说，正当两岸关系受到"三二六"游行影响而雪上加霜之际，国民党主席连战主动出击争取化解僵局，派副主席江丙坤今天率团，以为孙中山先生谒陵为名，访问大陆。报道指出，这是国民党1949年迁台以来，56年来首次以"国民党"名义组团访大陆，予人以继北伐及抗战后，"国共展开第三次合作"的意味。连战办公室主丁远超随团前往令人关注,预料他将为连战赴大陆访问铺路。国民党中央已初步拟定连战在8月底卸任前,可能在6月访问大陆。

路透社驻台北记者在3月27日就发出报道指出,江丙坤此行旨在缓解目前台海的紧张局势。报道说,分析家们预料北京会隆重接待江丙坤,欢迎这个支持台湾最终与民主的中国实现统一的政党,但不理会主张"台独"的台湾"总统"陈水扁。报道还反映了各界人士对江丙坤此行的看法。报道援引了一位台湾国际研究中心的中国问题观察员的话说:"我认为,无论从思想还是感情上,中共都希望国民党在两岸关系方面发挥更重要的作用。""作为国民党副主席,江丙坤应当可以见到级别相当高的官员,特别因为它可能是为国民党主席连战6月的访问铺路。"另一位台湾问题专家说:"缓解紧张局势是此行一个重要而且积极的因素。中国、美国和台湾现在都不希望看到极端的行为。"报道说,现年72岁、曾负责主管经济事务的江丙坤说,他所在政党可以帮助打破政治僵局,牵头讨论实现两岸货运直航及农产品出口到大陆等问题。国民党认为,进入中国大陆这个巨大的市场对台湾经济至关重要。但分析家们说,由于没有得到陈水扁政府的授权,江丙坤的大陆之行未必会产生具体结果。

德新社驻台北的记者发出报道则指出,此访具有重大的政治意义,因为这是1949年以来的第一次,而且国民党与大陆的接触可能成为两岸沟通的一个渠道。

台湾《中国时报》3月28日发表了题为"连战的优势,有别于扁李宋"的文章说,两岸气氛呈现冻结状态,国民党副主席江丙坤此时奉党主席连战之命,赴大陆"破冰",对岸也将以高规格接待,在两岸春寒料峭之时,意义格外不同。文章指出,两岸破冰,非一朝一夕,要有时空大环境配合,与个别人物的相当条件。这五年来,有别于陈水扁、李登辉挥舞"台湾意识"大旗,宋楚瑜豪赌于"扁宋会"的跃跃欲试,连战对两岸议题相对低调,但在历经这一年政情的剧烈变化后,连战还是站上了历史的枢纽。连战的确有着优势,就现阶段两岸三地的政治趋势来说,连战扮演的角色有其特殊之处,他是国内外普遍认定的反对阵营领导人,也是扁李宋之外,中共方面最能接受的台湾政党领袖;江丙坤代表出访,如无意外,连战的夏天"破冰"之旅,几乎已成定局。如果连战顺利成行,在"协助陈水扁政府"的正当性上,以台湾最大在野党党魁的身份,与共产党对谈直航议题,迈向第三次"国共合作"。倘若如此,"双方可以在共通的历史性基础之上,排除政治

气氛的肃杀，甚至排除掉中共为民进党所设的政治路障。"文章说，2005年是两岸变化的关键年。连战的首次破冰之旅，能否为不可逆料的两岸局势，带来些许春暖花开气息，不只是众所期待，更是连战与国民党的重要使命。

新加坡《联合早报》在3月26日就以"相逢一笑泯恩仇"为题发表报道说，国民党副主席江丙坤率团访问大陆，并且会前往北京与中共高干会面、被视为56年来，两岸间第一次"党与党"正式接触。报道指出，在"台独"势力日益猖獗的背景下，在"敌人的敌人就是朋友"的统战理论指导下，中共现在对主张统一（至少是主张维持现状）的国民党是相当友善的。而国民党也希望能通过访问大陆，化解两岸紧张，为接下来的选举累积政治资本。正是这样的"互惠互利"促成了国共两党的再次接触。江丙坤此次访问大陆的象征意义大于实质意义。

尽管新闻媒体众说纷纭，见仁见智，但有一点是共同的，那就是大家都认为是一件好事，是一次"破冰之旅"，它给两岸"带来了些许春暖花开的气息"。

（二）

29日，正值中国近代史上著名的广州起义纪念日。1911年，为推翻满清政府，孙中山筹划在广州发动武装起义。由黄兴率领的起义队伍冲进总督署等军政机关，血战一昼夜，起义失败。同盟会会员潘达微冒险收得烈士遗骸72具，丛葬于黄花岗，这就造就了著名的黄花岗七十二烈士陵园。每年的这一天，这里总会迎来许多祭扫瞻仰的人。今天则不同，在众多的祭拜者中间江丙坤一行格外引人注目。

这一点，天气晴朗。黄花岗七十二烈士陵园中弥漫着淡淡的菊香，肃穆的气氛里散发着浓浓的思念之情。十时许，当江丙坤出现在众多的祭拜者中间的时候，立刻就被热烈的掌声和问候声所包围。"欢迎回来！""都是一家人，多回来看看！"……声声问候深深地感动着参访团的每一位成员。广东各地赶来的一百多位台商代表也打出了"广东台商欢迎中国国民党大陆参访团"的横幅，让他们眼热。通往墓碑的长长的墓道上，群众热情地簇拥着参访团一行。参访团走过刻有孙中山手书"浩气长存"四字的正门牌坊，走过使人低头默想的"默池"，走过墓道旁陵园初建时栽下的现已是参天之材的细叶榕树。墓道虽然只有三百多米，但参访团一行却走了十多分钟。

在群众的簇拥下，参访团一行走到麻石砌成的烈士墓前，举行了简短的致祭典礼。主持人宣读祭文："值黄花岗七十二烈士殉义九十五周年之期，中国国民党副主席江丙坤奉派率同代表团，谨代表主席连战暨全体党员，致祭于诸烈士之灵曰：满清末造，政纲不修，外侮内讧，民生凋敝。豪杰奋发，共谋倾圮，兴复邦家。辛亥春雷，义起粤中，碧血飞溅，寡不敌众，忽焉殒命。出师未捷，千古遗恨。义声扬振，五月而后，武昌继之，遂覆清室。民国以来，共和新造。壮哉先烈，死以为国，身毁名荣，英风义烈，永为世率。黄花忠魂，以励来兹……"主持人深情地宣读着文情并茂的祭文，把人们的思绪又带回到1911年的广州"三二九"起义的悲壮时刻，朗朗晴空充溢着浩然之气，陵园中一片肃穆、庄严、神圣。怀着对烈士们的怀念和敬意，江丙坤一行走到墓前，代表国民党主席连战及全体党员向烈士献上花圈并三鞠躬致敬，默哀一分钟。此后，参访团一行登上了烈士墓后的黄花岗七十二烈士纪功坊。这也是一座麻石砌成的建筑，上半部是72块矩形石块，是当时国民党海外各地支部的"献石"，象征七十二烈士，也象征意志坚如磐石，众志成城。石块迭砌成金字塔形，顶上矗立着一尊高举火炬的自由神像。参访团一行轻抚碑坊，细阅英名。随后，江丙坤等来到园内孙中山先生手植的一棵松树前，浇水，施肥，追念先生。

走下纪功坊，江丙坤表情肃穆地对随行记者说："我在中学念过这一段历史，对这个地方有深刻的印象。但这是第一次到这里来，心情还是相当激动。广州是革命的发源地，此行是向先烈们表示崇敬之情，也是饮水思源。"当记者问到他此时的心情时，他说："这次能代表中国国民党率团来向烈士致祭，这是代表团的荣幸，更是我个人的荣幸。"随后，他用"感动、感激、感谢"来表达他"缅怀之旅"第一站的心情。

（三）

江丙坤一行的大陆之行，引起台湾当局一片慌乱，对国民党横加指责，乱扣帽子。台湾《联合报》3月30日发出报道说，陈水扁"总统"批评国民党派副主席江丙坤赴大陆进行"国共合作"是"时空错乱"。人在大陆的江丙坤表示，他的行程是缅怀之旅、经贸之旅，与其说这是"国共合作"，不如说是"朝野合作"。江丙坤说，政府有很多事情不方便做，让民间或在野党来做，可收事半功倍之效，像两岸春节的包机直航就是很好的例子。国人不要太多解读，建议大家多了解，"民进党做不好的，就由国民党来做"。

"中央社"驻台北记者3月30日发出报道说，国民党副主席江丙坤率团访问大陆之际，民主进步党"立法院党团"质疑2004年总统大选前，国民党与中共高层曾在泰国曼谷签订秘密协定。国民党发言人张荣恭今天说，如果民

进党的提不出人物、时间、地点，就不该再制造"政治天方夜谭"；人民听腻了"一千零一夜情节"。张荣恭接受"中央社"记者电话采访时说，民进党是因为没有能力推动两岸和平，所以对国民党代表团的出访产生恐慌，对在野党的努力与成就更有失落感。

针对民进党对国民党的责难，国民党副主席、"立法院长"王金平也站出来说话了。"中央社"3月30日对此发出报道说，王金平今天表示，两岸交流是一点一滴进行的，有能力、机会就应尽力而为，江丙坤访问大陆是善意展现，希望在两岸关系险峻的时刻，注入一股暖流，相信有帮助。王金平说，政府可将国民党访问大陆当成是民间交流，国民党是民间团体，人民团体有访问中国大陆的权利和自由，个别政党要如何做是政党自己的事。

香港《成报》3月30日发表了一篇题为"民进党酸葡萄心态要不得"的文章，对民进党无理责难国民党予以辛辣的鞭挞。文章说，国民党副主席江丙坤率团展开了自1949年以来两岸关系的"破冰之旅"。陈水扁和民进党眼看在野党在两岸关系问题上有所突破，却以"国共合作"、"时空错乱"等偏激和煽情的评论回应，反映其将两岸关系作赌注，置台湾人民利益于不顾的极端民粹主义心态。文章指出，无论是国家主席胡锦涛提出的"胡四点"，以至《反分裂国家法》的实质内容，均对两岸关系缓和释放出前所未有的善意，对包括民进党在内的所有党派，一律既往不咎，只要民进党愿意放弃"台独"主张，北京对两岸谈判采取极为开放的态度。相比之下，阿扁和民进党执政至今已经五年，却仍一味采取偏激和煽情的手法，不断挑起民众的对立情绪，博取狭隘短期的政治利益，而在改善两岸关系上却完全交白卷，甚至开倒车，这实在并非台湾人民之福。文章说，陈水扁并非不了解两岸缓和对台湾社会经济的重要意义。但毕竟他的"台独"迷思早已根深蒂固，又受到李登辉和"台独"基本教义派的极大牵制，结果是知其可为而不为，平白错失了缓和两岸僵局的机会。到了现时国民党抢先展开破冰之旅，阿扁便流露出"吃不到葡萄"的酸溜溜心态。阿扁和民进党受制于岛内的派系纷争，最终却祸及两岸关系。文章最后指出，对北京而言，不论国民党破冰之旅实际意义多大，但始终是个好的开始。不同层次的沟通和交流，对争取台湾人民的认识，减少不必要的误解，可望产生日积月累的作用。毕竟对台湾大多数人民而言，"台独"不是主流、"急独"只会挑起战争，维持现状才最合乎利益。北京把希望寄托于台湾人民，在社会经济层面上多做实事，最终将有望为两岸关系带来新的契机。

尽管"台独"分裂势力在台湾岛内使劲地鼓噪，但毕竟是少数人的声音。民进党的几声谩骂怎么能阻挡得了两岸人民期盼和平稳定发展的大势所趋呢！江丙坤一行仍然愉快地在一片热烈而温馨的亲情之中继续着他们的大陆之行。

三、李源潮在会见江丙坤一行时说，纪念孙中山先生的最好行动，是把先生追求的祖国统一、民主、富强的伟大事业不断推向前进

（一）

29日下午，江丙坤一行从广州飞抵南京。守候在机场的欢迎人群打出热烈欢迎的横幅，台商打出的横幅上写着："欢迎国民党大陆访问团江丙坤一行光临"。南京市台商协会会长、和桐集团总裁陈武雄对记者说："江丙坤先生是位经济学家，对台湾经济发展作出了很大贡献。他是我的好朋友，我很高兴他到南京来访问，特意到机场来迎接他。"

在机场，江丙坤不断向前来欢迎的人群招手致意，连声说："谢谢！谢谢！"随同前来的国民党大陆部主任张荣恭在机场接受记者采访时说："我们明天早上敬谒中山陵。我们是怀着尊重历史的心情来南京的，希望这次的旅行能得到两岸人民的肯定，进而推动两岸的交流，促进两岸人民和谐相处。相信这是台湾人民希望看到的，也是全社会所共同期盼的。"

参访团在下榻的丁山香格里拉饭店稍事休息后，于晚上6点30分前往金陵饭店，中共江苏省委书记、省人大常委会主任李源潮在金陵饭店钟山厅会见并宴请江丙坤一行。李源潮表达了衷心欢迎江丙坤一行来访之意后说，南京是孙中山先生就任中华民国临时大总统的所在地以及逝世后的归宿地。今年是孙中山先生逝世80周年，两岸同胞都将隆重举行各种纪念活动，缅怀先生的伟大功勋。纪念孙中山先生的最好行动，是把先生毕生追求的祖国统一、民主、富强的伟大事业不断推向前进，这是中华儿女的共同责任。

接着李源潮向江丙坤一行介绍了台商在江苏省的发展情况。他说，截至2004年底，江苏累计批准台资项目11882个，合同利用台资204亿美元。现在，常驻江苏的台商有5万人，台企员工50万人，台属80万人，每年进出江苏的台胞有40万人次。江苏将继续为台商投资创业提供优质服务，依法保护台胞、台商的合法权益。同时，也希望台湾工商界人士和台湾所有同胞继续把江苏作为投资兴业、观光旅游、交流合作的首选之地。

江丙坤对江苏省的热情接待表示诚挚的感谢后说，南京是千古名城、六

朝古都，孙中山先生1912年就是在这里就任临时大总统的。先生1925年在北京逝世后，1929年移灵安葬于南京中山陵。中山先生是我们景仰的革命家，他的精神感召了两岸人民。国民党大陆参访团到南京，就是为了向中山先生致祭、致敬。他说，两岸人民都应该以中山先生为榜样，共同推进两岸的和平事业。江丙坤表示，在长江三角洲投资的台商有几十万之多，参访团此行将与台商接触，了解他们的工作、生活情况。他希望两岸能进一步推进"三通"，首先是要将台商春节包机扩展到节日包机、周末包机甚至两岸通航日常化。通过两岸经贸交流，促进两岸人民提高生活水平。

会见和宴请中始终弥漫着浓烈而温馨的亲情，优雅的江南丝竹依然在轻轻地述说着手足之情。

（二）

3月的南京春光明媚，多姿多彩，南京东郊紫金山上的中山陵庄严肃穆。中山陵四周青山巍巍，苍松翠柏诉说着仿佛中山先生的丰功伟绩。自1929年中山先生的遗体移葬于此后，这里便成了海内外华人共同瞻仰的圣地。30日上午9时许，江丙坤率领的参访团一行前来拜谒中山陵，这是时隔56年后国民党首次正式组团拜谒。同时拜谒的人群和欢迎参访团一行的人群形成浩浩荡荡的队伍，江丙坤一行又一次被热烈的掌声和亲切的问候声所包围。江丙坤不停地招手致意，不停地说着"谢谢"。他们在热烈的掌声和问候声中登上了高高的392级台阶，缓缓地走进祭堂，在孙中山先生坐像前敬献花篮。接着主持人、南京市台湾同胞投资企业协会副会长海中天宣读《敬谒中山陵祭先总理文》："中国国民党副主席江丙坤奉派率同代表团，敬谒中山陵，纪念总理逝世八十年，谨代表主席连战暨全体党员，致祭于总理灵前曰：唯我总理，大智大仁。思想维新，倡导革命。四方俊杰，慷慨蹈难，屡起屡踬，再接再厉。薄海云天，清廷震惧，帝制告终，日月重光。民国建成，还政于民，共和巩立，东亚首出。五大民族，一体无猜。三民主义，治世典要，五权宪法，建国宏规。新制初行，军阀芜政，再兴义师，护法护国。扫除军阀，力抗强权。协和南北，劳苦奔波，遽逝京都，尽瘁党国。国殇栋梁，民丧考妣。国家建设，遗志未竟，天下为公，世界大同。怀我总理，万世景从。伏祈灵鉴。"随后，参访团成员向孙中山先生坐像行三鞠躬礼，并默哀一分钟，然后进入墓室凭吊。

谒陵结束后，江丙坤表情肃穆地告诉记者："在春暖花开、风和日丽的日子里，代表中国国民党向孙中山先生致祭、致敬，心情无限激动，深切感念。我第一次在宏伟的中山陵亲眼看到了中山先生手书的'博爱''天下为公''民族、民生、民权',内心十分感动。中山先生以博爱精神,毕生追求统一、民主、富强,两岸人民都应以中山先生为师,共创两岸双赢局面。"

拜谒中山陵使参访团成员都很激动。参访团成员杨琼璎表示:"以前曾拜谒过中山陵,但这次意义不同,特别激动。"参访团成员沈庆京特意在中山陵前留影,他说:"我是在1岁的时候,由母亲抱着在中山陵留过影,到现在已经58年了。"

谒陵结束后,参访团赴中国近代史遗址博物馆(原国民党"总统府")参观。在这里,江丙坤欣然命笔写下了"破冰之旅"的题词。

随后,江丙坤一行前往位于南京市江宁区的台资企业参观。在银杏湖高尔夫球场,江丙坤兴趣盎然地挥杆击球,引起一片喝彩声。高尔夫俱乐部董事长、南京台资企业协会副会长林铭田先生说:"以前常与江丙坤先生在台湾南投打高尔夫球,希望以后再有机会与他在南京打球。"

江丙坤在午宴致答谢辞时表示,希望两岸之间的经贸活动能够经常开展,也希望更多的台商在大陆的经济建设、社会就业方面发挥重要作用。他说:"对我们来说,两岸人民不但祈求经济的繁荣,让大家能够过上幸福的生活,我相信大家更希望两岸和平,因为两岸的和平才能够带来两岸的繁荣。"

下午2时40分,江丙坤一行乘飞机离开南京,前往北京继续此次参观访问。

(三)

各路媒体始终关注着江丙坤一行的大陆之行,不断地挖掘着此行的重要意义。香港《苹果日报》3月29日发表了题为"国民党的一大步　两岸的一小步"的社评说:"国民党副主席江丙坤先生昨天率领代表团访问中国大陆,成为五十多年来首个以官式身份到中国大陆访问的国民党代表团。由于国民党在台湾已成为在野党,加上影响力比以前削弱,今次国民党代表团访问中国大陆当然不可以跟过去内战时期或抗战前的国共和谈相提并论;但是我们认为,在两岸关系长期冰封、在两岸交流毫无寸进的情况下,国民党愿意踏出沟通交流的重要一步,对台湾政局、对两岸关系都有正面及良性作用。"

社评指出:"两岸经过五十多年的分治、经过五十多年的分隔,两岸政府及人民间的隔膜已相当严重,两岸间的互信基础更是非常薄弱。现在国民党不惜冒政治风险派遣代表团访问中国大陆,虽然不可能立时改变台湾政府及其他政党对两岸问题的态度,但至少可以跟中国大陆政府及中共建立直接的沟通、建立正式的沟通渠道、建立定期的接触。这对减少两岸的误解、减少两岸的隔膜肯定是有好处的。"

社评最后说，我们希望，国民党这个访问团不仅能打破五十多年来的隔膜，更能成为两岸政治对话的开端。

香港《信报》3月31日发表了张立先生的文章，题目叫"国民党的历史行动"。文章这样写道："半个世纪后，因战败移师台湾的国民党派出正式代表团访问大陆，与大陆执政党中共会谈，这是重大的历史性事件，将对海峡两岸的形势产生重大影响。"

"有说国民党已沦为在野党，意义不大。正是因为国民党在野，才有访问大陆的契机；而历史往往是由契机所推动，如1936年的西安事变张学良拘蒋，造就第二次国共合作与中共的壮大。当时大背景是日本入侵，共赴国难成为主流，才有西安事变的契机。现在的大背景是，海峡两岸民间及经济往来频繁，而两岸同属中国人的政权却老死不相往来，这一滑稽及不合理的现象，亟待打破，这就是国民党访问大陆的契机。代表主流而又成为扭转局面的机会，才称为契机。"

"由于国民党所代表的泛蓝阵营，在台湾岛内有半壁江山的势力，国民党当然对民进党政府起到极大的牵制力。连战将访问大陆，如果所谓第三次国共合作真见端倪，台湾的政局将出现重大转变。政治者，造势也，统、独、战、和都是一种势，所谓大势所趋时，事半而功倍。"

"北京的《反分裂国家法》，堵住'台独'的后门，开了和谈的前门，只要阿扁不敢独，国民党愿意谈，形势就朝有利的方向发展。有人说，北京通过《反分裂国家法》把台海的主动权取回手中，关键的不是手段，而是实质，这就是中国大陆的经济强劲，国力上升，台湾的经济愈来愈依靠大陆，这一现实就是上述的大势所趋，'不战而屈人之兵'的可能展现。"

文章如此简明准确的分析和精彩独到的说理，谁读了会不信服呢？

四、在春意盎然的气氛中，中台办主任和有关部门代表与参访团举行加强交流与合作的会谈

（一）

30日下午，参访团一行飞抵北京。中共中央台办副主任李炳才、中共北京市委副书记龙新民等到机场迎接。欢迎的人群照例以热烈的掌声和亲切的问候迎接江丙坤一行的到来。当晚，中共中央台办设宴招待了江丙坤一行。

参访团一行不顾旅途的劳顿，当晚又参加了与中共中央台办和有关部门的会谈。中共中央台办主任陈云林、副主任李炳才和农业部、商务部、海关总署、质检总局、民航总局的代表参加了会谈。陈云林首先表示，大力促进两岸经济交流与合作是我们的一贯主张。加强两岸经济合作，密切两岸经济关系，符合两岸同胞的共同福祉，也有利于台湾经济发展。在两岸同胞的共同努力下，两岸经贸关系持续发展，已成为台海地区和平稳定的一个重要因素。两岸同胞骨肉相亲、血脉相连，应该携手努力，创造两岸关系改善与发展的光明前景。

江丙坤表示，两岸经贸互惠有助于缓和两岸严峻形势，化解对立，合乎双方人民的期待，也利于提升台湾经济的竞争力，两岸应务实地加强经贸交流与民间往来。

会谈始终在愉快、友爱、和谐的气氛中进行。双方就加强经贸等领域交流与合作，广泛交换了看法，取得了如下积极成果：

（1）尽快推动实现两岸客运包机"节日化"、"常态化"，增加航点，扩大搭载对象，以满足广大台商、台生和两岸航空公司的要求。中共中央台办欢迎国民党继续前来磋商并积极促成台湾有关部门同意派出民间行业组织前来协商，获得具体成果。两岸货运包机，关系到大陆投资的电子信息类等台资企业的实际利益，可推动两岸民间行业组织，本着"共同参与、合作经营、利益共享、互惠双赢"的原则，交换意见。

（2）加强两岸农业合作。大陆方面欢迎台湾农民到福建、海南、山东、黑龙江、陕西等地的海峡两岸农业合作试验区及其他地方创业发展，为他们提供实实在在的支持和帮助，依法保护他们的正当权益。

（3）解决台湾农产品在大陆销售问题，关系到广大台湾农民特别是中南部果农、菜农等的切身利益，应尽快推动解决。大陆方面正在拟定解决这一问题所涉及的通关、检验检疫、物流等优惠政策和便利措施。欢迎国民党继续前来磋商并积极促成台湾有关部门同意派出农业民间团组与大陆有关民间行业组织充分协商，尽快就台湾农产品在大陆销售的相关问题作出安排。

（4）恢复对台输出渔工劳务合作业务，是台湾渔业界的迫切要求，应推动两岸民间行业组织，尽快就渔工人身意外和医疗保险、渔工风险保证金、渔工工资水平、渔工投诉制度、转船制度、双方通报机制、双方分别指定经营公司和使用统一合同文本及大陆渔工上岸休息场所等问题，进行协商，作出安排。

（5）鼓励和推动两岸金融、保险、运输、医疗等服务业的合作，加强两岸信息产业标准的研究和制定，促进两岸经济深入发展。

（6）大陆方面已制定、实施了《台湾同胞投资保护法》及其实施细则等一系列法律、法规和政策，依法保护台湾同胞在大陆投资的正当权益。赞成在互惠互利的基础上，商谈并签订保护台商投资权益的民间性协议。

（7）促进两岸县市之间、乡镇之间对口交流，建立相对稳定、长期的交流机制，加强区域合作，增进往来，相互帮助，共同发展。

（8）通过适当民间渠道磋商，促成早日实现两岸媒体互派记者常驻，促进两岸新闻交流。

（9）实施台湾学生与大陆学生同等收费标准、设立台湾大学生奖学金的办法，大陆有关方面正抓紧研拟，争取及早实施。

（10）大陆方面了解台湾旅游业者期待大陆居民赴台旅游的愿望，正在积极做好各方面的准备。同时，希望台湾方面为实现这一目标创造必要的条件。

（11）大陆方面在既有基础上，进一步研拟台湾同胞往来大陆的便利措施。

（12）推动两岸共同打击犯罪。

中共中央台办表示，希望台湾当局早日取消限制两岸经贸文化交流和人员往来的做法，以利于两岸关系发展。

当这些积极的成果形成以后，双方喜形于色，相互热烈握手，互敬贺意。

（二）

双方会谈所取得的成果虽然是初步的，但却有着十分积极的意义，同样引起媒体的关注。"中央社"驻北京记者31日发出报道说，国民党发言人张荣恭表示，代表团访问中国前定位的"缅怀之旅"，从广州到南京、再到北京，一路走来有始有终。而"经贸之旅"也在30日晚间与中国国台办会谈产生十项成果（前述十二项成果中有同类项合并，故称"十项"），其中每一条都是以台湾优先为原则，显示国民党"爱台湾"是用行动表示的。报告说，国民党代表团认为，30日晚间与大陆方面举行会谈达成十项初步共识，这种沟通对台湾绝对是具有正面意义的，对台湾经济竞争力的提升一定会很有帮助。

台湾《联合报》31日发表题为"党对党，启动两岸协商新模式"的文章说，国民党副主席江丙坤率领的国民党大陆访问团一行，除为国民党主席连战6月访问大陆铺路外，最重要的成果，应是与大陆方面建构两岸对话的新模式和新管道。昨天晚间，双方举行工作性会谈，在人员安排、议题设计等都与以往大陆海协会与台湾海基会商谈时类似，俨然是一场新的两岸商谈形式和安排。文章说，"胡四点"发表以来，大陆对台工作即出现新作风。"胡四点"中的建立两岸新的对话管道，即是大陆对台工作的下一步重点。大陆认为，如果这次能与国民党建立新的对话管道和模式，未来可与亲民党也建立类似的对话管道。这样一来，大陆就能在台湾岛内找到新的着力点。一旦北京能与台湾在野的两大政党建立对话模式，将对民进党形成巨大压力。文章指出，此外，国民党在大陆的知名度相当高，在大陆通过《反分裂国家法》之际，江丙坤率团访问大陆，来个"破冰之旅"，不仅让大陆民众对中共的对台新政策有信心，也相信两岸和平可期。此外，国民党回到大陆来，也代表大陆与台湾之间的联结，也意味着两岸同属一个中国的政治意涵。文章最后说，"中国共产党与中国国民党"的谈判，不仅能勾起两岸民众和国际社会对国共内战的历史回忆，同时也能凸现"当前两岸问题是国共内战遗留下来的"。当然，中共方面更希望，国共若能进行"第三次合作"，对两岸关系发展以及打击和遏制"台独"，将有重要影响。

台湾《中国时报》30日发表题目叫"江丙坤打开两岸新空间"的文章，说把江丙坤赴大陆访问说成是"国共和谈"未免太沉重，但"两岸合作"却是可能的。毕竟，当前台湾社会的主流意见，不再是国共对立，也不是两岸冲突，而是和平共处，互相合作。文章指出，在反分裂法通过之后，"法理台独"之路宣告结束。对台湾来说，回到中华民国这最大公约数，以建立内部共识，不仅是台湾社会的主流想法，更是中共可以接受的最大公约数。文章说，执政者掌握国家公权力，可使用的资源较大，而在野党的促成，也可以是陈水扁摆脱旧意识形态框架与"台独"包袱的另一个助力。准此以观，作为执政者的民进党实在不必要排斥国民党的大陆之旅。

香港《太阳报》30日这一天发表了古吕先生的文章，题目叫"许文龙脱绿 人心思汉"。文章虽然不是直接评论中台办与国民党参访团会谈形成的十项成果，但能让人们从许文龙先生的立场转变中看出这些初步成果将会产生什么样的作用。

文章是这样写的："近期，两岸发生了三件大事，第一是3月26日陈水扁全家出动，发起'反反分裂法'大游行。官方媒体称有近百万人参加，台北警方则说二十七万多。第二是并不讳言以资金支持民进党的奇美集团创办人许文龙发表'退休感言'，称两岸同属一个中国，并说'胡四点'和《反分裂国家法》使他心里踏实。第三是国民党在退台56年后首次正式组团访问大陆。这三件事，以涉及人数，许文龙感言最少，只一人而已，但这件事对两岸关系影响依然巨大。"

"许文龙白手起家，旗下的奇美集团拥有近900亿元新台币，在台湾富豪榜排列第六。长期以来，许文龙在政治上姿态高调，与李登辉和陈水扁结为至交。去年大选期间发生的'3.19枪击案'，陈水扁中枪后舍近求远，直奔许文龙旗下的奇美医院，关起门来治疗，可见许文龙从来都被陈水扁视为自己人。许文龙对民进党的资金捐助也是公开、大方的，阿扁的'台湾智库'基金会成立，许文龙一出手就是6000万新台币。想不到的是，在阿扁发动'3.26'大游行之日，许文龙却来一个'退休感言'，唱对台戏。吕秀莲说，这是被中共逼签的'他白书'。仅此即已显出了许文龙的杀伤力。可是，许文龙在台南的家中接受媒体采访时说，他的退休感言并非是在大陆被逼签的'他白书'。之前，许文龙也曾对连战表示过同样的看法。所以，吕秀莲的讲话是没有根据的，她不过是想用这种'抹红'的说法来遏阻这种思潮在台商和绿营中蔓延。"

"过去也是亲绿的张荣发，也因阿扁迟迟不'三通'而与其分道扬镳，使旗下长荣集团的大陆生意得以扩展。还有施振荣、殷琪、林百里等原来的'绿色金主'也慢慢淡化政治色彩。以往台湾当局曾批评北京'以商逼政'，但还体会不到实质的压力，现在许文龙转态，是台湾思潮从量变到质变的标志。"

"对此，纽约大学华裔教授熊玠更以'人心思汉'来形容。无疑，'人心思汉'是熊玠的个人观察，或许一定程度上带有片面性，但是求和平求发展厌倦政治恶斗，确实是愈来愈多人接受的思潮。也就是这一点，国民党才敢在北京制定《反分裂国家法》、绿营举行反制大游行后，即派遣官式代表团访问大陆。"

前文详述的双方形成的十项成果，多为两岸加强经贸交流与合作的内容，体现着台湾人民优先的原则，顺应着两岸人民期盼和平稳定发展的潮流，它将会产生什么样的效果是不言自明的。"许文龙脱绿 人心思汉"的文章在给人们做着证明。

五、贾庆林会见江丙坤一行时，用四个"只要是"表达了对台湾同胞的骨肉亲情

（一）

京华三月，春意盎然，亮丽多彩，松柏葱茏的香山碧云寺显得格外宁静安详。31日上午10时许，江丙坤率领参访团一行来到此地，拜谒孙中山先生

衣冠冢。这是56年来中国国民党首次以党的名义委派代表团来此拜谒，也是参访团"缅怀之旅"的最后一个拜谒活动。

参访团一行首先来到碧云寺"孙中山纪念堂"。孙中山纪念堂原为碧云寺第五殿——普明妙觉殿。1925年3月12日，孙中山先生逝世。4月2日，灵柩移入普明妙觉殿后金刚宝塔二层石券内停放，直至1929年5月中山陵落成后移往南京。移灵时更换出的中山先生衣帽，被放回原殓的楠木棺中，封入金刚宝座塔石塔内。为纪念中山先生遗体暂厝之地，当时的国民政府在碧云寺设立"总理纪念堂"和"总理衣冠冢"。新中国成立后，人民政府将之更名为"孙中山先生纪念堂"和"孙中山衣冠冢"，以供后人瞻仰。江丙坤一行向孙中山先生纪念堂内正中央的中山先生汉白玉全身坐像敬献花圈，花圈的缎带上写着："总理中山先生逝世八十周年纪念　中国国民党主席连战、副主席江丙坤敬献"。然后江丙坤一行向中山先生坐像行三鞠躬礼。随后，江丙坤一行参观了纪念堂内陈设的中山先生遗墨、遗著等历史遗存，并在放映厅观看了影片《孙中山与碧云寺》。

在参观了纪念堂两侧陈设的中山先生生平展览后，参访团来到位于山脊之上的中山先生衣冠冢，向这位伟大的爱国者和革命先行者再行拜谒。之后，在"孙中山先生纪念堂"前广场，江丙坤提笔留字："世纪伟人"。他向随行的人员和记者说，今天拜谒中山先生衣冠冢，表示了我们的无限感念和无限尊敬。中山先生一生从救人开始，到救民、救国家，充满了大公无私的精神。他是真正的伟人，真正的革命家、政治家。我们感念他的丰功伟绩。"相信中山先生的在天之灵保佑我们大家，保佑两岸和平、两岸同胞能够安居乐业。我认为本次的大陆之行是成功和有成效的。"

江丙坤再次向媒体表示，希望本次大陆之行推动两岸经济合作，使两岸经济向前发展。两岸经贸互惠有助于缓和两岸严峻形势，化解对立，合乎双方人民的期待，也利于提升台湾经济的竞争力。两岸应务实地加强经贸交流与民间往来。

在谈到与中共中央台湾工作办公室主任陈云林和有关部门代表会谈所取得的初步成果时，江丙坤表示很满意。他说："这只是一种开始，我现在来的时候正是春暖花开季节，希望海峡两岸也会春暖花开。"

江丙坤表达的希望，正是两岸人民共同的期待。

（二）

31日下午，中共中央政治局常委、全国政协主席贾庆林在人民大会堂亲切地会见了江丙坤一行。贾庆林代表中共中央，对江丙坤副主席率中国国民党参访团来大陆访问表示欢迎，对广大台湾同胞、国民党等党派团体和各界人士致力于改善和发展两岸关系、推动两岸人员往来和经济文化交流、促进两岸"三通"表示赞赏，并向客人介绍了祖国大陆改革开放和现代化建设的情况，阐述了对当前两岸关系重大问题的看法和主张。

贾庆林说，孙中山先生是伟大的爱国主义者，是中国民主革命的伟大先驱。他为追求民族独立、民主自由和民生幸福贡献了毕生精力。在孙中山先生逝世80周年之际，国民党参访团祭奠黄花岗七十二烈士、南京中山陵、北京中山先生衣冠冢，这对于继承和发扬中山先生倡导的坚持统一、反对分裂的精神是很有意义的。同时，与大陆有关方面深入探讨两岸通航、农业合作等经贸问题，并取得初步共识，对促进两岸经济交流与合作产生了积极的作用和影响，这也是很有意义的。

贾庆林指出，经过两岸同胞的共同努力，当前两岸关系出现了一些有利于遏制"台独"分裂活动的新的积极因素，台海紧张局势出现了某些缓和的迹象。但反对"台独"分裂势力及其活动的斗争仍然是严峻的、复杂的。在一个时期内，两岸关系仍然面临着两种前途：一种是，"台独"分裂势力继续推动"台独"活动，肆意制造两岸对抗，从而导致两岸关系持续紧张、剧烈动荡，甚至再次濒临危险的边缘；另一种是，"台独"活动被有效遏制，两岸关系得以和平稳定发展。显而易见，第一种前途是违背两岸同胞利益和愿望的，是走不通的；第二种前途是符合两岸同胞利益和愿望的，是光明大道。应该坚决制止一种前途，争取第二种前途。

贾庆林说，我们一直希望并积极争取在一个中国原则基础上恢复两岸对话和谈判。1949年以来，尽管两岸尚未统一，但大陆和台湾同属一个中国的事实从未改变。这就是两岸关系的现状。这不仅是我们的立场，也见之于台湾现有的规定和文件。当年，正是由于海协与海基会坚持了对一个中国的认同，同时暂时搁置了对一个中国的政治涵义的分歧，达成了"九二共识"，因此实现了"汪辜会谈"。现在，应该坚持体现一个中国原则的"九二共识"，争取在"九二共识"的基础上谈起来，以利改善和发展两岸关系。

贾庆林说，两岸同胞是血脉相连的一家人。我们要务实地多做促进两岸经济合作的实事、推动两岸交流与往来的实事、为两岸同胞谋利益的实事，以促进两岸同胞相互理解，培养互信，发展共同利益。我们有信心、有诚意、有耐心通过充分交流、积极合作、相互包容，加强同台湾同胞的沟通和相互理解，争取两岸关系发展的光明前景，实现互利双赢。只要是对台湾同胞有利的事情，只要是对促进两岸交流有利的事情，只要是对维护台海地区和平有利的事情，只要是对祖国和平统一有利的事情，我们都会尽最大努力去做，并且一定努力做好。

贾庆林说，对改善和发展两岸关系，我们也欢迎认同"九二共识"、反对"台独"、主张发展两岸关系的台湾其他政党主席来大陆访问。

贾庆林表示，中国国民党主席连战已表达来大陆访问的意愿，我们欢迎并邀请连战主席在他认为合适的时候访问大陆。

江丙坤感谢贾庆林主席的会见，感谢贾庆林对连战主席的邀访，并表示返台后会立即向连战报告，相信连战一定会在适当时机到大陆访问。

此前，国务委员唐家璇也在中南海紫光阁会见了江丙坤率领的参访团。唐家璇在会见时说，经过十多年的不懈努力，两岸经贸文化交流和人员往来已达到相当大的规模，对增进两岸同胞相互了解、实现互利互惠、促进两岸经济发展发挥了重要作用。大陆注重采取切实措施和具体行动，为台湾同胞多解决实际困难、多谋实惠、多提供方便。我们十分重视促进两岸经贸等领域的交流与合作，多次进行认真研究，要求有关部门加强协调，大力支持，努力把有关事情办成、办好，并将继续出台一些新的优惠政策和便利措施。唐家璇强调说，我们愿意与反对"台独"、认同"九二共识"、主张发展两岸关系的台湾各党派、团体和人士，就两岸同胞关心的所有问题交换意见，共议发展大计，共商统一大业，为同胞谋幸福，为民族谋前途，共同推动两岸关系的改善和发展。唐家璇对国民党在这方面所持的积极态度表示赞赏，希望国民党今后继续作出建设性的努力。

（三）

江丙坤率领的中国国民党大陆参访团完成了在大陆的全部行程，4月1日搭乘飞机离开北京，经香港返回台湾。中共中央台办副主任李炳才、中共北京市委副书记龙新民等官员和台商代表、各方面的代表人士组成的欢送队伍前往机场送行。

临行前，江丙坤对媒体表达了他对此行的感受。他表示，对这次参访的结果"很满意"。他认为，此行不仅是"缅怀之旅"、"经贸之旅"，也是一次"搭桥之旅"。江丙坤说，通过拜谒中山陵和中山先生的衣冠冢，深为孙中山先生博爱和天下为公的精神所感动，革命先辈的丰功伟绩，值得人们纪念。

江丙坤表示，30日中国国民党大陆参访团就促进两岸经贸等领域的交流与合作，与大陆中台办及有关部门代表会谈，并取得若干成果是十分积极的，返台后，将会据此提出建议，努力推动两岸经贸交流。他说，在参访期间，参访团成员与部分台商进行了座谈，了解到很多在大陆投资的台商对繁荣当地经济作出了贡献，他们在大陆也得到很好的照顾。他强调，台海稳定备受关注，经贸交流是好的起点，希望此行成果能促进两岸和平和谐。江丙坤特意对这些天来大陆方面的热情款待表示衷心的感谢。

3月31日晚些时候，中台办主任陈云林接受了新华社记者的采访。当记者问到应该怎样评价江丙坤一行的来访时，陈云林在简要地回顾了参访团一行的行程后说，我们认为，江丙坤一行的"缅怀之旅"、"经贸之旅"是一次成功之旅，将对促进两岸经济交流与合作、推动两岸关系和平稳定地发展，产生积极的作用与影响。

记者问道，贾庆林主席在会见江丙坤副主席时，邀请中国国民党主席连战先生在他认为合适的时候访问大陆，这是否表示大陆正式向连战先生发出了访问大陆的邀请？陈云林说，中国国民党主席连战先生表达了来大陆访问的意愿。今天，中共中央政治局常委、全国政协主席贾庆林会见江丙坤副主席时，是代表中共中央、代表中共中央总书记胡锦涛，欢迎并邀请连战主席在他认为合适的时候访问大陆。

记者提到台湾一些政党的负责人也表示希望到大陆访问一事，陈云林说，我们欢迎认同"九二共识"、反对"台独"、主张发展两岸关系的台湾其他政党主席来大陆访问。

记者问道，有消息说民进党主席表示不排除来大陆访问时，陈云林说，我们的态度是，只要承认一个中国原则，承认"九二共识"，不管是什么人、什么政党，也不管他们过去说过什么、做过什么，我们都愿意同他们谈发展两岸关系、促进和平统一的问题。只要民进党放弃"台独"党纲，停止"台独"分裂活动，我们愿意作出正面回应，与之接触交往。

江丙坤4月1日晚上回到台北，在桃园机场举行了记者会，他对记者说，此次"缅怀之旅"、"经贸之旅"和"搭桥之旅"顺利完成任务，所达成的"十点共识"对增进两岸经贸交流有很大帮助。他说，通过这次"缅怀之旅"，他再度体认到孙中山先生的伟大，他的丰功伟绩值得好好纪念。孙中山先生一生救人、救民一直到救国的大公无私精神，值得共同敬仰。两岸应该以孙中山先生为师，共创双赢的局面。

记者问到参访团与台商座谈的情况时，江丙坤说，参访团在广州、南京和北京分别与当地台商交谈，听取他们的需求和心声。通过交谈发现，事实上台商在大陆的经营绩效大部分相当良好，对当地的经济发展和就业机会的创造有很大贡献。参访团要求各地台商要积极正派经营、合法经营，同时要积极回馈当地社会，创造社会的和谐。对于台商提出的要求，参访团也向大陆方面充分表达，中台办作出了具体回应，这就是双方达成的"十点共识"。这"十点共识"对增进两岸经贸交流是有很大帮助的。

记者问到参访团还有什么意外的收获时，江丙坤说，参访团另外一个最大的目的是为两岸搭一座以便将来能够走上两岸和谐的便桥，"搭桥之旅"也是参访团达成的一个重要的目标。

江丙坤还特意向媒体介绍说中共中央政治局常委、全国政协主席贾庆林在与他会面时，特别代表中共中央总书记胡锦涛，邀请国民党主席连战在适当的时机访问大陆。

六、媒体纷纷报道陈水扁面对江丙坤一行的"成功之旅"所表现出来的慌乱和气急败坏的丑态

（一）

江丙坤一行成功的大陆之旅，使扁政府无计可施，乱作一团，媒体对此作出了各式各样的报道。4月6日出版的台湾《联合报》一口气刊登了四篇报道予以反映。一篇题为"祭法力守两岸政策把关权"的报道说，陈"总统"昨天破天荒地在官邸召集18人会议，面对一连串严峻形势，党政高层忧心溢于言表，某高层更担心民进党执政会崩盘。在野党登陆的政治后坐力，政府猝不及防，如今已渐流失两岸政策的把关权。报道指出，"国安系统"近日频频会商，陈水扁赶在假日开会，意图力守底线。但摆在眼前的是，民意支持国民党登陆，农业、服务业一波波溃堤，且有奇美实业为首的"企业家支持反分裂法"为其后盾，公权力几乎无法招架，大陆政策确实陷入空前危机。

报道说，其实，江丙坤登陆伊始，民进党政府保持高度关注，并未急着出手，主要是想查探中共及国民党的底蕴。但形势变化快速，江的大陆行获两岸及国际高度重视，虽仅及于党对党，但其发表的声明及后续可能的连胡会，已迅速形成骨牌效应。首先是在野的"立委"抢登陆，农业、服务业似乎都"解套"了，大家都可以自由往返两岸签订协议。江丙坤的十点声明，及未来连战在连胡会可能达成的协定，创造出"在野党自创市场"的奇迹，政府傻眼。报道指出，除了政经冲击，这波登陆潮，对社会人心影响甚深。对民进党政府而言，最痛苦的是，花了大力气精心凝聚的台湾意识，似乎现

在都不敌一波波的大陆热。在民意支持下，扁政府有口难言，即使党政高层重炮猛轰，所得成效甚微。

另一篇题为"扁忧心中共挖民进党的根"的报道说，陈水扁昨天下午召集"两岸政经新情势"会议，对于在野党登陆潮带来的政经后坐力，众人皆忧心忡忡，陈水扁明白表示，这是中共的统战方式，找南部农民下手，就是要挖民进党的根。民进党政策会执行长柯建铭也直言，在野党纷纷登陆，一再带回政策要政府埋单，"那不是中共在指导我们的政策吗？"他指出，这个问题不能拖，要认真面对。不然台湾企业也如此，政党也如此，两岸政策被老共拖着走，台湾呈现"无政府状态"，"我们马上就倒了"。一位与会人士昨晚表示，目前政府面对的不只是国际压力，而是"整个情势的逆转"。

还有一篇题为"法办十共识？暴露执政无力困境"的报道说，经过几天考虑，政府决定以法律回应国民党访问大陆的行为。民进党面对国共十点协议在反应上的尴尬，其实和国民党面对扁宋会的十项共识，有异曲同工之妙。报道指出，旁观协议的一方，对已签订协议合作的两边是非常不满的，但是对所签订的协议或共识内容，却因为符合多数人民的期待而无法加以反对。姑且不论法律形式要件如中国是否外国（外患罪）或有无实际签署行为等违法条件是否成立，意欲用法律来限制或吓阻政治行为，绝对不会有效果，反而只会显示当事者无力应对的空虚。

台湾《新新闻》周报于四月中旬出版的一期上刊登的报道主题就叫做"慌了"，引题为："陈水扁陷入困境，错估中国低估连战"。报道用"慌乱"和"气急败坏"来描写陈水扁的窘态。报道提出："陈水扁为什么会气急败坏？"接着指出，"因为陈水扁依然思考着要握有两岸协商主动权，而且要用两岸协商做他自己政治生涯的重要筹码；也因为陈水扁及其幕僚过去的规划中，从来没有料到会有'国共党对党和谈'这种插曲出现的可能性。换句话说，'慌乱'一者出于陈水扁太长太曲折的准备与等待，他一直以为到任期结束前，时间还站在他这一边，还可以拖着。事件连续的发展残酷地提示：快要时不我予了！'慌乱'再者出于陈水扁对于中国的错估，以及对于连战与国民党的轻蔑低估。陈水扁及其幕僚长期认定中国是非理性的、强硬的，认定中国的强硬态度只会一次次伤害台湾人民感情，使台湾人更支持民进党'疏离中国'的路线。但是，陈水扁及其两岸政策团队完全没有预料到，中国突然会将身段放软，愿意给国民党那么大面子，用高层级高规格跟国民党'党对党'协商，还承诺让连战和胡锦涛'主席对主席'会面。中国这么低的姿态，解决了国民党的尴尬，已经失去政权的国民党，当然不需要摆架子拒绝这种机会。……中国搭的桥，让国民党抢得了两岸的协商的战略高位。陈水扁没有笨到看不出来，这是对他及民进党统治权的一次大掏空。"

（二）

4月10日出版的香港《亚洲周刊》上发表了记者王健民先生的长篇报道，题目叫："国共第三次握手的幕后推手"。报道立论独特，新意迭出。报道是这样开头的：中国国民党在睽违中国大陆56年后，终于在日前正式派出代表团，堂堂正正地跨过台湾海峡，踏足中国大陆，受到了中共当局高规格的欢迎和接待。"历尽劫波"的国民党和共产党"两兄弟"终于在半个多世纪之后，"相逢一笑泯恩仇"，实现了自20世纪20年代以来的国共第三次握手，也化解了"台独"危机。

报道指出，国共第三次握手的背后隐藏的"推手"，其实是李登辉和陈水扁。这不是开玩笑，而是中国现代史吊诡的发展。在过去10年间，从李登辉这位国民党前主席走上"台独"之路，到陈水扁不断加速"台独"、"建国"路线，都使两岸及全球华人社会纠缠半个世纪的"左右派之争"化解于无形。右派及左派最后都发现，从蒋介石到毛泽东，都是强烈的中国民族主义者，都不赞成"台独"，都不会容忍李登辉的"皇民思想"及向日本靠拢，都不会容忍吕秀莲等绿营人士歌颂《马关条约》及日本对台湾的殖民统治。也就是说，"台独"论述的崛起及绿营势力的膨胀，意外地促使国共之间意识形态之争全面消退，也意外地促使国共合流，寻回彼此的共同渊源，在孙中山的理念召唤下，寻找飘远了的"和平、奋斗、救中国"。

报道说，江丙坤率国民党代表团此次大陆行，被认为是一次"破冰之旅"、"缅怀之旅"、"经贸之旅"，是为国民党主席连战对中国大陆的正式访问进行热身。但实际上，江丙坤此次大陆行最大的现实贡献，是这次访问的时机安排，化解了一段时间以来台海已经略显剑拔弩张的危机。因此，江丙坤率国民党代表团的"破冰之旅"，实际上是"冲破战争乌云之旅"和"缔造和平之旅"。中国社会科学院台湾问题专家李家泉认为，国民党代表团此次大陆行，应该是两岸关系一个重要的转折点。从现实意义而言，江丙坤此次对大陆的正式访问，适时冲淡了台湾绿营"三二六"游行之后，对两岸关系所产生的消极影响。

报道指出，台湾的民意调查发现，大部分的台湾民众对国民党代表团此次正式访问中国大陆，都持正面肯定的态度。他们当然不希望两岸之间发生战争，而希望透过两岸交流，收割丰硕的经贸果实和政治果实，从中得到实际利益。他们也越来越清楚地看到，"台独"事实上是一条行不通的路，不是台湾人民之福，因此也越来越看清"台独"背后的政治绑票性质。

报道接着用许文龙发表退休感言这一典型事实说明台湾民众的觉醒。报道说，这种觉醒恰恰发生在中国国民党代表团即将出发前往大陆之前。曾被称为"绿色台商"的龙头，曾获陈水扁邀请出任"总统府资政"的奇美集团创办人许文龙，发表退休感言公开信，表示"台湾、大陆同属一个中国"，最近胡锦涛的谈话和《反分裂国家法》的出台，让他"心里踏实许多"，奇美敢到大陆投资，就是不搞"台独"。他还呼吁两岸尽速"三通"，强调过去支持陈水扁并非支持"台独"，认为台湾的经济发展离不开大陆，搞"台独"只会把台湾引向战争，把人民拖向灾难。

报道指出，许文龙的心声，实际上成了"台独"势力式微的重要转折点，说明当"台独"气势上升到最高峰的时候，恰恰就是"台独"势力的强弩之末。尽管陈水扁和李登辉全力动员，"三二六"游行也无法达到预期的百万之众。在这样的牌局中，国民党这次主动出牌，由出生在台湾南投县的国民党副主席江丙坤，率团正式出访中国大陆，展开了被称之为"破冰之旅"的访问，并为国民党主席连战的大陆之行预先热身。国共终于在共同反"台独"的意识形态下，走到了一起，实现了国共的第三次握手。这国共的第三次握手，除了是历史的必然，其实也是历史的偶然，是因为有了"台独"分裂的危机意识，是因为国共双方和全球华人都不认同李登辉的日本"皇民意识"。

报道说，国共两党在握手中寻回过去的记忆，寻找共同的历史渊源。在南京中山陵，江丙坤率国民党代表团，从博爱坊开始，走过392级石阶，代表国民党主席连战及全体国民党员向中山陵敬献花篮及致祭："国家建设，遗志未竟，天下为公，世界大同。怀我总理，万世景从。"在广州黄花岗七十二烈士墓，江丙坤致祭后表示："我在中学时念过这一段历史，对这个地方有深刻的印象，但这是第一次到这里来，心情还是相当激动。此行是来向先烈们表示崇敬之情，也是饮水思源。"于是，国共双方似乎就在这种共同的缅怀中，发现他们原来都是一家人，是共同追寻孙中山先生理想的两弟兄。江丙坤表达了国共第三次握手的共同基础。

接着报道又从两岸经济融合的角度分析并指出台湾的希望在哪里。报道说，实际上，近十多年来，数十万台商即已参与两岸经济的融合。据亚洲台湾商会联合总会会长潘汉唐透露，目前在中国大陆的台商公司已近8万家，总投资达1000亿美元，创造了1300万个就业机会。江丙坤表示，老百姓要的就是安居乐业，安居就是没有战争，没有恐惧；乐业就是经济繁荣，而台湾的经济繁荣是与大陆息息相关，解决台湾问题的关键还是要促进两岸经贸发展。作为经济学博士的江丙坤明白中国大陆经济对于台湾经济的重要意义，他当然知道，经过二十多年的改革开放、尤其是这十多年的发展，中国大陆确实发生了翻天覆地的变化，比如去年的外贸总额，已经达到1.15万亿美元，超过了日本，位居世界第三，仅次于美国和德国。人均国民收入，按官方统计数字是1500美元，但如果按购买力平价计算，则已逾5000美元。所以，有远见的国民党领袖，从连战到马英九，都发现他们的希望不是仅在台湾，而是960万平方公里的神州大地。江丙坤此次率中国国民党代表团正式访问中国大陆，不但要在那里追寻历史的记忆，而且要在那里找到国民党的希望，找到台湾的希望，也找到全中国的希望。

第三章

中国国民党主席连战率团进行的"和平之旅"

一、连战率团出访前，港台舆论即掀起热评，盛赞这是两岸互动最精彩的一页。有媒体说，这是大陆"寄希望于台湾人民"政策的全面启动

（一）

4月19日，香港《明报》发表题为"连宋登陆两岸缓和露曙光"的社评说，在台湾民进党当局拒不接受"一个中国"原则和"九二共识"，导致两岸当局无法就两岸关系缓和问题公开谈判、两岸关系持续紧张的情势下，大陆当局和台湾在野的泛蓝势力透过政党领袖的直接见面，搭建沟通平台，使两岸关系出现了柳暗花明的新局面。社评指出，连战和宋楚瑜前往大陆访问，无疑对执政的民进党构成压力，因为两大在野党领袖的行动，清楚地告诉台湾民众和国际社会，大陆制定《反分裂国家法》，绝非导致两岸关系紧张的根源。而且，无论大陆是否制定《反分裂国家法》，两岸关系的主流都应当是交流与缓和，而不是隔绝与分裂。

这一天，台湾《中国时报》发表了题目叫："胡锦涛稳基调，扁连宋都在局中"的文章说，中共总书记胡锦涛破纪录在一个月内，接连邀请两位台湾客人，让台湾政坛卷起千堆雪。连宋抢"总书记的客人"，陈水扁因势调整声调，两岸僵局已然悄悄打开不再停滞；胡总书记的邀请，扁连宋都在局中。文章指出，北京对台湾执政党与在野党自始采取"区隔处理"策略；反分裂法一刀切下两岸政策底线，同一时间又马上对国亲在野党释出善意，将两岸和解基调拉回到"九二共识"，一拉一打，节奏不含糊。北京以同一规格接待连宋到访，可说是精炼的"统战"手法，既透过与国民党接触创造两岸关系和缓气氛，也看准"扁宋会"后的台湾政局变化。文章最后说，当连宋相继登陆，两岸的和解效应即顺势启动，不管连宋各自带回何种讯息，陈水扁会如何因应，无疑将是两岸关系未来发展的关键。

同一天，《台湾日报》刊登报道说，大陆一连串积极邀访，台湾两大泛蓝在野党访陆，我们可以发现，大陆对台策略更灵活、更弹性，也更务实。以高规格的方式邀访在野党，一方面打压台湾执政党，一方面直接争取台湾人民的认同。这的确是过去无法想象的事。

4月20日，香港《成报》发表题为"'寄希望于台湾人民'的策略已全面启动"的文章说，台湾当局对《反分裂国家法》反应愈激烈，对在野

党争相赴大陆访问骂得愈凶，管制愈严，反而透露出它愈心虚害怕。据报道，扁政府已展开密商，希望能降低"国共和谈"对台湾社会及对民进党选票造成之冲击。这说明扁政府不是不知道民意所趋，只是还想蛮横阻拦、困兽犹斗。文章说，国共"两岸交流十项共识"（指江丙坤访大陆时形成的十项共识）中所提出的两岸交流，不论是农业、航运、或是台商投资保护，大陆都明白表示将由台湾民间团体或民间人士与大陆民间团体进行协商。显然大陆想确立两岸交流的"民间原则"，而此原则之重点又分明是在争取台湾民意。虽然台湾当局已经对此"民间原则"断然否定，但长远看来，大陆的"民间原则"或"民意牌"既以经济利益为基础，恐怕就不是当局"说了算"的那么简单。例如大陆同意台湾农产品赴大陆销售，当始终处于经济弱势的南部农民希望将过剩的水果销到大陆去，民进党就只能在世纪选票及改变政策中作出选择。十点共识还包括两岸县市乡镇之间对口交流，可见大陆希望将争取民心的工作深入到台湾的各个角落。

这一天，香港《新报》发表报道说，台湾两个最大的在野党主席，将会在短短一两周内分别访问大陆。北京最高领导人这样频繁地接见台湾在野党党魁，和台湾在野党这么主动地争相访问大陆，反映出两岸新一轮的政治互动在双方各自的政治计算下，已悄然揭开序幕，重大的突破随时水到渠成。报道说，北京的策略可谓相当高明。当陈水扁仍未完全走出"三二六"大游行反对《反分裂国家法》的情绪激昂中，在野党的党魁却已迫不及待地争相访问大陆与胡锦涛会面，这种朝野在两岸问题上的南辕北辙不但使陈水扁动员的民气和压力消解于无形，新一轮大陆热的成形更使其针对《反分裂国家法》而作出的种种刹车措施面对难以形容的困窘。

同一天，香港《太阳报》发表了题为"北京对台气定神闲"的文章又表达了新的看法。文章说，北京并没有对民进党关上所有的大门。国台办主任陈云林等接受媒体采访时，依然表达希望和民进党接触对话的意愿，当然前提还是需要的，也就是民进党必须放弃"台独"党纲，停止分裂活动。文章指出，北京还主动邀请民进党籍的县市长参加在10月重庆举行的亚太城市市长高峰会，礼数尽到了，你不来是你的事，被动的只是你。也可以看出，北京也意识到，只是和在野党领袖握手言欢，并无法从根本上化解两岸政治僵局，这个动作显得潇洒有度，值得加分。

（二）

越是靠近连战登陆访问的日子，媒体的评论也越是热烈而深入。4月22

日，台湾《联合报》发表了主题为"大陆主导，台湾配合"的文章开篇就指出，连宋两位政党领导人近期将陆续登陆，与中共领导人胡锦涛会晤，揭开两岸五十多年来"党对党谈判"的序幕。这对台湾朝野政党而言，将是一项全新的挑战，在中共则是稳赚不赔。文章说，民进党在台湾执政以来，两岸关系持续紧张，两岸谈判的管道全被封锁，而台湾在民间仍有交流的需要，大陆因应就提出了"民间团体"谈判的方式，台湾只好接受，如春节包机的协商解决就是这种模式。此时，两岸交流的方式就演变成"大陆主导，台湾配合"的形势。再往后看，连宋纷纷登陆后，两岸党对党谈判正式登台。对其连战而言，这是在交棒以前，建立个人历史地位的一个机会，也是展现"国民党能，民进党不能"的利器。对于宋楚瑜而言，则是重建个人舞台的试金石，也是带领亲民党走出困境的机会。总共而言，在反分裂法通过之后，台湾的政党领袖愿意欣然来访，等于是为反分裂法背书，使反反分裂法的势力一夕瓦解。而且，有了国共、亲共的党对党谈判先例之后，中共寻求和民进党进行党对党谈判将有例可循，下一个目标自然是执政的民进党。

文章指出，在这样的互动中，中共显然是稳赚不赔：既化解了反反分裂法的声浪，确立其正当性；又打开党对党协商的大门。至于中共会在"胡连会"或"胡宋会"中，释放出多少对台善意，尚不得而知。这是连宋登陆，台湾人民最在意的部分，也是连宋登陆成败的关键。但这关键掌握在中共手上。对执政的民进党而言，虽握有公权力，却只能哑巴吃黄连，有苦说不出。连宋登陆挡不了，党对党谈判禁不了，如果对岸作球给连宋，对台展现善意，执政的民进党想不吞下去，又如何能抵挡住民意的压力？因为，多数民众在意的是两岸关系的改善，谁会在意是党对党或政府对政府的谈判？

这一天，香港《信报》刊登了江素惠女士的文章，题目叫"台湾登陆热的幕后斗争"。文章是这样分析的："国民党主席连战及亲民党主席宋楚瑜都将赴大陆访问，使两岸关系进入一个历史的转轨期，这情势的变化有台湾内外部因素使然。"

"美国如何也想不到中共对台政策的灵活，竟可向台湾各党派招手，让台湾各党派争风吃醋，令民进党进退维谷。北京的灵活务实，实是展现了对台政策的转进，胡萝卜与棒棍齐飞，反分裂法公布将'台独'纳入鸟笼中，在此红线内规范了'台独'的图腾，陈水扁为之收敛，已不再有'制宪正名'的喧嚣，虽发动了'反对《反分裂国家法》'的游行示威，但改变不了现实的局限；北京也另外向在野党招唤，欢迎各政党访京。"

"台湾朝野都在试图解读北京的政策，认为北京是对台湾在野党摸头，并且可能晓以大义要坚持'一中'外，要求泛蓝应该团结。"

"陈水扁对连宋北京之行束手无策，只有全面反制，民进党针对近来的大陆热通过'三反三要'的决议文，这项决议文绑不了在野党，，倒是让陈水扁在两岸关系上更陷于被动，提前成为跛脚鸭。这决议文也逼着陈水扁离开新中间路线，难以寻求两岸和解。"

"陈水扁慌了，民进党急了，要去的照去，套用毛泽东的一句话'天要下雨，娘要嫁人'，实无可奈何。在本月底下月初的连宋访京实在是长久以来两岸互动最精彩的一页。"

文中提到的"三反三要"决议文，是指民进党在4月19日召开的"中执会"上通过的"政党访问中国决议文"中提出的"三反三要"要求，企图以此规范政党访问大陆的行为。"三反"包括："（1）坚决反对，以一中原则为前提的所谓"九二共识"作为政党领袖访中的条件；（2）坚决反对，在没有政府授权的情况下，协商涉及主权和公权力的两岸事务；（3）坚决反对，中国政府任何对台湾"去国家化"、"去政府化"、"地方化"的作为。"三要"包括：（1）坚决主张，中华民国是一个主权独立的国家，台湾主权属于台湾2300万人，对于中华民国主权地位的变动，必须取得台湾人民的同意；（2）坚决主张，中国政府对台使用武力的企图应该受到强烈谴责，两岸之间的争端必须透过和平方式才能解决；（3）坚决主张，台湾人民严正反对中国政府制定的反分裂国家法，台湾参与国际社会的空间不应遭受打压。"诚如前文所说："这项决议文绑不了在野党，倒是让陈水扁在两岸关系上更陷于被动，提前成了跛脚鸭。"

4月22日，香港《明报》发表了欧阳五先生题为"阿扁的困局与机会"的文章，文章开头就引用了陈水扁的老师李鸿禧描写阿扁情状的话："阿扁的心情没有这么乱过！"文章说，眼下的阿扁露出了罕有的焦虑乃至有些失魂落魄。文章设问道："阿扁怎么啦？"接着文章作答，观察家指出原因有三：第一，枪击案包袱。去年3月19日，两颗神奇的子弹让陈水扁险胜连任。泛蓝抗争未果，但陈水扁背上了多方对其正当性存疑的包袱。"立委"选举，泛绿未能过半，又让阿扁试图借此间接证明当选正当性的努力落空。今年三月，国民党发起枪击案周年游行，阿扁称"比任何人都想知道真相"，但当局办案的层级、方向，又隐约可见他内心的恐慌。第二，两岸渐失主导权。北京出台《反分裂国家法》，原为应对岛内"法理台独"之举，却有意外收获，让"急独"分子露出"纸老虎"的脆弱本质。对于该法，美日反应谨慎，台湾政党立场不一。民进党发动呛声大游行，上街人数未达预期。随即，国民党副主席江丙坤"破冰"赴大陆，受到高规格接待和舆论广泛关注。最近，受胡锦涛邀请，连宋又将比肩接踵"登陆"，大陆热让阿扁一筹莫展。第三，众叛亲离，"台独"理念破碎。2月的"扁宋会"及十点共识，本是陈水扁裂解泛蓝、突破僵局、讨好美国的一石多鸟之计。但在反分裂法行将通过的背景下，面对李登辉等深绿人士的反弹声浪，他说出了改"国名"是"任内做不到，即使现在总统让李登辉做，也一样做不到"的急话，让不少支持"台独"者恍觉"台独"理念放弃的灰心。3月26日，绿营金主、"总统府资政"许文龙的"一中感言"，震撼台湾，不但让当天的游行大打折扣，也让陈水扁政府面临"红帽子从此失灵"的尴尬处境。

文章指出，阿扁正面临人生的一个低潮。所以，也就不难理解，近来为什么民进党政府有点进退失据，采取诸如暂缓大陆两家媒体驻点采访、"法办"江丙坤、两岸交流踩煞车之类为人诟病的下策。专家认为，台湾政局正在深刻的变化中，"急独"空间受到压制。如阿扁不能稳住阵脚，便有继续下滑，甚至一泻千里的危险。

文章最后说，当然，危机也可能是转机。岛内主流民意希望两岸和平，就顺应民意，对连宋登陆乐观其成；民意希望族群和解，就不要"割喉战"；民意希望发展经济、改善治安，就一心一意作出个所以然来。也许，这是一次机会。

文中提到的"暂缓大陆两家媒体驻点采访"，是指台湾当局为报复大陆通过《反分裂国家法》，而宣布禁止人民日报社、新华社记者驻台北采访，两名记者于4月14日离开台湾返回大陆。此举引起台湾媒体一片哗然。台湾《中时晚报》于4月11日发表了题为"最笨的招数"的社评予以有力地抨击。社评说，再没有比惩罚新闻体更笨的招数了，是愚不可及的一招。第一笨在：如果新华社与人民日报是中共官方报纸，所以不准，那请问，大陆有哪一家报纸不是官方办的？第二笨在：谁该管新闻内容？如果新闻报道内容可以是核准采访与否的依据，那台湾记者在大陆呢？想象台湾记者在大陆也曾遭遇到波折，那是何等敏感的事，但大陆对台湾媒体禁止了吗？第三笨在：执政者想用禁止采访控制大陆媒体的言论。但这样做有用吗？社评说，这是一种反民主、反自由、反潮流的思维模式，它愚不可及，落伍之至，但居然堂而皇之地提出来，太可耻了。

（三）

连战的大陆行即将启程，民进党在慌乱无措之余，只好去向幕后老板——美国的右翼鹰派求救，希望美国出面施压。台湾《新新闻》周报四月下旬出版的一期上就载文反映了这方面的情况。文章的题目就叫"阿扁求救山姆大叔左右为难"。

文章说，继国民党副主席江丙坤的中国大陆行之后，连战的中国大陆行也将启程。在这个两岸真正"善意互动"已踏出历史性步伐的此刻，诚如人们所预料的，民进党在慌张无措之余，只好去向幕后老板——美国的右翼鹰派求救，希望美国出面施压，以吓阻它已经完全无计可施的这一波新发展。文章指出，据可信的消息，民进党的求救，的确使美国陷入极大的困境中。在美国鹰派的策略里是持续鼓动"台独"。就消极性而言，这符合它军事围堵的利益；就积极性而言，制造并扩大台海紧张局面，将来也可为入侵中国找到理由。布什政府2001年就职，不到3个月，就通过一项长达19页的扩军方案，以增加航母战斗群和小型战术核武器为重点，即是要对此做出准备。让布什政府始料未及的，乃是"9.11"的出现，迫使它将征服亚洲的时间表挪后，而以征服中东为首要目标。但也正因为将来有可能必须同时既要征服中东，又要征服亚洲，布什第一个任期的最后，遂以同时发动两场战争为目标，把军费扩充到4800亿美元。这些部署只不过是它未来的算盘而已。但现阶段的美国两岸政策，仍是"一中"，反对"台独"，希望两岸和平对话解决争端。因而它面对民进党的"求救"，的确非常为难。美国如果公开反对这波两岸善意互动，就等于它的底牌提前曝光，它作为民进党背后老板的身份公然摊开，这不但和它公开宣称的政策相互抵触，也等于提前与北京公开对立；而更严重的还不止于此，因为这也等于和台湾超过一半的反独、非独人口决裂，将来会使"反独"和"反美"划上等号。果真如此，美国就会在已逐渐失去韩国后，进一步连台湾也跟着逐渐失去。这完全不符合美国的利益。因此，对于民进党的"求救"，作为背后的老板美国，在懊恼之余，其实也同样束手无策。它不能公开反对连、江、宋的这波行动，因为这将使它付出难以估计的代价。尽管如此，它在私底下的施压却已开始了。

香港《亚洲周刊》也在同一时期出版的一期上刊登题名为"两岸中国人合写和平新历史"的文章中有类似的反映。文章中有这样的陈述和分析：据我们确切的消息，民进党自己在手足无措之余，只好向幕后的美国"求救"。它们希望由美国出来否定连战的大陆行。但据我们的理解，美国尽管一直在"向"台独"发出错误讯息"，但至少目前，美国的两岸政策仍是"一中"、"反独"、"两岸和平解决争端"。美国可以明暗两手，但若公开否定和反对连战的大陆行，就等于公开挺独，这不但会惹翻北京，也会让台湾反独、非独力量移恨美国，使得将来反独跟反美划上等号。美国还没有蠢到这样的程度。

文章说，美国尽管拒绝了民进党的"求救"，但它透过私下管道，向国民党表示"关切"，却已开始了。这也就是说，由于江、连的大陆行牵动至巨，在可见的未来，美国因素的确不容忽视。文章接着指出，于是，我们看到了民进党所搞的"贬连扬宋"的花招。一方面打击连战，另一方面则靠着扬宋，要把两岸关系的好处揽到自己身上。果不其然，这一招的确发挥了一定的作用，最近国民党和亲民党闹成一团即堪为证。如果国民党和亲民党不能提高警惕，让这种闹剧扩大，甚至洋相出到了北京，那就真是好事变闹剧，太不值得了。接着文章好言相劝道：我们愿意在此以沉重的心情，奉劝连、宋，国民党和亲民党，对于自己的行动要有历史及道德高度上的认知。这历史性的一步当然可以看成是现实政治上的一种策略，但它的意义远远大于策略。它是在创造一种更好的行为模式、更好的价值、更好的历史形式。只要心存这种高度，就不会被人挑拨离间而被拖着跌进泥淖。文章最后表达出这样的祝福：在连战的大陆行即将出发的前夕，而宋楚瑜也将踏上旅程的此刻，我们愿意以至诚的心祝福他们，也祝福胡锦涛，盼望他们能在会晤时向台湾、向世界发出能够感动人、能替更好未来奠基的新讯息和新价值。这种机会只有一次，不会再来。在开创伟大事业前，但愿大家的心能够先伟大起来！

（四）

在连战启程登陆的前一天，媒体又掀起热评的高潮。香港《明报》4月25日发表文章，就"连战出访威胁到谁"这一问题展开评论说，目前，台湾最大的事件，无疑是明日国民党主席连战访问大陆了。这是一次历史之旅，它除了将开启两岸良性互动的双赢之路外，也可望对东亚的和平作出贡献。

评论说，大体而言，从江丙坤的访问开始，一直到连战的出发，民进党的反应可分三阶段：第一阶段，以丑化、贬低访问的价值，扣红帽子和威胁为主，可叫抗拒期。民进党一方面宣称江丙坤的访问不重要，一方面又说已造成威胁，扬言要以"外患罪"来法办江丙坤。陈水扁也扣帽子给连战，宣称其"相信中国，不相信台湾"，"输掉中国，又输掉台湾"云云。民进党又扬言，连战访问不论达成什么共识，它都不会照单接受云云。此外，民进党政府开始不断放话，宣称大陆的威胁，并急速冷却新华社、人民日报社的记者交流。第二阶段，乃是由于舆论及民调的反应，阿扁觉察自己抗拒无用，于是向美国求救，美国副助理国务卿薛瑞福表示希望北京与台湾政府对话的发言，即是求救的结果；阿扁对此结果并不满意，于是开始打软性牌和挑拨牌。所谓"软性牌"，就是要连战出发前向他报备，同时又借机"贬连扬宋"，宣称宋才有代表性。这种软性牌和挑拨牌有双重意义，一方面要把连宋相继访问搞臭，另一方面也在替自己安排退路，以免"胡连会"得到一些他不能接受的共识时，他没有退路。第三阶段，这是心不甘、情不愿的让步阶段。到了连战出发前，由于民意的支持更明显，美国在了解情况后，对连战的访问也持正面肯定态度。这时候，陈水扁不得不改口称连宋是投石问路，"可以给他们祝福"。

文章指出，陈水扁由抗拒、威胁到祝福，在这么短的时间里做出如此南辕北辙的改变，当然是台湾民意对连战访问的支持起了决定性作用。他的"变色龙政治"的本质已可由此概见无遗。

4月25日，台湾《中国时报》刊登了一篇题为"连宋大陆行，确实是在为两岸的前景投石问路"的文章，对连宋大陆行的后续情况作了乐观的评论。文章说，在政党对决上，扁连宋三人关系一路走来势同水火，从2000年迄今的种种恩怨情仇，到现在都不能说已经完全纾缓。相对的，在两岸关系上，扁连宋三人又形成某种微妙的生态链，连战北京行的连胡会晤，正是在替宋楚瑜的"宋胡会"能否有突破进行"投石问路"；而宋楚瑜的扁宋会十点共识能获得北京正面回应，等于也是在替陈水扁"投石问路"了。

文章作乐观分析后，又不无担忧地说，从"挡路"的石头到"投石问路"的石头，朝野在连宋大陆行前演出的这场"石头记"，能否启动后续的章回，我们正拭目以待。善变的阿扁总是让台湾人民捉摸不透。

4月25日上午，连战举行"世纪首航，和平之旅"的行前中外记者会。连战对媒体的询问表示，这次的"和平之旅"是基于人文关怀、和平理想，以个人身份进行的访问，反映台湾人民的期待，议题没有自我设限。他说，盼望这一次出访能为两岸的新和平世纪略尽绵薄。他说，他没有政府授权，也没有公权力，与胡锦涛会谈不会给自己太大的压力，双方会谈一定会有相同与不同的地方，又有值得重视且有助于两岸互动的共识，会带回给政府参考，但若没有政府支持也无法落实。

这一天，"中央社"驻台北记者发出一条消息说，连战在今天下午致电陈水扁。连战在电话中强调"和平之旅"的性质是个人的、民间的，不会涉及公权力事项。与中国大陆讨论时，若对方有正面回应，未来可供政府参考或由政府落实。连战在电话中又重申国民党一贯的大陆政策立场，就是维护国家尊严、保障台湾民众福祉，以及捍卫中华民国宪政体制，这也是此次"和平之旅"所持的原则。陈水扁在电话中一再提出支持、重视连战的大陆行。国民党事后透过新闻稿说明"对话气氛自然和平"。

连宋访中，扁政府未明确处置，令独派大佬李登辉气急败坏。台联党秘书长陈建铭对媒体说，"前总统"李登辉已下令对民进党"全面宣战"，年底县市选举，台联党将大量提名，即使与民进党玉石俱焚，也在所不惜。

4月25日，台湾《联合报》发表一篇题名为："李发飙，气扁不听话顺道抢票"的文章，对于扁李关系和李登辉气极败坏的情状作了反映。文章说，政坛的发展诡谲多变，扁宋和解后，扁李关系连带出现微妙变化，加上近来扁对连宋访陆束手无策，态度又与李南辕北辙，令李跳出来左打连宋右批扁。昨天又传出李下令台联党与民进党全面宣战。令人好奇的是：扁李是否已正式决裂？还是李只为了此次'国代选举'利益的操作？文章分析说，扁李两人在两岸政策上的分歧，因台联党与民进党在选举时的区隔，也使李批扁的炮火不断升高，以致双方愈看愈不顺眼。这次扁在连宋出访前改口"祝福"连宋，令李阵营非常不是滋味。除了在两岸关系上的作风不同造成扁李的龃龉外，接近李登辉的人士说，民进党内一股千方百计要摆脱李登辉影响的势力，暗地里形成一股反李势力，让李与扁及民进党之间不时陷入紧张的微妙关系之中。文章指出，扁李渐行渐远。危机意识激化了李登辉的斗志，接下来的选战或两岸争议的口水战，李登辉左批连宋右打扁，左右开弓的猛烈炮火铁定令人目不暇接，为的就是要帮台联党巩固深绿选票。

不管李登辉怎样气急败坏地反对连宋出访大陆，也不管阿扁怎样无理阻挠不成又无可奈何地变为"祝福"，更不管台联党等'急独'势力怎样组织几个独派人物到机场演出闹剧，连战的"和平之旅"仍然如期举行，这历史性的一步他是要坚定地迈出去的。

二、南京四月，春和景明，六朝古都以热烈的掌声和亲切的问候欢迎国民党第五代"掌门人"的到来。面对热情的欢迎人群，连战感慨万千地说："实在有一种相见恨晚的感觉"……

（一）

4月26日，南京上空一碧万里，艳阳高照。下午4时，南京禄口机场候机楼旁的停机坪，已经搭起了采访架，铺上了红地毯。中国国民党主席连战率领的60人组成的大陆访问团即将抵达机场。中共中央台办主任陈云林、副主任李炳才、中共江苏省委副书记任彦申等专程到机场迎接。欢迎的人群也已守候在机场。来自海峡两岸以及海外的五百多名记者在此与守候多时。

下午4时40分，连战一行搭乘的东方航空公司客机，缓缓驶入停机坪。飞机前将门打开后，连战主席偕夫人连方瑀女士出现在舱梯口，欢迎的人群立即响起热烈的掌声。连战和夫人面对热烈的欢迎场面，激动地挥手致意。

当连战及夫人和全体访问团的成员走下舱梯后，又立即被热烈的掌声和问候声所包围。连战面对如此热烈的场面即兴发表感言。他说，台北和南京距离不是很远，但是刚在飞机落地的时候，让我想起这是一次间隔了整整60年的访问。"今天看到大家，实在有一种相见恨晚的感觉。很高兴终于迈出了历史性的第一步！"他说，这一次到大陆来访问，就是为了营造一个两岸如何能够互惠互利、和平双赢的未来，这是大家所关心的问题。他表示，中国国民党访问团愿意为和平稳定的两岸关系尽绵薄之力。他向所有的南京市民表示问候，并深有感触地说："对中国国民党来说，南京是一个具有历史联结、感情联结的地方。南京曾经是国民政府所在地，中山先生陵寝所在地。今天能够率中国国民党的同仁一起来到南京，向中山先生致上最高的敬意，深深地感到此行真是难能可贵。"

当晚7时30分，中共江苏省委书记李源潮在南京金陵饭店会见访问团一行。他代表中共江苏省委对连战一行来南京访问表示热烈欢迎。他说，加强交流、对话与合作，是两岸人民的共同愿望。连战主席的这次访问，对于推动两岸在经济、政治、文化等各方面的交流，促进两岸关系的良性发展，维护台海地区的和平稳定，制止"台独"势力的分裂图谋，都有十分重要的意义。他向客人介绍了江苏经济社会发展的情况和苏台两地之间经济、文化等方面交流合作的情况，充分肯定了台商对江苏经济社会发展所作出的贡献。他说，江苏是大陆与台湾联系最为密切的地区之一，两地人民有着密切的联系和特殊的感情，南京与中国国民党有着特殊的渊源。李源潮表示，今年是孙中山先生逝世80周年，两岸同胞都以各种形式纪念、缅怀中山先生的伟大业绩。在当前两岸关系的新形势下，纪念中山先生的最好行动，就是两岸人民团结一致，共同反对和遏制"台独"势力的发展，推动两岸关系健康稳定地向前发展，把中山先生毕生追求的中华民族统一、民主、富强的伟大事业继续推向前进。

连战主席对中共江苏省委的热情接待表示衷心感谢。他说，南京是中山先生陵寝所在地，对中国国民党来讲，是一个具有历史联结、感情联结的地方。长久以来，我们都秉持中山先生天下为公、博爱、救国的精神，尤其是中山先生弥留之际留下的"和平、奋斗、救中国"的要求，为人民找出路，对历史负责任。他说，两岸之间不是距离问题，也不是江山阻隔、寸步难行。如何推动建立互惠互利、和平双赢的两岸关系，是我们大家都关心、都希望能早日实现的目标。大家如果能秉持理性、互信、尊重，锲而不舍地来推动这个目标的实现，就一定能给两岸人民带来安定、繁荣和希望。

连战夫人连方瑀，中国国民党副主席吴伯雄、林澄枝、江丙坤，秘书长林平正，中共江苏省委副书记、省长梁保华，中共中央台办常务副主任李炳才，中共江苏省委副书记任彦申等参加了会见和宴会。

会见时，江苏省委向访问团和连战夫妇赠送了江苏特产——江宁织造的云锦"金丝团龙"，象征中华民族大团圆；访问团则回赠台湾著名艺术家王侠军制作的琉璃"开泰"，祝福两岸人民繁荣、幸福和发展。

26日晚，中国国民党大陆访问团在下榻的南京金陵饭店举行记者会。国民党发言人郑丽文对记者说，中国国民党希望今天跨出的一小步能带来两岸关系发展的一大步，让大家体认到两岸之间可以选择互惠、和平、双赢的道路，带来更多的两岸和平的讯息。她表示，访问团一行在大陆之行的第一天里，就感受到了大陆方面非常热情的款待，非常感谢相关的人士、朋友和工作人员。

值得注意的是，身高1.8米、形象端庄的郑丽文原本是民进党的要员，上个世纪90年代中期，她曾为民进党"立院"党团负责人，参与重要的"修宪"工作。但是，就在3年前她离开了2000年上台执政的民进党，今年2月加入了国民党，并成了国民党的发言人。她对此作了这样的解释：她这样做是为了给更成熟的民主政体发出一个信号。她在另外一个场合这样说："以前我也支持"独立"，但不是把独立作为目的本身，而是为了实现民主。"我们从郑丽文的立场变化上可以看出，名称叫做"民主进步党"的民进党的"民主"倒底是个什么样子。

（二）

连战率团进行的"和平之旅"一直是两岸四地媒体热评的重点。连战率团登陆的第一天，各类媒体又纷纷展开热评。

香港《新报》4月26日发表了蔡省三先生的文章，题目叫做"中共两岸政策空前活络"。文章说："人们不难发现，中共近期对台政策变得空前活络，令人眼前一亮。"

"《反分裂国家法》出台后，'台独'恶意攻击北京制定的是'动武法'、'战争法'，策动游行示威，两岸形势又趋紧张，令人担心。可是游行示威不过数天，就爆出国民党副主席江丙坤在连战的委托下组团访问大陆的大新闻。这一招委实高明，将两岸紧张气氛化解于无形，台湾阴霾的天空骤然开朗。"

"现在，连战的'和平之旅'的已经展开，亲民党主席宋楚瑜继之而来。在台湾一项民意调查中，赞成连战赴大陆进行'和平之旅'的受访者占四成多，不赞成者才二成多。会谈效果良好的话，赞成的人数还会上升。我说过，国民党踏出这步是需要勇气的。这招棋妙就妙在如果只是国民党单方面出招，亦难成其事。只有国共双方互动，才能达至如此佳境。"

"故此，中共对台政策的新动向，值得人们重视。人们不难发现，自从胡锦涛上台之后，两岸政策在悄然地起着变化。"

"胡锦涛在多次讲话中强调'和为贵'，'和而不同'。世界需要和平，中国需要和平，'和而不同'大有学问。所谓不同者，有分歧、有分别也。它体现了科学观的要旨，同'一刀切'、'一锅糊'截然相反。"

"大陆软硬兼施，游刃自如。硬的一手，制定了《反分裂国家法》，给'台独'以致命一击；软的一手，突然来个'国共会谈'、'共亲会谈'，搞得陈水扁晕晕乎乎不知天南地北。"

"处理两岸关系问题，交流总比隔绝好，对话总比对抗好，灵活总比僵化好。活了才有生机，活了才有前途。让我们预祝连战访问大陆成功，预祝宋楚瑜访问大陆成功，让两岸和平发展，互助双赢，不断向前。"

这一天，香港《文汇报》发表社评指出，在《反分裂国家法》划清遏制"台独"底线的同时，胡锦涛主席提出关于新形势下发展两岸关系的四点意见，表现出主动性、灵活性，为两岸关系发展的开拓了巨大空间。大陆方面推行以人为本、务实、理性、积极、善意的对台政策，得到了岛内越来越多民众的理解。

香港《大公报》也发表社评认为，台湾内部由于政治形势的变化，中国国民党的执政地位已由民进党取代，使得近几年来台湾内部的"台独"分裂势力更加猖獗，造成两岸关系紧张和海峡局势不稳定。然而，主导两岸大势的潮流始终没有变，这就是反分裂、谋和平、求稳定、促统一。对连战的大陆之行，台湾民调的支持率一直在七成以上。

香港《商报》一篇署名评论指出，在海峡两岸迫切需要沟通缔造双赢局面的情势下，连战行程被期望为"和平之旅"，正反映出两岸有着共同的和

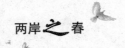

平理想，这是两岸可以良性互动、共同反击"台独"势力，甚至逐步实现统一的基础。

澳门《新华澳报》发表评论说，连战此行充满了政治色彩，又洋溢着寻根亲情，将开启两党关系新的一页。

同一天，台湾媒体的评论更为热烈。台湾《中央日报》发表的题为"台湾的一大步"的文章说，国民党主席连战先生今天就要踏上大陆的国土，对他个人来说也许是一小步，但这是全台湾人，乃至全中华民族的一大步。文章指出，这一大步，代表了两岸关系的变化。过去的两岸关系，是以官主导，但民进党执政五年来由于僵化的意识形态，以及缺乏信任的两手策略，使两岸关系始终僵持在一个窒息的状态下，动弹不得。这种情形，民间已经不耐，在野党已经不耐。现在国民党首先启动政党交流的列车，好像为两岸关系开了另一扇门，透过这扇门，原本的官方大门就显得迂腐可笑。本章说，这一大步，代表了国内政治的变化。这个变化，从陈水扁对连主席"和平之旅"的反应就可看出端倪。陈水扁一开始是声色俱厉，要"法办"江丙坤，大骂国民党时空错置。但现在呢？昨天的连扁电话会上，陈水扁又是祝福连战，又是感谢连战。这一个变化，要用放大镜来体会。可以这么说，未来的选战，民进党的抹红战术将会大打折扣，因为国民党已经打了预防针，再也不怕民进党的抹红了。

台湾《联合报》发表了题为"连访大陆为两岸关系开新局"的文章说，国民党主席连战今天下午将踏上大陆的土地，为历史性的和平之旅揭开序幕。如何找出对连战此行以及即将到来的连胡会的正确期待，应从两岸及国共两党的互动来看。文章分析说，中国国民党主席和中国共产党总书记会面，当然有其历史意义。但就政党互动的层次看，一执政，一在野，纵使过去在内战时期有再多的恩怨情仇，已难翻旧账。同时，更不宜以国共和谈来看待，国民党已经在野了，无法在政治权利上再与共产党平起平坐，单就国共两党接触，象征意义要大得多。但对连战和国民党而言，国共和解的意义还在其次，最重要的是希望借由这个和解的动作，为当今的两岸关系开一条新路，至于这条路未来要如何走，还是得靠执政当局的作为，两岸关系是否有好的收成，关键还是在执政者身上。

这一天的《联合报》上还发表了一篇报道，反映连战大陆行准备礼物的深意。报道说，连战除带着祖父连雅堂的《台湾通史》外，还有去年"总统大选"时自己的著作《改变，才有希望》一书，阐述国民党的完整主张及两岸政策；此外，还有新编的一本《和平之旅》笔记。连战还带着台湾雕刻大师朱铭的木雕"太极"，雕的是一位打太极拳的老者，双手挥出一座拱桥的样子，以示连赴大陆，宛如一座沟通两岸的桥梁；而太极的意义，不但是中国的，也是台湾的，当然更是和平的。另外还有台湾本土水彩画家杨三郎的水彩画。作为礼物的风景画，颜色鲜亮，天朗气清，象征两岸气氛日趋晴朗，未来一片光明璀璨。

同一天，台湾《中央日报》发表社评说，在举世瞩目下，中国国民党主席连战26日正式展开8天7夜的大陆之行，此行预料可缓和台海局势，并有助于两岸经贸文化交流。社评说，我们期待陈水扁能以人民福祉为先，不要再去试图破坏和平之旅，更应该在连战访问归来之后，积极落实访问成果，那才是台湾之福。

台湾《工商时报》发表题为"祝福与期待"的社论表示，连战的大陆之行，将为两岸关系带来深远的影响。

台湾《中国时报》发表署名文章认为，连宋访问大陆，不妨视为两岸走向的试金石，更深一层的意义，应该就是为两岸关系起到润滑效应。

两岸同胞都在急切地期待着春暖花开的大好季节的到来。

三、参访团从拜谒中山陵，到品尝夫子庙秦淮风味小吃，连战一行始终沉浸在手足同胞的温情之中

（一）

4月27日的南京，碧空如洗，阳光灿烂。位于紫金山麓的中山陵，在阳光照耀下显得格外庄严肃穆。这座陵园总面积达三千多公顷，平面呈警钟型，寓意为"警钟长鸣，唤醒世人"。中山先生的遗体于1929年6月安葬于此。满山遍野的苍松翠柏簇拥着这里，终年郁郁葱葱，四季景致美轮美奂。这一天，它要迎来国民党第五代"掌门人"对它的拜谒。

当天，中山陵正门开启，陵园内松柏苍翠，芳草萋萋，繁花似锦。数千名南京市民自发地早早来到这里，欢迎连战一行。

连战抵南京后，多次表示国民党与南京有"历史联结"、"感情联结"，并称自己是南京的女婿，这就很快地把他与南京市民的关系拉近。因为他的夫人连方瑀就出生在南京，在她一岁的时候，母亲把她抱到了台湾，现在她的八十多岁的姨母和七十多岁的舅父仍然健康地生活在南京。在欢迎的人群中有一位叫黄宝国的市民一早就带着一对儿女来到中山陵，要把昨晚花了三个小时做好的书写着"连战主席，欢迎您"的条幅赠予连战。他说，

听说中国国民党主席连战来访，感觉看到两岸和平统一的曙光，特意做了这条条幅表示真挚的敬意，希望他一路平安。他激动地说："中华儿女需要和平！盼望和平！"欢迎人群中也不乏青年学生，南京理工大学经济管理系四年级学生邓维、周军，李华等一早就骑自行车赶到中山陵。邓维对记者说，他希望连战先生这次可以把大陆人民的心声带回台湾，希望他能助推两岸和平，最终走向统一。周军则表示，无论怎样，连战带团来访都是好的开端，他期待两岸良性互动共创美好未来。

欢迎人群中更多的是鬓染秋色的老人。七十多岁的刘老先生与夫人都是土生土长的南京人，他们听说连战来访，非常高兴，也早早地赶来中山陵。刘老先生对记者说："希望两岸多沟通，双方能彼此理解。人生能有几个56年啊！"刘老太太在旁边也说："团结起来有力量！"

上午8时50分，连战一行抵达中山陵博爱广场。早早来到这里的欢迎人群立刻热烈鼓掌表示欢迎。一位中年男子振臂高呼："炎黄子孙欢迎你！""我们都是中国人！"连战微笑着不断地向欢迎的人们挥手致意。

连战一行着装肃穆。连战系蓝底碎花领带，夫人着蓝色套装，两人紧紧相伴而行。国民党副主席吴伯雄、林澄枝、江丙坤紧随左右。穿过刻有孙中山手书的"博爱"二字的牌坊，连战一行踏上长长的墓道，拾级而上。热情的欢迎人群簇拥在两旁。在陵墓的正门前，连战仰视着门楣上孙中山书写的"天下为公"的墨迹，若有所思。在刻有"中国国民党葬总理孙先生于此"的大碑前，连战等凝视片刻，神情严肃。392级石阶，连战一行走了半个小时。

9时20分，连战一行进入祭堂。面对孙中山石刻坐像，连战和访问团全体成员肃然而立。

9时25分，祭奠开始。连战跨前一步，手捧黄色菊花扎成的花环，花环两侧花篮的丝带上写着"总理 孙中山先生 灵鉴 中国国民党主席连战暨全体同志 敬献"的字样。连战将花环高举过头，向中山先生坐像行鞠躬礼。司仪朗朗地宣读祭文："维民国九十四年四月二十七日，总理孙中山先生逝世八十周年纪念，中国国民党主席连战，代表全体党员，谨以鲜花致祭于总理之灵曰：清季末世，内政失修，外患迭乘，屡订条约，丧权辱国，生民涂炭，其谁能救？惟我总理，独抱远识，洞烛潮流，倡导革命，发明主义，昭苏民智，呼号奔走，拯民救国。四方贤豪，共矢丹诚，同心同德，一致奋斗。辛亥双十，义起武昌，专制覆亡，民国肇建，五色旗扬，开启共和。伟哉总理，彪炳勋绩，谦让大位，发展实业，建设国家。民国以后，纲常不备，祸乱相寻。帝制复辟，军阀乱政，列强为伥，内战不休，民无宁日。总理明鉴，继续革命，捍卫民国，维护法统，保存正义。北伐统一，和平建设，未竟志业，积劳尽瘁，遽逝北京。缅我总理，大功至德，千古一人，一人千古。凡我党员，恪遵遗命，共勉振兴，再造中华。伏维灵鉴"。祭堂内一片肃静，只有司仪朗朗宣读之声。拜谒者的耳边久久地回荡着"共勉振兴，再造中华"的声音。祭文宣读完毕，连战率全体访问团成员行三鞠躬礼，默哀一分钟。

随后，访问团成员依序进入墓室，凭吊孙中山先生棺椁。两分钟后，连战走出祭堂，在早已准备好的签字台前，挥毫题词"中山美陵"，表达对中山陵尽善尽美的保护和紫金山优雅美好环境的赞赏之情。

回到博爱坊前，连战发表了简短的讲话。他说，今年是中山先生逝世80周年，也是对日抗战胜利60周年。在这样一个时刻，他代表中国国民党，率所有团员，以庄严、虔敬的心情来到创党总理中山先生灵寝前，致上最高的敬意。看到这么多民众自发自动前来共襄盛举，我们感到无比振奋。连战说，面对今天两岸关系严峻的僵局，我们免不了回忆起中山先生在弥留之际对国人"和平、奋斗、救中国"的昭示。我们非常希望大家本着和平、奋斗的心情来抓住这个时代，让台湾经济不断发展，建立均富社会；让大陆快速成长，完成小康社会。这是我们今天应该念兹在兹、全力以赴的共同目标。连战表示，中山先生是两岸共同尊崇的革命先行者。让我们大家一起追随革命先行者的脚步，共同努力，共同图强，做一个扬眉吐气的中国人。

数千人站在烈日之下静静地听完连战的演讲，数次报以热烈的掌声。当他讲完"共同努力，共同图强，做一个扬眉吐气的中国人"时，人群中爆发出"讲得好！"的赞誉之声。

随后，访问团一行到附近的明孝陵参观。

当访问团一行要乘车离去时，连战向欢迎的人群说，我们今天在这里的时间虽然很短，但这种心情让我们永难忘记，我再次感谢成千上万的市民，在这阳光普照的日子里，我们互相勉慰。数千群众站在路边，挥手相送。一位老先生深情地叮嘱道："要常回来看看啊！"国民党副主席林澄枝对身边的记者说，今天自己几度眼眶湿润，她说一定要把这样的感受带回台湾，让更多的人了解大陆的情况。国民党副主席吴伯雄对记者说，今天人们的热情真比气温还要高！

下午3时许，访问团参观了位于长江路的原国民党时期总统府。一路上，连战饶有兴趣地听着导游的介绍，时而点头、时而微笑，神情专注。总统府旧址经过修整现已更名为中国近代史遗址博物馆，陈列有许多近代重要人物的照片。在原国民党时期总统曾经接见外宾的摄影处，连战一行合影留念。在休息室里，连战挥笔留下了"和平奋斗救中国"的题词。在原行政院办公楼大厅内，连战特别停下来观看展板上的中国国民党前辈人物的留影。在原总统府各处参观用去近一个半小时。

此后，连战一行又参拜了天妃宫。天妃宫里供奉的是闽台普遍信奉的妈祖，连战主席等向妈祖敬了香。在殿前广场，连战敲响了"国泰民安"的平安钟。参观结束后，连战为天妃宫特别题字："慈航普济"，为两岸同胞祈求和平与富裕。

晚上，访问团一行又到南京夫子庙品尝秦淮风味小吃，游览秦淮河夜景，一路上受到南京市民的热烈欢迎。熙熙攘攘的人群始终伴随着他们，优雅的江南丝竹和人们的亲切问候始终不离他们的耳畔，繁华热闹的景象使他们陶醉。这一切让访问团的每一个成员深受感动和鼓舞。他们对随行的记者说，短短的两天行程让人们深切地感受到，两岸关系良性互动是人民共同的期盼！

（二）

新闻媒体始终追随着访问团一行，不断发出各种各样的评论和报道。

4月27日晚些时候，"中央社"便发出一条消息，报道了连战一行上午拜谒中山陵的情况。其中特别报道了连战在"博爱"的牌坊下发表的谈话。报道说，连战在谈话中强调，中山先生是两岸共同尊重的国族前辈，也是革命的先行者，后人应追随这位革命先行者的脚步，共同努力，奋发图强，在21世纪做扬眉吐气的中华民族。连战还强调说，中山先生领导国民革命，推翻满清，创建亚洲第一个民主共和国，也就是中华民国。并基于自由、民主、均富的精神，继续追求中华民族的繁荣昌盛。孙中山先生的奋斗史，正是中华民族的生命奋斗史。他表示，遗憾的是，孙中山先生生前未能看到中国南北统一，废除不平等条约。回想中山先生毕生全心全力，为民服务，秉持天下为公与博爱精神，实在让人感念。

4月27日这一天，台湾《中国时报》发表了题为"超越悲情历史 开启良性互动"的文章，就连战一行访问南京一事发表评论说，当国民党与连战务实地面对南京的伤痛历史时，应有助于国民党走出历史漩涡，重建它在两岸互动过程中的战略角色。文章强调，诚如连战所言："感伤的不是两岸之间的千山阻隔，而是历史的辛酸。"如果国共双方都能超越辛酸的历史，务实面对现实的政治纠葛，这无疑是两岸开启良性互动的新契机。

这一天，美国《华盛顿邮报》也发表了题为"国民党重返中国大陆"的文章，对连战的大陆之行予以评论。文章说，国民党和中国政府似乎渴望搁置以往的争执，和睦相处，甚至在双方对这个实行自治的岛的地位问题存在分歧的情况下也是如此。双方都在表现出灵活性，希望以此动摇陈水扁的根基，借以提示台湾岛2300万居民，不要支持陈水扁在争取独立方面所采取的对抗手段。文章指出，分析人士说，对北京政府来说，连战的访问提供了作出友好姿态、缓和紧张关系的机会；对连战来说，借此次访问，可以向台湾人民表明，他和他的国民党比陈水扁更有能力缓和紧张局势和防止战争。

这一天，日本《每日新闻》发表题为"从国共和谈到两岸对话"的社论说，国民党主席连战正在大陆访问，并将与中国共产党总书记胡锦涛举行会谈。继毛泽东和蒋介石会谈以来，共产党与国民党将时隔60年再度举行会谈。希望中共将它看作一次和平的对话战略，为与台湾执政党民进党举行会谈铺路。社论说，问题的发端在台湾方面。如果能够恢复从民进党执政以来便一直中断的两岸对话，那不仅是两岸解决问题的上策，也是日美改善与中国关系的良机。社论最后说，历史上，共产党与国民党曾有过两次合作经验。中国此番对话的对象不应只局限于国民党。虽然台湾第三大党亲民党的党首也决定访问大陆，但对于中国来说，最具意义的，是让谋求独立的执政党民进党访问大陆。为了让台湾海峡不要再掀起无端的风波，我们期待国共会谈这棵"老树"能够生出两岸对话这枝"新芽"。

同一天，香港《明报》刊登题为"回到孙中山——国共两党的神圣源头"的文章评论道，连战这次访问大陆，普遍被看作是"第三次国共和谈"。他先赴南京，祭奠中山陵，被解读成"回乡寻根"。对很多人来说，这实在是一次重温现代中国史的好机会。文章说，孙中山一人，被视为现代中国、政党和革命此三大元素的创建者。自他之后，中国才摆脱了专制王朝的循环，进入了现代；自他之后，中国才有了像样的政党；自他之后，中国政治的核心问题就是革命的问题。而孙中山遗言"革命尚未成功，同志仍须努力"，使蒋介石和毛泽东在上个世纪的20年代就此展开革命正统的继承权之争，塑造了后来中国历史的走向。文章最后指出，无论是"国父"还是"革命先行者"，孙中山都是国共两党共同尊奉的神圣象征、价值源头。在国民党主席56年来第一度重返大陆的今天，重温孙中山的一生经历，可以了解国共两党的相似之处；重新考掘孙中山在现代历史学里地位不断上升神化的过程，则给了我们一种新的起点去想象未来。

同一天，香港《成报》发表了题为"两岸和解相见未晚"的文章，也对连战大陆行阐述了自己的见解。文章说，中国国民党主席连战昨日飞抵南京，并于今日晋谒国父中山陵，开创国共对峙大半个世纪、两岸分治五十多年来的历史新一页。国民党的党主席终于再次踏足这个前国民政府首都，难免掀起无限的欷歔和感慨，连战以"相见恨晚"来形容自己的感受。国共数十年来的恩恩怨怨，以及两岸长期分治的无奈现实，实在是一言难尽。但其中华民族的血浓于水的感情，以及两岸人民对和平与和解的期盼，连战此行可说仍是"相见未晚"。

文章指出，毫无疑问，经历了半个多世纪的历史洗礼，国共两党的现状起了巨大的变化。这边厢共产党在大陆励精图治，经济表现和国力正与日俱增；那边厢的国民党，却已经失去了台湾的执政地位，而且在"台独"的汹涌浪潮下，影响力不断受到削弱。但国民党在台湾仍是最大的在野党，代表着岛内反对"台独"、维持台海和平的广大民意。两岸和解需要一个过程，连战"登陆"踏出极重要的第一步。故此，我们对连战此行还是有较高的期望。

期望什么呢？文章指出，首先是希望他和国民党，除能和共产党"相逢一笑泯恩仇"外，亦能超越党派利益的局限，跳出两党历史恩怨的格局，以开创中华民族历史新一页为己任，为两岸和解缔造良好气氛，为长远和平及合作打好基础。其次，中共总书记胡锦涛今年初所发表的"胡四点"，以及三月份全国人大通过的《反分裂国家法》，充分体现对台新政策的弹性和诚意。我们希望北京方面在求同存异的基础上，力求包容不同党派的意见和参与，两岸的问题毕竟不是两岸的问题。此外，我们希望台湾朝野其他党派，必须认清长远的历史大趋势，以台湾2300万人民的根本利益为依归，不要再借助煽动统独情绪的劣质手段，进一步分化台湾民众和挑起仇恨。国共可以放下数十年的深仇大恨握手言和，民进党为何不能放下"台独"包袱，和两岸共谋双赢之道？

此文的确说出了两岸同胞的共同期盼。

四、贾庆林在会见连战时，用鲁迅先生的诗句"度尽劫波兄弟在，相逢一笑泯恩仇"来形容连战主席的来访

（一）

4月28日上午9时30分，中国国民党大陆访问团一行乘坐包机从南京禄口

机场起飞，11时08分飞抵北京首都国际机场。中共中央台办主任陈云林等到机场迎接。当连战夫妇携手走下舷梯时，受到一百多名欢呼雀跃的小朋友和众多的在京台商代表的热烈欢迎。这是中国国民党最高领导人在两岸分隔56年后首次踏上北京的土地。

在停机坪上，连战发表了简短讲话。他首先对所受到的诚恳邀请和热忱接待表示非常荣幸和非常感谢。他说："北京是一个政治的中心，也是文化的中心，是世界的名城、千年的古都。在这里我们可以看到，传统和现代并存；我们也可以看到，华夏的文化和世界的文化交汇；我们真正可以看到，物质的文明跟精神的文明，是相互辉映的。"他表示，"此行除了希望能对北京的发展建设情况作进一步的了解，更重要的目的是将同胡锦涛总书记和其他领导人，就两岸重要的和平以及经贸文化交流交换意见。怎样能在和解、对话的过程中建立一个和平的、双赢的未来，这是我们两岸人民的共同心声，也是大家要负起的历史责任，同样是阻挡不了的民意趋向。所以，今天国民党访问团要追随大家在这样的大环境下共同放眼当前，重视当前，展望未来，开创未来。"

当天下午，中共中央政治局常委、全国政协主席贾庆林在人民大会堂会见并宴请了连战主席率领的中国国民党大陆访问团。贾庆林对连战主席率团来大陆访问表示热烈欢迎，对国民党认同"九二共识"、反对"台独"、推动发展两岸关系、维护和争取台湾同胞的福祉、追求台海地区和平稳定表示高度赞赏。

贾庆林指出，连战主席来访是国共两党一次重要的交流与对话。明天，胡锦涛总书记将与连战主席举行历史性的两党领导人会谈，就促进两岸关系改善和发展的重大问题及两党交往事宜，广泛、深入、坦诚地交换意见。跨越了六十年的历史时空、国共两党领导人为谋求和推动台海地区和平稳定、促进海峡两岸交流合作发展，再次晤面，具有重大的历史意义。贾庆林说，前不久，我与江丙坤副主席见面时，曾引用鲁迅先生的诗句"度尽劫波兄弟在，相逢一笑泯恩仇"。今天再次用来比喻连战主席的来访，我期待着这样的境界，能够以胡锦涛总书记与连战主席明天的握手为标志，成为国共两党关系的真实写照。我衷心祝愿两党高层会谈取得积极成果。我们相信，只要真诚地维护两岸人民的利益，谋求两岸人民的福祉，就代表了正确的历史选择，就一定能够得到两岸人民的肯定和认同。

贾庆林指出，当前两岸关系面临重要的历史关头。坚决制止"台独"分裂活动，维护台海和平和两岸关系稳定，是两岸同胞的共同任务。贾庆林表示，中国共产党愿意继续以最大的诚意、尽最大的努力争取和平统一的前景，但决不容忍"台独"，决不允许任何人以任何方式把台湾从中国分割出去。他同时表示，从维护台海和平、改善和发展两岸关系的真诚意愿出发，我们愿意同反对"台独"、认同"九二共识"的台湾各党派、团体和代表性人士广泛交流与对话。我们非常了解台湾同胞特殊的遭遇，理解台湾同胞爱土爱乡的感情，尊重台湾同胞当家作主的愿望，维护台湾同胞的权益。我们有信心、有诚意、有耐心加强同台湾同胞的沟通和相互理解，共同排除"台独"分裂势力制造的困难和障碍，争取两岸发展的光明前景。

贾庆林最后强调指出，21世纪是中华民族伟大复兴的世纪。这是任何人、任何力量都阻挡不了的。在这样的时代背景下，"台独"是一条行不通的路。两岸共同发展，合作双赢，符合两岸中国人的共同愿望和中华民族的根本利益。今年是孙中山先生逝世80周年。中山先生一生致力于国家统一和民族富强，为两岸中国人民留下珍贵的精神遗产。海峡两岸的中国人对于中华民族的未来负有共同的责任，应当携手努力，共同为中华民族的伟大复兴而奋斗。

连战感谢受到的热情欢迎和隆重接待。他表示，大陆和台湾的距离虽然不远，但一路走来很不容易。对我个人来说，几乎走了60年。从南京到北京，一路看到了大陆发生了历史性的变化。今天，我们来大陆，是历史的趋势，是台湾民意的支持。希望通过我们的努力，开启两岸交流的新纪元。我们期盼，双方在既有基础上相互理解、相互信任，就一定能够给两岸关系带来安定和有希望的未来。

连战夫人连方瑀，国民党副主席吴伯雄、林澄枝、江丙坤及访问团其他成员参加了会见和宴请。

国务委员唐家璇、中共中央台湾工作办公室主任陈云林等参加了会见和宴请。

（二）

虽然访问的日程安排得非常满，但是，连战还是忙里偷闲去体会北京的悠久历史，品味北京的传统风韵。

台湾尽管也有台北"故宫博物院"，但是，当连战来到真正的紫禁城，来到原汁原味的故宫，还是被那恢宏的气势和厚重的历史感所震撼。在故宫博物院院长郑欣淼的引领下，连战先后参观了故宫三大殿——太和殿、中和殿、保和殿，仔细观赏内部陈设，并不时地向郑院长请教这些陈设的历史。

在太和殿前，连战一行合影留念。这时，来自世界各地的游客纷纷鼓掌表示欢迎。连战等也频频点头、微笑，挥手致意。

接着，连战等又来到乾清宫、坤宁宫、御花园等景点游览。在乾清宫前，连战欣然命笔，题写了一副对联，上联为"昔日禁城百年沧桑难回首"，下联为"今日故宫几番风华齐向前"，横批是"继往开来"。跟踪报道的记者问连战主席此刻的心情如何时，他微笑着答道："一切尽在对联中。"在御花园中的连理枝下，连战一行又拍摄下珍贵的留影。

参观完毕后，故宫博物院还向连战赠送了仿制的乾清宫"正大光明"匾和《故宫珍宝》、《故宫钟表》两本书籍。

晚上，连战一行又来到前门老舍茶馆，尝着驴打滚、豌豆黄，品着盖碗茶，欣赏着精彩的曲艺表演。单弦、变脸、含灯大鼓、顶技、舞蹈……让宝岛来的手足同胞看得目不暇接。演出间隙，连战还应邀题字："振兴茶文化，祥和两岸情"。

演出结束后，连战上台与演职人员合影留念，并按台湾礼俗向主持人派发了红包。

曲虽已终，但意犹未尽。连战一行频频回首，恋恋不舍地离开了老舍茶馆。

（三）

连战率团大陆行始终被媒体关注着。

泰国华文媒体纷纷发表社论或文章，称赞连战此次大陆行是海峡两岸关系史上的重大转折点。《星暹日报》26日发表题为"和平之旅意义深远"的署名文章指出，连战访问大陆是在国共关系断绝半个世纪以来的新里程碑。文章说，和平之旅充分显示了广大台湾民众所渴望的两岸关系和平稳定的主流势不可挡。《亚洲日报》、《新中原日报》和《世界日报》等多家报纸27日都用较大篇幅刊登了连战访问大陆的相关报道和图片。

马来西亚《星洲日报》发表社论和署名文章认为，中国共产党总书记胡锦涛与到访的中国国民党主席连战举行历史性会谈意义重大，将为两岸关系开创新的局面。文章指出，连战访问大陆迈出了具有历史意义的重要一步，缓和了两岸紧张关系，也为两岸开启了一个新格局。文章说，两岸人民和全球华人都期盼这次国共会谈能成为开启和解之路、化解恩怨的一个良好开端。这不仅是两岸人民之福，也是全球华人的心愿。

摩洛哥最大执政党独立党的机关报《舆论报》27日发表文章说，中国

国民党主席连战对大陆进行的历史性访问，有利于台湾海峡两岸的和平与发展。

美国《侨报》26日发表文章，祝愿中国国民党主席连战的大陆之行促进两岸融合，希望两岸能借连战的访问多找出一些有利于两岸关系发展、双方合作和人民交往的现实办法，实现两岸的繁荣共赢。

印度尼西亚发行量最大的华文报纸《国际日报》28日在显著位置发表题为"和平、统一、奋斗、振兴中华"的评论，积极评价中国国民党主席连战的大陆之行。评论说，连战大陆之行"是感慨万千的家国情，是两岸走向和平统一的同胞心，是振兴中华民族的民族灵，振奋了海内外14亿中华民族的心灵！"评论强调指出，历史说明，中华民族实现国家的大一统，则将走向光辉盛世，实现繁荣富强；任何违背这一原则的倒行逆施，则将使国家分裂，使社会动乱不安。台湾当局应进行深刻反省，放弃"台独"主张，重回一个中国正轨，为今后的和平统一大业创造条件。

法国《欧洲时报》29日发表评论员文章说，连战半个多世纪后重返大陆的和平之旅，不但是国共两党关系史上的里程碑，也向世界昭示，中国人的民族大义、民族感情、民族认同完全可以超越政党之争与意识形态分歧。连战抵达南京开始的一系列缅怀与访问活动，发表的一系列讲话都透露出他寻根问祖、延续中华文化、宣示民族感情的印记，也宣示了台湾和大陆同属一个中国的深意。连日来，大陆百姓对连战来访表现出空前的热情。这依然是超越历史恩怨的民族感情。文章强调，认同"一中"，并非是特殊历史条件下的特殊产物，而是中国人代代相传的自然产物。这种民族情感，不是一小撮"台独"分子所能撼动与破坏了的。这正是中华民族最终将实现完全统一的力量所在。

欧盟委员会负责对外关系事务的发言人埃玛·爱德温26日在回答新华社记者提问时说，欧盟委员会对于两岸关系的立场是一贯的，那就是坚持一个中国原则，鼓励海峡两岸通过和平手段改善关系。欧盟委员会欢迎一切有利于两岸关系发展的努力。埃玛29日又在新闻发布会上说，欧盟委员会一直期望海峡两岸的紧张关系能通过对话方式得以解决，对话是解决两岸关系最好的办法。"现在对话已经开始了，我们欢迎这个会晤，关注这个会晤"。她说，欧盟欢迎这第一步，希望这不是故事的全部，希望这是两岸关系朝着积极方向迈进的第一步。

五、连战在北京大学发表演讲，寄语北大学子："为民族立生命，为万世开太平"

（一）

4月29日上午，连战到自己的母亲赵兰坤女士就读的北京大学演讲。连战来北大演讲受到北大师生和中外媒体的广泛关注。连战受到北大师生的夹道欢迎。可容纳800人的北大办公楼礼堂座无虚席。

刚一开场，连战就动情地说："台湾的媒体说我今天回'母校'，母亲的学校。这是一个非常正确的报道。我的母亲30年代在这里念书，所以今天来到这里可以说是倍感亲切。看到斯草、斯木、斯事、斯人，想到我母亲在这个校园接受教育、进修的成长，心里面实在是非常亲切。"一番话一下子拉近了与在座的北大师生的距离，引起热烈的掌声。

经历多年公开演讲的政治职业训练，连战练就了不凡的口才，他不拿稿纸，却侃侃而谈，时而庄重，时而幽默。在演讲中，他从北京大学的校风讲到中国近代史的思想发展。他盛赞北京大学是中国现代新思潮的发源地，不少北大师生还跨海把思念的种子传到了台湾。他说，来到北大好像把我们带回到一个近代中国史的时光隧道，因为这里不但人文荟萃，同时我们也看到一个浓缩的近代史。他期许北大学子：如何能够让整个的中华民族不要再走向战争和流血，如何能够让和平来实现，如何提升我们人民的生活水准，如何维护并不断提升我们在国际的竞争力，这些重担都在各位的肩头上。作为一个知识分子，我相信大家都有这种百折不回的决心和勇气。

谈到两岸关系，连战强调，所有人民愿意看到两岸对话与和解。今天我们所走的这条路是人民所支持的。我们搭桥铺路，是人民所愿意看到的。他们不愿再看到两岸的对峙、对抗、对立，他们愿意看到的是两岸的对话与和解，大家的相互合作。

连战高度评价了大陆改革开放的成就。他说，邓小平先生的开放改革不但转换了中国的发展的方向，而且深化、全面地提升了人民生活的水平，这是划时代、了不起的作为。他很尊重邓小平先生，说要把邓小平先生的改革开放路线坚持下去，并惟妙惟肖地用四川话说："动摇不得！"立刻又引起一片会心的笑声和全场热烈的掌声。

连战说，今天我们怎么不能够重视当前，怎么不能够放眼当前，共同展望未来，来开创未来呢？我们为什么不能够以善意为出发点，以信任为基础、以两岸人民的福祉为依归，从民族的长远利益为考虑呢？以人民为主，

· 129 ·

幸福优先，我想这是包括台湾2300万、大陆13亿人民共同支持的一个方向。他深情地寄语北大学子："为民族立生命，为万世开太平"，此语一出，便赢得全场雷鸣般的热烈掌声。

连战的演讲数次被热烈的掌声所打断。北大师生的曾两度起立鼓掌。

演讲结束后，连战还回答了北大师生的提问。

北大政府管理学院硕士生王媛媛获得了一个提问机会。她向连战提出的问题是：在时隔将近60年后再次踏上大陆土地，眼前所见与从前的记忆和想象最大的不同是什么？连战不假思索地答道："最大的不同就是完全不同。"简洁、幽默、充满智慧的回答又博得满堂喝彩。连战的祖籍在台南，出生于西安，祖母目前仍安葬在西安。连战说，我的童年是在兵荒马乱中成长的。那个时候就是战乱，我们天天都在躲警报。日本人占了洛阳，轰炸重庆，飞机天天从西安上面过去，然后回来，用不完的炸弹都掉在西安。抗战以后从重庆坐船到南京，简直是满目疮痍，有时候整个一个村，整个一个小城都是空巷，不是万人空巷，是无人空巷。

北大的师生热烈地向连战提着问题，连战微笑着幽默而风趣地作答，场面融洽、和谐热烈。但是时间有限，当主持人抱歉地说"可以提最后一个问题"时，听众席上齐刷刷地举起十几双手臂。左右为难的主持人想到一个折中的办法，面带歉意地向众多的提问者说，把宝贵的提问权让给一位老师吧！当这位幸运的老师提问结束后，主持人似乎为了补偿，居然又说："可以再提一个问题。"一下子举起几十双手臂。

整个演讲会历时一个半小时左右。

演讲结束后，北京大学向连战赠送特别礼物——连战母亲赵兰坤女士1930年就读于北大的学籍档案复制件和照片，以及有北大标志的雕漆瓶。连战轻轻地翻动着76年前的学籍记录，他被北大这份珍贵而深情的礼物所感动，眼中泛出晶莹的泪光，借着收起礼物的机会，悄悄地擦拭着眼角。连战向北大回赠了艺术品"牡丹凤"、祖父连横的文集和700本他的著作《改变，才有希望》。

尽管行程安排得十分紧张，连战一行还是到赵兰坤女士曾经住过的"一院"参观。沿路北大师生又以热烈的掌声和亲切的问候表达同胞手足之谊。穿过盛开的紫藤萝的门廊，四合院中是两棵百年以上的银杏树，76年前赵兰坤女士一定也是在这树下读书、说笑的。连战望着这两棵百年老树，不禁轻声地感慨道："十年树木，百年树人啊！"

当连战夫妇在北大未名湖畔留影时，湖对岸的北大学生不断地挥着手，热情地呼叫着："连哥！连哥！"，连战夫妇微笑着招手致意。

（二）

连战在北大的精彩演讲给北大师生留下了深刻的印象。演讲过后仍然热评不止。王媛媛说，从连战的回答中可以看出，他对战争给国家和民族造成的灾难是有切身体会的，他所积极倡导的"维护和平"的口号，是存在个人经验基础的。

连战在演讲中反复强调两岸要"坚持和平，走向双赢"的政治理念，受到北大师生们的赞许。北大国际关系学院副院长潘国华说，连战的讲话既有原则性，也有灵活性，他在演讲中提到的和平、交流、互惠等观点，引起强烈共鸣。家住台南县的台湾籍学生林承铎，目前正在北大法学院攻读博士学位，他说，连战所表达的政治主张是非常善意并放眼未来的，值得赞许。

北大国际关系学院国际政治系主任李义虎说，连战用北大的精神思考两岸问题，给大家以豁然开朗之感。他的讲话层次分明，观点清晰，逻辑性强，又有幽默感，很善于抓住听众的视听情绪。

连战夫人连方瑀返回台湾后，对大陆之行感触良多，念念不忘。5月16日在台湾《中国时报》刊登了她的一篇题为"感子故意长"的长文，细述了大陆之行的所见所闻所感。其中有两段就是记叙连战在北大演讲的情况的。在"在北大亲吻他情不自禁"一段中，她是这样记叙的："29日上午9点，我们抵达北大。北大的师生早已挤满了大礼堂。战哥在40多分钟演讲里，总结了中国近百年来的政治思想大趋势。条理分明，言辞清晰，风趣幽默。演讲完毕掌声如雷，但我毫不惊奇，因为这才是他，真正的他，和我相知、相守、相随40年的伴侣。别人不了解，因为他从未有这样表现的机会。他是个严守分际的人，在'副总统'任内，不会僭越'总统'，而近年来都是对基层的选举语言。今日台湾处处耍民粹，以目前激情的选举文化，这样的演讲内容，可能没有很多展现的机会。我不自禁向前亲吻他，表达我的骄傲。"

"我的婆婆七十多年前在燕京大学念书，后来燕京和北大合并。我非常佩服北大对学生资料保存的完整，居然找出婆婆赵兰坤女士当年的学生照片，遥想当年，她必定也有诗一般的少女情怀。多年来她健康欠佳，鲜少说话，不知在她心底，可曾还记得那些青春年华？"

"后来，校方又带我们去参观婆婆曾经上课的教室，和住过的宿舍。宿舍前紫藤围绕，教室边新绿的杨柳垂在一湾清澈的未名湖畔。湖中水草摇曳，更添生趣。北大的同学们不断地在湖的对岸及路旁高喊：'连哥！连哥！'鼓掌声此起彼落，清脆可闻。时间有限，我们在依依不舍中离去。"

在另一段"合作赚尽世界的钱有何不好"中，又这样写道："说实在的，大陆民众对我们非常的热情。我们的行程全是公开的，所以，只要我们去的地方，总是人潮如织，大家喊着：'欢迎战哥！欢迎战哥！'他们的热情在我们心中激起永不消失的涟漪。接待我们的大陆领导，也非常和蔼可亲，彼此都很谈得来。八天七夜，战哥致词三十余次，而我最欣赏，是他在北大演讲中的一句话——'两岸合作，赚世界的钱，有什么不对？'真的，为什么要在互相对抗上花那么多钱？把它用在国计民生上好不好？"

连方瑀女士陪同丈夫来大陆一次就把事情看清楚了。她的想法正和大陆同胞的想法不谋而合。

六、胡锦涛总书记亲切会见连战主席一行，两位领导人共同发布了《两岸和平发展共同愿景》

（一）

29日下午3时，胡锦涛总书记来到人民大会堂北大厅等待着连战主席一行的到来。3时03分，连战主席一行来到，胡总书记伸出手，连战主席走上前去，两手紧紧相握，创下历史性的一刻。他们握了很久，互致问候，除了不断闪烁的镁光灯，整个北大厅一片肃静，显得十分庄严。此后，总书记同连战夫人连方瑀，以及吴伯雄、林澄枝、江丙坤、林丰正、徐立德等人一一亲切握手。随后，胡锦涛来到人民大会堂东大厅，会见中国国民党大陆访问团全体成员并合影留念。

在会见中，胡锦涛发表了重要讲话。他说，4月的北京，春意盎然。在这个美好的季节，中国国民党主席连战先生率大陆访问团来到这里。我很高兴同大家见面。首先，我代表中共中央，向连战主席和夫人，向中国国民党大陆访问团全体成员，表示热烈的欢迎，并致以良好的祝愿。

胡锦涛指出，你们的来访，是中国共产党和中国国民党关系史上的一件大事，也是当前两岸关系中的一件大事。从你们踏上大陆的那一刻起，我们两党就共同迈出了历史性的一步。这一步，既标志着我们两党交往进入新的发展阶段，也体现了我们愿共同推动两岸关系发展的决心和诚意。我们共同迈出的这一步，必将记载在两岸关系发展的史册上。

胡锦涛强调，当前，两岸同胞都希望两岸关系走向和平稳定发展的光明前景。我们多次表示，欢迎认同"九二共识"、反对"台独"、主张发展两岸关系的台湾各党派、团体和代表性人士同我们开展交流和对话，共同推动两岸关系改善和发展。我相信，只要我们都以中华民族的根本利益为重，都与两岸同胞的福祉为重，就一定可以求同存异，共同开创美好的未来。

胡锦涛说，今年是孙中山先生逝世80周年。中山先生是伟大的爱国主义者和民族英雄，是中国民主革命的伟大先行者。他为追求民族独立、民主自由、民生幸福和实现国家统一与富强贡献了毕生精力，在中国各族人民和一切爱国人士中享有崇高的威望。中国共产党人始终对他怀着崇高的敬意，从来就是中山先生革命事业的坚定支持者、合作者、继承者。中山先生也把中国共产党人看作自己的好朋友。在当年中国内忧外患的情况下，中山先生第一个喊出了振兴中华的响亮口号。这理应继续成为两岸中国人共同的追求和责任。中山先生给中华民族和中国人民留下许多宝贵的精神遗产，值得我们永远继承和发扬。

胡锦涛最后表示，我相信，你们的来访以及我们两党的交流对话，将为改善两岸关系注入春天的气息。让我们共同努力，推动两岸关系朝着和平稳定的方向发展，让两岸同胞一起在和平发展的大道上共创未来。

中共中央政治局委员吴仪，中共中央政治局候补委员、中共中央书记处书记、中共中央办公厅主任王刚，中共中央台湾工作办公室主任陈云林等参加了会见。

（二）

胡锦涛总书记在人民大会堂东大厅与中国国民党大陆访问团全体成员会见后，即与连战主席在人民大会堂福建厅举行正式会谈。胡锦涛首先表示，今天同连主席在这里会谈，这是60年来中国共产党和中国国民党的主要领导人首次举行会谈，是一次历史性会谈，具有重要的历史意义和现实意义。连战主席和国民党中央毅然决定来访，是难能可贵的。这不仅仅是一个来访的决定，而是对发展两岸关系作出的重要选择。我对你们的勇气和决心表示敬意。

胡锦涛先请连战发表关于发展两岸关系和两党交往的意见。

连战指出，我和胡锦涛总书记今天的会谈，是国共两党促进两岸关系和平发展的契机。国民党反对"台独"，反对"台湾正名"、"制宪"、"去中国化"、"一边一国"、"台独时间表"等"台独"主张和活动。我们主张在"九二共识"架构下进行有意义的沟通，建立一个两岸关系和发展的大环境，进而推动签署两岸和平协议。我期望两岸关系能够从当前对抗的恶性循环扭转成为合作的良性循环。

连战说，两岸在市场、人才、技术、资金方面各有优势，彼此是可以互补的。加强两岸在这些领域的合作，可以达到一加一大于二的综合效果。当前，两岸交流可以经贸合作为主轴，建立两岸经济合作机制，逐步形成互依互惠互补的关系。可以先建立一个民间性质的经济合作论坛，邀请两岸财经界重要人士讨论重要的合作议题，然后促进落实。

连战还表示，希望建立两岸党对党沟通平台，定期就两岸关系重大问题交换意见，以增进双方了解，促进两岸关系的改善与发展。

在认真听取了连战的意见后，胡锦涛说，近代以后，中国饱经磨难，中国人民为谋求民族独立、国家富强、人民幸福，历尽艰难困苦，始终奋斗不渝。实现中华民族的伟大复兴，是近代以来全体中国人和无数仁人志士的夙愿。1978年以来，大陆在以往建设的基础上实行邓小平同志倡导的改革开放的新政策，提出了现代化建设"三步走"战略的发展目标。经过二十多年的努力，到20世纪末，我们已经实现了第一步目标和第二步目标，人民生活总体上达到小康水平，国际地位和国际影响显著提高。现在，我们进入了全面建设小康社会、加快推进现代化的发展阶段。大陆建设取得的成就，也包含着台湾同胞的重要贡献。经过二十多年的发展，海峡两岸的经济交流和合作已经达到相当的规模和水平，显示出蓬勃的生机，从而使两岸同胞的利益和命运更加紧密地联系在一起。这为两岸共同发展提供了历史性机遇。着眼于两岸关系的发展，着眼于中华民族的长远未来，两岸同胞应该抓住机遇、携手合作、开创未来，实现两岸共同繁荣，实现真正意义上的全民族的伟大复兴。

胡锦涛指出，近年来，"台独"分裂势力的活动不断加剧，给台海地区的和平稳定造成了严重影响，给两岸关系发展和国家统一造成了严重危害，也造成了岛内的思想混乱和政治动荡，不能不引起我们严重关注。如果不坚决加以制止，威胁台海和平的紧张根源就难以消除，两岸共同发展繁荣的历史性机遇就会丧失，台湾同胞的福祉就会被断送。只有坚决遏制"台独"，才能保证两岸关系和平稳定发展，才能维护两岸经济社会发展所需要的安宁环境，才能保障两岸同胞的切身利益，中华民族的根本利益才能不受损害。

胡锦涛说，两岸关系发展正处在一个关键时期。构建和平稳定发展的两岸关系，对两岸同胞有利，对中华民族的长远发展有利。我们两党应该为此作出积极努力。胡锦涛就发展两岸关系提出四点主张：

第一，建立政治上的互信，互相尊重、求同存异。实现两岸关系和平稳定发展，双方建立政治上的互信至关重要。十多年前，两岸在互信的政治基础上取得相互谅解，本着求同存异的精神，达成了"九二共识"。"九二共识"既确认了双方均坚持一个中国的共同立场，又搁置了双方的政治分歧，是发挥政治智慧、照顾各方利益的成果。这一重要成果，值得我们倍加维护和珍惜。近些年来，两岸关系发展所以一再出现波折，甚至几近危险的边缘，根本就是台湾岛内有人否定一个中国原则的共识，使双方互信的基础屡遭破坏。中国共产党主张两岸和平统一，是从两岸同胞和中华民族的根本利益出发的。中国绝不能分裂，中华民族绝不能分裂，这一条任何时候都不能动摇。作为领导人，不论是在台湾还是在大陆，都应该承担起对国家、对民族、对历史的这个重大责任。当前，要化解两岸僵局、重建两岸互信，关键是台湾当局必须停止"台独"分裂活动，承认"九二共识"。只要两岸在"九二共识"的基础上恢复对话和谈判，就一定能够为两岸关系和平稳定发展开创新的局面。

第二，加强经济上的交流合作，互利互惠，共同发展。当今世界，经济全球化趋势深入发展，科技进步日新月异，产业转移步伐加快，国际竞争日趋激烈。形势逼人，不进则退。全面推进两岸经济交流和合作，实现两岸直接、双向、全面"三通"，既是大势所趋，也是当务之急。两岸合则两利，通则双赢。为了抓住发展机遇、应对严峻挑战，两岸应该相互扶持、加强交流、扩大合作，进行优势互补，努力开创两岸经济合作的新局面。我们将努力为两岸同胞加强经济、科技、教育、文化、体育、旅游等各项交流提供更多方便。两岸谈判一旦恢复，我们愿意尽快同台湾方面就建立两岸紧密的经贸合作安排进行磋商，以促进两岸共同发展繁荣。

第三，开展平等协商，加强沟通，扩大共识。两岸对话协商，是双方加深了解、增进互信、扩大共识、解决问题的重要方式和途径。两岸互相尊重、平等协商、求同存异，就发展两岸关系中共同关心和各自关心的问题广泛交换意见，务实解决问题，有利于两岸关系和平稳定发展。两岸对话和谈判迄今无法恢复，终非长久之计。只要双方谈起来，凡是有利于维护两岸同胞权益、有助于推动两岸交流和合作、有益于两岸关系和平稳定发展的议题，都可以广泛讨论。在这个问题上，我们始终持开放的态度。同时，我们也欢迎认同"九二共识"、反对"台独"、主张发展两岸关系的台湾各党派、团体和代表性人士，同我们进行交流和对话。虽然这种交流和对话不可能立即消除双方存在的所有分歧，但两岸充分沟通，交换意见，以建设性的态度面向未来，这本身就是很有意义的。总之，对于加强两岸沟通、务实解决问题，我们有诚意，有耐心，也有信心。

第四，鼓励两岸民众加强交往，增进了解，融合亲情。台湾同胞是我们的手足兄弟，我们尊重他们、信赖他们、依靠他们，并且设身处地为他们着想，千方百计照顾和维护他们的正当权益。我们充分理解和尊重台湾同胞爱乡爱土的情感、当家作主的愿望，十分同情台湾同胞在历史上经历的不幸、蒙受的冤屈。对台湾同胞在特殊历史条件下形成的心态和感情，对他们由于各种原因对大陆产生的误解和隔阂，我们不仅会基于同胞之爱予以充分理解和体谅，而且会采取积极的措施努力去疏导和化解。我曾经表示过，只要是对台湾同胞有利的事情，只要是对促进两岸交流有利的事情，只要是对维护台海地区和平有利的事情，只要是对促进祖国和平统一有利的事情，我们都会尽最大努力去做，并且一定会努力做好。我们的这一承诺不会改变。

胡锦涛最后表示，今天的会谈很有意义，富有成果。今后，我们两党应该更多地开展这样的坦诚交流、平等对话。希望这次会谈成为我们两党交往的一个新起点。让我们共同努力，担当起历史责任，为两岸同胞的幸福生活、为中华民族的繁荣富强而共同努力。

会谈结束后，胡锦涛、连战分别代表中国共产党和中国国民党互赠了礼品。

当晚，胡锦涛在中南海瀛台宴请连战夫妇及访问团主要成员。

中共中央政治局委员吴仪，中共中央政治局候补委员、中共中央书记处书记、中共中央办公厅主任王刚，中共中央台湾工作办公室主任陈云林，中国国民党副主席吴伯雄、林澄枝、江丙坤，中国国民党中央委员会秘书长林丰正等参加了会谈和宴请。

连战夫人连方瑀女士在她的长文"感子故意长"中，对胡锦涛总书记会见和宴请他们的情况作了记载。在"历史性'连胡会'笑泯恩仇"一段中，她这样写道："下午，全体团员启程前往人民大会堂，这是我们第二次进去。因为前一晚政协主席贾庆林已在这里宴请过我们，里面有许多厅，吃饭的北京厅金碧辉煌，而此刻要去和胡总书记见面的东大厅则非常庄严肃穆，屋顶非常高，地上则铺着红地毯。除了给大家合照坐的椅子外，没有任何家具。"

"我们在三点前抵达。总书记已经站在那里，衬着空旷的大厅，衬着红色的地毯，虽然他人并不特别高大，却显得十分沉稳亲切。团员们先在椅子上分别坐好、站好，先生和我以及副主席三位各站在一列。3点零3分，总书记伸出手，先生走上前去，两人紧紧相握，创下历史性的一刻。他们握了很久，除了镁光灯闪烁，人人屏住气息，没有任何声音。我不禁眼眶湿润，'度尽劫波兄弟在，相逢一笑泯恩仇'，等到这一刻，等了60年，多么不易啊！"

"接下来，胡总书记再和我、三位副主席、每位团员握手。握到胜文，他转身向我：'这是老大？'先生代答：'他是老二，老大是女儿，他是男孩中的老大。'总书记又问胜文：'你有一米八？'文儿答：'一米九四'。他再一面和惠心、弘元、胜武握手，一面又说：'女儿、女婿、小儿子'，再转向我：'听说小女儿在写论文，没法来是吗？'我真佩服他记得这么清楚。"

"快离开前，有人在我背后拍一下：'认得我吗？我是吴仪。'想起战哥曾告诉我：'吴仪是个非常能干的人，有铁娘子之称！'我连忙回答：'久仰大名，如雷贯耳！'吴副总理看着惠心：'女儿真像妈妈！'"

在"'铁娘子'很高雅聊得投缘"一段中，她又作了这样的记叙："晚餐，我们来到一个雕梁画栋依旧在的庭园——瀛台。胡总书记、吴副总理、陈主任已在等候。宾主寒暄几句，吴仪便拉着我的手：'走！咱俩院子里走走！'副总理下午穿的是一件红色针织洋装，现在换上黑色针织晚装，上面还有晶亮的扣子，我不知道她的年龄，从言谈间，可以猜测她比总书记稍微年长。银色短发、白皙的肌肤、智慧的双眼，这位'铁娘子'竟是十分高雅动人。"

"4月的北京，晚上还带着凉意，尤其是户外，微风不断地吹拂着参天古树，柳絮不断轻吻湖水。我有些过敏，不禁打了个喷嚏，副总理说：'你肯定是感冒'，'没关系！我只是过敏。'我们慢慢地走，慢慢地聊，竟然十分投缘。风更凉了，她带我走进一幢楼阁。话锋一转，她说：'你得叫连主席回去想想法子。台湾水果好，可是水果就贵在一个"鲜"字。如果一关一关卡太慢，水果到大陆都变味了，谁还要买？''这些年，大陆上百姓的生活也慢慢好起来。生活好了，就想到处走走。假如台湾能观光，你想这里有多少人会去？和观光相关的行业可以多发达！'我赶紧问：'如果观光客能来，他们会想到哪里去玩呢？''只要一个日月潭，就够他们玩得很快活了'。想想，此行来前，彼此的共识——搁置争议，给子孙多留一点时间，给彼此多留一些空间；再亲耳听见他们对台湾老百姓的关心，脑中又浮起战哥那句话——'两岸合作，赚世界的钱，有什么不对'？"

连夫人在来大陆之前还心存疑虑，她在此文的前面有这样的记叙："在这次'和平之旅'出发前，我内心有着几许兴奋，几许紧张，几许向往。因为这么多年，我从未和大陆上的朋友们打过交道。从书本上、新闻上，知道大陆的'文化大革命'、四人帮；也听过邓小平、江泽民、胡锦涛。可是他们好像离我很远。严格地说，我根本不能想象他们是什么样的人。"但是，仅仅几天的行程，就给她留下了如此深刻而美好的印象，让她拿起了"已经锈了五、六年的笔"，情不自禁地写下了她所看见的大陆。她说："大陆上山一样青，水一样绿，人一样有血有肉有感情"。台湾《联合报》8月2日又发表了她的一篇文章，题目就叫"写下我看见的大陆"。同时透露，她已写就《半个世纪的相逢》一书，详细记录了她的大陆之行的经历与感怀，即将由台湾"天下文化"出版社出版。真是百闻不如一见啊！

（三）

连战与胡锦涛总书记举行完会谈后，即在他下榻的北京饭店举行了记者会。他首先表示，与中共中央总书记胡锦涛进行了两个多小时坦诚的意见交换，感觉非常良好。这是60年来中国国民党和中国共产党的首次对话和交谈，他是以非常珍惜的心情进行这次对话的。

接着，中国国民党发言人张荣恭宣读了会谈新闻公报。全文如下：

应中国共产党中央委员会总书记胡锦涛邀请，中国国民党主席连战率国民党大陆访问团，于二零零五年四月二十六日至五月三日访问大陆。这是国共两党一次重要的交流与对话。在两党"正视现实，开创未来"的共同体认下，四月二十九日，胡总书记与连主席在北京举行会谈。双方就促进两岸关系改善和发展的重大问题及两党交往事宜，广泛而深入地交换了意见。这是六十年来国共两党主要领导人首次会谈，具有重大的历史和现实意义。四月二十八日，中共中央政治局常委贾庆林会见了国民党访问团全体成员。两党工作机构负责人进行了工作会谈。

基于两党对促进两岸关系和平稳定发展的承诺和对人民利益的关切，胡总书记与连主席决定共同发布"两岸和平发展共同愿景"。

五十六年来，两岸在不同的道路上，发展出不同的社会制度与生活方式。十多年前，双方本着善意，在求同存异的基础上，开启协商、对话与民间交流，让两岸关系充满和平的希望与合作的生机。但近年来，两岸互信基础迭遭破坏，两岸关系形势持续恶化。目前两岸关系正处在历史发展的关键点上，两岸不应陷入对抗的恶性循环，而应步入合作的良性循环，共同谋求两岸关系和平稳定发展的机会，互信互祝，再造和平双赢的新局面，为中华民族实现光明灿烂的愿景。

两党共同体认到：

——坚持"九二共识"，反对"台独"，谋求台海和平稳定，促进两岸关系发展，维护两岸同胞利益，是两党的共同主张。

——促进两岸同胞的交流与交往，共同发扬中华文化，有助于消弭隔阂，增进互信，累积共识。

——和平与发展是二十一世纪的潮流，两岸关系和平发展符合两岸同胞的共同利益，也符合亚太地区和世界的利益。

两党基于上述体认，共同促进以下工作：

一、促进尽速恢复两岸谈判，共谋两岸人民福祉

促进两岸在"九二共识"的基础上尽速恢复平等协商，就双方共同关心和各自关心的问题进行讨论，推进两岸关系良性健康发展。

二、促进终止敌对状态，达成和平协议

促进正式结束两岸敌对状态，达成和平协议，建构两岸关系和平稳定发展的架构，包括建立军事互信机制，避免两岸军事冲突。

三、促进两岸经济全面交流，建立两岸经济合作机制

促进两岸展开全面的经济合作，建立密切的经贸合作关系，包括全面、直接、双向"三通"，开放海空直航，加强投资与贸易的往来与保障，进行农渔业合作，解决台湾农产品在大陆的销售问题，改善交流秩序，共同打击犯罪，进而建立稳定的经济合作机制，并促进恢复两岸协商后优先讨论两岸共同市场问题。

四、促进协商台湾民众关心的参与国际活动的问题

促进恢复两岸协商后，讨论台湾民众关心的参与国际活动的问题，包括优先讨论参与世界卫生组织活动的问题。双方共同努力，创造条件，逐步寻求最终解决办法。

五、建立党对党定期沟通平台

建立两党定期沟通平台，包括开展不同层级的党务人员互访，进行有关改善两岸关系议题的讨论，举行有关两岸同胞的切身利益议题的磋商，邀请各界人士参加，组织商讨密切两岸交流的措施等。

两党希望，这次访问及会谈的成果，有助于增进两岸同胞的福祉，开辟两岸关系新的前景，开创中华民族的未来。

宣读完会谈新闻公报后，连战对记者说，五十多年来，两岸的趋势是对峙的、对立的、对抗的，而今天有这样的一个契机让我们能够总结历史的过程，开展一个新的契机，这是非常非常重要的。至于今天，我相信这个门是开了，但是怎样通过这个门走入一个新的愿景、新的未来，台湾的执政当局要负起很大的责任。

连战说，两岸在经贸方面不但是相互依存的，同时是互补的、互惠的。一加一大于二，这是事实可以证明、数据可以证明的。如何建构两岸经济合作的机制，是这次会谈主要的议题。他表示，两岸经济合作机制是否能够建立起来，还得看台湾执政当局。假如台湾执政当局不接受，国民党希望能由民间成立经济论坛来加以促进。

连战在回答记者的提问时说，中国国民党坚持一个方向，就是营造两岸互惠、双赢、共存、和平。这不只是中国国民党的政策，在民意方面，支持两岸和解与对话的人也远远超过不支持或不抱有希望的人。对于两岸关系向前推进，我们是抱有信心的。

连战爽朗地回答记者的提问，欣喜之情溢于言表。

（四）

胡锦涛总书记与连战主席的会晤会谈立刻成为世界舆论关注的热点，各类媒体纷纷发表报道、文章予以评说。

美联社4月29日发表报道说，台湾反对党的领导人和中共中央总书记胡锦涛今天在人民大会堂举行会谈，这是两党自1945年重庆谈判后再度举行的最高领导人会谈，双方一致同意共同努力结束两岸的敌对状态。报道说，中国和台湾电视媒体都对此次会晤进行了现场直播，两位领导人微笑着握手。胡锦涛对国民党主席连战说，北京和台湾应当向两岸同胞展示两岸关系"和平、稳定、发展的前景"。连战回应说，我们一定要避免冲突和对抗。我们需要的是和解、是对话。胡锦涛说，连战的大陆之行"已经给两岸关系的改善注入了春天的气息"。他说："我们要向世界表明，两岸的中国人有能力、有智慧解决彼此的矛盾和问题，共同争取两岸关系和平、稳定、发展的前景，共同开创中华民族的伟大振兴。"会谈结束后，双方发表了一项联合声明，承诺两党将促进正式结束两岸敌对状态。

这一天，路透社也发表报道说，今天在北京访问的国民党主席连战的一名发言人说，台湾反对党国民党和中国共产党今天一致同意共同努力结束台海两岸的敌对状态和避免发生军事冲突。报道说，在中共总书记胡锦涛和国民党主席连战举行了两个小时的历史性会谈后，双方同意讨论建立共同市场问题。但国民党的发言人没有就共同市场问题作详细说明。分析人士认为，共同市场可能意味着对台湾出口产品免征关税。另外，国共双方还保证促进两岸农业合作和结束台湾对大陆实施了几十年来的直接海空联系的禁令。

这一天，时事社发出这样的报道：台湾最大在野党在今天进行的国共党首会谈中就改善两岸关系达成共识，这对陈水扁政权而言将是巨大压力。下月初，台湾亲民党主席宋楚瑜也要对大陆进行访问。在中共与台湾在野党构筑包围网的情况下，陈水扁将不得不探寻新的两岸关系。

这一天，台湾"中央社"发表了多篇报道反映"胡连会"后的情况。一篇报道是反映香港有关专家的看法的。报道说，香港大学教授邓特抗在接受香港电视台的访问时表示，虽然连战只是以在野党的身份与胡锦涛会面，但是他这趟"和平之旅"或许可以带动陈水扁成功打开两岸沟通之门。香港中文大学教授王家英也表示，这个历史性会面，将两岸那种愈走愈远的趋势重新拉了回来，将台湾重新拉向中国大陆，使两岸之间的未来发展脱离危险的轨道。

在"胡连会"的前一天，台湾《联合报》就发表了题为"连胡会正逢辜汪会谈12周年"的文章予以评论。文章说，4月29日，是1993年在新加坡举行的辜汪会谈签署协议12周年。国民党主席连战与中共总书记胡锦涛选在这天举行会谈，再为两岸谈判记下春秋之笔。文章指出，辜汪会谈开启两岸两会事务性协商，虽然今天海基、海协两会协商中断，但辜汪会谈的历史意义不会被抹去。12年后的连胡会，是台湾最大在野党领袖与中国共产党领导人最高层次的政治对话，接续而来的宋胡会，全面启动中共与台湾在野党的交流；连、宋与胡锦涛的政治对话，相当程度为未来胡锦涛与陈水扁的会谈创造想象空间。

文章说，相当意外的是，民进党最初对连战大陆行指责严厉，最后连战竟是在陈水扁"投石问路"的祝福声中踏上大陆。从2000年总统大选至今，台湾内部党派因政治利益争食大饼，两岸政治关系几度危殆，在这波泛蓝登陆热中，全部回到原点，在民意要求和平稳定的局面下，国、共、亲、民先后伸出触角，求得在今后两岸关系中取得主控权。文章这样分析道，连战、宋楚瑜先后访问大陆，从中共的立场来说，近期目标是要促成党对党高层政治对话机制，为中断的两岸官方对话重起炉灶。远的思维来说，陈水扁执政还有三年，在胡锦涛拍板下，中共表达"不管他曾经说过什么、做过什么，只要他从现在开始明确承认体现一个中国原则的'九二共识'，两岸对话和谈判可以立即恢复，什么问题都可以谈"，意味中共不但试图重新与民进党接触，也愿尝试和陈水扁接触；只要不提民进党"台独"党纲，扁胡会面不会只是空中楼阁，镜花水月。

美国《洛杉矶时报》29日刊登题为"中国尝试对台新策略"的文章指出，中国国家主席胡锦涛与中国国民党领导人连战29日举行历史性会晤表

明，北京的对台政策发生了微妙的变化，尽管其基本方针仍保持不变。分析人士说，北京传递的信息是，它愿意同"通情达理的"台湾领导人举行会谈，但不愿意与"没有理性的"台湾政府官员进行谈判。北京的另一个目标是赢得台湾的民意。北京最近的对台策略显得更加灵活。

美国《国际先驱论坛报》30日发表题为"中国的一对宿敌握手言和"的文章说，在人民大会堂举行的一次精心安排的仪式上，中国国家主席胡锦涛称赞了台湾主要反对党领导人对大陆为期一周的访问，这次访问使共产党和国民党这对宿敌握手言和。文章指出，胡锦涛和国民党主席连战宣布了改善海峡两岸关系的五点共识，如果陈水扁接着他们有关改善关系的方案，或者国民党人在今后的选举中重新上台，改善两岸关系的目标是可以实现的。从他们的讲话来看，这一对宿敌之间的这次会晤无疑是一次在历史上具有重要意义的事件。

文章说，通过邀请连战来访和给予他高规格接待，胡锦涛表明他寄希望于台湾选民对改善两岸政治关系和扩大两岸经济关系的机遇作出积极的回应。文章援引分析人士的话说，连战此行以及五月初另一位台湾反对党领导人宋楚瑜对大陆的访问可能对陈水扁形成挑战，迫使他找到改善两岸关系的方式，否则将使他的民进党冒脱离社会发展进程的危险。

30日这一天，香港舆论更为热烈地对胡连会进行评论。《明报》刊登的题目叫"五点愿景务实处理分歧 胡连峰会共创和平契机"的文章这样写道："昨天国共两党发表的实现两岸和平愿景五大促进重点，皆为针对两岸关系现状中种种可能引发冲突的焦点问题而采取的务实对策，可操作性非常强。只要台湾民进党当局能够体察两岸人民对和平的期望，体察大陆当局为解决两岸分歧所摆出的务实姿态，承认国民党与中共建立沟通对话机制的积极意义，就很有可能为台海之间维持现状、实现长期和平，开辟一条协商沟通对话的新路。"

"国共两党提出的第一项促进重点，为促进尽速恢复两岸谈判，共谋两岸人民福祉。"

"如今国民党在北京明确表态，坚持'九二共识'，并且会'促进两岸在九二共识的基础上尽速恢复平等协商'，无异于再次告诉世界，国民党执政时期确实曾与大陆达成'九二共识'，而中共在与国民党共同发表的新闻公报中，不提'一个中国、和平统一'这样的口号，应是向台湾当局和民众明示，如今大陆已将两岸恢复谈判的底线降到最低限度，只要民进党当局的立场调校往'九二共识'便有商量。"

"国共两党能够达成第二项至第四项的共同体认，自然是告诉陈水扁，只要他能够跳出'台独'的意识形态樊篱，中共就能够兑现自己所作出的'两岸什么都可以谈'的承诺，并且以台湾人民的切身利益和台湾的需求为出发点，以实现两岸的长久和平为依归，最终透过谈判方式，找到化解两岸分歧的途径。"

　　文章最后说："胡锦涛昨日在与连战会晤前向全世界宣示，国民党大陆访问团的这次访问，以及国共两党的交流对话，已经给两岸关系的改善注入了春天的气息。我们真诚地希望，这个春天是两岸和平的春天，是两岸共同发展的春天。"

　　《信报》这天发表的文章题目叫"开启历史对话　盼造和平契机"。文章说，胡锦涛和连战经过近两个小时的会面后，发表了五项"促进两岸和平发展共同愿景"的"共识"，很明显，这五点之中最重要的一条是"在'九二共识'下，尽快恢复和平协商"，但执政的民进党相信不会接受。至于其他涉及公权力的议题，像建立台海双方的军事互信机制、直接双向"三通"、台湾参加国际活动等等，都要从政府层面推动，国民党对此是无能为力的。但纵使国民党不能跟中共达成任何具体协议，也无法落实五项共识，但对民进党已构成压力，因为中共开列的和平条件都是民进党政府近年来不断向大陆提出的诉求，现在中共对国民党作出了善意回应，说明了大陆有诚意争取和平，现在只看民进党如何回应。

　　《星岛日报》刊载题为"历史性握手　轻叩和平统一之门"的文章这样评说：国共双方把胡锦涛与连战会晤达成的五项共识定性为愿景，原因是国民党在台湾属于在野之身，除了与共产党日后定期会晤一项可以做主之外，其它四项目前都要执政的民进党配合才可以实现。没有民进党的配合，今次国共会晤的主要意义，在于善意姿态、长远战略和历史方向，多于两岸具体互惠措施的落实。文章指出，民进党向来以"中国威胁论"来把统一描绘成台湾人的灾难，现在大陆透过连战之行，让台湾人看到步向统一的好处。即使目前无法把陈水扁扯回"一中"共识，至少日后台湾内部的统独争辩中，统派将不再陷入"卖台"的道德低地。现时台湾主体民心已经认识到"台独"可能会带来灾难，要是数年后改由国亲两党执政，今次会面达成的共识，也可以成为将来两岸执政党统一谈判的基础。

　　虽然各种评论各有见地，但是，"五点愿景"为两岸关系带来春意无疑是大家的共识。

七、连战在陕西省举办的宴会上致辞时说，过去不能改变，能改变的就是未来

（一）

4月30日上午，连战率国民党大陆访问团飞抵此行的第三站——西安。中共陕西省委副书记杨永茂等领导人和连战母校后宰门小学的师生代表、在陕台资企业代表等在机场迎接连战一行。

依然是热烈的掌声和亲切的问候，依然是灿烂的笑脸和美丽的鲜花，连战面对热情的"乡党"，在机场发表了热情洋溢的讲话。他说，我八岁才离开西安，童年是在战乱的环境下成长的。西安的人物、故事、所受到的启蒙教育，隐隐约约还在自己的脑际。童年是弥足珍贵的岁月，对于每个人来说，童年是最美丽、最值得珍惜的一段时光，这次希望能找到小时候的种种。他说，西安是中国文化古都，也是世界、人类共同的文化遗产，代表着源远流长的精神；西安地处黄土高原，在这样的环境里，先民不怕艰难，吃苦耐劳，坚韧卓绝；西安是丝绸之路的开端，代表文化、民族各方面的融合。他表示，今天海峡两岸关系面临前所未有的情势，身为中华民族的一员，我不愿意看到僵局持续下去。西安代表的源远流长、坚韧卓绝、融合包容的宏观精神，都给我们很多启发。我这次是来了解西安发展情况，与父老交换意见，是缅怀、了解，也是学习。希望我们能进一步了解、相互信任，在善意的基础上，来共同开创一个亮丽、美好的未来，带给大家幸福。

当晚，陕西省委书记李建国会见并宴请了连战一行。李建国在致辞时说，应中共中央和胡锦涛总书记的邀请，连战主席率团访问大陆，这是两岸同胞共同关注的大事，也是举世瞩目的大事。两党最高领导人的北京会谈，揭开了两党关系史新的一页，对于推动两岸政党交流、对话，促进两岸关系和平稳定发展，具有重要的历史和现实意义。他说，陕西是中华文明的重要发祥地。在这片神奇的大地上，我们的先人创造过大唐盛世的辉煌，传承今人上下五千年的历史文化，雄浑厚重，无与伦比。特别是黄帝陵，已成为海内外华夏儿女寻根认祖的圣地。李建国说，连战主席生于斯，长于斯，从这里开始了学者与政治家的人生之旅。今天，连战主席重返故里，不由得使人想起"少小离家老大回"的名句，感受到浓浓的故乡之情。新的起点已经开始，我们期盼连战主席和各位贵宾能常来陕西，我们期盼更多的台胞来陕西创业发展，我们期盼早日实现祖国的和平统一。

连战在致辞中说，我的祖母埋葬在这里，60年连家没有一个人能够来祭

拜，我们当子孙的人感到非常愧疚。这是大时代里的小历史，但对我家族、个人来讲是很辛酸的历史。连战说，这次访问时间实在是太短了，但高兴的是有了一个开始。我们会把所见所闻带到台湾去。过去不能改变，能改变的就是未来。两岸互惠互利双赢是大家的心声，是历史的责任，也是不可抗拒的历史潮流。很高兴的是，我们迈出了历史的一步，这是正确的。最后，他深情地说，作为一个陕西娃子，战娃子向乡党、前辈请安。他的致辞又引起一片会心的笑声和热烈的掌声。

会见后，李建国向连战赠送了一个特别的礼物——"轩辕圣土簋"，内含取自黄陵县的50克土，寓意中华民族的源远流长。连战也回赠了台湾艺术家的作品"生生不息"以及连战祖父连横的著作。

中共中央台办副主任李炳才，中共陕西省委副书记陈德铭、袁纯清、董雷、杨永茂等领导人参加了会见和宴请。

（二）

当天下午，连战一行来到连战阔别六十多年的母校——西安市后宰门小学。后宰门小学的师生们和闻讯赶来的西安市民们夹道欢迎这位老学长。

后宰门小学始建于1935年，原名为北新街小学，连战在1942年和1943年在这里上学。七十多年来，后宰门小学培养了一批又一批莘莘学子，以其科学的管理、优秀的师资、一流的质量，成为西安市的一所名校。

听说连战先生要回母校，连战的校友们一大早就聚集在学校门前的街道两旁，争相一睹这位老学长的风采。毕业于此校的的马若飞先生抱着心爱的女儿，女儿手中举着的小牌子上写着"我们为您骄傲"的字样，也挤在人群中翘望着的连战的到来。马先生激动地对身边的记者说："连战先生为了海峡两岸的和平而努力，我作为他的校友，感到非常自豪。"

许多市民和大学生也都挤在欢迎的人群中，他们中许多人举起书写着欢迎、赞誉之意的条幅等待着连战的到来。有一幅写着"连战先生，我们为你加油"的大红横联分外引人注目，这是长安大学法学系的同学们连夜赶制出来的。同事们对采访的记者说："连战先生是为了促进海峡两岸交流，推动两岸和平发展而来，只要是炎黄子孙，都会为他喝彩、加油！"

当连战先生一行出现在街头的时候，立刻就被热烈的掌声、亲切的问候、喜庆的锣鼓所包围。连战微笑着不停地向欢迎的人们招手致意。

在欢迎仪式上，后宰门小学校长白彩玲代表全校师生致欢迎辞，对连战先生回到母校表示最诚挚的欢迎。她说："有一个地方，叫家乡；有一种情

怀，叫思念。在学子面前，无论你身在何方，母校的惦记和关注永远不会改变。"白校长深情的诗一般的致辞，深深地感动着连战，也感动着连战夫人连方瑀和在座的每一个人，他们以暴风雨般的掌声表达着自己的感情。

欢迎仪式上，同学们向客人献上了一台自编自演的以和平为主题的节目。婉转的歌声、灿烂的笑容、欢快的舞步都在表达着他们对和平的期盼，对实现祖国大家庭和平统一的期盼。

"月是故乡明，情是故乡亲。"连战先生抑制不住内心的感动，深情地对大家说："我读书的时候，正是日寇入侵，烽火连天，条件艰苦。今天我看到同学们在这么好的环境里健康地成长、学习，更加感到和平的珍贵。"他勉励大家认真学习，长大后好好服务社会，服务人民，为中华民族的振兴大展宏图。

连战一行还参观了后宰门小学的校舍设施，参观了小学友们现场写字作画的情景。同学们给老校友赠送了一幅自己创作的画作：美丽的西安，美丽的校园。连战先生也回赠了丰厚的礼物：连战手书条幅"陶铸群英，溥益群伦，木铎扬声，功宏化育"、祖父连横所著《台湾通史》、艺术品"宏图"、10万元捐款以及自己的著作等。

连战返回台湾后，写出一篇题为"印我青鞋第一痕"的文章，刊登在8月2日出版的台湾《联合报》上。文章的开篇是这样写的："今年，我终于第一次将脚印再踏上彼岸那片土地。那不仅是个人生命旅程上的雪泥鸿爪而已，也意味着一个时代向前迈进的痕迹。出发前，有人给予喝彩，有人持不同意见，一时形成舆论焦点，虽然这步足印可有千万种解读，但我内心洞明，思虑单纯，只想着为和平、为两岸人民尽一份心力。我不是为个人写历史，我是为历史负责，我更相信历史将会为我所率领的中国国民党大陆和平之旅访问团，有一个正确的评价！"

"从南而北，由西而东，自我与内人结缡40年来，已不知踏遍多少国家，阅历无数的风光与人文景观，但是始终无机缘登上彼岸。在卸下党政职务前，终于能率家人亲临西安，到先祖母沈太夫人的墓前叩拜扫墓，一偿连家子孙迟来的宿愿，也是尽子孙应尽的一份心意。尤其五点共同促进声明，我相信对未来两岸关系的开展，将有深远而且无可取代的影响。"

还有一段文字是这样写的："我的籍贯是台湾台南，却出生在西安。我的父亲是台湾人，我的母亲是东北人，父母在对日抗战前夕认识于北平，结婚以后生下独子，我的名字是先祖父雅堂先生生前所预命。因此我说，我成长的历史，其实就是中国近代大历史的一小部分缩影。"

"这次的大陆行，恰逢对日抗战胜利60周年之际。我整整有60年未回到出生地，因此头一次登陆，出发前内心很复杂，也觉得有严肃的意义。但真正登上彼岸，对很多很多的景物都感到新鲜、好奇，甚至震惊……第一次探访大陆，所见景物却似曾相识。尽管时空长远阻隔，但在书籍阅读与故旧言谈之中，这一切早已神游无数。回到出生和成长的地方祭祖，陌生的乡亲们热烈相迎，除了惊喜浩叹之外，还有一些疑真还假、如梦似幻的感觉，正是杜甫诗中的况味：'邻人满墙头，感叹亦歔欷；夜阑更秉烛，相对如梦寐'。"

　　在另一段文字中，连战先生这样写道："在西安我的母校后宰门小学，看到小小学弟学妹拿毛笔写字的情景，我们夫妻俩都很感动。书法、诗词都是中国文化的瑰宝，当年彼岸文化大革命如火如荼'破四旧'时，台湾则积极推动中华文化复兴运动；而今，大陆的新生代正在学习保留中华文化时，台湾却要'去中国化'，流行的是八卦文化。这样的对比，岂是感伤二字足以形容？"

　　"此次登陆虽有相见恨晚的感觉，但也验证'百闻不如一见'的正确性。亲身走一趟，感受自是不同。一个国家的进步，要的是和平稳定的环境，以及推动建设的雄心与魅力。台湾过去曾有的台湾经济奇迹以及近年大陆国力崛起，都是归功于有安定的内部环境与有强烈企图心且能正确领导的经营团队。"

　　"此行也让我更加确认，'坚持和平，互惠双赢'才是两岸唯一要走的道路。'两岸携手合作，一起赚世界的钱'是我在北京大学公开的呼吁，并已获得两岸人民广大的回响。我也发愿，在我的有生之年，我将以我的学识经验，为两岸的和平大计、中华民族的振兴图强，奉献一己之力。和平之路也许要经历坎坷，两岸还有许多困难的地方等待突破，有机会我也愿意再到大陆其他的城市，多走走，多看看，真正做到植根台湾，放眼大陆，胸怀世界。"

　　连战夫人连方瑀女士的"感子故意长"的文章中，也有对西安之行的记载。在"西安热情迎宾感动落泪"一段中，她这样写道："我对大陆人的国学修养非常好奇，行程很紧，想了解却没有时间。一直到西安，西安是战哥的出生地，他在那里读过两所小学。一所是作秀小学，现在已经不在了。一所是北新街小学，也就是现在的后宰门小学。我们近午到西安，吃了饭便寻找战哥的儿时岁月。"

　　"战哥离开西安时，只有八岁。再度回来，已是60年以后。'乡音已改，鬓毛已衰'。我们车还未到，已经看见人山人海。穿过人潮，小朋友们早列队在操场等候了。一进校门，小朋友们就开始朗诵：'连爷爷，您回来

· 147 ·

了，欢迎，欢迎，您终于回来了！'那情景，非常像20、30年前，台湾的小朋友每当有重要人士来时，用朗诵诗歌来表达欢迎的情景一样。这时，访问团的人，有的开始会心一笑，但当孩子们重复着'您终于回来了'的时候，我开始鼻酸，眼泪忍不住滑下来。不禁想起'故国三千里，深宫二十年。一声何满子，双泪落君前'。"

"60年，是多么悠长的岁月，有多少沧桑和变迁。来西安，主要的是扫墓，想必战哥也是触景生情，听他对着这些'小学长'娓娓说着：'我的祖母，是一位典型的台湾老太太。除了台语，什么话也不会说。她逝世后，因为西安不能火化，而且又在战争期间。因此，就埋葬在清凉寺。60年来，连家没有一个人能来祭拜过她。'现在，我们终于来了！奶奶，魂兮有知，希望您在地下，也会感到安慰。"

在"想到'去中国化'着实痛心"一段中，她又颇有感慨地写道："小朋友们表演了许多精彩的节目，更重要的是，我从白校长口中知道了孩子们受教育的情形。他们非常注重中国的传统教育，三岁开始背三字经、百家姓，上课前每个学生要先背一首诗，才能坐下。小孩子记忆好，小时背的一生不忘，受用不尽。小朋友还表演书法，小小的手，用如椽之笔，书写各家不同体的毛笔字。"

"记得有一位瑞典文学家说：'只要学会两千、三千中国字，那么五千年前的中华文化都可以掌握'。再想到我们的社会，这几年尽量'去中国化'，文言文几乎看不到了。我不反对孩子们在家用'妈妈的话'学习台湾语典，但是，决不能放弃博大精深的中国文化。大陆流行一句顺口溜：'不到北京，不知道官小；不到上海，不知道钱少；不到台湾，不知道文革还在搞'。想到5000年中华文化在台湾逐渐萎缩，不觉心中黯然。"

（三）

连战拜访过母校后，便率团前往秦始皇兵马俑博物馆参观。汽车穿行在市区，古朴粗犷的古城墙渐渐进入访问团成员的眼帘。西安处处散发的厚重的华夏文化古韵使团员们陶醉。连战童年时就住在城墙附近。他说，那时城墙下挖了很多防空洞。空袭警报一响，可以快速地躲进去。不过，经过多少次修整的城墙虽然古韵犹存，但给连战留在记忆中的防空洞却不见了，虽有一点遗憾之感，但这古老的城墙正见证着和平的可贵，见证着和平稳定发展的可贵。

下午5时20分，连战一行抵达秦始皇兵马俑博物馆。在馆长吴永琪的带领下，访问团来到了一号坑，并获准走下只有工作人员才可以进入的坑道。秦兵马俑被誉为"世界第八大奇迹"，这一庞大的地下军阵，在1974年刚一发现，即刻震撼世界。连战虽然出生在西安，也是第一次亲眼看到兵马俑。他兴奋地站在陶俑身边，与这些站立了数千年的卫士合影留念。访问团的成员也纷纷地争相与这些千年卫士合影留念。有的团员饶有兴趣地仔细观察着这些千年卫士的容貌造型，有的还与这些卫士一比高低。

参观完后，连战在展厅内部即席挥毫，写下了"游秦冢而悯万民，跨海峡为创双赢"的感言，赠送给博物馆。博物馆也精心挑选了一块出土于秦始皇兵马俑的席纹印迹土块回赠连战，这块伴着兵马俑度过了数千年的土块，记载了令今人无限遐想的历史信息。

当晚，在大唐芙蓉园，连战一行观看了大型诗乐舞剧《梦回大唐》。这部舞剧共分为"梦幻霓裳"、"梦邀秦王"、"梦溶华清"、"梦萦西域"、"梦游曲江"、"梦回大唐"等六幕，集中了舞蹈、情景表演、杂技、秦腔、变脸等多种艺术形式。当幽幽的乐曲如天籁之音般地响起之后，挑着宫灯的唐朝仕女从观众席中缓缓地走向舞台，访问团成员似乎也随着他们妙曼的舞步回到了大唐盛世。

连战观赏完舞剧后，颇有感慨地说，回到睽违60年的西安，很有一种梦幻的感觉。看《梦回大唐》，梦非梦；大家心系两岸，心连心。

（四）

5月1日的上午，连战主席携家人和国民党大陆访问团来到西安市长安区上塔坡村清凉山，祭奠长眠在这里的祖母沈太夫人。

正是春光明媚时，心香一瓣祭亲人。

当年，沈太夫人和时任国民党西京筹委会秘书的连战父亲连震东曾经在清凉山一起生活过很长时间。1937年沈太夫人病逝后，就埋葬在这里。

听说连战先生要来祭拜祖母墓，居住在方圆几十里的乡亲们一大早就赶到了这里。数以万计的乡亲们站在附近的山峁上，不知疲倦地向连战先生挥手致意，用不同的表达方式表达着一个共同的心声：欢迎连战先生回家，祝连主席访问获得圆满成功！

墓园青青，香烟袅袅，红烛高照，素果芬芳。连战先生凝视祖母坟茔良久，然后深深地三叩首，他和家人一起默默地从墓园右侧绕过草地来到墓前，环绕着走了一圈，又在墓碑前驻足凝望。在秦腔曲牌《柳青娘》及《苦寿庵》的哀婉忧伤的乐曲声中，一家人在沈太夫人墓前上香、祭拜、献花、

献酒、献果，诵读祭文。中国国民党访问团成员也祭拜了沈太夫人。

祭拜结束后，在墓园门前，连战面对随同前来的数百名记者和众多的热情乡亲表达了他的感触。他说，今天这一刻，对我，对连家来讲是永远难以忘记的一刻，过去无法每一年来祭拜，今天能够实现自己魂牵梦绕的愿望，真是非常感动！

随后，连战一行来到与墓园一墙之隔的清凉寺。清凉寺主持释刚香对连战先生说："欢迎您和您的家人回到家乡来，西安是故土，大陆是根。希望连战先生以后常回来看看。相信您这次和平之旅，一定会开拓出海峡两岸光明的未来。"连战对于清凉寺多年来对于祖母墓地的维护和关照表达了谢意，并题词"佛法无边清凉寺"相赠。寺庙也回赠连战一尊小佛像及精美的雕镂工艺品"中华龙"。连战及家人再表深深的谢意。"中华龙"所表达的"我们都是龙的传人"的深意把两岸同胞的心更拉近了。看到这感人的一刻，访问团成员昝家骞激动地对身旁的记者说："到大陆来，我们每天都有回家的感觉。今天更是体会到，我们的根就在这里呀！"

连战一行就要登车离去了，但站在山峁上的成千上万的乡亲们仍然不愿离去，仍然不知疲倦地向连战一行招手致意，仍然以不同的声音表达着一个共同的意思：连战先生常回家来看看！两岸同胞是一家人！把我们的祝福带给台湾同胞！

清凉寺的钟声响了。浑厚的钟声溢满清凉山。浑厚而悠扬的钟声似乎在反复地传达着释刚香主持说过的那句话："西安是故土，大陆是根……"

八、连战在上海参访时，用"十里洋场今胜昔，梦回江湾两岸情"的诗句表达自己的感受

（一）

5月1日下午3时，连战一行乘飞机离开西安前往上海，中共陕西省委副书记杨永茂等领导人以及西安市的台商代表到机场送行。下午5时许，连战一行抵达上海浦东国际机场，中共上海市委副书记罗世谦等领导人以及众多的在沪台商代表在机场迎接。

当天晚些时候，中共中央政治局委员、上海市委书记陈良宇会见并宴请了连战率领的中国国民党大陆访问团。会见时，陈良宇说，半个多世纪以来，两岸人民受阻于一湾浅浅的海峡，遥相互望，深情呼唤，饱尝了分离的思念的痛苦的煎熬。这次连战主席率中国国民党访问团来大陆访问，是中国

共产党和中国国民党关系史上的一件大事，也是当前两岸关系中的一件大事。特别是在北京期间，胡锦涛总书记与连战主席举行了会谈，发表了"两岸和平发展共同愿景"，具有重要的历史意义和现实意义。他说，自上个世纪80年代起，上海与台湾两地经贸合作和民间交往日趋活跃。特别是近年来，随着上海经济发展、社会进步以及生活环境、投资环境和法制环境日趋改善，上海已成为台湾同胞在祖国大陆投资、经商、求学、置业的集中区域，也成为海峡两岸民众合作交流的热点区域。相信连战主席和国民党大陆访问团的来访，必将进一步推动上海与台湾两地的交流合作，有利于促进两岸关系和平稳定发展。

连战说，两岸关系是整个区域乃至全球非常重视的问题，国民党一直致力于推动两岸建立互惠互助、共存双赢的关系。1992年，两岸排除万难达成了"九二共识"，1993年辜振甫和汪道涵在新加坡举行了会谈，打破了两岸四十多年来的僵局。1998年，辜振甫来到上海会见汪道涵，并到北京会见时任中共中央总书记的江泽民。这次访问意义重大，因为两岸沟通不再需要通过第三地。但随后的发展事与愿违。

连战说，过去没有办法改变，能改变的还是未来。面对当前，面对现在，共同开创未来，这是最值得我们努力的方向。两岸可以共创和平，两岸可以共谋发展，两岸当然也可以共享繁荣。

连战说，抗战胜利后我曾在上海江湾住了近一年时间，但今天的上海与当年的印象已完全不同。现在看到的是一个蒸蒸日上、井然有序、可以发挥巨大动力的上海。他说，我特别用两句诗来表达自己的感受："十里洋场今胜昔，梦回江湾两岸情"。

会见结束后，陈良宇向连战夫妇和访问团赠送了《淳化阁帖》最善本、中国四大古典名著邮票集以及丝绸礼品。连战向陈良宇回赠了其祖父连横撰写的《台湾通史》和自己的著作《改变，才有希望》，以及祝愿上海振兴腾飞的琉璃艺术品"希望"。

中共上海市委副书记韩正、罗世谦，中共中央台办副主任李炳才等参加了会见和宴请。

宴罢，连战一行乘船观赏了黄浦江夜景。两岸绚丽多姿的璀璨灯光、巍峨挺拔的东方明珠……扑入连战一行眼帘的件件景物，都在向他们述说着上海翻天覆地的变化。

（二）

连战一行5月2日一天的活动安排得满满的。

上午，在香格里拉饭店举行记者会。连站对记者阐述了4月29日他与中共中央总书记胡锦涛会谈后形成的新闻公报的主要内容和看法，他对会谈取得的成果给予积极评价。

关于建立党对党进行沟通平台的问题，连战对记者说，除了加强两党各层级干部日常交流之外，国共两党已同意设立和平发展和经贸文化两个论坛，作为双方沟通的平台。论坛参加者不局限于两党党务工作人员，将邀请相关人士参加。连战说，国共两党领导人已就结束两岸敌对状态、促进两岸签署和平协议获得一致看法。国民党希望台湾当局积极地来准备，并且通过两岸谈判正式地加以落实。

关于建立两岸经济合作机制的问题，连战说，两岸经贸全面交流是国民党大陆访问团最主要的目标，也是当前可以掌握的最现实的问题。他表示，国民党副主席江丙坤"打头阵"和中台办主任陈云林达成12项共同看法，胡锦涛总书记和他当面讲，落实这12项工作，都以台湾人民的福祉为出发点。在台湾方面，连战说，民间可以做的要赶快做，当局能做的希望赶快积极推动。

"中央社"驻上海记者当即形成两则电讯发往台湾。一则电讯说，连战上午在上海召开记者会表示，国共两党建立沟通平台，国民党和共产党都非常重视这个提议。中共总书记胡锦涛也认同有国共中央互为对口单位，由国民党秘书长林丰正与中共台办主任陈云林负责。电讯说，连战表示，党对党沟通平台除了加强两党干部平日交流，还确定设立两个论坛，一个是和平发展论坛，另一个是经济贸易与文化论坛。连战说，两个论坛将讨论和平、经贸、文化等事宜，凝聚大家共识，提出各项具体意见，提供两岸参考与落实。连战指出，由于现在两岸官方联系"还看不到影子的时候"，设立这种平台是非常重大的事情。另一则电讯说，连战上午在上海召开的记者会上表示，有关两岸军事互信机制的建立是非常重要的事情，它是和平协议的配套措施，他认为，二者密不可分。他指出，机制是制度建立，不只是口头承诺。有些人提出具体要求，但只是口头上答应冻结或撤除多少飞弹，这些都是"说说而已"。国民党了解问题所在，是要解决问题而非制造问题。胡锦涛对主张建立军事互信制度有正面的回应。他呼吁，政府积极准备，透过两岸谈判落实。

举行完记者会后，连战夫妇即与国民党三位副主席吴伯雄、林澄枝、江丙坤和秘书长林丰正等去拜会汪道涵。连战见到汪道涵先生后，向汪老请安。他推崇汪道涵先生是"两岸和平交流创造历史的人物"，并对台湾海基会董事长辜振甫先生逝世、"汪辜会谈"成为绝响深表遗憾。连战表示，当前又是历史的契机，希望两岸能秉持汪辜两次会谈的方向，共同推动两岸关系发展，给我们这个民族带来靓丽、昌盛的未来。

汪道涵感谢连战访问上海期间前来探望，对连战率国民党访问团来访取得的成果表示祝贺。他说，二十多年来，我们始终抱持着改善与发展两岸关系的良好愿望，为两岸民间交往的发展和双方政治关系的改善进行艰辛的努力，以满足两岸同胞的要求与期待。尽管两岸之间存在政治分歧，但两岸同胞都是中国人，共同的血缘、文化把我们连在一起，应该推动两岸关系走上和平发展、合作双赢的道路，为中华民族的美好未来作出贡献。

汪道涵表示，汪辜两次会谈的基础是体现一个中国原则的"九二共识"，这个事实见之于两会的函电往来，见之于两岸各大媒体的记载。只要在"九二共识"的基础上谈起来，台湾方面关心的问题都可以找到妥善解决的办法。两岸中国人之间一切问题都好商量，我们愿意与包括国民党在内的认同"九二共识"、反对"台独"的台湾各党派、各团体和各界人士共同努力，推动两岸关系和平稳定发展。

汪道涵先生会见连战一行时，中台办主任陈云林等领导人在场。

中午，连战一行与上海和大陆各地的台商投资企业协会代表举行餐叙。餐叙时连战就两岸经贸交流发表演讲。连战说，今天两岸的经贸关系，由台湾的角度来看，已经不是一个像早期那种"输血"、"救护"的关系，实际上是一个抢市场、抢商机、抢出路的一个重要的当口。他说，只要我们共同努力，掌握当前，开拓未来，共创和平，共享发展，共谋策略，两岸的双赢互利一定能够实现。

下午，连战一行饶有兴趣地参观了上海市规划馆和上海博物馆。

晚上，中共中央台办、中共上海市委举行宴会，欢送中国国民党主席连战率领的中国国民党大陆访问团。中共中央台办主任陈云林在致辞中说，受中共中央委托，中台办和中共上海市委今天在这里欢送尊贵的客人。8天来，连主席的"和平之旅"、两党领导人的历史性会谈牵动海内外中华儿女炽热的感情。短短的8天，我们跨越60年的历史时空，共同揭开了两党历史新的篇章。生发于两岸同胞的美好愿景必将化作连接两岸的彩虹。

连战在致辞时表示，这次中国国民党大陆访问团应中共中央及胡锦涛总书记的邀请,成功地、愉快地进行了4个城市的重要访问,取得了很多方面的成就。这次访问为时虽然短暂,但是能够迈出历史的一步,我们与有荣焉。万事起头难,有了一个开始,就会有发展。相信两岸关系在我们共同努力之下,不但会开花结果,同时会迈向一个更亮丽的灿烂的未来。

宴会上始终洋溢着依依惜别的深情。仿佛从天际飘来的乐曲轻轻地叙述着手足同胞之爱。

（三）

5月3日上午10时许,连战在结束访问前,接受了人民日报、新华社等大陆主要媒体记者的联合采访。

当记者问道,连主席对这次大陆之行有什么体会和感受时,连战说,感谢相关单位的安排,这次访问非常愉快、顺利。访问的四地都有不同的意义。在南京,我们向中山先生的陵寝致敬,是56年来头一次;在北京,我和胡锦涛总书记、贾庆林主席等领导有非常广泛而深入的意见交换,非常重要;西安对我个人来讲,有无与伦比的体验,那是我出生的地方,也是我祖母安息的地方,经过六十多年,感触良深;而上海,我童年住过一段时间,不过已经和我记忆完全不一样。整体来说,大陆各地方的建设突飞猛进,卓然有成,同时我接触到的许多人,不管做什么事,都很认真,都有求全的自我期许。每个地方老百姓都那么热情地欢迎我们,这是我们没有想到的,不管是白天夜晚,东南西北,我们非常感动,也非常感谢。

在回答记者提出的"您如何评价此行的意义"时,连战说,对于此行"和平之旅"的意义,我们不敢自我期许太高,但是它很有意义,意味着两岸交流新世纪的开始。能在这个时候踏出历史的一步,非常珍贵,值得珍惜,我们愿意继续做下去。和平是当前的主流,也是历史的趋势。对话、和解、稳定、和平,不仅是两岸人民共同的心声,也是区域、国际强调的方向。我们要顺应民意,合乎时代的潮流。历史已经过去了,我们无能为力,但未来是我们可以致力改善的。所以,我们要共同来创造和平,谋求发展、共同享有未来的繁荣。我们要从这个基点出发,全力以赴。

当记者问道,民进党执政以后,"九二共识"被一再否定,连战先生对此如何看待时,连战说,从1992年的香港会谈开始,"九二共识"是国民党致力建立的方向,也是一贯秉持的立场,没有改变。1993年在新加坡展开"辜汪会谈"后,两会前后进行了大大小小27次协商,两岸一方面改变了40年的僵局,另一方面在文化、经贸等方面的合作,还有共同问题的解决,都有快速成长。很可惜这趋势没有继续下去，而是背道而驰、越走越远。假如趋势能继续，两岸的情势不会严峻到今天这样。

在回答记者提出的"发展两岸关系的切入点在哪里？或者说怎样才能让两岸关系走对路？"的问题时，连战答曰，切入点就是，我们要在一个稳定、和平的大环境中来加强两岸互惠互利、共荣双赢的关系。我们要以人民的福祉为出发点，不要对抗、对峙，要走和解的、对话的、稳定的、和平的道路。大陆改革开放后在经济成长、对外贸易、投资等各方面名列前茅，很多国家和地区，都瞄准大陆、进军大陆来提升自己的竞争力，台湾没有理由把自己排除在外。

当记者问及"当前，两岸政治僵局依然存在，经贸交流却十分热络，经贸关系会产生怎样的影响"的问题时，连战说，两岸今天在经贸方面密切合作，对于两岸人民的影响是难以形容。一方面，两岸贸易成长速度惊人，另一方面，两岸无论是市场、劳力、资金、技术等方面都有互补的优势。很多台商到大陆以后，扩充设备、增加投资，比原来长大很多倍，这都是实际例子。我相信经贸这个共同的目标，会为凝聚两岸关系提供基础。当然这中间还存在一些问题，相信沿着此前江丙坤副主席访问大陆时两党达成的12项共识的方向走下去，我们会达到一个新的境界。两岸密切合作，假以时日，定会有不同的局面产生。

在回答记者提出的"今天上午大陆宣布赠送台湾大熊猫等事宜，您怎样看待"的问题时，连战说，这是一个非常重要的时刻。大陆作此善意的表示，非常感谢。第一，大陆同胞向台湾同胞赠送一对大熊猫，这是让两岸人民非常高兴的事；第二，开放台湾水果18项中大约有10多种为零关税。任何地方开放零关税对内部市场多少都会有影响，但为促进两岸关系的交流，大陆作出此善意，对台湾中南部农村、农民有重要的意义。我们回去后，会督促台湾当局以及各地农会促这件事情尽快落实；第三，开放大陆居民赴台湾旅游，这是一个划时代的决定。香港前几年的经济状况大家都知道，大陆开放几个地方赴港观光对于香港经济的恢复、成长、繁荣有基本上的改变。开放大陆居民赴台观光对台湾经济的意义重大，我们非常感谢，相信这种善意的累积，对于改善两岸关系，密切两岸人民关系，对于创造和平稳定的未来，都有非常积极的意义。

（四）

大陆同胞向台湾同胞赠送大熊猫、开放大陆居民赴台旅游、扩大开放台

湾水果准入并对其中十余种水果实行零关税等三件事，是中共中央台办、国务院台办主任陈云林受中共中央和国务院的委托，5月3日上午在上海召开的记者会上宣布的。

陈云林在宣布时说，大熊猫是中华民族的瑰宝，深受海内外中华儿女和全世界人民的珍爱。多年来，大陆同胞一直怀有向台湾同胞赠送大熊猫的心愿，许多台湾同胞也不断表达能够在台湾亲眼目睹大熊猫风采的期待。我们注意到，在近日中国国民党主席连战访问大陆和亲民党主席宋楚瑜即将来访之际，两岸同胞的情感进一步交融，广大台湾同胞强烈希望能够实现大熊猫落户宝岛。经过各方面研究与协调，并经批准，我受权正式宣布，大陆同胞向台湾同胞赠送一对大熊猫。我们相信，大熊猫温顺的性情、孤洁的品性、可掬的憨态，将给台湾同胞带去生活的愉悦，满足小朋友们天真的童趣。我们希望连主席和国民党、宋主席和亲民党以及台湾社会各界共同促成此事。希望台湾主管部门考虑台湾同胞的热切期盼，予以同意。

陈云林表示，继续出台解决台湾同胞关心的问题、维护台湾同胞正当权益的政策措施，是我们对台湾同胞的承诺。开放大陆居民赴台湾旅游不仅可以扩大两岸民间交往，而且有助于促进台湾旅游、餐饮服务及相关产业的繁荣，给台湾民众带来实实在在的利益。由于众所周知的原因，这件事情一直未能办成。国民党、亲民党多次向我们表达了台湾同胞期待大陆居民赴台旅游的强烈愿望，亲民党并就此提出了具体意见和建议。我们的旅游主管部门和相关团体欢迎台湾旅游民间组织，尽快与我们磋商相关问题，作出安排。

陈云林指出，台湾高等级、高品位的水果具有较高经济价值，是台湾农民增加收入的重要来源之一。但由于气候、产量、市场等因素，经常出现销售困难，造成大量损失。解决台湾水果在大陆销售问题，是我们与国民党、亲民党达成的共识之一。经过认真评估，我们决定：第一，将检验检疫准入的台湾水果由12种扩大到18种；第二，将对10余种台湾水果实行零关税措施；第三，对从台湾准入的水果，大陆已做好准备，将在通关、检验检疫等方面提供便利措施。希望台湾主管方面尽快同意台湾农会等行业组织与我们就解决水果原产地证明及检验检疫等事宜进行磋商，并考虑水果运输的时效性，提供直接运输便利。

大陆三份厚礼馈赠台湾同胞的消息一传出，立刻引起舆论热评。美联社驻北京的记者当天发出电讯说，北京的提议使连战取得了一些可以带回家的进展，以帮助缓和那些指责他出卖台湾利益的批评。他的成功可能会推动国民党的统一纲领，同时削弱台湾陈水扁具有独立倾向的政策。电讯还说，北京几年前的一项类似的提议曾遭到台湾方面拒绝，因为台北担心，这是助长统一阴谋的一部分。

台湾"中央社"这一天就此事一连发出数篇电讯，一则电讯说，中共中央台办副主任王在希今天表示，送熊猫"绝对不是统战"，大陆希望台湾的主管部门能够考虑广大台湾民众的热切期盼，能够予以合作，提供各种方便，不要设置人为障碍。另一则电讯说，台湾旅游界人士认为，开放大陆居民赴台旅游具有极大的市场前景，希望能简化赴台旅游相关申请手续。又一则电讯报道了台湾当局有关部门对台湾水果销往大陆的态度。电讯说，行政院农委会的负责人表示，如果此事成真，"农委会乐观其成"。

（五）

5月3日中午，连战率领的中国国民党大陆访问团圆满结束了8天7夜的大陆访问行程，于中午13时，搭乘东方航空公司航机离开上海，经香港返回台湾。中共中央台办主任陈云林、上海市委副书记罗世谦等领导人和台商代表到机场送行。

依然是灿烂的笑脸、绚丽的鲜花、美好的祝福，依然是浓浓的血浓于水的同胞手足之情。连战在机场深情地发表了简短的谈话。他说，国民党访问团8天的"和平之旅"，今天非常愉快、非常顺利地告一段落。这次承蒙中共中央和有关单位的热情接待和妥善安排，尤其是每到一处老百姓自发欢迎所展示的友谊，是我和访问团全体成员最值得回忆的珍贵经验。他说："我们今天在这里向大家道一声珍重再见。我们希望杨柳青时不但能忆故人，还希望大家再相聚在一起。"

连战一行于当天19时30分许，平安抵达台北桃园机场。国民党副主席王金平、马英九及十多位国民党籍民意代表前往机场迎接连战一行，热烈祝贺访问获得圆满成功。

九、"八天行程载史册，和平之旅见成效"。连战一行的大陆之行，在岛内激起两岸积极互动的洪流

（一）

世界舆论始终关注着连战一行的大陆之行。当他们的大陆之行即将结束和结束之后，又掀起新的热评。5月3日，香港《成报》便发表题为"八天载入史册 反独初见成效"的报道对连战一行的"和平之旅"予以评说。报道

说，随着上海市向台湾赠送两只大熊猫，连战大陆的"和平之旅"亦画上了完美句号。连战这短短8天的行程，既为化解国共两党八十多年的恩恩怨怨，完成了历史付托的使命，亦为两岸关系的未来发展，开拓了无限的可能性，成果可说是异常丰硕。连战大陆之行必定载入两岸史册，展望未来，将有赖台湾其他政党人士为改善两岸关系，进一步作出努力和贡献。

报道指出，从连战所到之处得到的热情款待，到胡锦涛以中共总书记身份与他达成五点共识，皆充分体现了中共领导人解决两岸问题的新思维，充分反映了胡锦涛和中央领导人，在两岸问题上的最大诚意和善意。

报道说，另一方面，连战抓住了这个解决两岸问题的新契机，亦充分体现了他承担历史责任的胆识和勇气。从出发前台北机场的冲突事件，令他冒被扣上"红帽子"的危险，到一行下来，不但国际社会的反应正面，台湾民意渐渐趋向支持，甚至连陈水扁亦不得不改变态度，间接肯定这次大陆之行的成果。连战此行并未如"台独"分子所言是"联共制台"，而是自始至终以台湾人民利益为依归，以他们关心的和平发展为最大诉求，他终于取得了应有的回报。连战此行的理想表现，不但有力地回应了岛内抵制和反对的声音，令以李登辉为首的极端"台独"势力陷于孤立，同时也令连战和国民党占据了民意和道德的制高点，对台湾政治生态产生震撼作用。而亲民党主席宋楚瑜即将进行的大陆访问，势必更有力和更实在地回应台湾人民的需要，同时进一步为民进党带来巨大的压力。连战已启动了两岸关系发展的历史进程，展望未来，台湾其他党派的应对策略将会十分关键。

这一天，《香港经济日报》也发表了题目叫"连去宋来 两岸和解可期"的报道说，连战访问大陆的8天行程，让两岸和解议题被炒得直冲云霄，民进党无疑需要面对极大压力；尤其是此行间全程洋溢着亲切感的气势，让不少透过电视镜头观看的台湾民众别有一番感受——当连战在大陆每天都被数百名海内外记者簇拥，每天都露面国际媒体上，不是比台湾任何元首历次的出访活动都来得风光吗？当他在大陆接到"五爪金龙"画布和熊猫等贺礼，让随团的台湾记者，都与有荣焉，雀跃之情，甚至溢于文稿的字里行间，对台湾社会肯定有极大的感染力。

报道指出，北京成功地在连战访问过程中，让"一中"的议题重新洒在近年来只能高喊"爱台湾"的台湾土壤上，让与北京和解的议题，在台湾社会成为面前的迫切且可能的选项，有利于泛蓝阵营未来在选举中建构本身政纲的基础，对于民进党来说，当然也构成重大压力。

报道强调，连战大陆行带来更特别的影响，在于北京继借《反分裂国家法》将"两岸现状"的定义权，自华盛顿手上夺回来之余，这次再成功绕过华府，让近年一直根据本身利益诱导两岸关系发展的华府，大加慨叹道：两岸关系的发展，已不在美国的掌握之中。明显的，北京是在两岸问题上，真正的走向"以我为主"。

报道最后指出，从台湾内部、两岸关系、中美台之间的互动各个方面观察，连战登陆一周，确已激起一股大洪流，让台湾社会重新感受到，与大陆和解的重要性、可能性和急切性。

5月1日出版的香港《观察星报》发表了马玲先生题为"大陆人的国民党情结"的文章，对大陆为何掀起"连战热"作了分析。文章开篇指出，国民党主席连战到访大陆，在大陆人中掀起了一股强烈的国民党热。连战及其国民党代表团每到一地，都有民众自发聚集、自愿鼓掌，其受欢迎程度超过以往的任何国家和地区领导人或政党领袖。连战俨然成了明星一般的人物。

文章分析说，说起国民党，大陆人的记忆犹如泉涌，但流出来的内容却相当复杂。国民党的代表人物有孙中山、蒋介石、蒋经国、李登辉、连战。但对上述这些政治人物，大陆人的评价很是不同。对孙中山，人们留下了开创者的概念和符号；对蒋介石，人们受政治影响留下的都是负面印象；对蒋经国，人们因他振兴台湾所起的作用而对他刮目相看；对李登辉，人们痛恨他的背叛与分裂行径；对连战，人们同情他败落于陈水扁阴谋下的遭遇。尽管现在台湾由民进党执政，连战所率领的国民党不过是个在野党，而且他这个党主席，今年七月很有可能交棒，但这些因素都未能阻挡大陆人对国民党主席连战的好奇与热情。毛泽东时代从政治到教育，对蒋介石及其国民党进行了最大限度的批判，但事过境迁之后，大陆人反而因曾经的不共戴天、曾经的耿耿于怀而对国民党耳熟能详到"剪不断，理还乱，别有一番滋味在心头"的地步。而当民进党在台湾捞得执政权，在台湾大力推行"去中国化"，搞"文化台独"时，大陆人越来越发现了国民党的可贵。特别是连战说过的三句话，"我们是中国国民党，不是台湾国民党"，"我是台湾人，也是中国人"，"我主张本土化，但本土化并不是去中国化"，如此明确的观点与胆识，让大陆人觉得连战几乎成了民族英雄。

文章接着分析道，虽然在连战之前，国民党已有蒋孝严的"寻根之旅"和江丙坤的"破冰之旅"，但都无碍连战"和平之旅"的锐气。可以设想，假如此次来大陆的不是在野的国民党党魁连战，而是执政党的民进党党魁陈水扁，大陆人的热情与热烈，反而不会达到如此高度。第一，大陆人对民进党没有积淀了几十年的历史情结；第二，陈水扁的个人素质完全没有连战温文尔雅的魅力。

文章最后说，连战首站抵达南京时，表示的"相见恨晚"，可能确实包含别样的内容。如果他在去年的"3.20"选举之前来大陆的话，又会是个什么局面呢？也许他已取代了陈水扁。按理说，已下野的国民党，在政治权力方面，与执政的共产党已不具备平起平坐的资格，但是连战的即将到来，让出访菲律宾的胡锦涛情不自禁地直言：这不仅是中国共产党与中国国民党历史上的一件大事，也是两岸之间的一件大事，我期待着与连战主席见面。连战的大陆行，即使最后没有达成实质性的内容，那也有着非同一般的积极意义，连战与胡锦涛的握手，不但标志着国共之间的坚冰已融化，而且两岸之间的海峡也变得不那么遥远。特别是，国共合作后，对台湾，对大陆，今后都将带来一系列的辐射性影响与促进。

（二）

连战一行的大陆之行为什么会取得如此巨大的成功？此行给台湾找到了什么样的出路？此行给台湾扁政府造成什么样的压力和冲击？舆论界都有见仁见智的评论。5月2日出版的台湾《商业周刊》刊载了金维纯先生的题为"'民心'才是根本"的文章，对连战大陆行获得巨大成功的关键之处进行了分析。文章说，连战访问大陆，多数人都从政治得失角度解读，却忽略了其对两岸民心的深远影响。其实，从"民心"角度看问题才是根本。文章指出，两岸关系的凶险并非民族仇恨，仅止于国共恩怨。而这段历史早已尘封于两岸人民的记忆中，不再具有诱发仇恨的能量。在两岸恢复民间交往初期，甚至还激发出不少血浓于水的同胞之情。然而，近十年来，主要出于政治内斗的需要，台湾政治人物为了分化省籍而走向"去中国化"，不断以"台独"边缘路线刺激中共。绿营挟"本土化"、"台湾尊严"的大帽子，以语言暴力高分贝炮制仇中意识，虽然尚未成为民意的多数，却显然成为漂浮在台湾上空"能听度"最高的噪音。所以，当连战以国民党主席身份踏上故土，当他与胡锦涛握手上镜之际，他对两岸民心的感染，就已打破了仇恨的魔咒，就已开启了无限的可能。未来的两岸关系，无论强权和政客如何操弄，最终仍将决定于民心向背。连战此行，极可能成为两岸民心转折的里程碑。单就这点，其贡献就会记入史册之中。

台湾《新新闻》周刊5月4日出版的一期上，发表了南方朔先生的文章，题目叫"新起点"，引题为"双赢论述登场，'台独'论述走入极端"。文章说，连战出访中国大陆，牵动着台湾、甚至国际的政治生态。而这历史性

· 160 ·

的一步，不仅开启两岸良性的具体互动，也开启了国民党未来的新方向；对绿营人士而言，这一步则宣告了"台独"论述再也无用武之地，台湾内部长期被撕裂的现况也将有了新的契机。

文章指出，农历年前春节包机，可以说乃是国民党在两岸政策上开始取得主导性的一次成功预演。再接着，就是江丙坤的先行，以及连战的正式踏出这一步。由这一连串的行动和作为，国民党的"双赢论述"已正式展开。这也就是说过去的"台独论述"并没有对手，但泛绿才睡了一觉醒来，却发现一个足以威胁它生存基础的"双赢论述"已告出现。而非常糟糕的，乃是"双赢论述"竟然得到多数民意的支持。

文章欣喜地说，连战的出访和"双赢论述"的展开，意味着国民党在两岸问题上已正式展开反击，由于它凝聚了台湾超过一半反独、非独人口的力量，因而一出手即气势不同。连战的出访对绿营是个大震撼，"胡连会"之后，双方都释出更多善意，对绿营的更大挑战才真正开始。一旦两岸良性互动的氛围被开创，岂不等于是"台独论述"这种依靠恶性互动而存在的政治势力将出现生存危机吗？

文章最后指出，这段时期泛绿会出现惊慌莫名、歇斯底里地反应，是可想而知的。正因为体认到了这种危机感，李登辉才会歇斯底里地要更加极端化；也正因为这种危机感，"急独"派才会去搞冲突性的群众示威，让两边大打出手；也正因为这种危机感，陈水扁才会在一个星期里态度三变。已可预测，"急独"派在生存危机下，必然会有更加激烈动作，甚至不无可能铤而走险。

南方朔先生的担心是有根据的。台湾"中央社"驻台北的记者在5月1日发出的一条消息说，"急独"派头目、群策会董事长、前"总统"李登辉5月1日下午，在圆山饭店举办"面对国家迫切的危机——全民总动员遏阻连宋联共卖台"北区论坛。李登辉强调："中国要以武力犯台是一件十分复杂的事，不容中国肆意妄为；台湾更严峻的危机，不在军事上，是最近中国对台湾发动的全面性挑拨、分化台湾内部的新攻势。"他说，"连宋与北京当局建立伙伴关系后，会在台湾发动各种'政治闪电战'，包括重启罢免陈水扁总统案，都有可能。"

香港5月2日出版的一期《经济导报》周刊上，发表的一篇文章在阐述连战大陆之行是为台湾前途找出路的观点的同时，对李登辉的嘴脸也有简略的勾画。文章说，台湾的出路在哪里，是一个重大的、敏感的命题。国民党执政时期，特别是蒋氏父子执政时期，坚持"一个中国"政策立场，追求国家统一，坚决反对和打击"台独"。那时的"台独"头目先躲在日本，后又蛰居于美国。然而，李登辉执政后，逐渐偏离了"一个中国"的政策，纵容"台独"，支援"台独"，并最终走向"台独"，而且还通过种种不正当手段将政权交给了民进党，让国民党失去在台执政权，成为国民党的叛徒与罪人，也成为中华民族的败类。

文章说，民进党执政后，以手中的权力全面推动"台独"分裂路线，将台湾推向战争的边缘。连战对此甚为忧虑，站出来公开承认"九二共识"，承认一个中国，坚决反对"台独"，希望实现两岸和解，希望为台湾创造另一种选择。连战表示，现在两岸关系非常严峻，台湾的政治环境非常反常，国民党希望能为人民提供另一种"愿景"，另一种选择。他还表示，除此之外，国民党可以运用智慧，加强努力，来帮助社会面对和解决台湾真正的基本问题，提出不同的选择。其言下之意，"台独"之路行不通，人民可以选择"不独"之路，虽不能说是统一，但至少是"不独不武"的现状选择，维持台湾与大陆同属一个中国的现状，就可避免战争，这才是台湾人民的最大利益与福祉。这是连战访问大陆，要实现国共和解、两岸和解的重要背景。文章说，连战要为台湾寻找一个没有战争与恐惧的社会环境，要找充满和平、和谐、希望的前途与出路。

《香港经济日报》4月29日就发表了梁家仪先生的题为"台掀大陆热，'去中国化'受冲击"的文章，对连战大陆行所形成的冲击进行了描述。文章说，连战历史性的访问大陆，连日来成为海内外以及国际传媒的焦点，台湾社会亦掀起一股大陆热，熊猫、秦淮小吃、南京"总统府"、北京故宫等消息，不但吸引台湾民众重新认识大陆，也令台湾当局近年推动的"去中国化"政策面临冲击。

文章说，"中国"二字近年在台湾不断被妖魔化，甚至变成一个负面名词。似乎说到"中国"，如果显露一丝亲切或向往，便不爱台湾，或是出卖台湾。连战今次和平之旅，令台湾社会有机会重新审视大陆。台湾TVBS民调中心日前的调查显示，有46%的台湾民众，认为连战大陆行对两岸关系发展有帮助，而民进党支持者较多的高雄、澎湖、屏东地区，也意外出现高达47%的民众，对连战之行持肯定态度。

文章指出，自传出北京有意向台北赠送一对大熊猫，作为会见连战的见面礼后，台湾民众普遍反应积极。唯"台独"人士对北京送出厚礼表现冷淡，并呼吁北京要尊重熊猫生命，不要玩政治，显示"台独"人士对岛内出现的"大陆热"感到无奈和忧心。

文章又指出，另据台湾传媒报道，一位与陈水扁关系甚佳的台湾商界领袖下月将访问北京，讨论两岸货运直航、台商投资保障协议等经贸议题。报道并未指明这位企业家是谁，仅称这位台商与陈水扁关系非同一般，深获两岸高层信任。在一股"大陆热"中，陈水扁似乎正逐渐被边缘化。

美国《波士顿环球报》5月4日发表题为"中国为实现和平作出的试探"的社论说，出于一些显而易见和一些不那么明显的原因，都应该为国民党主席连战的大陆之行叫好。两岸领导人通过政治途径而不是强硬的声明或武力威胁来解决分歧当然再好不过。连战大陆行的受欢迎程度不仅体现在台湾所作的民意调查上，还体现在陈水扁的反应上。陈水扁一向支持"台独"的立场有所软化。为了不输给对手连战，陈水扁公开表示他让即将访问大陆的宋楚瑜向大陆领导人传达和解信息。

美国《纽约时报》5月4日发出报道说，中国官员5月3日表示，台湾执政党必须放弃"台独"党纲，停止"分裂活动"，然后北京才会同陈水扁会谈。报道说，让陈放弃党纲很难。假如他迈出这一步，他所在的民进党及其议会中的"台独"盟友可能会陷入危机。

美国《洛杉矶时报》5月4日也发出报道说，从民众的情绪来看，陈水扁支持独立的政策似乎越来越不得人心。岛内的民意调查显示，许多民众支持连战对北京作出的和解姿态。大家的注意力又将集中在台湾的另一位领导人——亲民党领袖宋楚瑜的大陆之行上。亲民党与国民党一样，都支持两岸最终实现统一。大陆的做法让陈水扁陷于孤立。

英国《泰晤士报》5月4日发出的题为"熊猫外交是如何把台湾领导人弄晕的"的报道说，连战带回家的礼物，使陈水扁处于被动地位。拒绝北京提出的减免进口台湾水果关税的好意，他可能得罪政治腹地的那些苦苦挣扎的农民，那里所产的芒果和菠萝堆积如山，价格不断下跌。拒绝中国大陆的游客，他似乎是在拒绝新的收入来源。拒绝接受一对珍稀动物熊猫，他又将冒不近人情的风险。陈水扁很快以民主牌回应了北京。他说，他将欢迎胡锦涛主席到台湾访问。尽管这一邀请看上去带有和解的意思，但陈水扁仍然是在坚持其"台独"立场，因此北京绝不可能接受这样的邀请。报道说，陈水扁感到到处都有威胁，诚如共同社4月29日发表的述评所言，陈水扁已陷入国共两党夹击的困境之中。

美国《华盛顿邮报》驻台北记者5月3日采访了刚刚返回台湾的连战。连战对记者说，他对大陆的八天访问启动了一个接触进程，有望带来和平、稳定与更多的经贸往来。他表示，此次访问带来了与大陆发展关系的一个切实

可行的方案，两岸应当展开对话。他认为，实现新闻公报中提出的目标未必取决于陈水扁的赞同与否，中国取消关税和旅游限制便是证明。他说："有的事情可以单方面做，有的可以由人民、由民间团体来做。"由此可见，陈水扁正在被边缘化。

（三）

舆论界在热评连战大陆行的同时，也有审慎的分析。香港《太阳报》5月7日发表的题为"两岸形势切不可高估"的文章就另有见地。文章说，在形势方面，笔者认为切不可估计过高。什么"史无前例的好形势"，完全是只看虚火不看实质的观察。1992年，两岸两会会谈达成"九二共识"，次年汪辜会谈，其时李登辉虽还隐藏"台独"面目，但总体上执政国民党的政策没超出一个中国的界线。而现在台湾的政权还在以"台独"为党纲的民进党手中，陈水扁始终不承认"一中原则"和"九二共识"，而且陈水扁的宪改到底会搞出什么东西还是一个谜。所以，连宋登陆，凸显了台湾人民要求维持现状的主流，但对两岸形势估计不能过分乐观。

台湾《新新闻》周刊5月11日出版的一期上发表了一篇社论，题目就叫"台湾内外的反扑正要开始"，正回应了上文的分析。社论说，连战的出访引发机场的政治械斗，一点也不让人感到意外，因为连战的"双赢论述"已确实威胁到了"台独论述"。这也是政治冲突的铁律，当任何一个有威胁性的主张或势力的出现，对面的一方，一定会在它开始冒头的时候，即用尽一切手段将它掐死。有些人恐惧得连两只熊猫也当成了统战工具，可知这一波反扑是不会太客气的。

社论指出，由"送行"、"接机"等一连串的群众事件，以及各式各样的污名化和扣帽子，我们已可肯定地说，此刻的台湾又进入了一个新的动员阶段。由于绿色执政，在这种誓死反扑的动员里，它的规模和广度也必将大过往昔。国民党可千万不要因为连战出访受到民意广泛的支持而欣喜，在这个原本就已是个"一半恨另一半"的社会里，一旦再被高度动员，不但对立会升高，甚至更大型的政治械斗，或者政治暗杀都不无可能出现。

社论说，连战想让两岸关系由"恶性循环"转轨成"良性循环"，这对过去依靠两岸恶性互动而获利的国际势力，也是个挑战。他们势必要阻挠两岸往良性互动的方向去发展。社论强调，而更值得注意及疑虑的，乃是依靠两岸敌对而获利的内部力量，以及依靠两岸敌对而获利的外部力量，在连战取得出访极大成功后，已有可能加速他们的串联与挂钩。

香港《明报》5月2日就刊发了南方朔先生的题为"前进与后扯之间——不要疏忽了'胡连会'后的反扑"的文章，对"分裂势力"为什么会反扑的原因作了比较详细的分析。文章说，"胡连会"后，台湾的民调对连战出访是否有助于两岸和平的正反比率为56对27，对连战的表现正反态度的比率为51对24。由这种悬殊的比例，已可看出连战走对了这一步。而从人性的角度看，当一个人放大心胸，有了历史性的视野和格局，整个人无论言辞和行为，都会脱胎换骨，展现出全新的风貌。而今连战之行已到尾声，紧接着是亲民党主席宋楚瑜的即将启程。在人们都对两岸形势充满乐观期待的此刻，我们也必须指出，乐观的期待当然不能没有，但我们也应警惕到历史的发展从来不会一切都如人意。历史的进程固然有人推着前行，但同样有人扯着要后退。在我们肯定连宋的前行意义时，现在已到了必须以戒慎恐惧之心来看那扯着后退的力量的时候了。

文章分析道，我们必可看出，连战跨出历史性的这一步，它有益于将两岸关系从过去的"恶性互动"转轨成"良性互动"；而在国际社会上的影响上，当两岸敌意淡化后，某些国家企图利用两岸敌对而见缝插针的机会就减少了。连战所谓的"双赢"，不但牵动台湾岛内的政治生态与价值，也牵动到两岸的周边环境。因而他的出访，尽管台湾多数人民称赞，国际社会也欢迎，但对那些依靠两岸敌对而获得利益者，却是大大的不欢迎。不喜欢连战出访的有两个势力：其一，乃是台湾岛内的"独派"势力。台湾"独派"所依靠的乃是两岸间的敌对性。这也使"独派"总是不断向北京挑衅，加工制造敌对。而靠着这样的撕裂，它的政治利益就有了保障。台湾每逢选举即打"挑衅牌"，选完后就打"和解牌"，这种手法交叉运用，无往而不利。设若两岸的"恶性互动"结束，依靠并制造"恶性互动"而生存的它们，就等于失去了生存的基础。台湾"独派"的民进党和台联党，对连战的出访，表现得惊恐慌张，即是它们已体会到生存基础受到威胁后的那种心情。"独派"人物大张旗鼓到机场替连战"送行"，引发流血冲突；甚至有人还发动车队，要在高速公路上堵住连战访问团。这都显示出当"独派"体会到连战出访将威胁到他们的生存基础后，激烈的抵制、破坏，必将一波波出现，甚至民进党政府也都会一定程度操作介入。其二，乃是利用两岸对立而获利的某些国家。文章指出，毋庸讳言，美日鹰派在过去长期以来，都在利用两岸对立，这也是他们不断故意向"台独"发出"错误信息"的原因。这次连战出访，由于挟着明显多数的民意，美国的鹰派自然不能公开反对，只好讲些诸如"欢迎"、"乐见"之类的场面话。但事实上，美日不乐见连战的出访和两岸敌对性的淡化，这乃是人所皆知之事。在连战出访期间，我们由美国主要媒体如《纽约时报》和《亚洲华尔街日报》等已看出，他们那种奇怪的、一定程度反映了官方立场的说法已告出现：那就是认为连战的出访是要孤立陈水扁。他们认为，两岸还是应进行政府对政府谈判。这种说辞在它的逻辑里散发出了这样的虚伪信息：一种是，它等于用一种绕圈子说法，意图削弱连战出访的意义和代表性。再一种是，主张两岸政府间对话，乍看似乎不无道理，但美国官方及媒体不谈美国自己也支持"一中"和"反独"的立场，不谈台湾政府否认"九二共识"和"一中各表"，这时候只谈政府间对话，岂不等于又是故意在向"台独"发出"错误信息"吗？他的道理就像美国和日本皆支持"一中"，并主张"不独不武"，但却对完全符合"不独不武"原则的反分裂法大做文章一样，都是故意制造问题。这即是"见缝插针"的逻辑。两岸政府间无法对话，没有谁孤立谁的问题，关键只在于台湾而已。美国官方及媒体不从"反独"的角度去看问题的根本，它要藉着混淆问题，阻挠两岸关系的缓和，这已很清楚地让世人看出来了。

文章指出，在"连胡会"的同时，陈水扁反而与日本鹰派国会议员接触，而美国媒体则在孤立陈水扁这一点上做文章，这都不是没有意义的。这意味着，当连战要替两岸"良性互动"打造基础时，美日鹰派由于少了"见缝插针"的机会，极有可能更加公开它们"挺独"的立场。南韩因为要走一条不同于美日鹰派的路，从金大中到卢武铉蒙受到多少羞辱和丑化打击。由南韩的经验可以证明，"胡连会"意图开创的新路，是不可能太顺利的。

文章最后说，也正有鉴于要走新路的不易，我们倒是主张在"胡连会"、"胡宋会"之后，胡、连、宋等人，无论是个别或联袂，已有必要展开更大的跨国合作，分别先从欧洲、东南亚开始，而后再到美国及日本，去向各国的议会及媒体大众，就两岸和解问题进行陈述之旅，争取国际的支持。只有如此，始可能防止把历史往后扯的力量。我们决不能疏忽了，这个后扯的力量将会极为巨大，不预为绸缪将极难应付！

诚哉！斯言。秉持正义的善良的人们还得万众一心，加紧工作，努力推动历史向前发展。

亲民党主席宋楚瑜
率团进行的"搭桥之旅"

一、宋楚瑜行前举行记者会时表示，希望此行能积极推动两岸中国人复兴华夏，让两岸互蒙其利，让两岸人民携手合作

（一）

继连战之后，新民党主席宋楚瑜率团即将赴大陆访问的消息一经传出，敏感的新闻媒体即刻作出反应。法新社驻北京记者在4月18日就发出电讯说，中共中央总书记今天又邀请台湾反对党领袖宋楚瑜访问大陆。宋楚瑜的主要助手张显耀称此举为"一个非常善意的姿态"。张显耀说："胡锦涛以中共中央总书记名义邀访，宋楚瑜先生已经欣然接受。"

同一天，台湾"中央社"一口气发出三则电讯。一则电讯说，亲民党秘书长秦金生今天代表宋楚瑜表示，"欣然接受，积极规划"前往大陆参访。张显耀表示，不论是中国国民党主席连战或宋楚瑜出访大陆都很适合，也都有助于缓和两岸局势，但连宋两人出访时间先后，并无任何连带关系。

又一则电讯说，中国国民党"立法院"党团书记长陈杰今天表示，如果宋楚瑜有意愿为两岸和平、台湾经济、人民福祉访问中国大陆，国民党乐观其成。他说，尊重宋楚瑜的意愿，国民党绝对有度量欢迎亲民党一起为两岸和平努力。

另一则电讯则反映了台湾有关专家对宋楚瑜大陆之行的看法。电讯说，淡江大学中国大陆研究所副教授张五岳表示，今天国台办以中共中央及总书记胡锦涛的名义向宋楚瑜邀访，中共藉此清楚表达，北京方面对连战和宋楚瑜没有差别待遇，台湾两位在野党领袖都是胡锦涛的客人，以厘清外界的疑虑。张五岳说，中共推动两岸政党交流是对台统战工作，"但如果统战有助于台海和平稳定，甚至台湾也能争取到利益，台湾应该正面看待"。

新闻媒体为什么对国民党对宋楚瑜参访大陆的态度十分关注，这得从宋楚瑜自身发展的情况上看出端倪。

宋楚瑜，湖南湘潭人，生于1942年3月16日，1949年随父母去台湾。1964年台湾政治大学外交系毕业。1967年获美国加州柏克莱大学政治学硕士学位。1971年获天主教大学图书管理系硕士学位。1974年获乔治城大学政治学博士学位。1974年，宋楚瑜返台后步入政坛，任蒋经国的英文翻译。后历任台湾当局"新闻局"副局长、局长，国民党中央文化工作会主任、国民党中央委员会副秘书长等职。1989年5月，任国民党中央委员会秘书长。1993年

3月至1994年12月任台湾省政府主席。1994年12月至1998年12月任台湾省省长。他是国民党第十二届中央委员，第十三届至十五届中央常务委员。1999年，宋楚瑜与国民党决裂，以独立参选人身份参加2000年台湾地区领导人选举，以微小差距失利。2000年3月31日宣布成立亲民党，并出任党主席至今。2004年3月，宋楚瑜作为副手与中国国民党主席连战搭档，再度参选台湾地区领导人，结果以微弱差距落败。在当年12月的"立委"选举中，国民党和亲民党组成的"泛蓝阵营"赢得"立法院"的过半席次。在两岸关系上，宋楚瑜认同"九二共识"，反对"台独"，主张发展两岸关系，致力台海和平。

从中可以看出，宋楚瑜1999年与国民党决裂的主要原因之一，就是因为他和时任国民党主席的李登辉的政治主张不合。这也正是现在国民党负责人论及宋楚瑜访问大陆时用语为什么那样尊重和大度的原因。

（二）

香港《亚洲周刊》5月1日出版的一期上，刊登了一篇题为"两岸中国人合写和平新历史"的文章，对连宋相继访问大陆加以赞扬。文章说，对于国民党率先开创这波"两岸热"，我们不但支持，也愿赞扬它那种以真诚善意，勇敢地迈出这历史性一大步的视野格局。我们相信在踏出这一步后，两岸关系可望逐渐脱离当今这种"恶性互动"的僵局，而展开以善意激励善良，在理解和尊重里相互靠近的新气象。所谓的"双赢"、"互惠"也将陆续实现。

文章指出，过去几年里，台湾在李登辉和陈水扁主政下，基本上采取的乃是一种增强并维系两岸敌对性，而后靠着这种敌对性，在台湾岛内划分敌我，以这种矛盾来煽起民粹情绪，从而收割政治利益的策略。这种"台独"冒进主义，除了让两岸间充斥着煽情的口水外，也因为"制宪""公投"等搞得剑拔弩张。这种以恶意煽动恶意，把恶意当成政治资本的做法，终于在《反分裂国家法》这个议题上达到了它的极限，再走下去，即是兵戎相见。就在这样的危殆时刻，国民党酝酿已久的高层大陆行开始出现。继之而来的，又是亲民党主席宋楚瑜率团访问大陆。这些都是善举，是良性互动。

文章赞扬道，"胡连会"或"胡宋会"，乃是一个具有历史高度和道德、感情高度的会面，一定要把这种高度所应有的动人特性显现出来，被世界看到和体会到，才算成功。它和一般的高层会晤完全不同，因为他是站在历史换轨这个关键点上。

5月3日，中台办副主任王在希在国务院新闻办公室举行的记者会上表示，我们已做好准备，欢迎亲民党主席宋楚瑜率领的亲民党访问团来大陆访问。他说，亲民党主席宋楚瑜先生，应中共中央和中共中央总书记胡锦涛的邀请，将率亲民党大陆访问团，于5月5日至5月13日，来西安、南京、上海、长沙、北京访问。在北京期间，胡锦涛总书记等中共中央领导人将会见亲民党访问团，并与宋楚瑜主席进行正式会谈。

王在希又一次重申，我们欢迎台湾各党派、团体和代表性人士，与我们开展交流和对话，共同推动两岸关系的改善和发展。对于接触、对话的对象，我们没有成见。不论是哪个党，只要认同"九二共识"、反对"台独"、主张发展两岸关系，我们都愿意与之接触、对话。王在希说，我们现在与民进党没有党际来往，关键的问题是民进党一直坚持"台独"党纲。只要民进党承认"九二共识"，放弃"台独"党纲，停止"台独"分裂活动，我们也欢迎他们来大陆访问，并就发展两岸关系等双方共同关心的问题进行对话、交流。我们曾多次表示，欢迎广大的中下层民进党成员，以适当的身份来大陆参观访问。我们的这一立场没有改变。

5月4日，宋楚瑜在台北举行行前记者会时表示，希望此行能积极推动两岸中国人复兴华夏，让两岸互蒙其利，让两岸人民携手合作。他说，将坚守"一中"、"九二共识"以及反"台独"的立场。希望此行有助于台海稳定，能继国民党主席连战访问大陆之后进一步凝聚岛内民意，并与大陆方面达成更为具体的共识。

针对有的媒体说，宋楚瑜此行是陈水扁的"特使"、"传话人"的不实报道，宋楚瑜对记者特别强调，自己不是所谓的"特使"和"传话人"。

5月4日，新华社发出一条消息说，为了迎接即将来访的亲民党主席宋楚瑜一行，祖国大陆有关省市已做好各方面的充分准备。报道说，宋楚瑜一行将全程乘坐南方航空公司最新引进的A330飞机。南航为圆满完成此次多航段飞行任务，特列出由南航副总经理带队的双机长阵容。由于宋楚瑜祖籍是湖南，南航特别选派"湘妹子"担任空姐。在膳食方面，有曾在2005年台商春节包机中获得台商乘客好评的风味小吃，如茶香御礼、巧果、绿茶酥、乌龙茶糖等。机上还特别准备了闽南语歌曲等节目。

报道说，南京是宋楚瑜和亲民党访问团大陆参访的第二站，也是孙中山先生陵寝所在地。为方便、周到地为参访团一行提供服务，有关部门作了精心安排，在中山陵配备了数名讲解人员。中山陵管理局的负责人表示，尽管宋楚瑜一行来访时正值"五一"黄金周的旅游高峰，但中山陵管理局将为访问团一行提供最好的服务。南京有关部门表示，访问团一行所到的景点和参观点，仍会像日常一样对游人开放，让访问团成员与大陆同胞有更多的接触。

来自上海的报道说，5月7日，亲民党大陆访问团抵达上海后，中共上海市委将在上海科技馆接待宋楚瑜一行。当晚，上海为宋楚瑜一行安排乘坐游船游览黄浦江夜景。次日，宋楚瑜将在香格里拉酒店与在大陆投资的台商座谈，并举行午餐会。上海台商投资企业协会会长叶惠德透露，届时将有200位各地台商代表和上海本地企业家参与此次座谈会。

来自长沙的报道说，虽然宋楚瑜要到9日才回到他的祖籍地——湖南湘潭，但从4月下旬开始，宋楚瑜的故乡——湘潭县射埠镇就开始净水泼街，砂土垫道，乡亲们更是准备了乡里腊肉、自酿米酒、本地产茶叶迎接宋楚瑜一行的到来。记者看到，从射埠镇到巨鱼村的村道上，砂土路面已经作了简单的整理或局部的修缮。通往宋楚瑜曾祖父宋炳生墓所在地的田埂被加宽成一条一米多宽的水泥小路。考虑到宋楚瑜母亲年事已高，当地还专门为她制作了一顶小轿。

如此精心的安排和周到的准备，充分展示了大陆同胞的真诚和善意，处处洋溢着同胞手足的情谊。

二、宋楚瑜一行祭拜黄帝陵，深情表达炎黄子孙同根、同脉、同宗、同源的共同情怀

（一）

5月5日下午，雨后的西安咸阳机场阳光灿烂，碧空如洗，清新的空气中散发着春雨带来的那种特有的清醇之味。停机坪上，中共中央台办主任陈云林、副主任王富卿、中共陕西省委和有关部门的领导、来自海内外的众多记者和数百名中学生及部分台商代表正翘首以待，准备迎接跨海而来的亲民党大陆访问团一行。

15时25分许，载着亲民党主席宋楚瑜一行的南方航空公司客机缓缓降落。15时38分，飞机舱门打开，宋楚瑜和夫人陈万水出现在门口。宋楚瑜面对着热烈的掌声、亲切的笑脸、中学生们挥动的鲜花，激动地向大家挥手致意。众多记者举起相机迅速地记录下这个历史性的时刻。

宋楚瑜身着深色西服、系橘色领带，表情严肃，似乎在强抑着内心的激动之情；一身橘色套装的陈万水则笑容灿烂，十分抢眼。和所有的亲民党大陆访问团成员一样，宋楚瑜胸前也别着一个亲民党的橘色徽章。

站在麦克风前，宋楚瑜激动的心情溢于言表："当飞机飞到西安上空

· 171 ·

时，看到我们共同的老祖先中华民族发源的沃野秦川，看到我们共同祖先在这边创造华夏文明的非常美丽的土地，内心不禁非常激动和感动。大家都晓得，海峡两岸虽然只有一百多公里的距离，却让楚瑜和万水要花五十多年才跨过台湾海峡这样的鸿沟。您说，内心会不激动吗？看到这么多可爱的乡亲同胞，用这么热情的心情来欢迎来自于台湾同样是炎黄子孙的乡亲，楚瑜也不禁要说一句，我们大家都是炎黄子孙。"停机坪上顿时响起春潮拍岸似的热烈掌声。

宋楚瑜继续侃侃而谈："我们在台湾无论是称河洛人、称客家人还是外省人，我们所有乡亲的祖先不就是共同来自于今天所在的这片土地——黄土高原？"宋夫人陈万水是陕西人，宋楚瑜即兴模仿了几句陕西话说："我为啥皮肤是黄黄的，我不但是东方人，我也是中国人。各位乡亲，各位乡党，大家都是一家人！"

宋楚瑜说，亲民党绝不动摇、始终一贯的政策和立场，就是我们反对"台独"，我们从来认为"台独"不是台湾的选项。亲民党不但反对"台独"，反对"两个中国"，反对"一中一台"，更反对"两国论"，这些是亲民党创党以来坚持的目标、政策、立场。此时，停机坪上又响起更为热烈、更为持久的掌声。

宋楚瑜满怀深情地说："行前，好多台湾的乡亲都问我，你去能不能够把'三通'做好？我说，我更重要的是把'第四通'做好，那就是两岸要心灵相通。只要心灵相通，一通百通。"宋楚瑜最后向陕西的父老乡亲问好，对受到的细致周到的安排和热烈真诚的款待表示由衷的感谢。

（二）

当晚6时30分，中共陕西省委书记李建国在西安大唐芙蓉园会见并宴请访问团一行。

李建国在致辞时说，应中共中央和胡锦涛总书记的邀请，亲民党主席宋楚瑜率团访问大陆，这是两岸同胞共同关注的大事，对于推动两岸政党交流与对话，促进两岸关系和平稳定发展，具有重要的历史和现实意义。李建国说，陕西是中华民族文明的重要发祥地。宋主席一行将祭拜黄帝陵，此乃厚德之举。到黄帝陵祭祖寻根，缅怀先德，表达的正是炎黄子孙同根、同脉、同宗、同源的共同情怀；抒发的正是华夏儿女携手并进、开辟未来的美好心愿。李建国说，陕西和台湾有着割不断的历史渊源和血脉情缘。近年来，陕西与台湾之间的各项交流交往日趋频繁。他还特别提到，陕西岐山是宋主席夫人陈万水女士的故乡，这又是我们之间的一种缘分，在同胞情之中又增添了一层故乡情。

宋楚瑜在致辞时，首先代表亲民党向陕西的乡亲和前辈表示衷心的感谢。他说，我们首站选在西安非常有意义。两岸乡亲都是来自共同的老祖宗，就是轩辕黄帝。中国人到全世界各地去发展，哪怕走过千山万水，大家从来没有忘记过我们是炎黄子孙，这种血统的证明，永远在我们血液里不会忘记。如何让我们这样一种共同的情感进一步地去发展，让两岸真正共享和平，这是我们大家所期盼的事情。我们将坚持亲民党创党以来的基本立场，坚决反对"台独"、坚持"九二共识"，共同推动两岸和平的愿景。"两岸猿声啼不住，轻舟已过万重山"，让我们大家共同来再造华夏的盛景和文明。

会见后，宾主双方互赠了纪念品。

宋楚瑜夫人陈万水、亲民党副主席张昭雄，中共中央台办副主任王富卿，中共陕西省委副书记陈德铭、袁纯清、董雷、杨永茂等参加了会见和宴请。

宴请结束后，宋楚瑜一行在大唐芙蓉园观赏了再现唐朝盛世气象的"梦回大唐"大型歌舞表演，重温了中华民族在历史上创造的辉煌。

（三）

宋楚瑜率团进行的"寻根之旅"，备受在大陆各地的台胞的关注和期待。他们表示，希望两岸政党通过务实对话，达成真正有利于两岸同胞的共识，积极推动两岸关系的改善。

来自上海的报道说，上海台商曹成平表示，两岸的良性接触无疑将为两岸的经贸往来和民间交往创造更加宽松的环境，这正是在大陆投资、生活的台胞所盼望的。

来自广东的报道说，广东台商张汉文希望宋楚瑜主席在连战主席访问大陆所取得的成果基础上，让两岸来往的大门更加通畅，为两岸关系的发展带来进一步的正面效应。

北京台资企业协会秘书长陈国原说，北京台商正积极准备迎接送宋楚瑜一行的来访。大家尤为关注的是，亲民党与中国共产党就两岸"三通"，扩大台湾农产品在大陆的销售、建立两岸共同市场等两岸经贸往来相关课题的沟通成果。

福州台商潘杞官表示，连战来了，是一个很好的开始。现在宋楚瑜也来了，希望他的大陆之行能进一步推动两岸互动与交流，形成具体、可行的共识，使两岸人民共蒙其利。

5月5日，香港《文汇报》发表题为"两岸互蒙其利，华夏重振雄风"的社评说，在国民党主席连战访问大陆取得圆满成功之后，相信亲民党访问大陆，将进一步为两岸求同存异、扩大共识、和平发展、共创双赢创造有利条件。社评指出，连宋访大陆，由于符合两岸同胞民意，符合世界潮流，在大陆和宝岛以至海外广受欢迎。

这一天，香港《大公报》也发表社评说，"两岸热"不是一种政治热潮，也不是由政党或政府所"制造"出来的热，而是由两岸民众自发、自动、自然所形成，这股"热"来自两岸的亲情联系和割舍不断的历史文化联系，来自两岸民众对和平、发展和幸福生活的企求。历史从来都是人民、人心向背所缔造和推动的，顺之者昌，真正"为民族立生命、为万世开太平"的政党和政治主张，必将会得到民众越来越广泛的信任和支持。

同一天，《香港商报》也发表社评说，两岸和谐握手，相逢一笑泯恩仇。和平与发展是21世纪的潮流，两岸关系和平发展符合两岸同胞的共同利益，也符合亚太地区和世界的利益。

《澳门日报》5日发表社论指出，宋楚瑜率团开始访问大陆，此行一定会更多地带给台湾人民有关大陆方面的信息和善意，也同样会对推动两岸关系的发展有很大贡献。

用"好评如潮"的赞语来描绘舆论界对宋楚瑜率团进行的"寻根之旅"的评说情况是不过分的。

三、宋楚瑜率团祭拜黄帝陵发表感言说，此行的一个重要目的是"慎终追远，不忘根本"，而只要找到根，不忘本，海峡两岸之间的问题就可以迎刃而解

（一）

5月6日上午，宋楚瑜率亲民党大陆访问团前往有"中华第一陵"之称的黄帝陵祭拜。

黄帝陵位于陕西省黄陵县桥山，位置在西安与延安之间，由西安出发走一段高速公路再走一段普通公路，约有两个半小时的路程。

黄帝复姓公孙，名轩辕，他统一了黄河边诸多部落，打败蚩尤，成为中原各部落的共主，被奉为中华民族的祖先。据《史记》记载："黄帝崩，葬桥山。"汉代，汉武帝筑祠祭祀黄帝，后代皇帝又在桥山之巅建起了轩辕庙，历代均有祭祀活动。1371年，明朝开国皇帝朱元璋亲自撰写祭文，为黄

帝陵恭读祭文，从此开启了祭拜黄帝陵恭读祭文的规矩。到了清代，祭祀活动更为宏大。1912年，中华民国开国，临时大总统孙中山委派要员15人组团祭拜轩辕黄帝，并亲自撰写祭文曰："中华开国五千年，神州轩辕到处传。创造指南车、平定蚩尤，世界文明，唯有我先……"国共两党联合抗日时期，1937年4月5日，双方派要员共祭黄帝陵，毛泽东主席手书《祭黄帝陵文》："东等不才，剑屦俱奋，万里崎岖，为国效命。频年苦斗，备历险夷，匈奴未灭，何以家为。各党各界，团结坚固，不论军民，不分贫富。民族阵线，救国良方，四万万众，坚决抵抗。"祭文表达了国共联合、誓死抗日的决心和精神，极具同仇敌忾的时代性。

中国实行改革开放以来，海内外中华儿女前来黄帝陵谒陵祭祖者与日俱增。为了满足更多华夏子孙祭祀黄帝陵的要求，陕西省政府于1992年启动了历史上规模最大的黄帝陵整修与保护工程。为了有资金保障，同年成立了黄帝陵基金会。黄帝陵整修一期工程已于1998年完工，二期工程已于2001年底开始。目前，黄帝陵的祭祀大殿、祭祀广场以及8万余株千年古柏的防火工程已基本完成。新的祭祀广场可容纳近万人，黄帝陵整体已修缮一新，一派庄严肃穆景象。陕西学者指出："我们不是古代祖先神的崇拜者。祭祀黄帝陵，不是把黄帝当成神灵来祭祀，而是在一种肃穆的气氛中，追思中华民族先辈们如何创造文明，如何造福子孙。我们要继承和发扬他们的事业，使中华民族的伟大复兴在21世纪真正实现。因此，我们的祭祀在形式上应当是人文的，而不是神道的。"

宋楚瑜一行的祭拜活动于9时50分在祭祀大殿举行。时间的选取寓有"九五之尊"之意。

"古柏千丛迎赤子，心香一炷祭黄陵。"在优雅古朴的古筝乐曲声中，宋楚瑜和夫人陈万水首先代表访问团敬献了花篮。在完成了敬献时果、上香、奠酒等程序后，宋楚瑜代表访问团宣读祭文。祭文曰：今值两岸，协力互惠之际；仰祈灵佑，天道酬勤之德。赐福策勉：兄弟扶持成大业，21世纪振八荒；益兹激励：炎黄子孙不忘本，两岸和平一家亲。读毕，宋楚瑜带领大家向轩辕黄帝塑像行三鞠躬礼。礼毕，宋楚瑜一行前往桥山之巅的黄帝陵前进行祭拜。此处为轩辕黄帝的衣冠冢。千百年来，来此拜谒祭祀的人络绎不绝，此处已成为海内外华夏儿女寻根认祖的圣地。五十多年的隔绝，五十多年的期盼，宋楚瑜一行今天终于遂了心愿。伴随着"文王访贤"的悠扬乐曲，访问团成员绕陵一周，边走边看，逐一向祖陵敬香拜谒。

随后，宋楚瑜一行来到轩辕庙中的"人文初祖"大殿拜谒。在大殿前，宋楚瑜发表了祭祀感言。他说，此次大陆之行的第一站选择向中华民族的始祖黄帝祭拜，我们以感恩、虔诚的心完成了这个心愿。他指出，此行的一个重要目的是"慎终追远，不忘根本"，而只要找到根，不忘本，海峡两岸之间的问题就可以迎刃而解。

宋楚瑜一行的到来受到了上千民众和游客的热烈欢迎。访问团每到一处，都有热情的人们在四周热烈地鼓掌、亲热地欢呼。面对越来越多的热情友爱的群众，宋楚瑜显得异常激动，他不禁又对乡亲们发表感言："到黄帝陵看了之后，就感到中华民族五千年的文化是有印证的。我们不必去验DNA，就晓得在台湾，不分河洛人、客家人和外省人，我们的文化、血缘都是本于同一血脉。"

他说："楚瑜用'慎终追远，不忘根本'来勉励我们的访问团，也以同样的心情就教于海峡两岸所有的炎黄子孙。只要我们不忘'本'，了解'根'，海峡两岸就会重启和解的愿景，造福我们华夏所有的子孙，再造中华复兴的新契机。我们一起来努力。"他双手抱拳作揖，一再向热情的乡亲们表示诚挚的谢意，一再强调："让我们两岸一家亲，共同扶持，再造华夏文明的新篇章！"他的讲话引起一次又一次热烈而又持久的掌声。黄帝陵前仿佛是由于奔涌着炎黄子孙的热血而沸腾；桥山上空一碧如洗，仿佛在不断地回荡着一句话：两岸一家亲，不能忘根本！

（二）

舆论界一直关注着宋楚瑜一行的大陆之行，台湾媒体表现最为热烈。5月6日这一天，台湾《联合报》以三个以上的版面，详细报道了宋楚瑜在大陆访问第一天的情况，特别在头版头条突出报道了宋楚瑜反对"台独"，坚持"九二共识"的明确态度和坚定立场。

《中国时报》这一天也以多个版面报道宋楚瑜大陆行。在一篇署名的特稿中说，从宋楚瑜出访大陆城市的顺序安排，可以看出他希望这趟大陆之行所展现的意义，如祭黄帝陵这样一个具有高度象征性的活动，就点出了两岸人民同为炎黄子孙的不争事实。该报还发表社论说，当局对连宋出访所掀起的"大陆热"，何须过度忧心！该报的又一篇署名文章指出，事到如今，民进党当局只有顺势而为，务实进取，始能在海峡政治棋局中不被边缘化。

台湾《民生报》6日发表社评说，连宋陆续出访北京，使那套过度简化的"爱台统治术"破功，也让朝野攻守优劣易势。然而，连宋"登陆"其实只是导火线，真正让台湾当局两岸政策崩盘的原因，是民进党5年来闭关政策乏善可陈。《工商时报》这一天发表言论指出，如果当局能与在野党捐弃前嫌，携手合作，共同为台湾子孙的幸福找出一条康庄大道，那将是不世之功。

台湾《中央日报》6日这一天也以多个版面报道了宋楚瑜的大陆行程，详细报道宋楚瑜在抵达西安后提出的访问目的，即"三解"、"三共"：了解、谅解、和解与共识、共生、共荣。

台湾媒体的报道是细致入微的，一般人不注意的地方它们都给予关注。比如宋楚瑜乘坐什么样的飞机，《联合报》专门作了报道说，宋楚瑜与连战一样都是"包机礼遇"，对南航副总经理带领、双机长阵容、"湘妹子"空姐、台湾风味小吃和地道的湘菜等都予以报道。《联合报》对宋楚瑜的夫人陈万水的出生地就在陕西岐山县也作了报道。报道还说，宋楚瑜此行带的礼物是金门老窖酒、台湾高山茶、王侠军的琉璃工艺品，都是宋楚瑜的"伴手礼"。"立委"刘文雄表示，礼物虽轻，但很有"台湾味"。报道还说，写一手好字的宋楚瑜透露，访大陆时他将当场挥毫，送国台办主任陈云林一幅"炎黄子孙不忘本，两岸兄弟一家亲"的墨宝。

台湾《经济时报》5月6日发表了题为"一个人可以改变历史？"的社论，对连宋相继访大陆作了深入的分析。社论说，究竟是英雄创造历史，还是客观的经济环境转变而使历史随之推移，这是多年来见仁见智、互不相让的两种历史观。但这一个多月之间，台湾与两岸历史剧烈地翻动，我们却不能忽视那几个人物发挥的作用。

社论指出，真正创造此一形势、掌控事态发展的，其实并不是连主席。他只不过是在正确的时机，以超乎预期的表现扮演正确角色的一个棋子。我们眼前这跌宕起伏、波澜壮阔的新形势，其实是一个极高明的下棋者布下的一个极精妙的棋局。这一局棋的真正起手，应该就是胡锦涛3月份的那一记重手——《反分裂国家法》。正是这一举措，开展了其后一连串电光石火般的变化。

社论说，《反分裂国家法》向全球宣告要以非和平手段对付"台独"行动，包括"台独"的基本教义派均深知大势已去，未来将全无再试踩红线、冒险推进边线的空间。但这正表示，翻腾扰攘了十余年的台湾海峡终于再度回复平静，"台独"危险行径的雷管已被拔除，武力对抗的必要也降至最低。这也正是胡锦涛与连战讨论和平协议的理由：既然对抗因子的已经去除，和平自是唯一的可能，而且是没有"台独"的和平，这正是《反分裂国家法》最重要的宗旨。

社论说，正由于《反分裂国家法》，因而胡锦涛乃有必要以更多、更大

的善意来表达，于是才有江丙坤的十二点结论、连战的五项愿景与三大临别礼物，甚至还会有宋楚瑜带回来更重大、更实惠的大礼。这一些理所当然是以《反分裂国家法》起手之后的第二手棋。

社论最后不无赞颂地说，胡锦涛全面掌权伊始，立刻跳出窠臼，以务实的态度看待两岸，终将打破台湾海峡最后一道心灵上的防线，而潇洒地完成这一妙绝古今的棋局。

台湾《独家报道》周刊5月6日发表了题为"两岸关系质变"的文章，作者胡忠信先生也表达了与上文类似的观点。文章说，胡锦涛利用中国不断上升的国力，强化了国际发言权，也对"台独"势力进行了更有效的围堵。《反分裂国家法》一出炉，等于是用"法理武力"制约"法理台独"。但胡锦涛更具弹性的"以商围政"、"以民逼官"，不但启动了连宋两位在野党主席登陆，也将牵动企业界、媒体、民间的后续两岸交流。胡锦涛的战略目标是"反独"，但战术则是逼陈水扁上谈判桌，承认"一个中国，各自表述"的原则，防止陈水扁再往"法理台独"的方向倾斜。

香港《信报》5月7日发表了陈有为先生的文章，题目叫"胡锦涛主动谋和一箭数雕"，称赞胡锦涛主动谋和是大手笔，已经产生了一箭数雕的巨大效果。文章说，两岸关系之所以发生如此重大变化，主要动因是北京对台政策的适时变化与谋略策略的巧妙运用。

文章指出，胡锦涛以退为进，以和为上，通过胡连会谈提出坚持"九二共识"、恢复两岸谈判、终止敌对状态、推进经济交流、建立军事互信、避免两岸冲突等主张。又通过胡宋会谈向陈水扁打开通向两岸当局的和谈之门。这样，在已经僵死的台海局势大棋盘中，他一子落下满盘激活，营造大势开创新局得到各方呼应，把各种因素一下子调动起来，在台海迷雾阴云中投下一线光芒。文章赞赏，这是胡锦涛的大手笔，已经产生了一箭数雕的五大影响。这五大影响是：

第一，帮了泛蓝一把。连战破除自我束缚，勇敢地以破冰之旅迈出改善两岸关系的第一步。胡锦涛则以高度礼遇示人以诚，待人以宽，对台湾政治人物的这种平等态度与谋和善意，既抬高了泛蓝的地位，又拉近了两岸的亲情与民心。

第二，以既压又拉的姿态将了陈水扁的军。陈因"立法院"选举失势内外压力加重而一筹莫展。未来三年任期他必须在两岸关系上有所作为，更不能在各方中互动缺位。

第三，破了台湾"急独"派的势头。去年一年，李登辉一伙为了陈水扁大举造势，似乎"台独"只差临门一脚就可以马到成功。现在形势完全改观，在北京和平攻势面前，蓝军人心振奋，绿营不知所措。李登辉气急败坏，惊呼北京的分化统战策略将使"急独"派所取得的"成果一夕之间化为乌有"。他表面上大骂连宋，实际上是担心陈水扁与民进党向中间路线靠拢。

第四，安了台湾百姓的心。胡锦涛在与连宋交往中所展现出来的诚意、宽容、和解与平等的姿态，必然会冲淡台海紧张局势，而使台湾民意有所宽慰。

第五，改善了中国的国际形象。北京表现主动谋和以化解台海紧张局势、防止军事冲突的诚意，获得了包括美国在内的国际社会的支持。各国舆论对北京的主动精神予以积极评价，对陈水扁如何回应也形成压力。

文章最后这样说，胡锦涛主导的这场台海大戏，共有三幕不同的人物和场景，现在只演出了两场。连战开路，宋楚瑜搭桥，然后要由陈水扁来压轴。没有最后一场，这出戏就没有演完。但最后一场难度最大，能否演成要看将来两岸的互动。

四、在博爱广场上，宋楚瑜慷慨激昂地说，顺民者昌，逆民者亡。人民希望两岸团结，这是大势所趋，让我们共同努力

（一）

结束在陕西的全部行程后，宋楚瑜一行乘坐包机于5月6日下午5时30分离开西安前往南京。中共陕西省委副书记杨永茂等领导人和众多的群众代表、台商代表到机场热情送行。

抵达南京后，宋楚瑜一行面对的照例是灿烂的笑脸、热情的问候、绚丽的鲜花。善于表达的宋楚瑜虽未发表感言，但内心的激动和感谢之情已写在满脸的笑容之上，已用不断挥动的手表达了他的谢忱之意。此时已是傍晚，宋楚瑜一行在中台办副主任王富卿，中共江苏省委副书记、省长梁保华，中共江苏省委副书记任彦申等领导人的陪同下，前往夫子庙状元楼酒店品尝秦淮风味小吃。随后，在热情有加的南京市民的簇拥下，在妙不可言的江南丝竹的乐曲声中，宋楚瑜一行游览了夫子庙，观赏了风光无限的十里秦淮夜景。

5月7日上午，雨后的南京上空一碧万里，阳光灿烂，风清气爽。苍松翠柏环抱中的中山陵，郁郁葱葱，庄严肃穆。一早，数万民众聚集在这里，将热烈如火的同胞情谊和急切期盼两岸尽早实现和平统一的情愫，展现给前来谒陵的亲民党大陆访问团。

亲民党大陆访问团未到达之时，中山陵博爱广场四周和392级台阶两侧已

经站满了欢迎的群众。群众之中除了南京市民外，还有许多人是专程从外地赶来的。来自浙江省瑞安市的潘冷双捧着一束鲜花站在人群中，格外引人注目，媒体记者争相采访他。他说，他是6日凌晨2时多坐火车赶来的，手中的鲜花是为了向宋先生表达敬意，感谢他为两岸和平所作的努力。他说："我也知道这束鲜花不可能送到他的手中，但只要能表达出我的心意就足够了。"

家住南京下关的刘老太太今年已经67岁了，为了迎接宋楚瑜，她清早6时就出发了。他说："连战来时我就来晚了，没有占到好位置，今天特意起了个大早，近距离看一看台湾来的亲人。"老太太老伴的哥哥现在居住在台湾，已经分离了四十多年。当台湾记者问她，你希望宋楚瑜此行取得什么样的成果时，老太太脱口而出："希望他能推动两岸早日'三通'！"

9时15分，宋楚瑜一行抵达中山陵。在热烈而持久的掌声中，身着深色西服的宋楚瑜携一身素装的夫人在博爱广场前站定。宋楚瑜一行凝神仰望巍峨的中山陵片刻，然后缓缓拾级而上。台阶两侧，群众欢迎的掌声和亲切的呼唤声不绝于耳："欢迎你回来"、"常回家看看"、"家和万事兴，两岸一家亲"、"和平统一好"……声声乡音，条条标语，情真意切，溢满钟山。宋楚瑜和亲民党访问团成员深深地被群众的热情感动着，不断地挥手致意。

穿过中山陵正门，宋楚瑜一行走进祭堂，访问团成员在孙中山坐像前肃然而立。9时36分，司仪宣布祭祀典礼开始。宋楚瑜向孙中山坐像敬献了金菊编成的花环。献花毕，访问团成员向孙中山坐像行三鞠躬礼。金黄的花束，淡雅的清香，祭堂内洋溢着高雅庄严肃穆的气氛，寂静无声。接着，司仪宣读了祭文。祭文文情并茂，歌颂了孙中山先生的丰功伟绩和不屈不挠、心系百姓的高风亮节。祭文宣读完毕，访问团全体成员默哀一分钟。在进入墓室凭吊孙中山先生棺椁之前，宋楚瑜走到祭堂一侧的石碑前，伫立良久，细阅碑文。

谒陵结束后，访问团返回博爱广场时，围观的人群中传出一阵热烈而浑厚的歌声："爱我中华，爱我中华……"原来，这是南京的"爱中华"中老年合唱团正在演唱歌曲《爱我中华》。宋楚瑜在这些身着统一服装、平均年龄在60岁以上的老人面前凝神驻足，微笑致意。

在博爱广场上，宋楚瑜面对数万热情的乡亲们发表了慷慨激昂的讲话。他说，今天能够亲自到所尊敬的孙中山先生陵前致上最崇高的敬意，内心激动振奋。中山先生精神不死，中山先生心心念念所想的，就是希望中国人不要像一盘散沙，人为刀俎，我为鱼肉。让我们所有的华夏子弟，所有的中国人，能够心心念念了解到，富强尚未完成，两岸仍须努力。华夏一统尚未完成，两岸的兄弟们，我们要加油，我们要更加努力。顺民者昌，逆民者亡。人民希望两岸团结，这是大势所趋，让我们共同努力。

在讲话中，宋楚瑜还用南京话说，我四岁到南京，也是老南京了。虽然几十年没有回来，看到南京的乡亲们认真地为中国的未来工作，这种精神真是"好得不得了啊！"几句乡音把宋楚瑜一行的心和大陆同胞的心紧紧地贴在了一起。宋楚瑜的话音刚落，博爱广场上便响起一阵排山倒海般的掌声。

记者在人海中采访了一位大学生。他说，他一大早就从学校赶来了，就是为了见证这历史性的瞬间，要向坚持一个中国的亲民党表示敬意，要向他们表达"我们渴望祖国早日和平统一，我们也希望那些搞'台独'的党派和个人早日回到一个中国的立场上来！"

10时20分左右，宋楚瑜一行离开中山陵时，乡亲们又以热烈而持久的掌声欢送他们。细心的记者在观察，浙江省瑞安市来的潘泠双是否把手中的鲜花送给了宋楚瑜。只见在茫茫的人海中，潘泠双踮起脚，向宋楚瑜一行挥动着手中的花束，那花束在灿烂的阳光下显得更加绚丽夺目，潘泠双脸上的笑容也像那束花一样的灿烂。诚如他所言，花送到没送到不要紧，要紧的是"表达出我的心意就足够了。"

（二）

5月7日中午，中共江苏省委书记李源潮在南京金陵饭店会见并宴请了宋楚瑜一行。李源潮在致辞时说，当前两岸关系正处在历史的关键点上，大家应以中华民族的根本利益为重，以两岸同胞的福祉为重，共同争取两岸关系和平稳定发展的光明前景。他说，今年是孙中山先生逝世80周年。在当前两岸关系的新形势下，纪念孙中山先生的最好行动，就是两岸人民团结一致，共同反对和遏制"台独"，推动两岸关系健康、稳定地向前发展，把中山先生毕生追求的中华民族统一、民主、富强的事业继续推向前进。李源潮还向客人们介绍了江苏经济、社会发展情况和苏台两地之间经济、文化等方面交流合作情况，并充分肯定了台商对江苏的发展所作出的贡献。

宋楚瑜在致辞中表示，两岸中华儿女都是龙的传人，不能忘掉老祖宗，要共同实现中华民族复兴的伟大理想。

会见结束前，宾主双方互赠了礼物。李源潮向宋楚瑜赠送了云锦制品"金丝团龙"，表达了"两岸同胞都是龙的传人，精诚团结，实现中华民族的伟大复兴"的寓义。宋楚瑜回赠以琉璃艺术品"虎踞"，歌颂了祖国大陆"虎踞龙盘今胜昔，天翻地覆慨而慷"的巨大变化。

中共中央台办副主任王富卿，中共江苏省委副书记、省长梁保华，中共江苏省委副书记任彦申等领导人参加了会见和宴请。

（三）

追随着宋楚瑜一行参访全程的五百余名各路记者时时都在瞪大眼睛捕捉着重要新闻。5月7日这一天，台湾"中央社"记者从南京一口气发出数篇报道。一篇报道说，宋楚瑜"搭桥之旅"出访西安时，曾说自己是"陕西女婿"，用秦腔向当地民众问候。抵达南京后，以南京话问候当地民众，受到在中山陵围观民众的热烈掌声的回应。报道说，宋楚瑜提到，他4岁到南京，所以也是"老南京"。此番旧地重游，他以南京俏皮话"乖乖隆地咚"形容南京建设的进步让他相当惊讶。他说，几十年没有回过南京，这次看到南京人为中国未来认真工作，让人感到骄傲。宋楚瑜昨天对媒体说，南京是他在中国大陆停留最久的都市，因此印象深刻。他日前回忆说，他的父亲宋达是在南京时期，在国民政府国防部任职，33岁就当上了将官。他还记得，当年国民大会在南京举行，选举副总统时李宗仁与孙科相争的激烈情形。

另一篇报道说，宋楚瑜伉俪和亲民党大陆访问团一行上午拜谒中山陵，大批民众围观。宋楚瑜发表演说指出，今天他完成了一个内心很大的夙愿，作为孙中山先生的信徒，能够亲自和矢志作为三民主义信徒的亲民党员一起，在孙中山陵前致上最崇高的敬意，内心激动振奋。报道说，宋楚瑜表示，他从18岁开始，一个字一个字地念三民主义，内心有很多感触。孙中山每年的逝世纪念日，大都会和亲民党党员代表到台北的国父纪念馆，向这位促进世界大同、推动中华复兴、坚持"民有、民治、民享"的三民主义力行者和推动者致敬，并常讲一句话："中山先生精神不死，舍我辈其谁分担"。

报道指出，宋楚瑜说"当孙中山肇建中华民国的时候，他心心念念所想的，就是希望中国人不要一盘散沙，人为刀俎，我为鱼肉，华夏子孙能够团结起来"。他表示，要向所有孙中山信徒再次保证，让所有的华夏子弟、所有的中国人，能够心心念念了解到富强尚未完成，两岸仍须努力；华夏一统尚未完成，两岸兄弟们要加油、要更加努力。宋楚瑜说，海峡两岸虽然只有一百多公里，隔绝在前的不是海峡恶水，而是如何让心灵相通，让所有的两岸人精诚地响应孙中山的号召——唤起民众共同努力，完成21世纪华夏复兴的伟大使命和志业，兄弟一起共同打拼。宋楚瑜在讲话中最后说，希望两岸一家亲，炎黄子孙一起共同努力，让中国人的生活达至至善。

美国《洛杉矶时报》5月6日发表了一篇题为"跨越台湾海峡的握手"的

文章说，北京对台湾采取的各个击破战略正在奏效——热情接待台湾反对党领导人访问大陆，破坏台湾"总统"陈水扁争取"独立"的运动。

文章指出，5日，布什总统打电话告诉胡锦涛主席，与"选举产生的台湾领导人"进行对话是保持亚洲稳定的最好方法。他不是第一次发出这样的信息，但迄今为止中国似乎不想接受他的建议。陈水扁本周对胡锦涛发出邀请之后，北京说陈水扁必须先承认台湾是中国的一部分。陈水扁不承认这个事实，胡锦涛怎么能接受他的邀请呢？

文章指出，美国曾发誓将支持台湾，但是它并不希望陈水扁动辄谈论独立。华盛顿也不希望北京扬言使用武力。中国现在应该放弃统一的想法，而台湾也要收起独立的念头。双方如果转而强调稳定和维持现状，那它们的人民和包括美国在内的外界都能松一口气。

美国的鹰派人物总是要以世界霸主的派头去干涉别国内政的。如果没有美国的干涉，中国的台湾问题何至于变得如此复杂呢？让他们不干涉是不行的。不然他们怎么能收割到他们想谋取的政治利益呢！但是，正如唐代诗人李白所言："两岸猿声啼不住，轻舟已过万重山"。让猿猴啼去吧，两岸和平稳定发展的大趋势是任何人也阻挡不了的。

五、宋楚瑜在上海参访时说，百闻不如一见，上海的进步是全中华民族的骄傲

（一）

5月7日下午5时许，宋楚瑜一行乘包机飞抵上海浦东机场，开始大陆之行的第三站行程。中共中央台办副主任李炳才、中共上海市委副书记罗世谦等领导人和众多群众代表、台商代表到机场热烈欢迎。宋楚瑜一行面对的照例是热烈的掌声、亲切的问候、艳丽的鲜花。访问团的成员们不约而同地用"非常感动"、"非常感谢"的字眼来表达他们的心情。

当天晚上，中共中央政治局委员、上海市委书记陈良宇在上海科技馆会见并宴请了宋楚瑜率领的亲民党访问团一行。陈良宇在致辞时说，应中共中央和中共中央总书记胡锦涛的邀请，亲民党主席宋楚瑜率领亲民党访问团对大陆进行访问，这是两党交流与对话中的一件大事，必将有利于两岸关系的改善和发展，有利于台海地区的和平与稳定，有利于两岸的进一步交流与合作。他说，上海已经成为台湾同胞在大陆投资、经商、就学、置业的集中区域，也成为海峡两岸民众合作交流的热点区域。上海的发展成就里面，有广

大台胞的智慧和心血，希望亲民党访问团的来访，能进一步推动上海与台湾两地的交流与合作。

陈良宇表示，上海将进一步积极推动在经贸等领域的交流与合作。只要是有利于台湾同胞的事情，只要是有利于促进两岸交流的事情，只要是有利于维护台海和平与稳定的事情，只要是有利于促进祖国和平统一的事情，我们都会全力去做。

宋楚瑜在致辞中说，上海近十多年来的发展成就用上海话来讲就是"老好老好"。百闻不如一见，上海的进步是全中华民族的骄傲，所有炎黄子孙都会对此感到自豪。上海的发展经验证明，好的政策和决策是非常重要的。他说，这次亲民党大陆访问团之所以选择到上海来，是因为如果不到上海，就不了解这些年来大陆改革开放的成就，就不能了解台商对于"三通"的深切期盼，就不能了解中国未来发展的潜力和希望。

宋楚瑜表示，台商对上海的繁荣有所贡献，而上海也给广大台商提供了帮助，这说明两岸和则两利、分则两害。大家都是自家人，兄弟同心，其利断金，海峡两岸彼此要相亲相爱、心手相连，共同努力创造中华民族在21世纪的美好愿景。

会见结束后，陈良宇和宋楚瑜夫妇、访问团互相赠送了礼品。

中共上海市委副书记韩正、罗世谦，中共中央台办副主任李炳才等参加了会见和宴请。

晚上，宋楚瑜一行在中台办和上海市委领导人的陪同下到黄浦江边游览，立刻受到上海市民的热烈欢迎，热烈的掌声、亲切的问候不绝于耳。随后，他们登上游船兴致盎然地观赏了黄浦江夜景，领略了东方明珠的风采。

这一天跟踪采访的记者们又发出许多报道。台湾"中央社"的记者特别报道了宋楚瑜面对上海的巨大变化所发出的感慨。报道说，亲民党主席宋楚瑜今天抵达上海访问，他强调，不到上海，就不能了解中国未来发展的潜力与希望。他希望海峡两岸成为世界工厂、市场，而不是战场，这是海峡两岸炎黄子孙需要处理的问题。宋楚瑜说，参访上海有三个意义，也有三个了解：如果不到上海，就不能了解多年来中国大陆的改革开放；如果不到上海，就不能了解台商期盼三通；如果不到上海，就不能了解中国未来发展的潜力与希望。他说，亲民党访问团到上海，期盼能感谢对台湾经济发展有重大贡献的台商，希望透过和台商的沟通，体会两岸三通与往来的重要。

（二）

5月8日上午，海峡两岸关系协会会长汪道涵在上海会见了宋楚瑜一行。汪道涵感谢宋楚瑜一行访问上海期间前来看望，对亲民党坚持一个中国原则和"九二共识"、反对"台独"表示肯定，并预祝访问团来访取得圆满成功。汪道涵说，两岸同胞都是中国人，血脉相通，骨肉相连，没有化解不了的恩怨，没有抛不开的成见。和平发展难能可贵，民族振兴弥足珍贵。中华民族正在走向伟大复兴，两岸关系理应走和平发展、合作双赢的道路。汪道涵指出，在恢复两岸对话与谈判的问题上，我们的立场和态度始终是一贯的、明确的。大陆和台湾都是中国的领土，两岸同属一个中国。1992年，两会达成了各自以口头方式表述"海峡两岸均坚持一个中国原则"的共识，这是两会对话与谈判的基础。对于台湾任何人、任何政党朝着承认一个中国原则方向所作的努力，我们都欢迎。

宋楚瑜说，多年来汪道涵先生为两岸和平，为两岸关系发展尽了最大努力，台湾同胞对此非常感佩。希望通过此次看望汪先生，再次转达台湾民众期待两岸关系发展，期待两岸和平的愿望。

会见后，双方互赠了象征着团结友爱、健康向上的礼物。中共中央台办主任陈云林，中共中央台办副主任、海峡两岸关系协会常务副会长李炳才参加了会见。

当天中午，宋楚瑜在上海香格里拉酒店与二百多位来自大陆各地的台商代表进行座谈，并出席台商举办的欢迎宋楚瑜一行的午餐会。在座谈会上，宋楚瑜发表了热情洋溢的演讲。他说，亲民党将始终坚持"九二共识"，"因为这符合两岸的利益，可以让两岸间的问题心平气和地解决，希望大家为我们鼓励和加油。"他强调，亲民党始终希望两岸和平。两岸一家亲，只要心灵相通，两岸间的问题就可以得到顺利解决。他说，中国国民党主席连战一行不久前对大陆的访问非常成功。在两岸问题上，亲民党与国民党的大方向是一致的，大家兄弟一条心，只是分工不同，未来两党要共同打拼，坚定地推动两岸关系和平发展。

在谈到两岸经贸关系时，宋楚瑜说，从1979年到2004年，台商在大陆的投资累计有数百亿美元，台湾从两岸贸易中也获得了巨大的顺差，这些情况表明：两岸经贸交流与合作对大陆和台湾的经济都有贡献。他表示，家和万事兴。在新的世纪，两岸要共同努力，携手同心，共同创造华夏子孙的美好明天。

· 185 ·

座谈会上，宋楚瑜还听取了多位台商的意见和建议。宋楚瑜表示，亲民党未来将全力以赴地去完成台商们托付的心愿，不辜负台商们的殷切希望。

午餐会后，台商们欣喜而又热烈地交谈着他们听罢宋楚瑜演讲后的感受，耳边仍然回荡着宋楚瑜所郑重表达的声明：亲民党坚决反对"台独"，"台独"不是我们的选项，"台独"只会带来战争和灾难。

六、宋楚瑜在长沙说，我是吃湖南米、饮湘江水长大的地地道道的湖南人。我爱台湾的乡土，但我也始终坚持自己是一个堂堂正正的中国人

（一）

5月8日下午5时20分许，宋楚瑜一行乘包机由上海飞抵长沙黄花机场，在鲜花、掌声、笑脸和亲切的话语之中开始了大陆之行的第四站行程。晚上，中共湖南省委书记杨正午会见并宴请了宋楚瑜一行。

杨正午在致辞时说，应中共中央和中共中央总书记胡锦涛的邀请，亲民党主席宋楚瑜率团访问大陆，这是两岸同胞包括海外华人共同关注的大事。对这件大事，作为宋楚瑜主席家乡的湖南人民格外关注。这几天，湖南的男女老少都在看宋楚瑜在大陆访问活动的报道。宋主席所说的"炎黄子孙不忘本，两岸兄弟一家亲"家乡人民已耳熟能详；宋主席坚持一个中国，坚决反对"台独"的坚定立场，家乡人民拍手赞许。

在简要地介绍了湖南省的基本情况后，杨正午说，"昔我往矣，杨柳依依"，两岸同胞，亲情深深。家乡人民相信，宋主席此次对大陆的访问，将有助于两岸关系的改善和发展，湖南与台湾的交流也将会更加密切。

宋楚瑜致辞说，我是吃湖南米、饮湘江水长大的地地道道的湖南人。我爱台湾的乡土，但我也始终坚持自己是一个堂堂正正的中国人。此次回乡之前曾有人劝我，回湖南后不要太激动，但下飞机后看到家乡父老的热情、看到沿路这么多乡亲向我挥手，我还是深深地以湖南为荣，以乡亲们为荣。他说，炎黄子孙不能忘本，两岸乡亲要团结，，应该一家亲。两岸携手同心，心手相连，共同创造21世纪中国人新的愿景。

会见结束后，双方互赠了象征着同胞手足之情和饱含美好祝愿的礼物。

中共湖南省委副书记于幼军、谢康生，中共中央台办副主任李炳才等参加了会见和宴请。

晚宴后，宋楚瑜一行在长沙世界之窗观看了焰火晚会。满天艳丽多姿、

千变万化、让人目不暇接的焰火，向宋楚瑜一行述说着祖国大陆的巨大变化和人民的美好生活，抒发着家和万事兴、两岸同胞携手并进共创21世纪中华民族伟大复兴的豪情。

（二）

5月9日清晨，在细雨蒙蒙中，宋楚瑜一家人从长沙出发，前往湘潭县射埠镇巨鱼村祭祖。

雨后初晴的巨鱼村，碧绿万顷，葱葱茏茏，生机盎然。宋楚瑜一行的到来打破了田园的宁静。道路旁、山坡上聚集着十里八村闻讯赶来的数千名乡亲，有的人是专程从岳阳赶来的，等候了几个小时，就是要一睹为两岸和平稳定发展作不懈奋斗的湘江汉子的风采。

上午10时左右，宋楚瑜和家人出现在乡亲们的面前。在欢迎的人群中有的人举起了"欢迎回家"、"常回家看看"、"家乡人欢迎你"等一幅又一幅标语；有的人高呼："乡亲们向你问好！"朴实的语言蕴含着浓浓的乡情，热烈的掌声表达着同胞手足的情谊，喧天的鼓乐传达着喜迎亲人的激情。身着深蓝西服、领系灰色领带的宋楚瑜难掩心中的激动情绪，深深地向乡亲们一鞠躬，朗朗地说道："楚瑜我回来了，带堂客回来了！"立刻又引来一阵热烈的掌声和会心的欢笑。

宋楚瑜的曾祖父宋炳生、祖父宋德明、祖母宋文氏的墓地相隔不远，呈"品"字型排列。曾祖父墓居于牛头山山顶，右侧小山包上是祖父墓，左侧小山包上是祖母墓，山下有两眼泉水，终年不歇地汩汩流淌，墓地四周林木繁茂。宋楚瑜带着家人沿着新修的水泥田埂路前往曾祖父墓前。巨鱼村党支部书记告诉采访的记者，为迎接宋先生，村里抢修了近两公里沙石机耕道和半公里水泥田埂路，并派出两名身强力壮的小伙子为年迈体弱的宋母胡宛容老太太抬轿子。

10时15分，祭祖仪式正式开始。宋楚瑜一家依次祭祀了宋楚瑜的曾祖父、祖父和祖母。祭祀仪式由当地人主持，参照当地村民传统的祭祀方式，分为肃立、鸣炮、主祭人就位、向先祖三鞠躬、行上香礼、祭酒、行三跪九叩大礼、敬献花圈等程序。

黄土堆成的坟茔稍显简陋，香案上摆着从台湾带来的芒果、橘子、菠萝等祭品。宋楚瑜心潮澎湃，难以平静，他用有些哽咽的乡音高声诵读祭文，双手微微颤抖。他的家人更是泪水涟涟，幽幽啜泣。

故土难舍。祭祖仪式结束后，宋楚瑜轻抚三座坟茔，并在每一座坟茔上

抓了一把泥土，用杯子小心地装好，要带回台湾去。

祭祀礼毕，宋楚瑜再一次感谢各位乡亲。他说，我们带着虔诚的心而来，把台湾的水果敬献给生养我的祖先，我将牢记祖先的教训，做一个堂堂正正的中国人！

相聚虽短，临别依依。临行前，宋楚瑜抱拳向乡亲们致谢。登车后，又摇下车窗向乡亲们挥手致意。乡亲们也一齐挥动手臂回应，有的乡亲高呼："旅途平安"、"一路顺风"……浓浓的乡音祝福远来的游子。

（三）

按照行程安排，5月9日下午宋楚瑜回母校曙光学校探视。曙光学校在宋楚瑜就读时名为昭潭学校，创办于1902年，是湘潭县第一所私立小学。已有一百多年的历史，1968年改名为曙光学校。宋楚瑜1949年在这里就读于二年期一期一班，前后为时一个学期。

5月9日下午，宋楚瑜人还未到，湘潭市曙光学校所在的城正街早已被上万名湘潭市民围得水泄不通。人们打着"宋主席常回家看看"的横幅，不时高呼"欢迎宋主席回母校"、"欢迎回来"等朴实的话语，乡音乡情溢满街面。学校门口、操场上挂着"欢迎回母校"、"常回母校看看"、"母校祝福您"等条幅，表达着母校对学子的期待和祝愿。

当宋楚瑜和夫人等出现在城正街时，四周立刻爆发出雷鸣般的掌声，学校墙上挂着的那些条幅上的语言变成人们亲切的呼唤。宋楚瑜夫妇被乡亲们的热情深深地感动着，他们一改祭祖时的严肃凝重，显得异常轻松愉快，笑容可掬地向乡亲们挥手表达谢意。此时，曙光学校校长冯灿急步迎上去，紧紧地握着宋楚瑜的手说："全校师生早就盼望着您回来了！"小学生们走上前去向他们的学长献上鲜花，宋楚瑜夫妇笑容灿烂和小学友们握手致意。此时，宋楚瑜特意拿出珍藏了56年的学习成绩单和转学证明书向记者们展示，年代久远的纸张虽已残破发黄，但这更显示出它的珍贵。有记者问宋楚瑜，成绩怎么样？宋楚瑜呵呵一笑，答曰："马马虎虎，第五名。"这满含乡音的风趣回答立刻又引起一片掌声和笑声。

在校长的陪同下，宋楚瑜等来到三年级（2）班的教室参观。他一边看一边说，印象中，当年的校舍都很破，现在条件好多了。中国的未来在普及教育。当年和宋楚瑜同班的4位同学也在现场，坐在后排的李克技握住宋楚瑜的手久久不放。宋楚瑜激动地说："今天能够回到母校，坦白地讲，内心是非常激动的。我在此受到很好的启蒙！"

在随后的座谈会上，校长冯灿拿出精心准备的礼物——一份校史，首页上写着："母校欢迎您"，老教学楼和古老的礼堂等珍贵的老照片都收藏在其中。另一份是宋楚瑜当年读书时全班同学的姓名册，里面共计男同学14名，女同学12名。宋楚瑜在名册上找到自己的名字，高兴地说："还有我的学籍呀？我是这个学校地地道道的学生，如假包换！"他仿佛又回归到童年时代的天真，又引起人们一阵欢笑。

看到学校如此欣欣向荣，宋楚瑜说，国家如此重视教育，让他觉得以湘潭人可以荣，以曙光学校为荣。为了向学校尽绵薄之力，宋楚瑜为学校建图书馆捐赠人民币20万元。最后，宋楚瑜还拿出台湾乡土画家李谷摩的一幅画赠予母校。他说："这幅画名为《雨后春笋》，也就是春风化雨之意，希望它在各地都会发芽，都会茁壮成长，成为我们国家的建设力量，是我们大家未来共同的曙光！"

临别，受校长之邀，宋楚瑜欣然命笔，为曙光学校题词曰："春风化雨，未来曙光"，旁注为："永念师恩"。字成，现场又爆发出热烈的掌声，宋楚瑜满意地笑了，在场的每一位乡亲都满意地笑了，整个城正街都笑了。

（四）

5月10日上午，经过一场春雨洗涤，碧空万里，艳阳高照，空气清爽，湖南大学校园里弥漫着花草树木所散发出来的淡淡清香。前临湘水，后枕岳麓，历经千年的岳麓书院现已成为湖南大学校园的一部分。岳麓书院是我国古代四大书院之一，创立于北宋开宝九年（公元976年），历时千余年，故世称"千年学府"。今天的岳麓书院古韵犹存，面貌一新，在通往书院的校园大道两旁，站立着数千名青头学子，一张张朝气蓬勃的脸上洋溢着喜迎嘉宾的喜悦之情，一幅幅创意别具的横幅表达着他们的情义："楚瑜楚瑜，楚楚动人；亲民亲民，忠贞不渝"——寄寓着称赞宋楚瑜和亲民党坚持一个中国、反对"台独"的政治立场和主张；"欢迎回家"——朴实的语言中又表达着同胞手足的亲情。

9时30分左右，宋楚瑜一行的车队抵达湖大校园，数千名欢迎者以热烈的掌声和亲切的欢呼声表达着他们的感情。激动的宋楚瑜把车窗摇下，不断向热情的欢迎人群挥手致意，直到岳麓书院的门口。湖南大学校领导和岳麓书院院长朱汉民等早已迎候在此，宋楚瑜一行下车后，与朱汉民等人热情握手，互致问候，然后步入书院。此时，扑入客人眼帘的，是森然林木、古朴建筑、古老的楹联和难以言表的书卷气息。宋楚瑜一面仔细地听取着娓娓动

听的介绍，一面沿着中轴甬道缓缓前行，参观了讲堂、三绝碑、时务轩、御书楼等处处都有故事的处所。在"惟楚有材，于斯为盛"的对联前，宋楚瑜夫妇驻足品味，并留影纪念。这副对联似乎在鼓励他大展其材，奋发而为。

参观结束后，宋楚瑜等登上赫曦台，为岳麓书院题词："湖湘道脉，明德扬善；天下至理，愈辩愈明。"随后，他对莘莘学子发表了演说，其中道出了题词的深意："今天，楚瑜很荣幸到仰慕已久的岳麓书院来一了心愿，瞻仰前贤。此行是心灵取经之旅。'读书破万卷'的道理，不仅是神交古人，更重要的是能够胸怀天下。天下的至理其实是愈辩愈明的，那就是顺民者昌，逆民者亡，世界大势浩浩荡荡，没有任何人能够阻挡中国人重新振奋起来的潮流……"他的讲话数次被热烈的掌声打断。

乡亲乡音两依依，此时此刻难惜别。宋楚瑜步出书院，向仍在等候的热情的人群深深鞠躬、挥手，迟迟不肯上车。当车轮启动后，岳麓书院的门前顿时响起了热情的此起彼伏的呼唤："宋主席常回家看看"、"家乡人惦记你"、"一路平安"……千年学府沉默地屹立在湘江之畔，它翘首以待"惟楚有材，于斯为盛"的新景致出现。

七、宋楚瑜在与刘淇会见时说，解决两岸问题的秘方就是"两岸都是炎黄子孙"、"合则两利"

（一）

5月10日下午，宋楚瑜率领的亲民党访问团在鲜花、笑脸、掌声和浓烈的亲情之中结束了湘江之行，4时30分，他们又飞抵北京。中共中央台办主任陈云林、中共北京市委副书记龙新民、在京的台商代表和北京市各界代表等在机场隆重地迎接宋楚瑜一行。

面对隆重和热烈地迎接场面，宋楚瑜发表了简短而热情的讲话。他说，亲民党非常感谢中共中央和胡锦涛总书记的邀请，珍惜这次同中国共产党进行党对党之间直接对话、交流的机会。他说，亲民党是台湾土生土长、热爱台湾乡土的政党，也是有着浓厚华夏民族情感的政党。两岸都是中国人，都是炎黄子孙，只要本着"两岸兄弟一家亲"的情怀，两岸之间的问题就一定能够找到解决的方法。宋楚瑜表示，应由中国人自己来处理中国人的问题。两岸人民应在共生共荣、互补互利、相互尊重的原则下，共同努力打开两岸的僵局，再造中华民族共生共荣的愿景。宋楚瑜的讲话又在北京机场掀起热烈掌声。

宋楚瑜此次大陆行每到一站必以当地方言作开场白。此次到了首都机场就开始甩京腔。他在机场演讲时，首先就用北京话向大家问候致谢，他说："你们特上心地来帮助我们来安排这些节目，我们忒开心。我们实在是感受出来你们的这些热情，打从心窝里都感受得出两岸人民都希望彼此能够尽快建立一个友谊互补互助互信的桥。"当天晚上，记者问到宋主席为何会讲北京话时，他说："因为我在台湾，看得最多的就是有关北京的电视剧，比如《大宅门》、《天下第一楼》等。尤其是关于同仁堂的故事，我很是喜欢。"

当天晚上，中共中央政治局委员、北京市委书记刘淇在北京饭店会见并宴请了宋楚瑜一行。

刘淇在致辞时，首先代表中共北京市委和北京市人民对宋楚瑜主席一行的到来表示热烈欢迎。他说，宋楚瑜主席此次率团访问大陆，是中国共产党与亲民党之间交流与对话的重要发展，对于改善和发展两岸关系、维护台海和平稳定、促进两岸交流与合作，将起到积极的推动作用。

刘淇向客人介绍说，北京历史悠久、人文荟萃。同时，它又是一座充满生机与活力的城市。改革开放以来，北京的综合经济实力不断增长，人民生活水平显著提升。特别是2008年奥运会申办成功后，北京正以筹备一届有特色、高水平的奥运会为契机，全面推进"新北京、新奥运"的战略构想，努力建设经济繁荣、文化发达、社会和谐、生态良好的现代国际城市。刘淇说，多年来，我们坚持"以民为本、为民谋利"的理念，高度重视依法保护在京台湾同胞的正当权益，制定了有关政策规章，不断优化涉台发展环境。刘淇表示，随着两岸民众交往的日益密切，京台合作之路会越走越宽，台湾同胞在京的发展前景会更加美好。

宋楚瑜致辞时说，北京气象万千，不仅是一个历史古都，更重要的是一座传统与现代结合的城市。沿途看到的景象，以及北京为奥运会所作的准备工作，我感到实在是了不起的成就。对于北京市的建设，对于北京要举办的2008年奥运会，大家都有相当的期盼，希望奥运会办得顺利、成功，我们先预为祝贺。

宋楚瑜在致辞中还以同仁堂的店训"修合无人见，存心有天知"作比喻说，只要像同仁堂那样下对两味最重要的秘方，两岸问题就能解决，这两味秘方就是——"两岸都是炎黄子孙"、"合则两利"。他希望两岸同胞相亲相爱，手牵手，心连心，凝聚共同的智慧来打开两岸的僵局。

宋楚瑜说，最近中国国民党和亲民党共同为处理两岸问题跨出了重要的一步。两岸真正结合中国人的智慧，秉持"合则两利，相互尊重"的基本立场来处理问题，对后世子孙，对所有的炎黄子孙，都将是非常骄傲的事情，也会有了不起的未来。

会见后，宾主双方互赠了精心准备的礼品。刘淇向宋楚瑜赠送了北京传统工艺品——金丝镶嵌景泰蓝"九龙壁"，向张昭雄副主席赠送了景泰蓝花瓶，向宋夫人和张夫人赠送了真丝方巾和披肩。宋楚瑜回赠了名为"马到成功"的琉璃工艺品和台湾茶叶。"马到成功"的工艺品表达着台湾人民祝福北京奥运会"马到成功"，也寄寓着两岸问题的解决也一定会"马到成功"的深意。

中共北京市委副书记王岐山、中共中央台办副主任李炳才、中共北京市委副书记龙新民等参加了会见和宴请。

（二）

5月10日这一天，跟踪报道的各媒体记者又从不同角度发出了一些消息和评论。与众不同的是，台湾《联合报》这一天接连刊登了两篇报道，反映的是因连宋相继登陆而掀起的"大陆热"，引起陈水扁与李登辉反目的情况。一篇题为"扁轰李：别把我当儿子 应有分寸"的报道说，扁李关系再次决裂。陈水扁昨天接受电视专访时，以"情何以堪"来形容他受不了李登辉对他指手划脚。他批判李担任"总统"12年，有更好的条件改革"宪政"，为什么当时不做，现在要阿扁来做？为何当年李还是"总统"时不否认"九二共识"，现在才来否认？他批"是李登辉'先生'没有走李登辉'总统'路线"，"变的是李登辉，不是我。"

报道说，陈水扁"像儿子一样尊重李登辉"，"但是他不要认为，我像他儿子一样，就把我当成他儿子"，就算是"父亲要管儿子，也没那么简单的"。阿扁认为，"不是说我不让他管，而是希望他说话应有分寸，稍微拿捏一下"。陈水扁还首度透露"四不一没有"的政坛秘章。他说，如果美国公开不要他当选总统，他选得上吗？选上了又有什么用。所以2000年他在大选前答应美国提出的"三不"，而李登辉在选后又教他"两不"，即不要动"国统纲领"、不要动"宪法"。"两不"加"三不"，才变成"四不一没有"。

另一篇题为"父子翻脸 扁想'法办'李"的报道说，陈水扁连续两天在电视上炮火四射，不仅与宋楚瑜短暂的蜜月期提前结束，尤其是对前"总统"李登辉开火，让两人过去所谓如同父子关系，几近彻底决裂，显示出李登辉对陈水扁的"工具性"意义已经丧失。

报道指出，虽然扁李翻脸的导火线是今年开始的"扁宋会"，但事实上，陈水扁忍耐李登辉"干政"已经有一段时日了，民进党方面还一度想"法办"李登辉。事实上，扁李关系在两年前就陷入最低潮。据了解，当时政坛盛传李登辉有意走回头路，撮合台北市长马英九代表国民党竞选"总统"，并搭配前"陆委会"主任蔡英文等副手人选。这使得"总统府"高层一度想以"国安密账案"来法办李登辉，作为牵制之用，当时羁押刘泰英就被视为对李登辉的警告，但后来这项计划并未付诸实施。而基于其他顾虑，民进党方面也没有对李下手。

香港《成报》5月9日就刊登程仲仁先生的文章指出，连宋大陆行让美国内心紧张。文章的题目叫"北京不再借道华府"。文章说，连宋接力登陆，大陆超规格接待，令近年来停滞紧张的两岸僵局突然剧变，台湾执政的民进党和泛绿阵营的阵脚大乱，不过最紧张的还不是陈水扁，而是白宫和布什总统。

文章指出，美国"在台协会"这一阵很忙，连宋登陆前被分别召见，连战返台后即被约见。据称美方急于探听连宋大陆之行的虚实细节。连战、宋楚瑜本来就是美在台协会经常联络的人士，今次因登陆而被美方频频召见询问，当然是冲着"胡连会"、"胡宋会"而来，要研究判断北京的意图。不仅如此，布什还不寻常地与胡锦涛打电话，既肯定北京接纳连宋，又劝告向陈水扁打开谈判大门。

文章说，北京不理台湾的陈水扁，却与两大在野党领袖打得火热，而国亲两党不理睬阿扁，也甩开华府，直奔北京与胡锦涛大谈台湾前途。一时间台湾朝野错位，民进党在两岸政策层面只能扮演在野党的角色。这就是华盛顿近两个星期焦虑台海局势的原因所在。

文章最后指出，胡锦涛处理两岸关系的战术变得更灵活，民进党政府措手不及，也让一向扮演两岸关系仲裁者的美国顿失战略高度。

民间自有英雄在。民间英雄把美国此时的紧张心态和被晾在一边而又心有不甘的情状看了个透。

八、宋楚瑜在清华大学演讲时说："世界有多大，中国的机会就有多大。让我们一起掌握这个机会，携手同心，脚踏实地，迎接我们两岸中国人的21世纪。我们不会让历史说，我们错过了这个机会！"

（一）

5月11日上午9时许，宋楚瑜一行来到清华大学，受到清华大学师生们的热烈欢迎。书写着"期盼两岸和平统一"等内容的横幅表达着师生们的心愿。

9时30分，宋楚瑜在清华大学主楼报告厅发表演讲，能容纳450人的报告厅座无虚席。宋楚瑜首先向"执中国科技牛耳"的清华大学致以无限感佩之意。他的开场白妙语如珠："昨天听天气预报说今天会有雷阵雨，但今天到清华大学来，看到这里风和日丽，拨云见日。这象征着两岸关系一如大家的希望，也会雨过天晴，拨云见日。"话音刚落，便响起热烈的掌声。

"走进清华大学的校园，楚瑜内心有无限感佩。"宋楚瑜简要回顾了清华的校史和两岸"清华"大学的渊源。他说，两岸的"清华"近年来的交流，使"厚德载物、自强不息"的清华校训成为两岸推动改革发展的人民共同信仰的核心价值。

宋楚瑜以悲凉的台湾民歌为引子，介绍了先辈们落脚台湾、艰苦打拼的艰难岁月和台湾意识的由来。他说："请各位同学、大陆的乡亲不要把台湾意识跟'台独'划上等号……拿我们亲民党来说，我们是一个在台湾土生土长的政党，有着非常强烈的爱乡爱土的台湾意识，是台湾意识，而不是'台独'选项。我们从头到尾坚决反对'台独'，我们一贯所强调的是：'台独'是一条走不通的死路。"报告厅里顿时掌声雷动。

宋楚瑜指出，为了"台独"而认同日本人，不仅扭曲了历史，也否定了台湾人。这是一小部分人狭隘的个人经验，既丢了根，又抛了本，所以是根本不对。

宋楚瑜表示相信，所有台湾和大陆的同胞，能够有更大的智慧，来共同处理中国人自己的问题。他说，没有人能够阻挡中国人用和平方法解决自己的问题。从历史中，我们了解到真正的和解不是原则立场的妥协，而是民族再生的一个开始。历史应该是一面镜子，而不是一条绳子。镜子让我们看到自己的作为，看到前人的教训，提醒自己不要犯同样的错误。绳子是一种纠缠，让过去的冤孽影响到现代人理性的思考。两岸的历史和未来的联系千丝万缕、千头万绪，包括在座的所有的台湾和大陆的同胞们跟相关的政治人物要有更大的智慧，让中国人共同处理中国人自己的问题。把两岸人民的幸福放在第一位，相信两岸人民有智慧找出双方的最大公约数。

宋楚瑜在演讲中还指出，今年是未来两岸共同的希望，年轻人彼此之间应互相学习。青年人最重要的就是脚踏实地地把各行各业的工作做好。因为每一行业对两岸的发展都是有帮助的。

"丰碑无语，行胜于言。"宋楚瑜的讲话激情四射："世界有多大，中国的机会就有多大。让我们一起掌握这个机会，携手同心，脚踏实地，迎接我们两岸中国人的21世纪。我们不会让历史说，我们错过了这个机会！""全世界都在等待中国这条巨龙腾云而起。两岸的中国人，准备好了吗？"宋楚瑜充满激情的精彩讲话让素以严谨著称的清华学子心潮澎湃，掌声如潮。

精彩的演讲在热烈的掌声中结束后，清华学生又争相向宋楚瑜提问。巧合的是，第一个提问的是宋楚瑜的同乡，叫彭志国。他戴着眼镜、文质彬彬，是清华大学公共管理学院的博士生。他对宋先生说道："很荣幸我是您的湖南同乡。我提的问题可能有点尖锐，但这是我身边的很多同学以及湖南的父老乡亲都希望得到答案的一个问题。如果'台独'势力不顾两岸最大福祉，悍然去实施'台独'，那您及您所领导的亲民党将有何举措？"

宋楚瑜回答时先幽默地说："从你的口音我了解到我们湖南人也会讲北京话。"全场一片笑声。他接着说亲民党会跟中国国民党结成战略伙伴，共同对付"台独"和可能引起战争和灾难的事情。他还明确地指出，"台独"是一条走不通的死路。他深入人心的回答，又博得全场雷鸣般的掌声。

随后，一位女同学问道："结束大陆之行回到台湾后，您将带给台湾民众最大的信息和最想跟他们说的一句话是什么？"

宋楚瑜答道："回到台湾后，我想说的第一句话是：'我回来了，我带了大陆乡亲的友情和和平的愿望。希望台湾民众能够了解到，大陆乡亲们跟我们一样，都希望和平，不希望战争。只要我们能够严守住两岸是一家人的根本立场，大陆的乡亲愿意跟我们去共生共荣，创造共同繁荣的未来。'"

在回答清华大学化学系一位男同学的提问时，宋楚瑜坦承："我第一次上这样的讲台时很紧张，老师告诉我一个办法，就是你紧张的时候，你把脚想办法抓地，去疏解你的紧张情绪。你看我的脚现在脚踏实地，在抓地。"这又引起一片笑声和掌声。

在回答这位同学提出的从政生涯感触最深的是什么问题时，宋楚瑜庄重地说："我常常说政治人物最重要的不但要有人文的背景，更要有历史观。一个人活在天地间不是你认为你是谁，而是将来的历史怎么给你定位。……要做顶天立地的湖南汉子，更要做一个堂堂正正的中国人！"全场再次爆发出长时间的热烈掌声。

演讲结束后，清华大学向宋楚瑜赠送了一幅清华大学教授张仃的书法作品和代表清华大学精神的汉白玉日晷复制品，宋楚瑜则回赠了一套台湾文献光盘和琉璃工艺品"同心同意"。

　　随后，宋楚瑜一行在校长顾秉林的陪同下，漫步校园，感受清华之美。所到之处，迎接他的是掌声、笑脸和辞意恳切的横幅。软件学院的一位同学对现场采访的记者说："我们都很关注宋先生的来访，刚在实验室里看了直播，大家非常欣赏宋先生旗帜鲜明反对'台独'的态度。"化工系的一位女同学说："对宋先生所说的台湾意识的由来感触很深。这是我们过去所不了解的，我们由此加深了对台湾人民的了解。"

　　从二校门中间穿过，宋楚瑜一行在众人的掌声和欢呼声中走向日晷。在耀眼的阳光下，宋楚瑜凝视着日晷上"行胜于言"的铭文，他曾在演讲中引用了"丰碑无语，行胜于言"，就是在赞扬清华大学的精神，切实的行动远胜于旦旦誓言。他在游览清华园时，也挥笔题词："精华厚德，自强不息"，这也是清华大学的精神，这何尝又不是中华民族的精神呢？宋楚瑜凝视着日晷铭文，又陷入沉思。

（二）

　　宋楚瑜在演讲中回顾了清华大学的校史和两岸"清华大学"的渊源。1949年以后，声誉卓著的"国立清华大学"被一分为二，至今两地相望。1955年12月，台湾"清华大学"在新竹展开复校工作，由1948年冬天被国民党接往台湾的北京清华大学校长梅贻琦主持，先设立原子科学研究所招收研究生，1957年正式开始招收本科生。梅贻琦先生成为台湾"清华大学"的创始校长。如今，台湾"清华大学"已经发展成为与北京清华大学相同的理工科、文科综合性名牌大学，但规模不及北京清华大学。

　　北京清华大学现有两千多位教授，两万多名学生，校园面积约有360公顷；台湾"清华大学"现有五百多位教授，八千多名学生，校园面积约有100公顷，校园里的建筑全属新式，没有北京清华大学古色古香的气韵。但是，台湾"清华大学"行政大楼前矗立着一座与北京清华大学一模一样的清华园门楼，在综合服务大楼的外墙上同样镶嵌着"自强不息　厚德载物"八个大字的校训，它标志着台湾"清华大学"与北京清华大学系出同源，一脉相承。

　　宋楚瑜在赴大陆之前，为了做好在北京清华大学的演讲，花了不少时间深入了解台湾"清华大学"的情况。所以，他在演讲中把清华大学的校史和两岸清华的渊源讲得头头是道，把清华大学的精神和校训讲得入情入理，一下子拉近了与清华学子的感情，让清华学子精神振奋，热血沸腾，掌声雷动。

（三）

　　宋楚瑜在清华大学作罢演讲后，跟踪报道的媒体记者立即发出各式各样的消息和评论。台湾"中央社"发出的消息和言论最多。一则电讯详细报道了宋楚瑜作演讲的情况。电讯说，亲民党主席宋楚瑜今天在中共总书记胡锦涛母校北京清华大学发表演说时表示，贫穷才是两岸的共同敌人，均富是共同的目标，两岸应一起努力，让两岸成为世界工厂与繁荣的市场，不是变成战场。

　　电讯说，宋楚瑜的演讲从上午9时30分起在清华中央主楼报告厅举行，近500名师生参加，会场座无虚席。他演讲后，接受现场学生提问，赢得多次掌声。

　　电讯特别指出，宋楚瑜说，"台湾意识"不等于"台独"，两岸应相互了解，找出"最大公约数"，创造和解再生与共生共荣契机。宋楚瑜强调，亲民党是一个在台湾土生土长的政党，有强烈的"台湾意识"，也有浓厚的华夏民族情怀，但坚决反对"台独"，一贯强调"台独是条走不通的死路"，"台独也从来不是亲民党的选项"。他说，两岸未来需要作深入的相互了解，台湾人要多了解大陆的改革和变化，大陆同胞要多了解台湾同胞的想法，两岸应在异中求同，从了解、谅解、到彻底化解的过程中，创造和解再生与共生共荣的契机。宋楚瑜说，"丰碑无语，行胜于言"，清华校园的日晷上有"行胜于言"四字，不但是清华人的信念，也是两岸在未来检视对方诚意与善意的基础，事实是检验真理的唯一标准，"不要光看我在大陆说什么，更要看我们在台湾做了什么"。

　　另一则电讯则是反映台湾学者的反应的。电讯说，亲民党主席宋楚瑜今天在北京清华大学发表演讲，淡江大学中国大陆研究所教授张五岳认为，演讲以和平发展为主轴，并介绍台湾经济奇迹和台湾意识，透过历史血缘一致性及经济互利互惠互补性，共同开展两岸关系发展的前瞻性。他说，演讲以台湾"清华大学"及北京清华大学作为两岸关系巧妙的隐喻，希望两岸维持和平环境进而寻求共同发展。张教授称赞宋主席演讲寓意深远。

　　还有一则电讯是报道国民党的态度的。电讯说，中国国民党"立法院"党团今天表示，台湾人民希望和平，也希望台湾更加发展，亲民党主席宋楚瑜明确表示坚决反对"台独"，希望两岸能和平发展经济、共创双赢。这与国民党的主张不谋而合。

　　还有一则电讯是反映台湾当局的态度的。电讯说，针对亲民党主席宋楚

第四章　亲民党主席宋楚瑜率团进行的『搭桥之旅』

瑜今天在北京清华大学的演讲，说"台独"从来不是亲民党和台湾人民的选项，台湾意识不能和"台独"画上等号。"总统府"表示，宋楚瑜主席的演讲表达了他个人立场，这是每个人的言论自由。"行政院"发言人卓荣泰指出，亲民党认为哪些议题不是他们的选项，我们可以接受；但不要把政党立场和台湾人民画上等号。

九、曾庆红在会见宋楚瑜一行时说，两岸同胞是骨肉兄弟，是一家人，尽管历经悲欢离合，但改变不了的是我们共有的中国心，割舍不断的是我们之间的血脉情

（一）

5月11日下午，中共中央政治局常委、书记处书记曾庆红在北京人民大会堂会见并宴请了宋楚瑜率领的亲民党大陆访问团。会见时，曾庆红对宋楚瑜主席应中共中央和胡锦涛总书记的邀请率团来大陆访问表示欢迎，对亲民党自建党以来一直坚持一个中国原则、认同"九二共识"、反对和遏制"台独"、推动两岸关系和平稳定发展表示赞赏。

曾庆红说，几天前，我们刚刚送走了连战主席率领的中国国民党大陆访问团，现在又迎来了亲民党的各位嘉宾。你们都带来了广大台湾同胞求沟通、求和平、求稳定、求发展的良好愿景。明天，胡锦涛总书记将与宋主席举行正式会谈，这是中国共产党与亲民党最高领导人之间首次进行交流对话，既是我们两党关系史上的里程碑，也是两岸关系中的一件大事。在短短半个月之内，国亲两党领导人相继应邀来到大陆，我们在坚持一个中国原则、坚持"九二共识"、坚决反对"台独"的基础上，进行了广泛交流与对话，目的就是要开辟两岸关系和平稳定、合作双赢的光明前景。

曾庆红强调，宋主席此次一路走来，所到之处，都大有百闻不如一见的感慨，特别是对大陆几十年来的巨大变化感叹不已。这些变化，是我们坚持走和平发展道路，齐心协力、艰苦奋斗干出来的，港澳同胞、台湾同胞和海外侨胞也为此尽了心、出了力，作出了贡献；同时，这也是和世界上许多友好国家的互利合作是分不开的。我们正在全力推进社会主义物质文明、政治文明、精神文明建设与和谐社会建设，广大人民在物质生活有了极大改善的同时，也享受着宪法和法律赋予的广泛民主和自由。曾庆红说，两岸同胞是骨肉兄弟，是一家人，尽管历尽悲欢离合，但改变不了的是我们共有的中国心，割舍不断的是我们之间的血脉情。我们愿与台湾同胞一道，争取两岸关

系发展的光明前景。但是，"台独"分裂势力及其种种倒行逆施，却严重地伤害了两岸人民的感情，也严重威胁着两岸关系的和平稳定。只有坚决反对和遏制"台独"，两岸关系才有和平与发展可言。坚持同"台独"分裂势力的斗争，是保障两岸关系和平稳定发展及两岸同胞切身利益的重中之重。

曾庆红说，具有五千多年文明史的中华民族，在经历了近代以来从屈辱走上自强、从落伍走向崛起的百年沧桑之后，迎来了再创历史辉煌的伟大时代。过去数十年里，两岸同胞以中国人的聪明才智和勤劳勇敢，创造了属于我们民族的经济奇迹。随着我们综合实力的壮大，我们应当进一步发展两岸关系，加强两岸人员往来和经济文化交流，使遏制和反对"台独"的力量更强大，使两岸和平统一的基础更巩固。

宋楚瑜在致辞时，首先对曾庆红的盛情接待表示感谢。他说，两岸系出同源，流相同血液，显示出"炎黄子孙不忘本，两岸兄弟一家亲"。看到大陆各地的发展之快令人惊讶，显示大陆整体实力正逐渐提升。宋楚瑜表示，亲民党有三个基本立场：第一，反对"台独"，从来认为"台独"不是台湾的选项，这个立场是坚定不移的。第二，坚持"九二共识"，从来没有动摇，而且争取和支持用这个立场作为两岸和解的基础。第三，两岸要和平，两岸人民所期盼的，就是创造华夏文明和两岸和平的一个基础，让我们来搭起能够建立互信的桥。

宴席间，宾主双方频频举杯，共同祝愿美好愿景的实现；乐曲低回，仿佛是天籁之音，倾诉着割舍不断的血脉情谊。

宋楚瑜夫人陈万水、亲民党副主席张昭雄偕夫人以及访问团其他成员参加了会见和宴请。

国务委员唐家璇、中共中央台湾工作办公室主任陈云林等参加了会见和宴请。

（二）

5月11日这一天，关于宋楚瑜访问大陆的新闻和评论说又纷纷见诸报端，台湾的报刊显得更为热闹。台湾《联合报》发表了题为"扁炮火四射 评价创新低"的报道说，陈水扁连日重炮批评亲民党主席宋楚瑜及前"总统"李登辉，本报民意调查发现，此举虽让民进党支持者疑虑稍减，却无法得到泛蓝、台联党及中间选民的认同，整体满意度由一周前的三成四再减为三成二，是他2000年就任以来的最低点。报道说，对陈水扁炮火四射的表现，有四成二的民众认为他的公开谈话不恰当。

台湾《中国时报》这一天发表了题为"蓝绿民调翻盘，扁创新低，连拔头筹"的报道说，陈水扁近日来炮火四射，让朝野政党与政治人物的支持度出现明显消长。本报最新民调发现，陈水扁与民进党的支持度双双下挫，跌破四成。相反，连战的声望创下四成七的新高，国民党的支持度随之沾光。对于陈水扁批判连宋的言论，四成五的民众不以为然。报道说，正在大陆访问的宋楚瑜，虽然遭到陈水扁的点名批判，不过声望仍然逆势上扬。国民党的声望则是渐入佳境。

《中国时报》这一天还发表了一篇题目叫作"阿扁的危机在于为自己制造危机"的报道。报道说，面对党内大加挞伐，又有来自基层的前所未有的责难，这两天阿扁再度发挥其"变脸"的特色。阿扁的"变脸"努力，表面上似乎缓和了党内反扁的声浪，但人们看透了他善变的伎俩。阿扁的危机已经不在于他会不会说错什么话，而是全世界都在猜测，他什么时候说的话才算话。报道指出，本来"扁宋会"已经营造出一定默契，岂知宋才进大陆为扁搭桥，扁却为杜绝党内悠悠之口，对宋也不惜火力。阿扁简简单单的几句话，就使两人得来不易的十点共识变成"没有共识的共识"。

报道说，再就两岸问题来说，阿扁再三强调只有两岸政府正式谈判才是正途，中共本来也已经释放出欢迎"胡扁会"的信息，甚至美国也公开鼓励两岸领导人见面化解歧见。谁知，在"国代"选举民进党崩盘的压力下，阿扁又急转变，把单纯针对"国会"改革的"修宪"说成是"公投入宪"，企图利用"法理台独"再一次激起民进党支持者的热忱，结果又使自己陷入困境。报道最后指出，阿扁"真正的危机，就在于他会不断地为自己制造危机"。

5月11日，《香港经济日报》发表了余木先生的题为"胡总绵里针 扁高喊厉害"的文章说，陈水扁在接受电视台访问时，坦承"胡锦涛是一个厉害的对手，不简单。"文章指出，陈水扁自2000年成为台湾的领导人之后，一向极为自负，我行我素，全力将台湾推向"台独"方向，很少评论海峡彼岸的对手，为何他对胡锦涛有这样的评语呢？

文章接着作了这样的分析："寒天饮雪水，滴滴在心头"，在胡锦涛对台新政策的这一轮新攻势下，陈水扁不仅措手不及，更由于大陆的连番举措，扰动了岛内各种政治势力的矛盾，使得他处处受敌，只好孤军作战。对于胡锦涛的绵里针，陈水扁自然有苦自己知，不得不高喊胡锦涛是"厉害的对手"。

文章说，熟悉内情的人都知道，虽然胡锦涛的对台新政策，中心思想是"反'台独'、要和平"，整个方向似乎与过去分别不大，但落实政策时，既有计谋，亦有策略，更求手段，顿使两岸关系有了新局面。

文章说，在陈水扁去年3月连任"总统"后，'台独'气焰不断高涨，两岸战争实有一触即发之势，用围棋的术语说，台湾已陷入死局。怎知胡锦涛却在这个时候，大幅度调整对台政策，一下子突破死局，为两岸关系发展杀出一片新天地。

文章指出，胡锦涛的对台新政策能够初见成效，不仅有着大胆开放的举措，亦有细致的安排。前者有目共睹，例如邀请国民党主席连战和亲民党主席宋楚瑜相继访问大陆，并超规格接待，令陈水扁同时丧失了两个主导权：一是丧失了作为台湾执政党在两岸关系上的主导权，另一是丧失了台湾在两岸关系上的主导权。陈水扁所受到的压力是可想而知的。

香港《信报》5月11日也发表了丁望先生的文章称赞胡锦涛对台政策的新变化，文章的题目叫"胡锦涛柔性化，两岸共构一中"。文章说，8日，宋楚瑜在上海拜会汪道涵。汪以海峡两岸关系协会会长身份发表谈话说："大陆和台湾都是中国的领土，两岸同属一个中国。"就中共对台宏观政策而言，这是具"指标性"的一句话——从僵硬到柔性化的政策、理念变化。

文章指出，海协和海基的"九二共识"，确认"一个中国"原则，让两岸就"一个中国"各自口头表述。但两岸官方对"一个中国"的表述，均未能超越"政治中国"的传统模式。直至今年3月初，胡锦涛发表对台政策谈话，才有"大陆和台湾同属一个中国"的官方高层表述；3月14日通过的《反分裂国家法》，也有同样的表述。汪道涵对宋楚瑜说的话，就是源自此法。这是"一个中国"表述中性化、柔性化的标记，是胡锦涛任总书记后对台政策的一个转变。

文章最后称赞道，是胡锦涛打开了共产党与台湾在野党会谈的大门。尽管现在两岸的政治歧见仍很大，但政党会谈的大门一打开，就为两岸共构一中开了好头。

十、胡锦涛总书记在与宋楚瑜举行会谈时强调，两岸共同发展繁荣正面临着历史性机遇

（一）

5月12日这一天，是亲民党大陆访问团最为重要的一天。这天下午，胡锦涛总书记将会见访问团一行，并与宋楚瑜主席举行正式会谈。这天上午，宋楚瑜一行忙里偷闲，兴致盎然地探访北京胡同的底蕴，品味恭王府所体现的

中华传统园林的神韵。

宋楚瑜曾说："我在台湾看有关北京的剧目最多，比如《大宅门》、《天下第一楼》、《刘罗锅》。"他对北京的古老建筑以及这些建筑所展现的古朴神韵向往久矣。甫抵京华，目睹林立的高楼大厦，他又激动地赞道："北京气象万千，不仅是一个历史古都，更重要的是一座传统与现代相结合的城市。"他表示，有机会一定要遍访北京名胜。

5月12日上午9时50分许，四十余辆红色的人力三轮车载着宋楚瑜一行，穿游在什刹海的悠长胡同里，尽情地体味着这古老的胡同所体现出来的传统文化底蕴，受到拥立在路两边的北京市民的热烈欢迎。当他们来到恭王府时，北京市委副书记龙新民和众多的媒体记者已迎候恭王府门前。宋楚瑜下车后，热情地与龙新民等握手并向记者挥手致意，然后转过身去在所乘坐的三轮车篷盖上签名留念。之后，宋楚瑜一行才踏上石径步入花园正门。宋楚瑜身着深色西装橙色衬衫，宋夫人则一身湖绿套装，神清气爽，笑容可掬。在恭王府管理中心主任谷长江的陪同下，宋楚瑜一行流连在独乐峰侧，注目于蝠池水边，细心地领略着中华传统园林古朴而雅致的神韵。

"一座恭王府，半部清代史"。恭王府始建于1777年，曾为清乾隆时和珅的私宅。清嘉庆四年，一度改为庆王府。咸丰元年，改赐恭亲王奕䜣，始称"恭王府"至今。园内环山衔水，曲廊亭榭，古木山石，绿荫掩映，一步一景，融京华建筑形式与江南造园工艺于一体，世称王府园林之冠。

宋楚瑜一行仔细地游览着品味着，不停地向谷长江咨询着。他们参观了大戏楼、福厅，以及康熙御笔亲题的"福"字碑。因康熙留字极少，所以称此"福"为"天下第一福"。宋楚瑜一行还在王府花园品茗叙谈，特意在"澄怀撷秀"前合影留念。在忘情地游览中，原定五十分的参观竟延长到一个半小时。

辞别恭王府时，宋楚瑜说，自己在大学里是学外交的，而恭王府与近代中国那段屈辱的历史有关。对当时那些不平等条约，我们都很痛恨。今天到这里来参观，希望体会一下当时的时代背景，激励华夏同心，再创中华民族康乐富强的未来！

（二）

京华五月，春光明媚，鲜花烂漫，清风徐来，阳光灿烂。

5月12日下午3时整，北京人民大会堂北大厅华灯竞放，数百名记者的目光聚焦在大厅中央。中共中央总书记胡锦涛站在大厅中央和红地毯的交汇处，笑迎跨海而来的手足同胞。亲民党主席宋楚瑜从北门踏上红地毯，快步向胡锦涛走来，两人两手紧紧相握。胡锦涛亲切地问候："宋主席一路辛苦了！"宋楚瑜激动地致意："感谢胡总书记！"现场相机的快门响成一片，迅速地记录着今天这历史性的握手和历史性的会见。

两党领导人两手良久紧握，并微笑转身，微笑致意，让现场的中外记者从不同角度记录下这历史性的瞬间。

接着，胡锦涛分别与宋楚瑜夫人陈万水与亲民党副主席张昭雄夫妇一一握手，宋楚瑜也与中共中央政治局委员吴仪，中共中央政治局候补委员、中共中央书记处书记、中共中央办公厅主任王刚和中台办主任陈云林等一一握手致意。

随后，在雨点般密集的快门声中，胡锦涛与宋楚瑜并肩步入东大厅，胡锦涛会见亲民党大陆访问团全体成员并合影。随后，正式会见开始。

会见中，胡锦涛发表了热情洋溢的讲话。他说，在这春光明媚的五月，亲民党主席宋楚瑜先生率领亲民党大陆访问团来到北京。两岸的华夏儿女、炎黄子孙相聚在一起，都感到非常亲切。首先，我代表中共中央，向宋主席和夫人，向张副主席和夫人，向亲民党大陆访问团全体成员，表示热烈的欢迎，并致以良好的祝愿。

胡锦涛说，宋主席率团来大陆访问，同中国共产党进行两党交流和对话，这是我们两党关系中的一件大事，也必将对两岸关系发展产生重要影响。这一重大举措，表达了我们两党为台海地区谋和平、为两岸同胞谋福祉的决心和诚意，符合当今时代发展的潮流，符合两岸同胞的共同心愿。我相信，历史将铭记我们今天的历史性握手和历史性会见。

胡锦涛强调，两岸同胞同根、同族、同脉。中华民族绵延五千多年的悠久历史和灿烂文化，把我们紧紧联系在一起。我们都是中华民族的子孙，都应该以我们伟大的民族为自豪，都应该以振兴我们伟大的民族为己任。今天，纵观世界发展大势，中华民族的发展正面临着难得的历史性机遇。宋主席和亲民党坚持体现一个中国原则的"九二共识"，坚持反对"台独"，主张发展两岸关系，我们对此高度肯定和赞赏。坚持体现一个中国原则的"九二共识"，坚持反对"台独"，是两岸开展对话和协商的政治基础，也是促进两岸关系和平稳定发展的政治基础。不久前中国国民党主席连战先生率团来访，这次宋主席率团来访，都得到了大陆同胞的热情欢迎，也得到了多数台湾同胞的肯定和支持。这表明，两岸同胞都认为这些做法符合他们的心愿和利益。在这里，我愿再次重申，只要承认一个中国原则，承认"九二共识"，不管是什么人、什么政党，也不管他们过去说过什么、做过什么，我们都愿意同他们谈发展两岸关系、促进和平统一的问题。

胡锦涛最后表示，当前，两岸关系发展正处在一个关键时期。我们两党应该以积极的合作，向两岸同胞展现两岸关系和平稳定发展的希望和前景，向世界表明两岸的中国人有能力、有智慧解决彼此的矛盾和问题。宋主席把这次大陆之行称为"搭桥之旅"，我衷心希望通过亲民党大陆访问团的这次访问，在我们两党之间搭起一座互信之桥，在两岸同胞之间搭起一座沟通之桥。一会儿，我和宋主席举行正式会谈。我相信，在共同的政治基础上，经过双方共同努力，会谈一定会取得积极成果。我们同样相信，只要两岸同胞携手努力，两岸关系就一定能够朝着和平稳定的方向发展，两岸共同发展繁荣、中华民族的伟大复兴就一定能够实现。

宋楚瑜致辞时，首先对胡锦涛总书记邀请他率亲民党访问团访问大陆表示诚挚的谢意。他说，这是亲民党和中国共产党第一次就两岸关系的重大问题进行沟通，是历史性的大事。两岸人民都是炎黄子孙，都是中国人。亲民党此次来访，正是要寻找两岸人民沟通的基础，为两岸搭互信之桥、沟通之桥和感情心灵相通之桥。

宋楚瑜表示，此次来访虽然时间很短，但在各地都看到大陆改革开放以来的进步和巨大变化，让人振奋，也看到大陆在迈向现代化过程中的先进理念和豪迈雄心。只要给两岸一个和平环境，两岸的中国人一定能够创造更了不起的成就。

中共中央政治局委员吴仪，中共中央政治局候补委员、中共中央书记处书记、中共中央办公厅主任王刚，中共中央台湾工作办公室主任陈云林等参加了会见。

（三）

会见结束后，胡锦涛总书记与宋楚瑜主席在人民大会堂福建厅举行正式会谈。胡锦涛首先表示，今天同宋主席会谈，是我们两党高层举行的第一次正式会谈，这对于加强我们两党的交往、促进两岸关系发展，具有重要的历史意义与现实意义。当前，两岸关系发展正处在一个关键时期。两岸关系能否向和平稳定的方向发展，两岸同胞的根本利益能否得到保障，牵动着两岸同胞的心。在这样一个重要时刻，宋主席毅然决定率团访问大陆，同我们就此交换意见，是难能可贵的，我们对此高度赞赏。

胡锦涛先请宋楚瑜发表关于两岸关系和两党交往的意见。

宋楚瑜说，这一个月来，中国共产党邀请国民党和亲民党来交流、对话，寻求两岸关系和平稳定与共同发展，产生了很大的影响。全世界都感受到两岸中国人希望创造中华民族和平繁荣的愿景。

宋楚瑜表示，亲民党始终坚持三个基本立场。第一，坚持"九二共识"，从来没有动摇。第二，反对"台独"，这个立场坚定不移。从来不认为"台独"是台湾的选项。"台独"之路行不通，世界上没有一个国家认同"台独"。因此，我们主张诚实地面对现实，务实的面对未来。第三，两岸要和平。两岸人民血浓于水，同是中华民族的一份子。两岸和平是两岸中国人最大的期盼、共同的心声。中国人要重新振兴，是大事。

宋楚瑜说，台湾乡亲希望我们表达他们促进两岸经贸交流的心声。希望大陆给台湾农民更多的关心和帮助，大陆居民能够到台湾旅游、观光。这将给台湾经济发展带来好处，让两岸同胞切身感受到实惠，增进相互了解和理解。双方加强经贸等方面的实质性交流，在互惠合作、创造双赢的基础上，开创两岸关系良性互动的新局面。

在认真听取了宋楚瑜的意见后，胡锦涛说，当前思考和推动两岸关系发展，以下三个重要因素值得我们高度关注。一是，当今世界的形势继续发生深刻变化，和平、发展、合作已经成为时代潮流，经济全球化趋势的深入发展和科学技术的突飞猛进，为两岸加快发展带来了前所未有的有利条件，也使我们面临严峻的挑战。二是，大陆经过几十年特别是改革开放二十多年的发展，各项建设取得了举世公认的成就，正在向着全面建设小康社会、进而实现现代化的目标继续前进；台湾各方面的建设也取得了骄人的成绩，正在谋求新一波的经济发展。发展是两岸的共同任务，也是两岸同胞的共同企盼。三是，二十多年来，两岸人员往来和经济文化交流已经达到了相当的规模和水平，两岸经济互惠互利的效应进一步显现，两岸同胞的共同利益日益增大，两岸经济优势互补、共同发展的光明前景的正展现在我们面前。综合分析各方面的因素，可以说，两岸共同发展繁荣正面临着历史性机遇。

胡锦涛指出，要抓住难得的历史性机遇，促进两岸共同发展繁荣，首先要排除影响两岸发展和台海地区和平稳定的障碍。坦率地说，当前，两岸关系发展的最大障碍是"台独"分裂势力及其活动。遏制"台独"分裂势力及其活动，攸关两岸同胞的根本利益和两岸关系的前途。近一段时间来，两岸关系中出现了一些有利于遏制"台独"分裂活动的新的积极因素，台海紧张局势出现了某些缓和的迹象。但是，反对"台独"分裂势力及其活动的斗争仍然是严峻的、复杂的，坚决遏止"台独"，维护台海和平仍然是两岸同胞的共同任务。

胡锦涛强调，两岸合则两利，分则两害。构建和平稳定发展的两岸关系，对两岸同胞有利，对中华民族的长远发展有利。我们党愿同贵党继续为此一道努力。今年三月，我提出了新形势下发展两岸关系的四点意见，即：坚持一个中国原则决不动摇，争取和平统一的努力决不放弃，贯彻寄希望于台湾人民的方针决不改变，反对"台独"分裂活动决不妥协。胡锦涛就当前改善和发展两岸关系再提出四点看法。

第一，坚持体现一个中国原则的"九二共识"，确立两岸关系和平稳定发展的政治基础。构建和平稳定的两岸关系，必须建立共同的政治基础，也就是要建立最基本的政治互信。这个政治基础，就是必须坚持一个中国原则，坚持中国绝不能分裂，中华民族绝不能分裂。只要建立了这个政治基础，两岸中国人的事情都好商量，没有什么解决不了的问题。但是，谁要搞"台独"，那就没法商量。由于台湾当局不接受一个中国原则、不承认"九二共识"，使得两岸对话和谈判迄今无法恢复。如果台湾当局领导人能朝着承认一个中国原则的方向努力，我们是欢迎的。只要他们接受一个中国原则，承认"九二共识"，两岸对话和谈判即可恢复，而且什么问题都可以谈。

第二，推进两岸"三通"，开创两岸经济交流和合作的新局面。两岸"三通"，符合两岸同胞的切身利益。推动两岸"三通"朝着直接、双向、全面的方向发展，是扩大两岸人员往来和经济交流的客观需要，是两岸经济共同发展繁荣的需要。在两岸海协会与海基会无法恢复商谈的情况下，我们应该积极推动两岸民间行业组织磋商"三通"问题。磋商客运包机节日化、常态化问题，以及推动货运包机问题，都可以采用这种办法。在促进两岸贸易、农业、金融、教育、科技、卫生、文化、体育、旅游等的交流和合作方面，我们也愿意提供更多方便。我们希望台湾当局尽早取消针对大陆的各种歧视性限制，真正拿出诚意，采取实际措施，以利两岸直接、双向、全面"三通"早日实现。

第三，早日恢复两岸平等对话和谈判，求同存异，扩大共识。构建和平稳定发展的两岸关系，需要两岸进行对话和谈判。实现两岸平等对话和谈判，双方都应该拿出诚意、讲求诚信。一是要秉持民族大义，坚持一个中国原则，认同"九二共识"，否则就没有谈的基础，也不可能取得实际性成效。二是要顺应人民意愿，坚持以两岸同胞的福祉为重，想两岸同胞之所想，急两岸同胞之所急，真正为两岸同胞办实事、做好事、解难事。三是要坚持与时俱进，勇于放弃不符合时代发展的陈旧观念，摒弃不符合两岸同胞根本利益的一己私见，真正从两岸同胞和中华民族的现实和未来发展出发想问题、看问题、谈问题。我们将继续与认同"九二共识"、反对"台独"、主张发展两岸关系的台湾各党派、团体和代表性人士开展对话和交流，就发展两岸关系中共同关心和各自关心的问题广泛交换意见，以达到加深了解、增进互信、扩大共识、解决问题的目的。

第四，增进相互理解，密切两岸同胞的感情。两岸同胞都是中国人。2300万台湾同胞是我们的骨肉兄弟，是发展两岸关系的重要力量，也是遏制"台独"分裂活动的重要力量。无论在什么情况下，我们都尊重他们、信赖他们、依靠他们，并且设身处地为他们着想，千方百计照顾和维护他们的正当权益。就像大陆各地民众热爱自己的故乡故土一样，台湾同胞爱台湾，这种心情我们完全可以理解。我们同情台湾同胞在历史上经历的不幸，理解台湾同胞在特殊历史条件下形成的心态，我们会细心体察台湾同胞的意愿，深入了解台湾同胞的诉求。我们也反对各种肆意诋毁大陆人民、挑动和加剧两岸对抗的言行。我们将采取实实在在的措施，促进两岸同胞交往，消除隔阂、培养互信，互相关爱、相互扶持，累积共识、扩大合作，促进两岸同胞和衷共济，共同为中华民族的伟大复兴而奋斗。

胡锦涛最后表示，我们今天的会谈很有意义，也富有成果。希望我们两党今后加强交往，继续为两岸关系的改善和发展、为中华民族的繁荣富强和共同努力。

会谈结束后，胡锦涛、宋楚瑜分别代表中国共产党和亲民党互赠了礼品。

当晚，胡锦涛在中南海瀛台宴请宋楚瑜夫妇及访问团主要成员。

中共中央政治局委员吴仪，中共中央政治局候补委员、中共中央书记处书记、中共中央办公厅主任王刚，中共中央台湾工作办公室主任陈云林，亲民党副主席张昭雄等参加了会谈和宴请。

（四）

5月12日下午5时10分左右，刚刚与中共中央总书记胡锦涛举行完会见会谈后，亲民党大陆访问团在北京饭店召开了记者会，亲民党政策中心主任张显耀首先宣读了亲民党与中国共产党达成的会谈公报。

张显耀朗声宣读道："亲民党主席宋楚瑜应中国共产党中央委员会总书记胡锦涛的邀请，于二零零五年五月五日至十三日率亲民党大陆访问团正式访问大陆。这是中国共产党与亲民党之间首次进行两党交流对话，具有重要意义。五月十二日，胡总书记与宋主席在北京举行正式会谈，双方就促进两岸关系改善与发展的重大问题及两党交往事宜，坦诚、深入地交换了意见。五月十一日，中共中央政治局常委、书记处书记曾庆红会见了亲民党访问团全体成员。"

"两党认为，当前两岸关系发展正处于重要关键时刻，两党应共同努力，促进两岸关系的缓和，谋求台海地区和平稳定，增进两岸人民福祉，维护中华民族的整体利益。"

"一、促进在'九二共识'基础上，尽速恢复两岸平等谈判。"

"一九九二年两岸达成的共识应受到尊重（一九九二年两会各自口头表述原文：海基会表述——'在海峡两岸共同努力谋求国家统一的过程中，双方虽均坚持一个中国的原则，但对于一个中国的涵义，认知各有不同。'；海协表述——'海峡两岸均坚持一个中国的原则，努力谋求国家统一，但在海峡两岸事务性商谈中，不涉及一个中国的政治含义。'）。"

"在前述两岸各自表明均坚持一个中国准则，即'九二共识'（'两岸一中'）的基础上，尽速恢复两岸平等协商谈判，相互尊重，求同存异，务实解决两岸共同关心的重大议题。"

"二、坚决反对'台独'，共谋台海和平与稳定。"

"'台独'主张伤害两岸人民感情，不利于台湾与大陆发展正常的互利合作关系，更严重破坏台海以及亚太地区的安全与稳定。双方对任何推动'正名'、'公投制宪'等破坏台海现状的'台独'活动，均坚决反对。"

"希望台湾当局领导人切实履行二月二十四日重申的'四不一没有'的承诺和不通过'宪改'进行'台湾法理独立'的承诺。只要台湾没有朝向'台独'发展的任何可能性，才能有效避免台海军事冲突。"

"三、推动结束两岸敌对状态，促进建立两岸和平架构。"

"两岸应通过协商谈判正式结束敌对状态，并期未来达成和平协议，建立两岸军事互信机制，共同维护台海和平与安全，确保两岸关系和平稳定发展。"

"四、加强两岸经贸交流，促进建立稳定的两岸经贸合作机制。"

"两岸合则两利，分则两害，通则双赢。双方愿促进加强推动两岸经贸等实质性交流；在互惠合作、创造双赢的基础上，开展两岸关系良性互动。

"——积极推动两岸通航。促进以二零零五年春节包机成功的模式，实现客运包机节日化、常态化，并逐步推动货运便捷化，逐步促成二零零六年开始全面、直接、双向通航。"

"——促进实现两岸直接贸易和直接通汇，进一步实现两岸经贸关系正常化。

"——促进两岸恢复协商后，就建立两岸贸易便利和自由化（两岸自由贸易区）等长期、稳定的相关机制问题进行磋商。"

"——加强两岸农业合作，扩大台商在农业领域的投资，增加台湾农产品在大陆的销售。大陆方面提供通关、检验、检疫便利和部分农产品（水果）零关税等优惠待遇，以协助解决台湾水果丰收季节之滞销问题。台湾方面落实农产品（水果）的直接运输。"

"——促进实现两岸企业双向直接投资。推动两岸银行、保险、证券、运输、医疗等服务业的具体合作。促进两岸展开全面经济交流，进而建立稳定的经贸合作机制。"

"——促进两岸在互惠互利基础上商谈解决保护台商投资权益的问题；商谈处理避免对台商双重征税的问题。"

"——扩大两岸民间交往，为两岸人员往来提供便利。大陆方面进一步简化台湾同胞往来大陆的入出境手续。"

"——大陆方面尽快实施在大陆就读的台湾学生与大陆学生同等收费标准，并争取于年内设立台湾学生奖学金。"

"——扩大两岸人才交流。大陆方面逐步放宽政策，鼓励和促进台湾同胞在大陆就业。"

"五、促进协商台湾民众关心的参与国际活动问题。"

"促进恢复两岸平等协商后，讨论台湾民众关心的参与国际活动的问题，包括优先讨论参与世界卫生组织（WHO）的活动的相关问题。双方共同努力，求同存异，逐步寻求最终解决办法。"

"六、推动建立'两岸民间菁英论坛'及台商服务机制。"

"汇集两岸专家学者及各界杰出青年之智慧与经验，筹设'两岸民间菁英论坛'，集思广益，研讨两岸关系发展的各项政策性建议。双方共同推动建立和完善为台商服务的机制。"

"两党相信，两岸关系和平稳定发展，符合两岸人民的共同利益，也符合亚太地区和全球的利益。两党领导人的会谈成果，将有助于增进彼此互信，对促进两岸关系改善与发展产生重要的积极影响。两党愿为两岸同胞福祉和中华民族整体发展共同努力。"

会谈公报宣读完后，宋楚瑜对记者说，首先感谢中共中央和胡锦涛总书记的邀请。他说，这是亲民党和中国共产党第一次面对面的高层沟通，双方就共同关切的当前两岸之间的重大问题进行了非常坦诚、深入而广泛的意见交换，并达成今天的会谈公报。

就两党会谈公报中的第一点共识，宋楚瑜向记者作了这样的陈述：我们要诚实地去面对现实和历史，务实的去面对未来，在过去建立的"九二共识"基础上，尽速恢复两岸平等谈判，务实地来解决两岸共同关心的重大议题，发展互利互补的关系。只有让两岸和平，才能让亚太地区、特别是两岸人民享受到和平的果实。

有记者问，台湾当局不承认"九二共识"，宋主席对此有何看法？宋楚瑜说，两岸两会达成的"九二共识"这是明确的事实，"两岸一中"本来就是事实，不是谁承认不承认、谁接受不接受的问题。

有记者问，亲民党回到台湾以后，怎样推动建立"两岸民间菁英论坛"及台商服务机制？宋楚瑜说，亲民党一向希望用诚恳的沟通和相互的尊重，在互利互补的基础上，以平等对待的态度来解决两岸的问题。他强调，今天几乎很多的事情都是大陆单方面做了非常明确的善意表达，亲民党愿意来推动这方面的工作。

在回答对于达成的共识，亲民党回去后将从哪一步着手的问题时，宋楚瑜说，只要是符合台湾人民利益的事情，相信不只是国民党、亲民党，岛内还有更多人士愿意来推动。台湾舆论界对整个形势把握得非常清楚，两岸合则两利。在这样的一个关键时刻，如果错失好时机，对于两岸毫无帮助，而对台湾的经济、台湾人民的福祉会有重大伤害，所以我们会持续地把这些事情做好。

在回答有关亲民党与国民党的合作问题时，宋楚瑜说，亲民党和国民党在国家认同的大是大非上是战略伙伴关系，我们会与国民党就有关的重大问题展开合作，共同维护两岸的和平。

（五）

在亲民党举行记者会的同时，中共中央台湾工作办公室新闻发言人接受了人民日报记者的采访，对会谈公报发表了看法。

新闻发言人介绍说，胡锦涛总书记与宋楚瑜主席的会谈是中国共产党与亲民党两党高层举行的第一次正式会谈。这次会谈对加强两党交往、促进两岸关系发展具有重要的历史意义和现实意义。公报反映了会谈取得的主要成果。公报表明，双方都主张，促进在"九二共识"基础上尽速恢复两岸平等谈判；坚决反对"台独"，共谋台海和平与稳定；推动结束两岸敌对状态，促进建立两岸和平架构。公报记载了双方基于"两岸和则两利，分则两害，通则双赢"的共同体认，就加强两岸经贸交流、促进建立稳定的两岸经贸合作机制达成九项共识，包含了许多新的具体构想、步骤与措施。其中，大陆方面进一步简化台湾同胞往来大陆的入出境手续，尽快实施在大陆就读的台湾学生与大陆学生同等收费标准，放宽台湾同胞在大陆就业政策，以利于维护台湾同胞利益、增进台湾同胞福祉。此外，两党推动建立的"两岸民间菁英论坛"，也可以说是今后两党交流的一个平台。

新闻发言人谈到，两党会谈之所以能够取得重大的积极成果，在于两党具有坚持一个中国原则和"九二共识"的共同认知，具有坚决反对"台独"、共谋台海和平与稳定的共同态度。两岸关系的改善与发展离不开和平稳定的环境。"台独"分裂主张和活动伤害两岸人民情感，不利于台湾与大陆发展正常的互利合作关系，更严重破坏台海及亚太地区的安全与稳定。两党坚决反对任何推动"正名"、"公投制宪"等破坏台海现状的"台独"分裂活动。3月4日，胡锦涛总书记提出的在新形势下发展两岸关系的四点意见中明确指出："我们希望，台湾当局领导人切实履行2月24日重申的'四不一没有'的承诺和不通过'宪改'进行'台湾法理独立'的承诺，通过自己的实际行动向世人表明这不是一句可以随意背弃的空话。"只要台湾没有朝向"台独"发展的任何可能性，才能有效避免台海军事冲突。

这位发言人最后说，胡锦涛总书记和宋主席会谈所取得的成果，都是有利于促进改善与发展两岸关系的，有利于维护两岸同胞特别是台湾同胞切身利益的。相信两党通过共同推动、落实会谈公报中各项举措的努力，一定会得到两岸同胞的赞同和支持。

（六）

5月12日晚10时左右，即将结束访问回台的宋楚瑜，在北京饭店接受了人民日报、新华社等大陆主要媒体记者的联合采访。

有记者问，明天，宋主席将结束全部访问行程回台，请问您此刻最大的收获是什么？

宋楚瑜说，此次大陆之行最大的收获是与中共中央总书记胡锦涛的会谈，双方进行了面对面的深入探讨，交换了意见，达成了很多共识。在与胡锦涛总书记的会谈中，我们对两岸问题形成了这样基调，即：两岸是一家人，我们都是炎黄子孙；必须坚持一个中国原则不动摇；同时反对"台独"的立场应更加坚定。在此前提之下，推动两岸的沟通和了解。让我振奋的是，此次会谈中就一些具体问题达成共识，如将逐步促成在2006年开始全面、直接、双向通航。此外还就两岸自由贸易区、台商权益保障、台湾学生在大陆求学的学费等问题进行了讨论。套用北京方言就是"忒有成就感"！

由于胡锦涛总书记的魄力和决断，连战先生和我才得以来大陆访问。而通过这两次历史性的访问，我们让全世界看到：两岸中国人确实有智慧和能力来共同处理我们自己的问题。

有记者问，此次大陆之行，您所到之处受到民众热情欢迎，请问您对此有何感想？

宋楚瑜说，五十多年没有回故乡，在台湾的时候常常想回家。这次回来，看到那么多的乡亲夹道欢迎，我心里有一种说不出来的感受。大陆乡亲的热情鼓励和加油，让我感到非常温暖。这种热情里面，一方面是乡情，另一方面则是期待，大陆乡亲希望两岸一家亲的愿望，我有十分深切的体会。

有记者问，请问推动您此次大陆之行的最大动力是什么？

宋楚瑜说，我义无反顾决定来大陆进行"搭桥之旅"，是想为两岸和平尽己所能。另外，有很多迹象显示，大陆市场对台湾越来越重要，而一段时间以来，台湾的经济持续低迷。为了民生的改善，我决定站出来，为两岸的经贸交流做点事。我当年作台湾省省长时说过，"人民之小事，乃政府之大事"，政治人物对于富国利民的事责无旁贷。

有记者问，台湾有人说，发展两岸经贸是在掏空台湾经济，您对此有何评价？

宋楚瑜说，这个问题被岛内一些"泛绿"人士扭曲了。到大陆投资和发展经济的台商，是台湾经济的功臣，事实上台商在大陆投资的利润台湾人民是能够享受到的。这是全世界任何一个地方都是正常的、进步的现象。

亲民党过去一直公开批评李登辉的"戒急用忍"政策。事实证明，绝大多数台湾民众都希望尽快"三通"。因此，我们回去之后，会就今天与胡锦涛总书记的会谈公报进行重点持续地推动。因为"三通"是两岸最好的出路，不然，台湾将会被边缘化。

有记者问，您认为未来两岸关系发展的方向是什么？

宋楚瑜说，我认为有两个方向需要加强。第一，两岸要多来往、多交流、多沟通。第二，在沟通和交流的基础上，建立互信机制，消除不必要的误解。我临离开台湾之前说过，大家都把注意力放在"三通"上，其实最重要的是第四通——心灵相通，只要心灵相通，就会一通百通。大陆的乡亲希望国家统一，台湾的乡亲也希望大陆的乡亲了解他们在想什么。所以，我在清华大学演讲时特别强调，要把台湾的故事让大陆的乡亲了解，爱乡爱土的台湾意识并不等于搞"台独"、搞分裂。

有记者问，您认为目前台湾岛内的主流民意是什么？

宋楚瑜说，台湾的主流民意是希望和平、希望安定。在连战先生和我先后访问大陆之后，越来越多的台湾民众都赞成两岸多沟通、多对话。只要我们回到"九二共识"和相关的基本准则上来，两岸之间这样的沟通是可以让台湾的乡亲安心的。两岸应该多来往，多交流，慢慢建立互信。再长的隧道也有出口，再长的黑夜也有天明的时候。两岸血脉相连，只要我们有信心和诚意，两岸关系一定会有光明的未来。

有记者问，去年11月台湾"立法委员"选举后，岛内"泛蓝"合作出现了一些变数。请问您对未来"泛蓝"合作的前景如何预期？

宋楚瑜说，事实上，我们知道"泛蓝"阵营最重要的就是国民党和亲民党，这两个党在大是大非的国家认同问题上是一致的。但是，在选举竞争中，我们还存在着一些不同的见解。亲民党和国民党是战略合作伙伴关系，是合作而不是合并的关系，在反"台独"等问题上，我们将继续合作。

最后，记者问，请问您此行有什么遗憾吗？

宋楚瑜说，遗憾是访问的时间太短，只有9天的时间。五十多年想要看的地方不是几天就可以看完的，例如很想去看看长城和故宫，很可惜没有时间。经过五十多年的隔阂之后，大多数台湾民众对大陆缺乏了解，比如大陆的巨大改变和进步，台湾民众如果不来亲身看看，是不会清楚的。

十一、就在宋楚瑜率团飞离北京之前，大陆方面再次宣布了具体的、充满诚意和善意的、有利于台湾同胞的政策措施

（一）

宋楚瑜率领的亲民党大陆访问团圆满结束了9天8夜的访问行程后，于5月13日一早乘车赶赴首都机场登机返台。中共中央台办主任陈云林，中共北京市委副书记龙新民，中共中央台办副主任李炳才、王富卿、王在希和北京市台商、各界代表到机场送行。

在鲜花、笑脸、掌声和亲切的祝福声中，宋楚瑜在机场深情地发表了临别感言。他说，这次访问让访问团成员看到了大陆改革开放带来的巨大进步，更感受到大陆同胞对海峡彼岸台湾同胞的深情厚谊和热切期待。访问团将会把大陆的善意诚意带回台湾，进行具体落实，把这些善意化为对人民未

来重要的一些决定和行动。

宋楚瑜说，12日我与中共中央总书记胡锦涛的会谈结束后，大陆方面立即决定启动台商权益的保障、入出境、在大陆求学的台湾学生学费和就业等方面的积极措施。这表明大陆方面是在用行动来证明诚意，这些举措也让"我们感受到两岸未来的愿景是非常明朗的。"

宋楚瑜说，中国共产党对未来两岸关系所作出的重大决定，再次说明大陆同胞和大陆方面有诚意凝聚两岸共同的智慧，来解决我们过去的误解。两岸合则两利，分则两害。只要我们认同是炎黄子孙，站在民族大义的前提下，两岸没有不可解决的问题。

宋楚瑜表示，亲民党已与中国共产党建立起两党今后持续沟通的工作平台，将定期或不定期地就重大议题交换意见，来沟通落实，将一些事情做好。他说："我们依依不舍地离开了，但是会很快回来。"

临登机前，宋楚瑜带领访问团成员深深一鞠躬，向大陆同胞和大陆有关方面的热情接待表示感谢。

上午8时40分，乘坐着宋楚瑜一行的南方航空公司的飞机飞离北京，经香港返回台湾。

（二）

就在宋楚瑜率领的亲民党大陆访问团飞离北京之前，中共中央台湾工作办公室、国务院台湾事务办公室主任陈云林在北京宣布，大陆有关方面将进一步为台湾居民入出境提供便利；对在高等院校就读的台湾学生按照大陆学生标准同等收费；并逐步放宽台湾同胞在大陆就业的条件。

陈云林说，近年来，大陆有关方面陆续推出了一系列方便台湾居民入出境、照顾台湾学生利益、鼓励台湾人才就业的政策措施。如：在大陆投资、经商的台胞及其配偶、子女和在大陆就读的台生，可根据实际需要，凭有关证明到出入境管理部门，申请办理1至5年多次出入境有效证件及签注；批准福建省公安厅为金门、马祖、澎湖居民和已在大陆的台胞签发5年期《台湾居民来往大陆通行证》；取消台生报考大陆高等院校的年龄限制，由各招生学校自定分数线，降低台湾研究生的学费标准；开放台湾同胞参加医师、注册会计师等十余种职业资格考试。这些措施和政策受到了台湾同胞的普遍欢迎。

陈云林说，随着两岸人员往来和经济、文化等领域潮流的发展，到大陆工作、学习、生活的台湾同胞日益增多，为切实解决台湾同胞关心的问题，大陆有关方面研究决定，将进一步采取便利台湾居民入出境的措施。包括：

第一，简化台湾居民入出境及在大陆居留手续。对在大陆居留1年以上的台湾居民，可根据现行规定和本人需要，签发1至5年居留签注，台湾居民凭居留签注无需再办理入出境签注。对短期来大陆的台湾居民，根据需要签发1年内多次来往大陆签注，无需再办理居留手续。第二，授权福建省公安机关出入境管理部门，为金门、马祖、澎湖居民签发1年多次有效来往大陆签注。第三，授权上海市、江苏省公安机关出入境管理部门，试行为在大陆丢失证件和证件过期的台湾居民补发、换发5年有效《台湾居民来往大陆通行证》。

陈云林表示，大陆方面十分关心在各个高等院校学习的台湾大学生和研究生，为降低他们的学习费用，将尽快实施与同校的大陆学生同等收费标准。学费与实际培养成本的经费差额，享受国家财政补贴。教育主管部门还将争取于年内设立台湾大学生奖学金，以进一步资助其学习，鼓励其成才。同时，我们也再次呼吁，台湾当局尽快承认他们在大陆求学的学历，以保障其合法权益。

陈云林表示，我们一贯鼓励两岸人才交流。近年来，在大陆经济快速发展的情况下，越来越多的台湾同胞希望到大陆就业。为此，劳动保障部门正在抓紧修订政策，放宽台胞在大陆就业的条件；依据修订后的新政策，在大陆高校毕业的台湾学生，在依法办理工作证后，可以与大陆毕业生一样在大陆就业。进一步向台湾各类专业人才开放就业市场；鼓励台胞在大陆参加由劳动保障部门举行的职业资格考试，取得职业资格。条件成熟时，也可在台湾设立考点，以利于就近参加考试，方便台湾同胞在大陆就业。

（三）

5月13日下午3时40分许，宋楚瑜率领的亲民党大陆访问团乘坐的包机飞抵台北桃园机场，受到亲民党的支持者的热情迎接。宋楚瑜在机场发表谈话表示，亲民党带着两岸同胞共同追求和平的愿景回到台湾。

宋楚瑜说，这次访问期间看到大陆的很多变化，也看到大陆乡亲和我们一样，都愿意追求和平。他说，12日，访问团与中共中央总书记胡锦涛坦诚、深入地交换了意见，并达成六点重要结论和共识。13日，在访问团离开北京之前，大陆方面正式宣布了具体、有诚意的措施，包括台湾民众到大陆访问的简化措施以及在大陆求学的台湾学生的学费、就业、奖学金等问题。对此，他特别向中共中央表达感佩之意。

5月13日这一天，新华社记者电话采访了台湾知名人士。在采访台湾大学政治系教授张麟征时，张教授认为，连战和宋楚瑜两位台湾在野党主席相继成功访问大陆，是两岸关系一个很大的转折点。她说，连战和宋楚瑜访问大陆在岛内引起了巨大反响，也引起了国际社会的高度关注。连战和宋楚瑜在访问大陆期间一再强调一个中国和"九二共识"，一再表明反"台独"的立场，这对台湾求和平、求稳定、求发展的主流民意无疑是一种强化，新的"大陆热"势必在台湾延烧，这是不可阻挡的趋势。

台湾胜大庄文化集团董事长李志仁在接受采访时表示，连战、宋楚瑜访问大陆，是历史性事件，是整个中华民族的福报，可喜可贺，"大陆的真诚与善意是连战、宋楚瑜访问成功的基础和前提"。他说，连、宋大陆行期间与中共领导人所达成的多项重要共识，充分体现了大陆对台湾人民的利益和福祉的关心，"开放大陆同胞到台湾观光，这是送给台湾民众的大礼，这可以使台湾的经济活起来，可以使绝大多数台湾民众受益。作为台湾的一员，我十分感动和感谢。"

十二、台港澳舆论热评"胡宋会"和会谈公报，纷纷解读"六点共识"

（一）

就在胡锦涛总书记会见宋楚瑜一行并与宋楚瑜举行正式会谈的当天，台湾"中央社"一口气发出七、八篇报道，向台湾民众报道会见会谈情况，对会谈成果进行评论。

一则电讯说，亲民党主席宋楚瑜和中国共产党总书记胡锦涛今天会面，胡锦涛"高度肯定、赞赏"宋楚瑜坚持体现一个中国原则的"九二共识"，坚决反对"台独"。他说，只要承认一个中国原则、"九二共识"，不管什么人、什么政党，不管他过去说过什么、做过什么，我们都愿意与他们谈两岸关系，促进两岸和平统一。

胡锦涛说，国亲两党主席连战、宋楚瑜来访，大陆同胞和台湾同胞都给以支持与欢迎，表明两岸同胞认为这些做法符合他们的心愿。他表示，两岸关系发展正处于关键时期，两党应以积极作为，向两岸同胞展现两岸关系和平稳定发展的希望和前景，向世界表明中国人有能力、有智慧解决彼此间的矛盾与分歧。

胡锦涛说，宋楚瑜称这次访问为"搭桥之旅"，他衷心希望透过亲民党访问团的访问，在两党之间搭起一座互信之桥，在两岸同胞之间搭起一座沟通之桥。

另一则电讯则是报道了台湾人士对会谈公报提出的"六点共识"进行

的解读。电讯说，公报内容重点包括"促进在九二共识上两岸平等谈判"、"反对'台独'"、"终止敌对状态、两岸建立军事互信机制"、"加强两岸经贸交流"、"促进台湾参与国际组织"、"建立推动两岸民间菁英论坛"六项。前陆委会副主任黄介正接受"中央社"访问时指出，公报首项对"九二共识"特地加以说明别具意义，因为文中叙明1992年两岸在"辜汪会谈"之前，海基会与海协会的档案文字，藉以强调当年虽然没有"九二共识"的具体文字，可是已经实质表明意涵。他认为，把档案文字写在公报上，比光讲"九二共识"更具体，也显示过去政府确实承认一个中国原则和追求统一的意念，更重要的是，这些的确都是过去曾经讲的话，是与当前的执政党要如何看待和解释国民党当年白纸黑字的档案，需要看陈水扁如何回应。

黄介正指出，今天公报明确提到货运便捷化以及"胡连会"时泛指的共同市场，但是，自由贸易区的概念应是较为特殊的说法，至于是否和国民党的意念相符，犹待国、亲再进一步交换意见。

黄介正说，还值得注意的是，过去两岸曾提过要促进包机等通航事宜，但未正式提出时间表，这次则明确指出要在2006年达成目标。

黄介正认为，公报提到"台湾公民就业问题"，这可能对台湾内部、产业结构、年青人求学发展与到大陆留学等，对台湾增加许多吸引力。

黄介正还认为，"为台商服务"与"民间菁英论坛"将是两岸共同的目标，论坛方面应非仅由亲民党和中共两党来谈，而是涵盖执政党。

5月13日，台湾《中国时报》发表题为"胡宋会六共识开启机会之窗"的文章说，昨天的胡宋会达成中国共产党与亲民党的六项共识，正式发表了一篇洋洋洒洒的会谈公报，描绘出海峡两岸和中华民族整体发展的和平愿景，亦可谓是开启两岸前景的机会之窗。这跟十几天前胡连会新闻公报所揭示的五个促进的内容相比，显然端出了更加具体有料的两岸互利互惠的"政策牛肉"，其象征意义与实质成果，实不容阿扁执政当局等闲视之。

台湾《联合报》5月13日发表的题为"会谈公报浮现扁宋十点共识"的文章说，亲民党与中国共产党昨天举行会谈发表公报，其中最重要的是将"九二共识"及两岸"不独不武"明文化。无论民进党政府是否接受，这将是两岸未来几年互动的基本架构：在一个中国原则的框架中交流对话。

文章指出，胡宋会后，"九二共识"被冠上"两岸一中"的新标签；但胡宋会前，"总统府"已先一步否认"九二共识"，看似为扁宋十点共识与胡宋会的"两岸一中"预设了防墙。但耐人寻味的是，在胡宋会公报中，竟出现扁宋会十点共识的内容，中共据此要扁重申"四不一没有"及"宪改"不涉及主权现状改变，提出"不独不武"的概念。文章说，"不独不武"是台湾多数民意。切中两岸多数民意，应算是宋此行的收获。

《联合报》在这一天的报纸上还发表了另一篇文章，题目叫《若非民意所趋 在野党岂敢逆势》。文章指出，本来，反分裂法通过，按理说台湾民众应如1996年台海危机时那样地反对，但这回不仅抗议行动的社会动员被局限在泛绿阵营中，接踵而来的是在野党旗帜鲜明地登陆，挣脱红帽子的钳制，反而还获得多数民意认同。民气向着大势所趋，是政府公权力也无法阻挡的潮流。

台湾商业总会理事长王会麟在接受人民日报记者采访时表示，会谈成果中，以"尽速恢复两岸谈判、共谋台海和平稳定、推动结束两岸敌对状态、加强经贸交流和建立台商服务机制，最符合两岸人民意愿，工商界表示肯定。他希望，两岸能在互惠合作、创造双赢的基础上，积极推动客运包机节日化、常态化，逐步促成2006年开始全面、直接、双向直航。王会麟认为，两岸直接贸易、直接通汇、农业合作，时机已经成熟。接着可协商台商投资权益的问题，避免双重课税，并促进实现两岸企业双向直接投资，推动两岸银行、保险、证券、运输、医疗等服务业的具体合作"。

东莞台资企业协会荣誉会长张汉文在接受记者采访时表示，"胡宋会"公报内容是台商盼望了很多年的成果，代表了台商的心声。张汉文说，他最关注的还是涉及台商的内容，特别是两岸"三通"、避免对台商双重课税以及建立为台商服务的机制等。他说，这也是宋楚瑜5月8日在上海与台商餐叙时，台商们所反映的主要问题。张汉文表示，非常关注这些成果的落实，为此他专程从大陆飞抵台湾，希望台湾的执政党能与在野党好好协商，共同促成连宋大陆之行所有成果的落实，造福两岸人民。

（二）

香港《新报》5月13日发表题为"'两岸一中'底线阿扁难以回避"的文章说，宋楚瑜继连战之后，大陆之行取得成功。他和中共总书记胡锦涛会面后，达成六项共识。胡宋均认为：只要承认"九二共识（两岸一中）"，台湾执政的陈水扁就可以和北京展开和谈。宋已搭起桥而球亦传到阿扁那里。

文章指出，宋楚瑜坦白地讲出台湾人的忧心所在：绝大部分台湾人不想"台独"，但因为两岸分隔五十多年，双方生活制度有所不同，台人怕打拼得来的成果失去，"台独"分子才可以利用这些忧虑混水摸鱼；但随着大陆快速现代化，过去的"教条"已抛弃，经济民生有飞跃的改善；加上胡锦涛等领导人开明、不僵化，在大陆和台湾均矢志搞好经济，以改善民生为要务的情况下，只要不搞"台独"，两岸就像兄弟般可以无所不谈。

文章说，胡锦涛一招和谈，令陈水扁无所招架。大陆经济改革的成果，市场的庞大，世界各国都想搭上这班车，只有台湾自绝于外，倘若重视台湾人的福祉，阿扁不能不谈；不过民进党在表面上否定"九二共识"，阿扁能否创造条件和胡锦涛会面，就要看他的政治智慧。大部分台湾人对大陆强调和平、反对战争、提倡经济互补、共同繁荣的这种理念是认同的，阿扁倘若不顺应民意，未来在历史上就很难交代。

文章最后提出了这样的问题：阿扁变得进退维谷，他到底要怎样做？若否定"九二共识"，不赶上大陆这班经济快车，民进党的政治前途有限，下次选举能否"险胜"亦大有疑问！台湾舆论已有人提出台湾往何处去？若断了内地这条"脐带"，在大陆飞快的现代化下，台湾如何自处？

香港《成报》5月13日发表题为"'两岸一中'新概念 弃独双赢此其时"的文章说，继中国国民党主席连战之后，宋楚瑜的大陆之行再度取得丰厚成果，将近期的"登陆热"推到另一个高潮。胡锦涛和连、宋分别达成的多项共识，充分体现了他年初发表的"胡四点"对台政策新思维。在"反分裂"的前提下，展现了最大的政策灵活性和弹性。无论是提出两岸和平协议，还是对台进口水果实施零关税，处处皆向台湾人民释放出最大的诚意和善意。

文章指出，北京的对台政策新思维，充分发挥"硬的更硬，软的更软"的策略，既令国民党及亲民党对台湾人民利益有所交代，又用"两岸一中"的新表述，与亲民党找到结合点。在反对"台独"，坚持一中的原则下，北京和国亲两党达成了高度一致，形成对两岸关系的广泛共识，为未来发展提供了坚实的基础，两岸关系也出现了前所未有的新局面，凡此种种，皆显示出对台新政策已经取得预期的成果。

文章最后说，胡锦涛与国亲两党的共识，为两岸和平开拓了宽阔的空间，不但成功地取得了台湾广大民众的认同，而且也得到国际社会、特别是美国的肯定。相比之下，"台独"的路愈走愈窄，这点可以从近期陈水扁进退失据、民望急剧大幅下跌得知。陈水扁为了自己和台湾人民的前途，实在是时候需要作出重大的抉择。

香港《星岛日报》5月13日发表了题为"'新胡四点'有软有硬"的文章，称赞胡锦涛在与宋楚瑜举行会谈时提出的新的四点意见。文章说，今年三月，胡锦涛提出了新形势下发展两岸关系的四点意见。相比之下，昨天的"新胡四点"显得更加刚柔并济，简单来说，就是"软的更软，硬的更硬"。他不点名地欢迎陈水扁朝承认一个中国原则的方向努力，只要建立"九二共识"这个政治基础，没有什么解决不了的问题。但是，话锋一转，他强调，谁要搞"台独"，那就没法商量。

文章称赞道，胡锦涛深明"民意"之关键。"新胡四点"正面回应了宋楚瑜在清华大学演讲的中提出的"台湾意识"，姿态柔软地表明将"理解台湾同胞在特殊历史条件下形成的心态，我们会细心体察台湾同胞的意愿，深入了解台湾同胞的诉求"。不过，仍然是"一环扣一环"，针对台湾当局常常挑起仇恨大陆的"民意"，胡锦涛强硬地说，"我们也反对各种肆意诋毁大陆人民、挑动和加剧两岸对抗的言行"。

香港《新报》5月13日也发表文章称赞大陆对台政策的新思维，文章的题目叫"北京软攻势令台湾当局受压"。文章说，台湾亲民党主席宋楚瑜昨天完成了他访问大陆最重要的一个行程，就是与中国共产党总书记胡锦涛会面。这次会面结束后，北京对台湾的"软攻势"暂告一段落，余下来的就是要看下一步怎么做了。

文章说，总的来说，共产党先后与国民党和亲民党高层会面后，成为最大的赢家，不单在两岸形势上占得主动，还把台湾的民意也吸引过来。在未来一段时间内，如果北京继续采取目前的"软攻势"，将会进一步对台湾当局构成压力。

文章指出，事实上，除了台湾民意转变，令连战和宋楚瑜的名望骤然上升，陈水扁的民意骤然下降之外，连民进党内部也出现了明显的分歧。

文章最后说，既然有利于大陆的势头已经出现，那么该怎样延续下去呢？无论政治上怎样取得主动，最重要的还是尽快落实已启动的民生议题，这才是台湾人民愿意看到的。

5月13日，澳门主要媒体均对"胡宋会"和会谈成果进行了大量报道。《澳门日报》、《大众报》、《市民日报》、《正报》以及英文报纸《澳门邮报》等均在头版以整版的篇幅图文并茂地加以报道。当地发行量最大的《澳门日报》专门开辟5个版面全面报道了"胡宋会"和宋楚瑜的"搭桥之旅"。

《澳门日报》专门发表社论指出，会谈公报把1992年达成的一中共识原文重复发表一次，以确认"九二共识"确实无讹的存在，这有利于台湾同胞理直气壮地接受"九二共识"这一历史事实。而只有确认一个中国这一根本原则，恢复两岸平等谈判才有一个坚实的基础。

十三、海外华侨华人高度评价连宋相继访问大陆，他们普遍认为，两岸党派领导人会晤是务实的，是追求两岸双赢、共荣的历史性会晤，必将载入中华民族发展的史册

宋楚瑜率亲民党大陆访问团结束了访问行程后，海外华侨华人继热评连战大陆之行又掀起新的一轮热评。他们纷纷发表文章或讲话，积极评价连宋相继访问大陆的现实意义和历史意义。

美国华文报纸《侨报》5月12日刊载署名文章，高度评价胡锦涛与宋楚瑜的会晤，呼吁台湾当局顺应民意，回归"九二共识"。文章说，中国共产党的领袖有史以来第一次与台湾土生土长的政党领袖握手，这一里程碑式的行动再次表明，实现两岸求和平、求稳定、求发展的愿望不可阻挡。

印尼华文报纸《世界日报》认为，宋楚瑜的大陆行表明，两岸关系已经找到新的动力和交集点，那就是和平与经贸利益，在这场"接力棒式"的互动中，李登辉等"台独"强硬派是最大输家，北京是赢家，国民党、亲民党也是赢家，但最大的赢家是两岸人民。

新加坡《联合早报》发表题为"两岸关系的模糊空间"的社论，认为与此前中国国民党主席连战访问大陆时同胡锦涛总书记达成的五点共识相比，此次"胡宋会"达成的六点共识对未来的合作事项讨论得更加具体。社论表示，只要两岸求同存异，互利双赢的局面很快就会出现。

澳大利亚华侨华人团体5月13日在悉尼召开座谈会，高度赞扬宋楚瑜访问大陆，认为中国共产党和亲民党领导人的会谈将促进海峡两岸和平关系发展。澳大利亚华人团体协会主席吴昌茂在发言中说，两党领导人会晤对遏制"台独"分裂势力，促进中国的和平统一和维护亚太地区的和平稳定都起到了积极的促进作用。

旅居荷兰的华侨总会名誉会长叶世顺说，连宋访问大陆是顺应两岸民意，顺应世界大势的历史性访问。连宋坚决反对"台独"，坚持一个中国原则，同时又照顾到台湾的现状。两岸党派领导人会晤是务实的，是追求两岸双赢、共荣的历史性会晤，必将载入中华民族发展的史册。

比利时中华妇女联合会全国主席江南英说，连宋访问的一个共同点就是都坚持一个中国原则，承认"九二共识"，主张和平，发展政治互信。这也是两岸民众的主流愿望。海峡两岸都是中国人，骨肉相连，血脉相通，希望祖国早日实现和平统一。

旅比华侨联合会会长梁兆淘说，连宋相继访问大陆的两三周来，"我们

海外华人见面打招呼的第一句话就是'好消息啦！'两岸政党领导人的历史性会晤，使我们海外华侨华人对祖国的和平统一充满信心。"

南非三家华文报纸《非洲时报》、《南非华人报》和《华侨新闻报》十几天来都是在头版位置整版连续报道连宋二人在大陆的访问行程。《非洲时报》在头版头条即以"胡锦涛会见连战——跨越60年的握手"为题，并配有胡锦涛和连战握手的大幅照片，赞颂两党领导人的历史性会晤。《南非华人报》更是全文配发了连、宋在大陆各地发表演讲的全文，有的还配以评论，赞扬两岸中国人携手共创美好未来的愿景。由台湾同胞主办的《华侨新闻报》同样也在头版和显著位置连续报道了两人的大陆之行，字里行间溢满赞颂之意和喜悦之情。

南非的华人媒体普遍认为，应中共中央和胡锦涛总书记的邀请，国民党、亲民党领导人相继对大陆的访问，必将极大地促进海峡两岸的交流与和解，对台海关系必将产生重大影响。

5月7日至8日，首届"全非洲中国和平统一论坛"也在南非经济中心约翰内斯堡隆重召开。来自南非、津巴布韦、博茨瓦纳等28个非洲国家的"中国和平统一促进会"的500多位成员出席论坛。中国国台办、国侨办、全国人大华侨委员会、外交部和中国和平统一促进会的代表以及来自美国等十几个国家的华侨代表也应邀出席。与会代表一致认为，连战、宋楚瑜的大陆之行将对两岸关系的发展产生深远影响，同胡锦涛总书记的会谈具有深远的历史意义和现实意义。中国的和平统一、领土完整是中华民族的根本利益，也是全世界华夏子孙的根本利益。

大会结束时通过的宣言强调，非洲华人坚决拥护中国政府关于解决台湾问题的一贯立场和措施，完全拥护中国全国人大通过的《反分裂国家法》。连宋接连访问大陆给海外华侨华人一个意外的惊喜，更是一种鼓舞，证明中国的和平统一已经迈出了一大步。只要海峡两岸的中国人彼此加强往来和了解，和平统一的目标一定会实现。

十四、国际舆论积极评价连宋访问大陆。美国媒体认为，北京欢迎连宋访问大陆，"激活了一个建设性的进程"；日本媒体称赞，这是中国当代历史的"大手笔"

（一）

美联社驻台北记者5月11日发出电讯说，台湾"总统"陈水扁对两位政治对手访问大陆的反应混乱，不仅遭到敌、友的抨击，而且还使人们对其政治能力产生了怀疑。

美联社驻北京记者5月12日发出电讯说，在中国努力孤立台湾"总统"并阻遏"台独"分子之际，台湾反对党领袖宋楚瑜今天在结束与胡锦涛主席的会谈后说，中国表示，只要台湾不谋求独立，台海军事冲突是可以避免的。

电讯说，今年3月，中国人大通过了一部授权在台湾宣布独立时采取军事行动的法律。北京一直在努力与宋楚瑜领导的亲民党这样的党将两岸最终统一当作共同目标的组织建立关系。宋楚瑜和胡锦涛发表了一项联合公报，保证将共同努力结束两岸敌对状态，加强两岸经贸合作。公报说："两党认为，当前两岸关系发展正处于重要关键时刻，两党应共同努力，促进两岸关系的缓和，谋求台海地区和平稳定。"

电讯说，胡锦涛在大陆和台湾的各地直播的讲话中说，两党应该向世界表明两岸中国人有能力、有智慧解决彼此间的矛盾与分歧。宋楚瑜说，"台独"只会带来战争与灾难。宋楚瑜在大陆行期间，强调了亲民党的反"台独"立场及和平解决两岸争端的希望。

人民日报驻美国记者在宋楚瑜结束大陆行之后，发回综合报道反映了美国各界对连宋相继率团访问大陆的反应。报道说，连战和宋楚瑜的大陆行连续三周登上美国主流媒体的国际要闻版，成为美国媒体近期报道的一大焦点。这些报道给记者的总体感觉是，美国媒体报道的基调是积极的，普遍认为连宋大陆行是历史性的，大陆方面主动邀请连宋访问大陆意义重大，符合当今时代发展的潮流。

报道说，最新一期《新闻周刊》指出，北京灵活的对台政策搅动了台湾岛内的政治。《纽约时报》日前的一篇评论文章指出，北京热烈欢迎连战、宋楚瑜访问大陆，"激活了一个建设性的进程"，文章呼吁布什政府支持两岸采取任何有利于维持台海现状的行动。该报还建议布什政府借此机会，与中国就台湾问题达成谅解。

5月9日，《华盛顿邮报》在国际新闻版以整版篇幅报道台湾方面对连宋大陆之行的反应，认为在美国的影响下，陈水扁对连战和宋楚瑜的大陆之行先批评后祝福，甚至在最近的讲话中表现出有意重新思考"台独"政策。文章说，一些分析家认为台湾人民越来越觉得不要与大陆对抗，加上布什政府指责台湾当局挑衅北京，台湾人民对美国是否会帮助台湾应付大陆动武的疑虑在升高，"所以，就台湾当局而言，要寻求历史地位，现在剩下唯一的道路是向大陆伸手，与之交往"。

　　乔治·华盛顿大学国际关系学院中国项目负责人、著名中国军事问题专家沈大伟博士告诉记者，他很高兴看到连战和宋楚瑜对大陆的访问，衷心希望连宋二人的大陆之行进一步促进两岸对话，促进海峡两岸关系"逐步走向稳定和正常"。白宫前国家安全委员会亚洲事务资深主任、著名中国问题专家李侃如博士日前对华盛顿媒体表示，国亲两党主席分别前往大陆访问具有非常特别的意义。

　　美国著名经济学家、曾经多次角逐总统宝座的民主党总统候选人林登·拉鲁什对连宋的大陆之行则有更多的感性认识。他说，虽然跟共产党政见不同，但在一个问题上国民党跟共产党是相同的，那就是世界上只有一个中国，国家内部的争吵不应该使国家走向分裂。拉鲁什说："凡是对连宋之行作出贡献的人，我们都应该表示感谢。这是中国历史上一个伟大的时刻。相信海峡两岸关系的改善将给东亚经济合作带来新的思路。"

　　著名华裔学者、卡内基国际和平基金会高级研究员兼中国项目部主任裴敏欣在接受记者采访时表示，连宋的大陆之行对两岸关系产生了非常积极的影响，提升了中国的国际形象。大陆方面愿意主动与台北方面进行接触，为缓和两岸的紧张气氛"打开了一扇新的机会之窗"。裴敏欣博士说，更重要的是，大陆方面主动邀请台湾政党领导人访问大陆、有利的影响了台湾岛内民众对大陆的看法，极大地改善了大陆在台湾人民心目中的形象。他说："最有意思的是，大陆对台湾展开的魅力攻势已经在台湾主张'台独'的'泛绿'阵营中产生了巨大的影响，"泛绿"阵营开始出现分化，这种影响大大超出了当初人们的意料。"

（二）

　　自2005年3月14日中国全国人大通过《反分裂国家法》以来，欧洲的主流媒体对中国两岸问题一直着墨不少。宋楚瑜大陆行结束后，人民日报驻比利时记者发回报道，综合反映了欧洲各界的反应。

　　报道说，英国《金融时报》4月30日在头版位置刊登了题为"台湾反对党领导人与胡会晤——北京之行标志着宿怨的终结"的文章，并配以胡锦涛与连战握手的图片。文章引用了胡锦涛会见连战时的一句话：这一来访"是中国共产党与中国国民党关系史上的一件大事，也是当前两岸关系中的一件大事"。文章也引用了学者的一些看法，认为北京的战略已对台湾当局增加压力，将进一步促进两岸经贸联系。亚太新闻版（第二版）头条通栏文章说，胡锦涛与连战的会面"创造了历史"。亲民党主席宋楚瑜5月5日开始访问大陆后，英国《金融时报》在第二天就刊发了一篇评论。评论说，连宋"访问大陆具有历史性重大意义"。

记者采访了欧洲政策中心的创始人斯坦利·克罗西克。十分凑巧的是，连战访问北京时，他正好也在北京，并且与国民党访问团同住北京饭店。说起此事他难掩激动之情，他说："那巨幅欢迎标语至今仍历历在目。要知道，那是中国共产党欢迎中国国民党领导人的巨大横幅！"他说，中国共产党领导人通过与中国国民党和亲民党的接触，来争取大多数台湾人的民心，"在两岸营造了非常积极的氛围"，有了目前的"缓和气氛"，"台独"不会走得太远，"在台湾海峡两岸，理智终将占据主导地位。"

连宋相继访问大陆之举，同样是日本媒体关注的重要国际新闻。日本主流媒体和不少社会贤达从各自的立场和角度出发，对连宋相继访问大陆作了评析。有人认为，邀请中国国民党和亲民党领导人访问大陆是中国共产党的一个"大手笔"，是向台湾人民表述的善意，展现了中国共产党人的"历史思考"。

日本《每日新闻》在5月7日发表文章认为，台湾在野党领导人先后访问大陆，是台海局势的新转机。《日本经济新闻》5月11日转引新加坡报纸的评论说，为了台湾人的未来，台湾当局应当取向前看的态度，大陆方面提出的一种类似建立共同市场的建议是"出色的战术"，将实现台湾与大陆经济的共同发展繁荣。《读卖新闻》在专题报道中说，连宋的大陆之行将抑制"台独"，"台独"分子受到孤立。如果国民党能在2008年的台湾选举中取胜，以统一为目标的两岸对话会出现"实现的可能性"。该报把国共两党的关系比喻为"异母兄弟"，以年表的形式介绍了国共两党"协调与对立的历史"。还报道了一个细节：当胡总书记说到国民党创始人、被称为国父的孙中山先生是伟大的爱国主义者、民族英雄时，"连氏表现出了无限感动的表情"。

人民日报驻日本的记者发回报道说，日本政府迄今没有就连宋大陆之行正式发表见解，但无论是政府还是民间人士都在关注台海局势的发展。外务省国际报道官千叶明在接受记者的电话采访时说，日本政府在台湾问题上的正式立场是希望和平解决台湾问题，不支持台湾"独立"，期待连宋对大陆的访问"有利于两岸的和平与稳定"。前日本驻华大使谷野作太郎表示，日本"对台湾没有领土野心"，日本国民希望当事者通过对话和平解决问题。他认为，这次连宋相继访问大陆，台湾舆论积极评价，大陆方面应对灵活。

中日协会理事长白西绅一郎在接受记者采访时说，中共邀请连宋访问大陆表明两岸关系迈出重要一步，对话上升到党的高层领导人之间进行，这是一个重大突破。推动大陆与台湾的农产品贸易，是对"台独"势力的重大打击。海峡两岸的这一动向对于解决朝核问题、打破日中关系的僵局也是一种借鉴。

拉美与中国虽然相距遥远，但彼此间的友好关系源远流长。近年来，随着中国国力的不断增强，拉美地区对中国的重视程度也不断提高，很关心发生在中国的重大事件，特别是对涉及海峡两岸关系未来走势的事件尤为关注。当地媒体普遍认为，连宋相继访问大陆是"两次意义重大的访问"。

古巴《劳动者报》发表文章指出，这一历史性的访问必将对两岸关系产生深刻影响，中国日益强大的经济和外交影响力也将对台湾当局产生更大的冲击。

哥伦比亚《哥伦比亚人报》、巴西《最后一秒钟报》、委内瑞拉《委国侨报》等媒体均刊登文章报道，称赞中共中央主动邀请台湾政党访问大陆，"改写了中国历史"，有利于台湾海峡两岸的和平与发展。舆论普遍认为，台湾问题的最终妥善解决，将进一步促进中国与拉美国家间的友好合作关系。

人民日报驻澳大利亚记者在宋楚瑜大陆行结束后，采访了澳大利亚联邦教授、国家工程院院士、霍华德总理科技顾问团专家委员逯高清。逯教授说，连宋访问大陆从形式上和实质上打开了两岸关系的新局面，意义非常重大。从战略意义上讲，中国共产党真诚邀请连宋访问大陆非常具有远见卓识。中国共产党与中国国民党、亲民党之间的互动不仅打破了两岸政党之间长期存在的僵局，更缓解了两岸关系的紧张状况，使中国的和平统一事业向前迈进了重大一步。这体现了中国共产党领导人的政治智慧，表明了共产党以和平方式解决海峡两岸分歧的真心诚意。这不仅符合两岸人民的利益，也有利于地区和世界和平。

逯高清教授对海峡两岸历史状况和最新事态发展十分关注。他说，众所周知，1949年以后，海峡两岸一直处于分裂状态。人的，历史证明，合则两利，分则俱伤。这也已成为中国共产党和中国国民党、亲民党的共识。现在，国民党和亲民党虽然是台湾的在野党，但实际上，国民党在台湾有着重要影响，亲民党在台湾的影响也逐渐扩大。国民党和亲民党主席相继访问大陆，说明国民党和亲民党都认清了形势，开始务实，愿与共产党一道推动中国的和平统一大业。连宋的大陆之行不仅是到大陆寻根，与共产党开展合作，而且是向坚持"台独"的势力发出一个强烈的信号，那就是"台独"这条路走不通。

逯高清教授分析说，连宋大陆之行将推动台湾岛内的形势变化。走"台独"路线的人毕竟是极少数。台湾的社会主流是民心思和平，民心向统一。长期以来，主要是缺乏政治领导人来响应大陆方面的和平统一政策，打破僵局。现在，国民党和亲民党终于迈出了这一步，这将是"台独"势力无法抗拒的力量。台湾执政党在"台独"路线走不通的情况下，政策不得不变。

逯高清教授说，在中美关系等国际大环境方面，美国经常为了自身的利益，拿台湾问题做文章。正因为如此，台湾问题自然也就成了中美关系的核心问题。中国共产党、中国国民党和亲民党的互动给台海局势带来了和平的契机，进而有望推动海峡两岸的和平进程，最终促成大陆与台湾的和平统一。这将使美国失去牵制中国的牌。为了自身利益，美国还可能找别的问题作为筹码。但其他问题与台湾问题性质完全不同，台湾问题是中国的领土完整和主权问题。只要不涉及中国的领土完整和主权，其他任何问题都可以通过谈判加以解决。因此，中国的和平统一将使中美关系走向更为正常、健康的发展轨道，对世界和平与安宁将发挥巨大的积极作用。

第五章

新党主席郁慕明
率团进行的"民族之旅"

一、张德江在会见郁慕明一行时指出，新党此次来访，是为了纪念抗日战争的伟大胜利，充分表达了台湾同胞维护国家主权和领土完整的严正立场

（一）

继国亲两党主席率领代表团访问大陆之后，台湾泛蓝阵营中的另一成员——新党，由主席郁慕明率领代表团于7月6日早晨抵达台北中正机场，将登机访问大陆。在机场，郁慕明发表谈话说，此行主要是纪念抗战胜利60周年，进行两岸间的沟通协商，与国亲大陆访问团不作比较，而是互补，期盼与中国领导人就两岸精神层面交换意见，增进了解。他说，今年访问大陆正是时候，包括中兴会成立110年，同盟会成立100年、孙中山逝世80周年、对日抗战胜利60年等，这是别具历史意义的一年。因此特别安排这次访问，主要定位还是纪念抗战胜利60周年。他说，这次行程安排首站停留广州，再赴南京、大连和北京，预计13日晚间返抵台北。此行，除参观访问外，并将与中共中央总书记胡锦涛会面交换意见。

新党大陆访问团成员30人，主要成员包括新党秘书长李胜峰，创党元老王建煊，新党籍"立委"赖士葆、吴成典、费鸿泰、雷倩等。访问期间将祭扫黄花岗烈士墓，拜谒中山陵，吊唁南京大屠杀遇难同胞，参观大连日俄监狱，参观卢沟桥和中国人民抗日战争纪念馆；在大连举行台商座谈会；在北京与中共中央台办、北京专家学者就两岸关系举行座谈。

当天下午2时40分，访问团一行抵达广州白云机场，受到中共广东省委常委肖志恒，国台办新闻局局长张铭清、副局长杨毅，广东省台办主任甘兆胜等领导人和各方面代表人士的热烈欢迎。面对亲切的笑容、热情的问候、绚丽的鲜花和热烈的掌声，郁慕明发表了简短而热情的致辞。他说，新党追随国民党主席连战、亲民党主席宋楚瑜，选择在抗战胜利60周年这样一个历史时刻来大陆参访，因为在这有着很多回忆的历史时刻，可以让我们记住我们必须团结起来。

他说，作为中国人，我们对自己是中华民族的一份子感到很骄傲。新党将此行命名为"民族之旅"，表明我们要站在中华民族的基础上，追求未来中国的强盛和中国人的扬眉吐气。访问团的第一站选择广州，是要通过祭奠黄花岗七十二烈士，寻找那一代中国年轻人的热血和豪气，希望今天这一代

年轻人不要忘记国家过去的苦难和未来的希望。

这天下午，中共中央政治局委员、广东省委书记张德江会见了郁慕明率领的新党大陆访问团一行。

会见时，张德江首先对访问团来访表示热烈欢迎。他说，60年前，中华民族空前团结，最终取得了抗日战争的胜利，并光复台湾。60年后，缅怀战时风云，是为了不忘两岸同胞在抗战中生死与共、并肩作战的光辉历史和同胞情谊，是为了弘扬爱国主义的民族精神、维护国家主权和领土完整、共同促进两岸关系发展，推进两岸和平统一进程，实现中华民族的伟大复兴。新党此次来访，纪念抗日战争的伟大胜利，充分表达了台湾同胞维护国家主权和领土完整的态度，表达了希望两岸同胞共同为改善和发展两岸关系、振兴中华民族的努力和愿望。

张德江向台湾客人介绍广东以及粤台经贸合作的情况时指出，从鸦片战争到太平天国运动，到孙中山先生领导的辛亥革命、北伐战争、第一次国共合作，广东见证了近代史上许多重大的历史事件。在近二十多年来的改革开放中，广东经济社会发展取得了令人瞩目成就，2004年的生产总值达到16000多亿元。这些成就的取得离不开台胞和台商的支持和参与。截至今年3月，全省台资企业累计已达18710家，合同利用台资373.3亿美元，实际利用台资260亿美元。在粤台资企业大多获得了良好的经济回报，也有力地促进了广东的经济建设，为推动两岸关系发展作出了积极贡献。张德江表示，广东正在巩固两地原有合作的基础上，积极推动合作向更大的范围、更宽的领域、更高的层次发展。

新党主席郁慕明发表谈话时，首先表达了对广东省委的热情接待和周到安排的诚挚谢意。他说，此次访问团是为纪念抗战胜利60周年而来，抗战精神曾激励着中国人民团结起来对外抗敌，两岸同胞牺牲了多少生命和财产才换来了台湾的光复。两岸已从过去的对峙发展到现在的交流，从过去的战争发展到对和平的期盼。新党此次来访，既有历史情结，也有使命任务。他表示，明天访问团一行将拜谒广州黄花岗，从"浩气长存"之地出发。新党很珍惜这一程，希望能明确地告诉全世界的中国人：只有两岸团结起来，中华民族才能在世界上扬眉吐气。

会见结束时，张德江向新党赠送了寓意"同舟共济，再创辉煌"的龙舟工艺品；郁慕明则回赠代表和平、对抗邪恶的麒麟盘。晚上，中共广东省委副书记欧广元代表广东省委宴请了访问团一行。

（二）

新党虽然是台湾地区创建不久的政党，但在台湾地区却具有一定的影响力。1993年8月，由于不满李登辉推行"台独"路线和党内独裁作风，国民党内的"新国民党连线"成员从国民党中分离出来，组建成立了新党。他们提出的政治主张是：反"台独"，反金权，实行政治改革和党内民主。其反"黑金"的清廉形象赢得台湾社会的赞扬和认同，加上其核心成员赵少康、王建煊、郁慕明等是形象良好的"政治明星"，在建党初期发展迅速。新党第一次参加岛内"立委"选举就取得21个席位，成为当时仅次于国民党、民进党的台湾政坛第三股力量，曾在岛内政治运作中发挥着"关键少数"的作用。新党在台湾最高民意机构"立法院"中拥有4个席位。新党成立至今，旗帜鲜明地坚持一个中国的原则，反对"台独"，承认"九二共识"，主张发展两岸关系，是岛内反对"台独"分裂势力的一股坚定力量。2001年，新党组团访问大陆，并与中共中央台办达成"6点共识"，其中包括双方共同认知和主张"一个中国、和平统一"的主旨内容等。是新党开了两岸政党对话与交流的先河。

郁慕明是新党创建人之一，他于1940年出生在上海，1948年随父赴台。1969年，郁慕明获台湾军事院校"国防医学院"硕士学位，1971年被台湾当局派赴美国学习，回台后担任"国防医学院"教授，1980年被评为台湾地区"十大杰出青年"。1981年，郁慕明参加台北市议员竞选以高票当选，开始从政生涯。1985年，他再次高票当选台北市议员，此后连续三次当选"立委"。1990年，郁慕明与赵少康、王建煊等人成立"新国民党连线"，并于1993年3月成立新党。1996年后，郁慕明曾两次出任新党秘书长。2003年6月，新党举行创党以来的首次党主席直选，他以98%的得票率当选。担任党主席后，郁慕明带领新党坚持一个中国原则，坚持反对"台独"；积极推动两岸交流，推动被称为"泛蓝阵营"的国民党、亲民党的整合，在岛内政坛上发挥着重要影响力。

（三）

7月7日上午，郁慕明主席率领泽新党纪念抗战胜利60周年大陆访问团，来到广州黄花岗七十二烈士陵园祭奠先烈，"寻找中国人的浩然之气"。

黄花岗七十二烈士陵园位于广州市先烈中路。1911年4月27日孙中山先生领导的同盟会为了推翻腐朽的清王朝，在广州发动武装起义，不幸失败，同盟会员骨干成员牺牲百余人。同盟会会员潘达微冒死收殓死难烈士遗骸72具，集中葬于红花岗（后改名为"黄花岗"，黄花就是菊花，菊挺寒秋，象征节义刚烈），史称"黄花岗七十二烈士"。今天的黄花岗，不仅是辛亥革命广州起义的纪念地，而且成为爱国主义教育基地，是广州的著名景点。

听说新党访问团要来拜谒先烈，这天一早，就有很多广州市民和外地游客赶到黄花岗。新加坡华人吴毅峰带着要送给新党的礼物早早地赶到陵园门口。这份礼物很特别，是三十多年前祖国大陆发行的纪念卢沟桥事变的台湾风光明信片，上面有新党"立法委员"雷倩等人的签名。吴毅峰先生希望能当面交给郁慕明主席，以表达他对新党追求祖国统一、不忘民族大义精神的景仰。

9时40分许，访问团一行到达黄花岗陵园。一下车，郁慕明即向着陵园深深鞠躬。聚集在陵园大门外的市民和游客很快就聚拢到道路两旁，掌声和欢呼声响成一片，不绝于耳。郁慕明微笑着和团员们向热情的人们挥手致意。接着访问团一行迎着灿烂的朝阳，经过刻着孙中山先生手书的"浩气长存"四个大字的雄伟墓坊，顺着长长的层级墓道缓步走上岗陵。

9时45分，祭奠仪式正式开始。郁慕明神情肃穆地走到墓前，虔诚地三鞠躬。"烈士英灵，万世千秋"，郁慕明代表新党献上花圈，访问团全体成员一起深深地三鞠躬，默哀一分钟，陵园内一片庄严静穆。礼毕，郁慕明率领参访团绕烈士墓一周，怀着崇敬的心情瞻仰烈士陵墓。

巍巍纪功坊，桓桓烈士墓，人们瞻仰着、沉思着，深深地沉浸在对先烈们"碧血黄花，浩气长存"的缅怀之中。

当年孙中山先生亲手栽种的松树，现在卓然高挺，参天而立。郁慕明细心地为松树浇水、培土后，满怀深情地发表感言："当年的英烈，平均年龄只有29岁，为了国家和民族的振兴，他们不惜牺牲生命，英勇斗争，展现了热血和豪气。新党选在7月7日怀着虔诚的心情来这里缅怀先烈，就是要来寻找中国人的浩然之气。希望今天的年轻人不要忘记当年英烈为中华民族牺牲的浩然正气；我们都是炎黄子孙，希望两岸珍惜今天的契机，实现中国的和平崛起。"

访问团一行祭奠完毕，年过古稀的温有招老太太走到郁慕明身旁唱起了自编的客家山歌："七月七日好时光，台湾兄弟姐妹来聚一堂。七十二烈士陵园来扫墓，他们的心血流满腔，子孙万代不能忘……"这首质朴、深情的山歌，让郁慕明一行和在场的每一位同胞感动不已。家住广州的温老太太说，这首山歌是专为新党大陆访问团编写的，为的是表达自己的激动和感念之情，她期盼着两岸早日实现和平统一。

从墓地到大门口仅三百多米远的距离，访问团一行被热情的欢迎人群簇拥着、包围着，走走停停，停停走走。"爱我台湾，爱我中华"、"两岸同心同德"、"两岸一家亲，黄土变成金"……热情的呼唤、热烈的掌声溢满黄花碧血地，访问团一行深深地被感动着，他们笑容可掬地或挥手致意，或抱拳奉揖，向众乡亲们表达着他们感动、感激、感谢之情。

郁慕明一行乘车离去的时候，数以千计的欢迎人群仍然不愿离去，他们仍然不断地鼓掌，不断地呼唤着祝福祝愿的话语，表达着他们盼望两岸早日实现和平统一的愿望。新加坡来的吴毅峰先生仍然站立在热情的人群之中，面带微笑向远离的车队挥着手。看那神情，他手中的礼物送没送出去并不重要，重要的是他的感情得到了充分的表达就足够了。

中午，中共广州市委副书记张广宇代表市委会见并宴请了访问团一行，并向郁慕明赠送了寓有"中华巨龙腾飞"之意的广绣"双龙戏珠"；郁慕明回赠了台湾珍稀禽类黑白琵鹭形态的花瓶。

这天下午2时50分，郁慕明主席率领的新党大陆访问团结束了在广州的访问，乘飞机前往此次行程的第二站——南京访问。

二、鬓染微霜的郁慕明在拜谒中山陵时，一边向欢迎的人群挥手致意，一边深情地回应道："大家好！大家加油！中华民族加油！"

（一）

7月7日下午，郁慕明主席率领的新党纪念抗战胜利60周年大陆访问团抵达南京。雨后的南京显得格外清爽宜人。郁慕明一行照例受到中共江苏省委、南京市委、中台办等有关领导人和南京各界代表的热烈欢迎，照例是鲜花、笑脸、问候、掌声包围着他们，簇拥着他们。访问团成员或挥手致谢，或抱拳作揖，感动和感谢之意溢于言表。

当天晚些时候，中共江苏省委书记李源潮会见了郁慕明一行，会见时，李源潮说，68年前的今天，"卢沟桥事变"打响了中华民族全面抗战的第一枪；68年后的今天，郁慕明主席率领新党纪念抗战胜利60周年访问团前来南京访问，意义非同寻常。六十多年前，日本军国主义者悍然侵略中国，残暴地践踏和杀戮中国民众，侵华日军在南京制造了惨绝人寰的大屠杀，30万南京人民成为冤魂。日本侵略者的屠杀激起了全中国军民的反抗，中华民族同仇敌忾，经过历时八年的浴血奋战，终于打败了日本侵略者，取得了抗战的胜利，宝岛台湾也重新回到祖国的怀抱。

李源潮说，这次郁慕明主席率领新党代表团访问大陆，缅怀抗日先烈的丰功伟绩，祭奠在战争中牺牲的中国军民，提醒两岸民众牢记历史、不忘本源，团结合作、共创未来，确是一次得民心、顺民意的"民族之旅"，相信将有助于促进两岸关系的进一步改善和发展，增进两岸的交流与合作。

李源潮还向郁慕明一行介绍了江苏省的经济和社会发展以及在江苏的台商、台胞和台湾学生的情况。

郁慕明说，两岸之间虽然经历了一段时间分隔，但两岸的历史、文化是无法切断的。这次访问团到南京来，是因为南京有很多历史的点。这些点带给人们很多的憧憬和回忆。中山陵是孙中山先生的陵墓。中山先生毕生追求民族的发展和平等，虽然他早已过世，但是他和那段历史我们无法忘记。明天访问团还要去侵华日军南京大屠杀遇难同胞纪念馆，要去亲眼看看历史的真相。多少历史的真相被人扭曲，被人掩饰，但是事实永远是事实，真相必然存在。唯有发觉真相，才能负起责任、承担使命。

郁慕明表示，两岸的和平将带来中国的团结。唯有大家的团结，才能使炎黄子孙不再受欺侮。

会见结束时，李源潮向新党赠送了象征龙的传人精诚团结的云锦制品"金丝团龙"；郁慕明则回赠以交趾烧陶盘"祥狮献瑞"——寓意吉祥的雄狮为世界带来祥瑞之气。晚上，中共江苏省委副书记任彦申代表省委宴请了访问团一行。

（二）

7月8日上午8时许，新党访问团抵达中山陵，拜谒中山陵。

雨后的中山陵更加郁郁葱葱，松柏苍翠，青山巍巍。从博爱广场放眼望去，祭堂蓝色的琉璃瓦背衬巍巍青山，显得更加庄严肃穆。

听说郁慕明率领新党大陆访问团今天上午要来拜谒中山陵，南京市民和游客有数千之众早早就迎候在博爱广场和墓道路边，有的人还举起预先制做好的表示欢迎的横幅。当郁慕明一行来到博爱广场时，立刻响起雷鸣般的掌声和亲切的欢呼声，深深地感动着访问团一行。

郁慕明一行沿着中山陵392级石阶拾级而上，面对墓道两边热烈的掌声和亲切的问候，访问团成员频频招手致意。鬓染微霜的郁慕明一边挥手，一边深情地回应道："大家好！大家加油！中华民族加油！"

在中山陵祭堂前，郁慕明一行手持白色的百合花，神情庄重而虔诚的慢步走进祭堂，在孙中山先生坐像前默然肃立。默哀一分钟后，郁慕明手捧金菊编织的花环，高高举过头顶，献在孙中山先生的坐像前。在淡淡的花香里，在肃穆的氛围中，郁慕明和新党访问团全体成员虔诚地向坐像行三鞠躬礼，然后走进墓室凭吊孙中山先生的棺椁。

走出祭堂，站在中山陵高高的台阶上，郁慕明和新党访问团全体成员振臂高呼："和平、奋斗、救中国！"拥立在石阶两边的欢迎人群则以更加热烈的掌声表达着他们的赞颂之情。

就在祭堂前，郁慕明挥毫留下墨宝："情系中山在人心"，表达着新党访问团此行定位为"民族之旅"的主旨意涵。

回到博爱广场，郁慕明难掩激动之情地发表了简短谈话。他说，我们深深知道，中山先生希望的是"和平、奋斗、救中国"，因此两岸之间必须和平，中国人必须为国家、民族的兴旺而奋斗。郁慕明说，中山先生强调"革命尚未成功、同志仍须努力"，现在的状况是"统一尚未成功，同志仍须努力"。他的谈话又引起一波如潮的掌声。郁慕明和在场的人们一起高呼："中国人团结起来，中华民族必须发扬光大！"

（三）

7月8日上午9时20分许，新党访问团抵达位于南京江东门的侵华日军南京大屠杀遇难同胞纪念馆。纪念馆门前已经有数百名南京市民在此静候访问团的到来。访问团的车队一道，人群中顿时响起热烈的掌声，表达欢迎之意。

郁慕明一行缓步走向纪念馆，在3米高的和平钟前，郁慕明神情沉静肃穆，驻足良久，凝望高大的和平钟。

访问团一行没有直接进入纪念馆前的小广场，而是沿着印有222名南京大屠杀幸存者脚印的铜板路默默地低头走来。这条可以保存数百年的铜板路，是为了昭示国人永远记住这段屈辱惨痛的历史而修建的。访问团成员沉痛地走着、思考着。

访问团一行走入广场，郁慕明代表新党向死难同胞敬献花圈。郁慕明沉痛地把脸紧紧地贴着花圈，轻轻抚摸着金色的花朵、洁白的挽联，寄托着无限的哀思。

走进纪念馆，沿着鹅卵石的小道，访问团一行走进呈断垣残壁的围墙，上面镶嵌着"劫难"、"屠杀"、"祭奠"3组大型石刻浮雕，它用艺术的手法再现了日军杀、烧、淫、掠的累累暴行。目睹史料陈列厅里那段屈辱历史的真实记录，看着"万人坑"遗骨陈列室的累累白骨，访问团成员的眼里已是泪光闪闪。

走出纪念馆，郁慕明悲愤地挥笔写下"勿忘国耻"四个大字，表达新党的意志和决心。

在纪念馆馆长朱成山的引领下，郁慕明一行再次走进和平广场，走到和平钟前。钟高3米，代表着30万死难同胞；大钟下摆口径1.937米，铭记着日军全面侵华和制造罪恶大屠杀的年份；56个"祭"字，代表着56个民族的缅怀和纪念。郁慕明走上前去，三次撞响和平钟，深沉浑厚的钟声在广场上久久地回荡着。

站在和平钟前，郁慕明怀着沉痛悲愤的心情发表感言说："世界上有各种类型的广场，而今天我们看到的是一个墓地广场，因为这里埋葬着无数无辜的死难同胞。"郁慕明望着前面白色墙壁上书写着的"前事不忘，后事之师；以史为鉴，开创未来"十六个浓墨大字说，"我们在这里要正告日本军国主义的残留者、日本的右翼势力，你们不要想抬头复活，你们应该看看德国人是如何在二战后表现忏悔的行为。日本多数人民热爱和平，但是日本右翼势力正在结合其他国家的右翼势力围堵中国的和平崛起，甚至结合台湾少数日本遗留下的亡灵化的台湾人谋求"台湾独立"，使这些人成为日本军国主义的爪牙。我们希望日本人民要站起来告诉某些政治人物，不要再篡改历史。"郁慕明的即席感言又掀起一阵热烈的掌声。

10时40分，新党访问团告别纪念馆，挥手向热情的南京乡亲致感谢之意，热情的乡亲们也挥手向他们表达祝福之意。此时，清风吹过，纪念馆内的苍松翠柏更显挺拔葱郁，仿佛在昭示世人，站起来的中国人顶天立地，绝对不让60年前的那段悲惨屈辱的历史重演！

三、李克强在会见郁慕明一行时高度评价新党访问团"民族之旅"的定位

（一）

7月8日下午3时30分，郁慕明率新党访问团从南京飞抵此行的第三站大连。在大连机场受到了辽宁省委、大连市委领导人和各界代表的热烈欢迎。当晚，中共辽宁省委书记、省人大常委会主任李克强会见并宴请了访问团一行。

会见时，李克强首先表达了对郁慕明一行的来访热烈欢迎之意。接着他说，从甲午战争到日俄战争，从"九一八"事变到东北沦陷，辽宁这片土地

饱受了日本侵略者带来的深重灾难。在抗日战争中，我们全民族团结一致，共御外侮，付出了巨大的民族牺牲，取得了百年来中华民族抗御外来侵略者的第一次完全胜利，也使台湾得以光复，重新回到了祖国的怀抱。这次新党访问团以"民族之旅"名义访问大陆，不仅有利于推动两岸关系向和平稳定的方向发展，而且彰显两岸同胞同根同源、血脉相连和反对"台独"的民族大义，有利于营造两岸中国人团结起来的良好氛围。

李克强简要介绍了辽宁经济社会发展的情况后说，辽宁是祖国大陆重要的重化工和装备制造业基地，我们坚持把扩大对内对外开放作为加快发展的重要战略，十分重视与台湾方面发展经贸交流与合作。截至今年6月底，辽宁累计批准台资项目2906项，投资总额累计74.17亿美元，合同台资额累计50.99亿美元。目前台商到辽宁投资势头很好，辽宁正成为台湾同胞在大陆投资兴业的重要聚集区域之一。李克强表示，我们将为推动辽宁与台湾经贸合作和文化交流的进一步发展创造良好环境，欢迎台资积极参与辽宁的国有企业改造，推进双方在多领域扩大合作。

新党主席郁慕明说，这次"民族之旅"是把大连作为重要一站选择而来的。从1931年"九一八"事变后，辽宁经历了长达14年的抗战历史，饱受战争的灾难与伤痛。一个国家假如不知道悔改，还会继续发动侵略；一个民族假如忘记历史的教训，将来还会再面临战争的危机。我们这次访问定位为"民族之旅"，用意在于以历史为教材，教育下一代，让悲剧不再发生。

郁慕明说，改革开放以来，沿东海岸由南向北中国大陆的经济快速发展，并推进西部开发，取得了巨大成就。来大连可以见证和体验这一发展的趋势和进程，更好地把握未来。大连的台商很多，我们将和他们一起座谈，交换意见，进一步促进台商在辽宁的投资与合作。

会见结束时，李克强向新党大陆访问团赠送了寓意民族振兴的玛瑙工艺品；郁慕明回赠了麒麟圆盘，象征中华民族永远追求和平与团结。

（二）

7月9日上午8时，新党大陆访问团一行从大连市区启程，到旅顺口日俄监狱旧址参观。与广州、南京一样，听说台湾同胞要来访，旅顺口区的群众早早就站在街道两侧翘首以待。当人们看到新党大陆访问团一行走下车来，立刻报以海潮般的热烈掌声。郁慕明主席在台阶下停住脚步，向欢迎的人群挥手表达谢意。

大海之滨，海浪翻涌，海风习习。欢迎的人群以热烈的掌声、灿烂的笑容和情真意切的横幅标语表达着他们的情意；郁慕明一行或挥手或奉揖回应着乡亲们的深情厚谊，双方都沉浸在一种难以言表的同胞手足的温情之中。

旅顺日俄监狱呈"大"字形，这是由沙皇俄国和日本侵略者所建。据不完全统计，从1906年至1936年间，这座监狱累计关押过近2万人，有许多的中国、朝鲜、俄罗斯、埃及等国家的人士在这里被囚禁或屠杀。1941年太平洋战争爆发后，日本侵略军疯狂逮捕抗日战士和爱国同胞，旅顺日俄监狱变成了东方的"奥斯维辛"集中营。

访问团成员一面神情凝重地听着讲解员的沉痛讲解，一面仔细地观看一间间牢房、检身室、刑讯室、暗牢、绞刑场以及被关押者辛苦劳作过的工厂。新党访问团成员不时发出愤怒之声："这真是日本侵略者在我们国土上建造的惨绝人寰的人间地狱！是残害我们同胞的铁证！"新党元老王建煊深沉地感慨："这段历史告诉我们，只有国家强大，才能保护自己的百姓。所以，我们中国人要努力、加油啊！"

走出日俄监狱旧址，郁慕明站在保存完好的日俄监狱门口，心情沉重地说："我本来是一个喜欢说笑的人，但面对这段惨痛的史实，今天我实在是笑不出来，一股悲愤力油然而生。"他说，我们访问团怀着虔诚的心情来看这段悲惨的历史，参观之后，我们必须要加油，加油的目的是为了世世代代不再遭受欺侮。说罢，他挥笔愤然而书："一段悲惨史，一片虔诚心，一股悲愤力油然而生"。他用这19个字表达了他和新党访问团成员的心情和决心。

参观完日俄监狱旧址后，访问团一行又来到中日甲午战争旅顺殉难同胞墓地——万忠墓进行凭吊。万忠墓位于大连旅顺口区白玉山东麓。1896年11月21日，日军侵入旅顺市区，灭绝人性地进行了四天三夜的大屠杀，近两万名同胞惨遭毒手，遇难者尸体被集中焚烧后葬于此处，当地群众称之为"万人坑"。在万忠墓地，郁慕明一行手持鲜花，庄重地静静地绕墓一周，心情沉重地将鲜花摆放在墓前。

在万忠墓前，郁慕明悲怆地大声对参观的人群说，这一段悲惨史实，不仅在大连发生过，在中国的很多地方都有无辜同胞受到残害。我们应该告诉、唤醒所有的同胞，记住这段悲惨的历史，我们两岸应该团结起来，成为强大的力量，共同奋斗，振兴中华。

随后，郁慕明一行和游客一起登上白玉山最高峰。从白玉山顶极目远眺，历经沧桑的旅顺口尽收眼底。双鬓微染秋霜的郁慕明久久伫立，神情凝重。他面对大连发生的巨大变化，面对波澜壮阔的大海，思绪起伏。良久，他向随行人员要来纸和笔，挥毫写下"一夫当关，万夫莫敌"。显然，这八个大字要表达的是：中国人团结起来，顶天立地，谁人能敌？

（三）

七月九日下午，郁慕明一行在辽宁省委、中台办、大连市委领导人的陪同下，游览了大连这个海滨城市的市容市貌。美丽的大连布局得体，建筑高雅，风格独特，美不胜收。随后又参观了港口建设、企业面貌，大连改革开放以来所取得的巨大成就让访问团成员赞不绝口。

当天晚上，访问团一行又不知疲倦地与80名大连台商举行座谈。郁慕明主席发表了热情洋溢的讲话，并回答了大连台商提出的有关问题。

大连市台商投资企业协会成立于1998年7月，现有台商企业一千二百多家在会。郁慕明和访问团成员就台商们关心的大连与台湾港口贸易、金融、软件等问题坦诚地交换了看法。有台商提出，新党应在解决两岸"三通"问题上多作努力，为台商在大陆发展发挥积极的促进作用。郁慕明表示，大陆与台湾存在的如口岸贸易、金融领域等方面问题，不是出在大陆一方，而是在台湾方面，新党将尽最大努力为台商解决他们所关心的问题。与会台商报以热烈的掌声，感谢郁慕明一行来看望他们并诚恳地与他们座谈，积极地帮助他们解决他们所关心的问题。

四、贾庆林在会见郁慕明一行时，高度赞赏新党坚持一个中国原则、追求和平统一目标的坚定立场

（一）

7月10日上午10时20分，新党大陆访问团抵达北京首都机场，受到中共中央台办主任陈俊林、副主任李炳才和中共北京市委常委、秘书长孙政才等领导人以及各方面代表人士的热烈欢迎。

面对亲切的笑脸、美丽的鲜花和热烈的掌声，郁慕明主席发表了简短而热情的讲话。他说，新党大陆访问团此前在广州、南京、大连三个城市主要参访一些历史事件发生的地方，表达的是我们对中华民族的认同以及我们未来的走向。

郁慕明说，北京是新党此行最重要的一站，是此行中的画龙点睛之笔。新党访问团将在北京停留3天，主要日程有交谈、座谈、演讲等，涉及内容不只是涉及精神层面，还会触及实质部分，就如何改善两岸关系、促进两岸同

胞的交流往来和维护台胞权益等进行沟通和意见交换。他期望经由此行"画龙点睛"之后，能对两岸关系的发展和对两岸人民权益的维护有所帮助和推进。

当天下午，中共中央台办与新党大陆访问团在北京钓鱼台国宾馆举行座谈会，就当前两岸关系发展中的问题交换意见。

中央台办主任陈云林在座谈中表示，我们一直主张并致力于同台湾各党派、各界人士交换有关两岸关系与和平统一的意见。他说，新党成立以来，走过风风雨雨，经历曲折磨难，始终坚持大陆和台湾同属一个中国，反对"台独"分裂，主张和平统一，这是新党赢得两岸同胞高度赞赏的重要原因，也是我们与新党在大陆关系重大问题上长期合作的基础。新党此次为纪念抗日战争胜利60周年专门组团来大陆进行"民族之旅"，并与我们交换对两岸关系的意见，这对于表达两岸同胞共同维护国家主权和领土完整、促进两岸关系发展，具有重要的积极意义。

陈云林说，中华民族有着以爱国主义为核心的强大凝聚力。中国要统一、中华民族要振兴，没有任何力量可以阻挡。你们不忘历史、纪念历史，胸中装着2300万台湾人民的福祉，寻找中国人的浩然正气，为两岸中国人共创繁荣、振兴、统一的中国而努力，令世人敬佩。相反，"台独"分裂势力在台湾同胞内部制造分歧，在海峡两岸之间挑动对抗，企图把台湾从中国分割出去，其所作所为不仅损害中华民族的根本利益，也严重损害了台湾同胞的切身利益。两岸同胞都希望两岸关系和平稳定发展，应该团结起来，坚决反对"台独"分裂活动，共同创造我们民族的美好未来。

陈云林最后说，新党是一个把握两岸关系发展趋势、为2300万台湾人民谋利益的政党，为促进两岸经济合作与民间交流付出辛劳，在维护台胞权益方面作了大量的务实有效的工作，我们愿意就涉及两岸同胞权益的问题认真听取新党的意见和建议。

新党主席郁慕明在发言中表示，新党认同一个中国的框架，本着向人民交代、对历史负责的态度，致力于两岸关系的改善和发展。这次纪念抗日战争胜利60周年，我们组团来访，定位为"民族之旅"，就是要告诉大家，两岸源远流长，两岸同胞是一家人，在21世纪应该重启和解、双赢的新路，共同振兴中华。四年前，应中共中央台办邀请，两党工作机构就推动两岸经济合作、民间交流，维护两岸同胞权益达成六点共识。我们愿意就当前增进台湾民众利益的具体事宜继续交换意见。

座谈会上，双方就加强两岸农业合作，台湾水果销售大陆过程中切实保

护台湾农民利益，为台胞在大陆就学、就业、就医、购房、入出境等提供便利，以及加强服务台商工作，促进福建沿海地区与金门、马祖直接往来，统一两岸科技名词等广泛而坦诚地交换了意见。

（二）

7月10日晚些时候，中共中央政治局常委、全国政协主席贾庆林在人民大会堂会见了郁慕明主席率领的新党纪念抗战胜利60周年大陆访问团。

会见时，贾庆林高度赞赏新党坚持一个中国原则、追求和平统一目标，充分肯定新党为反对"台独"、促进两岸关系发展、维护台湾同胞利益作出的重要贡献。他表示，在中国人民抗日战争暨世界反法西斯战争胜利60周年之际，新党组织纪念抗战胜利60周年大陆访问团，进行"民族之旅"，表达台湾同胞维护国家主权和领土完整、反对"台独"分裂、促进两岸关系和平稳定发展的愿望和态度，具有重要意义。

贾庆林说，在中华民族反抗日本帝国主义侵略的历史上，7月洒满了我们民族的热血。1894年7月25日，日本帝国主义挑起甲午战争，逼迫腐朽的清政府签订了丧权辱国的《马关条约》，强行霸占了中国领土台湾。1937年7月7日，日本帝国主义制造了"卢沟桥事变"，发动了全面的侵华战争，中国人民开始了全民族的英勇抗战。历经八年的浴血奋战，中华民族赢得了抗日战争的伟大胜利，台湾得以光复，回到了祖国的怀抱。在这场全民族的抗战中，台湾同胞作出了重要的贡献。这50年的历史告诉我们，台湾的命运与全中国、全民族的命运息息相关。

贾庆林指出，回顾60年前抗日战争的伟大胜利，对认识今天的两岸关系具有深刻的现实意义。其中最重要的启示是，一定要大力弘扬以爱国主义为核心的民族精神，两岸人民团结起来，坚决反对"台独"分裂活动，推动两岸关系和平稳定发展，早日实现两岸和平统一，共创中华民族的美好未来。我们真诚地认为，广大台湾同胞无论是台湾省籍还是其他省籍，都是兄弟姐妹。两岸同胞都是中国人，情同手足，应该加强往来，交流合作，共同维护国家主权和领土完整，共同促进两岸关系发展，共同为中华民族的伟大复兴而奋斗。

郁慕明发表谈话时表示，新党自成立以来，始终坚持反对分裂国土，反对否认自己是炎黄子孙，矢志不渝，始终如一。新党的这次"民族之旅"，就是作为中华民族的一分子，让全世界的中国人感到，时间可以过去，历史不能忘记。八年抗战，中华民族付出了沉重的代价，但最终取得了胜利，包括台湾的光复。在这个过程中，许多仁人志士作出了牺牲，我们不能辜负他们牺牲换来的成果。新党坚决反对"台独"，将继续为推动两岸关系和平稳定发展而努力，为两岸人民福祉和中华民族的未来而努力。

会见结束后，贾庆林宴请了新党访问团全体成员。国务委员唐家璇、全国政协副主席刘延东、中共中央台办主任陈云林等参加了会见。

五、参观了卢沟桥和中国人民抗日战争纪念馆后，郁慕明发表感言说，我们期盼所有的中国人走过一段坎坷路后，抬起头来写下历史

（一）

7月11日上午9时10分，郁慕明主席率新党大陆访问团抵达卢沟桥，受到闻讯而来的北京市民和众多参观者的热烈欢迎。

卢沟桥位于北京丰台区，迄今已有800多年的历史。这座古桥更因"七七事变"的发生而载入史册。1937年7月7日，盘踞于永定河西岸的日本侵略军以寻找失踪士兵为借口，强行要到卢沟桥对岸的宛平城搜查，遭到中国守军的拒绝后，炮轰宛平城，进攻卢沟桥，发动蓄谋已久的全面侵华战争，中国人民的全面抗战由此而拉开序幕。

追忆60多年前的抗战，"七七事变"不能不提，卢沟古桥不可不访。访问团一行走过"卢沟晓月"碑，走上桥头，两侧桥栏上485尊石狮姿态各异，默默无语，但仔细观察，当年日军侵略时留下的弹痕还在，仿佛在述说着曾经的血雨腥风和历史仇恨。访问团一行仔细地观察着这座古老的桥梁上遗留下来的历史伤痕，历史在记忆中回放。郁慕明感慨地说："当年29路军在卢沟桥上打响了第一枪，唤起了全民族抗战的决心，不然谁又知道今天的历史会怎样？今天的青年一代要继承前辈的这种精神。"

离开卢沟桥，访问团来到中国人民抗日战争纪念馆。在序厅"血肉长城"巨型浮雕前，访问团一行向抗日英烈敬献了花圈。郁慕明细心地整理好写有"中华民族抗日英烈永垂不朽"的花圈绶带后，带领访问团全体成员向抗日英烈默哀一分钟，并行三鞠躬礼。

纪念馆里，"伟大胜利——纪念中国人民抗日战争暨世界反法西斯战争胜利六十周年大型主题展览"4天前刚刚开展。展览分八个部分，介绍了从1931年"九一八"事变，到1945年日本投降整个抗战史。访问团成员一边观看各种照片和文物，一边听取讲解员的介绍。对新党访问团来说，有些资料

新奇而陌生，有些却是耳熟能详。郁慕明一行饶有兴趣地观看了描绘地道战的幻影成像。在台港澳同胞抗日战争展板的巨大台湾地图前，在描绘南京受降的大幅油画"公元1945年9月9日9时"等展板前，访问团成员们情不自禁地驻足端详，仔细地品味着这些画所揭示的历史和现实意蕴。

参观完所有的展馆，用了近一个小时。回到序厅，访问团再次站在古铜色的"血肉长城"浮雕前，郁慕明感慨颇深地发表了感言。他说，我们此行的目的就是要牢记历史，不忘过去，以史为鉴，开创未来。郁慕明引用台湾诗人洛夫的诗句："留下一封绝命书，他们扬着脸走进历史。"他说，刚才访问团走过卢沟桥那段崎岖不平的道路时，想到洛夫的诗，我们期盼所有的中国人走过一段坎坷路后，抬起头来写下历史。

郁慕明说，八年抗战付出了多少代价，换来了抗战胜利、台湾光复。台湾人也是中国人，不能忘记为台湾光复而牺牲的英雄先烈。每一个角落的中国人都要牢记这段历史，共同努力开创民族光辉的未来。

（二）

7月11日下午，海峡两岸关系研究中心与新党大陆访问团举行座谈。二十多位大陆台湾问题专家学者和新党大陆访问团全体成员共六十余人参加了座谈。

海峡两岸关系研究中心顾问王在希在座谈会上发表讲话说，新党主席郁慕明率新党访问团访问大陆，显示了广大台湾同胞坚决反对"台独"、希望改善和发展两岸关系的强烈愿望，将进一步增进两岸同胞的相互了解、扩大共识，对反对和遏制"台独"、推动两岸关系和平稳定发展。

王在希说，60年前，在极其艰苦的条件下，包括台湾同胞在内的全体中国人民取得了抗日战争的伟大胜利，其根本的原因就是中华儿女热爱我们这个民族、勇于捍卫国家主权和领土完整的爱国主义精神。纪念抗战胜利，对当前两岸关系发展的一个重要启示，就是在事关中华民族根本利益的原则问题上，所有政治人物、所有党派都应把国家利益、民族利益放在第一位，放弃一党之私、一己之利，共同反对"台独"，促进和平统一。我们要倍加珍惜台海地区目前来之不易的和平局面，促进两岸关系朝着和平稳定的方向发展；坚信两岸中国人有智慧、有能力处理好自己的问题，坚决反对"台独"分裂，同时，努力争取国际社会的广泛支持，共同推动中国统一大业早日完成。

郁慕明在发表讲话时表示，作为中国人，新党将站在中华民族的立场上，与全体中华儿女一道，继续谋求两岸和平统一，反对"台独"，致力于提升中国的声望。郁慕明说，在当前两岸关系新形势下，要用更宽广的视野审视两岸之间的问题，迫切需要提升爱国主义精神，坚决捍卫中华民族尊严，决不允许外部势力挑衅、威胁中华民族的利益。

与会人士就两岸关系的改善和发展问题，充分地表达了各自的看法和意见。会议始终是在亲切、坦诚、相互尊重的气氛下进行的。

海峡两岸关系研究中心主任孙亚夫等出席了座谈会。

（三）

7月11日晚些时候，中共中央政治局委员、北京市委书记刘淇在北京饭店会见了郁慕明一行。刘淇首先代表中共北京市委和北京市1400万人民对郁慕明一行的到来表示热烈欢迎。他说，今年，是中国人民抗日战争暨世界反法西斯胜利60周年，也是台湾光复、重归祖国怀抱60周年。在抗战中，中国人民为了维护国家主权和领土完整、维护民族尊严，进行了长期的、艰苦卓绝的斗争。抗日战争的胜利，是两岸同胞生死与共、并肩作战、共同取得的民族解放战争的伟大胜利，为实现民族独立和人民解放奠定了重要基础，也对世界各国人民取得反法西斯战争的胜利、争取世界和平的伟大事业产生了巨大影响。郁慕明主席此次率团访问大陆以"纪念抗日战争胜利60周年"和"民族之旅"为主题，充分表达了台湾同胞维护国家主权和领土完整的态度，非常有意义。

刘淇说，长期以来，北京与台湾始终保持着密切的交流与合作。台商投资不断增加，截至2004年底，北京市累计批准台资项目两千两百多项，总投资额25亿美元，且大项目越来越多。京台贸易不断增长，去年两地贸易额达到18亿美元。在文化交流方面，京台品牌活动丰富多彩，来京台胞数量不断增长，正在北京地区大学就读的台湾学子1300多名，申请来京采访的台湾媒体不断增多。

刘淇表示，两岸同胞，骨肉相亲。在新形势下，加强京台之间的交流与合作，是大势所趋，民心所向，前景美好。我们将以最大的努力，发展京台两地合作关系，通过加强沟通，增进了解，促进交往，扩大共识，创造更加良好的环境，使台湾同胞在京学习进步，工作顺利，生活愉快，事业发达。

郁慕明在谈话时表示，在北京的访问十分重要，用一个成语形容就是：画龙点睛。在北京的访问有交谈、座谈、演讲的安排，不仅是涉及精神层面，还会有实质性的部分，就如何改善两岸关系、促进两岸同胞的交流来往等进行沟通和交流。

会见后，宾主双方互赠礼品。刘淇向郁慕明赠送了北京传统工艺品金丝镶嵌景泰蓝的"九龙壁"，寄寓着中华巨龙腾飞的意蕴；向新党秘书长李胜峰赠送了景泰蓝花瓶。郁慕明回赠了交趾烧陶盘"华堂集锦"，寄托着中华民族大团结、锦绣一堂的祝福。

随后，北京市委副书记龙新民代表北京市委在北京饭店宴请了郁慕明一行。

六、郁慕明在中国人民大学演讲时寄语学子：所有中国人，尤其是年轻朋友，应该把握契机来振兴中华

（一）

7月12日上午9时许，新党主席郁慕明一行来到中国人民大学。郁慕明在中共中央台办主任陈云林的陪同下，走进逸夫会议中心。

郁慕明的演讲由中国人民大学校长纪宝成教授主持。纪宝成在致欢迎辞时说，中国人民大学是大陆最早与台湾高校开展交流的学校之一。正是在交流过程中，我们深深感悟到海峡两岸血浓于水的亲情是任何因素都不可以割裂的，因为我们都是中国人。他坚信，海峡两岸和平统一的历史大潮是不可阻挡的。

站在中国人民大学逸夫会议中心的讲台上，郁慕明一开场就表示要抛开早已准备好的讲稿，他说，他要把七天大陆行的所闻所感真情告白。他说，郁慕明何德何能，能够有这样的荣幸，带着新党的30位团员到中国大陆，能到中国人民大学来演讲。我们不是追求一己之私、一党之私，我们是期盼藉由这样的交流和沟通，激发我们的爱国主义，激发我们的民族精神，因为我们要像讲堂后面的条幅写的那样："实现中华民族伟大复兴"。

讲台对面的墙壁上悬挂着红底白字的大幅标语："弘扬爱国主义民族主义精神，实现中华民族伟大复兴"。它昭示着人大师生们的意志和决心，也昭示着郁慕明主席今天演讲的主题。

郁慕明针对有些国家不断地强调"中国威胁论"，他高声强调，中国的崛起是和平的崛起，中华民族是一个最爱好和平的民族，我们所追求的是"天下为公，世界大同"。

郁慕明主席向师生们介绍了台湾社会的现状。他说，台湾民众是纯朴、勤劳和爱好和平的，但也有少数"数典忘祖"、妄图分裂国家的"台独分子"。他指出，"台独"势力是以"民主之名，行夺权之实；以本土之名，

行民粹之实；以主权之名，行独立之实"。他们"以本土之名，行民粹之实"是"去大陆化"，"以主权之名，行独立之实"是"去中国化"。他深刻的揭露引起师生们一阵阵热烈掌声。

郁慕明强调，大陆和台湾都是我们的固有家园。"当我们能够把我们固有的传统文化、传统伦理发扬光大，我们就可以从道德层面去告诉他们：'台独'势力的所作所为是出卖国家、出卖民族、数典忘祖，在中华民族这个大熔炉里它是无法生存的。"郁慕明的精彩演讲常常被暴风雨般的热烈掌声打断。

演讲结束后，郁慕明主席坦诚且妙趣横生地回答了现场同学的提问。

一位政治学专业的研究生问道："不是为了一己之私、一党之私，那么，如果泛蓝力量整合，新党是否考虑重新并入国民党呢？

郁慕明微笑作答道："你的话已经把我盖住了。去年'立法委员'选举，新党就展现了小党大气魄。当时我们8位候选人，有7位以国民党名义参选。为的是把这7位的总得票数加到国民党总票数里，使国民党获得更多不分区'立委'名额。最后国民党、亲民党的泛蓝阵营获得114席，超过半数112.5席。假如没有新党这7位加进来，泛蓝的席次不会过半。"郁慕明表示，新党为此作出了一点牺牲，是顾全大局的。因为无声无息，很多人以为新党不在了。"当时我们在公车上做广告，广告词就是：'哇塞！新党还在！'"郁慕明的风趣解嘲使整个演讲厅溢满欢笑。

一位博士问道："郁主席，台湾当局对抗战纪念活动刻意淡化，对此您有什么看法？"

郁慕明仍然微笑着回答："你叫我郁主席，让我觉得新党又大了一点。"师生们又回应以会心的微笑。郁慕明从来不避讳新党是一个小党，他在意的是一个政党的正确主张和它所产生的社会影响力。郁慕明说，有人要把抗战胜利60周年淡化，是因为假设他去强化的话，他就不能让"台独"在理论基础上立足。台湾光复是八年抗战付出多少代价换来的，就应该大家变成一家人，共同努力奋斗。他怎敢强化呢？他说，不过，不用担忧，历史告诉我们，很多事情潮流是挡不住的。但是我们也不能等潮流来，我们要鼓动风潮，振兴中华。

最后，他寄语人大学子："自古英雄出少年。你们未来的路是康庄大道，路是自己走出来的。我们要牢记历史，珍惜现在。台湾的经济契机，大陆的改革开放，两岸都在突飞猛进，唯有互助，唯有和平，站在民族的基础上，我们一同来努力。统一尚未完成，同胞仍需努力。"

提问结束后，中国人民大学校长纪宝成教授向郁慕明赠送了水晶制作的人民大学标识，由人大徐悲鸿艺术学院院长徐庆平教授绘画、哲学院张立文教授题字完成的中国画"和合图"，寄寓着中国人民追求和平、和睦、和谐、和合的善良愿望；此外还赠送了人大出版社出版的大型学术丛书《清史编年》等礼物。郁慕明也将从台湾带来的一对精美的陶制"南方狮"回赠给人民大学，意在赞颂东方雄狮正在和平崛起。

随后，郁慕明一行在纪宝成教授等的陪同下，参观了明德楼、孔子像等人大校园景点，所到之处，受到人大师生们的热烈欢迎。亲切的笑脸、热情的问候、热烈的掌声、美丽的鲜花和恳切的横幅标语始终伴随着他们，使他们感动不已。

（二）

郁慕明在中国人民大学的演讲同样引起新闻媒体的广泛关注，纷纷发出各种各样的报道和评论。台湾"中央社"驻北京记者发出的电讯是一篇颇有代表性的报道。电讯说，新党主席郁慕明今天上午在中国人民大学发表演说，原先准备以"21世纪中国人面临的挑战与契机"为主题，但临时决定改谈新党访问团在广州、南京、大连、北京四地进行"民族之旅"的切身感受，博得全场师生热烈掌声。

简讯说，郁慕明在中共中央台办主任陈云林陪同下前往人民大学，受到热情欢迎。演讲会由人大校长纪宝成主持，他致辞时以诗句"青山一道同云雨，明月何曾是两乡"来表达对新党访问团的欢迎之意。

电讯指出，郁慕明一上台即表示，今天决定不用稿子演讲，要把这几天心中的感受和大家分享。他还叙述了小时候离开大陆之后到现在心中的无限感慨。

郁慕明说，八年抗战中国人不论是国军或共军，大家团结起来全面抗战，坚持下去，赢得最后的胜利。这告诉大家，唯有团结才能带来国家的强盛，民族的振兴。

电讯特别强调，在演讲中，郁慕明数度批评"台独"，他说新党不怕回去以后被污名化，因为作为堂堂正正的中国人，只要路走得对，"我就会仰天大笑回家去。"

电讯说，演讲之后对于学生的提问，郁慕明都一一详细解说，用语风趣，与学生轻松互动，全场掌声不断。

有的新闻报道这样描绘郁慕明演讲后的形象："清风正气的赤子情

怀，无所畏惧的坦荡胸怀，让这位身材不高的小党主席在人们的心目中高大了许多。"

七、胡锦涛总书记在会见郁慕明一行时，就当前发展两岸关系提出四点重要意见

（一）

7月12日下午3时，中共中央总书记胡锦涛在人民大会堂东大厅亲切会见了新党主席郁慕明率领的新党纪念抗日战争胜利60周年大陆访问团全体成员，同全体成员一一握手并合影留念。众多记者用相机记录下了这"画龙点睛"的时刻。

在会见中，胡锦涛首先代表中共中央，向郁慕明主席，向访问团全体成员，表示热烈的欢迎并致以良好的祝愿。

胡锦涛说，今年是中国人民抗日战争胜利60周年。60年前，中国人民经过浴血奋战，付出了巨大民族牺牲，战胜了日本帝国主义，取得了抗日战争的伟大胜利，也使台湾彻底摆脱了持续50年的日本殖民统治，回到了祖国的怀抱。抗日战争的胜利，使近代以来中华民族在抗击外来侵略斗争中第一次取得完全胜利，它充分展现了中华民族的强大生命力和凝聚力。在艰苦卓绝的抗日战争中，包括台湾同胞在内的中华儿女为捍卫民族生存、拯救国家危亡而英勇战斗，用生命和鲜血谱写了惊天地、泣鬼神的壮丽史诗。中华民族在抗日战争中表现出来的不畏强暴、血战到底的大无畏精神，是我们伟大民族精神的生动写照。这充分说明，在历史长河中铸就的伟大民族精神，是中华民族生生不息、顽强奋起、发展壮大的强大精神动力。我们隆重纪念中国人民抗日战争胜利60周年，就是要表达我们珍爱和平、维护和平的坚定信念，激励全体中华儿女更好地投身实现中华民族伟大复兴的光辉事业。

胡锦涛指出，新党是台湾地区一支不可忽视的政治力量。自成立以来，新党始终坚持一个中国、反对"台独"的立场，始终高举民族大义、反对分裂国土、主张和平统一的旗帜，为促进两岸关系发展作出了积极努力。这是难能可贵的。我们对此高度赞赏。坚决反对"台独"、促进和平统一，是我们两党共同的政治主张和奋斗目标。我们愿和新党朋友们一道，继续高举民族团结的旗帜，坚决反对"台独"分裂势力及其活动，促进两岸关系改善和发展，造福两岸同胞。

会见中，胡锦涛认真听取了郁慕明对发展两岸关系的意见和建议。

郁慕明说，新党本着向人民交代、对历史负责的初衷，始终如一地坚持一个中国原则、坚决反对"台独"分裂的立场。此次新党组团到大陆访问，定位为"民族之旅"，就是要寻求民族浩然正气、振兴中华民族。从广州的黄花岗、南京中山陵，到大连万忠墓，到北京中国人民抗日战争纪念馆，我们感受到了中国过去的一段历史，也看到了中华民族未来发展的光明前景。孙中山先生的遗训犹在耳边，统一尚未成功，同胞仍需努力。面对新纪元的挑战与契机，两岸的中国人应当抓住机遇，携手合作，团结奋斗，全力弘扬中华文化，全力发展社会经济。21世纪是中华民族伟大复兴的世纪，中国人的理想之花一定会在本世纪结出丰硕之果。

在认真听取了郁慕明的意见后，胡锦涛就当前发展两岸关系提出四点看法：

第一，共同促进中华民族的伟大复兴。实现中华民族的伟大复兴，关系两岸同胞的福祉，关系全体中华儿女的福祉。历史和现实告诉我们：落后就要挨打，发展才能复兴。近代以来，中国之所以饱受外国列强欺凌，一个主要原因就是当时的中国积贫积弱。自那时起，实现中华民族的伟大复兴就成为一代代中国人矢志不移的奋斗目标。当今世界，以经济发展为基础、科技创新为先导的综合国力竞争日趋激烈。形势逼人，时不我待。现在，两岸共同发展繁荣正面临着难得的历史机遇。两岸比以往任何时候都更需要、也更有条件携手合作、共同发展。两岸同胞必须抓住机遇、团结一心，努力推动中华民族发展壮大、繁荣昌盛，实现真正意义上的全民族的伟大复兴。

第二，坚持一个中国原则。实现中华民族的伟大复兴，需要加强全民族的团结，需要海峡两岸的中国人携起手来，需要全世界的中华儿女携起手来。要做到这一点，就必须坚持一个中国原则，坚持中国决不能分裂，中华民族决不能分裂。在这个重大原则问题上，必须旗帜鲜明。两岸合则两利、分则两害。两岸不应对立、对抗，而应和解、合作，实现互利双赢、共同发展。这是两岸同胞的共同期盼，也是海内外中华儿女的共同心愿。两岸中国人完全可以在一个中国原则的基础上，真诚相待，携手合作，求同存异，妥善处理好彼此之间的矛盾和问题，共同为两岸关系发展争取一个光明的前景。

第三，坚决反对和遏制"台独"。近一个时期，经过各方面的努力，两岸关系中有利于遏制"台独"分裂活动的积极因素有所增长，但反对和遏制"台独"分裂势力活动的斗争仍然严峻和复杂。对"台独"分裂势力推行"台独"的各种图谋，必须继续保持高度警惕。我们再三强调要坚决反对

"台独"，是从维护国家、民族发展的大局考虑的，也是从关心台湾社会安定、维护台湾同胞利益的角度考虑的。"台独"是一条灾难之路。坚决反对"台独"，才是真正爱台湾。只有遏制住"台独"分裂活动，才能保持台海地区和平稳定，才能维护两岸经济社会发展所需要的安定环境，才能保障两岸同胞的切身利益，才能促进祖国和平统一。

第四，切实照顾和维护台湾同胞的切身利益。广大台湾同胞，不论是台湾省籍还是其他省籍，都是我们血浓于水的骨肉同胞。无论在什么情况下，我们都尊重他们、信赖他们、依靠他们，并设身处地为他们着想，千方百计照顾和维护他们的正当权益。今年3月4日，我就加强两岸人员往来和经济文化交流提出了意见和建议。在中国国民党主席连战、亲民党主席宋楚瑜率团来大陆访问期间，我们宣布了一系列新的政策措施。凡是对台湾同胞作出的承诺，我们都会郑重对待、认真落实。希望新党为这些政策措施的落实发挥积极作用。我衷心希望，两岸共同采取行动，推动交往交流，加深同胞亲情，促进两岸关系朝着和平稳定的方向发展。

胡锦涛最后表示，相信只要两岸同胞同心同德、不懈努力，共同推动两岸关系改善和发展，共同致力于中华民族的伟大复兴，中华民族就一定大有希望。

中共中央政治局候补委员、中共中央书记处书记、中央办公厅主任王刚，中台办主任陈云林等参加了会见。

（二）

7月12日下午晚些时候，新党大陆访问团在京举行记者会，郁慕明主席在总结此次大陆行的成果时说，希望此行能激发两岸中国人为民族的复兴而共同努力奋斗。郁慕明在回答记者提问时说，中国人的问题应由中国人来解决，中国人要帮助中国人。现在两岸之间最常用的四个字是"互利双赢"，而要实现"互利双赢"，需要两个基本条件：一个是民族认同，一个是和平。

在谈到两岸和平问题时，郁慕明特别提到在南京看到市民手举"和为贵"的标语，以及12日上午中国人民大学赠送给新党的礼物之中，有一件名为"和合图"的国画，让他感触良多。他说，和平是大多数两岸同胞所期盼的，有和平就有合作。他表示，中华民族的伟大复兴需要两岸共同来努力，我们新党将始终以改善两岸关系、追求和平为目标。

新党秘书长李胜峰在记者会上说，此行通过对广州黄花岗、南京中山陵、南京大屠杀纪念馆、大连日俄监狱旧址、北京卢沟桥、抗战胜利纪念馆等地的参访，我们对近代中华民族兴衰起落感慨万千，并一致认为，面对百年民族兴衰史，为了21世纪中华民族的和平崛起，中华民族大团结是唯一的选择、唯一的出路。

此后，郁慕明主席接受了人民日报、新华社、中央电视台等中央媒体的联合采访。

有记者问：1990年您第一次回到大陆，此后多次访问大陆，这次访问与过去的访问有些什么不同？

郁慕明说，之前的访问，有的是个人拜访，有的是代表新党，如2001年的那次访问。但这一次不同以往，因为此行有一个明确的主题：为了抗战胜利60周年，格局变高，不是站在政党和个人的角度，而是站在中华民族的立场上，所以这次选择的地点都与中华民族有关。我们选择了第一站广州，从七十二烈士墓寻找民族之浩然正气；第二站南京大屠杀遇难同胞纪念馆，体验民族之痛；第三站大连是看到未来之光，因为中国的发展轨迹是从南到北，珠江三角洲、长江三角洲，现在是渤海、东北；最后一站，北京是和平之梦，是此行的总结，除了牢记历史外，还期盼两岸和平。

有记者问：临行前，你们说，与国亲两党不同，你们此行所要达成的是精神追求，要带中华民族之精神回台湾。你能具体谈一谈吗？

郁慕明说，目标通常分为有形与无形。这次连战主席和宋楚瑜主席来，达成的是有形的共识。我们谈精神好像很虚，无形的感觉不到。我们要经由此行，唤醒大家回忆并牢记历史，以史为鉴，思索未来。比如六十多年前日本发动侵略战争，现在日本右翼势力又在抬头，未来的60年中悲剧是否还会重演？新党的责任就是要不断提醒大家。过去孙中山先生为革命奔走呼号，没有几个人跟着他，但无形的力量不断凝聚，到最后比具体的、有形的力量效果好。

有记者问：新党自喻是孤独的北极星，这一次在大陆各地受到群众的欢迎，以及国亲两党相继组团到大陆开创的两岸交流新局面，是否让新党减少了孤独的感觉？

郁慕明说，这其实也是我们的收获。到任何地方，我们的同胞那么热情地欢迎我们，不是因为欢迎我们，我们就感动，而是大家对新党理念的认同、肯定，以及一起努力的决心让我们很满足。我们体会到，绝不是因为郁慕明，不是因为新党本身，而是因为新党一路走来始终如一，坚持自己的理念、坚持两岸统一和一个中国原则，新党所代表的意义，让我们受到这样高规格的接待。

有记者问：如果泛蓝整合成功，新党的位置在哪里？俗话说，宁为鸡头，不为凤尾。您是怎么考虑的？

郁慕明说，如果泛蓝可以整合，就太好了。一同为民众福祉、为两岸和平努力。有人说整合后，我可以做国民党副主席。我不这么想，我什么也不做，我只追求把力量团结起来。对我来讲，位置不重要。

有记者问：在泛蓝三党里，新党最小，但却是推动泛蓝整合最积极的力量，你回到岛内准备如何继续推动泛蓝整合？

郁慕明说，实际上我们一直在推动，从去年"立委"选举可以看出来，新党不在乎自己在选举中的胜败，但非常重视泛蓝的结果。所以，我们能发挥的功能就是牺牲自己，来撮合、整合泛蓝。

有记者问：新党在两岸关系发展中扮演什么样的角色？

郁慕明说，两岸之间加强交流，增加彼此的了解。我们不希望两岸的人民因为一些事情或一些人，而对那个地方产生恶感、反感，最重要的是让大家认识到两岸都是一家人。

有记者问：民进党推行"法理台独"和"文化台独"，包括"去中国化"的文化策略，您认为两岸关系在这种环境下，有没有可能恶化？

郁慕明说，我个人认为两岸关系不会恶化，因为这是个趋势，两岸已经开放，已经交流，这部车子已经开动，刹不住了。作为新党，我们不会仅仅等待追随潮流，我们还要鼓动这个风潮。

八、中台办负责人就新党组团来访向媒体发表谈话说，新党是台湾地区一支不可忽视的政治力量

（一）

7月13日，在新党大陆访问团即将返回台湾的时候，中共中央台湾工作办公室负责人向媒体发表谈话时指出，新党在中国人民抗日战争胜利60周年之际组团来访，纪念全民族抗战的伟大胜利，弘扬中华民族的浩然正气，表达维护国家主权和领土完整、反对"台独"分裂、推动两岸关系和平稳定发展的强烈愿望和态度，获得两岸同胞的肯定，富有重要意义。新党这次组团来访，再次为促进两岸民间交往、推动两岸经济合作、维护两岸同胞权益，提出了大量富有建设性的意见和主张，大陆方面将认真研究新党提出的意见和建议，只要对台湾同胞有利的事情，只要对促进两岸交流有利的事情，我们

都会尽最大努力去做，并且一定努力做好。

这位负责人在回顾了新党访问团行程后说，新党此次组团来访，宣示自创党以来始终坚持一个中国、反对"台独"、谋求两岸和平统一的一贯立场，增进了大陆同胞对新党的了解，有利于共同促进两岸关系和平稳定发展。他说，新党访问团在与中共中央台办的座谈中，双方就涉及两岸同胞权益的若干事项深入交换了意见，包括台湾优质水果在大陆销售和促进两岸农业交流，让台湾农民得到真正实惠；便利台湾同胞往来大陆，方便台湾同胞在大陆就业、购房和居住；加强两岸教育交流，鼓励台湾学生来大陆就读；密切两岸文化学术交流，统一两岸科技名词；扩大福建沿海地区与金门、马祖的交流与合作等。

这位负责人表示，对于新党提出的进一步便利台湾同胞往来大陆的建议，将会同公安机关继续推动如下工作：第一，做好已开始实施的扩大金门、马祖、澎湖地区的台湾居民签发一年有效多次来往大陆签注范围的工作。第二，对在大陆居留一年以上的台湾居民根据需要签发一至五年有效的居留签注，台湾居民凭该居留签注在大陆居留和入出境，无需再办理入出境签注手续；对一年（含一年）内需临时或多次来往大陆的台湾居民，根据需要签发一次或多次来往大陆签注，无需再办理居留签注手续。第三，公安部已授权上海、江苏省公安机关出入境管理部门为台湾居民补发、换发五年有效台胞证，争取于今年十月份开始实施。

对于新党提出的愿意进一步为在大陆的台湾同胞提供服务的意见，这位负责人表示，我们根据2001年7月中共中央台办与新党大陆事务委员会代表团达成的有关共识，国务院台湾事务办公室台胞投资服务与协调专责部门愿与新党成立的为台湾同胞服务的专责机构保持经常性的联系与沟通，共同为台商服务。对于新党提出的维护台湾渔民在钓鱼岛附近海域捕鱼权益的关切，我们重申：钓鱼岛及其附近岛屿自古以来就是中国的固有领土，中国对钓鱼岛及其附属海域拥有无可争辩的主权。两岸同胞对维护国家主权和领土完整肩负共同的义务和责任。我们高度重视并积极保护包括台湾地区渔民在内的所有中国渔民的合法权益。

这位负责人强调，我们真诚地认为，广大台湾同胞，无论是台湾省籍还是其他省籍，都是兄弟姐妹，没有化解不了的隔阂、没有逾越不了的鸿沟，应该消除误解、捐弃前嫌、和平相处。也应该共同反对"台独"分裂势力在台湾民众中制造对立与仇视，促进台湾社会安定、经济发展。同样，两岸人民都是中国人，是骨肉同胞，应该加强交流，团结一致，共同维护国家主权和领土完整，共同促进两岸关系发展，共同为中华民族的伟大复兴而奋斗。

这位负责人说，新党是台湾地区一支不可忽视的政治力量。坚持大陆和台湾同属一个中国、坚决反对"台独"、促进和平统一，是我们与新党共同的政治主张和奋斗目标。我们将继续与包括新党在内的反对"台独"、认同"九二共识"，主张发展两岸关系的台湾各政党、团体和人士共同努力，维护台海地区和平稳定，推动两岸关系走向和平稳定、互利双赢。

（二）

7月13日下午2时左右，新党主席郁慕明率领的新党大陆访问团来到北京首都机场，将登机惜别北京，经香港返回台湾。中共中央台办主任陈云林、副主任李炳才、中共北京市委常委、秘书长孙政才等领导人和各方面代表到机场送行。

照例是鲜花、笑脸、掌声和横幅展示的情谊恳切的话语。郁慕明面对热情有加的欢送队伍，对媒体发表了简短的讲话。他说，此次对大陆的访问非常顺利，收获良多。访问团注意收集了大陆网民的反应，发现大陆民众对新党的此次访问也是非常欢迎。他表示，希望此行能有助于在两岸弘扬民族精神，激发两岸同胞共同开创我们中华民族伟大的未来。

临登机前，郁慕明向着热情的欢送队伍深深一鞠躬，对大陆各有关方面的热情接待表示诚挚的谢意。

飞机翱翔在祖国的蓝天之上，郁慕明主席和大陆访问团的全体成员仍然沉浸在手足同胞的温馨亲情之中，头脑中不断回放着8天行程中的每一个精彩的瞬间，陷入了沉思。

九、舆论积极评价新党组团进行的"民族之旅"，赞扬访问所取得的积极成果。有媒体载文称赞新党是"小党大作为，两岸新动力"

（一）

7月12日，胡锦涛总书记会见郁慕明主席率领的新党大陆访问团后，媒体又掀起新一轮热评。这一天，台湾"中央社"驻北京记者发出电讯，不仅报道了"胡郁会"的情况，而且具体报道了新党向大陆提出的十点建议。电讯说，中共中央总书记胡锦涛今天会见由新党主席郁慕明率领的新党大陆访问团时，赞赏新党的反"台独"立场，并表示愿与新党共同促进两岸关系的改

· 255 ·

善和发展。

电讯说，胡锦涛下午3时在北京人民大会堂会见访问团，他说，新党是台湾一股不可忽视的重要政治力量，自成立以来，新党一直坚持"一个中国"、反对"台独"的立场，为促进两岸关系的改善作出积极贡献，非常难能可贵，"我们对此高度赞赏"。胡锦涛表示，愿意和新党共同反对"台独"，维护台海地区和平稳定，促进两岸关系的改善和发展，造福两岸同胞。

电信特别报道了"胡郁会"后，新党在北京饭店召开记者会，向媒体介绍两党会谈取得成果的情况。电讯说，新党秘书长李胜峰在记者会上说，新党向胡锦涛说明，新党接受"一中原则、九二共识"，进而提出了"一中两制"的新思维，追求两岸和平。李胜峰指出，新党认为两岸关系的改善，必须推动国统纲领法制化，以法律确定不独的决心，避免两岸冲突。对于国共两党所推动的两岸论坛，新党充分支持，更希望国、亲、新三党能够共同参与，以促成泛蓝大团结。

电讯说，李胜峰归纳说明，新党参访团总计向大陆方面提出了十点建议：

一、2008年北京奥运会的跆拳道项目由台湾办。

二、新党成立台商服务部与国台办台商投资服务及协调负责部门保持经常性联系和沟通，共同为台商服务。

三、有关钓鱼岛、东海油源、捕鱼权等议题，新党将相关研究汇整后，送给中共中央参考，以确保主权、油源及渔民权益。

四、落实并积极推动台湾水果进口大陆市场。种类由12种扩大为18种，其中15种实施零关税。由农会承办，将零关税的利润直接反映到农民身上。

五、大陆的农业实验区，以优惠的条件，开放给台湾农民从事农业生产。

六、在争取便利于台湾民众来往和居住大陆方面，大陆已经同意对在大陆居留一年以上的台湾民众，根据需要签发一至五年的有效居留签注，台湾民众凭居留签注在大陆居留和入出境，不必再办理签注手续。台胞证遗失不必再到港澳补办，可在大陆办理。

七、两岸加强科技文化交流，先做好专有名词、译名的统合工作，进而两岸团队合作研发。

八、扩大开放大陆重点学校大学生及研究生名额给台湾学生就读。

九、让在大陆就学的台籍生毕业后的考照、取证、就业获得与大陆毕业生同等待遇。

十、面对人数日益增多的金马地区"小三通"措施，检讨建立新的交流机制，发挥更大功能。

（二）

7月12日这一天，香港媒体也纷纷发表文章或报道，评价新党大陆之行。

香港《明报》发表题为"'两岸热'呈新特征"的文章说，七月流火，"两岸热"一如中国北方罕见的持续高温，新党"民族之旅"正行至北京；两岸县市"双百论坛"还在南京举行；"海峡两岸资讯产业技术标准论坛"刚在四个领域达成十多项共识；两岸4000名大学生联欢活动又将在北京人民大会堂举行……

文章说，如此热络，令人想起上世纪90年代初的两岸交流热潮，但其广度、深度，已不可同日而语。今次两岸热有以下特征：一、大陆强主导，民间唱主角；二、两岸双向参与，但主要活动在大陆，多是围绕落实"胡连会"、"胡宋会"成果；三、民进党基层人士开始参与。

同一天，香港《东方日报》刊登了题目叫"新党大陆行"的报道说，国民党、亲民党完成大陆"和平之旅"及"搭桥之旅"，接着新党也踏上"民族之旅"，泛蓝终于在两岸问题上有了高度共识与贡献。报道指出，在北京眼中，台湾的政党不在大小，只要反对"台独"就是北京的朋友。对于新党踏上"民族之旅"，大陆也采取对待国民党、亲民党同样的规格，展现了北京对台统战的格局与务实灵活的手法。

报道说，新党是由一批不满李登辉的国民党员脱离国民党后成立的，建党之初，其以清流治国的号召，受到选民的肯定，曾有气势高涨之时刻，许多高级知识分子纷纷响应新党号召，加入团队。一路走来，新党都表现出强烈的反"台独"路线，从不动摇。当然也受到了当政者的打压，如新党议员李庆元因为批评陈水扁而被告，甚至被判刑，剥夺公权两年。

（三）

在新党组团访问大陆结束后的十余天中，仍有媒体发表文章加以评说。比如香港《亚洲周刊》7月24日出版的一期上就刊登了一篇题目叫"小党大作为 两岸新动力"的文章，对新党的作为予以评说，加以赞扬。

文章说，新党在台湾政策环境中，实在不算是能够令风云变色的大党，但是这次新党主席郁慕明率新党代表团访问大陆，受到了与连宋两团同等规格的招待。这与新党的政治定位与历史角色有关。

文章指出，7月12日下午，中共中央总书记胡锦涛会见新党主席郁慕明，继续强调两岸关系发展的四项主张。郁慕明则回以十条建言。这十条建言除

· 257 ·

了从民族精神的高度重新认知两岸关系之外，进而提出，针对有关钓鱼岛、东海油源和渔权等议题，新党会将相关研究调查资料与建议汇整后，专呈中台办转中共中央，以确保主权、油源和渔民权益。

文章称赞道，在国民党各派别中，新党因为没有国亲两党的历史包袱，所以在两岸关系中走得最彻底也最利索。因此，郁慕明敢于在大陆喊出"将中华民族精神带回台湾"这样的口号。

文章说，由于访问时恰逢"七七事变"68周年，新党巧妙地把两岸共同的历史恩怨，作为两岸对话的基础，以情感超越政策。如果连宋的牌是"爱"，那么郁慕明的牌就是"恨"。这种用历史的话语转移为现实利益的操盘妙手，成为此次新党访问区别于连宋的精彩之处。

文章说，对于北京来说，新党并不是一位陌生的客人，郁慕明也并非是初次会见台办官员。在新党成立之初，北京曾经寄厚望于该党，并通过不同途径与新党保持了极为密切的沟通。但是，新党在台湾却走上泡沫化、边缘化的道路。这一度影响了北京对新党的看法。

文章分析说，新党通过访问大陆，在两岸互动中找到自己的新定位。钓鱼岛只是这个定位中的一个具体坐标。新党通过这次访问大陆，已经完全转型为两岸关系的先锋。一方面是体现作为政党的民族情怀，以钓鱼岛作为向"台独"开火的武器；另一方面也通过与中共在钓鱼岛问题上的合作，提升自己在台湾岛内和北京心目中的政治分量。

文章最后说，在连宋背后，两岸是一个美丽的夏天。新党的作为，就是在这个夏天勾勒具体的线条。或许从历史上讲，每个政党都有自己的分工，但"我们都是中国人，中国人要更团结，团结才能赢"的历史主张，却是两岸政党面对海峡诡谲风云的共同力量。

第六章

台湾名士李敖的"神州文化之旅"

一、李敖行前对媒体说，此行我想看的是新中国。新中国跟台湾祸福相依，台湾太单薄了，大陆是我们的腹地，我们要靠大陆

（一）

台湾名士李敖将于9月19日登陆进行"神州文化之旅"，此前一周这一消息就被媒体热热闹闹地炒了起来。

台湾《联合报》9月13日就刊登报道说，无党籍"立委"李敖本月19日将访问大陆，为了能顺利"出境"，欠税500万元的他只好把每个月的16万元的"立委"薪水，全数让"国税局"抵扣，扣到"立委"任期届满都不够。李敖笑称"准备连任"，让"国税局"扣够为止。李敖昨天举行行前记者会，强调"来台56年从没出过国"，这次访问大陆，"也不算出国"。

同一天，台湾《中国时报》发表报道说，李敖克服恐机症，19日将赴大陆、香港展开12天的"神州文化之旅"。一向自负的李敖不改狂狷，虽不肯透露在大陆演讲的内容，但自信"一定比克林顿和连什么战讲得好"。

报道说，李敖说他反对重温旧梦，但仍还要探访一下故友。媒体问他有没有最不想见的人？他说："一时想不出来，尚无法点名批判。"对于大陆有学者批判他，媒体问他有什么感觉？李敖毫不在意，他引美国前总统里根的话说："山在那儿，有人要爬它，就是那种感觉。"李敖表示，他访问大陆是想让大陆见识一下，"台湾有李敖这种货色"，两岸也需要一个"高人"，减少因误会而产生的不愉快。对于演讲内容，李敖大卖关子，只愿给记者一些"禅宗式的暗示"："春秋笔法，以身试法，现身说法，登坛作法，拿出办法……"

《联合报》9月18日连着刊登两篇报道反映李敖行前情况。一篇报道说，大陆继"连宋热"后，再掀起"李敖热"。李大师尚未登陆，大陆各媒体、网站已预告他的行程、旧居、小学、故人、著作，全成了热烈的讨论内容。报道说，李敖在大陆被视为有骨气的知识分子。他坐牢、特立独行、善批评，骂名人、政要，骂到痒处和要害，举证充分，是大陆民众最喜欢他的地方。李敖对历史求真求实的精神，也是他在大陆受欢迎的原因之一。不过，李敖在大陆也不是未受批评。最近李敖在节目中批评鲁迅的言论，就惹恼了不少大陆观众。

另一篇报道说，李敖在北大、清华、复旦的三场演讲和讲座，台湾各家有线电视台要铆足全力争取转播；部分电视台已付出每场5000美元的转播金，争取全程播出演讲内容。报道说，顶着"肯定不会逊于克林顿"的承诺，李敖明天赴大陆，大陆各家媒体已摩拳擦掌，准备全程盯人采访。

这一天，香港《大公报》发表报道说，李敖戏言即将展开的"神州文化之旅"是"猛龙过江之旅"。李敖身边的亲友向记者透露，李敖行前这几日都在"闭关"读书，开出长长的书籍、资料清单，托付身边友人替他收集。其中以历史、政治类书目为主。比较特别的是胡锦涛主席的讲话也赫然列在其中。

同天，香港《成报》发出消息说，北京一位资深国际问题学者指出，李敖即将造访大陆，这样的人物始终在文化的乡愁中，凝思历史和未来。李敖是学者，唯我独尊、唯我独狂，他并不是政治家，更非政客，但他与政治有着扯不断的联系与瓜葛。李敖还是史家，他对中国历史的认识之深，在今天的华人圈内恐怕无人能望其项背。历史使人明智，历史的底蕴造就了李敖最终的皈依。李敖最终走向拥抱家园情怀的道路。

（二）

就在李敖9月19日赴大陆进行"神州文化之旅"的这一天，《中国时报》发表了该报记者对李敖的专访纪要。现摘要如下：

记者问："大陆行有什么特别规划？你此刻的心情如何？"

李敖说：我到大陆的第二天，会去"拜访"我在北京的女儿。"拜访"这两个字很重，因为她跟我太太同岁，相互之间比较有"人民内部矛盾"。外界都认为我在北京的女儿得到我的真传，但我觉得没有，因为我不跟邻居吵架。

本来我假设80岁以后会回到北京，像法国的伏尔泰回到把他的书查禁的祖国。但前一阵子安排这趟大陆行的凤凰卫视老板来看我，希望我早点去，要不然到时候太老了，恐怕体力太差了，所以我才提前。

他听说我有坐飞机的恐惧症，本来搞了一条"爱之船"，停在基隆，接着拉到香港，然后挂一辆专列，坐火车，30个小时到北京；我说还是坐飞机好了，就达成协议。

我13岁的时候，孤零零从北京坐火车到天津，再坐船到上海。在火车上往窗外看去，都是被烧焦的田地。共产党和国民党作战时，把铁路扒掉，旁边都是战火。

对北京而言，我离开了57年，重回旧地，感觉会很强烈，虽然那不是伤感。

我在回忆录中提到小学时"神秘的初恋"张敏英，当时是小男生对小女生的单恋，人家根本不知道。她是我的同班同学，长得干干净净的，很清秀，这也使我对美女有了刻板的定型，艳丽的那种我都觉得不好看，明星脸的、人造的、电脑合成的女人都不好。这次他们帮我联络了14位同学，名单上没有她，但不会失望，如果见到了也不好吧！因为重温旧梦就是破坏旧梦。

基本上我曾经去过的地方，这回都不太去。我的老宅在内务部街甲44号，后来听说被人占了。很多年以前，我母亲一个人回去过，一回去哭了，因为原来我们家住了十个人，现在住了十户人家，变成了大杂院。

很多感情随着时间在改变，所以我说："不是怀乡，没有乡愁；不是近乡，没有情怯；不是还乡，没有衣锦；不是林黛玉，没有眼泪"。

看人，人都老掉了；看物，也改变了。我想看的是新中国。新中国跟台湾祸福相依。"台湾太单薄了，大陆是我们的腹地，我们要靠大陆。"对不住，这句话，是我引用一个人的话，他的名字叫做——李登辉。

记者问："你在大陆将发表几场演讲，北京当局有没有跟你沟通过演讲题目及内容？"

李敖说：完全没有。在大陆，有些人有他的言论自由，像基辛格、李光耀，共产党相信这些人对他们没有恶意，他们讲话是友善的。美国总统克林顿、布什能够在北大和清华演讲，且是现场播出，也表示说有种基本的信任关系，你不会当众给我难堪。

对我也是。这句话说起来有点自满。原因是2000年选"总统"的时候，我是台湾候选人中唯一赞成"一国两制"的。但在台湾，我一直被当成匪谍告来告去，所以对一个归队到北京的"老同志"他们不会怎样。这次北大把我当作学者规格接待，并将赠送《胡适文集》，我很感谢他们。

记者问："演讲的方向为何？"

李敖说：方向还没有明确确定，如果做到的话，整个演讲里都不会谈"台湾"两个字，这话好像很奇怪。台湾太小了，但我不是看不起台湾。

上次记者会他们定为李敖的"神州之旅"，但我认为是李敖"蓝中带绿、白里透红"记者会。前者代表我没忘记我曾经有党外的身份，陈水扁他们是跟着我争取言论自由这一段。

记者问："对两岸关系问题有何主张和建议？"

李敖说：解决台湾问题，两岸需要时间。那天我问"国安局长"薛石民，你有没有看到《反分裂国家法》对我们的好处呢？它不但限制了我们，也限制了中国共产党自己，台湾不独立，不可以打台湾。我会跟大陆讲这个，他们以为台湾搞"台独"是玩真的，只有我会讲出来是玩假的。

民进党这些人是冒牌货。彭明敏的"台湾人民自救宣言"到现在40年，已经是执政党，"总统"、"行政院长"都是你们，为什么不"台独"？等什么东西？还要喊"台独"、叫"台独"、"正名台独"，为什么不把"中华民国"推翻？都是一些假货！

当年我出钱让郑南榕办杂志，我说要联合"王八蛋"打"龟儿子"。2000年3月18日我在阳明山看开票，陈水扁当选，国民党垮了，当时我的感想是："龟儿子"终于被我打倒了，而"王八蛋"很快就变成"龟儿子"。

民进党只是嘴巴讲的，他玩假的。他玩真的，则另当别论。这是我要跟大陆讲的话，共产党为假的事情动干戈是不必要的。

记者问："您怎样评价陈水扁？"

李敖说：台湾不足论，这批人最糟糕的就是，他们没有大人物的气势。像罗太太事件，对一位帮自己太太推轮椅二十几年的人，给她钱却要暗藏在"国安局"预算里面，真小气嘛！你"总统"夫人为什么要炒股票？小人物搞政治就没有一点点格局。

（三）

9月19日，台湾"中央社"报道了李敖携幼子启程的情况。报道说，李敖今天带着幼子搭机经香港前往中国北京，行前仍坚不透露以作家身份到北京大学、清华大学和复旦大学的三场演讲内容。但他说，他爱台湾，当然会替台湾讲话，若要他为此行在中国留下字句，他会写下"休戚与共、祸福与共"。

报道说，李敖离台时在中正机场接受媒体采访侃侃而谈，仍不改诙谐嘲讽的本性。他说，在他新申办的"中华民国"护照上，偷偷摸摸印上"TAIWAN"几个字，这个政府像做贼一样鬼鬼祟祟，但真"台独"又不敢。

李敖说，恐机症是长期以来的借口，他那么勇敢的人怎么不敢坐飞机呢？40年前他从台南坐6个人的小飞机，那个时候台南的飞机场还是碎石子路，他就飞到台北，所以恐机症的笑话，如今完全破灭。

至于五十多年来他不回中国大陆的原因，李敖说，一开始是国民党政府不让他走，后来是民进党政府不让他走，这是两个最重要的原因，后来形成一个习惯。最近是他自己也不让他走，他坦承身体的一部分"器官"反对他去北京，追查发现是右腿不太舒服。这次他拿着陈文茜送他的拐杖到北京。

李敖说，这次的行程如果身体健康允许，他会到处跑一跑，但他认为三场演讲是最重要的，看风景、怀旧不是主要目的，"那太俗气了"。

二、李敖在北京首都机场对记者说，我"不是以客人的身份，而是以自己人的身份访问大陆"。笑称，"现在最想喝老北京的豆汁儿"

（一）

9月19日下午5时30分，颇具传奇色彩的台湾名士李敖携13岁的儿子李戡抵达北京首都机场，开始了他的"神州文化之旅"。这是李敖自1949年离开大陆后，第一次回到大陆，也是第一次坐飞机进行的旅行。此前，李敖夫人王小屯带着11岁的女儿李谌已于中午先期抵达北京。

李敖先生虽然经历了旅途的劳顿，但依然精神矍铄，谈笑风生，一身浅色的休闲装显得轻松而潇洒。当见到等候已久的众多记者时，李敖先生笑称自己出了一身汗，既为大家如此高涨的热情，也是五十多年后重返北京心情激动的真实写照。他兴致勃勃地向欢迎的人们招手致意，手捧欢迎的人们送上来的花束，感谢和激动的心情溢于言表。在二号航站楼贵宾厅，他举行了简短的记者会。

惯以幽默风趣见长的李敖，以"各位北京人"作为他的开场白。他说，原本想等到八九十岁时再回来看看，现在刚刚过完70岁生日就回到了北京。他说，1948年，我是一个人坐火车到天津，再搭船到上海，然后才辗转赴台。那时候，战火连天，国家满目疮痍，破败不堪。讲到这里，李敖有些兴奋地说："五十多年后我终于又回来了，并且还是活着回来了！"

有记者问李敖先生重返大陆的感受以及对目前台海现状的看法，他俏皮地卖了个"小关子"，说要保留这些感受和看法，待未来几天的三场演讲里再谈。他希望这次回大陆能"反客为主"，"不是以客人的身份，而是以自己人的身份访问大陆。"

有记者追问，此次大陆行可能已经准备好了接受鲜花和掌声，是否准备好了迎接质疑和批评？李敖笑答，不管是批评还是反对，对于我都是很好的学习机会。不过，他们可能都会输。

记者会后，有记者以老北京人的问候语问道："您吃了嘛？"和李敖亲热地打招呼，并问他最爱吃北京的什么小吃？李敖想了想说："好多北京的小吃都爱吃，不过现在最想喝老北京的豆汁儿。"

李敖先生是应全国记者协会的邀请来访的。他的"神州文化之旅"行程安排得丰富多彩。

（二）

李敖先生1935年出生于哈尔滨。其时，东北已沦为日本控制下的"满洲国"。两岁时，李敖随全家迁至北京。他在回忆录中写道："从我有记忆开始，我家就住在北京东城内务部街甲44号"。1948年冬，他家南迁至上海。1949年5月，李敖全家八口，由上海漂洋过海，在基隆登陆。从此，他便在台湾展开半个世纪的叱咤风云、极富传奇而又极有争议的名人生涯。

他在1998年写就的第二本自传《快意恩仇录》中，这样描写自己的"孤岛"生涯："我从1949年5月12日登陆台湾，一天也没有离开，转眼已满50年。一个外省人，50年在孤岛，一天也没有离开过，这还不算稀奇。稀奇的是，这个外省人，'残山剩水我独行'，在国民党一党独大的统治下，挺身与国民党当权派斗争，一往直前、二入牢狱、三头六臂、四面树敌；与台湾人当权派斗争，五花八门、六亲不认、七步成章、八面威风。在所有斗争中，总是以人不可及的大人格、大节操、大头脑、大才华、大手笔、大刀斧、大有为和大不敬，去斩将搴旗，外加端走狗、小卒一脚……"言词间，展现的是典型的李敖式的"狂妄"。

有人说，要介绍李敖，最好的还是李敖自己。人们可以从《李敖回忆录》等诸多著述中看到一个立体的生动的李敖。有人就从这些文字中为李敖概括出五大特点，叫"才、智、狂、谐、忠"。

才，是指李敖的学问杂而广。作为学者，他的学问很杂很广。他在监狱里还在苦读《资治通鉴》。据说，他在读中学的时候就有五百多本藏书，16岁时投给杂志社的稿件，就有《勿忘在莒的出处》、《行李考》等艰涩文章，可见涉猎之广。40岁时他曾自夸说，40岁以下的台湾人没有人能够比他读书多，要比也只能跟清朝的陈梦雷等人比。

智，是指其反应灵敏，言辞间充满智慧。李敖性格好斗，嘴巴从不饶人。他曾说："我谈吐幽默、反应快速、头脑灵活，片言可以解纷争，当然也可以兴风作浪。"一次，李敖演讲完后，照例要进行"答听众问"。期间，有一张纸条上赫然写着"王八蛋"三个字。他并不回避此事，而是高高地举起这张纸条，并且将上面的内容读了出来，然后说道："别人都问的问题，没有签名，这位听众只签了名，却忘了问问题。"话音刚落，大厅里响起一片掌声、笑声。

还有一次，仍然是在"答听众问"时，有一位听众站起来厉声斥责李敖："你来台湾40年，吃台湾米、喝台湾水长大，为什么不说闽南话，你是什么心态？"李敖听后，当即答道："我的心态，跟你们来台湾400年还不会说高山族话是同一心态。"伶牙俐齿，让对方无言以对。

狂，是指其目空一切，把谁也不放在眼里。他说，500年里写白话文的高手前三名是：李敖、李敖、李敖。他自称自己的学问最好，不把台湾大学的教授们放在眼里。他认为，除了胡适、殷海光外，其余的教授只能谈感情，不能谈学问，连自己的研究生导师姚从吾也不放在眼里，虽然服其人品，但认为姚先生做学问就如同狗熊掰苞米，掰新的丢旧的。在写了小说《北京法源寺》后，则干脆自封为中国唯一有资格获诺贝尔文学奖的人。2000年他确以《北京法源寺》这本小说获得诺贝尔文学奖的提名。

谐，是指其出语诙谐幽默，常让人忍俊不住。李敖的诙谐幽默仿佛随口就来。有人举了一个最新的例证，说是在李敖宣布将登陆访问时，不少记者去采访他，有记者问，这次乘飞机访问大陆，是否克服了"恐机症"的心理障碍？李敖答曰："嗯……克服了。我告诉你怎么克服，上飞机我就选定一个最漂亮的空中小姐，盯着她，万一飞机有情况，我就抱着她同归于尽。"

忠，是指他热爱祖国，忠于祖国，坚持祖国统一。李敖是一个原则性很强的人，常被人称赞的就是他对祖国的那片赤子之心。他在很早的时候就给了自己一个明确的定位："大陆型学者"。他说："不是台湾出了个李敖，而是中国出了个李敖。李敖是真正大陆型的知识分子。"五十多年来他始终坚持国家统一的主张。2000年，他以无党派人士的身份竞选台湾的"总统"时，他的政治主张就是"国家统一，一国两制"，旗帜鲜明，毫不躲闪。

其实，李敖最显著的特点，就是大胆坦率。有人用"狂妄"来概括他的性格特点，说"狂妄"是李敖最显眼的标签。李敖26岁时，还在台湾大学历史研究所读书的他，向当时以言论大胆著称的《文星》杂志投稿，并一举成名，成为那场在台湾历史上十分有名的"中西文化大论战"的主角。在这场论战中，他大力提倡"全盘西化"，批评台湾当局保守的文化政策，传播"自由、民主、开明、进步"等观念，主张台湾走现代化道路。

由于以犀利的笔锋不断地批评台湾当局，他的著作开始被查禁。有人说："他写过一百多本书，可是其中96本被查禁。自人类有史以来，写禁书之多，被查禁的数量之大，他居世界第一"。他因反对蒋氏父子的独裁统治，1971年和1981年两次入狱。

李敖作为文化人的状态，有人把他比作"文化顽童"；而作为政治人物的状态，有人又把他称为"政坛老顽童"。李敖在宣誓就任"立法委员"时，别人都是面对孙中山先生的遗像宣誓；唯独他却把自己的像片摆出来，对着自己的像片宣誓。李敖说，自己从政就是为了"可以使'官不聊生'。"2005年5月，当台湾"国防部长"李杰在"立法院国防委员会"就台湾当局"军购预算案"接受质询时，李敖当场爆料，说他上周收到李杰私下赠送他的一枝价值上万元新台币的德国名笔。当即李敖拿出钢笔礼盒示众，揭露李杰行贿的事实。结果使质询会的主题，从"军购预算案"一下子转到"名笔行贿案"上来了，确使"官不聊生"了一把。

李敖解释自己为什么喜欢"整人"的原因时说："因为我自己要做有力量的好人——'善霸'，所以被我'整'的对象，不分中外，不分老少，不论籍贯，不论生死，凡是被锁定的，就难逃吾网恢恢。"据说，被李敖骂过的人至少有三千之众，其中包括蒋介石、孙中山、钱钟书、三毛、余光中，还有备受人尊重的鲁迅。

有人说，李敖是"五多"人物，是指他的藏书多、著作多、敌人多、学问多、女人多。其实，李敖岂只"五多"，他还有被查禁的书多、喜欢他的人也多。喜欢他的人说，就是喜欢他"敢于大胆直言"的个性。他们认为，李敖是一个敢作敢为的当代大侠，是一个心忧天下的传统的中国文人。反感他的人同样也多，有人批评道："像李敖这种谁给钱就为谁干、自我感觉极好的人，是说不出什么好话来的。有些人对他不适当的吹捧，使得他越来越不像话。"

如此多面的形象，如此众多的争议，倒使常常有话要说的李敖成了一个"谜"，难怪复旦大学的学子们听到李敖要来复旦演讲，都期待着一睹李敖的风采，要看"一个真实的李敖"。

李敖说，他这趟大陆之行，就是"想看看祖国的进步"。"不是还乡，不是怀旧，也不是伤逝"。但对于他成长并阔别半个世纪的北京，事实上他是念念不忘的："有城墙的北京，我记忆犹新，但往事，恍然如昨……"

现在，"活着回来了"的李敖，面对没有了城墙的北京，总是"有话要说"的他会说些什么话呢？

三、李敖游故宫时，满怀深情地回忆自己小时候游故宫的情景

（一）

9月20日，北京的天空飘着霏霏细雨。这天上午，李敖偕妻儿在众多陪同者和记者的簇拥下，在登临天安门城楼后，来到故宫。此时不由人想起《诗经·小雅·采薇》中的名句："昔我往矣，杨柳依依；今我来思，雨雪霏霏。"这首描述戍卒离家远行既哀且乐心情的诗句，似乎也在表达着李敖此时的心境。

李敖虽然右腿有疾，手拿拐杖，年届古稀，但在这气势雄宏的故宫里，谈笑风生，健步如飞，让同行的年轻人好一阵追赶。他参观了武英殿、太和殿、钟表馆、漱芳斋等宫殿雅室，与陪同的故宫博物院的专家们纵论辞章典故。他在太和殿前满怀感慨地说："我小时候来故宫的时候，太和殿门前的地砖缝里都长着长长的青草。"故宫博物院副院长朱赛红在陪同李敖参观了武英殿后说："觉得他就是个学者，对传统文化了解得很多。"

在漱芳斋，故宫博物院院长郑欣淼向李敖介绍了故宫博物院近年来的文物保护与古建筑维护的情况，并赠送李敖不少资料和书籍。李敖连连称谢，并表示将向故宫博物院捐献文物。

故宫博物院显然是以对待著名学者来对待李敖的，让李敖得以赏阅一些平时密藏的珍贵文物，如五代顾闳中的《韩熙载夜宴图》、晋朝王珣的《伯远帖》和王献之的《中秋帖》摹本、乾隆时期的《月曼青游》牙雕等珍品。李敖一边观赏，一边与同行者聊着与这些文物相关的典故，对故宫把如此多的珍贵馆藏开放给他赏阅表示诚挚的谢意。

李敖故宫参访行程于上午11时许结束。负责为他进行文物解说的故宫博物院古书画部副主任金运昌对记者说："李敖的日常谈吐与他在文章或电视节目里表现出来的锋芒毕露不一样，我觉得他是一个谦和的长者。而且，他显然是文物方面的行家，相关知识非常渊博。"

其实，李敖在台湾对北京故宫博物院是曾有微辞的。他曾说："北京故宫有宫无宝，台北'故宫'有宝无宫。"此言一出引起两岸学者的争鸣。此次李敖细细地阅览了北京故宫博物院的众多珍宝，从不说软话的他推翻了他原来的断语，心悦诚服地说："北京的故宫是真的（有宝）。"

故宫是中国古代劳动人民勤劳和智慧的结晶，是中国古代文明的伟大载体，也是世界文明的瑰宝。它始建于明初永乐四年（公元1406年），经过14

年的辛勤劳作，到公元1420年才初步建成。它是明清两代的皇宫，也是世界上最大的宫殿建筑群，经过明清两代不断改建、添建，尤其是明代嘉靖时期的改造和清代乾隆年间的改建，故宫最终形成今天的建筑规模。1925年10月10日，故宫博物院宣告成立。今年恰是故宫博物院成立80周年。

1987年12月，联合国将北京故宫列入世界文化遗产。故宫博物院副院长李文儒先生曾介绍说："作为世界上迄今保护最完整、范围最大的古代宫殿建筑群，故宫的历史文化价值不仅仅包括作为'皮壳'的古建筑本身，还包括制度、礼仪和建筑思想、建筑工艺、建筑科学等丰富的内涵。故宫是中国帝制时期政治、经济、文化三方面信息比较集中和完整的体现，是中国传统文明的延续和立体呈现。"故宫现有藏品150万件，在中国所有的博物院中珍藏数量最多、价值最高。这些"瓤"和"肉"分为人文和历史两类，包括陶瓷、书画、珍宝等宝物。李文儒还介绍说："故宫最珍贵的遗产是反映明清两代典章制度的遗存。"现存的清晰可辨的明清两朝档案，使故宫成为明清史学研究的渊薮。"故宫现存的明清档案，加上解放后划给第一历史档案馆的档案和划给北京图书馆的图书，共有800多万件。"有形和无形的文化遗产，可移动和不可移动的文物，构成了故宫水平最高、数量最多、价值最大的历史遗存。

李敖亲眼目睹了故宫如此丰富多彩的历史遗存，尽管他看到的仍然是一小部份，他才主动地颠覆了他原来的观点，才有了新的心悦诚服的看法。

（二）

9月20日下午3时许，李敖在陪同者和记者的簇拥下来到了北京新鲜胡同小学，学校校长带着二十多名小学生在校门前迎接他。一名小女生跑到李敖面前献花，并朗朗说道："欢迎大学长回来！"李敖慈眉善目地微笑着躬下腰去，一一与小朋友们握手。

这所已有百年历史的小学成立于清末，是北京最早的小学之一，现有11个班、近300名学生。1942年至1948年，李敖就读于此，据说毕业成绩全校第一。

新鲜胡同小学占地不大，李敖熟门熟路地很快找到了自己当年所在的教室。进了教室，李敖在黑板上写下"为者常成，行者长至"的古训，勉励孩子们努力学习。到了另一间教室，李敖引用中国古代思想家孟子的话"虽有智慧，不如乘势；虽有镃錤，不如待时"来教诲小校友们。他说，这两句话的意思是努力非常重要，智慧要用在刀口上。

在母校拜望的五十多分钟里，李敖仔细地看了每一位间教室，还绕到学校后面寻找当年的遗迹。临别时，小校友们把自己绘制的图画、剪纸、报贴等送给大学长作为纪念，李敖将自己的著作《北京法源寺》送给母校留念，并在学校留言簿上用毛笔写下："往事如烟，永远新鲜；前程似锦，气象万千"的临别赠言，恳切的情谊溢于言表。

下午4时许，李敖辞别母校来到当年的小学老师鲁荣坤家探望。手捧鲜花的李敖一进屋就连声地说："鲁老师，您好吗？"、"我是李敖，我来看您！"坐在轮椅上的鲁老师因患帕金森病现已无法说话，脸上也看不出什么表情，只是两眼紧紧的注视着这位五十多年前的学生。鲁老师的两位女儿说，老人知道今天李敖要来，从早晨起来就非常兴奋，连觉都睡不着了。

为了能离恩师更近一点，李敖不顾右腿有疾，单腿跪下，握着老师的手高兴地说："老师的身体比我想象中的好。"李敖说，鲁老师是小学四年级的级任老师，教国文也管品行。

鲁老师的家人将一张放大后的鲁老师年轻时的照片作为礼物送给李敖，李敖看后说，老师那时就是如此年轻而美丽。他还向老师的女儿赠送了红包，聊表心意。

李敖走后，鲁老师的女儿对记者说："李敖开朗直率，对老师十分尊敬。我们全家都为母亲有这样的学生而骄傲。"

四、李敖在北京大学演讲时，引用毛泽东主席和周恩来总理关于自由民主的论述来佐证他的自由主义观点，赞扬新中国的开创者们自上而下推广自由民主的革命实践

（一）

9月21日上午9时30分左右，李敖到访北京大学这座百年学府。此间，他曾自称这次来北大，就是要和前一段时间访问大陆的连战、宋楚瑜比试演讲。由于演讲之前不断被媒体炒热，再加上李敖本人的高知名度，这场演讲受到各路媒体记者的吹捧和北大学子的关注。李敖演讲的地点设在克林顿、普京、连战等著名人物发表演讲的地方——北大办公楼礼堂。演讲的门票共有700张，媒体记者分走了200张，北大学生可分500张。为了保证公正，各院系所拥有的门票都是通过抽签的方法分发给同学们的。

演讲之前，有记者采访了几位北大学子和老师，问对这场演讲有什么期待。有人认为李敖在北大讲了什么也许并不一定有多么重要，因为从政治意义上来说，李敖不可能与连战访问大陆相比；从学术意义上来说，李敖缺乏

学术性著述，在诸多北大学者的眼中并不被关注。他们说，人们关注的是要从李敖的"神州文化之旅"上看到两岸关系和平稳定发展的光明前景，同时也要一睹这位"自由民主斗士"的风采，要看一看这位"文化顽童"、"政治老顽童"的形象，要领教一下李敖事前所说的他的演讲有"菩萨低眉"也有"金刚怒目"究竟是个什么样子。

当李敖在陪同者的引领下进入会场的时候，同样受到了与连战相似的夹道起立、鼓掌欢迎的礼遇，年届古稀的李敖先生缓缓而行，频频向学子们挥手致谢。无票进门、翘首窗外的"李敖迷"们一次次掀起"李敖、李敖"的追捧声浪，场外的热情毫不逊色于场内的热烈。

演讲会由北大党委副书记兼副校长、光华管理学院院长吴志攀教授主持，党委书记兼校务委员会主任闵维方教授则在热情洋溢的欢迎词中，颇为详尽地回顾了李敖先生的生平事绩。

嬉笑怒骂皆成文章的李敖，虽年届古稀，但并不见老，一副浅蓝色透明眼镜搭配着黑色休闲西装，并配以红底细碎白格的领带，正显示着他嬉笑、洒脱、灵动的风格。以幽默风趣见长的李敖先生开始演讲时，以"没有带讲稿，更没有夹'小抄'"的轻松自嘲作了开场白。

讲前密不露题的李敖先生此时摊出了他演讲的主题是要诠释自己的"自由主义"。

在演讲中，他不时操一口流利的老北京方言，戏称自己是被凤凰卫视董事局主席兼行政总裁刘长乐"鼓俅"来北京的，并连续使用"嘱儿了"、"颠儿了"、"翻儿了"、"火儿了"、"眯了"、"怂了"、"撒丫子"等俗语，为阐述自己的"自由主义"观点润色。他认为，自由主义的实现主要靠两种手段，即"反求诸己与反求诸宪法"，说白了，一靠自己争取，二靠法律保障。此时，他十分委婉地呼吁大陆落实宪法所规定的四大自由，这样他就可以放弃他的自由主义。这恐怕就是他的"金刚怒目"的表现了。此后，香港《大公报》曾在9月28日发表了一篇题为"李敖，不可多得不可多有"的文章对此言有所回应。文章说，落实宪法的规定"是大陆人人之所望，然而这是一个相当长的过程，因为它的落实要受到生产力水平、文化教育水平和其他条件的制约，难以一步到位，而朝着这个方向开拓前进是应该和必须的。"

李敖滔滔不绝地继续着他的演讲，当他讲到个体心灵的解放的时候，强调的是伦常和贞操观念的改变。他用两个例子来论证他的观点。第一个例子是讲郑成功为什么坚守台湾拒不降清的原因，就是因为他的母亲在福建被清兵奸污。他在母亲死后将尸体切开，用水反复冲洗，以示荡浊扬清，这是中国传统的贞操观所决定的。另一个例子却是发生在胡适身上的。讲的是胡适曾就某一"奸污案"的后续发展所表的态，胡适说，如果有人愿娶被害女子为妻，这说明他破除了"封建"情结下的心理障碍，这是了不起的，因而是值得尊敬的。

他在演讲中还阐释了思想多元化的问题。他认为，多元化思想的存在不会造成混乱，相反在公开透明的状态中，情绪的释放能够促进社会的稳定。他用北欧某个国家实行性开放政策，犯罪率下降的事实来佐证自己的观点。

他进一步运用毛泽东主席和周恩来总理的两段论述来验证自己观点的正确性。他指出，毛泽东主席是提倡思想言论自由的，毛主席在《论十大关系》中说："就是那些骂我们的，像龙云、梁漱溟、彭一湖之类的，我们也要养起来，让他们骂，骂得无礼，我们反驳；骂得有理，我们接受"。他指出，周恩来在《学习毛泽东》中明确地说："在我们新民主主义的国家，人民大众有充分的思想自由"。他赞扬说，新中国的开创者们进行了自上而下推广自由民主精神的革命实践。讲到此处引起全场热烈掌声。李敖微笑着接受了现场听众对他的礼遇。

但是，当李敖在追忆北大老校长蔡元培、马寅初先生后，笑称现在的北大"太孬"。此言一出令现场陷入尴尬。这座久负盛名的高等学府的师生们以沉默表示了他们的不满，也以宽容的美德宽容了这位"学问家"的轻薄。现场跟踪报道的记者对此纷纷表达自己的不满。日后一位记者撰文说："李敖以台湾地区无党派'立法委员'身份来访，就北大而言，接待规格与今年4月29日国民党主席连战不相上下，已属待客周到，不意李敖出语轻薄，实在有失长者风度。"这位记者无奈地感叹道："李敖从来就是令人'爱恨交织'的矛盾体。"

事情到此并未结束。9月23日李敖在清华大学做完演讲进入提问阶段时，清华大学的一位女研究生就径直向他提出这样的问题："'孬'是个严重贬义的词汇，您却用这个词形容对您以礼相待的北大，您是否愿意在此向北大道歉？"这柔中带刚的提问并未使李敖语塞，他绕来绕去讲了一些"语焉不详"的辩解话后，最后还是委婉地找到了下台的台阶："我愿意委托你代我向北大道歉。"同时这位"老顽童"还调皮地向这位被他称为"北大卧底"的才女敬了个"军礼"。

其实，对李敖不必按传统的礼数去要求他。他有惊人的记忆力，也有惊人的失礼表现。李敖20岁时，他的父亲逝世，面对两三千人的送葬场面，李敖坚持不烧纸、不诵经、不拿哭丧棒弯下腰来当孝子，不流一滴眼泪。这就是李敖，他是一个充满反叛性格的文化人。

李敖在北大的演讲也有多处赢得了全场的热烈掌声。比如当他谈到他在离台之前的9月11日，与即将赴联合国控诉战时日本对台湾所犯殖民主义罪行的台湾少数民族代表高金素梅晤面，并捐助100万台币表示对高金素梅义举的大力支持时，全场响起了热烈掌声。又如他宣布捐资35万人民币，为"温和而对我们有利"的胡适先生在北大树立铜像，全场又响起热烈掌声。

但是，他在演讲中也"赢得了"几次嘘声。他演讲完在回答提问时，有人问及"何时再来北大？"他坦然答曰："任命我为北大校长我就再来。"尤其是当他宣称道："胡适在我穷困时送1000元台币给我，今天我用相当于1500倍的人情来还，我能做到，你们做不到"的时候，北大在场学子以嘘声表达了对他这种自吹自擂态度的反感。李敖对此并无难堪的表现，他在台湾碰到的这种场面会少吗？

德高望重的北京大学始终以厚礼相待李敖。演讲结束后，北大向李敖赠送了演讲纪念牌、其父李鼎彝当年在北大的学习照片、他的两个姐姐及姐夫在北大读书时的照片，以及北大出版社刚刚出版的《儒藏》精华篇图书。李敖则回赠以其父的北大毕业证书。

随后，李敖前往北京大学图书馆参观。北大特意把珍藏的古籍拓片和胡适文稿拿出来给李敖看。李敖表示北大把这么多好的书、好的画和好的拓片拿给我看，非常感动。他用毛笔给北大图书馆题写了"人书俱老"四个字后说：我认识的很多人都与北大有渊源，比如胡适和钱穆。现在他们走了，我也老了，书也老了。

在离开北大前，李敖带着鲜花和水果来到北大校医院看望正在这里住院治疗的癌症患者吴子龙。今年15岁的中学生吴子龙是李敖作品的读者，几个月前曾写信给李敖讲述了自己的故事。李敖此次来到这位小读者的病榻前，表达了他的慰问和鼓励之意。

（二）

9月21日下午3时30分左右，李敖一行来到位于教子胡同的千年古刹法源寺参观。李敖的小说《北京法源寺》曾获诺贝尔文学奖提名，但他本人并没有来过法源寺，此行特意来拜访。由寺院负责人引领，在众多陪同者和记者的簇拥下，在阵阵诵经声中，李敖仔细地参观了寺内的天王殿、悯忠台、藏经阁等殿堂楼阁。整个参观活动持续了一个半小时。

参观结束后，中国佛教图书文物馆常务副馆长圆持法师向李敖赠送了

《满汉蒙藏合璧：大藏全咒》图书等礼物。李敖则当场挥笔题字"法海真源，尽在于斯"、"物我两忘，人书俱老"相赠。

五、李敖与小学同窗共忆往事，同唱当年歌谣："你我同在一群中，感情一直都相通。你有快乐我分享，我有忧愁你与共……"

（一）

9月22日，李敖在北京钓鱼台国宾馆与当年新鲜胡同小学的15位同学和1位老师相约会面。70岁的李敖身穿红夹克、白衬衫，打着红领带，显得意气风发，神采飞扬。

分手时还是少年，再会时却已华发苍颜。一见面，李敖即与老同学热烈拥抱。在嬉笑和问候中也少不了戏谑。李敖见到老同学潘燕生，脱口而叫"潘金莲"。这是当年李敖给潘燕生起的外号。七十余岁的潘燕生笑着回忆，李敖小时候淘气，爱给同学起外号，是群众领袖，"孩子王"。

当年的体育老师黄维汉老先生也来了。李敖面对这位81岁的老师毕恭毕敬，但冷不丁也会露出他风趣好逗的本色："黄老师，您是兔子吃了窝边草啊。"因为黄老师的妻子是自己的学生，李敖的同班同学。

此时的李敖全然没有一点锋芒毕露、目空一切的"横劲"，满身满脸的谦逊温和。面对摄像机镜头，李敖怎么也不肯站在众人的中间，执意要站在边角。黄老师讲话，他则站在一旁恭恭敬敬地听着。

同学会中有李敖当年的"把兄弟"——詹永杰、郭金星。李敖尊敬地称呼詹永杰"老大哥"，他说，"老大哥"当年是班长，学习成绩特别好，图书很多，是他"一直崇拜的人"。

忆起往事，谈笑风生。在潘燕生师兄的带领下，李敖和大家一起唱起了当年最爱唱的童子军歌谣："你我同在一群中，感情一直都相通。你有欢乐我分享，我有忧愁你与共。彼此砌金石，日月明照此文中。"

80高龄的黄老师对少小顽皮的李敖仍然记忆犹新，他满含慈爱地看着满头华发的李敖，满怀感慨地说："能够桃李满天下，是作老师的一生最为值得骄傲和欣慰的事情。"

小师弟周盛当场吟诵了为这次同学会的献诗："一别六十载，再聚兰麝堂。相逢素心对，恭忆旧师长。同饮'新鲜'水，黄口情意长。今夕复何夕，快哉此时光。"纯朴典雅的诗句，充分表达了此时此刻大家的心情，赢得了满堂喝彩。

短暂的相会很快就要结束。自称"大男人没有乡愁"、且登陆前有句云："不是怀乡，没有乡愁……不是林黛玉，没有眼泪"的李敖，此时也禁不住表示自己"百感交集"。不知李敖那有色眼镜下的双眼是否已经湿润？李敖微笑着不说，别人只好存疑。

（二）

9月22日上午，李敖参加了凤凰卫视《鲁豫有约》节目的录制。当主持人问李敖56年后再次回到北京的感受时，李敖说："我根本没走！"李敖是很敏感的，他觉得主持人这样提问是不妥当的。他的政治主张就是反对"台独"、拥护国家统一、"一国两制"。他这样回答，就是认为台湾本来就是中国土地的一部分，五十多年来他都生活在祖国的土地上。所以，他斩钉截铁地答道："我根本没走！"

节目录制过程长达两个小时。期间，李敖谈到了自己在大陆和台湾的生活、自己的感情生活以及牢狱经历等等。

李敖满口京腔，诙谐幽默，不时引起现场观众开怀大笑。看到自己5岁时的一张照片，李敖笑着说："在这张照片上你能看出来，我很横。"谈到自己投考北京四中成绩获得第一名时，李敖说："那次考得邪门儿啦。"当北京四中校长把李敖当年在四中的学历资料赠送给李敖时，李敖把学历资料展示给现场观众，说："跟大家显摆显摆。"又引起大家一阵欢笑。在录制过程中，总有话说的李敖，时不时地从嘴里蹦出"颠儿"、"德行"、"哈喇子"等京味十足的字眼，让人听起来亲切、热乎，像一家人在一起唠家常似的。

李敖是无话不谈的。他说，他在北京上小学的时候，同学们给他起的外号叫"老太太"。他说，他的祖籍是山东潍县（今之潍坊市），"我的爷爷为了生计闯了关东，所以我出生在哈尔滨。"他无拘无束地神聊着，他把自己的感情与现场听众的感情融合在了一起。他始终在强调，自己的两只脚从来就没有离开过祖国的土地。

六、李敖在清华演讲时表达了他拳拳爱国之心。他痛感于中国近代的羸弱多病；他欣慰于当今中国的国力强盛

（一）

9月23日上午9时许，李敖一行乘车来到清华园。在主楼贵宾室，校务委

员会主任陈希向李敖介绍了清华的校史和现状，并代表学校向他赠送了《清华大学图书馆藏善本书目》，李敖则题写"金玉其内，水木清华"作为回赠。

9时30分，身着一袭灰色西装的李敖步入清华大学主楼一楼报告厅。美国总统布什、亲民党主席宋楚瑜曾经在此处作演讲的。报告厅内500个座位已无空席。像在北大一样，李敖受到清华师生们的热烈欢迎。

虽然当日清华只派出人文社会科学院院长兼社会学系主任李强教授担任主持，而非清华校长顾秉林教授主持，但李敖并不在意这个，他谈兴正浓，更加挥洒自如地诠释着自己的爱国主义情怀。诚如他所言，他在作"菩萨低眉"的演说。

他先用一句"'大清'帝国'北大荒'"（指当前中国主流精英中清华毕业生多于北大）的"学界暗语"作为开场白的引子，立刻拉近了与清华师生们的距离。

紧接着他讨伐了2002年2月22日，曾站在此处向清华学子们灌输"强盗逻辑"的美国总统布什。布什曾在此处说，"这所大学恰好是在美国支持下成立的，目标是为了推动我们两国的关系"。

众所周知，清华建校的资金，来源于八国联军侵华、清朝战败后奉还给美国的"庚子赔款"。这一节历史对于清朝是耻辱，对于美国是侵略。所以李敖要批判布什的"强盗逻辑"。

"清算布什"之后，李敖依然显得意气难平，他又讨伐日本。他说，当年大清赔日本的款额是全国两年的总收入，相当于当时日本三年的全国总收入。愤怒之气溢于言表。

他在演讲中表达了痛感于近代中国的羸弱多病，也表达了他欣慰于当今中国国威的自豪。他说，从近代以来，中国一直面临两个问题，一个是如何避免挨打，另一个是如何避免挨饿。这么多年下来，现在香港、澳门都已经收回，中国真正实现了富国强兵。他说："现在没有人敢打我们中国了，只有一个党能够做到这个现象，就是中国共产党。我在北京这样讲，在台北也一样这样讲。"

李敖说："历史学家钱穆先生一直形容他心目中的中国盛世为'汉唐以来所未有也'。今天我李敖亲眼看到了。"

李敖对法律条文十分敏感，他说他观察到"《中华人民共和国宪法》里面给我们列出的权利，比全世界上任何国家给的都多"。

在演讲中，李敖把富兰克林的名言"哪里有自由，哪里就是我的祖国"，改说为"这里是我的国家，我要使它自由"，立时激起全场一片热烈掌声。

李敖在演讲中盛赞清华大学是一个非常务实的学校，培养出胡锦涛这样作风务实的领导人。他希望清华大学的学生不要做"自了汉"，不要只满足于追求个人生活条件的优越而忘记了报效祖国。他说，因为"我们的根就在中国"，"中国才是我们真正努力的方向和献身的目标"。话音刚落，又响起一片排山倒海般的热烈掌声。

在提问时间里，有学生表达了对台湾当局正在实行的"文化台独"和"去中国化"的忧虑，李敖说，日本殖民统治者曾经在台湾实行了50年的日本化教育，结果台湾一光复这种教育就摧枯拉朽都不见了，"文化台独"和"去中国化"也是一样。他说："这种硬塞进去的文化是不会生根的，只是浪费小孩子的时间而已。聪明的小孩子会自己选择正确的方向，不会受这种教育的影响。"

演讲结束后，清华大学赠送给李敖印有清华校训"自强不息，厚德载物"的T恤衫、学生自己设计制作的模型桥，寄寓着两岸沟通、连成一体的期待。李敖则回赠以《李敖大全集》。

（二）

李敖在报告厅内热情洋溢地发表演说的时候，会场外的"李敖迷"们掀起的热潮并不逊色于会场内。骑着自行车跑遍全国进行"义务宣奥"的一位江苏青年，连夜在一条长长的红布上赶写出《致敖哥的一封家书》，热情似火的表达了同胞手足的情谊，他请敖哥向台湾同胞代他转达"海峡共圣火，奥运大中国"的笔会邀请。

来自山西、河北的七、八位大学男同学，在清华主楼国旗前统一着装，衣背上写着"敖之迷"三个大字，胸前则是行云流水般的十一个大字："用大丈夫的气象去面对吧"。他们说："这是我们精心挑选的李敖'语录'，他有真的男子汉的勇气与魄力。"他们佩服李敖的勇气和骨气，赞赏他在台湾能旗帜鲜明地拥护"和平统一，一国两制"的主张，坚定不移地反对"台独"。

跟李敖有过三次交往的北京大学历史系教授欧阳哲生，曾编选过《李敖狂语》，谈了他眼中的李敖。他说："我见过他三次面，以一个学人的身份接触时，我觉得他是一个很好的同行，比较和善。我们在探讨胡适时，有问有答，切磋的气氛比较好，并没有咄咄逼人的感觉。这一点我感觉和媒体上所刻画的李敖形象不一样。他的学术不是学者型的，跟学院派有很大区别。他的学问主要是根据自己的兴趣和喜好走的，比如说他所研究的现代史上的两个人物，一个是他所喜欢的学者胡适，一个是他所憎恨的让他坐过牢的蒋介石。在他的文章中，对自己的喜怒不加掩饰，爱憎分明。"

在李敖大陆行的陪同者中并不乏名人，如台湾演艺界名人凌峰夫妇、凤凰卫视评论员、清华大学新闻与传播学院访问学者曹景行，台湾《中国时报》"人间"副刊主编高信疆，美国华盛顿大学哲学博士许以祺等都是来给李敖这个学弟、学长、好友加油打气的。他们在初秋时节，分别从内地、港台、国外赶来北京，聚于李敖身旁，足见李敖有相当的凝聚力与亲和力。

（三）

9月24日上午，李敖在北京与网友进行网络聊天。他表示，"休戚与共"是他最想向两岸民众及自己说的话。

因为李敖此前曾表示从不使用电脑，所以24日以李敖为主角的网络聊天吸引了网友争相提问。据统计，在短短一个小时的聊天过程中，李敖聊天室的访问量达300万人次之多，另有2.5万人次收看了网络宽频直播。

有网友问李敖：您上了天安门，去了故宫，有什么感受？李敖说，感受到了"大国气象"。

他表示，这次回到北京，没有伤感，因为在北京看到这么多进步，使自己很高兴。"他说：小时候我住的北京是沦陷区，亲眼看到日本兵骑着大马在北京街上走，这是一个刻骨铭心的刺激。"而现在，他"觉得国家真正壮大了"。

除了网上聊天外，24日下午，李敖还重返曾经就读过的北京四中，参观母校并与老同学聚会。李敖是在1948年秋，从新鲜胡同小学毕业，以第一名的成绩考入北京四中的。参观访问母校后，李敖说："四中变化太大了，跟记忆中完全不一样。"

参访过四中后，李敖又前往北京颐和园游览，乘坐龙舟游了昆明湖，品尝了听鹂馆有名的宫廷菜。24日是李敖"神州文化之旅"北京站的最后一天。25日他将飞赴上海继续他的"神州文化之旅"行程。

七、李敖在复旦大学演讲时感慨颇深地说："国家富强是多么重要！"

（一）

9月15日傍晚5时许，李敖一行从北京飞抵上海浦东国际机场，开始他的

"神州文化之旅"第二站行程。

这是李敖时隔56年之后首次返回上海。1948年至1949年，李敖曾随家人在上海小住，并就读于上海杨浦区缉规中学（现为上海市市东中学）。李敖也正是从上海随家人登船前往台湾的。

与六天前初抵北京首都机场的表现不同，李敖在抵达上海后并未对媒体发表讲话，而是在众多欢迎者、陪同者和记者的簇拥下，满面春风地赶赴下榻的酒店。

根据行程安排，李敖在上海的公开活动包括26日上午在复旦大学发表演讲并与学生座谈；27日下午，将在上海新天地举行记者见面会。此外，李敖还将探访他曾就读过的中学。

28日，李敖将离沪前往香港，进行他的"神州文化之旅"最后一的站的行程。30日返回台湾。

（二）

9月26日，上海上空万里无云，艳阳普照，江南金秋，桂子飘香。这天上午，李敖将去享誉海内外的名校——复旦大学发表演说。

就在2天前，24日，这所"日月光华，旦复旦兮"、久负盛名的中国高等学府经历了整整一个世纪的沧桑和发展，迎来了建校百年庆典。中共中央总书记、国家主席胡锦涛发来贺信，赞誉"复旦大学是由中国人自主创办的第一所高等学校。在一个世纪的办学历程中，学校秉承'博学而笃志，切问而近思'的校训，与民族共命运，与时代同前进，形成了光荣的爱国传统和优良的校风学风。特别是新中国成立以来，在党的领导下，复旦大学逐步发展成为一所在国内外有影响的著名学府，为党和人民培养了一大批优秀人才，为民族振兴和国家教育科学事业发展作出了重要贡献。"正在上海考察工作的中共中央政治局常委、全国人大常委会委员长吴邦国出席庆典大会并讲话，在讲话中他深情地回顾了复旦校史，并给予高度评价："100年前，中华民族正处于内忧外患、灾难深重的悲惨境地，中国人民和无数仁人志士正在苦苦寻找救国救民的道路。在那个时刻，马相伯等一批爱国知识分子怀着自主办学、教育救国的理念创办了复旦大学，立志为振兴中华培养人才。孙中山先生曾手书'天下为公'、'努力前程'勉励复旦学子。在中国人民争取民族独立和自身解放的伟大历史进程中，复旦广大师生发扬光荣的爱国传统，与祖国同呼吸、共命运，始终站在社会变革和时代进步的前列，推动复旦大学在风雨中顽强成长，为中国新民主主义革命的胜利作出了自己的贡献，形成了团结、服务、牺牲的优良精神。这既是复旦人为祖国、为人民矢志奋斗的坚定信念，也是复旦人继承和弘扬中华民族伟大精神的生动写照。"

中共中央政治局常委温家宝、贾庆林、曾庆红、黄菊、吴官正、李长春、罗干也分别以不同形式对复旦建校百年表示热烈祝贺。

复旦百年大庆，也令世界聚焦。联合国秘书长安南发来贺电。前来参加世界著名大学校长论坛的美国耶鲁大学校长理查德·C·莱文，代表与会的一百二十余名世界名校校长表达了祝贺，他说，复旦大学日渐成为各大高校首选的合作交流学校，希望世界各大名校的努力都将对人类的进步、全球的稳定和安全产生必不可少的作用。

24日这一天，中国各主流媒体也纷纷发表报道或评论对复旦百年华诞表示庆贺。有评论说："百年复旦，百年树人。自1905年兴土建校，复旦筚路蓝缕走来，启蒙中国近代教育，滋养中华民族理性，弘扬科学光大文明，教育强国桃李天下，登高交流携手海外。百年复旦遵循'博学而笃志，切问而近思'的校训，提倡'刻苦、严谨、求实、创新'的学风。复旦，在日月光华中努力前程，在旦复旦兮中不断创新。"

就是在这样一所盛名远播的高等学府，就是在这样让人难以忘怀的时刻，李敖要登台演说。对李敖来说，这是莫大的荣幸和崇高的礼遇；对复旦学子来说，这是他们与这位文化名人沟通的极好机会。

李敖来复旦演讲，被复旦师生视为学校百年华诞收到的一份特殊生日礼物，复旦校园内出现了一票难求的火爆情形。26日上午8时左右，已有学生进场"抢占"演讲现场有利位置。9时许，整个会场已座无虚席，不少晚到的学生只好席地而坐，两排的通道台阶上几乎已无立锥之地。

9时30分左右，李敖穿着洒脱，在复旦大学负责人的陪同下，缓缓步入会场，受到全场持续一分多钟的热烈掌声的欢迎。李敖则频频招手以示感谢。

一开场，李敖便"倚老卖老"地宣称"我看过的上海，你们都没有看过"。他说，远在56年前，13岁的他离开上海的时候，亲眼看到清晨5点的外滩，群众从四面八方涌向银行，挤兑黄金。警察骑着大马，手里拿着皮鞭抽打群众，他至今记得，老百姓把那些飞扬跋扈的警察斥之为"空中堡垒"。对比新旧上海，李敖感慨颇深地说："国家富强是多么重要！"话音刚落，便赢得全场经久不息的热烈掌声。

整场演讲，掌声、笑声此起彼伏，欢快的情绪和丰富的知识充溢其间。李敖一再表达他对中国文化和文字的信心，大力倡导中国文化和文字。他说，在美国西部"淘金时代"，英文中曾出现一个词语叫做"Chinaman's chance"（中国人的机会），但是，中国人的机会是很渺茫的机会，只要你是中国人，你就没有机会。他话锋一转说，但是"今天的中国却遇到了从来没有过的好机会，我们就要珍惜这次机会。"他还说，不但中国人有机会，中国的文化、文字都有机会。

李敖说，曾经有人认为中文最难学，认为中文阻碍了中国的发展，但在他看来，现在科技尤其是电脑让中文"咸鱼翻身"，"当中文只需要认而不需要写的时候，中文是最好学的。因为中文有全世界最简单的文法。"李敖以"春风又绿江南岸"、"红了樱桃，绿了芭蕉"、"莫等闲，白了少年头"等经典之词来诠释汉语意境之美和遣词之妙。为什么消灭不了中文，"因为它有那么厚的文化基础，有十万字的古书在我们的背后，它不是埃及文字，也不是巴比伦文字，中文是一个活的语言。"李敖希望复旦学生能够解决汉字输入的问题，中文发音只有414个，光是"衣"字就有156个同音字，他的愿望是今后能实现字音输入的"一一对应"。

在演讲中，李敖一直对大陆实行改革开放表示赞扬，他相信很多事情只要努力去做，就会有不同的结果。他说，凭借爱国热情，同时拥有专业人才、"才能造出天堂"。

在提问阶段，近十个问题涉及学术、著作、历史等各个方面。他在回答学生提出的关于如何看待人生问题时表示，人生就是"有为主义"，不要发牢骚说酸话，不要哭哭啼啼。

李敖勉励青年学子要发扬光大中华文化。他说，自己已是"垂垂老矣"，"数风流人物，还看今朝"，肩负发扬光大中华文化重任的是包括复旦大学学生在内的新一代中国青年人。

一个多小时的演讲结束后，复旦大学与李敖互赠礼品。复旦大学将此次特为百年校庆印制的由中文系章培恒教授作序的《红楼梦》庚辰、程甲缀合本赠给李敖，复旦大学人文学院赠与李敖一套由大陆百余位学者合力完成的《中华文化通史》；李敖则将其著作《李敖大全集》赠送给复旦大学。

随后，在众多陪同者的陪同下参观了古朴而又充满青春活力和时代气息的复旦校园。参观时，他为复旦题词道："天不生仲尼，万古如长夜。天又生我们，长夜才复旦。"对复旦的赞誉溢于言表。

八、李敖在记者会上深情地赞扬，北京和上海使我有记忆力，北京和上海到了9月还有春天

（一）

9月27日下午，李敖在上海浦东国际会议中心举行记者会。一个小时的答记者问中，李敖用简短而又坦然的一句"没有压力"，阐释了他对三场大学演讲的真切感受。

记者会一开场，李敖说："苏格兰音乐家巴瑞说，上帝使我们有记忆力，所以到了12月还有玫瑰。我自己使我有记忆力，北京和上海使我有记忆力，所以北京和上海到了9月还有春天。"李敖精彩的开场白立刻激起一片热烈的掌声。

有记者问，你曾说过"重温旧梦就是旧梦的破碎"，经过前一段"神州文化之旅"，想法有没有改变？李敖说，来的时候根本没有带着梦来，是带着眼睛而来，来看祖国的进步。北京、上海一路走下来，他用《忘了我是谁》这首他作词的歌来表达自己的心情。

有记者问到在三所著名高等学府作演讲的感受时，李敖表示，进行了三场演讲并与大学生互动交流后，深感北京大学、清华大学和复旦大学的学生都很优秀。他最想留给这三所大学学生的一句话是："要有智慧采取最智慧的方法，这对我们最有力；做聪明的中国人。"

整场记者会，李敖不改其诙谐幽默的本色。当记者提出有人认为他有"媚俗"的表现时，李敖认为，说他媚俗，是对他最大的不了解。这么多年一路走来，自己始终如一，只是说话技巧在变化，"我也会用各种嘴脸和扮相来讲话，可这不是媚俗。"在北京故宫博物院他曾一睹晋代《三希堂法帖》中的王珣的《伯远帖》，人称王珣的讲话"能令公怒，能令公喜"。他说，我李敖就是现代的王珣。

有记者问，何时再来访问大陆？李敖说，自己已经70岁了，下一次再来恐怕是"魂兮归来"。这位总以犀利和嬉笑示人的"斗士"，这一次在不经意间流露出文人柔情、感伤的一面。

凤凰卫视有限公司董事局主席、行政总裁刘长乐谈及"神州文化之旅"的意义时认为，这是一次"文化原乡"之旅，李敖的文化原乡在北京，也有相当部分在上海。李敖在大陆的言行以及两岸媒体对此的关注和报道，都体

现出对中华文化的热爱，两岸文化人都继承了共同的文化底蕴和人文传统。刘长乐还用"有血有肉有骨头，有喜有怒有忧愁"来评价李敖。他说，在和李敖近距离的接触中，能够体会到他的"拳拳爱国之心"。李敖在"神州文化之旅"的过程中，充满了深情的期待和深刻的思考。

李敖多次说："我们的根就在中国。"这次"神州文化之旅"留给他最为深刻的印象，恐怕就是："北京和上海到了9月还有春天。"

（二）

李敖阔别祖国大陆56年之后，在他刚刚度过70周岁生日的时候，再度踏上了这片他曾经发誓不再回来的土地，使他感到"北京和上海到了9月还有春天"。9天里，他将自己的足迹刻印在充满中国传统文化氛围的北京和充满现代化气息的上海。9天里，他徜徉于北京故宫，为能亲眼目睹晋朝王珣的《伯远帖》而兴奋不已；他造访国家图书馆，为满目好书欣喜万分，甚至起了"歹心"；他登上祖国大陆最负盛名的三所高等学府的讲坛，精彩纷呈的演讲令莘莘学子如痴如醉。

李敖在记者会上说，自己来的时候根本就没有带着梦来，他是"带着眼睛来，来看祖国的进步"。这种不做梦的清醒，始终伴随着他此行的脚步。

对于李敖来说，此行不仅是一次"文化原乡之旅"，更是一次溢满了浓浓温情的"返乡之旅"。9月27日他去探访他曾就读过的上海缉规中学（今市东中学），他收到了他当年入学的登记卡片，记录着他的学号是"5989"。这使他十分感动。他感念于母校的盛情，提笔写下了"见校心喜，闻过则悲，悲欣交集，唯我缉规"的字句。他说，自己没有带礼物，"我把我自己带回来了，我就是礼物。"

诚哉斯言。是中华文化博大精深的底蕴造就了李敖。对培养教育他的母校来说，他确实是一份厚礼。前文提到的香港《大公报》9月29日发表了一篇题为"李敖，不可多得不可多有"的文章，就论及"中华文化造就了李敖"。文章说："口若悬河的李敖之所以能够出现，其原因除了李敖个人的天赋和刻苦努力之外，应归功于博大精深的中华文化及其语言文字的美丽绝伦和精妙百出。李敖对中华的语言文字，其运用之精深巧妙，时而达到出神入化的地步。连战在北大的演讲也有同样的特点。"……这再次证明了台湾人，无论本省人或外省人，同大陆人都是同根同文、血脉相承。会讲中文的闽南人、新加坡华人、菲律宾华人、马来西亚华人和印度华人等等，有三四千万人之多。无疑，李敖的中华文化神州之旅，又把两岸同胞的距离给

拉近了。"此论正道出了李敖大陆之行的文化意义和政治意义。

九、李敖抵港后对媒体说，自己始终没有离开过祖国，台湾是中国的领土

（一）

9月28日中午，李敖一行乘飞机从上海抵达香港，开始了他的"神州文化之旅"最后一站的行程。

下午，李敖举行记者见面会，与在港的各媒体记者交流。

在记者见面会上，依然洒脱自如地李敖说："我刚下飞机时，第一个感想是很感谢我的两条腿、我的两只脚，在1945年台湾从日本手里脱出来回归祖国的时候，踩到台湾的土地；同样在香港脱离英国8年后，我的脚踩到香港的土地，也是中国的土地。到今天为止，我的双脚从没踩到外国的土地上。"向以语言犀利著称的李敖，今天一开腔竟是柔情万种。言语间显露出拳拳爱国之心。

他对各媒体记者说："北京政府的祸福，跟我和在座各位都是休戚与共。我在天安门时就曾写了这四个字。'休戚与共'本是成语，可是现在大家注意，这个'共'字，隐含或明指了共产党，我们的快乐和忧愁都关系到它。"就在记者会举行后的第二天，香港《星岛日报》就发表了题为"李敖'休戚与共'赠港人"的报道，详细地报道了李敖举行记者见面会的情况，转达了李敖对港人的赠言。

在记者会上，李敖也坦陈了自己的爱国情怀："大概从13岁起，我的人生观就是'不独善其身'，一直到今天，这个信念都不改。"他认为，作为知识分子，就是要"先天下之忧而忧，后天下之乐而乐。"

李敖在记者会上奉劝港人不要受台湾的"民主错觉"影响，要聪明地与共产党合作，否则会衰落下去。他说："香港一部分人对政治上叫嚣式的反抗感到兴趣，就是台湾式的所谓民主战士，这是一种错觉。""香港人应该继续保留他的聪明，对政治方面，应该淡漠一点。这才是聪明的香港人。"他指出，"帝国主义走了以后，香港遭遇的什么灾难，有的事情可以赖北京吗？当九七回归，没几天金融风暴就来了，这就是西方帝国主义的老一套。以前是杀人越货，现在不杀你的人，不占领你的土地，但抢你的工作。不要忘记，当时真正救了香港的，是北京！"此言一出，立刻引起全场共鸣。

（二）

9月29日上午，李敖来到位于香港仔的"华人永远坟场"，拜祭中国近代著名民主革命家、教育家、科学家蔡元培先生墓。他是鲁迅先生的同乡，鲁迅先生被誉为"五四"新文化运动的主将，蔡元培、吴虞、胡适、钱玄同等人都是新文化运动的著名人物。蔡元培曾任南京临时政府教育总长、北京大学校长等职。"九一八"事变后，他积极主张抗日，与宋庆龄、鲁迅等组成中国民权保障同盟。1940年在香港病逝。西装革履的李敖神情肃穆地站在蔡元培墓前，向蔡元培先生的亡灵敬献鲜花。

李敖在蔡元培墓前接受了媒体记者采访。他对记者说："蔡元培先生是北大校长，与新文化运动和'五四'运动息息相关。他提倡思想言论自由，并开北大招收女生的先河。"他说："蔡元培先生安葬在香港，本身就是一段故事。在蔡先生去世后不久，香港就被日本占领了……"言语间充溢着对蔡元培先生的痛悼之情和对日本侵略者的痛恨之气。

离开蔡元培墓地后，李敖又来到了太平山，远眺香港全景。随后，他又前往香港中环，寻访以古董买卖而闻名的摩罗街。

下午，香港特区民政事务局局长何志平来到海逸酒店，看望正参与录制凤凰卫视节目的李敖。何志平对李敖的来访表示欢迎。他说，香港是一个很有文化特色的地方，希望李敖先生今后有机会再访香港，进一步领略香港的文化和风情。李敖感谢何志平专程来看望他，表示将来有机会一定重访香港。

9月30日上午，李敖将结束为期12天的"神州文化之旅"，从香港乘机返回台湾。

十、李敖在行将结束"神州文化之旅"接受台湾媒体专访时强调，大陆发展很快，大陆具有巨大的吸引力和凝聚力

（一）

9月30日的中午，李敖由香港搭机飞抵台北桃园中正机场，陈文茜、李庆华、李永萍、陈凤馨等好友都前来机场迎接。李敖卸去了连日来的劳累和压力，满身回家的轻松，心情气色大好，面对媒体记者大要嘴皮子，犀利辛辣如常。对自己在大陆的表现，李敖打了一百分的高分，表示非常满意。他在香港登机前就对香港的媒体说，他的"神州文化之旅"行程非常丰富，访问非常圆满。并表示，今后将继续致力于缓和两岸关系。

· 285 ·

9月27日，当李敖结束了他自认为此行最重要的在大陆三所久负盛名的高等学府的演讲，压力顿消的时候，台湾《联合报》的记者对他进行了专访。在专访中，他强调道，大陆发展很快，台湾有本事就变成一大块磁石，否则就如同树倒猢狲散；"台独"既然办不到，就不如去占共产党的便宜。他对记者说，他手上有秘密文件，"民进党逃不过我的魔掌"。

当记者问到"你对台湾年轻人有什么想法和建议"时，李敖说，台湾年轻人已经被污染了，台湾的罪还没受够，如甘地所说，苦还没吃够。台湾自己把自己毁掉，好的机会，好的筹码都被内耗掉了。当家方知柴米贵，过去模糊的空间没有了。钓鱼岛就是一例，过去与日本有模糊空间，现在日本露馅了，不给你了，台湾要如何解决？这是务实的问题。台湾已被玩完，靠边站。

在回答记者提出的"有的台湾人不愿与大陆人结合"的问题时，李敖说，没有人要你和大陆人合在一起啊。所谓一个中国，你有你的军队、你有你的司法，规定很清楚。没有人要你到大陆来看我吐痰，台湾也不见得很干净啊。

李敖以其独特的方式回答着记者的提问，始终旗帜鲜明地表达着"国家要统一，一国两制好"的政治主张。

（二）

如何评价李敖的"神州文化之旅"，媒体多有评论。香港《信报》9月30日发表了一篇署名文章就对此作出评价。文章的题目叫"两岸三地的'李敖冲击波'"。文章说，李敖的"神州文化之旅"以北大的有惊无险开始，清华的跌宕起伏到复旦的皆大欢喜，加上香港短暂行程中的吊唁和拜祭蔡元培先生，就好像中国古代评述撰写文章的境界和形态：凤头、猪肚、豹尾，行程和内容的丰富多彩自不待言，开头和结尾亦令人难忘。

文章指出，李敖的大陆行，对台湾政治社会也产生了一定的"冲击波"。且不论李敖"信口开河，胡说八道"在台湾究竟还有多少社会影响力和卖点，但人们会惊奇地发现，李敖如此极端和激烈的言论，居然可以在大陆透过电视直播，让校园之外的社会大众同步收录；李敖可以勇敢地表示他支持和认同中国共产党，可以说他的一生和中国前途命运一样"休戚与共"；他可以直言不讳地批判陈水扁和一众"台独"分裂势力，可以痛斥台湾的民粹政治。李敖的言论或许在台湾会获得迥然不同的注解和解读，但至少通过这位"独行侠"的言论对纷纷乱乱十多年来的台湾民粹政治，开始有一个必须的反思和反省。

文章最后说，李敖的"神州文化之旅"影响效应将持续发展。对李敖其人，不同政治立场和政治取态的人，必能有不同的解读。厌恶他的人很多，痛恨他的人也很多，而"敖迷"依然占大多数。人们大可不必苟同他的目空一切、毫不留情和放肆与张狂。但这就是李敖，套用一句凤凰卫视行政总裁刘长乐的评语，李敖今次"神州文化之旅"所有言行表现，可以概括为"有血有肉有骨头"。看来不少媒体还是认可刘长乐的评价的。

新加坡《联合早报》10月1日发表的一篇报道对李敖的大陆行也有评说。报道说，李敖大陆行圆满结束，不只在大陆发挥了远超预期的隐含效应，也赢得台湾岛内的普遍肯定。由于台湾社会对李敖的自由言论和挑战权威的强悍作风早已熟悉，又因为李敖缺乏连宋的政治影响力，李敖文化之旅开始前，台湾媒体并未给予他太大的关注。但是在北大演讲后，李敖的形象震撼了全台湾，媒体此后全方位报道，三场演讲全程播出、全文刊登，也带动了台湾民间对李敖大陆行的侧目。

报道说，面对民间的普遍认同，再加上李敖自由主义言论确实让泛绿政权难以找出痛脚，民进党政府这12天来对这个"狠角色"可是呛不了声，"憋"得紧，未像过去连宋登陆时那炮火天天开。据亲民进党人士说，连民进党"立委"私下对李敖也竖起大拇指说"赞！"

报道最后披露道，昨天，"陆委会"主委吴钊燮在国民党籍和亲民党籍"立委"的"逼供"下，对李敖仍是低调不回应。国民党籍"立委"朱凤芝挑战说："李敖说共产党很棒，说香港比台湾民主。"吴钊燮说："这要让社会公评，我不评论。"朱凤芝说："你不敢评论，是怕被他告！"吴钊燮说："我从高中时对他的书就很崇拜。"看来这位"吴主委"说话还是留有余地的。

有意思的是，这篇报道在收尾时有这样的披露：倒是民进党激进派"立委"王世坚憋不住了，在"立法院国是论坛"上"开炮"："李敖死了！真的，李敖死了！"

看来民进党也不是铁板一块。他们中有人为李敖的大陆之行竖大拇指，有人却恨得咬牙切齿，骂他"死了"。

美好愿景架起两岸积极互动的大桥

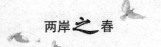

一、台湾媒体称赞大陆为了促进"胡连会"和"胡宋会"所形成的共识落实，展现了惊人的务实能力

（一）

"胡连会"和"胡宋会"所形成的"新闻公报"和"会谈公报"中，共产党和国、亲两党达成多项愿景和共识，其中都把解决台湾农产品在大陆销售问题作为共同推进的内容。为落实这项内容，大陆各有关方面在宋楚瑜刚刚结束大陆之行后，便积极进行操作，务求获得实效。

福州海关日前宣布，将对台湾农产品提供6项通关便利措施。这些措施包括设立专门快速通道，在业务现场设立专门窗口办理接谈审核和通关手续；对从台湾海运进口的农产品，可在船舶驶离台湾港口后入境前，提前向海关进行申报，并设立加急通关窗口，实行无假日全天候24小时预约加班制，使进口台湾农产品货物做到"零滞港"等。此外，福建检验检疫部门也采取了预申报和开设专门窗口等便利措施。

5月15日上午，由福建超大现代农业集团经营的33吨时令优良水果顺利通关入境。这批水果全部来自台湾南部，品种包括莲雾、凤梨、杨桃、柠檬、茂谷柑、芒果、芭乐、香蕉、葡萄柚、珍珠番石榴等。这批水果将于5月18日在第七届海峡两岸经贸交易会上作为台湾农展品亮相福州。

负责为这批水果办理通关手续的福建天顺贸易公司的林先生说："非常顺利，海关部门设有绿色通道，商检、口岸各部门可以说是随叫随到，迅速通关。"

福州马尾海关的程关长说，这批台湾水果通关，正值大陆双休日，因台湾水果保鲜要求高，海关简化了手续，直接到仓库查验，缩短了通关时间。马尾检验检疫局的官员也表示，对这批台湾水果的检疫不仅是24小时服务，而且是全天候、无假日。

福建超大现代农业集团的负责人介绍说，此次台湾农产品登陆福州，得到台南多个农会及台北的农产品贸易公司的积极配合。台湾的农民和农会对台湾水果销往大陆热情很高。他说，台湾水果主要瞄准大陆的高端市场，与大陆水果有很强的互补性。由于大陆消费市场近年来发展很快，台湾水果在大陆具有广阔的市场前景。

<h1 style="text-align:center">（二）</h1>

5月17日晚，由中国贸促会、福建省人民政府主办的第七届海峡两岸经贸交易会、第二届中国福建商品交易会，在福州隆重开幕。全国政协副主席罗豪才、张克辉和福建省、福州市的主要领导及海内外嘉宾千余人参加了当晚的开幕式。

本届海交会专门开设了台湾馆，邀请了台湾农产品、电子、电机、机械、冶金等行业公会组织所属企业来此参展。今年台湾馆展位数占本届海交会总展位数的46%。两岸农产品贸易对接研讨会、海峡两岸数码科技和数码娱乐产业发展高峰论坛等多项活动也同时开幕。

在开幕会上，第七届海峡两岸经贸交易会组委会宣布，经国务院批准，由台湾商业行业公会组织的来榕参加海交会的台湾农产品，首次实现直航免税进入大陆。这批农产品共49种，价值79.8万元，是经由"两马"（马祖——马尾）航线直接进入的。

18日，福州气温酷热异常，间或还有骤雨来袭。但是，在金山会展中心举行的福州市第七届"海峡两岸经贸交易会"依然人流如潮，摩肩接踵。刚刚登陆榕城的台湾水果成了这次"海交会"的最大亮点。30个展位摆满各种台湾名果。福建超大现代农业集团经营的台湾时令水果也赫然在目，光鲜的色泽，清香的果味，招来了众多顾客。

在台湾荣胜水果行展位前，端庄的郭女士花80多元买了哈密瓜。记者问她，1斤哈密瓜要20元，您不觉得贵吗？郭女士爽快地说："没吃过，尝尝鲜，贵一点也不要紧。"在台湾合成青果展位前，10元钱1个葡萄柚，林先生一次就买了10个。记者问他："送人吗？"林先生笑呵呵地说："自己吃，难得一尝。"

菠萝1斤7元，木瓜1个30元，莲雾1斤40元，香蕉1根5元……与大陆水果相比较，台湾时令优质水果要贵5倍左右。到会采访的记者不由得产生"能卖得动吗？"的疑问，他们得仔细观察现场销售情况。在台湾头屋农会的徐鑫荣先生的展位前，莲雾卖得特别快，上午仅一会儿工夫就卖出了5箱，以致后来徐先生不得不限制每人最多只能买2个。记者问他，为什么不放开手卖？徐先生说："这次我只带来20箱莲雾，还有4天的展销时间，我得留在后几天来卖。"他后悔自己带得少了。

记者随机采访了徐先生。他说："想不到大陆的同胞购买力这么强。大陆如此广阔的市场完全可以缓解台湾农民的种植压力。"他告诉记者，就在一个月前，台湾柳橙积压，1公斤才卖1元新台币（4.7元新台币约合1元人民币）。"这次福建超大现代农业集团一联络，台湾20家农业协会、农会、企业，马上热情响应。"正说着，一位在上海从事贸易的马先生就前来跟徐先生洽谈合作。

洽谈成功后，徐先生又对记者说，他们农会这次参加"海交会"的47吨台湾水果，第一批33吨是经香港走国际贸易路线抵达福州马尾港的，在海上走了5天半；第二批14吨是直接从基隆到马尾港的，才走了12个小时。他十分感谢大陆提供的各种方便，他盼望着两岸尽早实现"三通"。

（三）

尽人皆知台湾农产品销往大陆是件大好的事情，但台湾当局斥之为"这是大陆的统战伎俩"，恫吓台湾农民小心作了大陆的"农奴"，千方百计加以阻挠。台湾当局的这些做法遭到台湾民众和舆论界的强烈谴责。在民意与舆论的逼迫下，台湾当局才说了软话。对此，媒体多有评论。其中，澳门《新华澳报》6月14日发表的题为"台当局为何转变态度接受北京'赠台大礼'？"的署名文章颇具代表性。文章说，北京向台湾人民送出的几项"大礼"，包括赠送大熊猫、货运包机、台湾农产品销往大陆、开放大陆居民赴台旅游、向台湾居民入出境大陆提供便利等，都是分别在中国国民党主席连战、亲民党主席宋楚瑜应中共中央及胡锦涛总书记邀请率团访问大陆之时宣布的。而连、宋二人的大陆之行，由于正好是在民进党当局为反制大陆的《反分裂国家法》而发动和组织的"3.26大游行"之后进行的，而连、宋的大陆之行在台湾岛内所掀起的"大陆热"，就有力地冲击了"3.26游行"的后续效应，使当局借游行企图煽起民众的"仇陆"情绪遭到破产。因此，台湾当局明知大陆的"赠台大礼"对台有益无害，，但仍要硬抗软磨，并祭出由两岸政府或在"WTO"的架构下进行协商的招数，意图将这些本属于一个国家内部的事务，提升到"国际谈判"的层次，以售其"一边一国"、"台湾主体论"之奸。

文章说，北京的这几项"赠台大礼"，完全符合台湾人民的切身利益，使他们看到了部分解决台湾经济问题及自身生计的希望。因此，倘若台湾当局继续拖延下去，只能是与台湾民意为敌。尤其是年底就要进行县市长选举，台湾当局如果继续采取拖延政策，很可能会流失大量选票。尤其是在中、南部，那里是民进党的"票仓"，再拖将会"失陷"。所以，台当局才不再阻拦台湾农产品输销大陆，自动收回"在WTO架构下谈判"的拦路"武器"。

文章最后指出，当局的政策宣示，其实是"形势比人强"的产物。台湾当局也明白，时间并不在他们这一边，再拖延下去，只有对自己不利。接过"赠台大礼"，"面子"未见得会失去，相反却能赢得发展经济、挽回民心的"里子"。更重要的是，可以向一直施加"恢复两岸谈判"压力的美国人作出交代，以争取继续获得山姆大叔对民进党政权的支持。

台湾当局的政策宣示毕竟是形势所逼，不得已而为之，所以在实际工作中始终是消极应付的，而大陆方面始终是积极加以促进的。6月22日，大陆海峡两岸经贸交流协会与应邀前来的台湾省农会代表在京举行会谈，就进口台湾水果零关税措施涉及的技术性问题进行了沟通和交流，以使台湾水果零关税政策尽快得到实施。

（四）

7月18日上午，由国务院台湾事务办公室经济局、商务部台港澳司、农业部台湾事务办公室和国家质量监督检验检疫总局动植物检疫监管司联合主办的"海峡两岸农业合作展暨台湾农产品展销会"在上海展览中心开幕。这次展会是两岸农业界继5月17日在福州举办的"海交会"后的又一次盛会。中共中央政治局常委、全国政协主席贾庆林和中共中央政治局委员、国务院副总理回良玉分别发来贺信表示祝贺。

贾庆林在贺信中充分肯定了近年来在两岸同胞共同努力下两岸农业交流与合作所取得的丰硕成果，希望两岸同胞进一步携手合作、互惠双赢，共同开创中华民族的美好未来。回良玉在贺信中祝愿两岸农业合作与交流不断发展，促进两岸农业竞争力共同提高。希望两岸同胞共同努力，实现中华民族农业的振兴繁荣。

此次"海峡两岸农业合作展暨台湾农产品展销会"为期3天，来自大陆17个省、市和台湾岛内的235家企业参加了展出，其中，来自台湾岛内的参展企业占近三分之一，是岛内各级农会、协会、产销班、农业合作组织以及农业企业来大陆参展规模最大的一次。

台湾展区内，茶叶、蔬菜、花卉、水果等五十的多种农产品琳琅满目，鲜艳欲滴，其中包括十几种零关税热带水果，既有大陆明确允许进口的如菠萝、蕃荔枝、木瓜等，也有大陆尚未开放的水果如柠檬、葡萄、西瓜、洋香瓜等。尽管展出价格比台湾市场价格要高出20%，热情的市民依然争相购买。菠萝30元1个、杨桃15元1个、黑豆酱油65元1小瓶……如此高的价格并未吓退市民购买的热情。在莲雾、番石榴等大陆平时少见的水果摊位前，购买者甚至排起了长队。一位市民说："从来没见过这种水果，一定要尝尝。"三天的展销期内，在台湾的展区里始终是人山人海，人流如潮。据统计，仅18日开幕当天，就卖掉了20吨水果。

面对如此高涨的购买热情，又享受着十几种水果零关税的待遇，台湾参展企业无不兴高采烈。台北一家农产运销公司的负责人对采访的记者说："这对台湾农产品是个契机，尤其在台湾水果盛产滞销时，可疏散岛内产量过多的压力。"台湾农联社的一位代表对记者说："台湾80%的农民对大陆的优惠政策很关心，非常欢迎。"

在此次展销会上，很多内地批发商、物流公司、大卖场等，对与台湾农产品企业进行合作十分期待。台湾一家果菜运销合作社的负责人告诉采访的记者，这三天来，已经数不清有多少人要她名片和给她名片要求合作了。

在此次展销会上，许多地方政府也纷纷出台优惠政策和措施，打造台湾农产品进入本地市场的"绿色通道"。上海市政府在展销会结束前宣布将实施5条措施方便台湾水果进入市场，这些措施包括：台湾水果进入上海口岸后，统一由离市场最近的闵行区检验检疫局龙吴办事处办理检验检疫手续；对台湾水果开设"绿色通道"，实行快运审批、报检、检验、检疫和放行；入关手续所花时间由原先的1至2天缩短为30分钟；对台湾水果实行全天候服务，随到随检；加强对检验人员的技术培训，以提高检验质量，缩短检验时间。

类似的"快速通关"措施在18日下午举行的海峡两岸农产品贸易研讨会上也有所公布。海关总署表示，在现行法律框架下，将对台湾农产品的进口实施7大便捷通关措施。国家质检总局也表示，对于台湾农产品的检验检疫，将在审批、报检、查验、放行等方面采取6大快捷措施。

研讨会上，福建省政府宣布原来只有福州和漳州开辟的"海峡两岸农业合作试验区"，将扩大到福建全省。福建省的目标是建成四大基地：建成台湾农产品输入的区域物流集散基地、台湾农业外移的吸纳基地、台湾农民再创业基地和台湾农产品加工出口基地。一旦试验区大规模建成，台湾农产品则有可能因为种植基地扩大、生产成本下降，价格也会趋于适合大陆一般的消费水平。

此外，江苏、山东、陕西等地的代表在研讨会上表示，将举行推介当地农业合作试验区和农业投资环境的专场宣传会，积极主动地与台湾农业企业和组织进行合作，实现互惠双赢。与会人士一致认为，此次展销会、研讨会、座谈会的举办，必将对促进两岸农业交流与合作、拓展台湾农产品特别是优质水果在大陆市场的销售发挥巨大的推动作用。

有报道用"盛况空前"来描写这次展销会的热烈场面。报道说，有众多两岸名人在展销会的开幕式上亮相，如国务院台办主任陈云林，上海市市长韩正，国台办副主任李炳才、郑立中，农业部副部长尹成杰，商务部副部长安民，国家质检总局副局长葛志荣，上海市副市长胡延照，台湾两岸农业交流协会理事长许信良，中国国民党智库政策委员高孔廉等等。台湾岛内的各级农会、农业合作组织以及在祖国大陆投资的台资农业企业和大陆农业界的有关人士等一千余人参加了开幕式。隆重热烈的开幕式，充分展现了两岸有识之士对促进两岸农业交流与合作快速发展的决心和信心。

（五）

刚刚在上海结束的海峡两岸农业合作展暨台湾农产品展销会上，现场200吨台湾水果销售一空，让9位历年台湾"杰出农民奖"得主亲眼看到了台湾水果在大陆市场的竞争力，他们呼吁台湾当局善待大陆的善意，让台湾农民得到实实在在的利益。于是，"台湾水果销大陆"的话题，在岛内民间、政坛大热特热。

岛内一个收视率很高的政论节目，连续几天邀请各方人士讨论这个话题，更把此事炒得热火朝天。果农代表对于当局在这件事情上的拖延极为不满，抱怨之声通过这个节目传遍全岛。一家报纸发表评论说："这是60年来，台湾农民首度如此密集的在公共媒体上发言。虽然每人只有20秒，但句句发言皆有刻骨铭心的力量。"

7月22日，台湾《中央日报》发表了一篇题目叫"国民党：扁政府愚民水果绑谈判恫吓农民阻挠零关税"的报道，报道详细地转达了中国国民党发言人、文化传播委员会主委张荣恭对扁政府的批评意见。张荣恭说，扁政府质疑对岸的动机，真正目的是在阻挠水果零关税登陆。他强调，政府怕农民从两岸交流中获益，将导致民进党的愚民政策破产。"陆委会"扬言，台湾水果登陆，会造成大陆水果来台，恐吓农民已到了无所不用其极的地步。

张荣恭说，陈水扁声称水果要是卖给日本价格会更好，却无力要求日本实施零关税，也没有能力协助农民把剩水果销往日本，而任由腐烂，还顽固地反对水果登陆。他指出，台湾因工商产品销往大陆，每年赚取三四百亿美元的外汇，都未经由政府指派的团体和中共谈判，如今政府为何又非要介入水果登陆不可？何况水果登陆由来已久，现在不过是增加零关税的优惠。这就摆明了政府在阻拦农民获益。

这篇报道还说，中国国民党"立法院"党团书记长陈杰26日将率由32位党籍"立委"组成的"两岸工作事务团"登陆访问，在大陆停留7天，将访问北京、上海等地，并与大陆国台办等相关官员会面。陈杰在21日对该报记者说，此行将继续推动台湾农产品登陆、大陆人民来台观光、两岸三通、文化交流等议题，但不会逾越政府公权力。

这篇报道还转述了亲民党对扁政府的批评意见。报道说，亲民党发言人谢公秉昨天指出，中国大陆公布多项新措施，方便台湾农产品进口，希望民进党政府抛弃成见，加速推动两岸农产品交流，照顾台湾农民生计，不能坐失良机。亲民党籍"立委"陈朝容也呼吁，政府必须重视农民福祉，推动两岸农产品交流，照顾农民。农民已经成为社会最弱势的群体，不能再错失国际化良机。

7月23日，台湾《中时晚报》发表题为"利民而不为"的社评也对扁政府提出尖锐的批评意见。社评指出，"陆委会"主委吴钊燮向老百姓说，这是老共给糖吃的统战手法，会分化台湾朝野，分化台湾农民和政府之间的感情。悲哉斯言，农民们眼巴巴地看着水果腐烂，等到的却是官方这种老掉牙的回应，像在骗三岁小孩一般。这就是政府最标准的"明知是利却偏不为"的政策。

台湾《联合报》等主要传媒也都发表文章或报道对扁政府这种"利民而不为"的做法痛加批判。

面对台湾民众、在野党和舆论界的强烈不满，扁政府仍然我行我素。7月22日，当局就水果销往大陆的问题专门举办了一个记者会，仍然对大陆的善意表达了仇视的态度。此后，从陈水扁、谢长廷到"陆委会"的官员都出面"揭批"大陆对台湾水果实施零关税的"别有用心"。但话说得多了，难免会露出马脚，出现说法不一、前后矛盾和逻辑混乱的地方。比如在记者会上，有官员说，大陆选择性给予台湾水果进口优惠，是为了分化台湾内部、挑拨台湾农民与当局间的感情。但有的官员却说，当局从未限制农民将水果销往大陆，如果台湾水果销大陆能够零关税，当局只会乐观其成。这样完全不同的表述已经暴露出民进党内部已乱了方寸。

（六）

7月28日，大陆商务部举行记者会，商务部发言人正式宣布，目前台湾水果已经陆续进入采摘销售旺季，为扩大台湾水果在大陆的销售，大陆相关部门已做好了相应的准备工作，将于8月1日正式对原产于台湾地区的菠萝、番荔枝、木瓜、杨桃、芒果、番石榴、莲雾、槟榔、柚、枣、椰子、枇杷、梅、桃、柿子等15种水果实施零关税措施。

发言人说，今年3月4日，胡锦涛总书记在新形势下发展两岸关系四点意见的重要讲话中，明确指出："台湾农产品在大陆销售的问题，事关广大台湾农民的切身利益，要切实解决。"大陆有关部门为要解决台湾农业产品特别是优质水果在大陆销售问题，进行了认真研究，作了大量的准备工作，并广泛地听取了包括台湾农业界和民意代表在内的各方面人士的意见。近年来，台湾水果一直都以正常的贸易方式进入大陆市场，但由于价格缺乏竞争力，销量有限。为提高台湾水果竞争力，今年5月初在中国国民党主席连战访问大陆和亲民党主席宋楚瑜即将来访之际，中共中央台办、国务院台办主任陈云林受权宣布，大陆将台湾水果检验检疫的品种由12种扩大到18种，并将对其中15种水果实施进口零关税措施。这是大陆单方面采取的优惠措施，是基于对台湾广大果农实际利益的照顾，希望以此扩大台湾水果在大陆的销售，本不应有什么问题。大陆的这一措施，受到了台湾广大果农的欢迎，希望尽快实施，但却受到台湾当局的设限阻挠。台湾当局对于台湾每年从与大陆贸易中获得的数百亿美元顺差坦然接受，却将大陆对台湾水果进口实施零关税措施的诚意诬为"统战伎俩"，这完全是对台湾果农利益的漠视。两岸贸易额每年高达数百亿美元，未见台湾当局以所谓"公权力"为由提出必须进行协商，而对惠及台湾广大果农的水果贸易，台湾主管部门却秉承当局领导人的旨意，一再要求与其委托的岛内民间机构协商方能实施，实在令人费解。

这位发言人指出，为使台湾水果销往大陆尽早享受零关税优惠，海峡两岸经贸交流协会会长李水林于7月23日接受记者采访时，公开邀请台湾主管部门委托的岛内民间机构和台湾省农会等民间农业组织一同前来协商；海峡两岸经贸交流协会副会长王辽平于7月26日再次公开表示，我们并未拒绝过台湾主管部门委托的岛内民间机构前来协商，并安排于7月27日在厦门市与台湾主管部门委托的岛内民间机构和台湾省农会等民间农业组织进行协商。这都充分展现了大陆的诚意。但令人遗憾的是，时至昨天，台湾主管部门仍坚称"不会派人赴大陆谈水果零关税问题"，断然拒绝双方协商。在对台湾水果进入大陆市场实施零关税措施进行协商的问题上，我们已仁至义尽。"人误地一季，地误人一年"。在此情势下，为使台湾广大果农不至于因台湾当局拒绝协商导致在岛内水果采摘销售旺季丧失享受水果销往大陆的零关税优惠，从台湾果农利益考虑，我们别无他法，只能作出于8月1日正式对原产于台湾地区的菠萝等15种水果实施进口零关税措施的决定。

这位发言人强调，需要指出的是，对15种台湾水果实施进口零关税措施后，希望台湾主管部门能从台湾广大果农的切身利益着想，采取切实措施予以解决。

（七）

大陆正式宣布于8月1日起对原产于台湾的15种水果实施进口零关税措施后，受到台湾广大果农和农业界人士的热烈欢迎。8月1日下午，人民日报记者电话采访了台湾农业组织的负责人。在采访台湾省农会总干事长张永成先生时，张先生满怀喜悦地告诉记者，台湾农民得知此消息后都兴致勃勃，十分高兴。采访高雄县农会秘书萧汉俊先生时，萧先生说，水果零关税措施，让台湾农民看到了大陆的善意和诚意，是一件大好的事情，有助于提高台湾水果的市场竞争力。水果贸易无关政治，更不是什么"统战"，两岸本来就是一家人，是好兄弟。萧先生认为，今年由于天灾人祸，台湾水果产量大减，销售压力可能不会太大，但农民看好长远，看好未来。在采访台湾南部屏东县农会总干事黄瑞吉时，黄先生说，台湾南部各级农会反应十分热烈。他认为，台湾水果通过贸易已行销大陆多年，现在关税降为零，有助于扩大市场，对于台湾果农帮助很大。他表示，"行政院农业委员会"一直想打开大陆市场，大陆方面已释出善意，当局不应有其它考量。台湾农业如不开拓外销市场，发展将严重受限，盛产期就会发生滞销。

围绕大陆的这一宣布，各路媒体又掀起新一轮热评。台湾《中国时报》7月29日发表题为"大陆操作水果战 政府应谋定后动"的文章说，大陆方面一直等到陈水扁下乡放炮痛批"台湾水果登陆是统战"之后，才正式宣布从8月1日起实施15种台湾水果零关税进口的政策。从这次对岸细腻操作此事的手法看来，重点不在于打击政府威信，而在收取台湾民心。文章指出，不同于扁政府，对岸已体认"成事比破局之后推卸责任更重要"，这是中共统战新模式。为了成其事，大陆方面经由广泛地接触台湾农业团体，不断调整策略，展现了惊人的务实能力。6月间，省农会、海联会等泛蓝色彩的农业团体纷纷抢进大陆，台湾水果热开始在大陆发烧。百花齐放的结果不但达成了政策宣传的目的，而且对扁政府也构成了极大压力。

该报同时还发表了一篇题为"少些政治口水多些实际作为吧"的社论说，一桩水果登陆的议题，几乎被"政治化"到极致。十足透露出一件事是：农民想的是生计，官员想的还是选举、还是政治！

社论不无讽刺地写道，执政当局在这桩议题发展上贡献最多的是什么？是政治口水。什么产销管理、品种改良、通路规划等可以为农民提供莫大帮助的都不谈，谈的尽是什么中共统战的阴谋论，或是替泛蓝助选的陈腔滥调，对农民喊话的时候只谈要他们做民进党的后盾，却不谈准备怎样改善他们的生计。结果搞了大半天，没有政策，没有作为，还吓阻别人不能做这，不能做那，唯一能表现的，除了口水，还是口水。

台湾《经济日报》7月29日也发表报道对台湾当局加以嘲讽。报道的题目叫"思维僵固"。报道说，大陆宣布对台湾15种水果进口实施零关税。北京对与国民党、亲民党交流所作出的承诺，包括台湾人在大陆就业、观光客来台、台湾学生与大陆学生同等收费、签证简化、水果登陆等，看来都一项一项逐渐兑现。不难预料，未来一段时间，这些看在执政党眼里的"统战手段"，不会更少，只会更多。报道坦然地指出，对北京来说，争取台湾民心本是天经地义。扁政府面对老是被对岸"跳过"的难堪，处境可以理解；但面对中共灵活战术显得因应失据，只能一再使用选战语言，甚至将卖水果去大陆的农民描绘为"中共同路人"，套句政府常用的话，这是"伤害台湾人民的感情"。如果北京下次再来个服务业统战、房地产统战，政府僵固的反统战思维，恐怕只能替灵活的北京统战继续加分。

台湾《联合报》在7月29日这一天连发两篇报道批判扁政府违逆民意的行为。一篇题为"农民：零关税等很久了别扯政治"的报道说，大陆宣布8月1日起台湾15种水果进口零关税，台湾水果产地的农会干部多表欢迎，并进一步希望两岸直航，货运成本可降一半。报道援引屏东农会总干事黄瑞吉的话说："农民等很久了。"县农会已做好农产品资讯整合，随时都可向大陆进军。枋山区农会总干事杨春辉说，零关税对整体外销是好事，但千万别扯政治，"顺其自然促成就好"，"不要太强调其他"，因为农业太脆弱了。报道说，"行政院"南部联合服务中心昨天在高雄市举办"台湾水果运销大陆事宜座谈会"，与会的农民代表问"陆委会"主委吴钊燮等官员："不去大陆，能去哪里？"嘉义县新港农会总干事陈永华说，农民不在乎有没有统战，只在意有没有饭吃，有没有钱赚。

另一篇题为"担心统战？担心农民背弃？"的报道说，台湾市场规模小，农民长期饱受产品滞销的困扰，能开拓一个市场算一个市场。尽管政府不是很看重大陆市场潜力，不积极辅导也就罢了，至少不要在出具检验检疫证明的过程中刁难农民。报道指出，"民之所欲"应该常在执政者心中，虽然大陆市场可能售价不尽理想，但农民多卖一斤水果，就多一点收入。如果政府真的关心农民，有心照顾农民，少说话，多做事，可能比较受农民欢迎。政府如果能在水果之外，主动替农民争取更多可以零关税销往大陆的农产品，何苦担心大陆统战农民、为泛蓝助选？水果销售将导致执政党背弃农民，还是农民背弃执政党，选择全在执政者的一念之间。

香港媒体对此评论也颇多。7月29日，香港《经济日报》刊登一篇题为"京优惠台农 图破扁票仓"的报道颇具力道。报道指出，北京提出让台湾水果零关税进口后，陈水扁政府不仅关上协商落实的门户，更以"农奴论"威吓台南农民，当心大陆的"统战"；陈水扁如此强烈反弹，明显是惶恐大陆成功拉拢台南农民的民心，令民进党的根基票仓失陷，"后院"被攻破。报道说，民进党的支持者不少是来自台南的农村地区，但在台湾近年加入WTO后，台南农民却遭受农产品过剩、销售无门的困境。如今北京开放台湾水果零关税进口，正好可以帮助台湾农民走出困境。当然，北京的善意动作，可能会动摇民进党的票仓，因此陈水扁一直千方百计地为台湾水果销往大陆制造障碍，更密集地放言将台湾水果登陆的措施抹黑，说台湾农民要当心成为大陆的"农奴"。

报道最后指出，事实上，台湾媒体近日对陈水扁阻挠台湾水果零关税销往大陆作出连番批评，岛内农民也表达诸多不满。对此，陈水扁似乎已显得进退失据。两岸争夺台湾农民的"战争"可谓刚刚拉开序幕。

（八）

在海峡两岸经贸交流协会、海峡两岸农业交流协会、中国社会科学院台湾研究所等单位的支持下，由福建省人民政府主办，台湾"中国海峡两岸农业协会"、台湾工商时报协办的"海峡两岸农业合作实验区论坛"，9月9日在厦门马哥孛罗东方大酒店隆重举行。

本次论坛的主要内容是：介绍"海峡两岸（福建）农业合作试验区"发展规划，研究如何发挥试验区优势，加强两岸农业合作，使之充分发挥示范和带动作用；研讨两岸农业合作的趋势、前景、途径，促进两岸农业合作和产业升级；讨论两岸农产品的研发、种植、加工、销售及市场发展预测等问题。

论坛开幕式上，海峡两岸经贸交流协会会长李水林、福建省委常务副省长刘德章、台湾两岸共同市场基金会董事长萧万长分别致辞。

海峡两岸农业交流协会会长于永维等分别就"海峡两岸（福建）农业合作实验区"发展规划及相关政策、两岸农业合作及相关政策建议等作专题演讲。"9.8"投洽会（系"第九届中国国际投资贸易洽谈会"之简称）组委会成员单位代表、大陆五个海峡两岸农业合作实验区代表、台湾农产品销售代理商、福建各县区市农业界代表、两岸农业方面的学者专家等近200人参加论坛。

本届论坛作为"第九届中国国际投资贸易洽谈会"系列活动中的一项重要内容，具有三大特色：一是本次论坛是"9.8"投洽会开办以来首次举行的两岸农业合作论坛，进一步突出了"9.8"投洽会的对台特色；二是本次论坛是2005年7月份，经中央同意，国家有关部门批准设立"海峡两岸（福建）农业合作试验区"，把试验区的范围由漳州、福州扩大到全省以来，第一次举办的试验区农业合作论坛，旨在充分运用试验区先行试验的政策优势，发挥其示范和辐射作用，推动海峡两岸农业合作的发展；三是本次论坛形式虚实结合，上午举行论坛主题报告会，专家学者展开研讨，下午即进行项目洽谈对接，有46家台湾农工企业参加洽谈对接，使整个论坛更富有实效。

开幕的当天上午，与会者便就论坛主题展开热烈讨论，观点纷呈，亮点频出。台湾"民意代表"、海峡两岸农业发展协会理事长蔡胜佳先生在发言中指出，两岸农业各有其优缺点，可以互补，大陆具有丰富的农业资源及人力资源，台湾则具有科技人才、产业整合与经营经验。两岸农业交流合作可采取以下策略：提升两岸农产品生产行销优势，强化科技发展及产业化之合作，共同组织集团式有计划的投资，发展农业休闲产业，共同维护其开发渔业资源。蔡先生的发言赢得掌声。

福建省农业厅厅长姜安荣的发言又进一步丰富了蔡先生的观点。他说，海峡两岸（福建）农业合作实验区规划，力图优化两岸农业资源配置，实现资源共享，提高区域农业竞争力。有了覆盖全省的试验区，两岸业界可做的事情太多了。大陆可从台湾引进现代生产要素，拓展国际市场，提高农业综合生产能力；台湾可利用大陆廉价的劳力、丰富的资源和广阔的市场，扩大农业发展空间，谋求新的发展。话音刚落，掌声又起。

台湾大学农业经济系名义教授许文富在发言中强调，两岸农业合作大势所趋，台湾当局挡也挡不住，对于中小企业型的农业企业投资者而言，其约束力极有限，不如开放合作，有计划地管理与辅导其发展，或者开放与大陆相关业者合作，形成"共同市场"关系。这里所称的"共同市场"，是纯粹指两岸间的农产品能朝向互补、互助及自由交流发展之市场而言，包括产品互通有无、市场信息的交换以及农产品和生产资料的买卖等。许先生的建立"共同市场"关系的观点立刻引起全场共鸣。

中国社会科学院台湾研究所研究员王建民在发言中阐述了"大农业观"的观点。他说，两岸应以"大农业观"进行合作。台湾农业资源与优势明显，热带水果与水产品充足，农业技术、品种较佳，但劣势也很突出，产业结构不平衡，稻米过剩，谷物杂粮严重不足。大陆地域广阔，农业资源丰富，品种多，产量相对大，市场大，但品质相对较低，竞争力相对较弱。两岸农业如何实现合作？应有一个"大农业观"，即把两岸农业资源与市场作为一个整体推动。台湾发展优势农业，如水稻、热带水果、水产品，并将大陆作为重要的市场，而不必发展缺乏竞争力的畜牧业、谷物。此言一出，又激起全场一片热烈掌声。台湾天仁集团、天福集团总裁李瑞河在发言中称赞了"海峡两岸农业合作试验区"的建立。他说，天福集团在大陆的发展历程，充分说明了闽台农业合作的现实必然与优势。"海峡两岸农业合作试验区"这一良好的运作模式，有力地推动了闽台的茶业的交流与合作。在此，我们强烈呼吁台湾当局尽快开放"三通"、尽快开放大陆居民赴台观光，台湾当局应开放大陆茶叶进入台湾市场。希望有更多台胞同业"登陆"发展，共创两岸双赢。李先生的强烈呼吁立刻引来暴风雨般的掌声。

（九）

在"9.8"中国国际投资贸易洽谈会上，福建省人民政府重点向与会者推介了两岸农业合作的项目，还降低了台湾投资者的进入门槛，全省各地都精心准备了一批潜质颇高的合作项目供投资者选择。在历届"9.8"投洽会中，本届的农业合作项目最为丰富，使许多台湾客商收获了更多的意外惊喜。

福建靠海、山多，借重台资发展海峡两岸的农业与渔业，前景广阔而诱人。新起点贯穿着新理念。"海峡两岸（福建）农业合作试验区"的规划相当宏大，其建设目标主要有三：一是建成"四大基地"，此事前文已提及，即台湾农产品输入的区域物流集散基地、台湾农业外移的吸纳基地、台湾农民再创业基地、台湾农产品加工出口基地；二是构筑"三大平台"，即两岸人员、科技、信息交流的平台、现代农业生产要素引进消化的平台、探索农业改革与发展机制创新的平台；三是提高"三项功能"，即整合优势资源、提高农业综合生产能力，两岸联手开拓国际市场、提高区域农产品市场竞争能力，建立长效合作机制、提高农业可持续发展能力。

围绕这些目标，试验区将建设三条"特色产业合作带"，即闽台高优农业产业合作带、闽台蓝色产业合作带和闽台绿色产业合作带；建设"八个示范区"，即台湾农民创业园区、现代园艺合作示范区、现代畜牧业合作示范区、现代林业合作示范区、现代渔业合作示范区、农产品加工合作示范区、休闲农业合作示范区和水利合作示范区；建设"五个中心"，即海峡两岸（福建）农产品物流集散中心、闽台农业科技信息交流合作中心、海峡两岸（福建）农产品检验检测中心、海峡两岸（福建）防灾减灾预警中心和闽台种苗研发与繁育中心。

作为两岸农业合作的密集区，福建到2005年7月累计已批办农业合资项目1730个，合同利用台资21亿美元，在大陆各省市中位居第一。

多年来的闽台农业交流合作，给两地民众带来许多实惠。福建内陆山区纷纷引进台湾落叶果树品种如蜜雪梨等和茶叶加工技术，迅速得以辐射扩大。从台湾引进的九孔鲍、绑带对虾等品种，已发展成为福建省水产养殖的当家品种。台湾农渔业也在大陆找到了广阔的发展空间。

（十）

10月17日，第三届中国国际农产品交易会在北京隆重开幕。台湾农产品又成为本次交易会上的一大亮点。

农业部台湾事务办公室主任于永维在开幕当天举行的新闻发布会上介绍说，本届交易会专门设立"台湾农产品展示区"和"台湾农产品展销区"。这是大陆继5月18日福州举行的第七届海峡两岸经贸交易会和7月18日上海举行的海峡两岸农业合作展览暨台湾农产品展销会后，向大陆北方市场推介台湾农产品的主要活动。

于永维说，本次展会将进一步落实胡锦涛总书记与连战主席、宋楚瑜主席会谈达成的共识，加强两岸农业交流与合作，扩大台湾农产品在大陆的销售量。本届展会共有46个台湾农业团体或企业，携22种台湾时鲜热带水果和209种农产品深加工制品参展，他们之中，既有台湾省各级农会、农业协会、农业组织的代表，也有长期从事台湾农业生产的农业企业代表，还有基层农业产销班以及来自基层的农民代表，具有非常广泛的代表性。

农业部办公厅的负责人向记者透露，据不完全统计，2005年7月至8月，大陆共进口台湾水果四百余吨，对解决台湾水果滞销问题起到了有效缓解作用。

开幕当天，展厅内照例是人流如潮，特别是在台湾农产品展示区和展销区内更是摩肩接踵。北方居民稀罕台湾热带水果，购买者趋之若鹜，展销区内又排起了长队。

· 303 ·

（十一）

为使两岸农业交流与合作有组织保证和契约保障，在中华全国供销合作总社的推动和支持下，11月10日至12日，供销总社所属的中国果品流通协会在深圳举办了"2005深圳果蔬展览会"，为两岸农业合作组织提供洽谈生意的平台。来自台湾中南部地区的农业和合作社、农会等8家单位四十多位果农、果商代表携台湾优质果品与会参展。展会期间，两岸农业合作经济组织频频洽谈，携手推动台湾水果登陆。

台湾皓林农产有限公司总经理林槐生先生向记者透露，他的公司在展会期间与大陆四家果品流通企业签署了总量达6800吨的台湾水果购销意向书。

中华全国供销合作总社在展会期间举办的新闻发布会上表示，今后将大力支持中国果品流通协会及供销合作社系统各相关企业积极参与台湾水果进入大陆的销售工作，促进海峡两岸更加广泛的农业和农产品的实质性交流与合作，实现互补双赢，为两岸农民谋福祉。

二、面对大陆中央级旅游官员赴台考察，岛内观光业者都很兴奋，出钱出力，争相接待，让岛内观光业出现难得的一片大团结景象

（一）

5月20日，国家旅游局在京举行新闻发布会，新闻发言人张坚钟表示，希望台湾当局顺应两岸民意和时代发展潮流，尽快改变对大陆居民赴台旅游进行分类的做法，尽快授权岛内民间旅游机构就此与大陆方面进行磋商。大陆方面已做好相应准备工作，希望海峡两岸相互协作，尽早启动大陆居民赴台旅游的磋商工作。

张坚钟说，大陆改革开放27年来，经济快速发展，人民生活水平日益提高，平均经济收入增长也很快。越来越多的大陆居民想到台湾去旅游，一睹宝岛台湾的旖旎风光。就目前情况而言，我们愿意表达这样一个意愿，大陆将根据台湾方面的接纳能力和有关条件考虑旅游数量，这可为台湾第三产业的发展注入新的活力，推动台湾旅游业及相关产业的发展，使台湾民众切实感受到开放大陆居民赴台旅游的好处。

张坚钟还介绍了开放大陆居民赴台旅游的原则是：开放大陆居民赴台旅游是两岸中国人之间的事情；注册大陆居民赴台旅游将有计划、有步骤、循

· 304 ·

序渐进地开展；大陆旅游业界将与台湾旅游业界及相关各界人士相互协作，积极推动大陆居民赴台旅游早日实现。

有记者问，两岸民间组织就开放大陆居民赴台旅游怎样进行协商，大陆方面有什么考虑？张坚钟指出，大陆方面负责磋商的是中国旅游协会，建议台湾方面由民间旅游机构牵头与大陆方面商谈。商谈时间通过双方协调后确定，商谈地点可在大陆，可在台湾，也可视情况在香港、澳门。

张坚钟说，关于开放大陆居民赴台旅游正式实施的时间，要根据两岸双方磋商的进展情况才能确定。双方须达成一致意见，签署有关协议。其后，大陆方面需提供组团社名单，台湾方面需提供接待社名单，组团社须与接待社签订合同。这样，大陆居民赴台旅游方能有保障。

新闻发布会后，人民日报记者又采访了张坚钟。在回答记者提出的近年来两岸旅游交往是怎样一种情况的问题时，张坚钟说，自1987年11月海峡两岸打破长达38年的隔绝状态以来，台湾同胞来大陆人数逐年递增，已形成相当的规模。2004年，台湾同胞来大陆人数达368万人次，比上年增长35%。截至2004年的17年间，台湾同胞来大陆探亲、旅游、经商、求学和从事其他交流活动的人数累计达3387万人次，年均增长17%。台湾地区客源市场已成为大陆接待入境旅游的重要基础市场。

张坚钟介绍说，台湾同胞的来访目的，已由早期单一的探亲旅游，不断向观光、商务、求学、交流等多方向发展，到访目的地也由东南沿海一带逐步辐射到大陆的东南西北。事实证明，海峡两岸间的旅游交流和人员往来是民心所向、大势所趋。他说，近年来，大陆各个领域赴台交流的人数也在逐年上升。据统计，2004年大陆各领域赴台交流人数达3万人次，比上年增长25%。

当记者问及现在大陆居民赴台旅游还有什么障碍时，张坚钟说，祖国大陆一贯支持扩大两岸人员往来，主张尽快开放大陆居民赴台旅游。早在1979年元旦，全国人大常委会发表《告台湾同胞书》，其中就已提出希望尽快开放大陆居民赴台旅游。多年来，大陆方面的政策是一贯的，并为此作出了各方面的努力。但是，由于台湾当局迄今未采取相应措施，致使大陆居民赴台旅游未能实现。

张坚钟指出，在海峡两岸人民的积极呼吁和推动下，台湾当局在2001年底通过了《大陆地区人民来台从事观光活动许可办法》。但是，却又将大陆居民分成三类，第一类是在大陆生活工作的大陆居民；第二类是出访其他国家或地区的大陆居民；第三类是在其他国家或地区工作、学习、定居的大陆居民，并先开放了所谓"第三类大陆居民"赴台旅游。其后，在2005年5月1日又开放了所谓"第二类大陆居民"赴台旅游。台湾当局这种将大陆居民分类的做法，使大陆居民赴台旅游一直未能成行。

张坚钟呼吁，我们希望台湾方面顺应两岸民意，顺应时代潮流，一方面尽快改变其对大陆居民分类的做法，另一方面尽快授权台湾方面民间旅游机构就开放大陆居民赴台旅游与大陆方面进行磋商。大陆方面已做好相应的准备工作，希望海峡两岸相互协作，尽早启动大陆居民赴台旅游的磋商工作。

（二）

就在国家旅游局举办新闻发布会的当天，台湾"中央社"驻台北记者发出电讯说，"行政院长"谢长廷今天说，对大陆居民来台观光，基本上我们欢迎，但要做好配套措施。未来每天开放1000人，最长停留10天。

对于开放赴台旅游问题，广东旅游界一直高度关注。5月20日国家旅游局正式公布赴台旅游细则后，当地有的旅行社已经开始接受预约报名。但旅行社普遍反映，每天1000人的名额太少，估计难以满足市场需求。须经第三地中转的现状，会导致参团费用高昂，直接通航问题摆上台面。

据记者了解，目前有几家旅行社已制定出赴台旅游路线，游览地点包括台北、花莲、台东、高雄、阿里山、日月潭等。旅行社预计，8天左右环岛游价格约为8000元，一旦正式开放，马上就可收客组团。

有的旅行社表示，由于祖国大陆与台湾未开通直航，暂时只能经第三地乘机赴台游。两岸如果开通直航，参团费用将直落三成，以报价8000元的台湾8日游为例，一旦实现直航，6000元就可以成行。

对于台湾当局对大陆居民赴台旅游提出限时限量的要求，并提出当局有关部门要参与谈判需要一个长程序和长过程的做法，台湾舆论表达了强烈不满。台湾《联合报》5月22日发表一篇题为"谁怕大陆观光客"的文章指出，在内斗中总是大胆展现割喉精神的执政党，对于开放大陆人民来台观光倒是反常的审慎。只限每天最多1000人，每人最多10天，深恐小小台湾岛一下子被大陆客挤爆。此外，政府还担心有人来台假旅游、真打工，或借机跳机不回去等；还好，这次没说出担心被"渗透"。文章说，既觉得台湾需要这些客源，又把对方想成洪水猛兽，那只会让自己得身心症。

"中央社"台北记者在5月23日发表电讯反映了国亲两党对台当局的批评态度。国民党发言人张荣恭指出，虽然谢长廷表示欢迎大陆人民来台观光；但在民间性质的两会管道无法恢复谈判的情形下，政府反而要求官方协商，还说国台办应向台湾当局提出正式公文，这种主张根本无法实现，目的应是企图阻挠大陆观光客来台。张荣恭说，如政府坚持两岸官方协商，就无法不让人认为是在刻意抵制大陆观光客，以牺牲台湾赚钱机会，避免绿营基本选票溃散，完全是不爱台湾的做法。

亲民党籍"立法委员"李鸿钧指出，政府不应该把问题复杂化，应该把注意力放在开放中国大陆观光客来台的相关配套措施的研究拟定上。李鸿钧说，直航春节包机刚开始没有政府介入，一样能够成局，证明民间对相关议题的高度期盼。希望政府不要因为是"连宋争取回来的优惠措施"，就对相关开放措施不予配合。

美国媒体对台湾当局的这种做法也有微辞。美国《洛杉矶时报》5月21日刊登的一篇报道说，中国曾多次提出开放大陆居民赴台旅游的想法，最近一次是在国民党主席连战访问大陆期间提出的。但这种建议因台湾方面意见不一而受挫。一些台湾人担心，大陆游客蜂拥而入可能会给间谍或非法移民入境提供掩护。

（三）

不管台湾当局对大陆居民赴台旅游怎样设限拖延，大陆方面始终在积极推动此事成功。由国家旅游局、福建省人民政府主办的"海峡两岸旅游博览会"于9月7日在厦门开幕。这是"9·8"中国国际投资贸易洽谈会期间首次举办的旅游业盛会。博览会与"投洽会"同期、同馆举行，主打"海峡旅游"品牌。开幕当天，由闽台港澳四地旅游界代表出席的一项圆桌会议，签署了《海峡旅游区域协作备忘录》，签订了《大金湖——日月潭旅游对接合作意向》。

根据《海峡旅游区域协作备忘录》，四地的旅游业者将联手举办旅游节庆和推介活动，联合制作海峡旅游宣传品，互送旅游客源，及时交流旅游景区门票价格、旅游社报价等信息。根据福建泰宁县旅游协会与台湾南投县旅游公会签署的合作意向书，将联手推出"闽台两山两水亲情游"、"邹氏后裔寻根访祖游"等，标志着两岸著名景区大金湖牵手日月潭，实现"两湖对接"。

此前，5月16日，福建武夷山市旅游协会与台湾嘉义市旅游商业同业公会在武夷山市签署了《武夷山——阿里山旅游对接合作意向书》，内容有五：一是共同打造"武夷山——阿里山"旅游品牌。二是合力拓展客源市场。两地积极组织互为客源市场的宣传促销和市场推广活动。三是客源互送，加快实现市场共赢。要大力推出两地旅游同等的优惠政策，简化手续，为两地游客的出游提供便利。四是信息互通，共享两地旅游资讯。五是交流互动，共谋两地协作商机。两地要互动对接东南亚及周边国家，不断扩大两地协作发展的新内涵。通过合作与发展，时机成熟时，两地旅游界将成立联谊会。加上此次形成的"两湖对接"，闽台两大名山（武夷山、阿里山）和两大名湖（大金湖、日月潭）的联手，实现了两岸观光资源的对接。

此前，7月6日，台湾29家旅行社与福建21家组团社代表在厦门共同协商，正联手推出"两门"（金门、厦门）、"两马"（马尾、马祖）联线台湾的双向旅游黄金线。

"投洽会"期间，福建省在海峡旅游博览会上，推出近300个旅游项目对外招商，计划投资金额22亿多美元。各省市也充分利用"9.8"投洽会的契机，推出大批旅游招商项目。

在首届海峡旅游博览会期间，还举办了海峡旅游论坛，请两岸专家学者共商发展两岸旅游业的大计。

北京大学中国区域经济研究中心主任杨开忠在论坛上提出，两岸旅游业具有很强的交互作用，特别是福建等地与台湾地缘相近、血缘相亲、文缘相承，建设海峡旅游圈具有十分重要的经济发展联动效应。

来自台湾政治大学的知名经济学家李纪珠在演讲中说，旅游业的发展对于两岸经济发展具有重要意义。目前旅游产业对台湾GDP的贡献率仅有1.6个百分点，大陆旅游业对GDP的贡献率也只有2.4个百分点。台湾经济要积极发展，只有与大陆合作，才能挖掘出更多的潜力。

厦门大学台湾研究院教授李非认为，福建旅游的优势在于内需市场和经营成本方面；台湾旅游的优势在于旅游业界的创业精神、市场行销经验，以及人才资源的开发。他建议成立"海峡两岸交流协会"，为两岸旅游业的交流与合作提供助力，让两岸经济共享旅游合作这块"大饼"。

（四）

台湾当局拖延设限的做法阻挡不了大陆居民赴台旅游的热情。台湾《工商时报》10月8日发表了一篇题为"黄金周大陆客出游 台港雨露均沾"的报道说，有关统计显示，大陆居民赴海外旅游在"十一"再创新高，其中香港一举增长40%，突破46万人次，并赚进40亿元港币；赴台观光的大陆人士也创下3000人的新高，带来3亿新台币的商机，显示出黄金周"雨露均沾"的效应，为周边带来不少商机。

报道指出，根据台湾旅游同业公会全联会的统计，从9月28日到10月2

日，申请赴台观光的大陆旅行团有134个，人数约2200人。由于受到"龙王"台风的影响，不少团体延至5日才入境台湾，因此总体来说，整个"十一"黄金周，赴台观光的大陆人士估计突破3000人，约是每个月平均赴台人数的一半。业者粗估，若一人以消费5000美元、平均停留5天计算，则从9月28日至10月7日期间，大陆人士在台消费金额就会超过1000万美元。但台湾要真正从中分一杯羹，在扩大大陆居民来台观光之际，有直航与一定数额的自由行作为配套措施，才能使游客与业务双双享受实惠。

台湾旅游业者为了吸引更多大陆人士赴台旅游，已经在如何扩大景点上做文章。香港《明报》10月7日发表了一篇题目叫"蒋介石史迹游主攻大陆客"的报道就反映出这方面的情况。报道说，大陆宣布开放赴台旅游，两岸也已委托民间旅游协会协商，为了每年36万人次大陆游客的商机，台北市政府日前规划完成"蒋介石史迹游"主题旅游路线，借蒋介石及国共历史恩怨情仇的卖点来吸引大陆游客。

报道说，有多年带大陆团经验的导游蔡先生说，大陆游客是慕台湾景观之名而来，但参观后他们最常说的一句话就是"小台湾"，意即台湾景观无法与大陆相比。提"蒋介石史迹游"构想的台北市观光委员会执行长康炳政也说，大陆自然景观比台湾好看的地方太多，只靠自然景观吸引大陆游客是不够的。国共两党斗争多年，因此不少大陆游客很想知道当年那段国共历史纠葛，蒋介石、宋美龄与蒋经国的生平点滴会对大陆游客很有吸引力。

报道还介绍了"蒋介石史迹一日游"的行程，包括蒋介石、宋美龄生前居所"士林官邸"；蒋介石最大的行馆"阳明书屋"；台湾首座"总统"官邸"草山行馆"；蒋介石纪念堂"中正纪念堂"以及内有昔日两蒋专用防空洞秘道的"圆山饭店"。康炳政还介绍说，在此基础上，将来还要扩大为"两蒋史迹2日主题套装游"。

为使导游更生动活泼，台北市长马英九特别指示由两蒋生前的随从、侍卫来训练一批具有历史知识的导游。同时，观光委员会还计划请来形神酷似蒋介石的一位先生，由他在士林官邸陪游客用餐，以此增加卖点。

从这篇报道中可以看出，除少数"台独"分裂势力外，台湾上下对推动大陆居民赴台旅游具有多么大的热情。

（五）

10月19日，中台办主任陈云林在北京会见了中国国民党政策会执行长曾永权先生率领的"中国国民党促进大陆人士来台观光及两岸客货运直航访问团"。会见中，陈云林介绍了大陆方面为落实胡锦涛总书记与连战主席、宋楚瑜主席分别举行会谈所达成的多项共识所作出的努力。曾永权先生对大陆在落实共识中所展现出来的务实精神表示钦佩。谈到大陆居民赴台旅游的问题，陈云林强调，大陆居民赴台旅游惠及两岸同胞，有利于台湾旅游及相关服务业的发展和繁荣。目前，大陆旅游主管部门及相关单位对大陆居民赴台旅游所涉及的具体事务，已经进行了认真研究，有关民间团体也已做好了与台湾同行交流沟通的准备。希望台湾当局顺应民意，采取积极、务实的态度和实际行动，促成两岸客货运包机直航和大陆人士赴台观光的早日实现。

10月20日，中台办副主任李炳才、郑立中和民航总局、国家旅游局等有关部门负责人，在北京与曾永权先生率领的访问团举行工作座谈，就两岸客货运直航、大陆居民赴台观光等问题交换意见。关于大陆居民赴台观光问题，双方一致认为，今年5月3日，中台办主任陈云林受权发表讲话，已经正式宣布开放大陆居民赴台旅游。大陆居民赴台旅游，有利于台湾旅游及相关服务行业的发展和繁荣。大陆方面已经做好了各方面的准备，并已委托大陆旅游行业民间组织与台湾旅游相关行业民间组织展开沟通协商。双方表示，彼此将共同努力落实胡锦涛总书记与连战主席的会谈成果，积极推动大陆居民赴台旅游早日实现。

当大陆决定派国家旅游局长邵琪伟将以中国旅游协会会长的名义于10月28日率团赴台考察观光景点及旅游设施的消息一传出，台湾媒体立即予以报道。台湾《联合报》10月22日发表报道说，邵琪伟一行是由台湾观光协会具名邀请，并在昨天提出申请，全团共66人。陆委会表示，政府同意邵琪伟来台，主因是访台目的单纯，且中方开放大陆人民海外观光新地点前，皆有组团赴当地勘察旅游景点及设施的程序。基于政府已将开放大陆人民来台观光列为既定政策，且为促进两岸良性互动，因此欢迎大陆方面主管人员受邀来台考察。

台湾《工商时报》也在这一天发表报道说，面对大陆中央级旅游官员来台，台湾观光业者都很兴奋，出钱出力，争相接待，让国内观光业出现难得的一片大团结景象。报道说，一位饭店业者表示，业界期待政府放宽大陆民众来台观光旅游，带动经济发展。邵琪伟一行人具有代表性和影响力，政府应展现积极开放胸襟，以免背上单方面阻绝交流的骂名。

（六）

10月27日，国家旅游局在北京举行新闻发布会，新闻发言人张坚钟正式宣布，应台湾观光协会的邀请，中国旅游协会会长邵琪伟将率"大陆赴台旅游考察团"赴台进行民间性、事务性的旅游考察。

张坚钟介绍说，考察团将于10月28日启程，11月6日离台。此行的目的是为了落实今年4、5月间中共中央总书记胡锦涛与中国国民党主席连战、亲民党主席宋楚瑜会谈达成的有关共识，为大陆居民赴台旅游做准备。此行的任务是考察大陆居民赴台的旅游路线以及台湾的各项旅游接待设施，考察团将重点深入旅游景点景区、旅游住宿设施、旅游交通状况、购物游乐场所等，着重从适合大陆旅游者需求的角度，考察台湾的旅游产品、接待条件、服务水准和旅游安全保障。在台期间，考察团还将与台湾旅游业界进行交流，就旅游业内的相关问题交换意见、沟通情况，为早日实现大陆居民赴台旅游做好准备。

10月28日下午1时30分"考察团"飞抵台北中正机场后，岛内众多媒体纷纷予以报道或评说。"中央社"从中正机场最先发出了电讯说，由中国旅游协会组成"大陆赴台旅游考察团"今天下午搭乘澳门航空NX610班机于13时30分抵达，台湾观光协会会长张学劳、副会长赖瑟珍、"中华民国旅游商业同业公会全国联合会"理事长曾盛海等人到机场迎接考察团。电讯说，邵琪伟所率66人的考察团是由大陆各省市的旅游局长和众多媒体记者组成的。考察团的到来吸引岛内外媒体争相采访。邵琪伟在机场接受记者采访时说，考察团此行有四大目的，包括来台"观赏风景、感受情境、体验意境、考察环境"。

路透社在这一天也发出电讯说，北京最早在5月份提出大陆居民赴台旅游的建议并要求就具体细节同台北进行磋商。台湾在限制大陆居民赴台旅游方面有严格规定，并基于安全考虑禁止直航。此次大陆考察团抵台，"人们由此燃起此行可能实现大陆居民赴台旅游的希望"。

台湾《联合报》、《中央日报》等岛内主流媒体都发出了积极的报道。

台湾《经济日报》在这一天发表了题为"正面对决"的文章，作了触类旁通的评说。文章说，最近大陆人士来台观光议题炒得火热。中国国家旅游局长邵琪伟的名字，对台湾的市井小民而言，从陌生到尽人皆知；因为他不只代表自己，也是大陆背后经济与消费实力展现出的自信象征，更是台湾观光业久望的"甘霖"。

文章指出，不只邵琪伟，据称，中国人民银行行长助理马德伦也将于下月来台参与金融研讨会，人民币兑换新台币议题势必再被提出；尽管陆委会提出协商要求作前提，国台办主任陈云林应国共论坛邀请来台访问也未尝不可能。

文章欣喜地说，中共官员来台层级愈来愈高，议题愈来愈具体，即使塞内加尔的"断交"伤害了台湾人的感情，却未影响两岸升温的交往热度。

文章最后说，过去两岸关系被形容为"政冷经热"，现在政治交往随着经济议题需求，也"热"了起来。大陆过去与台湾交往，就像爱打小球的美国大联盟队伍，不愿与投手正面对决，采取的是打带跑战术；现在大陆的经济实力展现，自信的面孔使其与台湾的交往，有了"正面对决"的味道，不再一味闪躲。

（七）

考察团在台考察期间，处处受到台湾同胞的热烈欢迎，时时得到台湾同行们的热情款待，使他们切身感受到了手足同胞的血脉深情。有的团员对记者说，来到台湾仿佛回到家里一样。

考察团的成员大部分是第一次身临宝岛台湾。在大陆他们常常听人称道的是阿里山、日月潭，此次身临其境才觉得台湾不光有阿里山、日月潭，简直是处处有景，美不胜收。台北市的风光就让团员们目不暇接。它既有古朴传统的一面，又有时尚前卫的一面。这里有典雅肃穆的"台北故宫"，也有"世界第一高楼"台北101大楼。历史的因缘际会，造成了两岸各有一个"故宫博物院"。台北故宫主要收藏着宋、元、明、清等几代宫廷瑰宝，存有宝物近7万件，包括铜器、瓷器、玉器、漆器、珐琅器、文玩等；书画近1万件，包括书法、绘画、织绣等；图书文献最多，近57万册，包括《四库全书》等善本图书。其中以陶瓷、书画、青铜器最为完整，而又以鲜嫩欲滴的翠玉白菜、肥瘦有序的肉形石最受瞩目，成为台北故宫的镇宫之宝和金字招牌。台北故宫这么多文物，如果3个月换一次产品且不重样，大约可供展100年。难怪李敖先生曾有"台北故宫有宝无宫，北京故宫有宫无宝"的评语。今年9月间李敖先生在"神州文化之旅"中亲眼目睹了北京故宫中众多宝藏，才改变了他的说法。

台北的阳明山公园，是自然景观和人文景观的荟萃之地。它在台北的东北，距离市区约有16公里。这里是台湾岛上最主要的火山分布区，有许多温泉、喷气孔、爆裂火口，景致特别。其中的小油坑硫磺谷，是阳明山胜景之一，山谷内终日云烟缭绕，仿佛是仙境一般。人们可以走到离爆裂火口很近的地方，欣赏诡异奇特的地形地貌；还可以用手指亲自感受一下咕嘟咕嘟冒着气泡的热泉。阳明山一年四季花团锦簇，花事不断，尤其在春天，樱花、梅花、杜鹃花、山茶花次第开放，灿烂多彩，蔚为云霞。此次考察团来访正值秋季，满山芒花，如白雪满天，又是另一番情趣。此外，阳明山上还有许多名人故居，如前文提到的蒋介石在台湾最大的行馆"阳明书屋"就在这里。"五四"文化名人林语堂先生的故居也在其间。

大陆民众从电视画面上和图片上看到的美丽的日月潭，远比人们想象中得要大得多、美得多。它位于台湾中部南投县的鱼池乡，面积有100平方公里，比杭州西湖要大三分之一。日月潭的四周峰峦环绕，苍翠葱茏，一片幽静绝尘的景象。这里，青山倒映在潭水之中，绿水微微荡起涟漪，伴随着晨钟暮鼓，山岚水雾，清静幽深，堪称人间仙境。日月潭西南就有著名的玄光寺和玄奘寺。玄光寺紧靠在湖边，里面供奉着玄奘法师的金身，寺门上高悬"民族法师"的匾额。抗日战争期间，日本侵略者从南京天禧寺劫走了部分玄奘法师的灵骨，1955年，这些灵骨又从日本迎回台湾，起初存放在狮头山的开善寺内，后来移至日月潭旁的玄光寺。由于来这里顶礼膜拜的善男信女络绎不绝，于1965年又建成玄奘寺，专供玄奘的法师的灵骨，为信众们膜拜提供方便。

在日月潭附近，还有著名的九族文化村。它俨然是个户外博物馆，除了展示部落组织、房屋设施、巫法禁忌、婚丧喜庆等民族风俗外，还有原住民的歌舞表演。这里的一大特色就是，游客可以参与许多节目的表演和活动。

阿里山其实不是一座山，而是一组山脉，海拔约在2000米左右。它位于台湾中部偏南的嘉义县阿里山乡，大陆民众对阿里山的了解除了电视画面和图片外，恐怕最为普遍的还是那首在大陆传唱已久的阿里山民歌，"阿里山的姑娘美如水，阿里山的小伙壮如山"的词曲大多数人都能唱两句。此次考察团身临其境，才获知它最为著名的是日出、晚霞、云海、森林和铁路。上阿里山可以坐汽车，也可以坐火车。阿里山的铁路修建于1913年，至今已有90多年的历史。

大陆民众都知道台北市是台湾最大的城市，其实台南市才是最大最为古老的城市。早在荷兰人入侵台湾一直到清代，他一直是台湾地区的政治、经济、文化中心。特殊的历史发展过程，留下了特殊的历史印记，造就了台南市独特的文化底蕴。全台湾一级文化古迹有19处，而台南就占了7处，他们是台南孔庙、台湾城遗迹、大天后宫、祀典武庙、五妃庙、赤嵌楼、亿载金城。有人用"五步一神，三步一庙"来描写台南市的古迹。现在台南市共有166座寺庙，另外还有基督教和天主教的教堂四十多座。当年荷兰人侵占台湾，在台南修城筑池，把台南建成行政中心，所以在台南也有许多荷兰人的痕迹，如"安平古堡"就是一处典型。后来，民族英雄郑成功在台南的鹿耳门登陆，把荷兰人驱赶出台湾，并以台南作为中心，开发建设台湾，这里又留下许多郑成功开发台湾的印记，比如后人为了纪念郑成功修建的"延平郡王祠"，就是游人们经常去瞻仰的地方。

对大陆民众来说，恐怕最不了解的就是太鲁阁公园，这里却是台湾同胞引为自豪的最佳景点之一。这里以高山和峡谷彰显着它的与众不同。尤其是从太鲁阁到天祥的一段河谷，两岸绝壁千仞，气势雄宏，险峻壮美，犹如画廊。贯通台湾东西部的中横公路穿山越岭，留下了许多气势恢宏的隧道，游人穿行其间，更能感受到自然的鬼斧神工和台湾同胞的智慧与勤劳。太鲁阁著名的景点有长春祠、宁安桥、燕子口、一线天、九曲洞、青蛙石等。

台湾岛东部靠太平洋一侧的风景也是非常壮美的。高峻的海岸山脉、奇特的海蚀地貌、浩瀚无垠的太平洋，会给游人留下风光无限的印象。

随考察团的大陆记者，返回大陆后写下不少介绍台湾风光的优美篇章见诸报端，这又进一步激起了大陆居民争睹宝岛芳容的更大热情。

（八）

11月6日，邵琪伟一行结束考察离台的时候，台湾媒体纷纷予以报道。台湾《联合报》在这一天发表报道说，中国旅游局局长、中国旅游协会会长邵琪伟率领的大陆旅游考察团今天将结束10天访台行程，昨晚他在答谢晚宴上致辞时正式宣布，大陆方面以"海峡两岸旅游交流协会"名义，欢迎台湾旅游业者民间组织来大陆，就大陆居民赴台旅游相关事宜在双方都方便的时候展开协商，达成共识，作出安排。这是继本月3日中共民航总局邀请台湾航空业者沟通商谈两岸客货运包机后，大陆方面释放的另一善意。

报道还说，开放大陆居民赴台观光，大陆方面原拟以国家旅游局辖下的"中国旅游协会"与我方"中华民国旅游商业同业公会联合会"协商，但双方对"中国"及"中华民国"的敏感政治字眼均有顾虑。邵琪伟宣布以"海峡两岸旅游交流协会"与我方的民间组织协商，并未指定是哪个组织，去除政治敏感，尊重"陆委会"委托权，充分展现大陆善意。

报道最后说，"陆委会"高层昨晚表示，邵琪伟的谈话对台湾的旅游景点、设施都有正面评价，也提到邀请台湾民间组织赴大陆协商，传递的都是正面信息，有助于促成大陆观光客来台。现阶段要做的是两岸先进行程序性沟通，再就双方关切事项进行实质意见交换，"等到我方正式发函邀请对岸协商，已是双方沟通得差不多了，事情快成了"。

经过两岸有关组织和人士的积极互动，大陆居民赴台旅游之事总算有了眉目。

三、当大陆宣布，将进一步为台湾同胞提供多项优惠政策时，立刻受到台湾同胞的热烈欢迎

（一）

5月13日，中共中央台湾工作办公室、国务院台湾事务办公室主任陈云林在北京宣布，大陆有关方面将进一步为台湾居民入出境提供便利，对在高等院校就读的台湾学生按照大陆学生标准同等收费，并逐步放宽台湾同胞在大陆就业条件的政策后，立刻受到台湾同胞的热烈欢迎。

现在，岛内人士对大陆的任何举措都非常关注，在他们看来，大陆每一项政策的出台都意味着许多发展机会。在陈云林宣布了上述政策后不久，大陆有关方面又宣布在年底将实施《国民营养条例》，并首次宣布将大规模对外招考营养师，许多台湾民众听在耳里，喜在心头，积极行动起来，要组团到大陆考试，争取拿到营养师的执照。营养师执照在台湾非常难得，考试的通过率不到10%，现在大陆既放宽台湾同胞在大陆就业的条件，又向台湾同胞开放考照，当然使他们喜上眉梢。

根据岛内相关单位对全台湾十余所大学营养系应届毕业生的调查，有三成人看好大陆市场的发展潜力。专门承办大陆营养师执照考试咨询的永诚咨询顾问公司，6月第一批组团到大陆考照的25人中，有3人就是大学应届毕业生。台湾厨师也跃跃欲试。已经拥有大陆厨师证照的美食专家郭主义先生这次也报名参加考试。台湾名厨也都认为这是千载难逢的好机会，不考可惜。

其实，台湾民众到大陆考照已经蔚然成风。《中国时报》的报道说，在营养师考照团出岛之前，就有一个药膳师考照团已经登陆。问及为什么想到大陆考取药膳师证照，年逾半百、专长土木工程的前花莲市长、现任大学教授的叶耀辉告诉记者说，他对药膳很感兴趣，到大陆的考试不是想在当地就业，有照无照不重要，但如果考取证照，是对自身价值的肯定。最近经常组团带人到大陆考照的花莲市各乡镇农会指导老师吴建国对记者说，他去年在大陆拿到了高级中餐师证照，现已在北京开了中餐馆，他最近又准备考取营养师执照，因为营养师搭配中餐师更能加分，更能吸引顾客。吴先生还说，到大陆考证照已经成为台湾餐饮界人士的一个新目标。他带过的团中，不乏上市公司的大老板、皮革贸易商等有身份的人才。

5月12日，胡锦涛总书记与宋楚瑜主席会谈后发表的会谈公报中提出，扩大两岸人才交流，大陆方面逐步放宽政策，鼓励和促进台湾同胞在大陆就业。台湾有关人士认为，此举将使得更多的台湾人到大陆寻找发展机会，也会有更多的人到大陆考取各种职业证照。

（二）

7月24日，公安部出入境管理局负责人向记者介绍说，根据5月13日中台办主任陈云林宣布的进一步采取便利台湾居民来往大陆的承诺，公安部出入境管理局已经制定出《台湾居民来往大陆通行证、签注受理审批签发工作规范》，并于7月25日起实施。《规范》改变了以往做法，落实了简化台湾居民来往大陆入出境和在大陆居留手续的便利措施，将台湾居民入出境、居留手续合二为一。对在大陆居留1年以上的台湾居民根据需要签发1至5年有效的居留签注，台湾居民凭该居留签注在大陆居留和入出境，无需再办理入出境签注手续；对在大陆的台湾居民1年内（含1年）需出入境的，根据需要签发一次或多次来往大陆签注，无需再办理居留签注手续。

《规范》还对台湾居民来往大陆入出境和在大陆居留的申请、审批办法作了如下改进：一是减少了签注种类。在大陆的台湾居民申请停留延期或变更签注的，公安机关出入境管理部门签发相应的来往大陆签注或居留签注。二是下放台湾居民多次来往大陆签注、居留签注审批权，授权全国各地市级公安机关出入境管理部门审批、签发台湾居民多次来往大陆签注、居留签注。三是放宽了台湾居民来往大陆签注有效期限和有效次数的限制，实现了在大陆的台湾居民按需要申请一年内一次或多次来往大陆签注。

记者还了解到，从1987年11月起，公安机关出入境管理部门不断简化台湾居民来往大陆手续，台湾居民来大陆由最初的探亲、旅游，逐渐扩大到投资、经商、就学、就业以及教育、科学、文化、卫生、体育等交流活动。据统计，自1987年至2004年底，台湾居民来大陆超过3388万人次。2005年上半年，台湾居民来大陆就超过200万人次，再创历史新高。

（三）

8月24日，在国务院台湾事务办公室举行的新闻发布会上，国台办、教育部、财政部、国家发改委等有关部委的负责人宣布，将于2005年秋季开学起，正式实施在大陆高校和科研院所就读的台湾学生与大陆学生同等收费政策。

国台办发言人表示，今年4月以来，中国国民党、亲民党、新党先后组团来访，胡锦涛总书记分别与连战主席、宋楚瑜主席、郁慕明主席，就促进两岸关系改善和发展的重大问题广泛而深入地交换了意见，并达成多项共识。会谈后发表的有关公报指出，"大陆方面尽快实施在大陆就读的台湾学生与大陆学生同等收费标准，并争取于年内设立台湾学生奖学金"。5月13日，中台办、国台办主任陈云林宣布，大陆方面将进一步实施关心、照顾台湾同胞利益的有关措施，其中包括尽快实施在大陆高等院校就读的台湾学生与大陆学生同等收费标准，学费与实际培养成本的经费差额享受国家财政补贴，并争取于年内设立台湾大学生奖学金。上述措施是我们对台湾同胞的郑重承诺，我们会认真对待并加以落实。

国台办、教育部、财政部、国家发改委的负责人宣布，为落实对台湾同胞的郑重承诺，大陆有关部门经过积极会商，决定自2005年秋季入学起，设立"台湾学生奖（助）学金"及实行台湾学生与大陆学生同等收费标准：

（1）调整对台湾学生收费政策。自2005年秋季开学开始，对已录取到大陆普通高校和科研院所学习的台湾地区本科生、硕士研究生和博士研究生，执行与大陆学生相同的收费标准，即在同一学校、同一研究院所、同一年级、同一专业学习的台湾与大陆学生学费标准一致。

（2）设立"台湾学生奖（助）学金"。自2005年起，对到大陆普通高等学校和科研院所学习的台湾本专科生、研究生设立专项奖（助）学金。

（3）对招收台湾学生的大陆普通高校和科研院所给予专项补贴。执行同等收费标准后，考虑到台湾学生的实际培养成本，为鼓励大陆普通高校和科研院所招收更多的台湾地区学生，国家对招收台湾地区学生的大陆不同高校、科研院所给予专项补贴。

国台办、教育部、财政部、国家发改委的负责人还表示，祖国大陆热忱欢迎台湾青年学生来大陆高等院校求学深造，愿为进一步推动两岸教育文化交流作出努力。教育部呼吁台湾当局切实关心台湾青年学生的切身利益，及早认可台湾青年学生在大陆高等院校所取得的学历、学位。

就在大陆举行新闻发布会的当天，台湾媒体就及时作了报道。"中央社"当天发出的电讯反映了台湾当局的态度。电讯说，大陆宣布台湾学生同等收费政策，"行政院大陆委员会"高层官员今天表示，大陆释出优惠条件，不可避免将吸引部分台湾学生赴大陆就学，未来势必冲击台湾教育体系，也增加当局在评估大陆学历采认政策的压力。"陆委会"官员当晚向媒体说，大陆自3月通过《反分裂国家法》后，处理对台政策已有相当一致性，

也就是"软的更软"、"硬的更硬","硬的多说少做,软的多做少说",软的部分体现在水果登陆、猫熊来台,以及提供台生学费优惠等,且"统战意涵日趋明显"。

中央社的另一则电讯说,台"教育部"今晚重申立场指出,目前台湾并未采认中国大陆学历,两岸官方也没有正式交流,学生不宜贸然前往大陆读大学。

台湾当局的设限阻拦,阻挡不住台湾学生到大陆进一步深造的积极性。

(四)

《人民日报》12月21日发表了一篇题为"川航引进台湾飞行员首航"的报道说,今天上午9时30分,一家由大陆飞行员和新加盟川航的台湾飞行员共同驾驶的空客320客机从四川成都双流国际机场起飞,首航北京。

报道说,据川航负责人介绍,四川航空公司首次引进的这8名台湾飞行员,平均年龄40岁左右,大多飞行了15年以上,拥有丰富的飞行经验,飞行时间在5000至10000小时。据介绍,这次飞行员引进,是海峡两岸飞行安全暨飞行技术研讨会在飞行领域交流的一次实质性合作。四川航空公司在中国民航管理单位和中华飞行协会的大力支持下,首次引进台湾飞行员。他们经过两个多月的模拟训练、理论学习和通过中国民用航空总局相关考试,取得了飞行执照。在昨天晚上川航举行的庆祝酒会上,川航负责人亲自为8名台湾飞行员佩带了飞行胸章,并颁发了相关飞行执照。

报道说,今天首飞飞机副驾驶、来自台湾的飞行员张鲁珍说:"对我来说,今天是我一生非常荣耀的日子,相信今天这一刻,也会在中国航空史上留下值得纪念的一页。"另一名台湾飞行员叶可俊告诉记者:"我与川航签了6年合约,但我肯定还会超年限服务。"

此前,台湾媒体对大陆民航引进台湾飞行员就有报道。台湾《联合报》12月19日就发表报道说,中国大陆日前大手笔订下70架波音客机和150架空中客车,大举扩增机队规模,但人才训练缓不济急,原本就供不应求的机师人才更显窘迫。外界预估,未来5年,中国大陆民航机师缺额将高达2万名。南方航空、深圳航空、海南航空等多家业者纷纷透过管道向台湾机师招手。

报道说,四川航空今年9月首开先例,重金礼聘复兴航空6位机师。一名资深飞行员表示,6位台湾机师"跳槽"大陆成功,让许多受到不平等待遇的机师心动,加上明年高铁通车,台湾航空市场面临极大冲击,各航空公司已悄悄吹起一股出走风,明年年后将出现第二批机师集体赴大陆应试;由于薪资条件更具吸引力，台湾恐将引发机师荒。

报道说，川航对台湾机师开出月薪人民币4万元，外加三室二厅新房住宿，并可升任正机师。明年大陆航空业者手笔更大，可望开出比川航多五成的月薪，并提供宿舍或租房。目前，低调投石问路的台湾民航机师已有两百多位，其中华航、长荣机师占三成以上，不仅有中生代副机师、资深教官，而且还有年轻机师不惜赔钱离职，只为寻求大陆天空更宽广的发展空间。

岛内其他媒体也有类似报道，多数台湾机师认为，到大陆发展前途更宽广。

（五）

两岸各有关方面为落实"胡连会"、"胡宋会"、"胡郁会"所达成的多项共识所采取的积极行动受到媒体广泛好评。香港《镜报》月刊11月号发表的题为"两岸关系多方面微妙变化"的文章就颇具代表性。文章说，自胡连会、胡宋会之后，两岸关系已有了一些相当明显而又颇为微妙的变化，那就是"一国两制"已开始在某些领域进入实质性操作阶段，这在目前虽然只是量变，根据社会规律或自然规律，可以"由量变到质变"，肯定有利于两岸日后的"和平统一"。

文章指出，两岸关系的微妙变化，并非是单一的，暂时也不是官方的，但表现在多个方面，甚至也涉及官方层面，例如批准大陆游客赴台。两岸关系变化择要如下：

其一，人员往来大为增加。囿于台湾当局的禁令，现阶段基本上仍以台方人员登陆为主，但登陆的人气显然较胡连会之前浓重得多。例如，国民党副主席吴伯雄率团登陆，党派、工商团体、文化团体等纷纷组团西进，李敖访问北京等地也倍受关注。两岸交流，可谓"人气十足"。

其二，两岸之间的精英论坛、座谈会、圆桌会议等接二连三举行，内容涉及政治、经济、文化和贸易，不但气氛热烈，也有助于解决经贸及交流方面的一些具体问题，或促成某方面的协调及合作。

其三，对台湾水果进入大陆的零关税政策已开始实行，这有些类似于香港从CEPA所获得的待遇。当然，水果零关税只是第一步，一如香港的CEPA，会分阶段实施多方面的优惠措施。

其四，台生赴大陆求学已正式获得"国民待遇"，即只需与当地学生缴同样的费用。不但如此，大陆方面还特别设立助学金，帮助有困难的台生到大陆求学。这方面仍存有问题，即台北当局至今不承认大陆的学历。

其五，厦门、金门的"小三通"进展十分良好，金门官民及台商均希望扩大。今年中秋节，厦金两地又同放烟花，"两门庆中秋"。显然两岸人民的脚步，走在阿扁之流的前面。

文章说，由各方面的观察综合起来不难看出，北京新领导集体上台执政后，对台政策也表现出新思维，这是两岸关系出现微妙变化的政治基础，可形容为"身段放到最软，底线退到最低"。究其原理，两岸虽相隔了半个多世纪，但两岸人民始终都是中国人，是骨肉同胞，务必尽最大心血和努力争取"和平统一"。

文章最后欣喜地分析道，北京的对台政策，具体说可分为两大方面：一方面是坚持原则，主轴是坚持"一中"，坚持"九二共识"和"和平统一"；另一方面是潜移默化，给台湾民众国民待遇，实际上是逐步推行"一国两制"，通过合作营造新的环境，最终达到不统而统，也就是水到渠成。

四、大陆启动向台湾同胞赠送大熊猫事宜，岛内各界反响热烈

（一）

6月1日，国家林业局新闻发言人曹清尧在新闻发布会上表示，向台湾同胞赠送一对大熊猫的相关工作已开始。这对大熊猫将在我国大熊猫种质资源最为丰富的四川卧龙中国大熊猫研究中心选择。四川卧龙方面证实，赠送给台湾同胞的两只大熊猫将从符合若干条件的23只熊猫中选出。研究中心将会根据大熊猫的年龄、健康状况等情况来推荐，同时要避免近亲情况出现。

这一系列举措激起岛内热烈响应。6月2日，台湾"中华两岸大熊猫关怀保育交流协会"理事长张家治先生就带着先遣组千里迢迢来到成都大熊猫繁育研究基地"探班"。6月底，另有20位台北市大学教授、动物学家和台北市立动物园饲养员组成的专家组到成都大熊猫繁育研究基地"取经"。7月下旬，成都的大熊猫专家赴台北市指导大熊猫场馆的建设……

大熊猫是世界上最珍贵的濒危动物之一，被称为"活化石"。目前，全世界野生大熊猫仅存1590只左右，主要分布在四川省和陕西省。全世界圈养的大熊猫约有160只。成都大熊猫繁育研究基地是全球最大的大熊猫基地保护中心，圈养着46只大熊猫。当大陆宣布要向台湾同胞赠送两只大熊猫后，立刻在大陆居民中兴起为即将落户台湾的大熊猫的"起名热"。许多居民选择了"盼盼"、"圆圆"、"同同"、"团团"、"聚聚"等表达大陆人民期

盼两岸同胞早日团圆愿望的乳名，还有一些居民用了"连连"、"楚楚"、"九九"、"归一"、"连根"、"连宗"、"同源"、"思源"等较为含蓄的名字，但其中所包含的盼望两岸同胞早日团聚的意蕴十分明显。

大陆赠台大熊猫，台湾民众翘首以盼。台北市动物园、新竹动物园、高雄寿山动物园等大型动物园都积极地争取大熊猫能落户本园。

台北市为迎接大熊猫来台，专门成立了"大熊猫来台专案小组"，由副市长叶金川任组长，张家治任顾问。小组下设先遣组、专家组和宣传组。张家治领头先遣组，主要负责大熊猫来台的前期准备工作。先遣组已拟定出大熊猫赴台的运输规划，规划中不仅有运输方法、运输备案，还有应急预案。台湾的8家航空公司主动与"大熊猫来台专案小组"取得联系，都表示愿意运输大熊猫赴台。

但是台湾民众的热切期盼却遭到台湾当局不咸不淡的设限阻挡。就在大陆举行新闻发布会宣布启动赠台大熊猫事宜的当天，台湾"中央社"发表消息说，台湾"行政院"的发言人卓荣泰在记者会上说，因为猫熊（台湾把大熊猫称为"猫熊"）也有"人权"，不是说想送就送，想收就收，想养就养的，而要经过检疫及保育的评估，台湾注重的是这一点。

卓荣泰说，既是要送猫熊，台湾除了要知道送给谁之外，也要有相当的资讯，相关问题还需要专家与主管单位来谈。他表示，不论猫熊或水果进口也好，都希望由政府与政府，或由政府同意的方式，来进行两岸间必要的协商。

卓荣泰的"由政府与政府"协商，包藏着一边一国的祸心，大陆能接受吗？卓先生也明白大陆坚定的立场，所以才有"或由政府同意的方式，来进行两岸间必要的协商"的另一种表态。他们不敢把大熊猫赴台的路堵死，因为那将会违逆台湾的民意。

台湾当局这种矛盾心态是尽人皆知的。日本《产经新闻》6月2日发表的一篇题目叫"大陆赠送大熊猫台湾感到困惑"的报道就向世人揭示了台湾当局的这种心态。报道说，据"中央社"报道，行政院发言人1日就大熊猫的饲养和检疫等问题说："大陆和台湾当局有必要进行协商。"他既没有拒绝，也没有表示欢迎，态度暧昧。他还说："大陆方面有很多政治意图。"流露出对大陆的戒心。报道说，台湾当局如果按大陆的意向接受大熊猫，就有可能让人从政治上认为台湾承认了"一个中国"的原则。这次赠送大熊猫是对台湾最大在野党中国国民党连战主席访陆的赠礼，这点也让陈水扁政权感到苦恼。如果接受赠送后台湾居民中出现大熊猫热，那就有可能给在野党势力推波助澜，对陈水扁政权来说会成为内政方面的压力。另一方面，如果陈水扁政权以政治问题为借口拒绝接受大熊猫，也有可能遭到更多的台湾民众的批判。大熊猫赠台，实在让台湾当局左右为难。

（二）

台湾当局不咸不淡的态度阻挡不住两岸兴起的"大熊猫热"。台湾《联合报》8月6日发表了一篇题为"四川猫熊送台湾下周二选美"的报道，向岛内民众反映了大熊猫赠台的进展情况。报道说，国务委员唐家璇日前在美国表示，大陆本月9日将在四川卧龙大熊猫研究中心，正式选出一对送给台湾的大熊猫"最佳模特儿"。

报道说，大陆要送台湾猫熊，在两岸民间掀起"猫熊热"，大陆已开始征名活动。不过台湾官方反应却冷淡。到底收不收这项礼物，"行政院长"谢长廷说，我方会依国际检疫规定办理，不会因政治原因拒绝或接受。"林务局"保育组长方国运指出，猫熊来台，需由学术或研究机构提出申请，且要有中共官方开立的"野生动植物允许进口证明书"，"农委会"才受理申请。

报道强调指出，猫熊可不能老在卧龙等着，大陆方面决定9日在卧龙筛选猫熊宝贝，选出两只送给台湾是积极的举动。之前台湾民间组织曾到卧龙看这些猫熊，并表示最快明年3月，猫熊可落户台北市木栅动物园。报道最后无可奈何地说："但两只可爱的猫熊宝贝是否能顺利来台，决定权还是在政府手中。"

8月9日，台湾《联合报》又发表了一篇题目叫"猫熊统战手段比水果还软"的报道说，中共邀请两岸媒体到卧龙观看赠台猫熊筛选大会，对台猫熊统战策略全面启动。这将是继台湾水果登陆成功、简化台湾民众进入大陆手续后，创造出另一柔性话题，将对执政党形成更大的民意压力。

报道说，接下来，大陆还会招待台湾各阶层赴卧龙探视猫熊，举办各种猫熊研习营，让台湾大中小学生亲近猫熊等。而在台湾，将配合民间协会举办"大名"征集活动、两岸猫熊研讨会等，把猫熊热推向高潮。

就在8月9日这一天，台湾"中央社"发出一条消息说，台当局提出大陆猫熊赴台得符合四个条件：第一，是否有合适的申请者提出申请，野生动物保育法中明定的适格团体，包含动物园、大学的研究机构等；第二，适格申请者是否具备良好的饲养环境，包含医疗、照护、居住环境等；第三，猫熊运输来台是否符合现行法规；第四，猫熊为濒临绝种动物，必须考虑世界野生动物保护团体及舆论对猫熊来台问题的意见。台当局的"陆委会"称，如果台湾社会对猫熊来台无重大争议，野生动物保护团体也表示赞同，且符合以上所提条件，就是猫熊来台的时机。

台湾当局如此设限并未使两岸兴起的"猫熊热"减温，反而持续升温。

8月27日，由中国野生动物保护协会主办的"向台湾同胞赠送大熊猫座谈会"，在四川卧龙国家自然保护区举行。17位来自台湾民间团体、研究机构的专家和10位来自大陆科研院所、大熊猫繁育研究机构的专家，以及数十位有关部门和协会的代表参加了会议。台湾和大陆方面的与会代表就大熊猫在台湾的生活条件、大熊猫笼舍、饲养技术、疾病预防及治疗、日常生活和锻炼等事项，赠台大熊猫与大陆大熊猫种群的沟通机制，以及大熊猫进入台湾的生物安全防范措施等进行了讨论。

中国野生动物保护协会秘书长陈润生在致辞中说，大陆同胞向台湾同胞赠送一对大熊猫，体现了骨肉同胞的亲情和友爱。大熊猫入岛安家落户、生儿育女，将会给岛内同胞尤其是小朋友带来许多快乐和童趣。

台北市动物园之友协会理事长洪文栋说，感谢大陆具有丰富经验的专家学者、工作人员的热忱与协助，让我们双方在座谈会中能充分沟通，也给台湾方面提供了圈养实务学习的机会，为未来大熊猫在台湾的露面创造成熟圆满的条件。

当日下午，与会代表参观了中国保护大熊猫研究中心卧龙中国大熊猫自然博物馆。

（三）

10月13日上午，国务院台湾事务办公室在北京举行例行的新闻发布会，国家林业局卧龙自然保护区管理局局长、赠送台湾同胞大熊猫优选专家组组长张和民在新闻发布会上宣布，已初步确定11只大熊猫进入候选范围。他说，今年8月19日，大陆公布了大熊猫优选的五个方面标准，即年龄标准、身体健康标准、心理健康标准、外貌特征标准、遗传标准。一个多月来，专家组对符合年龄条件的23只大熊猫进行了全面考察。这23只熊猫从1号至23号进行编号定位后，分别进行了生理生化、DNA遗传鉴定、心理健康观察和测试等工作。经过专家组成员的认真研究和讨论，初步确定11只大熊猫进入候选范围，其中6只雄性，5只雌性。

张和民表示，下一步专家组将根据入选熊猫的亲缘关系、生活习性，进行优化组合配对，再通过一定时间的雌雄同居适应性测试后，确定几个理想的配对，最终确定最佳的一对。

（四）

10月27日，中台办主任陈云林在陪同中国国民党荣誉主席连战一行参观四川卧龙大熊猫研究中心时，对媒体表示，大陆有关方面和专家正抱着积极、负责任的态度进行赠送台湾同胞大熊猫的相关工作，希望大熊猫能尽早赴台，希望台湾方面能积极配合。

陈云林说，向台湾同胞赠送一对大熊猫，是大陆向台湾人民作出的庄严承诺。在这一事宜上，大陆的主管部门、承办单位的工作全面就绪，希望台湾方面能指派相关团体前来接洽，并同意此团体负责大熊猫赴台事宜。台湾方面什么时候同意，大熊猫就什么时候送去。他说，今年5月3日大陆向台湾同胞赠送一对大熊猫的消息公布以后，受到了两岸同胞的热烈欢迎和关注。8月9日，优选大熊猫的仪式在四川卧龙启动。8月19日，专家组组长张和民宣布了优选大熊猫的基本技术标准。8月26日，中国野生动物保护协会邀请两岸专家、学者在四川举行了向台湾同胞赠送大熊猫的座谈会。10月13日，张和民在国台办举行的记者会上宣布，专家组初步确定11只大熊猫进入候选范围。

陈云林说，大陆向台湾人民作出的庄严承诺，每一件都要落实。

连战先生也向媒体说，大陆向台湾同胞赠送大熊猫，这是一个善意，是友谊和真诚，是一种大家没法形容的感情。他说，他非常敬佩大陆做的积极工作，非常希望大熊猫能尽快到台湾去。台湾各地人民都非常欢迎这对宝贝能早到台湾。

连战先生表示，他将竭力推动大陆赠台大熊猫的抵台事宜，并希望大陆的大熊猫专家组近期能赴台考察。他说，大熊猫专家组赴台所传授的专业经验是无法取代的。他建议台湾相关单位、团体共同邀请相关大陆专家组团到台湾，实地了解赠台大熊猫所处的环境、技术等方面的情况，并同台湾相关单位的专家共同探讨大熊猫赴台、定居台湾的有关问题。

会见完记者后，陈云林等陪同连战一行仔细地参观了四川卧龙大熊猫研究中心。

五、"海峡经济区发展论坛"、"双百论坛"等多种论坛、座谈会的相继举办，为推动两岸关系和平稳定发展提供了广阔的交流与合作的平台

（一）

5月22日至23日，由中国社科院经济研究所、国家发改委国土开发与地区经济研究所、福建社科院、福建省社科联、福建师大等单位共同主办的"海峡经济区发展论坛"在福州市举行。与会的两岸专家学者就海峡经济区的优势与战略地位、基本功能、发展趋势、产业升级以及与珠三角、长三角、环渤海经济区比较等问题进行了研讨。

与会者认为，海峡经济区区域特征显著，海峡两岸经济有着很强的互补性，可以合作的领域很多。自上世纪80年代起，海峡东岸的传统产业、新兴产业开始加速向西岸转移，促进了两岸产业的不断升级。同时，两岸经济又有着明显的差异性。东岸具有资金、技术、管理、经营等方面的优势，劳动生产率比较高，服务业相对发达；西岸具有劳动力资源丰富、发展腹地大、自然资源丰富等优势。两岸经济的优势互补，是构建海峡经济区的重要基础。随着制造业的继续转移、农业与服务业合作的不断升级，构建海峡经济区将实现双赢已成为大家的共识。

与会者认为，海峡经济区的形成和发展，将成为我国东南沿海三大经济区的重要组成部分，成为接连长三角、珠三角并带动东南沿海连片发展的重要地区。这对于推动我国区域经济协调发展，实现资源互补、利益共享；对于推动祖国大陆与台湾、香港、澳门共同发展和繁荣，进而推动祖国和平统一大业，必将产生积极影响。

（二）

7月5日下午，全国人大常委会副委员长成思危在南京金陵饭店会见了前来参加两岸县市"双百"论坛的台湾县市议会的议长、副议长。成思危在会见时说，两岸同属一个中国，两岸同胞都是华夏子孙，希望通过不断相互接触和交换意见，能够增进理解、增进合作，从而促进两岸的相互了解和互信，共同推动两岸关系的稳定和发展。

中共江苏省委书记、省人大常委会主任李源潮、国台办副主任孙亚夫等江苏省、国台办的负责人会见时在座。

当晚，江苏省人民代表大会、江苏省政府举行晚宴，欢迎前来参加两

岸县市"双百"论坛的嘉宾。中共江苏省委书记、省人大常委会主任李源潮致辞时表示，希望这次论坛能够给两岸之间的交流与合作架起新的桥梁和平台。台中市议会议长张宏年在致辞时说，在南京看到了建设突飞猛进，投资环境也非常好，希望南京市与台中市能够加强互相交流，经常交换意见；也希望通过这次论坛推动两岸在经贸、科技等方面增进交流，增进了解。

晚宴始终沉浸在同胞手足的情谊之中。来自台湾的100位县市议员和来自江苏、上海、浙江、福建的100位人大代表，频频举杯，互致祝福，在轻柔美妙的乐曲声中，更显得亲情无限，相见恨晚。

7月6日上午，以"两岸合作、共同发展"为主题的"双百"论坛在南京隆重开幕。全国人大常委会副委员长成思危在开幕式上致辞说，两岸人大代表和议员相聚在一起，共议促进两岸合作、共同发展是很有意义的，这是两岸民间交流的一项重要活动，也是两岸民间交流的一个新形式。参加论坛的台湾县市议员和大陆四省市的县市区人大代表，都来自基层，最了解不同民众的愿望和心声。大家通过这次论坛，可以反映两岸期间民众的所思、所愿，可以增进同胞之间的了解和情谊。大家在这次论坛上相识，今后常来常往，多交流，多沟通，一定会有更大的收益。

在为期一天的论坛上，两岸的人大代表和议员就经济、文化和市政建设三个领域进行了大会发言和分组讨论。台东县议会议长吴俊立在发言时说，两岸和平发展是大家的共同愿望，希望通过更密切的交往来增进两岸之间的相互了解，加深彼此之间的交流，共创两岸的美好未来。

很多与会人员表示，两岸过去在发展经济的过程中都积累了许多好的经验，也存在不少教训。希望通过彼此之间不断地交流，成功的做法能够相互学习借鉴，同时也有不少教训值得共同吸取，很多问题也需要一起去深入研究解决。

这一段时间，大陆媒体对"双百"论坛给予充分的关注与报道。"双百"论坛的举办成了两岸民众这一时段的热门话题。

（三）

就在南京举行"双百"论坛的同时，7月5日上午，在北京举办的"海峡两岸信息产业技术标准论坛"也开了幕。

7月5日上午，中台办主任陈云林在北京饭店会见了由中国国民党副主席江丙坤率领的台湾华聚产业共同标准推动基金会的主要成员，双方就加强两岸信息技术标准等领域的交流与合作交换了意见。

陈云林对江丙坤率团来大陆参加"海峡两岸信息产业技术标准论坛"表示欢迎。陈云说，由华聚基金会与中国通信标准化协会、中国电子工业标准化技术协会共同举办的"海峡两岸信息产业技术标准论坛"，是落实连战主席访问大陆时所达成的共识中的一项举措。他指出，当今世界科技进步日新月异，国际竞争日趋激烈。为了抓住机遇，应对挑战，两岸同胞理应相互扶持，各展所长，加强交流，扩大合作，在国际竞争中形成自己的优势，促进两岸共同发展繁荣。

　　陈云林表示，大陆有关方面对于此次论坛给予了高度重视，为保证论坛顺利举办，主办方做了大量精心的准备工作。希望通过此次论坛，能够在海峡两岸搭建起一个信息产业交流与合作的平台，对两岸在信息产业标准的研究和制定方面的合作，推动两岸信息产业交流与合作的深入发展，发挥积极的促进作用。我们欢迎华聚基金会与大陆在信息技术的各方面建立起密切的交流合作关系，并愿意将华聚基金会作为两岸信息产业交流合作的重要窗口，共同推动两岸信息产业的发展。

　　江丙坤说，今年3月我率中国国民党大陆经贸访问团访问北京时，与中台办和大陆相关主管部门达成的促进经贸交流与合作的12项初步成果，每一项都对台湾经济发展有好处，都是台湾经济的利益。12项成果的落实将使两岸经济互助共荣。

　　江丙坤表示，信息产业是台湾经济的命根子，盼望此次论坛是一个良好的开端，成为两岸信息产业技术标准领域和信息产业界交流与合作的平台。对两岸经济发展有利的事，我们应该共同推动，利益应该由两岸人民共同分享。

　　论坛开幕后，围绕信息产业标准，与会人员就技术升级、产业发展等各自关心的问题进行了两天广泛的探讨，取得了三项重要成果：（一）、华聚产业共同标准推动基金会和中国通信标准化协会、中国电子工业标准化技术协会愿意共同建立长期交流机制，作为海峡两岸信息产业技术标准领域和两岸信息产业界交流与合作的平台。（二）、双方就AVS、TD—SCDMA、移动存储及高清晰度平板显示四个领域的技术标准进行了交流，探讨了交流合作的方法和形式，为海峡两岸信息产业界下一步合作奠定了基础。（三）、双方将进一步在其他信息技术领域广泛开展技术标准的交流合作，就有关产业技术标准继续进行有效的工作。双方商定在合适的时机，在台湾举办相应的技术论坛。

　　双方认为，当今世界信息技术和业务的快速发展，给两岸信息产业发展带来了难得的机遇和新的挑战。两岸信息产业界希望通过交流与合作，实现优势互补、保护知识产权，以利两岸信息产业的共同发展，实现双赢。

7月6日下午，中共中央政治局委员、国务院副总理吴仪在中南海紫光阁会见了江丙坤率领的台湾华聚产业共同标准推动基金会的主要成员。吴仪对江丙坤率团来京参加"海峡两岸信息产业技术标准论坛"表示欢迎。吴仪说，海峡两岸共同举办"信息产业技术标准论坛"，是落实今年3月中央台办与中国国民党参访团会谈达成的12项初步成果的重要举措。希望通过这次论坛，使两岸在信息技术标准化扩广和应用等方面建立起密切的交流与合作关系，共同推动两岸中国人自主知识产权的信息产业技术标准化工作不断向前发展。

吴仪指出，加强两岸经济交流与合作，符合两岸同胞的共同愿望和根本利益。事实证明，两岸和则两利，通则双赢。两岸经济关系的长足发展并继续保持良好势头，已成为两岸关系中一个重要的稳定因素。我们多次表示，愿意与岛内认同"九二共识"、反对"台独"、主张发展两岸关系的台湾各党派、团体和代表性人士开展交流和对话，就进一步加强两岸经济交流与合作、实现两岸直接"三通"、建立更紧密的经贸关系及两岸同胞关心的所有问题交换意见。

吴仪表示，两岸经济交流与合作的健康发展，需要一个和平稳定发展的两岸关系形势。我们将以今年3月4日胡锦涛总书记就新形势下发展两岸关系提出的"四点意见"为指针，加强同岛内认同"九二共识"、反对"台独"、主张发展两岸关系的党派、团体和代表性人士的沟通交流。我们将采取有力措施，进一步促进加强推动两岸经贸等实质性交流，并愿意就建立两岸经济合作机制广泛听取台湾同胞的意见和建议。吴仪强调，两岸同胞本是一家人，面对新的历史机遇挑战，理应密切往来，加强交流与合作，谋求共同发展。她说，只要我们两岸同胞共同携手努力，两岸关系一定能够向着和平稳定的方向发展、中华民族的伟大复兴一定能够早日实现。

江丙坤表示，赞同吴仪所讲的意见。他说，对两岸经济发展有利的事情，我们应该携起手来，共同推动，实现双赢。

（四）

7月5日这一天，第六届"海峡两岸青年科学家学术研讨会"也在北京隆重开幕。海峡两岸近80名青年科学家代表以"农业的多功能性与现代农业发展"为主题展开热烈讨论。

"海峡两岸青年科学家学术研讨会"自1999年以来，已经举办了五次。本次研讨会在两岸关系"阴转晴"的情况下召开，让青年科学家精神振奋，大家就"加强两岸农业科技交流，共商两岸农业现代化"问题取得多项积极成果。

时隔不久，7月17日，"海峡两岸中学校长教育论坛"也在北京举行。来自两岸六十多所著名中学的校长以及教育界人士围绕当代中学生的道德教育、传统文化在中学教育中的传承等问题进行了讨论。全国政协副主席、叶圣陶研究会会长张怀西，中国教育学会会长顾明远等专家作了专题论述，为中学校长献计献策。

又隔月余，8月23日，"第六届两岸关系论坛"在厦门开幕。本届两岸关系论坛的主题是"两岸青年交流展望"。来自海峡两岸及香港、澳门的高校学子、青年教师、青年学者、青年企业家和热心青年事业的社会工作者在一起回顾两岸青年交流的历程和心得，展望前景，为促进两岸关系和平稳定发展建言献策。国台办副主任、海峡两岸关系研究中心主任孙亚夫在开幕式致辞时说，两岸青年是中华民族的未来，是推动两岸关系和平稳定发展的生力军。青年历来是搏击时代风云的先锋，两岸青年理应站在时代潮流的前列，加强交流，携手合作，担当起推动两岸关系和平稳定发展的重任。孙亚夫表示，希望两岸青年加强往来，扩大交流，加深感情，积累共识，为构建和平稳定发展的两岸关系搭起一座希望之桥。

经过两天热烈的讨论，与会的青年学子、专家学者形成许多共识。大家一致认为，"台独"没有出路，两岸关系要改善，这是大势所趋，人心所向。任何人制造两岸仇恨，挑起两岸对立，恶化两岸关系的做法，都与两岸同胞要求两岸关系和平、发展、合作的潮流背道而驰，是不得人心的，是注定要失败的。

在交流讨论中，两岸青年都深深感到，两岸青年在促进两岸关系和平稳定发展、实现中华民族伟大复兴的历程中，肩负着重要的历史使命。他们提出，两岸青年要弘扬中华民族"国家兴亡，匹夫有责"的优良传统，在促进两岸关系和平稳定发展的进程中发挥重要作用。

国台办副主任王在希在闭幕式上提出希望说，两岸青年应携手合作、站在实现中华民族伟大复兴的历史高度，互相学习，互相促进，为台海地区和平，为两岸关系健康发展而努力。他说，在纪念世界反法西斯战争胜利60周年、抗日战争胜利60周年和台湾光复60周年之际，举办这个论坛有特别意义。他希望两岸同胞要团结起来，坚决反对和遏制"台独"分裂势力、促进

两岸关系和平稳定发展。他表示，祖国大陆方面，将继续支持和鼓励两岸经济文化交流和人员往来，一如既往地鼓励台湾同胞来大陆投资、发展事业，为台湾同胞提供实实在在的帮助和服务，切实维护台湾同胞的正当权益。

又隔十余天，9月6日，"台湾同胞投资企业协会会长座谈会"在北京召开。中共中央政治局委员、国务院副总理吴仪上午出席了上午在人民大会堂举行的座谈会，认真听取了上海、广东、江苏、天津、福建、河南等地台资企业协会会长的发言后，发表了讲话。吴仪说，今年3月4日，胡锦涛总书记发表重要讲话，提出了新形势下发展两岸关系的四点意见。四、五月和七月间，中国国民党、亲民党、新党先后组团来访，胡锦涛总书记分别与连战主席、宋楚瑜主席、郁慕明主席就促进两岸关系改善和发展的重大问题，广泛而深入地交换意见，达成广泛共识，取得重要成果。最近一个时期，大陆有关部门为推动成果落实作了大量工作。这些工作都是我们切实照顾和维护台湾同胞切身利益、真心诚意地为台湾同胞服务的体现。凡是对台湾同胞作出的承诺，我们都会郑重对待、认真落实。今后，我们还会进一步采取措施，努力为台湾同胞来大陆投资、旅游、交流、就学和生活提供周到的服务与热情的帮助。

吴仪表示，近一个时期以来，两岸关系出现了一些有利于遏制"台独"分裂势力及其活动的新的积极因素，台海紧张局势出现了某些缓和的迹象，两岸共同繁荣发展正面临难得的历史机遇。两岸合则两利，分则两害，两岸不应对立、对抗，而应和解、合作，实现互利双赢、共同发展。这是两岸同胞共同的期盼，也是海内外中华儿女的共同心愿。两岸同胞应珍惜和抓住机遇，坚决反对和遏制"台独"分裂活动，加强两岸经济文化等领域的交流与合作，推动两岸关系向着和平稳定的方向发展，共同努力实现中华民族的伟大复兴。

吴仪充分肯定了各地台资企业协会为服务台商、增进台资企业与当地政府的联系、开展社会公益事业、推动两岸经济交流与合作、促进两岸关系发展所作的有益工作和贡献，希望广大台商为推动两岸经济交流与合作、促进两岸关系发展继续努力。

国台办主任陈云林主持了上午的座谈会。商务部、教育部、民政部、劳动和社会保障部、卫生部等有关部门的负责同志，以及来自24个省、自治区、直辖市的87家台资企业协会的会长、部分老会长和台办负责人一百六十多人出席了座谈会。下午，国台办和国务院有关部门的负责人继续与各地台资企业协会会长就有关维护台湾同胞切身权益的具体问题进行座谈。

又过十几天，9月22日，"海峡两岸企业发展与合作论坛"在武汉开幕。鄂台合作项目当日共签约21个，投资总额约4.21亿美元，合同台资3.97亿美元。来自海峡两岸的两百多位经济界、企业界、学术界人士参加论坛。全国政协副主席、民进中央常务副主席张怀西在论坛上发表讲话说，两岸经济有很大的互补性，台湾可以凭借祖国大陆的优势来弥补自身弱点。

又过两天，9月24日至26日，在南昌举办的"2005台湾知名连锁品牌（南昌）推介会"隆重亮相"洪都新府"。此前，在召开的新闻发布会上，台湾连锁加盟促进协会理事长王国安介绍说，台湾连锁业在大陆发展的态势良好，目前已有80%的台湾知名连锁品牌进驻大陆，开设连锁店已达1万多家。参加本次推介会的有"永和豆浆"等27家台湾知名连锁企业，涉及餐饮、教育、生活用品等多个领域。为期两天的推介会始终笼罩在热烈的气氛之中，用"火爆"二字来形容实不为过。

（五）

秋风送爽，香港尤佳。11月14日，"香江论坛"在香港会展中心拉开帷幕。众多听众拥入会展中心的演讲厅，争睹"全女班"演讲者的风采。本次论坛的主题是"见证和平之旅——前瞻两岸关系"，将大家的记忆带回到今年4月连战主席率国民党代表团跨越国共两党56年的"鸿沟"到访大陆，再现"和平之旅"的历史时刻，展望国共两党携手写下的两岸和平发展春天的到来。香港《亚洲周刊》11月下旬出版的一期，就以"台湾女杰香江论政惊艳两岸"为题，对此作了长篇报道。

与历次"香江论坛"不同，主办单位香江文化交流基金会这次邀请的主讲嘉宾都是清一色的女性，从主持人江素惠、凤凰卫视的司仪周瑛琦，到特邀的主讲嘉宾连方瑀、台湾大学政治系教授张麟征、立法委员雷倩、中国国民党文传会主任委员暨发言人郑丽文，都是让人刮目相看的台湾女性。虽然这不是一个女性话题的论坛，论述的都是关于两岸未来的政治议题，但这些台湾政治舞台上的女性精英，个个打扮得端庄秀美，大方得体。主持人、香江文化交流基金会主席江素惠以诗人余光中《乡愁》中的诗句作了开场白："这湾浅浅的海峡是我最大的乡愁"，她说，"连战的和平之旅打破了海峡两岸的政治僵局，也解开了他无限的乡愁。"

江素惠首先请连方瑀登台演讲。连方瑀此来既是为"和平之旅"作见证，也是为推荐她最新的著作。不久前她随丈夫连战先生进行"和平之旅"后，她怀着激动的心情撰写了《半世纪的相逢》一书，记录了56年来国共首度接触那扣人心弦的一刻，如实地记叙了冰封数十年后的历史印记。在连方瑀开讲前，江素惠作了特别介绍。她说，连方瑀是一位"相夫教子的贤内助，是连战背后的默默支持者。去年大选，随连战冒雨在总统府前静坐示威，她坚强的一面令人感动"。连战访问大陆时，每到一处都要题字，精彩文句背后的捉刀者就是连夫人。出生书香门第的连方瑀开口便是"台北香港一水间，天涯比邻有知音"，她以此诗句开始了她的演讲。她说，她的文学功底来自家教，她4岁上小学一年级，并有父亲和外公兼任"教师"，教她唐诗宋词，打下她的中国古典文学基础。她说，这次随连战进行的"和平之旅"，勾起她许多新的憧憬。她先在报上撰文记述她此行的真切感受，但意犹未尽又写了这本《半世纪的相逢》。她表示："我最喜欢战哥的一句话，是在北大讲的，'如果两岸好好合作，赚全世界的钱有什么不好呢！'"她还喜欢连战讲话时所引用的丘吉尔所讲的，"如果你永远为过去和现在纠缠不清，那你就会没有未来"。连方瑀认为，两岸的合作要掌握当前，发展未来才是基本精神。

张麟征教授在演讲中认为，连战大陆行引起的回响掷地有声，国共两党大概还没有办法完全把它定调为国共第三次合作的开始，但"握手一笑泯恩仇，令人感动，为国共的长期争斗画上了句号"。从国际上看，台海是世界三大危险地区之一，连战此行为这一地区安全作出了贡献，而大陆对台政策的灵活性也受到欢迎，回应了所有中国人的期待，"中国统一大业有了契机"。

张教授说，连战"和平之旅"后交棒马英九，也期望执政的民进党可以跟进，但相比之下，大陆对推动两岸关系更积极。她表示，"大陆的政策都是针对台湾民众的，不管你政府有什么反应，让台湾老百姓自己去做选择，很得民心。"张教授说，"马英九是蓝军的唯一指望，期望2008年打赢选战"。她直言，"马英九法律性格强，政治性格弱，但两岸问题都是政治问题，马英九在作风和格局上需要向连战学习"。她期待马英九不要总是将统一的条件挂在嘴上，也不要强调维持现状，因为现状是动态的。她期待马英九"于关键位置、关键时刻作出关键决定"。她最后说："国共就是为了争制度变成了搞内战、分裂，长期对峙，这是两党都要深刻反省的。"

立委雷倩早上刚参加完台湾"立法院"的会议，下午就匆匆赶到香港。她先前在美国获得博士学位后回到台湾，辞去了所有的董事长位子，断绝了所有有生意往来的朋友。她说，之所以如此就是要做一件事情——推翻陈水扁这个不公不义的政府。

雷倩在演讲中赞扬连战跟着孙中山先生的足迹，"他站在一个高度，不是一个台湾领袖去跟北京的领袖说什么条件，它代表的就是把自己放在国家民族、人民福祉的高度来讲话的那位先生"。雷倩提醒大家，看两岸关系，不要忘记日本在台湾与大陆的对峙和撕扯，"'台独'底下有非常强烈的亲日暗流。台湾有股强烈的力量要去联络日本人，去瓜分中国东海大陆架的利益"。

代表国民党新生代的郑丽文，被人们普遍认为是马英九、连胜文之后的第三号靓丽人物。原先是民进党员的她，看着民进党快速沦为腐败独裁的党，便断然脱离了民进党，到英国读博士，并对两岸关系有了完全不同的新认识。因缘际会，她拜会了连战，并在连战的影响下，参加了国民党，成为连战的发言人。

郑丽文跟随连战参与了"和平之旅"。她说，连战的"和平之旅"重新提供了一个可能性：两岸的中国人可以通过互动交流，通过自己的智慧来解决两岸问题。郑丽文是非常了解民进党、绿营和"台独"人士的，她说，"和平之旅"后，许多绿营人士有非常深的焦虑，"他们发现，'台独'不攻自破，'台独'论述也空洞化了，更多人会醒悟。"

郑丽文说："连战告诉大家，两岸不是是非问题，哪怕共产主义和三民主义缠斗了快一个世纪，都可以非常文明、有教养地坐在一起讨论国家前途"。她最后强调道："两岸是选择题，除了像民进党说的那样，对共产党统一或打一仗之外，我们还有更聪明的选择，就是通过和平、互动的交流增加彼此的理解和增进彼此的整合"。

这些女性政治精英们在精彩论述中所表现出来的口才、辩才、文采，和在红妆掩映下所闪耀出来的英武之气，让现场的听众无不折服，一阵又一阵的热烈掌声给予她们最高的评价和最真诚的赞赏。

六、台湾学生登陆寻根、大陆书法家赴台办展、中华文化论坛在京举办……两岸文化交流持续升温

（一）

7月的厦门气温日高，但两岸文化交流的温度更高。进入7月以来，先有台湾大学生抵厦门参加"闽南文化研习"夏令营，并开始寻根之旅；接着又有厦门书法家林志良赴台办书展；接着又有台湾书商踊跃报名参加将在厦门举办的首届海峡两岸图书交易会；接着厦门——金门直航航线开通后，又迎

来了台湾学生暑期赴大陆进行"寻根游"的高峰，仅7月1日至5日，出入境的台湾学生就达700多人次……在厦门，海峡两岸的文化交流正在持续升温。

海峡两岸大学生"闽南文化研习"夏令营由厦门大学举办。56名营员来自台湾大学、政治大学等台湾高校，另外26名营员来自厦门大学、集美大学等大陆高校。在10天的寻根之旅行程中，他们听取了厦门大学教授关于闽南话与闽台文化的讲座；到漳州、泉州和武夷山，参观台资企业，欣赏民间戏曲、游览名胜古迹。祖籍在福建南安的吴昆豪同学多次来过大陆，他俨然已是台湾学生中的"顾问"了。他说，从小学三年级他就开始来厦门，现在来大陆已不止10次了。来厦门之前，他那些第一次来大陆的同学都担忧地向他打听的厦门的情况。他安慰同学们说，厦门会比你们想象的繁华多了。厦门大学校长朱崇实意味深长地对记者说，我们并不想通过这短暂的相聚改变什么，我们只是坚信，任何的变革都是由一次次看似微小的接触和交流中孕育而成的。

时隔几天，台北市中正小学参访团一行40人搭乘"东方之星"号经"厦金航线"抵厦，开始进行为期5天的参访活动。参访团的成员既有学生，也有老师和学生的家长。行程中安排了许多具有闽南特色的文化活动。厦门实验小学还与中正小学签订了友好协议，成为福建省首所与台湾本岛小学结好的小学。

此前，应台湾中华世纪书画协会及一些台湾媒体的联合邀请，厦门书法家林志良在台北举办了个人书法展。他的"书法交流之旅"在台湾引起了轰动，台湾媒体称赞他的书法展"开启了两岸书法交流封闭五十余年之窗"。

此外，7月29日至31日在厦门会展中心举办的"首届海峡两岸图书交易会"也轰动一时。台湾出版界和发行商非常重视这一两岸文化交流的盛会。台湾出版界和发行商参展的展位超过100个。有记者用"盛况空前"来描写这次展销会。它吸引了大陆各地的出版社和发行商来争睹此会的盛况，捕捉良好的商机。此届交易会已成为台湾书商来大陆参展规模最大、人数最多、内容最丰富的一次图书展销会。

（二）

海峡两岸文化交流不仅热在厦门以及福建全省，也热在大陆各地。7月14日，来自海峡两岸的4000名学子欢聚在北京人民大会堂，参加"牵手未来，牵手希望——海峡两岸四千大学生大联欢"。这是二十多年来在祖国大陆举办的最大规模的两岸交流活动。来自台湾121所高校的2500名大学生和来自大陆20所高校的1500名大学生参加了此次大联欢。

联欢中，大陆学生表演了歌曲《长江之歌》、器乐曲《梁祝》和民族舞蹈《五彩云霞》等。台湾大学生表演了极具台湾本地特色的台湾少数民族舞蹈《欢乐舞》和《新舞》。此外，两岸学生用普通话和闽南话共同配乐朗诵了《乡愁》，同台表演了街舞，共唱《外婆的澎湖湾》、《我们都是一家人》等在两岸流传已久的著名歌曲。联欢过程中，两岸学生代表还向北京奥组委赠送了两岸学子共同用拇指印红的"祈福中国印"。

全国人大常委会副委员长成思危、全国政协副主席周铁农、国台办主任陈云林等应邀出席了活动。面对激情四射的热烈场面，成思危副委员长当场寄语学子：青年是国家的未来，民族的希望。从你们激情洋溢、青春活泼的脸庞上，我看到了两岸青年携手共创未来的美好前景。我期望两岸青年朋友们能够相互交流，携手同心，为中华民族的伟大复兴，为开创我们共同的美好未来而共同努力。

大联欢活动由民革中央、台盟中央、全国台联、全国妇联、宋庆龄基金会、全国青联等主办。此外，各主办单位还分成20个分营，从7月7日到19日陆续在北京、上海、江苏、湖南、陕西、内蒙古、甘肃、辽宁、新疆等地开展各具特色的夏令营活动。

7月16日，台胞青年夏令营甘肃分营的活动在著名的国际文化名城敦煌开营。台湾学子对敦煌珍藏的文化艺术瑰宝心慕已久，他们面对这400多个石窟中的壁画和塑像，亲眼目睹着唐代和五代人手写的书册和美术作品，赞叹不已，纷纷用画笔、相机、摄像机记录着中华文化的奇观。有的学子说，这真是一次"神州文化之旅"。

在乌鲁木齐，20名台湾青年冒雨登上红山山顶，参观了位于山顶的"林则徐雕像"以及"禁毒铜鼎"。他们到天山天池、吐鲁番坎儿井、高昌故城、乌鲁木齐南山牧场和石河子等地，逐一领略新疆独特的民族地域文化和别具一格的自然风光，体察中华大地的辽阔与浑厚。

在南昌，来自台湾岛内的和在江西就读的30多名台湾学子，与南昌大学学生举行了一场别开生面的乒乓球比赛，由此揭开了台胞青年千人夏令营江西分营活动的序幕。

在合肥，50名台胞青年参观了安徽大学、李鸿章故居等地，再登上黄山一览黄山奇妙的风光，接着又游览古镇西递、宏村等古村落。5天的活动安排得丰富多彩，令人流连忘返。

在沈阳，台胞青年夏令营辽宁分营的90名营员们兴致勃勃地参观了世界文化遗产——沈阳故宫，以及清初遗迹三京三陵。接下来的4天里，他们还领略了鞍山的千山风光、本溪的水洞奇观、大连的老虎滩、棒槌岛和星海公园的多彩景致。

在呼和浩特，台湾青年夏令营内蒙古分营的20名营员正在内蒙古师范大学的会议厅里，与内蒙古师大的同学们座谈。谈专业，说家乡的风土人情，叙同胞间的骨肉情谊，年轻的心很快就贴在了一起，欢声笑语此起彼伏。台湾中兴大学材料工程系的曾资涵同学兴致盎然地谈起了希拉穆仁草原的观感："头一次亲眼看到这么辽阔的草原，见到了热情好客的蒙古族牧民，住进了梦想中的毡房。那种荣幸和兴奋的感觉真是用语言难以形容。"中兴大学的罗维隆同学捧着一颗产自内蒙古河套地区的金黄色的蜜瓜说："第一次吃到这么香甜可口的河套蜜瓜，真想把它邮寄回台湾，让朋友们也尝尝它的美味！"当天下午，他们又离开内蒙古师大，奔赴此行的下一站鄂尔多斯市，参观成吉思汗陵园，领略鄂尔多斯高原的风采。离别时，两地学子握手拥抱，互道珍重。国立台北师范大学的谢孟芊同学邀请内师大的同学："下次让我们在台湾相聚！"言犹未尽，热泪已夺眶而出。在两地学子的会面会上，双方互赠了礼品，内蒙古师大的同学们赠予台湾同学的是一幅象征草原民族精神的名为"苍狼与梦幻"的版画；台湾同学回赠的则是一幅题有"两岸同心，振兴中华"的匾额，表达了两岸人民携手同心振兴中华的强烈愿望。

（三）

由中华文化联谊会、福建省文化厅、厦门市人民政府联合主办的旨在弘扬中华优秀文化、推动南音艺术及闽南民间艺术发展的"海峡两岸南音展演暨民间艺术节"，于9月17日至20日在厦门举行。

南音展演，是南音弦友切磋技艺、交流心得的重要传统乐事活动。参加本次展演活动的有台湾清雅乐府、台湾汉唐乐府、台湾闽南乐府、金门南乐研究会、香港晋江同乡会、澳门南音社、菲律宾长和郎君社、新加坡湘灵音乐社、印尼东方音乐基金会以及闽南地区的厦门、泉州、晋江、南安、漳州、石狮等地的15个知名南音社团的五百多名南音弦友和专家学者。

源远流长的南音，是目前中国流传下来的四大古乐之一。它孕育于唐，传于宋，鼎盛于明清，被誉为"中国古代音乐的活化石"。南音起源于中原，传到福建以后，就在闽南地区生根开花，并很快流传到台湾，成为台湾最具代表性的民间音乐，深受海峡两岸人民的喜爱。同时，他也流传到香港、澳门以及东南亚等华人聚居地区。诚如一位老华侨所言："有华人的地方就有南音。"

文化部副部长赵维绥说："南音是中国民族音乐的根，是中华文化的瑰宝。南音在广大的华人中具有很深厚的基础，它是维系所有中华儿女骨肉之情的纽带。"此话正说出了所有南音弦友的心声。台北闽南乐府的陈老先生说，每当听到南音，就会想起家乡，想起福建。现在年纪大了，不能经常回家乡，只有听听南音，才能解思乡之愁。

9月18日，中秋节，海峡两岸南音展演首场演出在厦门拉开了帷幕。全场演绎了17个曲目，除了最具代表性的八音合奏外，还表演了南音清唱、弹唱和对唱，全是南音的传统曲目。

轻柔妙曼的词曲，幽怨深沉的旋律，或情意缠绵，或慷慨激昂，时时扣动着人们的心弦，现场听众津津有味地陶醉在乐曲创造的意境之中，不少老年听众情不自禁地跟着乐曲打起拍子或轻轻地哼唱起来。

在首场演出中，台湾南音艺术家的精彩表演激起全场一阵又一阵的喝彩。来自台湾清雅乐府的弦友姜美玉，一曲清唱婉转低回，举手投足之间尽显南音神韵。表演结束后，她激动地对记者说："真的很荣幸能够参加海峡两岸南音展演活动，这是南音艺术界最好的联谊活动，来厦门演出，让我终身难忘。"

"弦管一曲知音到，千年南音乡情浓"。聆听着委婉妙曼的南音乐曲，欣赏着中秋圆月和厦门、金门两地同时升空的节日焰火，那种同胞手足欢聚一堂共度良宵的情致是难以用文字描述出来的，它更激起了华夏儿女追求统一团聚的极大热情和坚定信念。

（四）

进入9月中旬以来，台湾国光剧团豫剧队一行50人，在北京与郑州市豫剧院举行交流演出活动。两岸豫剧同行在北京长安大戏院联袂演出新编豫剧《曹公外传》和《中国公主杜兰朵》，还参与了"2005年海峡两岸河洛文化暨豫剧发展论坛"。

北京的活动结束后，两岸豫剧同行又赴河南商丘、沁阳、郑州等地进行交流演出。此次活动是由文化部中华文化联谊会、河南省文化厅、河南省台办、郑州市政府联合主办的。

《曹公外传》中的曹公是指清代人曹谨，此剧是根据曹谨在台湾为官期间的善政编写出来的。曹谨，是清代怀庆府河内县（今沁阳市）人。1837年春，曹谨由福建调任台湾凤山县知县。到任后，面对当地发生的大旱，他带领百姓兴修了包括44条圳道在内的台湾境内最大的水利工程，此圳后来被称为"曹公圳"。至今，高雄地区三县范围内的生产生活用水仍取自"曹公圳"。

1841年7月，曹谨任淡水厅同知，其时正逢英军侵犯台湾。曹谨率领军民三次打败来犯之敌。曹谨还在淡水修建书院，在乡村举办义塾，积极发展教育事业，大力发展制糖、制盐、制樟脑等产业。1845年，曹谨从台湾回到老家沁阳。1849年在家中病逝。为纪念曹谨，台湾凤山县很早就建立起了"曹公祠"。1913年，又为曹谨建起了新祠，当地将落成之时11月1日定为曹谨诞辰纪念日，春秋拜谒，至今不止。1992年，高雄市农田水利会又为曹谨塑成金身，并将"曹公祠"改为"曹公庙"，"曹公庙"前的街道被称为"曹公路"。

海峡两岸豫剧《曹公外传》联演剧组来到河南省沁阳市后，即于17日上午在曹谨墓园内举行了隆重的祭奠活动。当时，鼓乐齐鸣，奏响祭乐，来自海峡两岸的剧组演职人员和当地群众一起，按照当地的习俗和程序，一一行祭拜之礼，表达两岸民众对这位清代在台湾为官8年，勤施善政，为保卫和建设台湾作出卓越贡献人物的崇敬之情。

台湾国光剧团豫剧队队长韦国泰对记者说，凤山县是我的家乡，凤山人对曹谨亲民爱民、兴修水利、倡办教育等事迹景仰已久。他说，他参加这样的祭奠活动，"心情很激动"，"感觉两边像一家人一样"。他说："通过参观和祭拜，我感到曹公不仅在台湾倍受景仰，也看到曹公在家乡同样受到乡亲们的深切怀念和衷心敬仰。"他表示，要把这些信息带给台湾民众，让更多的人来这里看一看。

沁阳市曹谨研究会副会长李建兴告诉记者，从1999年以来，两岸有关曹谨的文化交流活动日渐增多。2000年8月，曹谨学术研讨会在沁阳市举行；同年11月，凤山县举办了"曹公文化节"。从1999年到2001年间，陆续组织了台湾清代凤山知县曹谨公故里寻根之旅和参访团，先后四次有三百多人次到曹谨公墓拜谒。2001年，海峡两岸还共同编撰出版了《曹谨公生平事迹》一书。曹公事迹被搬上豫剧舞台始于2001年。2003年10月，首部由两岸艺术家共同创作并联合排演的新编豫剧《曹公外传》在台湾巡回演出，受到普遍的赞扬和热烈的欢迎。这次来大陆演出同样获得高度的评价和赞誉。

（五）

9月27日，由中华海外联谊会和中华文化学院联合举办的"振兴中华·海外论坛——中华文化与中华民族凝聚力研讨会"在北京举行。一百五十多位海内外专家学者和港澳台知名人士参加。开幕前，中共中央政治局常委、全国政协主席贾庆林会见了全体代表。贾庆林首先向研讨会的召开表示热烈的祝贺，向来自海内外的朋友们致以亲切的问候。贾庆林说，古往今来，中华文化始终是激励全体中华儿女百折不挠、自强不息的强大动力；始终是维系我们伟大祖国团结统一、发展进步的牢固纽带；始终是中华民族巍然屹立于世界东方的精神脊梁。我们举办这个论坛，就是要大力弘扬中华文化，努力增强中华民族的凝聚力，广泛团结海内外中华儿女，为实现中华民族的伟大复兴而共同奋斗。

贾庆林指出，进入新世纪，我们肩负着推进现代化建设、完成祖国统一、维护世界和平与促进共同发展这三大历史任务，全国人民正在以科学发展观为指导，全面建设小康社会，努力构建社会主义和谐社会。这既为弘扬中华文化带来新的机遇，也对繁荣中华文化提出了新的要求。

贾庆林说，作为中华儿女，我们同受中华文化的哺育，共享中华文化的恩泽，理应共同担负起弘扬和发展中华文化的重任。要深入挖掘中华文化的丰富内涵，切实加强宣传和教育，努力增强中华文化在海内外的影响力、吸引力和号召力，使之深深扎根、代代相传。要顺应世界发展的潮流，着眼改革开放和现代化建设的实践，继承优秀传统，发展先进文化，体现时代精神，使中华文化始终保持旺盛的生命力。要以海纳百川、兼容并蓄的开放胸襟和与时俱进、继往开来的进取精神，积极吸收和借鉴人类文明的有益成果，努力促进中华文化与世界各国文化的沟通与交流，为建立持久和平、共同繁荣的和谐世界作出积极贡献。

在开幕式上，全国政协副主席、中共中央统战部部长、中华海外联谊会会长刘延东发表主旨演讲时指出，21世纪是世界大变革、大转折、大发展的时代，中华民族迎来了千载难逢的大好机遇，正处在伟大复兴的历史新起点。伟大的复兴需要伟大的文化。作为中华儿女，中华文化是我们共同的骄傲，共同的身份，是抹不去的生命"痕迹"。我们都是中华文化的承载者、转播者，有义务、有责任大力弘扬中华民族优秀文化，使烛照中华的人文之光薪火相传、熠熠生辉，成为中华民族在新世纪实现伟大复兴的强大精神力量。我们要弘扬中华文化，不断提升综合国力，大力促进社会和谐，积极推进祖国统一，努力维护世界和平。

全国人大常委会副委员长、民进中央主席许嘉璐，全国政协副主席董建华，台湾知名学者陈映真，诺贝尔物理学奖获得者、著名科学家杨振宁先后

在会上作了主题发言。

论坛经过两天热烈的讨论，于9月28日闭幕。全国政协副主席、中华海外联谊会副会长周铁农在致闭幕辞时说，这次论坛可以用"精彩"、"和谐"、"热烈"来形容。大家认为，中华民族在五千年悠久历史中，创造出的独具特色、博大精深的中华文化，铸就了以爱国主义为核心的团结统一、爱好和平、勤劳勇敢、自强不息的民族精神，成为维系国家统一、民族团结的牢固纽带，成为中华儿女奋发进取、百折不挠的精神支柱，不仅是中华民族世代相传的宝贵财富，也是人类文明宝库中璀璨夺目的瑰宝，为人类文明增添了不可磨灭的光彩。

（六）

10月5日，由中国叶圣陶研究会和中华文化促进会共同主办的"第三届海峡两岸中华传统文化与现代文化研讨会"在陕西省咸阳市开幕。来自台湾、香港和大陆的七十多名专家学者出席此会。此会的主旨就是，弘扬中华传统文化，促进祖国和平统一。

全国人大常委会副委员长、民进中央主席许嘉璐在开幕式上致辞时强调，中华传统文化是连接海峡两岸同胞的精神纽带。促进两岸的和平稳定与共同繁荣、经贸往来与文化交流必须并重。两岸学人要用自己的学识、人格、智慧和力量，唤起人们对中华文化的珍视，开掘传统文化的瑰宝，积极搭建两岸人民的心灵之桥。这是海峡两岸走向和平统一、实现中华民族伟大复兴的必经之途。

在为期两天的研讨中，与会者围绕秦汉对中华文化的影响、和合文化的现代意义等议题进行了广泛而深入的讨论，尤其对"和合文化"的现代意义有了更为深入的认识。

"海峡两岸中华传统文化与现代文化研讨会"首办于2002年，已在江苏省苏州市和淮安市成功地举办了两届，对弘扬中华民族精神和优秀传统文化，促进祖国和平统一产生了积极的影响。本届研讨会在两岸关系"冰消雪融"的情况下召开，议题更有针对性。有记者描述说，此会始终笼罩着春暖花开的气息。

七、世界舆论积极评价胡锦涛总书记电贺马英九当选中国国民党主席

（一）

在2005年7月16日举行的中国国民党主席选举中，时任国民党副主席的马英九以高票当选为中国国民党新一任党主席。

马英九，1950年7月出生于香港，原籍湖南省衡山县。台湾大学法律系毕业、美国纽约大学法学硕士、哈佛大学法学博士。曾任蒋经国英语翻译，1984—1988年任国民党中央副秘书长。曾多次出任行政职务。1998年12月当选为台北市长，2002年连任。2003年3月，当选为中国国民党副主席。

7月17日，中共中央总书记胡锦涛即致电祝贺，贺电全文如下：

"台北

中国国民党中央委员会马英九先生：

值此先生当选中国国民党主席之际，谨致祝贺。由衷期望贵我两党与两岸同胞一道，继续为推动两岸关系和平稳定发展、共创中华民族美好未来而努力。

中国共产党中央委员会总书记　胡锦涛

2005年7月17日"

7月17日下午，马英九即复电胡锦涛总书记，感谢胡总书记对他当选的祝贺。马英九在复电中表示："7月17日贺电敬悉，谨致谢忱。本人接任中国国民党主席之后，期盼贵我两党能够依循今年4月29日胡连会五点共同愿景，推动两党交流，促进两岸之和平、繁荣与发展，共同为谋求两岸同胞之福祉努力。"

马英九的当选和胡锦涛电贺马英九一事立刻引起世界舆论的热评。美联社7月17日发出的电讯说，胡锦涛主席在致马英九的贺电中说，他期望国民党和共产党与两岸同胞一道继续推动两岸关系和平稳定发展。电讯说，中国执政的共产党一直积极加强与国民党的关系，争取孤立图谋正式"独立"的台湾的陈水扁及其支持者。

法新社当天也发出电讯。电讯称，为避免引起台湾公众反感，北京现在避免向台湾发出严厉警告，而是努力争取台湾的反对党。近几个月来，它热情接待了三位台湾反对党领袖。电讯说，胡锦涛在贺电中表示，他希望共产

党和国民党共同促进两岸关系和平发展。

时事社在这一天也发表了题为"中国为包围陈'总统'而进一步接近国民党 希望国民党在马英九领导下夺回政权"的电讯。电讯说，中国共产党和中国政府16日就台湾最大的在野党国民党主席选举表示，不管是台北市长马英九还是"立法院长"王金平，谁当选都会继承国民党主席连战对大陆的路线，而连战曾在4月底访华，在时隔60年后首次实现了国共两党领导人的会谈。中国大陆正冷静地的密切关注事态发展。在马英九获胜后，中国也将谋求接近马英九，从而继续强化对致力于"台独"的陈水扁的包围网。电讯还说，年轻、英俊、给人以清新感的外省人（祖籍湖南）马英九，很可能在2008年台湾下届总统选举中成为国民党候选人，因此，大陆方面对国民党从民进党手中夺回政权抱有很大期望。

台湾"中央社"在这一天发出的电讯中，全文转述了贺电内容，特别指出，贺电的抬头是"台北中国国民党中央委员会马英九先生"，文末署名是"中国共产党中央委员会总书记胡锦涛"。以此展示中共中央和胡锦涛总书记对中国国民党和新当选的马英九主席的极大尊重和至真诚意。

香港媒体的评论更显热烈，7月17日这一天多家媒体都发表了自己的看法。香港《星岛日报》这天发表了题为"'马'到成功 两岸政策不变"的文章说，大陆的台湾问题专家表示，无论马英九或王金平当选，两人的大陆政策都不会有太大的差别，都会遵循国民党主席连战的路线。有专家指出，"连规马随"的原因是，连战访问大陆后，在台湾获得了大多数人的支持，继任者不可能去改变这样的情况。此外，马英九若要投入下届总统大选，就更要在两岸政策上保持积极态度，要不然搞不过民进党。

香港《明报》这天发表了题目叫"有利于泛蓝整合 两岸关系难测"的报道，转陈了专家学者的看法。报道说，两岸学者均认为，这有利于马英九巩固其在国民党内的权利和泛蓝的整合，对执政的民进党也将形成压力。不过，在如何处理两岸关系上，学者看法不一。台湾学者认为，马英九将"连（战）规马（英九）随"；大陆学者则认为，马面临着历史机遇。大陆学者说，马英九的当选，获得了改善两岸关系的历史机遇，同时又面临挑战。挑战体现在三个方面：一是如何整合国民党，与王金平实现"马王共治"国民党，而不要出现内部分裂；二是如何整合泛蓝阵营，搞好与宋楚瑜的关系，最好能实现国、亲、新三党合并；三是如何处理与民进党的关系，作为在野党，推动扁政府改善两岸关系。

舆论见仁见智，各有见地，但多为正面的积极的评价。

（二）

"连规马随"，毕竟是人们分析、推断的结论，马英九的本意究竟是什么？还得问他本人。7月底出版的一期《亚洲周刊》刊登了该刊记者专访马英九的报道，其中就有马英九就两岸问题的答记者问。

记者问："党主席选举结果出来后，《联合报》民调有65%支持你选总统，你如何回应民意的呼唤？"

马英九答："非常感谢这些民众的支持，因为他们不限于党员而已，而是全台的民调，这也代表了民众对现状的不满，希望让台湾站起来，走出去。事实上台湾目前的情况在萎缩，在很多地方都无法把国力真正发挥出来。很多国际经济组织对台湾的评比，好像不错，可是再仔细分析，这是民间好，政府部门并没有跟上时代的脚步，这是我们的问题。"

马英九强调，最大的问题是两岸关系停滞不前，大陆已经成为全世界最大的消费市场、全世界的工厂，可是我们现在还是把它当作可能会吃掉我们、可能会毁灭我们的地方，然后把自己用重重的围墙包围起来。我们当然知道要注意"国家安全"，可是如果不顾世界经济、区域经济发展趋势的话，忽略掉那一块可能为台湾带来的优势，这时候犯的错误可能比冒险西进来得更大。

记者问："未来你的两岸关系会和连战的做法有什么差异？"

马英九答："应该是一样的。连主席跟中共所达成的五项愿景，实际上几乎把我们长期的主张都涵盖进去了，所以大方向是一致的，我们有时候甚至还感觉到连主席所达成的愿景超过了我们的想象。"

记者问："例如哪些部分超过了想象？"

马英九答："和平协议，过去中共没有跟我们作过这样的承诺，这次作了，中间还包括军事互信的机制，这蛮不容易的。像这样的承诺其实就比撤除飞弹要更有实质的意义，因为撤除飞弹是非常技术性的动作，但军事互信机制背后有政治的互信在维持，效果很不一样。同样，在经济方面，大陆愿意跟我们谈共同市场，也比民进党所要求的自由贸易区，以及大陆原先所愿意提供的CEPA（更紧密经贸关系安排）都要的范围更为扩大、层次更为提升。我觉得大陆愿意作这样的承诺很不容易，因为连先生是反对党的主席，他作的承诺不执行，他并没有什么责任；可是胡锦涛先生是中共的总书记、国家主席，他作的承诺是要兑现的。换句话说，连先生帮现在的政府作了一个球，就看看它要不要去打，如果它不打，等到我们执政，我们还是要去打

· 343 ·

的。机会之窗是打开了，就看你要不要去用。又譬如说北京愿意跟我们谈国际空间的问题，当然这一点他们没有作什么承诺，但很明确这是一个可以谈的东西。当然真正重要的是第五点，双方要建立党对党交流平台，8月份就会在台北召开建立共同市场的讨论会，也就是国共两党愿意在生死斗争60年后，以党对党的名义来探讨双方的问题以及两岸的问题，这种突破是历史性的。连先生也准备在卸任后成立有关两岸和平发展的基金会，来推动相关的两岸事务，所以可以说连先生的大陆之行非常成功，也使我们接棒的人好做事。"

8月3日，台湾《联合报》发表了该报记者专访连战的谈话摘要。当记者问到"现在是台湾的关键时刻，未来影响最大的仍是两岸问题，您这次和平之旅很成功，接着访美见到布什总统，对两岸发展的看法如何？您会担任什么角色？"时，连战说，国际间对两岸和谐对话是有期待的，我去大陆前，美国多次在公开或私下场合表示欢迎、肯定与鼓励。我去大陆后，布什总统透过国安系统表示这是历史性的访问，希望与我见面。后来在白宫参加圆桌会议，我当面感谢布什的鼓励和肯定。

连战说，白宫圆桌会议包括各主要民主政党领袖、美国国会安全幕僚等，布什以反恐为议题，我发言则是讲两岸关系。我认为两岸关系若能处理得当，可让两岸在维护世界和平与安全上扮演更积极的角色。

连战说，和平之旅后，桥已搭上，路也铺了，怎样运用这个契机，在为政者的一念之间。遗憾的是执政者认为大陆没有什么好了解，也没有什么好接触，这种心态使台湾一筹莫展。

连战指出，过去几个月的发展值得我们观察。例如春节包机，国民党打先锋，决定原则方向后，由执政者去处理技术细节，很快就建立了模式。不久前，副主席江丙坤率60位资讯界领袖到大陆，在极短的时间内与对岸业者达成"讯息产业标准化"目标，以台湾经济与未来走向看，这是天大的事情！水果零关税销大陆，原本5月和平之旅后极短时间就可处理，但因执政者的心态问题，拖了近三个月。

连战表示，现阶段在所有官方管道与联系中断的情况下，在野党愿意去冲锋陷阵，政府不管明地授权或暗地跟随，都可开展出新领域。

记者问到外界评论认为马英九副主席与中共的关系较紧张，未来他与大陆的政策及扮演角色会是什么样子的时候，连战说，国民党这五年半来对大陆问题一向非常明确具体，不会因人而异。在王马参选过程中，曾邀两人到中常会报告过，也交换过意见，透过对话已有明确共识，无论谁当选，我在大陆得到的基本愿景与共识都将列入国民党十七全会的决议文中，成为党的共识。这不但是国民党的共识，也是台湾必须走的路，我们愿当开路先锋，否则因循苟且下去，台湾的未来在哪里？

时隔两天，马英九在岛内进行的"团结请益之旅"跨海到达金门时，向媒体表示，他提议将党主席连战访问中国大陆带回的五项愿景，在十七次全党代表大会上通过，成为国民党推动两岸政策遵循的方向。再一次表达了他坚持国民党政治主张的坚定立场。

（三）

8月19日上午，中国国民党第十七次党员代表大会在台北开幕，新任主席马英九与卸任主席连战完成交接。马英九在致辞中盛赞连战对国民党、台湾人民、两岸交流的贡献。他说，连战"和平之旅"缓和了两岸关系，让两岸关系有了完全不同的风貌。马英九表示，他将继续推动连战所推动的改革和两岸政策路线，领导国民党再创佳绩。

19日下午，大会通过了日前国民党中常会通过的国民党政策纲领，将原国民党主席连战访问大陆时与中国共产党中央委员会总书记胡锦涛达成的五项共同愿景，列入纲领中第一项行动纲要，表示国民党将全力推动，追求两岸和平稳定。

国民党政策纲领还表示，反对"台独"，主张回归"九二共识"，重启两岸会谈，主张循序迈向"两岸共同市场"，实现两岸"三通"直航，全面开放大陆人民赴台观光，推动两岸农业交流等。

与会代表推举连战出任中国国民党荣誉党主席，并选举产生了国民党新一届中央委员、中常委。表决通过了吴伯雄、林澄枝、江丙坤、关中出任国民党副主席，通过了党章修正案。

当天，中共中央即致电中国国民党中央委员会暨马英九主席，祝贺中国国民党第十七次党员代表大会召开。贺电全文如下：

"台北
中国国民党中央委员会暨马英九主席：
值此贵党召开第十七次代表大会之际，谨致祝贺！
贵我两党于今年4月共同发布了'两岸和平发展共同愿景'，反映了两岸同胞的共同心声，开启了两党交流的历史新页。由衷期望贵我双方与两岸同胞一道继续努力，坚持'九二共识'，坚决反对'台独'，维护台海和平，

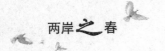

增进两岸同胞福祉，共创两岸互利双赢的新局面，造福于中华民族。

中国共产党中央委员会

2005年8月19日"

　　同时，胡锦涛总书记也致电连战，祝贺他荣任中国国民党荣誉党主席。贺电全文如下：

"台北

中国国民党中央委员会

连战先生：

　　值此先生荣任中国国民党荣誉党主席之际，谨致诚挚祝贺！

　　先生自领导中国国民党以来，为改善和发展两岸关系贡献良多。今年四月，先生率中国国民党代表团应邀来访，与我党进行交流与对话，举世瞩目。我们共同发布的'两岸和平发展共同愿景'，以增进两岸同胞福祉为依归，推动两岸关系向着和平稳定的方向发展，具有重要意义。贵我两党共同迈出的历史性的一步，已铭记于两岸关系发展的史册。衷心期望与先生共同努力推动两岸关系和平稳定发展，共创中华民族光明未来。

中国共产党中央委员会总书记　胡锦涛

2005年8月19日"

　　8月20日下午，连战致电胡锦涛总书记，感谢胡总书记对他当选中国国民党荣誉党主席的祝贺。连战在复电中表示："北京一会，展开两岸两党新关系之序幕，匆已四月。此期间，承先生支持，在贵我两党共同努力下，各项有利于两岸人民福祉之措施，均在陆续推动之中，已获民众高度的肯定。海峡两岸的和平稳定发展，为贵我两党的共同责任，也是先生与永平对中华民族以及两岸人民的共同使命。"

　　"中国国民党第十七次党员代表大会，已将本年四月廿九日先生与永平共同发布的'两岸和平发展共同愿景'列入政纲，代表本党所有同志对两岸愿景的庄严承诺。"

　　"此次大会决议聘永平为荣誉党主席，承先生来电祝贺，谨申谢忱。永平所念兹在兹者，不仅为中国国民党之中兴，更是两岸和平双赢的实践。在历史长河中，机遇难得。两岸领袖人物，实应本于为民谋福之宗旨，掌握此一契机，提升人民之福祉，共创中华民族之伟大复兴。永平仍将本一贯之初衷，以及对民族之责任，与先生共同努力，化愿景为真实。"

8月26日上午，国民党中央委员会致电中共中央和胡锦涛总书记，感谢中共中央和胡总书记对中国国民党第十七次代表大会召开的祝贺。复电全文如下：

"中国共产党中央委员会暨胡总书记锦涛先生：

本党第十七次党员代表大会开幕之日，承蒙惠电祝贺，与会全体代表、本党中央委员会及马英九主席，同表谢意。

大会对贵我两党今年四月廿九日达成的'两岸和平发展共同愿景'，已无异意列入本党政策纲领，作为今后本党两岸政策之基础与目标，以持续推动，共创台海局势之稳定，共促两岸关系之发展，共谋炎黄子孙之未来。

中国国民党中央委员会

八月廿六日"

国共两党积极的互动始终是媒体关注的重点。此次国民党十七大的召开与国共两党电文往来又掀起新一波媒体热评。

美联社驻北京记者8月19日发出电讯说，北京今天祝贺台湾国民党完成领导人交接。中国共产党人在致国民党新主席马英九的电报中说，双方应共同努力，"坚决反对'台独'，维护台海和平，增进两岸同胞福祉，共创两岸互利双赢的新局面，造福于中华民族。"

电讯说，中国国家主席胡锦涛还电贺连战荣任国民党荣誉党主席，并再次提到了他4月份对大陆所作的历史性访问。

电讯还说，在经过几十年的敌对后，近年来随着两边联合一致反对搞"台独"的总统陈水扁，双方的关系逐渐转暖。共产党和国民党都主张台湾和大陆的最终统一，北京说台湾正式宣布独立将导致战争。

美联社驻台北记者这一天也发出了题为"新的台湾反对党领导人带来与大陆改善关系的希望"的电讯。电讯说，受欢迎的台北市长马英九今天接任台湾最大反对党国民党的党主席一职，从而提高了该党支持者的期望值。他们希望马英九能够使国民党时来运转，并且改善与中国大陆的关系。

电讯说，55岁的马英九在台北国父纪念馆宣誓就职，从前任党主席连战手中接过了象征党主席一职的党旗。他在上月的选举中大败"立法院院"长王金平，成为国民党主席。他强调自己清正廉洁，并表示决心改变台湾与北京共产党政府长期以来的糟糕关系。

电讯说，马英九对在场的党员和全国电视观众发表演说，赞扬了连战4月份对大陆的历史性访问，并保证将继续努力改善两岸关系。他说将竭尽全力推行连战的政策。

香港《信报》8月19日发表了题为"百年老党进入'马世代'"的报道说，今天是中国国民党十七大的开幕式，这是国民党迁台之后第四度世代交替。国民党这个百年老党正式进入"马世代"，也许是国民党进一步扎根台湾，立足本土，励精图治，重新崛起的发轫，无论对台湾内部政治发展，抑或今后两岸关系互动，均有重要意义。

报道特别指出，国民党中常会18日通过了十七大政策纲领，以"民主、和平、新希望"为总诉求，揭示六大政纲，涵盖连战早些时候率团登陆"和平之旅"达成的连胡会五项共同愿景、江丙坤3月访问大陆时达成的江陈会十二项共识，以及新任党主席马英九的竞选政见。

台湾"中央社"8月19日发出数则反映国民党十七大召开情况的电讯。其中一则电讯说，连战在交接演说时期许接任的党主席马英九领党厚植实力，"告别在野，迈向执政"。马英九则盛赞连战对国民党、台湾人民、两岸交流的贡献。但也坦然掌党权后，无形压力"空前沉重"，肩负国民党的历史使命，他将延续连战主张，继续、扩大、坚持改革。马英九在致辞时，推崇连战"和平之旅"对两岸关系的贡献。他说连战"和平之旅"缓和两岸关系，让两岸关系有完全不同的风貌，连战对国民党、台湾人民、两岸人民有很大贡献，将留名史册。

澳门《新华澳报》8月19日刊登题为"马英九和'泛蓝'的机遇"的文章说，国、亲、新三党主席相继访问大陆，推动了两岸关系的改善和发展，特别是连战的"和平之旅"，揭开了两岸关系新页，在两岸以及国际上都深获好评。连战的大陆行，使他个人的声望达到顶峰，也使国民党在岛内的支持率提高。这显示出，国民党推动两岸关系和平稳定发展的努力，符合两岸民众和国际社会的期待。

文章说，马英九当选国民党主席后，中共中央总书记胡锦涛给马英九发去贺电，马英九当天复电，表示将依循连胡会"五点共同愿景"，推动两党交流，为两岸同胞福祉而努力。外界认为这是两党领导人的一次善意互动。

文章指出，马英九坚持反"台独"、反"去中国化"及坚持"九二共识"的立场鲜明，且"一路走来，始终如一"，这是他与大陆最大的共同语言。马英九在竞选过程中反复强调坚持连战的两岸路线，已提议将胡连会的"新闻公报"列入国民党党代会的决议，并推举连战担任国民党荣誉党主席，继续出任国民党智库董事长，在推动国共两党交流及两岸关系发展方面继续发挥作用。国民党主席交接后，国共"发展论坛"的首次会议将在台北举行。有舆论分析认为，国民党的两岸政策延续连战两岸双赢的路线，会继续为国民党加分，为马英九加分。

8月20日，台湾"中央社"又发表电讯说，中国国民党第十七次全国代表大会今天闭幕，党主席马英九重申打造正派、清廉、诚实的政党，2008年赢回执政权，更期许在"立法院"加强监督，主导民生法案。

马英九在致辞时说，国民党五年多来处于在野，在野党的天职是监督与制衡，在野党的重要舞台是"立法院"，今后会加强监督，主导国会的民生法案。他说，全代会是历史的转折点，希望大家把共识带回地方，让民众了解国民党已经整装待发，将卷起袖子深入基层，2008年重新执政不是梦想，而是大家努力的方向。

台湾《联合报》这一天发表了题目叫"连胡五愿景列入政策纲领"的报道，继续对国民党的政策纲领予以评说。报道说，新出炉的政策纲领以"民主、和平、新希望"为主轴，在两岸关系方面，国民党表明反对"台独"，主张回归"九二共识"重启两岸会谈，并以"连胡会"五项共同愿景为基础，搁置政治争议，推动签订和平协定，致力经贸合作。在经济发展方面，国民党主张：循序迈向两岸共同市场，将台湾打造成自由贸易岛；持续提升产业研发创新能力；推动精致服务业，全面开放大陆人士来台观光；发展优势农业，开拓大陆市场。

这一天的《联合报》还刊登了一篇题为"新党12周年党庆 郁慕明期许泛蓝整合"的报道，议论的主题同样是致力于改善两岸关系问题。报道说，站上12周年党庆晚会舞台中央，新党主席郁慕明对台下的新任国民党主席马英九说，新党未来的目标，一是泛蓝整合，二是两岸统一。

报道说，新党昨晚在大安森林公园举行党庆晚会，马英九等人前往祝贺。面对新党指派三位党籍"立委"加入国民党，投入国民党中央委员选举的决定，郁慕明借着昨晚的场合，向新党支持者说明新党推动泛蓝整合的步骤。被马英九誉为"赛诸葛"的郁慕明朗声说道："新党是小市民的政党，不会解散，会继续监督政府"，"至于泛蓝何时才能整合，一要看马英九领导国民党的改革成绩，二要看亲民党宋主席等高层的态度！"

报道指出，郁慕明本周力推籲士葆、雷倩、费鸿泰等三位"立委"，以退出新党动作去参选国民党中央委员，昨天继续趁党庆时机为泛蓝合并推波助澜。马英九向千余位新党支持者致意时说，感谢新党与三位"立委"为国民党打气。针对新党过去的强烈反对李登辉的主张，郁慕明表示，李登辉已老，也已站到一边凉快去了，新党何必与他为难；新党真正对抗者，其实只是隐藏在李登辉与陈水扁身后的"台独"与黑金。

（四）

11月2日，国务院台湾事务办公室新闻发言人就马英九之父马鹤凌先生在台湾逝世回答记者询问时表示，我们对马鹤凌先生逝世表示深切哀悼，并向中国国民党主席马英九先生及马鹤凌先生的其他亲属表示诚挚慰问。马鹤凌先生生前坚持一个中国原则、反对"台独"分裂活动，追求中国和平统一。近年来，马鹤凌先生虽年事已高，仍为发展海峡两岸关系奔走操劳，令人感佩。该发言人介绍说，马鹤凌先生逝世后，中共中央台办、海峡两岸关系协会、马鹤凌先生家乡湖南省及湘潭市分别通过不同渠道，以不同方式对马鹤凌先生逝世表示哀悼，并向马鹤凌先生的亲属表示慰问。

国台办的这一行动立刻又引起媒体的关注。香港《信报》11月4日发表了陈子帛先生题为"国共互动下的'马鹤凌效应'"的文章说，人们注意到，大陆国台办发言人在马鹤凌逝世的第二天就通过新闻媒体对国民党主席马英九的父亲马鹤凌的逝世表示深沉哀悼，并向马英九及亲属表示诚挚慰问。在笔者的记忆中，这大概是1949年之后，中共对台部门或者大陆方面，首次公开对台湾知名人士的逝世，专门发表讲话表示慰问。这一方面固然是由特定的两岸关系政治形势所决定，另一方面，也可以从另一个侧面感受到北京在处理台海关系政治互动的过程中，出现若干新的观念，具体运作也更加细腻、更趋于人性化。无可讳言的，还包括大陆方面对马英九本人的重视。

马鹤凌的过世为什么会引起人们如此深切的关注？根本的原因还在于马老先生一生忧国忧民、为两岸实现统一不懈追求的精神。对此，台湾媒体作了比较充分的报道。其中，台湾《联合报》11月1日、2日连续发表的报道最为详尽。报道说，马英九的父亲马鹤凌，一生忧国忧民，为两岸尽心尽力的想法没有片刻停过。他生前带病奔走，为两岸和平努力。10月28日，马鹤凌因为要举办研讨会事宜出现在党部，当时他感慨地对忘年交的青年党工表示："我老病之身，这恐怕是最后一次办活动了！"未料一语成谶，不到48小时，就因心肌梗塞而撒手人寰。

马鹤凌对于自己能教育出马英九这样的儿子是颇为欣慰的。他曾在遗嘱中说："我儿英九潜心学养，有九思之德，九如之身，九经之志，立身行道，国人期许方殷。此仍余此生最大安慰！"在遗嘱中他还写下他一生的政治主张："在国内化独渐统，团结合作，全面振兴；在国际化敌为友，协和欧美，共进大同。"遗嘱的最后道出了他为什么在83岁的时候写下这份遗嘱："惟余今已年逾八旬，且有痼疾在身，自知朝不保夕，特立遗嘱，寄望我儿英九继志述事，适时全力以赴。会内同仁随余义务工作12年，各总会发起人皆热爱国家民族与世界人类之志士仁人，均应争取合作，以收众志成城之效。"文中所说的"会"，是指马老先生筹组的"世界华人和平建设协会"及全球12个地区总会。

马鹤凌教子极严。马英九曾说："父亲是理论家，母亲是实践家。"虽然在母亲的支持和爱护下成长，但每天督促他读古文、唐诗的严厉父亲，对他影响更深远。马英九说，11年前他查黑打黑，不断有黑道扬言对他要下毒手，全家都力劝他放弃，只有父亲坚决支持，还告诫他说："文天祥和郑成功都只活了39岁，你已经多活了五年了。"在马英九年过半百时，马鹤凌曾写对联勉励他："英略振南都，百岁功名才一半；九经行大道，八年德业应千秋！"他向马英九强调："政治人物一定要活在大众心里，更要活在历史上。历史上多少权倾一时的政客只是遗臭万年，让子子孙孙抬不起头来。"

马鹤凌一如中国的传统文人，对诗词书画都有研究。他曾说，他会为唱戏着迷，作过一千多首诗，做梦也不断对词。他曾说，唯一教导儿子的，就是忠孝及民族大义。他对自己的四女一子，除从小要求熟读四书五经外，也常向子女输灌强烈的国家观念，其他如"理正气和，义正词缓"、"有原则不乱，有计划不忙，有预算不穷"等格言，更是马鹤凌对儿女的谆谆教诲。

马英九的爷爷马立安幼年失学，做学徒出身，历经磨难，勤劳致富后，深感失学之痛，捐出善款助学，并以"黄金非宝书为宝，万事皆空善不空"为家训。马鹤凌在马英九7岁时把这一家训告知他。1987年，马英九出版的博士论文上，首页就写着这句家训，让马鹤凌十分感动。

马英九常挂在嘴边的是，马鹤凌常以湖南名将曾国藩的家训"唯天下至诚能胜天下至伪，唯天下至拙能胜天下至巧"来训勉他。他宣布参加竞选国民党主席后，铭记这两句话，以温和与恳切去沟通，去化解党内的阻力。

出身于国民党基层党工的马鹤凌，在党内一直担任副职，仕途并不是一帆风顺的。但退休后仍为国事奔波，十次领导举办"世界华人和平建设大会"。2005年10月17日，马鹤凌为国父孙中山先生诞辰纪念日举行的"中华一统与世界大同"会议所发出的邀请函中写道："我的最后心愿，是'救台、兴中、平乱世、策进大同'，为这四句话，我忙了14年，也希望英九完成此愿，希望他促成台湾和大陆和解……我只希望多活几年，亲自见到这一理想一步一步实现……"

马英九对其父极其孝敬和尊重，他曾说过，如果我此生有一点点成绩的话，我的父亲功不可没。

马老先生的过世为什么会如此牵动人心？以上情况为此作了最好的解读。

八、宋楚瑜为感谢胡锦涛总书记对他当选连任亲民党主席的贺电，盛情复电，积极表态

（一）

6月22日至7月15日，亲民党以党员通讯投票方式进行新一届党主席选举。7月22日，亲民党中央党部宣布，宋楚瑜以99.19%的得票率当选连任亲民党主席。按亲民党党章规定，党主席一任两年，上次选举是在2002年举行，原本应在2004年中进行改选，但因台湾"总统"大选发生争议与后续政治风波的兴起而推延至今。

7月23日早上，中共中央总书记即致电宋楚瑜，祝贺他当选连任亲民党主席。贺电全文如下：

"台北
亲民党中央党部
宋楚瑜先生：

值此先生当选连任亲民党主席之际，谨致祝贺。衷心希望贵我两党与两岸同胞共同努力，维护台海地区和平稳定，继续推动两岸关系发展，致力于中华民族伟大复兴。

中国共产党中央委员会总书记　胡锦涛
2005年7月23日"

7月23日上午，宋楚瑜旋即复电胡锦涛总书记，表示至深感谢。宋楚瑜在复电中说："七月廿三日贺电敬悉，隆情盛意，至深感谢。未来本人将率亲民党继续致力促进两岸和平稳定发展，积极推动与贵党交流、合作，以增进两岸人民福祉，共创中华民族光明未来。五月大陆之行，承蒙阁下及贵党热情接待，楚瑜永铭在心，并此申谢。五月十二日所获六点结论，吾人将赓续努力，以符合两岸人民之期待。"

两党这一互动立刻引起媒体的关注。7月23日这一天，"中央社"即发出

电讯报道了这一情况。电讯说，亲民党主席宋楚瑜今早接到中共中央总书记胡锦涛祝贺他连任的贺电。胡锦涛表示，希望未来两党能继续为推动两岸关系发展共同努力。宋楚瑜也委由秘书长秦金生回复一份由宋楚瑜亲自签名的谢函给胡锦涛。谢函中表示，将率亲民党继续致力两岸和平稳定发展，积极推动与中国大陆交流与合作。回函中还再次感谢亲民党五月大陆之行受到胡锦涛的热情款待，并表示，未来亲民党将努力落实两党所达成的六项结论。

此前，"中央社"还发出电讯说，亲民党主席宋楚瑜顺利连任，党内各重要政治任务蓄势待发。亲民党幕僚指出，在宋楚瑜高度关切的两岸问题方面，除党内两岸小组将成立外，宋楚瑜不排除9月再度出访大陆，并在上海主持亲民党与中国共产党合办的经济菁英论坛。幕僚表示，这项经济菁英论坛，将广邀两岸以及周边国家重量级学者，对两岸自由贸易区等议题进行讨论，展望亚太经济的整合与发展前景。除了学者阵容顶尖，宋楚瑜与副主席张昭雄可能主持开幕典礼。

（二）

9月4日，"中央社"发出电讯说，亲民党政策中心主任张显耀今天表示，亲民党主席宋楚瑜将出席9月中旬在上海召开的两岸菁英论坛。党内人士透露，为推动两岸建立民间对话平台，宋楚瑜已筹设成立"中华两岸关系和平发展协会"，将与对岸相关单位对口，弥补目前两岸无法直接沟通的缺憾。

亲民党幕僚也指出，两岸关系的发展与定位，未来一到两年是关键期，更攸关台商在中国大陆市场的发展与远景，因此，两岸政策将是亲民党未来工作重点，宋楚瑜也将致力于落实"宋胡会"六点共识。

这位幕僚还说，连战筹设两岸和平基金会等构想，与亲民党的主张不谋而合，都是希望两岸能加速对话，善意互动，弥补目前存在的缺憾。

电讯指出，两岸菁英论坛目前确定由亲民党秘书长秦金生、中共国台办主任陈云林共同主持开幕式和闭幕式；亲民党副主席张昭雄将在闭幕式上致辞。两岸知名学者胡鞍钢、厉以宁等作专题演讲。两岸菁英论坛讨论的议题有四个，包括经济战略发展与台商角色及定位；如何促进两岸直航问题；两岸农业交流合作问题；以及两岸经济关系正常化问题。

张显耀对媒体说，举办两岸菁英论坛是为了落实宋胡公报第六点共识，并希望促成两岸沟通的平台，以弥补目前两岸无法直接沟通的缺陷。从台湾目前经济情势来看，中国大陆是台湾出超最多的对象，也是最大的贸易伙伴，甚至是台湾最大的出口市场，两岸经贸关系将深深影响台湾未来经济发展。

就在"两岸菁英论坛"紧锣密鼓的准备过程中，亲民党知名人士李永萍率领的"2005两岸科技交流访问团"访问大陆。9月7日上午，国台办常务副主任李炳才在北京会见了访问团一行。李炳才对李永萍率团来大陆进行科技交流表示欢迎。他说，海峡两岸科技合作大有可为，前景广阔。目前大陆正在全方位积极实施科教兴国的战略，为经济建设和社会事业全面发展注入了强大的动力，也为海峡两岸开展科技合作和业务交流提供了机遇和条件。海峡两岸科技交流与合作有着十分广泛的基础，也有很强的互补性，两岸科技领域的学术研讨会日趋活跃，两岸科技产业合作方兴未艾，两岸科技人才的交流络绎不绝，海峡两岸科技交流与合作出现了良好的发展态势。

李炳才说，加强两岸在科技领域的交流与合作是造福两岸同胞的事情，我们应该大力推进，实现双赢。海峡两岸同胞理应充分凝聚两岸中国人的智慧，相互扶持，各展所长，加强交流，扩大合作，促进两岸共同发展繁荣，实现中华民族伟大复兴。

访问团一行在京期间拜会了相关业务主管部门和中国网通、中央电视台、北京技术交易促进中心等机构，就加强两岸在电信，广播电视和知识产权保护等领域的交流与合作进行了探讨和交流。

此后，访问团又赴上海访问，与上海文广新闻传播集团、上海有线电视公司、上海联合产权交易所等单位进行了交流。

（三）

9月14日中午，宋楚瑜率亲民党有关人士及岛内专家、学者一行抵达上海，参加15日在上海举行的第一届两岸民间菁英论坛。

两岸民间菁英论坛是由中共中央台办与亲民党中央党部政策研究中心共同主办、海峡两岸关系研究中心和中华两岸和平发展协会承办的，是落实胡锦涛总书记与宋楚瑜主席会谈公报的重要举措，是中国共产党与亲民党继续开展交流与对话的重要活动。

中共中央台办主任陈云林、中共上海市委副书记罗世谦等到浦东机场迎接宋楚瑜一行。

面对热烈欢迎的场面，宋楚瑜发表了热情而简短的讲话。他说，再次回到上海，不仅是"和解之旅"，而且是"合作之旅"、"经贸之旅"。他表示，上海已成为全世界、全亚洲最重要的一个经济发展重镇，长江三角洲作为一个新的重要的经济力量正在兴起。这一地区对台商来说是一个非常重要的据点。

宋楚瑜说，在这一地区有超过50万的台商。非常感谢乡亲们对台商的照顾。让大家为中华民族的经济发展，为华夏子孙在世界上扬眉吐气携手合作。话音一落，机场上立刻响起热烈的掌声。

此间，媒体已掀起又一波热评。

9月12日，香港《大公报》发表了该报记者就此事对亲民党政策中心主任张显耀的专访报道。报道说，张显耀接受专访时表示，就北京方面能够在最短的时间内公布多项有利于台湾民众的政策与措施，像台生学费优惠、水果等农产品登陆以及300亿元人民币的台商融资专款等，展现了极大的诚意与善意。宋楚瑜主席将借上海菁英论坛时机，向大陆表达由衷的敬意与谢意。

张显耀说，两党共同举办"两岸民间菁英论坛"就是希望两岸的菁英、学者能够集思广益，将"胡宋公报"六点共识尽早落实。他说，亲民党希望在这次论坛上与北京达成共识，促成上海、台北中秋节直航包机。由国亲合作，共同提出两岸直航特别条例及相关法案，将在13日开始的"立法院"新会期开议。有关直航的具体配套措施，也会在菁英论坛上进行讨论。

9月13日，"中央社"发表电讯说，亲民党政策中心主任张显耀表示，亲民党就"两岸菁英论坛"议题之一"推动两岸三通"拟妥了"台湾地区与大陆地区民间直航特别条例"草案，主张由为期一年的台北、上海试点双向直航起步，分三个阶段实现全面直航。这三个阶段是：第一阶段先试办台北、上海两地试点双向直航，为期一年；第二阶段，扩大试办大陆地区五个机场与台湾地区两机场进行双向试点直航；第三个阶段，全面进行两岸双向直航以及其他经"立法院"议决的专案直航。

"中央社"9月12日还发表消息说，张显耀前往台湾当局"陆委会"就亲民党访问团返台时拟采用"厦门——金门"的"小三通"方式进行沟通，但遭到当局的婉拒。对此，张显耀表示，中华民国国民循"小三通"模式返回台湾，并无任何违反法令之处，"陆委会"说法明显昧于法令现状。他说，他希望"陆委会"专案核准亲民党代表团循"小三通"模式返台，让在野党亲身了解"小三通"的实际情况，以及透过"小三通"与绕经香港返台两种方式的时间和成本的差异，并积极全面开放台湾人民循"小三通"模式进出中国大陆，降低人民往来两岸的时间成本，并可繁荣金门等岛。张显耀说，民进党执政五年来，在两岸事务上唯一的作为就是"小三通"，如果亲民党"小三通"专案未被核准，足以证明民进党的"小三通"已是名存实亡。

（四）

9月15日上午，第一届两岸民间菁英论坛在上海隆重开幕。中共中央政治局常委、全国政协主席贾庆林和亲民党主席宋楚瑜出席了论坛开幕式，并分别发表了演讲。

贾庆林的演讲题为"全面深化和扩大两岸经济交流与合作，努力促进两岸关系朝着和平稳定的方向发展"。他说，我们举办这次论坛，是落实今年五月胡锦涛总书记与宋楚瑜主席会谈公报的重要举措，也是我们党与亲民党深化交流与对话的重要活动。近四个月来，我们和国民党、亲民党一道，积极努力地推动落实各项共识，并取得了实质性进展。凡属大陆单方面可以做到的事项，均在逐一落实。同时，凡属需要两岸双方协商落实的事项，我们也一直在积极推动。我们对台湾同胞的每一项承诺，言必信、行必果，认真兑现，决不失信。

贾庆林指出，当前，经过两岸同胞的共同努力，两岸关系中有利于遏制"台独"分裂活动的积极因素有所增强，但反对和遏制"台独"分裂势力及其活动的斗争依然严峻而复杂。遏制"台独"分裂活动仍然是两岸同胞当前的首要任务。

面对历史性的机遇与挑战，贾庆林希望所有的中华儿女都要认真、严肃地思考中华民族的发展前景，并且站在这样的高度，思考两岸关系的前途。他说，胡锦涛总书记在与连战主席、宋楚瑜主席会谈时指出，要构建和平稳定发展的两岸关系。这是一个具有远见卓识的阶段性目标，符合台湾同胞的主流愿望，顺应世界和平发展的潮流。为构建和平稳定发展的两岸关系，胡锦涛总书记提出了四项主张。我们希望台湾同胞能体认到这四项主张合情合理、务实前瞻，与我们一起构建一个和平稳定发展的两岸关系，实现两岸关系的阶段性进步。

贾庆林强调，在构建和平稳定发展的两岸关系中，促进两岸经济交流与合作，是不可或缺的重要组成部分，具有不可替代的重大作用，并且蕴藏着巨大的潜力和广阔的发展空间。两岸同胞应当进一步携手合作，互利互惠，共创双赢。

贾庆林就全面落实今年五月胡锦涛总书记与国、亲两党主席会谈达成的共识，深化和扩大两岸经济交流与合作提出四点意见：

第一，搁置分歧，努力创造良好的经济交流合作的环境。对两岸政治分歧，完全可以通过在体现一个中国原则的"九二共识"基础上进行谈判，寻求解决办法。两岸同胞应当团结起来，共同反对"台独"，维护台海和平稳定，为两岸经济交流与合作创造良好环境，为两岸经济共同发展繁荣提供可靠的保障。

第二，顺应民意，切实推动两岸直接"三通"进程。目前，实现"三通"的关键在直接通航，而直接通航的突破口在实现两岸客运、货运包机直航。大陆方面愿意采取灵活、务实、有效的做法，积极推动两岸民间行业组织，以2005年春节包机协商的模式，尽早就客运、货运包机问题开始商谈，就有关技术性、业务性安排达成共识，一并安排，同步实施。

第三，提升层次，不断拓展两岸经济交流与合作的深度与广度。一是要利用高新技术提高传统产业的科技含量、附加值和竞争力。二是要积极开展金融服务业的交流与合作，为两岸经济交流与合作提供更强有力的支撑。三是要积极推动两岸经济合作的产业、地区的合理布局，发挥各自产业、区位优势，促进协调发展。四是要加强两岸在高新技术、基础科学等方面的交流与合作，努力提高自主创新能力。在深化和扩大两岸经济交流与合作的进程中，我们将进一步改善投资环境，切实维护和保障台湾同胞的合法权益。

第四，着眼长远，构建两岸经济合作机制。逐步建立互利互补、务实有效的经济合作机制，符合经济发展的客观规律，也是深化和扩大两岸经济交流与合作的需要。建立这样的机制，主要是建立会议制度和协调机构，商讨两岸经济交流合作的重大问题，协调两岸之间的投资与贸易政策，进行合理的资源配置和有效的分工合作，充分发挥优势互补的经济效果，实现两岸经济关系正常化、规范化、稳定化。

宋楚瑜在演讲中说，为什么亲民党这么重视两岸关系？事实上，不论国外还是国内，只要读通中国历史的中国人，只要了解世界趋势与国际现实的人，都会高度关切两岸问题。没有稳定的两岸关系，台湾的经济根本无法持续发展。

宋楚瑜强调，面对全球企业竞争的挑战，两岸要在经贸上做到分工互补，首要的问题就是两岸交通要便利。我们相信，未来的两岸经济关系，将进入两岸共同发展的阶段。基于此，为了使台湾的工商企业与大陆工商企业的整合能够有利于国际上的竞争力，两岸之间就需要建立许多有关经济的信任机制，以使两岸的工商企业得到健康的发展。

开幕式后，贾庆林与宋楚瑜再次会见，进行了亲切的交谈。贾庆林说，近一个时期，在各方面努力下，两岸关系中有利于遏制"台独"分裂活动的积极因素在增强。台湾民众希望加强两岸交流合作、早日实现"三通"、促进台海地区和平稳定的愿望更加强烈。这是民意的主流。但是，树欲静而风不止。"台独"分裂势力没有停止"台独"活动，他们谋求"台湾法理独立"的危险性依然存在。今后一个时期，反对"台独"势力及其分裂活动的斗争仍然是严峻、复杂的。两岸同胞团结起来，台湾一切反对"台独"的力量团结起来，坚决遏制"台独"，构建和平稳定发展的两岸关系，是非常重要的。

贾庆林说，5月份以来，我们有关部门一件一件地抓紧落实胡总书记与连战主席、宋楚瑜主席会谈达成的共识。只要对台湾同胞作出的承诺，我们都一定要切实做到，而且一定要做好。这同时也表明，我们对于推动两岸关系朝着和平稳定的方向发展，有诚意、有决心、有信心。我们两党举办第一届两岸民间菁英论坛就是落实胡总书记、宋主席会谈公报的具体行动。通过不断地深入研讨交流，一定会对政策决策提出许多好的意见和建议，并转为实际行动，对两岸经济交流与合作起到推动作用。

宋楚瑜表示，最近一个时期，中国共产党以诚意、决心和行动促进两岸关系和平稳定，让台湾的青年学生、农民、台商和广大民众看到了大陆确实做到了言必信、行必果。两岸应该求和平、谋发展，以中国人的智慧处理两岸之间的问题，让全世界看到我们可以坐下来谈，不能让"台独"破坏两岸关系和平稳定发展。

中共中央政治局委员、上海市委书记陈良宇、中台办主任陈云林等参加了会见。

14日晚，贾庆林和宋楚瑜出席了论坛举办的欢迎宴会。

（五）

9月5日—16日，来自海峡两岸一百五十多位知名的专家学者、企业家围绕着论坛的主题"促进两岸经济交流与合作"进行了广泛而深入的研讨。

如何实现两岸"三通"是本次论坛的主要议题之一。宋楚瑜在演讲时说："我们认为可以推动'台北——上海试点直航'来加速两岸直航。"他说，推动"台北——上海试点直航"的主要理由有三点：第一是因为台北与上海两大城市，地理相近、人民生活水准接近，而且双方民众和货物的往返流量大，显然推动两岸试点直航有其必要性；再者，推动两岸试点直航可以嘉惠大上海地区的五十多万台商，节省大上海地区台商往返两岸的时间成本；更重要的是，两岸要迎接国际化的挑战，外商公司、外资企业及台商都需要便利的交通来达到布局全球的目标。

在讨论中，两岸专家学者高度关注"三通"直航这个老话题，认为"三通"不仅势在必行，且应只争朝夕。民意代表刘文雄在发言中说，应该看到，大陆发展"一日千里"，东海大桥、大小洋山深水港的启动，很可能令台湾原有的"优势"进一步削弱，若两岸实现"三通"，台湾海运、空运直航一年将节省1000亿元新台币，还会带来更为广阔的经贸合作空间。

台湾"海峡两岸航运交流协会"理事长胡汉湘说，两岸"三通"，只欠东风。我们希望台湾当局在两岸"三通"上不再设置人为障碍。

怎样加强两岸农业交流与合作也是本次论坛的主要议题之一。

台湾"中央研究院"教授陆云回顾了两岸农产品贸易的发展历程。他说，两岸农产品贸易在过去十几年来有着相当程度的发展，以过去十年为例，台湾出口到大陆的农产品从1995年的581万美元，逐年稳定地上升到去年的2.9亿美元，占台湾农产品出口总值的8.21%，特别是最近三年加入WTO后的成长最为快速。

农业部农村经济研究中心副主任宋洪远认为，台湾农业劳动力缺乏，土地存量少，造成农业成本高，很难有规模效应。相比较而言，大陆农业专业性差，组织相对落后，运销渠道差，而这些正是台湾农业的优势；但大陆土地面积辽阔，劳动力成本低，农业市场宽广，两岸农业正好可以取长补短，相互利用对方优势，共同创造双赢。

随着两岸农业交流的深化和扩大，两岸农产品产销及认证成为两岸农业界人士共同关心的问题。大陆"中绿华夏有机食品认证中心"常务副主任郭春敏介绍了大陆无公害农产品、绿色食品和有机食品质量认证的基本形式，并就发展两岸有其农产品认证交流、合作提出了建议。

台湾大学植物病理学系名誉教授吴文希就加强两岸农业科技资讯交流问题提出，希望大陆方面协助台商在大陆设置企业化经营管理的生态农场或工厂，希望大陆协助台商部分解决基础及科研投资时的融资。

论坛还就大陆经济发展与台商在大陆投资、两岸投资贸易正常化等问题进行了广泛而深入的研讨，达成许多共识。

（六）

在闭幕式上，中台办副主任李炳才致辞时说，论坛真正体现了广泛的代表性，大家即使有不同的看法，也相互理解、求同存异。这种求实、务实的精神为本届论坛创造了条件，也为我们积累了经验。

凝聚智慧，达成共识。在热烈的掌声过后，中台办副主任郑立中朗朗地宣读论坛最具体的成果——《第一届两岸民间菁英论坛共同建议》：

"为落实中国共产党中央委员会胡锦涛总书记与亲民党宋楚瑜主席2005年5月12日会谈公报中关于推动建立'两岸民间菁英论坛'的共识，中国共产党中央委员会台湾工作办公室与亲民党中央党部商定，举办第一届两岸民间菁英论坛。本届论坛由中共中央台湾工作办公室与亲民党中央党部政策研究中心共同主办，海峡两岸关系研究中心与中华两岸和平发展协会共同承办，于2005年9月15日至16日，在上海举行。

第一届两岸民间菁英论坛的举办，是中国共产党与亲民党继续开展政党交流与对话的一次重要活动。9月15日，中共中央政治局常委贾庆林、亲民党主席宋楚瑜出席论坛开幕式并分别发表演讲。两党人士和两岸专家学者、企业界人士、台商代表等共一百五十余人出席了会议。

本届论坛主题是"促进两岸经济交流与合作"。与会人士就大陆经济发展与台商在大陆投资、两岸直接通航、两岸农业交流合作、两岸投资贸易正常化等四项议题，进行了广泛而深入的研讨，达成诸多共识。

会议认为，两岸经济交流与合作，符合两岸同胞的共同愿望。在两岸经济交流与合作持续发展之基础上，面对世界经济全球化和区域经济整合的趋势，两岸同胞应全面深化和扩大经济交流与合作，推动两岸关系朝和平稳定的方向发展。为此，本届论坛形成共同建议如下：

一、鼓励台商在大陆投资及保障其正当权益

——大陆经济快速持续协调发展，为台商在大陆投资提供了更宽阔的空间。大陆方面持续鼓励台商在大陆投资，认真贯彻台湾同胞投资保护法及其实施细则，依法保护台湾同胞在大陆的一切正当权益。亲民党方面则继续推动取消对台商投资大陆不合理的诸多限制。

——中共中央台湾工作办公室与亲民党中央党部各自指定专责机构，联系、处理台商投资中涉及权益保护的问题。继续努力促成两岸协商恢复后，依互惠互利之原则，商谈保障台商投资权益的问题。

——积极推动两岸仲裁机构的交流合作，建立务实有效机制。大陆方面在现有基础上，增加聘请台湾公证专业人士担任大陆仲裁机构的仲裁员；举办业务交流和培训，以提高双方对两岸经贸现状和相关规定的了解。

——加强两岸知识产权（智慧财产权）保护的合作，取缔仿冒、剽窃、盗录等各种侵犯知识产权（智慧财产权）之违法行为。

——亲民党提出扩大台资企业在大陆融资管道。大陆方面继续支持台资企业在大陆上市，并积极推动有关银行为台资企业提供贷款帮助。

二、积极推动两岸直接通航

——尽快实现两岸客运和货运包机直航。促进以2005年春节包机澳门协商的方式，就客运包机节日化、周末化、常态化及货运包机便捷化的技术性、业务性问题进行协商，作出安排，同步实施。两岸客运包机增加航点，扩大搭载对象，凡持合法、有效证件的两岸同胞均可搭乘客运包机。两岸货运包机采取多种合作方式，共创互利双赢。

——推动两岸定期、定点双向空中直航，逐步促成2006年开始全面、直接、双向直航。

——继续扩大两岸海运业者的合作。大陆方面欢迎台湾航商按照有关规定，直接在大陆设立代表处。亲民党方面积极研究推动解决大陆航商在台湾设立代表处的问题。

——亲民党方面提出金门、马祖、澎湖作为‘自由贸易特区’试办点的主张。大陆方面将进一步推动扩大福建沿海地区与金门、马祖直接往来，继而实现与澎湖直接通航与往来，促成上述四地更为密切之经济合作。

三、促进两岸农业交流与合作

——推动两岸农产品贸易正常化。大陆方面将继续促进台湾农产品在大陆销售，对台湾水果运输实施‘绿色通道’，推荐农业产销合作单位，建立台湾农产品在大陆之运销管道。亲民党方面将积极推动实现两岸农产品海上和空中运输直航，有效降低运输成本。

——促进建立两岸农业交流及预防检疫机制，以确保两岸农业交流中食品、药材等卫生与安全。共同保护农业生产之知识产权（智慧财产权），有效打击和制止两岸农产品走私活动。

——两岸任何一方遭遇重大自然灾害时，另一方及时提供调节性的合格农产品，以因应市场短期需要。

——共同维护与开发两岸渔业资源，保障渔民捕捞权益及其生命财产安全。

——加强两岸农业资讯交流。及时通告禽畜疫病及人畜共患疾病疫情。提供最新气象资料，保障农民、渔民生命与财产安全，维护自然资源。

——促进两岸农业科研交流。共同研发动物、植物品种改良；积极筹办并互邀专家学者参与相关农业发展的学术性活动；协助培养人才。

四、促进两岸经济关系正常化

——营造和平稳定发展的两岸关系，为两岸经济交流与合作提供必要、良好的环境。

——改变目前两岸经济交往单向、间接状态，促进实现两岸直接、双向的投资、贸易与旅游观光，推动两岸经济关系正常化。

——结合两岸经济优势，推动产业转型，强化研发、技术及行销之能力，以提升竞争力，共创经济双赢。

——推动两岸银行、证券、保险等金融业具体合作。台湾券商依大陆有关规定，参与大陆证券市场业务。促进金融业互设分支机构，以扩大两岸金融交流。

——中共中央台湾工作办公室与亲民党中央党部政策研究中心建立联系协调机制，适时就两岸经济交流与合作的重大问题交换意见。"

郑立中宣读完毕后，全场又一次响起热烈的掌声。

论坛结束了，但论坛形成的共识又启动了新工作的开始。构建和平稳定发展的两岸关系是两岸同胞的共同心愿。前路未必平坦，但正如贾庆林主席在演讲中所言："我们为此而努力的步伐，不会因为遇到困难和遭逢诬蔑而停顿。"

（七）

"两岸民间菁英论坛"的举办又立刻成为媒体报道的热点。

9月17日，新加坡《联合早报》发表报道说，第一届两岸民间菁英论坛在经过两天针对性地讨论后，昨天下午结束。与会双方在论坛中达成四点共识，其中特别提出尽快实现两岸客运和货运包机直航，推动两岸定期、定点双向空中直通，并逐步促成2006年开始全面、直接和双向通航。这项共识和建议呼应了全国政协主席贾庆林与亲民党主席宋楚瑜在论坛开幕式上所表达的决心。

报道说，在积极推动两岸通航的共识上，共同建议书指出，亲民党提出以金门、马祖、澎湖作为"自由贸易特区"试办点的主张。大陆方面将进一步推动扩大福建沿海地区与金门、马祖直接往来，继而实现与澎湖直接通航与往来，促成上述四地更为密切之经济合作。

报道还援引一位知名人士的话，说中国科学院——清华大学国情研究中心主任胡鞍钢教授在接受采访时说，论坛对两岸经济交流合作所存在的问题提出了不少意见，而中台办能予以积极回应，与亲民党达成了促进两岸深化交流的共识，对有关问题的灵活处理与开放，显示了大陆的信心。亲民党中央政策会执行长张显耀说，希望两岸论坛是青年领袖的论坛。促进两岸青年才俊共同交流，促进了解。

这一天的《联合早报》刊登的另一篇报道说，台湾媒体引述可靠消息指出，两岸包机协商已有具体时间表，近期将作重大宣布；陆委会则严词澄清称谈判仍胶着，斥大陆领导人没诚意，讥宋楚瑜哗众取宠，架空政府。另一方面，台湾当局的"台独"企图并未停止，使台湾局势"仍存在现实危险"，昨天，陈水扁以退为进说，尽管北京当局执意不和台湾当局打交道，但两岸关系并未如他上任前紧张。

报道还说，台湾又有媒体引可靠消息说，尽管两边官方在台面上无太大进展，实则透过航空业者频繁秘密接触，两岸包机直航谈判如今"已接近成熟阶段"，双方"逐步形成共识"，方案是货运包机先行，三个月后落实客运包机。但是，此消息见报后，"陆委会"主委吴钊燮在第一时间否认包机协商已趋于成熟，驳斥所谓的"包机已有时间表"是"严重悖离事实"。陆委会昨天还否决了亲民党的"小三通"申请，拒绝让宋楚瑜在结束上海论坛后，循"小三通"由厦门回返金门。

9月18日，台湾《中国时报》发表报道说，宋楚瑜今天结束访问中国大陆行程，他表示，两岸不通航，不仅台湾受影响，对两岸经济发展也没有好处，亲民党将在立法院提案修法，加速解决三通直航问题。宋楚瑜今天下午从高崎机场搭机离开厦门，对于申请"小三通"返台未获通过，他表示，两岸通与不通，关键在于心灵是否相通，一通就百通，心灵有挂碍，即造成人为阻力。

报道说，宋楚瑜启程返台时，照例受到大陆热情有加的欢送。大陆国台办副主任、厦门市委副书记以及各方面的代表等都到机场送行。面对热情的欢送场面，宋楚瑜再次表示，感谢中国大陆领导和台办对台商的照顾，感谢大陆领导和有关方面对帮助台商解决问题、促进台商创业发展所展现出来的务实精神和真诚善意。他说，两岸不仅血浓于水，更重要的是有共同的心愿，即是他在南普陀寺菩萨前祈祝的，两岸应排除心内挂碍，早日大团圆。

（八）

贾庆林主席在论坛开幕式上的演讲中所提出的深化和扩大两岸经济交流与合作的四点意见里，就有"要积极开展金融等服务业的交流，为两岸经济交流与合作提供强有力的支撑"的建议；同时，在论坛形成的"共同建议"中，也有"亲民党提出扩大台资企业在大陆融资管道。大陆方面继续支持台资企业在大陆上市，并积极推动有关银行为台资企业提供贷款帮助"的条款。其实，此前大陆方面已经采取了实际行动。

9月7日上午，国务院台湾事务办公室和国家开发银行在北京人民大会堂举行了《关于支持台湾同胞投资企业发展开发性金融合作协议》签字仪式。此次协议合作期限为五年，开发性贷款额度共300亿元人民币。国台办主任陈云林、国家开发银行行长陈元在合作协议上签字。

陈云林在致辞时说，近年来，在两岸同胞的共同努力下，两岸经济合作迅速发展，交流领域不断扩大。在两岸贸易方面，大陆已成为台湾第一大出口市场和最大贸易顺差来源地，台湾是大陆第二进口市场；在台商投资方面，大陆成为台湾地区对外投资最多的地方。陈云林说，如此众多的台资企业在大陆投资兴业，需要金融支持。但由于台湾当局对台湾工商人士及台湾金融机构赴大陆投资有诸多限制，目前台资企业在大陆融资还有不少困难。对此，大陆方面一直十分重视。早在上世纪90年代初，大陆方面就专门为台资企业安排台资投资企业固定资产专项配套基金，为台资企业解决了30多亿元人民币的资金需求。大陆的银行对台资企业的贷款融资一直给予积极支持，大陆的A股市场也已向台资企业开放，台资企业可以利用大陆资本市场进行直接融资。此次国家开发银行与国台办签署的开发性金融合作协议就是为了更好地服务台商，进一步解决台资企业的融资问题而专门安排的。

陈元在致辞时表示，两岸经济合作近年来发展迅速，台商来大陆投资踊跃，但台资企业在大陆的生产和经营仍面临融资难题。国家开发银行作为政府的开发性金融机构，一直关注两岸的经贸交流和台资企业在大陆的发展。此次与国台办合作，旨在发挥开行开发性融资的优势，针对台资企业在大陆普遍面临的融资难题，积极为台商企业提供金融支持，共同促进两岸经贸交流的发展。陈元说，这次合作是在优势互补、共识互动、诚实守信、共同发展的基础上展开的。这既有利于解决台资企业融资难的问题，促进台资企业发展；又有利于双方发挥优势，合作互利，实现共同促进两岸经贸目标，对于造福两岸同胞、发展两岸关系，都具有十分重要的意义。

国台办副主任李炳才、国家开发银行副行长王益及部分大陆投资的台资企业协会会长参加了签字仪式。

这一消息一传出，立刻引来如潮的好评。

台湾"中央社"驻北京的记者当天就发出消息说，中国国台办为广大台商提供融资支持，北京台商协会会长谢坤宗、上海台商协会会长叶惠德、天津台商协会会长丁鲲华、东莞台商协会荣誉会长张汉文等人都表示肯定和感谢。

天津台商协会会长丁鲲华接受"中央社"记者的采访时说，对全中国大陆的台商来说，300亿元人民币的贷款额度虽然不是很多，但这是一个好的开始，对台商在大陆投资兴业将会比较方便。丁鲲华表示，目前台商在大陆普遍面临融资困难的问题，大陆方面这次启动对台商提供融资支持的新措施，将可促进两岸经贸交流的发展。

东莞台商协会荣誉会长张汉文说，广大台商如果能得到中国大陆银行的政策性贷款，除了可以解决资金周转难题，在经营活动上更可以增加新设备，甚至扩厂，使得产业进一步升级。

中国国台办经济局局长何世忠指出，只要符合国家开发银行贷款条件的台资企业都可以申请融资支持，不限于大陆各地台商协会的会员。

9月8日，台湾《中国时报》发表了题为"中共对台示好 一套套出招"的报道说，中共昨宣布提供300亿元人民币贷款支持台商融资。自连宋5月登陆后，中共便逐步对台宣布"利多"政策，有时甚至到"每周一帖"的地步，且受惠对象几乎涵盖台湾所有阶层。据悉，中共还将选在适当时候继续释放对台"利多"政策，其中包括观光旅游，开放律师、医师执业等同CEPA利多的相关政策。

同一天，台湾《联合报》发表报道说，继开放台湾民众大陆就业、台湾学生就读大陆大学同等收费后，中共昨天大手笔推出台商金融贷款大礼，约相当于两个台北101大楼的造价。中共这记拉拢台商的手段，影响层面颇大，台商今后不必只依赖台湾的银行融资，对高技术产业投资将有更大的诱因。

这一点，台湾《经济日报》刊登报道说，中共开发银行昨天在北京对大陆台商，开了一张人民币300亿元的巨额支票，要为台商投资兴业融资。大陆向台资企业撒出大笔银子，无非是要台商从此根留大陆。大陆广开善门拉拢台商，手法已从过去"拿市场换资金"转变为"拿资金换人心"，展现的不只是经济实力，更是对两岸事务的信心。北京当局接连两天释出政策多利，涵盖入出境签证、教育、金融等领域，就像"房梁上挂辣，一串接一串"。阵阵辣味飘香，台湾挡也挡不住。台湾当局却说"多数台商只有看的份"。到这个节骨眼，还是一副"倒吊的腊鸭，嘴油"。碰上这个"政府"，台商还有什么好说的。

这一天，香港《明报》发表题为"大陆不视扁为谈判对手"的文章说，提供为期5年的300亿元人民币开发性贷款，为台商提供融资支持，这一结果，体现了台湾在野的国亲两党领袖与中共领导层达成共识的精神，再次落实"寄希望于台湾人民"的政策。大陆各地台商协会负责人大表肯定与感谢是不言而喻的；对于执政的民进党当局而言，其在两岸关系政策方面的压力也是可想而知的。

文章指出，只要有利于台湾人民，只要有利于两岸关系缓和，大陆方面都会主动去做，让台湾民众自己去判断。此番争取台湾民心的举动有一大特点，就是决不和台湾当局打"口水仗"。台湾陈水扁近日曾提到，台湾农产品应该出口日本而非大陆，又说任内绝不承认大陆学历，但是，大陆方面落实与台湾在野党的共识的举措并未因此停止，甚至根本不直接回应陈水扁的言论。如此看去，只要陈水扁方面不采取重大主动措施，直到他任期结束时，大陆方面都不会将他视为谈判对手。

9月8日，台湾《中国时报》还发表了一篇题为"北京柔性攻势 实质有效"的文章说，北京为了掌握两岸关系发展的主导权，胡锦涛对台政策日趋务实，将争取台湾民心向背视为对台工作的第一要务。

（九）

12月2日，国家开发银行和国务院台湾事务办公室公布了双方共同制定的《台资企业国家开发银行贷款暂行办法》（以下简称《暂行办法》）。人民日报记者就有关问题专门采访了国台办经济局局长何世忠。

记者问："为什么要制定《暂行办法》？"

何世忠答："今年九月，国家开发银行与国台办签订了《关于支持台湾同胞投资企业发展开发性金融合作协议》（以下简称《合作协议》），是落实胡锦涛同志'只要是对台湾同胞有利的事情，只要是对促进两岸交流有利的事情，只要是对维护台海地区和平有利的事情，只要是对促进祖国和平统一有利的事情，我们都会尽最大努力去做，并且一定会努力做好'讲话的重要举措。两岸经贸关系发展很快，台商来大陆投资踊跃，众多台资企业在大陆投资兴业需要金融支持。对此，大陆方面一直十分重视，早在上个世纪90年代初，大陆方面就专门为台资企业安排了台商投资企业固定资产专项配套资金，为台资企业解决了30亿元人民币的资金需求；大陆的银行对台资企业的贷款融资一直给予积极的支持，大陆的A股市场也已向台资企业开放，台资企业可以利用大陆资本市场进行直接融资。为进一步满足台资企业的融资需求，更好地为台商服务，今年9月7日，国台办主任陈云林和国家开发银行行长陈元签署了《合作协议》，为台商提供了300亿元人民币的开发性贷款。《合作协议》签署后，国台办和国家开发银行就开始认真地研究制定《暂行办法》，同时征求了各有关方面的意见。可以说，这个《暂行办法》是各有关方面共同研究制定的。"

记者问："《暂行办法》主要包括哪些内容？"

何世忠答："《暂行办法》共分七章，对贷款对象、贷款领域、贷款品种和利率、贷款的申请程序和评审办法、贷款合同的签订以及贷款管理作了具体规定。根据办法规定，台商在大陆注册的合作经营企业、合资经营企业、独资经营企业（包括大型企业和中小型企业），经国务院批准的台商投资区以及经国务院有关部门批准的海峡两岸农业合作试验区、海峡两岸科技工业园区基础设施建设项目都可以申请贷款。贷款项目涉及农业、能源、交通、电子、原材料等领域，同时也包括高新技术产业化项目（特别是具有自主知识产权的项目），适应国际市场需要的出口基地建设项目，资源开发与再生资源综合利用、环境保护以及循环节能开发项目，以及有利于促进西部大开发、东北等老工业基地振兴、中部地区崛起等区域经济建设与社会发展的项目等。贷款期限分为中长期贷款与短期贷款；按币种分为人民币贷款和外币贷款，贷款利率按人民银行公布的利率政策执行。申请程序为台资企业将申请材料，包括贷款申请函，贷款项目的可行性研究报告（或项目建议书），有关部门关于项目、土地、环保以及规划的审批文件（核准或备案），企业生产经营情况及财务报表等，同时报所在省级台办和开发银行分行。大型台资企业集团可将申请材料直接报送国台办，同时报国家开发银行总行营业部。"

记者问："还有哪些需要说明的事项？"

何世忠答："发展两岸经济交流与合作，维护台商的权益和利益，需要两岸同胞的共同努力，我们呼吁台湾当局尽快放弃限制两岸经济关系发展的政策，多为台湾民众的福祉办实实在在的事。"

《暂行办法》的公布执行，同样有引起舆论热评。有的媒体发表评论说，《暂行办法》的出台充分展示了大陆各有关方面为落实胡锦涛总书记的四个"只要是"承诺的积极性和务实精神。也有媒体赞扬道，这再一次显示出大陆为台商服务的至诚之意。

九、国共两党基层交流络绎于途，高层交往日趋绵密。两党上下携手并进，积极推动美好愿景落实

（一）

8月17日，新华社发表电讯说，据台北消息，中国国民党主席连战在16日举行的记者会上表示，中国国民党与中国共产党的党对党干部交流即将展开，第一阶段从8月底开始，推动基隆市等6个县市与宁波市等城市交流；第

二阶段将有10个县市交流；第三阶段将包含台北市与高雄市进行交流。

电讯说，连战主席不久前率团访问大陆时，在与胡锦涛总书记会谈后共同发布的新闻公报中提出，将共同建立两党定期沟通平台，包括开展不同层级的党务人员互访等。此次开展党对党的基层交流就是落实这项共识的具体行动。

电讯说，两党首批交流的具体规划是：基隆市对宁波市、新竹市对苏州市、台中市对厦门市、彰化县对青岛市、台南市对深圳市、高雄县对福州市。

连战在记者会上说，参访成员预计每个县市以30名为限，成员目前局限于国民党干部，未来将逐步扩大到非国民党党员，包括关心两岸发展的人士。他说，希望党对党干部交流不仅仅是沟通、交换意见与增加友谊，更希望通过访问促进两岸的文化、经贸交流等事业的发展。

8月16日，台湾《联合报》发表了题为"国共基层交流 首波6县市登陆"的报道说，国民党将宣布21县市党部全面和大陆21个重要城市展开经贸、文教及农业交流，第一波台中市等6县市党部与大陆厦门等6城市中共地方党部进行交流。昨天，已有国民党员抵青岛。目前，国民党智库邀集地方党部主委开会，要求地方党部积极准备与中共地方交流，准确评估台商人数与投资项目。

报道说，9月间，将宣布台中县等第二波地方党部交流对象。为免落人口实，国民党地方党部主管说，国民党地方党部这次与大陆交流，只是进一步服务台商，替各地台生、台商解决就学、就业与投资等问题，不会与中共单位签订任何协定。

报道说，国民党彰化县党部执行长吴灯波等人，昨天上午已启程将前往青岛，与中共青岛市委员会高级干部会面，协商28日或29日主委许福明访问行程与洽谈内容。

（二）

8月23日下午，中国国民党台中市党部访问团一行30人抵达厦门，与中共厦门市委开展交流，这标志着两党政党交流正式启动。

中共中央台湾工作办公室副主任郑立中在厦门会见了率团来访的国民党中央组织发展委员会主任委员廖风德、台中市党部主任委员沐桂新及访问团全体成员。

郑立中在会见时说，此次国民党台中市党部组团来访，是中国共产党和中国国民党两党政党交流的"首航之旅"，意义重大。随后，深圳市与台南市、青岛市与彰化县、苏州市与新竹市、宁波市与基隆市、福州市与高雄县的中国共产党和中国国民党的两党政党交流工作也将逐步展开。中国共产党与中国国民党两党的政党交流将联合主张发展两岸关系的各界人士，以造福两地同胞为初衷，以服务两地发展为依归，对进一步密切两岸人员交往和经贸、文化等各种联系，增进两岸同胞的相互了解，将起到积极的促进作用，也必将赢得两岸同胞的拥护和支持。

参访团在厦门进行5天的访问交流期间，参观了厦门的市容市貌，与台商举行了座谈，参观了名胜古迹和厦门市的工农业项目，所到之处都受到民众的热烈欢迎。参访团的成员说，来到厦门仿佛回到家里一样，整天沉浸在一种手足同胞的情谊之中。

8月25日，中共厦门市委书记何立峰与国民党台中市党部主任委员沐桂新一行举行了会谈。双方就加强彼此的交流与合作，开展党务人员互访，推动举办有关密切两市交流合作议题的研讨会，推动厦门与台中通航，推动两市经贸、农副产品以及文化、会展、教育、科技、旅游等领域的合作，推动建立维护台商合法权益的事务性联系和委托机制进行了磋商，达成了许多共识。

经过五天紧张而丰富多彩的参访活动，8月28日，参访团一行怀着欣喜的满载而归的心情返台，在机场上照例又受到热情的欢送。参访团成员用"收获颇丰"来形容此次行程。

（三）

8月26日至30日，国民党台南市党部主任委员庄松旺率领的台南市党部访问团在深圳参观访问了5天。参访团一行仔细地参观了这座在大陆改革开放以来崛起的新兴城市的市容市貌，仔细地领略了被人们誉为"深圳速度"的底蕴，与台商进行了座谈，与各有关方面进行了交流。

8月30日上午，中共深圳市委书记李鸿忠与庄松旺率领的参访团一行举行了会谈，就进一步促两市经贸、文化等方面的合作发展，造福两地同胞等问题进行了广泛而深入的讨论，并达成十点共识。

这十点共识主要有：促进党务人员交流，双方建立定期沟通平台和党务交流互访机制，组织不同层次的党务人员互访，推动双方关系进一步发展；促进经贸交流，寻求两地经贸互惠互利的合作空间，推动两地共同发展；促进科技交流，推动两地工业园区及科技企业之间经常性互访，支持和推动台南市有关企业和人士参加深圳举办的中国国际高新技术成果交易会；促进观光旅游交流，推动两地观光旅游业发展；推动两地开展文化艺术团体、艺术家的互访展演活动，支持和推动台南市有关团体和人士参加中国（深圳）国际文化产业博览交易会；推动两地学校、研究机构及学生、学者的经常性互访，加强学术交流；促进体育交流，每年轮流举办体育运动友谊赛；促进基层交流，推动两地基层组织和各界人士互访；共同关注和维护台商的合法权益，促进投资环境优化，等等。

（四）

由李伯元率领的中国国民党基隆市党部访问团一行29人于9月12日下午经由香港飞抵宁波进行访问。从12日至14日上午，访问团一行参观了天一阁、阿育王寺、北仑港、高教园区、奉化溪口和滕头村等地方名胜，对宁波市的丰厚文化底蕴、美丽的风光和快速发展的社会经济，客人们赞叹不已。

中共宁波市委热情接待了访问团一行，双方举行了工作会谈，就开展政党交流和推动两地经济、文化、宗教、教育、市政建设等问题充分交换了意见，并达成若干共识。

代表团于15日上午离开宁波，转道杭州返台。访问团成员对宁波市委的热情接待表示衷心的感谢，他们说，此行虽然短暂，但宁波市的快速发展给他们留下了深刻的印象，他们用"不虚此行"、"满载而归"来形容此行的收获。

截至9月20日，国共两党的一批基层党组织对口交流圆满结束。国民党地方党部访问团对对口单位的热情接待和周到安排一再表示感佩，对大陆各地经济建设所取得的成绩感叹不已，对各地丰富多彩的自然景观和人文景观赞不绝口，对在工作会谈中所达成的共识均表满意。双方一致认为，通过这样的交流，促进了两党地方党务人员的相互了解，建立了对口交流的机制，并达成了诸多有利于密切两地同胞往来、凝聚两地同胞共有的心愿、增进两地同胞福祉的合作意向，为政党交流的持续深入开展积累了宝贵的经验。

（五）

就在国共两党基层党组织第一批对口交流圆满结束后的第二天，以赵守博为团长的中国国民党身心障碍者保护基金会访问团一行于9月22日抵京，开始对大陆进行为期一周的参访。中国残联主席邓朴方23日上午会见了访问团全体成员。

邓朴方向客人介绍了大陆残疾人事业的发展情况，并回顾了近年来两岸残疾人组织的交往。邓朴方说，祖国大陆残疾人事业的快速发展，得到了台湾社会各界的关注和支持，两岸残疾人组织也开展了内容丰富的交流活动。他说，残疾人领域的交流是两岸同胞广泛交流的组成部分，将为增进两岸人民的理解和同胞情谊作出积极贡献。希望访问团此次来访能进一步促进两岸在残疾人领域的交流与合作。

赵守博表示，连战先生对访问团此行十分关注。此次大陆之行将为中国国民党了解大陆在残疾人领域的工作情况提供良好机会，希望此次访问能促进两岸残疾人组织的经验交流与合作。

中国国民党身心障碍者保护基金会访问团是应中国残疾人联合会的邀请来大陆访问的。在京期间，访问团一行参观了中国康复研究中心，参观了北京的名胜古迹，并与北京的残疾人组织进行了座谈。访问团所到之处受到了更为热烈的欢迎和周到的接待。北京的活动结束后，访问团一行又到江苏、上海等地参观访问，同样受到热情有加的欢迎。访问团一行对所见所闻赞叹不已。他们说，大陆的经济建设如此神速，发展变化如此巨大，真让天下炎黄子孙为之振奋和骄傲。

（六）

10月14日，台湾《联合报》发表题为"连战东北祭祖顺访卧龙熊猫"的报道说，国民党荣誉主席连战今天将启程赴中国大陆访问，除了到东北扫墓祭祖外，也将前往四川卧龙看熊猫。连战此行相当低调，中共当局仍将采取高规格接待连战。

报道比较详细地披露了连战此行的行程安排和随行人员的情况。报道说，连战今天出发，预定28日返台，他将先赴沈阳、大连，再造访青岛、烟台、上海，在上海短暂停留后，就转往湖南张家界、四川九寨沟等地观光。中共当局也会安排连战到四川卧龙，看要送给台湾的熊猫。

报道说，中共此次对连战仍相当礼遇，除派国台办主任陈云林接机与陪同外，也将按照连战"和平之旅"时的保安规格，指派侍卫长与安全人员负责连战的人身安全。

关于连战此行的随行人员，报道说，连战夫人连方瑀、长女连惠心将全程参加，但长子连胜文、次子连胜武只参与部分行程，次女连咏心则因人在美国，不能返国参加。国民党智库副董事长林丰正、连战办公室主任丁远超等，也将陪同连战全程访问，全团约有20余人。

报道指出，连战此行定调为私人访问，主要是为了到大陆东北，代替母亲赵兰坤到故乡扫墓祭祖，其行程主要是为了观光。幕僚强调，连战此行不会访问北京，也不会安排政治行程。

10月14日，沈阳秋高气爽，晴空万里。连战一行乘南方航空公司客机抵达沈阳桃仙国际机场。中台办主任陈云林、辽宁省委副书记王唯众等领导人和各界代表迎候在机场。照例是鲜花、笑脸、掌声，照例是亲切的问候和热情的拥抱。担任了荣誉主席的连战依然沉浸在他初访大陆时的礼遇之中。

连战一行在沈阳期间，将参观其母在沈阳学习、生活过的地方，会亲访友，祭扫外祖父母的墓地，参观"九·一八"历史博物馆等抗战史迹。

连战的母亲赵兰坤是沈阳人，早年就读于北京大学的前身燕京大学，在台籍燕京大学学生洪炎秋夫妇的介绍下，嫁给连战的父亲连震东。赵兰坤今年已97岁，她在沈阳的家族15日举行聚会，她吩咐连战代她参加。

连战的父亲连震东生性幽默，形容自己的家庭是"马贼与海盗合组的家庭"，因为赵兰坤的故乡东北多马贼，故以"马贼"戏称；而连震东的故乡台湾多海盗，亦以"海盗"自谑。他还打趣身形高大的妻子是"航空母舰"。

15日上午，连战携家人前往沈阳市于洪区沙岭镇兰胜台村祭拜先人。兰胜台村是连战先生母亲家族的墓地所在。连战偕夫人连方瑀及家人向外祖父母的墓地寄托哀思，上香，献花篮，三叩首，并缓缓绕墓地一周表示崇敬之意。

随后，连战一行来到母亲赵兰坤曾经就读的学校——坤光女子师范学校旧址，以及母亲的原住地等处参观。

下午，连战一行赶赴沈阳"九·一八"历史博物馆，仔细观看博物馆内展出的实物资料等，并认真听取讲解员的讲解。参观结束后，面色凝重的连战在博物馆的留言簿上挥笔写下"收拾历史的凛凛风寒，翼护江山的涓涓春暖"的留言，表达他牢记历史教训，保护和创造国家美好生活的思想观点。

连战的到访，受到沈阳人民热情地欢迎。人们感谢他那打破两岸僵局的历史性的一步。他走到哪里，迎接他的都是鲜花、掌声、笑脸。此刻，在"九·一八"历史博物馆前，在鲜花、笑脸、掌声中又增添了一种历史厚重感，在人们的心头上回荡一句心照不宣的话：牢记历史，发展自己，天下所有中华儿女携手并进，实现中华民族的伟大复兴！

中台办常务副主任李炳才，辽宁省委副书记、沈阳市委书记张行湘，辽宁省委副书记王唯众等陪同连战一行参观。

（七）

连战先生赴沈阳代母探访旧地、祭祀先人、看望亲属后，接受中台办的安排到山东省参观访问。在青岛参访期间，恰逢中共中央政治局常委、全国政协主席贾庆林在此考察工作。18日，贾庆林再一次亲切地会见了连战先生一行。

故人相见，分外亲热。贾庆林说，连战先生在亲朋好友的陪同下，到沈阳祭拜先人，探望亲属，一路都很顺利，我们感到很欣慰。此后，你们接受中共中央台办的安排，将到大陆其他地方参观访问。今天我在山东考察工作期间，有机会再次和连战先生及各位老朋友见面，感到很高兴。我愿借此机会转达胡锦涛总书记对连先生和夫人及各位朋友的问候。

贾庆林说，近半年来，我党积极落实胡锦涛总书记与连主席会谈所达成的各项共识，并取得了实质性的进展。凡属需要两岸协商落实的事项，我们也在积极推动。贵党也为此进行了积极的努力。我们的行动表明我们是信守诺言的，我们对于推动两岸关系和平稳定发展是有诚意、有决心的。胡锦涛总书记与连主席会谈确立党对党沟通平台以来，我们两党的交流活动有序开展，进展顺利。前一段时间，贵我两党成功实现了首批6个地区的基层交流活动，达成了许多有利于密切两岸同胞往来、增进两地同胞福祉的合作意向，为两党交流持续深入开展积累了宝贵的经验。

贾庆林说，神州六号载人航天飞行获得圆满成功，极大地鼓舞了包括台湾同胞在内的全体中华儿女的民族自豪感和自信心。在以胡锦涛为总书记的中共中央领导下，全国各族人民正在聚精会神搞建设、一心一意谋发展，向着全面建设小康社会的宏伟目标奋勇前进，这些为进一步密切两岸经济交流与合作提供了宝贵的机遇和广阔的发展空间。

在谈到当前两岸关系的形势时，贾庆林指出，在两岸同胞共同努力下，两岸关系中有利于遏制"台独"分裂活动的积极因素增加，两岸同胞期盼两岸关系和平稳定发展的愿望更为强烈。但"台独"分裂势力一天都没有停止"台独"分裂活动，反对和遏制"台独"分裂势力及其活动的斗争依然严峻和复杂，两岸同胞应当携起手来，坚决遏制"台独"分裂活动，共同促进两岸关系朝着和平稳定的方向发展。

贾庆林说，今年是台湾光复60周年，这是包括台湾同胞在内的全中国人民的大事。10月下旬，我们将举办一系列大型纪念活动，就是要牢记历史，不忘过去，弘扬中华民族伟大的爱国主义精神，激励两岸同胞团结携手，坚决反对"台独"分裂活动，维护国家主权和领土完整，努力构建和平稳定发展的两岸关系，为促进中华民族的伟大复兴而共同奋斗。

连战先生对贾庆林主席转达胡锦涛总书记的问候表示感谢。他说，今年4、5月间我到大陆访问，承蒙中共中央和胡锦涛总书记的盛情款待，在我的人生经历中留下了不可磨灭的美好的记忆，借此机会向中共中央和胡锦涛总书记表示由衷的感谢。上次访问看到了大陆的各项建设取得了很大成就，各方面都突飞猛进，非常惊叹，难以形容，可惜时间太短。我这次就是要到大陆各地多看看，到城市乡村多走走，深入了解大陆正在发生的了不起的变化。上次我和胡锦涛总书记达成的五项愿景，代表了两岸关系发展的方向，在双方共同努力下，一定能够排除各种阻挠，促进两岸关系发展。

中台办主任陈云林、中共山东省委书记张高丽等领导人参加了会见。

（八）

10月21日的上午，连战一行来到长江口的上海淞沪抗战纪念馆，参观馆中所藏中国军队在1932年"一·二八"事变和1937年"八·一三"事变抗击日军侵略的珍贵史料和历史遗物。近一个小时的参观之后，连战神情庄严地挥笔题字："将军碧血凝青史，壮士英魂映丹心"。

站在纪念馆前，连战面对记者和同来参观的人们说，一个礼拜以来，拜访了两个非常有历史意义的博物馆，好像把我带回时光隧道。我们的军人以寡敌众、以落后的战略武器抵抗日军先进的武器，在这种环境下大家奋战不已，抱着牺牲自己的信念来保卫国家。姚子青营长七昼夜与日军周旋，谢晋元团长率800壮士坚守四行仓库，浴血奋战，每一个中国人心里都非常钦佩、敬佩、感激他们。连战激昂慷慨地说，八年抗战是民族团结奋斗的战争，是向帝国主义、军国主义的全面战争。战后我们废除了从满清以来所有不平等条约，中国再一次抬头，与世界上主要国家平起平坐，不再受不平等的条约的拘束；台湾在马关条约之后割让给日本，前后50年，也是因为全面抗战我们胜利了，日本人归还台湾、澎湖列岛给中国，"这是历史上非常重要的事情"。

连战说，今天两岸已经阻隔了五十多年，咫尺天涯，很多事情还相当严峻。在另一方面，今天整个大环境是中华民族走向和平民主繁荣发展千载难逢的时候，所以我们要以史为鉴，往事不忘，这是最重要的事情。一个国家，一个民族，积弱难返的时候就是要挨打的时候；能够团结能够奋斗能够奋发图强能够富国强兵的时候，就是赢得尊重有尊严的时候。让我们大家共同勉励，抓住这个千载难逢的机会，为民族的兴盛富强繁荣发展的光明亮丽的未来共同努力。

这天中午，连战接受了两岸记者的集体采访。在记者会上，连战先生仍然面色庄严、凝重，似乎在上午参观淞沪抗战纪念馆时所激起的历史悲愤感仍然挥之不去。

连战首先对记者说，今年是抗战胜利60周年，也是台湾光复60周年。从1945年开始，台湾就把每年的10月25日定为光复纪念日。这一天，岛内也总是热烈地举办各类纪念活动。

连战把今年称作是一个"非常特殊的年份"，第二次世界大战胜利六十周年，所以欧洲各国持续不断的纪念这个日子，大陆各地也举办隆重典礼加以纪念。他介绍说，国民党虽然在野，但在这个"非常重要的时刻"，也开展了诸多纪念活动——"我们在中央常会作了专题报告，在我们的智库作了大规模研讨会，参加者除了当时参与抗战的军人之外，还有各行各业的人士，共同研讨抗战八年的历史意义。我们全党也做了纪念会，中央党部收集相关资料，举办了一个抗战史实展示活动。中央日报则作了一系列专访，访问了很多亲自参战的老将军，尽力介绍经过情形、当时情况等等。"

连战总结道，没有抗战胜利就没有台湾光复，这是历史事实，没有任何人可以改变。

在有记者提及目前岛内有人竭力否认《开罗宣言》和《波茨坦公告》，称"台湾地位未定"时，连战马上说这只是少数持偏激政治立场的人所讲的话而已，可以不必予以重视。连战说，他前不久就在波茨坦看过德文资料，"开罗会议明确指出，战后日本一定要把所有窃取的领土归还给中华民国，包括台湾、澎湖列岛等。《波茨坦公告》中也明确开罗会议所确定的原则一定要加以实施。"他驳斥道，"1943年的《开罗宣言》，1945年的《波茨坦公告》，已经具有明确的国际公法效力。究竟是听国际公法，还是听少数人偏激政治立场的言论？不言而喻。"

对于目前台湾岛内出现的肯定日本统治时期对台湾经济发展和繁荣起到奠定基础的论调，连站也给予了充分的反驳。他引据历史说，台湾的现代化基础建设，如铁路、电信、产业等早在清朝刘铭传任巡抚时就开始了。虽然不能否认日本在台湾殖民统治50年中，曾经做过所谓迈向现代化的建设，但必须看到，日本的目的一方面要强化殖民统治，一方面则是为未来侵略战争做准备，因为在日本当时的"南进政策"中，台湾是其南进的基础。当前台湾岛内某些人推动的所谓"去中国化"，在本质上和日本殖民统治时推行的"皇民化"现象是一致的，都是对中华文化的挑战。

当记者问到连氏家族情况时，连战说，他的家族是一个富有民族思想的家族，祖父约在民国三年主动说要恢复中国国籍。民国二十九年，他父亲回到大陆，又申请要恢复中国国籍。当时日本占领台湾以后，所推行的就是"皇民化"政策。台湾人名字要改成日本的，生活习惯、生活方式、思维方式，甚至教育统统"皇民化"，民俗、宗教各方面也一样一样、一点一点地"皇民化"。连战的祖父当时不相信日本人通过这些"皇民化"的做法，能够把台湾的中国人一个个变成日本人，但为保留中华民族的文化，年纪很轻时就立志要写《台湾通史》。就像连战应邀为淞沪抗战纪念馆所题的"将军碧血凝青史，壮士英魂映丹心"的诗句一样，正反映了所有中华儿女追思历史时所寄寓的是更多的敬佩和期盼。

连战说，他在德国的时候，看到柏林墙那边已成为一个繁华地区。德国政府在那边特地拨出一块土地，建立了一个犹太人纪念区域。一块块矮矮的黑石头组成了2740多个石碑，形成了一个永恒的追思、反省、纪念和一个歉意。连战认为，这是一个很有勇气的做法。他说，战争所制造的创痕需要弥补，方法就是需要一个谦卑地反省，一个很诚恳的歉意。

连战对记者说，能够面对历史，才是负责任的勇者表现。回避、歪曲历史，都是弱者行为。历史是已经过去的事情了，我们尊重历史，可以宽恕，但是不会忘记，更不允许任何形式的篡改。

连战义正辞严地回答，赢得记者阵阵热烈掌声。

（九）

10月中旬，中国国民党副主席吴伯雄率团登陆参加客属恳亲活动。10月11日，吴伯雄副主席应邀到中山大学作题为"中山精神照亮两岸"的演讲分外引人注目。

吴先生的到来，受到中山大学师生们的热烈欢迎。三百多名中山学子济济一堂，聆听了吴先生精彩生动的演讲。

"同宗同祖同心声，隔山隔水不隔情"。吴先生演讲时引用了这副对联。他强调，两岸人民在民族认同和文化等方面都紧密地联系在一起，要继承孙中山先生的思想，相互加强理解、交流和合作，携手并肩，共同振兴中华。

演讲中，吴先生首先回顾了孙中山先生与中山大学之间的历史关系。他说，中山大学与中国国民党有着切不断的历史渊源，如今能在具有重要历史意义的华南第一名校演讲让他感到十分荣幸。

接着，吴先生讲述了自己祖国大陆之行的深刻感受。他说，第一次回来大陆是在2000年率团参加客属恳亲大会，到福建龙岩。他的祖先一百五十年前就是从龙岩迁往海峡对岸的台湾。他的父亲97岁去世时还念念不忘要后人回乡祭祖。因此，当他踏入当地吴姓村的宗祠时，那里的一副"同宗同祖同心声，隔山隔水不隔情"对联给他印象特别深刻，让他深刻地感受到血浓于水的手足同胞之情。

吴先生说："台湾有部分人要'去中国化'，这少数人的企图是不可能得逞的。难道我们自己的祖先，还有民间所尊重的妈祖和关公都是外国人吗？共同的血缘、共同的文化是海峡两岸人民自然的关系，无法割断，这次神舟六号的升空同样会令台湾人民自豪。"

吴先生说，连战访问大陆后在台湾的声望上升，这也说明两岸交流是民意所向，因此，所谓的"台独"不会得逞。而对陈水扁说什么话不必太在乎，因为他会变的。此话一出，立刻引起一片笑声。

吴伯雄先生今年四月参与了连战先生的"和平之旅"。他认为，胡连的握手，是国共两党在隔绝60年后踏出的重要一步。两党领导人共同表明，要以"九二共识"、反对"台独"为基础，促进两岸的交流合作、争取双赢局面。他说，胡锦涛总书记所表达出的对台湾同胞的理解，令他印象非常深刻；而台湾人民也应该重新认识、了解大陆以及中国特色的社会主义。

吴先生明确表示，胡连共识仍然是重新选举后的国民党的认识，马英九在上任后的第一次大会上就将这一共识纳入政纲。不管人事如何变迁，这都是国民党要推动的目标，不会改变，这种连续性是毫无疑问的。吴先生说，连战访问大陆以来，两岸关系的发展趋势令人鼓舞。大陆方面允许台湾民航飞机经过大陆领空，台湾水果进入大陆免征关税，台湾小朋友翘首盼望早日看到大熊猫，这些善意行动深受台湾人民欢迎。

吴伯雄先生最后说，孙中山先生的思想是两岸最大的"公约数"，他希望大家都能继承中山先生的思想，和平奋斗，振兴中华。

演讲结束后，有学生问到美台关系时，吴伯雄回答说，台湾不会做美国的筹码，两岸关系解决的根本，是中国人自己做工作，共同发展是最重要的。

吴伯雄先生的演讲常常被阵阵掌声所打断。整个演讲会场充满了热烈的气息和温馨的亲情。

最后，中山大学向吴伯雄先生赠送了建筑画册和书法条幅，吴伯雄以台湾的工艺品法兰瓷作为回赠。

（十）

10月底11月初，江丙坤副主席率领中国国民党台商服务中心访问团再次登陆访问。10月30日，中台办主任陈云林会见了江丙坤副主席一行。

首先，陈云林对江丙坤副主席率团再次来访表示热烈欢迎。他说，今年3月，江丙坤副主席率中国国民党大陆访问团来访，并与中共中央台办以及有关部门就两岸经贸交流等问题进行会谈，达成了12项成果。4、5月间胡锦涛总书记分别与应邀来访的中国国民党主席连战、亲民党主席宋楚瑜就促进两岸关系改善和发展的重大问题广泛而深入地交换了意见，取得了重要共识。对于这些共识，我们高度重视。凡属大陆单方面可以做到的事项，我们均采取措施积极落实；对于需要两岸双方协商落实的事项，我们也在积极推动。

陈云林表示，当前两岸经济交流与合作面临着难得的机遇，两岸同胞应当抓住机遇，加强合作，共谋发展，实现双赢。我们将继续认真落实胡锦涛总书记与国、亲两党领导人达成的共识。只要我们答应的事情都是对台湾同胞的庄严承诺，我们一定说到做到。我们将进一步推动两岸经济交流与合作，依法维护台湾同胞正当权益，促进两岸关系和平稳定发展。

11月1日上午，中台办副主任李炳才、郑立中及有关部门负责人与江丙坤一行举行工作会谈。双方就深入落实3月30日陈云林主任与江丙坤副主席所达成的12项共识，形成以下共同意见：

——两岸客运包机节日化、周末化、常态化及货运包机问题，希望循2005年春节包机协商模式，由两岸航空业者尽快一并协商，作出安排，同步实施。

2006年春节将至，希望促成两岸民间航空业者就明年春节包机问题尽快展开协商，增加航点，缩短航程，扩大搭乘对象。

——双方共同努力，构建台湾水果的采购、销售通道和平台。

推动尽快实现两岸直航，降低运输销售成本，以提升台湾水果的市场竞争力。

——促进两岸旅游业者尽快就大陆居民赴台旅游相关问题进行协商。

——鼓励两岸金融业者就加强两岸金融合作进行协商。

——鼓励两岸新闻业者就两岸媒体互派记者常驻问题进行协商。

会谈中，双方还就保护台商投资合法权益等问题，进行了广泛讨论，形成十项共同意见：

——中共中央台办将会同有关部门，就台资企业土地使用有关问题进行调研，依法研究处理办法。依法签订的土地权出让合同，受法律保护。对于早期到大陆投资的台商涉及土地使用权纠纷的，根据具体情况，依法研究处理意见。

——中共中央台办将会同有关部门，就全面贯彻执行《台湾同胞投资保护法》及其实施细则，广泛听取台湾工商界人士和在大陆投资台商的意见和建议。

　　——在台商居住密集区，道路公安部门将进一步强化治安管理和巡逻，保障台商人身安全。各地台办将设置台商联系专线。中共中央台办将会同有关部门，进一步强调执行现行规定，对于台胞和或台商遭强制处分，处分机关依有关规定，及时通报当地台办转告家属。

　　——中共中央台办和有关部门欢迎国民党智库组团来访，就台商在大陆金融、保险、贸易等领域投资问题，进行交流和专题研究。

　　——大陆海关等有关部门将采取措施，加速推动进出口通关便捷化。

　　——台资中小企业投资项目符合大陆产业政策者，纳入国家开发银行开发性贷款适用范围。

　　——逐步增加吸纳台湾仲裁员的仲裁机构的数量，增聘台湾地区专业人士担任仲裁员。

　　——台商可采取合作经营方式在大陆投资兴建医院；取得大陆执业资格的台湾医师，可于规定期限内在大陆执业。

　　——中共中央台办将会同有关部门采取措施，积极扩大台商子女就学渠道。

　　——中共中央台办将会同有关部门，积极研究简化台资企业大陆员工赴台培训的申请手续。

　　以上共同意见的达成，令中国国民党台商服务中心访问团的全体成员欢欣鼓舞，他们喜气洋洋地满载而归。

十、海峡两岸同步纪念抗战胜利60周年

（一）

　　2005年是中国抗日战争和世界反法西斯战争胜利60周年纪念年。炎黄子孙在八年浴血抗战中，饱尝了旷古未有的大灾难；在烈火的冶炼中，谱写成了中华儿女团结奋斗的壮丽史诗。

　　自跨入2005年的门槛以来，大陆各地就展开了以爱国主义、"不忘历史，开创未来"为主题的各种各样的纪念活动。台湾在野党也积极举办各种活动，展现民族大义、号召中华儿女团结奋斗。进入7月以后，海峡两岸同步纪念抗战胜利60周年的活动渐入高潮。世界媒体给予广泛关注和报道。

7月7日，日本《朝日新闻》发表题为"中国将开展大规模爱国主义宣传活动"的报道说，导致日中战争全面打响的1937年7月7日卢沟桥事变，至今已过去了68年。今年，为纪念抗日战争胜利60周年，中国政府计划在抗日战争相关纪念活动比较集中的夏天，正式开展大规模的爱国主义宣传活动。报道说，位于北京市中心西南约30公里的中国人民抗日战争纪念馆，重新装修后将于今天起正式向游人开放。馆内题为"伟大的胜利"的抗日战争胜利60周年纪念展，除了展出800册史料、600幅照片、40幅图表以外，还有日军731部队人体实验等多处模型展示。报道指出，中国的每一个纪念活动都将配合爱国主义宣传活动展开。中国将抗日战争胜利60周年的正式纪念日定为9月3日。届时，中国国家领导人将出席"抗日·世界反法西斯战争胜利60周年"的纪念仪式，把宣传活动推向高潮。

当天，日本《世界日报》也发表了题为"通过反日建立新的国共合作平台"的报道。报道说，中国大陆和台湾将举行纪念抗战胜利60周年活动。直到今年秋天，两岸将借一系列抗日战争纪念活动来建立新的国共合作平台。

报道说，位于北京西南卢沟桥附近的中国人民抗日战争纪念馆，7日举行由北京大中小学师生参加的纪念活动。8月15日，中国规模最大的民间抗日战争博物馆"四川建川博物馆"将在成都开馆。9月，参加过抗战的幸存者将从国内外汇聚北京，参加中共中央在天安门举办的献花仪式。

报道说，涉及抗战胜利内容的书籍出版数量也在今年创下历史纪录。在国民党主席连战和亲民党主席宋楚瑜访问大陆的影响下，大陆出版的这些书籍把抗日战争记述为：在中国共产党抗日民族统一战线旗帜下，在国共合作的基础上，由各阶层参加的民族解放的战争。这些书籍普遍强调，国民党与中国共产党合力进行了抗日战争。

同一天，日本《产经新闻》刊登的题为"台湾在野党纪念'抗日胜利'动摇扁政府"的报道说，日前，一波纪念"抗日战争胜利60周年"的热潮在台湾在野党内迅速扩大。最大的在野党中国国民党的主席连战6日表示，他们将举办有关抗日战争胜利的纪念仪式，并谈了日中战争的导火线——1937年7月7日的卢沟桥事变。此外，统一派的台湾新党6日也为了纪念"抗日战争胜利60周年"派遣了大陆访问团。据认为，这种"抗日"和"亲近大陆"的动作，是台湾在野党动摇陈水扁政府的战略。

报道说，连战主席在6日当天的党中央常务委员会上，作了题为"从七·七事变看抗日战争"的报告。他在报告中批评了陈水扁政府。他说，虽然在抗日战争中，中华民国取得了胜利，但政府推进"台湾独立"，割断了台湾与中国大陆的历史。他表示，国民党将举行抗战胜利60周年纪念展览等一系列的纪念活动。台湾新党的郁慕明主席5日说，抗日战争胜利60周年，是两岸谋求发展的良好契机。

（二）

在台湾在野党中，新党组织的定位为"民族之旅"的"纪念抗战胜利60周年大陆访问团"最引人注目。访问团由党主席郁慕明率领，成员包括新党所有知名人士，如秘书长李胜峰，创党元老王建煊，4名"立法委员"赖士葆、雷倩、吴成典、费鸿泰和3名台北市议员侯冠群、李庆元、潘怀宗。被人称为"精锐尽出"。

30人组成的新党大陆访问团，主题就是"纪念抗战胜利60周年"。他们于7月6日登陆，在大陆安排的行程就是祭奠黄花岗烈士墓、拜谒中山陵、吊唁南京大屠杀遇难同胞、参观大连旅顺日俄监狱旧址、悼念在甲午战争中殉难的旅顺同胞、参观卢沟桥和中国人民抗日战争纪念馆。所到之处，他们所抒发的民族情怀和展现的民族大义受到大陆民众高度的赞扬。

7月8日上午，访问团在侵华日军南京大屠杀遇难同胞纪念馆祭奠死难同胞，气氛庄严肃穆。由台北市议员侯冠群恭读的《新党恭祭南京大屠杀死难同胞哀悼文》，充分地表达了新党人士的心声。文中说："吾辈来宁，肃立馆中，心内伤痛，五味杂陈；一以悼亡，一以惕生，国运维艰，未可驰逸；前事不忘，后事之师，抚今追昔，时不为远；新危机现，凶险暗藏，但愿两岸，早弃瑕隙；民族至上，人民至上，记取教训，及时团结；兄弟齐心，共御外侮，南京冤魂，佑我中华！"

之后，党主席郁慕明撞响了"和平大钟"。在和平大钟前，郁慕明发表感想说："一个忘记教训的民族，还会遭到战争的悲惨；一个不能忏悔的民族，也会继续残害其他民族的战争。我们在这里正告日本军国主义者、右翼势力，不能再让军国主义复活。每一个炎黄子孙都应该记取历史的教训，只要我们团结奋斗，就能追求世界的和平。"

第二天上午，郁慕明一行参观了位于辽宁省大连市旅顺口区的日俄监狱旧址。据不完全统计，从1906年至1936年的30年间，这座监狱累计关押无辜民众近2万人，许多中国、朝鲜、日本、俄罗斯、埃及等国家的人士被囚禁和屠杀在这里。访问团一行仔细地参观一间间牢房和检身室、刑讯室、绞刑室，以及被关押者辛苦劳作过的工厂，仔细地听着讲解员充满激愤情绪的讲解，每个成员面色凝重，郁慕明更是面挂冰霜，一言不发。

参观结束时，郁慕明悲愤地为旧址陈列馆写下"一段悲惨史，一片虔诚心，一股悲愤力油然而生"的题词。他对记者说："我本来是一个喜欢说笑的人，但面对这段惨痛的史实，我今天实在笑不出来，也无话可说。"

关于新党此行的目的，郁慕明明确表示，新党此行的目的就是要牢记历史，不忘过去，以史为鉴，开创未来。新党企盼所有的中国人，在走过一段长远而崎岖的道路后，共同努力开创中华民族的光辉未来。

事实胜于雄辩。尽管新党只是一个党员总数两千多人的小党，但是他们此行的壮举扩大了新党的社会影响力，赢得了天下炎黄子孙的普遍尊重。

（三）

作为泛蓝阵营的"老大哥"，国民党在岛内举行了一系列的纪念抗战胜利60周年的活动，展现了相当积极的态度。国民党智库7月7日举行"七七抗战纪念学术座谈会"；于国民党中央党部大楼七层的党史馆同日推出"苦难的岁月，光荣的胜利：六十周年胜利历史文物展"，党史馆展厅7月7日起开始播放《黄河大合唱》、《大刀进行曲》等慷慨激昂的抗日歌曲。

7月6日上午，国民党举行中常会，请退役海军中将兰宁利作《从七七事变看抗日战争》专题报告。兰宁利在报告中指出："民进党称日本战败为终战，完全抹煞对日抗战期间全国军民用牺牲奋力争得的成果、让台湾回归祖国的事实，宁愿以日本殖民地为荣，数典忘祖，莫此为甚。"

专题报告后，两位国民党副主席王金平、马英九先后发表感言。王金平在发言中强调，要用抗战精神来争取钓鱼台的主权；马英九则在发言中详细回顾了日本侵华历史，表示两岸应共同研究抗战史，用客观的态度面对这场圣战。

国民党主席连战在会上严肃地指出，抗日战争是中国人民、中华民族第一次同心协力、浴血抗战。开罗会议提出日本战败后应归还不当取得的领土，包括台湾、澎湖，台湾光复因此与七七卢沟桥事变密不可分，不能因为政党轮替，历史也轮替或改变，"数典忘祖，莫此为甚。"他说："我们也许可以宽恕，但是绝对不会忘记，更不应该改变任何历史。"

连战说，当局要讲务实，首先就要尊重历史，不尊重历史就谈不上务实。此时回忆与纪念抗战的目的，就是知往鉴来、追求和平。他指出，在陈水扁当局漠视、抹煞这段历史的时刻，国民党虽然不是"执政党"，无法扩大纪念神圣历史的日子，但必须做应该做的事情。

在泛蓝阵营"执政"的岛内县市，都举办了许多有意义的纪念活动。金门县7月7日在太武山公墓忠烈祠举行了公祭抗日烈士祭典，县长李炷烽担任主祭官，与祭人员包括县府各单位主管、烈士遗族，场面非常庄严、隆重、热烈。同一天，台北市文献委员会举办"七七抗战与台湾抗日图片回顾与座谈"活动，邀请当年参与抗战的百岁将军何志浩、台湾义勇队领导者李友邦将军的伴侣李严秀峰女士，以口述历史的形式缅怀那段救亡图存的岁月。参加这一活动的台北市长马英九在致辞时说，历史不可以忘记，也盼日本能有更多的反省精神。

自进入7月以来，新党的电台"新党之音"连日配合新党纪念抗战胜利60周年大陆访问团的行程，大幅报道抗战胜利60周年的史实，深入阐述抗战胜利的历史意义。台湾的民间社团也组织了多种形式的纪念活动。

与泛蓝的热烈庆祝不同，台湾当局和"台独"势力横眉冷对抗战历史。台湾当局领导人陈水扁7月6日发表题为"追求和平的世界、实现自由的梦想"的文章。作为一篇在"七七"纪念日前夕发表的专文，陈水扁通篇避提"日本"二字，一开始就点出"60多年前曾经是敌对的双方，今天早已成为合作伙伴"，然后花了很多篇幅大谈"来自对岸的威胁"，诋毁《反分裂国家法》，叫嚣"通过军购案提升防卫"能力。

在当局可以淡化的情况下，台湾军方显得有些特殊，依照往例仍然安排了许多纪念与庆祝活动，如"国军"文艺金像奖征选、千秋大爱主题美展、抗战史迹特展、全民征文与学术研讨会、胜利乐章嘉年华、舞台剧音乐会等。台湾军方人士说，希望民众再次缅怀抗战期间，全国军民"地不分东西南北，人不分男女老少"，同心御侮的艰苦岁月。随着时空变迁，历史伤痛或许可以成为过去，历史起因可以被原谅，但历史的教训，"国军"不可忘记。

（四）

对于台湾当局和"台独"势力横眉冷对抗战胜利史实的恶劣行径，台湾民众和舆论纷纷予以严厉谴责。

台湾《联合报》7月7日发表题为"纪念七七台湾别选择沉默"的署名文章说，相较台湾官方对于七七抗战只字不提，中共今年扩大纪念对日战争60周年。时空倒置的错觉，正是两岸政治势力消长的结果，岂料七七对日抗战，竟成了维系两岸关系的一线。

文章指出，新党今天用"民族之旅"为名访问大陆，以"民族"定位来凸显新党的意识形态和精神号召，恰如其分。

　　文章说，在李、扁执政逐步"去中国化"的趋势下，七七抗战纪念日已被压缩成泛蓝阵营里的历史延续和精神寄托，绿色政府对于欧战60周年的兴趣，可能更高于在东亚的中国战场，别说要提以国民党为主导的八年对日抗战。民族主义在台湾已被彻底的污名化与标签化，以"亲日仇共"为核心价值的"新民族主义"则快速滋长。在这样的思维下，也才会出现一个堂堂政府对于钓鱼台主权问题的踌躇矛盾，也可说明当前的政府为什么对于抗日历史可以视若无睹。

　　文章指出，在中共过去的解释里，对抗日战争的胜利主要归功于共产党的牺牲与领导。然而，这个史观却在今年开始调整为肯定国民党在正面战场中的贡献，将抗战胜利导向国共合作的结果。这个解释自然是受到国共和解气氛的影响，被视为中共统战一环亦不为过。大陆今年扩大纪念抗日战争，甚至衍生出新义，提醒世人，不要忘了二次大战的东亚战场，更别忘了日本等侵略国家的恶行。可是，台湾作为这个历史核心的角色，却选择了静默。

　　文章最后说，一页抗战史，可以随着时代不同而出现不同面貌。历史解释权向来是当权者的工具。但七七抗战这个中国近代史上的重要一页，根本不应该因为政党对抗而被陈水扁政府全然漠视。

　　同一天，台湾《民生报》也发表题为"今天是'七七'"的署名文章说，近年来，台湾政府从不谈中国抗日的历史，专心只谈台湾，然后跳过台湾再谈世界，有意忽略台湾与中国大陆共同参与的部分。譬如这次纪念"七七"事变，记者询问政府的反应，政府竟表示："七七"事变是卢沟桥事变纪念日，根本不是抗战60周年纪念日，抗战纪念日应该在8月日本正式宣布投降的时候。言下之意，"七七"与台湾无关。文章质问台湾当局："七七"与台湾无关吗？文章接着摆出历史事实："七七"事变导致了中国对日本的八年浴血抗战。八年抗战结束，日本战败，才归还台湾、澎湖给中国，对台湾的作用与影响何其重大！讨论台湾任何一件与历史有关的事，中国的抗日战争不能不谈，而谈中国的抗战，绝不能忽视"七七"事变。

　　我们这么说，没有任何的意识形态的成分，纯就客观的历史观点来看待"七七"的意义。人是不能脱离历史的，没有历史意识的人与只活在当下的禽兽没有什么两样。但历史是不能只以选择性记忆或选择性遗忘来作"政治处理"的。我们台湾近年的历史解释，往往有意忘却某些部分，又别有用心地夸大某些部分，与中国的不愉快被大量记起并引述，与中国的正面关联却大量被忽略忘记，甚至加以曲解。这既是不诚实，同时又是非常危险的。政府对"七七"事变这段历史的态度，是个明显的例子。

同一天，台湾《中央日报》发表了题为"回顾抗战史实　前瞻两岸和平"的社论。社论说："今年是中国抗日战争和世界反法西斯斗争胜利60周年纪念，在国史的演进中，乃是一个惊天地泣鬼神的里程碑。炎黄子孙在八年浴血抗战中饱尝了旷古未有的大灾难，在时代的试炼中谱成了一首中华儿女大团结的壮烈史诗。"

"自抗战胜利迄今，中国内部形势已经有了剧烈的变化和发展：在大陆方面——自邓小平、江泽民、胡锦涛先后执政25年以来，积极推动经济改革，如实施包产到户、准予设置个体户、设经济特区、加强对外贸易、发展科技以及推动外国人投资等，创造了举世瞩目的亮丽业绩。在台湾方面——以一个小岛，曾创造外汇结存占世界第一。"

"这些成就不仅是我中华民族有史以来所仅见，并成为中国现代化的典范，而且为未来统一中国，开拓了民族的生机。抗日战争所体现的中国人民为求民族独立和生存，而坚持抵抗外来侵略的意识与精神，则历久弥新，成为中华民族文化的重要象征。"

"抗日战争是中国近代史上一场空前规模的民族战争。自公元1839年以来，历经鸦片战争（1839—1842）、英法战争（1857—1860）、甲午战争（1894—1895）、八国联军战争（1900—1901），中华民族受尽欺凌，割地赔款，创巨深痛。中国人民为反抗外来侵略，前仆后继，进行了一次又一次不屈不挠英勇战争，大都以失败而告终。唯有抗日战争血洗百年以来屡战屡败的民族奇耻大辱，第一次取得反对帝国主义侵略战争的完全胜利，争回了应有的尊严和国格，全面解除了一百年来悲苦的命运。"

社论说："在民族危难严峻关头，由于国共两党合作，坚持团结，促成包括工农商学兵各界人民、各阶层爱国人士和海内外侨胞在内的抗日民族统一战线形成，激发了中国人'地无分南北，人无分老幼'全面共同抗日，几乎每个人都热血填膺，高唱'不怕敌人炮火凶猛'，都情愿以'血肉筑长城'，众志成城，驱逐日寇出中国。'国魂震荡，民意高昂'，中国军民凭恃着前仆后继的民族情操，以不屈不挠的奋毅从事焦土抗战，最终转危为安，转弱为强。中国人民终于打败了嚣张一时的日本侵略者。其结果，则可视为中国民族主义终于战胜日本军国主义的历史指标；百年来中国遭受外力侵凌，强权宰割的痛史，至此告一结束。但最大的实质成果，则是以二千余万军民牺牲的代价，取得了台湾光复的历史绝伟事绩。"

"历史的辉煌和民族的荣耀是应当珍视的。因此，我们由衷希望，在纪念抗日战争胜利60周年的今天，两岸的中国人及海外华人都能以庄严的心情，从抗日战争这段史实中记取教训，进而连接一百多年来中国历史的曲折发展，切实体认国共合作、全民团结的重要意义，并且发挥中国人卓越不凡的智慧、禀赋的仁心，以和平、团结、繁荣为信念，发扬民族主义的精神，产生鼓舞的风潮作用。国共第三次合作并再次促成包括'工农商学兵各界人民，各阶层爱国人士和海内外侨胞'的中华儿女形成民族统一战线，全力掀起中国和平统一伟大运动，为国家谋现代化的万世太平；为中华文化创造人类文明的新高度。"

（五）

台湾《中央日报》为纪念抗日战争胜利60周年，推出"对日抗战胜利60周年系列专题报道"，6月下旬至7月初对台湾的军事、政治、经济、文化、历史等方面的耆宿、专家进行了专题采访，为广大读者回顾抗战史实，从中吸取教训，前瞻两岸关系的发展。下面摘其要者以飨读者：

蒋仲苓，籍贯浙江省义乌人，黄埔军校16期毕业，经历抗战、国共内战后赴台，长期在军界任职，后出任国民党副主席，2003年辞职。

记者采访他时问道：抗战的时代意义予后人启示为何？

蒋答：就是保卫国家，使国家领土完整，完全不受国外干预。抗战的意义在于彰显每个人对国家的责任。"国家兴亡，匹夫有责"。个人要与国家连在一起，不能光管自己。另外我要强调，经过战争的人才了解战争的残酷。战争是非常严肃的，战后几十年都难以恢复元气，不能轻言开启战事，尤其两岸间，更不该自己人打自己人。

记者问：您对扁政府种种"去中国化"、强调本土的作为看法如何？

蒋答：陈水扁不承认自己是中国人，那又是哪国人？教育部去"中国化"，中国文字就没有了？语言也没了？像闽南语就是福建的方言。"去中国化"后只会全部空白，所有现在的文书、契约都没用了。日本、韩国都有自己的语言文字，但也都逐渐体认到汉文的重要，政府要去中国化，又如何能去呢？扁政府想要"去中国化"，也就等于不认同孔子、孟子、关公、妈祖，更要连端午、中秋等传统习俗及节日都毁弃不顾，根本是数典忘祖的想法。至于所谓本土化说法也不合时宜。现在交通、科技发达，世界已是地球村的形态，领导人应该以前瞻的思维，带领国家迈入国际化，若继续用狭隘的认识画地自限，未来只会让我们更边缘化，人民的权益又置于何地？

叶明勋，福建浦城人。福建协和大学外文系毕业后赴美国斯坦福大学深造，投身新闻界工作逾60年，为报坛硕宿。

记者采访时问道：抗战结束前夕，最让您印象深刻的景况为何？

叶答：1945年8月，日本终于宣布投降，台湾重归祖国，我于当年10月5日以中央通讯社特派员身份，偕台湾行政长官公署前进指挥所人员，由战时陪都重庆分乘美军机5架，经上海飞抵台北。这是政府首批来台人员。次日（10月6日），在台北宾馆举行升旗典礼。这是日本人统治50年后，台湾的天空首次飘扬着中华民国的国旗。台湾行政长官陈仪于10月24日下午抵台，并于隔日在台北公公堂（即今中山堂）举行日军受降典礼。令人印象深刻。

记者问：七七抗战结束前后，被日军占领的地区，包括台湾，中华文化并未被日本文化压倒，原因为何？

叶答：概略来说，中华文化博大精深，即使日本统治台湾长达50年，结束统治后，他们也感叹只撷取了台湾的物资，并无拿走中国人的灵魂。虽然在珍珠港事件后实施"皇民化运动"，但已太晚了。台湾光复之初，台北是满眼的日文、满耳的日语、大街小巷木屐声，感觉与初到日本国土并无差异。虽然日本的殖民政策要将台湾经营成日本国土的一部分，并历经殖民统治50年，但父老眷怀祖国之心，无时或释。他们世代相传，或延请老师，或结社，仍在暗中阅读四书五经之类的古籍。1945年10月25日在台北公公堂举行日军受降典礼后，台湾正式重入中国版图。街头巷尾只要有书店或文具店，都可以看到翻印的《论语》《孟子》《唐诗三百首》《千家诗》之类的通俗古籍。台湾光复后，大家一起孜孜不倦地学习，自然流露出对祖国的向心力。日本统治台湾50年，他们所能改变的只是在外形式。台湾同胞内在的民族精神与身上所流的血液一样，是永远无法改变的。光复之初，台湾到处充满着日本的情调，但从深处看，日本能搬走的也只限于一些物资，台湾同胞的心，怎样也是搬不走的。

陆以正，江西南昌人，抗战期间曾任美军在云南的翻译官，之后任记者，曾出任台湾当局驻外官员。

记者采访他时问道：抗战时民心士气状况如何？

陆答：当时我国的穷困，现在很难想象，但一般人抗战热情之高，更是现在没办法想象。当时很多人真的愿意奉献，许多东南亚华侨子弟纷纷归国，家里寄钱给他们，他们在华工作无怨无悔，拿不到薪水根本不在乎。抗战热情之高，现在不会再有了，想起来真感慨。

问：七七抗战对后人有什么可借鉴之处？

陆答：今天在台湾最要紧的是不能忘记当年抗日的豪气。现在，"国防部"说我们打不过日本，那当年我们跟日本打得过吗？日本说3个月就可以占领中国，当时这些人是疯子吗？基本上完全是人的心理。主要是这个政府梦想台湾独立，希望日本、美国帮助他，所以不敢得罪日本，只是这点没人敢说穿。

记者采访国民党副主席江丙坤时问道：七七抗战对整体发展有哪些影响？

江答：对日抗战对我国的影响很大！以经济方面为例，战争除了造成民众生命财产的损失外，也使国家建设面临停顿甚至倒退的状况，如果不是日本无所不用其极的侵略我国，中国早就站起来了！今日两岸也不会陷于分裂的情况。还好，当时全民皆能发挥爱国心，一致对抗日本，这是不幸中的大幸。

记者问：日本在战后与我的经贸关系密切，以台湾而言，却始终无法摆脱依赖日本的结构，每年对日入超数额惊人，是否有具体改善的做法？

江答：只要我们对中国大陆的顺差持续存在，对日本的逆差就不必太过虑。但是今年以来台湾对大陆的顺差大量减少，这表示我们产业的竞争力越来越不如中国大陆。此外，因为政治问题而影响两岸的经贸往来，也对台湾经济产生冲击。连战主席与中共中央总书记胡锦涛会晤所达成的五大愿景和我前往大陆所达成的共识，就是要解决目前台湾所遭遇的经济困境。台湾目前最主要的困境还是在两岸关系，两岸关系必须务实一点儿，维持现状是最佳、也是最多民众所能接受的做法。而要维持现状必须做好两件事，即政治的民主和经济的繁荣。

（六）

在纪念抗日战争胜利60周年的诸多活动中，有一项最引人注目的活动，就是台湾"立法委员"高金素梅率领台湾少数民族到日本向靖国神社讨回祖灵的行动。

6月14日上午，台湾少数民族"还我祖灵行动"代表团一行身着鲜艳的民族服装，乘坐两辆大客车离开在东京下榻的酒店，前往靖国神社与他们祖灵对话，然后将祖灵接回台湾故土。

台湾少数民族一行乘坐的大客车行驶到离靖国神社数百米的地方时，日本警察用警车拦在前面，不让他们继续前行。经过交涉，日本警察只允许团长高金素梅和翻译等数人下车，不允许其他人下车。高金素梅下车后责问日本警察，我们来迎接被日本强行放在靖国神社的祖灵，这是我们理所当然的权利，你们有什么资格阻拦！日本警察说，有些人不想让你们进去，这样做是为了保护你们的安全。高金素梅反问道："你们警察为什么不去对付危险分子，反而来对付我们这些好人，令人气愤。"说着说着，高金素梅眼里充满了愤怒的泪水，对日本警察的无理表示气愤。此时，坐在车上的台湾少数民族唱起了民歌，表达对日本警察的愤慨和对祖灵的问候。几名台湾少数民族打开车窗，举着日本人当年拍摄的日军残害其祖先的图片，揭露日本侵略者的罪行。

高金素梅经多次交涉仍无结果，索性将揭露日军当年残害台湾少数民族罪行的图片摆在大客车的前面，一面述说台湾少数民族过去被日本殖民统治的惨痛历史，一面表达对日本政府和警察的抗议。高金素梅说："我们要战斗到靖国神社将祖灵还给我们，等到日本政府良心发现，否则战斗决不会停止，我们这次来60人，下次就会来600人。我们要问靖国神社和日本政府，你们是按哪条法律，将我们的祖灵放到靖国神社的！"

被困近两个小时后，台湾少数民族代表不得已放弃了原来计划，高举着"原住民不是日本人"的横幅和大量日军当年残害台湾少数民族的图片，又来到东京律师会馆。他们向在场的数十名记者散发了宣传材料和揭露日军暴行的DVD光盘，并在律师会馆大楼前举行记者招待会。高金素梅说："我们本来已经跟靖国神社讲好，在靖国神社大门处，用我们原住民的传统方式，同我们的祖先讲话，可是警方阻止我们进去。日本警察没有诚信，靖国神社也没有诚信。我们代表团有排湾族、布农族、阿美族，但最多的是泰雅族，希望大家倾听我们心中的痛苦。"

布农族青年史亚山说："我们是台湾原住民的子孙，是靖国神社台湾原住民祖灵的子孙。我们来日本的目的很简单，就是来接我们的祖灵回台湾，回故乡。但是，我们对日本政府的态度感到非常难过，日本警察仍在用过去殖民统治台湾时期杀害我们祖先的姿态对待我们原住民，历史在重演。日本政府口口声声说日本是民主国家，请问日本政府，我们身为台湾原住民的子孙，难道不能去靖国神社将我们的祖灵带回台湾吗！我们的心在哭泣，我们在靖国神社的祖灵也在哭泣。台湾原住民要求将我们的祖灵移回台湾。"

记者招待会临近结束时，高金素梅说："现在我们要用民族的歌声讲话，听不懂没关系，请大家用心来感受我们的心情。"台湾少数民族的歌声悲壮而嘹亮，震撼着每一个在场的记者和路过的行人。

从9月16日开始，高金素梅正式在美国展开一系列抗日示威活动。9月16

日这一天，高金素梅带领着台湾少数民族代表和海外抗日战争维护会人士共十多人，高举着"日本是对历史不负责任的国家"等黑底红字的醒目横幅，在旧金山市中心金融区内的日本领事馆前，唱着山歌，并呼喊口号。身穿"还我祖灵"黑色运动衫的高金素梅，亲自向来往行人散发揭露日军暴行的宣传材料，让美国主流人士也了解日军在二战期间的残暴行径。她说，只要有日本领事馆的地方，她都将去抗议，以让她的控诉能够透过驻美国的日本领事馆传回日本国内，也让更多人知道日本对台湾少数民族的暴行。

高金素梅组织的此次行动费用高达500万台币，旧金山地区的海外侨胞热情参与筹款支援。台湾方面的有关人士也给予她热情支持。"立法委员"李敖为她此行捐款100万新台币。新任国民党主席马英九对她的壮举给予高度评价。马英九说，高金委员的诉求主要是要找回台湾少数民族的主体性及尊严，也让人省思有关他们在台湾社会地位的问题。他支持高金委员到联合国扩大诉求，促使日本政府反省；同样，少数民族在台湾所遭遇的困境也应该给予高度关怀。当马英九得知高金此行经费短缺时，当场捐出3000美元作为高金的盘缠。马英九说，希望借此能抛砖引玉，请社会大众捐款支持高金委员的行动。

9月23日上午，高金素梅率领着台湾少数民族赴联合国控诉团一行五十多人，从与联合国总部一街之隔的达格哈马舍尔德广场出发，手举标语，高喊口号，一路来到日本驻纽约的领事馆门前。控诉团成员在领事馆对面的人行道上分成几行排开，高呼"道歉、反省、赔偿""还我祖灵"等口号，高举着反映日军屠杀台湾少数民族的图片，引来众多路人驻足围观。

站在队伍前列的高金素梅，手持扩音器，高声宣读一封对日军罪行的抗议信。抗议信中指出，从村山首相到小泉首相道歉的10年间，日本在右翼势力的控制下，正一步步走向军国主义。抗议信列举了日本政府近年来美化侵略历史的种种倒行逆施，其中包括首相和其他高官参拜靖国神社、篡改教科书、拒绝向台湾慰安妇谢罪及赔偿、不肯将台湾少数民族的祖灵从靖国神社中移出。

随后，控诉团派出英文翻译朱力和台湾新党代表李春溪前往日本领事馆递交抗议书，却被日本领事馆官员和保安阻拦在外。后经多次交涉也无结果。高金素梅向众人说："我们清楚地看到，我们的代表再次被拒门外。这是一个怎样的政府？日本政府没有资格称自己是讲人权、自由和民族的国家。日本的暴行让善良的原住民族走向联合国，我们要让全世界知道，日本政府是对历史不负责任的政府！"

台湾少数民族赴联合国控诉团在向日本驻纽约总领事馆递交抗议书未果后，于当日下午1时30分返回达格哈马舍尔德广场举行控诉会，高金素梅站在临时搭建的舞台上，用低缓而深沉的语调再次向现场观众介绍日本对台湾少数民族犯下的历史罪行。

高金素梅说，日本殖民统治者在二战期间强征台湾少数民族青年远赴南洋，组成所谓"高砂义勇队"充当炮灰，导致先后两万多名台湾少数民族死在异国的战场上。日本政府在根本没有和"高砂义勇队"遗族商议的情况下，就擅自将战死的台湾少数民族灵位放进靖国神社。她强调说："靖国神社供奉着曾经侵略过我们的日本军人，其中包括这场罪恶战争的发动者东条英机。受害者和加害者怎能放在一起！"

高金素梅表示，尽管台湾少数民族人口仅45万，但他们的权利也应当得到尊重，他们的声音应当被维护和平、主持正义的国际组织——联合国听到。因此，控诉团委托两位曾在联合国工作过的爱国华人向联合国秘书长安南递交了一封抗议书，希望通过安南秘书长及联合国各成员国将台湾少数民族的诉求转达给日本政府。

高金素梅说，这些台湾少数民族很多人是第一次坐飞机、第一次出国，他们飞行二十多个小时，不辞辛苦，就是希望能够到联合国告诉爱好和平的人们一个真实的历史，大声地向世人宣告：没有人可以阻挡我们诉说历史。

控诉团代表、台湾布农族的杜水秋、泰雅族的叶贤民等纷纷现身说法。叶贤民说，泰雅族的许多人被强征入伍，他的6个叔叔和伯伯就在其中。战争结束后，却无一人回来，生死下落不明，"可怜老母亲天天站在山头盼儿归来，至死都不能瞑目"。

高金素梅向采访她的记者说，她从2002年开始发起抗议活动，曾先后7次赴日本讨还祖灵。但日方却声称，这些战死的少数民族已成为日本的神。她严词反驳道："请问你们有没有经过'高砂义勇队'遗族的同意？如果没有，就是剥夺了我们的权利！"使日方无言以对。

当记者问到她今后的打算时，高金素梅坚定地说："没有人能够阻止我们诉说历史，我们要将讨灵行动进行到底！"

在高金素梅这个弱女子身上所展现出来的民族大义和不屈不挠精神面前，台湾少数几个当权者为了一己和小集团的利益而媚日求荣的模样显得何等卑劣而龌龊。

（七）

台湾"中华黄埔协会抗日胜利60周年将军大陆参访团"在团长连行健先生的率领下，于8月2日抵达北京，开始对大陆进行为期半个月的访问行程。访问团一行六十余人，其中有海陆空三军退役将军17人。大陆黄埔军校同学会当晚在京隆重举行招待会欢迎参访团一行。

大陆黄埔军校同学会副会长林上元受李运昌会长的委托，代表黄埔军校同学会致欢迎辞。林老先生致辞时说，中华黄埔协会抗日胜利60周年将军大陆参访团来大陆访问，表达了台湾黄埔同学及亲友热爱中华民族、不忘国耻的爱国之心。当年，包括国共两党黄埔同学在内的全体中华儿女，为驱逐日本侵略者而同仇敌忾，浴血奋战，为中华民族的独立和解放建立了不朽功勋，从而在中华民族的史册上留下了光辉的篇章。实现祖国统一、振兴中华，是孙中山先生毕生为之奋斗的伟大理想。如今，爱国革命的黄埔精神又把两岸黄埔同学连接到一起。希望中华黄埔协会与我会不断发展友好关系，更加广泛地联系和团结台湾黄埔同学及亲友，共同为实现国家统一、中华振兴贡献出我们的力量。

欢迎会始终沉浸在友爱、亲切的气氛之中，宾主双方还互赠纪念牌，表达永结同心、实现国家统一、携手振兴中华的意志。

台湾中华黄埔协会成立于2000年。会长连行健将军，是黄埔军校第17期毕业生。该会的宗旨是"发扬黄埔精神，加强两岸交流"，"不论政治与党派立场，只要是认同'反独促统'，捍卫国土，就可以站在同一战线"。近年来，该会多次往返于祖国大陆和台湾之间，为促进两岸关系发展发挥了积极作用。

（八）

8月15日，由中国宗教界和平委员会、中国佛教协会发起组织的海峡两岸暨港澳佛教界纪念中国人民抗日战争暨世界反法西斯战争胜利60周年祈祷世界和平法会，在北京灵光寺隆重举行。

中国佛教协会会长一诚法师以及来自内地、香港、澳门、台湾的法师率佛教弟子3000人出席了法会。

中国佛教协会常务副会长圣辉法师在祈祷法会上讲话。他对来自内地及香港、澳门、台湾的法师表示欢迎和感谢。他说，在中国人民伟大的抗日战争中，中国及海外佛教众弟子表现了前所未有的爱国热情和民族精神，积极投身于保家卫国的正义事业。佛教是热爱和平的宗教。这种以世界为本体、以和平为本位的理念，是人类文明社会宝贵的精神财富，也是维护世界和平的重要法宝。和平与发展是当今世界的主流，但世界并不安宁。我们要以史为鉴，面向未来，促进世界各国和各民族之间的和睦相处。海峡两岸暨港澳佛教界负有维护世界和平的重大责任，中国佛教界要紧密团结，加强与世界一切爱好和平的国家和人民的友好交流和合作，广泛宣传和平理念，参与保卫世界和平、祈祷世界和平的各项活动，为消除一切战争隐患，维护人类福祉而精进不懈。

香港、澳门、台湾的佛教界代表也在祈祷法会上讲话。中国佛教协会代表宣读了和平祈祷文。随后诸位高僧长老在佛牙舍利塔前拈香祈祷，共同主祭，诵读上供祭文，祭奠在抗日战争中牺牲的中华英烈和死难同胞，虔诚祈祷祖国和平统一，繁荣富强，世界兵戈永息，和平永驻，人民幸福安宁，如意吉祥。

同一天上午，海峡两岸暨港澳道教界纪念中国人民抗日战争暨世界反法西斯战争胜利60周年祈祷世界和平法会，在江南道教圣地的江苏镇江茅山隆重举行。

法会由中国宗教界和平委员会、中国道教协会发起组织。中国道教协会会长任法融以及来自香港、澳门、台湾地区的道教界代表和信众一千多人出席法会。

出席法会的全体代表向茅山"苏南抗战胜利纪念碑"敬献花圈，缅怀抗日英灵。参加祈祷活动的道教法务团在茅山元符万宁宫前，恭设坛场，扬幡张榜，宝鼎焚香，向在抗日战争中的死难同胞和遇难道长默默鞠躬，祈祷世界各国睦邻友好，人类不分民族种族友爱相处，消弭战争，化干戈为玉帛；世界和平，释冤愆为祥和。任法融在法会上宣读了祈祷和平文，表达了中国道教界追求世界和平、人类幸福的良好愿望。香港、澳门、台湾地区的道教界代表也在祈祷法会上致辞。各地道教界代表还举行了此次法会纪念碑揭碑仪式，并放飞了1945只和平鸽，以此颂扬1945年中国人民抗日战争暨世界反法西斯战争取得的伟大胜利。

（九）

8月15日至16日，来自全球各大洲66个国家和地区的近1000名华人华侨代表，聚会奥地利首都维也纳，纪念中国人民抗日战争胜利60周年，再度向世界展示海内外中华儿女期盼中国和平统一的强烈愿望和坚定意志。他们庄严地宣告："我们要大声地告诉世界：五年前我们在柏林高举起'反独促统'的大旗，今天我们要在维也纳高张'维和促统'的理念，把'维护世界和平，促进中国统一'作为我们中华儿女始终不渝的目标和任务。"

自2000年柏林大会发出第一声呐喊开始，从华盛顿、东京、悉尼、莫斯科一路走来，海外华人华侨"反独促统"活动以星火燎原之势在全球展开，促进中国和平统一的组织发展到一百六十多个，堪称高潮迭起、波澜壮阔。"反独促统"已成为海外华人华侨社会的主流民意，海外侨胞已成为遏制"台独"分裂势力的一支独特力量。

海外侨胞"反独促统"的自发行动，源自于对祖国深沉的爱和强烈的民族使命感。几千万旅居海外的华人华侨，素有爱国爱乡的光荣传统，在中国革命、建设和改革的各个时期都作出了巨大的贡献。他们深刻地感受到，中国的发展与强大对海外侨胞形成巨大的保护力和感召力。长期以来，海外侨胞为中国的统一大业作出了不懈的努力，两岸关系的风云变幻、跌宕起伏牵动着他们的心。纪念抗日战争胜利60周年，是鉴往知今。他们深知中国的统一与富强紧密相连，台湾问题关系中华民族的根本利益。近年来，每当两岸关系发展的重要关头，海外侨胞总是挺身而出，揭露和驳斥"台独"分子的荒谬言行；支持中国政府推动和平统一的政策主张；通过聚会、致信所在国政府、投书媒体等方式，向国际社会表达他们反对"台独"的立场。

在纪念世界反法西斯战争胜利60周年、中国人民抗日战争胜利60周年和台湾光复60周年这个特别的日子里，海外华人华侨代表聚会在维也纳，回顾60年前台湾重回祖国怀抱的历史时刻，展望祖国和平统一的前景，深感责任重大。他们向世界宣告，维护世界和平、促进中国统一是我们的理想和使命；真诚地呼吁，"台独"是一条走不通的路，希望两岸同胞携起手来，共同投身于"反独促统"大业；恳切地期望每一个住在国的政府和民众，真正理解中华儿女的民族感情，支持中国和平统一事业。

（十）

8月21日上午，一群特殊的游客向八达岭长城走去。他们都是白发苍苍的老人，步履缓慢，但是步伐坚定。他们是海峡两岸相聚北京参加纪念抗战胜利60周年活动的抗战老战士。

站在巍巍的八达岭长城之上，老人们发出了《弘扬中华民族精神，祈盼中国和平崛起》的倡议书。

"长城，是抵御外侮的屏障，是中华民族的象征。"王定烈老人代表两岸抗战老战士宣读倡议书。在这份倡议书中，老战士们认为，60年前，中国人民在与日本侵略者进行殊死搏斗中表现出的不畏强敌、敢于牺牲的铁血意志和抗战精神，已经成为激励中华民族奋发崛起的宝贵精神财富。来自台湾的杨蓁老人感慨地说："我们感受最深的，是两岸中国人对那段烽火历史所具有的共识。"

老战士们在倡议书中表示，推动祖国和平统一，促进两岸交往发展，既是我们的共同心声，更是我们的历史责任。中国决不能分裂，中国人永远是一家。

9月2日下午，中共中央台办、国务院台办主任陈云林会见了来京参加中国人民抗日战争暨世界反法西斯战争胜利60周年纪念活动的台湾抗战老战士许历农老先生。

陈云林在会见时说，中国人民抗日战争，就是以国共合作为基础，全国各族人民包括港澳台同胞、海外侨胞共同进行的抵抗日本帝国主义侵略的正义战争。为挽救民族危亡，中国共产党和中国国民党以民族大义为重，进行第二次国共合作，抗击入侵外敌，开展了中华民族可歌可泣的抗日战争。台湾同胞的抗日斗争，是全民族抗日战争的重要组成部分。包括台湾同胞在内的中华儿女为捍卫民族生存、拯救国家危亡而英勇奋斗，付出了巨大的民族牺牲，战胜了日本帝国主义，取得了抗日战争的胜利，也使台湾彻底摆脱了50年的日本殖民统治，回到祖国怀抱。

陈云林说，今年以来，两岸关系中出现了一些有利于遏制"台独"分裂活动的新的积极因素，但反对"台独"的斗争依然严峻。两岸同胞要大力弘扬以爱国主义为核心的民族精神，团结起来，坚决反对"台独"分裂活动，推动两岸关系和平稳定发展。

陈云林表示，我们正在积极落实胡锦涛总书记与连战主席、宋楚瑜主席会谈成果，正在继续积极研拟、陆续出台进一步加强两岸交流、维护台湾同胞利益、促进两岸关系和平稳定发展的新措施，继续鼓励和推动两岸同胞交流交往，推动两岸经济的全面合作，促进两岸直接"三通"。

许历农老先生早年参加过抗战。他说，在国难当头、民族危亡的关键时刻，国共两党合作，以国家和民族利益为重，以爱国主义为核心，国民党军队在正面战场作战，共产党领导的人民武装主要在敌后开辟战场，配合很好。抗日战争的胜利，是国共合作、全民抗战的成果。许历农说，台湾同胞为抗日战争的胜利作出了巨大的贡献。今天我们中国人民纪念抗日战争胜利60周年，就是为了维护世界和平、促进人类共同发展。

（十一）

9月3日，是中国人民抗日战争暨世界反法西斯战争胜利60周年纪念日。这一天的北京，秋高气爽，碧空如洗。天安门广场松柏苍翠，红旗如画。广场中央的人民英雄纪念碑巍巍挺立，"人民英雄永垂不朽"8个大字闪耀着金色的光辉，碑座四周的大型浮雕展现着近代以来中国人民百余年间的奋斗历程。在纪念碑两侧用松柏构成的幕墙上，镶嵌着"牢记历史、不忘过去、珍爱和平、开创未来"16个醒目的大字。纪念碑前，18名陆海空三军礼兵持枪肃立。

清晨，首都各界群众、人民解放军和武警官兵、少先队员沐浴着灿烂的朝阳，从四面八方来到天安门广场，面向人民英雄纪念碑排起整齐的方阵。由抗战老战士和老同志、海内外爱国人士和抗日将领以及国际友人代表组成的方阵，排在10个方阵的最前面。

8时58分，胡锦涛、吴邦国、温家宝、贾庆林、曾庆红、黄菊、吴官正、李长春、罗干等党和国家领导人来到天安门广场，与排成方阵的一万多名各界代表一道参加向人民英雄纪念碑敬献花篮仪式。

9时整，敬献花篮仪式开始。军乐队奏响中华人民共和国国歌。象征抗日战争胜利60周年的60响礼炮在广场上空隆隆响起。随后，全场肃立，向在中国人民抗日战争中英勇牺牲的烈士默哀，向为中国人民抗日战争胜利作出贡献的老战士老同志、海内外爱国人士和抗日将领以及国际友人表示崇高的敬意。

中共中央、全国人大常委会、国务院、全国政协、中央军委、抗战老战士、各民主党派、全国工商联和无党派人士、各人民团体、首都各界群众分别敬献的9个花篮，摆放在人民英雄纪念碑前。花篮的缎带上写着"在中国人民抗日战争中英勇牺牲的烈士们永垂不朽"。盛开的鲜花表达着人们对先烈的缅怀和敬仰之情。

在军乐团演奏的《献花曲》的旋律中，18名礼兵托起9个花篮，正步走向人民英雄纪念碑，把花篮摆放在纪念碑基座前。此时，6000多只和平鸽展翅高飞，在广场上空盘旋翱翔，传达着中国人民热爱和平的美好愿望。

胡锦涛等缓步走到花篮前，驻足凝视。随后，胡锦涛等围着人民英雄纪念碑绕行一周，边走边深情地瞻仰人民英雄纪念碑。参加仪式的首都各界代表也依次登上纪念碑基座，向人民英雄致敬。

9时30分，胡锦涛、吴邦国、温家宝、贾庆林、曾庆红、黄菊、吴官正、李长春、罗干等来到人民大会堂湖南厅，出席向抗战老战士、爱国人士和抗日将领代表颁发"中国人民抗日战争胜利60周年纪念章"仪式。中共中央总书记、国家主席、中央军委主席胡锦涛庄严地向贾亦斌、李水清、焦若愚、张铚秀、赵忠来、刘建章、杨一木、杨诚汉、李振恒、王光复十位抗战老战士、爱国人士和抗日将领代表一一颁发纪念章，表彰他们为中国人民抗日战争胜利建立的卓越功绩，同他们亲切握手，向他们表示崇高敬意，祝他们健康长寿。10位老人中年龄最大的96岁，最小的77岁，他们精神矍铄，心情激动，当年的英雄风采依稀闪现在眉宇之间。

在艰苦卓绝的抗日战争中，中国军民奋勇杀敌，海内外中华儿女共赴国难，世界各国友好人士给中国人民以热情援助，终于打败了日本侵略者。在纪念中国人民抗日战争胜利60周年之际，中共中央决定向七十多万名抗战老战士和老同志、海内外爱国人士和抗日将领以及国际友人颁发"中国人民抗日战争胜利60周年纪念章"，表彰他们为中国人民抗日战争胜利作出的突出贡献。

胡锦涛题写纪念章章名。纪念章正面铸有象征中国共产党领导的各族人民大团结的5颗五角星，象征和平的鸽子和橄榄枝，象征革命圣地的延安宝塔山，以及军民合力抗战的战斗场面。

上午10时，胡锦涛、江泽民、吴邦国、温家宝、贾庆林、曾庆红、黄菊、吴官正、李长春、罗干等领导同志和10位抗战老战士、爱国人士、抗日将领代表步入人民大会堂纪念中国人民抗日战争暨世界反法西斯战争胜利60周年大会会场，并在主席台前排就座。这时，全场响起经久不息的掌声。

人民大会堂大礼堂内庄严肃穆。主席台上方悬挂着"纪念中国人民抗日战争暨世界反法西斯战争胜利60周年大会"的巨幅会标，后幕正中是熠熠生辉的中华人民共和国国徽，10面红旗分列两侧。主席台对面的二楼眺台上悬挂着巨幅横标写着："大力弘扬中国人民在抗日战争中表现出来的伟大民族精神，为实现中华民族的伟大复兴、促进世界和平与发展的崇高事业而努力奋斗！"

中共中央政治局常委、全国人大常委会委员长吴邦国宣布大会开始。全场起立，高唱国歌。

会上，胡锦涛发表了重要讲话，他首先代表中共中央、全国人大常委会、国务院、全国政协、中央军委，向全国参加抗日战争的老战士、爱国人士和抗日将领，向为中国人民抗日战争胜利建立了卓越功勋的海内外中华儿女致以崇高的敬意；向支援和帮助过中国人民抗日战争的外国政府和国际友人表示衷心的感谢。

在胡锦涛的提议下，全体与会人员起立，向在中国人民抗日战争和世界反法西斯战争中英勇献身的烈士们和惨遭侵略者杀戮的无辜死难者默哀。

胡锦涛在讲话中指出，中国人民抗日战争是世界反法西斯战争的重要组成部分，是世界反法西斯战争的东方主战场。1937年七七事变成为世界反法西斯战争在东方的爆发点，中国的全民族抗战开辟了世界第一个大规模反法西斯战场。在中国共产党倡导建立的抗日民族统一战线的旗帜下，以国共合作为基础，中国人民同凶恶的日本侵略者进行了气壮山河的斗争。

讲话中，胡锦涛对国共合作、全民战争的壮烈场面作了深情地回顾，对全民族在这场血战中所表现出来的献身精神给予高度赞扬。他说："在波澜壮阔的全民族抗战中，全体中华儿女万众一心，众志成城，各党派、各民族、各阶级、各阶层、各团体同仇敌忾，共赴国难。长城内外，大江南北，到处燃起抗日烽火。中国国民党和中国共产党领导的抗日军队，分别担负着正面战场和敌后战场的作战任务，形成了共同抗击日本侵略者的战略态势。以国民党军队为主体的正面战场，组织了一系列大仗，特别是全国抗战初期的淞沪、忻口、徐州、武汉等战役，给日军以沉重打击。中国共产党领导的敌后战场，广泛发动群众，开展游击战争，八路军、新四军、华南游击队、东北抗日联军和其他人民抗日武装力量奋勇作战。平型关大捷打破了'日军不可战胜'的神话，百团大战振奋了全国军民争取抗战胜利的信心。敌后战场钳制和歼灭日军大量兵力，歼灭大部份伪军，逐渐成为中国人民抗日战争的主战场。广大港澳同胞、台湾同胞、海外侨胞和海外华人，与祖国同呼吸、共命运，以各种方式参加和支援祖国人民抗战，不少同胞为国捐躯。在日本侵占台湾的半个世纪里，台湾同胞不断进行反抗，共有65万人壮烈牺牲。在空前惨烈的抗日战争中，中国军民前仆后继、浴血奋战，面对敌人的炮火勇往直前，面对死亡的威胁义无反顾，以血肉之躯筑起了捍卫祖国的钢铁长城，用气吞山河的英雄气概谱写了惊天地、泣鬼神的壮丽史诗。杨靖宇、赵尚志、左权、彭雪枫、佟麟阁、赵登禹、张自忠、戴安澜等一批抗日将领，八路军'狼牙山五壮士'、新四军'刘老庄连'、东北抗联八位女战士、国民党'八百壮士'等众多英雄群体，就是中国人民不畏强暴、英勇抗战的杰出代表。经过艰苦卓绝的长期抗战，中国人民从战略防御到战略相持，进而发展到战略反攻，终于在世界反法西斯战争走向胜利的进程中彻底打败了日本侵略者。1945年9月2日，日本政府正式签署投降书，宣告了日本侵略者彻底失败和世界反法西斯战争的最后胜利。中国人民抗日战争和世界人民反法西斯战争以中国人民和世界各国人民的彻底胜利载入了史册！"

胡锦涛在讲话中论及中国人民抗日战争胜利的重大而深远的意义时指出，中国人民抗日战争的胜利，彻底打败了日本侵略者，捍卫了中国的国家主权和领土完整，使中华民族避免了遭受殖民奴役的厄运；促进了中华民族的觉醒，为中国共产党带领中国人民实现彻底的民族独立和人民解放奠定了重要基础；促进了中华民族的大团结，弘扬了中华民族的伟大精神；对世界各国人民夺取反法西斯战争的胜利、维护世界和平的伟大事业产生了巨大影响。

胡锦涛在讲话中指出："在那场空前壮阔的伟大斗争中，中华民族进一步弘扬了以爱国主义为核心的伟大民族精神，并表现出许多鲜明的特点，这就是：坚持国家和民族利益至上、誓死不当亡国奴的民族自尊品格，万众一心、共赴国难的民族团结意识，不畏强暴、敢于同敌人血战到底的民族英雄气概，百折不挠、勇于依靠自己的力量战胜侵略者的民族自强信念，开拓创新、善于在危难中开辟发展新路的民族创造精神，坚持正义、自觉为人类和平进步事业贡献力量的民族奉献精神。"他说，这是伟大的抗日战争留给我们的最宝贵的精神财富，我们一定要结合新的时代条件大力继承和发扬。

当讲到中国人民当前面临的任务时，胡锦涛强调，我们要坚定不移地抓住发展这个第一要务，努力实现中华民族的伟大复兴。要高举和平、发展、合作的旗帜，坚定不移地走和平发展道路。要坚定不移地巩固中华民族的大团结，弘扬伟大的民族精神。要坚定不移地维护国家主权和领土完整，积极推进祖国和平统一大业。他进一步重申："我们将坚持'和平统一、一国两制'的基本方针和现阶段发展两岸关系、推动祖国和平统一进程的八项主张，坚持一个中国原则决不动摇、争取和平统一的努力决不放弃，贯彻寄希望于台湾人民的方针决不改变，反对'台独'分裂活动决不妥协。我们将认真落实同中国国民党、亲民党、新党的领导人会谈所达成的各项成果，采取一切积极措施，加强两岸各领域的交流合作，促进人员往来，密切两岸同胞感情，充分照顾台湾同胞利益，促进两岸关系和平稳定发展，维护台海地区和平稳定。我们坚决反对'台独'分裂势力及其活动，决不允许'台独'分裂势力以任何名义、任何方式把台湾从祖国分裂出去。我们将继续同广大台湾同胞一道，共同承担起反对分裂国家、促进和平统一的神圣使命。"胡锦涛说，我们要坚定不移地加强党的执政能力建设和先进性建设，确保党始终走在时代前列。

胡锦涛激情四溢、气壮山河的讲话时时激起现场六千多名各界代表的热烈掌声。

在讲话最后，胡锦涛铿锵有力地发出号召："回首往事，我们无限感慨；展望未来，我们充满信心。五千多年来，中华民族历经磨难却始终自强不息，为人类文明进步作出了不可磨灭的贡献。今天，中华民族的发展正面临着难得的历史机遇，中华民族伟大复兴的光辉前景已经展现在我们面前。包括大陆同胞、港澳同胞、台湾同胞、海外侨胞在内的全体中华儿女，都应该为自己是中华民族的成员而感到无比自豪，都应该承担起实现中华民族伟大复兴的历史责任，都应该以自己的努力为中华民族发展史续写新的光辉篇章。让我们更加紧密地团结起来，为全面建设小康社会、实现中华民族的伟大复兴而继续努力奋斗！为建设一个和平发展、文明进步的世界而继续努力奋斗！"

全场以经久不息的热烈掌声表达了现场六千多名各界代表对胡锦涛讲话的赞扬。

（十二）

9月3日下午，在人民大会堂举行"海内外爱国人士、抗日将领及遗属纪念中国人民抗日战争胜利60周年座谈会"。中共中央政治局常委、全国政协主席贾庆林出席座谈会并讲话。

贾庆林首先向在抗日战争中英勇杀敌、流血牺牲的烈士们，表示深切的的悼念！向积极投身抗日战争并建立卓著功勋的老战士和各界人士，向为抗战胜利作出贡献的港澳同胞、台湾同胞和海外侨胞，向支援中国人民抗击日本侵略者的国际友人，表示崇高的敬意！向出席座谈会的海内外爱国人士、抗日将领及遗属，表示热烈的欢迎和亲切的慰问！

贾庆林在讲话中强调，在全民族抗击日本侵略者这场伟大的战争中，无数优秀的中华儿女前仆后继、顽强斗争，用鲜血和生命谱写了波澜壮阔、气吞山河的壮丽诗篇。其中一些英雄烈士就是今天在座同志和朋友们的亲人。我们在这里深切地缅怀他们！他们为民族解放事业作出的卓越贡献，祖国和人民是永远不会忘记的！他们的英雄业绩永垂青史！

贾庆林说，岁月悠悠，沧桑巨变。历史是最生动的教材。中国人民抗日战争给我们留下了极其宝贵的经验，也带给我们许多深刻的思考。抗日战争的历史启示我们，爱国主义是中华民族战胜困难、团结奋进的强大精神支柱和力量源泉，必须大力弘扬以爱国主义为核心的伟大民族精神；落后就要挨打，发展才能强大，必须坚定不移地抓好发展这个第一要务；统一战线是克敌制胜的重要法宝，必须不断巩固和发展最广泛的爱国统一战线；国家的统一、民族的团结是中华民族屹立于世界民族之林的根本保证，必须努力完成祖国统一大业；追求和平、向往正义永远是人类进步的根本前提和共同愿望，必须努力维护世界和平，促进共同发展。

贾庆林最后说，21世纪是中华民族实现伟大复兴的世纪，也是海内外全体中华儿女实现大团结大联合的世纪。让我们高举爱国主义旗帜，发扬中华民族的伟大精神，万众一心，携手共进，为实现祖国的完全统一和中华民族的伟大复兴而努力奋斗！

抗日将领、中国国民党革命委员会中央名誉副主席贾亦斌，抗战时期著名的飞行战斗英雄王光复，台湾抗日义勇队李友邦将军夫人李严秀峰，著名抗日将领张自忠将军之女、原北京市政协副主席张廉云先后发言，从不同角度深切缅怀了在抗日战争中英勇杀敌、流血牺牲的先烈们和先辈们建立的不朽功勋，歌颂了中国人民英勇不屈、浴血奋战的英雄气概，表达了为实现祖国完全统一和中华民族伟大复兴共同奋斗的坚强意志。

发言者的慷慨陈词，激起一阵又一阵的热烈掌声。国家领导人和海内外爱国人士、抗日将领及遗属方面的代表，中央和国家机关有关部门，有关团体负责人等四百五十多人参加了座谈会。

座谈会后，贾庆林亲切地会见了许历农等台湾抗战老战士。贾庆林说，60年前，包括台湾同胞在内的中华儿女为捍卫民族生存、拯救国家危亡而英勇奋斗，付出了巨大民族牺牲，战胜了日本帝国主义，取得了抗日战争的伟大胜利，也使台湾彻底摆脱了50年的日本殖民统治，回到了祖国怀抱。中国人民抗日战争是近代一百多年来中国人民反抗外敌入侵取得的第一次完全胜利，充分展现了中华民族的强大生命力。他说，今天上午我们聆听了胡锦涛总书记的讲话。讲话高屋建瓴、气壮山河，充分表达了中国人民牢记历史、不忘过去、珍爱和平、开创未来，实现中华民族伟大复兴的坚定信念和坚强决心。

贾庆林指出，回顾抗战历史，对认识当前两岸关系具有深刻的现实意义。最重要的启示就是，一定要大力弘扬以爱国主义为核心的民族精神，两岸同胞团结起来，坚决反对"台独"分裂活动，推动两岸关系和平稳定发展，推进祖国和平统一进程。

贾庆林说，今年以来，中国国民党主席连战、亲民党主席宋楚瑜、新党主席郁慕明先后率团来访，胡锦涛总书记分别与连战主席、宋楚瑜主席、郁慕明主席进行了会谈、会面，就促进两岸关系改善和发展的重大问题，广泛、深入地交换了意见，达成了多项共识，确认了坚持"九二共识"、反对"台独"的共同政治主张及共同促进的工作，这对于增进两岸同胞的福祉、开辟两岸关系的新局面，具有重要意义。我们愿意与台湾各界人士一道，抓住机遇，扩大合作，共谋两岸不断改善和发展的光明前景。

早年参加过抗战的许历农等国民党老将军、老战士，对贾庆林主席的谈话深表赞同，并高度赞扬胡锦涛总书记今日上午在纪念大会上的讲话，认为讲话全面而深刻地展现了中华民族在抗日战争中所表现出来的伟大民族精神，讲话所表达的实现中华民族伟大复兴的坚定信念和坚强决心，让每个中华儿女倍受鼓舞，倍感振奋。

（十三）

中国隆重纪念中国人民抗日战争暨世界反法西斯战争胜利60周年和胡锦涛总书记在纪念大会上的讲话，受到了全世界的高度关注，各类媒体给予积极评价。

美国《纽约时报》9月4日发表报道说，胡锦涛主席利用此次纪念活动强调中国的经济和军事实力并非针对日本或美国，尽管中国与这两个国家之间的竞争已初露头角。胡锦涛在讲话中说，中国并不想延续对日本的仇恨，但他也批评日本国内总有一些势力无法认清日本战时的侵略行径及其在1931年至1945年占领中国期间犯下的暴行。报道说，在对台湾作出的表态中，胡锦涛和其他高级官员利用此次纪念活动，承认了国民党军队领导人在对日作战中作出的贡献，这是孤立"台独"势力策略的一部分。

英国《独立报》9月5日发表的报道说，中国这个意气风发的经济和军事巨人，周末举行了纪念抗日战争胜利60周年的活动，胡锦涛的讲话否认中国有任何进行军事扩张的野心。

日本《读卖新闻》9月4日发表的题为"胡主席讲话重视日中关系稳定"的报道说，中国国家主席胡锦涛3日在于北京举行的纪念中国人民抗日战争暨世界反法西斯战争胜利60周年大会上发表讲话，他谈到日中关系和两岸关系时，强调重视中国当前的利益。他说，抗战的胜利促进了中华民族的大团结。胡锦涛进而表示，共产党必须在巩固大团结的同时，走在时代的前列。他在讲话中对小泉参拜靖国神社进行了谴责。可以看出，他是把"稳定"放在了首位。

日本《每日新闻》在9月4日也发表报道说，在纪念中国人民抗日战争暨世界反法西斯战争胜利60周年大会上，胡锦涛主席称赞中国国民党在抗战中发挥的作用，呼吁包括台湾在内的中华民族加强团结。他的目的是想通过强调"国共合作"抗战的意义，弘扬爱国意识，以此动摇台湾的陈水扁政权。报道指出，在纪念抗战胜利大会前，作为爱国宣传的一个组成部分，中国报纸连续报道了国民党在抗战中的功绩，胡锦涛的讲话可以说是对报道进行的概括。大会的重点是，要突出抗战胜利是中华民族走向复兴的转折点的意义。大陆还邀请台湾的国民党前将领参加纪念大会。北京的方针是，促进与台湾在野党的关系，阻止陈水扁政权通过制定新"宪法"等寻求"台湾独立"的行为。

澳门《新华澳报》9月5日发表题为"胡锦涛讲话胸怀广阔高瞻远瞩"的文章说，胡锦涛主席在纪念中国人民抗日战争暨世界反法西斯战争胜利60周年大会上的重要讲话，胸怀广阔，高瞻远瞩；客观、公正；尊重历史，尊重现实。对实现民族和解、政党和解，遏制"台独"分裂势力，促进祖国统一大业早日实现，对团结全世界华人，以至一切同情和支持中国人民和平发展事业的外国友人，为中华民族的伟大复兴而共同奋斗，具有重大的历史和现实意义。文章指出，胡锦涛主席的讲话，体现了中共"与时俱进"的发展观。将有利于争取全世界人民继续支持中国人民的和平发展事业，彻底唾弃所谓的"中国威胁论"，更使中国能够创造长期的最佳和平外部环境。

香港《明报》9月4日刊登题为"据理力逼日本向历史低头"的文章指出，抗战胜利60周年，北京以最高规格、鸣放60响礼炮和向人民英雄纪念碑敬献花篮的特殊仪式予以隆重纪念。在中日政治关系处于僵局之际，北京当然不会轻易放过这一机会，借此敲敲日本；同时，随着中国逐渐崛起，未来中日摩擦、冲突势必增加，北京隆重纪念抗战，胡锦涛发表万言演讲，更对多次发动侵华战争的日本算总账，迫使日本低头，这样，中国在未来争夺亚洲龙头地位的较量中将牢牢把握主动。文章说，北京昨日向人民英雄纪念碑献花，明显就是针对日本政要参拜供奉有甲级战犯的靖国神社而来的，可谓"以牙还牙"。同时，胡锦涛昨日纪念抗战的万言演讲，从日本1874年进犯台湾说起，很明显是要对近代以来不断发起侵华战争的日本来个总清算，迫使日本承认自己发动战争的责任。

9月4日，香港《成报》发表了题目叫"高调庆祝抗战胜利 严词促日理智"的社评说，中国高规格地庆祝抗日战争胜利60周年，从整个庆祝活动的安排可见，中国希望透过这次活动带出多个信息。其一，中国趁抗日战争胜利60周年之日，高调严词地向日本施压，以制约日本的气焰。其二，这次高调庆祝抗日胜利，显示中国政府与人民反对日本军国主义及其他蛮横无理的行动。其三，胡锦涛在讲话中对国民党当年抗日的功绩作了新的阐述。这显示中国共产党更实事求是和客观地处理历史问题，同时借助纪念抗战胜利的日子来加深与台湾"泛蓝军"的关系，令大家一起在新的历史阶段中再创合作基础，具体来说就是反"台独"。此举确有其现实作用。其四，昨日出席庆祝抗战胜利的高层人士，包括了今天和昔日的党政军领导人。这既显示了中国不忘记老一代革命家的功绩，借此纪念日来向他们表示尊重，同时也显示中国新老领导层在对日关系的问题上，态度一致，历来如是。

9月4日，台湾《联合报》发表报道说，中共总书记胡锦涛在纪念抗战胜利60周年大会上，首度肯定国民党对抗战的正面贡献。胡锦涛主政后，全面推动弹性、灵活的对台政策，给国民党抗战一定的历史地位，是中共推动对台"党对党"交流的一步重要棋子。这是中共自1949年建政以来，首次由最高领导人公开肯定国民党对抗战的贡献。胡锦涛的讲话一锤定调，借60年前国共的共同抗战，推动今后中共与台湾各党派的合作，以对付"台独"。

各类评价见仁见智，用"好评如潮"来形容是不过分的。

十一、"神六"上天不忘港澳台，携带港澳台物品，问候港澳台同胞，期盼两岸和平统一

（一）

当获悉中国大陆将于10月中旬发射"神舟六号"宇宙飞船的信息后，各路媒体立即展开跟踪报道。香港《明报》记者在10月6日专访了在港的中国探月工程副总设计师姜景山。姜景山向记者表示，搭乘"神六"升空的太空人应该会在太空船上跟香港、澳门、台湾同胞打招呼，向港澳台同胞问好。2003年"神五"升空时，太空人杨利伟曾在太空中以清晰的声音，"向祖国人民问好"、"向港澳台同胞、向海外侨胞问好"，令在电视机前收看中国太空船新闻的数亿国人兴奋感动。

另一位中国航天家、"神五"总设计师、"神六"顾问戚发轫接受记者访问时表示，"神六"以双人形式执行多日太空任务，对未来实现太空漫步有关键性作用。他透露，"神六"太空人将带一些港澳台地区的物品升空，但他没有透露带什么物品。"神五"升空时，杨利伟曾携带台湾农作物种子、北京奥运会会徽会旗等物品升空，杨利伟还在太空中展示一面中国国旗和联合国旗帜。

10月6日，中国文化促进会主席高占祥在咸阳接受香港《文汇报》记者采

访时表示，将于10月中旬发射的"神舟六号"，搭载了他的两件作品。高占祥说，这两件作品看似简单，却有着特殊意义，因为他们代表着两岸的和平与统一。他介绍说，此次"神六"携带的两件作品是《和平鸽》和《和平颂》。《和平鸽》是一幅摄影作品，画面上两只鸽子在接吻，象征两岸的亲和。这个照片一共制作了两幅，一幅随"神六"上空，另一幅则在前不久通过中国国民党中央委员会大陆事务部主任张荣恭，送到国民党党部留存。另一件随"神六"上空的书法作品《和平颂》是一长篇赋文，这篇赋中写到了两岸和平，其中最重要的便是写"和"："和为贵……和合交融其力无穷……"高占祥先生希望两岸"化干戈为玉帛，开万世之太平"。

就在"神舟六号"成功升空的当天，澳门《新华澳报》发表报道说，"神六"升空携带取自台湾地区的泥土，使不少台湾民众心有触动。这是继"神五"升空，携带了海峡两岸的花卉、蔬菜、水果种子，与大陆的同类农产品一道上太空之后，又一次在太空事业中体现"两岸一家"精神的义举。而且，今次的做法是九克大陆泥土加一克台湾泥土，九加一等于十，寓意"十全十美"，冀望完美，被赋予美好的意义。

（二）

10月12日神舟六号发射当天，台湾多数电视台的新闻频道一大早就开始报道与神舟六号有关的新闻，从对航天员的专访、新飞船的技术改进、太空生活起居到可能进行的相关实验，都一一展现给观众。所有电视台都强调，此次神舟六号升空携带了一克台湾土壤。台湾东森电视台还派出台湾"金钟奖"的"最佳新闻采访奖"得主、东森电视台首席主播卢秀芳，与大陆中央电视台主播白岩松联手主持"神六"发射全程直播报道"两岸看神舟"。他们二位生动活泼、精彩纷呈的主持，使"两岸看神舟"这一栏目成了当时两岸民众收视率最高的栏目之一。

10月17日凌晨，神舟六号踏上归途，东森电视台又进行了追踪报道，详细报道了飞船返回、两名航天员出舱及飞抵北京后受到热烈欢迎的情景。台湾主流平面媒体、通讯社和众多网络媒体也纷纷推出各具特色的专题，集中报道有关神舟六号的新闻并配发评论加以赞扬。有的媒体评论说，神舟六号成功发射并返回，"让全球华人与有荣焉"。台湾"中央社"凌晨4时44分即发出了有关神舟六号顺利返回的报道，下午又报道了中国载人航天工程办公室主任唐贤民上午在国务院新闻办公室举行的记者会上的谈话，突出强调：预计在2007年左右，大陆航天员将实现太空漫步。

· 405 ·

而正在大连参观访问的国民党荣誉主席连战17日上午表示，神舟六号成功"很值得恭喜，很值得恭喜！"

媒体密集报道，民众热切关注。台湾成功大学航天系的师生们在第一时间观看了整个发射过程。师生们表示，神舟六号的成功发射，激发了他们加快航天研发的热情。学术圈里，专家、学者对祖国大陆航天事业的发展高度评价；网络论坛中，"新新人类"对飞天逐梦讨论得热火朝天。因应神舟六号在台湾引发的"太空热"，台湾一家科学博物馆举办了太空展，展品中包括发射神舟六号的长征二型火箭模型以及大陆第一个太空人——杨利伟的照片。

（三）

与民间和台湾主流媒体对神舟六号的"热"形成鲜明对比的，是台湾官方和某些"独"派媒体所表现出来的"冷"。善出狂言的陈水扁此时也成了没嘴的葫芦———一言不发。"独"派媒体一开始就表现出"与众不同"的样子，对神舟六号遨游太空、台湾民众一片欢腾视而不见、充耳不闻。后来眼看海外媒体热评不止、世界各国政要纷纷致电祝贺，才不咸不淡地作了一番"冷处理"，同时又煞有介事地重弹大陆"军事威胁论"的老调。

主持正义的台湾媒体看不惯台湾当局和"独"派媒体的作为，纷纷提出批评。台湾《中时晚报》10月18日发表题为"一边神六 一边神经"的文章说，看大陆神六上太空平安返航，再看陈水扁口水上天，你有什么感觉？先说神六吧。美俄对此观念比较清楚，他们认识到大陆的科技已非昔日。这就是国力的证明。美俄都承认了这一点，而且以此为基础去认知大陆，知道一个可畏的对手诞生了。不管他是不是有威胁的野心，但他绝对是一个有能力的对手，所以以后在处理外交问题上，更知道无法靠压制中国，来阻止其崛起。

文章指出，在神舟六号遨游太空的时候，台湾的领导人在做什么？陈水扁在各种弊案连续发生的此刻，不是痛下决心除弊，好好谈经济、科技政策，而是为财团并吞"国家"资本宣示，非要在年底前完成第二次金融改革不可。这是什么意思？是要在下台前好好搞钱的宣示吗？一边是神六上太空，一边是神经谈斗争。台湾的老百姓啊，一定要更努力为自己奋斗，因为这种政府实在没有用啦！

同一天，台湾《新生报》发表了题为"从台湾看神舟六号顺利返航"的社论。社论首先指出，在当前太空争霸战中，神六计划的顺利成功，标志着中共的实力已超越日本和欧洲，稳居"世界第三"的地位。而且，据中共相关人士透露，下一步将发展设立太空站、让宇航员在太空轨道上停留较长时间并做更多实验，再下一步则是执行载人飞船登陆月球的"嫦娥系列计划"，急起直追美俄两强的意味浓厚。事实上，太空活动的发展是一个国家整体国力的综合表现，并且，太空探索的研究成果又可回过头来带动科技、经济等各方面的发展与提升，中共经过五十年的埋头努力，终于有了今天的成果，意义自属不凡。

社论说，中共大力发展太空事业，其构思是着眼全球布局，完全没有把台湾问题考虑在内，但从台湾的角度来看，神六的成功仍有许多值得我们深思之处：第一，据军事专家认为，神舟系列的成功发射，显示出中共已能熟练地掌握"小动量空间火箭技术"的运用，而这种技术正是克制美国战区导弹防御系统的关键。如果美国的防御系统都能被中共有效破解，那么，台湾花大把银子购买这种防御系统中的一环的"爱国者三型"飞弹，其意义就更加不大了。第二，从军事观点来看，今后谁能进入太空，谁就占领了地球的制高点，谁占领了这个制高点，谁就掌握了战争的主动权。基于这种思考，如果无论在地面或太空，中共都成为美国有力的竞争对手，美国今后恐怕就更没有意愿出兵协防台湾了。第三，台湾之所以具有防卫日、美的前哨站功能，是基于地缘战略的考量，但如果基于"地球制高点"的考量，站在距离地球几百公里外的太空来看地球，台湾在防卫日美方面可能也不再具有什么战略意义，这一改变，可能也意味着一旦美国必须"放弃"台湾，在战略考量上不再有太多顾虑。第四，就两岸角力的本身而言，如今两岸的经济优势已全盘逆转；至于科技方面，神六的胜利成功，则凸现了台湾在这方面和对岸完全没得比。因为中共不但有神舟系列计划，还有嫦娥系列计划，说明其科技实力直追美俄，而台湾连发射一个"华卫二号"，无论是运载火箭或卫星本身全都得靠外力来完成，有得比吗？第五，这次神六升空时，据说携有一克的台湾泥土，这虽是中共统战，但无疑的，多少也会使台湾人民萌生分享"祖国荣耀"的感受，这种感觉的提升，有助于台湾人民对"大中国"的认同，也将使得"台独"论述更缺乏说服力。

社论最后说，除了以上五点之外，值得我们深思的问题其实还有许多，但总的来看，一个很现实的情况是，中共大力发展太空事业，虽是基于全球布局的战略思考，但却不知不觉地更加压缩了"台独"的发展空间，因而我们必须自考：走"台独"之路是一件好事吗？

这种批评的声音持续不断。进入11月这种批评的声音仍然回响在人们的耳边。11月8日台湾《联合报》发表的题为"神六升空日 '立院'正血战"

的报道就表达了台湾民众对当局强烈不满的情绪。报道说，10月间，神达总裁蔡丰赐在江苏昆山厂办公室迎接来自台湾的媒体。昆山是台湾电子业的基地之一，当地阳澄湖大闸蟹驰名中外，今年又多了一个"太空人故乡"（神六航天员费俊龙是江苏昆山人）的称号。蔡丰赐在昆山刚跟媒体见面就感慨地说，今天大陆各报头条都是"神六升空了！"台湾头条却是"立法院流血打架"。大陆已在天上飞，台湾还留在地上打架，"这像话吗"？叹息声四起。蔡丰赐又笑着说："老板交代不要谈政治。"

报道说，中共举行第十六届五中全会，通过第十一个五年计划，将改变高耗能、低产出的生产模式，提高自主创新能力；将制造一批优势企业，拥有自主知识产权、知名品牌和国际竞争力；继续推进西部大开发，振兴东北地区等老工业基地。经济学家指出，大陆已确定未来五年将发展内需市场，改变现在依赖出口的经济形态。对照两岸的经济决策，许多企业不满台湾现况，在昆山设厂的吴董事长直言："我不可能再回台湾投资了。"现在全球各国不断以投资移民及减税等手法来抢钱、吸金，台湾政府却拼了命地把人民、资金赶出去，财政部门巧立名目课税，检调单位借着"抓秃鹰、查弊案"动辄搜查公司、约谈企业负责人，搞得企业界风声鹤唳。吴董事长说，他打定主意在香港申请股票上市，"台股没前途啦！"

报道指出，"政府拼经济口号喊了五年，结果仍在拼选举、拼政治。"一家大型电讯上市公司高层主管担心，外资逐渐对台湾失去兴趣，台湾却仍然陷在"政党对立、蓝绿互斗"中。这家公司两个月前参加外资券商主办的全球会议，结果大陆企业的代表被外资经理人捧上天，台湾去的企业却乏人问津，三天下来，"只有一家外资问我一个问题，而且是透过电话询问"。这位主管饱尝被冷落的滋味，深刻感受到彼（大陆）长我（台湾）消的时不我予，台湾经济奇迹的光环已经消退。

神舟六号遨游太空，天下华夏儿女无不为之欢欣振奋；而台湾当局和"独派"人物的种种丑恶表演，无不为华夏儿女所不齿。

十二、"青山一道同云雨，明月何曾是两乡"。台湾泛蓝政党和大陆民众隆重纪念台湾光复60周年

（一）

"青山一道同云雨，明月何曾是两乡"。在纪念中国人民抗日战争胜利60周年的日子里，在神舟六号载人航天飞行圆满成功之际，海峡两岸同胞又

迎来一个值得中华各族人民共同庆贺的历史性纪念日——台湾光复60周年。

10月13日上午，国务院台湾事务办公室在北京举行例行的新闻发布会，新闻发言人李维一宣布，今年10月下旬，中央有关部门将隆重举行纪念台湾光复60周年系列活动。李维一说，今年10月25日是台湾光复60周年纪念日。60年前，被日本侵占50年之久的台湾同胞回到了祖国的怀抱。抗日战争的胜利和台湾光复，是全体中华儿女团结御侮、共同浴血奋战的结果。在被日本侵占的50年中，台湾同胞与祖国大陆同胞一道，不屈不挠，英勇抗击日本侵略者，为维护国家主权和领土完整，作出了不可磨灭的贡献。

李维一指出，作为中国人民抗日战争胜利和世界反法西斯战争胜利60周年纪念活动的重要组成部分，隆重纪念台湾光复60周年，旨在铭记两岸同胞共同抗击日本侵略者的英勇事迹和为民族解放建立的不朽功勋，弘扬中华民族的伟大精神，激励两岸同胞团结携手，排除"台独"分裂势力的破坏干扰，构建和平稳定发展的两岸关系，共同为推进祖国和平统一进程，实现中华民族的伟大复兴而努力奋斗。

10月14日，美国《洛杉矶时报》即发表报道说，北京昨天宣布，它将首次在人民大会堂举行台湾1945年10月25日摆脱日本统治而回归祖国的庆祝活动。北京希望向国内公众发出这样一个信号，即台湾和中国大陆当年曾合作反对日本的侵略，如今是台湾政府的顽固态度才使得两岸之间不能进一步加强关系。如果台湾政府抱怨得太凶，它就会难堪，因为它毕竟也是其中的一方。台湾政治大学的研究员乔治·蔡说，北京已经邀请大约二三十位台湾反对党的政治家和学者参加纪念活动，他自己也是被邀人之一。

报道指出，分析人士说，国民党派遣代表出席纪念活动有其自身理由。在12月举行台湾全岛的县市长选举前夕，国民党希望向选民发出这样一个信号，即国民党在二战之后创造了台湾的经济奇迹，他们亲中国的政策能够再次给台湾带来繁荣。他们还希望将自己集中发展经济和改善两岸关系的做法与最近困扰台北政府的一系列丑闻形成对比。为强调这一点，国民党还计划在台湾举行政治集会，庆祝台湾光复60周年。

（二）

10月23日，台盟中央、全国台联在北京人民大会堂台湾厅举行座谈会，隆重纪念台湾光复60周年。全国政协副主席、台盟中央主席、全国台联名誉会长张克辉，中央统战部、国务院台办的有关负责人，台湾光复的亲历者，来自岛内的知名人士和台湾抗战义士的后裔，以及在京台胞一百五十多人参

加了座谈会。

座谈会由全国人大常委、台盟中央常务副主席林文漪主持。全国政协常委、全国台联会长梁国扬代表台盟中央和全国台联在座谈会上致辞时指出，台湾的光复，是中国人民取得抗日战争伟大胜利的成果，是包括台湾同胞在内的全体中国人民英勇抗战、浴血奋斗的结果。今天我们纪念台湾光复，是为了向世人表明：台湾是中国不可分割的一部分，海峡两岸同胞血脉相连，命运与共；是为了让子孙后代永远牢记，我们的台湾先辈们为守土护乡，为坚持做中国人，前仆后继，英勇牺牲，在反抗外来侵略、争取民族解放的斗争中作出了奉献；是为了继承先辈遗志，弘扬爱国主义光荣传统，为实现祖国的完全统一而继续奋斗。

台湾光复的亲历者、老台胞代表曾重郎、林东海、陈弘，来自台湾岛内的著名作家陈映真、著名学者王晓波和台湾抗战义士的后裔林光辉、叶芸芸分别在座谈会上发言。他们回顾了台湾被日本殖民统治的苦难岁月，重温了60年前光复时全岛欢庆的喜悦，表示"台湾问题一日不解决，我们民族就一日无法安枕"，希望海峡两岸全体中国人携起手来，用更多的智慧，跨越两岸僵持的藩篱，以爱国主义的民族精神为内核，凝聚两岸同胞的力量，构建和平稳定发展的两岸关系，共同缔造中华民族灿烂的明天。

值得注意的是，10月23日这一天，台湾《联合报》报道了台湾七位院士发表两岸和平声明一事。报道说，7位中央研究院院士联署发表《两岸和平论述——和平中国运动的起点》共同声明，希望台湾和大陆都能体悟，要有和平的台湾、发展的中国，就必须先有合作的两岸；并希望经由知识分子发自良知的引领，推动两岸双赢的和平运动。报道说，去年9月，11位中研院院士曾史无前例地发表由劳思光主笔的《认识台湾，消弥灾难的叮咛》反军购联署共同声明，配合反军购大游行，最终成为一项大型社会运动，影响延续至今。

这天的《联合报》还刊登了7位院士联署的《两岸和平论述——和平中国运动的起点》的共同声明的全文。这7位院士是：于宗先、林毓生、胡佛、张玉法、劳思光、黄彰健、杨国枢。他们的声明这样写道："近年来两岸形势充满吊诡，长期的政治对峙与活络的经贸交流、军事的彼此威胁与人民的频繁往来，形成历史上异常独特的现象。这种情势可以战争收场，也可以迈向和平的双赢，端赖我们以怎样的态度与认知来面对。"

"两岸政治分治是内战的产物，两岸军事对峙是冷战的遗留。然而在面对全球化的高度互动、区域化经济整合的时刻，我们认为两岸也应该顺应潮流，跳脱内战与冷战的思维，面对时代的变局。"

"我们相信，面对两岸关系，唯有真诚的关怀与合作，才有可能化解敌意，为台湾再生发展的契机带来真正的安全；也为中国大陆创造友善的环境，使大陆能在和平中追求发展。因此，我们特别强调：'要有和平的台湾，必须先有合作的两岸；要求发展的中国，也必须先有合作的两岸。'"

"我们深刻了解，两岸问题的处理绝不简单，两岸的终局解决也不可能一蹴而就。我们希望为两岸提出一个往这条道路前进之可行的'起步性架构'，并进而促成一项'和平中国运动'。"

接着，声明提出了几种架构建议。架构建议之一是，以"完整中国，尊重现状"作两岸和平的起点。架构建议之二是，以"两岸统合"作为两岸合作的架构。架构建议之三是，以"和平不武"作为两岸互动的原则。架构建议之四是，以"基础协定"作为两岸关系的基础。

声明最后说："为使两岸关系未来的发展能够有所依据，两岸宜在'完整中国、尊重现状、两岸统合、和平不武'的基础上，展开两岸协商，签署两岸基础协定，落实构想，使得两岸的统合进程得以顺利推动。"

在两岸同步纪念台湾光复60周年之际，7位院士联名发表这样的声明，其用意是显而易见的。诚如他们所言"经由知识分子发自良知的引领，推动两岸双赢的和平运动"。他们这样做，岂不是纪念台湾光复60周年最为实际的行动吗？

（三）

10月24日上午，中共中央宣传部、中共中央台办、台湾民主自治同盟、中华全国台湾同胞联谊会共同举办的《台湾同胞抗日斗争展览》在国家博物馆隆重开幕。中台办主任陈云林在开幕式上致辞说，在日本殖民者侵占台湾的半个世纪里，英勇的台湾同胞从未屈从于日本侵略者的残酷统治。他们用生命和鲜血为抗战的全面胜利做出了重要贡献，他们反抗日本殖民统治的英勇事迹将永远铭刻于中华民族的光辉史册中。陈云林强调，两岸同胞要牢记历史，不忘过去，弘扬中华民族伟大的爱国主义精神，团结携手，坚决遏制"台独"分裂活动，构建和平稳定发展的两岸关系，共同为推动祖国和平统一进程、实现中华民族的伟大复兴而努力奋斗。

此次展览面积约700平方米，展出160余幅历史图片，分为5大部分：第一部分为"九州同悲——日本强割台湾"；第二部分是"抗倭守土——台湾同胞的武装抗日斗争"；第三部分为"长歌当剑——台湾同胞的非武装抗日

· 411 ·

斗争"；第四部分是"挥戈复疆——台湾同胞投身全面抗战"；第五部分为"举国欢庆——抗战胜利、台湾光复"。

全国政协副主席、民盟中央常务副主席张梅颖和各界代表人士以及应邀前来参加纪念台湾光复60周年系列活动的台湾同胞、港澳同胞、海外侨胞共四百多人出席了开幕式并参观展览。

在参观展览的人流中，有一对母女引起了记者的关注，她就是台湾籍抗日将领蔡啸的女儿和外孙女。在抗日战争期间，很多台湾同胞冲破封锁，奔赴大陆参加全民抗日斗争，蔡啸就是其中的一位。蔡啸是台南人，1939年在福建龙岩加入共产党，参加了革命队伍。1941年任新四军第六师18旅教导大队大队长，带领军队与日寇进行了多次战斗。蔡啸的外孙女平时在家里看过很多关于台湾同胞英勇抗战的书和资料，看完今天的展览，她很受启发。她对记者说："展览里的一些知识是我在书上看到过的，一些是以前从来不知道的。通过看今天的展览，我又学到了很多历史知识。"

在重温历史，缅怀先贤后，许多参观者在留言簿上写下了自己的感想。一位北京市民这样写道："浅浅的海峡，隔不断两岸人民的深情。五十年的分离，断不了五千年的血脉。"

10月24日这一天，纪念台湾光复60周年学术研讨会也在北京举行。来自海峡两岸、港澳地区和海外的六十多位学者与会阐述各自的研究成果。

全国政协副主席、台盟中央主席张克辉在研讨会上发表讲话时说，在台湾光复60周年即将到来之际，我们在这里举办学术研讨会，回顾台湾人民抵御外侮的悲壮历程，纪念台湾光复的伟大胜利，展望中华民族未来发展的光辉前景，对于构建和平稳定的两岸关系，促进祖国和平统一和中华民族的伟大复兴，都有着十分重要的意义。

在回顾了台湾光复的历程和自己的亲身经历后，张克辉说，作为中华民族的成员，台湾人民在抗日战争中没有缺席，他们的斗争对整个抗日战争的胜利，对中华民族精神的提升，以至对实现中华民族的伟大复兴，都有着十分重要的意义。我们回顾历史，是为了更好地开创未来。台湾人民和祖国大陆人民为维护中华民族的根本利益，维护国家主权和领土完整，抵御外侮斗争的胜利给了我们很多深刻的启示。这些启示，是两岸同胞付出巨大代价换来的，是我们共同的宝贵财富。

张克辉说，台湾同胞从来都把自己的命运和祖国的命运紧紧地联系在一起。在事关国家和民族存亡的生死关头，两岸同胞互相支持、互相帮助，用鲜血和生命谱写了一曲又一曲保家卫国的赞歌；在机遇和挑战并存的今天，两岸同胞更应携手合作，创造双赢，开创中华民族光辉灿烂的明天。

张克辉指出，"台独"没有和平，分裂没有稳定。在事关台湾前途和台湾同胞命运、事关国家主权和领土完整、事关中华民族的根本利益的大是大非问题上，两岸同胞更应坚定立场，明辨是非，坚决反对"台独"，遏制"台独"，共同维护海峡两岸和亚太地区的和平与稳定。

张克辉说，今年以来，中共中央总书记胡锦涛分别会见中国国民党主席连战、亲民党主席宋楚瑜和新党主席郁慕明，并达成多项共识。大陆相关部门积极落实会谈成果，一系列切实维护台胞利益和福祉的政策措施相继出台，两岸关系发展面临着新的契机。两岸同胞更应进一步加强交流与沟通，化解矛盾，消除隔阂，共同珍惜和维护这来之不易的局面，努力推动两岸关系朝着和平统一的方向发展。

中台办、国台办副主任王在希在发言时指出，胡锦涛总书记在与连战主席、宋楚瑜主席会谈时提出，要构建和平稳定发展的两岸关系，这是一个重要的命题。我们希望台湾同胞能体认到这一重要主张合情合理、务实前瞻，与我们一起为构建一个和平稳定发展的两岸关系而共同奋斗。

来自海峡两岸的专家学者张海鹏、邓孔昭、黄仁伟、饶戈平、郭俊次、王晓波、曾祥铎等先后在研讨会上发了言。他们认为，一部台湾从"割让"到光复的历史，就是一部中国人民捍卫国家主权和领土完整的历史，就是一部验证台湾是中国一部分的历史，就是证明自日本投降后，台湾已经回归祖国、重新纳入中国版图的历史。历史是不容否认的，也是无法篡改的。尽管自1949年后的半个多世纪里，台湾同祖国大陆处于分离状态，但这丝毫没有改变台湾是中国一部分的法律地位，也没有改变台湾和大陆同属一个中国的事实。

学者们一致强调，台湾的光复来之不易，包括台湾同胞在内的全体中国人民对此要倍加珍惜，要更加致力于发展两岸关系，促进祖国的完全统一。

全国人大常委会副委员长、全国台湾研究会会长成思危，中台办、国台办主任陈云林，副主任孙亚夫等出席了研讨会。

也就在这纪念台湾光复60周年的前夕，《台湾，祖国的宝岛》大型彩色画册首发式在北京人民大会堂举行。

画册共分为五大部分，分别是"山川秀美、风情万种"，"同根同宗、血脉相连"，"经济外向、产业转型"，"生活多元、文化缤纷"，"冲破阻隔、两岸新篇"。画册中的一幅幅照片，生动形象地记叙了宝岛台湾的历史脉络、文化传承、经济发展，真实地反映了海峡两岸不可分割的历史渊源

和血脉亲情，以及两岸民众共同期盼振兴中华的美好愿景。

画册收入的650张照片选自海峡两岸以及港澳146位摄影家的作品，拍摄时间跨越一百多年的时空，并配以中、英文10万字的说明。读者漫步在这深邃的图文空间，不仅能够了解到台湾历史的纵横，也能够在瞬间凝固的画面中感受到时代的变迁。画册结尾处收集了海峡两岸及港澳名家的书法、篆刻和绘画精品，同样洋溢着对宝岛的歌赞和对祖国实现完全统一的期盼激情，这些情深意长的作品更为画册锦上添花。

也就在这纪念台湾光复60周年的前夕，由海峡两岸出版交流中心、中国第二历史档案馆合编的《台湾光复档案》已经付梓，将由九州出版社出版发行。

《台湾光复档案》分《历史图像》和《文献史料》两册。前者以四百余幅历史档案图片系统地再现了台湾人民反抗日本殖民统治和中国政府收回台湾的历史画面；后者以中国第二历史档案馆馆藏原始档案，反映了台湾爱国志士参加祖国抗日斗争、台湾光复以及光复初期台湾政治、经济、文化等方面的情况。两书所载相当一部分档案史料是第一次面世。

（四）

10月25日，纪念台湾光复60周年大会在北京人民大会堂隆重举行。中共中央政治局常委、全国政协主席贾庆林出席大会并发表题为"为推进祖国和平统一进程，实现中华民族伟大复兴而努力奋斗"的重要讲话。

贾庆林说，今天，是台湾光复60周年纪念日。庆祝这一让所有中华儿女扬眉吐气、欢欣鼓舞的伟大胜利，具有十分重大的意义。台湾回归祖国，是中国人民抗日战争伟大胜利的成果，是全民族的胜利和骄傲。无数先辈为了抗战胜利和台湾光复建立的历史功勋，永远铭记在全体中华儿女心中。我们纪念台湾光复，是为了牢记历史、不忘过去，弘扬中华民族的伟大精神，激励两岸同胞团结一心，坚决反对"台独"分裂势力及其活动，地维护国家主权和领土完整，促进两岸关系和平稳定发展，推进祖国和平统一进程，为实现中华民族的伟大复兴而共同奋斗。

贾庆林在讲话中指出："从19世纪后半叶起，日本逐渐走上了军国主义的道路。1874年，日本进犯台湾。1894年，日本挑起甲午战争，以武力胁迫清朝政府于1895年4月签订了不平等的《马关条约》，强行霸占了台湾。日本在台湾实行殖民统治的50年里，创造了一系列令人发指的血腥惨案，实行残酷的高压管制和经济压榨掠夺，还强制推行殖民文化政策和'皇民化'运动，企图泯灭台湾同胞的中华民族意识。日本殖民统治者对台湾同胞犯下的罪行罄竹难书！但是，具有光荣爱国主义传统的台湾同胞，怀着'与其生为降虏，不如死为义民'的爱国激情，不畏强暴、前仆后继，奋起反抗，展开了轰轰烈烈的抗日武装斗争，沉重地打击了日本侵略者；怀着对中华民族和中华文化的强烈认同，对日本殖民文化侵略和'皇民化'运动进行了针锋相对的文化斗争和政治斗争，有力地冲击了日本的殖民统治。1937年七七事变爆发后，中国人民开始了全民族的抗战，开辟了世界第一个大规模反法西斯战场，给台湾同胞的抗日斗争带来了新希望。八年抗战期间，广大台湾同胞奋勇投身全民族的抗日救亡运动，谱写了中华儿女共赴国难、共御外侮的光辉篇章。台湾同胞在长达半个世纪的英勇斗争中，共有65万人牺牲罹难，以鲜血和生命证明自己是中国人，是中华民族大家庭中不可分离的成员。台湾同胞反抗日本殖民统治的历史，闪耀着中华民族伟大精神的光辉。"

"1941年12月，中国政府发布《中国对日宣战布告》，昭告中外：所有一切条约、协定、合同有涉及中日关系者，一律废止；并郑重宣布，中国将'收复台湾、澎湖、东北四省土地'。中国收复被日本霸占领土的严正要求，得到了世界反法西斯力量的尊重和支持。1943年12月，中美英三国政府发表《开罗宣言》，明确宣布：日本应将所窃取的中国领土，包括满洲、台湾、澎湖群岛等内的土地，归还中国。1945年，中美英三国共同签署、后来又有苏联参加的《波茨坦公告》第八条重申'《开罗宣言》之条件必须实施'。8月15日，日本宣布投降，并接受《波茨坦公告》。9月2日，日本政府正式签署《日本投降条款》，承诺'承担忠诚履行波茨坦公告各项规定之义务'。中国人民抗日战争的伟大胜利，使中华民族避免了遭受殖民奴役的厄运，同时结束了日本在台湾50年的殖民统治，洗雪了历史耻辱，捍卫了国家主权和领土完整。60年前的今天，全台湾沉浸在光复的喜悦和欢庆之中，台湾光复、回归祖国，是全体中国人民的自豪与荣耀！"

接着，贾庆林在讲话中用铁的事实批驳了"台独"分裂势力捏造的"台湾地位未定论"："台湾被割让到光复这段历史，同其他所有关于台湾的历史事实，都无可辩驳地证明，台湾是中国领土不可分割的一部分。60年间，台湾在法律上、事实上都已经回归中国。长期以来，'台独'分裂势力以《旧金山和约》为借口，声称日本在战败后只是放弃台湾，台湾的归属并没有确定，进而鼓吹'台湾地位未定论'，为'台湾独立'寻找所谓法理根据。这是对历史事实的歪曲，是对国际正义的侵犯。众所周知，1951年的旧金山会议是少数国家操纵的一次不公正会议，《旧金山和约》是一个片面

的、不公平的条约。遭受日本侵略的中国、朝鲜、印度、缅甸等亚洲国家没有参加这个会议。参加会议的苏联、波兰、捷克等国代表反对条约的内容，拒绝签字。中国政府当即郑重声明："旧金山对日和约由于没有中华人民共和国参加准备、拟制和签订，中央人民政府认为是非法的，无效的，因而是绝对不能承认的。"台湾回归中国的历史事实，在中日两国政府共同发表的《中日联合声明》、《中日和平友好条约》、《中日联合宣言》三个双边关系的重要文件中也得到体现。台湾回归中国的事实不容否定，台湾是中国领土不可分割一部分的法律地位不容置疑，更不容挑战。"

贾庆林说，纪念台湾光复，回顾中华民族从屈辱中奋起的斗争历史，展望中华民族的未来，具有重要的启示作用：台湾与大陆命运相连，两岸同胞荣辱与共；捍卫国家主权和领土完整，关系到两岸同胞的根本利益；弘扬以爱国主义为核心的伟大民族精神，中华民族才能自立于世界民族之林；实现中华民族的伟大复兴，是全体中国人自立自强的根本保证。

贾庆林指出，近年来，经过两岸同胞共同努力，两岸关系中有利于遏制"台独"分裂活动的积极因素在不断增强。但是，反对"台独"分裂势力及其活动的斗争依然严峻复杂。特别值得警惕的是，"台独"分裂势力仍在积极谋求通过"宪政改造"实现"台湾法理独立"，妄图把台湾从中国分割出去。"台独"分裂活动是当前两岸关系和平稳定发展的最大威胁、最大障碍。反对"台独"分裂势力及其活动，仍然是两岸同胞当前的首要任务。

贾庆林强调，构建和平稳定发展的两岸关系，是两岸同胞共同的迫切愿望，是促进中华民族伟大复兴的历史要求。我们将继续坚持"和平统一、一国两制"的基本方针和现阶段发展两岸关系、推进祖国和平统一进程的八项主张，认真贯彻胡锦涛总书记关于新形势下发展两岸关系的重要意见，坚持一个中国原则决不动摇，争取和平统一的努力决不放弃，贯彻寄希望于台湾人民的方针决不改变，反对"台独"分裂活动决不妥协。

贾庆林表示，我们真诚希望，两岸双方在体现一个中国原则的"九二共识"的基础上，建立起政治上的互信。我们积极主张，互利互惠，共同发展，开创两岸经济交流与合作的新局面。我们再次呼吁，早日在"九二共识"的基础上恢复两岸对话和谈判，平等协商，扩大共识，解决问题。在"九二共识"的基础上，我们愿意与任何人或任何政党进行对话和谈判，什么问题都可以谈。我们积极倡导，大力加强两岸同胞交往，以增进相互了解，密切彼此关系，培育共同利益。我们将继续认真落实胡锦涛总书记同中国国民党、亲民党和新党领导人所达成的各项共识，扩大交流，加强合作，解决台湾同胞关切的问题。

贾庆林最后呼吁，海峡两岸的骨肉同胞携起手来，紧紧抓住历史机遇，奋发图强，开拓进取，共同建设我们的美好家园，为促进祖国和平统一、实现中华民族伟大复兴而努力奋斗！

国务委员唐家璇在主持会议时指出，贾庆林同志的重要讲话，全面回顾了日本帝国主义侵占台湾后，台湾同胞与祖国大陆同胞一道，同仇敌忾、奋勇抗战、坚定捍卫国家主权和领土完整的斗争历史，充分肯定了具有光荣爱国主义传统的台湾同胞不屈不挠、救亡图存的伟大精神。我们要牢记历史、不忘过去，铭记两岸同胞不畏牺牲、共同抗敌，为维护国家主权和领土完整作出的不可磨灭的贡献，发扬两岸同胞的爱国主义传统，促进两岸关系和平稳定发展，坚决反对和遏制"台独"分裂势力的活动，坚定地推进祖国和平统一进程。

亲历台湾光复的台湾同胞代表、中国社会科学院台湾研究所研究员周青、各界代表、北京市妇女联合会主席荣华也在纪念大会上发了言。

党和国家领导人，中央党政军有关部门、人民团体和北京市的负责人，各界代表以及专家学者出席了会议。台湾同胞、港澳同胞、海外华侨华人、外国驻华使节代表也应邀出席了会议。

纪念大会由中共中央宣传部、中共中央统战部、中共中央台湾工作办公室、台湾民主自治同盟、中国和平统一促进会、全国政协港澳台侨委员会、中华全国台湾同胞联谊会、海峡两岸关系协会联合主办。

（五）

10月25日晚，由中共中央宣传部、中共中央统战部、中共中央台湾工作办公室、台湾民主自治同盟和中华全国台湾同胞联谊会共同举办的《中华情——纪念台湾光复60周年》大型文艺晚会在北京举行。

全国人大常委会副委员长、民建中央主席成思危，国务委员唐家璇，全国政协副主席、中共中央统战部部长刘延东，以及有关部门负责人，应邀前来的台湾同胞、港澳同胞、海外华侨华人代表等六百多人出席观看了演出。

由"宝岛悲情"、"热土乡情"和"复疆豪情"三大篇章组成的这台晚会，精彩而又精炼地再现了从1895年割让台湾的《马关条约》签订到1945年台湾光复这50年间的历史，生动形象地表达台湾是中国领土不可分割的一部分，没有中国全民族抗战的胜利，就不会有台湾的光复。

这台由两岸众多知名演员和艺术家联袂的精彩演出持续约一个半小时。

从来自台湾的著名歌手齐豫和大陆歌手沙宝亮合唱的台湾民歌《台湾岛·我的故乡》开场，到著名戏剧表演艺术家焦晃的深情朗诵《祭拜黄陵》落幕，时时激起全场阵阵热烈的掌声。

慷慨激昂的舞蹈《天怒》和歌舞《满江红》，反映了《马关条约》割让台湾后，举国上下群情激愤的情况，台下观众为之动容，愤慨之情溢于眉宇之间。歌舞《山魂》，表现了台湾人民不顾生死、奋起抗击日本侵略者的悲壮事迹，台下观众报以热烈掌声。台湾民歌《心酸酸》和歌舞表演《砍甘蔗》，表现了台湾人民在日本殖民统治时期的悲惨生活，让观众怒锁眉头，唏嘘不已。《我们拥有一个名字叫中国》的歌声，唱出了台湾人民不管身历什么样的暴虐坎坷，心始终向着祖国的赤子情怀。于文华、尹相杰和来自台湾的于台烟、高明骏等艺人合作的歌舞《光复日》，再现了1945年台湾光复并重回祖国怀抱时台湾人民的无比喜悦之情，激起现场观众长时间的热烈掌声。

歌曲《春愁》的歌词是台湾爱国诗人丘逢甲著名的诗句："春愁难遣强看山，往事惊心泪欲潸。四百万人同一哭，去年今日割台湾。"现场演出数配以旋转的舞台布景，表现出台湾与祖国生生分离、两岸人民遥相招手却咫尺天涯的悲痛心情，歌舞至此，观众席上有人泪洒衣襟，有人怒握双拳……

中央电视台直播了这台晚会，受众恐怕应以亿计，大家交口称赞这台晚会精彩纷呈，生动地表现了两岸同胞骨肉相连、生死与共的中华情怀和不屈不挠、奋发图强的不朽精神。许多观众都说："这台晚会让我们更加形象地了解台湾所经历过的历史，了解了骨肉同胞生离死别的悲痛。使我们更加迫切地期盼着两岸的和平统一，共谋发展，共同强盛。"

（六）

10月25日这一点，岛内各界纷纷以各种形式纪念台湾光复这个在中华民族历史上有着重大意义的日子。据岛内媒体报道，中国国民党党部一楼大厅举行了台湾光复纪念展，通过图片回顾了日本殖民者对台湾人民的压迫、台湾人民的抗日斗争以及台湾同胞前往大陆参加抗战的历史。在国民党发布的新闻稿中指出："抗日先烈们用热血与生命，英勇地对抗殖民者的压迫及歧视，为台湾争取自由、平等与尊严，虽死犹荣，真正是爱台湾的具体表现，为我们树立了典范。"

亲民党主席宋楚瑜25日率党内人士，在台北市青少年育乐中心会议厅听取了历史学家尹章义的相关专题演讲。宋楚瑜致辞时说，台湾自古以来与中国大陆就是一体相连，血缘、地缘、语言、文化，包括宗教、风俗习惯、商缘，均密不可分。同事，历史事实不容以政治观点来扭曲，也不容任何人以曲解《波茨坦公告》等历史文件来捏造"台湾地位未定"的法理依据。他说，台湾曾被当作战争牺牲品，在《马关条约》中被割让给日本。台湾先贤不接受日本统治，抗日保乡事迹不绝于史。亲民党人士表示，希望这场演讲能让与会者更了解历史，更了解身负的责任。

财团法人松竹梅文化基金会与纪念抗日暨台湾光复活动联盟25日在台北中山堂光复厅联合举行座谈会，回顾历史，展望未来，表达共有的中华情怀和期盼两岸和平统一、携手实现中华民族伟大复兴的迫切心情。中华四海同心会24日与中国国民党妇女部联合邀请歌唱家演唱抗战歌曲，展现中国人民在抗日战争中所表现出来的伟大民族精神。中华四海同心会秘书长章正表示，台湾光复是经由多少军民的牺牲得来的，台湾当局却低调以对，令人不满。

25晚，马英九率国民党一级主管赶到南投县仁爱乡，26日一早前往雾社台湾少数民族抗日起义烈士纪念碑参加纪念仪式，向莫那鲁道及在雾社事件中牺牲的台湾少数民族致敬。台湾少数民族（即高山族）是抗日时期的一支重要的抗日力量，1930年发生的雾社事件震惊了日本朝野。那年的10月27日，愤怒的高山族同胞把参加运动会的日本人杀光，同时围攻警察派出所、邮局、日本公司、日本官员宿舍等地，共杀134人，重伤215人。日本派重兵进行围剿，高山族同胞退到深山老林，日本违反国际公约使用飞机投下毒瓦斯。经过二十多天的战斗，雾社的高山族同胞大部分战死，剩下的一齐自杀，表现了宁死不屈的民族气节。马英九率国民党领导人来此参加纪念活动，表达对雾社死难烈士的怀念和敬仰之情，在台湾少数民族中产生了十分积极的影响。

10月29日，马英九在国民党举办的"抗战胜利与台湾光复60周年学术研讨会"上致辞时表示，中共领导人曾指出，抗战期间国军负责正面作战，这是还历史真相的努力，非常不易；但台湾领导人认为，抗战胜利、台湾光复不等于台湾回归中华民国，这种说法违背历史事实。马英九强调，《开罗宣言》及《波茨坦公告》已证实，日本在战后把台湾归还给中华民国，如果大家要"硬拗"，是不忠实地面对历史；至于所谓的"台湾主权未定论"，是美国担心台湾落入中共手中所发展出来的，但在1972年中美签订《上海公报》后，"台湾地位未定论"已经走入历史。马英九同时又指出，1952年，日本与中华民国缔结"中日和约"中，日本不仅放弃台澎等主权，也承认

《马关条约》等条约无效，等于间接将台湾还给中华民国。

在此次研讨会上提出的诸多研究成果，均以铁的历史事实和国际法律严厉地批驳了扁政府和"台独"分裂势力所谓的"台湾地位未定论"，积极地捍卫着国家主权和领土的完整。

（七）

在岛内举行的纪念台湾光复60周年的一系列活动中，最引人注目的，是马英九发表在10月25日出版的台湾《中国时报》上的近万言的长文，文章题为"纪念台湾光复一甲子——重温先贤典范，再造台湾精神"。

文章开篇说："为了纪念台湾光复60周年，从9月起，我们在国民党中央党部左右外墙挂上了台湾抗日先贤的巨像，并将以连续更替的方式延续下去，他们是蒋渭水、李友邦、罗福星、莫那鲁道、林献堂、连雅堂、赖和、张我军、杨逵……等等前辈。"

"他们代表了日据时代台湾精神的开创者，为我们所景仰，由我们所继承。英挺的形象辉映着凯达格兰大道，犹如台湾的左右门神，保护着过去的血汗事迹免受扭曲和诬蔑，也激发着我们在各种混乱的价值中坚持史实与正义，并且以无比的信心带领台湾航向正确的方向。"

接着文章回顾了台湾被割让后，台湾人民所进行的不屈不挠、气壮山河的抗日斗争史实后说："前人血洒家园，令作为子孙的我们感念不已，然而那只是漫长抗争历史的序幕。表面上，台湾被迫与大陆分离，实际上两者的生命之旅从未切割，两岸志士仁人始终相互支援，并肩作战。"

"日本据台的第二年，兴中会即在台湾成立分会。台湾前辈不仅反抗日本统治，同时直接参与国民革命，因为在打倒帝国主义和殖民主义的目标上，台湾和大陆并不存在界线。"

在回顾历史的过程中，文章还对爆发于1947年的"二二八事件"和其后出现的"白色恐怖"进行了反省。文章说："'二二八事件'源于当局施政失败，'白色恐怖'则是错误地将国际局势延伸至国内，都是人权的严重污点。今天，我们不但要以具体的行动反省，也要教育下一代要永远记取教训。同时，我们也要认识到，无论是'二二八事件'或'白色恐怖'，性质都不是'台独'运动。'二二八事件'中，具有普遍代表性的处理委员会发表的《告全国同胞书》中即指出：'……我们同是黄帝的子孙、汉民族，国家政治的好坏，每个国民都有责任……大家拿出爱国的热忱，我们很诚意地欢迎各省同胞的帮忙……'"。

文章对"台独"思想的起源进行了分析。文章说："为了避免台湾爆发共产革命，1950年起政府强力实施土地改革政策，将农民从几百年桎梏中解放出来，许多地主接受了这个苦涩的义务，但也有不少地主心怀不满，而他们正是日据殖民统治的最大受益者。台湾大学政治系许介麟教授对此有深入研究，他指出，早期"台独"的倡导者多是被分掉田地的地主。公平地说，拥有土地并非罪恶，许多地主也是辛苦数代才有日后的成果，一些知名地主也参与了抗日运动，我们对地主的损失感到歉意。但是，为了建立公义的社会，温和分田政策实际上是保护了地主，让台湾社会维持了最大程度的团结。事实证明，它创造了一个人人拥有平等发展机会的希望年代，为了日后的经济繁荣和政治民主奠定了坚实基础。"

　　接着，文章以陈水扁的身世发展批判了陈水扁之流美化日本殖民统治的言行。文章说："阿扁的祖先于清朝康熙年间由福建诏安来台，身份是贫农，阿扁之前已有六代，始终都是贫农，可见剥削的社会阶级结构会造成贫困的遗传。如果日据殖民建设如同一些人形容的那么美好，阿扁的祖父辈为何无法分享？又为何始终是目不识丁、三餐不继的佃农？日本在台湾的殖民建设重点在农业，为了提供帝国粮食所需，在嘉南平原建立了完善的水利灌溉系统，然而，像阿扁的祖父辈那样的嘉南平原的贫农又得到了什么？他们的悲怜处境何曾有丝毫改变？"

　　文章对台湾执政的民进党提出了以下很基本的问题和挑战："一、有些人要以'台湾正名'来推动'去中国化'，问题是，1684年清廷改'东宁'为'台湾'，设台湾府，大量引入闽粤移民，这是'台湾'作为岛屿名称的来源，也才有'台湾人'的称谓；换言之，无论就历史根源和文化意涵，'台湾'都是十足中国化的名称，如何以'台湾正名'达到'去中国化'的目的？"

　　"二、每一个时代人民的奋斗过程都会产生一些领导人物，作为其意见和意志的代表，国民党已清楚地陈列出自己继承了哪些台湾前辈，并充分解释从过去到今天一贯的奋斗脉络。既然民进党宣称他们代表台湾人400年的梦想，那么也请民进党清楚地说明台湾光复以前哪些前辈为他们所崇拜，以及他们的言行如何传承到民进党当前的政治主张？'人民'不是空泛抽象的名词，而是一个又一个奋斗的具体事迹。民进党不能一方面称自己代表了400年历史，另一方面又说不出自己究竟继承哪些具体的人物。这种史观只是虚拟出来的，或只是在特定历史时期的幻觉，禁不起事实的考验。"

　　"三、'噍吧哖事件'是日据时代最大规模的抗暴事件，也是日本司法史上最大的丑闻（一次判决八百多个死刑，后在日本国内舆论压力下减少至一百多），这是台南县贫农阶级反抗殖民剥削壮烈的事迹。然而，今天玉井的噍吧哖纪念公园却残破不堪，淹没于荒烟蔓草之中，民进党对此表现出近乎冷酷的沉默。"

"同理，在日本投降60周年的今天，为何民进党对抛头颅、洒热血、争取自由的台湾先人没有只字片语的感谢？这是什么样的'本土意识'和'台湾主体性'？"

文章指出："公平地说，民进党早期的奋斗对台湾的民主有重大贡献，他们有着民主的理想、朴素的乡土感情，以及要求自救自保的主张，使得民进党成为一股清新的改革力量。然而，同时应该强调的是，民进党尊崇的前辈如郭雨桥、郭国基、余登发、黄信介等先生都不是'台独'主张者。"

"遗憾的是，民进党并没有继承其宽广的视野和胸怀，反而一步步走向否定真实的台湾历史，趋向虚无空想的错误。既然民进党能否定了真实的台湾历史，当然更可以假装中国大陆不存在，其结果就是民进党执政后向人民承诺的内政外交的美景样样落空，执政者又没有勇气把真相告诉支持者。"

"结果，权力的存在只为了权力的本身，其性质就迅速恶化坠落，展现于外的就是令人瞠目结舌的贪渎、扩权、滥权、恐吓媒体等等。许多蔑视法律、罔顾程序的政治行为都美其名曰'改革'，过去被民进党批判的腐败事物如今成了其爱不释手的珍宝。"

文章最后说："今天中国大陆和世界局势较之冷战时期已有重大的改变，我们的做法会跟着调整，但中心思想不会动摇。即使日据时代，两岸人民即已相互支援，因此，今天在平等的基础上，我们从大陆赚取资源壮大台湾也是理直气壮的。我们将尊重法律，理性问政，重视专业调查研究，凡事提证据、讲道理，以争取民众的信赖，并迫使执政者遵循民主的行为准则。在理性和法制的文明中，台湾将重视活跃的生命力和创造力，取得内部的和谐和国际竞争力，同时也使大陆人民更加认识和珍惜宝岛的一切。"

"纪念台湾光复60周年的今天，我们感念先人无私的奉献，对台湾未来抱着无比的信心，相信就如百年来我们同舟共济，克服困难，创造了一个又一个的奇迹，台湾的明天一定会更美好。"

（八）

台湾泛蓝政党和大陆隆重纪念台湾光复60周年的活动，各路媒体都给予积极的报道和评价；而对台湾当局的冷漠态度，纷纷予以批判。

早在8月26日，台湾《中央日报》就发表了题为"又漠视光复节的历史意义"的社论，对当局提出严厉的批判。社论说，10月25日，台湾光复节即将到来，往年的那种普天同庆、万民欢腾的热烈景象，已不复见，孰令致此，不胜唏嘘！代之则是社会上弥漫着一片诡谲的气氛，令人不安！

社论指出："揆诸对日抗战是中华民族五千年来最壮烈最伟大的史篇，关系着民族的绝续存亡，其荦荦可道者，是抛头颅洒热血、用钢铁的意志、血肉的长城，使台湾光复，脱却日寇铁蹄下的殖民生活，重归自由，皇皇战绩，不能抹煞，有良心的台湾同胞，都会点头认同。"但是，"今日台独人士刻意割断历史，把《马关条约》作为台湾从中国分割出去的依据，甚至将《旧金山和平条约》作为建国基础，这些都是刻意扭曲事实的做法，民进党也陷入'本土化'魔咒中从无法跳脱，反观国民党在'破冰之旅'后订出明确的国家之路。国民政府虽面临八年抗日牺牲惨重，但遵从'三民主义'，仍保有中华民族精神。国民党主席连战先生到中国大陆参访，在中山陵口呼'和平、奋斗、救中国'引起很大回响。"

"两岸和平已露出曙光，希望两岸人民记取教训，让台湾经验作为建设大陆的蓝图，切勿再兄弟阋墙，毕竟两岸只是意识形态之争，应站在中华民族的立场，联手与日本竞争。应该是'渡尽劫波兄弟在，相逢一笑泯恩仇'的时候了。"

10月24日，《中央日报》发表报道说，北京纪念台湾光复60周年，将采"前所未有的高规格"，全国政协主席贾庆林等中共领导人，将出席当天举行的纪念大会。外界解读，这是中共对台政策继续调整的表现，"体现出中共对台湾问题已经由单纯的政治意义转化为从历史角度切入，证明两岸同属一个中国"。有关纪念活动不但由中共当局出面组织，同时也有民间自发纪念活动。

这一天，台湾《中国时报》发表题为"台湾光复大合唱"的报道说，自从中共总书记胡锦涛3月4日针对台湾问题发表一篇"胡四点"讲话以来，大陆对台部门摸清了方向，开始积极起来，国民党、亲民党、新党的相继组团访问，更产生了锦上添花的效果，而中共与泛蓝阵营的多层面互动，在纪念台湾光复60周年的行动上，更衬显出了一种"大合唱"的气势。

这一天，香港《东方日报》发表的报道说，台湾新党元老许历农昨天公开批评扁政府近年来刻意淡化光复节，不但没有纪念活动，连"国定假日"亦取消，这对当年为台湾牺牲的烈士很不公平。报道说，尽管陈水扁政府没有纪念活动，国民党执政的台北市政府前晚以放烟花庆祝。该项名为"灿烂

第七章　美好愿景架起两岸积极互动的大桥

十月，风华再现——烟火庆光复"的活动，吸引逾十万人观看。

这一天，台湾"中央社"驻北京记者发出电讯说，新党主席郁慕明上午出席在北京国家展览馆举行的"台湾同胞抗日斗争展览"的开幕式。他说，抗战期间，台湾只有极少数人是被日本皇民化的特权阶级，多数台湾人是反日抗日的。他表示，八年抗战期间，两岸民众都参与抗日，无论台湾或大陆，纪念台湾光复都有其必要性。抗日期间，多数台湾人是反日而不是亲日的，"像李登辉之类的台湾人是少数被皇民化的特权阶级，今天又想把台湾送给日本"。

这一天，台湾《联合报》发表题为"光复台湾 先'光复'光复节"的报道不无讽刺地说，泛蓝提前举办了庆祝台湾光复节晚会，相对于陈水扁在台北市长任内，只讲"终战"而不言"光复"，泛蓝在台北市倒是率先"光复"了台湾光复节。陈水扁只讲"终战"而非"光复"，因为台湾好像仍是"日本人的台湾"。故要光复台湾，先从光复"光复节"做起吧。

这一天，香港《东方日报》发表的一篇报道同样对台湾当局提出批判。报道说，早年台湾光复节是个张灯结彩的节庆，但李登辉主政后，庆祝活动逐渐减少，2000年陈水扁干脆取消了光复节纪念假日。报道指出，独派人士早就放弃"光复"概念，改以"台湾终战"代替，主要希望切断与大陆的历史关系，凸显国民党为外来政权。独派人士认为，光复节为台湾留下一个没有结算的历史，视之为耻辱标记。

这一天，香港《明报》发表了南方朔先生的题为"台湾的假记忆正在加工"的文章，同样对扁政府捏造历史提出严厉的谴责。文章说，今年是抗日战争胜利暨台湾光复60周年。中国大陆、港澳，甚至东南亚地区的华人，都对抗日战争胜利举办了各类纪念活动，唯一缺席的是台湾。

文章说，如果我们回头重读台湾史，即可发现自从甲午割台，一直到1945年抗战胜利和台湾光复，台湾人对中国故土是从来梦魂萦绕，不但武装或非武装抗日活动不绝，对中国的认同也从未混乱；纵使战时，台湾青年自告奋勇到大陆参加抗日活动的仍前仆后继。日据时期的台湾新文学，也反映了那个时代台湾人的反日乃是普遍现象。但非常奇特的，乃是所有的这些，在近年来的台湾，却好像都突然消失了一样。主张"台独"的民进党，为了"去中国化"，将和中国有关的一切都故意抹除，抗战与台湾光复当然包括在内。而"台独"为了煽起对内对外的仇恨，借以获得政治利益，则将"二二八"的效果极大化。这也就是说，今天台湾的混乱与恶斗，其实是有一场更深刻的记忆战争在进行着，而故意抹除真实的记忆，并加工制造假记忆，则是其中的关键。今天的台湾，为了"去中国化"，刻意忘记抗战胜利和日据时代台湾人的抗日经验，以及台湾光复等事实和对这些事实的记忆；为了操弄"台独"意识和省籍仇恨，把"二二八"这个悲剧无限放大，并将这一切简单地说成是"外省人迫害台湾人"等等。在这样的记忆灌输下，许多假记忆已形同变成了一种虚拟的真实。

文章最后指出，今年的抗日战争胜利及台湾光复60周年纪念，只有台湾缺席，这其实并非小事，而是具有噩兆意义的大事。主张"台独"的民进党，拒绝承认自己过去的历史，也对整个中国和台湾近代的坎坷，缺乏面对的勇气和理解的能力，于是，遂意图将过去一笔抹去，甚至还希望重回古代。台湾副总统吕秀莲曾表示："感谢甲午战争与马关条约。"而李登辉则以他年轻时具有"帝国少佐"身份为傲，因而他主张：钓鱼岛列屿是日本的，小泉有权参拜靖国神社，日本人毋须为侵华战争道歉，寄望从中日冲突里获得政治利益。在他们眼里，台湾其实并没有光复，他们当然不可能去纪念这个日子的60周年了。

读了上文的华人，无不为李登辉之流卖国求荣的罪恶行径而义愤填膺。

这一天，香港《大公报》发表了题为"台湾纪念光复日的启示"的署名文章。文章在回顾历史和分析对祖国认同上出现的一些混乱后指出，纪念台湾光复60周年，至少给了我们九点启示：1、时间割不断两岸的认同；2、台湾同胞的认同是在变化中的；3、对一个中国的最终认同是必然趋势；4、做好自己一切事情是改变认同的关键；5、中国任意被人欺凌的时代已经过去了；6、"台独"是没有任何出路的；7、统一是两岸相互融合的一个漫长而曲折的过程；8、谁也挡不住两岸走向最终统一的大趋势；9、台湾问题决不是中国崛起的阻力，而是我们必须接受并可以化为动力的助力。

10月25日，是纪念台湾光复60周年的日子。这一天各类媒体的报道和评论更为热烈。

这一天，台湾"中央社"驻北京记者发出的电讯说，中共中央政治局常委、全国政协主席贾庆林今天借纪念光复台湾60周年的场合，批评"台独"势力"企图拆散两岸同胞共同美好家园"，呼吁"两岸中国人共同遏制'台独'"。贾庆林表示，今天纪念台湾光复，就是为了回顾中华民族从屈辱中奋起的斗争历史。"台湾回归中国的事实不容否定，台湾是中国领土不可分割一部分的法律地位不容置疑，更不容挑战。"

这一天，台湾《联合报》发表报道说，中共这次高规格纪念台湾光复，是延续目前中共领导人肯定国民党对日抗战的基调。中共借共同抗日的历史，推动与台湾各方面的合作，共同对付"台独"势力。

这一天，"中央社"发表电讯说，中国国民党主席、台北市长马英九今天表示，台湾光复在台湾历史上是非常重要的日子，但执政党什么都不纪念，"好像忘掉一样"，是不对的；历史总是历史，不能忘记，一旦忘记历史，就会做出许多"荒腔走板"的表现。马英九今天在平面媒体上发表了《纪念台湾光复一甲子——重温先贤典范，再造台湾精神》专文。他就此强调指出，当年台湾抗日志士也是领导国民革命建国的先贤先烈，换句话说，他们与中国大陆的革命先烈同期呼吸、同起脚步，彼此没有差别，因此他特别用这样的论述方式呈现先贤典范，呼吁再造台湾精神。

电讯说，宋楚瑜今天率同党内公职民代，听取历史学家演讲。他致辞时强调，台湾光复"不是一个将军将一份降书交到另一个将军手里"如此简单，而是几千万军队与人民用血泪换来的，没有人希望再经历一次火海与血水的洗礼。他对当局和"台独"人士捏造"台湾地位未定"的法理依据、故意否认台湾交还给中华民国的事实提出批判。

这一天，《澳门日报》发表了题为"纪念台湾光复 反击'文化台独'"的文章指出，纪念台湾光复60周年对两岸都有重要的意义。首先，这是我们中华民族反击外国侵略取得胜利的一个重要标志，因为抗日战争的胜利是我国近代史上唯一对外侵取得胜利的巨大成就，所以台湾光复节本身就是抗战胜利的标志。第二，台湾光复再一次使得祖国形成了统一，这一点也是很重要的，它为我们国家今后的发展奠定了一个基础。第三，台湾光复使得本来已经在台湾被部分异化的文化又重新兴起并传承下来，今天台湾岛内传统文化保留得好，首先就是因为光复，因为回归祖国的结果，从这个意义上来讲是很了不起的。

文章说，对于台湾光复日的纪念，目前在台湾是朝冷野热，这主要是台湾当局与"台独"势力的基本立场就是不承认一个中国，不承认台湾是中国的一部分。而台湾光复恰恰是在承认台湾是中国的一部分，所以祖国大陆大张旗鼓地纪念台湾光复，一定会给台湾当局带来很大的压力，至少是政治压力。

当民进党和"台独"势力拒绝面对历史真实，回避"光复"，采用"终战"，力求尽其所能"去中国化"、"文化台独"史观逐渐挤入主流，大陆有必要借纪念台湾光复60周年时机，还原历史的真实面貌。这就是人们期待的实事求是，是大陆对台政策新思维中重要的一步，也代表大陆对台政策立场更趋务实的重大转变，更体现了国家主席胡锦涛所讲的，要把争取台湾民心的工作做到岛内的精神。

对两岸纪念台湾光复60周年的表现及其意义，到10月底仍有评论见诸报端。10月28日新加坡《联合早报》刊登的陈子帛先生的题为"台湾光复的各自表述"的文章是颇有代表性的一篇文章。

文章说，中国大陆举行高规格、大规模的"台湾光复60周年"纪念活动是1949年以来绝无仅有的。而在台湾，民进党政府却对60年前的台湾光复给予不同解读，给人的感觉是"一个光复，各自表述"。陈水扁以及"台独"分裂势力对台湾光复的立场依然故我，这并不令人意外，而他对台湾光复的诠释是一种似是而非的诡辩。他声称，"台湾光复最重要的意义，绝对不是回归中国，应该是台湾人民终于可以自己作主人"；"过去的统治者，把台湾光复等同于回归中国，这是有问题的，因为那不是历史的真相，而是政治教条"。陈水扁的讲话充满政治吊诡，却无法否认台湾光复以及主权回归中国的客观事实。

文章说："没有人否认，中国大陆今次前所未有的纪念活动，具有坦然面对历史、与'台独'势力争夺历史诠释权和话语权的深思熟虑。与此同时，人们也注意到，北京当局终于愿意承认，1945年10月25日台湾光复日是铭记于中国历史和中国人民心中的一个重大事件。这个定位和定论显然也涵盖了对当年国民政府及其领导人领导抗战、光复台湾，予以事实认定的意味。"

"没有人会否认，北京对台湾光复的纪念在很大程度上是一种政治上的拨乱反正，但笔者认为可以做到更加细腻、更加周全、更加贴切。"

"10月25日，国民党主席马英九在《中国时报》上发表题为《纪念台湾光复一甲子——重温先贤典范，再造台湾精神》的长篇文章。国民党纪念台湾光复60周年以及马英九发表近万言的纪念文章，是马英九出任党主席后，建立'国民党与台湾连结'论述的系列活动之一，也是国民党进行全新的'台湾论述'的第一步。无论是纪念文章的主旨，还是文章的内容，都对'台独史观'具有实际杀伤力，起到拨乱反正的效果。"

文章说，马文指出，台湾先辈直接参与了中华民国的缔造和辛亥革命的成功，台湾民众前仆后继的抗日斗争，是祖国抗战历史不可分割的组成部分。他指出"二二八"不是"台独"运动，并对"台独"思想根源进行了入木三分的剖析，对台湾"正名"以及虚拟的"台独史观"进行了持之有据的批判。

文章说，陈水扁、民进党的"理论家"们以及"台独"基本教义派人士，惧怕马英九文章的内容。因为马英九在文章中摆出了历史事实，而陈水扁之流的"台独史观"是虚拟的，在历史事实面前已是不攻自破。

十三、郁慕明用"纵横神州一弹指，来去海峡两厢情"的诗句，表达他赴辽宁参访的感受

（一）

10月31日，新党主席郁慕明率领的"民族之旅"辽宁投资访问团抵达沈阳，开始在辽宁为期一周的参观访问。辽宁省政府有关部门领导及沈阳市的有关领导前往机场迎接。

当天中午1时许，郁慕明一行搭乘的飞机降落在沈阳桃仙国际机场。郁慕明面对热情的欢迎人群在机场发表了简短的讲话。他说，他是第二次来辽宁，第一次来沈阳。上次"民族之旅"时对辽宁有个承诺，下次要带投资考察团到辽宁来，此行主要是为了遵守自己曾经许下的诺言，先到沈阳，过两天再去大连等地。他希望通过这几天的参访活动，使台湾企业界人士对辽宁能有更进一步的了解，同时，也希望通过这次参访活动，使他们在辽投资的力度、广度和深度上得到加强。

当天下午，参访团一行先后游览了沈水湾、五里河公园，参观了沈阳市城市规划展示馆。

当天晚上，辽宁省委副书记王万宾在辽宁友谊宾馆会见并宴请了郁慕明主席率领的"民族之旅"辽宁投资访问团一行。

王万宾在致辞时，首先对郁慕明主席再次率团来访表示热忱地欢迎。他说，郁慕明主席率领"民族之旅"辽宁投资访问团来访，恰逢中央实施振兴东北地区等老工业基地战略，辽宁经济社会各方面都呈现出前所未有的良好态势之时，这为辽宁与台湾进一步展开经贸合作提供了难得的契机。王万宾简要地介绍了辽宁经济社会发展以及辽宁与台湾经贸交流与合作的情况。他说，目前台商到辽宁投资势头很好，辽宁正成为台湾同胞在大陆投资兴业的重要聚集区域之一。王万宾表示，辽宁将继续为推动辽宁与台湾经贸合作及各领域交流创造良好的环境。

会见中，郁慕明说，这次来辽宁，对沈阳留下了深刻的印象。他随即用"纵横神州一弹指，来去海峡两厢情"的诗句表达自己的喜悦之情。

（二）

11月1日，郁慕明主席率领的参访团一行参观了沈阳市浑南新区和铁西区。

参访团上午前往沈阳市浑南新区参加考察。参访团成员台湾潘氏企业集团暨东方高尔夫国际集团与沈阳浑南新区管委会签订了"东方体育休闲俱乐部"投资合作协议。参访团还参观了东软集团的数字医疗生产线和乐金电子（沈阳）有限公司。

其后，参访团一行出席了沈阳市在丽都——喜来登酒店举行的投资项目推介会。这是"民族之旅"辽宁投资访问团在沈阳期间参加的重要活动。推介会上，沈阳市有关领导介绍了沈阳市情况和与台资企业合资合作的情况以及沈阳未来五年重大投资项目的情况，投资访问团的代表也作了投资意向的说明。

推介会上，郁慕明主席作了讲话。他说，这次投资访问团到沈阳来，是今年7月份"民族之旅"的延续，并且把访问活动的内容延伸扩展到经济领域一个比较广阔的层面。我们应该在广度、深度和力度三个方面加强合作。充分交流来自各行各业的经济信息，将体现合作的广度；找到彼此感兴趣的项目进行投资，将体现出合作的深度；推动合作项目的进展，使之切实落到实处，将体现出合作的力度。希望这次投资访问团的到来能够推动台湾企业与沈阳的合作。

沈阳市的领导介绍说，目前，沈阳市共有台资项目838项，实际利用台资6亿多美元，这是沈阳市企业界与台资企业友好合作的成果。但诚如郁慕明主席所讲的，我们合作的空间还很广阔，应该在广度、深度和力度三个方面加强合作。我们相信，投资访问团的来访一定会使我们双方的合作在这三个方面得到加强。

下午，参访团来到了铁西区，先后参观了沈阳重型机械集团有限责任公司、沈阳电机股份有限公司、沈阳双福机械股份有限公司、沈阳鼓风机集团有限公司的新厂区。

当天晚上，郁慕明主席一行在沈阳京剧院梨园剧场观看了精彩的文艺演出。丝竹袅袅，舞姿翩翩，情意绵绵，经过一天紧张工作的参访团成员此时沉浸在只有手足同胞才会有的那种温馨的情愫之中。

（三）

11月2日上午，郁慕明一行参观了"九一八"历史博物馆，仔细地观看了博物馆内展出的反映抗日战争史实的实物资料，认真听取讲解员的讲解。参观结束后，郁慕明主席庄严地写下"向所有抗日军民敬礼"的题字。

随后，参访团一行参观了沈阳故宫。此宫为清初太祖努尔哈赤及其继

· 429 ·

承人皇太极营造的皇宫。清入关后，康熙、乾隆诸帝把此宫作为东巡的行宫。它有三百多间殿宇，有崇政殿、凤凰楼、文溯阁以及八旗大臣议政的十王殿，它以宫高殿低有别于北京故宫。参访团成员对宫殿的设计和宫内的珍藏赞叹不已。参访结束后，郁慕明主席欣然命笔，写下"千秋万世，耀我中华"八个大字，赞颂中华文化的博大精深。

其后，参访团一行又游览了北陵公园。北陵原是清代皇太极和皇后的陵寝，松柏掩映，陵寝森然。现在已改造成供民众游览休闲的公园。参访团成员一边仔细游览，一边触景生情，发出慨叹。有团员说，中华文化如此丰富多彩、博大精深，把天下炎黄子孙联结在一起、凝聚在一起，这种无形的力量是巨大的。"台独"人士要在台湾"去中国化"，能去得掉吗？真是痴心妄想。

接着，参访团一行又参观了张作霖、张学良将军建造的张氏帅府。睹物思人，团员们对张学良将军的爱国抗日精神赞颂的同时，对他至死不能重归故里的遗憾深表同情。

当天下午，郁慕明主席一行离开沈阳前往大连继续参观访问。

（四）

11月3日上午，参访团一行在辽宁省和大连市有关方面领导人的陪同下，参观考察了位于金州区三十里堡临港工业区的大连台湾工业园，听取了工业园负责人关于工业园的总体规划和优惠政策介绍，并登上童牛岭观看了开发区的全貌。下午，参访团听取了开发区管委会负责人的情况介绍，参观了大窑湾港、珍奥核酸生物科技有限公司、大连机床集团新厂和台资企业神州纺织有限公司。

在大连参观考察期间，辽宁省委副书记、大连市委书记孙春兰，辽宁省委常委、大连市长夏德仁分别会见并宴请了参访团一行，向客人们详细地介绍了大连市的发展情况，并诚恳地欢迎台湾企业到大陆投资，表示要为台湾企业到大陆投资营造良好的环境，依法保护台资企业的权益。

经过几天紧张的工作，参访团一行圆满地实现了此行的目的。11月5日晚，辽宁省省长张文岳在辽宁友谊宾馆会见并宴请了郁慕明主席所率投资访问团一行。

张文岳首先代表辽宁省委、省政府对参访团的来访表示诚挚的欢迎，接着他向参访团介绍了中央政府振兴东北地区等老工业基地的战略决策和辽宁省经济社会发展情况。张文岳说，到去年底，台商在辽宁省的投资企业

2442家，投资总额已达13亿美元，双方的经贸合作进展良好，希望今后继续加大双方企业界的合作，互通有无，互惠互利。在工业领域，双方可以优势互补，辽宁省能够为台湾提供优良的装备制造和原材料产品，台湾的电子信息、IT、生物制药等高新技术企业可以在辽宁投资设厂；在现代农业领域，双方可以在农产品、畜产品、海产品的生产和深加工方面开展交流与合作；在固定资产投资领域，欢迎台湾资本参与辽宁省的基础设施建设；在科技、文化、教育领域，双方可以采取多种形式进行合作；在旅游领域，只要条件允许，我们愿意引导更多的游客到台湾旅游，也欢迎台湾游客来辽宁省领略辽宁的青山绿水和人文景观；在流通、金融、现代服务业等第三产业领域，双方也完全可以加强合作。辽宁省将创造最好的发展环境，全力支持台湾工商界、企业界在辽宁投资发展。

郁慕明介绍了几天来在辽宁省访问的行程和此行的丰富收获。他说，代表团成员对沈阳地铁项目、鞍山部分国有企业的改组改造和电子信息产业、房地产、城市基础设施建设、航运、农产品深加工等领域的重点项目及建立货运公证检验机构等方面，都表示了合作和投资的兴趣，我们将继续努力，进一步促进台湾与辽宁的交流与合作。

11月6日，郁慕明主席率领的投资访问团一行在鲜花、笑脸和热烈的掌声中登机返回台湾。

十四、马英九说，国民党在县市长选举中获胜，是人民的胜利，是民进党自己打败自己

（一）

2005年12月初，台湾将进行县市长、县市议员、乡镇长选举，岛内称之为"三合一"选举。执政的民进党和在野的国民党、亲民党、新党等党派对这一选举极为重视，因为这一选举将直接影响到2008年岛内的"总统"换届选举花落谁家，所以哪一方面也不敢掉以轻心，竞选之战早就在暗里明里展开了。

11月23日，香港《太阳报》刊登报道说，距离下月3日举行的台湾县市长、县市议员、乡镇长选举只有10日，今日起选战"正式开打"。在蓝绿对决、互揭丑闻拼选票之际，台湾民众对选战投入程度却跌至新低，连陈水扁亲自助选的活动亦只有两三千人参加。

这一天，路透社驻台北记者也发出电讯说，台湾地区选举的竞选帷幕

拉开，民意测验表明，在23个县市中，民进党至少在15个县市中落后于反对党。反对党在民进党一些传统领地如台北县也领先。专家怀疑陈水扁打"台独"牌能否奏效。分析家认为，选民对民进党的腐败问题更为关注。

同一天，台湾《联合报》发表报道说，"副总统"吕秀莲昨天接受电视台专访，谈到选情时数度表示，"目前看来，相当不乐观"。吕秀莲并提出"夺权三阶段"，她指县市长选举是泛蓝夺权的第一阶段；如果泛绿年底选输，接下来台北市和高雄市的市长选举也很危险；第三阶段是2008年的"总统"选举，民进党必须戒慎恐惧。

同一天，台湾《中国时报》发表了题为"爆料大赛，负面选举如野火 燎人又燎己"的报道说，3个月前，一场泰劳暴动事件牵扯出外劳中介弊案，此案还不断引发"高捷弊案"、"陈哲男赴韩赌场风波"等案外案，重创民进党选情以及既有的选战节奏，几乎所有绿营县市候选人支持度都因此狂跌5%到10%。

台湾当局所发生的诸多弊案中，影响最大的就是"高雄捷运（台湾称'地铁'及'城铁'为'捷运'）舞弊案"，此案是由"泰国劳工暴动事件"牵扯出来的。2005年8月21日晚，高雄捷运公司外籍劳工宿舍区，上千名泰国劳工因不满高压管理，发生骚乱，他们向管理员投掷石块，砸玻璃，烧车辆，事态发展越来越严重，直到二百多名警察赶到，局势才得以控制。第二天，泰国劳工提出包括实报加班费、允许在宿舍内用手机等16项要求，负责劳工管理的公司接受了14项，此事才达成和解。

但是，由此事又牵扯出官商勾结分食外籍劳工中介费的丑闻。据调查，每名劳工在泰国都曾办理过新台币六七万元（4.7元新台币约合1元人民币）的贷款，作为来台的中介费，而这笔钱被岛内有关方面瓜分了。

但是，事情并没有完。不久又查出，负责劳工管理的华磐公司以台湾劳工每人每月的薪资向捷运公司请款，而发到泰国劳工手中的工资只有将近一半，余下的则被华磐公司以各种名义与捷运公司瓜分了。以当时高雄捷运公司聘用的1700名泰国劳工计算，华磐公司每月侵吞的工资高达一千三百余万元新台币，高雄捷运每月也分得四百二十余万元新台币。媒体讥讽华磐和捷运是"一个吃肉，一个喝汤"。

本来，由于岛内失业率上升，台湾"劳委会"于2001年5月10公告"重大工程停止引进外劳"。但是在时任"总统府副秘书长"陈哲男访韩之后不久，此政策被推翻，高捷工程才获得批文，引进了大批泰国劳工，于是发生了后来的高捷弊案。因此，陈哲男被岛内媒体称为"有力人士"。陈哲男与陈水扁一家关系密切，可随时出入"总统"官邸、是陈水扁数次选举中的募款干将。岛内媒体评论指出，陈水扁与陈哲男是"黑金连体婴"。后又暴露出，陈哲男伙同陈水扁的老婆利用公款炒股的丑闻，舆论为之哗然。

2005年10月26日晚，在台湾TVBS电视台（"台湾无线卫星电视台"）"2100全民开讲"节目中，公布了无党籍"立法委员"邱毅提供的前"总统府副秘书长"陈哲男与前高捷副董事长陈敏贤在韩国聚赌的照片，这为高捷为什么能获得批文引进泰国劳工提供了证据。陈敏贤是陈水扁竞选募款的大金主。早在2002年11月间，高雄市政府就接获了匿名信，检举陈敏贤向每个捷运投标商索取1亿新台币的回扣，为陈水扁2004年竞选"总统"筹措经费50亿元新台币。TVBS电视台数月以来一直在调查高捷弊案，公布了许多重要证据，强烈地冲击着民进党各地的选情。绿营恼羞成怒，就在"双陈"到韩国聚赌的照片曝光后，台湾"新闻局"针对TVBS的资金来源发难，通过民进党籍"立法委员"指控TVBS是100%的中资公司，"要颠覆政府"云云，新闻当局扬言"可撤销其执照"。当局打击TVBS的行为遭到台湾民众的反对，TVBS"全民开讲"的节目主持人李涛成了悲剧英雄，"全民开讲"的收视率屡创新高。

10月13日，岛内有关媒体的民调显示，有60%的民众对民进党的执政能力失去信心，有媒体评论指出，扁政府是"执政无能，弊案丛生"。不少民进党籍"立法委员"叹息道："民进党要被陈哲男玩完了"，"年底县市长选举也完蛋了"。

民进党在"执政无能，弊案丛生"的背景下参加年底进行的县市长选举能有什么好结果？所以吕秀莲才哀叹"相当不乐观"。即使"精于选举"的陈水扁再使出什么出人意料的骗取选票的手段，也难挽救其败选的命运。

（二）

台湾的"三合一"选举进入倒计时后，各路媒体的报道、评论更趋热烈。11月26日香港《新报》发表的题为"民进党须走出对抗中国迷思"的文章，作者王家英先生对台湾当局处于前所未有的风雨飘摇困局作了颇为深刻的分析。

文章开头便指出："在台湾，民进党政权目前明显正处于前所未有的风雨飘摇的困局。首先，在经济上，尽管今年全球经济持续扩张，尤其是亚洲国家或地区如中国大陆、韩国、日本、新加坡、香港等都经历着近年难得一见的繁荣，而反映经济发展的全球各国股票市场的指数也屡创新高，但台湾

的经济却明显胶着不前、欠缺生气，显示出台湾内外的投资者对台湾经济现况与前景都欠缺信心。"

"其次，在内政上，蓝绿两大阵营的恶斗越演越烈，民进党朝小野大的执政困局非但没有改善，政府的民望反因弊案接二连三的爆发而屡创新低。根据媒体最近公布的民意调查结果显示，陈水扁现实的施政满意度已下跌至三成以下，反映出台湾民众对他已感到相当不满和失望。"

"其三，在两岸关系上，陈水扁上台之后执意全力推动台湾成为'正常完整的国家'，发动了一系列包括'正名'和'制宪'在内的活动，强势挑战北京的'一个中国'原则立场，早已使得两岸关系的互信荡然无存。"

"其四，在外交上，近年台湾所谓的邦交国掉了一个又一个，早前西非的塞内加尔更毫无警讯地与台湾断交，与北京建交，而梵蒂冈和巴拿马也传出了与台湾邦交不稳的信息。陈水扁上台以来，一直高举拼外交的政策，但在他的任内已有6次断交记录，整个邦交国数字跌至25个，至近十多年来罕见的地位，透露出台湾在外交战场是越来越穷途末路的危险讯息。"

文章接着指出，这种困局的背后最根本的原因，其实都指向陈水扁作为台湾最高领导人处理两岸关系思维存在致命的局限。简单地说，陈水扁上台以来处理两岸关系的思维可以用四个字来形容：对抗中国。至于"对抗中国"的目的，就是要将台湾彻底在法理层面上从中国分裂出去，成为一个主权独立的国家。

文章说，事实上，为了反抗中国，陈水扁不惜坚拒两岸"三通"，台湾经济因此难以顺利乘搭中国大陆快速崛起的快车，相互分工整合，布局全球，最终导致企业大量出走，外资却步，经济之路越走越窄。显而易见，以对立的思维为基础的"对抗中国"政策，非但不可能实现"台湾独立"的迷思，反会将台湾推向全面枯竭败亡的方向。

文章最后规劝道，现在摆在陈水扁和台湾人民面前的理性选择只有一个：在战略上根本地放弃对抗中国的思维，回归两岸共享主权的"一个中国"原则，将两岸关系从对抗导向双赢合作。回归"一个中国"原则并非陈水扁所一贯宣称的"台湾向北京投降"，而是为台海创造永久和平的基础。当台湾回归两岸共享主权的"一个中国"原则，北京便失去了对台动武的必须性和正当性，而两岸当局和人民便可从容而和平地从主权之争转向制度的竞合。既然是制度的竞合，就没有谁投降谁的问题，而只是在竞合的过程中相互优化，彼此得益。只有这样的理性选择，陈水扁才可能为台湾的未来开启生机。

11月27日，台湾《中国时报》刊载了一篇介绍美国《商业周刊》评论台湾"三合一"选举的报道，报道的题目叫"美国周刊看台湾：地方选举检视'扁施政满意度'"。报道说，最新一期美国《商业周刊》报道指出，陈水扁正面临从政以来最严峻的政治挑战，执政党选情低谜，这场选举不只是一场地方性的选举，而将被当成检视陈水扁施政满意与否的公民投票。美国《商业周刊》在这篇标题为"为何台湾选民对陈水扁感到厌烦"的报道中指出，如陈水扁领导的民进党这次选坏了，很快地，他将面临不只是来自国民党，还包括自家党的挑战，民进党内的政治人物将提早为2008年的"总统"大选进行卡位。

报道说，《商业周刊》的这篇报道是以"陈总统是跛鸭吗？"这句话作开场白的，且毫不留情地指出，阿扁靠他的"反中国、支持'台独'"诉求，两度被选上总统，但这个诉求对台湾选民来说，已经越来越食之无味。陈水扁承诺的经济改革实质进展有限，而他身边的亲信相继卷入弊案，使他努力打造的廉洁施政形象大打折扣。更糟的是，因为陈水扁反对更大幅度开放台湾企业到中国大陆投资，台湾经济发展的压力越来越大。最近的民调显示，选民对阿扁的施政满意度只有25%，从9月到现在已下降9个百分点。

《商业周刊》的报道分析说，选民对陈水扁的不满，不只是因为政治丑闻，还有陈水扁无法透过与国民党掌控的国会顺利推动金融及财政改革；此外，阿扁大刺刺的反中国政策，更让他与企业界渐行渐远，且因此损及台湾的成长功能。他已经搁置了台塑、茂德、力晶等公司赴大陆投资的申请案；陈水扁也拒绝在两岸直航议题上让步。台北美国商会执行长魏理庭说："这是一种被困在僵局中的感觉。"

（三）

11月28日，蓝绿两阵营为在"三合一"选举中获胜，分别举行大游行，为各自胜选大造声势。多家媒体对此作了报道，新加坡的《联合早报》发表的报道最为详尽，题目叫"泛蓝总统府前造势唤回320激情"。题目中的"320激情"，是指2004年3月19日发生的台湾"总统"选举中发生的故事。这次选举选前本来是由连战和宋楚瑜组成的搭档优于由陈水扁和吕秀莲组成的搭档，但是在3月19日选举这一天发生了一件蹊跷的事情，两粒神秘的子弹打伤了陈水扁，但仅伤皮肉，扁煞有介事地入院治疗。就这两颗神秘的子弹马上使选情逆转，陈水扁以微弱的多数胜选连任。这两粒神秘的子弹也马上激起泛蓝阵营和支持者的愤怒，3月20日泛蓝阵营便组织支持者在台湾"总统府"前的凯达格兰大道上举行大规模的游行抗议，要求取消在两粒子弹操弄下的不正当选举，重新进行公正的选举。当时抗议的队伍人山人海，群情激愤，遂被媒体称为"320激情"。掌握了执政大权的陈水扁并不把这"320激情"放在眼里，对抗议不予理睬，大刺刺地弹冠相庆他的胜选连任。后来连宋又诉诸法律，但大权在握的陈水扁能让他们胜诉吗？答案是显而易见的。所以，舆论对陈水扁有"执政无能，骗选有方"的评语。所以，这次"三合一"选举有不少人又担心阿扁使出类似"两粒神秘子弹"的伎俩使选情逆转。有人出来用鲁迅先生的名言安慰善良的人们："捣鬼有术也有效，但有限"。

所以，这篇报道的开头是这样写的："阔别一年零八个月，台湾总统府前的凯达格兰大道，再度化作青天白日满地红的旗海，近十万民众汇聚，在泛蓝天王马英九、连战、王金平、郁慕明的率领下，凝聚气势，向总统府喊出'反贪污、救台湾'的口号。"

"这原本不过是国民党选前的一场造势会，主角本应是台北县长候选人周锡玮。然而，现场却几乎都是中华民国国旗而少见党旗，排山倒海涌来的民众，也以穿着五颜六色便服的平民居多，远超过穿着党帽党装的动员队伍。一场政党造势会，似乎变成了人民同总统府的直接对抗，再度唤回台湾民众去年320以后的抗争情绪。"

从这段现场描述中我们可清楚地看到台湾民众的主流民意的动向。

报道说，下午2时半，即万人在国民党主席马英九、"立法院长"王金平及台北县长候选人周锡玮的带领下，从靠近台北市政府的松山烟厂出发，沿忠孝东路步行，朝终点站总统府凯达格兰大道挺进。游行队伍沿途不断壮大，忠孝东路有好几段都挤满了人。"总统府"前广场的活动由国民党"立法委员"洪秀柱及年轻的中常委连胜文、吴育升等轮流暖场。连战之子连胜文开口就说："各位老朋友，319过后，我们又回来了，欢迎大家再次回到凯达格兰大道，向总统府呛声！"一下子将广场上的群众拉回到去年3月19日的悲情夜，冲高了群众的抗争情绪。游行的大队抵达终点，同"总统府"前的人潮汇聚，现场黑压压一片人海，司仪估计全台参加泛蓝游行的总人数超过50万人。

报道说，当马英九抵达时，气氛更近乎失控，一度发生推挤，几乎到了人贴人的地步，现场工作人员紧急将小孩和老人护架离场。这是自国民党党主席选举以来，连战、马英九、王金平第一次同台亮相。国民党三大天王连同周锡玮和新党主席郁慕明齐击大鼓，率领群众高呼："反贪污、反腐败、反掏空；要清廉、要公义、要繁荣！"天王们轮流发言，炮火都对准了陈水扁，仿佛现在打的不是县市长选战，而是"总统大选"。久违的连战，攻势最猛烈且妙语如珠。他呼吁民众："让治国无能、行为无赖、贪污腐败的民进党政府，听到人民忍无可忍的怒吼！让'做衰'台湾的陈水扁下台！"并嘲讽陈水扁："阿扁的支持度如今降到25%，很快还会掉到他念念不忘的18%（指军人、公职人员、教员的优惠存款利率）"，引起全场哄堂大笑。马英九则是一贯的君子之风，要求选民给阿扁和民进党"一个教训"："国民党下台一次，知道检讨改进，当我们卷土重来的时候，一定做得更好。我们不是要消灭民进党，只是让他下台休息，让他也有检讨的机会。这正是民主的好处。"

报道说，选民对这届选举原本普遍冷漠，但经过超级星期天大型造势会的烘托，民众情绪似乎又回到了去年"320"的抗争沸点，激昂中带着悲愤。当洪秀柱问台下人潮："这些日子以来，你郁卒（台语：郁闷）吗？！你愤怒吗？！"台下的回应，响彻云霄。

报道特别指出，昨天泛蓝的场子出现了一个有别于过去的新气象：国民党的场子，第一次让人感觉年轻。台上带动全场气氛的是跳现代舞的年轻学子团、演唱"爱拼才会赢"的年轻歌手，助讲的是年轻"立法委员"，如跆拳道奥运银牌得主黄志雄和年轻中常委，台下也不再以外省籍的老爷爷老奶奶居多，45岁以下的中青年占近七成，绝大多数是台北县民，包括不少带着年幼小孩举家而来的年轻夫妇。

同一天的《联合早报》对民进党举行的造势会也作了报道，题目叫"泛绿全台大串联难有228人气"。题中所说"228人气"，是指发生在1947年2月28日台湾民众由于不满国民党当局的暴政统治而发生的起义事件。而别有用心的"台独"分裂势力则把这一事件解读为：是"台湾人民反对外来政权、本省人反对外省人的运动"，是"台独"运动的发端。歪曲历史本来面目，抛出一个又一个制造族群矛盾的话题。主张"台独"的台湾当局和"台独"分裂分子把"二·二八"事件变成了用来煽动对祖国大陆仇恨、推行其"台独"路线的政治工具，称"二·二八"事件是"台独"运动的发端。这是对历史的肆意践踏，更是对台湾人民爱国主义情怀和当家作主意愿的最大歪曲。

记者在招待会上采访了"二·二八"事件的亲历者朝钦和周青二位老先生，他们表示，"二·二八"起义反映了台湾同胞爱国爱乡的光荣传统。"台独"势力把"二·二八"事件说成是"台独"起源，是对历史的歪曲，是对"二·二八"英烈的侮辱，是极不道德的。

新当选的中国国民党主席马英九对"二·二八"起义的发生也有清醒的

认识，坦承那是"官逼民反"。在前文中已讲到，他在纪念台湾光复60周年时所发表的题为"纪念台湾光复一甲子——重温先贤典范，再造台湾精神"长文中对此事的发生有实事求是的认识和深刻的分析，在此不妨重录原文，以正视听。

这段文字是这样写的："1947年初爆发的'二·二八'事件是重大的悲剧，问题出在政府施政失败致台湾和大陆失业严重，社会不平，官逼民反的事件不断发生、不断升高，最后演变成遍地烽火的革命。紧接着中华民国政府迁台，世界陷入东西两阵营热战和冷战的局面，战争在朝鲜半岛、越南、柬埔寨等地爆发。为了确保政治和军事的安全，台湾出现了'白色恐怖'时代，政府严厉镇压共产党地下组织、左翼人士，乃至一般的异议人士。"

"'二·二八事件'源于当局施政失败，'白色恐怖'则是错误地将国际局势延伸至国内，都是人权的严重污点。今天，我们不但要以具体行动反省，也要教育下一代要永远记取教训。同时，我们也应认识到，无论是'二·二八事件'或'白色恐怖'，性质都不是'台独'运动，也不是'反抗外来政权'和'族群冲突'。'二二八事件'中，具有普遍代表性的处理委员会发表的《告全国同胞书》中即指出：'……我们同是黄帝的子孙、汉民族，国家政治的好坏，每个国民都有责任……大家拿出爱国的热忱，我们很诚意地欢迎各省同胞的帮忙……'而'二二八'最后一役'乌牛栏战役'的领导人谢雪红，一年多后在北京出席了中共的建政大典，这算是'族群冲突'吗？至于'白色恐怖'的许多幸存者今天便转化为左翼的社会主义组织，其反'台独'的鲜明立场更是无人可及，所谓'反抗外来政权'的说法对那一个时代的抗争者更是非常不公平的。"

"今天我们面对历史事实，必须勇敢地指出，'台独'思想真正起源于对（国民党政府在台湾进行）土地改革的不满。"

《联合早报》的这篇报道题目中用"难有228人气"的说法，本意恐怕指的就是台湾人民已逐步认清了陈水扁之流的嘴脸，他们再用"228事件"糊弄老百姓已经不灵了。报道中只是从现象上作了表述，报道说，在泛蓝群众向总统府呛声的同时，民进党则发动"要改革，护台湾"全台湾同步串联大游行，党内五大天王陈水扁、苏贞昌、谢长廷、吕秀莲、游锡堃分据台湾北、中、南、东各地坐镇，率领全台支持者展现团结力量，并把压轴主力舞台设在最高决战点台北县。他们采取全台大串连的游行模式，原本是希望重演去年"总统"大选前"228"全台"手牵手"的浩大人气和声势，但现场凸显泛绿声势大不如前。民进党原本预期全台能号召60万选民走上街头，最后却连主战场台北县也无法达到预期效果。不只是感受不到"228"的热情，还有不少人活动未结束已先行离场。

报道说，陈水扁和苏贞昌两人在台北县主场联手捍卫子弟兵台北县长候选人罗文嘉的选情。苏首先发难，强调自己在担任台北县长期间的政绩，请选民务必支持罗文嘉，让台北县的建设能够继续。扁一开口，炮火更猛，先打国民党台北县长候选人周锡玮的操守，批评周锡玮"没诚信""没情义""没骨气"。接着再攻击马英九，批马英九"当上党主席后，却没有改造国民党，反而被国民党改变"。他还以苏贞昌对比马英九说："'电火球'（意即电灯泡，苏贞昌秃顶，其外号叫'电火球'），把马英九的道德光环照得很清楚，都不亮、生锈了！"原本这项游行，民进党强调会号召全台湾"60万泛绿选民"上街，但据记者在台北县主场实地观察，却发现和以往民进党造势场合人声鼎沸的情况大不相同，主场舞台前并未挤满热情的选民，扁还未上台演说，即有大批选民离开，与以往扁总是担任压轴，凝聚人气的情况相距甚远。

从《联合早报》发表的这两篇现场报道中，人们已经看出了在这场"三合一"选举的蓝绿对决中谁胜谁负的端倪。

（四）

在台海问题上，世人都很关注美国的影响。那么在这场关系着2008年大选的"三合一"地方选举中，美国将会发生什么样的影响呢？11月24日出版的新加坡《联合早报》发表的题为"海峡暂时风平浪静"的社论对此作了评说。社论说，美国总统布什11月20日访问北京，台湾问题没有成为重点议题，布什连例行性公开宣示立场都省略了。这应该说是好事，表示台海没有大事，至少是暂时没事。

不起波澜的原因是什么呢？社论分析说："现实的原因是，布什和陈水扁两人目前都陷于底气不足的窘境。布什正因伊拉克战争和'特工门'案而遭遇国内民主党和自由派的猛烈攻击，险象环生；陈水扁则因政府接连爆发贪污舞弊案，声望跌到历史最低点，已露跛鸭之状。"

"对布什来说，台海现在能少一事就少一事；对陈水扁来说，虽然多一事可望对民进党12月3日的县市长选举多一份助力，却未能如愿。在这场地方选举中，尽管扁政府试图再次将之提升为一场'中央级'的统独对抗，但收效甚微，即使是把国民党骂做共产党，都没激起多大波澜，陈水扁自己与民进党的民意支持度依然低迷。而北京的《反分裂国家法》更是框住了台湾深绿阵营的冲撞空间。"

"美国的对华政策和台湾的大陆政策，都是各有两条路线。美国是'接触'与'围堵'竞赛，台湾则是'合作'与'对抗'竞争。目前看来，和的路线稍强。"

"布什北京之行，经贸与财经议题为重，连惯用的人权议题也退居一边。而回顾今年内美国国务卿、商务部长、财政部长、联邦储备局主席，甚至被视为大鹰派的国防部长，摩肩接踵到北京去，形势很清楚，布什政府已从过去把中国叫做'对手'改为现在的'伙伴'，不说'中国威胁'而说'中国责任'。布什从过去的'捍卫台湾安全'立场微妙地转为'赞扬台湾民主'，也可看出其中的变化。在中美合力框锁住现状后，连陈水扁的过境和李登辉访美也没掀起风雨。"

"而在台湾，陈水扁的'对抗中国'路线，也因反对党与共产党的热络往来而遭遇冲击，不得不接受大陆旅客到台观光，扩大两岸春节包机直航，以及之前的开放水果'登陆'、金融机构可兑换人民币等。台湾今年县市长选完，明年只轮到台北、高雄两市选举，也不容易掀起统独对决。因此，未来一年时间，风平浪静是比较可以预期的。"

社论作了上述分析后，不无担心地说："然而，暗流依然汹涌。"

法新社驻台北的记者在11月29日发出的一则电讯称，一系列引人注目的腐败案件牵涉到陈水扁以前的得力助手陈哲男，致使民进党的声誉受到损害。民意测试显示，该党大多数候选人的支持率落后于反对党候选人。这则电讯引用政治大学教授邵宗海的话说："最近的丑闻使民进党的许多支持者羞于继续支持该党"，"假如今天就选举的话，民进党必败无疑"。这则电讯还指出，由于陈水扁这个民进党明星已经黯然失色，竞选台北县长的候选人罗文嘉已开始与他保持距离。罗文嘉发起了一场改革运动，而事先并没有与陈水扁商量。一些政治观察家说，罗文嘉此举的目的显然是要与民进党划清界线。

11月29日，香港《太阳报》发表的一篇文章指出，台湾的"三合一"选举有个大背景，这就是民进党和国民党的形象最近正在发生微妙变化。在民进党方面，执政五年，所谓"竞选有术，治国无方"，台湾经济一落千丈，而且出现各种腐败现象，最近揭出的高捷弊案就给选民心理一个极大冲击；而在国民党方面，自从上半年连战的大陆行，以及7月中旬马英九上任国民党主席并带来一股清新气象之后，选民对其自然增加了一份期待。因此，如果说民进党正从原来的好人形象变成坏人形象，那么国民党正在从原来黑金政治的坏人形象，逐渐转为好人形象。当然，期间最关键的，还是台湾的经济和国民生产总值在民进党上台之后没有大幅提升，反而在全球和地区经济的迅速发展之中显得落伍。

从这篇文章的分析中可以清楚地看出，国民党在这场选举中会稳操胜券，但这篇文章的题目却叫："三合一选举泛蓝未必笃定胜利"。这个题目的说法正反映了当时人们的一种疑虑的心态，人们担心"竞选有术，执政无方"的陈水扁在关键时刻又会使出什么瞒天过海的骗术使选情逆转。

（五）

12月3日晚，台湾"3合一"选举揭晓，在总共23席的县市长中，国民党获得14席的过半席次，而且影响较大的台北县和被民进党视为"民主圣地"的宜兰县、嘉义市也被国民党拿下，被岛内媒体称为"大获全胜"。而民进党只获得6席，比原有的10席减少4席。亲民党获得1席，新党获得1席，无党籍获得1席。这样算起来，诚如媒体所赞蓝营："大获全胜"。

据台湾选务机构公布，在县市议员方面，总共901个席次中，国民党获得了408席，民进党得到192席，亲民党获得31席，"台湾团结联盟"得到11席，新党2席，无党籍人士合计256席，另有1席因两位候选人得票相同，待抽签决定。

在乡镇市长选举方面，总共319个席次中，国民党获得173席，民进党仅得35席，亲民党获得3席，"台湾团结联盟"1席，无党籍人士合计107席。

从总体上算，蓝营确实是大获全胜，绿营遭遭惨败。

就在选举揭晓的当晚，各路媒体便纷纷发出报道、文章加以评说。台湾"中央社"12月3日发出的电讯说，中国国民党主席马英九今天表示，国民党在县市长选举中，赢得14个县市，这不是国民党的胜利，而是人民的胜利；国民党没有打败民进党，是民进党打败了自己。

电讯说，国民党在县市长选举获胜后，马英九、"立法院长"王金平、荣誉党主席连战晚间出席党中央举行的记者会，向挤满党部一楼的支持民众表达谢意。马英九表示，国民党在县市长选举中拿到了14个县市，比他期望的11席增加3席，比现在执政的8席增加6席。他认为，真正的赢家是台湾全体人民。马英九说，选举结果可以看到台湾人民高水准的一面，在台北县、宜兰县、嘉义市这三个民进党长期执政的地方，国民党赢回了执政权。这次选举是人民对民进党政府投下不信任票，民进党政府应该为政策错误、执政失败负责。

电讯还说，亲民党秘书长秦金生今天晚间在亲民党中央党部召开的记者会上指出，这次选举证明，民进党施政成绩不被人民接受，意识形态治国，两岸迟不三通，所以被民众以选票警告。他代表亲民党主席宋楚瑜、亲民党副主席张昭雄，向国民党主席马英九以及国民党的胜选表示祝贺。

同一天，"中央社"又发表一则电讯说，民进党秘书长李逸祥今天晚间坦承选战成绩远不如预期，算是重大失败。他说："这次选举结果最令人担心的是中国会做出错误解读，误认为台湾主流民意倾向中国，泛蓝包括迎接中国国台办主任陈云林来台湾等做法，都是威胁台湾生存。担心中国会变本加厉对台统战，把台湾变成第二个香港，如果是这样，台湾会失去自由民主和人权。"

电讯说，民进党主席苏贞昌今晚表示，民进党在选举中仅守住6席县市长，他愿扛下责任，辞去党主席。他表示，这次是台湾人民对民进党的警讯，民进党应虚心接受、谦卑面对、诚实检讨、勇敢改革。

美国方面也很关心这次选举，12月3日的台湾《联合报》刊登了一篇题为"李大维：美看选举有指标意义"的报道说，驻美代表李大维在华府表示，美国很关心台湾三合一选举的过程是否合乎民主程序，以及选举结果如何影响台湾未来政局。至于美方是否认为这次选举是对陈水扁的"信任投票"，李大维并未直接回应，只表示美国认为，这次虽然是台湾的地方选举，但选举的结果仍有相当的指标意义。

12月3日的台湾《经济日报》发表了题为"三合一选战引爆政治蝴蝶效应"的报道，对这场选举将产生什么样的效应进行了评说。题中的"蝴蝶效应"类似"多米诺骨牌效应"的说法。这个说法是著名气象学家洛伦兹在一九六三年提出的：一只南美洲亚马逊河流域热带雨林中的蝴蝶，偶尔扇动了几下翅膀，可能在两周后引起美国德克萨斯的一场龙卷风。原因是，蝴蝶翅膀的运动会导致四周空气或其他系统发生连锁反应。这个反应要比"骨牌效应"影响面更宽广、更严重。这篇报道用这个说法的用意就在这里。

报道说，三合一选举虽然只是场基层选战，却像骨牌游戏的第一枚骨牌，如果没放好，可能会引爆"政治蝴蝶效应"，导致明年的台北、高雄市长选举，2007年"立委"选举，乃至2008年"总统"选举全面崩盘；对蓝绿而言，都有输不起的压力。

报道说，这次三合一选举理论上虽属地方选举，但因"百里侯"掌握着地方行政资源，在"地方包围中央"的策略下，蓝绿谁掌握过半县市长，就等于买下了总统府入场券。

12月3日的新加坡《联合早报》发表了陈子帛先生的题为"台湾选举中的两岸关系因素"的文章说，人们注意到，在台湾历次重大选举过程中，两岸关系都被作为朝野攻防的议题。这给外界的启示是：两岸关系的因素已经成为直接或间接影响台湾政局的主要因素。无论是统独之争、台湾认同之争，还是两岸经贸政策之争，任何人和任何势力都不能回避"大陆因素"。

文章指出，这次选举不仅是对陈水扁执政五年多的"期中考试"，是对马英九出任国民党主席后有没有实力的考验，同时也是对中国大陆今年以来对台若干重大举措的检验。也就是说，"反分裂法"制定后，中共针对台湾民众切身利益而采取的具体措施，在台湾地区究竟有多大认同和感受？

文章最后说，台湾的政治发展难以自外于两岸关系而自行其是，"大陆因素"在关键时刻会极大程度地发酵。这应该是北京对台当局所乐见的，也是当前两岸关系中一个引人注目的特征。

12月3日晚上揭晓的台湾"三合一"选举结果，为陈子帛先生在文章中所阐述的观点提供了有力的佐证。

（六）

从12月4日开始，各路媒体对台湾的"三合一"选举结果热评不止。

12月4日的《日本经济新闻》发表报道说，民进党在选举中遭到惨败。除前高级官员涉嫌渎职之外，两岸关系陷入僵局也对选举结果产生了影响。主张与大陆接触的最大在野党国民党取得重大胜利，为在2008年下一届总统选举中夺回政权创造了条件。陈水扁的向心力无疑会下降，"台湾独立"也将会遭遇逆风。

法新社驻台北记者在选举揭晓的当晚就发出电讯说，国民党在今天的县市长选举中取得压倒性胜利。电讯指出，去年凭借反华政纲获得连任的陈水扁再次尝试通过发表大量反北京言论为他的政党赢得支持，但这次不灵了。

德新社在选举揭晓的当晚发出电讯说，民进党的腐败丑闻和不受欢迎的"台独"立场已经伤害了民进党形象，公众对它的支持下降。

12月4日台湾《联合报》发表的题为"大败在陈水扁"的报道，对民进党惨败的原因进行了分析。报道说，民进党的败选，主要是输在陈水扁的"三失一没有"：失政、失德、失言，没有反省能力。

报道分析说，陈水扁主政五年余，由于治国无成，毫无政绩，于是只好以一些不着边际的改革口号来转移治国无能的焦点。他这几年的"失政"，不但导致经济萧条，并有太多的人民为此受苦受难甚至走上绝路，空洞的

"要改革顾台湾"已无法再打动人心。

关于扁的"失德"，报道指出，陈水扁一边痛批过去的国民党党国不分，自己的情况却丝毫不输国民党，甚至是"党、国、家不分"，这种"有嘴说别人，没嘴说自己"的"失德"表现，不但落人话柄，更让人民失望。

关于扁的"失言"，报道指出，最令多数选民无法接受的，则是扁的"失言"。他在助选时，指国民党籍候选人胡志强身体不健康不知何时会"掣起来"？用语之粗鄙，让秉性善良的台湾人民无法接受。报道虽然未指出其说话不算话的"食言而肥"的劣迹，但攻击别人的粗鄙表现，足以让人嗤之以鼻。

报道说，而在"三失"之外，扁的"没有反省能力"更是民进党败选的要因。阿扁近臣爆发各种特权、贪渎事件，外界物议不断，陈水扁在卡车上开讲或电视开讲中，对此不是避而不谈，就是极力撇清，甚至是明显划清界线，予人欠缺担当、不知反省的印象，选民当然是忍无可忍。

报道最后指出："民进党败，党主席请辞，内阁可能改组，但其实最该'闭门思过'的是陈水扁。陈水扁的惨败，形同被人民摘掉了'台湾之子'的冠冕，其主政成绩及政治风格已遭人民否定，被他操弄得出神入化的统独、族群、仇恨，及'爱台湾'等手法，亦遭人民唾弃。"

12月4日的《澳门日报》刊登的题为"从选举结果看台湾人心向背"的报道说，国民党和蓝营能在这次选举中取得佳绩，应该说同国、亲、新三党反对"台独"、致力推动两岸合作、营造台海稳定的和平努力分不开。报道指出，把这次选举说成是"期中考"和"信任投票"的，并非只有民进党的对手，就连美国有线电视新闻国际公司（CNN）和英国广播公司（BBC）的报道和评论也作如是观。CNN认为，"选举的结果将反映出阿扁在台湾选民心中受欢迎的程度到底还剩多少"；CNN记者对陈水扁选前惯用的攻击中国大陆的手段表示怀疑。这位记者在其报道中说："这个方法过去也许能有效提升台湾独派选民的支持，但对大多数主流选民未必真的有效。"真是一语道破了台湾民心的向背。

12月4日的香港《明报》发表文章说，3日的台湾县市长选举，国民党大胜而民进党惨败的战果，不仅对台湾政局的未来发展产生震撼性影响，对台海两岸关系的影响同样值得重视。文章说，此次选举，两岸关系再度成为议题。陈水扁和民进党打出统独牌，不仅发动以"爱台湾"为诉求的大游行，甚至公开批判泛蓝阵营"联共卖台"；而马英九则号召台湾民众用选票教训民进党，促使民进党大幅度调整两岸政策。选举结果清楚显示，民进党政府执政五年半来奉行的以推进"台独"进程、制造两岸紧张局势为主要特点的两岸政策，再次被台湾人民唾弃。

同一天的香港《成报》发表报道说，在台湾的一些外商机构如美林证券、摩根士丹利都认为，民进党大败是件好事，对台湾老百姓及两岸关系的发展有利。选举结果均在各方意料之中。

美联社驻台北记者在十二月四日发出的电讯说，台湾"立委"今天表示，台湾执政党在周末的选举中遭遇重挫表明，它应该放弃独立主张。民进党"立委"洪奇昌说，他预计这会在2008年总统的大选前引发内部政策争论，并特别指出，许多选民担心，民进党的"台独"政策可能会激怒中国大陆。他说："我们需要一个务实的政策，以不就主权作出让步的情况下，稳定与中国的关系。"无党派"立委"李敖说，陈水扁必须在与中国的关系问题上寻求突破，否则他任期的最后两年将非常难过。国民党"立委"吴育升敦促陈水扁制订一个"胸襟宽阔"的对陆政策，放弃"台独"主张，为陆台对话创造较为融洽的氛围。

台湾"中央社"12月4日发出一则电讯说，不分蓝绿，台商衷心期盼执政的民进党在经历三合一选举挫败后，能积极拼经济，松绑两岸经贸政策。考量两岸贸易往来频繁，多数台商认为，选后政府应在两岸政策上有所突破，唯有大幅开放及松绑两岸经贸政策，台湾经济才能重新出发。

12月5日的《台湾日报》发表的一篇报道说，马英九4日中午在接受电视台的专访时说，台湾是东亚的中心，旁边就是全世界最大的消费市场与世界工厂中国大陆，有这样的优势应该好好运用。他说，两岸三通不但有迫切性，并且有绝对的必要性。台湾必须抢占中国大陆市场与资源。很多厂商告诉他，光靠台湾不可能成为一方之霸，必须到大陆投资，扩大规模。民众去中国大陆回来，还是可以很爱台湾。政府太强调意识形态，锁国政策会害死台湾。"我们都爱台湾"，但光爱台湾不会发展不行的，必须采取对台湾有利的政策。

12月5日的香港《明报》发表的题为"扁松动两岸政策可期不可信"的署名文章尖锐地指出，陈水扁始终是一部选举机器，"执政无能、选举有方"是其从政经历的最大特色，即使他在未来几个月内真会在两岸政策松动方面有所作为，恐怕也还是其选举伎俩。

台湾大学政治系教授石之瑜先生在12月3日出版的香港《明报》上发表的题为"美中关系掩护下的'台独'"一文，阐述了独到的见解，文章提醒善良的人们说："过去陈水扁在选举结束后都会收敛'台独'，但明天台湾县市长选举后将会出现新作风，他不但不会收敛，而且还将变本加厉。"

为什么？石先生在文章中作了分析。他说，现在北京对"台独"是采取冷处理的办法，而美国是在"台独"的基础上反"台独"，就是说美国是为了不改变台海现状而反"台独"的。最近美国总统布什访华时赞扬台湾的民主表现，把台湾的所谓民主当成现状的一部分，可见，美国是在"台独"的基础上反"台独"的。所以石先生在文章中指出："不论从北京对'台独'的冷处理，或美国为自圆其说并未放弃民主价值而赞扬台湾，都有助于开展'台独'的空间。就在他们以为'台独'不足为患的时候，'台独'的生命力却最旺盛。"石先生的分析可谓见解独到。

北京对台湾基层选举的结果，既表达了对台湾人民胜利的喜悦之情，也冷静地预见到了困兽犹斗的陈水扁将有疯狂表现的可能性。12月14日国台办发言人李维一在例行的记者会上就表达了这个意思。李维一说，最近台湾基层选举的结果，反映了广大台湾同胞希望社会安定、经济发展、两岸关系和平稳定的愿望。他说，今年以来，两岸关系中有利于遏制"台独"分裂活动的积极因素增加，两岸关系朝和平稳定方向发展的势头在增强。他同时指出，台湾当局领导人试图通过所谓第二阶段"宪改"，制造两岸对立，破坏两岸关系，这违背了台湾同胞的利益与愿望，是对台海地区和平稳定的最大威胁。两岸同胞对此应保持高度的警惕。

此言不空，后来的事实作了印证。

（七）

陈水扁后来的疯狂反扑更彰显了台湾基层选举所产生的重大影响和意义。专家学者对此有越来越深刻地认识和分析。

12月5日，香港《明报》发表的南方朔先生的文章就是一篇佳作。文章的题目叫"干净终于打败了肮脏——台湾选举巨变的意义"。文章说："台湾的地方选举已落幕，国民党在新任党主席马英九领军下获得大胜，泛蓝计得17席；而民进党的陈水扁用尽一切手段，只保住了台湾南部的6个县市。它不只意味着陈水扁时代已将结束，更预示着国民党2008年赢回政权在望。"

"任何'巨变型'的民主投票，都必然有着一些沉淀在选民内心深处的原因。而台湾会出现如此不可思议的选举结果，其答案当然也要往这种深处去追寻。"

文章接着对17年来台湾的持续沉沦作了分析。文章说，如果我们不健忘，当会知道，17年前，当蒋经国逝世，李登辉继任，所谓的"李登辉时代"以及赓续于后的"陈水扁时代"即告开始。"李登辉时代"是个以权谋诡诈取胜、拉一派打一派的时代，在李登辉的挑唆拨弄下，国民党遂一而再、再而三地分裂，终告溃不成军，并在2000年失去了政权。但接下来的"陈水扁时代"，除把李登辉的权谋诡诈发扬光大外，更让律师政客那种语言机巧的风格高度发挥。于是，全台湾都被淹没在口水战中，治国无能的责任可以推给在野党，贪腐也好像变得有理。整整17年里，台湾社会其实是处在一种持续向下沉沦的过程中，而沉沦的原因则在于政治道德的崩坏。

文章指出，在这种政治道德崩坏的情况下，精于选战的陈水扁选举中什么样的卑鄙下流手段都可以使用出来，他的抹黑抹红抹黄的乌贼战术在全岛遍地展开，甚至连特务机构也披挂上阵；民进党的医师政客连对手的病历处方资料也拿来做打击对手的武器，这是严重违背医德之事。当这些卑鄙下流的手段尽皆出笼，怎能让选民不寒心？相比之下，国民党马英九那种善良、诚实、清廉、持重的风格，反而变成了一种向往和具有号召力的磁场，吸引着选民往国民党这边靠。这意味着国民党的大胜是台湾人民政治道德意识的觉醒，以及对过去17年来那种权谋、诡诈、语言泛滥、恶形恶状政治的扬弃。什么都不会只会选举的民进党，在缺乏能力和道德支撑下，再厉害的选举手段也有崩盘的一天。文章认为，这场选举是政治上的新巨变和大扫除。17年来那些权谋诡诈人物，都难免要进入历史的垃圾桶。

文章认为，这场选举宣示了反独非独立力量获胜。"台独"不再那么势不可挡。反独非独力量的凝聚和集中，乃是台湾"主体性"的真正显露。民进党鼓吹的"台独"意识形态，符合美国和日本的利益，独派人士把"台独"意识自称为"主体性"，事实上是"庸属性"。而这次台湾"主体性"的真正显露，反映了更多的台湾人民相信，两岸同属中国人，可在非敌对的善意互动下，建造和平互惠、不被列强挑唆离间的新关系，进而为问题的最终解决一步步地搭建新的架构。

文章最后强调说，这次虽是一次地方性的选举，但由民进党的大崩盘，却可看出这次选举无论对台湾内部和外部都具有划时代的意义。它代表了台湾挥别过去，走向新的未来之开端。无论后路如何，善良、真诚、能力、和谐、和平这些新的价值已被推进到了历史的日程表。

美国总统布什访华时赞扬台湾的民主，李敖先生在评台湾"三合一"选举时，却指出："台湾的民主是假的，民主被撕毁了"。12月18日出版的一期香港《亚洲周刊》刊登了该报记者专访李敖先生的报道，题目叫"李敖有话说：台湾贿选已经制度化"。

记者问："你认为台湾的选举是民主政治吗？"

李敖答："台湾的选举是畸形选举。最严重的是，民主政治最重要的几个条件它都没有。这至少表现在三方面：第一是法制，台湾的司法绝对不公正，这样的民主就是骗人的；第二，选举不能搞民粹，台湾最大的民粹就是族群问题出来了，说什么'台湾人要选台湾人'。陈水扁五年前说台湾人要选台湾人做总统，符合条件的只有连战和他陈水扁自己，李敖和宋楚瑜都不是所谓的'台湾人'。一考虑族群问题，就不会有真正的民主了，一有族群，民主不就乱了吗？"

记者问："那么第三方面呢？"

李敖答："第三方面就是贿选问题。贿选在民主国家也难免会有，但这在台湾已经是制度化了。你不给我钱，我认为你是玩假的。你别以为台湾这些人就只是在乎这150元（指民进党台北候选人罗文嘉涉嫌在11月27日给选民发放150元新台币的'走路工'事件。所谓'走路工'是闽南话，指候选人的贿款，为了美化此行为，将贿款称为付给选民走路去投票的工钱），这是投石问路。你肯收我的钱，才肯做我的朋友。你可能不需要我的钱，但你拒绝就是看不起我，以为我的钱来路不正。给了你钱，怎么保证你会选我呢？流氓来了，双手把外衣掀开，衣服里左边是观音菩萨的像，右边是一把枪，神明见证，你敢耍赖不选我吗？台湾完全是制度化贿选。从这几个方面可以见证，台湾的民主是假的，民主被撕毁了。"

十五、2006年两岸春节包机比2005年包机有三大进步，相关航空公司提供了匠心独具的特色服务，使往返台胞沉浸在年味十足的喜悦之中

（一）

11月16日，国务院台湾事务办公室在北京举行例行记者会，新闻发言人李维一在回答有关两岸客、货运包机直航和2006年春节包机协商的问题时表示，现在距离明年春节仅有两个月的时间，为了满足两岸同胞特别是台湾同胞春节期间往返两岸的迫切需要，同时也是便于两岸航空运输企业早作安排，我们提出双方应按照今年春节包机澳门协商模式，尽早就2006年的春节包机相关技术问题进行沟通，达成共识。

李维一说，不久前，大陆航空民间团体的负责人浦照洲先生给台湾航空行业民间组织的负责人发了一个函。我们注意到台湾有关方面对浦照洲先生

致函的反应。我们已多次就两岸客、货运包机直航表达了我们的政策主张。我们主张由两岸民间航空行业组织尽快就客、货运包机事宜一并协商，达成共识，同步实施。无论是客运包机还是货运包机，都是目前两岸人员交流和两岸经济交流与合作的客观需要，两岸民众特别是台湾同胞普遍表达了强烈的愿望。只要是对台湾同胞和工商企业界有利的事情，我们都愿意积极努力推动。所以，大陆有关方面对此已作出了积极的努力，随时可以就此进行协商。

李维一说，2005年春节包机已有成功的经验，在此基础上更好地为广大台胞服务，我们主张2006年的春节包机应当扩大搭载对象、增加航点、缩短航程、增加班次。对此，我们已经作出评估和安排。

11月18日，在国台办举行的又一次记者会上，海峡两岸航空运输交流委员会副理事长浦照洲宣布，海峡两岸航空运输交流委员会与台北市航空运输商业同业公会，就2006年春节包机相关事宜进行了直接沟通，双方同意在2005年春节包机的基础上，继续开办2006年春节包机。浦照洲介绍说，2006年春节包机的主要安排是：包机时间将从1月20日（农历腊月二十一日）至2月13日（农历丙戌年正月十六日），共25天；搭乘对象除台商及其眷属外，扩大至其他往返两岸持合法有效证件的台湾居民；飞航地点大陆方面在原有北京、上海、广州三点基础上，增加厦门一点，台湾方面仍维持台北、高雄两点；包机承运人仍为两岸各6家航空公司；大陆与台湾各执行36个往返班次，总共72个往返班次。

记者会上，国台办经济局局长何世忠表示，我们对两岸民间航空行业组织就2006年春节包机达成共识表示欢迎，这将一定程度地方便广大台湾同胞在春节期间往返两岸。何世忠说，与此同时，我们也认为，虽然这次春节包机在搭载对象、航点航次安排等方面较2005年春节包机有所进步，但它仍然还是一个个案，不能完全满足两岸同胞的实际需要，特别是未惠及持合法有效证件往返两岸的大陆同胞，包机飞航地点有限，飞行航路还需绕飞香港飞行情报区，并没有实现真正意义上的两岸空中直航。

何世忠在回顾2005年春节包机飞行情况后，提出，我们希望春节包机能够发展成为"节日包机"、"周末包机"或定期班次，并主张货运包机也可以由两岸航空公司共同参与、合作经营，实现利益共享和互惠双赢。我们认为，两岸民间航空行业组织完全可以循2005年春节包机澳门沟通的模式，就两岸客货运包机相关事宜直接沟通，一并协商，达成共识，同步实施。大陆方面为此已经做好了充分准备。遗憾的是，台湾方面并没有完全接受我们的意见。

何世忠强调，实现两岸全面、直航、双向"三通"，符合两岸同胞的共同愿望和根本利益，是人心所向、大势所趋。特别是经过2003年、2005年春节包机后，两岸民众对实现两岸空中直航的期盼越来越迫切，现在已经到了应该采取措施尽快加以落实的阶段了。当前只有尽快促成实现两岸客运包机的节日化、周末化、常态化和货运包机的便捷化，才能真正满足两岸同胞的共同愿望和实际利益。我们希望台湾方面顺应民意，以积极务实的态度付诸实际行动。

2006年春节包机的具体安排公布后，立刻引起舆论界、两岸民众和航空业者的热烈欢迎。国台办的记者会开罢不久，大陆《人民日报》即发表署名文章称赞2006年的春节包机比2005年的春节包机有三大进步：一是航点增加。大陆航点除原有的上海、北京和广州外，又增加了厦门，但台湾方面还是原来的台北和高雄两个航点。二是营运班次从2005年的48班增加到了72班。三是搭载对象扩大。除2005年涵盖的台商负责人、员工及其眷属外，扩大至其他持合法有效证件往返两岸的台湾居民。也就是说，台湾学生也可以乘坐包机。

春节包机方案出台后，岛内航空业者纷纷表示欢迎。远东航空公司发言人张友胜说，2006年春节包机方案对业者来说，操作上将更加简单，搭载率亦将更高，预计乘客将增加一倍以上。长荣航空公司副总经理、发言人聂国维说："此次在很多方面扩大了开放空间，使航空公司的经济效益更大。每年春节都是台胞出游最旺的时候，有了这次包机方案，台胞可以更好地选择到大陆过年。"

春节包机方案也引起台湾民众和观光业者的兴趣。许多民众表示，将借由这一新渠道前往大陆旅游、过春节。岛内不少经营大陆游的观光业者表示将抓住这一商机，加紧组团揽客。

岛内媒体也给予积极评价。台湾《联合报》发表题为"两岸破冰，能对话就是好事"的文章认为，"两岸同步宣布2006年春节包机实施方案，让外界耳目一新，同时也表明两岸找到一种新型的、有效的对话和沟通模式，即澳门模式。虽然澳门模式并非两岸官方对话，但对解决两岸交流中的一些问题有一定作用"。文章还指出，今年国、亲、新三党主席先后访问大陆，在台湾掀起一波"大陆热"，同时在大陆也带起一股"台湾热"，"随着台湾水果免税登陆、放宽台胞在大陆就业、给予台生与大陆学生同等待遇等，大陆不断释放利好政策，向台湾表达友善之意……相对于两岸官方的冰冷关系，两岸民间已成为推动和稳定两岸关系的力量"。

台湾《经济日报》为此事配发的新闻分析说，春节包机未来年年飞行，已成为台商及其他台湾人民期待的事。尽管一年当中的其它日子必须忍受转机的不便与劳顿，但趁着春节享受"一机到底"的快捷，其实是促进常态包机的最佳基石。在适用范围扩大到台湾居民后，每个人可体验直航的便利，这对提升两岸产业的竞争力，对台湾与大陆的厂商，都是极重要的事情。

（二）

当2006年春节包机进入"倒计时"阶段，各地纷纷传出包机机票售罄、"一票难求"的消息。大陆6家参与包机业务的航空公司各项准备工作已经就绪，有关工作人员正全力以赴，加紧"演练"，将各项工作落实到每一个细节，力争高质量完成包机任务，为台胞提供匠心独具的特殊服务，以使台胞享受年味十足的包机旅程。

2006年1月16日，中国航空集团公司总经理、中国国际航空股份有限公司董事长李家祥在接受新华社记者采访时指出，为了圆满完成两岸春节包机任务，国航作了精心准备，突出"奥运"主题，体现浓郁亲情，为返乡台胞营造喜庆的节日氛围。李家祥说，国航是2008年北京奥运会航空客运合作伙伴，2006年国航在两岸春节包机上突出了"奥运"主题：使用的飞机是奥运彩绘飞机，向台胞旅客赠送的礼品是奥运彩绘飞机模型、奥运吉祥物福娃，乘务员统一佩戴奥运联合标识胸章，在飞机上举办的活动有奥运知识有奖竞猜等，希望让台湾同胞共同分享2008年北京奥运会的光荣与自豪。

2006年1月19日，是两岸春节包机正式"起航"的前一天，多家媒体记者采访了各有关航空公司和机场的准备情况。记者在中国国际航空公司（简称"国航"）看到，为使台胞从登机的一刻就感受到过节的气氛，国航还精心布置的客舱，在登机口和侧壁处悬挂着"中国结"等装饰物；并特别为乘客录制了节日音乐片；还挑选了4名善讲闽南话的乘务员承担闽南话广播工作；按照台胞的饮食口味准备了台湾风味的过年水饺、金银满屋靓汤、元宝肉、卤肉饭等，特备了花雕酒、话梅等。

南方航空公司则倾情为返乡过年的台胞打着温馨的"亲情客舱"。在飞行过程中，旅客不仅能品尝到兼具广东菜与台湾菜风味的空中美食，而且能欣赏到充满节日喜庆气氛的音乐娱乐节目。为此，南航推出了全新改版的"南航频道"节目，其中不仅有闽南语的娱乐内容和著名民族歌手演绎的MTV，还有让人捧腹不止的幽默小品。

东方航空公司将执飞10个往返、20个班次的"上海——台北——上海"

的航班飞行，他们同样在营造中国年的喜庆气氛上下功夫。记者看到，不仅机舱内布置得年味十足，乘务员的服饰上也洋溢着浓浓的中国年味——她们身着红色、粉色或明黄色的唐装，为旅客提供优质服务。

厦航在机舱布置上不仅更能体现台湾风采，在空姐的服饰上更是动足了脑筋。记者看到，空姐的新装是中西合璧的新作，里面是一件紫色毛料改良的及膝旗袍，外套为一件明黄色织锦缎时尚外衣，其上绣有紫色祥云和团花图案，象征春节的吉祥圆满。在每一位空姐身上都洋溢着时尚典雅、庄重喜庆的气氛。厦门海关考虑到春节返乡的台胞行李多，他们提出了"一三五分钟"温馨通关的措施，即在通关时对无须申报的旅客，平均每人一分钟完成通关；对须申报的旅客，平均每人三分钟内完成通关；对须办理征税手续的旅客，平均五分钟内办理完毕。让台胞在通关的过程中就体会到手足之情的温馨。

到台湾采访的大陆记者同样感到岛内相关的航空公司为包机推出的一系列特色服务，如华航和华信航空公司除在包机的客舱内贴上春联装饰物，更在饮食上做足文章，充满台湾特色的"旺来锦绣饭球"、"菜头梅肉炒米粉"以及米糕、鸡卷、发糕、白肉蔬菜米粉等台湾小吃丰富多彩，让人馋涎欲滴。

岛内媒体更是对两岸春节包机热评不止。

2006年1月17日出版的台湾《经济日报》刊载的一篇报道这样写道："春节包机将成为两岸彩绘机大拼战的最佳舞台。长荣宣布元月27日飞北京航班，将派出'Hello kitty'机；海南航空公司从北京飞出的包机，则以'快乐海浪'为主题，为两岸天空点缀万种风情。"

19日出版的台湾《中国时报》发表的报道说："两岸春节包机直航明天就要起飞！未来25天两岸民航业者将掀起72个航班的'直航热潮'，再创两岸民航包机直航的新纪元。"

台湾《民生报》、《联合报》、《民众日报》等平面媒体均有热情洋溢的报道。台湾《工商时报》发表了该报记者采访台湾远东航空公司董事长崔涌先生的报道。崔先生感触颇深地对记者说："直航的实现忽远忽近，几次感觉要成了又没有了……现在看起来不可能的事，很可能随时就获得突破。"

台湾中天电视台19日发表报道说，一群台湾中老年妇女将参加旅行团，搭乘春节包机到大陆旅游，她们为此感到非常兴奋。但在满意的同时，也有不满。一位妇女表示："不只是春节，平常也能这样多好！"

（三）

2006年1月20日，是两岸春节包机的首飞日，担任首飞任务的，是台湾"中华航空公司"C1586航班。上午10时30分，搭乘着298位台胞的华航C1586航班平稳地降落在上海浦东国际机场，拉开了2006年两岸春节包机的序幕。上海市有关部门的负责人到机场向乘坐首个航班来上海与家人团聚过年的台胞和华航机组人员表示热烈欢迎。鲜花、笑脸、掌声，表达着手足同胞的亲情。许多台胞还享受了免费乘坐磁浮列车进入市区的优待。当列车运行到430公里的最高时速时，台湾朋友们纷纷拿出相机抓拍电子显示屏上的时速纪录，人们对列车如此高速啧啧称奇。

搭乘"首飞"航班从台北来上海的旅客中，年龄最小的只有10个月，最年长者已92岁高龄。这位92岁的台湾老人是专门搭乘包机来上海参加5天4夜旅游团的。有媒体记者问他："是不是第一次来大陆？"老人说："大陆是生我养我的地方，我已经来过好多次了。"

由于今年春节包机放宽了对搭乘对象的身份限制，因此这次有4家旅行社组织游客乘坐了包机，其中组织旅客最多的是"迎家旅行社"，这家旅行社的导游介绍说，他将带领大家在上海及周边地区游玩5天。

包机返台时搭乘了一位特殊的乘客，她是曾在岛内红极一时的女歌手叶玲，现在却因患有运动神经元疾病躺在了病榻上。在上海治疗的叶玲今年想回去与家人一起过年，但由于靠呼吸机维持生命的她，通过转机线路回台会冒很大风险。经过各方努力，她终于搭上了今天首飞的包机，要回到她日夜思念的家乡。为护送她，上海华山医院调用了最先进的急救车将她直接送到浦东机场的停机坪，一辆平时用来运送航空食品的升降梯将她的担架从地面送到机舱尾部的舱门，经过工作人员和医务人员的一番努力，顺利地将躺在担架上的叶玲移送到拆除了6张座椅后形成的固定担架上，作为叶玲的主治医生的上海华山医院大夫蒋雯巍女士和袁建华护士长也随机护送叶玲到台北。目睹这感人一幕的台胞们无不为之感动称赞。

这一天虽然只有"华航"的一个往返航班，但两岸媒体仍大篇幅或长时段的全方位进行了报道。

中央电视台先期派出记者前往上海，并依靠在台湾岛内的驻点记者，以连线方式报导了这一天的首航情况。

台湾东森电视台、中天电视台、年代电视台等20日均滚动播出了包机专题报道。

　　两岸的平面媒体20日这一天又一次掀起对春节包机的热评。《人民日报》在"人民论坛"栏目中刊发了评论文章《包机之喜与"三通"之盼》说："包机之喜其实包含着对'三通'之盼。'三通'未实现已成为两岸同胞的共同之痛，它直接影响着往来于两岸的台湾同胞和大陆同胞，间接影响着两岸经贸往来、两岸关系发展。两岸'三通'有利于推动两岸的经贸合作，有利于推动台湾和大陆经济共同发展。我们衷心希望两岸包机尽早成为不限地点、不限时段、不分对象的直航，养两岸同胞往来的距离再短些，心贴得再紧些。"

　　《新华每日电讯》报刊登了署名文章《包机"不是办法"，同胞热盼"三通"》说："春节包机'不是办法的办法'，真正的办法是实现海峡两岸全面、直接'三通'。自1979年全国人大常委会发表《告台湾同胞书》首次提出两岸应尽快实现'三通'以来，逾四分之一世纪过去了，'三通'仍然未能实现。几天前，胡锦涛总书记强调，实现两岸直接'三通'，有利于密切两岸经贸合作和人员往来，符合两岸同胞的共同利益，更是广大台湾工商业界朋友的强烈愿望。希望两岸民间行业组织商谈，早日办成这件两岸同胞共同期待的好事。胡锦涛的讲话，表达了两岸同胞的共同心声，台湾岛内要求尽快实现'三通'的呼声也再度高涨。……人们期待着台湾方面能够顺应民意，正视现实，以积极务实的态度推动两岸客、货运包机协商，推进两岸'三通'进程。"

　　《新华每日电讯》报还登载了《2006年两岸春节包机，今日正式"起航"》、《台湾媒体高度关注两岸春节包机启动》、《在大陆的台湾学子盼春节包机常态化》、《台湾长荣航空：非常重视春节包机》等多篇相关报道。

　　台湾《中央日报》、《联合报》、《中国时报》、《经济日报》等也都刊载了多篇与包机相关的新闻报道。《经济日报》还报道了中华航空公司董事长魏幸雄等岛内业界人士19日呼吁推动实现周末的两岸客、货运包机直航的消息。

　　新浪、搜狐、21CN、中华网等大型网站均编辑了有关专题，滚动播发包机新闻、图片及视频。

　　引人注目的是，1月20日出版的台湾《联合报》还专门发表了一篇题为《从"直航月"迈向全年包机定期化》的社论。社论回顾了两岸春节包机发展的情况："2003年首次包机开航，仅开放我方航空公司飞航上海单一定点，那次，带着梅花标志的华航飞机降落上海浦东机场，突破了此间政府对直航的心理抗拒，也为两岸冰封54年的直航再启新页。2004年由于台湾总统大选，两岸猜忌深重，当年春节包机根本无法进行协商。所幸，2005年又见进展，不仅新增了北京、广州两个航点，更开发两岸航机的对飞，那是一大突破。去年当首家大陆航空公司飞机飞抵台湾，人们印象深刻的是其礼宾包装和甜美的空中小姐，'敌机临空'的数十年心理障碍消除，也为今年的'直航月'奠定基础。"

社论说："积4年之经验，我们可以说，双向、对飞、多点、不限旅客资格，成就了两岸包机直航的条件。但仅有航空公司的盈余是不足的，我们关注的是更多民众需求的满足。如果能够将春节包机的操作模式扩大到重大节日、寒暑假甚或全年定期包机，不但可让更多行旅称便，亦更能召唤台商归心。'直航月'证实，两岸直航，非不能也，是不为也。如今，你开着奥运的彩绘机来，我驾着凯蒂猫和梅花彩绘机去，双方在空中形成良性的直接互动，显然比固执于毫无道理的间接飞航合情合理的多。"

1月21日出版的台湾《中国时报》不仅发表了春节包机的相关报道，而且配发了社论。题为《春节包机首航，旅客："包机这个礼物太好了"》的报道主要反映台湾民众对包机的反应。报道说，乘坐包机到上海过年的七十多岁的陈奶奶掩不住兴奋地说："真希望以后再也不必忍受转机的痛苦！"在上海定居的台湾居民詹老太太则说，如果平常也有直航包机，"我就要经常回来看我宝贝孙子"。她说，这个春节，政府送给人民的礼物，没有比包机更好了。希望政府能照顾人民的需要，早日促成两岸包机直航。

配发的题为《春节包机的经验其实可以扩大"有效开放"！》的社论指出，台湾比大陆其实更没有理由反对客运包机。这是由于开放大陆人士来台观光以前，所有乘客以台湾人居多。包机带来的方便，获利的是台湾人本身。即使是货运包机，也是对台湾的航空公司有利。货运包机直航早日实施，对台湾只有百利而无一害。

社论批评台湾当局，所谓安全理由，只是借口而已。今年春节包机再度证明了两岸直航没有安全问题，它应可以更扩大举办。而且两岸直航谈判的时间表，也不能再拖延，必须与货运包机、客运包机、大陆人士来台观光一起谈。社论强调，如此，两岸航空业者可以获利，对台湾也必将大获其利。

（四）

2006年1月24日，国台办新闻发言人李维一在北京举行的例行记者会上指出，2003年、2005年台商春节包机及2006年两岸春节包机的成功实施，说明两岸民间行业组织完全可以就"三通"技术性、业务性问题进行直接沟通，达成共识，作出安排，付诸实施。

就两岸"三通"的协商问题，李维一指出，胡锦涛总书记近日在厦门关于两岸"三通"的讲话，充分表明了大陆方面愿意推动尽快实现两岸直接三通的诚意和善意，受到广大台湾同胞的欢迎和赞同。李维一说，实现两岸直接"三通"是两岸同胞自己的事，原本可以通过已经建立的两岸协商机制进行商谈，即由海协与海基会商谈，而两会商谈迄今无法恢复的原因是众所周知的。

李维一所说的"众所周知的原因"，指的就是台湾当局否认大陆海协会与台湾海基会共同形成的"九二共识"，不接受"一个中国"原则，提出不设任何前提条件下两边政府商谈，企图给国际社会造成一边一国的既成事实，理所当然地遭到大陆的拒绝。所以，大陆在提出由两岸民间行业组织进行协商解决两岸"三通"的问题。

李维一说，为使两岸同胞翘首以待的直接"三通"尽早实现，我们主张由两岸民间行业组织就"三通"问题进行协商。同时，双方有关业务主管部门人员可以民间名义参与商谈。协商方式可以尽量灵活，解决办法应当简单易行，力求使技术问题单纯化、解决方式便捷化。李维一指出，两岸民间行业组织就"三通"技术性、业务性问题进行直接沟通，是务实的，也是可行的。如果台湾当局能够真正从广大台湾同胞和台湾经济发展的实际利益出发，采取有效措施，消除设置的障碍，两岸直接"三通"是可以顺利实现的。

对于台湾方面提出，大陆方面若真有诚意推动"三通"，就应该回应台湾提出来的建议，尽快就货运包机展开协商。李维一说，对于两岸的客运和货运包机，我们的态度、立场是明确的。2005年，台商春节包机结束以后，我们就立即提出并积极推动两岸民间航空行业组织寻求台商春节包机方式，尽快就两岸货运包机的问题进行直接沟通，达成共识，一并安排，同步实施。海峡两岸航空运输交流委员会副理事长浦照洲先生也多次致函台北市航空运输商业同业公会理事长范志强先生，就两岸客货运包机的问题进行协商，这充分说明我们推动两岸客货运包机的诚意和善意，而台湾当局负责人也公开表示过赞同两岸货运和客运包机一并商谈。胡锦涛总书记在福建厦门看望台商的时候，再次明确提出支持两岸民间组织，依照既有的协商模式，尽快就两岸客运包机节日化、常态化和货运包机的问题一并实施，我们希望以去年澳门协商的模式进行商谈，早日办成这件两岸同胞共同期盼的大事。

记者会上，有台湾记者问及北京2008年奥运会的相关事宜时，李维一表示，北京申办奥运会得到了广大台湾同胞、港澳同胞、海外侨胞的大力支持。北京举办奥运会是中华民族的盛事，大家都有共襄盛举的愿望，这点我们会充分考虑。

李维一说，胡锦涛总书记在探望厦门台商和在福建视察工作的时候，明确指出欢迎广大台湾同胞参加北京奥运会的建设和有关活动。

李维一透露，在奥运圣火传递的路线设计上，北京奥组委将充分考虑台湾同胞的愿望，将满足台湾同胞一起来享受奥运圣火的欢乐和荣耀的愿望。他还透露，为满足广大台湾同胞的愿望，奥组委有关组织部门作出了很多规划，包括欢迎台湾企业家前来参与奥运场馆建设、徽章的设计等等；也通过各种渠道同台湾有关方面有往来，事实上也有很多台湾同胞要来参加。

李维一还表示，我们欢迎中国台北奥委会届时组织台湾运动员前来北京参加体育盛事，也欢迎广大台湾同胞前来担任志愿者。

记者会上，有记者问：台湾当局领导人陈水扁近日再次表示，将以"积极管理、有效开放"来降低两岸经贸互动的风险，以确保台湾的核心经济利益，请问对此有何评价？

李维一回答道，台湾经济能够保持目前的发展状况，与两岸经贸合作和交流是密不可分的。在大陆的台资企业有数万家，为满足其生产所需，每年都要从台湾进口大量的生产设备和物料，致使台湾每年从大陆获得巨额贸易顺差。据统计，2005年台湾从大陆获得580多亿美元的顺差。累计起来，台湾从大陆获得的贸易顺差已达3300多亿美元，超过台湾现有的外汇存底。如果不是从大陆贸易中获得巨额顺差，台湾将出现逆差。以2005年为例，据台湾经济主管部门估计，台湾的整体贸易顺差是70多亿美元，这说明台湾除了从大陆获得巨额顺差外，对其他方向的贸易是逆差。据台湾"中华经济研究院"估算，台湾对大陆出口每增加1美元，可直接、间接带动台湾各产业增加2美元。

李维一指出，台湾当局对两岸经贸交流合作进行限制，是以一己之私害千万台胞之利，最终受到损害的是台湾经济和台湾民众的切身利益。

李维一重申，发展两岸经济交流与合作，符合两岸同胞的根本利益，有利于两岸共同发展和繁荣。只要是对台湾同胞有利的事，只要是对促进两岸交流有利的事，我们都会尽最大努力去做，并且一定努力做好，这是我们对广大台湾同胞作出的庄严承诺。不管发生什么状况，这个承诺是不会改变的。

（五）

2006年1月25日上午8时至10时，6架春节包机分别从北京、上海、厦门、广州起飞，两岸春节包机进入节前对飞高峰。

这天清晨，台胞郑先生一家三口来到厦门高崎国际机场，准备搭乘8时起飞的厦门航空公司MF881航班飞往台北。这是57年来厦门——台北的历史性首航。有幸成为这一历史时刻的亲历者，已在厦门创业、生活了十多个年头的郑先生感到格外高兴。他对记者说："以前回家需到香港转机，前后要折腾了一天时间，今天第一次从厦门直飞台北，只需一个半小时，真是方便多了。我们盼望两岸能实现真正的直航，这样从厦门到台北只需半个小时。"

上午7时15分，厦门机场停机坪上举行了简短而隆重的首航仪式。现场挂着"两岸一家亲 包机盼团圆"的大红横幅，播放着《鼓浪屿之波》等优美动听的乐曲，火爆的舞狮表演把整个场面舞动得红红火火，两岸同胞热烈的手足之情早已驱散了清晨的寒意。国台办副主任郑立中，国家民航总局副局长高宏峰，福建省委常委、厦门市委书记何立峰，福建省副省长李川等领导和各界代表出席了仪式，为返乡过节的台胞送行。李川副省长在致辞时说，我们欣喜地迎来了厦门至台北的首次直航，我们期望两岸就客运包机节日化、周末化、常态化和货运包机早作安排，尽快实施，最终实现两岸真正意义上的空中直航。

8时整，MF881的航班起飞。20分钟后，另一架厦航两岸春节包机又起飞飞往高雄，现场数百人见证了这一历史性的时刻。

10时45分，从台北飞赴厦门的台湾复兴航空公司的GE305航班顺利降落厦门高崎国际机场，大陆有关部门负责人和各界人士为他们举行了热情洋溢的欢迎仪式。台胞、厦门日月谷度假村董事长陈信仲接到了他第一次由台北直飞抵厦的80岁老母亲，母子俩相拥一起，眼里闪着泪花，目睹此情此景的两岸同胞无不为之动容。

虽然时近立春，但北京的清晨仍然寒气袭人。家住台湾宜兰的许焰辉一家三口一大早就兴高采烈地来到首都机场。许先生4岁的儿子已经多次往返两岸，但这次是第一次坐包机直飞，小圆脸上洋溢着灿烂的春光。

国台办常务副主任李炳才、民航总局副局长杨国庆、北京市副市长张茅等有关部门领导和各界人士到机场为返乡过节的台湾同胞送行。李炳才致辞时，在向岛内同胞表达节日的问候和祝福的同时，再次呼吁两岸相关行业的民间组织按既有模式，尽快就两岸客运包机的节日化、常态化和货运包机的便捷化进行协商，作出安排。

上午8时50分，中国国际航空公司的CA197航班提前起飞赴台北。10时，海南航空公司的HU7965航班也启程飞赴台北。两家航空公司今天执行任务的都是彩绘飞机。国航是"奥运号"彩绘飞机，赠送给乘客的礼物中有奥运福娃和"奥运号"飞机模型，将乘客爱不释手。海航使用的则是"快乐海浪"彩绘飞机，赠送给乘客的礼物充满南国情趣，让许多乘客为之惊喜。

在上海，东方航空公司的MU2171航班承载着首批284名台胞于9时40分从上海浦东机场飞往台北。执行此次飞行任务的是东航最豪华的A340—400客机。今天，飞机客舱装点得喜气洋洋，餐饮除了台湾口味的正餐、水果、点心和饮料外，还增加了江南小吃和台湾小吃。东航工作人员向记者介绍说，在飞行途中，空姐还将为旅客举办猜谜和幸运抽奖活动，并安排一场以小朋友参加为主的绘画比赛。

中午12点半左右，从高雄起飞的台湾立荣航空公司的B7232航班顺利抵达上海浦东机场。明后两天也是上海航点2006年两岸春节包机的节前高峰，各有6个航班往返于上海和台北、高雄之间。

在广州，载有361名台胞的南方航空公司CZ3097航班于上午10时从广州白云国际机场飞往台北，这是此次两岸春节包机广州飞往台北的首个航班。执行本次航班的是波音777A型飞机，航班载客率高达96%，最小的乘客只有6个月大。

今天一早，大批台胞就赶到白云机场，其中不乏一家老小同机回去过年的。当他们一踏进机舱，便在笑脸和"百年好合，健康温馨"的声声祝福声中，接受到由百合花、康乃馨等组合成的吉祥花束，让台胞们倍感亲切、感动。

广州市台商协会会长吴振昌在接受记者采访时说："只有让包机实现周末化、节日化、常态化，才能真正满足两岸同胞的往来需求。"他呼吁："我们期盼着两岸'三通'早日到来！"

（六）

当两岸春节包机进入对飞高潮的时候，两岸媒体又掀起一波热评。在诸多评论中，最引人注目的当数1月27日台湾《联合报》发表的社论《世界是平的：台湾海峡的鸿沟没有理由跨越不过！》。

社论说，这几天，台湾海峡的上空十分热闹，两岸春节直航包机开始进入运载高峰。今年新增的航点厦门亦已开航，飞往高雄的航行时间只要70分钟，创下两岸直航包机飞行时间最短纪录。不但对岸国台办官员表示希望春节包机能逐步推动为"节日化、周末化"，甚至常态化；就连台湾民航局长张国政都直言，应尽快三通，让两岸交流更加快速。

社论接着指出，相对于春节包机在台湾海峡上空你来我往的景象，陈水扁元旦文告所塑造的严峻气氛却并未冰消雪融。此一强悍的"积极管理，有效开放"政策，后续效应震荡，甚至引起美国关切。

社论说，陈水扁打算以一篇元旦谈话就将国家重大政策的改弦易辙拍板定案，这件事的正当性，宪法学者不会同意，参与"经发会"做出"积极开放，有效管理"结论的产官学界诸君不会同意，就连民进党人也未必服气，除民进党内新潮流系迅速以不同意见回应外，甚至民进党主席候选人的辩论中也出现了指责陈水扁"一言堂"的言论。

接着，社论用近来一本当红的书《世界是平的》的观点，批驳扁的"积极管理，有效开放"的政策与当今潮流相悖谬的严重错误。社论说，《世界是平的》作者托马斯·弗里德曼举证历历指出，由于全球的人力资源、知识技术、资金货币四处流通，畅行无阻，已逐渐把地球变成一个无壁垒、无障碍的大平台。而陈水扁却坚守两岸之间的海峡鸿沟，实在是一件令人不能理解之事。

接着，社论又用诺贝尔经济学奖得主米尔顿·弗里德曼所提出的"铅笔理论"批驳扁的闭锁主义。米尔顿说，就连一支最简单的铅笔也不可能由世界上一个单一的个人制造出来。铅笔的笔身要从林场伐木制材诞生，笔芯的铅可能是从南美的某处石墨矿场而来，橡皮擦的原料可能追溯至马来西亚的树胶；所以，就算简单如一支铅笔，也绝非一人一地之力可完成。米尔顿是深信市场力量的自由主义学者，他的大师地位不仅是由深奥的学说论述而来，更是由简单的市场实证举例而深得人心。用米尔顿的话来问陈水扁：总统手中使用的铅笔，身上衣着的一针一线一丝一缕，菜肴中的食材原料，难道能标榜全然"本土化"、绝无国际市场和海外物料的涉入吗？借用作家托马斯·弗里德曼的话来问陈水扁：世界是平的，为何台湾海峡的鸿沟却跨越不过？

社论最后指出："春节包机所载回返乡台商的笑靥，似在向政府提醒：台湾海峡的鸿沟没有理由跨越不过！"

（七）

2006年2月7日15时25分，厦门航空公司MF884号航班从台湾高雄飞抵厦门高崎国际机场。至此，2006年两岸春节包机所有航班都飞行完毕，提前划上圆满句号。据统计，约有2.7万人次台湾同胞乘坐了方便快捷的春节包机，比去年增加1.6倍。

两岸春节包机圆满落幕自然又引来媒体的评说。2月8日出版的《人民日报》在"观沧海"栏目中发表了题为《包机落幕，何时直航》的署名文章。文章引用了一位台湾航空业者的话说：航点扩大，客源自然增加；搭乘对象扩大，岛内游客可以搭机到大陆旅游；包机安排提早定案，使大量旅客可从容选择搭乘包机，直接保障了上座率，也为航空公司的机组安排、线路规划留出了充裕的时间。航空公司得实惠，旅客的方便，双赢互利，何乐而不为？

文章接着说，欣喜之余，也有诸多遗憾。包机是个案，是特例，对两岸间日益频密的人员往来而言，只是杯水车薪；两岸航机往返仍需绕行香港飞行情报区，没能真正缩短飞行时间；他俩在大陆就读的台生，虽被纳入包机乘客行列，但有限的时段只能使其失之交臂；包机未能惠及持合法有效证件往返两岸的大陆同胞……

文章接着指出，真正的解决办法是两岸直接"三通"。实现"三通"的关键在直接通航。无论身在海峡这边还是那边，台湾工商业者谈起对未来的期许，总是三句不离"三通"、直航。而自1979年全国人大常委会发表《告台湾同胞书》，首次提出"三通"议题以来，祖国大陆付出的努力有目共睹。不久前，国台办副主任郑立中在厦门出席首航仪式时说：几次包机的顺利实施充分说明了两岸空中通航在任何技术层面上都不存在问题，现在是万事俱备，只欠东风。他真诚地期盼台湾有关方面能够积极合作，通过两岸民间组织依照既有的协商模式进行洽谈，采取灵活有效务实的措施，积极推动两岸客货运包机直航。

文章最后说："2006年春节包机圆满落幕，直航的呼声升温。也有海外媒体担心，未来一年在陈水扁'积极管理、有效开放'的政策影响下，'三通'的前景并不乐观，恐怕连包机也多了变数。陈水扁如果真如此逆潮流而动，是要大尝苦果的。"

两岸春节包机圆满落幕一个多月后，3月14日出版的澳门《新华澳报》发表了一篇题为《台湾情治机关对两岸直航态度有重大转变》的报道说，台湾"国家安全局"局长薛石民昨日率领各情治机关首长前往"立法院"国防委员会，就2006年情报工作提出报告。该报告指出，今年两岸春节包机共对飞72班，经评估对安全完全没有负面影响。薛石民在答复"立委"的质询时还明确表示，他不反对让两岸包机平日化。

报道说，在记忆中，这是台湾情治机关对两岸事务表态最为开明、也是最为务实的一次。情治机关如此表态，就使"陆委会"等机构要以"安全"等理由来阻挠两岸直航及大陆居民赴台旅游，失去正当性和着力点。

报道指出，从薛石民昨日的谈话内容看，台湾情治机关对两岸直航的"安全"疑虑，已经消除。这可能是经过两次两岸春节包机的实践，他们发现自己的担心完全是杞人忧天。因此，情治机关从过去的直航"挡火墙"变成鼓吹者，这也是历史潮流趋势使然。

诚哉斯言。两岸关系走上和平稳定发展的轨道，最终实现两岸统一何尝也不是历史潮流趋势使然呢！

十六、"哲人其萎，民族同悲；风木萧萧，典型长存"。两岸各界同悼汪老道涵之逝，共念"先生之行，开两岸和平之门；先生之德，受全球华人景仰"

（一）

2005年12月24日，新华社发表电讯说，中国共产党的优秀党员，忠诚的共产主义战士，海峡两岸关系协会会长，原中顾委委员，中共上海市委原书记、上海市原市长汪道涵同志，于2005年12月24日7时12分在上海逝世，享年90岁。

中国国民党主席马英九、荣誉主席连战和亲民党主席宋楚瑜、新党主席郁慕明24日获知海协会会长汪道涵逝世的消息后，分别致电海协，对汪道涵会长逝世表示沉痛哀悼。

马英九唁电全文如下："惊悉道涵先生逝世，令人痛悼！道涵先生长期致力两岸关系，以温和理性创意之风格，扮演关键角色，对增进和平交流，贡献卓著。敬请先生亲属节哀顺变。"

连战唁电全文如下："遽闻道涵先生仙逝，至感哀悼！道涵先生致力两岸关系，德高望重，所作努力和贡献，永为各方景仰，足令两岸人民永远怀念！谨向先生亲属诚挚慰问。"

宋楚瑜唁电全文如下："惊闻汪老先生于今晨辞世，不胜悼念，特电敬致哀忱。对汪老先生长期沟通两岸事务之付出和贡献，深表敬佩与肯定。今年五月间，个人及亲民党大陆访问团成员代表一行蒙汪老先生拨冗于上海会面，先生之精辟见解及对两岸和平之企盼，令人景仰。遽遭大故，伤痛逾恒，尚祈节哀珍重。特电专唁，敬颂礼安。"

郁慕明唁电全文如下："惊闻汪道涵先生辞世，慕明率新党同志同申哀悼：九二会谈，虽成绝响，两岸新局，已然展开。先生之行，开两岸和平之门；先生之德，受全球华人景仰。哲人其萎，民族同悲；风木萧萧，典型长存！"

24日中午，海协具函通报台湾海峡交流基金会。海协函电说："我会汪道涵会长因病不幸于12月24日晨在上海去世。特此通报。"

24日下午，海基会给海协会回函，函电全文是："贵会本（12）月24日函敬悉。有关贵会汪会长今晨于上海病逝的消息，业已转告主管机关。谨代表我方表示沉痛哀悼之意，并请转告家属节哀。"

台湾媒体报道，已故台湾海峡交流基金会董事长辜振甫的遗孀辜严倬云女士获悉海协会会长汪道涵先生病逝后，24日晚间说："惊闻汪老过世，本人及家属均深感悲痛。振甫与本人在汪老生前虽仅数面之缘，但对两岸关系的关切心意相同，引为知己。振甫辞世时，汪老更派专人前来悼唁，令人感动。如今汪老亦已大去，我们除对汪老家属表示深切慰问外，更盼两岸关系能再创新局。"

24日这一天，台湾"中央社"发出的电讯除了报道了马英九、连战、宋楚瑜等在野党领导人对汪老谢世表示深切的哀悼和赞誉汪老的贡献外，还报道了台湾当局"行政院大陆委员会"和海基会新任董事长对汪老去世的态度。电讯说，行政院大陆委员会今天指出，对于汪道涵不幸辞世，陆委会表达由衷哀悼。陆委会也肯定辜、汪二老昔日为两岸和平稳定及对等协商所作的可贵贡献。陆委会指出，在辜老辞世满一周年之际，又传出汪老辞世的消息，这是两岸共同的损失。在这令人感伤的时刻，辜、汪两老所创下的基础是两岸共同的伟大资产，陆委会期盼中国能深切体认两岸和平与协商的重要性，再度为未来的和平与发展开启历史的新页。

电讯说，获知汪道涵逝世后，海基会董事长张俊雄立即致函汪道涵之子汪雨慰问，除肯定汪道涵对两岸关系的贡献外，并希望汪家告知告别时间，张俊雄愿亲往上海，送汪道涵最后一程，以表达最崇高的敬意。

25日，各路媒体便纷纷开始对汪道涵的逝世加以热评。

这一天，香港《太阳报》发表了题为《汪道涵葬礼藏契机》的文章，对张俊雄的表态加以解读。文章说，海协会会长汪道涵辞世，台湾海基会董事长张俊雄在哀悼之余，又愿亲赴上海送汪老最后一程。张俊雄能否到上海吊丧，表面上看是大陆能否批准，实际上决定权在陈水扁手中。

文章指出，陈水扁顽固坚持"台独"立场，导致两岸关系大倒退。汪道涵此时去世，给陈水扁向大陆示好的难得契机。海协会昨早将汪的逝世消息告知海基会，可以解读成大陆有意给台湾反应的时间，只要陈水扁愿意接过这根橄榄枝，借张俊雄访大陆的吊唁汪道涵释放承认"九二共识"的讯息，则汪辜虽去，但他们开创的两岸和谈大业仍可薪火传人，继续下去。

这一天，日本《读卖新闻》和《朝日新闻》都对汪老之逝作了报道。《读卖新闻》的报道说，由于汪、辜两位同政权中枢有很深的根源，故而起到了政治色彩极强的作用。现在，中国当局拒绝同搞"台湾独立"的台湾执政党民进党的陈水扁政权对话，但与此同时与在野党加强关系，中台经济关系迅速发展，在这样的背景下，中台关系越来越复杂。

《朝日新闻》发表的报道说，如果张俊雄去大陆参加汪道涵遗体告别仪式的愿望能够实现，对在对华政策上找不到出口的陈水扁政权来说，有可能成为恢复中台协商的转折点，通过"吊唁交流"对话氛围也可能高涨。

这一天，台湾《中央日报》发表的题为《后辜汪时代 谁写两岸历史》的文章说，辜汪先后过世，为上世纪90年代的两岸互动体制画上句点，两岸关系注入更多复杂因素后，如何展开良性互动，考验两岸执政当局。

这一天，香港《明报》隆重地推出一篇题为《汪辜已向历史交卷 两岸缓和好事多磨》的社论说，历史曾经给两岸一个加快追求统一、走向长久和平的机会，汪辜二老凭着睿智、影响力、学养和儒雅风范，在两岸由敌对而走向沟通、接触、交流、合作、乃至共同追求统一目标的进程中，尽心尽力扮演了历史所赋予的角色，为两岸关系由对峙走向缓和作出重要贡献。如今两人先后谢幕离去，历史给予两岸和平统一的机会又稍纵即逝，主张"台独"的民进党主政台湾，令两岸关系重新出现更多的不确定性，亦使两岸追求统一和长久和平的进程出现更多的阻滞。

社论指出，汪辜二老之所以为两岸敬重，最重要的原因，无疑是在上世纪80年代大陆走向改革开放、台湾加速政治民主化进程中的大时空背景下，台海两岸当局都愿意在认同"一个中国"原则的基础上，启动两岸关系的缓和进程，汪辜二老因缘际会成为两会领军人物。回过头来看，汪辜向世人传递的信息无他，正是中国人的民族认同和对民族未来的责任与追求。

（二）

认识汪道涵先生的人均以"博学多才，德高望重"来评价他。

汪道涵，生于1915年，安徽省嘉山县人。早年就读于上海交通大学机械系。1938年加入中国共产党。抗日战争时期，先后担任新四军四支队战地团团长、县长、行署副主任、专员、地委委员等职。1946年至1949年，任苏皖边区政府财政厅、建设厅副厅长、华中军区、山东军区军工部长、政委、省财办主任、财政厅长。

1949年后，先后担任华东工业部部长、机械工业部副部长、对外经济联络委员会第一副主任、对外经济联络部副部长、国家进出口管理委员会、中国投资管理委员会副主任。

1980年后，任中共上海市委书记、上海市副市长、市长。1986年任上海市政府顾问、国务院上海经济区规划办公室主任。1987年当选为中共中央顾问委员会委员。1990年当选为宋庆龄基金会副主席。1991年12月起任海峡两岸关系协会会长。1993年11月被推选为第九届上海市工商联名誉会长。1994年被上海交通大学董事会聘为名誉董事长。他是中共十三、十四、十五大代表，第五、六届全国人大代表。

1985年汪道涵获得美国塔夫茨大学授予公共管理学荣誉博士称号。他是北京大学、复旦大学、同济大学、上海交通大学教授，主讲世界经济、政治经济、城市经济、经济管理等课程。

汪道涵酷爱读书。尽管时常工作到深夜，临睡时也要从堆满床头的书堆中拿出一册看看。就在他病重期间仍然不忘读书。在他临终前4天（12月20日），他给秘书开列出一张买书清单是：《反思文艺复兴：遍布欧洲的勃艮地艺术品》、《全球银行学》、《同学集》、《多元化金融集团与金融控股公司》。事后秘书纳闷，前两本书还没有出版，正在印刷厂印制，汪老怎么就知道了？"读书就是生活"，是汪老的一句名言。他在病榻上对家人说："我没有别的愿望，如果我还能活着的话，我还要多看点书，多看两年的书。"了解他的人都说："他是生命不息读书不止。"

汪道涵先生对台湾问题有深入的研究和独到的见解。2006年1月8日出版的香港《亚洲周刊》发表的题为《推动改革与两岸和解的先锋》的署名文章对此作了介绍。

文章说，1999年4月，汪道涵接受《亚洲周刊》总编辑邱立本等人的专访时，提出"86字真言"的主张，阐述了关于一个中国原则的涵义："世界上只有一个中国，台湾是中国的一部分，目前尚未统一，双方应共同努力，在一个中国的原则下，平等协商，共议统一。一个国家的主权和领土是不可分割的，台湾的政治地位应该在一个中国的前提下进行讨论"。这"86字真言"就是大陆制定对台政策的基础。

汪道涵说，对台湾问题，我们没有什么鸽派、鹰派之分，只有一派，就是统一派。我参加革命那么多年，何尝不知道武力的重要性，我们不是与人比谁强硬，谁的武力强。要服从整个国家的发展，发展就需要时间。开展台湾工作，无非就是让国家赢得更多时间，和平解决历史遗留的问题。当今台湾问题，是认识和认同上的问题，是认同中国人还是认同台湾人。解决认同上的问题不能靠简单手段。即使你打到海峡对岸，能交给谁来管理这片土地，是否具备这样的条件？没有比中国的发展和民族的崛起更重要的了，错失了时机就是历史的罪人。

汪道涵一再强调，对台工作要注意了解民情民意。他一再与对台工作人员说，对台湾的高层要做工作，但对台开展任何工作主要还是要考虑2300万人民。他把台湾经济和大陆经济互动视为两岸统一的载体，认为台商来大陆投资兴业越多越好。他不同意有人提出"绿色台商"的说法。他说，有的台商来你这里投资兴业，你没有影响他，绿色没有转化为蓝色和红色，是我们自己的失败。

汪道涵第一个提出两岸关系是平等和协商的关系。两岸现状，就是两岸同属一个中国。两岸问题究竟如何解决？他认为，两岸问题的最终解决，是由两岸同胞共同协商，共同商议一个未来中国。

一次，汪道涵对上海东亚研究所所长章念驰说，两岸关系就像两个人在打太极拳，高手是我能拖住。思考两岸问题就是要像打太极拳那样，能拖住对手。不让对手离开而又不被对手拖住，这样大陆的发展就有了空间和时间。如果被对手拖住，要我怎么走，我只能跟着走，这就逼得没有了办法。这些年是我们能拖住他们，而他们拖不住我们。因此，我们需要多多出台改善两岸关系的措施，不管对方是谁执政，我们是对全体台湾人民的，要主动释放善意。

台湾问题与美国问题是分不开的。一般人不知道汪道涵在中美关系中所起的作用。文章介绍说，当中美双方对话无法沟通时，就由汪道涵这条管道出面沟通。他始终与美国方面打交道，阐明对台湾问题的立场。汪道涵去世后，美国各界反响相当强烈，对他作出颇高的评价，称他是"世纪伟人"，是"伟大的历史性人物，对中美关系和世界和平作出杰出贡献"。

汪道涵晚年担任海协会会长14年，致力于两岸事务。从"九二密谈"到"九二共识"，从1993年"汪辜会谈"到1998年"汪辜会晤"，这是汪道涵一生辉煌的顶点，是他留给两岸人民的华彩乐章。

关于"九二共识"的形成，在2005年出版的香港《明报》上刊登的南方朔先生撰写的题为《典范已渺 两岸路迢遥——怀念汪道涵和辜振甫》一文中有具体回顾。文章说，两岸自1949年起，即因内战而对峙。1987年7月14日，蒋经国宣布解除戒严，同年11月2日又宣布开放探亲，于是，两岸关系开始进入新的交往与和解时代。然而，两岸毕竟在敌对中隔阂了近40年，这条交往与和解之路，自然难免有着太多猜疑、畏惧甚或敌视的因素横梗其间，双方都必须找到德高望重且有公信力的领袖级人物，来扮演先行角色。遂有了1991年2月8日的财团法人海峡交流基金会的成立，辜振甫任董事长，这是台湾方面的布局。而在大陆方面，同年12月16日海峡两岸关系协会成立，汪道涵出任会长。辜汪两人都是大佬级的人物，他们的就位，接着就是正式对话的展开了。遂有了1992年1月8日，汪道涵致函辜振甫，邀请组团前往大陆访问之举。问题在于，对话就必须要有对话的身份条件，而两岸对话的身份条件，当然是必须对"一个中国"作出定义。基于此，台湾在汪道涵推动下，在1992年8月1日的国统会上，作出了"关于一个中国之涵义"的决议。两岸皆支持"一个中国"，为未来的民主和平统一而努力的基本共识开始出现。接下来，双方又于10月28日至30日举行了香港会谈。在会谈中遂形成了"一个中国，各自表述"的"九二共识"。正因为有了这个共识，才有1993年4月汪辜两人在新加坡的首度会谈。两位大佬级的人物，在该此会谈上皆不卑不亢，相互聆听，相互谅解，最后会谈在签署四项协议中闭幕。这四项协议包括遣返问题，两岸知识产权保护等事务性协商议题；经济交流；能源资源开发与交流；文教科技交流等协议。这是一份历史性的协议。第一次汪辜会谈的成功，对两岸关系来说是历史性的进行了一大步，其振奋性的效果是不言而喻的。

如何评价"汪辜会谈"的价值？专家学者们认为，"汪辜会谈"是历史性的，他所展现的光芒是不可磨灭的，因为它展示了若干不可磨灭的历史性价值。第一，它坚持了"一个中国"原则。这是双方的共识，是会谈的前提和基础，也是任何时候恢复会谈的前提和基础。从根本上说，两岸的中国人无论如何都不会放弃这一根本性的原则。

第二，它展现了和平精神。两岸的问题归根到底是一个国家、一个民族的内部问题，解决内部问题的最好方式是和平商谈。不管矛盾多么尖锐、积怨多么深久、问题多么复杂，只要坐到一起商谈，总是可以找出解决问题的办法的。

第三，它展示了包容精神。本来，海峡两岸对"一个中国"政治含义的解释是不同的，但是双方都正视分裂的现状，不让不同的认识妨碍了两边坐下来商谈的大事。这种胸怀和气度，让步和妥协，是解决任何复杂的历史问题所必须具备的。

第四，它体现了平等精神。双方坐下来心平气和地商谈是平等的最好体现，这里没有主从、大小之分，也没有正统、非正统之争，更不存在谁吃掉谁和谁凌驾谁的问题。

"汪辜会谈"所体现的这四种精神集中到一点，就是为结束两岸分裂状态，走向最终统一铺设了一条和平的道路。正因如此，汪辜二老才赢得了天下华人的崇高评价和由衷敬仰。

（三）

12月26日上午，为表达对汪老的崇敬和追思之意，在上海举办向汪老遗体告别仪式之前，中共中央台办、国务院台办和海协在北京举行了悼念仪式，沉痛悼念并深切缅怀汪道涵会长。

悼念仪式结束后，记者采访了中台办、国台办主任陈云林和海协常务副会长李炳才。陈云林、李炳才向记者介绍说：自汪道涵会长病重以来，中央领导同志非常关心汪老的病情，多次委派我们和其他同志前往上海看望。台办和海协的同志也多次前往上海看望汪老，报告工作。5天前，我们在专程看望汪老时，他在病榻上仍然非常关心台海形势和对台工作，非常关心和思念台湾同胞。如同每次谈话一样，汪会长念兹在兹的是两岸同胞团圆、祖国和平统一、中华民族伟大复兴，他嘱咐我们要努力工作，尽早促成在"九二共识"的基础上恢复两岸对话与协商，努力维护台湾同胞的利益。他那种期盼两岸关系发展、祖国和平统一早日实现的对国家、民族高度负责的历史责任感，令我们深受教育和感动。如今，汪会长离我们而去，我们感到万分的悲痛与不舍。

陈云林、李炳才说，汪道涵同志早年即投身中国人民的解放事业，建国后又为建设中国特色社会主义事业作出贡献，我们对他十分敬重。汪道涵同志长期担任海峡两岸关系协会会长，是对台工作的老领导。我们经常直接向汪会长请益，聆听汪会长的教诲，受益非浅。我们亲历目睹汪会长坚定地贯彻中央对台工作的大政方针，坚持一个中国原则，坚决反对"台独"分裂活动，想方设法促进两岸关系发展和两会对话与协商，不辞劳苦，身体力行，广泛联系台湾各界人士，听取他们的意见，为谋求两岸同胞共同利益、促进两岸关系发展呕心沥血，深受台湾同胞的敬重。

陈云林、李炳才指出，汪会长为推动两岸谈判进程、促进两岸关系发展作出了重要努力，为推动祖国和平统一大业作出了卓越贡献。1993年4月汪会长与辜振甫董事长举行的汪辜会谈，对两岸关系产生了重大影响，迈出了两岸关系发展中历史性的重要一步。他的去世，是对台工作的重大损失，也是两岸同胞的共同的痛苦和遗憾。

陈云林、李炳才动情地说，汪会长是一位长者、智者。他宽厚谦和，虚怀若谷；博学多才，敏思睿察。凡是与他有过交往的人包括台湾人士，无不钦佩他的人格魅力。

陈云林、李炳才最后表示，明月不沉，哲人不朽。我们会继承汪道涵同志的精神和遗志，在党中央和国务院的领导下，坚定不移地贯彻中央对台工作的大政方针，团结广大台湾同胞，扩大两岸人员往来和经济文化交流，推动在一个中国原则的基础上恢复两岸对话与谈判，继续促进两岸关系朝着和平稳定方向发展，推动祖国和平统一大业的进程。

（四）

12月30日上午，上海的龙华殡仪馆庄严肃穆，汪道涵生前喜爱的音乐在大厅中回响。汪道涵同志的遗体安卧在鲜花翠柏丛中，身上覆盖着鲜红的中国共产党党旗。众多政要和各界代表将送别这位中国共产党的优秀党员，忠诚的共产主义战士，海峡两岸关系协会会长，原中顾委委员，中共上海市委原书记、上海市原市长。

汪道涵同志病重期间和逝世后，胡锦涛、江泽民、吴邦国、温家宝、贾庆林、曾庆红、黄菊、吴官正、李长春、罗干等党和国家领导人，前往医院看望或通过各种形式对汪道涵同志的逝世表示沉痛哀悼，向其亲属表示深切慰问。

受中共中央委托，中共中央政治局常委、国家副主席曾庆红30日专程前往上海龙华殡仪馆为汪道涵同志送别，并慰问其亲属。

10时许，江泽民、曾庆红、陈良宇、徐匡迪缓步来到汪道涵同志的遗体前肃立默哀，向遗体三鞠躬，并与亲属一一握手，表示慰问。曾庆红转达了其他政治局常委对汪老亲属的深切慰问。

有关部门负责同志和各界人士参加送别。

专程从台湾前来的前海基会董事长辜振甫夫人及子女，国民党的代表，连战先生的代表，亲民党、新党、新同盟会、中国统一联盟、海峡两岸和平统一促进会的代表，无党籍人士，参加过汪辜会谈及两会商谈的原海基会负责人和台湾经济界、新闻界的有关人士，以及大陆台资企业协会负责人等也到龙华殡仪馆为汪老送别。

在送别之前，曾庆红与专程前来参加送别的岛内人士和大陆台资企业协会负责人会面，向他们表示衷心感谢。

送别仪式结束后，海协负责人专门发表谈话，向台湾同胞、港澳同胞、海外侨胞和外国人士对汪会长的悼念，表达诚挚感谢。

这位负责人表示，汪会长逝世后，台湾社会各界人士和有关方面、党派、团体，香港、澳门同胞，海外侨胞以及外国驻华使领馆、政界人士，纷纷发来唁电、送来花圈，以各种方式表达对汪会长逝世的沉痛哀悼和深切缅怀，高度评价汪会长对两岸关系发展所作的卓越贡献。台湾的海峡交流基金会前董事长辜振甫先生的夫人和子女，党派、团体代表，工商企业界、新闻界等各界人士以及汪会长生前友好，专程赴上海参加汪会长送别仪式，再次表达对汪会长的深厚情谊和崇高敬意。海协对此深为感激。

令人关注的是，现任海基会董事长张俊雄曾发来唁电表达对汪会长逝世的悼念之意，并表示愿意前来参加汪会长的送别仪式，但在送别仪式上并未出现。根本原因就是一条，执政的扁政府拒不承认"九二共识"，不接受"一个中国"原则。如果放弃了这个大原则、大前提，邀张俊雄前来参加送别仪式，就会给国际社会造成"一边一国"的既成事实，正中了陈水扁之流的奸计。所以，汪道涵先生的家属委托海协先后两次致函海基会，一则对其致唁表示感谢，另一则婉拒了张俊雄之愿。

海协在12月30日发出的函电说："贵会12月29日函悉。贵会董事长致汪道涵会长子女的唁电，已转交家属。"函电说："我会汪道涵会长逝世后，台湾社会各界人士和有关方面纷纷弛唁悼念，咸表缅怀，贵会亦表达敬意。汪会长送别仪式已于本日上午礼成。家属委托我会对贵会的慰问表示谢意。"

此前，海协在12月28日发出的函电说："贵会12月27日及12月24日请我会向汪会长家属代转的贵会董事长来函均悉。12月26日，汪会长家属接受新华社记者采访，除感谢和感激各方悼念之意外，对于台湾人士、港澳人士、海外侨界人士前来参加告别仪式事表达了明确态度。望贵会尊重汪会长家属意见。"

张俊雄曾任民进党秘书长、"行政院长"。前海基会董事长辜振甫2005年1月3日逝世之后，陈水扁政府在当年6月委任张俊雄接任。民进党不放弃"台独党纲"，大陆能邀请具有如此身份的张俊雄参加对汪老的送别仪式吗？

（五）

哲人仙逝，精神不死。汪老离世后，赞颂他人品、智慧、贡献的文字屡见报端。

12月30日，台湾《中央日报》发表了题为《缅怀汪辜两老 谨记"九二共识"》的社论。社论说，众所皆知，汪道涵在担任海协会会长任内，对促进两岸交流、改善两岸关系所展现的诚意与贡献，给人留下了深刻印象。

社论指出，1993年4月29日，新加坡"辜汪会谈"最引人瞩目。从此，两岸高层建立起"制度化"的沟通管道，也签署了两岸历史性的协议。这些协议包括：一、遣返问题，两岸知识产权保护等事务性协商议题；二、经济交流；三、能源资源开发与交流；四、文教科技交流等协议。两岸关系一时峰回路转，乍现曙光。未料，1996年，李登辉访美，海协会关闭协商窗口；1999年，李登辉提"特殊两国论"，导致中共取消汪老访台行程。同年，921大地震，汪辜两老只有透过地震隔空交心，显示"风雨识真情"之身段，以及不忘维持双方善意之互动。

社论说，2005年1月3日，当辜老带着汪老未能来台的遗憾去世时，汪老曾电唁辜老遗孀辜严倬云女士云："汪辜会谈，两度执手，九二共识，一生然诺。"这16字道尽汪辜两老未竟事业，令人十分惆怅。然而，两人于今年先后辞世，无法再续前缘，留下两岸多少千古憾事。

社论指出，事实上，"汪辜会谈"之圆满达成来源于"九二共识"之奠基。换言之，若无"九二共识"，却不可能有"九三汪辜"之成就。

接着，社论简述了"九二共识"是怎样形成的：1992年，两岸在香港进行了口头表述。海基会表示："在海峡两岸努力谋求国家统一过程中，双方虽均坚持一个中国的原则，但对一个中国的涵意与认识，各有不同。"海协会表示："海峡两岸均坚持一个中国原则，努力谋求国家统一，但两岸事务性商谈中，不涉及一个中国的政治意涵。"

社论强调，两岸"九二共识"之架构具有六点意义：第一，暂时搁置两岸敏感的政治性定位问题，俾能有更灵活的"对话"空间。第二，"九二共识"具有"一中各表"的精神。台北的《国家安全法》与北京的《反分裂国家法》，均有反分裂主义意涵。第三，符合台海两岸的政治现实，可用以和平、理性、对等与互惠之原则，重启两岸相互交流的机制。第四，"九二共识"有助于两岸参与各项国际组织与外交空间的疏通。第五，避免"台独""两个中国""一中一台"的争执冲撞。第六，符合理性与现实的良性互动，两岸可预期稳健地朝向和平统一阶段性的目标迈进。

社论指出，两岸果能在"九二共识"的精神下，相互对话，未尝不是两岸人民的福祉，也是两岸关系正面开展的春天。而扁政府执政流于意识形态的坚持，罔顾现实面的考量，例如，仅愿以"九二精神"取代"九二共识"的说法，致使两岸对话之途，碰上了进退维谷的困境，官方接触，寸步难越。

第七章　美好愿景架起两岸积极互动的大桥

社论最后说，辜汪两老，在今年内相偕走入历史，两老诚心真意为两岸披荆斩棘，铺陈坦途。此刻，吾人除了对汪辜两家属表示崇敬的哀悼与无限的追思外，今后两岸宜用以"九二共识"、"一中各自表述"开创两岸新局。同时，继辜汪两老后，亟需要有素孚众望的人士赓续，来担任两岸沟通的平台角色。

同一天，新加坡《联合早报》也发表了题为《海协海基熄灯后的两岸关系》的社论。社论对大陆婉拒张俊雄出席告别仪式作了这样的解读：中国官方宣布婉拒海基会新董事长张俊雄等民进党要员出席告别仪式，却同意了国民党等台湾各个"反独"党派以及台商代表出席，意味着海协会关上了与海基会之间的大门。关门，是因为以"九二共识"打造的通道已毁，至今仍未修复。

社论指出，虽然自1999年李登辉发表"两国论"以及2000年陈水扁上台后拒绝承认"一个中国""九二共识"以来，两岸两会往来几无寸进，但是，2002年后，北京以更大的创意主动提供促进民间交流的各种便利，从春节包机到连战、宋楚瑜相继访问大陆的高潮，早已甩开了海基会，改采"行业对行业、公司对公司、民间对民间"的方式磋商交流，成效斐然。海基会要想不走"九二共识"通道叩开海协大门，看来毫无可能，两会熄灯，已是一种现实。但是，中国大陆何以能在促进两岸民间交流的工作上持续取得成果？答案固然与十余年来国力快速壮大、经济蓬勃发展有直接关系，但是，同样重要的，则是务实与富有创意的对台政策。而这方面的最大贡献者，论者都有共识：汪道涵。正是汪道涵灵活接受了台北表述的"一个中国"原则，才有"九二共识"之说，并促成"汪辜会谈"；正是汪道涵柔性解释"一个中国"的86个字，指出"目前尚未统一，双方应共同努力，在一个中国的原则下，平等协商，共议统一"等等，才开拓了与台湾民间党派交往的通衢。此后，"大陆与台湾同属一个中国"也正式进入了政府工作报告；再其后，更有全国政协主席贾庆林今年初进一步正式宣示"尽管两岸尚未统一，但是，台湾和大陆同属于一个中国的事实并没有改变"等等。总而言之，"大陆和台湾同属于一个中国"，提供了两岸平等的往来的基础；"一个中国"稀释为"一个尚未统一的中国"，更是扩大了无限的创意空间。

社论最后说，然而，两岸僵局毕竟未解。在两会熄灯之后，大陆对台工作重点已不在于是否能说服或迫使扁政府接受"九二共识"，而在于是否能让台湾约占半数、尚怀"中华民国"情结的选民继续接受或至少不反对"一个中国"、并扩大其比例。台北方面，硬把"未来一个统一的中国"解释为

"未来的一个中国"，固有混水摸鱼之嫌，但是，大陆方面，在它今年纪念"国军"抗日、高调庆祝台湾"光复"的基础上，是否能进一步从"不是非彼即此"跨越到"是彼也是此"，从"不否定"跨越到"肯定"，才是能否争取台湾人心的真正考验。

2006年1月8日出版的香港《亚洲周刊》刊登了江迅先生的题为《推动改革与两岸和解的先锋》的长文，对汪道涵先生作了深情的追思。原编者在此文前加了这样的按语："汪道涵是台海象征性人物，汪辜会谈模式也已是两岸的共同遗产；他80年代任上海市长时把浦东开发、第三产业、金融和服务业视为上海改革的重头戏；对中国融入全球经济和承办世博会的研究起步较早；对美、对日外交，也有独到的思维。"

文章开篇说，"报国有心，爱国无限"是汪道涵常说的话，也是12月30日上午在上海龙华殡仪馆举行海峡两岸关系协会会长汪道涵遗体告别仪式上，凡来送行的人都能得到的一张照片背后写着的八个字。照片上，汪道涵微笑端坐在沙发上，一派儒者智者风度。在另一页纸上，写着汪家对前来追思的送行者表达谢意的话："感谢您对爸爸的关心。子女：汪致远、汪静、汪凝、汪致重、汪雨。"这页的背后是两朵绽放的蝴蝶兰。那是汪道涵的喜好。在他仙逝4小时后，病房前两盆半人高的蝴蝶兰竞相开出10多朵花送他远行。

文章特意介绍了汪老在6年多前，即1999年4月，他是怎样阐述关于一个中国原则的"86字真言"的。文章称赞汪老担任海协会会长14年所创造的业绩，是他一生中的辉煌顶点。文章说，前《人民日报》副总编辑周瑞金日前对《亚洲周刊》说：历史常给人"万事天定，人生如案"的感慨。两岸闻名遐迩的"汪辜会谈"，两位主角、好友、会谈伙伴，谁也料不到，一个在年头（1月3日），一个在年尾（12月24日），相继驾鹤西行；辜振甫的农历忌日为甲申年十一月二十三日，汪道涵恰好是辜老忌日周年的翌日，即乙酉年十一月二十四日。是命运安排，还是历史巧合？两位老先生，一为儒宦，一为儒商，共同酷爱中华文化，同样学贯中西、儒雅倜傥、紧密相随，也许他们可以在天上继续神聊，但在人间已成绝响。

文章在介绍了1992年10月汪辜在香港会谈怎样形成"九二共识"和1993年4月汪辜在新加坡怎样成功地举行"汪辜会谈"后说，1998年10月，正当两岸关系处于微妙之际，辜振甫应邀访大陆，与汪道涵再度聚首，最后达成四项共识。这是汪道涵以温和、理性、创意的和谈风格化解双方矛盾分歧的大手笔，另两岸关系春意初现。文章称赞道："汪道涵对两岸人民的共同命

运，有着深情的使命感。在生命的最后岁月仍关注着台海形势。"

文章还介绍了学界对汪老的尊崇情况。文章说，2005年12月8日，香港中文大学举行法学荣誉博士颁证典礼，汪道涵、连战是6名获奖者中的两位，汪道涵身体不便，由女儿和秘书前往代为受证。这天，女儿和秘书回上海一下飞机就赶往医院见汪老，向他讲了香港和中文大学的情况。汪老听得很仔细，问了连战和港台一些朋友的近况，显得很高兴，笑着对女儿和秘书说："你们辛苦了。"秘书以部队战士回礼首长的方式打趣道："为人民服务。"汪老放怀大笑。文章说，3年前，香港大学也向汪道涵颁授名誉法学博士学位，汪道涵是在上海大剧院接受证书的。文章说，2005年12月12日，香港中文大学校长刘遵义专程前往上海看望了病床上的汪道涵并合影。这是汪老生前的最后一张照片。

文章还以"生命不息读书不止"为题介绍了汪道涵酷爱读书的情况。文章介绍最多的还是汪老情系两岸人民的情况。有学者认为，汪道涵是站在时代的巅峰看待两岸问题的，有两点看法颇有历史价值。一是台湾问题是中国内政，由中国人自己来解决。港澳问题都解决了，创造了由中国人自己解决历史遗留问题的模式。早前，汪辜会谈就开启了两岸中国人解决历史遗留问题的先例。二是开启了对话和谈判的模式。两岸问题要真正解决就必须对话，必须谈判。汪老说，多少年来，两岸不重视对话，不重视谈判。现在的时代不对话不谈判是解决不了问题的。到今天为止，十年前的汪辜会谈所达成的四项协议还是有效的。

文章说，汪道涵要法学家曹建明担任上海台湾研究会会长，用意深远。汪老认为，所有的台湾问题、两岸问题最后都是法律问题。汪辜会谈达成的四项协议就是法律。两岸要往前走一步，就是法律往前走一步，因此要有法学家来参与解决台海问题。

哲人虽逝，精神长存。汪道涵先生以其人品、学识、智慧和工作精神所塑造起来的两岸和解先锋的形象，永远活在两岸中国人的心中。现在，两岸和解的春风正劲吹华夏大地，少数为一己之私而逆历史潮流和时代潮流冲动的"台独"分裂势力死硬派，能阻挡得了浩荡春风的劲吹吗？

两岸·之春

LIANGAN ZHICHUN

闫 华◎编著

（中）

華藝出版社
HUA YI PUBLISHING HOUSE

两岸积极互动踩碎陈水扁的
"急独" 噩梦

一、陈水扁新年讲话挑衅大陆，舆论普遍认为，这是扁黔驴技穷的表演，是饮鸩止渴的挣扎

（一）

2006年1月1日，台湾"中央社"一口气发出数则电讯，报道了陈水扁的元旦讲话。陈水扁在元旦祝词中表示，重视并乐见民间"宪改运动"的发展，更期许民间版"台湾新宪法"草案在今年诞生。如果台湾社会条件成熟，明年举办"新宪公投"，谁说不可能？这是"台湾国家"的总目标，也是政党轮替最重大的意义。

他在公然鼓吹实现台湾"法理独立"的"新宪公投"的同时，仍然不忘散布大陆军事威胁。他在祝词中说，中国人民解放军在对岸部署战术导弹瞄准台湾，更积极强化海、空军战力，配合地面、资电及特种部队，对台海和平造成严重冲击与直接威胁。

他在祝词中还提出了紧缩两岸经贸交流的政策主张。他说，政府必须"积极"负起"管理"责任，才能"有效"降低"开放"风险。"积极管理、有效开放"将是未来两岸经贸政策的新思维、新作为。

陈水扁的这篇讲话一发表，立刻引起岛内一片哗然，各界纷纷予以猛烈抨击。"中央社"1月1日发表的几则电讯中也反映了这方面的情况。一则电讯说，中国国民党政策会副执行长张荣恭指出，谈话中所谓"台湾国家"、"催生台湾新宪法"、"新宪公投"以及"国家面积36000平方公里"，已明白表露"法理台独"的立场与方向，很难想象美国会支持这种冲撞中共红线的危险举动。张荣恭批评说，这篇陈总统事前预告"重要"的元旦讲话，竟在两岸关系上，不采和解路线反而深化对抗，甚至连两岸经贸政策都更紧缩，对未来台海局势及政局将有重大负面影响。陈水扁虽未明讲，但所谓"台湾、中国、一边一国"的思维，是元旦讲话的主轴。

亲民党中央发布新闻稿批评说，陈"总统"元旦谈话"毫无新意，老调重弹"，制造两岸紧张及朝野对立，"极端不智，误己害民"。

另一则电讯说，学者对扁的元旦讲话解读各异。有人表示"总统"态度明确，分明要摆脱"跛鸭"、"软弱"的标签；也有人指出，讲话空洞，朝野对决态势恐将在新的一年中持续升高。台湾政治大学政治系副教授盛治仁对讲话表示失望，他说："从'总统'演说中，很遗憾看不出尝试作朝野和解、

两岸和解的企图，深化了既有的对抗，2006年恐怕仍是不太平静的一年。"

台湾《中央日报》1月1日发表的题为《变来骗去诚信尽失，扁历年元旦演说多论口号》的报道说，在野人士认为，两岸关系是陈水扁最大的罩门。陈水扁的两岸和平橄榄枝快要用光了，但陈水扁一向"说得太多、做得太少"，"信用破产，国家元首言语贬值，国人也早已弹性疲乏，失去了信心和耐性。"

1月2日，香港《明报》发表了一篇题为《扁重提"法理台独"再冲击两岸关系》的文章抨击扁的元旦讲话。文章说，陈水扁的讲话再次告诉世人，这位只会选举的"总统"眼中永远只有权力。此次借发表元旦讲话之机，他变本加厉地挑起岛内"统独"之争，激化两岸矛盾及仇恨，不过是为了显示自己并非外界所说那般，已如一个跛脚"总统"，希望以回归"台独"基本教义派的强硬路线，争取维持民进党的"基本盘"。他仍然要主导民进党的前进方向。

同一天，香港《太阳报》发表的一篇题为《黔驴技穷的陈水扁》的文章说，"朝小野大"是台湾政坛的现实。"公投制宪"主张在民进党气势最旺的时候也无法推动，更遑论在目前内外交困之际了。其实，陈水扁本人也心中有数。但他为何要这样做？原因在民进党内部。"三合一"选举落败后，党内"改革"声四起，党主席选举也脱离陈水扁的操控。在此情势下，陈水扁用强烈措辞强调台湾主体意识，就是为了表明他的政治主张和领导体制都没有问题。但这只能是欲盖弥彰，不但挑起北京与泛蓝的不满，也令泛绿阵营内部失望。有"台独理论大师"之称的民进党"立委"林浊水指出，陈水扁讲话主轴就是向泛绿选民强调"我没有跛脚！"正如林浊水所言，"一位总统花这么多精神强调没有跛脚，实在不妥"。看来，陈水扁已黔驴技穷了。

同一天，台湾《中央日报》发表了宋国诚先生的题为《台湾将进入最黑暗的时代》的文章，对陈水扁的行径作了更为深入的剖析。文章说，陈水扁实在是一个政治赌徒，过去一年间他已经在施政清廉、县市长大选、民意支持等方面都输得一塌糊涂，只要他心中还有人民利益、国家安全，就应该深切反省、检讨自己的错误而戒除这些政治豪赌的作为。但是元旦谈话却证明了他不但不会戒除政治豪赌，反而更想以"抄家灭族"的手法来对待政治上的对手，台湾有这种领导人，我们真的注定要过一段"政治黑暗时期"了。

文章分析说，陈水扁大败后不但不思考如何赢取中间选民的支持，反而只想在"台独"基本教义派的嘶吼中取暖，所以他经过一再地深居简出，想到的策略是重新打统独的"国家认同牌"，企图以这种诬蔑在野党不认同台湾的招式，来巩固深绿选民对他的拥护。

文章指出，扁的这个策略是不可能成功的，只会饮鸩止渴，终究被台湾民众所抛弃。因为目前两岸关系的发展前景很清楚，大势所趋，未来两岸一定会一步一步走向和解、和缓的道路，就算陈水扁再怎样企图以他目前所占据的国家名器，来违抗这种两岸和解的趋势，结果也必然是徒劳无功，除了短暂伤害台湾经济、政治、社会的安定发展外，他的"台独"目标永远没有实现的可能性。

（二）

陈水扁的元旦讲话对台湾经济的发展和台商的利益恐怕是伤害最大的。台湾媒体对此作了报道。

台湾《联合报》1月3日发表了题为《扁一席话台股蒸发2063亿元》的报道说，陈水扁"总统"元旦谈话，使昨天股市整体市值"蒸发"了2063亿元。台股昨天以大跌91点开盘响应，盘中一度重挫逾124点。一心期待两岸关系开放的"中概股"包括水泥、汽车、饭店、航运等全面下挫。报道说，根据摩根——弗莱明资产管理公司统计，过去6年台股每年第一天开盘都是红盘，元月行情倍受期待。但阿扁谈话不但为"六连红"画上休止符，整体市值更一度缩水近3,000亿元。昨天攸关两岸政策松绑的观光百货股受创最深，该类股指数大跌6.8%，几乎全面躺平。

同一天的《联合报》还发表了题为《企业无奈，再苦撑两年》的报道，反映了台商们对扁谈话的不满和无奈。报道说，对陈水扁"总统""积极管理"主张，以及政府将加强监控台商大陆经贸活动，工商界感到很无奈。部分企业甚至说出"再苦撑两年"，等2008年"总统大选"后再说。力晶董事长黄崇仁坦言："很遗憾，官方总以政治考虑为原则。"企业对"总统"的谈话感到"事与愿违"，企业除了无奈之外，只能自求多福。

封测龙头日月光发言人刘诗亮说："已经期望很多年了，但还是没办法。"他说，西进大陆也是为了全球布局，并非只去大陆，外国封测业者早已布局大陆，台湾封测厂只能眼睁睁看着商机被人抢去。

台湾中小企业协会理事长戴胜通直言不讳地指出，现在企业都已经国际化，资金、人员的流动都很自由，政府有没有能力达成"积极管理"的目标，很令人怀疑。

台湾工商建研会秘书长王调军指出，企业界对陈"总统"元旦谈话内容本来就没有什么指望，现在大家已经绝望了，但政府"积极管理"违背国际潮流，会让台湾付出惨重的代价。

台湾《中央日报》1月2日发表的题为《工商界：扁紧缩两岸经贸自绝生路》的报道也尖锐地指出，紧缩大陆的政策，对台湾经济发展绝对不利。陈水扁此一宣示，令工商界人士担心台湾将更加边缘化，在国际化的近日，无疑是自绝生路。

其实，台湾面对扁的"积极管理"的紧缩政策并非只有无奈，继而发起的反抗之声日趋强烈。台湾《新新闻》周报1月5日出版的一期上刊发了题为《大企业家炮火全开，红顶商人大抛绿扁帽》的报道就反映了这方面的情况。

报道说，台湾大企业家突然炮火全开纷纷和扁政府对着干。从旗下有亚泥、远百、远纺、远传和裕民等企业并集结传统产业大成的亚东集团徐旭东，到IC教父级的联电董事长，都高分贝表达对政府不满的情绪。声玉集团更满腹委屈地在大陆隔海放话。在台湾政府眼中"资匪通敌，罪大恶极"的中芯集团张汝京，更"幸灾乐祸"地挖苦扁政府，说感谢陈水扁"总统"捆绑IC巨人张忠谋和曹兴诚，让中芯得以在大陆高枕无忧。

报道说，即使和"第一家庭"向来交好的三大金融家庭也开始和其渐行渐远。富邦蔡家钱进"中时"报系，暗助国民党处理媒体，更打算接手国民党党部大楼，做足面子给马英九。国民党中常委辜廉松的中信家族，最近明显和马英九互动频频，看在阿扁和"第一夫人"眼中，显得格外刺眼。

报道分析说，资本家原本就只有一个立场，就是永远支持执政党，蓝也好，绿也好，甚至未来万一真的台湾成为红色，他们也会毫不犹豫地靠拢、奉承，这是资本家的理性逻辑，全世界都一样。但令人担心的是，这么多的大企业负责人，不约而同地突然用语言或具体行动向政府示威、抗议，这完全是企业个案，还是令人忍无可忍的官逼民反？何况这只是台面上的事件，私底下更是暗流汹涌。

报道最后说："各行各业大企业主群起与政府对立绝非好事，更非台湾之福。扁政府执政五年来，台湾被韩国超越成为亚洲四小龙最后一名，唯一可以开创经济格局的两岸政策，台湾政府就是不想去实施，只是修理不听话的老曹之类的先驱者，如此作为令人疑惑。"

（三）

前文提到的"修理不听话的老曹"，指的是扁政府"修理"台湾电子强人曹兴诚。为回避台湾政府"戒急用忍"的政策，联电董事长曹兴诚一方面

不放弃投资大陆，一方面放言批评扁政府，最终引来台当局检察及金融监督单位大反攻，纵横台湾科技界20年之久的曹兴诚只得以辞职暂避绿色风暴。香港《亚洲周刊》1月15日出版的一期上刊登了题为《电子强人暂避绿色风暴——台湾晶圆（芯片）业巨子成扁政府两岸政策祭品》的长篇报道，反映了电子强人曹兴诚无奈辞职的情况。

报道说，曹兴诚请辞涉及两岸经贸政策紧缩，以及联电高层误触政治地雷所造成的连锁政治打压，影响所及将牵动台湾晶圆（芯片）产业的未来。如果对照"总统"陈水扁元旦讲话，宣布将两岸经贸"积极开放，有效管理"改为"积极管理，有效开放"，显然新政策在尚未实施前，曹兴诚及其联电已成了扁政策的"祭品"。

报道说，晶圆（芯片）代工是台湾龙头产业，被列为重点保护对象，禁止到大陆投资，以免冲击台湾产业。几年间，扁政府迫于压力，对晶圆厂赴大陆投资开了一扇窗，规定半导体企业若要到大陆建厂，在台湾的12英寸晶圆厂须达到经济规模量产，且须在2004年底提出申请。台湾晶圆业龙头台积电申请了两年，前年5月才获准将8英寸晶圆厂旧设备输出至大陆。

报道指出，扁政府以为管制就能锁住企业，却不知8英寸晶圆厂并非台湾独有技术，大陆的科技发展并未因台湾片面封锁而停顿。事后证明，台湾被管制企业到大陆投资8英寸晶圆厂后，并无效果。在这种情况下，台湾业者采取了迂回西进的办法，联电也不例外。早前的"和舰案"，扁政府就认为，联电在迂回西进，借"友厂"和舰科技提早到大陆卡位。曹兴诚一方面公开否认直接投资大陆和舰科技；另一方面也坦言，将来两岸关系改善后，联电可借与和舰合并，立即进军大陆，这是一个"进可攻、退可守"的企业决策，也是在现有政策下，经营风险最小、对联电股东最有保障的做法。

曹兴诚的做法被台联党"立委"提出检举后，2005年春节过后，扁政府正式对联电大打出手，检调单位以近乎"抄家灭族"到方式对联电进行大搜查，使这家国际大厂的声誉受到重创。向以"灵活骠悍"著称的曹兴诚面对此案又展现了他不屈不挠的性格，他三度在台湾各大报刊登大篇幅的强硬声明，向检察官喊话，显出半导体龙头企业的气势与担当，但升高冲突不仅无助于联电脱困，反而使局面更难收拾。

不久，联电又因美国证管会要求重编财产报表而陷入另一场内外夹击的风暴，不服输的曹兴诚再度在台湾各大报刊登广告痛批扁政府，斥"台湾是乱邦"，并说联电将从台湾下市，掀起一场大风波。台当局的金融监督管理委员会也强烈反击，把罚款案提升为追查联电在股市上是否有"内线交易"

问题，最后逼得曹兴诚只好辞去联电董事长一职。

这就是扁政府"积极管理"的真相。

（四）

1月6日，国务院台办新闻发言人李维一对陈水扁的元旦讲话发表了评论。

李维一说，我们注意到陈水扁最近有个讲话，我们更注意到台湾社会各界以及国际舆论对他这个讲话的评论。我们相信广大台湾同胞对他的这个讲话也都看得很清楚。当前，经过两岸同胞共同努力，促进了两岸关系朝着和平稳定方向发展。台湾民众期盼社会安定、经济振兴、两岸关系和平稳定发展的愿望更为强烈。任何人如果不顾民族的福祉，在两岸关系上倒行逆施，最终损害的是台湾同胞的利益。任何与自己的民族和同胞为敌的人，最终必将自食恶果。

李维一表示，我们坚持一个中国原则决不动摇，反对"台独"分裂活动决不妥协，我们将信守对广大台湾同胞作出的庄严承诺，努力做好对台湾同胞有利的事情，做好对促进两岸交流有利的事情，继续尽最大努力推动两岸关系朝着和平稳定的方向发展。

对扁的元旦讲话就是在民进党内部也有批评的声音和有别于扁的做法。1月9日出版的台湾《联合报》连着发表了两篇报道，反映了这方面的情况。

题为《新潮流青壮派，辟两岸论坛》的报道说，在陈水扁"总统"重话释出两岸紧缩新政策之际，民进党"新潮流系"青壮成员近日低调筹组"两岸政经学会"，力促两岸交流。该学会并规划在今年4月出版刊物，邀大陆人士撰文对谈，就政经、社会发展等议题开辟一个"纸上两岸论坛"。

报道说，学会理事长、前"行政院秘书长"刘世芳表示，民进党不该变成一言堂，也不该让人觉得民进党就只会选举，只看得见2008，现在到大陆经商、交流的人愈来愈多，应该发展一个两岸议题的深度沟通平台。

报道说，据了解，除曾任"新系"总干事长的刘世芳之外，民进党前政策会副执行长梁文杰出任秘书长，加上"新系"青壮派"立委"蔡其昌、沈发惠、李昆泽等，使学会带有浓浓的"新系"色彩。

另一篇题为《新潮流要搭两岸沟通平台》的报道说，民进党"新潮流系"的青壮派成员近日筹组"两岸政经学会"，使民进党内破天荒出现了"搭建两岸沟通平台"为目标的组织。

报道说，国民党先前规划举办"国共经贸论坛"，邀请大陆政商界人士来台讨论经贸议题，遭陈水扁"总统"、陆委会强硬否决，朝野两党为此争执不下。"新系"此时筹组"两岸政经学会",出版刊物搭建两岸沟通的"纸上政经论坛",格外引人关注。

报道说,相关人士忧心,"总统"刚宣布"积极管理、有效开放"紧缩政策是未来两年施政纲领,还撂下重话"不接受就别想当阁揆","新系"此时筹组促进两岸交流、沟通的学会,会不会又变成"在猫脖子上挂铃铛的第一只老鼠"?

这篇报道所提出的这样的疑问是有道理的,正如刘世芳所言,民进党是一言堂的党,它能容得下不同的声音吗?而且提出这样的疑问也是有事实依据的,前文提到的民进党"修理曹兴诚"就是前车之鉴。

内外交困的陈水扁发表了一篇遭到内外一致谴责的元旦讲话,他本想借此稳定他的"皇帝大位",不料弄巧成拙,反倒使他的"大位"更为岌岌可危。就在扁发表元旦讲话后的第三天,中国国民党籍"立法委员"丁守中发动连署提案罢免陈水扁"总统"。丁守中说,陈"总统"元旦谈话推动"新宪公投",制造两岸紧张,证明陈"总统"剩下的两年任期,台湾政治还是空转,人民不能逆来顺受,将以"宪法赋予的权力,发动罢免陈'总统'"。对此,国民党主席马英九表示:"我个人觉得,要采取这个行动,应该要慎重"。丁守中注意了马英九的提示,但他不改初衷,积极争取朝野"立委"的支持,决计要推动罢免案。与此同时,亲民党的多位"立法委员"也展开连署,将提出罢免陈水扁"总统"案。台湾中央社于1月3日发表电讯,报道了他们这一义举。

(五)

扁的元旦讲话一发表就引起许多专家、学者的关注,纷纷分析研究扁的政治走向和两岸关系发展问题。1月7日,新加坡《联合早报》上发表的陈子帛先生题为《陈水扁会铤而走险吗?》的文章,就是一篇颇有深度和力度的研究佳作。

文章指出,陈水扁的元旦讲话,不仅遭到来自在野政治势力的严辞批判,也遭到民进党内不同派系的质疑和保留,甚至还被李登辉公开嘲讽。李登辉认为陈水扁果然是说一套做一套,说变就变,又是"初一十五不一样",甚至指陈水扁问政性格是"有能力,没素质",这在扁李互动史上,几乎是罕见的不留情面。

文章说,坊间有人指出,陈水扁已经走投无路了。这当然是一家之言。不过陈水扁正陷入一个无法化解的政治危机,他还在努力争取获得更多的政治主动，还希望使自己成为政治话题中心，带动新的政治发展路向。在这样的情势下，人们关心的问题是，陈水扁在未来两年多任期中，会不会铤而走险，会不会在"急独"的道路上作出更多危险性的动作。也就是说，"急独"或者实现"急独"的成功概率究竟有多大。

文章分析说，尽管台湾政局的发展走向令人忧心，但制约陈水扁以及极端"台独"势力走火入魔、铤而走险的内外部因素依然存在，使他们的"急独"噩梦难以实现。

文章从四个方面进行了分析。

首先，美国的态度决定了陈水扁是否铤而走险，以及铤而走险的强度和力度。

文章说，美国的亚洲秩序战略构图中，台湾牌依然是牵制中国大陆的一张牌，但这张牌何时出、怎么出、出牌的力度，并不掌握在陈水扁手中。陈水扁方面据说提前将元旦讲话知会美方，但美国对他的即时回应是敦促他忠实履行"四不一没有"的承诺。这一回应，至少给我们一个印象是，美国无意选择此时让陈水扁刻意刺激大陆，升高台海紧张局势。这个约束力应该是有效的。

其次，北京的态度决定了陈水扁的危险游戏是否会继续玩下去。

文章说，大陆去年制定了《反分裂国家法》，实际上从根本上改变了过往台海关系互动，北京总是被动应对，台北总是主动出牌的态势。也就是说，北京清晰划定了对台政策的底线，明确告诉了不得已采取非和平方式解决台湾问题的条件，同时也表现了尽最大可能使用和平方式，继续推动两岸政治整合的诚意，辅之于一系列的柔性诉求，加上台湾在野政党领袖率团接连访问大陆，最关键的转变是，对台政策的目标诉求已经不再是急统，也不是动辄武力相威胁，而是采取渐进式统一的循序渐进步骤，立足于渐进，着眼于长期。中共领导人表示，只要对台湾同胞有利的事就要去做，这是一个战略性的庄严承诺。

文章说，对台寻求和解是大趋势和大方向，只要北京不走偏锋，不闻扁起舞，不让对台政策运作过程中的极左思潮占据决策思维，则陈水扁任何政治挑逗和冒犯，应不至于让北京频繁作出下意识或者无意识的激烈回应。只要陈水扁不将"新宪公投"付诸具体行动，只要北京对陈水扁任何阶段性的言语刺激冷眼旁观，不动如山，相信陈水扁的有关极端诉求会化于无形。

再次，台湾在野政治势力对陈水扁的牵制和制约。

文章说，过往我们对台海局势观察的一个没有太多把握的问题是，随着民进党所代表的本土政经利益集团逐渐成为台湾政治主流，其所主张和鼓吹的分裂路线，以及诸如"去中国化"等"台独"倾向，台湾社会内部是否有足够的力量加以限制和遏止。现在情况发生了变化。随着连战、宋楚瑜等人的大陆破冰之旅，以及国民党的世代交替、去年年底"三合一"选举的结果，可以得出一个初步印象，那就是，即使台湾朝野在两岸关系问题上的立场有诸多的重叠和相似性，但在反对"极端台独诉求"、维持台海现状、希望两岸不发生战争、继续发展两岸经贸互动和民间交流等问题上，在野党在"立法院"以及其他政治领域，对陈水扁极有可能的铤而走险可以产生旗鼓相当的政治牵制和制约的功能。

第四，台湾主流社会民心思定、民心思治，对民粹政治的厌恶，也将使陈水扁任何政治上的铤而走险无法形成气候，加上民进党内部对此的意见几乎无法形成高度共识，"修宪公投"的门槛偏高，也让陈水扁任何的铤而走险缺乏足以左右大局的基本条件。

文章最后说，不妨把陈水扁的元旦讲话看作是一种"台独"焦虑症的情绪宣泄和发作。连李登辉都不相信扁的话语，你就不必跟他太过着急。北京的记者会对大熊猫的关注多过陈水扁，这才是最有价值的政治幽默。

（六）

陈水扁的倒行逆施招致众叛亲离，也使民进党丢掉了"良心"。民进党前主席林义雄突然提出退党就是这一事实的佐证之一。

1月24日，民进党前主席林义雄通过台湾"中央社"发表了"永为民主国家主人——为退出民主进步党告同志书"，批评政党恶斗导致社会不安，强调他既已无意从事党务，也不愿代表政党竞选公职，所以作为民进党党员已无任何意义，因此选择作为一个超然的"民主国家主人"，从此不再附属于任何政党。

同一天，"中央社"发布消息说，对林义雄宣布退党，民进党秘书长李逸祥表示，林义雄的人格情操、对土地的热爱、对台湾民主的贡献，一向为社会各界及民进党党员所敬重与肯定，对于林义雄的声明，民进党深感意外，并将会尽力慰留。

中国国民党发言人郑丽文当天接受记者采访时表示，林义雄退党对民进党有重大政治意义，民进党不能以鸵鸟心态，逃避党内严重腐败与丧失理想性格的问题。她说，林义雄是继许信良、施明德后，第三名退党的前党主席，"美丽岛世代"现在只剩下前党主席姚嘉文在党内。如果"美丽岛世代"代表民进党党魂与创党精神，那么林义雄退党就象征着党魂丧失，象征着民进党丧失理想性格后的迷惘、绝望与悲伤。

1月15日，台湾《联合报》发表题为《许信良：林说出"有良心党员的心声"》的报道说，退党的民进党前主席许信良昨天指出，也许不会有多少人跟林一起出走，但对阿扁的反叛已经是党内的趋势，如果未来苏贞昌的执政成绩还是一样烂，林今天的出走将会在泛绿群众中持续发酵到2008年。许信良表示，林义雄退党发表的公开信，其实也是有良心的民进党员的共同心声，且此次民进党主席选举显示，起码有近一半的人公开且很不客气地反对陈水扁。

同一天的《联合报》还刊登了一篇题为《民进党的难堪》的文章，对林义雄退党的原因和所揭示的意义进行了阐述。文章说，林义雄是第三位宣布退党的民进党前主席，但他的动机不同于施明德和许信良，施、许两位是重要的政治主张为党所不容，施为"政党大和解"，许为两岸政策中的"大胆西进"论。林义雄却显然是基于"道德"理由退党，这种杀伤力彻底而全面，是每位民进党人无法承受、也难以招架的。

文章指出，贪污腐败最能显现掌权者的堕落，高捷弊案、政要炒股案等，涉案人或直接或间接多为民进党人。政府对这些弊案不仅束手无策，甚至强辞狡辩以及传闻甚嚣的介入司法，显现这已非少数人的腐败，而是结构性的大腐败，这种政党，岂是"实现社会正义的团体"？林义雄认为，如今民进党的政治权力和地位都有了，但社会正义却日益沦丧，令人失望。

文章进一步指出，民进党的难堪是，他们不能批评林义雄，一则，林义雄之进言无任何权力的意图；再则，他一向在党内是"人格者"，具有不可撼动的正面价值。但民进党又不能自掴耳光承认自己种种不堪，以致被迫处在林义雄退党正当性与自身执政正当性之中。林义雄的退党效应，必然出现在与林义雄一样因理念之故支持民进党的人群之中。如果效应发酵、扩大，民进党危矣！

同一天，香港各主流媒体也纷纷发表文章对林义雄的义举进行评论。

香港《东方日报》发表题为《林义雄与扁决裂》的文章说，台湾的陈水扁"总统"面临众叛亲离困局，继先后与副手吕秀莲、前"行政院长"谢长廷交恶后，被誉为"民进党的良心"的前党主席林义雄昨发表声明，称对民进党失望，暗批扁炒作选举令朝野对立，宣布退党，成为继许信良、施明德后，第三位退党的前民进党党主席。林义雄退党震撼民进党，担忧触发分裂潮，引发大规模退党骨牌效应。

文章指出，由于时值新旧"阁揆"交接，新的党主席即将上任的敏感时刻，消息震撼整个政坛。党内外一片错愕，惋惜之声不断，党团书记长叶宜津认为，林义雄退党反映了基层支持者的声音，基层的热情已慢慢退却，民进党应该加速党务改革。民进党党团干事长陈景峻认为，林义雄退党对党的伤害不小于"三合一"选举大败，未来可能会有许多党员接连退党，党应该彻底检讨，避免人才流失。昨日有网站调查指出，有高达六成网民认为林义雄退党，令民进党创党精神全失。

香港《太阳报》刊登的题为《林义雄奏起了阿扁的哀乐》的文章说，林义雄退党犹如一枚核弹在岛内炸响，震动台湾各界。林义雄在陈水扁"扔掉"谢长廷，启用因败选而辞党主席的苏贞昌组阁后，突然发表公开信退党，实实在在就是奏起了陈水扁的哀乐。

文章指出，这表明陈水扁已沦为民进党的负资产。陈水扁取得连任不过一年多，民进党在内政外交、朝野关系、经济、民生、文化、教育等全方位陷于困局。舆论指阿扁"跛脚"其实是说轻了，林义雄的退党，表明陈水扁在民进党内众叛亲离。

文章说，民进党的前主席许信良、施明德这些民进党的创始人，不但离开了民进党，而且都成了反扁先锋。林义雄退党，再次表明陈水扁将民进党领上绝路。林义雄的公开信没有公开点陈水扁的名，但矛头所指谁都明白是批扁。林义雄痛恨陈水扁"撕裂族群"的路线，更痛恨阿扁玩弄权术，在民进党高层挑起一次又一次肮脏的权争。陈水扁的元旦文告，正是其不知悔改的表现。于是林义雄选择"走人"，耻于再与阿扁为伍。

文章说，也有舆论认为，陈水扁仍能"玩转"民进党的"四大天王"（指苏贞昌、谢长廷、游锡堃、吕秀莲），"扔"谢"捡"苏，说明他虽有危机，但还能控制大局。但这只是回光返照。林义雄的退党，正揭示出阿扁"死期"不远，表明即使在民进党内部也凝聚了强大的"反扁"情绪和思潮。愈来愈多的民进党人明白，跟随陈水扁已经没有生路。

文章最后为民进党开了一个自救的"处方"：陈水扁现时辞去"总统"一职，或当阿扁隐形，完全由苏贞昌执行一条"新和解路线"，民进党才有救。否则，按照阿扁元旦文告的路线走下去，苏贞昌、蔡英文再强，也是另一对牺牲品。

二、胡锦涛总书记在厦门海沧台商投资区考察工作，并亲切会见台商代表

（一）

1月14日上午，中共中央总书记、国家主席、中央军委主席胡锦涛在福建省委书记卢展工和省长黄小晶等陪同下，来到厦门海沧台商投资区考察。这里是全国最大的国家级台商投资区，目前已有台资企业69家，形成了电子、石化、机械三大主要产业。胡锦涛认真听取了关于投资区规划和建设情况的汇报，并专门来到厦门正新海燕轮胎有限公司，深入厂房车间，同企业负责人和员工亲切交谈，详细询问企业生产经营情况。

在投资区，胡锦涛亲切会见了台商代表，同大家一一握手，询问他们各自企业发展的情况。在认真听取台商们的情况介绍后，胡锦涛发表了重要讲话。他首先对各位以及其他众多台商来大陆投资兴业表示热烈欢迎。胡锦涛说，你们的企业在这里发展很快，这再次表明，台商来大陆投资，有利于得到更好的回报，有利于发展两岸经贸合作，有利于推动台湾和大陆经济共同发展。我曾经讲过，只要是对台湾同胞有利的事，只要是对促进两岸交流有利的事，我们都会尽最大努力去做，并且一定努力做好。我们欢迎更多的台胞来大陆发展，通过开展合作，造福两岸同胞。大陆有关方面一定会竭诚为台胞们提供帮助和服务。

胡锦涛强调，实现两岸直接"三通"，有利于密切两岸经贸合作和人员往来，符合两岸同胞的共同利益，更是广大台湾工商业界朋友的强烈愿望。希望两岸民间行业组织尽快协商、早日办成这件两岸同胞共同期盼的好事。

胡锦涛最后表示，中华民族的传统节日春节即将来临，我预祝各位以及你们的亲友新春愉快，身体健康，事业发达，阖家幸福。

台商纷纷表示，他们在大陆投资的企业取得了很好的业绩，大陆的投资环境很好，他们愿意进一步扩大投资，并希望两岸早日实现直接"三通"。厦门集立工业有限公司副总经理洪嘉伟、厦门广懋国际有限公司董事长詹征雄、厦门明达光电有限公司董事长童胜男等众多的台商大佬参加了会见，并畅所欲言地表达了各自的意愿。

（二）

胡锦涛在厦门考察台商投资区并亲切会见台商代表一事引起举世瞩目，舆论好评如潮。

就在1月14日这一天，路透社驻北京记者发出电讯报道了这件事情。电讯说，中国国家主席胡锦涛今天会见了来大陆投资的台商，推动了中国政府为两岸统一争取支持的努力。他对台商说，"欢迎更多的台胞来大陆发展"。中国一直希望收复这个拥有2300万人口的自治岛屿。

电讯说，胡锦涛的讲话驳斥了台湾"总统"陈水扁近日发出的警告。后者不久前说，台湾在大陆的投资削弱了台湾的实力和自治权。台湾政府将加强对赴大陆投资台商的审查。据台湾估计，自1991年以来，台商在大陆的投资累计达450亿美元左右。胡锦涛在会见台商时还表示，他希望两岸早日实现直接"三通"。

同一天，法新社驻北京记者也发出电讯对此事进行了报道。电讯重点报道了胡锦涛对台商的讲话。胡锦涛说，你们的企业在这里发展很快，这再次表明，台商来大陆投资，有利于得到更好的回报，有利于发展两岸经贸合作，有利于推动台湾和大陆经济共同发展……我们欢迎更多的台胞来大陆发展，通过开展合作，造福两岸同胞。

1月15日，台湾《联合报》发表题为《胡对我亲切招手回应扁元旦谈话》的报道说，中共总书记胡锦涛到厦门台商投资区考察，亲切问候台商，并再次招手，要台湾民众多到大陆走走，了解大陆的发展。胡以充满自信的言语，回击陈"总统"元旦紧缩两岸政策的讲话，显示中共今年仍将大力推动惠台措施，加大两岸交流措施。

报道说，胡锦涛明白表示大陆会尽一切努力协助台商，有稳定台商情绪、鼓励台商的作用。台商在看到民进党政府计划动用公共部门配合调整资本和税赋，再对照中共的软手法，台商的心会朝向哪边，值得深思。

报道指出，胡锦涛来到离台湾最近的福建视察台商企业，这也显示福建将成为北京对台工作的重点，包括建设海峡两岸经济区，增设厦门春节包机等，未来中共将加大在福建的对台工作力度。

报道说，中共一方面寄希望于台湾人民，采取怀柔政策，向到大陆投资的台商亲切问候，表达关怀，让台商们感到分外温暖；但在"外交"领域上，仍采取全面压迫台湾"国际空间"的政策。中共政经实力越来越强，与我有"邦交"的国家纷纷感到，要与中共做生意，要获得中共的贷款，只有回到"一个中国"政策才有钱可赚，有利可图。

报道最后说，中共在台商和台湾民众身上下大功夫，采取软身段，再次凸显近年来对台"硬的更硬、软的更软"的政策从未改变。

这一天，台湾《经济日报》发表了题为《大陆台商冷暖在心头》的文章，表达了台商的心声。文章说，陈水扁"总统"日前一席"积极管理"的谈话，刚浇了大陆台商一盆冷水，对岸的大陆领导人胡锦涛立刻表示欢迎台商登陆。台商到大陆投资，就像嫁去大陆的台湾女儿，但现在娘家冷淡，夫家热情，大陆台商冷暖在心头。

文章说，从2000年以来，两岸经贸关系空转多年，众多大陆台商期盼的两岸直航、大陆台商回台上市与提高台商赴大陆投资金额上限等议题，都在此次陈"总统"发表元旦祝词后死了心。一位昨天与胡锦涛会面的台商说，仅希望台湾政府能"尊重、正视"大陆台商对台湾经济的贡献，"其他都不敢想了"。

文章说，陈"总统"曾比喻大陆台商就像是台湾嫁出去的女儿。但近几年台湾"家道中落"，就来怪罪嫁出去的女儿从家里带走太多的金银财宝，却鲜少提及大陆台商对台湾经济的贡献，也难怪大陆台商感到愤愤不平。有人说，若政府继续维持当前的两岸政策，大陆台商就可能真的变成泼出去的水，从此与台湾断绝往来。

这一天，香港《明报》发表了题为《斗扁赢一仗》的文章，赞扬了胡锦涛的亲和形象和他所表达的对台湾同胞的诚意与善意，鞭挞了陈水扁紧缩两岸经贸交流的政策和挥刀整人的动作。文章说，在台湾领导人陈水扁发表元旦讲话、明确要紧缩两岸政策后，胡锦涛满脸笑容地走到台商中间，对他们嘘寒问暖，明显是要与陈水扁展开台商争夺战。从表面上看，扁要拿"不听话"的台商开刀，台商"骂"声一片；而对大陆领导人的问候，台商打躬作揖表达感激之情，在争取台商人心一役中，大陆先赢了一仗。

文章说，面对扁政府的紧缩政策与挥刀动作，台商固然不满，台湾社会也响起阵阵抨击声。尽管"上有政策，下有对策"，扁政府的紧缩政策未必能完全阻挡台商西进的步伐，但面对"严刑峻法"，台商西进仍难免会有些阴影，至于台商期盼的"三通"，在扁政府"国家安全"的考量下，更难以实现。大陆需要包括台商在内的外来投资，同时，大陆"寄希望于台湾人民"的政策，很大部分需要通过台商来体现；此外，加强两岸经济联系，更是对付民进党政策"去中国化"的利器。

文章最后向大陆建言说，与陈水扁争夺、拉拢台商一战中，大陆虽然先赢了第一个回合，然而，要让台商在大陆继续"扎根"，要吸引更多台商如过江之鲫般继续西进，大陆今后还要在改善投资环境、改善社会治安上下更大功夫。只要有大钱赚，只要人身安全获得更充分保障，毋需拉拢，台商都会乐不思蜀，陈水扁也无法阻挡。

胡锦涛的善意表达更激发了台湾积极力量的善意互动。美联社驻台北记者1月15日发出的一则电讯说，在台湾领导人被指责对大陆采取更强硬的路线从而疏远了选民后，台湾"立法院"院长王金平今天提出要担当特使，修补与中国大陆的关系。他敦促陈水扁重新开始与中国大陆的政治接触。

"中央社"1月15日发出的电讯说，中国国民党主席马英九今天表示，王金平"国会"人脉广，且有高度政治智慧，是合适人选，他乐观其成，但这不是政党可以一厢情愿的事，要看陈水扁"总统"的意愿。他说，中国大陆希望"三通"是常年政策，"问题不在我们怎么看，而是'三通'是非做不可的政策"。马英九认为，两岸"三通"能提升台商竞争力并降低金钱消耗。

"中央社"1月14日发出的一则电讯说，中国国民党中央政策会副执行长张荣恭今天表示，胡锦涛的说法固然是中国大陆的一贯立场，但也针对陈"总统"元旦讲话，因为陈"总统"在讲话中提出的是政治对抗与经贸紧缩。大陆为达成直航，协商方法展现了弹性，而"国安会"秘书长邱义仁在解释陈"总统"元旦讲话时，说"中国不肯谈'三通'"。大陆表明愿意谈，并且提出谈的方法，球现在在陈"总统"这边，除非陈"总统"拒绝"三通"。

扁政府对大陆释放的善意有回应吗？台湾《中央日报》1月15日发表的一篇报道说："总统府暂不回应"。扁能有什么回应呢？正如许多专家指出的那样：陈水扁为了保住他的"大位"只会不断地制造恶意挑衅，这是他惯用的伎俩，不要指望他有什么好的回应。

（三）

1月12日至16日，胡锦涛主席在福建省委书记卢展工和省长黄小晶等陪同下，不仅考察了厦门经济发展的情况，而且先后深入到连城、永安、福州等地的乡村、企业和城市社区，实地考察贯彻落实科学发展观、推动经济社会全面协调发展等方面的情况。此行他特别关注"海峡西岸经济区"战略构想的实施。因为2005年10月召开的中国共产党第十六届五中全会通过的《中共中央关于制定国民经济和社会发展第十一个五年规划的建议》中，明确把"支持海峡西岸和其他台商投资相对集中地区的经济发展，促进两岸经济技术交流和合作"写进了"两岸关系"部分。2006年3月初即将召开的十届全国人大四次会议将要审议通过的《中华人民共和国国民经济和社会发展第十一个五年规划纲要》和《政府工作报告》中，都有支持海峡西岸经济区发展的内容，受到全国人民和国际社会的高度关注。胡锦涛自然对这一地区经济发展的战略意义和现实意义了然于胸，但是他仍需实地考察，促其落到实处。

在2004年1月初举行的福建省十届人大二次会议上，时任省长的卢展工提出了"建设对外开放、协调发展、全面繁荣的海峡西岸经济区"的战略构想，受到与会人民代表的一致赞同。建设好"海峡西岸经济区"的构想遂成为全省人民的共识和努力实现的目标。

"海峡西岸经济区"（简称"海西"）是指台湾海峡西岸的以福建省为核心区的台湾海峡海域与陆地。它的提出，突出地显示出福建省对自身优势与条件的认识和自信。2004年3月，在十届全国人大二次会议上，时任福建省常务副省长的黄小晶代表与几十位代表联名提出建议，要求把建设"海西"列入国家区域发展战略布局之中。这一建议被全国人民代表大会采纳，作为国家的重大决策写入中央文件。

当"海西"被写入中央文件后，现任省委书记的卢展工有这样的解释："之所以把'海峡西岸'提到如此重要的经济战略位置，是因为福建与台湾缘分不浅。福建离小金门最近的地方仅1公里，离大金门最近的地方仅8公里，离马祖最近的地方仅6公里，离台湾本岛最近的地方也只有128公里，这样的地缘优势哪个地方有？"

福建省社科院的专家们对此更有详细的阐述。他们指出，福建省之所以提出"海西"，是因为还有"海东"，即海峡东岸的台湾。他们说，从战略地位看，这个经济区与台湾隔海相望，将是推进两岸统一大业的关键地带。建设海峡西岸经济区，意在为将来与台湾共同构建"环海峡经济圈"创造条件，并让它在未来中国的经济布局中，成为和长三角、珠三角、环渤海一样重要的经济区，成为中国经济的一个新增长极。因此，它具有两个方面的战略意义：一方面是有利于增强我国东南沿海的竞争力。目前，在我国东南沿海区域内，长三角、珠三角已成为发展最为迅速的两大都市圈板块，相比之下，地处其间的福建已沦为这两大三角洲经济区之间的"谷地"，使我国东南沿海繁荣带出现缺憾。加快"海西"建设，将会改变这一缺憾，有助于提高东南沿海的整体经济实力，更好地发挥其在全国经济增长中的带动作用，增强其参与东南亚乃至世界范围的区域经济合作与竞争的能力。另一方面是有利于推动祖国的统一大业。福建与台湾隔海相望，有八成的台湾居民祖籍地在福建，这种特殊的渊源关系决定了福建在两岸统一大业中的战略地位，也决定了福建与台湾在"一个中国"前提下共同构建"环海峡经济圈"的必然趋势。如能在台湾海峡西岸构建一个经济繁荣、文化发达、政治民主的经济区，不仅有利于减少两岸经济发展的落差，促进祖国和平统一，而且也能为海峡两岸在未来世界经济舞台上实现互利双赢奠定基础。

按照构想，建设"海西"的关键是加快中心城市的发展，实现生产要素的集聚，形成区域经济的新增长极。首先是打造以福州、厦门、泉州为中心的三个城市群：以福州为中心的闽江口城市群，以厦门为中心的厦门湾城市群，以泉州为中心的湄洲湾城市群。第二是培育壮大产业集群，即围绕已确立的电子、石化、机械制造这三大支柱产业，重点培育壮大一批产业集群，提升发展水平，力争在全国发展大格局中发挥应有的作用。第三是全方位、多层次、宽领域地扩大对内对外开放，打破传统行政区划格局，拓宽对外开放、对内联接和山海协作的通道，全力实施"东出西进"战略。"东出"，即通过沿海港口建设，让福建走向海峡对岸，走向世界。"西进"，即加快高速公路网和农村公路网建设，让福建西部和江西、湖南等内陆地区成为福建港口物流延伸的广阔腹地。

胡锦涛在福建考察期间，十分关注"海西"的建设情况。在谈到加强闽台经济技术交流合作时，他强调，谋和平、促合作、求发展，努力构建和平稳定发展的关系，创造更加美好的生活，是两岸同胞的共同愿望，也符合时代潮流的发展方向。要切实加强两岸人员往来和经济文化交流，真心实意为台湾同胞谋福祉，使两岸同胞联系更广泛、感情更融洽、团结更紧密，齐心协力推动两岸关系朝着和平稳定的方向发展。

胡锦涛指出，当今世界，经济全球化趋势深入发展，科技进步日新月异，区域经济一体化加快推进，这给两岸加快发展带来了难得的机遇。两岸同胞应该审时度势、抓住机遇、携手互动，推动两岸经济技术交流合作取得新进展，促进两岸直接通航出现新局面，推动两岸共同弘扬中华文化的优秀传统。要创造更好的条件支持和鼓励台湾企业来大陆投资创业，欢迎台湾同胞参加奥运会建设和相关活动。要支持两岸民间行业组织依照既有的协商模式尽快就两岸客运包机节日化、常态化和货运包机问题一并协商，同步实施。要促进两岸各种形式的文化交流，使中华文化薪火相传、发扬光大。两岸青年应该加强交流、相互促进，共同担负起民族复兴的重任。

考察结束时，胡锦涛听取了福建省委和省政府的工作汇报，对福建改革开放和社会主义现代化建设取得的成绩给予了充分肯定。他希望福建广大干部群众坚持以科学发展观为指导，抓住国家继续鼓励东部地区率先发展、支持海峡西岸经济发展的重大历史机遇，进一步理顺发展思路，凝聚发展力量，破解发展难题，增创发展优势，加快发展步伐，努力走在全国前列。

（四）

胡锦涛会见台商的行为和会见台商时所表达的至诚善意，使陈水扁的元旦讲话显得更加拙劣和恶毒，社会各界对扁的谴责之声越来越强烈，来自民进党内部的批判之声也越来越高。1月22日出版的香港《亚洲周刊》上刊登的题为《民进党派系炮打阿扁两岸政策》的长篇报道，就对此事作了详细报道。

报道说，陈水扁的元旦文告描绘出两岸政策更紧锁的思维。充满杀气的谈话让台湾内部再度陷入震荡。"积极管理"政策像是对企业界丢出的震撼弹，不仅逆经济全球化的潮流，亦限制台商借大陆经济崛起而把握的商机，等于自断台湾产业的生路，影响深远。在扁发表元旦讲话后，民进党内的"新潮流系"内部经过两次会议讨论，针对扁的"积极管理，有效开放"提出"积极定位，自信开放"的建议。同时，该系青壮派也抨击陈水扁的两岸经贸政策是"一人决策"。

报道说，"新潮流系"此次跟陈水扁唱反调，被认为是"在猫脖子上挂铃铛的第一只老鼠"。但"新潮流系""立委"李文忠认为，"陈水扁已经不是猫了。""新潮流系"之所以提出两岸经贸建议，是考虑到"在这个时候公开讲，才能形成对话空间"。他强调，新潮流系提出两岸经贸主张不是要跟谁"别苗头"，而是考虑怎样对台湾经济是比较好的选择。

李文忠说，台湾现在面对全球崭新的秩序，不能回避中国因素，因为新的全球秩序最重要的因素就是中国的崛起。台湾在这个过程中要凭本身的优势获取应有的利益，因此要积极处理两岸经贸议题，两岸经贸越开放对台湾越有利。

李文忠预言，"积极管理"不会达到效果，"最后结果是'独派'的人会觉得阿扁是随便讲一讲，而且会削弱台湾的竞争力"。

国际舆论对扁的元旦讲话所表达的逆时代潮流而动的政治主张也是一片抨击之声。

英国《金融时报》1月12日发表了题为《台湾"讲政治"妨碍"拼经济"》的社评说，台湾在限制投资方面的随意性和党派色彩表明，早就应该对这些过时的、无效的限制进行全面评估了。台湾政策误入歧途的最新例证是，"联华电子"前董事长曹兴诚因该公司与一家中国芯片制造商的关系而被指控犯"背信罪"。曹兴诚等人被控在2001年不顾当时的一项有关投资大陆半导体行业的禁令，创建了"和舰科技"。联电将此指控称为"纯政治性的"。陈水扁在民进党去年12月地方选举中落败后，宣布了对两岸经济交流实行更严格控制的计划，试图以此重新取得"独派"选民的支持，这是一种错误的做法。

社评说，数年来，陈水扁政府一直试图"亡羊补牢"，努力阻止台湾企业在大陆从事芯片制造技术方面的投资，而此项技术早已成为一种全球标准，大陆方面也早已从其他地方获取了该技术。围绕更为紧迫的海峡两岸直航问题的谈判，多年来却一直陷于僵局。

社评说，台湾企业将不会停止其在感兴趣的目的地进行投资。本月的一项调查显示，在2005年台湾制造业企业的对外投资中，有4/5流向了大陆，但负责人将更倾向于选择在中国大陆、香港或美国停留，而不愿受到台湾政府设置的种种限制的影响。

美国《远东经济评论》双月刊的主编雨果·雷斯托尔先生的一篇题名叫《扁孤注一掷》的文章，刊登在1月22日出版的台湾《中央日报》上，对扁这位政治赌徒将会做怎样的垂死挣扎作了一番分析和描述。

文章说，台湾领导人陈水扁如今似乎已成强弩之末，他的支持度已逼近最低纪录，而他所属的民进党则在去年12月的台湾县市长选举中受到重挫。有些民进党籍的"立法委员"已公开反抗陈水扁，而使他雪上加霜的是，"立院"甫将"总统府"任意编列的预算加以删除，以防他继续倒行逆施。

文章指出，但事情并不是这般容易，偏偏陈水扁在政治上搅局的本领令人难以置信。抱持各种意识形态的台湾人民都已对他戏剧性的政策摇摆所造成的经常性混乱感到厌烦，但他却有两年任期，而且即使他不获"立院"支持，仍能凭借大权在握的行政体系而继续决策的权力，特别是在两岸政策方面。更确切地说，他在无力遗留正面政绩的情况下，最终将展现毁灭性的倾向。且以他最近的举措为例，它在元旦文告中重拾他先前受阻的计划，即在2008年之前通过"公投制宪"，而非继续修订现行"宪法"。同时他在文告中宣布，要限制台商前往大陆投资。在此之后，联电前董事长曹兴诚遭到了起诉，而其"罪名"与在大陆营运有关。

文章说，这些举措使民众不安，并对台湾股市造成了打击，甚至也令美国勃然大怒。过去数年来，布什政府已认清，陈水扁是个不知节制之辈，因此正设法约束他那种触怒中共的突发行为。美国政府已对陈水扁的元旦文告内容表示"关切"，然而陈水扁还是不愿意收敛。因此在他发表文告之后，美国国务院再次对他提出公开警告。

文章说，陈水扁此种手法最有趣的一点是，并未能激起挑衅对象的回应。中共领导人依然对其无动于衷，而任由陈水扁去面对自己人民的怒责。

这当然是中共与过去有所不同的正面做法，但也是陈水扁在企图重新掌握主动并恢复其所丧失的支持度时，仅能做出的有限选择。

文章说，陈水扁欲留下"功业"的唯一机会只有宣布"台独"，并设法在两岸"三通"之前，策划与大陆之间的大规模冲突。他的希望将在于，本省籍民众会团结在绿旗之下。由于宣布"台独"已成为人人心目中"引爆两岸关系的核弹"之举，因此事实上其结果可能会成为潮湿的信管。多数民进党籍的政治人物都了解，支持这种做法无异是政治自杀。

另一方面，大陆如今不但对台作出了比较聪明的反应，而且还有主动的空间。中共透过和台湾在野党建立关系，已在实际上得以影响台湾内部政局，比如其可对国民党作出让步，来化解陈水扁升高两岸敌意的企图。此外，中共还握有各种经济利益，可提供给台湾各行各业的人民享用。

文章最后说，台海两岸的经济融合正迅即使陈水扁沦为不合时宜之人，但其中一大变数也在于陈水扁颇具破坏两岸关系的天分。外界可以预期，这位政客至少会有最后一次的临去秋波，因为此人可能是个失败的"总统"，但却也是个无人能出其右的煽动家。

陈水扁靠挑衅和煽动能挽救他失败的命运吗？答案是不言自明的。

（五）

2006年1月中旬，中台办、国台办在北京举行全国台办主任会议，研究部署2006年对台工作。

1月18日，中共中央政治局常委、全国政协主席贾庆林会见与会代表时作重要讲话。他强调，要在以胡锦涛同志为总书记的党中央领导下，以邓小平理论和"三个代表"重要思想为指导，坚定不移地贯彻"和平统一、一国两制"的基本方针和现阶段发展两岸关系、推进祖国和平统一进程的八项主张，全面深入地贯彻胡锦涛总书记提出的新形势下发展两岸关系的四点意见，坚决贯彻中央的决策和部署，努力做好今年的对台工作，推动两岸关系进一步朝和平稳定的方向发展。

贾庆林指出，2005年以来，我们采取了一系列惠及广大台湾同胞的举措，两岸民间的交流交往日益密切，两岸经济合作进一步加强，两岸携手共谋发展深入人心。这符合广大台湾同胞的根本利益，有利于中华民族的长远发展。

贾庆林强调，两岸同胞是命运与共的手足兄弟。只要是对台湾同胞有利的事情，只要是对促进两岸交流有利的事情，我们都要尽最大努力去做，并且一定努力做好。要进一步加强两岸人员往来和经济、文化交流，进一步陆续出台解决广大台湾同胞关心的问题、维护台湾同胞正当权益的政策措施，努力办好关系到广大台湾同胞切身利益的实事。我们欢迎更多的台湾同胞来大陆投资兴业、共谋发展，造福两岸同胞。各级政府要竭诚为台湾同胞提供帮助和服务。我们希望两岸民间行业组织尽快就两岸客、货运包机相关事宜一并协商，达成共识，同步实施，以满足广大台湾同胞特别是台湾工商业界的强烈要求，不断推进实现两岸全面、直接"三通"的进程。要全面落实我们党与中国国民党、亲民党达成的共识，继续推动在"九二共识"基础上恢复两岸对话和谈判。

贾庆林强调，2006年是"十一五"时期的开局之年。做好2006年的对台工作，具有非常重要的意义。几天前，胡锦涛总书记在考察厦门海沧台商投资区并会见台商代表时，就实现两岸直接"三通"、加强两岸经济交流与合作发表了重要讲话。从事对台工作的同志一定要认真学习，深刻领会，坚决贯彻。要以对党和人民高度负责的使命感和责任感，以良好的精神风貌和饱满的政治热情，切实履行对台工作职责，加强配合、形成合力，为稳定台海局势、维护我重要战略机遇期创造良好环境，为促进两岸关系发展、推进祖国和平统一进程，作出新的贡献。

（六）

前文曾提到，陈子帛先生的文章中说，对陈水扁的恶意挑衅，北京是不屑理睬的。"北京的记者会对大熊猫的关注多过陈水扁，这才是最有价值的政治幽默"。

当经过反复筛选，精选出两只赠台大熊猫后，中国野生动物保护协会决定向全国各地及海外地区的民众为两只赠台大熊猫征集乳名，此事立即受到全国各地和海外地区民众的热烈响应。征集活动从2006年1月7日起，到1月21日20时截止，短短15天的时间，人民日报等6家承办媒体共收到来自海内外的上百万份提名，热烈的程度超乎想象。1月22日出版的《人民日报》发表了一篇题为《百万提名盼"团圆"——赠台大熊猫乳名征集活动侧记》的报道，报道了在这次盛大的征集活动中所反映出来的海内外中华儿女的心声和感人至深的情况。

报道说，从本报收到的提名来看，取名的思路基本相似，就是期盼两岸团圆、祖国统一，比如"团团"、"圆圆"、"陆陆"、"湾湾"、"中中"、"华华"等等。"统一"的谐音，如"彤彤"、"同同"、"童童"、"依依"也很受青睐。

另一种是祝愿两岸和平、人民相亲,比如"和和"、"美美"、"依依"、"佳佳"、"平平"、"安安"等。安徽省无为县的谢道宏为大熊猫起名为"融融"、"通通",并附言说,融是"亲情融融,爱意融融,文化相融,血脉相融,相信同根同祖的手足之情能融化一切坚冰";通是"手相携,心相通,一通百通。只有通了,两岸同胞才能彼此增进了解,增加信任,增强信心。"

即使是看上去通俗易懂的名字,也被匠心独具的提名者挖掘出与两岸关系相关的寓意。江苏省苏州市的张志斌、张辉提名"福娃"、"甜姐",因为大熊猫赴台之行是"福祉之往",盼望大熊猫宝宝成为两岸人民"甜蜜的纽带"。吉林省公主岭的朱格提名"小光"和"阿鸿",源自典故"举案齐眉"中的孟光和梁鸿,并附言道,如果两岸和睦相处,华夏大地焉能不生气盎然,蒸蒸日上?

还有人提名福建等地常用的"囡囡"、"团团",含有亲切、血脉相通的意蕴。

报道说,翻开这些提名信,可以发现,提名人地域分布广泛,从辽宁、广东、山东、吉林、河北、上海、河南、江西、北京等全国各地,到印度尼西亚、瑞典、香港、台湾等海外地区。

提名人背景形形色色,上至耄耋老人,下至黄口小儿。

提名人不分职业,从农民到工人,从学生到军人,也不论僧俗。一封来自陕西省的信中写道:"我叫释本慈,俗名孙思源,现年74岁,汉中人……"他提名"团团"、"圆圆","我感到这两个名字对目前两岸政治、经济、生活有更加深远的意义。"

编辑部还收到一份署名为"愧为炎黄子孙的人"的来信。写信人现居广州市天河看守所,他说:"我是一名等待判决的犯罪嫌疑人,现在被公安机关依法羁押……在1月7日《人民日报》上看到赠台大熊猫征集乳名的启事后,我对管教提了一些想法,他鼓励我投稿。"他为大熊猫取名"盼盼"和"强强",他说:"盼盼是个女孩子,我想她的心声是所有中华儿女的共同心声:'我们渴望团圆!'强强呢,是男孩子,是龙的传人,他的愿望是海内外炎黄子孙的共同愿望,让中华民族强大,屹立于世界民族之林……"

报道说,一沓沓来信的背后都有许多动人的故事,但遗憾的是编辑们没有太多的机会把它们一一讲出来,只能选取几个讲给读者。报道说,在一封沉甸甸的邮件中,装着吉林省公主岭市第一中学一年级(19)班63份提名。

在班主任张菊芳老师特别印制的表格中，每个同学都端端正正地写下了自己左思右想为大熊猫起的乳名。还有一封提名信是驻广东省东莞市某部解放军战士王永超寄来的，信中附着98位战友的联合签名，小王说："合计99人，意为华夏大地九九归一，振中华之魂，奋民族之魄！"

还有不少人随信寄来了自创的诗词。广东省东莞市的余长江提名为"璧璧"、"合合"，并为此写了一首歌词："青梅伴竹马，相约日月潭，日月同生辉，思念到永远……世纪谱新曲，江山若琴瑟，珠联与璧合，一唱天下和。"

1月20日，一位热心读者在电话里问编辑："我取的名字会被选中吗？"编辑一时无法回答她的问题，正思索着怎样向她解释遴选的程序时，她立刻又补充说："我知道了，重在参与，提名只是一表心意。"她的这句话恐怕正是人们踊跃为赠台大熊猫取乳名的心意所在。

天下中华儿女谁不盼国家统一、民族振兴！

三、"春风终解千年雪，海水犹连两岸心"。海内外华人称赞江泽民同志的八项主张犹如春风一样，吹拂两岸，表达了对台湾人民的亲情和关爱

（一）

1月19日，台盟中央、全国台联在北京共同举办"2006年在京台胞新春同乐会"。在京台胞与首都各界人士四百余人欢聚一堂，喜迎新春。全国政协副主席张克辉、台盟中央主席林文漪、全国台联名誉会长杨国庆以及全国人大、全国政协、中央统战部、国台办等有关部门人士出席了新春同乐会。

林文漪在致词时说，11年前，江泽民同志发表了《为促进祖国统一大业的完成而继续奋斗》的重要讲话，提出了现阶段发展两岸关系、推进祖国和平统一进程的八项主张。11年来的实践证明，这一重要讲话对坚持一个中国原则，反对"台独"分裂，揭露和打击"台独"势力的分裂活动，维护国家主权和领土完整，在国际上巩固一个中国框架，推动两岸经济文化交流，落实尊重台湾同胞当家作主愿望，保护台湾同胞一切正当权益，维护祖国和平统一的前景，发挥了极其重大的作用。

林文漪指出，去年3月4日，胡锦涛总书记在看望参加全国政协十届三次会议的民革、台盟、台联界委员时，提出了新形势下发展两岸关系的四点意见。四点意见继承和发展了中国共产党和政府的对台方针政策，继承和发展了江泽民同志八项主张，是新时期指导对台工作的纲领性文件。胡锦涛总书

记的这一重要讲话和全国人大通过的《反分裂国家法》，突出表明祖国大陆在解决台湾问题上的坚定立场和极大诚意，体现了关爱台湾同胞的亲情和善意，既是大陆对台政策的一贯强调与重申，又是对新形势下发展两岸关系的新宣示、新阐述，已经并将继续对两岸关系发展产生重大而深远的影响。

林文漪说，2005年，祖国大陆相继推出了一系列积极、务实、灵活、惠及台湾同胞的新举措，受到两岸同胞的认同和欢迎，推动了两岸关系朝着和平稳定的方向发展。近日，胡锦涛总书记在福建考察工作时再次强调，要切实加强两岸人员往来和经济文化交流，真心实意为台湾同胞谋福祉。要创造更好的条件支持和鼓励台湾企业来大陆投资创业，欢迎台湾同胞参加奥运会建设和有关活动。他希望两岸青年加强交流、相互促进，共同担负起民族复兴的责任。林文漪表示，多年来，广大台胞为两岸共同发展作出了重要贡献，我们愿意和广大台胞一道多办、办好两岸同胞共同期盼好事。

林文漪说，春节是中华民族的传统节日，是阖家团聚的美好时刻。两岸同胞同根同源，骨肉相亲。我们热切期盼着两岸同胞团聚的一天早日到来。

新春同乐会上，与会人士还共同欣赏了精彩的文艺表演。

台盟中央、全国台联共同举办的"2006年在京台胞新春同乐会"，拉开了纪念江泽民同志关于现阶段发展两岸关系、推进祖国和平统一进程的八项主张发表11周年活动的帷幕。此后，大陆各地各部门和海外华侨华人举办各种形式的纪念活动，回顾和总结江泽民同志的八项主张发表以来的实践经验和所产生的巨大影响，称赞八项主张对维护祖国和平统一前景所发挥的重大作用。

（二）

就在台盟中央、全国台联在北京举办"新春同乐会"的当天晚上，南非华侨华人各界代表在约翰内斯堡隆重举行集会，纪念江泽民同志的八项主张发表11周年。包括台湾同胞在内的南非华侨华人代表近百人出席了聚会。与会者一致表示，衷心拥护中国政府对台问题的一贯立场和原则主张。他们严厉批驳台湾当局推行的"台独"政策，呼吁台湾同胞警惕和抵制陈水扁当局的倒行逆施，指出"和平统一、一国两制"是最终解决台湾问题的出路。

1月21日，中国驻韩国大使馆邀请韩国华侨侨团、侨社30多位侨领在首尔举行纪念座谈会。与会侨领们表示，坚决拥护江泽民提出的八项主张，在新形势下，要继续为"反'独'促统"贡献力量。

韩华中国和平统一促进联合总会会长韩晟昊说，江泽民的八项主张指明了中国和平统一的方向。去年，两岸关系出现了令人振奋的积极变化，给台湾人民带来了巨大的温暖。胡锦涛主席最近在厦门的讲话深得人心。事实证明，陈水扁之流推行"台独"是不得人心的，是必定要失败的。

韩国华侨老侨领孟子斌、首尔华侨协会会长邱元仁以及其他与会侨领表示，旅韩华侨对祖国的和平统一充满信心，对祖国的繁荣富强深感鼓舞。韩国华侨反对"台独"的立场决不动摇，将继续团结一致，为早日实现中国的和平统一大业作出贡献。

1月23日下午，旅法华侨华人及留学生代表在中国驻法国大使馆举行座谈会，与会人士踊跃发言，表示坚决支持祖国统一大业早日实现。

法国中国和平统一促进会（简称"和统会"）执行会长杨明在发言中说，从11年前江泽民提出发展两岸关系、推动祖国和平统一进程的八项主张，到全国人大通过《反分裂国家法》，两岸和平统一问题从纲领性文件到立法，为"反独促统"提供了强有力的法律武器，有利于台海的和平与稳定，符合中国和国际社会的共同利益。

华侨陈克威表示，早日实现祖国的和平统一是全体中国人民和所有华夏子孙的心愿，作为旅法华侨和企业家，我们要为祖国统一继续作出不懈的努力，坚决反对"台独"的分裂活动。

同一天，旅蒙华侨华人在旅蒙华侨友谊学校举行座谈会，重温江泽民同志《为促进祖国统一大业的完成而继续奋斗》的讲话，并进行了热烈讨论。

与会者积极发言，纷纷表示，全体旅蒙华侨华人永远和祖国人民站在一起，支持祖国的统一大业。大家表示，全体旅蒙华侨华人坚决拥护中国政府制定的一系列促进祖国统一的方针政策，团结在爱国主义的大旗下，为发展两岸关系，推动祖国统一，完成中华民族的伟大复兴作出新的贡献。

1月24日，旅澳华侨华人和留学生在堪培拉举行座谈会，纪念江泽民同志的八项主张发表11周年。

堪培拉华联社会长、澳大利亚首都地区中国和平统一促进会筹委会主任颜种旺在座谈会上说，江泽民11年前提出的发展两岸关系、推进祖国和平统一进程的八项主张创造性的丰富和发展了邓小平"和平统一、一国两制"的思想，是促进实现中国和平统一的基础和前提。这八项主张充分代表了全体海内外华人的共同意志，广大海外华侨华人坚决支持祖国早日实现统一。

堪培拉中国学联主席于长斌说，11年来，两岸经贸、文化及人员往来逐年增加；求和平、求安定、求发展成为台湾的主流民意；国际社会共同反对"台独"的呼声越来越强烈。所有这些都说明，江泽民八项主张具有深远历史意义和重要现实意义。

1月25日，悉尼中国和平统一促进会、大洋洲中国和平统一促进会在悉尼举行座谈会，纪念江泽民八项主张发表11周年。

悉尼中国和平统一促进会会长钱启国在座谈会上说，悉尼中国和平统一促进会拥护江泽民同志的八项主张和胡锦涛同志关于新形势下发展两岸关系的四点意见，反对"台独"分裂活动，希望两岸人员往来、经济合作、文化交流等进一步密切，希望两岸关系向着和平稳定的方向发展。

大洋洲中国和平统一促进会会长邱维廉说，在过去的一年里，国民党、亲民党、新党的领导人相继访问祖国大陆，使两岸往来络绎不绝，台湾岛内出现了"登陆热"。春节包机的实现，充分证明两岸的全面"三通"已成为不可逆转的潮流。

同一天，比利时中国和平统一促进会与旅比侨团在中国驻比利时使馆举行纪念江泽民八项主张发表11周年座谈会，与会代表一致认为，胡锦涛关于新形势下两岸关系的四点纲领性意见，与江泽民的八项主张一脉相承，从民族大义出发，从台湾民众的根本利益出发，再次凸现了中国政府在解决台湾问题上的坚定立场与最大诚意。

同一天，旅加华侨华人社团代表在渥太华中国驻加拿大使馆举行座谈会，纪念江泽民八项主张发表11周年。大蒙特利尔华人社区发展委员会主席、蒙特利尔龙舟会共同主席余绍然说，春风终解千年雪，海水犹连两岸心。中国政府有关和平统一祖国的大政方针，犹如春风一样，吹拂两岸，反映了对台湾人民的亲情和关爱，同时表明了在解决台湾问题上的坚定立场和极大诚意。海外华人社团要团结一致，继续坚持一个中国原则，为实现祖国统一不断努力做贡献。

1月26日，泰国华侨华人各界代表在曼谷中华总商会举行座谈会，纪念江泽民八项主张发表11周年。泰华进出口商会理事长陈汉士、泰国中国和平统一促进会副会长刘暹有、潮州同乡会馆主席李光隆、泰中友好协会副会长吴宏兴等代表先后发言，高度评价江泽民同志在11年前提出的八项主张和胡锦涛总书记关于祖国和平统一的四点意见。泰国留学中国大学校友总会主席刘锦庭说，我们坚决拥护和平统一，坚决反对一切"台独"势力。唯有祖国和平统一，才能繁荣进步，任何破坏和平统一的人都将成为历史罪人。

中国驻泰国大使张九桓在发言中指出，江泽民同志提出的八项主张，对发展两岸关系、推动祖国和平统一进程具有重大的历史意义和现实指导意义。泰华社会有一支"反独促统"的强大力量，让我们携起手来，为早日实现祖国统一大业而努力奋斗。

在春节这个中华民族"庆团圆、迎新春"的传统节日前后，旅居美国、德国、日本、俄罗斯、巴西、墨西哥、西班牙、埃及、印尼、尼日利亚等世界各地的华侨华人社团，围绕着江泽民同志11年前提出的八项主张和胡锦涛总书记一年前提出的四点意见，畅谈各自的认识和感想，表达期盼祖国早日统一的强烈心声。诚如德国中国和平统一促进会会长叶海杰所说，江泽民同志的八项主张和胡锦涛主席提出的四点意见，充分体现了中国政府团结两岸同胞，共同完成祖国统一大业的决心和诚意，也表达了全球华人企盼中华民族早日复兴的共同心愿。海外华侨华人将继续拥护和支持中国政府维护祖国统一、争取民族振兴的各项政策措施，坚持不懈地与"台独"分裂势力展开坚决斗争。

（三）

春节前夕，北京、上海、天津、广东、江苏等地和中央各有关部门、团体组织纷纷举办座谈会，纪念江泽民同志《为促进祖国统一大业的完成而继续奋斗》重要讲话发表11周年。与会专家学者高度评价江泽民八项主张的历史意义与现实意义，并指出现在及今后较长一段时期内，八项主张仍将在对台工作中发挥重要的指导作用。

在北京，一系列纪念座谈会陆续召开。在由中国和平统一促进会和黄埔军校同学会联合举办的座谈会上，全国人大常委会副委员长、民革中央主席、中国和平统一促进会副会长何鲁丽指出，1995年1月30日江泽民同志发表的这篇重要讲话，贯彻邓小平同志"和平统一、一国两制"的思想，根据海峡两岸形势的发展和两岸人民的要求，提出了现阶段发展两岸关系、推进祖国和平统一进程的八项主张，受到了海峡两岸及海外华侨华人的热烈欢迎，也得到国际社会的广泛认同。

中共中央台办、国务院台办、全国政协港澳台侨委员会、海峡两岸关系协会、全国台湾研究会、中国社科院台湾研究所等机构相继举办纪念座谈会。在全国台湾研究会和中国社科院台湾研究所联合举办的座谈会上，学者们指出，在两岸同胞的共同努力下，当前两岸关系中有利于遏制"台独"分裂活动的积极因素在增加，两岸关系朝着和平稳定方向发展的趋势在增强，但"台独"分裂势力并未停止"台独"分裂活动，台湾当局领导人仍提出要搞所谓"新宪公投"，台海局势紧张的根源并未消除，反对和遏制"台独"分裂势力及其活动的斗争依然任重而道远。

在上海，各界连日来举办多项活动，纪念江泽民同志八项主张发表11周年。在上海市台湾研究会、上海台湾研究所和上海东亚研究所主办的研讨会上，与会专家认为，邓小平同志的"和平统一、一国两制"确立了中国共产党解决台湾问题的基本方针；江泽民同志提出的"八项主张"进一步明确、丰富了中共对台方针的内涵；去年3月，胡锦涛总书记就新形势下发展两岸关系提出的"四点意见"是对江泽民同志"八项主张"的继承和发展，是新时期指导对台工作的纲领性文件。

在台盟上海市委和上海市台联联合召开的座谈会上，曾是台湾少年团团员的78岁老台胞黄莘说，纪念江泽民八项主张发表11周年之际，又恰逢中华民族传统的新春佳节，我们更加思念远在海峡对岸的故乡亲人。"我们坚信台湾回归的伟大使命一定会早日完成。"

在天津，市政协港澳台侨委员会和天津市台湾研究会联合举办座谈会，与会代表畅所欲言，场面热烈。代表们一致认为，从江泽民同志提出的八项主张到胡锦涛总书记提出的四点意见，都透露出十分明显的善意。当前，两岸关系中有利于遏制"台独"分裂活动的积极因素在增加，两岸人员往来和经济、文化等各个领域的交流与合作得到进一步发展。尤其是大陆推出的一系列惠及广大台湾同胞的政策，正一步步得到落实，得到了包括台湾同胞在内的全体中华儿女以及国际社会的广泛好评，这正体现了"寄希望于台湾人民"的方针的落实。

在江苏，江苏省和南京市分别举办座谈会纪念"八项主张"发表11周年。江苏省委副书记张连珍说，世界上只有一个中国，大陆和台湾同属一个中国，中国的主权和领土完整不容分割。这既是发展两岸关系、实现和平统一的基础，也是中华民族的根本利益所在。中共南京市委副书记杨植表示，十多年来，在"和平统一、一国两制"基本方针和江泽民同志八项主张的指引下，经过两岸同胞的共同努力，两岸关系取得了重大进展。但同时也要看到，台湾当局拒不承认一个中国原则和"九二共识"的立场并未改变，仍在不断为两岸关系发展设置障碍。遏制和反对"台独"势力仍是我们今后对台工作的一项艰巨任务。

在广东，省台办、省台湾研究中心联合举办的座谈会上，讨论热烈，与会专家学者一致认为，和平解决台湾问题、实现祖国和平统一，符合两岸同胞的根本利益，符合中华民族的根本利益，也符合当今世界和平与发展的潮流，必将实现。而"台独"分裂势力搞分裂活动，违背中华民族的根本利益，违背世界潮流，难逃失败的命运。

（四）

在纪念江泽民同志八项主张发表11周年之际，《人民日报》开辟专栏发表了多篇专家学者和知名人士的纪念文章，其中，台湾大学教授张麟征的题为《纪念八项主张，前瞻两岸关系》的文章和大洋洲中国和平统一促进会会长、有"太平绅士"雅誉的邱维廉先生的题为《重温八项主张，促进统一大业》的文章最引人注目。

张麟征教授的文章说，八项主张出台时，"台独"主张在台虽已不乏市场，李登辉的狐狸尾巴也隐约可见，但是还打着"国统纲领"，遮遮掩掩。经过李登辉的"访美"、"两国论"、"政党轮替"、陈水扁的"一边一国"、"公投制宪"等震荡后，两岸关系的本质已从当初的"制度之争"，转变为"统独之争"。

文章说，检视大陆对台政策，轨迹清晰。战略上，长期以来都没有改变；战术上，却可因应环境变化而作调整。自1987年以来，"一个中国"、"和平统一"始终是大陆对台政策的主轴。在政策主轴不变的前提下，大陆这一两年对台政策灵活度增加，能因对象不同而有不同的策略。对台湾人民则软得不能再软：凡是大陆能主动给予，不需台湾"公权力"配合的，如对台商贷款、台生同等收费等，无所不给；凡是有益于两岸人民交往的，如直航、开放观光、赠送熊猫、农产品免关税登陆等，不管台湾放不放行，都继续推动，展示诚意。这些策略确实使台湾人民感受到善意，从台湾最近的选举结果、民调和对陈水扁元旦谈话紧缩两岸政策的高度不满中，可以得到印证。

文章指出，对"台独"则软硬兼施。硬的一手是：制定《反分裂国家法》，为"台独"量身定做一个牢不可破的框架；外交反制，使"台独"无法从国际上寻求支援。虽然陈水扁对这些作为十分反弹，但由于执政形象与绩效双双跌落谷底，再加上大陆实力的磁石效应，已经无法藉此在岛内炒作，也很难在国际上掀起波澜。至于对"台独"软的一手则是：一再声明，不管过去说过什么，做过什么，只要回到"九二共识"、"一中原则"，一切好谈。虽然陈水扁及"基本教义派"还是顽石一块，但是民进党中务实之士已有不同的响应，策略效应相当正面。

文章最后说，两岸关系现在也许处在黎明前的黑暗期。陈水扁如果顽石难化，拖过两年，换人换党执政的可能性极大。国民党对"一中原则"有共识，对改善两岸关系也作了相应正面的承诺，譬如维持现状、直航、加强经贸交流等，如果上台，两岸关系必有一番新局。其实，两岸民间交流对改善关系贡献更大。也许真的像美国前助理国防部长傅立民所讲，"两岸之间的私企和个人接触正帮助台海建立一种机制，谈判可能对（两岸）统一不再必要，这个由下到上民间的积累过程最后会汇集到官方层面"。"台湾问题正出现一个更有利（于和平）的转机，统一有可能发生"。我们也期待这个默默进行的"珊瑚工程"早日完成。

张教授文中所说"珊瑚工程"，是借暖海中进行群体生活的珊瑚虫所分泌出的石灰质外骨骼，，由下到上、由小到大形成珊瑚礁、珊瑚岛，最后浮出水面的自然现象，比喻两岸民间通过不断的交往、交流、融合，会逐渐形成两岸统一的大局。不少研究两岸关系的专家学者用这一自然现象，来描绘两岸关系发展的大趋势。

太平绅士邱维廉先生的文章说，在江泽民八项主张发表11周年的时候，我们回顾过去，展望未来，看到了两岸关系进一步发展的新局面，令人振奋。文章说，最近，胡主席视察厦门，在看望台商代表时说："只要是对台湾同胞有利的事，只要是对促进两岸交流有利的事，我们都会尽最大努力去做，并且一定努力做好。我们欢迎更多的台湾同胞来大陆发展，通过开展合作，造福两岸同胞。大陆有关方面一定会竭诚为台胞们提供帮助和服务。"这些诚恳的话语更加使人们看到，中国政府表现了最大的诚意、最大的和解愿望，为两岸人民的福祉再一次敞开了大门，在海内外引起了强烈反响和高度评价。

文章强调，在新的形势下，我们必须密切注视"台独"分裂势力的新动向。在陈水扁最近的元旦讲话中，提出"积极管理、有效开放"的所谓"大陆经贸政策新思维新作为"，这种两岸关系上的倒行逆施受到包括台湾工商界人士在内的广大台湾同胞的质疑和反对。更为严重的是，陈水扁在讲话中重提"宪改"的时间表，不断鼓吹"台独"分裂言论，说明"台独"危险性又在上升，对此我们不能掉以轻心。

文章最后表示，重温八项主张，回顾11年来两岸关系的现实，我们要进一步促进两岸的往来交流，努力使台海局势向着和平稳定的方向发展。我们海外华侨华人决心与全世界华夏子孙一道为促进两岸统一大业的完成，以及亚太地区的和平、稳定与发展而继续奋斗！

（五）

在江泽民同志提出的八项主张发表11周年之际，新华社、人民日报、中央电视台三家媒体在香港联合采访了全国政协副主席董建华先生和全国人大

常委、香港金利来集团董事局主席曾宪梓博士。

在采访董建华先生时，董先生开门见山地说道："一个中国的原则是发展两岸关系和实现祖国和平统一的基础和前提，是两岸关系发展的关键所在！中央几代领导人都坚定地坚持一个中国的原则，同时又都始终不渝地贯彻和平统一的方针。"

他说："江泽民同志的八项主张，继承和发展了邓小平先生关于解决台湾问题的思想，丰富了坚持一个中国原则的思想，强调这是和平统一的基础和前提，并提出了和平谈判的初步设想。它赋予了两岸经济文化交流的新含义，并且深化了寄希望于台湾人民的思想。它表达了全球中华儿女希望国家早日统一的共同愿望。11年来，这个讲话使两岸关系迅速发展，促进了包括台湾同胞在内的全球华人对国家统一的认识。"

董先生指出，去年3月胡主席提出的四点意见，"体现了胡主席审时度势、与时俱进地促进和发展两岸关系、推进祖国和平统一的智慧和思想。一方面强调了大陆方面在原则问题上的坚定性，另一方面也体现了在一些具体问题上的灵活性，充分表明了中央领导坚持实现祖国和平统一的诚意和决心。"

董先生坦言，他欣慰地看到，越来越多的台湾同胞热切地盼望两岸关系能够和平稳定发展，盼望两岸合作交流，盼望台海地区和平，盼望两岸能够共同发展。岛内"台独"分裂势力已经越来越不得人心。他分析，去年有两方面的大事对两岸关系的发展产生了很大的推动作用：一方面是，连战主席应胡锦涛总书记邀请访问大陆，举行正式会谈，写下了国共两党合作的新篇章，对两岸关系发展产生了重大影响；另一方面是，中央采取了一系列惠及台湾同胞的政策措施，受到了台湾民众的普遍肯定和欢迎。

董先生说，香港回归以后，在"一国两制"没有经验可借鉴的情况下，特区政府经受住亚洲金融风暴和SARS危机的严峻考验，与香港同胞一起逆水行舟，不懈努力，不仅保持了香港法治、自由和多元的社会制度，而且成功地维护了作为世界金融、贸易、航运中心的地位，连续11年被评为世界最自由的经济体系。香港没有倒下，而是愈挫愈勇，终于迎来了经济复苏和各项信心指数的回升。"'一国两制'这个最早由邓小平先生针对台湾问题提出的伟大构想，已经在香港和澳门得到成功实践。香港、澳门成功的经验证明，'一国两制'这个构想解决台湾问题是完全可行的。"

董先生指出："香港一直在两岸关系中起着重要的桥梁作用。"他很赞同台湾一位人士的观点，香港具有完善的自由经济体系，台湾具备人才和资金优势，大陆有无与伦比的巨大市场和发展潜力，如果"三地"能实现互补，将会如虎添翼！作为香港首任行政长官，董先生深知中国经济腾飞对于港澳台的重要意义。他曾有名言"香港好，国家好；国家好，香港更好"。事实上，近年来香港与内地的关系证明了他的见解。2002年以来，CEPA和个人游政策在香港实行，对香港经济的复苏就起了关键性的作用。

董先生强调："如果台湾方面紧缩两岸经贸政策，受伤害的是台湾经济和台湾人民。反而言之，如果两岸能够早日实现'三通'、扩大经贸合作，充分利用祖国大陆经济飞跃的契机，必然能够帮助台湾的经济走出低谷，实现经济结构的转型。"

董先生坚信，随着两岸关系和平稳定发展，港台关系必将深化，香港在促进两岸经济融合中，一定会进一步发挥其独特的作用，为祖国的和平统一贡献力量。

作为全国人大常委会委员，曾宪梓先生亲身参与了许多国是、政策和法规的讨论和制定。作为香港的知名人士，他常常牵挂的还是两岸三地关系。他在记者采访时说，当年邓小平同志创造性地提出了"一国两制"的科学构想，充分表现了一个政治家的伟大气魄和对民族大业的责任。1995年，江泽民同志提出的八项主张，具有鲜明的时代特色，丰富了一个中国原则的思想，赋予了两岸经贸文化交流的新内涵，深化了寄希望于台湾人民的思想，表达了海内外中华儿女希望早日完成祖国统一的共同心愿。胡锦涛主席提出的四点意见，充分体现了新一届中央领导集体务实推动两岸关系发展的新思路。他认为，胡主席的四点意见不仅鼓舞了海峡两岸热爱祖国、盼望统一的民众，还遏制了台湾当局进行的"台独"分裂活动，保持了台海地区局势的稳定。

曾先生说，八年多的实践证明，"一国两制"为香港的发展注入了强大的动力，受到广大香港市民的认可和支持。他说，香港是经贸中心，CEPA进一步密切了内地与香港的经贸往来，零关税不仅推动了香港产品进入内地市场，还吸引部分加工企业回流香港，从而改善香港的产业结构；港澳"个人游"政策先后在内地38个城市实施，为香港提供了约2亿人口的旅游市场。到2005年底，赴香港"个人游"的人数突破了1000万人次。此外，旅游还带动了餐饮、旅馆、零售业等相关行业的复苏。这一切都增强了香港市民对经济前景的信心，也为经济复苏创造了良好的条件。他强调，"一国两制"下的香港，经济发展和民众生活水平都取得了长足进展，这是有目共睹的事实。

曾先生自豪地指出，在回归祖国、实践"一国两制"的过程中，香港同胞发挥了主动作用，为祖国发展贡献心力。在改革开放初期，许多香港的企业家到内地投资建厂，为祖国的经济发展作出巨大努力。两地的关系已经达到"相辅相成、密不可分"的新高度，内地为香港发展提供了巨大空间，香港为内地走向世界提供了重要桥梁。

曾先生充满憧憬地说："可以想见，如果台湾与祖国大陆关系越来越近，两岸走向统一，中华民族的繁荣昌盛和复兴就会指日可待。"

曾宪梓先生的美好憧憬定然会实现。天下中华儿女正翘首期盼着这一天的到来。

四、在两岸同胞欢庆新春佳节、融融相贺之际，陈水扁又抛出"废统论"等"三项诉求"，立刻受到全球华人的同声谴责和国际舆论的强烈抨击

（一）

在陈水扁的元旦讲话仍被舆论普遍谴责之时，他又公然撕毁他自己两次"总统"就职典礼时的"四不一没有"承诺，在其春节谈话中提出"三大诉求"：考虑废除"国统会"及"国统纲领"、催生"台湾新宪法"定稿、以台湾为名称申请加入联合国，公然挑战国际社会普遍承认的一个中国原则，狂热鼓吹"宪政改造"，力图通过"宪改"实现"台湾法理独立"。

陈水扁的春节谈话刚一出笼，立刻受到全球华人的同声谴责和国际舆论的强烈抨击。

2000年和2004年，陈水扁在其两次"总统"就职典礼上，信誓旦旦地提出"四不一没有"的承诺。这"四不"是：保证在任内不会"宣布独立"、不会更改"国号"、不会推动"两国论入宪"、不会推动改变现状的"统独公投"。这"一没有"是：没有废除"国统纲领"和"国统会"的问题。"国统会"的全名为"国家统一委员会"，由前"总统"李登辉宣布成立。设置的目的在于主导台湾海峡两岸关系发展，依据"民主、自由、均富"原则，力促中国统一。"国统纲领"的全名为"国家统一纲领"。"国统纲领"阐述的是：依循大陆与台湾均是中国的领土，促成国家的统一，应是中国人共同的责任；其时机与方式，首先应尊重台湾地区人民的权益并维护其安全与福祉，分阶段建立民主、自由、均富的中国。

陈水扁是在2006年1月29日（大年初一）于其台南官田老家发表春节谈话时，抛出"考虑废除国统会与国统纲领"这颗震撼弹的。

就在扁发表春节谈话的当天，美联社驻台北记者就发表了这一爆炸性新

闻。美联社的电讯说，台湾"总统"陈水扁今天表示，国统纲领已经过时，台湾可能废止该纲领，这凸显出他对共产党邻居立场渐趋强硬。废止国统纲领可能表明，陈水扁向肯定台湾事实上的独立又迈出一步。

第二天，各类媒体便铺天盖地的报道了世界各界的强烈反应。

美联社1月30日发出的电讯说，在台湾"总统"陈水扁发表有关废除国统纲领的言论之后，美国今天强调说，美国的对台政策没有发生变化。国务院副发言人亚当·埃尔利说："我们不想语带煽惑，也不希望发出错误信号。因此我们认为，重申美国对这一问题的政策是有益的。"

法新社驻华盛顿记者同一天发出的电讯说，美国今天说，它对台湾"总统"陈水扁打算对中国大陆奉行强硬政策的做法感到震惊，同时警告说，这可能会给北京发出错误信号。美国国务院今天发表声明阐述了美国的对台政策，并强调"华盛顿不支持"台湾独立"，反对无论是台湾还是北京单方面改变现状的做法"。这是一个极不寻常的举动。美国国务院一名要求不要透露姓名的官员说，陈水扁"说了一些煽情的话"。他说："我们不希望人们的情绪被煽起来。我们不希望中国的情绪被煽起来。因此，我们认为，公开表明我们在此问题上的立场并未改变是有益的。"

同一天，台湾"中央社"驻华盛顿记者发出两条电讯。一条电讯说，美国国务院的声明指出："我们跟台湾的非官方关系是由我们的一个中国政策、"与台湾关系法"和美中三项联合公报所主导的。我们长期的政策目标在于促进区域和平、稳定及繁荣，这项政策没有改变"。

另一条电讯说，陈水扁29日发表新春谈话，提出三大诉求，一是目前已是认真思考废除"国统会"及"国统纲领"的适当时机，以彰显台湾主体意识；二是要认真考虑以"台湾"为名称重新申请加入联合国；三是希望今年内将台湾"新宪法"定稿，明年举办"新宪公投"。美国国务院今天指出，这将是在单方面改变台海现状，美国反对两岸任何一方采取片面改变现状的行动，美国也敦促两岸进行实质的对话。

同一天，香港《太阳报》发表题为《陈水扁玩火，台海难安宁》的文章说，按中国人的习惯，大年初一应讲些吉利、友善的话，无论有何仇怨都尽量避免挑起争端，以免整年不得安宁。台湾的陈水扁可能真的已经不是中国人了，他昨天宣称要"认真思考废除国统会及国统纲领"，并强调要以"台湾"为名称申请加入联合国。此举必然引起北京强烈反应，狗年的台海将难有安宁。

文章指出，"国家统一纲领"是上世纪90年代初由国民党政府制定的，它是90年代初两岸良性互动的基础。陈水扁2000年在就职典礼上公开宣示"四不一没有"政策，其中就有"没有废除国统纲领和国统会的问题"一项。他主政以来，尽管一再鼓吹"公投制宪"，但始终不敢动"国统纲领"和"国统会"。据称，前"总统"李登辉曾对陈水扁面授机宜，要他"不要动这两样东西"。老谋深算的李登辉知道，这是北京的底线！

文章说，陈水扁这次提出废除"国统会"和"国统纲领"，其实有迹可寻。自从民进党"三合一"选举败选后，陈水扁多次发表出位言论，提出对台商投资大陆要"积极管理、有效开放"，重申"公投制宪"。他这样做，是因为民进党内要求他为败选负责的呼声日隆，他俨然成为跛脚鸭。他要转移视线，夺回主导权，便在两岸问题上频频出招。现在陈水扁单方面推翻当日的承诺，挑战北京的极限，实为玩火之举，必然造成严重后果。

同一天，台湾《联合报》发表报道说，陈水扁考虑废除"国统纲领"和"国统会"，在野的国、亲两党昨天质疑其不但毁弃其仅存的诚信，悖离其"四不一没有"承诺，更意在搞"法理台独"。国亲两党强调，如"总统"让他的"考虑"成为"行动"，真走到这一步，在野党决不能放任"总统"无限扩权、越权，届时除罢免"总统"外，在野党也可依"宪法增条条文"规定，对涉及内乱外患罪的陈水扁，在"立法院"提出"弹劾总统案"。

当天的《联合报》还刊登题为《打马不惜以两岸为赌注》的文章，从另一个角度分析了扁在大年初一放狠话的另一个原因。文章说，陈水扁在大年初一说的这句话，也正延续了他在元旦谈话中批评国民党主席马英九"统一是国民党终极目标"的氛围。可以这样说，为了打马，陈水扁已经不惜用两岸关系作赌注，让他能有足够的本钱与马在2008之战上对决。

文章指出，说出考虑废除"国统会"和"国统纲领"，或许会让美方和中共方面有所反应，但显然执政高层并不在意，陈"总统"玩的是一场把美中台关系拉到2008的游戏。最重要的，当然还是要证明自己到2008都不会是跛鸭。

同一天，台湾《中国时报》发表题为《"后扁时代"掀开政策假面具》的文章说，"后扁时代"的两岸政策底牌终于浮现！陈水扁已不再犹抱琵琶半遮面，不再信守"四不一没有"的承诺。在经历"三合一"选举失败，思索最后两年的政策轴线后，陈水扁已选择"战略清晰"的对抗较量路线。"国统会"还没废除，阿扁恐已废掉自己最后的诚信。

文章说，阿扁此时祭出废除国统会议题，无非是为"后扁时代"的政策路线测试各界的反应。众所周知，"四不一没有"并不是陈水扁真心想说、想做、想要的，但这6年来，他却是维系陈水扁仅存诚信的脆弱基础，当陈水扁无视于诚信毁弃，决定掀开"政策假面具"，回归"独派"政府的政策路线时，扁政府匆匆组成的苏贞昌内阁，就要有面对两岸政策摊牌的决策准备。

1月31日，法新社驻台北记者发出一则电讯，也对陈水扁为什么在大年初一放狠话的原因进行了报道。电讯说，分析人士称，由于支持率跌至最低点，台湾"总统"陈水扁试图通过对中国采取更加强硬的立场来重振威望，此举引起美国的惊慌。电讯说，台湾政治大学的分析人士蔡玮说："陈水扁试图故伎重演，通过煽动反大陆的情绪来提高自己的支持率。"他表示，陈水扁不大可能说到做到，主要原因是美国会施加压力。"陈水扁当然希望走'台独'道路，但不大可能那样做"。台湾大学的教授张亚中也认为陈水扁是在哗众取宠，他说："陈水扁想显示他在国家政策方面的实力，以便证明他仍然具有影响力。"

这一天，美国《纽约时报》也发表文章对扁发表"废统论"的原因进行评说。文章引用了岛内一些专家学者的看法，其中一种看法是"陈水扁最近的举动并非是让台湾进一步走向独立，而是为了对付民进党内部强硬的独立派而采取的一个策略。'台独'拥护者长期以来一直支持'废除国统会'。"说白了，陈水扁采用这个策略是为了巩固自己的地位。

（二）

陈水扁在大年初一抛出"废统论"这样的震撼弹后，世界舆论多用"美国惊慌"、"布什震怒"这样的字眼来描述美国对扁放狂言的态度，美国也一再重申"反对两岸任何一方改变现状的行为"。美国是把台湾当作牵制中国大陆的牌握在手中的，维持现在两岸"不统不独"的现状，美国手中这张"台湾牌"就会发挥作用。牵制中国，与中国讨价还价，符合它的全球战略利益。如果两岸实现了统一，美国手中这张"台湾牌"就失去了使用价值，所以它不希望两岸实现统一，所以它向台湾出售武器，既收获经济利益，也收获政治利益；它与台湾当局签订"与台湾关系法"，为台湾当局撑起一把保护伞；它也常常利用"台独"分裂势力来搅两岸和谈之局，坐收渔人之利。但是，美国也不愿意看到"台独"分裂势力因宣布独立而挑起两岸战争。如果战争一旦发生，它势必会被"台独"分裂势力拖入战争，而中国现在的经济实力和军事实力已非昔日可比，它在这场战争中绝对捞不到什么好处，只会以失败收场，只会遭到全世界的谴责。况且它与中国在诸多领域需

要合作，如反恐、伊朗核问题、朝鲜核问题等，没有中国的合作它很难把事情摆平。所以，当扁放出狂言，才有"美国惊慌"、"布什震怒"的表现。

2月2日，台湾《中国时报》刊登题为"回应总统春节谈话 美：台海'现状'由美定义"的报道说，台湾正就陈水扁"总统"的新春谈话与美方积极沟通，不过针对台湾官方的种种说法，美国的立场是："现状"由美国定义；台湾对国际社会的"参与"，不包括联合国；片面改变现状可能会带来毁灭性的后果。所以美国以"煽惑"一词来形容扁的新春谈话。

报道说，美国一方面大动作公开表达关切，一方面透过不公开的管道与台交涉，台北驻美代表处也与美方积极沟通，说明台北当局的立场与考虑。由于美国表达不悦，台湾方面有人担心美国可能施以惩罚。这种忧虑不无道理，因为早有前车之鉴。

同一天，台湾《联合报》发表了题为《美想让扁收回自己的话》的报道，反映美国对扁的态度。报道说，陈水扁"总统"考虑废除"国统会"与"国统纲领"的说法，虽然造成两岸与对美关系紧张，但观察近来美国与中共处理台湾议题的构想，陈水扁此言最后可能以"茶壶里的风暴"结束。

报道分析说，就美国而言，其战略意图分为前后两端，后端底线是反对台湾独立的意图；前端执行面则是极力敦促两岸进一步交流与接触。在此架构下，在华府与北京的关系中，"台湾问题已不再是一个议题"。对北京来说，能否接受"台湾问题不再是一个议题"，必须以《反分裂国家法》为前提，美国总统布什去年11月16日在京都提出"反对两岸片面改变现状的意图"，美国方面认为足以满足北京的需要。

报道指出，布什讲话隐含最重要的语意是，纵使陈水扁政府宣布"独立"，美国都不会承认，甚至会带头反对。果真如此，陈水扁宣布的独立，将不会有任何国际法的效果。更精确地说，美方意图是"把陈水扁及可能引发的'台独'问题压缩在一个盒子里，不让它造成麻烦"。换言之，美方必然动员强大压力，要陈水扁政府在此问题上"反复沟通"，然后让扁"把说出的话吃回去"，达到"茶壶里的风暴"的水准。其操作方式一如当年处理李登辉的"两国论"。

2月3日，《联合报》发表的一篇报道又把陈水扁不断跳出来制造麻烦比作"装在盒子里的弹簧小丑"。报道是这样说的：陈水扁政府给美国的"意外"不断。美国对台政策，近来已出现两种与"盒子"有关的说法。先是美国政策人士说要把台湾问题"控制在盒内"，以免问题蔓延波及华府与北京的关系。但是，由于台湾状况不断，又出现了一个新的概念：把台湾形容为

"掀开盒盖就蹦出小丑的魔术盒"。

报道说，这种西方的魔术盒，打开盒盖，就会蹦出弹簧小丑，把人吓一跳。这个概念就是要把小丑（暗指台湾当局）压在盒内，不让它蹦出来吓人。这个盒内小丑的本质是："你不能放松，要紧紧压住，因为一放松，就会蹦出乱子。"相较之下，这比前一种"装在盒内"的说法，对扁政府来说更为不堪。

但是，陈水扁这个"弹簧小丑"是不怕这种丧失做人尊严的"不堪"的，他是不服管的。他深知美国是需要他这样的"台湾牌"的。所以，美国的"紧箍咒"罩不住他的"扁意外"。2月中旬出版的一期台湾《新新闻》周报就发表了一篇报道展现了这方面的情况。报道的题目叫《阿扁常失控，老美很头痛》。

报道说，据美国提供内幕消息的小报《尼尔森报道》指出，陈水扁新春谈话的三项诉求抛出之后，"布什十分愤怒"。布什向官员发飙说："他（陈水扁）又来了？忘了上次是怎么回事？"所谓"上次"是指"2003年的公投教训"。美国媒体的报道姑且不论真伪，唯一能确定的是，布什很不爽，陈水扁自己成了压垮老美对他信任的最后一根稻草。

报道说，自陈水扁上任以来，台美关系已经出现几次波折，布什对陈水扁用词如此严厉已经不是首例。2002年，陈水扁"一边一国、公投立法"的一席话，被美国大报如《纽约时报》、《华盛顿邮报》等大幅报道，指出这是陈水扁就任以来最"反中亲独"的言论。当时布什还在墨西哥举行的亚太经济合作组织非正式首脑会上，他向代表台湾出席会议的"中央研究院"院长李远哲斥责陈水扁，"搅浑了台湾海峡"。之后，布什与当时的中共国家主席江泽民在克劳福德农庄对话时，也使用了"坚决反对台独"的字眼。

报道说，2003年的"公投"更让布什发了好大一顿脾气。对陈水扁在2004年大选前大动作地推动"公投"，布什不仅公开表示反对，更派遣美国白宫国家安全会议亚洲部门资深主任莫健，以"布什总统的特使"身份递交布什亲笔信函，吁陈水扁停办"公投"。但陈水扁不顾老美警告，照样硬干的行为使布什气得暴跳如雷。有些美外交官员当时也不再保持外交官的含蓄，直截了当地骂出很"脏"的话，有时候骂到忘形，连外交官不应有的手势和肢体动作都做了出来。

报道说，虽然美国知道台湾在朝小野大的情况下不可能真正"台独"，也知道陈水扁不是真的想"台独"，但美国一方面对陈水扁常违背保证感到不满，另一方面也对陈水扁在不断煽动岛内"台独"情绪最后无法拉回来，产生不信任感。加上美中高层热线不断，近几年也产生对两岸问题的默契。现在"听扁言、观扁行"的是美国，"扮黑脸"的也是美国，这已经不是台美间有没有互信的问题，而是台美间已经产生美完全丧失对台信任感的危机。

2月4日，香港《新报》发表了王家英先生题为《陈水扁新春讲话冲击台美关系》的文章，认为美对陈水扁的信任"已荡然无存"。文章说，美国对陈水扁新春讲话的回应算得上多管齐下，值得注意的地方有六："（一）、回应的主要形式是主动发表声明，而不是过去被动回答记者提问的惯常做法。换言之，有关回应是经过充分准备，主动灭火的意图明显。（二）、书面声明重申美国一贯的台海政策立场不变，并促请两岸进行实质性对话，支持两岸扩大'三通'，增加政治、经济、社会、文化的交流。前面的说法旨在表明美国的政策并没有丝毫改变；而后面的说法则是针对陈水扁元旦文告要紧缩两岸关系之意。（三）、书面声明之外，美国国务院副发言人埃尔利在例行记者会上特别强调，陈水扁发表的都只是言论，美国反对两岸任何一方片面改变现状。埃尔利还解释，发表书面声明的原因，是美国不希望陈水扁讲话引发争议，或者传达出错误的讯号。显而易见，美国对陈水扁的新春讲话确实感到事态严重，认为必须先发制人，稳定局势。（四）、在被追问到对陈水扁表示要以"台湾"名称参与联合国的看法时，埃尔利清楚地指出，那是单方面改变现状。美国如此清楚地表明立场，同样是先发制人之举。（五）、美国国务院亦透过一位资深官员指出，美国不希望中国受到煽惑，也不希望台湾受到煽惑，陈水扁讲了一些煽惑人的话，所以美国认为公开讲清楚美国的政策目标是有用的。用'煽惑'这样不客气地用语来形容陈水扁的新春讲话，反映出美国对陈水扁的不满已几近忍无可忍。（六）、埃尔利又表示对陈水扁的新春讲话感到'意外'，并指台湾当局事前并没有向美国咨询。早前陈水扁元旦讲话，美国亦以'意外'来形容。当台湾当局的言行一而再地让国感到'意外'，美国对陈水扁的信任可谓已荡然无存。"

文章最后指出，众所周知，美国是台湾最重要的安全保障，当美国对陈水扁的言行感到极度不满与不信任，并公开表示反对，陈水扁即使想一意孤行推动"法理台独"，他能够走的路也不可能太远，因为美国的反制行动必然会逐步升级。

美国如此强烈地反制陈水扁的"急独"言行，有人就提出这样的疑问：反"台独"能指望美国吗？2月20日香港《太阳报》上发表的一篇文章就回答了这个问题，文章的题目就叫《反"台独"不能指望美国》。

文章说，陈水扁当然怕美国，没有美国从中作梗，两岸早就统一了，也没有今天的陈水扁。早在1951年，美国向台湾海峡派出第七舰队，阻止解放军解放台湾，造成两岸分裂现状。美又提供先进武器，帮助台湾与大陆对抗。两年前，陈水扁以两颗神秘的子弹当选连任，也是美国暗中向连宋施压，迫使泛蓝放弃抗争。美国如此维护台湾和陈水扁，并非所谓的友谊或感情，而是台湾在美国遏止中国崛起的全球战略中，扮演着"不沉的航空母舰"的角色，美国是不可能放弃台湾的。美国人清楚这一点，陈水扁充分利用了这一点。2003年陈水扁搞"公投入宪"，美国同样高分贝反对，结果大家都看到了。有人描写美国当时的动作是"高高地举起，轻轻地放下"。

文章指出，不过，美国骂陈水扁，也并非完全做戏。美台在战略利益上高度重合，在战术上却有分歧。美国坚持一个中国政策，在反恐战争等国际事务中也需要中国帮助，不愿在此时得罪中国；更重要的是，如果陈水扁"急独"招致大陆动武，美国子弟兵将要冒为陈水扁送命的风险。

文章最后指出，美国不愿与中国开战，更不愿"急独"招致"急统"，因此对陈水扁不顾美国利益的冒险行动，肯定会还以颜色，甚至采取一些惩罚措施。但是，美国不可能真心反"台独"。

（三）

对于陈水扁的恶意挑衅中国大陆已多次领教过了。对此次扁的故伎重演，大陆并未立刻回应，而是采取冷静观察、沉着应对、"看他横行到几时"的态度，静观其变。

当春节黄金周度过之后，在2月5日中国外交部举行的记者会上，发言人孔泉就美方重申坚持一个中国政策答记者问时说，我们注意到美方1月30日重申坚持一个中国政策，反对"台独"的立场。他说，陈水扁1月29日又一次发表"台独"言论，再次说明其顽固坚持"台独"分裂立场，也暴露了台湾当局试图推动"台独"分裂活动升级，破坏两岸保持和平稳定关系的危险动向。孔泉说，我们希望美方和国际社会对"台独"分裂活动的危险性和严重危害性继续保持高度警惕，支持中国政府反对"台独"分裂活动，促进两岸关系和平稳定发展，共同维护台海及亚太地区的和平与稳定。

2月6日，俄罗斯外交部发表声明，谴责陈水扁"台独"言论，重申俄在台湾问题上的一贯立场，反对任何形式的"台独"。

声明说，台湾当局最近的一系列言论引起俄方"严重担忧"。声明说，陈水扁1月29日发表的谈话完全违背了他本人以前作出的承诺；他宣称要废除"国统会"和"国统纲领"，这表明台湾当局实际上并无同大陆开展建设性对话的意愿，是其谋求"台独"的又一个步骤。这种行动与大多数台湾居民的愿望背道而驰，在国际上引起了消极反应。声明指出，在需要为海峡两岸恢复对话进行不懈努力的情况下，台湾当局最近的言论显然是"挑衅性的"，这不利于维护该地区和平与稳定，也将对整个亚太地区产生"最严重的后果"。

声明强调，俄罗斯在台湾问题上的原则立场是一贯的。世界上只有一个中国，台湾是其不可分割的组成部分。俄罗斯反对任何形式的"台独"，不接受"两个中国"或"一中一台"，俄方的这一立场已明确载入2001年7月16日签署的《俄中睦邻友好合作条约》以及一系列俄中双边文件中。俄方的立场不会有任何改变。

2月8日，国务院台湾事务办公室新闻发言人李维一在例行新闻发布会上指出，台湾当局领导人继元旦发表对两岸关系极具挑衅性的讲话之后，再次抛出所谓"三个诉求"，这充分暴露出他顽固坚持"台独"分裂立场，再次说明他是两岸关系、亚太地区和平稳定的麻烦制造者和破坏者。

李维一说，去年以来，在两岸同胞共同努力下，两岸关系出现朝着和平稳定方向发展的势头，两岸同胞对此深受鼓舞和倍加珍惜，国际社会对此感到欣慰。然而，台湾当局领导人却与此背道而驰，继元旦发表对两岸关系极具挑衅性的讲话后，在两岸同胞欢庆新春佳节、融融相贺之际，再次抛出所谓"三个诉求"，公然推翻他自己作出的"四不一没有"的承诺，挑战国际社会普遍遵循的一个中国的原则，鼓吹加紧进行所谓"宪政改造"，其核心目的是力图通过"宪改"实现"台湾法理独立"。

李维一强调，我们对发展两岸关系的原则立场是一贯的、坚定的、明确的，我们坚持一个中国的原则决不动摇，争取和平统一的努力决不放弃，贯彻寄希望于台湾人民的方针决不改变，反对"台独"分裂活动决不妥协。广大台湾同胞是我们的骨肉兄弟，我们不会因为台湾当局领导人的蓄意挑衅而改变对台湾同胞的庄严承诺。凡是对台湾同胞有利的事，凡是对促进两岸交流有利的事，凡是对维护台海地区和平有利的事，凡是对祖国和平统一有利的事，我们都会尽最大的努力去做，并且一定努力做好。我们希望台湾同胞同我们一道齐心协力，推动两岸关系继续朝着和平稳定的方向不断发展。

在此期间，大陆民众和海内外华侨华人对扁的狂言已是一片谴责之声。

2月8日，西班牙中国和平统一促进会日前发表声明，强烈谴责陈水扁发表的"废统"言论。声明说，陈水扁的这一讲话"与海峡两岸和平统一大业背道而驰"，"引起了旅居西班牙的广大爱国华侨华人的关注和理所当然地反对"。声明谴责陈水扁的讲话"给两岸关系的进一步发展设置了障碍，对两岸关系的发展非常不利"。声明警告陈水扁当局，"不要在'台独'的道路上走下去了，'台独'没有出路，'台独'不得人心"。声明最后表示："真诚希望台湾当局把握好目前的良好契机，为早日促进中华民族的和平统一迈出卓有成效的一步。"

同一天，阿根廷中国和平统一促进会也发表严正声明，强烈谴责陈水扁的"台独"言论，反对任何企图把台湾从中国分裂出去的图谋。声明说，陈水扁1月29日发表的讲话是谋求"台独"的又一步。海峡两岸同胞对和平的期盼，以及台湾同胞求和平、求安定、求发展的良好愿望将面临严峻的挑战。声明指出，坚决反对和遏制"台独"的分裂活动、维护台海地区的和平稳定，仍然是两岸同胞和全世界华人社会当前最迫切的任务。声明强调，阿根廷中国和平统一促进会愿意和所有来自海峡两岸坚持一个中国原则的在阿华侨华人团结起来，坚决反对任何形式的"台独"，并积极推动中国的和平统一。

2月9日，旅居柬埔寨的中国和平统一促进会海外理事冯利发在当地华文报纸上发表文章，严厉谴责陈水扁公然抛弃"四不一没有"承诺，在"台独"的绝路上越走越远。文章说，陈水扁的所作所为已使其诚信丧尽。如果他不回到"九二共识"框架内，切实放弃"台独"路线，最终必将被两岸人民所唾弃，成为破坏中国统一大业的千古罪人。

（四）

在一片谴责声中，陈水扁是"王八吃秤砣——铁了心"地要废除"国统会"和"国统纲领"。2月21日出版的香港《东方日报》刊登题为《扁或二·二八纪念日宣布废统》的报道说，长期观察民进党及陈水扁的台湾问题专家指出，陈水扁宣布"废统"势在必行，极有可能在2月28日当天，趁出席公开活动时宣布废除"国统会"和"国统纲领"。这位专家说，根据他对陈水扁及其幕僚的了解，由于形势逼人，陈水扁想要自救，阻止马英九2008年上位。而要逼退马英九以"中间路线"来蚕食民进党的基本盘，只有提升意识形态对立。陈水扁极有可能在"二·二八"当天宣布废除"国统会"和"国统纲领"。据他观察，陈水扁及其幕僚出手"废统"招数，其实是在自救。

2月22日出版的台湾《联合报》发表题为《伟德宁最后通牒，美国这回玩真的》的文章说，虽然华府及台北都宣称双方沟通渠道畅通，但布什政府还是派了在国安会主管中国事务的伟德宁亲赴台北，显见双方沟通难有交集，歧见极大。

不过，美国此次立场坚定，对陈水扁的要求只有一个："守信重诺"。并陆续透过足以代表美国政府的资深官员，以不具名等方式向媒体表达美国对台北作为的严重关切。美国此举乃心存与台湾为善的一念之仁，不愿透过具名的发言和台北撕破脸。但却被台北的主管官员指为"个人放话不算，没的错误解读"，也让美国十分挫折。陈水扁和他的亲近幕僚们都很清楚，美国此次是玩真的，伟德宁赴台就是布什政府的最后通牒。

但是，陈水扁并不把美国的最后通牒当一回事，他就要一意孤行地"废统"。

2月23日的香港《星岛日报》发表了题为《事态严重，美国如何坐视》的文章说，阿扁之所以敢不听美国的话，是吃定华府用台湾牌来牵制大陆的策略不会放弃，认定美国不希望台海局势出现动荡，更不愿意看到两岸最终走向统一，认为大不了美国再次将其高高举起，又轻轻放下，因此才敢不断碰撞美国的底线。

文章说，有学者指出，美国公报不得不面对一个现实：因为自己现行的台海政策，使得美国成为陈水扁用来达到个人政治目的工具，并让美国在相当大程度上被陈水扁当局牵着鼻子走。以两岸仲裁者自居的美国，下一步会怎么做？甘心让阿扁牵着鼻子走吗？或者惩罚，在4月的布胡会上，布什口头公开羞辱陈水扁？

同一天出版的香港《明报》刊登题为《美劝说无效，京言论趋强》的报道说，对于陈水扁发表"废统论"的意图，大陆不可能不了解。大陆国台办主任陈云林昨日警告"废统论"是"台独"行动升级的危险信号。之所以要做这样的反应，是因为美国方面已经做了太多反应，甚至派出特使劝说陈水扁悬崖勒马，美国特使的劝说已经失效，大陆方面放出较强硬的言论，美国当然会抱理解的态度予以接受。报道指出，陈水扁不顾美国强烈反对而坚持"废统"，不过是一个相信自己输无可输的赌徒在以台湾的前途为赌注，为一己私利作最后的豪赌。而民进党中常委会议表态支持"废统"，则是将民进党的前途与陈水扁的一己私利捆绑在一起。

这篇报道中所引用的陈云林警告"废统论"是"台独"行动升级的危险信号的话，是2月22日人民日报记者采访陈主任时说的。陈云林说，今年春节以来，正当两岸同胞期待两岸关系在去年逐步趋向缓和的基础上取得更大发展的时候，两岸关系中却出现了令人担忧的状况。台湾当局领导人不顾他2000年以来多次重申的承诺，一再声称要废除"国统会"和"国统纲领"，并正在着手制定所谓的"废统"方案。这是"台独"分裂活动进一步升级的危险信号。陈云林强调，如果他一意孤行，将给两岸关系造成严重破坏，最终也必然损害台湾同胞的切身利益。我们将以最大的诚意、尽最大的努力维护台海地区的和平稳定，同时坚决反对任何形式的"台独"分裂活动。我们密切关注事态的发展，随时准备应对可能出现的复杂局面。

就在陈水扁授意炮制的"废统"报告出笼前夕，2月26日，中共中央台湾工作办公室、国务院台湾事务办公室负责人就陈水扁推动废除"国统会"和"国统纲领"发表谈话。谈话全文如下：

"近一段时间以来，陈水扁一再声称要废除'国统会'和'国统纲领'，并着手炮制方案，准备付诸实施，公然迈出全盘推翻'四不一没有'承诺的危险一步。这不仅标志着陈水扁政治诚信和道德人格的彻底破产，而且更进一步暴露了他预谋进行新的分裂活动，特别是要为通过所谓'宪政改造'谋求'台湾法理独立'铺平道路。"

"陈水扁选择在这个时候废除'国统会'和'国统纲领'，有着特定的背景和险恶的用心。2005年以来，通过两岸同胞的共同努力，两岸关系出现和平稳定发展的良好势头，使陈水扁推行'台独'分裂路线更为困难。在此形势下，陈水扁不仅不思悔改，反而拿台海和平与台湾人民的利益作赌注，实行更为极端的'台独'分裂路线。他为了个人权位和一己私利，更加疯狂地在台湾内部挑起争端，撕裂台湾社会；执意进一步挑衅大陆，制造两岸关系紧张，离间两岸同胞感情，企图转移台湾社会舆论对他造成台湾经济不振、社会动荡的谴责及对某些弊案丑闻的追究，以摆脱困境。他把'国统会'和'国统纲领'视为推动'台湾法理独立'的一大障碍，迈出'废统'这一步后，将进而彻底背弃残存的'四不'承诺，力图加紧通过'宪政'实现'台湾法理独立'。陈水扁推动'台独'分裂活动步步升级，势必引发台海地区的严重危机，破坏亚太地区和平与稳定。这充分说明，'台独'分裂活动是威胁台海和平的最大乱源。事实一再证明，陈水扁确实是台湾岛内、两岸关系、亚太地区的麻烦制造者。"

"2004年5月17日，我办受权就两岸关系发表声明指出，有两条道路摆在台湾当权者面前，一条是促进两岸关系发展，一条是进行'台独'分裂活动，何去何从，必须作出选择。陈水扁的所作所为表明，他执意要走第二条道路。陈水扁的冒险和挑衅，已招致包括广大台湾同胞在内的中华儿女的同声谴责，受到国际舆论的强烈抨击。他企图以损害人民福祉的方式摆脱困境，必将陷入更大的困境，他色厉内荏的闹剧，终将以失败而收场。我们正告陈水扁，立即停止在葬送两岸和平合作双赢的邪路上一意孤行，不要再给

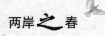

台湾同胞和两岸关系带来更大的危害。"

"经由十几年来两岸关系的发展，两岸同胞已经结成实实在在的'命运共同体'。两岸关系继续和平稳定发展，再创合作互利双赢，是两岸同胞的共同愿望。我们将继续以最大的诚意、尽最大的努力维护和促进两岸关系和平稳定发展的局面，争取和平统一的前景。同时，我们决不容忍'台独'，决不允许'台独'分裂势力把台湾从祖国分割出去。"

这一谈话刚一发表，便赢得各方面好评。

2月27日出版的台湾《中国时报》发表题为《中共单挑，打扁不打党》的文章说，中共国台办昨天采取了先发制人的措施，在陈水扁决意"废统"前，发表了"226谈话"。"谈话"最值得外界注意的是，"谈话"完全针对陈水扁个人而不涉及民进党，并将陈水扁"总统"个人定位为人格破产者、麻烦制造者与"台独"极端者，完全放弃了与陈水扁"总统"个人的任何妥协空间。更确切地说，中共国台办的"226谈话"是一场中共与陈水扁个人的全面较量，也是对陈水扁"总统"个人的全面宣战。可以发现，在不到1000字的"谈话"中，中共国台办负责人不下10次点名陈水扁，几乎将过往所有中共抛给台湾当局领导人的"帽子"，全部都扣给了陈水扁"总统"。

文章认为，"谈话"透露了不少"新意"。"谈话"十分罕见地提出了"命运共同体"概念，"谈话"认为在十几年的两岸关系发展后，两岸同胞已经结成实实在在的"命运共同体"，而这个两岸"命运共同体"观念，在"谈话"中呈现出来的意涵则是，中共虽然与陈水扁个人决裂，但不会反映在两岸的互动关系上，这就为扁执意"废统"后的两岸关系稳定，留下比较弹性的处理空间。当然，中共接纳了台湾社会熟悉的"命运共同体"观念，并将之用在两岸关系上，也说明了中共领导人对两岸关系的认识，已迈入了一个新境界。

文章说，另一个易于让外界忽视的讯息或"新意"，中共对台系统在完全放弃与陈水扁"总统"对话之余，背后表达出来的讯息是，否定陈水扁并不涉及对民进党的全盘否定，也就是中共对台系统已明确地将"陈水扁"与"民进党"区别对待。日前中共国台办主任陈云林在会见国民党政策会执行长曾永权一行时，就曾特别针对两岸包机与旅游问题，表达愿与民进党人士交换意见的立场，应该就是传达这样的"新意"。中共对台系统已经判定，陈水扁的政治生命已属"强弩之末"，因此，"谈话"才会指出，陈水扁的"废统"是为了个人权位与一己之私，是一场"色厉内荏的闹剧，终将以失败而收场"。

文章最后说，如果比较此次中共国台办的"226谈话"与2004年的"517声明"，中共虽然与陈水扁划清了敌我界线，但却认定与台湾人民的关系更密切了。

（五）

2月26日，台湾"中央社"驻华盛顿记者发出的一则电讯称，台北考虑废除"国统会"和"国统纲领"，造成美台关系紧张。经过整整一个月的密集咨商，包括布什政府派主管官员亲赴台北沟通，终于在上周末达成双方都可以接受的"说法"。亦即台北在实质层面上达到了"废统"的诉求，而美国则了解台湾无意改变现状，也不会改变现状。来自美方的消息指出，华府当局对台北最后接受美方建议，回避使用敏感的"废除"两字，而改用"终止"，感到满意与感谢。

2月27日，台湾"中央社"在台北发出电讯说，"总统"陈水扁今天主持"国安高层会议"，裁示"国家统一委员会"终止运作，"国家统一纲领"终止适用。

此事一经公布，立即引起各方面更为强烈的谴责和抨击。

当天，台湾"中央社"发出的又一则电讯说，陈水扁今天宣布终止适用"国统纲领"，中国国民党召开党内高层扩大会议因应。国民党发言人郑丽文转述，党主席马英九认为，陈"总统"不但订定了"急独"的时间表，并且采取了具体行动，严重破坏现状，危机国家利益。马英九并在会中裁示，国民党决定对陈"总统"发动罢免，反映主流民意。郑丽文指出，虽然国民党充分理解，要在"立法院"得到超过三分之二"立委"支持罢免的机会"微乎其微"，但在野党有责任反映台湾大多数民意，必须代表台湾多数主流民意，和陈"总统"的危险行动"划清界线"。国民党也将为"罢免案"展开全台大规模说明会。

郑丽文质疑，民进党刻意选在"二·二八"前夕，各界正在深思"二·二八"的历史意义、疗伤止痛的时刻，刻意宣布此一决定，企图挑起统独与朝野对立，让人痛心。同时民进党政府片面改变现状的做法，更会被国际社会认为是麻烦制造者，无法获取同情，更会使台湾遭到抵制。

亲民党今天发布新闻稿指出，"总统"陈水扁宣布终止"国统会"运作与"国统纲领"适用，明显破坏两岸现状，背离主流民意，不仅对国际盟友背信，对在野党背信，更是对人民背信，对自己背信。任何美丽的说辞，都无法掩饰他推动"法理台独"的企图与行动。

"立法院长"王金平今天说，"终止"在用语上比较缓和，对美国冲击也小，但终究不符合大家期待，有很多人认为不妥。

"中央社"在同一天的另一则电讯中说，中国国民党"立法院"党团今天表示，不管是废止或终止"国统会"及"国统纲领"，都是破坏维持台海现状，"总统"陈水扁推动"法理台独"，危害台美关系及台湾人民安全，党团全力支持"总统罢免案"。

电讯说，发起"总统罢免案"的国民党籍"立委"丁守中说，截至下午5时，已有57名"立委"连署，达到四分之一成案门槛，他将在下次程序委员会上提出罢免案。

亲民党"立法院"党团今天召开记者会，促请"立法院长"王金平尽快变更"立院"议程，审查由亲民党提出的"海峡两岸和平促进法草案"，反制"总统"陈水扁终止"国统纲领"与"国统会"，以防范两岸对立态势升高，避免战争一触即发。

"中央社"在这一天又发了一条电讯说，工商界对陈水扁的宣示极为不满。工商界表示，工商业界最期盼的是台湾经济能繁荣发展，两岸和平共处。商业总会发言人陈正毅说，工商界最大的期盼就是外部和平、内部安定，和气才能生财。台湾电机电子工业同业公会副总干事罗怀家表示，两岸经贸发展需要好的政治环境，期盼政府把老百姓福祉、民生议题摆在第一优先位置，台湾不能自绝于国际社会。

就在陈水扁宣布"终统"的当天，新加坡外交部发言人说，新加坡对台湾当局领导人终止"国统会"运作和终止"国统纲领"适用表示遗憾。发言人说，这一举动将增加外界对台湾意图的忧虑而且不利于两岸关系保持稳定。发言人重申新加坡坚持一个中国政策，反对任何单方面改变台海现状的行动。

就在陈水扁宣布"终统"的当天，美国国务院发言人埃尔利在新闻发布会上强调，美国反对任何一方单方面改变现状，不支持"台湾独立"。

在回答记者提出的"尽管美国不断施加压力，但陈水扁仍坚持'废统'，美国对此将采取什么行动"的问题时，埃尔利说，美国将继续要求陈水扁遵守不改变现状的承诺。他同时强调海峡两岸进行对话的重要性。

这一天，路透社驻台北记者发出的电讯说，陈水扁的这一宣布，令北京大为恼怒，令华盛顿感到不安和担忧。

这一天，美联社驻台北记者发出的电讯说，陈水扁的这一宣布势必会惹怒北京。美国一直希望避免与北京在台湾问题上发生对抗。

（六）

2月28日，国家主席、中央军委主席胡锦涛在人民大会堂会见了瑞士国防部长施密德。在谈到台湾问题时，胡锦涛说，台湾当局不顾岛内外的强烈反对，一意孤行，决定终止"国统会"、"国统纲领"，这是对国际社会普遍坚持的一个中国原则和台海和平稳定的严重挑衅，是在走向"台独"的道路上迈出的危险一步。胡锦涛重申，反对"台独"分裂势力及其活动，维护台海和平稳定，是我们坚定不移的意志和决心。我们将继续努力争取和平统一的前景，但决不允许把台湾从祖国分裂出去。任何逆历史潮流而动的人都逃脱不了失败的命运。

施密特感谢胡锦涛主席的会见。关于台湾问题，施密特表示，瑞士政府将一如既往地坚持一个中国政策，赞赏近年来中国政府为维护台海和平稳定，促进两岸交流所作的努力。

2月28日，贾庆林在政协第十届全国委员会常务委员会第十二次会议闭幕会上发表讲话时指出，去年以来，中央积极实施新形势下对台工作的重大决策，采取了一系列重要举措，对打击"台独"分裂势力及其活动，促进两岸关系发展，产生了重要作用和广泛影响。在这样的背景下，台湾当局领导人顽固坚持"台独"分裂立场，继续推进激进"台独"路线，置两岸同胞的强烈反对和国际社会的谴责于不顾，公然宣布终止"国统会"和"国统纲领"，在全面推翻自己反复重申的"四不一没有"承诺上迈出了危险一步。常委会组成人员强烈谴责台湾当局领导人的倒行逆施，一致认为，台湾当局领导人执意在"台独"邪路上走下去，只会搬起石头砸自己的脚。贾庆林说，坚决反对和制止"台湾法理独立"活动，是当前对台工作最重要、最紧迫的任务。我们要继续贯彻中央对台工作的大政方针，贯彻胡锦涛总书记提出的新形势下发展两岸关系的四点意见，继续以最大的诚意、尽最大的努力，维护和促进两岸关系和平稳定发展，争取和平统一的前景。同时，我们决不容忍"台独"。包括台湾同胞在内的全中国人民捍卫国家主权和领土完整的坚强意志和坚定决心，是"台独"分裂势力无法撼动的。两岸关系发展与祖国和平统一的历史潮流，是任何人都阻挡不住的。

2月28日，中国国民党革命委员会中央委员会、中国民主同盟中央委员会、中国民主建国会中央委员会、中国民主促进会中央委员会、中国农工民主党中央委员会、中国致公党中央委员会、九三学社中央委员会、台湾民主自治同盟中央委员会、中华全国工商业联合会领导人就台湾当局领导人陈水

扁强行决定终止"国统会"运作和"国统纲领"适用发表谈话。

谈话说，在台湾地区"三合一"选举遭受失败后，陈水扁在元旦、春节期间，接连抛出"认真考虑废除国统会、国统纲领"、"以台湾名义加入联合国"、加紧推动"新宪公投"等"台独"言论。昨日，又强行决定终止"国统会"运作和"国统纲领"适用。其实，"废统"也好、"终止"也罢，都是严重破坏两岸关系、为祸两岸人民的危险挑衅，是企图为他下一步全面毁弃"四不一没有"的承诺、通过推动"宪改"进行"台湾法理独立"活动创造条件。

谈话说，陈水扁在2000年上台时曾作出包括"没有废除'国统纲领'与'国统会'的问题"在内的"四不一没有"承诺。然而，在过去几年里，陈水扁不仅从未履行承诺，而且制造种种事端阻挠两岸交流，想方设法推行"台独"路线。在两个多月前的"三合一"选举中，台湾民众对陈水扁当局投了不信任票，陈水扁面临着前所未有的政治困境。为了转移视线，陈水扁竟毫不顾及他曾经对两岸民众和国际社会所作的承诺，公然推出以终止"国统会"和"国统纲领"为序幕的"法理台独"闹剧，挑战国际社会公认的一个中国原则。陈水扁之举，正可谓"困兽之斗，为害尤烈"。陈水扁的所作所为殃及的是台海稳定，损害的是台湾同胞的切身利益，严重违背了岛内多数民众希望两岸和平发展的主流民意。陈水扁这种为了一己之私而损害民众利益、破坏两岸关系的做法，再次暴露出他的"台独"本性，也再次说明他是台湾岛内、两岸关系、亚太地区和平稳定的麻烦制造者和破坏者。

谈话说，陈水扁终止"国统会"和"国统纲领"、推动"法理台独"、破坏两岸关系稳定、危害台湾人民根本利益的行径，已经引起全体中华儿女的强烈谴责，招致国际社会的强烈抨击。我们各民主党派中央、全国工商联与中国共产党和中国政府风雨同舟，坚定地维护国家主权和领土完整。我们严正警告陈水扁，不要错估形势，不要心存侥幸，更不要低估祖国大陆反对和遏制"台独"的决心和能力。"多行不义必自毙"。违背两岸人民意志、违背两岸关系发展潮流的"台独"言行，其结果必然是咎由自取，以失败告终。

谈话说，两岸同胞血脉相连、情系一家，广大台湾同胞是我们的骨肉兄弟，我们将以"和平统一、一国两制"基本方针、江泽民同志关于现阶段发展两岸关系促进祖国和平统一的八项主张和胡锦涛总书记关于新形势下发展两岸关系的四点意见为指导，与广大台湾同胞一道，排除各种阻挠，继续推动两岸关系朝和平稳定方向发展，实现两岸的互利双赢，以最大的诚意、尽最大的努力维护两岸关系和平稳定的发展局面，争取和平统一的前景，同时决不容忍"台独"、决不允许"台独"分裂势力把台湾从祖国分割出去。

2月28日，台湾民主自治同盟中央主席林文漪发表了题为《用历史的厚重承载明天的希望》的纪念文章，纪念台湾人民"二·二八起义"59周年。文章强调，作为由台湾省籍人士组成的参政党，台盟坚决反对台湾当局制造"法理独立"，决不允许"台独"分裂势力将我们的故乡台湾从祖国分割出去。

文章说，"二·二八事件"是台湾人民爱国主义传统的真实写照，是两岸同胞共同争取民族解放和国家光明前途的一次壮举。台湾一些别有用心的人把"二·二八事件"说成是"台湾人民反对外来政权"、"本省人反对外省人"的运动，歪曲历史本来面目。这种行径是在台湾人民的心灵创伤上再撒一把盐。文章说，两岸同胞血脉相连，祖国大陆人民和中国共产党始终关心和支持台湾人民的民主斗争。时至今日，祖国大陆各界依然通过各种方式纪念"二·二八事件"。

文章指出，去年以来，在两岸同胞的共同努力下，两岸关系出现朝着和平稳定方向发展的势头，同胞们对此倍感鼓舞和珍惜。然而，陈水扁却与此背道而驰，借"二·二八事件"在岛内挑动族群对立，煽动省籍矛盾，27日更宣布终止"国统会"运作和"国统纲领"适用，公然迈出了全盘推翻"四不一没有"承诺的危险一步，不惜以台海和平和广大台湾同胞的利益作赌注，实行更为极端的"台独"路线。

文章最后强调，陈水扁疯狂谋求"台湾法理独立"的真实用心是为了稳固个人权位和谋求一己私利，不惜在台湾内部挑起争端，撕裂台湾社会。他进一步挑衅大陆，制造两岸关系紧张，离间两岸同胞感情，是企图转移台湾社会舆论对他造成台湾经济不振、社会动荡的谴责及弊案丑闻的追究，以摆脱政治困境。对此，两岸同胞要保持高度警惕，擦亮眼睛，洞烛其奸，共同反对任何形式的"台独"分裂活动，共同维护两岸同胞的根本利益，共同维护台海地区的和平与稳定。

日前，台盟中央、全国台联在北京举办招待会，纪念台湾省人民"二·二八起义"59周年。全国政协副主席、台盟中央名誉主席、全国台联名誉会长张克辉，台盟中央主席林文漪，全国台联会会长梁国扬等与"二·二八"起义亲历者、当年声援"二·二八起义"的老台胞出席了招待会。

林文漪在会上发表讲话时，强烈谴责主张"台独"的台湾当局和"台独"分裂分子，把"二·二八起义"这一壮举变成了用来煽动对祖国大陆仇恨、推行其"台独"路线的政治工具，称"二·二八事件"是"台独"运动的发端。这是对历史的肆意践踏，更是对台湾人民爱国主义情怀和当家作主意愿的最大歪曲。她强调，面对新世纪难得的历史发展机遇，两岸同胞应携起手来，进一步密切两岸交流与合作，共同发展，坚决反对和遏制"台独"分裂势力的分裂活动，共同促进国家的和平统一与民族振兴。

2月28日，台湾《联合报》发表社论指出，陈水扁的"人格信用已彻底破产，一个政治人物之失败，已是莫甚于此"。社论说，民进党已被陈水扁挟持走向了"台独"的窄路。而且，这场风潮给台湾社会造成的伤害更是至为深重，在台湾内部所产生的内耗尤不待言。

这一天，台湾《民众日报》发表文章指出，当前台湾最大的问题是经济。此时，正是当局领导人"拼经济"的时候，故而就别再搞"公投制新宪"、"以台湾名义申请加入联合国"等无聊议题了！

这一天，台湾《中央日报》发表题为《陈水扁在和平纪念日推出的危险戏码》的报道说，陈水扁在"二·二八"前夕作出的"终统"决议，目的是要借统独争议，来挑起新一波的族群对立，他何曾真正关心过经济问题、民生问题？报道说，人无信不立，无论阿扁玩什么样的文字游戏，结果都是欲盖弥彰，自欺却不足以欺人。因为，在威信扫地的情况下，阿扁已经无法立足于国人面前。

这一天，岛内许多民众向《中央日报》投书，表示对陈水扁倒行逆施的不满和谴责。有的投书表示，当局领导人理应致力于两岸的和平稳定发展，但陈水扁却倒行逆施，一意孤行，执意"废统"，完全罔顾台湾人民的安全利益。有如此不负责任的执政者，真是台湾人民的悲哀！陈水扁之举意在掩饰"高捷"、"高铁"、"金改"、"炒股"等弊案，以转移民众焦点、混淆国际视听，借以遂行其"台独"之目的。"对于陈水扁这种不顾台湾人民安全的行为，我们要给予强烈谴责"。有的投书表示，当前台湾大多数人民主张维持现状，反对"台独"，当局"不能罔顾民意，一意孤行，为了个人的政治利益而以台湾2300万人民的生命财产安全作为政治赌注"。两岸之间的问题"需要智慧及时间协商解决"，但最近陈水扁一连串迈向"台独"的动作，只会提升两岸对立紧张状态，对于解决两岸问题毫无助益。陈水扁此举伤害两岸关系及岛内朝野关系，更严重伤害千千万万台湾民众的利益，"陈水扁以一己之私罔顾百姓生计，实为可恶。"

2月28日，上海市台商协会会长叶惠德等28位大陆各地台商协会会长发起联署，联名对陈水扁强行决定终止"国统会"运作和"国统纲领"适用，提出强烈谴责。这份题为《大陆台商急切地呼吁，我们再不能不说话了》的呼呼书指出，2005年，两岸关系逐步向好的方向发展，这是在大陆的百万台商和两岸人民所乐见的，因为安定能使经济发展，民生繁荣。然而，2006年2月27日，陈水扁不顾一切提出终止"国统会"运作及"国统纲领"适用，震惊了国际社会及两岸，尤其是受影响最直接的大陆台商。现在台商忧心忡忡，期盼这种对整体人民利益有损无益的行为能消弭！

这一天，浙江省杭州、宁波、温州等市的9个台商投资协会也发表共同声明，谴责陈水扁强行"终统"，背离台湾主流民意的愿望，背离国际社会和平发展的潮流，背离曾经支持他的台湾民众的利益，是"无端滋事，极端自私，为满足一小撮人私欲的行径"，置广大台商和2300万台湾人民的发展空间和生存安全于不顾，可能为台湾人民带来一连串的灾难，也将威胁地区乃至世界的和平与稳定。

2月28日，香港工会联合会四十多名代表在港岛举办活动，抗议陈水扁终止"国统会"运作和"国统纲领"适用。有会员三十一万多人的香港工联会发表声明说，维护国家主权及领土完整是中华儿女的责任，"我们呼吁所有中国人提高警惕，不能让'台独'势力分裂中国的阴谋得逞。"

这一天，香港《太阳报》发表题为《"废统"举动煽动"台独"虚火》的报道说，阿扁公然抛弃就职承诺，将"国统会"与"国统纲领"的招牌摘了下来，只为扭转去年"三合一"选举失败颓势，但这样的政治操作也正反映出陈水扁已经焦头烂额，狗急跳墙。值得注意的是，陈水扁以挑动两岸底线的方式来煽动"台独"虚火、鼓动"台独"势力的士气，最终可能是误判形势、引火烧身。

这一天，香港《明报》刊发题为《先违背"一没有" 势将冲击"四不"》的报道谴责陈水扁是一个"毫无政治诚信的政客"。报道指出，如今，陈水扁的最重要目标是保住权力，为民进党在2008年的"总统选举"中，寻求泛绿阵营选民的强力支持，为此，让自己的政治诚信再破产一次，在其心目中恐怕还是划得来的买卖。正因如此，大家对陈水扁"废统"之举的担心，在于既然陈水扁今天可以废除"一没有"，在未来两年任期内，他完全可能为了保住民进党政权而在岛内和两岸之间制造更多事端，甚至采取更为极端的"台独"举动来冲击"四不"。所以，未来两年的台海局势仍难以安稳。

2月28日中午，澳门地区中国和平统一促进会举行"维护国家统一、反对'台独'行径"座谈会。与会人士纷纷谴责陈水扁强行"终统"，认为这种孤注一掷的玩火行为绝对没有好下场。澳门地区"和统会"主席崔世昌在发言时说，陈水扁背弃承诺，不但完全粉碎了他的政治诚信和道德人格，也再次充分暴露了他一意孤行走"台独"分裂道路的本质。

澳门地区"和统会"会长刘艺良在发言中表示，2005年，祖国大陆对台湾释出的善意和诚意深深地打动了台湾民众，国民党、亲民党、新党三党领导人相继访问大陆，使两岸关系出现缓和，两岸交流继续发展。但这种崭新的局面却令陈水扁深感不安，他不惜背弃民意，气急败坏地作出"台独"新挑衅。我们对此强烈不满和坚决反对。

澳门妇女联合总会理事长招银英在发言中说，陈水扁不顾两岸人民的强烈反对而一意孤行，目的是为了巩固自己的执政地位，掩盖执政的无能和贪污腐化。对于这种行径，我们予以强烈谴责。

澳门"和统会"副会长兼秘书长陈健英在发言中指出，全世界的华侨华人决心维护祖国的统一，决不容忍"台独"行径，决不容忍任何人破坏两岸关系，也决不容忍台湾从祖国的怀抱中分裂出去。

在座谈会上，与会者纷纷表示，澳门是联系两岸的重要桥梁，澳门同胞立场坚定、旗帜鲜明地维护祖国的和平与统一，决不允许"台独"分裂势力把台湾从祖国分割出去。

2月28日，欧盟负责外交与安全政策的高级代表索拉纳的发言人克里斯蒂娜对媒体表示，台湾当局领导人宣布终止"国统会"运作和"国统纲领"适用，是挑衅行为，是"非常令人遗憾的"。

同一天，法国外交部发言人马太在当天的例行新闻发布会上说，法国政府坚持一个中国的政策，对台湾当局宣布终止"国统会"运作和"国统纲领"适用的决定表示关注，认为这一决定损害两岸现状，不利于地区和平与繁荣。马太说，法国高度重视台湾海峡地区的和平与繁荣，希望两岸通过对话寻求"双方都能接受的方式"和平解决问题。

同一天，日本外务省发言人针对陈水扁的宣布说，日本关于台湾问题的立场正如在《日中联合声明》中所表明的那样，没有任何改变。日本不希望两岸发生军事和政治对立，期望双方通过直接对话来和平解决问题。基于这一观点，日本"不支持任何一方改变现状的尝试"，以免导致两岸紧张局势进一步加剧。

同一天，塞浦路斯外交部发表声明，反对台湾当局领导人陈水扁决定终止"国统会"运作和"国统纲领"适用的举动，敦促台湾当局重新考虑这一不符合中华民族利益的决定。声明说，塞外交部常务秘书扎基奥斯当天会晤了中国驻塞大使赵亚力。赵亚力向扎基奥斯通报了台湾当局领导人陈水扁决定"终统"的情况。扎基奥斯对台湾当局的做法表示忧虑，并指出这只能给地区安全及合作带来消极影响。声明重申，塞政府坚定支持中国的统一和领土完整，坚持一个中国的原则立场。

（七）

进入3月，两岸各界和国际社会对陈水扁倒行逆施的谴责声浪越来越强烈。

3月1日下午，中国常驻联合国代表王光亚分别紧急约见联合国秘书长安南和第60届联大主席埃利亚松，向他们转达了中国政府对陈水扁"终统"这一问题的严重关切。

王光亚在会晤后对媒体说，安南秘书长在会晤中表示，他在过去的两天里也一直严重关注这一事态，他本人对陈水扁的言行所引起的危险局势表示关切。安南还重申联合国坚决奉行"一个中国"的原则。

王光亚说，联大主席埃利亚松在会谈中重申，联合国在台湾问题上的立场是清楚的，联大有第2758号决议，作为联大主席，他会非常稳妥地处理这个问题，同时他对台湾当局最近试图在国际上开创新的"活动空间"，包括推动台湾"重返联合国"等问题有了更深一步的认识。

王光亚最后指出，陈水扁的做法是对台海局势和亚太和平的严重挑衅，不会有任何好结果。他的做法遭到世界各国一致的和公开的反对，不会取得任何结果，只会自取失败。

3月1日，台湾民主自治同盟中央委员会负责人发表谈话，严厉谴责陈水扁"终统"的实质和所造成的严重后果后说，我们居住在大陆的台湾同胞正告陈水扁，当即停止其葬送两岸和平合作双赢的行径，不要再给台湾同胞和两岸关系带来更大的危害。包括广大台湾同胞在内的13亿中国人民有决心、有能力、有办法挫败一切形式的"台独"活动。陈水扁推行"激进台独"路线，进一步违背台湾主流民意，违背两岸关系发展潮流，也损害亚太地区的安全和稳定。他色厉内荏的闹剧，结果只能是"搬起石头砸自己的脚"。由此所引发的全部后果，也只能由陈水扁承担。

这一天，中华全国台湾同胞联谊会负责人也发表谈话强烈谴责陈水扁的行径。谈话指出，陈水扁在台湾当权6年，经济停滞不前、政治混乱动荡、贪污弊案连连、品行丑闻不断，最终导致民进党在去年底台湾地区"三合一"选举中严重挫败，陈水扁陷入了前所未有的危机。为了摆脱困境，陈水扁竟逆两岸同胞的愿望，强行决定终止"国统会"和"国统纲领"。为了一己之

529

私，他不惜拿台湾和平和台湾同胞的利益作赌注，我们对此表示强烈谴责。谈话指出，"台独"不得人心，没有出路。为了实现两岸和平合作双赢，共同发展，共同繁荣，我们呼吁两岸同胞团结起来，共同反对和制止陈水扁通过"宪改"进行"法理台独"的冒险活动。

这一天，香港主要报刊均以大篇幅报道了国家主席、中央军委主席昨天（2月28日）会见瑞士国防部长施密特时的谈话和中台办、国台办的受权声明，普遍认为陈水扁终止"国统会"和"国统纲领"，是对一个中国原则和台海和平稳定的严重挑衅，是在"台独"道路上迈出了危险的一步。

香港《文汇报》发表社评表示，胡锦涛主席的讲话和中台办、国台办的受权声明，一针见血地指出了陈水扁"终统"的危害性，戳破了陈水扁玩弄文字游戏的骗局，有助于国际社会对陈水扁的挑衅提高警惕，共同维护台海和亚太地区的和平与稳定。社评指出，陈水扁"谋独"之心，路人皆知。美国应认清陈水扁"台独"分裂活动的严重性和危害性，恪守在台湾问题上向中国作出的承诺。如果美国继续向"台独"势力发出错误讯息，鼓励其铤而走险，最终将殃及美国自身的安全和战略利益。社评强调，台湾问题事关中国的核心利益，在维护国家主权和领土完整方面，中国决不会屈服于任何压力。陈水扁的挑衅是拿台湾民众的福祉作赌注，美国若被陈水扁拖下水，也绝对不符合美国的国家利益。

香港《商报》在社评中指出，陈水扁的"台独"本质已经昭然若揭，中台办、国台办的受权声明中，指其为"'台独'分裂势力的代表"，不仅恰当，也是对"台独"势力加剧分裂活动的危害和下一步图谋有充分的认识和清醒的判断。社评认为，当前，陈水扁通过"宪改"进行"法理台独"冒险的危险性继续上升，一旦得逞，势必造成两岸关系高度紧张，严重威胁台海地区乃至亚太地区的和平与稳定。因此，坚定地反对和制止陈水扁通过"宪改"搞"法理台独"，是两岸同胞和海内外华侨华人的共同责任。

香港《信报》在一篇题为《莫把逆流当趋势》的文章中说，现在陈水扁执政已走进死胡同，上台后政绩乏善可陈，前一段又选举大败，故此他选择兵行险招，因为时间对"台独"势力不利。文章认为，陈水扁的铤而走险是逆流而动，但任何问题的最后解决，不在于"口水多寡"，而在于力量对比，包括台湾问题。因此，不要把小逆流看成了大趋势。

3月2日，国务院总理温家宝应约与德国总理默克尔通电话。在谈到台湾问题时，温家宝指出，台湾当局决定终止"国统会"和"国统纲领"，是对国际社会普遍坚持的一个中国原则的公然挑衅和对台海地区和平稳定的严重破坏。对台湾当局加紧"台独"分裂活动的危险性，必须保持高度警惕。

默克尔表示，德国政府高度重视发展对华关系，对双方在贸易、科技等领域的密切交流与合作感到满意。德方愿与中方继续保持高层接触与交往，不断加强对话与合作。默克尔重申，德国政府坚定不移地奉行一个中国政策，对台湾当局不久前的举动感到担忧，希望台湾问题根据一个中国原则得到和平解决。

3月2日，中国和平统一促进会有关负责人发表谈话谴责陈水扁的"终统"行径。谈话说，中国和平统一促进会将继续大力支持和推动海外侨胞反"独"促统运动。实现祖国完全统一，是海内外中华儿女的共同愿望。海外侨胞是反"独"促统的重要力量。当前，反对陈水扁通过"宪改"进行"台湾法理独立"活动，是海内外侨胞反"独"促统运动最重要、最紧迫的任务。我们将一如既往地与全球各地中国和平统一促进会一道，立即行动起来，共同为粉碎陈水扁的"台独"冒险作出新的贡献。谈话最后表示，我们坚信，任何背离两岸同胞利益的主张，都将遭到两岸同胞的反对；任何背离中华民族根本利益的行为，都将遭到中华儿女的唾弃。"台独"必然失败，祖国和平统一的进程是任何人都无法阻挡的。

3月2日，中国和平统一促进会和黄埔军校同学会在北京举行座谈会，与会人士强烈谴责陈水扁的"台独"行径，对其图谋通过"宪改"进行"法理台独"的活动表示极大愤慨。全国政协副主席、中国和平统一促进会副会长周铁农在讲话中强调，祖国统一是人心所向、民族所求、大势所趋，是任何人、任何分裂势力都阻挡不了的。任何损害中华民族根本利益的行为，都将遭到海内外中华儿女的强烈谴责和反对；任何破坏祖国和平统一进程的倒行逆施，都必将以失败而告终。

3月2日，"两岸同胞民间交流促进会"在北京成立。该社团是由台盟中央发起的全国性社会团体，旨在继承和发扬台湾同胞爱国爱乡的光荣传统，团结海峡两岸、港澳地区及海外台胞，促进海峡两岸的民间往来，推动祖国和平统一大业的早日实现。在成立大会上，选举全国政协副主席、台盟中央名誉主席张克辉为会长，台盟中央主席林文漪为常务副会长，刘亦铭、吴国桢、李敏宽、张华军为副会长，张宁为秘书长。

张克辉在讲话时表示，将善用"两岸台胞民间交流促进会"这个崭新的平台，更好地体现台盟的优势和特色，整合联络资源，为促进两岸民间的沟通和理解、乃至为祖国的统一大业做出实实在在的贡献。林文漪在致辞时指出，"两岸台胞民间交流促进会"要成为两岸台胞民间交流交往的平台，坚持服务的理念、开拓意识和探索精神，并加强自身建设，积极促进两岸民间的交流交往，以积极健康的力量回击陈水扁的倒行逆施。

进入3月以来，许多国家的政府、政党和领导人纷纷发表公报、声明或谈话，重申坚持一个中国原则，谴责陈水扁的"终统"行径，支持中国和平统一。与此同时，旅居世界各地的华侨华人社团通过举行座谈、发表声明或谈话，谴责陈水扁的"台独"行径，纷纷指出，不管陈水扁如何费尽心思搞"台独"，他改变不了台湾自古以来就是中国领土的事实，也改变不了两岸中国人同文同种、血浓于水的事实。"台独"是绝对行不通的，只能是死路一条。呼吁海内外华侨华人团结起来，坚决反对和遏制"台独"分裂势力所搞的一切分裂活动，为促进两岸关系的和平发展，为实现祖国的和平统一大业作出积极的贡献。

对各国积极反应和海外华侨华人的积极行动，海内外媒体都有及时的报道。3月2日出版的香港《太阳报》发表题为《台海紧张，各国炮轰，欧盟狠批：扁"终统"属挑衅》的报道就反映了这一事实。报道说，台海紧张局势因"终统"再度升高，台湾的陈水扁"总统"顿成标靶，遭各国群起抨击。欧盟外交事务高级代表索拉纳昨日批评，台湾的陈水扁"总统"执意终止"国统会"及"国统纲领"是"挑衅行为"，非常令人遗憾。俄罗斯外交部也称，扁"终统"动作不利于地区和平与稳定。法国指责扁的举动"令我们担忧"。报道说，曾强烈反对北京通过《反分裂国家法》的索拉纳，昨日通过发言人不点名批扁，并向其提醒"两岸应着眼于建立互信，而不应损害这种互信"。其后，欧盟又发表正式声明，谴责扁"终统"决定无助于维护台海稳定与和平。这项由欧盟轮值主席奥地利代表25个会员国作出的宣布，表示欧盟对扁"终统"的决定深为关切。报道说，除欧盟对"终统"表示关切，法国外交部发言人昨日也称，扁"终统"的决定不利于维持现状，法国反对任何可能加剧台海关系紧张及任何改变台海现状的片面动作。法国也呼吁，台湾问题应通过两岸谈判和平解决。报道说，俄罗斯外交部发言人卡梅宁指责，扁"终统"决定违背了他"曾经作出的有关承诺"。俄重申"世界上只有一个中国，台湾是中国不可分割的组成部分"，反对任何形式的"台独"。

迫于国际舆论的强大压力，也警惕扁进一步作出冒险动作，3月2日，美国国务院副发言人亚当·埃尔利就台湾"终统"问题又发表声明，全文如下：

"我们注意到有报道说，台湾高层官员声称'废除'国统会与'终止'其运作没有区别，台湾本周早些时候宣布'终统'其实就是废除该委员会。"

"然而据我们所知，这些报道引用台湾官员的话有误。我们希望台湾当局公开纠正上述说法，毫不含糊地确认2月27日的举动没有废除"国统会"、没有改变现状，并确认其所作相关承诺依然有效。"

"我们从台湾有关部门了解到的情况是，台湾2月27日的的举动经过了深思熟虑，目的就是像陈水扁在包括七点内容的声明中所说的那样不改变现状。"

"废除一项承诺就是改变现状，而那与我们所了解的上述情况相悖。"

"我们认为，台湾信守承诺对于维持现状至关重要。我们坚决奉行的政策是不得单方面改变现状，这一点我们已经说过很多次。"

这篇声明面世之后，引起许多专家的研究。有专家指出，美国的这篇声明旨在敦促扁当局要澄清"终统"并没有"废统"。美国大有被陈水扁通过玩弄文字游戏而受骗的感觉。也有专家指出，这个声明的关键点在"我们坚决奉行的政策是不得单方面改变现状，这一点我们已经说过很多次"这句话上。美国用这一宣示卡住了陈水扁的脖子，警惕他再做出危害台海局势的动作。如前文所述，美国用这一政策把弹簧小丑陈水扁关在了盒子里面，警惕他再突然蹦出来吓人一跳。有专家指出，"这一点我们已经说过很多次"这句话，充分显示出美国对扁这个出尔反尔政客的无奈，大有忍无可忍的意味。

（八）

3月5日上午，第十届全国人民代表大会第四次会议在北京人民大会堂隆重开幕。大会第一项议题就是听取国务院总理温家宝代表国务院作的政府工作报告。当讲到台湾问题时，温家宝总理一字一板、掷地有声地说："我们坚持'和平统一、一国两制'的基本方针和现阶段发展两岸关系、推动祖国和平统一进程的八项主张，坚持一个中国原则决不动摇，争取和平统一的努力决不放弃，贯彻寄希望于台湾人民的方针决不改变，反对'台独'分裂活动决不妥协。我们将继续和台湾同胞一道，促进两岸人员往来和经济、科技、文化交流与合作，构建和平稳定的两岸关系。我们将努力争取在一个中国原则基础上恢复两岸对话与谈判；推动全面、直接、双向'三通'进程；支持海峡西岸和其他台商投资相对集中地区的经济发展；依法保障台湾同胞正当权益，竭诚为台湾同胞服务。两岸关系朝着和平稳定、互利共赢方向发

展是人心所向，任何人妄图破坏这种大趋势是注定要失败的。最终完成祖国统一大业是全体中国人的共同愿望，是任何人都阻挡不了的。"

这言简意赅、三百多字的讲话，赢得了全场人大代表三次长时间的热烈掌声。潮水般的掌声，激荡着全体中华儿女的共同意志，那就是："两岸关系朝着和平稳定、互利共赢方向发展是人心所向，任何人妄图破坏这种大趋势是注定要失败的。"

热烈的掌声，体现出人民代表对中央政府一年来在两岸关系上卓有成效工作的高度肯定与赞许。掌声，也展示出全体中国人民坚决反对"台独"分裂活动，捍卫中华民族根本利益的坚强意志和决心。中华民族自古以来就有追求国家统一、民族富强的优秀传统，尽管两岸分离数十载，但实现国家的统一是中国人民孜孜以求的理想，"和平统一造福，国土分裂罹祸"已经成为中国人民的共识。但近年来，台湾当局顽固推行"台独"分裂路线，特别是最近台湾当局领导人罔顾台湾人民福祉，强行"终统"，企图为其实现"法理台独"铺路，挑战一个中国原则，危害两岸和平稳定，这是全体中国人民所不能容忍的，理所当然地引起包括台湾同胞在内的全体中国人民的极大愤慨和强烈反对。今天，温家宝副总理的庄严宣示，立即引起在场人民代表的强烈共鸣。掌声表达着心声，它充分显示出全体中国人民维护国家主权和领土完整的坚强意志和共同决心。

热烈的掌声，表达出人民代表对促进两岸交流合作、构建和平稳定两岸关系的强烈愿望。两岸同胞是骨肉兄弟，近二十年来两岸经贸、文化、科技、教育等方面的交流合作与人员往来蓬勃发展，两岸同胞的沟通与理解在进一步加深，已形成实实在在的"命运共同体"。胡锦涛总书记一再指出，对于台湾同胞，"无论在什么情况下，我们都尊重他们、信赖他们、依靠他们，并且设身处地地为他们着想，千方百计照顾和维护他们的正当权益"。这些承诺已经在去年实施的一系列惠及台湾同胞的政策措施中得到充分体现，并在两岸人民间引起热烈的反响。今天，温家宝总理在政府工作报告中再次重申："我们将努力争取在一个中国原则基础上恢复两岸对话与谈判；推动全面、直接、双向'三通'进程；支持海峡西岸与其他台商投资相对集中地区的经济发展；依法保障台湾同胞正当权益，竭诚为台湾同胞服务。"所以，话声刚落便激起潮水般的热烈掌声，它表达着两岸同胞的骨肉亲情，也表达着人民代表对这些得民心、顺民意、符合两岸同胞切身利益的政策的高度赞扬。

上午的大会结束之后，新华社记者随即采访了几位人大代表。全国人大代表、河南省漯河市市长靳克文接受采访时说："温总理在谈到台湾问题时，掌声最热烈、最长久，这充分代表了全中国人民反对'台独'分裂活动、促进祖国统一的呼声和决心。"

在采访湖南侗族全国人大代表杨兰芝时，她说她也有同感。她指出："民族团结亲和、国家统一富强是我们各族人民的共同心愿。谁也不能把中国这个大家庭拆散，谁也不能把台湾从我们这个大家庭中分裂出去。"

全国人大代表、中国道教协会副会长、江西省鹰潭市龙虎山天师府住持张金涛，在采访中谈到目前台湾当局的"台独"行径时表示："中国曾历经分裂之难，中华儿女曾饱受骨肉离散之苦。两岸的和平、安定，是两岸同胞之福；国土分裂，只会带来历史苦难的重演。作为宗教界人士，我们决不愿意看到'两个中国'、'一中一台'以及任何分割国家、为祸人民的事情发生。"

台湾籍全国人大代表范增胜在接受采访时说："近期，台湾当局领导人强行终止'国统会'和'国统纲领'，加紧推动'法理台独'，我们要对其提出严正警告，失道寡助，'台独'是走不通的死路，全体中国人民决不会容忍任何分裂国家的行为。"

另一位台湾籍全国人大代表张永钧在接受采访时指出，去年3月，胡锦涛总书记发表的四点意见，对推动两岸关系发展产生了重大而深远的影响，在岛内引起极大反响。一年来，两岸党际间开展了历史性的交流；祖国大陆出台了一系列惠及台湾同胞的政策措施；两岸经济、文化等领域的交流、交往向前又迈进了一大步。他说，温家宝总理的报告在谈到两岸关系时，重申了祖国大陆对台工作的一贯方针、政策，展现了中央政府反对和遏制"台独"分裂活动的坚定决心，同时也显示出祖国大陆实实在在为台湾同胞福祉考虑的亲情和善意，表明祖国大陆对推动两岸关系朝良性方向发展充满信心。

下午，开始分组审议政府工作报告。审议中，发展两岸关系问题成了各代表团的热门话题之一。在解放军代表团审议中，全国人大代表、中共中央政治局委员、中央军委副主席郭伯雄就陈水扁公然"终统"发了言。他指出，陈水扁不顾岛内外的强烈反对，公然决定终止"国统会"、"国统纲领"，是在走向"台湾法理独立"的道路上迈出的严重一步，是对国际社会普遍坚持的一个中国原则的严重挑衅，是与包括台湾人民在内的全体中国人民的严重对抗，是对台海和平稳定形势的严重破坏。我们以最大的诚意、尽最大的努力维护和促进两岸关系和平稳定发展，争取和平统一前景。但是，我们坚决反对"台独"，决不允许"台独"分裂势力以任何名义、任何方式

把台湾从祖国分裂出去。全军部队要进一步增强忧患意识，深入扎实地开展军事训练，培育官兵战斗精神，全面提高战斗力，确保有效履行使命。一旦祖国需要，我军将按照法律赋予的职责，坚决捍卫国家安全统一和领土主权完整。

（九）

在大陆两会（十届全国人大四次会议与全国政协十届四次会议）隆重召开之际，3月6日，台湾"中国统一联盟"与劳动党、夏潮联合会、台湾地区政治受难人互助会、辜金良文化基金会等多个岛内团体在台北发表了《反"废统"、反分裂、救台湾——声讨陈水扁》共同声明，同时号召岛内各界进行"声讨陈水扁"的连署，积极参加3月12日在台北举行的大游行，对陈水扁"终止'国统会'和'国统纲领'"表示坚决反对。

声明说，今年初以来，陈水扁在选举连番受挫之后，为了摆脱弊案缠身、民心日失的窘境，非但不能反躬自省、改弦易辙，反而变本加厉地将台湾2300万人的安全和福祉作为赌本，一意孤行地玩起"废统、制宪"的政治狂赌。此举非但危及台湾人民的安定与幸福，亦违背了两岸人民追求和平、和解、和谐和合作的意愿，更危害了亚太区的安全与稳定。陈水扁全然不顾民意的坚决反对、大陆的严厉谴责和国际舆论的压力，断然宣布"终止国统会运作"、"终止国统纲领适用"，推翻"四不一没有"的承诺，这不但意味着对一个中国原则的否定，也是对全中国人民的挑衅，更是对台湾人民的绑架和诈欺。

"中国统一联盟"主席王津平表示，上述团体将号召台湾人民及全球反"独"促统团体加入声讨"独夫"陈水扁的阵营，共同严密监督陈水扁今后的一切言行及动向，决不容许陈水扁的"台独"图谋得逞。

3月7日下午，十届全国人大四次会议在人大会堂举行记者招待会。应大会新闻发言人姜恩柱邀请，外交部长李肇星就中国的外交工作及国际和地区问题回答中外记者的提问。

第十个提问的是台湾中天电视台记者。他提出的问题是：有人呼吁两岸在国际上"外交休兵"，您对此有何评价？台湾最近宣布终止"国统会"运作和"国统纲领"适用，您怎么看这对两岸关系的影响？是不是4月份胡锦涛主席访问美国的时候，中美双方会针对台湾问题发表新的声明？

李肇星回答说："世界上只有一个中国，台湾是中国的一部分，这是国际社会普遍坚持的重要原则。这体现在1943年的《开罗宣言》、1945年的

《波茨坦公告》和1971年联合国大会第2758号决议等重要文件中。世界上190多个国家中，同中国建立外交关系的国家有167个，他们都承认世界上只有一个中国，台湾是中国的一部分。世界上包括联合国在内的138个政府间国际组织都承认世界上只有一个中国，台湾是中国的一部分。"

"中国的主权不容分割，中国的领土完整不容破坏。台湾当局领导人挑衅一个中国原则，挑战国际公理和人类正义，妄图把台湾从中国分裂出去，理所当然遭到两岸同胞的强烈反对和国际社会的谴责和蔑视。台湾当局领导人的'台独'分裂活动必将遭到可耻的失败。"

"大陆和台湾同属一个中国的事实从未改变。这就是两岸关系的现状。台湾当局领导人强行终止'国统会'运作和'国统纲领'适用，是走上'台独'的危险一步，是对国际社会普遍坚持的一个中国原则和台海和平稳定的严重挑衅。我们将高度关注事态发展，随时准备应对可能出现的复杂局面。我们愿以最大诚意、尽最大努力，争取和平统一，但决不容忍'台独'，决不允许任何人、以任何方式把台湾从中国分裂出去。"

"非常高兴有机会同一位台湾同胞讨论这个问题。我不由得想起不久前逝世的全国政协副主席巴金先生的一段话。这位活了101岁的老人深情地说：'我家乡的泥土，我祖国的土地，我永远同你们在一起……'我们每个人只有一位母亲，只有一个祖国。让我们共同努力，捍卫自己祖国的主权、领土完整和尊严，坚决反对任何分裂活动。"

李肇星深情而精彩的回答，顿时激起全场热烈而长时间的掌声。

两会期间，来自世界各地的数以千计的记者到会采访。其中包括来自宝岛台湾的众多记者。台湾中天电视台派遣了4名记者到会采访，他们表示，此次报道重点是两岸关系，还会对与"十一五"规划有关的新闻进行报道，因为两岸经贸关系越来越紧密了。

已经连续6年报道两会新闻的台湾东森电视台记者杨钊说，今年他们关注的重点是大陆方面在陈水扁决定终止"国统会"和"国统纲领"后怎样调整对台政策，"十一五"规划中的有关缩小贫富差距、反腐败等也在他们的视野中。杨钊在接受新华社记者采访时说，通过几天来的报道，他个人认为，大陆方面在宣示反对"台独"的同时，并没有要紧缩两岸关系，反而更加展现出推动两岸经济、文化交流与合作的善意。

台湾TVBS电视台派出6名记者到会采访。记者仇佩芬在接受新华社记者采访时说，除了主要关注大陆方面的两岸关系政策走向外，她与同事还将根据"十一五"规划，采访台商比较集中的省、市的人民代表和政协委员，报道与两岸经济合作有关的新闻。

5日开幕的十届全国人大四次会议，受到台湾媒体的普遍关注。6日出版的《联合报》、《经济日报》、《中央日报》和东森电视台、"中央社"等岛内主要媒体都给予较为充分的报道，关注焦点集中在温家宝总理所作的政府工作报告，尤其是涉及台湾问题的内容。《联合报》援引大陆网民的热评指出，温家宝总理所作的政府工作报告，坚持把去年的事、今年的工作和未来5年的规划放到一起说，而且以"民生内容"为核心，体现了今年报告的新意。《联合报》对政府工作报告中关于台湾问题的部分着重进行了报道。报道说，温家宝强调"两岸关系朝着和平稳定、互利共赢方向发展是人心所向，任何人妄图破坏这种大趋势是注定要失败的。最终完成祖国统一大业，是全体中国人的共同愿望，是任何人都阻挡不了的。"报道强调，温家宝在讲到台湾问题时，"获得三次掌声"。

东森电视台特别开设了两会专题报道。"全国人大代表纷纷在网络开设博客"、"外交部长李肇星应答境内外媒体追问"等新闻，频频出现在东森电视台的电视画面中。

台湾《经济日报》的报道指出，温家宝总理在政府工作报告中有一个"新提法"，就是"支持海峡西岸和其他台商投资相对集中地区的经济发展"。引起人们普遍关注。

《中央日报》向读者介绍了"十一五"时期的六个战略重点，并特别关注到温家宝把新农村建设排在六个重点中第一的位置。《中央日报》还报道了温家宝对"台独"活动"决不妥协"的表态，并全文刊登了政府工作报告中有关台湾问题的内容。

"中央社"的报道对温家宝总理所作的政府工作报告的内容进行了分析，对其中中央将全力支持港澳特别行政区行政长官依法施政、"十一五"期间将加快油气管道的兴建、未来五年大陆经济年均增长7.5%、重申争取两岸和平统一和反对"台独"等讯息进行了专门报道。

（十）

3月10日上午，全国政协十届四次会议举行第四次全体会议。会上，全国政协委员梁国扬代表台盟中央和全国台联发言。他说，在胡锦涛总书记四点意见的指引下，在两岸人民的共同努力下，两岸关系出现了一系列有利于和平稳定的积极因素。我们要继续贯彻落实中央对台工作方针政策，更加努力地做好新形势下的对台工作。为此，我们建议：（一）、各级政府要带头认真学习、坚决贯彻胡锦涛总书记的四点意见，把维护广大台湾人民的根本利益放在重要位置，本着四个"有利于"的精神和要求，在为台湾同胞谋福祉上下功夫。真正让我们的政策惠及广大台湾同胞。要继续深入揭露批判"台独"势力进行分裂活动，进一步使台湾人民认识"台独"的危险性和危害性。民主党派和群众团体做这方面工作有许多优势，应当可以更加充分地发挥作用。（二）、要进一步解决好常住大陆台胞遇到的问题和困难。（三）、要深入做好台湾青少年的工作。在落实台湾学生相关政策方面，目前一些地区和一些高校在对台生同等收费、奖学金发放的执行中还存在差异。建议由各地教育部门、台办定期进行必要的检查。

全国政协委员朱培康代表民革中央发言时说，综观当前的两岸关系形势，我们认为，现阶段对台工作最重要、最紧迫的任务，是坚决反对和遏制"台独"分裂活动。为此，提出以下意见：（一）、孙中山先生是振兴中华、维护国家统一的一面伟大旗帜。今年是孙中山先生诞辰140周年。我们呼吁中共中央与台湾岛内致力于两岸人民和平与幸福、中华民族大团结的政党和有识之士，以此为契机，以各种方式，共同缅怀和纪念这位伟大的爱国主义者和中国民主革命先驱。并在此基础上，本着求同存异、相互包容的精神，不断延续和扩大双方交流的成果，积极寻求两岸政治僵局的化解之道，共同致力于排除"台独"分裂势力给两岸关系发展制造的困难和障碍。（二）、促进与认同"九二共识"、反对"台独"、主张发展两岸关系的台湾政坛、团体和代表性人士多进行交流与对话。一是应在去年两岸政党交流的基础上，进一步健全和完善双方交流机制；二是增加交流频率、扩大交流规模、深入交流内容，特别应着力研讨如何促进尽快实现两岸直接"三通"、两岸客运包机和货运包机等两岸同胞共同关心的迫切问题；三是制定规划，努力使两岸政党交流逐渐形成不可逆转的潮流，进而带动两岸其他交流和人员往来蓬勃发展。（三）、目前在台湾，真正死心塌地搞"台独"的人毕竟是少数。广大民进党成员与极少数顽固的"台独"分子是有区别的。我们可以通过各种适当的方式与他们接触、对话，促使他们逐步放弃不切实际的"台独"幻想，转而致力于推动两岸关系的发展。

全国政协委员崔世昌在发言中说，澳门作为祖国和平统一，"一国两制"成功实践的地区之一，要充分发挥自身的独特优势，促进两岸人员往来和经济文化交流，为祖国的和平统一大业作贡献。当前应当进一步发挥澳门的独特优势，遏制"台独"势力滋长，进而促进祖国和平统一的进程。第一，充分发挥了澳门民间组织"反独促统"的作用。要鼓励和支持民间组织开展"反独促统"活动，创造条件让民间组织参与对台工作的重大活动。通过对各种民间组织的协调，使之形成更大的合力。第二，引导更多的台湾人士到澳门旅游观光、参访。要以更灵活的方式，引导更多的台湾同胞到澳门，通过旅游观光参访，实地了解澳门回归以来的新变化，了解"一国两制"的真实内涵。第三，促进两岸之间人员往来更便捷、交流活动更频繁。要研究为台湾同胞进入澳门，或经澳门进入内地提供更多的快捷和便利，真正使澳门成为现阶段两岸之间交流与沟通最方便的走廊。第四，充分利用自由港优势，吸引台商参与澳门及内地建设。澳门货物、人员进出自由，实行"一国两制"条件下自由市场经济。可充分利用这些优势，鼓励和引导台商到澳门投资、经商，或经澳门与内地展开经贸合作。第五，要维护澳门的长期繁荣稳定和发展，发挥"一国两制"的示范作用。必须坚持"一国两制"、"澳人治澳"、高度自治，更广泛地凝聚市民的爱国爱澳力量，并世代延续下去，从而让澳门的"一国两制"良好示范形象更鲜明亮丽。

他们求真务实的发言赢得全场一阵又一阵的热烈掌声。

3月11日下午，全国政协十届四次会议举行记者集体采访活动，新当选的民盟中央主席蒋树声、台盟中央主席林文漪，就加强多党合作、发挥参政党作用、反对"台独"等问题回答了中外记者的提问。

有记者问，在促进两岸交流合作方面，台盟将做哪些工作？林文漪说，台盟是由生活在大陆的台籍人士组成的参政党，我们有信心、有责任、有义务，发挥好自身的优势，为促进两岸交流合作做几件实事。第一，从更宽的视角，协助政府逐步把台商在大陆的投资引导到"十一五"规划的建设循环经济体系的轨道上来。第二，继续推动与台湾科技界和专业人士的交流，比如新能源与可再生能源的开发合作等。第三，我们要以论坛、互访等多种形式，进一步加深与岛内各方面人士的联系，广泛联络，增进共识，共同谋求两岸关系和平稳定发展。我们也将一如既往地关心到大陆来的台商、台生和台胞，支持他们在大陆发展，帮助他们维护合法权益。我们特别要加强两岸青年尤其是大学生之间的交流。我们十分希望台胞青年与大陆青年一道，共同投身于举办2008年北京奥运会的活动中，比如成为光荣的志愿者。

这一天，人民日报记者专访了十届全国人大台湾代表团团长杨国庆代表。杨国庆代表在接受采访时强调："胡锦涛总书记的四点意见在海峡两岸引起广泛反响，获得了台湾同胞的普遍赞誉，有力地推动了两岸关系的发展。其中一个重要原因，就是祖国大陆尊重、信赖、依靠台湾同胞，把台湾同胞视为血浓于水的骨肉兄弟，视为发展两岸关系、反对和遏制'台独'的一支重要力量，强调贯彻寄希望于台湾人民的方针决不改变。"杨国庆说：
"我们生活在祖国大陆的台湾同胞，对陈水扁当局孤注一掷、铤而走险的
做法感到极为愤慨。在对台工作的新形势下，我们更感任务在肩，责任重
大。"杨国庆指出："'台独'分裂势力越是想把岛内的台胞乡亲同祖国分
隔开来，祖国就越是要更紧密地团结他们。我们要大力推动两岸民间交流，
最大范围地团结台湾各界和各阶层民众，使两岸同胞联系更广泛、感情更融
洽、团结更紧密，齐心协力推动两岸关系朝着和平稳定的方向发展。"

　　杨国庆满怀信心地指出："中国是两岸同胞的共同家园。我们深信，具
有光荣爱国主义传统的台湾同胞一定会深刻认识'台湾法理独立'的严重危
害性，与祖国大陆人民携手合作，共同反对和遏制'台独'分裂活动，实现
中华民族的伟大复兴。"

（十一）

　　3月12日，中国国民党在台北举行"拼生活、救台湾"大游行。下午1时
30分大游行开始。数万人挥舞着"我们热爱和平！我们痛恨战争！"的标
语，在国民党主席马英九的带领下，冒着细雨从松山烟厂出发，呼着口号一
路向"总统府"前走去。下午4时许，数万人的游行队伍陆续抵达凯达格兰
大道。连战、宋楚瑜、"立法院长"王金平、马英九同台开讲，向政府"呛
声"，质疑陈水扁"总统""错了"，更请"陈总统""统独休兵"，把注
意力拉回到民生议题之上。

　　现场还邀请国中生、中年失业族、菜篮族、计程车司机（即出租车司
机）、卡奴代表，发表小市民的心声，控诉政府施政无能、贪污腐败。

　　"卡奴"，是指还不起信用卡及现金卡欠款的人。他们辛勤劳作所得报
酬，全部用来偿还欠款，似乎成了"信用卡的奴隶"，所以有"卡奴"的称
谓。目前台湾沦为"卡奴"的人已近70万，人均欠债高达120万元新台币。他
们参加这天的游行示威方式独特，将信用卡模型做成枷锁状套在自己的脖子
上和手上，表达他们对扁政府执政无能使他们沦为"信用卡奴隶"的强烈
抗议。

　　连战在演讲中表示，他希望透过向政府呛声，让全世界都知道，台湾有
一个无能、贪污、腐化的绿色政权。

　　马英九在演讲中说，今天的游行是小市民向政府呛声，但是"陈总统
你听到了没有"，"你知不知道你错在哪里"？他说："政府爆出一个又一
个丑闻，人民在受苦，但是我们的'总统'却把统独问题作为他主要关心的

议题。我们必须让政府听到人民真实的声音。"他质疑陈水扁终止国统会，"只是想做不敢说"，美国要求陈水扁说清楚时，却又不敢说话，"勇敢的台湾人，你的尊严在哪里"？他指出，"陈总统"的做法是匹夫之勇，一人一党之私，却损害了台湾人尊严，压缩台湾人的空间。

这场大游行吸引了许多媒体记者跟踪采访。路透社驻台北记者采访了一位李姓退伍军人游行者，李先生说："我们不要'台湾独立'。我们要生存，我们要活下去。"他说："'台湾独立'是死胡同，这是（陈水扁）自己的观点。"许多抗议者向路透社记者表示，他们反对华盛顿提出的一个向台湾出售武器的方案。

就在国民党举行"拼生活、救台湾"大游行的前一天，岛内又爆出一大新闻，海基会创会元老、副董事长兼秘书长陈长文发表声明，痛恨扁当局"刻意激化两岸情势，以渔政治权利之利"的做法，请辞明志。岛内许多媒体都报道了这一消息。其中，台湾《中央日报》发表的题为《海基董事陈长文三理由即起请辞》的报道最为详尽。

报道说，海峡交流基金会董事陈长文昨日发表请辞声明。陈长文表示，请辞念头已酝酿一段时间，而海基会名誉董事长孙运璇、海基会董事长辜振甫两位长辈辞世，政府又推动终止"国统纲领"，海基会还有何为？他向政府提出的多项建议也石沉大海，所以决定自即日起请辞海基会董事一职。

陈长文在声明中指出，海基会成立于1991年，15年来，从初创时肩负全民重盼、具有政治指标性的团体，渐渐被边缘化，成为连事务性功能都萎缩的组织。然而，如此发展并不操之于海基会。

声明说，海基会名义上是民间团体，但不论董事会或其功能，自始即为政府机关的特殊延伸。目前政府不仅无意改善两岸关系，甚至有"刻意激化两岸情势，以渔政治权力之利"的倾向。陈长文对此深为痛恨。他表示，基于三点理由他决定请辞：

一、"哲人仙去，已无眷恋！"

声明说，15年前，他曾向前"行政院长"郝柏村推荐敦请孙运璇担任名誉董事长、辜振甫担任董事长，在其领导下，海基会担当两岸和平交流的破冰者，是一个充满希望的黄金时代，也是最能实在做事的一段时间。无奈，面对屡屡以挑弄两岸关系来转移焦点的政府领导人，终是难有施为。如今，两位长辈相继仙去。此为理由一。

二、"'废统'既定，其会何附？"

声明说，海基会的存在实是附属于"国统纲领"之上的。海基会的任务是在最短时间内，促使两岸从"国统会"规划的近程阶段进入中程阶段（政府对政府直接谈判）。15年后的两岸关系，比海基会成立时只退无进，如今连"国统纲领"都被"终止"，海基会还有何为？此为理由之二。

三、"以言以谏，不得回声！"

声明说，他曾提出若干建议，希望以海基会董事监事会决议的方式，要求政府立刻改善，包括删除限制大陆人民对台湾遗产继承权之规定、开放采认大陆学历等，但均石沉大海。此乃理由之三。

声明最后指出，海基会只是一个"应变数"，不能决定自己的功能，决定其功能的"自变数"在政府最高领导人。虽然他作出辞职决定，但不影响他对两岸关系持续的关切，以及对两岸和平的深切殷盼。

3月11日出版的台湾《经济日报》发表题为《恨铁不成钢，不如归去》的报道说，海基会董事陈长文辞职的消息一传开，不少长期在海基会服务的同仁，内心只有"唏嘘"二字可以形容。一位员工对记者说，海基会几乎是在陈长文手上建立，过去他代表政府和大陆协商何等意气风发；如今虽和政府理念不同，但他对海基会有期许。过去就算换了政府，也没听说他要辞职，现在却辞职了，代表他的心也冷却了。

有专家指出，从陈长文辞职一事上再一次看出，扁政府是何等的不得人心。扁政府真的"扁了"。

（十二）

3月13日，中国人民政治协商会议第十届全国委员会第四次会议圆满完成各项议题后胜利闭幕。在闭幕大会上，通过了会议形成的政治决议。

在政治决议中，表明了坚决反对和遏制"台独"分裂势力及其活动的严正立场："会议指出，今年以来，台湾当局领导人加快'台独'分裂活动的步伐，图谋通过所谓'宪政改造'实现'台湾法理独立'的目标。特别是近期不顾岛内外的强烈反对，一意孤行，强行决定终止'国统会'和'国统纲领'，在全面推翻'四不一没有'承诺上迈出了危险一步。我们对此表示强烈愤慨和严重关注。维护国家主权和领土完整，是国家的核心利益，是民族的根基所在。我们捍卫国家主权和领土完整的坚强意志和坚定决心，是'台独'分裂势力无法撼动的。我们要继续坚定地贯彻'和平统一、一国两制'的基本方针和现阶段发展两岸关系、推进祖国和平统一进程的八项主张，全面贯彻胡锦涛总书记关于新形势下发展两岸关系的四点意见，紧紧围绕反对和遏制'台独'分裂势力及其活动这一当前对台工作的首要任务开展工作，努力推动两岸关系朝着和平稳定的方向发展；进一步扩大两岸交流与合作，努力把寄希望于台湾人民的方针落到实处。参加人民政协的各党派团体和各族各界人士，要广泛团结海内外一切热爱祖国的中华儿女，坚决反对和遏制'台独'分裂势力及其活动，为发展两岸关系、实现祖国完全统一贡献力量。"

3月14日上午9时20分，十届全国人大四次会议顺利完成各项预定的议程，也胜利地落下帷幕。大会闭幕后，紧接着在人民大会堂三楼中央大厅举行记者招待会，国务院总理温家宝应大会新闻发言人姜恩柱邀请同采访两会的中外记者会见，并回答提问。

第二个向总理提出问题的，是台湾TVBS记者。他提出的问题是：台湾领导人2月27日宣布终止"国统会"运作和"国统纲领"适用，同时表示在条件许可时，会推动台湾公众制定新"宪法"，一般认为这使两岸关系再次进入到比较复杂的局面，想请教您的是台湾当局的做法是不是已经冲撞了大陆对台问题的底线？在这样的情况下，大陆是不是还会和台湾的执政党进行接触、往来？大陆方面对台的基本立场和方针政策，是不是会做出新的调整和变化？我们还想了解在新的一年里，大陆在两岸交流方面还会不会有一些新的重要的措施？

温家宝回答道："中国有一句古话，叫做'得道者多助，失道者寡助'。台湾当局领导人阻挠开放'三通'，收紧以至限制两岸的经贸往来，这不仅不利于台湾的经济发展，而且损害了台湾同胞的利益。台湾当局领导人制造麻烦，转移视线，造成岛内纷争和两岸局势的紧张。台湾当局领导人数典忘祖，妄图割断中华民族的血脉，切断两岸同胞的骨肉联系。台湾当局领导人的这种做法，违背了两岸和平稳定、互利双赢的大趋势，也违背了包括台湾同胞在内的全体中国人民的愿望，必将落得失道寡助的下场。"

"台湾当局领导人决定终止'国统会'和'国统纲领'，公然挑衅一个中国的原则，严重破坏两岸的和平稳定，具有极大的冒险性、危险性和欺骗性。值得警惕的是，他们正在加紧'台独'分裂活动，推行以'法理台独'为目标的所谓'宪改'工程。我们正在密切注视情况的发展，做好应对一切可能发生后果的准备。"

"我们坚持一个中国的原则是一贯的、明确的，这就是说世界上只有一个中国，海峡两岸同属于一个中国，中国的主权和领土完整不容分割。在一个中国原则的基础上，我们主张两岸进行协商与谈判。这完全是平等的，不存在谁吃掉谁的问题。"

"我在这里再次重申：不管什么政党、什么人，不管他过去说过什么、做过什么，只要坚持一个中国的原则，我们就愿意同他进行对话与谈判。包括民进党，只要它放弃'台独'纲领，我们也愿意作出正面的回应，进行接触和协商。"

"我们争取解决台湾问题的努力决不放弃，反对'台独'分裂活动决不妥协，决不允许把台湾从祖国分割出去。"

温家宝总理充满善意和诚意的回答又赢得全场长时间的热烈掌声。

温家宝总理面对媒体坦诚而亲和地解答问题的当天，各路媒体便作了积极的报道。

美联社驻北京记者在这天发出的电讯中，既报道了十届全国人大四次会议闭幕时的情况，也报道了温总理答记者问的情况。电讯说："在与台湾关系问题上，温家宝指责台湾领导人陈水扁决定终止'国统会'和'国统纲领'是破坏地区稳定的做法。温家宝说，台湾当局领导人制造麻烦，转移视线，造成岛内的纷争和两岸局势的紧张。"

"温家宝说：'我们正在密切注视情况的发展，做好应对一切可能发生后果的准备。'"

"温家宝同时强调不管是什么政党、什么人，不管他过去说过什么、做过什么，只要坚持一个中国的原则，我们就愿意同他进行对话与谈判。包括民进党，只要他放弃'台独'纲领，我们也愿意作出正面的回应，进行接触和协商。"

同一天，香港《南华早报》发表题为《对陈水扁的行动保持沉默可能反而对大陆有利》的文章说："事实上，自从陈水扁宣布决定废除国统会以来，北京的反应一直都非常慎重和平静。许多分析人士曾经以为，由于陈水扁是在全国政协和人大会议召开前夕作出废除"国统会"决定的，这一事情肯定会成为那些态度强硬的代表们热烈讨论的问题。结果完全出乎人们意料。甚至连代表解放军的人大代表都乐于谈论军队的开支，以及为什么更加强大的人民解放军不会给世界构成威胁这样的话题。"

"人大和政协此次开会期间，正赶上中国颁布《反分裂国家法》1周年的纪念日，不过这个日子并没有引发激动情绪。"

"一些分析人士将北京的沉默归因于它在对台政策上的成熟：北京已经吸取了教训，不会再随陈水扁的节奏起舞。"

3月15日，台湾《联合报》发表报道说，身为中共国务院总理，温家宝昨天代表中共政府，首度点名"民进党"，说只要民进党放弃"台独"党纲，中共就会给予正面回应。温家宝向民进党公开招手，显示"终统"后，中共对台政策明定把接触民进党、与民进党沟通作为对台重点工作，以各种方式"团结"民进党中可团结的成员，从而反独、遏独。

报道说，中共在终统后的一系列对台软、硬攻势，重点在以柔性诉求打动民进党内部不同派系或不同主张的人士，争取说服他们在阻止"台湾当局领导人"冒进台独上，与中共站在同一阵线。

报道说，中共当局一再向泛绿阵营招手，显然意识到反独、遏独不仅要从国际围堵和打压，自台湾内部形成压力同等重要。对于中共的呼唤，泛绿人士表面上没有反应，私下到北京的民进党人物愈来愈多，甚至有些资深党员在大陆开公司做生意。据了解，近日将有民进党政治人物到北京，与中共涉台高层见面。

3月15日，香港《文汇报》发表报道说，20年前，与陈水扁、谢长廷合称"三剑客"的前民进党大佬林正杰，在淡出台湾政圈后，到大陆经商。对于目前两岸关系，他说台湾人不能失去大陆这个舞台，要的是经济远景，而不是无谓的政治口水。他说："事实上我认为，只有一件事情是最值得做的，就是中国统一。"

民进党资深党员林正杰的这句话正道出了所有中国人的共同心声。中国统一是中华民族振兴的一件大事，任何一个中国人都不会放弃这个追求。只有那些数典忘祖的少数几个民族败类，才会自外于自己的民族，甘心做洋奴才，去实现他们做"儿皇帝"的"美梦"。

五、恶意挑衅大陆，陈水扁的民意支持度一路下跌；谋求两岸和解，马英九的民气声望直线上升

3月29日，台湾《中国时报》发表报道说，民进党未公开的最新内部民调显示，对陈水扁总统的满意度为18%，不满意度为75.9%，满意度未提升，不满意度则创历史新高，而对民进党的支持度也是18%，只有对国民党支持度36%的一半，是近年来差距最悬殊的一次。民进党内人士解读，陈"总统"创新高的不满意度，显示他在去年底县市长选举失败后的种种作为，不但未获得民众的认同，连所谓"巩固基本盘"也做不到，充其量只是"巩固激进盘"。民进党内的焦虑感已到无以复加的地步。上周一场资深"立委"与民进党人士聚会的会上，更出现"开除陈水扁"的声音，有人认为即使无法做到这一点，起码也要"弃扁保党"。

3月30日，台湾"中央社"发出电讯说，民进党籍"立委"林为洲今天发表"退出政党及全民中立行动宣言"表示，他发现政党目的已和人民目的背道而驰，他选择退出政党，且他"不是退出民进党，而是退出所有的政党"。林为洲说，政党轮替后，"摇头丸政治"发挥到极致，全国选民一分为二，相互征伐。他质疑，政党成为"窃取权利、满足私欲"的帮派集团，台湾没有政党政治，只有帮派政治；没有责任政治，只有分赃政治。

这一天的台湾《联合报》发表报道说，民进党"立委"林为洲退党举动震惊民进党，也反映了民进党人的集体焦虑。与林为洲私交甚笃的"'新潮流'立委"沈发惠、蔡其昌立即针对青壮"立委"展开串联，希望发起以民进党"立委"为主体的"党是会议"。这项行动已获得跨派系"立委"响应。

报道说，林为洲退党后，民进党在"立法院"党团再掉一席，只有87席，比国民党88席少1席，退居为"立法院"第二大党。林为洲此时退党，对已十分低迷的民进党气势，是一大打击，而青壮"立委"发起的"党是会议"，已隐然形成党内次团，政治效应蓄势待发。

3月31日，台湾《联合报》发表题为《弃扁保党：民进党必须另选品牌旗手》的文章，阐述了"民进党只有弃扁才有生路"的观点。文章说，民进党内出现了"弃扁保党"的呼声。这个场景极像一幅政治漫画：陈水扁正倒栽葱地坠向深渊，脚踝上的绳子系着整个民进党……民进党所作的民意调查显示，陈水扁的满意度为18%，民进党的支持度也正好是18%。这显示民意对陈水扁已经绝望，而且民进党已被陈水扁挟持，一起坠向深渊。

文章说，左看右看，越来越觉得陈水扁现在转向极少数的"墨绿独派"的做法，正是要谋杀民进党、欲使民进党萎缩成一个"墨绿"的"台独"小党，好成为他退职后的政治玩具。民进党内洞烛大局者自然看出了这个危机，而所谓"弃扁保党"，不啻是"顺扁则党亡，弃扁则党生"的觉悟。民进党落至今日地步，问题已不是"半年把治安搞好"这个层次，而是陈水扁这个民进党的品牌图腾已经人格破产，民进党必须另觅代言人。

同日的香港《东方日报》发表报道说，民进党在民望急跌下，立即派遣6名"立法委员"赴美国与美国官员会面，破解"马旋风"（指3月19日至29日马英九赴美访问对民进党形成的冲击）。据《联合报》报道引述，马英九自美返台后，个人及国民党的声望不断上扬，马访美的表现获得近59%的民众赞许，有67%的民众满意马英九担任国民党主席的表现。相反，民进党籍陈水扁的支持度同样急降仅剩21%；不满意民进党的民众上升到66%。

稍后几天，4月3日出版的美国《时代》周刊上刊发了比尔·鲍威尔、蒂姆·丘尔潘两位先生合写的题为《战斗疲劳症：台湾选民厌倦了岛内充满怨恨的政治分歧和陈水扁"总统"对中国大陆的挑衅态度》的文章，描述了陈水扁恶意挑衅大陆，民意支持度一路下跌；马英九谋求两岸和解，人气民望直线上升的情况。

文章说，上次台湾"总统"选举已经过去两年了，然而台湾政坛上依然是唇枪舌剑、冷嘲热讽。陈水扁的任期还剩下两年时间，但是这种积怨缓和的可能性不大。

文章指出，首先，由于反对党的反对，特别是由于耗资巨大，与美国高达110亿美元的武器交易仍在"立法院"受阻——这笔交易旨在加强台湾的防务力量，对付中国大陆。与此同时，陈水扁不断制造"独立"争吵，上个月他大张旗鼓地废除"国统会"就是明证。接着，就好像要强调一番一样，台湾"国防部"上周提议从"全国"各地的军事基地移走一些破败的蒋介石铜像。反对党再次感到义愤。

文章说，陈水扁和民进党面临的问题是，选民们正在对挑衅和对抗政治失去耐心。在很多方面，台湾俨然是一个真正的"独立国家"。陈水扁挑起这个问题时，许多人认为毫无必要，是鲁莽之举，因为北京已经发出警告，如果台湾采取行动宣布独立，就发动导弹袭击。根据一家电视台上个月进行的一项民意测验，如果问题的重要性满分为10分的话，"发展经济"得9分，而"解决统一或独立问题"只得4分。公众对于独立问题引起的争吵已经感到厌倦，最近一项民意测验显示，陈水扁的支持率低得可怜，只有15%。

民进党面临的更大麻烦是，对手正在重振旗鼓。现在，国民党开始认识到，悲观失望难以自拔不符合自己的利益。该党领导人现在是特别上镜的台北市长马英九。在本月早些时候国民党举行的一个集会上，马英九谈的主要是经济改革，说他将着手解决台湾愈演愈烈的信用卡债务问题，并放宽对台海两岸贸易施加的限制。就在上周，陈水扁政府对于计划在中国投资的公司严加限制。国民党一位"立法委员"说："国民党最终认识到，陈水扁的软肋是经济问题。"人们很早就已看出，马英九是最有希望在2008年台湾总统选举中胜出的人选。在上周访美期间，马英九在哈佛大学和几家知名智库发表了演讲。不管走到哪里，他所传达的信息都是谋求和解。他主张与中国大陆对话。他说，目标是签订和平协定，正式结束敌对状态。这种话不仅华盛顿和北京一定爱听，对于"独立"问题的辩论已经感到厌倦的选民们一定也爱听。

六、扁当局的恶意挑衅阻挡不住两岸积极互动的脚步，高水平、高成效的两岸经贸论坛的举办，有力地推动着和平稳定、互惠双赢的两岸关系的建立和发展

（一）

由中共中央台湾工作办公室、海峡两岸关系研究中心和中国国民党政研基金会共同主办的两岸经贸论坛于2006年4月14日至15日在北京举行。此前，中台办主任陈云林在接受记者采访时表示，本次论坛规模大、层次高，将会是一个高水平、高成效的会议，对于建立和平、稳定、互惠双赢的两岸关系必将发挥积极的推动作用。

陈云林说，举办这次两岸经贸论坛，是落实胡锦涛总书记与连战主席去年四月会谈达成的五项共同愿景的一项重要举措，是国共两党交流与对话的深入和发展，也是两岸同胞集思广益、共谋发展的盛会。此次论坛原计划于去年十二月在台北举行，由于众所周知的原因，我们的代表无法进入台湾，论坛只好改在北京举行。论坛的主题是两岸经贸交流与直接通航。参加论坛的台湾方面与会人员包括：中国国民党荣誉主席连战先生、国民党四位副主席和国民党中央党部有关部门主管。新党主席郁慕明先生及亲民党代表团，也将前来共襄盛举。论坛期间，胡锦涛总书记将与连战荣誉主席再次会面。中共中央政治局常委、全国政协主席贾庆林同志将与连战主席一起出席论坛开幕式并分别发表演讲。国务院领导和北京市委、市政府的主要领导同志也将出席论坛开幕式。参加论坛的有中央和北京市有关部门负责人，两岸工商企业界知名人士，商务、农业、旅游、海运、航运、金融等领域的团体负责人、著名专家学者，大陆台资企业协会会长等共约500人。

陈云林指出，在当前形势下，举办两岸经贸论坛，有它的必要性和紧迫性。第一，两岸经济合作与交流经过二十多年的发展，已经具备相当的基础和规模。如今，在大陆投资的台资企业超过了5万家，有6.8万个项目，合同金额超过900亿美元，台商直接投资超过400亿美元。两岸直接间接贸易累计近5000亿美元，仅去年的贸易额就高达900亿美元。祖国大陆已是台湾第一大出口市场和最大的顺差来源地。台资企业的结构已从劳动密集型重化工业及传统产业，向资本和技术密集型产业以及金融服务业转变。同时，蓬勃发展的两岸经贸合作也必然带来不少新情况、新问题，需要共同探讨，寻找开创新局的途径和解决办法。第二，面对经济全球化、区域经济一体化大趋势，两岸经济发展机遇和挑战并存，两岸同胞应该不受任何干扰，抓住机遇，加强

合作，努力实现互利双赢。海峡两岸休戚与共，合则水涨船高，分则各受其害。两岸经济具有很强的互补性，面对激烈的国际竞争，两岸同胞理应携起手来，共谋因应之道。第三，深化合作、实现共同繁荣，是两岸同胞的共同愿望。两岸经济交流与合作一直是两岸关系中最活跃、最积极的因素。大力推动两岸经济交流与合作，是大势所趋、人心所向，也是构建和平稳定发展的两岸关系的重要组成部分。

在谈到为什么把两岸直航列为本届论坛重要研讨主题的问题时，陈云林说，这首先是因为两岸直航在两岸经贸关系中占有十分重要的地位。自1979年元旦，全国人大常委会发表《告台湾同胞书》，首倡"尽快实现通邮、通航"，"发展贸易，互通有无，进行经济交流"以来，两岸在通邮、通商方面取得了进展，但令人遗憾的是，两岸真正意义上的直接通航至今未能实现，这已成为当前两岸人员往来和贸易关系发展中最为迫切、最需要解决的问题。如何解决这个问题，理所当然成为这次论坛的重要主题。

陈云林接着指出，其次，尽快实现两岸直航，是两岸人民之所愿，符合两岸同胞的共同利益。实现两岸直航，是每年300万到400万到大陆探亲、旅游、经商的台湾同胞的需要，是众多台湾工商企业在大陆投资设厂、发展事业的需要，是大陆居民希望赴台旅游的需要，是台湾水果到大陆销售、降低运输成本的需要。因此可以说，选择直航作为本次论坛的主题，事关解决两岸经贸关系发展中衍生的各种问题的关键。第三，实现两岸直航不仅是经济发展的需要和两岸同胞的愿望，目前也已具备了良好的基础与条件。两岸航运业者已经初步建立了两岸民间沟通协商的渠道，基本解决了处理直航的技术性、业务性问题。在实际操作过程中，大陆海峡两岸航运交流协会、海峡两岸航空运输交流委员会分别与台湾海峡两岸航运协会、台北市航空运输商业同业公会建立了较为顺畅的沟通联系渠道，并经常就相关问题交换意见。可以说是万事俱备、只欠台湾当局主管部门的批准。当前，海峡两岸应本着务实灵活的态度，采取切实有效的措施，加快推动两岸直航进程。我们希望，这次国共两党举办的"两岸经贸论坛"，两岸有识之士能就两岸直航问题进行进一步深入研讨，献计献策，交换意见，积累共识，推动两岸直接通航早日实现。

两岸经贸论坛召开前，各路媒体便予以积极报道和热烈评论。

4月11日，路透社驻台北记者便发出电讯说，台湾"行政院大陆委员会"副主委陈明通说："（两岸经贸论坛）对民进党政府构成巨大挑战"，"对台湾来说，最危险的事情莫过于大陆提出的一切都带'一个中国'的附加条件。一旦我们接受，就不可回头"。台湾大学政治学教授杨永明说："论坛暴露了台湾政府在促进两岸经贸关系问题上的无能。"电讯说，有一百多名政治家和商人组成的代表团将由连战率领赴大陆参加论坛。自上世纪80年代末以来，虽然中国大陆与台湾间的政治往来陷入僵局，但贸易、投资和旅游等却蓬勃发展。

4月12日，台湾《中央日报》发表报道说，中国国民党荣誉主席连战13日三度登陆，14日在北京参加两岸经贸论坛。国民党大陆事务部主任张荣恭说，连战访京期间，将带着全家人一起登万里长城，也会到香山国父孙中山衣冠冢致敬。另外，连战全家预定两岸经贸论坛结束后，17日南下福建漳州市马崎村祭祖。报道说，国民党主席马英九透露，10日他拜会连战，当面表示支持开放大陆观光客来台、两岸包机直航常态化的看法。张荣恭说，连马共识相当高，国民党主张维持"四不一没有"，根据连胡公报开展的两岸交流，其实都是党内共识，无所谓连战代马英九向大陆传话的问题。

同一天，台湾《联合报》发表题为《两岸经贸论坛，参加者总产值很可观》的报道说，两岸经贸论坛即将举行，参加的台湾企业界人士被列为最高机密。据了解，工商大佬辜濂松、张荣发、王又曾及高清愿等都将与会，六大工商团体中至少有三位理事长参加。国民党对此不愿意证实，仅表示："参加者的总产值，会很可观！"国民党幕僚指出，企业界人士在意的不是论坛释出的优惠讯息，而是能与中共领导人见面的机会，因此报名相当踊跃。

报道说，张荣恭对参加者高度保密作解释说，企业界与学界人士不愿曝光，是担心政府打压。"终统"风波时，有六十多位台商会长联署反对，当时"陆委会"一一致电施压。为免困扰，国民党必须保密。不过，知情人士指出，许多企业界人士有意参加的讯息曝光，被政府先行"处理"过了，部分人士因而打消去意。但仍有企业界人士舍中华民国护照，改用其他国家护照，希望风声不要走漏。

同一天，新加坡《联合早报》刊登题目叫《"连胡会"一周年，两岸"政冷经热"》的署名文章说，国共历史性会晤将满一周年，国民党荣誉主席要在明天第三度访问中国大陆、组织国共首届"两岸经贸论坛"。过去一年，两岸在台面上的政治交锋仍是惊涛骇浪，台面下的经贸往来却在渐行渐近。这股"政冷经热"的形势，自"连胡会"定调，大陆一年来紧守政治底线、争取台湾民心的对台新战略思维，相信仍会延续贯彻。

文章说，中国国民党大陆事务部主任张荣恭总结，两岸一年来经贸"往来密切，愈发朝互惠互利的方向发展"，包机协商模式更有示范效果，"由在野党当先锋搭桥铺路，双方政府授权民间团体协商谈判，再把具体成果拿回来让公权力去落实。"他说这是逐渐形成的一个非常有效的协商方式，使双方能不触及政治纷争，落实具体措施。

文章说，国民党"立委"雷倩接受采访时指出，近一年前的"连胡会"，"一方面让台湾民众认识到不只有独或反独两条路可走，还可能有和平发展的第三种可能性；另一方面也让大陆民众看到，像连战这类台湾体制培养出来的政治领袖的不同风范。也因为有了连胡会的基调，才使他今年以来扁政府'终统'以后的一连串强硬动作，不至于完全主导两岸思维走向，台湾主流民意仍保有独立的思考方向"。

这一天，《台湾日报》发表报道反映李登辉攻击两岸经贸论坛的恶意言论。报道说，李登辉昨天发表书面声明表示，去年中国国民党的"连胡会"共识，乃至国共论谈，是国共透过经济操作，让台湾主权安乐死的过程，既出卖台湾，也出卖中华民国，国民党是中国大陆"并吞"台湾的帮凶。

从李登辉这份声明中可以看出，这个民族败类面对两岸主流民意的发展的焦虑和无奈。

（二）

两岸经贸论坛受到海内外媒体的高度关注。共有来自一百二十余家各类媒体的逾400名记者报名前来采访此次论坛。13日下午1时许，距连战一行抵京还有近两个小时，北京首都机场南机坪外已有数十名记者早早在等候安检。利用等候的时间，有的记者开始准备口播稿，有的则忙着采访身边的同行。中央电视台、凤凰电视台和台湾的东森电视台、中天电视台都对连战抵京参加两岸经贸论坛进行现场连线直播报道。

新华网第一时间在头条位置发出了连战一行抵京的快讯和新闻组图。人民网、中新网、新浪网等大陆网络媒体均在首页显要位置推出相关消息、图片和视频。

台湾《联合报》、《中央日报》等平面媒体12日、13日均刊发了多条有关两岸经贸论坛的稿件，对论坛的议题、日程以及连战一行的其他相关行程进行了报道。联合新闻网、中时电子报等网络媒体13日均在首页推出了两岸经贸论坛的相关消息。

又是一年春来早，花开时节又逢君。

下午3时许，当连战一行走出机舱时，面对他们的照例是灿烂的笑脸、绚丽的鲜花、热烈的掌声、热情的问候。

面对众多各方面代表热情的面庞，连战发表了简短的讲话。连战说，去年四月他头一次访问北京，有机会荣幸地与胡锦涛总书记共同达成了"两岸和平发展共同愿景"。今天再次来到北京，增添了一份熟悉，也有重逢的喜悦，更有宾至如归的感觉。

连战表示，这一次我们来参加两岸经贸论坛，是因为当前全球化趋势正如火如荼，两岸之间的经贸关系非常密切。在这样的大环境下，我们殷切期盼能够在和平双赢的架构下，共同努力来促进两岸经贸合作，互惠互利，提升人民的福祉，促进社会的繁荣。

连战说，这次除中国国民党四位副主席以及党内高级干部参与外，台湾工商企业界人士、学者、专家和民意代表也参与，这代表了人民的殷切期盼。他表示，万事起头难，只怕有心人。今天两岸同胞需要互助互惠。让我们抓住中华民族千载难逢的好机会，共同努力。

连战最后说："我在这里也带来了台湾千千万万同胞对大陆同胞由衷的祝福！"

连战简短而充满感情的讲话激起全场热烈的掌声。

中国国民党副主席江丙坤、关中、林益世和国民党中央党部有关部门主管，亲民党代表和参加论坛的部分台湾工商企业界人士、学者、专家等同机抵达。中国国民党副主席吴伯雄、新党主席郁慕明等已先期抵京。

中共中央台湾工作办公室主任陈云林等有关部门负责人和各方面代表到机场迎接。

4月13日这一天，多家媒体对连战一行抵京参加两岸经贸论坛作了积极的报道。

台湾"中央社"报道了连战抵京后在首都机场所作的简要讲话，还报道了连战在出发前的讲话。他说，现今两岸对话沟通协商有困难，更要勇敢面对，突破现状，为台湾的经贸困境找新的活路，共同努力再创经济奇迹。他指出，因应全球化潮流，两岸要加强经贸合作，在和平双赢架构下，达到互惠互利。台湾近几年经贸实力大幅滑落，已是亚洲四小龙最后一名。两岸经贸互补和产业分工非常明显，如不能因势利导、促进合作，将是对台湾经济发展很大的伤害。

台湾《工商时报》对与会台商阵容强大作了报道。报道说，在连战的率领下，预定出席北京两岸经贸论坛的160位产学界代表，今明两天前往北京，国民党方面表示有信心要在五大议题上皆取得具体进展。尤其盼望借此会议，打开台湾银行的登"陆"之路。

报道说，台湾方面有哪些企业界人士出席，被国民党列为最高机密。目前浮出台面者，包括中信金控董事长辜濂松、台北富邦银行最高顾问林基源、统一集团总裁林苍生以及长荣集团创办人张荣发、华航前董事长李云宁、前阳明海运董事长陈庭辉、工商建研会会长郭台强、威京集团负责人沈庆京。此外，六大工商团体就算理事长不亲自参加，也都派遣代表与会。在大陆各地的台商会长也都将参加研讨会，国民党形容其为"阵容强大"。

报道说，眼见大陆市场在台商的全球布局上越来越重要，企业界不少人都希望借着这次经贸论坛与大陆建立关系，所以尽管来自政府方面的有形无形压力还是不小，但是不少企业界人士私下表示，"已经顾不到那么多，只好事前尽量低调，将无谓的困扰降到最低"，他们事前拜托连战不要将他们的名单曝光。在连战亲自下达封口令后，他们的名单一直没有曝光。

台湾《经济日报》这一天刊登题为《谈比不谈好》的文章，阐述两岸深化交流是大势所趋的主题。文章说，不论两岸经贸论坛达成什么共识，寄望短期内能对两岸经贸发展做出实质贡献，难度恐怕相当高。但从长期看，谈比不谈好；两岸多沟通，不管谁沟通，迟早会开花结果。

文章指出，只要沟通的大门开启，自然有机会往好的方向发展。随着两岸经贸日益密切，经济全球化的势不可挡，不求沟通，台湾反而有被边缘化的危机。未来两岸经贸议题的协商愈密集频繁，对台湾的好处只会多不会少。

《澳门日报》这一天也发表了一篇文章对论坛进行评论。文章的题目叫《连胡再会，"台独"穷途》。文章指出，民进党对两岸经贸论坛的举办反应激烈当在意料之中，因为去年胡连的首次历史性会面让台湾当局栽了个大跟头。随着连战的脚步，台湾人民看到了一个与他们想象中和宣传中完全不同的大陆，完全不同的人民，完全不同的中国共产党。弊案频出的民进党政府随后在"三合一"选举中惨败，奔向"急独"的陈水扁越走越"独"，一蹶不振。整个绿营都不愿在相同的地方被绊倒两次。

文章说，吕秀莲称"中国对台的经济作战是以商围政、以民逼官、以经济促政治"。试问民进党，你们又能为台湾带来哪些商机？数次转移投资重心，哪次不是赔得血本无归？因此，居心叵测者挑拨离间的空间定会越来越小。

日本《产经新闻》在4月14日发表的报道说，大陆打算通过召开这次论坛，进一步促进与台湾的经济关系。国民党的想法是，通过促进经济交流和对话才能稳定两岸关系，才能把独立或统一的想法推迟，"维持现状"。这也与担心中台关系紧张的美国以及对中国经济依赖程度越来越大的台湾财经界的想法一致。打算重新执政的国民党通过连战访华明确"对华融合"的姿态，以寻求在下次选举时获得选民更广泛的支持。

（三）

4月14日上午，两岸经贸论坛在北京隆重开幕。中共中央政治局常委、全国政协主席贾庆林和中国国民党荣誉主席连战出席了开幕式。

论坛开幕式由中共中央台湾工作办公室主任陈云林、中国国民党国政研究基金会副董事长林丰正共同主持。中国国民党副主席吴伯雄、江丙坤、关中、林益世及中央党部主管人士，新党主席郁慕明，亲民党、新党代表等出席了开幕式。中共中央政治局委员、北京市委书记刘淇，中共中央政治局委员、国务院副总理曾培炎，国务委员唐家璇，北京市市长王岐山，中央、国家机关有关部委负责人等也出席了开幕式。

与会人员有两岸相关企业巨子、工商团体负责人，两岸经济界著名专家学者及大陆台资企业协会会长等四百多人，人才云集，济济一堂。有媒体用"阵容豪华"来形容这个场面。庄严肃穆的会场上始终洋溢着隆重、热烈、亲切的气氛。

开幕式上，贾庆林作了题为《以民为本，深化合作，共同开创两岸经贸互利双赢的新局面》的演讲。他说，举办此次论坛是落实胡锦涛总书记与连战主席去年会谈新闻公报的重要举措，是国共两党继续交流和两岸关系中的一件大事。这次论坛以两岸经贸交流与直接通航为主题，必将对深化两岸经贸合作、构建和平稳定发展的两岸关系，产生重要而积极的影响。

贾庆林指出，去年四月，中共中央和胡锦涛总书记邀请中国国民党主席连战率团来大陆访问，双方共同发布了"两岸和平发展共同愿景"，揭开了两党正视现实、开创未来的新的一页，具有里程碑式的重大意义。此后，国共两党共同努力，积极推动落实双方达成的重要共识，并取得实质性进展。在两岸同胞共同努力下，两岸关系中有利于遏制"台独"分裂活动的积极因素增多，两岸关系朝和平稳定方向发展的势头增强。努力构建和平稳定发展的两岸关系，已成为两岸同胞的共同心愿，也成为国际社会的普遍期待。

贾庆林强调，构建和平稳定发展的两岸关系，需要脚踏实地的从加强两岸经济交流合作做起。面对新的形势，两岸同胞必须抓住机遇，加强合作，不断扩大共同利益，努力实现互利双赢。就全面深化和扩大两岸经济交流合作，贾庆林提出四点建议：一是要以为民谋利为出发点，实现两岸经济共同发展繁荣。深化两岸经济交流合作，是实现两岸经济共同发展繁荣的必由之路，也是两岸同胞的共同利益所在。目前，两岸经济交流合作呈现良好的发展势头，但仍然存在许多人为的障碍和政治干扰。我们应当从维护和扩大两岸同胞的共同利益出发，尽快排除干扰，消除障碍，兴利除弊，不断拓展两岸经济交流合作的新境界。

二是要以直接通航为突破口，开创两岸经济关系正常发展的新局面。应本着方便两岸人员往来、便利两岸经济关系发展、符合两岸航运企业利益的原则，采取务实灵活的措施，积极推进两岸空中、海上直航进程。当前，可以零关税农产品直航为先导，推动台湾农产品从台湾本岛到大陆的直达运输；继续扩大福建沿海与金门、马祖海上客货运直航的功能与范围，推动福建沿海与澎湖的直航及两岸贸易货物经金门、马祖、澎湖的中转，加快直接、双向、全面"三通"的进程。

三是要以提高技术水平和竞争力为重点，促进两岸经济关系持续健康发展。两岸应当本着优势互补、互惠互利的原则，加强电子信息、光电、生物、农业等产业的分工与合作，协调两岸高新技术产业布局，优化资源配置，共同建立自主的技术标准，创造中国人自己的国际品牌。在深化两岸经济交流合作的进程中，要始终注意立足当前、着眼未来，深入探讨建立两岸经济合作机制问题。当前，可以考虑在互相尊重和保障对方经济利益的前提下，以区域对区域、民间对民间、行业对行业、企业对企业的方式，灵活处理有关事宜，不断深入探索，不断积累经验。

四是要以加强交流沟通为途径，广泛凝聚两岸促进互利合作的智慧和力量。全面扩大和深化两岸经济交流合作，推动两岸关系和平稳定发展，实现中华民族的伟大复兴，是两岸同胞的共同愿望，要靠两岸同胞的共同努力。应当充分发挥两岸经贸论坛的作用，进一步加强对话，增进互信，凝聚智慧。既可以通过举办两岸经贸文化论坛，讨论加强两岸经济合作的议题、加强文化交流的议题；也可以通过举办两岸和平发展论坛，讨论台湾同胞关心的其他议题。

贾庆林强调，"台独"的阴霾并没有从台海上空散去。今年以来，台湾当局领导人为了一己之私，逆潮流而动，执意推进激进"台独"路线，加紧进行"台独"分裂活动，蓄意在台湾内部和两岸之间挑起新的对抗与冲突，直至公然背信弃诺，强行终止"国统会"和"国统纲领"。这是对国际社会普遍坚持的一个中国原则和台海和平稳定的严重挑衅，是在走向"台独"的道路上迈出的危险一步。事实表明，台湾当局领导人企图通过"宪改"谋求

"台湾法理独立"的冒险、危险性在上升。对于这种危险性，我们必须有充分的估计。为了维护两岸同胞的根本利益，我们决不会容忍"台独"。

贾庆林最后指出，只要我们站在时代的前列，以历史和世界的眼光观察两岸关系发展大势，以为两岸同胞谋福祉的胸怀把握未来，以互利双赢的精神致力于促进两岸交流合作，我们就一定能克服前进道路上的艰难险阻，促进两岸关系和平稳定发展，谱写中华民族伟大复兴的新篇章。

连战发表了题为《和平繁荣，共同期望》的演讲。他说，从台北到北京，辗转花了8个多小时。他说，这个路绕得"太冤枉"！所以，他给这个论坛起了个"小名"，叫"截弯取直工程研讨会"。启示，岂止是从台北到北京要绕"冤枉路"，就是这论坛的举办也是经过一波三折，从台北转移到北京才办成的。连战先生这幽默而隽永的开场白立刻引来一片热烈的掌声和意味深长的笑声。他为论坛起的这个"小名"，正紧扣着本次论坛的主题。他强调，两岸应当掌握历史趋势，顺应时代潮流，抓住当前千载难逢的机会，加强经贸合作，实现中华民族的光荣、进步、繁荣。

连战表示，去年他率中国国民党访问团来大陆访问，并与胡锦涛总书记会谈，标志着两党把握了两岸关系和平双赢的历史方向，为两岸互相协助开启了机会之窗。今年举办的两岸经贸论坛，是从务实的立场出发，为了人民福祉、民族利益，代表着人民殷切的期盼。希望这次论坛的声音，能够超越时空，跨越海峡，成为引领未来两岸人民主流民意的先锋。

连战说，限制两岸经贸合作的做法，使台湾经济失去了先机。当前，区域经济合作、中国大陆的崛起是不可阻挡的两大趋势。应当面对这种局势，认真思考台湾经济的发展道路、推动两岸经贸关系发展的战略，避免台湾经济在亚洲区域经济整合中被边缘化。

连战强调，台湾过去曾创造了经济奇迹，在当前经济增长趋缓的情况下，必须把大陆的崛起作为振兴台湾经济的新动能。两岸应该更积极地结合各方力量，发挥双方优势，排除经贸障碍，有计划、有系统地推动经济整合，朝建立两岸共同市场的方向努力，实现两岸经济共同发展繁荣。

贾庆林、连战二位的精彩演讲常常被阵阵热烈的掌声打断，他们在演讲中所阐述的观点让与会者心悦诚服。

在两岸经贸论坛开幕前，贾庆林在北京饭店亲切地会见了连战先生。随后，贾庆林在人民大会堂会见了出席两岸经贸论坛的台湾工商企业界代表。

在向来宾简要介绍了大陆经济社会发展情况后，贾庆林指出，大力发展两岸经济交流合作，推动尽快实现两岸直接、双向、全面"三通"，符合两岸同胞的切身利益，是民之所愿、所想，既是大势所趋，也是当务之急。面对各种机遇与挑战，两岸同胞应当更加紧密地携起手来，相互扶持，优势互补，全面深化和扩大经济交流合作，实现两岸共同繁荣，推动两岸关系着和平稳定的方向发展。

贾庆林表示，我们将继续以最大诚意、尽最大努力维护两岸关系和平稳定发展，争取和平统一前景，同时我们决不容忍"台独"。我们将继续坚持不以政治分歧影响和干扰两岸经济交流合作的主张，切实维护和保障台湾同胞的合法权益。凡是有利于台湾同胞的事，凡是有利于促进两岸交流合作的事，凡是有利于促进两岸和平稳定发展的事，我们都会尽最大努力去做，并且一定做好。这是我们对台湾同胞的庄严承诺，绝不会改变。当前，只有尽快促成实现两岸客运包机的节日化、周末化、常态化和货运包机的便捷化，才能真正满足两岸同胞的共同愿望和实际利益。希望两岸民间航空行业组织尽快按照2005年春节包机澳门协商的方式，就两岸客货运包机相关事宜直接沟通，共同努力，取得突破。

贾庆林预祝两岸经贸论坛举办成功，祝愿台湾企业家在大陆投资发展事业取得更大成就，并继续为促进两岸经济交流合作，推动实现两岸直接"三通"，促进两岸和平稳定发展发挥积极影响。

中共中央政治局委员、国务院副总理曾培炎，国务委员唐家璇，以及国务院台办、国家发展和改革委员会、商务部负责人参加了会见。

当晚，贾庆林主席在人民大会堂宴请了出席两岸经贸论坛的全体与会人员。

这一天，美联社从北京发出电讯说，中共中央政治局常委、全国政协主席贾庆林和台湾反对党前领导人连战今天呼吁加强两岸经济关系，尽管两岸存在政治紧张关系。他们表示，联合各自在研究和制造业方面的实力将使两岸受益。连战是在台湾人讨论是否扩大与大陆的商业关系之际前来参加两岸经贸论坛的。连战说："没有大陆的资源，台湾能够走得出去吗？"他呼吁两岸为整个民族的繁荣共同努力，凝聚力量，推动中华民族的经济繁荣。贾庆林对连战的呼吁作出了回应，表示希望中国大陆能利用台湾比较先进的科研资源。

这一天，德新社也从北京发出电讯说，国民党前领袖连战今天在两岸经贸论坛发表讲话称，过去六年来，与中国大陆贸易往来的加强对台湾经济起到"关键作用"。中国官方媒体引用他的话说，世界不应"妖魔化、诬蔑化"中国大陆的发展，也不应把大陆的发展看作是一种威胁。

这一天，台湾《经济日报》发表题为《政治，挡不住经济狂潮》的报道说，今年国共联手推动"两岸经贸论坛"，大谈直航、金融、农业、观光，看来较为单纯的经济议题，却因牵涉复杂的两岸关系，让经贸议题一样烫手。商人是最敏感的。所有绕了大弯前来参与两岸经贸论坛的企业界负责人极为低调，生怕一不小心被贴上政治标签，引来"关切"。但当企业都愿意承担可能风险，出席具有某种政治意味的场合时，或许也说明政治的对立，已无法压住经济发展的主流趋势。

这一天，台湾《联合报》发表了题为《待连战如自己人，中共高度用心》的文章说，连战、胡锦涛写下国共言和的历史一年后，再度于北京重逢。两人在美中台关系变动的舞台上，逐步推动一个渐趋成熟的两岸互动架构。胡锦涛以极高规格相待连战，背后隐含的是两党更进一步的互信关系。中共并未以连战下台而降低款待规格，反而是一种近乎自己人的方式相处。这种做法，代表着中国共产党对于台湾朝野政党统战工作的高度用心，这也将影响到未来中共与台湾政党乃至个别政治人物的互动。

文章说，去年"连胡会"达成的"五项共同愿景"，便是中共推动对台民心工程的总指南。早在今年经贸论坛之前，中共已出台相当多的开放措施，而借着论坛再进一步落实愿景，这将使得两岸经贸论坛成为促使台湾民意发酵，影响当局政策制度的平台。

文章指出，除了平台的影响力之外，连战本人其实在美中台三方互动中，仍有相当大的杠杆角色作用，不容忽视。马英九访美与美方发展到形成对"四不一没有"的"续约共识"，甚至也谈到所谓的两岸暂行架构，这其中并无中共直接的位置，而连战此时与中共继续推动两岸经贸论坛，在某种程度上是确保了国民党在两岸政策上的和解路线，简言之就是"连规马随"。

文章最后说，在两岸经贸论坛与美中台三方对话两种架构的竞合下，未来主导台海局面的未必只有华府一方。从这个大局来看，连胡这一手棋布局得极为深远。

（四）

论坛开幕以来，来自海峡两岸的专家学者、企业界人士，围绕"两岸经贸交流与直接通航"这个主题，就"在全球化浪潮下，两岸经贸交流对双方经济的影响"、"两岸农业交流与合作"、"两岸直航对产业发展策略、企业全球布局的影响"、"两岸观光交流对双方经济发展的影响"、"两岸金融交流与两岸经贸发展"五项议题，进行了广泛而深入的研讨。研讨过程中，虽然仁者见仁，智者见智，但是大家对加强两岸经贸交流，加快两岸优势互补，实现两岸直接通航，促进两岸共同繁荣，有着共同的体认。

台湾著名经济学家、台湾大学前校长孙震先生在发言中说，大陆自改革开放以来，经济规模不断扩大，增长快速，已成为世界经济增长最重要的动力之一。台湾如顺应市场形势，消除投资大陆与两岸贸易的障碍，发展对大陆的投资与贸易关系，最能从大陆的快速发展中得到利益。大陆亦可经由台湾拓展贸易关系获得源源不绝的技术进步。孙震说，台湾如自我设限，为两岸经贸增加成本与不便，将使欲以台湾为基地、拓展包括大陆在内的东亚地区事业的投资却步，亦将使大陆台商被迫形成自给自足体系或另作布局，最终舍弃在台湾的母体。

大陆著名经济学家吴敬琏在发言中指出，两岸的经济与社会发展有很多相似之处，因为两岸是同一民族，有共同的文化、历史背景，在同样背景下成长起来的人，取得的成就和所犯的错误都会很类似。如果我们能够借鉴台湾在提升产业素质、改善对外开放方面所取得的经验和教训，我们就能少付很多学费。大陆实施"十一五"规划，如果有台湾企业或朋友一同参与进来，会使"十一五"规划落实得更好。吴敬琏说，如果大陆产业顺利升级，也将为台湾同胞在大陆这个全世界华人的共同家园中进一步大显身手创造更大的空间，提供更好的条件。

15日上午，两岸直航专题研讨，掀起了论坛高潮，短短两个小时，有18位学者、企业家争先恐后，就两岸直航对台湾产业发展策略、企业全球布局的影响登台发言。台上妙语连珠，台下鼓掌呼应。台湾政治大学教授林祖嘉指出，两岸直航每年可节省310亿元新台币成本。直航有利于台湾吸引外资、台商合理布局两岸、扩大台湾服务业发展机会，也有利于台湾融入区域经济。来自高雄的"立委"侯彩凤则表示，直航是南台湾人民期盼已久的事情，高雄有小港机场，有优良深水港，是台湾重要的工业区，两岸直航将带动台湾南部的经济发展。中国国际航空股份有限公司董事长李家祥说，两岸同胞心灵越相通，两岸的距离就越短。他呼吁两岸尽快建立定期航班和包机定期化、常态化，加快两岸航空业者合作步伐。对外经贸大学教授华晓红认为，"三通"已不存在"研究需要"，而是如何实行，台湾当局以类似"公权力"之类借口，拖延两岸"三通"进程，实在没有意义。在智慧与激情的碰撞中，大家认为，扩大两岸经济交流，早日实现"三通"，是两岸同胞的共同心愿，应当以民为本，为民谋利，把有利于两岸同胞福祉的事情办好。

4月15日下午，两岸经贸论坛在北京胜利闭幕。中共中央政治局常委、全国政协主席贾庆林和中国国民党荣誉主席连战出席了闭幕式。

　　闭幕式由中共中央台湾工作办公室常务副主任李炳才和中国国民党国政研究基金会资深顾问徐立德共同主持。中国国民党副主席吴伯雄、江丙坤、关中、林益世及中央党部主管人士，新党主席郁慕明，亲民党、新党代表等出席了闭幕式。中共中央政治局委员、北京市委书记刘淇，中共中央政治局、国务院副总理曾培炎，国务委员唐家璇，北京市市长王岐山，中央、国家机关有关部委负责人等也出席了闭幕式。

　　李炳才在闭幕式上庄严地宣读本届论坛共同建议：

　　"依据2005年4月29日中国共产党中央委员会总书记胡锦涛与中国国民党主席连战会谈新闻公报中关于'建立党对党定期沟通平台'的共识，由中共中央台湾工作办公室海研中心与中国国民党国政研究基金会共同主办，海峡经济科技合作中心与两岸和平发展基金会共同承办的两岸经贸论坛，于2006年4月14日至15日在北京举行。"

　　"两岸经贸论坛的举办，是中国共产党与中国国民党继续开展政党交流与对话的一次重要活动。4月14日，中国国民党荣誉主席连战、中共中央政治局常委贾庆林出席论坛开幕式并先后发表演讲。两党人士和两岸企业界人士、专家学者、台商代表等共四百余人出席了会议。本届论坛主题是'两岸经贸交流与直接通航'。与会人士就'在全球化浪潮下，两岸经贸交流对双方经济发展的影响'、'两岸农业交流与合作'、'两岸直航对产业发展策略、企业全球布局的影响'、'两岸观光交流对双方经济发展的影响'、'两岸金融交流与两岸经贸发展'五项议题，进行了广泛而深入的研讨。"

　　"会议认为，去年四月，中国共产党中央委员会总书记胡锦涛与中国国民党主席连战就促进两岸关系改善和发展的重大问题深入交换了意见，取得了广泛而重要的成果，其中在促进两岸经济全面交流，建立两岸经济合作机制，推动两岸实现全面、直接、双向'三通'，加强两岸农业合作和解决台湾农产品在大陆销售、推动大陆居民赴台旅游等涉及两岸经贸合作方面达成的共识，对于维护两岸同胞的利益和福祉、改善和发展两岸关系、实现两岸双赢和共同繁荣，有着重大意义。论坛积极评价去年以来两党在推动两岸经济关系发展方面所作的各种努力，并就进一步落实两党领导人会谈成果、在新的历史发展机遇面前加强和深化两岸经济交流与合作，提出以下共同建议。"

　　"——两岸经济交流与合作，符合两岸同胞的共同利益和期望。面对经济全球化和区域经济整合的各种机遇与挑战，两岸同胞应当在两岸经济关系持续发展之基础上，更加紧密地携起手来，全面深化和扩大经济交流与合作，相互扶持，优势互补，实现两岸共同繁荣，推动两岸关系朝和平稳定的方向发展，造福两岸同胞。

"——积极推动两岸直接通航。共同推动两岸民间航空行业组织尽快按既有模式，就两岸货运包机便捷化和客运包机节日化、周末化、常态化的相关问题进行协商，作出安排，尽早实施。为便于包机的协商和实施，可以根据两岸航运业者和市场的需求，务实、灵活处理相关事宜。大陆'海峡两岸航空运输交流委员会'与'台北市航空运输商业同业公会'应尽早就两岸空中通航的航路进行协商，争取建立最为便捷的直达航路。积极推动大陆'海峡两岸航运交流协会'与台湾民间航运行业组织按2005年春节包机澳门协商的模式，就海上直航相关事宜进行沟通，务实推进两岸海上直航进程。继续扩大福建沿海与金门、马祖海上客货运直航的功能与范围，推动福建沿海与澎湖的直航及两岸贸易货物经金门、马祖、澎湖的中转。"

"——促进两岸农业交流与合作。两岸农业具有很强的互补性，两岸应结合双方的农业优势，强化研发、技术管理及行销的能力，互惠双赢，扩大两岸农业技术交流与合作的平台。大陆方面将进一步扩大开放台湾部分农产品的准入品种，对其中部分农产品实行关税优惠政策。双方共同努力促成两岸民间团体就有关台湾农产品输入大陆所涉及的原产地认证、检验检疫等技术问题进行协商，并采取措施防止假冒台湾农产品。大陆方面积极提供方便条件，欢迎台湾农民、农业企业到大陆投资、兴业。推动两岸农业组织本着互利互惠的原则，加强经验交流，相互合作，振兴农村经济。呼吁台湾方面同意农产品采取直航方式经高雄等港口销往大陆，以争取时效，减少损耗。"

"——加强两岸金融交流，促进两岸经贸发展。鼓励和推动两岸金融行业组织就监管机制的建立开展研讨。鼓励两岸金融行业的业者和组织就双方金融机构相互准入有关业务技术性安排进行进一步研究。鼓励和推动两岸金融业者采取多种形式、通过多种渠道开展人才培训和学术交流，共享经验，共同发展。大陆方面将进一步创造条件，为广大中小台资企业在经营过程中的融资需求提供方便。呼吁台湾方面尽快同意大陆金融机构在台湾设立代表处。"

"——积极创造条件，鼓励和支持台湾其他服务业进入大陆市场。开展两岸产业合作研究，实现优势互补、互惠互利和共同繁荣。加强两岸在通讯、资讯（信息）领域的交流与合作，共同推动信息产业标准的制定。大陆方面进一步鼓励和支持海峡西岸及其他台商投资相对集中地区与台湾的经济交流与合作。"

"——积极推动实现大陆居民赴台旅游，促进两岸人员往来及经济关系发展。开放大陆居民赴台旅游，是海峡两岸同胞和业者多年的期盼，有利于推动台湾地区旅游业及相关服务业的发展和繁荣，有利于稳定和振兴台湾经济。建议大陆方面尽快公布大陆居民赴台湾地区旅游管理措施。呼吁台湾方面参照2005年春节包机澳门协商模式，同意台湾民间旅游行业组织与大陆'海峡两岸旅游交流协会'尽快进行协商，作出安排，建立健康有序的两岸旅游交流合作机制。"

"——共同探讨构建稳定的两岸经济合作机制，扩大和深化两岸经济交流与合作，促进两岸关系发展，实现共同繁荣。要努力推动两岸经济关系实现正常化、规范化、稳定化，消除在两岸经贸关系中的各种障碍。推动两岸学者专家、工商界人士就更紧密的两岸经贸合作关系、两岸共同市场的相关问题进行研讨。"

"大会与会人士共同认为，在经贸发展全球化的浪潮下，两岸经贸的进一步推展与合作，必能产生互利互补的效果。因此，除了透过民间力量将大会所作的结论认真推动外，并呼吁透过两党沟通平台所建立的机制，将大会结论运用各种管道积极研商付诸实施的办法，同时将建议转达两岸有关方面重视并获得支持。"

李炳才宣读的声音刚落，全场便响起热烈的掌声。论坛通过了共同建议。

随后，中台办主任陈云林发表讲话。他说，两岸经贸论坛共同建议是两岸业界、专家学者智慧的结晶，反映了两岸同胞的共同愿望，我们一定会高度重视这些建议，努力将大家的良好愿望变成现实。

陈云林受权宣布和通报了大陆方面将进一步采取的促进两岸交流合作、惠及台湾同胞的15项政策措施。陈云林朗朗地宣读道：

"这15项措施分为两部分，一部分是国务院批准实施的，一部分是由国务院有关部门批准实施的。"

"经国务院批准的3项政策措施如下：

（一）为扩大台湾农产品在大陆销售，自今年5月1日起，对台湾水果检验检疫准入品种由18种扩大到22种，新增柳橙、柠檬、火龙果和哈密瓜4种水果准入。

（二）为帮助解决台湾产蔬菜丰产季节出现的销售困难，开放甘蓝、花椰菜、丝瓜、清江菜、小白菜、苦瓜、洋葱、胡萝卜、莴苣、芋头、山葵等11种台湾主要蔬菜品种检验检疫准入，并实行零关税。

（三）为扩大台湾捕捞和养殖的水产品在大陆销售，对台湾部分鲜、冷、冻水产品实行零关税优惠措施和检验检疫便利。对台湾籍渔船打捞的部分远洋、近海水产品和在台湾地区养殖的部分水产品进口，实行零关税措施；具体品种为鲳鱼、鲭鱼、带鱼、比目鱼、鲱鱼、鲈鱼、虾和贻贝8种。对来自台湾渔船自捕水产品输往福建，参照大陆自捕渔船做法，凭公海自捕渔许可证、贸易合同、发票等资料向检验检疫部门报检，不再要求提供台湾主管部门出具的卫生证书。"

"经国务院有关部门批准的12项政策措施如下：

（一）为进一步加强两岸农业合作，在现有五个海峡两岸农业合作试验区的基础上，农业部、商务部、国务院台办决定，新批准在广东省佛山市和湛江市、广西玉林市设立两个海峡两岸农业合作试验区；农业部、国务院台办批准在福建省漳浦县、山东省栖霞市设立两个台湾农民创业园。

（二）为帮助台湾农民解决水果、蔬菜丰产时出现的销售困难，供销总社等将根据台湾农民和农民组织反映的情况与要求，适时组织由有实力的农产品供销企业和行业组织组成的台湾农产品采购团，赴台采购。

（三）为方便原产于台湾的水果进入大陆，降低台湾果农和台商的经营成本，福建省厦门市建立台湾水果销售集散中心，对入驻集散中心的进口台湾水果经销商，给予免交保鲜冷库储存使用费以及经销场地免一年租金的优惠。

（四）为降低台湾农产品在大陆销售的运输成本，交通部决定，开放台湾农产品运输'绿色通道'；台湾农产品在大陆运输，享受部分地区过路、过桥费减免的优惠政策。

（五）为进一步促进两岸交流，教育部决定，自即日起，正式认可台湾教育主管部门核准的台湾高等学校学历。

（六）为促使大陆居民赴台旅游早日实现，国家旅游局、公安部、国务院台办已制定《大陆居民赴台湾地区旅游管理办法》，将于4月16日公布。该办法规定，大陆居民赴台湾旅游，由指定的大陆旅游社作为组团社组织，以旅游团形式整团往返。组团社由国家旅游局会同有关部门，从已批准的特许经营出境旅游业务的旅行社范围内指定。这些旅行社大多是大型旅行社，信誉好，服务质量有保证。台湾接待大陆居民赴台旅游的旅行社也就是接待社，须经大陆有关部门会同国家旅游局确认。该办法还规定，大陆居民赴台湾地区旅游实行配额管理，配额由国家旅游局会同有关部门确认后，下达给组团社。组团社在开展组织大陆居民赴台旅游业务前，须与接待社签订合同、建立合作关系。组团社须为每个旅行团选派领队，领队要经过专门的培训、考核，并申领赴台旅游领队证。大陆居民须持有效的《大陆居民往来台湾地区通行证》及旅游签注赴台湾地区旅游。

（七）为进一步方便台湾同胞来往大陆，公安部决定，在原有开放海口、三亚、厦门、福州、上海五个口岸签注点（即"落地签注"）基础上，增设沈阳、大连、成都三个台胞口岸签注点，并将根据各地的实际需要，继续增加新的口岸签注点，为未办妥入境手续直抵大陆的台湾同胞办理签注手续。

（八）为满足在大陆工作的一些台湾同胞希望取得报关员资格的愿望，海关总署决定，开放台湾同胞参加报关员考试，成绩合格者在报名地海关即可申请报关员资格证书。海关总署将制定并公布具体报名办法，以利台湾同胞报名考试。

（九）为了给在大陆居住的台湾同胞提供良好、便利的医疗服务，卫生部采取积极有效措施，开展适合台湾同胞的就医习惯和特点的服务。继续在台胞较集中的广东、福建、江苏、上海等地医院指定相对固定的诊区，为台湾同胞提供医疗服务。在有条件的地方，挑选一些资质好的医院，如心血管、脑神经、口腔医院等，设立专门门诊部，接待台湾同胞，实行'一条龙'服务。接诊医师可以是大陆医师，也可以是按规定经卫生行政部门批准、取得在大陆行医许可的台湾医师。

（十）为有利于两岸医疗卫生交流合作、方便台湾同胞在大陆就医，将为台湾同胞在大陆就医后回台湾报销医疗费用提供便利。大陆医院在按大陆有关规定书写和保存医疗文书的同时，据实给就诊的台湾同胞提供一份符合回台湾核退费用要求的医疗文书。

（十一）继续欢迎和鼓励台湾医疗机构与大陆合资合作兴办医院。台湾投资者最高股权可占70%，合作期限暂定20年，合作期满可申请延长。

（十二）卫生部决定，准许符合规定条件的台湾同胞在大陆申请执业注册和短期行医。台湾同胞可在大陆申请参加医师资格考试、注册、执业或从事临床研究等活动。在大陆取得医学专业学历、考取医师资格的台湾学生，如需要在大陆执业，可在各地卫生部门办理执业注册手续。台湾地区医师申请来大陆短期行医，在履行相应手续后，可在大陆从事为期一年的执业活动，期满后可申请延长。"

热烈的掌声始终伴随着陈云林的宣读声。当陈云林宣读完后，更为热烈的掌声经久不息。

掌声过后，陈云林说，海峡两岸的同胞血脉相连、心手相连，理应相互理解、相互支持、相互关照、相互帮助，无论在什么情况下，我们维护两岸关系和平稳定发展的信念都不会改变；推动两岸经济合作、谋求两岸共同繁荣的决心也不会改变；为台湾同胞谋福祉、办实事的诚意也绝不会改变。一湾海水，相连两岸，大陆和台湾是我们两岸同胞的共同家园，我们已经走在中华民族伟大复兴的征程上，让我们两岸的兄弟姐妹携起手来，共同创造中华民族的美好未来。

中国国民党副主席吴伯雄在闭幕式上发表讲话时说，对于陈云林主任刚才宣布的15项新措施，台湾人民是非常善良、有情有义的，他们会感受到大陆方面的善意。他表示，为期两天的两岸经贸论坛顺利圆满闭幕，我们这两天在这里"坐而言"，论坛的结束也就是"起而行"的时候。我们大家共同来努力，把这些结论化成实际行动。

吴伯雄说，人在台北的国民党主席马英九这两天一直在关注论坛的发展和进行，特别交代在场的四位国民党副主席代表他，向所有参加论坛的人所付出的努力和贡献表达最崇高的敬意。

吴伯雄说，连战先生与胡锦涛总书记所达成的五项愿景，以及江丙坤副主席和陈云林主任所达成的十二点共识，去年七月已经在国民党的代表大会通过，列入中国国民党的政纲，我们会锲而不舍地让这些目标一步一步落实。对于这次论坛的结论，我们会举全党的力量，联系友党亲民党、新党和所有希望台湾和平繁荣的台湾人民，一起来努力落实。希望民进党当局能体会人民的需要和福祉，尽早接受这次论坛的共识。

中国国民党国政研究基金会副董事长林丰正在闭幕式上致辞时，代表国政研究基金会，对中共中央台办及大陆各单位的领导，在这次论坛进行过程中给予的全力协助表示感谢。他说，两岸经贸论坛的目的非常明确，就是要促进两岸经贸交流，扩大两岸经贸合作，为两岸民众谋取更大的福祉，这也是落实去年连主席和胡总书记五项愿景里关于建立党对党沟通平台的具体做法。这次两岸经贸论坛经过大家的热烈讨论，已经获得非常宝贵的共同建议，这将为两岸经贸的前景提出一个具体的发展方向，非常值得大家竭尽全力去努力实现。

（五）

论坛刚刚落下帷幕，各路记者便纷纷采访与会人士请谈感受。新党"立委"雷倩在接受记者采访时说,她非常激动,也非常感动,15项政策措施再次说明大陆对台湾同胞的诚意和善意。尤其是大陆承认台湾学历,对台湾学生参与大陆发展提供了一个难得的机会,也给他们的人生规划提供了广阔的舞台。

台湾淡江大学大陆研究所教授潘锡堂在接受记者采访时说,15项政策措施非常务实,也容易操作,一定能够嘉惠台湾民众。

论坛闭幕的当天,各路媒体便对论坛予以积极报道和热烈评论。

这一天,路透社从北京发出的电讯说,在为期两天的两岸经贸论坛结束后,大陆发表声明,提出愿意与台湾签署航空、农业和金融协议。出席论坛的台湾企业界人士说,这使得陈水扁在两岸直航及其它经济问题上将面临更大的压力。

这一天,美联社从北京发出电讯说,北京今天宣布降低从台湾进口的水果和鱼类的关税,另外,为了增进两岸感情,北京还在贸易问题上向台湾表达了善意。国民党荣誉主席连战呼吁两岸加强贸易往来,说没有大陆的市场和工厂,台湾无法在经济上取得成功。

这一天,台湾"中央社"发出多条电讯,报道了各方面人士对论坛所取得的成果的反应。一则电讯说,淡江大学战略研究所所长王高成表示,中共今天释出15项新措施,可谓大利多,而重点在于开放大陆市场,争取台湾农、渔民好感。他说,从新措施可以看到中共的"针对性",除了经济交流,也特别着重台湾中下阶层民众的需要,这也使得台湾未来将更加依赖中国大陆市场。亲民党政策研究中心主任张显耀今天也指出,陈云林在两岸经贸论坛宣布15项对台利多的政策措施,不受"总统"陈水扁宣布"终统"的影响,显示出北京对台越来越务实、积极有自信。面对这一形势,执政党的两岸政策若仍沉溺于保守、对抗、被动,势必陷入一路挨打、进退失据的局面。

又一则电讯说,淡江大学美国研究所所长、前"行政院大陆委员会"副主任委员黄介正表示,中共宣布实施的部分措施可能引发更多台湾民众到中国大陆发展,将对政府构成压力。他说,在15项开放措施中,部分渔货可不须取得台湾证书,直接到中国大陆销售,这将冲击政府的监督控管机制,也会影响台湾渔货供需。黄介正还说,过去大陆方面并没有认可台湾高等学历,但这次列入为正式认可,将对台湾认证大陆学历构成压力。虽然认证权力还在政府手上,但将造成台湾舆情压力。他认为,其他措施可能吸引更多台湾民众到中国大陆就业,或者到中国大陆开设医院、行医及考试等,这对台湾就业市场构成冲击还有待观察。

另一则电讯说，台湾多位大学校长对于大陆承认台湾高等学历给予积极评价。台湾大学校长李嗣涔指出，中国大陆宣布承认台湾高等学历，未来台湾学生到中国大陆找工作或升学都有好处。交通大学校长张俊彦指出，这项消息对台湾学生而言是"利多"。中国市场庞大，未来台湾学生不论是前往中国大陆找工作、考证照或是升学，都有好处。阳明大学校长吴妍华说，大陆承认台湾高校学历，对台湾学生而言是正面消息。

又一则发自高雄的电讯说，高雄县政府农业局及县农会对大陆增加台湾水果零关税进口表示欢迎，强调可增加水果的通路，稳定台湾水果的价格。县农会理事长杨政治则指出，台湾水果销往中国大陆，政府不要管制太多，让民间自由发展。

另一则电讯说，"副总统"吕秀莲今天表示，正当中国国民党荣誉主席连战到北京之时，在台湾，攻击第一家庭与"总统"陈水扁的新闻就不断出现，时间这么巧合，"这是柔性斩首，中国对台湾心理战已经进入柔性斩首阶段"。她抨击连战"良心何在"。国民党主席马英九回应说，这是民进党集体性的焦虑，不需有过多讨论。他希望"总统"陈水扁、吕秀莲多把人民的期待放在心里。马英九说，国共论坛有这么多台商愿意去，老百姓也乐观其成，这就代表了民意的期待。

这一天，台湾《联合报》发表题为《国共平台搭未来复谈架构》的文章说，中国全国政协主席贾庆林昨天宣布中共最新对台政策走向，可看出这套经济战略在政治上绕过"一个中国"争议，透过国共平台，建构未来两岸政治对话架构。文章指出，贾庆林昨天的谈话，表面上显示中共积极要让台湾民众在未来两岸交流中获得实惠；深一层看，正因中国崛起，使得中国领导人得以在区域经济的现实趋势中，因势利导将台湾纳入中国经济版图中的一部分。无论是高新产业的分工，倡议以区域对区域来建构经济合作机制，乃至开放福建沿海与台湾的"小三通"直航和中转业务，都在凸显经贸版图先融合的可能性。耐人寻味的是，这是在全球化趋势下所得出的结论，不用讲"一国两制"。如果就从区域对区域的经贸合作机制来看，这跟大陆与香港间的CEPA（紧密经贸关系安排）有何歧异？文章说，昨天贾庆林的谈话，值得注意的是，除了航运，金融服务将是下一个台湾积极登陆的行业。在中共即将兑现入世承诺前夕，台湾金融业者积极争取较好的条件，抢滩卡位。届时人货金三流，对于两岸市场的一体化，将有催化影响。文章最后指出，即使目前台湾当局不承认一个中国、"九二共识"，甚至要终统、推动新宪，中共当局仍积极准备复谈，这种灵活性相较过去，显得相当自信而主动。

这一天，台湾《中国时报》发表社论指出，两岸经贸论坛至少有几个现象相信执政当局不会低估：第一，国民党透过两岸经贸对话所打开的双赢论述空间，以及所获得的民意支持度，已经不是绿营的"卖台湾"或"红帽子"所能阻挠了；第二，大企业已经摆明了开始选边站。这次出席两岸经贸论坛的五十余家大企业，有许多负责人已经不再避讳而选择亲自出席，他们的产值加在一起已经接近台湾总产值的五成，换言之，不论扁当局未来要对这些大企业怎么"积极管理"，已经挡不住他们西进布局的步伐了；第三，随着国共经贸对话的次第展开，若干措施的推进已经逐渐不再理会台湾行政部门的政策拦阻，直接绕过政治而行了。当越来越多的两岸经贸互动绕过行政部门而自行运作，行政部门将会发现，他们不仅无从"积极管理"，而且将在两岸互动的过程中快速被边缘化，他们所最怕碰到的"去政府化"现象，恐怕将真的成为现实。

16日出版的香港《文汇报》以《对台胞有利的事必定做好，大陆送15项惠台大礼》，大幅报道了两岸经贸论坛闭幕和所取得的成果。该报还发表社评指出，两岸经贸论坛不仅被视为国共两党交流继续深入的一项重要举措，更被看作是两岸交流中的一大盛事。可以相信，两岸经贸论坛必将对深化两岸经贸合作、构建和平稳定发展的两岸关系，产生重要而深远的影响。社评说，自去年4月国共两党历史性会晤以来，台海情势喜中有忧。一方面，两岸关系中有利于遏制"台独"分裂活动的积极因素增多；另一方面，陈水扁当局从维护一己一党的私利出发，倒行逆施，公然背信弃诺，强行终止"国统会"和"国统纲领"运作，在"台独"的道路上迈出危险的一步。在陈水扁蓄意破坏两岸关系的背景下，国共两党推动"两岸经贸论坛"举行，既是对陈水扁的反制，也有利于进一步促进两岸经贸与人员的交流交往，扩大两岸共同利益与共识的基础。

16日出版的香港《大公报》在头版头条位置刊登了题为《两岸经贸论坛成果丰，大陆推15项措施惠台》的报道，详细列举了这15项惠台措施。该报同时发表社评说，两岸经贸论坛的举办，是去年4月胡锦涛与连战首次会晤、国共两党在相隔半个多世纪之后再度重逢的一项重要成果，说明国共两党的共识的确是顺应历史潮流，可以真正造福于两岸民众。社评指出，面对两岸经贸"和则两利"的事实，陈水扁负隅顽抗，提出了所谓"保护台湾本土经济"、"减少对大陆依赖"等荒谬说法。而事实是，台湾本土经济想要进一步发展和成长，首务之急就是冲出台岛小天地的囿限，跨越海峡，融入到大陆体积庞大的市场经济体系、融入到中华民族波澜壮阔的富强振兴大业中去。只有这样，台湾本土经济才能有如站在巨人肩膀上的雄鹰，再度起飞，飞得更高，飞得更远。

16日的香港《成报》发表社评说，两岸经贸论坛闭幕式上，中台办主任陈云林受权宣布大陆新制定的15项优惠台胞措施，为两岸人民尤其是台湾同胞带来实际利益，可见两岸的融合势头已经锐不可挡。台湾当局不宜再设下路障，否则只会令自己走上绝路。社评指出，可以看到，大陆现正实践承诺，用最大的诚意耐心，向台湾释出善意，并把实惠落实到台湾老百姓身上，台湾社会各界对此都会表示欢迎。届时，如果台湾当局仍然冥顽不灵，只会受到台湾人民的唾弃。

（六）

4月16日上午10时，胡锦涛总书记来到人民大会堂北大厅，在肃穆而亲和的氛围中，他同中国国民党荣誉主席连战和夫人，副主席吴伯雄、江丙坤、关中、林益世，新党主席郁慕明等亲切握手，并与共同出席两岸经贸论坛的全体人员合影留念。

会见时，胡锦涛首先向参加两岸经贸论坛的台湾各界人士致以诚挚的问候。他说，再在春意盎然的时节，有机会同连主席和夫人再次会面，同各位副主席、郁慕明主席以及众多的朋友们相见，我感到十分高兴。

胡锦涛代表中共中央对论坛的成功举办表示热烈的祝贺。他说，举办这次论坛，是我们两党继续开展交流和对话的一次重要活动，也是两岸同胞共商和平发展大计的积极作为。两天来，与会代表以务实、前瞻的态度探讨了两岸经贸合作当前亟待解决的现实问题和未来发展的方向，提出了富有启迪的看法和建言。在两岸各界人士共同努力下，这次论坛取得了重要成果，形成了"两岸经贸论坛共同建议"。

胡锦涛请连战主席先发表讲话。

连战首先代表出席两岸经贸论坛的台湾各界人士，对胡锦涛总书记的关心和支持表示感谢。他说，去年四月率中国国民党访问团来大陆进行"和平之旅"，与胡锦涛总书记会谈，达成了"两岸和平发展共同愿景"。一年来，在双方共同努力下，两岸经贸合作和各项交流虽然遇到阻挠和困难，但仍然取得了长足的发展，为两岸交流合作的进一步发展奠定了良好的基础，活化了交流的条件。

连战表示，这次论坛形成的共同建议，尤其是陈云林主任受权宣布的大陆方面将采取的促进两岸交流合作、惠及台湾同胞的15项政策措施影响深远，代表了两岸主流民意的期盼。

他说，拥有13亿人口的中国大陆，在长达27年的时间里，以接近10%的经济增长率，昂首阔步向前发展，这是人类历史上空前的奇迹。过去五十多年来，台湾从一个百业凋敝的环境，经过努力奋斗，一步步走过来，创造了经济奇迹。两岸的中国人在不同环境下，都创造了经济奇迹，我们都为此感到骄傲。更重要的是，现在我们民族面临百年罕见、千载难逢的发展机会。两岸同胞应当抓住机会，运用智慧和能力，加强彼此合作，达到共荣双赢的目标。

连战说，和平与繁荣的应该是一体两面，没有和平绝对没有繁荣，有了和平才能为繁荣铺路搭桥。当前在两岸关系发展中，仍然存在着和平与冲突、开放与紧缩两种不同方向拉扯的力量。和平是生存、发展、繁荣的基础，两岸必须向前看，向远看。我们应当与人民同心，与时代同步，扩大和平、开放的力量，为历史写下光辉的一页。只要我们锲而不舍，就一定能够创造亮丽的未来。

在认真听取了连战的意见后，胡锦涛发表了重要讲话。他说，去年，也是在春暖花开的四月，连主席率中国国民党访问团首次来到大陆，我同连主席进行了富有成果的会谈，双方发表了"两岸和平发展共同愿景"。那次会谈，掀开了两党关系史上新的一页，对台海局势和两岸关系产生了重大影响，得到两岸同胞的广泛认同，也受到国际社会的高度评价。一年来，我们两党为落实达成的各项共识，进行了积极努力，两岸关系出现了朝着和平稳定方向发展的良好势头。事实充分说明，两岸加强交流，共同维护台海和平稳定，共同为两岸同胞谋福祉，是包括两岸同胞在内的所有中华儿女的殷切期盼。

胡锦涛强调，和平发展理应成为两岸关系发展的主题，成为两岸同胞共同为之奋斗的目标。胡锦涛就推动两岸关系和平发展提出四点意见：

第一，坚持"九二共识"，是实现两岸关系和平发展的重要基础。五十多年来，虽然两岸尚未统一，但是大陆和台湾同属一个中国的事实没有改变，两岸同胞血浓于水的民族感情也没有改变。14年前，两岸双方正是基于这一共同认识，本着求同存异的精神，达成了"九二共识"，开启了1993年的"汪辜会谈"。去年，也正是在坚持"九二共识"的基础上，我们两党达成了"两岸和平发展共同愿景"，提出了为两岸同胞谋和平、谋福祉的一系列重要举措。

近些年来，两岸关系波折不断，根本原因就在于"台独"分裂势力罔顾民意，竭力否定"九二共识"，蓄意破坏大陆和台湾同属一个中国的现状。事实表明，坚持"九二共识"，才能实现两岸和平发展、共同繁荣；坚持反对和遏制"台独"，才能消除危害两岸关系和平发展的最大威胁。

第二，为两岸同胞谋福祉，是实现两岸关系和平发展的根本归宿。实现两岸关系和平发展，目的是维护和发展两岸同胞的利益。我们任何时候都要把两岸同胞的利益放在首位。我曾多次说过，凡是关系到台湾同胞切身利益的事情都要认真对待，凡是对台湾同胞作出的承诺都要认真履行。在这里，我要再次郑重表示，我们将忠实履行对台湾同胞作出的承诺，既不会因局势的一时波动有任何改变，也不会因有少数人的干扰和破坏而有任何改变。

第三，深化互利双赢的交流合作，是实现两岸关系和平发展的有效途径。20多年来，两岸民间交流合作蓬勃发展，基本形成了互补互利的格局，两岸同胞的利益已更加紧密地联系在一起。在经济全球化和区域经济一体化趋势加快发展的形势下，两岸有识之士对深化两岸经贸合作都有着强烈的紧迫感。深化两岸经贸合作，是关系两岸发展前途和两岸同胞利益的大事。我们将采取积极举措，促进早日实现两岸直接"三通"，加强两岸农业合作，推动两岸教育交流，促进早日实现大陆居民赴台旅游，扩大台湾同胞在大陆就业的范围，等等，以利于促进两岸交流、扩大两岸互利合作，为两岸关系和平发展创造更有利的条件。

第四，开展平等协商，是实现两岸关系和平发展的必由之路。我们历来主张，两岸应本着前瞻性、建设性的态度进行对话和谈判，心平气和地解决彼此间的各种问题。去年，我同连主席会谈时已经达成共识，双方要共同促进两岸在"九二共识"的基础上尽快恢复平等协商，就共同关心和各自关心的问题进行讨论。只要谈起来，就可以务实协商台湾同胞关心的各种问题，为两岸共同发展开辟道路。

中共中央政治局委员、国务院副总理吴仪，中共中央政治局候补委员、中共中央书记处书记、中共中央办公厅主任王刚，中共中央台湾工作办公室主任陈云林，出席两岸经贸论坛的台湾工商团体负责人、著名企业家和来自大陆各地的台资企业协会负责人参加了会见。

两岸经贸论坛举办期间，胡锦涛在中南海瀛台宴请了连战夫妇和主要随行人员。

（七）

舆论高度关注胡锦涛与连战再次会面。

就在胡连会见的当天，美联社即从北京发出电讯说，中共中央总书记胡锦涛今天会见了国民党荣誉主席连战及近200名台湾政界、学术界以及企业界人士，这是北京通过与台湾反对党增进关系以孤立台湾"总统"陈水扁的行动的一部分。北京还试图通过在贸易问题上向台湾表达善意，来争取一部分重要选民——台湾农民的支持。15日宣布，降低从台湾进口的水果和鱼类的关税。电讯说，胡锦涛今天呼吁海峡两岸恢复对话，并警告说"台独"分子依然是破坏两岸和平与稳定的最大威胁。

法新社当天从北京发出的电讯说，胡锦涛今天会见了连战，两位领导人强调了维护台海两岸和平的重要性。胡锦涛对连战说，和平发展理应成为两岸关系发展的主题，成为两岸同胞共同为之奋斗的目标。他说，近些年来，两岸关系波折不断，根本原因就在于"台独"分裂势力罔顾民意。电讯说，北京与台湾反对党国民党增进关系，显然是为了在2008年的台湾"总统"选举中将陈水扁及其民进党赶下台。

路透社这天发出的电讯也把胡锦涛今天呼吁海峡两岸应尽快恢复对话，以维护地区和平作为重点加以报道。电讯说，胡锦涛在讲话中强调了两岸和平的重要性。他说，坚持"九二共识"，是实现两岸关系和平发展的重要基础。他还说，凡是关系到台湾同胞切身利益的事情都要认真对待，凡是对台湾同胞作出的承诺都要认真履行。

台湾"中央社"这天发出数则电讯报道胡连会面的情况和专家学者的评论。一则电讯说，连战与胡锦涛在人民大会堂会面时表示，台湾在过去几年自我封锁、封闭，已经产生严重边缘化危机，如何透过努力，让台湾人民享受蓬勃发展的结果，是很重要的事。连战说，两岸同胞在此时，应该运用智慧、能力与机会，增进彼此合作，达到共荣双赢目标。很高兴过去这段时间，除经贸往来，包括文化、教育、社会等领域的交流都是空前的，只要继续不断努力，一定会创造更亮丽的未来。他还说，今天两岸在形势大好的环境下，仍存在不同方向的拉扯与力量，我们一方面有和平，另一方面有冲突的势力，和平与冲突之间互相拉扯消长。一方面有开放的力量，也有反方向的关闭、紧缩的拉扯。今后如何更团结、扩大和平以及开放的力量，是大家共同努力的方向。

又一则电讯说，香港中文大学亚太研究所副教授王家英今天指出，胡

· 573 ·

锦涛在今早与连战的会面中提出四点主张，而最值得关注的是，胡锦涛表示，大陆对台湾同胞作出的各项承诺都会认真履行、忠实履行，不会因局势波动、不会因少数人干扰而有改变。王家英认为，胡锦涛这个说法，除了澄清有人主张"北京应以报复手段回应台湾当局挑衅行为"所带来的疑虑，也显示出胡锦涛对台政策的弹性，在政治层面，坚持"一个中国"及"九二共识"选择，但在经济层面，采取更加开放灵活的处理手法。王家英又指出，这次中国大陆推出15项对台优惠措施，类似香港与大陆间的"更紧密经贸关系"（CEPA），只是两岸不设CEPA框架。他认为，这些措施比去年胡连会期间推出的措施更广泛、深入，相信有助于改善两岸关系。

另一则电讯说，学者林中斌今天分析，北京通过《反分裂国家法》后，积极推出对台柔性攻势，包括去年和今年的惠台措施都是"操之我手"，不需台湾配合的项目，当前台湾当局面临最危险的事情就是陷入"温水煮蛙"的困境。他说，陈水扁"总统"宣布终止"国统会"运作和"国统纲领"适用，可以解释为走向"台独"的第一步，但北京的反应却格外自制。北京的柔性攻势一点也不受"终统"或"台独"言论的影响。

4月16日下午，中国国民党国政研究基金会在北京举行记者会，连战荣誉主席回答了记者的提问。他表示，15日闭幕的两岸经贸论坛取得非常丰硕的成果，超出了他们的预期，中国国民党未来将联合友党全力推动、落实这些共识。

当一位台湾记者问连战是否向胡锦涛总书记转达了国民党主席马英九的问候时，连战回答说："我代表马主席来问候胡先生，胡先生也要我代表他来问候马主席，这些事情都发生了。"连战诙谐的话语立刻引起现场"老记"们的一片笑声。在这样的幽默里，大家均能感受到连战对国共两党所建立的沟通对话渠道是"满怀欣喜"的。

连战说，在台湾与会人员来京之前，台湾行政当局赶着作了开放两岸客货运包机、开放大陆居民赴台观光、开放台湾农产品"登陆"的政策宣示，以为两岸经贸论坛顶多在这三方面达成共识，因此想减低论坛的效应，达到先声夺人的效果。但是，论坛共同建议和15日中台办主任陈云林受权宣布和通报的15项政策措施涵盖面非常广，超过了预期。

连战强调，两岸经贸论坛所讨论的问题，绝不是国共两党之间的事情，而是两岸人民的大事情。国民党绝对会全心全意来落实论坛的成果，将联合友党加强对行政当局的监督，通过制订法案等来推动。同时，希望台湾当局主政者能以宽阔的心胸来倾听人民的声音，真正地尊重人民，与人民同心，不要像过去那样内耗、对立，把时间、资源、精力平白流失。

在回答新华社记者有关对"两岸和平发展共同愿景"一年来落实情况如何评价的问题时，连战说，去年4月他与胡锦涛总书记达成了"两岸和平发展共同愿景"，在双方的共同努力下，许多方面都有很具体的落实。他举例说，两岸经贸论坛此次在北京召开，就是落实国共两党建立党对党定期沟通平台的行动。在经济领域，推动了彼此交流、互惠；春节包机的做法，范围更有效、更扩大；推动了台湾农产品、水果"登陆"；在保障台商权益方面，两党分别建立了对口单位，更有效率地处理台商在大陆发展所面对的问题；完成了6种信息产业的标准化规范，将来还要持续推广。此外，大陆方面对在大陆就学的台湾学生实施同等收费，向大陆台商提供300亿元开发性贷款。这些都是非常好的事情。

在谈到两岸直航的问题时，连战表达了尽快促成包机节日化、周末化、常态化的愿望，同时还向台湾当局发出了呼吁。连战说："台湾行政当局说要在6个月内协商完成。如果不能完成就单方面开放，那当然更好了。"又是一阵笑声。幽默地回答，其中包含着既有对两岸直航的热切期盼，也有对台湾当局在两岸直航问题上一贯自欺欺人、毫无诚信的质疑和嘲讽。

在回答国民党与大陆方面在"九二共识"的认知上有无不同的问题时，连战表示，"九二共识"对于中国国民党，对于大陆方面都不是问题。今天问题出在陈水扁身上，出在民进党身上，他们应该来回答媒体的质询。说到此处，连战笑眯眯地面对那位提出问题的年轻记者说："老杨啊，这个问题你应该去问他（指陈水扁）。"连战的手势指向东南方向。此言一出，又引来全场一片笑声。

连战说，国民党现行的两岸政策是国民党长期所坚持的，不会因为党主席的人事变动而改变。他去年4月与胡锦涛总书记达成的五项共识，已经纳入国民党的政策纲领，马英九担任党主席以来，在两岸关系上也有很好的做法。

在谈到两岸是否存在制度之争的问题时，连战表示，不必特别夸大两岸制度的不同，要抱着乐观的态度来看待。两岸应相互鼓励，相互调适，抓住当下，共创繁荣。

当面对一些尖锐的问题，连战也不回避，仍然"以笑面对"。有记者问，您如何回应台湾当局对这次论坛和您本人的指责时，连战笑答："台湾当局对我的指责不止这一次而已，一向都在指责，所以我也懒得做任何回应。"全场又是一片笑声，那笑声的背后是人们对扁当局的无能、无为、无赖做法的轻蔑和嘲笑。

连战的气质一直给多数人的印象是"严肃有余"，但他今天在记者会上的风趣幽默，着实让在场的百余名"老记"们大呼"意外"。对于其中的原因，一位台湾记者"一语道破"：连战对此行的成果感到非常满意，所以才会表现得如此轻松、愉快、谈笑风生。

4月16日，国家旅游局、公安部、国务院台湾事务办公室联合发布了《大陆居民赴台湾地区旅游管理办法》。该办法自发布之日起施行。

《大陆居民赴台湾地区旅游管理办法》共十七条，规定大陆居民赴台湾旅游，由指定的大陆旅行社作为组团社组织，以旅行团形式整团往返。组团社由国家旅游局会同有关部门，从已批准的特许经营出境旅游业务的旅行社范围内指定。台湾地区接待大陆居民赴台旅游的旅行社也就是接待社，须经大陆有关部门会同国家旅游局确认。

该办法还规定，大陆居民赴台旅游实行配额管理，配额由国家旅游局会同有关部门确认后，下达给组团社。组团社开展组织大陆居民赴台旅游业务前，须与接待社签订合同，建立合作关系。组团社须为每个旅行团队选派领队，领队要经过专门的培训、考核，并申领赴台旅游领队证。大陆居民须持有效的《大陆居民往来台湾地区通行证》及旅游签注赴台旅游。

有关部门指出，该办法的出台主要体现以下四点意义：

首先，表明大陆方面正在为两岸旅游业界和民众实实在在地做事，为台湾经济的发展作出积极努力。同时也满足大陆游客多年期盼一睹宝岛台湾旖旎风光的夙愿。

其次，表明大陆方面诚心诚意、积极务实的态度，标志着大陆方面在推动大陆居民赴台旅游方面又向前迈出了实质性的一步。

第三，规范大陆居民赴台旅游，使之有计划、有步骤、循序渐进地开展，妥善处理赴台旅游中出现的各种情况和问题，使旅游市场更加规范有序地发展。

第四，有利于在两岸旅游交往中开展"诚信旅游活动"。通过树立诚信旅游理念、建立诚信旅游体系，引导企业诚信经营、引导游客理性消费，既可以确保向台湾有序输送游客，也可以让大陆游客得到周到的服务。

至此，大陆居民赴台旅游已是"万事俱备，只欠东风"，而"东风"就是台湾方面授权岛内旅游行业组织与大陆"海峡两岸旅游交流协会"尽快进行协商，作出安排。

（八）

两岸经贸论坛虽已落下帷幕，但各方面对论坛取得的丰硕成果和胡锦涛总书记提出的四点建议持续热评不止。

4月16日晚，中国国民党发布新闻稿表示：胡锦涛总书记在胡连会公开谈话中强调，坚持"九二共识"是实现两岸和平发展的重要基础，不仅重申了去年胡连会五项共同愿景中承诺在"九二共识"的基础上恢复两岸平等协商，更首次针对"九二共识"与两岸现状提出具体说明。胡锦涛总书记的谈话更进一步向国际社会及台湾人民具体展现了对两岸和平发展的诚意。中国国民党呼吁，台湾当局应掌握这一历史契机积极回应，改善两岸关系。新闻稿还转述马英九谈话表示，两岸经贸论坛的成果是属于台湾2300万人的"公共财产"，为了不让台湾空转，盼民进党当局跟进推动。

台湾《联合报》4月16日发表一篇分析文章说，大陆经济对台湾的磁吸效应是早已存在的事实，但从李登辉开始，台湾当局就意图通过人为手段减低这种力量，所谓的"戒急用忍"政策、"积极管理"措施，都是这种思维下的产物。但从台湾企业界龙头纷纷亲自出席两岸经贸论坛的事实看，大陆磁吸的力量显然大得多。文章指出，大陆一旦具体落实有利于台湾农渔民、两岸教育交流、扩大台湾民众在大陆就业范围及大陆居民赴台旅游等措施，大陆经济对台湾的磁吸效应显然会进一步增强。

这一天，台湾《中国时报》发表社论说，胡锦涛总书记在与连战的会晤中，强调在"九二共识"的基础上两岸开展平等协商的重要性。台湾当局面对两岸经贸论坛和胡连会的反映是负面的，如果只是逞口舌之利也就罢了，如果借行政资源之便全面予以抵制，也将自陷"只能扯后腿"的境地。社论呼吁台湾当局以务实的态度因应新的局势。

4月17日，香港媒体纷纷发表评论，认为胡锦涛总书记提出的两岸关系和平发展的"四点建议"，明确了两岸同胞共同为之奋斗的目标，为今后的两岸关系发展指明了方向。

这一天，香港《文汇报》发表社评说，去年四月胡锦涛在首度"胡连会"中就发展两岸关系提出的四点主张，着重于建立两岸的和平稳定架构。16日提出的"四点建议"，则深刻阐明了和平发展理应成为两岸关系发展的主题，成为两岸同胞共同为之奋斗的目标。正是在这一主题和目标下，"四点建议"提出：坚持"九二共识"、为两岸同胞谋福祉、深化互利双赢的交流合作、开展平等协商，系统地阐述了两岸关系和发展的"重要基础"、"根本归宿"、"有效途径"和"必由之路"。社评指出，"四点建议"不仅凸现了两岸的主流民意，而且以和平发展的时代潮流，压制住了"台独"势力推行激进"台独"路线而发出的噪音。"四点建议"将对两岸关系发展产生深远的影响。

香港《大公报》这天发表的社评认为，胡锦涛总书记把和平发展视为两岸关系的主轴，这是两岸同胞和中华民族最大利益之所在。为了实现和推动两岸和平发展，就要以"九二共识"为"重要基础"，以为两岸同胞谋福祉为"根本归宿"，以深化交流合作为"有效途径"，以开展平等协商为"必由之路"。"九二共识"之所以是"重要基础"，是因为大陆和台湾同属一个中国的事实确定了中国不容分裂、台湾不容独立，这是中华民族的"核心利益"，不容有任何异议和损害。坚持"九二共识"就能遏制"台独"，而遏制"台独"，两岸才能和平发展。

《香港商报》发表评论说，大陆去年提出的系列惠台措施，受到了台湾同胞的广泛欢迎。刚刚闭幕的两岸经贸论坛上，大陆宣布将进一步采取的促进两岸交流合作、惠及台湾同胞的15项政策措施，更体现了"以民为本"，直接给台湾普通民众带来切实福祉。16日公布的大陆居民赴台湾地区旅游管理办法，必然为台湾经济注入无法估量的活力。

香港《明报》发表的社评指出，台湾政局发展到今天的局面，证明民进党当局所奉行的推动"台独"、制造两岸紧张冲突的政策，在岛内不得人心，在岛外也得不到支持；至于大陆和岛内"泛蓝"在野势力在过去一年的共同努力，则贴近两岸主流民意，符合国际社会对两岸关系的期待，紧贴"求和平、促发展、谋合作"的时代潮流，是两岸人民的真正利益所在。

4月17日，台湾《联合报》发表报道说，大陆在这次胡连会中所释出的讯息相当完整而一贯，为胡锦涛访美搭了一座预先向美方展示其对台政策的舞台。胡锦涛在谈话中重申去年四月承认"两岸尚未统一"的概念，然后顺着这个概念再度提出"九二共识"，再在"九二共识"基础上要求两岸平等协商。然后，再顺着两岸尚未统一的"现状基础"上，中共要求全面互利双赢的合作交流。在这一点上与连战的说法，以及和马英九在美国提出的大陆政策概念是一致的。在这样的概念上，中共主动提出了15项利多措施。可以看出，这次的胡连会，中共所提出的所有概念是以"现阶段"为依归。中共完全不提"统一"的概念，甚至连马英九所提出的两岸"暂行架构"都不提。这不仅可以在现阶段省掉不必要的麻烦，更可以在现在的情况下，让美国不必为中共统一的意图而伤脑筋。事实上，这个所谓的阶段与现状，更多的是针对民进党将在今年下半年启动的"新宪"工程与其中所隐含的政治意图。

报道指出，中共的做法是充分利用民进党在两岸政策上的僵化。中共以"民进党政府愈禁止，我就愈开放"这种"敌硬我柔、敌缩我张"的做法，拉拢了台湾岛内民进党以外的势力。这些事例不仅包括国亲新三党，更包括农渔民，以及工商、运输、金融、医疗界。中共这"软的一手"策略，将会使民进党因为自己的"禁"，而流失更多资源。中共一方面拉拢了台湾民心，更展示了中共为两岸稳定所作的理性思考与成熟的一面。如果再对比日前陈水扁"终统"的表现，所反映出来的差距，只能令人叹息。

报道最后说，中共在这个议题上的概念简洁明快，做法滴水不漏，布胡会上美国的态度倾向，已是意料中事。

这一天，台湾《中国时报》发表的题为《连规马随　联手建构两岸战略》的文章指出，昨天的"胡连二会"，事实上还有一个隐身的参与会谈者，那就是国民党主席马英九。由于国民党的两岸政策确定"连规马随"，透过连战的传话，事实上可说是马胡间接会谈；马也借着连，与胡建立"第一次接触"的管道，连则成为马面对绿营的"防火墙"。文章说，在马英九接国民党主席之初，一度因马英九"两岸要走自己的路"的传言，而使连马关系受到影响，经过8个月的磨合，两人关系渐入佳境。尤其是马英九访美时提出新的"五要"政策（指马英九3月25日在加州大学柏克莱分校演讲时，首度把陈水扁的"四不一没有"的承诺变成"五不"，即不宣布独立、不更改国号、不推动两国论入宪、不推动改变现状的统独公投、不废除"国统纲领"和"国统会"），系由连胡五点共识而来，首次正式确立"连规马随"，对美中来说也意义重大。

4月17日，香港《明报》发表了南方朔先生题为《台湾大老板们的焦虑》的文章，对台商到北京参加两岸经贸论坛的意义进行了分析。文章说，虽然国民党并非是台湾的执政党，但国民党荣誉主席连战担纲的"两岸经贸论坛"在北京召开，台湾顶级工商巨子追随赴会的多达七十余人，他们公司的营业额加起来，相当于台湾GDP的48%，这样的阵仗纵使掌握了政权的陈水扁出访，也会相形见拙。由于"两岸经贸论坛"不是政府对政府间的论坛，因而不论得到任何结论，都会有执行上的障碍。那么，这么多日理万机的大老板又怎么会甘愿冒着得罪台湾统治者的风险，去出席这个看起来好像没什么大用的会议呢？

文章分析说，答案再清楚不过了。就在这个论坛揭幕前夕，美商麦肯锡公司提出的报告指出，台湾参与中国大陆经济的机会之窗只剩2至3年，如果再不掌握这最后的机会，依靠大陆的动力带动成长，台湾经济进一步恶化难以避免。过去，台湾在谈到这个问题时，还很乐观地认为有5至7年的优势，但因中国经济持续在质与量上都快速增长，用一位美国经济评论家的话说，中国的经济体利已由"底层的竞争"快速往"顶层的竞争"这个方向移动，两岸经济互动的时间差当然日益提前，那些大老板又怎能不格外紧张呢？对大企业而言，两三年其实只是弹指一挥间而已。因此，"两岸经贸论坛"让台湾企业界几乎精锐尽出。如果不是有些企业在生意上受制于政府，参加的人数可能更多。台湾企业界甘冒得罪当局的风险而赴会，可以说是这次论坛最重要的特点，这是用脚在向台湾政府的两岸经贸政策说不。他们赴会，我们可以解读成：其一，就台湾岛内政治而言，这等于是在挺蓝弃绿。目前，整个台湾的大局乃是蓝长绿消，除非民进党搞出比两颗子弹更厉害的必杀之招，2008年大局似已注定。其次，自从2005年连战访问北京后，"红帽子禁忌"已形同瓦解。大老板们可以放心赴会。我们可以想象，但老板们此次赴会的大动作，对岛内政治的冲击，必将留下发酵的效果。扁、吕跳脚大骂的原因也在此。其二，这个论坛，大陆方面冠盖云集，乃是开展政商关系、展开各种准备工作极佳场合；台湾方面，将来如果国民党再执政，其政策亦将在论坛里逐渐形成，参加这种会议，大家都是在替未来做准备。是为未来而开会，而不是为现在而开会。

文章最后指出，台湾已被自己的政府打败，大老板们即是一叶知秋的象征。在台湾官方宣称要搞"积极管理"的这个时候，但老板们却都公然"不服管理"，精英全部到北京赴会，与其被陈水扁绑死，还不如到北京抬连战的轿子，为自己寻找新的机会之窗。这是集体的、无言的自力救济，也是沉默的公然不服从，这或许才是"两岸经贸论坛"最大的意义！

这一天，日本多家媒体也积极报道和评价两岸经贸论坛。日本《读卖新闻》这天发表的题为《中国对台展开"和平攻势"》的报道说，胡锦涛总书记在会见连战时提出了推动两岸关系和平发展的四点建议。这是中国展开的用心周到的和平攻势，一方面不动声色地对独立倾向日益增强的台湾陈水扁政权施压；另一方面又不至于招致美国的反对。胡锦涛提出的建议显然不仅仅是针对国民党的，也是对台湾居民及国际社会发出的信息。

日本《产经新闻》这天发表了题目叫《中国主席以谋求两岸发展来牵制陈总统》的报道。报道说，这次"胡连会"是继去年4月之后的又一次"国共会谈"，中国方面用电视直播向国内外突出了"国共合作"的印象。胡锦涛提出的四点建议又强调了任何时候都要把两岸同胞的利益放在首位的观点。可以认为，中国方面的意图是：通过向台湾经济界和台湾民众强调加强陆台合作将带来的利益，通过向台湾民众显示融合姿态，给陈水扁造成压力。

4月18日，台湾《联合报》发表题为《两岸利多，台股飞跃7000点》的报道说，两岸关系春风送暖，国共论坛、连胡二会投资人普遍以利多解读，散户、外资买盘持续回笼，台股昨天冲破7000点大关，吹响多头号角，再创近两年新高。

这一天，台湾《经济时报》发表题为《扁吕莫再与全民利益为敌》的社论，对台湾当局的恶意攻击提出善意规劝。社论说，连胡二人于一年后再会，端出了更多优惠措施，我们的"总统"与"副总统"以"包藏祸心"、"遮羞布"、"良心安在"等予以回应。希望他们切莫再由于内心愤懑，而将在野党与台湾企业家争取来的果实，如一年前一样，成为执政者展示其操纵的所谓"公权力"的牺牲品。社论说，两军对垒，攻心为上，这原本就是我国独步全球的兵学之精华。我们是否也能对大陆人民"攻心为上"？退而求其次，我方的领导人至少要攻自己人民之心。然而6年来人民生活每况愈下，领导人诚信破产，民心早已失守。至于攻对方人民之心，更让人无地自容，我们的作为恰在倒行逆施。如今在野党前主席到对岸说了些老实话，换来恶毒的"良心安在"的詈骂，操持公权力一意谋私的领导者可曾回过头来用同样的尺度衡量自己？社论最后指出，在这样的局面下，必须经过两岸协商的直航问题能否顺利完成，我们毫无信心。不过，有一点是不会改变的：不论扁吕二人能否恩准东风吹起，让人民的利益得以兑现，中共攻心已经达成。只是扁吕越是从中作梗，台湾人民所能获得的利益就越受到损伤，民心向彼岸流失的速度也会越快。

这一段时间，华侨华人和海外媒体也纷纷发表谈话或声明或文章高度评价胡锦涛的"四点建议"和胡连再会。英国"中国统一促进会"秘书长周平耀17日发表谈话说，这次两岸经贸论坛讨论的问题无不涉及民生。在台湾经济面临滑坡的情况下，这充分反映了台湾人民的主要关注。大陆方面提出的促进两岸交流合作、惠及台湾同胞的15项政策措施，完全符合台湾人民的要求，这表明两岸只有发展友好关系，人民才有安定的生活。胡锦涛主席的"四点建议"，再次重申坚持"九二共识"是实现两岸关系和平发展的重要基础。我们海外华侨华人希望这些主张能传达给台湾人民，使这次跨越海峡的合作产生实际效果。全英华人专业协会会长于兴国认为，胡锦涛出席就推动两岸关系和平发展提出的"四点建议"，表明了大陆的诚意和为两岸统一作出一切努力的决心。

大洋洲和澳大利亚"中国和平统一促进会"近日发表声明，热烈祝贺两岸经贸论坛活动圆满成功。声明指出，陈水扁一伙妄图破坏两岸交流、破坏一个中国原则，阻挠甚至破坏大陆对台湾同胞所发出的互利承诺的实施，这

只能搬起石头砸自己的脚。声明说，我们相信，两岸经贸论坛所取得的成果一定能够实现。大洋洲和澳大利亚"中国和平统一促进会"愿尽己所能，为"反独促统"、和平发展而努力奋斗。

加拿大"中国统一促进会"会长梁伟洪发表谈话说，胡锦涛主席提出的"四点建议"对两岸关系的发展具有前瞻性，这将对维护台海和平与稳定，促进两岸交流与合作产生深远影响。大陆方面出台的15项政策措施具体可行，将给台湾同胞带来实实在在的实惠。

俄罗斯《生意人报》4月18日发表文章说，大陆与台湾的经贸关系正在迅速发展，远远超过两岸的政治水平。此次在北京举行了为期两天的两岸经贸论坛活动，中国政府向台湾送出了"大礼"，对台湾将实施15项优惠措施。两岸关系开始转向务实合作。

印尼华文《国际日报》近日在重要版面连续刊登《胡锦涛会见连战一行》、《连战：大陆十五项惠台政策开启两岸亮丽未来》、《连战一行抵达福州开始"福建祖地行"》等文章和图片，气势宏大，引人注目。印尼华文《千岛日报》、英文《雅加达邮报》等媒体刊登了胡锦涛会见连战一行的照片，并配发分析文章，对会见的情景和两岸关系前景作了描写和积极评价。

泰国《亚洲日报》4月17日发表了题为《两岸友好交流是大势所趋人心所向》的社论，指出此次论坛恰合时宜，海峡两岸的交流和经济上的互依互存已经成为大势所趋，民心所在，任何人都无权关闭台湾的大门。

各路媒体对两岸经贸论坛、胡连再会、胡锦涛的"四点建议"一直热评不止，直到4月下旬仍有大块文章见诸报端。4月16日，台湾《新新闻》周报发表的题为《后扁时代，台美中新三角战略》的文章颇具代表性。文章说，中国方面有关人士认为，"胡连二会"促成了更为实际的经贸合作成果，国共两党的积极互动使两岸间的搭桥铺路更具有实质性意义，透过直接惠及台湾民众的方式和缓了两岸政治僵局。文章指出，从两岸经贸论坛国共的表现来看，国民党方面似乎更加务实，连战屡称"要为台湾经济走出一条活路"，着眼于如何落实两岸务实面的经贸政策，为台湾争取实质经济利益。而中国大陆方面更着意于经贸搭台、政治唱戏，尤其以遏制"台独"为重。然则，尽管连战此行系经贸挂帅，但其政治意义亦颇突出。特别是连战两度访问大陆都是在两岸关系出现紧张变数之际。微妙的是，胡连二人握手对现况维持似乎起了一定作用。重点不在于连战个人，而是国共两党在东亚地缘政治变迁过程中，从分到合，已牵动台湾战略地位的质变。

文章指出，连战的作用并不只在于催动台湾企业继续往中国大陆市场靠拢，更重要的是，借由他和胡锦涛搭建的两党对话平台，已将区域中利害冲突的结构因素渐进化解，国共不再是制度、主权之争。中国大陆能提供给台湾比美国更强有力的经济互利筹码，美台同盟的利害前题也得被重新评估。文章说，无论民进党政府说什么，各项交流开放措施有增无减。中国领导人理解到，与其逼台湾当局承认"一中"原则，不如让台湾民众生活在"一中"架构下，后者显然要比前者有建设性。

文章强调，胡锦涛在台湾大企业主面前再次重申"庄严承诺"，绝不因局势一时变动或少数干扰因素破坏而改变对台湾民众的承诺。这点让长期在中国大陆进行全球布局的大企业老板格外有感受。很多产业在最近十年，先后因"两国论"、政权轮替等，饱受政策改向风险，也因而影响投资发展的进程。胡锦涛能凌驾于意识形态争议，让不少甘冒争议登陆国共两岸经贸论坛的企业负责人在会后表示，"比较笃定"，"方向感比较明确"。文章说，胡锦涛的谈话也等同回应了马英九在连战出门前请托带话"五不五要"。胡锦涛重申，只要在"九二共识"下就可恢复平等协商，而且任何台湾民众关心的议题都可以谈。但马英九所说的和平协议、军事互信机制等，胡锦涛并没有谈及，反而是借由一再着眼经贸合作是两岸和平发展的有效途径，凸显现阶段当务之急是"为民谋福祉"。

文章最后说，本来台海现况一直是由美方主导定义，但这是在"联台制中"的战略前提下。中共深知要顺利崛起，必须解决台湾问题，但半世纪经验显示，解决不能靠军事手段。而从香港回归的谈判与治理得知，经济民生手段会是最节省成本的做法。当两地社会发生千丝万缕的互惠依赖关系时，任何体制都不能从中将其一刀两断。中共当局已跳过台湾政府的公权力，逐一插手台湾内部的各种民生经济问题，甚至提供许多国民待遇给予台湾民众。中共让台湾人可以不承认"一中"原则、但在"一中"架构下生存，未来这逐渐扩大的既成事实，必然在民间形成一种利益的自然倾斜。届时，现况对谁有利，不言自明。

（九）

率团参加两岸经贸论坛的连战先生还有到福建祭祖和三访大陆的安排。4月15日上午，连先生一行赴北京香山碧云寺参观孙中山纪念堂，拜谒中山先生衣冠冢。

上午10时许，连战先生身着深色正装，神情肃穆，率团抵达碧云寺，步入孙中山纪念堂。连战向纪念堂正中的中山先生汉白玉全身塑像敬献黄色花环，花环上写着"总理 孙中山先生 灵鉴 中国国民党荣誉主席连战暨全体同志 敬献"字样。随后，连战一行参观了左右墙壁上镶嵌的用汉白玉雕刻的中山先生所写的《致苏联遗书》，以及堂内陈列的中山先生的遗墨、遗著，并观看了录像《奉安大典》。参观完毕，连战提笔写下"青山有幸伴中山 同志无由忘高志"的题词，表达敬仰中山先生之情和劝勉后辈之意。

走出纪念堂后，连战一行拾级而上，在中山先生衣冠冢前三鞠躬，并植下一棵白皮松。连战说，今天我们来到碧云寺中山先生衣冠冢，以最崇敬的心情向他敬礼，缅怀他的伟大事迹。他强调，今天是中华民族千载难逢的富强、发展、壮大的时刻，促进经济发展，提升人民福祉，两岸和平共荣，互惠互利，都符合中山先生博爱的情怀，这是"一种大的爱，一种民族的爱，一种人群的爱"。

随同连战拜谒的还有连战夫人连方瑀、中国国民党副主席吴伯雄、江丙坤、关中、林益世及新党主席郁慕明等。中台办主任陈云林、副主任郑立中等陪同拜谒。

4月17日上午，连战携家人一行来到了位于北京郊区的八达岭长城。尽管已是第三度访问大陆，但前两次连战都没有来得及完成他的心愿——登上象征着中华民族精神的万里长城，这次终于要实现了。

和前两天一身西装不同，今天连战换上了一件银灰色的夹克，一下车就迫不及待地开始攀登长城。他牵着夫人的手，从八达岭长城北城一路攀登，一边走，一边饶有兴致地听着陪同人员的介绍，还不时地停下脚步，眺望长城内外。

连战还不时向陪同人员询问八达岭长城的保护和旅游开发情况。当夫人没听清陪同人员介绍的内容时，他还认真地转述一遍。走着走着，连战回身叫来自己的儿子，一家人以雄伟的长城为背景合影留念。

脚下台阶越来越陡，随行的记者们都感到有些吃力了，但连战却没显露出一点疲惫之意，一连登了三座烽火台。当身边的记者问他累不累时，他平静地回答说："还早呢！"

站在30多度陡峭的长城上，连战对身边的人感叹道，实在很难想象当年驻守长城抵御外敌的将士们的艰苦。陪同人员回应说，长城虽与战争有关，但却是为了制止战争、维护和平的。连战听后微笑着点头，表示赞同，又一次朝更高处望去。

返回长城脚下，连战夫妇接受了延庆县有关负责人向他们颁发的"好汉证书"，连战夫妇连声道谢，说："没有这个证书就不好意思回去了。"随后，连战又欣然命笔写下两句话："几多烽烟渺渺去，万古雄姿峨峨存"，抒发他对伟大的中华民族精神的崇敬之情。

4月17日晚6时许，连战一行乘机抵达福州市长乐国际机场，照例受到隆重而热烈的欢迎。连战在机场发表了简短而充满激情的讲话。连战说，到福建漳州寻根祭祖，是连家多少代人都希望做的事情。以前因为山川阻隔和时局的因素，连家子弟没能完成心愿。所以，今天能同家人回来祭祖，感到非常高兴。他说，台湾与福建"青山一道同云雨，明月何曾是两乡"，一水之隔，气候相同，血同源，根同宗，台湾80％以上的人都来自福建，这么密切的关系，是大陆其他省份所没有的。过去，由于种种关系，台闽之间"没有像兄弟姐妹一样常常聚在一起"。但上个世纪80年代后，台闽之间经贸合作交流密切。他此次愿借机"讨教、学习"福建在两岸合作上的规划（指海峡西岸经济区）。

当晚，连战在与福建省委书记卢展工会面时表示，两岸经贸论坛成果非常丰硕，尤其是胡锦涛总书记对两岸关系提出了很多前瞻性的思考，"我们都非常钦佩"。他说，两岸经贸论坛是一个非常好的开始。万事起头难，但是只怕有心人，"心"就是与人民同心。这几天的亲身体验印证了我们心中所想的是正确方向。连战说，他此次来大陆的另一个目的是祭祖，完成连家子弟的多年心愿。"百闻不如一见"，今天实地到福建，感到非常亲切。台湾与福建近在咫尺，语言、生活习惯没什么两样。如何在大的宏观环境下，促进台闽双方的关系，尤其是经贸关系非常重要。

卢展工代表福建省人民用闽南话对连战一行的到来表达了热烈欢迎之意，并介绍了海峡西岸经济区规划的情况。他说，他非常赞同连主席所讲的意见，海峡西岸经济区的建立正是顺应大的宏观经济发展的要求的，他相信，海西经济区的建立和发展，必将促进台闽关系更加紧密地联系在一起，尤其是台闽之间经贸关系的发展，将会对两岸和平发展作出贡献。

4月18日上午，连战一行在福建省参观中国船政文化博物馆和鼓山涌泉寺，受到当地老百姓的夹道欢迎。

18日午后，当连战一行参观完涌泉寺正准备登车离去时，突然在夹道欢迎的人群中响起"连战大哥，你好！"的喊声，一条大红横幅随即亮了出来，上面写着"福州连氏宗亲欢迎连战大哥回乡谒祖"。浓浓的乡情包围了连战一行。连战驻足微笑着向大家挥手致意，并走到人群中间横幅下面与大家合影留念。

一位扯着横幅的年轻的"连先生"对采访他的记者说："我们本来就是

一家人嘛。听说连战先生要回来祭祖，大家都很高兴，相约来到这里表达我们的心情。"

一位祖籍也是漳州、正带着一群老朋友在涌泉寺游览的退休干部对记者说："这几天我们一直都在电视、报纸上寻找连战先生回乡祭祖的相关报道。连战先生浓厚的民族感情，他对中华传统文化的认同和重视，他在关键时刻表现出来的勇气，给了我们很多感动。作为他的乡亲，并且能在这里遇见他，我们都感到非常荣幸。"

在涌泉寺门口，一位年近古稀姓林的老太太主动要求记者写下她的心情。她说，今天一早她就起了床，赶乘公交车来到鼓山脚下，又一鼓作气爬上山来，就是为了见连战先生一面。"我有一个表弟，还有许多亲友都在台湾，我一直都没能见到他们，很想念他们。今天见到连战先生，就好像见到他们一样，实在是太激动、太开心了！"

还有一位涌泉寺在家修行的女"居士"，也赶来迎接连战一行。她告诉记者："今天我们福州五区八县的佛家弟子能来的都来了。当连战先生来到时，我们一起诵起了《药师经》，祈求菩萨保佑客人平安，保佑两岸和平。"

涌泉寺一位忙着安排台湾客人吃午饭的僧人告诉记者："两岸本来就是一家人，就是兄弟姐妹，要和平共处，同求发展。我们涌泉寺5月份还将举办'两岸祈祷和平法会'，那将是两岸佛教界最大规模的一次聚会。两岸高僧大德将亲临法会，一起祈求两岸和平。"

新华社记者见缝插针采访了陪同连战的子女。连战长女连惠心在接受采访时表示，第一次回到祖籍地，感到很高兴，对将于明天举行的祭祖充满期待。

现担任中国国民党中央常务委员会委员的连战长子连胜文对记者说，他是连家迁台第十代，能在祖先迁台三百多年后第一次回到祖籍地祭祖，很有象征意义。在这三百多年中，中国由强盛转衰弱，台湾曾沦为日本殖民地，在第二次世界大战结束、中国抗日战争胜利后才回到祖国人民手中，而后经过发奋图强创造了经济奇迹；两岸关系也从对峙走向国共两党合作谋求双赢的局面，可以说这一时段是中国历史上变动最为剧烈的时期。

连战次子连胜武在接受采访时说，祖籍地对于他来说很陌生，不过回来祭祖感觉还是很奇妙，心里很感动。这种感觉与去年随父亲到西安为曾祖母扫墓不同，那次感受更多的是骨肉分离的痛楚。

据连战介绍，连家祖先原居住在马崎村，1628年迁移到台湾，世居台南，到连战时已繁衍至第九代。此行是连战一家首次返回祖籍地祭祖。

连战夫妇共育有二子二女，次女连咏心因在美国求学，此次未随同前来。

4月19日上午，连战偕家人在祖籍地福建省漳州市龙海市马崎村，举行祭祖仪式并祭扫祖墓。

连战一行抵达马崎村时，当地宗亲敲锣打鼓，舞龙舞狮，热烈而隆重地表示欢迎。连战偕夫人、子女于9时15分抵达宗祠，随后在当地宗亲的陪同下，向祖先牌位上香、献牲礼和糕点，并行叩拜礼。

祭祖仪式结束后，连战与宗亲们在宗祠内聊起家常。他用闽南话说，宗亲们之前去信邀请我回来，今天又如此热情地欢迎我，我很感动。今天和家人来到这里，终于实现了祭祖的愿望，感到非常高兴。连战说，我三次来大陆访问，大陆的百姓对我都很亲切。但今天到马崎感觉很不同，因为我们所走的路都是祖先的流血流汗、辛勤耕耘过的地方。连战希望和这里的宗亲常联络。

连氏宗亲代表向连战赠送了米和水，祝福他们全家平安、生活幸福，并欢迎连战一家常回来看看。连战为宗祠题词："明心见性，垂教后嗣，积善福世，上继祖德"。

随后，连战在宗祠前小广场向当地村民先用闽南话、后用普通话发表了感言。他说，漳州是我们连家祖先居住、生活、奋斗之所在，也是我们宗亲在这里生活、工作、发展之所在，我今天第一次携家人回到马崎，受到乡亲们的热烈欢迎，非常感动，也非常感谢。连战说，人亲不如土亲。这是我第三次到大陆，三次来都受到民众非常热烈的欢迎，我感到非常亲切，就像兄弟姐妹相见一样。我第一次到大陆访问，孩子们对我说："爷爷！您回来了！"今天请允许我讲一句话："连家的列祖列宗，爷爷，我回来了，我终于回来了！"

连战强调，我们根同宗，血同源，命运相同。整个民族有希望，我们就有希望；整个民族没有希望，我们没有一个人有希望。此时此刻，缅怀列祖列宗坚韧不拔的精神，我们不仅要慎终追远，更要发扬光大。这是我们所有连家子弟的责任。

连战最后说，相信今后还有机会重返祖籍地、原乡，来向祖先、亲朋好友、兄弟姐妹们表示问候。他祝福乡亲们身体健康、阖家幸福、万事如意。

马崎村民对于连战语重心长的讲话报以长时间的热烈掌声。

4月19日下午3时30分许，连战一行抵达厦门大学为他颁授法学名誉博士学位的现场——建南大会堂。当连战出现在大会堂门口时，全场三千多名厦大师生全体起立，热烈鼓掌。连战微笑着频频向师生们挥手致意。

颁授仪式于下午3时45分正式开始。厦门大学校长朱崇实向头戴博士帽、身穿博士服的连战颁授学位证书，并按照礼仪为其拨穗。现场全体师生以经久不息的热烈掌声向连战表示祝贺。

对于授予连战名誉博士学位的原因，厦门大学副校长潘世墨在讲话中指出，连战不仅是一位著名的政治家，也是一位知名的学者，在政治学领域有杰出的学术成就，培养了多位知名学者，出版了多部著作。2005年4月26日，他率中国国民党访问团访问大陆，与中共中央总书记胡锦涛达成了"两岸和平发展共同愿景"，跨出历史性的一步，展现了政治家的勇气和魄力，为中华民族的和平发展作出了重要的贡献。今年四月，连战先生再次率团出席两岸经贸论坛，为促进两岸经贸合作、提升人民福祉不辞辛劳，催生两岸合作与交流的崭新局面。

潘世墨说，厦门大学作为享誉海内外的著名学府和台湾距离最近的大陆重点大学，与台湾关系密切，五十多年前许多毕业生踏浪走进宝岛，为台湾的建设和发展作出重要的贡献。近20年来，厦大已经发展成为举世瞩目的两岸学术交流重镇。今天我们颁授连战先生法学名誉博士学位，必将有助于促进厦大与台湾的文教学术交流，有助于促进两岸关系的发展，有助于促进中华民族的团结和振兴。

连战在发表演讲时，首先表示对厦大给予的荣誉感到非常光荣，今后将在工作上更加努力，不辜负大家赋予他的殊荣。

连战在演讲中着重讲述了连家及他本人与厦门、厦大毕业生之间的关系以及闽台之间语言、习俗相同的文化渊源。他说，我们血同源、根同宗、情同兄弟姐妹，中华文化是我们共同的骄傲，传承中华文化是我们共同的责任。

连战在演讲中对台湾有些人通过考试题目设置、修改教材来篡改历史，企图进行"去中国化"提出了强烈的批评。他指出，中华文化根深蒂固、千锤百炼、源远流长，岂是少数人可以用种种手段能摧毁得了的？！少数人不要自不量力。

连战表示，两岸文化交流是最基本的交流、最有力的交流，有了这种交流，两岸什么问题都可以解决。我们在文化、历史、感情方面要密切联系，思考如何通过更密切的交流，为共同的希望和未来努力。

连战的演讲常常被阵阵热烈的掌声打断。

演讲结束后，连战挥毫为厦大题词："泱泱大学止至善　巍巍黉宫立东南"。

4月24日下午，刚从江苏抵达上海的连战先生一行即去参观洋山深水港。

这座去年年底开港运行的现代化港口，令人连战一行赞叹不已。连战站在洋山深水港码头上感慨地说："你们的工作很了不起，实现了中山先生建设'东方大港'的遗愿。"

自2005年12月一期工程5个泊位投入运行，拥有得天独厚的自然条件优势的洋山深水港，在一百五十多天的运行中只有5天因天气暂停装卸货物，其余时间都在满负荷运转。一季度，洋山港已完成56万标准箱的吞吐量，一期工程300万标准箱的设计能力预计在2006年底就能实现。

洋山港如此快速的发展态势有些出乎连战的预料。心情激动的连战提笔写下自己的感触："开万古奇迹，以补天地缺憾；用八方轮桨，以利民生福泽。"

在孙中山先生撰写的《建国方略》中，曾经提出要在上海一带建设中国东方大港的计划。此时，连战先生拉着洋山港码头建设总指挥归墨的手说："没想到中山先生90年前写的这个试验计划，今天由各位化为现实，对此我非常钦佩！"

陪同人员向连战一行介绍，自上世纪90年代以来，上海港的货物吞吐量保持了27%的年增长速度，目前货物吞吐量已排名世界第一，去年集装箱吞吐量也以1808万标准箱排名全球第三。洋山深水港工程全部竣工后，港口集装箱年吞吐量将达到1500万标准箱，相当于新建一个上海港。

连战把洋山港比作"水上长城"。他认为，洋山港未来必将成为国际航运中心，成为全球货物的中转中心。在谈到洋山港和高雄港的关系时，连战说，两港有互补关系，高雄目前航运地位的下降与两岸尚未"三通"有关，未来应当主动承接大陆经济快速发展的辐射，成为转运中心。

在洋山港深水码头堆积如山的集装箱中，许多来自于台湾的阳明、长青等船舶公司。洋山港码头建设总指挥归墨介绍说，在洋山港未来的规划中，已经预留了专门停泊从台湾直航来的轮船码头。

"希望以后我可以坐船来！"连战幽默地说。

"一回生，二回熟，三回就是老相识。"中共中央政治局委员、上海市委书记陈良宇24晚以这样亲切而幽默的话语作为开场白，欢迎三次访问上海的连战先生一行。连战则笑答："第三次来上海，不但有一点熟悉的感觉，同时也有重逢的喜悦。这次到北京参加两岸经贸论坛，假如不到上海来，好像没有完成经贸问题。"

陈良宇首先代表中共上海市委和全市人民，对连战一行来沪表示诚挚的欢迎并致以良好的祝愿，对首届两岸经贸论坛的成功举办表示热烈祝贺。陈

良宇指出，海峡两岸的合作与交流，是大势所趋、人心所向。这次在北京举办的首届两岸经贸论坛是落实去年胡锦涛总书记和连战主席会谈达成"五项愿景"的重要举措。正如连战主席所言，开启了一个新的机会，开启了更亮丽的未来。这一两岸政党交流的机制及结出的丰硕成果，将有力地推动两岸关系继续朝着互利双赢的方向发展。

连战对上海市委和上海人民的热情接待表示感谢。他说，一年之中有三次来到上海，使他深切地感受到上海巨大的变化，尤其在参观洋山深水港和东海大桥之后，感到十分钦佩。

连战和上海的情缘，也是台湾同胞与上海、与大陆关系越来越紧密的一个缩影。上海在两岸交流和经济合作中历来处于重要地位，上海是台商最为集中的地区之一，目前已有台资企业近6000家，累计投资146亿美元；同时，也是台湾同胞往来的热点地区之一，有五千多名台湾学生在上海读书；上海更是两岸交流最活跃的地区之一，2005年从上海出入境的台湾同胞有一百四十多万人次，尤其是许多台湾同胞长期在上海工作、生活，已经融入上海，成为"新上海人"。

4月25日中午1时，连战先生一行搭乘MU705次航班离开上海返回台湾，结束了历时13天的第三次访问大陆的行程。

临行前，连战在上海浦东机场发表了简短的讲话。对于一年之内三次大陆之行，他评价为"很圆满、很成功"。他说，此次胡锦涛总书记就推动两岸关系和平发展所提出的四点建议非常具有前瞻性，回去以后他将尽快推动落实会谈中达成的共识。连战说，此次大陆之行多花了一点时间，去了从来没有去过的祖籍地，这非常重要，因为自己感到终于找到根了。"根同宗、血同源，当我对着上千位乡亲讲话时，血浓于水的感觉，一次一次地让我坚信，两岸和平在大家努力下、两岸规划在大家配合下，两岸一定会在新世纪创造共同荣景"。

中共中央台办主任陈云林、上海市委副书记罗世谦等负责人和各界代表到机场为连战一行送行，现场洋溢着热烈、亲切、依依惜别的亲情。

连战第一次访问上海行程结束时，在登机返台前曾被问到何时重访上海，当时他回答说："我们今天在这里向大家道一声珍重再见。我们希望杨柳青时不但能忆故人，还希望大家再来在一起。"这次，在他登机返台时，再次被问到这个问题，连战愉快地回答说："希望很快就能再来。"

七、在两岸经贸论坛举行前后，两岸互动越来越绵密而热烈。舆论指出，这是对扁当局恶意挑衅的有力回击和辛辣讽刺

（一）

3月30日，国台办新闻局与河南省台办共同举办海峡两岸"寻根揽胜中原行"联合采访活动。为期4天的中原之行，两岸记者触目皆是浓厚亲情、厚重历史，不知不觉踏上寻根之旅。

3月31日是农历三月初三，是始祖黄帝的诞辰日，河南新郑黄帝故里迎来了世界各地的炎黄子孙，一同参加拜祖大典，其中不少是来自宝岛台湾的宾客。

距离拜祖大典开始还有一个小时，台湾金门县"卢氏宗亲会"的32位宗亲就早早来到现场。"卢氏宗亲会"理事长卢志权对记者说，一直期待着参加拜祖大典，顺便也看看大陆这些年的进步，他们还计划与河南省相关单位进行经贸、文化、体育等方面的交流。

台湾"中华两岸文经观光协会"理事长许文彬律师曾四次率团前往陕西祭祀黄陵，这次又来黄帝故里参加拜祖大典。他掩饰不住兴奋的心情对记者说，我们都是炎黄子孙，河南是中华文化的发源地，这样的活动可以增进两岸民众相互理解。另外，河南对他来说还具有特别意义，因为河南许昌是许姓的发源地，所以来到这里感到特别亲切。

拜祖大典在象征着"九五之尊"的9时50分开始，伴随着悠扬的古乐，上香，读《拜祖文》，行礼，吟颂歌……一切如仪而行。一个小时的典礼结束后，很多宾客仍然流连在黄帝像前，上香拍照，不愿离去。86岁的麻善甫老人来自台中，是坐着轮椅从台中赶来参加拜祖大典的。他激动地对记者说，盼望拜祖大典能促进民族团结，盼望中华民族永远屹立于世界民族之林。

郑州台商协会会长王任生在接受记者采访时操着一口地道的河南乡音说："大家说，我是台商；我自己讲，我是老河南！"1935年出生在河南洛阳的王任生，1949年辗转到台湾。1990年，因母亲病故回乡奔丧，他看到家乡农民的生活状况，决定回乡投资办厂。他说："是爱乡之情使我选择了河南。"因为"这样可以为家乡提供就业机会"。

考虑到河南还是一个以农业为主的省份，王任生决定创办一家大型零售企业，"我要带出一群年轻的河南人学会经营商业，由商业带动工业，由工业带动河南70%的农民能享受到工业的好处，改善他们的生活水平。同时，将拥有采购权的海外客商带到河南来，让他们了解河南、投资河南，让河南的商品有机会走向国际市场。"

1997年开业的王任生创办的"丹尼斯百货"现在已经是河南的零售业巨头，先后在河南的郑州、洛阳等地市开设了4家百货商店、14家大卖场、10家便利店和1家大型配送中心，销售额累计达到81亿元。"中国的快速发展从这里可以看得出来。"王任生先生自豪地说："最初，丹尼斯的大卖场每个顾客的消费量只有十几元人民币，现在已经达到四十多元人民币。"

在记者采访的过程中，王任生先生不时流露出老河南人的情怀，对丹尼斯旗下的各店店长，始终坚持聘用河南人。他还要求在企业做饭的厨师一定要用河南人，因为这个工作就业的门槛低，也不容易被解雇。2006年4月他还邀请四百多位台商到郑州洽谈投资事宜，以自己的发展现身说法，让更多的台商看到河南有很多发展机会。

文有包公，武有少林，河南丰富多彩的历史遗迹深深地吸引着台湾的记者。当采访团来到开封府前，随着开封府的厚重大门徐徐敞开，耳边犹如响起"开封有个包青天"的清唱，一位身着宋代官袍黑脸膛的"包公"阔步走出，让记者们大有时空错位的感觉。此时，记者们不会错过机会，台湾TVBS电视台和中天电视台的记者一起采访起这位"包公"来。

台湾《中国时报》的记者白德华向《人民日报》记者坦言，他此行的最大兴趣之一就是少林寺，因为"少林寺在台湾名气很大！"

4月1日，两岸记者抵达盼望已久的少林古刹，立刻不吝镜头拍摄起来。不巧，古刹依旧，却没有看到武僧。正在遗憾之际，道路两旁鳞次栉比的武术学校吸引了记者们的目光。记者们信步来到少林鹅坡武术专修院，但见操场之上，数百名少年拳来脚去，枪棒飞舞，"哼""哈"之声，不绝于耳。没想到这里面竟还有一位来自台湾高雄的学生。这位17岁的学生叫谈善魁，略带腼腆的他坦言在台湾"书读得不好"，所以被父亲送到这里来学武。"教练和师兄弟们都对我很好"，他高兴地说，这里的生活条件虽然不如台湾好，但学会了拳脚、器械等很多东西，回台湾还做过表演，有朋友甚至想向他学武。他的理想就是"回台湾开少林武术学校"。

台湾"年代电视台"记者任祖祥对《人民日报》记者说："在台湾见不到少林武功，这次亲眼见识了登封的武风之盛，让人领悟到少林武功不仅是一种技术，而且是中华文化的宝贵传承。"

（二）

4月8日，第十届海峡两岸机械电子商品交易会暨厦门对台出口商品交易会（简称"台交会"）在厦门国际会展中心隆重开幕。中共中央政治局委员、国务院副总理吴仪发来贺电。全国人大副委员长许嘉璐、全国政协副主席张克辉以及海内外嘉宾上千人出席了开幕式。

本届"台交会"吸引了海峡两岸以及美国、日本等二十多个国家和地区的七百多家企业前来参展。1612个展位、33000平方米的展览面积，是这次"台交会"成为举办以来规模最大的一届。参展企业中有60%以上是回头客。专门为台湾客商设置的台湾展区是本届"台交会"的最大亮点，共有110家来自台湾的企业踊跃参加。由于参展的台湾企业数量明显增加，展位也从去年的210个增加到今年的260个。"台交会"展馆分设机械设备、模具展区，仪器仪表暨工业自动化展区，光电展区和汽车电子暨零部件展区，不仅参展的商品门类更趋集中，高技术产品和新产品也比往届增多。

"台交会"期间还举办"海峡两岸经济论坛"、"中国照明学会青年学术论坛"与"海峡两岸三地光电产业科技交流与合作研讨会"等专业性研讨会，以及十多场不同类型的配套活动。

同一天，在厦门举办的大陆首届台湾地区专业人才暨大学毕业生大陆就业洽谈会也拉开了帷幕。

这次组团来大陆求职的台湾青年大多在40岁以下，他们当中既有具有丰富工作经验的专业技术人才，也有刚刚走出大学校门的职场新人。参加洽谈会的还有已在大陆各地就学、工作的台籍学生和台籍专业人才，总计有二百多人。这是台湾人才首次集体踏进大陆人才市场，与有意召募台籍专业人才的大陆企业事业单位进行面对面的洽谈。

厦门大学、集美大学、戴尔、瑞声达、长庚医院等六十多家用人单位带着五百余个高薪职位参加洽谈会。参会单位普遍开出了符合台湾人才基本要求的薪资福利。

同一天，"厦门台湾水果销售集散中心"正式揭牌成立。国台办副主任郑立中在揭牌仪式上发表讲话时表示，要把"厦门台湾水果销售集散中心"打造成大陆最具规模的台湾水果集散地。与此同时，首届台湾水果订货会也在厦门举行，这是自2005年5月台湾水果进入大陆以来，大陆首次举办台湾水果订货会。

2005年先后有31批次台湾水果通过厦门中转集散，数量达两百多吨。这些水果除了本地及周边市场销售外，还中转销往北京、上海、天津、新疆等地。

在首届台湾水果订货会上，来自大陆各地的采购商与台湾水果经销商在新投入使用的台湾水果农产品商务大厦内进行洽谈订货，场面热烈，迎接即将到来的台湾水果生产旺季。

在圆满结束祭祖、接受厦门大学名誉博士学位等行程后，连战夫妇一行在4月20日上午前往厦门机场途中，临时安排参观了"厦门台湾水果销售集散中心"。上午9时许，连战一行来到了厦门台湾水果销售集散中心，观看了台湾水果展销摊位，不时用闽南话向经销商询问情况。当得知行情看好时，连战发出了会心的微笑，他称赞台湾水果好吃。跟踪报道的记者幽默地说："连主席为台湾水果做'广告'了。"周围的人群都开心地笑了，连战夫妇也笑了。

厦门台湾水果销售集散中心位于厦门市湖里区盐业路，规划建设面积9万平方米，现在已建成并投入使用的有3万平方米。4月15日，中台办主任陈云林在两岸经贸论坛上受权宣布的15项惠及台湾同胞的政策措施中，就有一条提到要建立厦门台湾水果销售集散中心，并对入驻的台湾水果经销商给予免交保鲜冷库储存费以及经销场地免收一年租金的优惠。消息传开后，前来预订摊位的台湾水果经销商络绎不绝，截至4月20日，入驻的台商已超过百家。

（三）

4月13日，中国历史上第一个多边国际宗教会议——首届世界佛教论坛在浙江省人民大会堂隆重开幕。有着"天堂"美誉的杭州，近日春风拂面，法雨普降，来自世界各地亿万佛门信众的祝福，使这个千百年来与佛教血脉相通的城市，再次承载了中国有史以来最为厚重的祝福。

4月13日正值农历三月十六日，这一天是佛教传说中观音菩萨六化身之一的准提菩萨的圣诞纪念日。也许是机缘巧合，在神州大地上已存续2000年之久、如今已约有一亿信众的中国佛教，在这个法喜充满的日子里，迎来了来自全球37个国家和地区的一千多位高僧大德、著名佛教学者和国家政要。

2004年10月，第七届中韩日三国佛教友好交流会在北京召开。在这次会议上，来自中国大陆、台湾和香港地区的一诚、本焕、星云、诘巴龙庄勐、惟觉、圣辉、嘉木祥洛桑久美·图丹确吉尼玛、觉光等八位佛弟子当机对机，共同向世界佛教四众弟子和一切关心、护持佛教的善知识者发出倡议，建议在中国设立"世界佛教论坛"。

根据高僧们的倡议，举办"世界佛教论坛"的宗旨是，为一切热爱世界和平、关爱众生、护持佛教、慈悲为怀的有识有为之士，搭建一个平等、多元、开放的高层次对话平台，定期举行会议和活动。本着智能、中道、慈悲、宽容、和合、平等、圆融的精神，抉择正信，弘扬正法，交流分享弘法利生的经验；探讨人类共同关注的问题，宣示佛教的主张，以求得人心安宁，促进社会和谐，维护世界和平，增进人类福祉。

倡议得到了佛教界人士的响应和支持，表示要同结善缘，共襄盛举。中国政府也明确表示，要积极支持佛教界筹备和举办这一具有历史意义的盛会。

在随后举行的一次专门研讨会上，论坛主办方中国佛教协会和中华宗教文化交流协会将论坛主题确定为"和谐世界，从心开始"。经过近一年半时间的精心筹备，论坛于今如期召开。

论坛召开前夕，中共中央政治局常委、全国政协主席贾庆亲抵杭州，会见并宴请了论坛与会人士代表，预祝论坛取得圆满成功。

全国政协副主席刘延东应邀出席开幕式并致辞。她代表中国政府和全国政协向首届世界佛教论坛的召开表示热烈祝贺，向为人类福祉、国际友好、世界和平作出积极贡献的各位高僧表示崇高的敬意。刘延东在致辞中指出，和谐是人类的美好愿望，是社会进步的重要标志。这次论坛以"和谐世界，从心开始"为主题，着重讨论佛教界的合作、社会责任及其和平使命，反映了时代的呼声，体现了佛教界关爱众生、关注社会的理念，对包括宗教界在内的社会各界共同建设和谐世界，必将起到重要的促进作用。刘延东说，和平发展的中国期盼着和谐共生的世界。建设和谐世界，需要各国政府和人民的共同努力，需要宗教界发挥积极的作用。佛教是世界三大宗教之一，在历史的长河中，佛教为世界和平、人类文明作出了重要的贡献。这次世界佛教论坛，为探讨佛教在建设和谐世界的伟大事业中发挥积极作用，促进社会和谐、维护世界和平、增进人类福祉，提供了一个高层次的对话交流平台。

开幕式上，全国政协副主席董建华宣读了联合国秘书长安南发来的贺信。安南在贺信中盛赞二千五百多年来佛教因佛陀充满人性与博爱的教法，现已成为亿万人类崇高生活的指南。"当今世界，环顾全球，虔诚的佛子们沐浴在佛陀示现人间的慈悲、理解与互尊互爱的光辉中。"他在贺信中强调，"目前最重要的现实是，我们分享同一个家园，一个日渐拥挤但我们必须共同生活的星球，因此，让我们为实现全世界人民的利益、和谐与和平共存共同努力。"

国家宗教局局长叶小文在论坛上指出，佛教是"和"的宗教，又是"心"的宗教，佛学和儒学是中华民族文化的精髓，具有普世价值。"和"的内涵，是人心和善，家庭和睦，社会和谐，世界和平；"和"的基础，是和而不同，互相包容，求同存异，共生共长；"和"的佳境，是各美其美，美人之美，天下和美。今天，工业反哺农业，城市支持农村，人类回馈自然，也是一种"承认、尊重、感恩、圆融"。佛教的缘起理论认为，宇宙、万物与人类是相互依存，同体共生，不可分割的。其精神内核用一个字表达就是"和"。顺应"缘起"法则，正确处理好人我关系、物我关系及身心关系，实现各种关系的和谐、均衡与圆满，是人类最高智慧和境界。

台湾中台禅寺开山方丈惟觉大师是倡议发起此次世界佛教论坛的八位高僧之一。他在论坛上指出，佛家主张每个人自己觉悟，人人都有佛性，自己要肯定自己，每个人都有无穷的希望，有无穷的生命价值。身处这个时代，一般人容易迷失掉，被太空科技迷失掉，只知道往外追求，而没有自己内心的检讨三省，只知道开发资源，攫取资源，人与人之间的关系就会发生冲突。佛法说的人间净土，也就是我们现在说的世界和平。每个人都能认识自己，不要迷失自己。自己要有好的空间生存，也希望每个人都要有好的空间生存。举办这次佛教论坛，就是弘扬这些道理。

台湾佛光山星云大师也是倡议发起此次世界论坛的高僧之一。他是在台湾创办人间佛教的身体力行者。他创办僧伽教育，培养僧才，为赓续佛教慧明遍撒菩提种子；他撰文著书，创办报纸、电台，埋首佛教文化事业，弘扬中华文化，批判台湾当局的"去中国化"，为现代佛教注入蓬勃的新动力；他披一袭袈裟，走遍世界，要把人间佛教的真善美从台湾带到世界五大洲。有记者曾采访中国国民党主席、台北市长马英九对星云大师的做法有何感受时，马英九说："我从小信奉天主教，但和星云大师却结缘很早，以前我在法务部时，就和星云大师他们有合作，在监狱里办短期出家、办佛教戒毒营，他们非常投入。"他说，佛光山的做法是与中国传统结合在一起的，有儒家味道，很容易被中国人接受。他说："两岸是否有可能开展修行交流，信众互相交换，到对岸住一段日子。"长久互动有助于两岸双方的了解。

为期4天的首届世界佛教论坛办得有声有色。佛光普照，亮点多多。论坛召开前夕，论坛筹备办公室就收到了海内外近500份中英文论文并结集出版，被与会代表赞誉为"论前有论"。论坛先后在杭州市和舟山市举行，其间还举行了为世界祈祷和平的法会等活动。作为中国藏传佛教界的一位活佛，第十一世班禅额尔德尼·确吉杰布首次在国际性会议上公开亮相，分外引人注目。他带领两序大众为世界和平与和谐祈祷。他说，首届世界佛教论坛是在中国首次举办的世界性的佛教盛会，是全球佛教信徒的一件大事，也是致力于世界和平、追求世界和谐的各界人士的一件喜事。他说："在佛陀慈光的加被下，中国三大语系佛教平等相处，彼此尊重，共生共荣，中国社会具备良好的佛教信仰环境，护国利民则是佛教对国家和社会作出的庄严承诺。"

论坛期间还举办了一场长达90分钟的《神州和乐》佛教交响音乐会。

这是中国大陆首次以交响乐的形式演绎中国佛教传统音乐。音乐会主题紧扣"和谐世界，从心开始"这一论坛主题，阐释中国佛教"庄严国土，利济群生"的大乘理想，"和谐生命，光明智慧"的禅慧道风及"世界和平，生命和谐"为主旨的中国佛教文化内涵。首场演出在上海东方艺术中心举行，之后分别赴广州、香港、深圳等城市巡演。所到之处，反应热烈。

（四）

4月15日下午，由深圳方向开来的专列载着来自港澳台地区的1000名青年学生，顺利抵达上海，受到全国青联和上海市有关方面代表的热烈欢迎。从4月16日起，港澳台青年学生将与内地青年共同参加"龙耀浦江"青年大型交流活动。这是由全国青联和香港青年协会共同主办的、近年来规模最大、港澳台青年参加人数最多的一次交流活动。

4月14日下午，来自港澳台地区的1000名青年学生从香港汇聚深圳，乘坐"我们是一家"文化专列前往上海。旅途期间，港澳台青年学生参加了丰富多彩的活动。

在沪期间，交流活动安排得更为紧凑而多彩，其中包括港澳台青年学生将与内地青年共同参加"龙耀浦江"主题活动、"我们共同迈向世界"青年论坛、"我们共话友谊"学校交流、"我们走进上海"等参观考察活动。

此次交流活动揭开帷幕前夕，中共中央政治局常委、国家副主席曾庆红发来贺信，亲切勉励参加"龙耀浦江"青年大型交流活动的内地和港澳台青年。曾庆红在信中说，欣闻"龙耀浦江"青年大型交流活动在上海隆重举行，这是内地青年与香港、澳门、台湾青年旨在传承中华文化、携手弘扬民族精神的一次青春盛会。我谨向参加本次活动的内地与港澳台青年表示热烈的祝贺和诚挚的问候！

曾庆红在贺信中说，内地青年和港澳台青年虽然生活在不同的地域，但都是"龙的传人"，是祖国的未来和民族的希望。"青年兴则国家兴，青年强则国家强。"希望你们胸怀祖国，放眼世界，增进友谊，为中华民族的振兴，为实现祖国内地与港澳台地区的共同繁荣、稳定与发展，为促进祖国统一大业的完成作出无愧于时代的贡献。

贺信说，上海是我国的经济中心。上海的发展是我们整个国家发展的一个窗口。"龙耀浦江"青年大型交流活动在上海举办，相信一定会使你们亲身感受到祖国蓬勃发展的强劲脉搏，从而激发出为祖国的美好未来而共同奋斗的巨大热情。

4月16日上午，"我们共同迈向世界"青年论坛在上海国际会议中心举行。论坛开始前，中共中央政治局委员、上海市委书记陈良宇会见了港澳台嘉宾。团中央书记处第一书记周强、香港特别行政区立法会主席范徐丽泰在论坛上分别致辞，上海市市长韩正在论坛上作了主旨演讲。

范徐丽泰在致辞时勉励两岸四地青年，用理性认识和感情投入，去理解中华民族发展的现状，不放弃任何了解和沟通的机会。她说，青年迈向世界，首先要立足自己的国家，认识自己的根源。不断自我提升，增长自己的能力和才干，才能有益于世界的和平发展，为地球村作出中国人的一份贡献。

经过3天的交流和了解，这些来自不同地方的年轻人已经非常熟悉，大家聚在一起想创意，排小品，欢声笑语不断，愉快的歌声不绝于耳。

在上海交通大学逸夫楼学生活动室里，20名大学生分别围坐在一起为"龙耀浦江"活动设计创意广告。二十多分钟后，精彩的广告剧上演了。

一名手持写有"上海"字样纸牌的男生走上台，吟道："我住长江头！"

另一位手持"香港"字样的男孩从另而一侧上来，和道："我住香江尾。"

一名女生手持"澳门"字样登台朗诵道："你可知Macao不是我真姓？我离开您太久了，母亲！"

又一名手持"台湾"字样的女生深情地朗诵道："小时候，乡愁是一枚小小的邮票。我在这头，母亲在那头。"

第五名学生上台后，大家齐声朗朗地说："两岸四地学子，今日相见江畔——龙耀浦江！"

共同设计这个广告的大学生们说："一句诗代表一个地方，而且都是思念、期盼团聚的诗句，表明我们是一家人，不能分开的一家人！"

16日下午，当两岸四地青年学生一起共同舞动一条长达468米的巨龙时，浦江两岸沸腾了！现场3600名来自两岸四地的青年学生共同许下了"龙的传人团结奋进、开拓创新、共同迈向世界"的心愿。

香港青年协会总干事王易鸣深情回忆道，2000年正值中国的龙年，为了让内地和港澳台青年不因地缘而隔膜疏淡，中华全国青年联合会与香港青年协会决定合作举行这样一项大规模的青年交流活动。六年来，巨龙从长城脚下，舞到维多利亚湾，又舞到今天的东海之畔，"希望这条年轻的龙和祖国一起腾飞，和世界共同迈向美好明天！"

4月18日下午，来沪参加"龙耀浦江"青年大型交流活动的千名港澳台学子，搭乘文化专列返回深圳。由中华全国青年联合会和香港青年协会共同举办的、近年来规模最大、港澳台青少年参加人数最多的青年交流活动就此拉上帷幕。从学生们脸上展现出来的豪迈自信、依依惜别的神情上，可以看出两岸四地的青年正携手并肩，休戚与共，牢牢维系着中华民族血浓于水的骨肉亲情和阔步迈向世界的豪情。

（五）

4月11日至18日，正是傣历新年期间，台湾中南部媒体记者踏上西双版纳这片神奇的土地，进行"彩云之南·西双版纳"采访之旅，走进温暖的民族大家庭，与热情的西双版纳人民共庆泼水节，领略绚丽多姿的热带风光和淳朴热情的民族风情，感受澜沧江——湄公河次区域国际经济合作发展的蓬勃势头。

在泼水节的新闻发布会上，台湾女记者陈桃霞以其清脆悦耳的泰雅语问候、色彩鲜明的泰雅人服饰吸引了各媒体记者的目光。陈桃霞是台湾的"少数民族"——泰雅人，是第一次踏上大陆的土地，她最感兴趣的是西双版纳傣族自治州的双语教育和民族区域自治等方面的情况，她获得了提问的机会，坦率地向州长提出了她要请教的问题。其他来自台湾中南部媒体的记者也纷纷就西双版纳的旅游观光、经济发展、环境保护等提出了问题，自治州领导详尽而自信的回答，为他们描绘出民族区域自治地方民族的团结、经济发展、社会和谐的美好景象。

傣历新年的盛大庆祝活动让台湾记者切身体会到了西双版纳傣族自治州各民族的团结和谐。特色浓郁的民族文化演出精彩纷呈，让坐在嘉宾席上的台湾记者再也坐不住了，他们拿起相机，纷纷离席，一齐涌到街道两旁，为这难得一见的盛事留下了珍贵的镜头。澜沧江畔的庆祝大会热闹异常，台湾记者和数以万计的游客与当地群众兴趣盎然地观看龙舟竞渡，欣赏民族歌舞，品尝风味小吃，其景其情让妙笔生花的记者们也难以描画。采访团召集人、台湾《新生报》记者蔡荣宗感叹道："这么大的场面，这么多的人，竟然一点'状况'都不出，这里的民族相处真是一幅和谐美妙的画卷！"

让台湾记者最为感动的还是泼水节。这一天，景洪城变成了水的世界、欢乐的海洋。身着节日盛装的各族青年男女拎着五颜六色的水桶、脸盆，走上街头，互相追逐，把象征着吉祥幸福的清水泼向对方。台湾东森电视台节目主持人刘怡君成为青年男女追逐的目标，一波波圣洁的清水泼得她笑个不止；年过半百的台湾《新闻报》记者王维想写成了众青年"攻击"的目标，他笑逐颜开地接受着各种方式的"偷袭"。他们朗朗地说道："被青年们泼得水越多，说明受到的祝福也越多嘛。"

当采访团的记者们踏入西双版纳森林后，无不啧啧称奇。导游小姐介绍说：“西双版纳的面积仅占全国的0.2%，但是动植物资源却分别占全国的1/4和1/5。”记者们置身在这树木的海洋、动物的天堂之中，说的最多的话就是：“这真是一片神奇的土地！”“不虚此行，不虚此行！”

在野象谷，乘坐全长2063米的观光索道，俯瞰郁郁葱葱的热带雨林，观赏妙趣横生的驯象表演；乘电瓶车漫游林木葱茏、暗香浮动的中国科学院西双版纳热带植物园，辨认奇花异草，欣赏奇树古藤，让台湾记者流连忘返，只嫌时间过得太快。台湾《更生日报》记者萧惠文对动植物颇有研究，一路上担当着义务讲解员，可是这里有许多物种连他也见所未见，闻所未闻。他感叹道：“大陆的资源实在是太丰富了，这确实是一片神奇的土地。可惜时间太短，让人看不够。我还要再来，带我的老师一起来。”记者们一路称赞，大陆对西双版纳生态环境的保护，对促进人与自然和谐发展所作的努力，“相当成功”！

西双版纳独特的区位优势也让台湾记者们大开眼界。位于勐腊县的关累码头是中南半岛和东南亚诸国经湄公河进入中国澜沧江上的第一港，距中、老、缅三国界碑仅有20公里，年货物吞吐量达20万吨。记者们听完这黄金水道的开发建设情况介绍后，便兴致勃勃地登船实地考察，摄影记者忙个不停，留下这黄金水道咽喉地带许多珍贵的镜头，也摄下记者们到此一游的欢乐身影。

在位于西双版纳州最南端、与老挝山水相连的国家级口岸——磨憨边境贸易区，台湾记者们在十几分钟内就过了一把“出国瘾”，使大家对“山水相连”的邻邦说法有了具体的体验。目前，口岸的开发建设正在热火朝天地进行着，台湾记者对这里的招商引资条件表现出极大的兴趣，《台中晚报》的记者陈荣晴说：“这里未来的前景相当好，我们回去以后一定要多作报道，为投资提供信息，让他们来这里投资发展。”

采访团的记者们所到之处都受到隆重和热烈的欢迎，在勐腊县照例热情有加。在热情地欢迎宴会上，县委副书记王自能高举酒杯、笑容可掬的致辞说：“我们勐腊县今天第一次迎来这么多来自宝岛台湾的记者，特别高兴……”台湾的记者们早已熟悉了傣家富有特色的祝酒词，他们也高举酒杯，齐声高喊：“水、水、水……”

此次应邀前来的台湾中南部媒体记者，几乎都是第一次到西双版纳，不少还是第一次踏上大陆这片热土。但是，无论是当地的官员和群众，还是与他们同行的大陆记者，都是一见如故，毫无生疏的感觉。这印证了一句古诗所言："相逢未必曾相识"。一位记者说："都是同胞手足，怎能不是一见如故呢！"采访团这段活动时间，正值两岸经贸论坛举行之际，祖国大陆推出的15项优惠措施成为两岸记者热烈议论的话题。台湾记者们对这些"利好"的消息都举双手欢迎，他们说："台湾民众又可以受益了，大陆释放出来的善意与诚意在先，现在就看我们那边怎么做了。"

西双版纳州委统战部副部长张卫国全程陪同采访团进行采访，为保证采访顺利进行，他费尽心思，精心安排，台湾记者们都看在眼里记在心上。当他们得知张副部长将随歌舞团到台湾访问时，他们都纷纷拉着老张的手说："到了台湾一定要找我们，不找我们会生气的。"

带着葫芦丝和孔雀舞的美好记忆，带著同胞手足的骨肉亲情，台湾记者踏上了归程。虽然这次集体采访活动结束了，但新的一波访问交流又将开始，两岸人民的交流交往正迎来一个又一个新的高潮。云南省台办主任岩庄说："我们已经多次举办台湾中南部媒体记者彩云之南采访活动，通过记者们的积极报道，台湾同胞对祖国大陆西南边陲的了解更多更全面了，两地人民的友谊越来越深了。"

（六）

4月20日，第七届中国（寿光）国际蔬菜科技博览会在山东省寿光市拉开了帷幕。首次在本届"菜博会"上设立的台湾农产品产销区人流如潮，万头攒动。彩色甜椒、茭白笋、山葵、莲雾、凤梨及包装精美的水果酥、玫瑰香醋、香椿酱、熏衣草手工香皂、丝瓜面膜等丰富多彩的产品琳琅满目，吸引着人们流连忘返。来自宝岛台湾的云林、台东、嘉义、台南、屏东等县市十几种时令优质热带水果、近200种农产品深加工制品参展。

农业部台湾事务办公室副主任、海峡两岸农业交流协会秘书长李永华介绍说，设立台湾农产品展区，是4月15日国共两党举办两岸经贸论坛之后，祖国大陆方面积极跟进落实有关共识和承诺的一项重要举措，是大陆有计划、有步骤、递进展开的一系列惠及台湾农民举措中的一个重要环节，也是大陆继去年"5·18"福州展会、"7·18"上海展会、"10·18"北京农交会后再次积极宣传推荐台湾农产品进入大陆市场的一次大型经贸活动。

两岸经贸论坛上新公布的5月1日才准入的4种台湾热带水果中的柳橙、柠檬也出现在展台上，李永华告诉记者，本届展会为照顾台湾同胞利益，对所有参展水果、蔬菜等农产品实行零关税，部分给予免收进口增值税的优惠政策，并提供通关便利。

　　台湾"顶农兴业有限公司"国贸部蔬果采购专员康东恩在接受记者采访时，喜气洋洋地说，扩大两岸经济交流，受益的是两岸老百姓。如柠檬等水果，以前大陆多从美国进口，价格昂贵。现在，新增柠檬等水果准入，价格会有下降，这就增加了台湾水果的竞争力。

　　来自台湾彰化县的"鲜美农产有限公司"的展台上摆满了五颜六色的甜椒，吸引了一批又一批人群围观。董事长蔡易新高兴地告诉记者，几年前他就开始从事两岸农产品贸易。冬季是台湾蔬菜的丰产期，容易造成生产过剩；夏季则台风频繁，自然灾害严重，容易出现市场短缺。这恰恰形成台湾与大陆农业的互补性，如能形成更紧密的合作，既解决了台湾农民丰产滞销的问题，又能满足大陆消费者消费需求。

　　在台湾"博尚生化科技实业有限公司"的展位前，寿光市纪台镇农民刘成德被展台上摆放的一系列生物肥料吸引住了。他向总经理宋美娜询问道："这个'促根生'能给果实增加多少糖度？有没有桃树专用的除草剂？"没等宋经理回答，老刘又自报家门说："我可是咱们寿光远近闻名的'桃王'，如果化肥好，我可以帮你们推广到全国17个省、市、自治区。"宋美娜喜出望外，当即表示每种肥料可免费向他提供10公斤，先试用再购买。"您放心，台湾的生化技术全球领先。我们生产的都是生物有机肥，品质绝对有保证！"

　　像这样感人的场面，在展会上比比皆是。两岸人民渴望加强农业交流合作的迫切心情溢于言表。台湾高雄"农业开发股份有限公司"谢忱勋激动地对记者说："台湾柳橙几乎年年生产过剩。每年十月份至春节期间，大量的柳橙以正常价格十几分之一的低价出售，就是因为没有开发大陆这个巨大的市场，实在太可惜了！"

　　有专家指出，台湾有优良的品种、先进的农业技术，也有科学的管理经验和外向型的农产品市场网络；而大陆有丰富的自然资源、较为完善的基础设施，以及持续稳定的宏观经济环境。利用好各自的优势，实现两岸农业资源的合理配置和要素互补，必将成为两岸农业交流合作发展的强大动力。

　　"菜博会"的负责人向记者介绍说，随着两岸民间农业组织沟通的经常化，两岸农业人员往来也越来越密切。最初，台湾方面来大陆的以企业家为主，而现在，更多的是农会、合作社、产销班的具体管理人员，甚至是普通的台湾农民。这次到本届"菜博会"参展的成员中，来自台湾基层的代表占到2/3，台湾南部各县都有参与本届"菜博会"的。

　　来自高雄县冈山镇的林琼隆始终喜笑颜开，展位上摆放的他带来的"顽皮"牌系列皮蛋、番茄味豆腐干等风味独特的制品吸引了许多人的目光。他高兴地告诉记者："以前这些产品都是通过贸易商从香港销往大陆。这次很想通过菜博会寻找到大陆的代理商，好好开拓大陆市场。"他笑着面对展位前拥来拥去的人流说，他的展位仅开展半天时间，就有不少人前来询问代理事宜，让他很受鼓舞。

李永华秘书长向记者介绍说，以往台湾农产品在大陆的销售主要通过推介会、品尝会、促销会的形式，看起来很热闹，但规模较小，只能维持几天。要扩大销售，还需要一个常态化的渠道。除举办菜博会的推介活动，在福建省厦门市建立台湾水果销售集散中心外，还将在全国大城市的商场里长年开设台湾农产品专柜，积极打通台湾农产品在大陆的销售渠道。

在台湾"打猫果菜生产合作社"的展台前，廖钦煜先生指着展台上有些打蔫的凤梨对记者说，凤梨最好能在采摘两三天后就能到达市场，这时最漂亮。但由于目前两岸不能直航，凤梨只好漂洋过海，绕道香港或者日本再进入大陆，既费时间又增加成本。他期盼着早日实现"绿色直航"。蔡易新董事长也有同样的期盼。他对记者说："蔬菜的保鲜期更短。目前两岸间的蔬菜贸易一般得7至9天的时间才能到达大陆，如果直航，至少能节省一半时间，成本也会下降一半以上。"

台湾省农会总干事张永成向记者说，农产品不比一般产品，保鲜问题很重要，这主要通过两岸直航来解决，希望两岸三通能从农产品开始突破，早日开通绿色航道。张永成还指出，台湾的检验检疫和原产地证明也是两岸农业交流合作的现实障碍，希望台湾当局能够正视台湾农民的呼声，与大陆相互开放市场，简化通关、检验手续与作业流程，以确保农副产品的新鲜程度，提高台湾农产品在大陆市场上的竞争力。

农业部副部长牛盾在参观台湾农产品展区时表示，今后将进一步密切与岛内民间组织的交流与合作，使两岸农业在交流中发展，在合作中提高，实现互利双赢的目标。

（七）

4月22日上午，以"亚洲寻求共赢：亚洲的新机会"为主题的博鳌亚洲论坛2006年年会在海南博鳌开幕。中共中央政治局常委、国家副主席曾庆红出席开幕式并发表题为《把握亚洲新的机会共创世界美好未来》的主旨演讲。他强调，中国是亚洲的一员，亚洲的和谐繁荣同中国的和平发展息息相关。中国将坚定不移地走和平发展道路，对内坚持科学发展、统筹发展、和谐发

展，对外坚持和平发展、开放发展、合作发展。

这天，博鳌亚洲论坛国际会议中心主会场花团锦簇、气氛热烈。主席台后方整齐地排列着28面博鳌亚洲论坛发起国的旗帜。蓝色背景上的博鳌亚洲论坛标志格外醒目。

密克罗尼西亚总统乌鲁塞马尔，斯洛文尼亚总统德尔诺夫舍克，斯里兰卡政府总理维克勒马纳亚克，印度尼西亚副总统优素福，博鳌亚洲论坛理事长、菲律宾前总统拉莫斯，全国政协副主席廖晖，以及香港特别行政区行政长官曾荫权，澳门特别行政区行政长官何厚铧等39个国家和地区的一千四百多名政界、工商界人士和专家学者出席了开幕式。

此前，4月12日下午，曾庆红在海南博鳌亲切会见了前来出席"博鳌亚洲论坛2006年年会"的台湾两岸共同市场基金会董事长萧万长一行。会见中始终弥漫着手足同胞的亲情。曾庆红说，在两岸同胞的共同努力下，两岸经贸交流与合作取得了丰硕的成果。事实证明，加强两岸经贸交流与合作，密切两岸经贸关系，符合两岸同胞的共同福祉。海峡两岸休戚与共，合则两利，分则两害。面对历史机遇与挑战，两岸应当摒弃对抗，抓住机遇，发展经济，努力实现互利双赢。

曾庆红指出，去年以来，在两岸同胞的共同努力下，两岸关系出现了朝着和平稳定方向发展的良好势头。但是，也必须看到，两岸关系紧张的根源尚未消除，"台独"的危险依然存在。尤其是台湾当局领导人企图通过"宪改"谋求"台湾法理独立"的冒险性、危险性在上升。对此，我们必须要有充分的估计。为了维护两岸同胞的根本利益，我们决不允许任何人以任何名义将台湾从祖国分裂出去。我们希望广大的台湾同胞与我们一道坚决反对和遏制"台独"，共同维护台海和平。

曾庆红指出，今后一个时期，两岸关系发展仍然面临两种前途。一种是，台湾当局顽固坚持"台独"立场，继续推动"台独"活动，从而导致两岸关系持续紧张、剧烈动荡，甚至再次濒临危险边缘；另一种是，"台独"活动被有效遏制，两岸关系得以和平稳定发展。毫无疑问，应该坚决制止第一种前途，争取第二种前途，这就要靠两岸同胞包括台湾各界有识之士共同努力，关键是要有效的遏制"台独"分裂活动。

曾庆红强调，台湾同胞是我们的骨肉兄弟，我们不会因为台湾个别人或某些势力的挑衅而改变对台湾同胞的承诺。无论在什么情况下，我们维护两岸关系和平稳定发展的信念从不会改变，我们推进两岸经济合作、谋求两岸共同繁荣的决心不会改变，我们对台湾同胞谋福祉、办实事的诚意和善意也不会改变。

萧万长表示，两岸可以从经贸上继续加强合作，在政治上不断开展交流与对话，不断加深了解，从而化解两岸政治僵局，为台湾经济发展寻找出路。

中共中央台办主任陈云林等参加了会见。

当天下午，曾庆红还同与会的台湾企业家亲切会面，并合影留念。

论坛开幕的第二天，即4月23日，媒体便对曾庆红会见萧万长一行、博鳌论坛所展示的中国经济强劲发展势头予以积极报道和分析。台湾《经济日报》4月23日发表报道说，博鳌亚洲论坛22日在海南岛正式开幕，两岸共同市场基金会董事长萧万长率领十多名台商与会。大陆国家副主席曾庆红在论坛开幕前一天会见台湾团成员。

萧万长说，代表团与曾庆红会面时，关心焦点在经贸问题。曾庆红与台商讨论的重点有三个，首先是在两岸经贸。长期而言，双方必须致力于两岸关系的和平发展。第二个重点是，双方均体会到两岸关系现阶段的主轴就是经贸关系。近来，大陆方面放宽多项对台湾经贸条件，例如日前连胡会后大陆对台提出15项利多政策措施。萧万长说，短期就是要落实这些利多措施。第三个重点是，博鳌是一个经济合作论坛，亚洲各国的官员、企业领袖在这里发表具有意义的演说，博鳌亚洲论坛建构了一个平台，让各地企业家来此交流与寻找商机。

报道特别指出，论坛第二天的重头戏，是在23日举行的两岸企业家对谈，来自台湾的企业家与大陆企业家面对面对谈。萧万长说，这是经过多年的争取，才被大会纳入正式议程，显示对两岸企业家在亚洲发展进程中的重视。

台湾《中国时报》这一天发表了题为《博鳌亚洲论坛，力促能源合作》的报道，在重点报道论坛的源起和本次论坛的议题之一是"能源合作"的同时，也特别报道了两岸企业家举行座谈会的情况，报道说："这次会议另一个值得关注的是，在'国共论谈'刚刚落幕不久，中共在博鳌论坛首度举办海峡两岸企业家座谈，把两岸经贸交流推向高潮。"

香港《东方日报》这天发表的题为《两岸焦点：发展路向获国际认同》的报道说，胡温决策层所奉行的和平发展、合作互利的政策路向，并高调宣示致力于建设一个民主法制、公平正义的社会，获得国际间广泛认同。博鳌论坛的源起和壮大已印证大陆成为全球经济最强劲推动力的现实。正举行的第五届年会的论坛是一个非政府、非盈利的国际组织，致力于整合区域经济以推进亚洲国家实现发展目标。论坛规模至今已冲出亚洲，跃升为国际政治性对话与经济合作的高层次平台。

台湾"中央社"4月22日发出的电讯则对世界银行驻北京首席经济学家郝福满出席博鳌论坛时所发表的看法进行了报道。郝福满说，在过去的一年当中，亚洲的经济发展形势非常乐观，亚洲平均经济增长率达到7.2%，印尼等国家已经走出了金融危机的阴影。东亚地区的贸易一体化进程也非常好，这主要是由于中国的经济发展所推动，在制造业方面，中国已经成为亚洲制造业的终端，其他国家为中国提供上游的服务。在资本的一体化发展方面，中国在外商投资方面位居榜首。

博鳌亚洲论坛向世人宣示着中国经济强劲的发展已经成为亚洲经济发展的强大动力，同时也宣示着两岸经济的交流与合作是大势所趋，任何人或任何少数人所组成的势力是无法阻挡的。

（八）

多次参访大陆的新党主席郁慕明4月19日率团抵达重庆，参加4月20日开幕的第七届重庆高新技术交流会暨第三届中国国际军民两用技术博览会。

4月21日，郁慕明在重庆工商大学发表演讲，高度评价大陆新出台的15项惠台政策措施和两岸经贸论坛所取得的成果。他说，两岸经贸论坛所取得的成果，使两岸人民深受鼓舞，大家都认为两岸关系正在朝着正面、良性的方向发展。他指出，两岸经贸论坛将对台湾经济产生长远的影响，作为"晴雨表"的台湾股市近日突破7千点大关，"很久没有这样的新闻了"。郁慕明的演讲受到重庆工商大学师生们的热烈欢迎和高度评价。

4月24日，中国国民党副主席江丙坤携夫人江陈美惠等一行人参观了重庆抗战遗址博物馆，寻访当年国共合作抗战的遗迹。

重庆作为抗战时期的陪都，既是国际反法西斯战争远东指挥中心，也是国共合作和抗日统一战线重要舞台，现有抗战遗迹200多处。重庆抗战遗迹博物馆位于抗战遗迹最多、最具代表性的重庆南岸区黄山。原中国国民党主席蒋介石及夫人宋美龄在此栖居长达六年，许多军政要员、外国使节也纷纷在此附近择寓而居。现在保存下来比较完好的建筑有蒋介石官邸"云岫楼"、宋美龄别墅"松厅"和美国特使马歇尔旧居"草亭"等。总投资约2亿元的抗战遗址博物馆于2005年10月正式开馆。

江丙坤与夫人江陈美惠等一行参观了"侍从室"、"孔园"、"草亭"等遗址，追忆那段历史岁月。江丙坤仔细地观看每一件历史展品和图片，不时驻足考量。在孙中山先生"天下为公"的横幅下，江丙坤为自己留下了珍贵的镜头。

在蒋介石官邸——云岫楼前，陪同的中共重庆市委副书记邢元敏告诉江丙坤，自蒋介石离开"云岫楼"后，他是60年来第一位来到这里的中国国民党副主席。听了介绍后，江丙坤微笑着说："这不是空前，也不是绝后。"随后，江丙坤一行参观了抗战时期国民党政府专为抗战阵亡将领子弟开设的黄山小学。据考证，国民党荣誉主席连战曾在此就读过。江丙坤拿出相机，拍下了这处至今保存比较完整的建筑。他说，回去后要让连战先生看看他儿时曾就读过的学校。

地处中国西南的直辖市——重庆市日新月异的快速发展变化使江丙坤特别关注，他热情地赞扬重庆美丽的夜景和发展迅速的城市建设。在位于重庆市中心、陪都时期修建的标志性建筑——解放碑前，江丙坤发表感言说，抗战时期正因为有了国共两党和全民的团结合作，才最终赢得了胜利，才能让后人享受和平安康的生活。

4月26日下午1时10分左右，新党主席郁慕明一行四十多人乘坐韩国济州至大连的复航首班包机抵达大连周水子国际机场。大连市领导董文杰、邢良忠等和有关方面的代表迎接这位"老朋友"。鲜花、笑脸、热情的问候、热烈的场面，虽然次次如此，但次次都让这位"老朋友"感慨万千。

在绵绵春雨中，大连市公安局出入境管理处处长了雷树青向郁慕明和夫人颁发了绿色的台湾居民来往大陆通行证，并赠送了一个龙凤水晶盘作为大连口岸台胞签注"首签纪念"。现场记者纷纷拿起相机，记录下这珍贵的镜头，也记录下两岸积极互动不可阻挡的势头。

八、胡锦涛访问美国受到隆重和热烈的欢迎，两国元首积极交流与沟通，令陈水扁当局如坐针毡，焦虑不安，惶惶不可终日

（一）

应美国总统布什的邀请，国家主席胡锦涛于4月18日抵达美国华盛顿州西雅图市，开始对美国进行为期4天的国事访问。

胡锦涛一行先后参观了微软公司总部和波音公司总装厂，并出席了由华盛顿州和西雅图市工商企业界和友好团体举行的午餐会。

4月19日晚，胡锦涛主席圆满结束对西雅图的访问后，乘专机飞赴华盛顿。

4月20日上午，美国总统布什在白宫南草坪举行隆重仪式，欢迎中国国家

主席胡锦涛对美国进行国事访问。

欢迎仪式结束后，胡锦涛主席在白宫布什总统举行会谈。双方进行了务实、建设性的会谈，就中美关系和共同关心的重大国际和地区问题深入交换了意见，达成重要共识。

胡锦涛积极评价中美关系的发展势头。他说，两国元首去年在纽约和北京会晤时达成的重要共识正在得到落实，两国各领域交流合作取得新的进展，双方就重大国际及地区问题保持着有效的磋商和协调。胡锦涛指出，中美关系已超越双边关系的范畴，越来越具有全球影响和战略意义。中美在维护世界和平、促进共同发展方面拥有广泛而重要的共同战略利益，肩负着共同责任。中美双方不仅是利益攸关方，而且更应该是建设性合作者。双方应共同努力，全面推进中美建设性合作关系。

布什赞同胡锦涛对双边关系的评价。他说，中美合作领域日益宽广。中国是伟大的国家，国际地位显著上升，中国是维护世界和平的关键伙伴，对世界和平发挥着日益重要的影响。

胡锦涛表示，中美在反对和遏制"台独"、维护台海和平稳定方面有共同的战略利益。他赞赏布什总统和美国政府多次表示坚持一个中国政策，遵守中美三个联合公报，反对"台独"。他强调，我们坚持在一个中国原则的基础上维护台海和平稳定，促进两岸关系改善和发展。我们将以最大的诚意、尽最大的努力争取和平统一的前景，但我们决不容忍"台独"。

布什表示，美国政府在台湾问题上的立场没有变化。美国坚持一个中国政策，理解中方在台湾问题上的关切，不希望看到台湾当局单方面改变台海现状的行动损害中美关系。

双方一致认为，在当前国际形势下，中美拥有广泛而重要的共同战略利益，互利合作前景广阔；良好的中美关系对维护和促进亚太地区和世界的和平、稳定、繁荣具有战略意义。双方同意从战略高度和长远角度看待和处理两国关系，全面推进21世纪中美建设性合作关系，更好地造福两国人民和世界各国人民。

双方同意共同推进互利双赢的中美经贸关系，并表示应该从两国和两国人民的根本利益出发，通过平等协商妥善解决存在的一些分歧和摩擦。

双方同意加强两国在军事、执法、科技、教育、文化、青年等领域的交流合作，并就反恐、防核扩散、禽流感防治、能源、环保、抗灾救灾以及维护亚太地区安全稳定等重大问题继续开展对话和合作。双方将继续推动朝鲜半岛核问题六方会谈进程，继续为和平解决伊朗核问题而努力。

会谈后两国领导人共同会见了记者，并回答了记者的提问。

当天晚上，胡锦涛主席在华盛顿出席了美国12个友好团体举行的晚宴并发表题为《全面推进中美建设性合作关系》的重要讲话。他在讲话中强调，走和平发展道路，在中国具有深厚的历史文化根基，符合中华文化几千年发展形成的民族精神，符合当代中国人民热爱和平、珍惜和平的崇高追求，也符合时代发展潮流和人类社会前进的方向。只有创造和平环境，各国才能具备发展的前提条件。只有加强交流，扩大合作，各国才能实现共同发展。

胡锦涛在讲话中指出，中美建交27年来，两国关系虽历经风风雨雨，但总的趋势是不断向前发展的。中美友好是两国人民的共同愿望，互利合作是两国的正确选择。我们应该以宽广深邃的战略眼光、以互利共赢的时代思维来审视和处理中美关系，确保两国关系沿着建设性合作关系的正确轨道稳定发展。胡锦涛就发展中美关系提出六点主张：第一，增进了解，扩大共识，构筑长期稳定的中美建设性合作关系。第二，把握机遇，开拓思路，巩固和扩大经贸合作基础。第三，恪守原则，履行承诺，在中美三个联合公报的基础上妥善处理台湾问题。台湾问题事关中国的核心利益。中美三个联合公报确定的原则应该得到切实遵守。这是中美关系健康稳定发展的关键。我们愿意最大的诚意、尽最大的努力，同台湾同胞一道，促进两岸关系和平稳定发展，争取和平统一的前景。但是，我们决不允许"台独"分裂势力以任何名义、任何方式把台湾从祖国分割出去。我们赞赏布什总统和美国政府多次重申坚持一个中国政策，遵守中美三个联合公报，反对"台独"。我们希望美方认真兑现坚持一个中国的政策、反对"台独"的承诺。这符合中美的共同战略利益，也有利于维护台海及亚太地区的和平稳定。第四，密切磋商，迎接挑战，加强在重大国际和地区问题上的沟通和协调。第五，相互借鉴，取长补短，不断加强两国人民的友好交流。第六，相互尊重，平等相待，正确看待和处理彼此的差异。

胡锦涛最后说，让我们携起手来，全面推进中美建设性合作关系，为中美两国人民的福祉，为人类和平与发展的崇高事业作出更大贡献。

胡锦涛主席坦诚、深刻、充满建设性的讲话，赢得现场九百多人一阵又一阵的热烈掌声。

（二）

胡锦涛主席访问美国和所受到的隆重而热烈的接待受到世界媒体和各方政治人物的普遍关注和积极评价。

· 609 ·

法新社4月20日从华盛顿发出的电讯说，中国国家主席胡锦涛今天抵达白宫进行访问。美国总统布什在白宫南草坪为他举行盛大的官方欢迎仪式。胡锦涛一到白宫，布什就上前迎接，并把他介绍给副总统切尼、国务卿赖斯和国防部长拉姆斯菲尔德。然后，乐队奏响两国国歌。两位身着深色西装的领导人，在明媚的阳光下，共同检阅了仪仗队，并观看了美国独立战争时期风格的横笛和鼓乐队的表演。

香港凤凰电视台网站4月20日的报道突出了"鸣放21响礼炮"的礼遇，报道说，中国国家主席胡锦涛一行抵达白宫后，美国为胡锦涛主席举行的欢迎仪式开始。欢迎仪式上，白宫鸣放21响礼炮。胡锦涛与布什共同检阅了三军仪仗队。上千名观礼者现场参加了欢迎仪式。欢迎仪式后，布什与胡锦涛举行会晤，就双方关心的重要问题进行深入探讨。

美联社4月20日的电讯用"盛大庆典"的字眼来描述欢迎仪式，电讯说，美国总统布什今天举行盛大庆典欢迎中国国家主席胡锦涛对美国进行访问。布什总统在欢迎辞中说："美国和中国是被大洋分割开但却因全球化经济而彼此相连的两个国家。"布什在讲话中还要求中国方面在解决伊朗和朝鲜两国核计划问题上提供更多合作。胡锦涛主席表示，中美应该作为平等伙伴互相尊重，并进行更加密切的交流与合作。他表示，中美进行更加密切的合作有利于中美两国人民和世界人民。

英国《泰晤士报》网站4月20日的报道则对中美双方共同关心的问题进行了评论。报道说，胡锦涛的访问正值中国开始在国际冲突中发挥真正影响力之际。如果胡锦涛和布什刻意回避两国的贸易纠纷，并且不在能源方面开辟新战线，他们有可能在伊朗和朝鲜核问题上确立重要的共同立场。这显然也是胡锦涛前往华盛顿想要传递的信息。

报道说，胡锦涛此次访问的日程安排体现出对公共关系的敏感，而这是以往的访问经常欠缺的。他昨天对波音公司埃弗里特工厂的访问大概旨在提醒美国的批评者，中国的确向美国出售了大量商品，但作为交换也从美国买了不少。

报道说，能源问题已成为新战线，因为美中利益在这方面十分相似，以致彼此冲突。胡锦涛决定在访美之后访问沙特和尼日利亚便是中国与产油国交好计划的一部分。

报道指出，中美试图劝说朝鲜放弃其核雄心，这是它们在外交政策上找到的最大共同点。但在伊朗问题上，中国开始发出自己的声音——而这声音与美国利益不一致。6个月前英美官员认为俄罗斯是其对伊朗的共同阵线的最大障碍。但事实证明，与德黑兰签署了巨额能源交易合同的中国更难以说服——而且它一改过去的沉默寡言，开始大声地阐述自己的观点。官员们说，布什可能在这条战线上要求中国帮助，作为他在贸易战问题上语调更和缓的回报。

4月20日，法新社记者从旧金山发出电讯报道了美国参议员对胡锦涛访美作高度评价的情况。电讯说，戴安娜·范斯坦是美国资深参议员，在司法、安全等多个委员会任职。她在旧金山举行的美国杰出华人组织"百人会"年会上发表主题演讲时说，胡锦涛主席对美国的访问，对两国关系的发展"非常关键"，美中两国正在全球许多重要问题上结成伙伴关系，共同推进双方的利益。她说，她最近访问中国后，中国的快速发展给她留下了深刻印象，"近30年来没有任何大国的变化会如此之大"，"一个自信的中国正成为负责任的世界大国"。她说，胡锦涛主席对美国的访问是两国关系发展中的大事，两国领导人有机会对贸易等重要问题交换意见。她指出，最近台湾当局为了狭隘的政治目的，以"终统"等挑起事端制造紧张，不利于海峡两岸的和平，也不符合美国利益。

在本次年会上讲话还有前美国贸易代表巴尔舍夫斯基、美中经济安全委员会主席达马托等美国政要。巴尔舍夫斯基说："中国再次成为一个世界主要经济体而崛起，将是我们一代以及我们孩子一代最重要的事情。"她说："中国的发展使其成为连接亚洲较为发达地区及其他地区的重要桥梁，中国的工业化将使大量人口脱贫致富，中国的开放将给世界许多地区带来机遇。"

"百人会"是有成就的美籍华人于1989年发起的组织，成员包括音乐家马友友、雅虎创始人杨致远、谷歌中国总裁李开复等各界著名华人，其主要目标是推动美中两国的友好合作。

4月19日出版的英国《金融时报》发表评论认为，美国和中国之间只能进行合作，没有其他的道路可以选择。多极化是世界发展的唯一出路，世界不能再让这一机会从指缝中溜走。社评指出，多极化是能够使世界各国一起共同努力的出路，并能使各国都受益。

德国《柏林日报》4月18日发表文章说，胡锦涛作为中国国家元首首次出访美国，采用商界社交方式创造真诚沟通的氛围。胡锦涛通过参观微软公司总部向美国和世界软件业表明，中国经济的发展不是威胁而是机遇。文章说，胡锦涛的美国之行是要让美国商界明白，中国的发展是美国企业的巨大机遇，中国的繁荣会给别国创造就业机会。

4月18日出版的新加坡《海峡时报》刊登题为《中美关系中的化学反应》

一文也对胡锦涛访美所展示的中美关系给予积极评价。文章说，每周都有新消息提醒我们，为什么中美在竞争的同时仍然愿意就双方的切身利益发展起一种务实关系。胡锦涛访美也在一定程度上反映了个中原因。文章指出，在胡锦涛访美的第一站华盛顿州，该州有三分之一的就业机会依赖出口，而中国恰恰是美国的第三大贸易伙伴，因此华盛顿州更容易对北京摆出友好姿态。对哥伦比亚特区那些叫嚣着要向中国采取强硬措施、扭转贸易逆差的议员来说，他们不得不接受一个事实：中国还是美国的第二大债权国。对这一点，参议员希拉里·克林顿曾说一句话："你怎么能对借钱给你的人采取强硬态度呢？"

文章指出，胡锦涛和布什会面的议事日程中排满了战略目标和战术需求。可以肯定的是，一些问题——台湾、盗版、人权等问题——不会在布什任期之内解决，将留给他的继任者。因此，了解两国相互之间的利益以及他们在当今世界中扮演的角色显得尤为重要。布什和胡锦涛两位领导人的融洽相处有助于中美相互理解。这方面也有很好的先例：尼克松与毛泽东关系良好，里根与邓小平是朋友，老布什是中国的"老朋友"。

台湾对"胡布会"就台湾问题说了什么格外关注。4月21日出版的台湾《中央日报》发表题为《国民党：胡锦涛促进和平有新意》的报道引人注目。报道说，"胡布会"双方致辞提及两岸关系，中国国民党中央政策会副执行长兼大陆事务部主任张荣恭昨晚表示，中共与美方都重申了既定立场，唯中共再次要求美方表明"反台独"；至于胡锦涛表示愿同台湾同胞一道促进两岸关系和平发展，张荣恭认为，胡锦涛的说法"相当有新意"，也明白向布什表达，破坏两岸关系的仅是台湾少数政治人物。

4月21日，台湾"中央社"发出数条电讯报道了台湾各界对"胡布会"关于两岸议题的反应。一则电讯是报道专家学者的反应的。电讯说，布什今天欢迎胡锦涛到访，两人在致辞时都提及台湾事务。淡江大学战略研究所所长王高成接受"中央社"访问时指出，布什所言都是中国所乐于听到的，尤其是一个中国政策，同时，布什强调不希望看到台湾当局单方面改变台海现状的行动损害中美关系，或许是回应台湾"终统"的说法。他说，或许胡锦涛所言并无特殊之处，但以北京当局立场，在美国总统、美国官员及舆论面前宣示立场别具意义。他又说，布什特别提到勿出现单方面挑衅行为，既是期许台海和平发展，同时也希望两岸任何一方都不要有挑衅或成为不稳定的因素。

电讯说，淡江大学中国大陆研究所教授张五岳今天表示，美中两国不可能公开对陈水扁"总统"有过多的批评及打击，这部符合两岸关系发展的需要，目前美中两国都希望陈"总统"两年任届届满，两岸关系不要有太多意外，任何刺激作为对两岸关系及美台关系都没有帮助。张五岳强调，尽管"胡布会"一如预期，并无意外，但中国持续增加经济筹码，美中共同防止台湾走向独立及改变现状等做法上，仍值得高度关注。

又一则电讯报道了马英九的反应。电讯说，布什与胡锦涛会谈，布什重申不支持"台湾独立"。中国国民党主席、台北市长马英九今天指出，布什重申美国七任总统的共同立场，没有任何改变。马英九表示，台湾与美国的关系，受"终统"冲击不小，目前情势控制在稳定状态，但仍应小心，因为"片面改变现状"的解释权，不全在台湾。

另一个电讯报道了台湾当局"外交部长"的情状。电讯说，中国国家主席胡锦涛展开上任以来首次访美之行，"外交部"启动紧急应变机制，昨晚登场的"布胡会"，黄志芳全程坐镇"外交部"，紧盯美国总统布什与胡锦涛会面动态。黄志芳今天上午说，美中两国在欢迎词中重申各自的立场，目前为止尚无意外，不过外交部仍将密切注意事态的发展。

还有一则电讯则是报道了布胡两位元首"谈兴甚浓"的情况。电讯说，美国白宫国安会亚洲事务资深主任伟德宁在"布胡会"后发表的新闻简报中说，原来只是打算在椭圆形办公室进行礼貌性会谈的"布胡会"，因两人谈兴甚浓拉长了时间，使得随后在内阁会议室举行的工作性会谈不得不缩短时间。即便如此，两位领导人仍让他们的夫人等候吃午餐。伟德宁说，根据白宫礼仪，主人与主宾必须分开坐，但因布胡两人还有许多话要谈，而下午双方行程都已排满，因此两人决定打破白宫礼仪，同桌并肩而坐，利用吃饭时间继续讨论。

伟德宁说，布胡两人去年见了5次面，而且还经常以书信和电话联络，因此彼此都很熟，也非常了解对方的作风。

伟德宁形容这次"布胡会"是"实质的讨论会"，而会谈的最重要成果之一，是中国决定推出一项计划，使中国从过去25年的出口导向经济，转变为消费导向经济，这将是美国更多产品进入中国市场的契机。

（三）

按照胡锦涛主席访美行程安排，4月21日上午访问世界著名高等学府美国耶鲁大学，并向耶鲁大学师生发表重要演讲。

胡锦涛在演讲中指出，一个音符无法表达出优美的旋律，一种颜色难

第八章 两岸积极互动踩碎陈水扁的「急独」噩梦

以描绘出多彩的画卷。世界是一座丰富多彩的艺术殿堂，各国人民创造的独特文化都是这座殿堂里的瑰宝。人类历史发展的过程，就是各种文明不断交流、融合、创新的过程。人类历史上各种文明都以各自的独特方式为人类进步作出了贡献。他强调，文明多样性是人类社会的客观现实，是当今世界的基本特征，也是人类进步的重要动力。历史经验表明，在人类文明交流的过程中，不仅需要克服自然的屏障和隔阂，而且需要超越思想的障碍和束缚，更需要克服形形色色的偏见和误解。意识形态、社会制度、发展模式的差异不应成为人类文明交流的障碍，更不能成为相互对抗的理由。我们应该积极维护世界多样性，推动不同文明的对话和交融，相互借鉴而不是相互排斥，使人类更加和睦幸福，让世界更加丰富多彩。

胡锦涛强调，文化、教育和青年交流是中美两国人民增进相互了解和友谊的重要桥梁，也是推动中美关系健康稳定发展的重要力量。青年人是世界的希望和未来，青年人有着蓬勃向上的生命力和无穷的创造力。我衷心希望中美两国青年携起手来，以实际行动促进中美两国人民友好，同世界各国人民一道，共创世界美好的明天。

胡锦涛的坦诚友爱、见解深刻、精彩纷呈的演讲不断赢得全场热烈而持久的掌声。

演讲前，胡锦涛主席亲切地会见了耶鲁大学校长莱文，并向耶鲁大学赠送了精心挑选的567种、1346册中国图书。在古朴典雅的校长办公楼的一间办公室里，五个书架一字排开，一排排装帧考究、内容丰富的中国图书整齐的陈列着。这是中国领导人首次较大数量地向一所美国大学赠书。胡锦涛主席的这份特殊的礼物，令耶鲁师生们欣喜不已。

"读万卷书，行万里路。"胡锦涛主席以一句寓意深刻的中国古话作了开场白，也画龙点睛地说出了他赠书的深刻用意。胡锦涛说："我知道耶鲁大学的发展与图书有着深厚的渊源，我愿借此机会向耶鲁大学赠送一批中国图书。这些图书涉及中国的政治、经济、历史、文化等各个领域。我希望这有助于耶鲁大学师生了解中国和中华文明，衷心祝愿耶鲁大学越办越好，并为中美教育交往作出更大贡献。"

文化交流是促进中美关系健康稳定发展的重要渠道和重要力量。胡锦涛主席向耶鲁大学赠送图书，就是希望中美两国人民尤其是两国青年加强文化交流，更深入地了解对方国家的历史和现状，进一步夯实中美关系发展的基础，共同推进21世纪中美建设性合作关系的发展。

此前，胡锦涛主席与布什总统会面时，向布什总统赠送了全套中英文

《孙子兵法》。这套《孙子兵法》是中国外文出版发行事业局编撰的丝绸精装版，其中中文版用15.5万条紫罗兰绢丝把文字绣在丝绸上，英文版则把文字印在了丝绸上。参与赠书的中国外文出版发行事业局的一名工作人员向记者透露，例行国宾级的赠书一般都是赠送如古代历史典籍、民俗、中医药等。此次胡锦涛主席向布什总统赠送《孙子兵法》意味深长，非比寻常。

（四）

世界舆论始终关注着胡锦涛主席的美国之行。

4月22日出版的美国华文报纸《侨报》发表社论，称赞胡锦涛主席此次对美国的访问展示了中国面向未来、寻求合作、共享文明的积极形象。在经贸关系上，胡锦涛展示了中国缓解中美经贸和知识产权纠纷的诚意；在政治关系上，胡锦涛宣示了寻求中美建设性合作关系的积极姿态；在文化议题上，胡锦涛强调中国历史蕴含着人类共享文明的传统。社论还赞扬胡锦涛此次访问期间所表现出来的广泛接触美国民众的开放姿态，有助于促进美国普通民众对中国的关注与了解。社论评价指出，胡锦涛此次访美不仅尊重中美关系需要双方持续、审慎和共同经营的客观现实，更高瞻远瞩地提出中美建设性合作关系的未来，必将能够赢得美国民众的信赖并促进中美关系发展。

印度尼西亚的中文、印尼文和英文报纸连日来对胡锦涛访美作了图文并茂的生动报道，认为此次访问取得了预期的成功，并使中美发展建设性合作关系获得了良好的助力。

新加坡《联合早报》就胡锦涛访美发表社论，认为中美关系是当今世界最重要的双边关系，两国保持相对稳定的总体发展势头有利于亚太地区与世界的和平发展，因此，两国进行务实与良性互动非常重要。

马来西亚发行量最大的华文报纸《星洲日报》日前也发表社论指出，胡锦涛此行有助于消除美国社会对中国的偏见，为中美两国的长远关系注入了新动力。

彭博新闻社4月21日发表题为《布什在与胡锦涛会晤时承认中国是正在崛起的大国》的文章说，布什在公开发言时表明，他已接受中国在世界经济和政治舞台上发挥的重要作用，也承认美国需要中国予以合作来实现它的对外政策目标。文章引用密歇根大学政治学教授、曾任克林顿总统国家安全委员会亚洲事务主任的中国问题专家李侃如的话说："从胡锦涛的角度来说，布什总统的发言明确无误地传达了这样的讯息——他认为中国是世界舞台上的一个重量级国家，美中两国关系极为重要。"

· 615 ·

文章指出，布什在上任之初谈到中国时说它是美国的"竞争者"，但随着美国越来越依赖中国的经济和政治合作，他已经改变了口气。面对中国不愿屈服的事实，布什选择了强调着眼长远。他说："我们在建立坦诚合作的关系上取得了进展。"

4月23日出版的香港《明报》刊登题为《耶鲁演讲柔中寓刚》的署名文章说，此次美国之行，胡锦涛通过各种场合宣扬中国的"和平发展"，希望借此增进彼此了解，扩大双方共识，加深相互合作。耶鲁的演讲，主要目的也在此，即希望美国人了解到，中国要发展、要合作、不要对抗。因此，通篇演讲犹如一篇"中国通识讲义"，措词也极为温和。文章指出，耶鲁这篇温和演讲将维护国家主权和领土完整视为至高无上的使命，这其实是暗示北京在台湾问题上的原则立场。中美建交以来，中美领导人历次打交道，台湾问题均被中国视为最重要、最敏感的问题。胡锦涛此次访美，在华盛顿与布什举行高峰会，也一如既往地重申此立场。耶鲁演讲以和为主，没有出现台湾两字，但还是埋下了伏笔。

文章最后说，从耶鲁演讲来看，胡锦涛也不失幽默、风趣，加上他的诚恳作风以及对美国晓之以理、动之以利，难怪获得耶鲁师生的多次掌声了。

4月25日出版的新加坡《联合早报》发表的题为《积极主动，任重道远》的署名文章，继续对胡锦涛主席访美的意义和中美关系的发展进行评论。文章说，这次胡锦涛访美不只是未来历史年鉴上的重要事件，而是一次富有雄心的外交使命。胡锦涛这回的美国之行，在美国舆论中产生了过去从来没有过的"一石掀起千层浪"的效应。美国评论者说："中国不再是'醒狮'，而是'行狮'。"

文章作者谭中先生说，我同意中美关系存在着"总体稳定框架"，是20世纪70年代初期"基辛格式"把中国纳入"美国桃园"的重大战略决定。美国前国务卿鲍威尔说，从尼克松到小布什的几任总统，对华政策基本上一致。这是绝对正确的分析。

台湾当局领导人对胡锦涛主席访美焦虑不安，大有"惶惶不可终日，犹如丧家之犬"的模样。岛内媒体透露，当局领导人欲派员去布胡会的现场"闹一闹"。但没有下文。是没派呢，还是没"闹"成，不得而知。但不管怎样，逆历史潮流和主流民意而动的少数几个"台独"分子只能焦虑不安，向隅而泣。如果真去"闹"了，山姆大叔将会对他们更加厌恶。

九、困兽犹斗的陈水扁不断"撞墙", "兴扬之旅"变成"败兴之旅"

(一)

陈水扁为了摆脱弊案缠身的困境，转移岛内民众的视线，也为了减轻胡锦涛主席成功访美对他所造成的巨大压力，以及稀释中国国民党主席马英九访美给他造成的负面影响，他又策划着出访中南美洲的巴拉圭和哥斯达黎加，再通过"过境美国"的外交手段，给世人造成"美国挺扁"的印象，以利巩固他手中的权力，继续推行他的"台独"路线。他是尝试过对美"过境外交"的甜头的。2003年陈水扁曾过境纽约，顺道领取国际人权联盟年度人权奖，而且公开演讲、接见美国国会议员、参加侨宴，还在纽约街头接受记者访问，让他在那次"过境外交"中出尽了风头，使他有了狐假虎威的本钱，很是得意了一阵子。此次他想故伎重演，再让他的主子配合他风光一把。

但是，他的算盘打错了。主子毕竟是主子，奴才毕竟是奴才，世界上哪有奴才左右主子的事情发生？4月30日出版的台湾《中央日报》发表题为《扁过境美国公文卡在白宫，传惩罚"终统"？美不愿证实》的报道说，陈水扁"总统"在下周三（即5月3日）过境美国的规划，目前在与美国协调时出现僵局。美国国务院28日下班前依然表示，有关陈水扁过境的答案还是一样：没有决定。

报道说，台北原先预期，美方最迟应会在本周五（即4月28日）前对过境美国即有回复，未料这项期盼落空了。由于陈水扁"总统"此行随行人员包括媒体记者，多达一百余人，光是预定过境旅馆就大费周章，而过境地点未定，更使行程安排复杂化。

值得关注的是，陈水扁此行出访的"邦交国"哥斯达黎加目前与中国大陆的经贸关系已经得到长足发展，台湾用金钱与之维系的邦交关系能维持下去吗？扁此行就是为了维持这种岌岌可危的关系。就在扁出访的前夕，哥斯达黎加《工商》杂志双月刊4—5月号上刊登了题为《中国是哥斯达黎加的重要贸易伙伴》的报道，报道是该刊记者专访哥新总统奥斯卡·阿里亚斯的实录。报道中有这样一段问答：

记者问：哥斯达黎加和中国的经贸关系已经得到长足发展，您的政府将如何进一步推动双方的经贸往来？

奥斯卡·阿里亚斯答：中国已经成为继美国、荷兰、危地马拉等国之后哥斯达黎加的重要贸易伙伴。我们要在中国设立一个商务办事处。

从这一段问答中我们就可以看出事情发展的趋向。

就在这期《工商》杂志上还发表了一篇由巴勃罗·西瓦哈·波拉斯博撰写的题为《中国：令人着迷的伟大国度》的文章，对中国进行了实事求是的介绍。文章说，由于中国所处的地理位置，这个国家对我们来说非常遥远，也许是由于这种距离的原因，长期以来我们对中国了解甚少。但是，中国悠久的历史传统、快速发展的经济、它对全球贸易和政治的影响正使之成为最具吸引力和最重要的旅游目的地之一。毫无疑问，中国是个神奇的国度，中国的社会经济发展令人称奇。真是百闻不如一见！文章说，中国人非常和蔼、有礼貌和乐于助人。他们对外国游客态度友好。当然，他们也是优秀的商人。尽管不是所有人去中国都是为了购物，但没有人会空手而归。

文章还从其他一些方面进行了非常积极地介绍。从中我们也可以看出哥斯达黎加人民将会作出什么样的选择。

临近陈水扁出访之时，媒体对此事纷纷进行报道或评说。5月1日的台湾《中国时报》发表报道说，陈水扁3日去拉美访问究竟从哪里过境，美国政府至今还没有决定。一般认为，美方的做法大幅压缩了台湾当局的准备时间，将使陈水扁无法风光地过境美国，也使过境一事回归单纯。一位学界人士指出，美国这样做可以解读为"无意配合陈水扁演出"，即不打算让他风光过境。美国总统布什没有在美中元首会晤期间批评陈水扁，原因之一是不希望伤害台湾，但这并不表示美国对陈水扁的不满就一笔勾销了。

5月1日，台湾"中央社"驻华盛顿记者发出的电讯说，据了解，台湾向美方提出的过境方案是，去程经过旧金山，回程经过纽约。未经证实的消息指出，美方的反建议希望过境单纯化，来回都经过迈阿密。

迈阿密在美国最南端的佛罗里达半岛的南端，远离美国政治、经济、文化中心。美国政府作此安排凸显使扁过境单纯化，不愿为扁搭台唱戏。

5月2日出版的香港《星岛日报》发表题为《扁出访过境，华府刁难》的报道反映了扁出访前的尴尬情况。报道说，民进党籍"立委"林浊水认为，现在美国刁难陈水扁过境一事，让台湾相当丢脸，"外交部"应检讨不要再把过境外交当作外交工作的核心主轴。

报道引用台湾《中国时报》的报道说，在陈水扁出访前夕，巴拉圭要求台北增加援助，而巴拉圭反对派国会议员，计划杯葛陈水扁在国会的演讲，而哥斯达黎加政府亦突然与北京签订经贸及企业合作协议。

5月2日的香港《东方日报》刊登题为《银弹外交何时休？》的文章指出，台湾当局的"银弹外交"已经到了穷途末路的地步。文章说，所罗门群岛骚乱刚刚平息，陈水扁随即展开中南美洲大洒金钱的"救火之旅"和美国的"过境外交"。前者是力图固守巴拉圭、哥斯达黎加等重要邦交国，而后者则为消弭"胡布会"及马英九成功访美在岛内引起的震撼。对于不断减少的"邦交国"，中南美洲国家向来被台湾视为"外交生命线"，倘若失守陷落，依靠"过境外交"聊以自慰的美台官方关系顿然失去依托，一年一度支持台湾"重回联合国"的噪音也将会更微弱。

文章指出，目前尚与台湾维持"邦交"的国家仅有25个，大多是非洲、中南美洲和太平洋岛国等穷困小国。其中近半已与大陆建立经贸关系，至少有5个国家随时可能转与大陆建交；个别国家更左右逢源，频繁上演断交、建交闹剧，为的就是更多地索取金援，早已成为国际外交笑话。所罗门群岛骚乱的原因虽然错综复杂，但台湾输出黑金政治与大陆经援攻势在这个太平洋岛国明暗较量是不争的事实。

文章说，在台湾与大陆角力之下，巴拉圭、哥斯达黎加现时的立场取向相当微妙。公开推动与大陆建交的巴拉圭三个在野党国会党团宣布杯葛欢迎阿扁的仪式，而政府则趁机要挟台湾增加援助；哥斯达黎加则刚与大陆签订经贸及投资合作协议，预期双边关系随即升温。苏贞昌出访另一中美洲邦交国海地已遭婉拒，明确显示台湾的"银弹、黑金外交"已日薄西山。另一方面，一向以"过境外交"为牵制大陆筹码的布什已对台湾2008大选部署两手准备，显然已对阿扁热情不再，其过境行程安排举步维艰即为佐证。

文章最后指出，与大陆进行经贸合作、进而推动关系正常化，已成为当今世界潮流趋势；台湾的"银弹外交"实际上已到穷途末路，惟有理性务实在"一个中国"的大框架下谋求国际空间，不失为明智选择。阿扁如果不适时改弦易辙，非但自绝于国际社会，迟早难免被民进党所唾弃。

（二）

原本计划在5月3日下午启程出访的陈水扁，因美方迟迟不答应其提出的过境建议，使之过境美国再狐假虎威一把的美梦破碎，迫使其把行期推迟一天。他的"兴扬之旅"一起步就"兴扬"不起来，倒是败兴的模样凸显出来。舆论指出，这是扁"过境外交"遭受的重大挫折。

5月3日出版的台湾《中央日报》发表的报道的题目就叫《美通知台北加油不过夜，扁过境外交重大挫败》。报道说，华府最新消息指出，美国总统布什已批准同意陈水扁总统过境的地点和待遇大为降格，去程地点是夏威夷，回程为阿拉斯加的安克雷奇，过境的方式是人员休息，飞机加油，原则上不过夜，仅短暂停留，没有任何公开活动。台北仍与华府争取从迈阿密过境，而驻美相关人员已是焦头烂额。此一定夺是出自美国总统布什本人。有华府政坛人士形容：这是台湾"过境外交"的重大挫败，凸显布什总统对陈水扁个人的"厌恶"。布什"无法忍受陈水扁"，已是华府公开的秘密。

美方原拟让扁从迈阿密过境，扁都不满意，现在美方把扁的过境地点指在远离美国本土的夏威夷和安克雷奇，连争取从迈阿密过境亦遭拒绝。扁的"兴扬之旅"恐怕改称为"狼狈之旅"才算名副其实。

台湾《联合报》5月3日发表题为《"终统"让扁信用破产》的报道反映了台湾几位政治人物对此事的看法。报道说，过境美国规格敲不定，陈"总统"出访延期，前"外交部长"、"立委"蒋孝严直言此事"史无前例"，显示台美关系"节节败退"，也是陈"总统"以"终统案"给美方"surprise"（意外）后，美方回报给扁政府的"surprise"。

报道说，民进党"立委"林浊水表示，如果确实不能过境，"总统"被人家修理，那是令人难过的，我们不应该将"国家元首"过境美国当作"外交"重要的主轴，那是外交资源的误用，同时也会让美国逮到一个修理我们"国家元首"的手段。

报道说，国民党团则对此事表示遗憾，党团副书记长雷倩指出，美方的态度显示陈"总统""终统"效应还未消退。"立委"苏起表示，美国是个非常重视信用的国家，陈"总统"已用"终统案"让他的信用破产，他在美国的不良信用，恐怕很难在短时间内扭转。

蒋孝严指出，陈"总统"因"终统案"过境美国被迫延期，这是扁政府"自取其辱"。

新加坡《联合早报》5月3日发表文章也对此事进行了评说。文章的题目叫《布什就是要给阿扁难堪？》。文章说，布什总统上个月和胡锦涛会面时没有批评台湾，让台湾朝野认为"终统"风暴低空闪过，但是没想到过境还是出现了问题。淡江大学美国研究所教授陈一新表示，布什没有在布胡会批评台湾，是为了避免伤害台湾整体利益，但还是借由陈水扁过境美国表达了不满。陈一新指出，陈水扁提出"终统论"之后，严重伤害台湾和美国的互信，也让陈水扁的诚信大打折扣。而美国总统布什这次在陈水扁过境地点迟迟不肯定案，就是要给陈水扁难堪。

5月3日出版的香港《新报》发表王家英先生的题为《阿扁拼外交毫无章法》的文章，对扁通过"过境外交"造势来推行"台独"路线的拙劣表演进行了抨击。文章说，众所周知，陈水扁"拼外交"的一大方向，就是以出访台湾的"邦交国"为名，实质上却是要过境美国纽约、旧金山、洛杉矶等大城市，以达到"外交造势"，凸显台美关系密切的目的。文章在描述了2003年扁过境美国出尽风头的情况后指出，扁返回台湾便强势推动"公投立法"和"防御性公投"，引起美国强烈不满，总统布什更在同年底的"布温会"（布什与温家宝的会面会）中罕有地点名批评台湾领导人有意改变台海现状。其后两年，美国越来越不愿意在"过境外交"上配合他，借此对他作出制约。

文章说，今年的情况更糟糕，年初陈水扁提出"废统"、以台湾名义重新申请加入联合国和"公投新宪"三大诉求，其中"废统"更是如火如荼地推动，背后陈水扁欲片面撕毁"四不一没有"的承诺呼之欲出，美台关系再度受压。最后，在美国强大的压力下，陈水扁将"废统"调整为"终统"，风波才暂告结束。此番美国迟迟不公布陈水扁能否过境美国，并在他出访前夕才告知他只能过境加油，不能入境，这毫无疑问地是对台北当局一再玩弄台美关系的重大惩罚。这对陈水扁本人以至整体台湾社会的尊严，又是多么难堪的践踏？

文章最后指出，但这并不能怪责美国，要怪只能怪陈水扁"拼外交"毫无章法，竟然不分轻重，随便以小搏大，玩弄美国的国家利益。现在最清楚不过的事，要不要让台湾的政治领袖过境美国拼外交，操控权完全掌握在美国手中。陈水扁若不同意，只好接受羞辱。无奈的是台湾人民，美国对陈水扁的羞辱，他们都得一起承受。

（三）

陈水扁的所谓"兴扬之旅"终于在5月4日的早晨在尴尬和无奈中启程了，媒体纷纷把扁的"兴扬之旅"改称为"迷航之旅"、"逃难之旅""加油之旅"等等，处处透着败兴的气氛。

台湾东森新闻网5月4日发出题为《扁去程不过境美国，美：他自己决定》的报道就透露出美国对扁的制约和不满。报道说，陈水扁"总统"出访中南美洲友邦的"兴扬之旅"，在延后一天后，4日上午8点半启程，不过出发前却传出华府单方面证实陈"总统"最后决定不过境了。美国国务院新闻发言人麦科马克对此只是冷冷地向在场的记者说，他也是刚刚才知道这个消息，细节请大家去问台湾。

德新社驻台北的记者5月4日发出的电讯也对此事作了报道，电讯对麦科马克那句冷冷的发言引用得较多。麦科马克在华盛顿说："他（扁）被允许在阿拉斯加的安克雷奇过境。我们从驻美国台北经济文化代表处得到的最新消息是他选择不在此过境。这是他自己的决定。"

台湾《联合报》5月4日发表的题为《扁坚持过境纽约，与杨苏棣不欢而散》的报道反映了扁的请求遭美强硬拒绝的情况。报道说，陈水扁"总统"2日曾约见美国在台协会台北办事处处长杨苏棣，并坚持美方必须同意他过境纽约，否则他就不过境美国。华府2日对陈"总统"此举极度不满，态度强硬的维持仅同意扁在美国本土以外过境的原案，并表示"否则以后过境就免谈"。据了解，这场陈水扁与杨苏棣的会面，因为陈水扁完全不理会杨苏棣的说明，坚称："如果不是纽约，我们就不过境了！"两人最后不欢而散。

台湾《中国时报》5月4日发表的题为《美强势定案》的报道说，消息人士表示，此事由布什亲自决定，因此行政部门不可能加以调整。美国提醒台湾"别敬酒不吃吃罚酒"，盼台湾以大局为重。

过去陈水扁出访，岛内企业界抢着参加，但这次陈水扁的"兴扬之旅"，企业界的人士参加者寥寥。台湾《联合报》5月5日发表的一篇题为《兴扬之旅工商界意兴阑珊》的报道作反映了这方面的情况。报道说，相较于国共论坛岛内50位重量级企业界人士随行，六大工商团体至少三个理事长参加，陈水扁"总统"的兴扬专案工商界随行人数少得可怜。报道指出，一向被认为挺扁的中小企业协会理事长戴胜通上月才跟随连战前往北京参加两岸经贸论坛，他昨天说，"总统"这次出访根本没有找他，与他的海地投资不顺有关。他表示，将回归本业，努力做生意，不碰触政治。报道还说，戴胜通目前在美国的亚特兰大与德州、多米尼加、海地，及大陆的广东省都有设厂，最近将在江西设另一个工厂，据说协议金额达上亿元人民币。

陈水扁的"兴扬之旅"启程之后又是怎么"兴扬"的呢？媒体多有啼笑皆非的报道见诸于世。香港《太阳报》5月5日发表的题为《阿扁迷航9个小时》的报道，开篇就指出，国际外交舞台昨日上演了一出令人啼笑皆非、心惊胆战的"迷航外交，逃难之旅"。报道说，陈水扁专机昨晨8时40分从台北起飞后，立即失去行踪。随行记者均不知飞往何处，机上记者对外联系全被切断，台湾"外交部"则三缄其口，陈水扁的去向成为全球竞猜游戏。直到9个小时后，专机意外降落在阿联酋首都阿布扎比。专机在机场加油整备，由于直往南美巴拉圭的距离超出专机航程，台北的外交部和机上官员费尽心思寻找下一个可以再次加油的机场，两个多小时后才起飞继续行程。

台湾《联合报》5月5日发表的题目叫《"总统"劫机》的文章对扁的行程也作了描述：飞机都深入云霄、不见踪影了，地面上送别的人仍不知飞机要飞向何方。本应该说："祝'总统'出访成功！"现在大家面面相觑互问："'总统'到底要去哪里？"从随行官员到采访记者，大家就这样莫名其妙地登上了一架不知飞往何方的飞机，连华航都说"听命行事"。一整飞机的人，就这样被"绑架"，成了"总统"的"人质"。世界上大概从未发生过这种"总统劫机"事件吧！

文章无奈地说，上飞机前还说"亲爱的国人不要害怕"的陈水扁，这次的演出真令人提心吊胆，甚至一度传出黎巴嫩首都贝鲁特拒绝专机降落。随行官员和记者的家属，怎么会不担心遭到"总统劫机"的亲人的安全？而"总统"闹意气，把台美关系刷到爆，台湾还有什么本钱来收拾陈水扁一个人的"外交亏空"残局？

台湾《中国时报》5月5日发表的文章更把扁的"兴扬之旅"讥之为"加油之旅"，文章的题目就叫《赌气向西飞，成了加油之旅》。文章说，为了向美方表达"无言的抗议"，陈水扁的"兴扬之旅"决定舍弃美方同意的过境地安克雷奇，改往西飞行。这个赌气的举动，让"总统"专机绕了大半个地球，在抵达巴拉圭首都亚松森之前，还得在多米尼加首都圣多明各再加一次油，成了漫漫无期的"加油之旅"。

陈水扁的"兴扬之旅"变成"迷航之旅"、"逃难之旅"、"劫机之旅"、"加油之旅"、"败兴之旅"，并不是媒体的戏弄、讥讽之词，而是陈水扁本人用他的实际行动改写的。

岛内政治人物对扁把"过境外交"演成"过气外交"多有评论。亲民党发言人谢公秉说，从美方种种不寻常的迹象来看，已将陈"总统"与台湾切割，因此"过境外交"的挫败被视为个人因素问题，希望陈"总统"不要把个人失败牵扯到台湾人民身上，也希望后续工程"开大门走大路"，不要再给国际打"游击战"的形象。

国民党中央政策会执行长曾永权说，台湾固然国际处境艰难，但如果政府不回归基本面，认为终止"国统会"及"国统纲领"与出访受阻无关，而怪罪"外交系统"，"就是主帅错估，累死三军"。

国民党"立委"林德福说，扁的出访搞成乌烟瘴气，令人悲哀，如今再怎么指控中共打压，也难掩台湾的难堪。

亲民党"立委"吴清池则说，陈水扁说要"越挫越勇"，表现却是"越错越昏庸"。出访过境充满戏剧性，过境地点变成全民猜谜游戏，如果国际间有"国家领导者大笑话选拔"，这次出访一定能拿下大笑话王。

台湾"中央社"和《中央日报》等媒体对上述政治人物的评说，在5日、

6日出版的报纸上都作了报道。

（四）

陈水扁此次出访的目的之一，就是参加哥斯达黎加总统就职典，以巩固与哥的邦交关系。但就是在这个典礼上闹出了国际笑话，让人不齿。

香港《东方日报》5月10日发表的一篇题目叫《拼外交，"突袭"劳拉强握手》的报道，反映的就是扁奴颜婢膝闹笑话的事。报道说，陈水扁"拼外交"无所不用其极，他昨日在哥斯达黎加总统就职礼上一见美国总统夫人劳拉出现，两度绕过大群外国元首，走到劳拉面前，强要与她握手，劳拉显然被扁这一"突袭"吓了一跳。

同一天出版的台湾《联合报》对此作了更为详尽的报道。报道说，当劳拉步上哥斯达黎加总统就职典礼会场舞台上时，立即吸引了陈"总统"的注意。站在右边第一排第四个位置的陈水扁，不时转头望向站在左边第二排第二个位置上的劳拉。劳拉数度与站在扁左侧的墨西哥总统福克斯夫妇及萨尔瓦多总统谈话，但没有与扁互动；经过一段时间的等待，扁终于按捺不住，趁表演节目开始，大家各自谈天的机会，大动作绕过他人，走到后排与劳拉握手。两人互动约一分钟，扁习惯性地用左手拍拍劳拉被紧紧握住的手，还请随行的翻译向前翻译，他邀请劳拉来台访问，劳拉只是礼貌性地回答"谢谢"。

报道描述道，典礼最后，哥国礼宾官向贵宾说明退场安排，福克斯率先离场，不过扁似乎另有期待，数度起身又坐下，注意劳拉动态；同时与翻译交谈、交代事情。等待过程中，扁不时望向舞台前的摄影记者席，一度还握住手掌，用大拇指指向记者，随后迈出步伐，再度走向劳拉，开口问："能不能跟您合照？"正在鼓掌的劳拉似乎有些意外，没有立即回应，正在鼓掌的劳拉没有注意到陈水扁已经伸出右手悬在半空中，扁决定接住劳拉还在胸前拍手的右手，劳拉不知是惊吓还是诧异扁找她和照，不自主地缩回左手，放在胸口上。扁则利用机会要劳拉代向布什问好。扁的翻译从随身手提袋里拿出预先准备的相机，为两人拍照，由于劳拉没有面向镜头，扁不但用手势请她看向镜头，还拉着劳拉的手请她稍为转身，终于完成这场"走向劳拉"的戏码。为了替这场重头戏宣传，事后"总统府"还主动提供给媒体由翻译拍摄的两人合照。

扁与劳拉的合照恐怕就是扁此次"兴扬之旅"的"最重要的收获"。他把如此"重要的成果"提供给媒体，就是要继续上演"狐假虎威"的戏码，就是要继续玩弄"欺世盗名"的故伎。

（五）

带着被美国修理和羞辱的沉重包袱，也带着此行唯一的收获——与劳拉生硬凑成的"合照"，扁只好悻悻然返回台湾。

但是，陈水扁这个"麻烦制造者"就是要不断制造麻烦的，他不仅又制造了"龟儿子风波"，而且通过"过境加油"又演出了挑衅大陆的闹剧。

扁要返回台时，岛内有人建议扁回程应过境美国阿拉斯加，作为台美关系的停损点。扁拒绝回程过境美国，他的高层随从说："难道要当美国的龟儿子，才是维护台美关系吗？"罕见地对美国说了一句硬话。美国对扁的行程全程监控，这句硬话马上传到美国。美方的一些中国通为了"龟儿子"这个词应怎么翻译大伤脑筋。接近布什政府的外交圈人士表示，这些话的用字实在太重了，美方高层官员听到之后很不高兴，可能比过境风波本身对台美关系的杀伤力更大。

台湾《联合报》5月10日发表题为《"龟儿子"说蓝绿委多不认同》的报道，反映了岛内政治人物对扁的此行和"龟儿子"说的看法。报道说，这次与陈"总统"出访的亲民党"立委"刘文雄表示，五年前他也曾陪同陈水扁出访南美，"阿扁已不如五年前风光，连阿扁自己都感受到了"。刘文雄说，他贴身观察陈水扁及他的核心幕僚，发现台湾的职业"外交官"在这几天脸上会不经意地流露出"不知所措"的茫然，但陈水扁及他身边的人对"迷航"的处境，却呈现莫名的亢奋及超爽的感觉，形成一幅不协调的画面。

报道说，蓝军立委质疑，陈"总统"卑躬屈膝、想尽办法与布什夫人劳拉握手，还叫翻译帮忙拍照，对改善台美关系能有多少效果？这样难道就比过境阿拉斯加来得"有尊严"？

报道指出，民进党"立委"萧美琴说，她不知道"龟儿子"是哪个幕僚讲的，如此放话十分不妥。她说，连最保守的美国国务院都同意扁过境旧金山，最后却被"美国高层"否决，显示我方一直误判布什对台湾的不满；台湾再以"龟儿子"这种刺激性的语言回敬美国，以布什这种牛仔个性，一定不能接受，只会让台美关系更复杂、更紧张。

陈水扁在回程中突然过境利比亚，并进行"突访"，中国大陆的愤怒自不在话下，但没等大陆发出严正交涉，国际舆论已是一片骂声，许多媒体用"疯狂透顶"来形容扁的这一举动。

台湾《联合报》5月11日发出的报道说，"不做美国龟儿子"的陈水扁，回程做了利比亚狂人卡扎菲的好朋友。陈水扁能做的疯狂之事，已是莫过于此了。就国际形势来看，利比亚是与美国最敌对的国家之一，也被西方世界视为"流氓国家"，如今陈水扁难道想用新欢卡扎菲来取代"台湾守护神"小布什？陈水扁的这个选择，究竟是"外交突破"，还是政治自杀？每一个台湾人都应自问：如果你现在仍在支持陈水扁的18%之中，你究竟是爱阿扁还是爱台湾？

同一天的台湾《中央日报》发表的报道说，尽管扁政府以利比亚近年已与国际社会和解为由，积极拉拢这个位于北非的非邦交国家，但利比亚在国际间仍有"流氓国家"之称，对"我国"并没有加分作用。陈水扁在国外展现的"冲撞外交"，以及在"国内"玩弄的鸭霸作风，与卡扎菲倒是堪称绝配。当这两位东西双绝会面之际，不知会擦出什么样的火花？是相互印证反美的功力，还是彼此研究"治国"的诀窍，着实令人好奇。

同一天的香港《南华早报》也发表报道说，台湾"总统"昨天在结束拉美之行的归程途中出人意料地在利比亚作过境停留，这有可能进一步激怒华盛顿，而这次访问已经反映了他对布什政府的蔑视。这是陈首次访问一个石油资源丰富的北非国家，而这个国家20年来一直是美国的一个对手。分析人士说，美国与利比亚之间的猜疑依然很强烈，陈水扁轻蔑地拒绝华盛顿让他在阿拉斯加加油的表示，而选择的是利比亚首都的黎波里，这使美国很窝火。

台湾"中央社"5月10日发出的电讯说，亲民党"立法院"党团表示，"总统"陈水扁过境利比亚，不令人意外，但利比亚是国际间公认有争议的国家，选择利比亚过境，对台湾整体形象没有加分反而扣分，不是台湾之福，也非全民之福，令人遗憾。亲民党"立法院"党团总召集人吕学樟指出，陈"总统"为凸显台湾不是美国的附庸，捍卫他定义的国家尊严，或者根本就是为保住他自己的尊严，过境利比亚，不会令人感到意外。

就在舆论谴责扁过境利比亚，并进行"突访"的声浪中，5月11日下午，陈水扁又通过重金贿赂印尼少数几个有关政治人物，过境印尼巴淡岛，在此过夜，并有参加活动。台"外交部"发言人吕庆龙当天下午4时在台北举行的记者会上说，巴淡岛近年经济发展快速，陈"总统"过境停留，考察投资环境，协助台商全球布局，这也是"南向政策"的一环。

对于陈水扁的又一次公然挑衅，5月12日中国外交部发言人刘建超在答记者问时说，中方已向印尼方提出了严正交涉，要求印尼方以实际行动兑现一个中国政策的承诺，维护中印尼友好关系大局。印尼政府重申恪守一个中国政策，对陈水扁超时停留并从事与飞机加油不符的行为表示深切的遗憾。

5月12日这一天，台湾"中央社"连发数则电讯，报道了印尼政府对此事的态度。一则电讯说，对于中华民国陈水扁"总统"一行搭乘专机于昨天下午降落印尼巴淡岛国际机场加油后没有当天离境，并在巴淡进行参访活动，印尼外交部今天声明表示遗憾。外交部发言人尤里·坦林说，我们对这架专机在添加燃料后停留更久时间，以及（陈一行）进行加油以外的活动感到遗憾。他说，印尼外交部没有对台湾领导人的到访作任何安排。他也确定，台方代表团没有与印尼政府进行正式接触。尤里又说："我们希望此事件不会造成中国方面误解，印尼始终坚守一个中国政策。"

另一则电讯说，为了澄清问题，印尼总统苏西洛已与廖内群岛省长联系，以了解陈"总统"一行在巴淡岛活动的进行，并已对廖内群岛省长作出规劝。

5月12日下午3时许，陈水扁9天8夜的"败兴之旅"终于结束了。当他在台北机场得意洋洋地夸道，出访就是要打拼台湾的"外交空间"，访印尼就是一个突破的时候，媒体却纷纷指出，扁的"迷航之旅"留下一路笑话，引发一路"外交风波"，一路都在丢人败兴。

台湾《中央日报》、《联合报》等岛内主流媒体在5月11日发表报道说，陈水扁的"世纪迷航之旅"留下笑柄一箩筐。报道除了详细地描述了扁"突袭"劳拉与之握手、扁让翻译为他与劳拉生硬凑成"两人合照"等笑话外，还解读了"龟儿子"的意涵。报道说，"龟儿子"的炮火轰到了扁的身上。因为英文里的"龟儿子"如果缩写就是SOT，而SOT有人就把它解释成"台湾之子"。岛内深绿人士称陈水扁为"台湾之子"，陈水扁也常以"台湾之子"自许，现在闹出一个"龟儿子"来，原来"龟儿子就是台湾之子"。阿扁又搬起石头砸了自己的脚。

正当扁当局在夸耀突访印尼是外交一大突破的时候，台湾《联合报》5月15日发表报道，爆料陈水扁在印尼过夜靠的是贿赂。报道说，国民党"立委"邱毅爆料指出，这是通过印尼华人企业，通过贿赂印尼副总统随从及巴淡岛的行政区首长得来的，印尼已展开调查。邱毅强调，透露信息的是一位前部长级官员，与印尼外交系统有渊源，目前活跃在印尼商界。印尼官员向这位人士透露，印尼总统已下令巴淡岛特别行政区首长到中央接受调查，包括在巴淡岛特别行政区所有涉及此案的华人企业及地方官员，是否收受贿赂。

邱毅说，陈"总统"座机降落巴淡岛，印尼政府高层包括总统在内，根本不知情。这件事是由巴淡岛一家华人私人企业买通印尼副总统的随从，由

廖内省省长指挥相关官员准许陈"总统"座机以技术性降落加油方式,降落巴淡岛的。

扁当局的要员们面对如此具体的披露,不知还有什么要夸耀的?

(六)

就在扁出访和返回的过程中,有两件事情特别令世人关注。尤其是5月10日美国副国务卿佐利克在国会作证时提出"'台独'意味战争"的警告之后,美国高官首次公开表示"反对'台独'",改变了过去只表示"不支持'台独'"的提法,更引起世界各方面人士的瞩目和思考。

台湾《中央日报》5月12日发表报道,对佐利克在国会作证的情况作了反映。报道说,佐利克10日在国会作证时明确表示,"台独"意味战争,意味着流血,台湾如果不断挑战美国既定的"一个中国"政策底线,那"台湾就是一直在撞墙"。由于美国一直表态"不支持'台独'",这次却由高层官员进一步直指"台独"后果的严重性,说明美国在过境风波后,对扁政府提出严厉的警告,这犹如掴了扁政府更大的巴掌。

报道说,值得注意的是,当已在哥斯达黎加与扁会晤过的众议员沃森说"陈总统表示他的国家未受尊重"时,佐利克立即提醒她:"您用了'国家'一词。"沃森立刻更正说:"对不起,用错了词,是台湾。"佐利克还说,"有关外交礼仪,我们必须十分小心",台湾是经济体,这一点如果不厘清,是有风险的,很多人可能因此丧生。

报道强调,佐利克在国会的作证,首次明确地以副国务卿的高位清楚明确地阐明"排斥'台独'"、"'台独'意味战争"、"勿踩一中红线"、"'台独'撞墙"等警告语言,这说明了美国正在想办法"收拾'台独'对台美关系的损害"。尤其是佐利克那句"台湾就是一直在撞墙",就是对"台独"目前种种乱搞行为的最大警告,也是对陈水扁这次外访去回程不断挑战美国、到处"找落地过境"行为的一种暗示性告诫。佐利克的说法,说得深刻一点,就是指台湾在"自寻死路"。

同一天的台湾《联合报》也对此作了报道。报道说,被议员不断质疑处理陈水扁过境不当的佐利克,选择在众议院国际关系委员会听证会上把美国对两岸政策,特别是对"台独"的态度,以及陈水扁搞"废统"与此次美国处理过境微妙连结,给了外界一个明确的、没有想象空间的答案。

报道指出,多年来,美国政府虽然表示"不支持'台独'",但也一直秉持"战略模糊"原则,不说"反对'台独'",给台湾人民决定自己前途的空间，预留一点进退皆可的余裕，"台独"人士也强调美国"不支持不等于反对"。不过，陈水扁政府这几年来频用"进两步退一步"的方式进逼美国"底线"，最终导致数十年来最亲台的布什政府翻脸，甚至不得不打破"战略模糊"的氛围，挑明警告想"台独"的人士。

报道说，民进党"立委"林浊水昨天批评陈"总统"操作"过境外交"及激进路线，不但伤害我国与美国的"准官方关系"，更使得"法理台独"受挫。林浊水认为，正因为陈"总统"走"冒进台独"的路线，今年申请过境美国，才会受到"降级"待遇，美国也因此更强烈攻击"台独"。

同一天的《中央日报》还报道了美国高官是怎样提出美国"反对'台独'"的立场的。报道说，美国在台协会台北办事处处长杨苏棣昨日公开表示，"我们的政策一直都是反对'台湾独立'"，这也是美国官方首次以较"不支持"更为强烈的字眼，来表达不支持"台独"的立场。

报道说，杨苏棣是在出席美国商会演说时作此陈述的，而这也是继美国副国务卿佐利克作出"'台独'就是战争"等相关措辞强硬的表示后，美国再次对台湾释出"不支持'台独'"的公开发言。他认为，佐利克的说法是对东亚安全情势的事实描述，并非对台湾人民的不尊重。

杨苏棣说，台湾人民对"宪政体制"正在进行辩论，"我们表示尊重"，不过，受限于东亚安全环境，台湾的"修宪"论述应以更谨慎的态度面对，不要触碰"台独"方面的议题，"否则会引起美国的关切。"美国是台湾最坚强的一个朋友，"不过，亲密的朋友也会有不同的意见"。

另一件引人关注的，是在扁访问期间民进党内部开始批判陈水扁，吕秀莲说，身上长了疮，"就要把脓挤掉"。香港《太阳报》5月8日发文对此作了报道。报道的题目就叫《民进党救亡剿扁，吕秀莲：要把疮脓挤掉》。报道说，正当台湾的陈水扁"总统""拼外交"一再碰壁之际，岛内的民进党则在窝里反。

报道说，鉴于高层丑闻频传，令民进党士气低落，该党昨日首次举行党务革新会议，党主席游锡堃要求大家"尽情放炮、没大没小"。党代表随即炮火全开，痛批第一家庭和陈水扁。民进党"立委"李文忠指出，民进党被认为是"歪哥党"，外界认为民进党比在野党更烂。阿扁身边的人都在做政务高官，私人会计当公营企业董事长，私人律师当监察人，自己的医生管医疗人事，这就是鸡犬升天。

台北市议员李建昌说，党的形象与基本价值被质疑，第一家庭要负责任，三级贫户出身的"总统"，为何到台中（为儿子陈致中）娶媳妇时，可

以搭空军一号专机？为何儿子当兵买"美洲虎"跑车？为什么"总统府"副秘书长（指马永成）结婚，来了一大堆财团？李建昌指出，民进党领导层从未面对这些问题。

中执委陈美寿说，改革要从中央党部和"总统府"开始，但不能只喊口号。

党代表还批评吕秀莲、苏贞昌、游锡堃、谢长廷"四大天王"老想当"总统"，使党内斗争不断。"天王"们则竭力撇清与第一家庭的关系。吕秀莲表示，过去一段时间，民进党少数人犯了错，就像身上长了疮，一旦长疮，就要把脓挤掉，再消毒。游锡堃则说，民进党从来不是一个"一言堂"，未来也不可能有强人领导，拒绝一个光芒万丈不可挑战的领袖，反而使得民进党能够保持自我提升的动能。他承认，现在是民进党执政六年来最艰难时刻。

陈水扁本想通过"过境外交"摆脱弊案缠身的困境，不料"偷鸡不成反倒丢掉一把米"，更使其陷入内外交困的泥淖，逼得美国放弃了"模糊战略"的原则，明确表示"'台独'意味战争"，"反对'台独'"的立场。陈水扁这个政治豪赌的赌徒不知还要赌什么？不知还有什么值得一赌？

（七）

陈水扁是"死猪不怕开水烫"。面对美国政要在国会和商会的郑重表示，他故作镇静，制造谎言，自欺欺人。5月11日他赖在印尼巴淡岛过夜不走，在与台湾媒体记者茶叙时说，佐利克在国会对台湾的谈话，是因为佐利克受到国会议员严厉抨击后的情绪性发言，美方资深官员与他的电话沟通才更能代表台美间真正关系。他说，美国仍是台湾的外交重点，但未来出访，过境美国不会再是重心。台湾"中央社"5月12日发出的电讯报道了此事。

一方面"美国仍是台湾外交重点"，另一方面"过境美国不会再是重心"，前后矛盾，于情于理说得通吗？显然是自欺欺人之词。

舆论是不客气的。香港《东方日报》5月13日发表题为《阿扁把台湾牌丢光》的文章，对佐利克和杨苏棣的明确表示作了分析。

文章说，陈水扁出访终于返回台湾，因为去了利比亚，又停了印尼，他可以"抓把沙"，但实际上他把台湾可以打的牌都丢光了。日前，他放弃过境美国，是"开了先例"。他日后要再过境美国，将会增加困难。"最怕"的还是，美国接受了大陆的口号："'台独'就意味战争"。美国副国务卿佐利克说，美国必须慎重处理台湾领导人过境美国的问题，不能助长"台独"倾向，因为"'台独'就意味战争"。阿扁放弃过境美国，竟然还引来了美国处理两岸问题的官员说"'台独'就意味战争"，陈水扁还能说自己得分了吗？

文章分析说，美国人说"'台独'就意味战争"，至少包括这几层意思，第一，"台独"会而且必然引发两岸战争；第二，一旦发生这样的战争，美国未必会保台湾；第三，美国因为不愿意台湾有战争，不愿意卷入这场战争，所以必定反对"台独"。美国驻台北办事处处长杨苏棣说，阿扁修宪必须非常小心处理，不要碰触"台独"议题。这样，几乎将陈水扁及其他"台独"分子的手脚完全绑起。

香港《明报》5月15日发表了南方朔先生题为《美台关系已开始变质》的文章，对陈水扁不断撞墙和美国政要明确表态作了更为深刻的分析，指出美国决意要把陈水扁冷冻起来，要把"台独"冷冻起来。

文章说，由最近美国官员的公开谈话，人们已经确定地知道，由于陈水扁一意孤行且不断玩弄美国对台湾的善意，已逼得美国不得不把话讲清楚，那就是"台独"已经玩完了，陈水扁也玩完了。

文章指出，在美国的心目中，陈水扁乃是个无信之人。陈水扁已让台美关系跌到了有史以来的最低点。因此，当陈水扁仍在那里为他坐着的豪华专机，到处以"加油"为理由而制造"外交惊奇"之际，5月10日，美国副国务卿佐利克在国会听证会上却说了重话。佐利克的一席话，等于是对陈水扁和"台独"派甩了重重的一巴掌。不但陈水扁的"迷航外交"整个被否定，而且他还亮出了会让陈水扁及台湾"独派"为之胆寒的美国底牌。

文章分析说，台湾过去的对美外交一向不惜余力地搞着"台湾游说"。美国的亲台国会议员在关键时刻总是能发挥一定的作用。近年来，两岸形势已有消长，大牌美国国会议员中亲台的已快速减少，但一些小牌议员仍会为台湾代言。在台湾策动下，5月10日到美国国会听证会上，就出现了3名议员轮番上阵，对副国务卿佐利克提出质问的一幕。但结果呢？它却等于是做球给佐利克打。佐利克在答复里，终于把话说清楚、讲明白，搞得3名议员也无话可说。综合佐利克的谈话，有如下重点：

（一）台湾是个经济体，不是国家。在质询中，国会议员沃森女士用"国家"来称台湾，立即被佐利克纠正。在历任现职外交高官里，把话讲得如此明白应属首次。如果我们不健忘，当还记得美国前国务卿鲍威尔下台前曾说过，"台湾不享有独立国家的主权"。这句话当时颇引起争议。而今，更重的话却由佐利克讲了出来，这句话里的政策含义已更加明确。根据这句话，佐利克遂有了"'台独'意味战争，意味着美国大兵流血"，"台独"

当然也就等于是"不断撞墙"。由佐利克的谈话，我们已可说，美国正逐渐由"不支持'台独'"往"反对独立"移动。

（二）美国认为陈水扁是个没有国际"行规"、没有"信用"的人。因此，佐利克才如此说道："在我们这一行，说了话，不管根据的是什么，就要守信，这是很重要的。"对有些不守信的人，"美国必须很小心……我们政府必须有所回应"。在国际社会上，话都讲到这种程度了，不是重捆一耳光，又是什么？

（三）尽管陈水扁一如往常般将这次"过境外交"风波扯成"中共打压"，但佐利克却连续两次表示和中国无关，纯属美国"自己决定"。佐利克的谈话当然也等于瓦解了陈水扁要把问题扯到中共头上以制造岛内民粹情绪的企图。

文章作上述分析后指出，因此，美国副国务卿佐利克的谈话，在台美关系上实在有着转折点的意义。过去长期以来，美国在两岸政策上始终保持着"模糊"的态度，也经常对"台独"发出一些故意的错误信息。但随着两岸的消长、台湾本身的改变，尤其是去年连战访问北京之后两岸新互动的开始，加上民进党政权的贪腐滥权及失去人民的支持，这时候，如果美国还继续对"台独"发出错误信息，必将使美国要冒着得罪台湾主流民意的风险，而使美国利益受损。因此，我们遂看到了美国在对待"台独"问题时出现的微妙转变。

文章说，过去，美国还会在"过境外交上"对陈水扁有所纵容，这是在替"台独"搭舞台，让它可以有表演的机会。去年，美国对连战访问北京多有微词，认为有损美国利益。但在佐利克的谈话里，已直接承认陈水扁的表现逾越了美国的政策。佐利克的谈话已等于表明美国不愿继续替"台独"搭舞台的意向。另外，美国新任驻台办事处处长杨苏棣也在最近表示，美国已由"不支持'台独'"向"反对'台独'"移动，并开始肯定连战的北京之行。由这些发展可见，"台独"时代的过去已可确定。因此，在陈水扁闹过"迷航外交"后，尽管陈水扁仍在那里企图将"美国羞辱陈水扁"和"美国羞辱台湾人民"画上等号，但美国明言它只是在羞辱陈水扁而已。

文章还指出，根据最新的信息，美国为了避免"台独"有在美国继续造势的机会，已考虑在陈水扁任期内不再接受新的驻美代表。你陈水扁对驻美代表李大维可以换或不换，对此美国不会有意见，但你如果想换一个"独派"来美国活动，美国则不会接受。这是美国在外交上的"冻扁"和"冻独"。这也意味着在未来两年内，陈水扁想要增进美台关系大概已没有机会了。因此，当今的美台关系可谓已进入了一个新的低潮期。美国由于对陈水扁这个人不信任，也警觉到不容再向"台独"发出错误信息，由于还在陈水扁任内，美国只得在"冻扁""冻独"中维持现状。

文章分析说，美国的"与台湾关系法"在现阶段当然还不会作废，但只要美台关系不增进，设若美中关系继续改善，则下一步"与台湾关系法"未尝不可能出问题。只要该法一废，即形同宣告"台独"的死亡。因而，该法的动向已成了下个阶段最值得注意的课题。

这次陈水扁以大动作搞"迷航外交"，等于是弄巧反拙，不但让他的外交无法下分，反而因为逼出了美国的真正态度，而被扣分。此外，美国驻台办事处处长杨苏棣最近也发表演讲，郑重警告台湾不要在修宪问题上搞"台独"。这已显示出美国对陈水扁和台湾独派的不信任日增，已开始强化对它的看紧工作。在未来两年里，看紧这群人，防止他们走极端，已成了美国的首要任务。

文章最后提醒善良的人们，我们曾经指出过，陈水扁和"台独派"乃是充满赌徒性格、会孤注一掷的一群人。他们为了维护既得利益、防止失去政权，并借以转移贪腐滥权这个焦点，在未来两年里不无可能做出比"迷航外交"更离谱的事情。而今，美国已认识到这种风险，开始加紧监管。而海内外华人社会，也同样需要提高警惕！

南方朔先生的这篇文章，难道不是陈水扁此次"迷航外交"的最好总结吗？

十、弊案缠身的陈水扁越陷越深，其执政六年的纪念日变成了"黑色5·20"，岛内民怨沸腾

（一）

陈水扁还在进行"迷航之旅"的时候，5月10日的台湾媒体就披露，"爆料大王"、国民党民意代表、"立委"邱毅将矛头指向扁的女婿赵建铭，揭露其以母亲简水绵的名义低价购进数千股"台湾土地开发股票"（简称"台开"股票），获利惊人，涉嫌内线交易。当扁返回台湾后，即5月15日，岛内媒体报道，台湾检调部门正式启动侦查程序，"台开"股票的另外两个大买家、"国票证券"董事蔡清文和"宽频房讯"总经理游世一相继被检调部门约谈并羁押禁见，检方认为他们涉嫌内线交易，案情重大且有串证之虞。

事态发展越来越严重。5月17日，各路媒体对赵建铭的"台开"案纷纷作

了报道或评论。台湾《民生报》、《联合报》、《中国时报》等主流媒体同时发表社论加以抨击。

《民生报》以讽刺性的标题《这样才能发财》的社论讥讽道,驸马赵建铭的母亲简水绵,被指控涉及台开股票内线交易案,现在已经超越第一夫人吴淑珍,成了台湾股市市场前所未见的"股圣"。这个案子,证实了"黄金千条,不如内线一条"!升斗小民们从这件案子,终于有机会看见政商人物们是怎样发财,怎样一步登天的。社论指出,身为"总统"的女婿,赵建铭和"台开"("台湾土地开发信托投资有限公司"的简称)、"彰银"("彰化银行"的简称)的董事长、总经理吃饭,被他形容为"只是很正常的朋友吃饭"。他难道不知道,如果他不是"总统"的乘龙快婿,会有银行和上市公司董事长抢着和他做朋友,进行这种透显出黑金勾串意味的餐会吗?而儿子赵建铭跟台开和彰银人员吃完饭以后,简水绵女士居然就"极具胆识"地去买了才刚刚被打入全额交割股的台开股票,一买就是5001张。她买了股票之后,29家银行立刻联贷160亿给台开,台开从此股价逐步上扬,9个月不到,股价从3.58元涨到最高19元,获利何等惊人。

《中国时报》题为《台开案将是台湾政治发展的分水岭》的社论说,"总统"女婿赵建铭疑涉台开股票内线交易案,恐怕是陈水扁先生掌大位6年以来最严重、最受人质疑、牵连最广、最难以善后的案子。先前的SOGO礼券案已使第一家庭乌云罩顶,但台开案与之相比情节更为严重。

社论忠告台湾检调部门说,台湾究竟是要为权贵而无情的糟蹋体制、抑或为体制而不吝责难权贵,就看我们要如何侦办当前的台开弊案。所谓分水岭,其意义就在这里。

《联合报》社论的标题叫《检调不可坐视赵建铭公然串供》,同样是忠告检调部门秉持"公平正义"慎办此案,切不可屈服于权贵办砸此案。社论说,在众目睽睽之下,赵建铭和彰银、台开,公然开始串供。检调机关不应重演高捷案放纵陈哲男、陈敏贤在外串供的司法丑闻,而赵建铭等更不可相互勾串、公然撒谎,否则必更激起公愤,更不可原谅。第一家庭尤应当心,串供可能使情势愈描愈黑、愈陷愈深!

社论指出,赵建铭的弥天大谎使自己陷入左支右绌、东挟西倒的情势。上周本案爆发之初,他还说是"长辈投资理财,我完全不知情";如今,他却至少承认吃了去年7月21日那顿"黑金大餐",并谓他的母亲简水绵是听了蔡清文的话所以买了台开股票;这已不是"完全不知情",而是"证据到哪里(指餐会被揭发),故事就编到哪里"了!

《香港经济日报》5月17日发表的一篇报道说，在台湾，弊案缠身的"总统"陈水扁陷入空前执政危机，民进党的主要盟友台湾团结联盟（简称"台联党"）16日发表民意调查，指台湾民众对陈水扁的执政满意度只有5.8%，不满的比例高达88.41%。台联党主席苏进强表示，今次调查得出的数据"怵目惊心，不忍卒睹"，让人民完全失望。有分析指出，台联党公布这样的民调是在绿营中发起"弃扁"呼吁，以避免绿营被形象愈来愈负面的陈水扁拖累。

台湾《联合报》5月19日发表了一篇题为《一根稻草会压死三只骆驼？》的文章，对"台开案"的严重性进行了评说。文章说，赵建铭和他妈妈的股票事件，把第一家庭、民进党搅得鸡飞狗跳。赵建铭夫妻吵架失和，连离婚的话都差点说出口。陈"总统"与吴淑珍也为赵建铭大为光火，吴淑珍甚至痛骂当初对亲家赵玉柱"探听"不够，才会卷入无端风波。文章说，赵建铭现在总该发现，做驸马可以风光到见官高三级，也可以成为过街老鼠，以至于陈水扁和民进党的不幸，仿佛都是他造成的。现在，他于民进党、于第一家庭、于台湾司法，简直成为一根稻草，已经驮负着过多乌七八糟政治行囊的这三只骆驼都在拒绝他。"一根稻草会压死三只骆驼"，这是台湾最新成语。

文中提到扁妻吴淑珍痛骂当初对赵家"探听"不够。其实这位"第一夫人"对亲家及女婿"探听"得很够。岛内媒体披露，在扁上台刚好5个月的那一天，即2000年10月20日，扁女陈幸妤和前任男友吵架后离家出走，5天后，台大医院前骨科部主任韩毅雄将年轻医生介绍给她。赵建铭乘隙而入，在初次约会时，他以一首《爱你入骨》的歌夺得扁女芳心。两个多月后，两人陷入热恋。2001年7月订婚，9月完婚。"第一夫人"对这个女婿是"越看越满意"。她曾对赵建铭说："当不成女婿，就当干儿子"。这是因为赵的嘴甜，成天把"妈妈长、妈妈短"挂在嘴上；再者赵的外形憨厚，性情温和；"第一夫人"还"探听"到亲家单纯，赵父是退休的小学校长，母亲是退休教师。这才选中了这个"驸马"。此后，这位"驸马爷"升任为台大医院的住院总医师和主治医师，还在扁的亲自主持下以"精英"名义加入了民进党。

这位"驸马爷"有一大特点是，非常愿意抢媒体的镜头。他抢镜头并非是为了出风头，他是要扩大他的知名度。很快他就以"敢要敢拿敢说"（指公关游说，充当"政治经济掮客"）而闻名于政商两界。据媒体报道，他经常自己当中介，直接打电话给业者，不是介绍生意就是卖东西，在政坛上为卖官买官者"拉纤说媒"，大把捞钱。

5月25日，赵建铭被收押，民进党内一片骂声，有人哀叹"民进党被玩完了"。陈水扁再遭当头一棒。

这一天，台湾无线卫视网站发表的报道题目就叫《赵建铭上手铐，乘囚车移送看守所》。报道说，涉入台开炒股弊案的"总统"女婿赵建铭，今早7点裁定收押，上午10时许，赵建铭被戴上手铐，押往土城看守所。当囚车开动，缓缓离开北检时，现场响起了鞭炮声，原来是爱国同心会将宣传车开来北检，并在囚车开动时放鞭炮庆贺。

报道说，赵建铭24日下午前往北检组接受侦讯，今早7点合议庭决定将赵建铭和苏德建裁定羁押，原因是游世一指赵建铭在整个交易过程中是知情的，令外资金来往也相当复杂。行政厅长表示，由于有串供和逃亡的疑虑，犯罪嫌疑重大，因此裁定羁押禁见，同时也表示，没接到任何关切电话，也没受到什么压力。

同一天，岛内媒体纷纷对此作了报道或评说。台湾《东森新闻报》发表的报道说，第一家庭风波不断，民进党嫡系"立委"郭正亮25日呼吁，经过此一事件，"总统"的领导威信已经降到最低点，应该提前在2007年交棒，先产生党内"总统"提名人选。郭正亮说，陈"总统"提出的两岸政策，党内不少派系有不同意见，"总统"威信受到挑战。他建议，为了"总统"好，为了民进党存续，希望"总统"提前交棒。

台湾"中央社"这一天发出电讯说，由于赵建铭一案重创民进党形象，许多党员表达不同心声，有"立委"表示"民进党被玩完了"。

"中央社"的另一则电讯说，国民党籍"立委"吴育升表示，目前应视为"准罢免阶段"，国民党应广泛倾听民意与社会感受，并争取跨党派支持，若主流民意确实希望马上罢免"总统"，国民党仍要有不可为而为的准备。他呼吁民进党"立委"慎重考虑与陈"总统"切割，倾听民意，避免为一人而伤全党。

（二）

5月20日，是陈水扁上台执政6周年的纪念日。自2000年5月20日陈水扁上台以来，以黑金开道，借"台独"冒进，扁当局形成政商勾结的政治体制。6年来，台湾弊案丛生，怨声载道，扁的民望急剧跌落，骂声四起。舆论以"四面楚歌"、"黑色5·20"等语汇来描绘他执政六年的纪念日。

新加坡《联合早报》5月21日发表了林琬绯先生题为《阿扁输掉大半辈子资本》的文章，为扁执政6年作了深刻而又极具讽刺意味的总结。文章说，5月20日是陈水扁任职台湾"总统"6周年节庆，为他庆贺的却是女婿涉及股票内线交易越滚越大的政治风暴，以及直线下滑至全面崩盘的民意声望新低点。

文章指出，6年前，他扛着"扫荡黑金"的改革清廉大旗迈向总统府，代表的是民间对政党轮替的民主诉求和民进党改革理想的具体落实。但才6年，他就成了民间眼中的"黑金"化身、积怨的对象，将他在民进党内及党外时代斗争大半辈子换来的所有政治理想和资本，一并输掉。

文章对"台开案"的发生作了分析：扁女婿的台开股票内线交易案，看似是压倒骆驼的最后一根稻草，实质不过是一根不小心突出表象的刺，一经挑起，即牵扯出环环相扣、盘根错节的天罗地网，掀开表象底下暗藏的百孔千疮、贪污腐败的特权政治。赵建铭案之所以平地一声雷，是因为它第一次让台湾老百姓清楚地看到"第一家庭"特权有多好用：一场餐宴，可以左右金控并购、操纵企业生死、主宰市场秩序，在股市里转一圈，几个月内净赚4000万元新台币，获利700%。

文章继续分析道：台开案是独立个案吗？赵建铭是害群之马吗？剖析台开案模式，似曾相识的模式，在高捷案、SOGO股权纠纷案、秃鹰案、台糖弊案中，一再上演。一批围绕在"总统"身边的皇亲国戚、亲信幕僚，恣意妄为，以权换钱、以钱换权，凭政治特权连带利益输送一圈圈建立起牢不可破的金权政治，树立起以扁为核心的"一妻二秘三师"（一妻指扁妻吴淑珍；二秘是指前"总统府"副秘书长陈哲男及现任副秘书长马永成；三师即第一家庭律师林志豪、会计师张兆顺及医师黄芳彦）的财权王国。差别只在于哪些行过无痕、哪些形迹败露而已。

文章指出，早在2004年初陈水扁争取连任期间，东帝士集团前总裁陈由豪从美国越洋揭露的6年3000万元政治现金，就已经向扁"总统"的黑金政治发出第一枪。这一枪虽终究不敌"3·19"两颗子弹，却已埋下地雷。

文章接着指出"总统府"里大半年里弊案频发的情况：2005年10月爆发的"高捷案"是引爆点，扁多年贴身亲信、"总统府"副秘书长陈哲男以政商勾结私吞七百多万元，且弊案不止一桩，仗着扁赋予的无上权力和至高地位，无往不利。"高捷案"投下的火种迅速延烧开来，短短半年里，第一家庭和执政党的弊案一个个被揪了出来：第一夫人吴淑珍涉嫌炒股买基金收受巨额礼券；扁第一爱将、"总统府"副秘书长马永成涉嫌介入促成金控并购获利5亿元；金管局主委龚照胜因"台糖"弊案遭停职调查；而今驸马爷和"第一亲家"的台开案更是予以陈水扁致命重击。

文章指出，面对丛生的弊案扁不是谢罪下台，而是像制造弊案一样已经形成了一套"回应模式"：第一步，当事人"义正辞严"矢口否认，反告爆料者；第二步，以轮椅、身体或其他一切方法表现委屈，用"悲情牌"催出支持者的激情和中立者的同情；第三步，嫌疑者将获利捐出"化赃为善"；第四步，另辟舞台转移焦点，例如用9天8夜的"迷航之旅"转移视线，刺激声望；第五步，"总统府"发表声明"支持司法调查"，党发表声明开除党籍，例如开除赵建铭党籍，一刀切割毒瘤自保；第六步，阿扁公开道歉，"愿接受最高道德检视"，"如有不法，勿枉勿纵！"

文章讥讽道，没说错吧！5月20日这天一大早，不是观陈水扁在公益活动上打破沉默，向"全国民众、党内同志"道歉吗？只是，"勿枉勿纵、依法严办"这句话说过多少遍了？"以最高标准自我检视"的承诺还有多少分量？单将赵建铭案和陈哲男案一对比，同出一辙的应对方程式一目了然，结果陈哲男"办"了吗？赵建铭"办"得了吗？

面对如此贪污腐败、死皮赖脸的扁政权，民怨已经沸腾。文章说，民意对陈水扁和民进党的支持度在各大民调中都不约而同地直线下坠。一个支持度仅在10%线上徘徊，每10人当中有9人不支持的"总统"和政府，还有多大能耐回魂？还有多大民意后盾去推行政策、领导社会呢？这已无关乎马英九现象的威胁，无关乎中共打压或者美国羞辱，而是执政党和当政者在6年执政期里点滴积累的民怨和民愤，如今正汇聚成一股日益庞大的反对浪潮，在急速地消耗着阿扁和民进党的政治生命。

这天的《联合早报》还刊登了一篇扁家族弊案集录的文章，把弊案一一列出，公之于世。扁家弊案前文大多提及，此处不再重新列出。但是，该文根据民意和"第一家庭"成员制造的弊案或恶行所起的绰号，犹如定身制作的衣帽，倒是合身得很，如扁妻吴淑珍绰号"股神"、"股市天后"；扁女陈幸妤绰号"黑脸公主"；扁子陈致中绰号"军官王子"；扁女婿赵建铭绰号"股科医师"、"赵中介"等，善良的人们恐怕都能读懂这些绰号背后的潜台词。

5月22日出版的香港《明报》发表了南方朔先生题为《台湾"黑色5·20"》的文章，也为扁执政六年作了总结。文章说，"就职周年"不管在任何地方，都是件可堪庆贺的喜事。但在台湾，5月20日陈水扁就职6周年，却成了几乎全民诅咒的"黑色5·20"。一个"总统"干到如此程度，真是旷世仅见！

文章指出，扁让就职6周年变成"黑色5·20"，这和他最近民调支持度下跌到超级低点有关。根据不同机构的调查，他的最低支持度只剩5.8%，最高也只有17%。美国布什总统支持度降到31%，英国首相布莱尔支持度降到26%，在他们国内就已形同政治风暴。台湾的5.8%或17%，岂不已形同众叛亲离、全民反对了吗？

文章指出，扁民调支持度降到如此举世罕见的水准，除了与台湾经济持续恶化，人民实质所得降低，代表他管治无能有关之外，更关键的乃是他任内系统化的贪渎滥权，在经过六年累积后，最近已接二连三爆发。文章接着列举出种种弊案后说："当弊案已闹到如此层级，这个政权的正当性可谓已荡然无存，在人民的心目中已和非法政权无异。"

文章说，从2000年到2003年，扁不用心治台，每当出了问题，就以"这是国民党留下来的问题""国民党不和我们合作""国民党有人才不给我们用"等千奇百怪、似是而非的理由来推诿搪塞。于是台湾内政日非，而因为太容易原谅自己的无能和不用功，且将责任推卸给别人，他就变得更没有能力，也更不想有能力。

文章接着揭露道，从2003年到2004年初，由于大选将届，而各种民调都显示扁毫无胜算，于是，扁在政治上采取"台独"冒进策略，"公投"问题浮上台面；而在社会经济上，则展开利用金钱、官家资源分配、公共工程及政府采购等手段来收买政商社会各种势力。只要对绿色政府效忠卖力，即可分配到官家资源，例如贱卖公有金融机构给新兴财团，大肆推动各类无效的公共工程，让自己人有钱赚，台湾至今留下许多养蚊子的无效建筑物即是例证。另外则是各类委外活动也大增，台湾财政赤字因此而恶化，各类非法的私相授受大增，一个政商勾结的大体制因而形成，"总统府"及第一家庭因而成了台湾政商勾结、贪渎滥权的指挥中心。这些操作，尤其是再加上两颗子弹，终于使他得以连任。为他连任，台湾付出的是财政恶化、经济衰退、政经伦理败坏等严重的代价。

文章对扁从2000年5月20日上台到2006年5月20日执政六年作了清算后指出，扁的就职6周年变成了"黑色5·20"，尽管他宣称会"廉洁自持"，并为女婿弊案道歉，但大概也没有什么人会相信。由于他的任期还有两年，面临愈来愈多的弊案，在内部压力日增的此刻，人们反而更担心他会作出更孤注一掷的外部豪赌，最近的"迷航之旅"既可视为征兆。这也就是说，在过了这个"黑色5·20"之后，未来两年台湾要想平安度过，而且还能保有站得起来的元气，并非易事啊！

（三）

对于陈水扁来说，岂止是一个"黑色5·20"，以后的日子将会被他描得越来越黑。

被收押的扁女婿赵建铭的案子越揭越黑。台湾《联合报》5月26日发表的一篇报道就反映了赵案扩大的情况，题目就叫《赵中介卖官，300万元转贿高官，四大弊案都有赵痕迹》。报道说，检调追查台开案衍生的一连串弊端，发现在台开内线交易案、联贷案、卖官案及各大医院的药商回扣等四大弊案，都有"驸马爷"赵建铭介入痕迹，凿斧之深，外人难以想象。报道说，检调怀疑四大弊案中，还有未曝光的财金高层等公务员涉案，是赵建铭的"共犯集团"。赵关说（公关游说）台开董事长职位的过程，其中一笔300万元新台币买官费用，疑流入财金高层，检调将此列为下一波的侦办重点。

被收押在监的"总统府"前秘书长陈哲男又被揭出有卖官丑闻。5月30日出版的台湾《联合报》和香港《太阳报》对此都有报道。《联合报》报道的题目叫《陈哲男卖官，上将值500万》。报道说，政府高层卖官国军将领之事传闻已久，最近终有人愿意出面指证。国防大学战略研究所前所长扶台兴少将与联勤司令部前副主任黄清祥少将指出，在军中时有人告诉他们，当时"总统府"副秘书长陈哲男可以帮忙，价码数百万元。报道说，国民党"立委"林郁方昨天指出，扶台兴是战略界有名的将领，他揭露陈哲男涉及卖官的事不过是冰山一角。民进党"立委"薛凌表示他在南部听说，有四退役将领聚餐时谈到，"总统府"里有运作管道，升少将起码得120万，升中将最少需两三百万，还有人说想升上将，500万元起跳。涉美人士透露，美方对此贪腐现象十分惊讶，认为是台海军力向中共倾斜的重要因子之一。

此后，扁亲信卖官丑闻越揭越多。6月1日出版的台湾《中国时报》对此作了具体报道。报道的题目就叫《将领浮沉，要看扁五亲信脸色》。报道说，绿营政治人物插手军中人事，的确存在多时。据军方权威管道透露，陈"总统"亲信喜欢碰军事的共有五人，其中三人可以决定或改变上将阶级升迁，"是以前绝对无法想象的事"。报道指出，"总统"身旁能影响军中人事的"五个文人"，分别是第一家庭医师黄芳彦、"总统府"前副秘书长陈哲男、"国安会"秘书长邱义仁、前中钢董事长林文渊、以及"总统府"秘书长陈唐山。而前三位对军中人事的影响力可达上将。

报道说，据军方权威管道透露，军中"扁家军"的大头目、后备司令余连发上将与黄芳彦交往极密，"黄芳彦才是余连发的大靠山"。据了解，余连发定期在军方一处地点，宴请黄芳彦与林文渊两人。由于余连发的关系，黄芳彦常与情治将领吃饭。知情人士说，黄芳彦开口的事，"上面多半会卖个人情"。报道还披露了其余四人与军中将领勾连的情况。

此事一传出，令扁当局极为恐慌和震怒。台湾"中央社"6月1日发出的一则电讯说，花钱买将官或"挺扁八家将"的传闻，引发"国防部"高层震怒，为杜绝买官传闻，"国防部"3天内两次召开记者会自清。不过记者会中，媒体质疑声不断，并把近年有争议的军方人事安排，逐一对话，现场气氛紧绷。有媒体指出，扁当局如此做，是"不打自招"，"此地无银三百两"，"越描越黑"。

扁家及其当局的贪污腐败黑幕一经揭开，也引起国际舆论的普遍关注，国际新闻媒体如法新社、美联社、路透社、《纽约时报》、美国有线电视新闻网、《华盛顿邮报》、英国广播公司、英国《金融时报》等，均以大篇幅报道。特别是扁婿涉嫌股票内线交易遭羁押禁见案，多以"台湾丑闻：陈水扁女婿被收押"为题被大量报道。

扁当局制造的弊案多得让人目不暇接。岛内媒体记者形容说："只因弊案太多，随手一抓就有一把"。台湾《新新闻》周报在5月底出版的一期上，发表了一篇充满讽刺意味的文章，题目就叫《这么容易跑的弊案新闻！》。文章开头就说，民进党政府牵扯的弊案，真是多得罄竹难书啊！很难想象，原本在新闻界被视为最高难度、也必须负担最高风险的政治弊案新闻，现在变得竟然那么容易跑！

文章说，在台湾，光是一个邱毅，每天开记者会就提供了记者问不完写不完的资料。邱毅为什么那么厉害？因为他抓弊案出了名，就有各式各样讯息会交到他手里。其实，邱毅及其他人揭露的弊案，准确度并不算太高，但关键在：他们打的弊案不见得一定正中靶心，可是每打一次，周边都总是不免打出别的相关的案子来。说穿了，不是邱毅他们的枪法准，百发百中，而是目标太多太密了！本来要打中间，但打偏了没打中，没关系，偏了的位置，还有另一个目标在那里！

文章说，这事后，用"罄竹难书"这个成语，还真有道理。扁当局"国政"上没干什么，却大摇大摆不知节制地累积了一大堆弊案，上上下下别的没学，学了一堆钻营搞钱的勾当。正因为别的事不干，于是钻营搞钱就弄得如火如荼，搞到新闻界不必太努力，随便一捡就捡到弊案的地步！

面对如此腐败滥权的扁当局，岛内又酝酿着新一轮"倒扁"风潮。

台湾《联合报》5月28日刊登的一篇题为《丁守中明提罢免案，跨过联

署门槛》的报道，讲的就是"倒扁"风潮兴起的情况。报道说，国民党"立委"丁守中昨天表示，他所联署的"罢免案"已跨过提案联署门槛，将在明天正式向"立法院"提出。虽然国民党主席马英九对推动"罢免案"态度保留，但蓝营倡议罢免行动已风起云涌，除了宋楚瑜、丁守中，还有"立委"罗世雄所提的"罢免案"也正在"立院"联署中。

同一天，香港《明报》发表题为《亲民党酝酿上街赶扁》的报道，反映亲民党酝酿上街抗议，"赶扁下台"的情况。报道说，亲民党主席宋楚瑜26日发起罢免"总统"陈水扁行动后，昨天下午参加由该党推动的"全民联署、阿扁下台"活动，亲自呼吁民众联署。宋楚瑜敦促陈水扁知所进退，也希望国民党不能坐等2008年接收政权。高雄市亲民党5名民意代表昨日公开要求陈水扁为第一家庭成员涉及牟取多项不正当利益道歉下台，否则将发动民众上街。亲民党党籍"立委"张显耀昨天上午召开记者会说，民进党执政六年，从去年4月到今年5月，爆发13宗大小弊案，其中和第一家庭成员有关的近一半，他呼吁陈水扁回应人民的声音，否则将带领民众上街抗议。

同一天，台湾"中央社"发表电讯说，以中国国民党新生代为主的"五六七大联盟"，今天发起"全民呐喊、阿扁拜拜"的活动，呼吁在5月31日上午10时，全台民众不分地点，以按汽车喇叭或发出声响的方式，向执政当局表达内心的愤怒，并要求"总统"陈水扁尽速"知所进退，请辞下台"。

陷入空前政治危机的陈水扁能"知所进退"吗？人们拭目以待。

（四）

事实一再表明，陈水扁这个政治赌徒是不知进退的。就在一片反扁声中，他竟然派出自己的律师为其女婿的"台开案"作辩护律师，民众为之瞠目，舆论为之哗然。5月30日，媒体纷纷为此事作了报道和评论。

台湾《联合报》在同一天的报纸上连着发表了3篇对此事的报道。其中一篇题目叫《御用律师出马，阿扁态度明矣》的报道说，爱夫心切的第一千金陈幸妤，为赵建铭聘请顾立雄为辩护律师。在外界争论陈"总统"对赵建铭贪腐行为是否知情的此刻，陈幸妤硬生生替赵建铭增加了更多的扁色彩，不但显示陈"总统"仍一心回护女婿，"总统"更会被此事拖累得更深。第一家庭行事不但没有分寸，也没有头脑。陈"总统"最信任的御用律师之一的顾立雄，接下赵建铭的案子，能不被外界视为"总统""保护"赵建铭的手段吗？外界甚至可能怀疑"总统"也牵涉其中，否则为何要找"自己人"辩护才放心？如果最后这个官司赢了，那更不幸，届时谁会相信"总统府"没有介入司法？报道指出，聘顾立雄担任律师这个简单动作，恐怕已让陈"总统"无法与弊案切割。

台湾《经济日报》这一天发表的报道说，陈"总统"女婿赵建铭遭到羁押，风暴延烧到台湾股市，外资法人不断询问"总统"是否会被罢免，并对台股"政治风险"是否再起，感到忧虑与疑心，国内法人间甚至还开始寻找"总统下台概念股"。

报道指出，由于曾有菲律宾前总统马科斯贪污事件、南韩前总统金大中的两个儿子贪污等事件引以为鉴，外资对"总统"女婿赵铭建被羁押的事情也特别予以关注。外资交易室主管表示，有的客户甚至认为，第一家庭自陷贪污风暴，甚至已可比"马科斯事件"。

5月31日，中国传统节日——端午节，台湾照例放假。就在这个时候，扁当局的几个显赫人物突然接到扁办公室的电话通知，说扁晚上要召集"府院党"高层开会。晚上，"副总统"吕秀莲、"总统府"秘书长陈唐山、"国安会"秘书长邱义仁、"行政院长"苏贞昌、民进党主席游锡堃等一干人神色沉重地相继进入"总统府"。

会上，扁自称这段时间"心情相当沉重、自责，也做了很深反省、彻底思考"之后，便宣布了所谓的"三个决定"和"一个决心"。"三个决定"是指：第一，"自清"。"第一家庭"及相关成员必须痛定思痛，深切自省，严格自律，从今而后彻底做到弊绝风清，以符合外界最高标准的期待和检视。第二，"革新"。无私无我，革旧布新，由内而外，从身边做起。相关人事的革新，将立即着手，贯彻落实。第三，"权力下放"。除"宪法"赋予"总统"的职权外，其余"党政权力""彻底下放，完全交付"。扁还宣称不再参加任何选举，也不会参与任何的辅选活动。至于"一个决心"，指的是："说到做到，坚持到底"。

对于扁突如其来的"放权"动作，国亲两党和岛内各界人士以及各路媒体都迅速作出反应。

台湾"中央社"5月31日发出电讯说，"总统"陈水扁今天说，彻底下放其余党政权力。东吴大学政治系副教授罗致政说，这是不得已的决定，不仅意味着"跛鸭"的开始，也较能化解台湾未来两年空转危机，是正面的停损点。至于为何选在今天宣布？罗致政认为，或许是"罢免案"过联署门槛是重要催化剂，避免在野党见缝插针，引起民进党内部一波难以抵挡的倒戈风波。

路透社5月31日从台北发出的电讯说，台湾"总统"陈水扁迫于压力，今

天同意将党政权力下放，以缓解因女婿赵建铭涉案遭收押而日益加剧的政治危机。权力下放的决定使陈水扁成为台湾有名无实的"总统"，也意味着其"跛鸭"的开始。

6月1日，各界对扁下放权力的评论已趋热烈。这一天，"中央社"发出的一则电讯说，国民党主席马英九今天回应表示，宪法不赋予"总统"的权力，"总统"本不该享有，陈"总统"的"权力下放"说，"等于承认过去是违宪、滥权"。马英九指出，"我看不出'总统'有反省"，"总统"说以后会约束第一家庭，那以前做的那么多丑闻，怎么就一笔勾销了呢？这是反省的态度吗？

电讯说，亲民党主席宋楚瑜今天表示，相关决定不但凸显民进党党政精英欠缺反省能力，严重破坏"国家宪政体制"，更是"引咎不辞，权力分赃"，让人无法接受。

电讯说，中国国民党"立法院"党团今天表示，陈水扁的三个决定和一个决心，不过是另一场骗局。所谓权力下放，只是承认过去六年违宪滥权，"总统"现在只有一条路可以走，就是辞职下台。国民党党团书记长潘维刚说，面对第一家庭弊案连连，昨日提出的"三个决定"与"一个决心"，又是扁式的口号、空洞的政治语言。国民党副书记长雷倩表示，陈水扁的宣示证明第一家庭弊案铁证如山，只想断尾求生。

这一天的台湾《联合报》发表报道反映了绿营人士的反映。一篇报道说，对扁下放权力，有绿营的"立委"说，"听听就算了"，陈"总统"还有两年任期，"他一定会伺机反扑"。另一位绿委说，"别傻了！"依照阿扁一贯作风，他是不可能就此松手的，"要他不插手人事，这是不可能的事"！他只是先采取沉潜低调，再伺机反击。

《联合报》的另一篇报道说，民进党昨天有超过90位年轻幕僚连署发起一封措辞严厉的公开信，直指已对陈水扁"总统"失去信心和耐心，要求陈"总统"不要再作空洞的口头道歉，"若短期无法诚心负起责任，我们无法认同并支持你做国家领导人"。公开信要求党内领导高层为过去六年的"迷失"，向台湾社会与人民道歉。公开信还痛批，陈"总统"在国家政策上出尔反尔，对内把两岸议题当政争工具，对外为了个人声望操作，让美台关系跌落谷底，"台湾数十年来，两岸积蓄，六年内被你挥霍至荡然无存"。

《联合报》这一天还发表了一篇题为《主动削权？断尾求生？》的文章，对扁下放权力的举动进行了分析。文章说，陈水扁"总统"宣示将彻底下放权力，好强的陈水扁走到这一步，实在是情非得已。陈"总统"希望借由这一招，缓和外界猛烈的倒扁炮火，权力既已不再集于一尊，外界拿"总统府""练靶"的力道也可望趋弱。造化弄人，一心避免当"跛鸭"的陈"总统"，却提前跛脚，宣告"扁后时代"已正式来临。

美国《洛杉矶时报》网站这一天发表报道说，一些分析人士对陈水扁"权力下放"一说是否属实表示怀疑，认为也可能是他的一种战术。台湾政治大学教授蔡玮说："我认为对于陈'总统'的最新说辞，我们应该持怀疑态度。毕竟他向来是说一套做一套的，让人很难相信他。"分析人士说，陈水扁的政治撤退似乎是为了避免更难堪的下场，譬如说被人从"总统"宝座上赶下来。近来要求陈水扁辞职的呼声日益高涨。一些人认为，陈水扁宣示权力下放只是为了平息日渐高涨的罢免声浪，一旦地位有所巩固，他可能会利用"宪法"对"总统"和"行政院长"职权规定的模糊界线，重新获得政治空间。

就在人们热评扁"权力下放"之举时，6月1日晚上，扁办公室又突然高调发布人事变动新闻稿，说跟随扁多年的"总统府"副秘书长马永成以及"国安会"咨询委员林锦昌请辞，同时获扁批准。两人的辞呈中，都强调自己的请辞是为成全陈水扁的改革，并没有提及本身的问题。早在扁还是"立委"时，马永成就跟随左右，逐渐成为扁最倚重的"智囊"。而随着扁职务的不断变动，马永成也不断加官进爵，历任台北市府副秘书长、"总统"办公室主任、"总统府"副秘书长。林锦昌也追随扁14年了，是扁的首席"文胆"。岛内有媒体评论说，马、林两人辞职，象征着扁核心幕僚手握大权的时代正式落幕。国民党籍"立委"、民意代表指出，这是扁在"断尾求生"，"断小马保扁嫂"。台湾著名时事评论员胡忠信的解读是，林锦昌本来就不重要，是陪葬，用他来冲淡马永成辞职的冲击性，林是"兵马俑"，马辞职是表示东窗事发，要火烧扁官邸了。

台湾《联合报》6月2日发表的一篇报道说，民进党前主席许信良昨天指出，美国爆发水门案丑闻后，尼克松的两位非常重要的亲信先下台，但仍挡不住其本人下台的命运。陈水扁现在的处境就跟尼克松一样，下台是挡不住的结果。许信良说，陈水扁要马永成下台，等于向民进党承认他错了，请党原谅他，"但有用吗？"

这一天的《联合报》还发表了一篇题为《清君侧，然后呢？》的文章认为，让马永成辞职是扁包庇马弊案缠身的手法，因为扁用这类手法包庇亲信已不止一次，如林文渊辞去中钢董事长，也是未附理由；林下了台，他与高捷弊案的关系也就不了了之，如今对马的问题也是如法炮制。文章进一步指

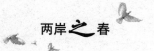

出，"清君侧"的呼声四起，马永成不能不下台。但更大的问题是："侧"已清，"君"又该如何处置？陈水扁若一方面连吴淑珍的礼券首饰都交代不清，另一方面又聘律师团要赵建铭"否认到底"，则即便亲手杀了再多的陈哲男与马永成，恐怕也不能充数抵账！

内外交困、焦头烂额的政治无赖陈水扁还不知有什么可上演的戏码，善良的人们都擦亮眼睛看着他的表演。

（五）

在台湾政坛和社会被陈水扁的黑金政治及通过两岸议题挑起岛内族群斗争等卑劣手段搞得一团糟的时候，两岸经贸交流合作和民间各个方面的互动进行得越来越绵密而热烈。世界专家学者正看好两岸关系发展的前景，认为台湾海峡已出现长期稳定的曙光。6月4日出版的日本《东京新闻》发表的美国哥伦比亚大学教授杰拉德·卡蒂斯先生撰写的题为《台湾海峡出现一线光明》的文章就是阐述这一观点的代表作。文章说，目前，在东亚紧张的局势中出现了一线光明，那就是近期在台湾问题上出现的新动向：台海问题的相关各方开始抱有一种共识，军事冲突的可能性在减少，台湾海峡出现了长期稳定的曙光。

文章强调，近一两年，中国的对台政策发生了很大变化。中国的最终目标当然还是统一，没有改变，但不知从何时开始，中国不再提何时统一，不再提统一的期限。并且，也开始少用威胁性的语言。中国对台湾开始采取怀柔政策。去年3月中国领导人发表了对台政策新方针，其中引人注目的是：贯彻寄希望于台湾人民的方针决不改变。

文章说，中国为了吸引台湾民众，尤其对"台湾独立派"民进党的支持阶层农民、医生、学生等，采取了优待的灵活政策。虽然中国还在增强军备，增加对准台湾的短程导弹的数量，但与其说是增长进攻能力，倒不如说是在增强防止"台湾独立"的遏制力，这一色彩很突出。总而言之，中国的对台政策的目标就是先维持现状。这与美国的台湾政策是相吻合的。美国坚持反对中国动用武力统一台湾的政策，一直在对中国进行牵制。另一方面，美国"反对台湾独立"的立场也很明确。今年四月，胡主席访问华盛顿时，布什总统讲得很明确。美国的态度就是，应该保持现状。

文章指出，就是在台湾岛内，对维持现状的支持也在扩大。过半数的台湾民众既不希望独立也不希望统一，陈水扁的支持力一再下降，直至他任期结束的2008年，独立都是不可能的。可能接替陈水扁的民进党其他政治家据说为稳健派。在野党国民党主席马英九更是维持现状派。

文章最后说，维持现状是对中国大陆、台湾、美国甚至是日本都具有现实意义的政策中的最佳选择。这种共识如能得到各方的确认，则台湾海峡将进入一个和平的新时代。

历史事实和岛内良知贤达早就指出，"台独"是死路一条。经过陈水扁这六年恶作剧般的执政所造成的岛内混乱不堪的局面，更让人们清楚地看到："台独"之路走不通，黑金政治最可怕。6月5日出版的台湾《联合报》就此发表了社论，题目就叫《陈水扁两大见证："台独"不可行，黑金真可怕！》

社论开门见山地指出，陈水扁主政六年，作了两大见证：一、"台独"不可行。二、黑金真可怕！

社论接着用摆事实的方法阐述这两大见证。

先谈"台独"不可行。"台独"是一个政治憧憬，陈水扁则亲手戳破了这个泡沫。他尝试"台独公投"，但公投法的"台独条款"被美国剪掉；他扬言发动"反飞弹公投"，操作时却狸猫换太子，以"买飞弹公投"混充，且遭公民否决；他再三宣称任内一定完成"公投台湾新宪法"，却被美国限定"宪改必须遵循现行宪法修宪程序"，且不得跨入"法理台独"的禁区；他想"废统"，美国则谓"国统会"及"国统纲领"并未废除；他说"四不一没有"的"前提"已经改变，美国却警告他"必须信守'四不一没有'的原始承诺"……这一切的尝试，与一切的失败，陈水扁自己都下了注脚："'台独'是自欺欺人，做不到就是做不到！"陈水扁明明知道，在台美中三角架构下，"'台独'做不到就是做不到"；但他却不断刀口舔血，挑动"台独"议题，作为炒作岛内政治斗争的筹码，或作为处理其政治危机的杠杆。然而，讽刺的是，自称"'台独'是自欺欺人"的陈水扁，在主政6年后，却被美国政府公开指为"台独分子"，是否有一种"弄假成真"的滑稽感？社论不无调侃地指出，其实，陈水扁正是使"台独"受到重创之人。他不但在"公投"、"制宪"、"废统"上，完全失败，且使得美国视"台独"领袖如陈水扁者为不可理喻。最善于炒作"台独"的陈水扁，却毁了"台独"，这真是历史的吊诡！

再谈黑金真可怕。陈水扁的黑金贪腐，铺天盖地，无孔不入。目前所见的黑金大观，只是冰山一角。举目所见，任何人物或机关，只要你觉得有问题，挖开来一定就有问题；几乎所有的行库，都可看到黑金的指纹；几乎所有的公股事业，都可看到黑金的足印。

文章最后说，陈水扁的两大政治旗帜是扫除黑金和搞"台独"。但是，如今陈水扁却成了台湾政治史上的第一黑金，成了"台独"的终结者。

新加坡《联合早报》6月1日曾发表冯瑞杰先生题为《"第一家庭"为"台独"谱休止符》的文章，同样阐述了与上述社论相类似的观点。文章指出，六年前，绿上蓝下，政党轮替时到欢欣鼓舞，虽倾刻间转换成双方赤裸裸角力的画面，但以"台独"意识形态出发的论述却始终是执政当局面对蓝营进攻的坚盾。

但是，事件发生了变化。文章指出，就在绿营的道德堡垒"第一家庭"屡屡"露馅"的当下，"台独"背后还能有多少道德基础支撑？在绿色权力人士纷纷走避弊案风暴圈，寻求"断尾"自保之际，他们还有多少精力宣扬所持的所谓理念？碍于现实处境，"'台独'进行曲"原本不是容易表达的曲目，纵使聚精会神地全心弹奏，犹未知是否能够打动人心。加之阿扁团队的"轻佻"行径，更使表演舞台沦为低级"政治肥皂剧"的场景。

文章最后说，再定神回到充斥"国库通家库"之讥的今日，"'台独'进行曲"的命运呢？吾人以为须谱上休止符。

十一、岛内倒扁浪潮一浪高过一浪，负隅顽抗的陈水扁被公众斥之为"天下第一不要脸"

（一）

6月3日下午2时，由亲民党主席宋楚瑜发起的"全民呛扁、阿扁下台"群众集会在"总统府"前的凯达格兰大道举行。宋楚瑜率领党内全体公职人员一同与会，并邀请无党籍"立法委员"李敖、民进党前主席许信良等出席集会。

"全民呛扁"集会吸引了许多民众参加。在群情激愤的集会上，宋楚瑜发表了主旨讲话。他说，"总统"面临的不是权力下放的问题，而是辞职与否的问题，"总统"不能恋栈权位，或是用保护伞掩饰执政团队的贪腐问题。"总统"的权力来自"宪法与人民"，不得信任的"总统"已无法有效治理"国家"。既然不适任，就应该下台，而不是释出权力以巩固领导中心。

与会民众对宋楚瑜说理充分、铿锵有力的讲话报以热烈的掌声。

这一天的下午，中国国民党第十七届中央委员会第一次全体会议闭幕，马英九号召与会人士参加亲民党举办的"全民呛扁"活动。会后，马英九即率与会代表参加"全民呛扁"集会。

赶到集会现场后，马英九发表讲话说，国民党已经有共识，目标只有一个，就是阿扁下台。下台的手段可以是"罢免"、"倒阁"或其他任何方式，因为人民没有办法再忍受陈"总统"。他表示，国民党"立法院"党团会和亲民党、新党、无党联盟党团合作，就"罢免"问题作出最有效、最可行的决定。

李敖在集会上与有关人士表示，用聪明、有效又迅速的方式让阿扁下台才重要。"弹劾"和"罢免"最快都要9个月时间，不可能让阿扁立刻下台，因此最有利的方法，就是从"立法院"下手"倒阁"，只要两个半月就可成功完成让阿扁下台的愿望。

李敖说，如果"倒阁"，陈水扁十天内就要决定怎么处理"阁揆"出缺的问题，除由蔡英文"组阁"、"国会"多数"组阁"，极可能解散"国会"，蓝营有机会达到2/3的席次，届时罢免"总统"不是难事，可用"倒阁"达成罢免的目的。

"全民呛扁"集会的第二天，岛内媒体即对此作了报道和评论。《联合报》发表了题为《覆舟之水，汹涌澎湃：陈水扁，主动下台吧！》的社论。社论指出，过去数日，"陈水扁必须下台"的社会共识已然形成，歧议只见诸应循何种途径叫他下台而已。因此，民调显示，主张要他下台的比率甚高，但主张以"罢免"或"倒阁"方式叫他下台的比率则相对较低。这说明，多数民意主张陈水扁下台，其中有些人却不赞成为了"罢免"或"倒阁"再增耗社会成本。于是，叫陈水扁主动宣布下台，遂成了主流民意的共同选项。

社论指出，面对党内主流民意要扁主动下台的呼声，陈水扁可有两个选项：一是负隅顽抗，听任弊案频爆，"罢免"、"倒阁"闹得举岛不宁，最后可能人民拥上街头，仍然落得引咎辞职。二是果敢地引咎辞职，减低社会成本，放民进党一条生路，也给举岛一条活路。

被公众斥之为"天下第一不要脸"的陈水扁他能听取善良的规劝吗？这个道德品质彻底沦丧、人格彻底破产的政治赌徒只会选择"负隅顽抗，听任弊案频爆"。台湾社会乱下去他才可"恋栈权位"，获取暴利。

（二）

在"全民呛扁"的声浪中，6月7日上午，国民党籍"立委"邱毅召开记者会，再爆扁妻吴淑珍贪腐材料。邱毅说，根据他获得的资料，太平洋流通公司董事长李恒隆在2002年四月、九月间，分别以"赠礼、交际费"名目，提领533万元新台币SOGO礼券，其中大部分流向扁的"御医"、新光医院副院长黄芳彦及前"总统府"副秘书长陈哲男手中。

邱毅指出，吴淑珍无法将手中持有的SOGO礼券花完，遂由一位林女士提议，再以9折"优惠"，将其中数百万元礼券转售给六七位政商界人士贵夫人，他手上已握有"集资"向扁嫂购买礼券的名单。

邱毅说，陈水扁"总统"4月曾发表声明，"第一家庭"成员中，若有任何一人曾收受李恒隆、章民强、徐旭东或陈哲男等任何一人所赠送的SOGO礼券，他愿辞职下台，以示负责。邱毅指出，"那从黄芳彦、陈哲男夫人陈辜美贵手中取得的礼券算不算？"邱毅强调，"压垮陈'总统'的最后一根稻草已经出现，阿扁应该立刻下台！"

6月7日这一天，台湾《联合报》发表一篇报道也是披露扁家贪腐情况的。报道说，监察院上周接获国民党"立法院"党团一纸传真检举，要求尽速针对陈"总统"与吴淑珍佩戴明显超过20万元以上的名表、珠宝、名笔等财产速补申报，并交代来源。国民党"立法院"党团6日下午又补提一份清单，其中列有翡翠耳环、别针、黄金、珍珠、珠宝等8项，总计上千万元新台币。

邱毅当天爆料时还指出，吴淑珍以"国泰金"副董事长蔡镇宇的名义，在国泰世华银行总行租用4.5平米顶级保险室，俨然成为第一夫人秘密宝库，陈水扁的儿子陈致中进出保险室时还曾被人目击。吴淑珍使用的这间保险室编号为D01，每年租金高达117万元新台币，比许多民众年收入还高，引发争议的SOGO礼券，也有可能曾经放在此处。

邱毅说，"第一家庭"官邸比任何地方都要安全，为何吴淑珍需要租用保险室？合理怀疑第一家庭以不正当管道取得的古董、字画、珠宝、债券、证券、礼券、现金等，都曾存放在里面。该保险室设计相当强调私密性，不但门禁森严，顶级客户还可通过专属停车区，直达保险室，且必须经过6道门，陈致中可能树大招风，出入保险室才被认出来。

有"爆料天王"之称的邱毅认为，台湾之所以弊案连连，实在是因为台湾老百姓太善良。他曾说："台湾人太好骗了，因为太好骗，所以那些贪腐的人才有生存的土壤，才会一个个出来，然后结成一个集团。"他是国民党籍的民意代表，他有责任站出来代表民意说话。

随着邱毅的爆料，一桩桩政要弊案逐渐浮出水面，邱毅的名气也日高一日。邱毅在台湾走红的程度，可以从他在"立法院"的办公室门前所摆放的为他加油打气的花篮上看出，一排又一排的花篮几乎排到了隔壁办公室的门前，花篮上附赠的卡片上写的多数是"揭弊英雄"、"站在人民这一边"等赞扬和鼓励的词语，场面壮观、动人。

邱毅曾勇敢而坦率地表明，他大胆揭弊的最大目标就是要让以"总统"陈水扁为首的整个贪腐集团垮台。

邱毅说，揭弊需要有两个先决条件，他就具备这两个条件。第一是要"自家清白"，不能有任何把柄落在敌方手里。第二是"不妥协"。邱毅说，有些"高层"会以权力或金钱来威胁、利诱爆料者，希望能将丑闻压下来。他不怕威胁利诱。他举例说，他离婚时把5亿元全部给了前妻，眉头都不皱一下，这可以证明他不会在金钱面前妥协。

邱毅揭弊揭出了威望，揭出了"人气"，造成了"他揭什么，检调机关就办什么"的气候。他说，这样一来，就会形成一个良性循环，因为提供线索的民众发现，"给你的资讯都会有成效"，不但会继续提供资料，还会有连锁效应，会有更多的讯息从四面八方向你涌来。他举例说，5月11日引爆的"台开案"，实际上是5月10日下午他在临上飞机的时候才突然得到的讯息。他说，有一位台湾南部商界的大佬坚持要找他，问明了他当时就在高雄，虽然距离登机只有三分钟，但是那位大佬强烈要求见他，大佬拄着拐杖赶到机场，交给他一本名册，说"名册里面铁定有赵建铭的妈妈，而且是在一场餐会里面决定的"。兴奋的邱毅一下飞机就赶紧打电话确认简水绵就是赵建铭的母亲，而所购买的股票也正好跟那个老先生所检举的数字相吻合。所以，他揭发"台开案"一下子就击中要害。

（三）

6月5日晚，国民党主席召集一级党务主管开会。会后，与会人士透露，马英九在会上拍板确定提出"罢免陈水扁总统案"，立入"立法院"召开的临时会。秘密会议还决定，将发动全面促扁下台活动。除了由国民党"立法委员"在各自选区发起"阿扁下台，清廉保台"公民联署促扁下台外，还将在全台举办定点说明会，向民众说明为何要陈水扁下台才能救台湾的理由。

6月5日出版的台湾《中国时报》发表的一篇报道说，马英九为了思考如何让陈水扁下台，最近私下打了数不清的电话，开了许多次会议，征询包括民间友人、学者与党籍"立法委员"。经多方咨询后，马英九萌生"定见"：持续施压、准备战斗。"持续施压"，就是继续和陈水扁在体制内对话，希望他主动辞职；"准备战斗"，就是如果扁置之不理，弊案又向上延烧，"罢免"、"倒阁"随时出手。

6月7日中午，国民党"立法院"党团召开大会，就"罢扁案"进行讨论表决。会后召开记者会，宣布出席的59位党籍"立法委员"无异议通过，将要求罢免案列临时会第一案。党团还决议，下午补送40位党籍"立委"的罢免联署名单给"立法院"议事处，联署泛蓝"立法委员"将达到112位。

国民党籍"立法委员"洪秀柱会后指出，虽然明知"总统罢免案"的门槛很高，通过的可能性不大，但泛蓝仍必须全力推动，"结果不重要，过程才重要"。

下午举行的国民党中央常委会通过了"罢免总统陈水扁案"，马英九以国语、闽南语、客家话、阿美语宣读推动罢免案的缘由，呼吁全民展开联署活动，"一起罢免陈总统"。他说，国民党决定提出"罢免陈总统案"，"是中华民国宪政史上罕见的行动"，他心情十分沉重。提出"罢免案"不是基于党派考量，或是私人因素，而是为了全民共同利益。

马英九呼吁，从现在开始，全面展开联署活动，要求陈"总统"辞职下台，每一份签名就代表对陈"总统"的不信任，并且表达对贪污无能政府的抗议。他还呼吁，民进党要"大义灭亲"通过罢免案，让人民复决罢免案。如果民进党在这个历史时刻还站在和人民对立的一边，会被历史唾弃。

6月10日下午2时，国亲两党在凯达格兰大道再度发起呛扁活动，现场聚集了相当多的民众，气氛十分激烈。由于活动的目标是"倒扁"、所以也陆续引发了一些"保扁"人士与"倒扁"民众的零星冲突。但在警方的化解下，事态并没有扩大。

这一天出版的香港《太阳报》发表了一篇题为《倒扁精心策划》的文章，对国民党"倒扁"的决心和策划的"路线图"作了反映。文章说，台湾"第一家庭"、"第一亲家"弊案丑闻引起的逼扁下台的政治风暴，未来数日将掀起一个高潮。国民党的马英九在经过一段时间的犹豫和观望后，在党内外巨大压力影响下，终于"硬起来了"，要露出他"凶狠的一面"，站在"倒扁"大军的最前头，向陈水扁发起猛攻。

文章指出，泛蓝"倒扁"的社会政治活动全属阳谋，开诚布公，他们为此制定了"时间表"和"路线图"：一是6月7日国民党正式提出"倒扁案"，并展开全民联署，目标是超过800万民众；二是6月10日的泛蓝阵营举行"倒扁"大示威、大游行；三是6月13日国民党和亲民党"立委"联手将"罢免案"定为"立法院"临时会议第一讨论案；四是泛蓝"立委"携手争取"立法院"表决通过罢扁案；五是若罢扁案不获通过，泛蓝阵营将于9月份在"立法院"提出"倒阁"案。

文章最后说，这次来势凶猛而又极具章法的揭弊浪潮，显然是精心策划又经长期准备的，目标就是要陈水扁下台，并把他送进大狱！因此，目前的揭弊一直采取"剥笋"战略，一层一层地剥、一层一层地揭，陈水扁是弊案后台，几近呼之欲出！

6月12日上午，台湾"立法院"全院委员举行谈话会，谈话会决议，13日到30日召开临时会议，其中一项重要议题就是讨论表决国亲两党党团提出的"罢免陈水扁总统案"。当天中午，"立法院"程序委员会讨论通过将"罢扁案"排入临时会报告事项第一案，若能顺利交付委员会完成审查，将于21日至23日，以及26日召开全院审查会议，27日交付表决。这就是说，"罢扁案"的"法定程序"正式启动。

（四）

面对蓝营的强烈"呛扁"并推出"罢扁案"的陈水扁，在沉寂七八天后，6月8日又端起了"总统"的架子，在接见外宾致辞时又透过电子报对蓝营发起反击。他一面痛批泛蓝有如"文革"，株连九族，"罪及妻孥"；一面又向美国声明，他宣布权力下放只是在党务、政务做技术性微调，丝毫不影响"总统"职权的行使。

前文已叙及，陈水扁为了摆脱弊案缠身的困境，在5月31日晚召开的民进党高层会议上，打出"谦卑反省"的"悲情牌"，提出所谓的"三个决定"和"一个决心"，其中提出的"权力下放"的宣示言犹在耳，现在马上又狡辩"权力下放只是在党务、政务上作技术性微调，丝毫不影响'总统'职权的行使"，并且又端起"总统"的架子，声色俱厉地作困兽之斗。引起这种变化的原因是什么？原因恐怕不外乎两个，一是陈水扁已利用手中的权力与发生在他身周围的弊案做了切割，他已经把自己打扮成"清白之身"；二是先放低身段打出"悲情牌"，然后再伺机反扑，这是他摆脱困境的"武术套路"，屡试不爽。岛内公众对他的这一套已有多次领教，多家媒体此次又作了针针见血的揭露。

6月9日出版的台湾《联合报》刊登了一篇题名叫《查弊画了线："赵家的事和扁家无关"》的文章，就揭示了扁为什么又"耍横"的原因。文章说，陈"总统"昨天发表强硬谈话，指"谁犯罪，谁受罚，不能无限上纲到要株连九族"。种种迹象显示，"总统"高姿态回击逼辞浪潮，有恃无恐，是因检调侦办第一家庭弊案，已在赵家和扁家之间画了一条线，弊案将办到赵家为止，相关证据也将查到赵家为止。

同一天出版的台湾《中国时报》也发表了一篇题为《才刚权力下放，马上全力反扑》的文章，揭露扁又在故伎重演。文章指出，扁就任以来，施政一直遭到批评，但只要碰到权力危机，扁的操作"堪称一流"，一位长期观察民进党的人士指出，扁深谙"可以被斗臭，不可以被斗垮"的道理，因此屡次遭逢危机都能过关。

文章说，我们已经认识得很清楚的这位陈"总统"，果然没出人们的意料之外，自赵建铭涉嫌"台开案"以来，陈"总统"昨日展开最强烈的反扑。陈水扁脸一翻，在阿扁电子报里又横眉竖目地擂起了战鼓，指控"司法公正"被刻意扭曲误导成"一人犯法，必须罪及妻孥、株连九族"。这是多么颠倒黑白的恶意指控！恐怕只是为了阻挡火势进一步向第一家庭延烧而已。

文章指出，陈水扁除了放话阻挡弊案烧向自己之外，也正多管齐下捍卫权位。一方面集结党内势力对抗蠢蠢欲动的吕秀莲，一方面向美国重申"四不"，希望争取到美方的支持。

6月10日的《联合报》又发表一篇题为《道歉→释权→反扑，保位三部曲，扁险中求胜》的文章，对扁的故技重演作了剖析。文章说，扁的保位第一部曲是这样上演的：当扁结束"兴扬之旅"返台后，"台开案"逐渐升高，亲家赵玉柱和女婿赵建铭涉案的情形愈来愈明确。当时陈水扁虽按兵不动，却是透过各种管道了解情况。虽然赵建铭当时未对陈水扁吐实，但各界的批判声浪已让民进党无法承受，陈水扁决定先低姿态道歉，获得民间的认同。于是保位第一部曲登场。

扁的保位第二部曲是这样上演的：随着赵建铭被收押，陈水扁亟思"攘外必先安内"，只有稳住民进党，才有可能全力对抗在野党。于是陈水扁在5月31日端午节临时举行的党政高层会议，宣布"权力下放"给"行政院长"苏贞昌，稳住党内最大炮手"新潮流系"。至此保位第二部曲登场。

在"权力下放"的保位第二部曲前后，扁透过了解案情，开始与"台开案"切割，与赵家划清界线，确保自己和家庭成员不受牵连，这才在扁电子报上又横眉竖目地指控揭弊者和在野党是"一人犯法，罪及妻孥，株连九族"，气势汹汹地开始反扑。这就是扁保位第三部曲的锣鼓。

6月中旬出版的香港《亚洲周刊》发表了一篇题为《扁营保位招数与倒扁大战》的文章，也是揭示扁为保权位所使出的招数的，与前文有异曲同工之妙。文章指出，扁的"保位"之战，可分几个层次：第一个层次是"放低姿态"，以退让作为进攻的准备。指的是5月31日扁宣示"三个决定"和"一个决心"，借"权力下放"先稳定内部。第二个层次，则是为弊案本身设定"停损点"。指的是扁以他的执政权力，为检调单位查弊案时设下限制，就是不让检调单位查到他的身上。此外，还利用他的御用律师为赵建铭辩护，避免赵建铭供出会涉及到第一家庭的证据。只要火烧不到他的身上，即可太平过关。第三个层次，就是扮"可怜相"。指的是，近期以来，扁及其近臣律师等不断放话，宣扬扁妻吴淑珍身体状况多么差、多么危险；扁的女儿即将临盆，但家逢变故，精神状况多么糟，她和小孩多么可怜，等等。扮"可怜相"争取同情。第四个层次，则是依靠上述动作积累力量展开反扑。民进党内及绿色媒体，最近在"欺人太甚"、"赶尽杀绝"这些题目上做文章，他们把弊案这种问题简化成政治问题，把政治问题又简化成让步问题，意思是说，扁已让步这么多了，你们不要欺人太甚！于是，一个恶人，居然摇身一变，成了被欺侮的弱者。第五个层次，就是在周边展开动员进行"保位"战。最近台湾股票狂跌，民进党控制的官方媒体制造假新闻，宣称"美国支持陈水扁做完任期"等，都是周边动员进行"保位"战的证明。

这就是负隅顽抗的陈水扁。

（五）

随着"罢扁案"的联署推动，随着岛内反扁浪潮越来越猛，负隅顽抗的陈水扁又进一步展现了他"愈错愈勇"的赌徒个性。提出了"不随'罢免案'起舞，不是第一家庭涉案，不要罢免"的三阶段迎战策略。具体包括在6月20日前以"不提答辩书、不承认有罢免案"为回应主轴，凝聚绿营支持度。在27日投票前一周，以发动基层反罢免行动为主，再发动各种攻势，向国亲两党施加压力。

针对陈水扁提出的"三不"策略，国民党主席马英九于6月13日与亲民党主席宋楚瑜会面达成"三要"共识，即"要同步团结，要扩大争取支持，要护宪"，以回击扁的"三不"策略。

6月18日下午，国亲两党在台湾中部的彰化市林森路夜市广场举行呛扁大会，与会民众近万人，气氛热烈。国亲两党在会上向与会民众说明为什么要罢免陈水扁"总统"之职的理由。马英九说，当局领导人没有能力，又得不到民意的支持，就应该下台。他陈述了罢免"总统"的理由，得到现场民众的热烈响应，报之以热烈的掌声，"阿扁下台"的口号也不绝于耳。

绿营为反制蓝营的"罢扁"行动，6月17日在台湾几个县市举办挺扁活动。"台湾社"等几个本土社团这一天在"总统府"前的凯达格兰大道举行集会挺扁，"独派"大佬几乎全员登场，疾呼本土政权不能倒。他们为了保本土政权，把贪污腐败的陈水扁集团也保护了起来。舆论认为，这是贪腐的陈水扁绑架了民进党，也绑架了台湾。

6月19日，马英九与国民党籍县市长联合发表了"反映基层心声，支持罢免提案"的共同声明。声明中强调，"反贪罢扁，清廉救台"已经不是个别政党的诉求，而是全民共识。马英九表示，泛蓝县市长涵盖全台近70%的土地与人口，强烈反映出要求陈"总统"尽速下台的心声，陈水扁应该尽速下台。他说，罢免陈"总统"联署人数现在已超过70万人，预计将超过一百多万人。马英九质疑民进党，为了对抗罢免案，民进党挑动族群对立，这种做法很不道德。

民进党挑动族群对立、斗争的一个重要方面，就是唆使台湾南部地区的地下电台煽动"刺马"，制造"电波恐怖主义"。

地下电台是对台湾法制社会的一大讽刺。这些未立案、不合法的广播电台，长期扮演着巩固绿色政权的角色。2004年"总统"大选"3·19枪击案"发生后，南部地下电台趁机在各地散播泛蓝与中共勾结雇用杀手枪杀"台湾之子"，制造台湾社会混乱，很多民众信以为真，对陈水扁投下同情票，致使"总统"大选选情翻盘。此次这些地下电台又呼吁挺扁民众出来反击，甚至号召"勇敢的台湾人"组成"敢死队"，找机会杀死马英九等"中国代言人"，流血牺牲也在所不惜。这番"刺马"的煽惑性犯罪与挑拨族群对立的奇谈怪论，再度激化了台湾蓝绿对峙的局面。

当台湾社会蓝绿对峙的局面被激化之后，陈水扁认为时机已到，便跳出来开始反扑。6月20日晚，陈水扁在"总统府"秘书长陈唐山、副秘书长卓荣泰的陪同下，在"总统府"三楼大礼堂发表"向人民报告"的电视讲话。他在讲话中不仅一一驳斥了国亲两党所提出的十大罢免理由，而且对第一家庭所涉弊案也宣示"绝无此事"。

国亲两党提出的十大罢免理由是：

一、选举有术，治国无方，经济低迷，失业率、自杀率居高不下，罔顾民生，台湾已是全球自杀率最高的地区之一。

二、掏空"国库"，贱卖"国产"，政府赤字沉重，财政濒于破产，国债倍增，政府总债务达四兆元，可谓债留子孙，祸延后代。

三、政府弊案重重，清廉度备受质疑，陈水扁宠信贪官，放纵亲信，官商勾结。

四、败坏选风，挑拨族群对立，制造人民内部矛盾；每逢选举，口不择言，滥造口业，作为国家领导人，已严重失格、失职。

五、施政风格行权谋诡诈，短线炒作，分化利诱，不诚无信，上行下效，败坏政风。

六、政治黑手介入，掩饰弊案，干涉司法；侦查不公开成了刑不上权贵的护身符，司法已不足以作为社会公义的最后防线。

七、迫害言论自由，打击媒体，政府挟公权力以吊销执照、统包广告及置入型行销手段，对媒体威胁利诱，滥行干预新闻自由。

八、玩弄统独，鼓吹对立，无视两岸经贸互补互惠事实，扭曲市场经济法则，行锁国政策，扼杀台湾经济竞争力商机。

九、破坏行政中立，违背政府依赖保护原则，不恤下属公务人员；官吏升迁奖惩马屁文化当道，破坏文官体制。

十、毁宪乱政，滥权独裁；行政专权，一人独裁；坐令政府空转，政令不行，法制不彰。

以上十大理由事实确凿，有目共睹，但扁利用"律师语言"一一予以否认。收视扁"电视独白"的观众不时发出嘘声表达不满情绪。中国国民党青年团总团长林益世率领青年团员同步收看了扁的"电视独白"，他批判扁的这番独白是"睁眼说瞎话"。看完电视晚10时后，他率领青年团员步行到"总统府"前抗议，要求陈水扁立即下台。

亲民党主席宋楚瑜收看完电视后说，他对陈水扁近两个小时的电视答辩很失望，不能接受，关键性问题如SOGO礼券案、介入金控经营权等问题，陈水扁都没有给答案，避重就轻。

亲民党团总召集人吕学樟说，陈水扁报告的内容只能说是"全程睁眼说瞎话"、"都是别人错，自己没有错"，对于第一家庭及周边亲信是否涉及弊案说不清楚、讲不明白，他感到遗憾、失望，更加深积极推动罢免案的信念。

国民党发言人郑丽文针对陈水扁用"电视独白""向人民报告"，取代按法律要求扁应向"立法院"就"罢免案"提出答辩书的做法指出，中华民国宪政史上首度提出的"罢免案"，是很严肃的事情，当事人有权利也有义务提出答辩，但陈水扁放弃权力，不愿实行义务，和他藐视"宪法"及"国会"的作风一致，是心虚的表现。

6月20日深夜出版的台湾《中国时报》发表的一篇题为《国亲抨击扁心虚，困兽之斗》的报道说，陈水扁决定今晚8点在"总统府"内"向人民报告"，国亲党团提出强烈批评，认为扁因心虚而拒绝向"立法院"答辩，将负隅顽抗、困兽之斗发挥到淋漓尽致。国民党团副书记长郭素春强调，陈水扁躲在"总统府"内自说自话，如果陈水扁真诚对"宪法"与人民负责，就应该提出答辩书，否则就是默认、惧怕。国民党籍"立委"吴育升指出，陈水扁已经心虚到足不出户，"充分发挥"负隅顽抗、困兽之斗的精神。他不敢接受现场媒体的询问，只能选择直播，时间又卡在8点到10点，让各媒体在面临截稿期间无法反映在野党和社会各方面的反映。

这一天深夜出版的台湾《民众日报》刊登题为《陈水扁的最后一搏》的文章对扁负隅顽抗也作了描述："曾经被质疑3·19枪击案自导自演、曾经被打成贪腐集团的首脑、曾经两度遭受"罢免案"威胁的陈水扁'总统'，今天晚上终于要打破沉默亲上火线，对抗自"高捷案"以来长达一年的种种指控。过去，他曾经告过，曾经用新闻稿驳斥过，曾经无力招架低调回避过；如今，他要绝地大反攻，时间晚了，机会也只有一次，如果他不答辩，又沦为自说自话，则危机非但不会过去，还会引发更大的反扑力道。"

6月21日的台湾《中国时报》刊发的题为《求生脱困十大绝招，扁大律师：不是我，我没有，他更糟》的文章，揭示出陈水扁为摆脱困境在"电视独白"从所施展的十大伎俩。

文章说，陈"总统"昨晚亲上火线两小时，在电视上以向人民报告的方式逐一回应在野党罢免案。很遗憾，大家只看到"大律师"在为自己辩解，用"求生十大战术"为自己脱困；一场"总统脱口秀"下来，其实只有九字真言的唯一主轴："不是我、我没有、他更糟"。

扁的"求生十大战术"是什么呢？

第一，最常出现的，就是"我说没有就没有"。两个小时的"电视独白"此话至少说了好几次，仿佛他这样说没有，弊案就不需要司法检验了。

第二，典型的律师言词诡辩术。譬如"太太没有直接拿过李恒隆等4人送的礼券"。那如果是间接拿呢？如果最后证明吴淑珍用的礼券编号，确实出自李恒隆，是不是只要一句"不是直接给的"就好？

第三，颠倒时空。扁在"电视独白"中拼命提国民党的旧案，企图以此稀释自己亲信的弊案，这是典型的时空颠倒，是非错置。

第四，答非所问。民众关注的暴露在光天化日之下的弊案，扁在"电视独白"中都是轻描淡写，答非所问。

第五，乱扣帽子。两个小时的"独白"，帽子满天飞，如"'立法院'是国民党开的"、"选务人员这么多是亲泛蓝的"等等，俯拾皆是。扁的"脱口秀"是用乱扣帽子组成的。

第六，影射一切都是"2004年总统选举的宿怨"，避谈自己的问题。扁的开头与结束，都刻意提及2004年的选举，开宗明义就是"有些人无法接受2004年的选举结果"，这是为此次罢免定调，避谈自己弊案缠身、治理无方、失政失德的问题。

第七，打悲情牌与怨恨牌。扁在"电视独白"中，再度提及吴淑珍是因"政治车祸"而瘫痪，再度提及自己从小赤贫等往事，再度说起吴淑珍叫他不要收红包等，都在诉诸情感，以期打动台湾民众的心。

第八，说谎。扁说"我什么时候说过'台独'是自欺欺人？"但2005年3月1日，扁与欧洲议会进行视讯会议时，确曾公开宣示，要他在任期内把国号改为"台湾共和国"，"我做不到，不能骗自己、骗别人"。

第九，"反对我就是反对台湾意识"。在扁的"独白"中指称，反对他的人是"联共制台"，"不能说我反共保台就要罢免吧？""我不接受一中原则、九二共识，就要把我罢免吗？"扁用简单的语言，将罢免划分为"台湾主体意识和大中国意识"，"反对我就是反对台湾意识"。扁用"台湾意识"的涂料包装起他贪污腐败的丑形，这是他每次涉险过关的"绝招"。

第十，最为恶毒的是扁在"独白"中技巧地运用了族群情感。每讲到罢免时，他必用闽南话，还说他知道有人很恨他，恨不得"3·19"时我被一枪打死，随后他话锋一转，"有人说子弹已上膛，要让我死得很难看"。他是在指马英九，然后他马上说："我愿意为台湾牺牲，请扣板机吧！"这就把马英九推到了族群愤怒的对立面。扁假惺惺地呼吁大家冷静的同时，却用挑衅性的言词激起群众的情绪。文章最后指出，扁的表演，证明了"族群情感是贪腐的最佳化妆师"。

（六）

就在蓝营积极推动"罢扁"联署、蓝绿对抗态势越来越激烈的时候，台湾学者又发起"促扁下台"的连署活动。

6月18日，台湾政治大学外交系教授李明、政治大学国际关系中心副研究员甘逸骅等10余名学者召开记者会，宣布发起"知识分子促扁下台"联署活动。他们指出，陈水扁"总统"已无法获得人民的足够信任，应展现风范自行请辞下台。他们表示，将陆续拜会"国政顾问团"与朝野政党，传达学界的呼声与严正呼吁。

李明教授强调，联署的目的不在呛扁，而是希望站在政治经济发展的关键点上，提供知识分子的智慧，让陈"总统"作出明智的选择，"总统"必须为第一家庭牵涉的弊案负起政治及道德责任。基于"总统"已辜负了人民的托付与信任，因此不该再以任何名目恋栈权位。

甘逸骅说，连署对象将扩大到专家及中小学教师，不会局限在大专院校，以传达知识分子对"总统""向人民负责、树政治典范"的期待。

一波未平一波又起。6月23日，105位大学教授在平面媒体上刊登"促请陈'总统'请辞下台"的半版广告，希望陈水扁向人民负责，树立政治风范。参与联署的政治大学教育系教授周祝瑛表示，身为知识分子，必须要挺身而出，"上位的人不负责、不诚实，老师怎么教学生要负责、诚实"？

105位教授在连署书中指出，"陈总统已失去继续执行总统职务的公信力，也无法达成人民托付其恪遵宪法、追求公平正义、保国卫民的庄严使命。在此攸关大是大非的关键时刻，严正呼吁陈水扁总统表现自省负责的政治人物风范，尽速请辞国家元首职务，为巩固台湾民主树立良好的风范。"

同一天，台湾大学学生汪震亚发起"良知学运"，促扁下台。民进党指控，这是泛蓝在幕后策动的。台湾大学负责人对当局的指控表示强力不满，指出，学生有关怀社会、表达立场的权利，当局的指控毫无道理。

台湾大学国际企业系二年级学生汪震亚说，发起"良知学运"，是以"呼吁政治良知，请'总统'暂时离职"为诉求的，希望陈水扁"总统"比照南韩总统卢武铉模式，暂时停职，静待司法调查。汪震亚是以电子邮件发出这份"学运号召令"的，号召学生明天（6月24日）下午2时起，在中正纪念堂静坐80个小时。

倒扁浪潮越来越猛烈，且从岛内延烧至岛外。6月24日，前东帝士集团总裁陈由豪在美国洛杉矶举行"不分蓝绿、找回诚信"的记者会，用确凿的事实指出陈水扁"说谎成性"，应"履行承诺退出政坛"。

陈由豪说，"总统"陈水扁与夫人吴淑珍两度各收了他新台币300万元政治献金，却谎称没拿，是说谎成性还理直气壮，请两人履行承诺退出政坛。陈由豪分别陈述了两次送政治献金的情况：第一次是在1994年台北市长选举前，他与前"立法委员"沈富雄晚饭后约在民生东路、新生北路交叉口会合，沈富雄司机驾车在前带路，进民生东路官邸，司机小黄把300万拿出来，由他与沈富雄进官邸，把现金交给吴淑珍。

第二次是在1998年，由司机驾车到台北晶华酒店，接沈富雄到民生路官邸，将300万元交给吴淑珍，稍作寒暄就离开，送沈富雄回家。离开官邸不久，就接到陈"总统"以电话致谢。其实两次都有来电道谢。那时是汽车电话，不是手机，连司机都听到道谢。

陈由豪指出，陈"总统"、吴淑珍都说过"若见过他、拿过政治献金，两人退出政坛"，假如两人还有诚信，就应该履行承诺。陈由豪说，假如

"总统"夫妇不愿意履行承诺，就不要把退出政坛当成口头禅。陈由豪在现场还播出陈水扁、吴淑珍在台湾公开说法的录影带，希望唤醒他们所谓的"选择性记忆"。

陈由豪隔海指证，犹如又给台湾政坛投下一颗震撼弹，又引起一番震荡，各界人士纷纷发表见解。国民党籍"立法委员"、罢免小组召集人洪秀柱说，陈"总统"一再说吴淑珍没有见过陈由豪，根本是漫天大谎，"陈由豪记者会至少再度证明扁说谎成性的事实"。他强调，明明是牵涉到陈"总统"执政团队的贪腐弊案及"总统"本人的诚信问题，但被"民进党演变为蓝绿对决，台湾已成为全无是非、公理及正义可言的地方"！

国民党籍"立委"徐少萍指出，陈由豪的记者会显示，陈"总统"已经没有诚信可言，"这也就构成我们罢免'总统'、要求下台的理由"。

亲民党政策研究中心主任张显耀说，陈由豪的说法与前民进党"立委"沈富雄半个月前在媒体上所言相同，但近日来沈富雄面对媒体却转趋低调，他呼吁沈富雄不要为了陈"总统"，赔入自己的政治人格，应再出面说清楚，"台湾民主的价值胜于陈'总统'一人的职位"。

（七）

6月27日，台湾"立法院"举行会议，以记名投票的方式表决台"宪政史"上首例罢免"总统"陈水扁案。投票开始前，由五六十位国民党籍"立法委员"在场内呼喊"反贪罢免"、"清廉保台"、"阿扁下台"等口号，并举起书写着"挺扁真丢脸"、"挺扁就是挺贪腐"、"绿色执政贪污保证"等标语的白布条幅，表达"反贪倒扁、清廉保台"的决心和气势。

台"立法院"共有"立法委员"221席，其中国民党籍"立法委员"89席，亲民党籍"立法委员"23席，无党团结联盟6席，无党籍"立法委员"1席（即李敖），此次全部进场投下同意罢免票，共计119票同意罢免。进场投票的还有台湾团结联盟12席，但投出的是无效票；另有退出民进党的"立法委员"林为洲和被民进党开除党籍的无党籍"立法委员"林进兴投出的也是无效票，计无效票为14席。民进党籍"立法委员"有88席，这一天全部缺席。按台"宪法"规定，罢免"总统"案，须有2/3以上的"立法委员"同意才能成立，此次有119席同意罢免，距148席才能成立的高门槛还有29席的差距，遂宣告"罢免案"不成立。

当国民党提出"罢免案"时，有许多人就认为"罢免案"在"立法院"很难通过，因为民进党籍"立委"就占了88席，他们中至少有29人站出来倒

扁才能使"倒扁案"通过。蓝营人士认为，"罢免案"能否成立并不重要，重要的是提出"罢免案"的过程，在这个过程中可以充分揭露陈水扁弊案缠身、贪污腐败、失德失政的种种丑行。

就在台"立法院"表决"罢免案"的前一天，台湾《联合报》就发表一篇题为《罢免暂收场，弊案愈烧愈凶，下台压力不会停止！》的社论，就预言了"罢免案"不会通过的结果。社论说，明天，宪政史上第一宗罢免"总统"在"立法院"进行表决。无论就陈水扁的失政败德言，或就民调显示的民意取向言，陈水扁皆到了应当引咎下台的地步；但是，明天的"罢免案"却不会通过。社论指出，这是"宪政"的僵局。民间显然已经极度鄙弃陈水扁，要他下台；但"立法院"2/3的门槛，却阻挡了民意的实践与民愤的宣泄。所以，虽然"罢免案"明天在"立法院"不会过，但民间认为陈水扁已经没有资格领导"国家"或认为他应下台的诉求却仍是方兴未艾，甚至可能愈演愈烈。明天以后的情势可能是：罢免暂时收场，弊案愈烧愈凶，陈水扁主政"治国"的正当性愈来愈动摇，下台的压力也不会降低，反而可能愈来愈大。

就在"立法院"表决结果出现的当天，岛内媒体纷纷予以报道或评说。台湾《民生报》这天发表的题为《不要把人民当白痴》的社评说，6年来，陈水扁的失政、失德、失格，以及意识形态挂帅、动辄撕裂社会作风，导致台湾经济失血，人民痛苦不堪；扁政府的颠顶、霸道与反复多变，已使得外资望而却步，台商纷纷外移，但他没有一句自醒自咎的表示，难怪会被多数民意鄙弃。罢免案固然不会通过，绝不表示扁政权已度过危机。统治者千万不要以为人民是白痴，可以任他糊弄。须知，弊案仍在延烧，纸包不住火，人民已经看清了扁政权的贪腐底蕴！

这一天，台湾《工商时报》发表的社评指出，民进党在这次事件中的表现，让人民不敢苟同。民进党政府施政绩效不彰，政风日益败坏，乃是不争的事实；官邸乌烟瘴气，更让民进党"绿色执政，清廉保证"的招牌蒙羞，形象一落千丈。

这一天的台湾"中央社"发表电讯报道了各界人士的反映。国民党罢免议题小组召集人洪秀柱对绿营"立委"缺席指出，这是"缺少道德勇气"。她说，历史会对绿营"立委"的作为记下春秋一笔，罢免门槛虽高，但终究难脱民意审判。台北县的吴育升、高雄市的罗世雄表示，罢免案这次虽然未走出"立法院"，但"不是结束，只是开始"，蓝营会在民间累积下一波更大的能量，持续推动"阿扁下台"运动，绿委若持续包庇贪腐，民意的怒火也会延烧到绿营"立委"。

国民党主席马英九27日上午在"立法院"肯定国民党籍"立委"的表现良好。他说，已有167万人通过联署表达希望陈水扁下台的心声，国民党选择与反贪腐、要求正义的最新民意站在一起，推动罢免案义无反顾、坚持到底。

亲民党主席宋楚瑜表示，过半数"立法委员"赞成罢免"总统"陈水扁，没人投不同意票，竟然罢免不成，这就是台湾的"民主奇迹"。

以后数日，各路媒体对此事的评述更趋热烈，普遍认为，陈水扁躲过了罢免，但躲不了沸腾的民怨，有更大的重挫等着陈水扁。

6月28日出版的台湾《中国时报》刊登南方朔先生题为《阿扁活，民进党死》的文章说，陈水扁使尽一切欺骗的、煽动的、威胁的、不堪闻问的、不知羞耻的手段，终于杯葛罢免成功。但他的存活是向民进党借未来的生命。阿扁活下来，民进党的生命则在阿扁借走后走向死亡。文章指出，陈水扁孤注一掷"向人民报告"，却不敢让人民投票，这是最典型的色厉内荏。而最离谱的，乃是他不但不敢让人民投票，甚至他不敢让自己同党的"立委"投票，因为他害怕难免会有一些"立委"良心打败党纪。

文章最后说，阿扁靠着卑劣的手段终于保住了位子，但这个最后的高潮，却也更加显露出民进党那种迹近黑道帮派的手法。这个人和这个党已差不多了，他已成了台湾政治发展过程中的一堆垃圾。

这一天，台湾《联合报》发表的一篇文章说，对陈水扁而言，这次依赖"国会保护伞"而躲过罢免危机，但面对"立法院"过半的支持罢免比例，也让陈水扁权力基础的正当性承受了严酷的挑战。陈水扁或许能够撑完他的"总统"任期，但家族贪腐、说谎失德的阴影必将笼罩他剩余的"总统"生涯，将被迫成为"渐冻元首"。

6月29日出版的新加坡《联合早报》发表的一篇文章说，历史都将记载，陈水扁是中华民国史上第一位被正式提出罢免的"总统"。在一向重视历史定位的华人社会，这是不可承受的羞辱。光是想到这点，陈水扁就得头皮发麻、夜不能眠。文章指出，陈水扁这次躲过罢免可能只是短期获胜，得不偿失，未来还有苦头可吃。民进党一向标榜的清廉、勤政、爱乡土已经成了一句笑话，罢免案过后，大家的焦点必将转回扁家族的弊案，媒体必将继续穷追猛打，不满的检调人员、一般民众可能会有更多爆料。如果未来扁及其家人被证明涉及弊案，民进党全党势必为此付出惨重代价。

同一天出版的泰国《世界日报》发表社论指出，"立法院"27日举行的罢免案投票结果显示：119票赞成罢免，0票反对罢免，台联党及林为洲、林进兴等投弃权废票，罢免虽然未过2/3的门槛，但这是民进党的大耻辱。力挺"黑金巨蠹、'台独'罪人"的陈水扁，却不敢让该党"立委"进场以负责任的态度投下"反对罢免"的一票，留下了"立院0票反对"的"宪政纪录"，贻羞千古。社论说，罢免案在"立院"暂告收场，但社会上认为陈水扁没有资格作为"国家元首"的民意却愈烧愈炽。民进党27日在投票战术上操作成的"0票反对罢免"，更充分显示"立院"的罢免案绝不是陈水扁的政治定谳。如今，弊案仍在升高，真相犹待厘清；排除了罢免案的政治干扰之后，司法机关及社会公众追查弊案、探索真相的活动，势将又回到视听舞台的中心。

7月初出版的一期台湾《新新闻》周报上发表的一篇文章说，罢扁失败的结果并不让人意外，但出乎意料的是119票"同意"，还有14票"弃权"，已宣布下波更强劲的"倒扁""反扁"运动在"国会"殿堂中展现了新动力。接下来，陈水扁的难关会更多、更严峻。文章指出，开票结果中最需要注意的是，在"四党一派"——国民党、民进党、亲民党、台联党与无党派联盟的国会结构中，除民进党外，所有政团都表达了对罢免程序"合乎政治道德"的认同，133位投票"立委"中，没有一个人"不同意"罢免陈水扁，差别在于对"现在是否是罢免时机？"的态度。三党一派的集体作为，宣示了在这次台湾民主实践过程中，民进党是"孤掌难鸣""一意孤行"，他们批评对手"违反政治道德"，其实应该套在他们身上。

（八）

真是"按下葫芦起了瓢"，扁刚刚躲过罢免一劫，台亲绿学者又发表促扁下台的声明，诚如岛内舆论所言，有更大的重挫等着阿扁。

7月15日，亲绿学界发表"民主政治和台湾认同的道德危机"声明，呼吁陈水扁慎重考虑辞去职务。发起人、"中央研究院"社会学研究所研究员吴乃德说，若陈"总统"辞职，可对台湾未来民主发展，立下难得范例。

截至15日下午2时，已有包括"美丽岛事件"受难者纪万生、张富忠、台大社会系助理教授范云、台大政治系副教授黄长玲等，四千多人参加联署。

声明稿指出，当"总统"失去人民的信任，政府的政策和作为，也将受到人民的怀疑。政治领袖及其周边人士涉及弊案，是透过反省和检讨，是提升民主品质的契机，令人遗憾的是，政治领导者却以动员族群情感来取代反省。声明期待陈水扁体认"总统"这个职务所赋予的重大责任，以及政治责任与法律责任的区别。在已经失去道德威信和人民信任的时候，陈"总统"

应慎重考虑辞去职务。

面对亲绿学者联署促扁下台，陈水扁7月16日，召集包括"行政院"前副院长吴荣义、海基会董事长张俊雄等在内的本土派大佬，进行了3个小时的餐叙，表示自己"无意下台"，并以未来两年内认真推动"制宪"，换得了在场"独派"的支持。7月17日晚，扁在圆山饭店，与苏贞昌、吕秀莲、游锡堃等党内天王，以及民进党籍县市长、"立法委员"等会晤，强力整合党内意见，意在"固权保位"。谋定的应对策略是，在台面上将维持"冷处理"模式；在台面下，则请同属学运世代的民进党秘书长林佳龙透过人际网络私下做工作。

就在亲绿学者发表声明的当天，岛内媒体或发报道或发文章纷纷予以评说。《联合报》这天发表的一篇题为《学界弃扁救党，扁挟党救第一家庭》的文章说，无论民进党"立委"如何怨叹自己变成"兵马俑"，也还是脱离不了扁的手掌心。在深绿基层一片同仇敌忾，民进党各接班人又被扁以权力关系拉拢之后，民进党已完全无法除下陈水扁这个包袱。

在亲绿学者发表声明的前一天，《联合报》就发表了黄雅诗先生题为《这一击真正撼动了扁》的文章。因为亲绿学者促扁下台的声明酝酿已久，早为学人所知。黄先生在文章中指出，挺绿学运、社运界最犀利的语言点出了陈"总统"不能以本土政权作为第一家庭的挡箭牌，因为本土政权不是陈水扁2000年打下的天下，前头还踩着党外时期多少同志的血汗。陈水扁执政后的独断、家天下、瓜分利益，叫那些多年来只问理念、不求利益的战友情何以堪？

文章进一步指出，挺绿学者等人的动作之所以有力量，就在于他们出于绿、长于绿，自己人的批判力量会大过总被视为权谋的蓝军。这群来自绿营学界、社运界人士的反省，等于说出了许多绿营基层心底的苦闷、质疑。陈水扁、民进党若再想用四两拨千斤，支持他们的基础恐怕会萎缩到只剩下当政的那一小撮人。这股不同于过去传统的反扁力量，是否会带动新的一股倒扁社会运动，恐怕是陈水扁在应付过蓝军的挑战后，更难以回避的逼退压力。

7月17日的香港《明报》刊发了南方朔先生的题为《陈水扁政权危机更加深化！》的文章，在指出扁政权更加危急的同时，也指出扁这个把"可以被斗臭，但不可以被斗垮"作为信条的政治赌徒，在强大攻势面前不可能低头。文章说，陈水扁政权已成了举世罕见的不具正当性的政权，他只是靠掌握党政机器的权力，以威胁利诱的方式，让民进党体制为他背书。这个政权其实早已沦为极少数党政官僚对抗大多数民意的体制。如果换了任何别的地方，这样的政权早已被群众赶下台了。

文章指出，目前这波亲绿学界与社运界人士站出来反扁，陈水扁当然不可能低头。而当这些人所提主张不被理会，他们会不会跟着发起反扁群众运动，这已的确成了不容忽视的可能性。但无论如何，这都已显示出陈水扁政权的危机不但未曾解除，反而是在深化发展中；它甚至可能进一步造成民进党本身的裂解，或者泛绿这个政治板块的位移。

7月17日的台湾《中国时报》发表了反映亲绿学者促扁下台的发起人、"美丽岛事件"受害者、社运人士纪万生强烈批扁的报道，报道说，纪万生持续高分贝批扁，纪万生认为陈水扁没有丝毫悔意，他下一步的动作必然是"刀刀见血"。纪万生说，他已开始串联包括宗教界、社运界、教授等各界人士，准备以个人的名义号召群众包围"法务部长"、"调查局长"的处所。他强调，"发起共同声明，只是一个开始"。陈水扁贪赃枉法、作威作福，又有御林军、亲信弄臣当他的共犯，司法已不是台湾正义的最后一道防线，早已成了当权者的哈巴狗，可说是"丧尽天良、天地不容"。

7月18日的台湾《联合报》网站发表了题为《"看不下去"，资深党员联署要扁下台》的报道，反映了民进党基层党员奋起倒扁的情况。报道说，嘉义县民进党资深党员蔡丰文是退休教师，党龄十多年，曾任民进党民雄乡党部总干事、县党部执委、评委、专员，也是2000年"总统"大选陈水扁嘉义县教师后援会会长，目前未担任党职。他日前对记者说："学者都敢站出来向阿扁呛声，民进党资深党员不能再沉默。"他从18日起，寻求县内曾任公职、党职干部的人士签名支持，要求阿扁主动下台。他说，"实在看不下去，忍不住了"，一些创党及资深党员当初不怕黑金威胁，将陈水扁送进"总统府"，希望能建立廉洁政府，但接连发生陈哲男、赵建铭事件，让他们这群长期为民主、为民进党打拼的党员失望、愤怒与羞愧，"长期为民进党打拼的心血都被阿扁破坏殆尽。"蔡丰文表示，他将在县内积极推动联署，促扁尽快下台。

（九）

就在绿营内掀起倒扁风潮的风口浪尖上，岛内媒体又爆出陈水扁的老婆拿假发票报销"国务机要费"中饱私囊的丑闻。

7月18日，国民党籍"立法委员"、民意代表邱毅召开记者会，揭露扁妻吴淑珍利用假发票报销"国务机要费"的事实。邱毅指出，杏林新生制药负责人李碧君2003年成立"瀛得投资公司"，成立该公司的目的就是为了以该公司的名义开出发票，提供给扁妻报账。已知"总统府"2004年间可能拿了近10张、每张金额八、九万元的"瀛得"发票，以购买"礼品"为名目，核销"国务机要费"。

邱毅说，"审计部"第一厅厅长王永兴向他透露，"审计部"确实查到"总统府""国务机要费"核销不少君悦饭店和国宾饭店的消费发票。"审计部"并已要求"总统府"一个月内答复相关疑点。他今天会再度前往"审计部"，将他掌握的8张君悦饭店的发票影印本交给审计长苏振平，并到台北地检署告发陈水扁涉嫌贪渎，要求阿扁为此自行请辞。

邱毅当场出示了这8张总额为72万元的君悦饭店发票，指出，这些连号发票就是李碧君给吴淑珍核销国务机要费的部分发票。比对发票编号和消费日期，可知这些发票是为了报账，事后开立的不实发票。邱毅质疑，这是"总统府""假发票、真核销"。

7月19日出版的台湾《中国时报》以《邱毅再爆："总统府国务机要费"作假，李碧君开公司，方便扁嫂报账》为题，对此作了详细报道。

国民党主政台湾几十年，从蒋介石、蒋经国父子，甚至到李登辉，都没有什么"国务机要费"。陈水扁上台后，在2001年度预算中，他巧立名目地编列了"国务机要费"，说是要用于机密事项、政经建设视察、军事视察、宾客接待及礼品馈赠等，并希望"立法委员"能支持。自从有了这笔特别开支后，对陈水扁挪用、滥用"国务机要费"的质疑就接踵而来，不绝如缕。

2001年11月13日，新党"立委"冯沪祥召开记者会，要求"总统府"尽快公布"国务机要费"支出账目清单。冯沪祥说，"总统府"2001年度相关预算4057.6万元中，只有部分项目有收据，很多项目并无收据。他已多次要求"总统府"详细说明帐目，但"总统府"却以"机密性"加以拒绝。

2002年又传出陈水扁拿"国务机要费"在春节给自己老家的民众发红包的消息。台湾媒体报道说，2002年大年初一，陈水扁在其老家发出了约1.5万个红包，每包200元，总计金额高达300万元左右。有人指出，按照台湾"法务部"关于贿选的标准，送30元以上的礼物即为贿选，陈水扁发放的红包显然远远超过了这一标准。

在陈水扁当政财政困难的情况下，从2002年开始，"国务机要费"又恢复为5057.6万元新台币。这其中，有许多公开或者不公开的"手脚"。吴淑珍曾率领19个亲朋到美国加州参加儿子陈致中的毕业典礼，沿途所有花费全由台湾的"驻美代表处"支付，短短几天停留消费1200万新台币，返台后舆论为之哗然，最后这笔钱由扁的"国务机要费"支出。

此次邱毅爆料提到的李慧芬是个关键证人。李慧芬长期居住在澳洲，2006年6月她向媒体透露，她返台期间长期住宿在台北的君悦饭店，其间有300多万元新台币的住宿发票，被堂姐李碧君要去了。李碧君是扁妻吴淑珍的密友，她跟李慧芬说这些发表是给"老板娘"（吴淑珍）报账用的，而吴淑珍很可能将这些发票交给陈水扁去冲"国务机要费"，以中饱私囊。邱毅此次出示的8张发票发表复印件就是李慧芬提供的。消息传出，舆论大哗，民众纷纷要求台湾审计部门彻底调查"总统府"的秘密帐户——"国务机要费"。

一星期前亲绿学界发动的"倒扁运动"，再加上近日暴露出来的"国务机要费"丑闻，犹如火上浇油，使倒扁声浪更加尖锐化，引起民进党内部的焦虑。但陈水扁一周内积极召见"独派"大佬、"四大天王"、党内"立委"，动之以悲情，说之以"保扁就是保本土政权"的歪理，成功地抑制了原本蓄势待发的"倒扁"氛围，巩固了党内的"护扁"立场。

就在民进党召开"全代会"的前夕，7月21日晚间，陈水扁发出一篇三千字的《民主困境与政治道德》的声明。这篇花言巧语的说辞阐述的一个主题就是"保位固权"，明白无误地表示他不能下台，他要"完成未竟的使命"。他感慨地说："个人进退在历史的洪流之中，有如微尘起落。个人愿意彻底谦卑反省，从头改正，并祈求人民给我鞭策，赐给我力量继续承担，完成未竟的使命。"这是他面对亲绿学者掀起的倒扁风潮作出的回应；这也是他暗地里做好"独派"大佬、党内"天王"、党籍"立委"等骨干人物的工作以后，在民进党内进行消毒的手段，以防在"全代会"上可能出现的轰扁声浪，寻求党内同志的支持。

第二天，岛内各路媒体便报道了各界人士对扁拒不下台所发表的声明发起强烈抨击的情况。国民党籍"立委"吴育升指出，这篇声明显示出陈水扁已不顾民进党、不顾"全国"人民，只为成全他自己的政治权位。"如果陈水扁不下台，那这篇声明就是自我掴掌"。

国民党"立法院"党团首席副书记长蔡锦隆说，陈水扁临时在民进党"全代会"召开前夕发表声明，除表明他恋栈权位、不肯下台外，只能用"无耻"来形容。民进党已被陈水扁绑架，成为贪污共同体，"全代会"令人无法期待。

亲民党"立法院"党团干事长李鸿钧指出，"第一家庭"弊案缠身，还有什么颜面要求全民给他力量、完成未竟使命，"总统府"秘书长陈唐山还说"总统"会"勇敢"地做到2008年，应该是"不知廉耻"地做到2008年，国家将会继续空转两年。

绿营中的深绿党派——台湾团结联盟也奋起批判扁的无耻行径。台湾团结联盟的秘书长罗志明说，陈水扁应该先齐家，把家务事处理好，才能治国、平天下。未来任期应该用心发展经济，提出清廉改革，才能重拾人民的信赖。

在岛内各界强烈抨击扁的声浪声中，民进党"全国党员代表大会"于7月22日至23日在台北举行。为期两天的会议并没有回应岛内各界的期待，而是选择了"挺扁"的立场，会议不仅没有完全论及扁下台或退党的问题，而且连象征扁"形式停权"的"党政合议"方案也胎死腹中，扁及其亲信的地下运作又一次化解了他的政治危机。

"全代会"上唯一被视为和陈水扁有关的是通过了"廉政条例"，把反贪对象扩大到正副"总统"的配偶、子女等家属，显然是冲着"第一家庭"而来的，被外界形容为"第一家庭条款"或"赵建铭条款"。这就意味着民进党可以引用该条例对扁妻吴淑珍所涉弊案进行约谈调查。但是，"能执行吗？"屡被欺骗的岛内民众不能不提出这样的疑问。

至于几天前被媒体炒得沸沸扬扬的"党政合议"议案，原本是为建立集体领导体制、以制衡一人领政的局面，被外界视为执政党在"全代会"上对扁实行"变相停权"的最可能动作，却因党内"天王"各有盘算，派系无法凝聚共识，未能在"全代会"上公开表决，转交民进党"中常会"处理。

这次"全代会"上却通过了"解散派系案"。舆论认为，这是扁"强力整合党内意见"的结果，是扁绑架民进党的成果。该案明令禁止以派系名义设立办公室、招募会员、收会费、对外募款、召开动员大会、邀请政府官员到各派系报告政务及相关决策等。民进党内有"新潮流系"、"正义连线"、"福利国系"、"主流联盟"、"绿色友谊联线"等五大派系，此次全被解散。但舆论认为，民进党的"派系共治"的运作方式由来已久，这次虽然明令解散，但派系将转入地下，党内难得安宁。民进党"全代会"的会场里挂满了"勇敢承担"的巨型布条，连讲台布景、话筒前的小方块，都特别设计了"勇敢承担"的字样，意在展示民进党要"勇敢承担"批评指责、虚心改革的决心。外界确也一度对四百多名民进党员聚集一堂的"全代会"有所期待，但结果让岛内民众大为失望。舆论评价是，民进党"勇敢承担"了陈水扁的遗毒。

民进党的"全代会"刚刚以"挺扁"收场，民间的"倒扁"风潮又掀大浪。7月26日，亲绿学者又发表第二波声明，除直言对陈水扁没辞职"深感

"遗憾"外，也把矛头转向民进党及党内其他高层领导，批判他们已失去反省进步的力量。

这篇题名为《壮大公民社会、提升台湾民主》的声明指出，"从民进党在全代会表现看来，民进党领导阶层已失去为党、为台湾开创新局的斗志和想象力"。声明直言，"民进党过去曾代表进步的本土力量，如今已失去掌握历史脉动的能力"。声明强调，他们所持理念从来不是一个"高道德标准"，只是民主宪政运作的必要条件，过去对部会首长、地方局处长都以相同标准要求，现在为何对陈"总统"反而要降低标准呢？

对于许多人担心扁下台后会更乱，声明指出，如果民进党领导阶层连扁去职后的局势都无法处理，如何说服我们，未来他们可以带领台湾突破国际困境？

在亲绿学者发出第二波声讨扁和民进党的声浪中，社会公众对陈水扁的"国务机要费"案的声讨声浪越来越强烈，其势不可阻挡。

7月28日出版的台湾《联合晚报》发表了一篇题为《扁一碰钱就有烂账》地报道，这标题就一笔勾画出陈水扁的贪腐形象。报道说，陈水扁"总统"每天被媒体检验最多的，不是他治理台湾的方针如何，而是他与亲信家人到底有无贪污钱？

报道指出，陈水扁女婿一家人搞钱，扁妻收受商家礼券，陈水扁都找理由搪塞了。而今"总统府"一大笔"国务机要费"竟出现一堆堆饭店、精品店、古董店的发票申报公账。连"审计部"都看得傻了眼，不知如何是好。原本想编出个"南线外交"，企图糊弄过去，看看外界反应不佳后，府方只好用一句"一切合法"去挡万民之口。报道接着质问道，合不合法，难道是府方一句话就算数？报账程序不合规定，就是不合法；款项交代不清，就是不合法；至于是否有假借"国务机要费"之名，上下其手甚至假公济私图利的特定人士，则有更大的不合法空间。这次"审计部"虽然扭扭捏捏，心存顾忌，不过毕竟亲口证实了七成多的费用确实不合规定。府方词穷之余，竟又脱口抛出："即使国亲执政，一样照做！"这岂止是强辩，根本是在耍赖。

报道自然而然得出的结论是，事实很清楚，陈水扁及其家人亲信，一碰钱就是烂账，几年下来已经把府邸、官邸当成"炒股、纳贡、假账"的大舞台。报道最后质问道："挺陈水扁的人，闻不到这股腥臭味吗？"

岛内外舆论对深陷"国务机要费"弊案的陈水扁纷纷予以质疑、质问、谴责。7月29日出版的台湾《中国时报》发表题为《"总统府"须对国务机要费争议给个说法》的社论指出，"总统府"必须清楚说明：为什么要搜罗别人的发票报自己的账？发票从何而来？支出流向何方？相较于台开案、SOGO礼券案或陈哲男炒股案、甚至"总统"亲信和家人的先前种种争议，都与这次掀开的"国务机要费案"性质完全不同，因为它直接指向"总统府"最高层、直接指向陈水扁"总统"本人，他怎么用这笔钱？怎么可以放任自己、夫人或府内官员用别人的发票报自己的账？这一切都应该给外界一个明白的说法了。

同一天的台湾《联合报》也发表社论，抨击陈水扁做假账骗取公款的卑劣行径。社论的题目叫《一场瞒天弊案，"总统府"做假账骗取公帑》。社论指出，李慧芬的君悦发票，已由"审计部"证实出现在"总统""国务机要费"的报销账目中，这一事实，将陈水扁直接卷进了可怕的贪渎及舞弊风波。这桩弊案的重点，不在传说中的"南线专案"是否果真存在，也不在"国务机要费"用途需要保密到什么程度。关键在"总统府"身为国家最高权力机构，竟然拿一堆明知无关的单据，去伪充"总统"的国务机要支出，以讹诈公帑。此事经"审计部"查核历历，并移送法办，这才是最骇人听闻之处！

社论说，稍早，"总统府"曾企图以"南线专案"工作之需，来掩饰这项罪行。但连长年在府内工作、今年才出任"外交部"部长的黄志芳，都表示未曾听闻"南线专案"，可见这个剧本一戳即破。更令人骇异的是，堂堂"总统府"，竟敢像三流企业一样四处张罗假发票来虚报公账。这已不是目无法纪，而是贪婪无度到把"国"当成"家"来经营了。

社论最后指出，且看4700万元"国务机要费"，有超过3600万不合规定，不合格率达七成七。这个比率，和民间对"总统"的不信任度，已约略相当。换个角度看，这不也可以视为一个出尔反尔"总统"的"不诚信"指标吗？

（十）

舆论普遍用"弊案连连"、"弊案丛生"、"弊案缠身"等类词语描写陈水扁的贪腐形象，并非过溢之词，而是实事求是的写照。正当岛内民众骇然于扁的"国务机要费案"之际，突然又有一个叫"阿卿嫂"的女佣因成了扁家腐败罪证的新闻人物而"红"遍全岛。

"阿卿嫂"原名叫林秀贞，是个普通妇女，她以月薪2.4万余元的价码受雇于扁女陈幸妤，为其操持家务，但薪水却作为"总统府"的公务员，由政府支付。此事一曝光，立即在岛内又引起轩然大波，连民进党人士也看不下去了。民进党籍"立委"李文忠痛斥：真荒唐！怎么能够用公家的钱去帮助自己的女儿煮饭呢？民进党"立法院"党团干事长陈锦峻说，此事给社会不好观感，对民进党是再次伤害。

面对社会舆论的一片谴责之声，"总统府"公共事务室主任李南阳辩解称，陈幸妤是陈水扁家庭成员之一，民生路寓所（扁女及其夫赵建铭住处）也是"总统"官邸的一部分，配置工作人员并无不当。对此，岛内舆论又是一片谴责之声，有媒体质问：依照"总统府"的逻辑，"总统府"是不是也该派工作人员到美国为陈水扁之子陈致中夫妇料理家务，到台南帮助陈水扁的母亲打理家务？扁及其亲信对此无言以对。

但，"阿卿嫂"的事并未到此为止，不久又曝出阿卿嫂还领着台"国安局"加付的"特务费"，岛内又是一片哗然。对此，又是那个李南阳在8月11日上午举行的记者会上辩解说，"国安局"有维护安全方面的考量，对协助并配合特勤警卫维护安全工作者，会评估发给津贴。"国安局"每月以"特勤职务加给"支付"总统"女儿陈幸妤帮佣林秀贞（阿卿嫂）两万多元，5年来，总计116万元左右，现已全数缴回"国库"。对此，媒体又质询：一方面说，阿卿嫂领"特务费"是应该的；一方面又说，她所领"特务费"又"全数缴回国库"，不知李先生作何解释？李先生作了什么解释，媒体没有报道，众人不得而知，但众人的共识只有一个，那就是"做贼心虚"。

如果说"阿卿嫂事件"是一个"小节"，那随后发生的扁有"神秘账户"的一事则关乎"大节"。8月4日，邱毅在记者会上出示资料，揭发陈水扁在"台新银行南门分行"设有"神秘账户"，2004年大选前后一个半月里，通过"总统府"工作人员陈镇慧存入16笔现金，总金额高达1.698亿元新台币，甚至在3月20日选举结束后，仍有3笔款项存入。邱毅说，之前陈幸妤和陈致中姐弟也分别先后两次汇款到这个帐户，每次都高达上百万元。"大选"之后，2004年5月间，陈水扁即请陈镇慧结清了账户，并将全部现金汇往境外。

对此，"总统府"辩称，陈水扁在台新银行南门分行开立的账户，是上次"大选"作为接受外界捐款之用。账户有出有进，用途单纯，且"大选"结束后，就已结清。民进党党部还拿出2004年3月14日刊登有这个帐户的竞选广告作为证明。但是，这个解释无法说明疑点。邱毅质疑，陈水扁2004年才竞选连任、为何早在2002年就开立账户？又为何陈幸妤和陈致中四度汇款？再者，大笔金钱往来多使用支票，通常只有买票、行贿才会用现金，但这个秘密账户连进账5000万元都使用现金，"难道这些政治献金见不得光？"邱毅还指出，陈镇慧在"台开案"、"国务机要费案"和现在的秘密账户案都扮演着关键角色。"台开案"起诉书证据清单上显示，陈镇慧坦言曾从赵建铭户头汇出200万元，但此次起诉书对此只字未提，其目的显然是在保护陈水扁的神秘账户。

"总统府"对邱毅的质疑又是无言语对，只能用"抹红"、"抹黑"等惯用的卑劣手段对邱毅进行人身攻击。

弊案丛生、失政失德、厚颜无耻的陈水扁已使民进党难堪其耻，难承其重，许多创党元老纷纷脱离民进党即是最好的明证，也有一些创党元老老酝酿着掀起"倒扁"运动，把这个政治无赖赶下台去。

在亲绿学者"7·15"声明后，陈水扁毫无下台谢罪之意，让部分长期支持民进党的医界、法界人士相当忧虑，认为应有更具体的行动对扁施压似可见效。一两个月前，几位人士找到民进党前主席商讨，双方一拍即合，随即成立了决策委员会，密集开会沙盘推演。

亲近施明德的人士说，大约五六月间，扁婿赵建铭的"台开内线交易案"爆发后，施就认为扁应下台，并打算有所行动。成立"倒扁"决策委员会后，频频开会研究"倒扁"相关事宜。

现年65岁的施明德是台湾一位特殊人物，1979年他因"美丽岛事件"被判无期徒刑，1990年才获释出狱。陈水扁、苏贞昌、谢长廷等人当年正是担任施明德等要犯的辩护律师才声名鹊起，进而涉足政坛。2000年民进党执政后，施明德却退出了民进党。

面对民进党执政以来乏善可陈的现实，面对贪得无厌、弊案连连的陈水扁，怀有复杂情感的施明德对媒体说："我过去对抗蒋介石时义无反顾，现在反扁却历经内心交战的煎熬。"真正让他下决心"倒扁"的，是陈水扁拿别人的发票来报销"国务机要费"之事。8月7日，他致信陈水扁，希望陈水扁勇敢认错、鞠躬下台。但未获响应。8月9日，施明德又以"老战友"的名义发表公开信，召开记者会，敦促陈水扁下台谢罪。施明德含泪表示，只要陈水扁在位一天，弊案永远看不到尽头，台湾就看不到未来，希望陈水扁为了台湾，认错下台。

但是，政治无赖陈水扁就是不下台。8月12日上午9时，施明德在台北市"二·二八和平纪念公园"举行"百万人倒扁运动"记者会，施明德发表演讲指出："连月来的贪渎风暴，似的台湾民主遭受重创，道德沦丧。拼经济6年来已经是一个笑话，台湾老百姓已经无法再承受两年空转了。"施明德说，"不管是倒阁、弹劾、罢免或是道德劝说，都无法解决僵局，希望借助此次群众运动，迫使陈水扁主动辞职"，"打破僵局，结束动乱"。

施明德一直被岛内舆论认为"只有好口碑，没有影响力"的政治人物，但此次他振臂一呼，应者如云。此次记者会上，十多位来自律师界、医界、学界等绿色背景人士到场助阵，气氛热烈，气势不凡。曾连续两届支持陈水扁参选"总统"的前"台权会"会长魏千峰在记者会上痛批陈水扁用不当言论介入司法案件，公然违法不知检讨，应快快下台。魏千峰还透露，一直支持陈水扁的台湾律师界、正酝酿联署"倒扁"，将有不分蓝绿的上千名律师参加。除了这些指标性人物，施明德还凝聚了一批政界、文艺界、公关界的精英，准备联手规划、设计一系列活动，用岛内消息灵通人士的话说："各方高手都到了！"

当"百万人倒扁运动总部"成立之后，开设了网站，接受上网"倒扁"联署，也接受每人100元新台币的倒扁"承诺金"，以作为参加9月9日的"百万人静坐倒扁"费用。几天来，位于台北市信义路的"倒扁运动总部"涌进大量民众的电话，纷纷表示支持倒扁，参与倒扁。虽然台湾当局的"内政部"以"承诺金"募集方式违法相威胁，但民众支持倒扁的积极性日高一日，运动总部第一天就收到了将近1000万元新台币的倒扁"承诺金"，也就是说，就在运动总部成立的当天，就有近10万民众以100元的捐款表达了积极支持倒扁、参与倒扁的心愿。

于民间的热烈反应相比，岛内政坛显得较为平淡。国民党主席马英九对施明德的做法表示感动，但他也表示，对于"倒阁"或"弹劾"等动作，国民党还是要审慎评估，现在还不宜贸然行事。亲民党"立法院"党团总召集人吕学樟则认为，陈水扁毫无政治道德可言，施明德发表公开信，呼吁陈水扁自动下台，形同缘木求鱼。泛绿阵营的"台联党"秘书长罗志明说，面对施明德的呼吁，陈水扁已非"权力下放"或道歉可以解决问题，应该有更积极的作为。民进党对施明德的义举作出"冠冕堂皇"的表示，一方面表示感谢施明德对民进党的关心，另一方面表示要进行"大刀阔斧的改革"，"对年底北高两市市长选举充满信心"，以此凝聚民进党内人心。

陈水扁就在施明德举行记者会的当天表示："'总统'做得不好，时间总会到，会换人换党"，明确表示绝对不会下台，也明确警告民进党，如果他下台换了别人，民进党也将被换掉，民进党将会失去执政权。用意很明白，同样也是在凝聚民进党内人心。

面对越来越强烈的逼退声浪，陈水扁又故伎重演，企图靠"'台独'猛药"保权固位。8月12日他又宣示将推动"以台湾名义申请加入联合国"、把中正机场正名为"台北国际机场"，同时强调要在卸任之前催生"新宪"版本，实现"台湾法理独立"，以此寻求"台独"派的支持，也以此转移岛内日益强烈的"反贪倒扁"的焦点。

但是，陈水扁的恶意挑衅并未收到预期的效果，在一片谴责声中倒扁声浪越发强劲。自施明德宣布"一人一百，百万人民倒扁活动"启动后，短短5天，就有新台币8181万元汇入倒扁总部的联署帐户，换算成人数，至少有80万人承诺倒扁。据邮局汇款柜台人员观察，最近亲自跑邮局汇款的人比平时整整超出50%。"你汇了吗？"这句话最近成为岛内民众的问候语。邮局许多工作人员为了配合突如其来的庞大业务主动牺牲休息时间加班，似乎都是为了一个共同目标——"百万人连署倒扁"。

在泛绿的票仓——台湾南部的倒扁浪潮同样高涨，有的商家把倒扁行动融入生活中，只要售出一件商品便自动捐出100元，赞助施明德的倒扁义举；有的餐饮店老板自行印制倒扁贴纸，到处张贴表达"倒扁"愿望；而工作性质比较敏感的公务员、军人、教师，也私下运用网络联署、汇款。

这一段时间，民进党创党元老也积极参与。民进党前主席许信良率领三十多名绿营资深党员正式宣布加入"百万人倒扁活动"，这让倒扁活动增添了更多的能量。许信良在记者会上痛斥阿扁，执政者贪腐，让人民活不下去，这场运动将深化台湾民主，不仅是要阿扁下台，更要未来执政者不敢贪腐。此外，在倒扁大军中也出现了民进党创党元老林正杰的身影。在创党之前，林正杰、谢长廷、陈水扁等三人被岛内有关人士誉之为"党外三剑客"。现在林正杰却割袍断义，愤然倒扁，他抨击第一家庭受到权力诱惑，贪得无厌，已到厚颜无耻的程度。他强调，施明德不出来则已，一旦静坐，"不是你死，就是我亡"，呼吁大家相信施明德的倒扁决心。

人们以为陈水扁的故乡台南县对"倒扁行动"不会有太大的回响，但是，错了，那里的回响同样热烈。台南县的民众同样积极地参与汇款联署。据台南县邮局的概略统计，近一段时间前往邮局划拨的民众约有40%是划拨给施明德账户的。台南县副议长周赐海更是经常受乡亲之托，前往邮局划拨款项。周赐海向媒体表示，犯法的人就应该下台，"倒扁行动"已不是蓝绿对立，而是大是大非的问题，陈水扁如果坚持不下台，希望能以请假或代理的方式暂时离开职务，让台湾受到的伤害降到最低。同时他指出，执政党接连出现"台开"、"SOGO""国务机要费"等弊案，现在又有帮佣"阿卿嫂"支领特务费，而且执政党竟然以"过去国民党时代可以，为何现在不可以"为由进行反驳，实在让人痛心，更让人觉得不可思议。周赐海说，现在他最担心的是，民进党如此恶搞下去，台湾可能会出现族群分裂、蓝绿对决的悲剧。

面对民众如此热烈的响应，"倒扁活动总部"信心大振，总部发言人贺德芬通过媒体宣布，倒扁联署要持续进行，让倒扁民意累积到最高峰。

中国大陆对岛内掀起的倒扁运动和台湾政坛动荡不安的现状始终以"静观其变，不愿其乱"的态度理性对待。国台办发言人在记者会上明确表示，台湾内部发生的事情由台湾人民来解决，大陆坚定不移地贯彻"寄希望于台湾人民"的方针。对此，国际舆论给予积极评价和高度赞扬。

（十一）

发起半个多月的"百万人倒扁运动"给了人们很多意外，在当局"内政部"宣称"汇款联署"是违法筹款的压力下，只用12天的时间就募集到了1.092亿元新台币。各界反响之热烈，更是出人意料：国民党主席马英九公开表示自己捐了100元，国民党秘书长詹春柏透露，马英九主席虽不参加静坐但要到现场致意；岛内佛教界重要人物星云大师公开呼请陈水扁考虑下台；海基会前董事长辜振甫夫人辜严倬云也公开透露，她们全家都已捐钱倒扁；艺文界的著名作家司马中原、音乐家申学庸、书法家张炳煌等356位知名人士发表公开信，要求陈水扁"自爱引退"；律师界、医界、"学运世代"等界别中的人士都成批地站出来倒扁；商界不仅成批的人士捐钱倒扁，还印制了许多倒扁标志和传单随着商品出售流行于市；网络上的倒扁童话、游戏、彩铃，都不断被下载、被更新……用岛内媒体的话说，"反贪倒扁，已成燎原之势"。

"倒扁运动"风起云涌，民进党为保住陈水扁，在泛绿阵营发起了"保扁""反施"运动。民进党籍"立委"林国庆、王世坚8月21日的召开记者会，揭发施明德名下的一栋豪宅，是台湾十大通缉要犯之一陈由豪赠送的；施明德的前妻陈丽珠及女儿等人也召开记者会，拿出施明德多年前坐牢时所写的"求饶信"，揭批施明德的个人品德。民进党还派出施明德的竞选伙伴，进行声誉攻击，说施明德陷入财务窘境，一人100元是"以联署之名，行敛财之实"，骂施明德是"过气的、失意的政客、流浪狗"，甚至连"恨不得施明德25年前就被蒋经国枪毙"的情绪性语言也放了出来。倒扁总部也获悉，深绿阵营内有人计划要刺杀施明德，总部不得不加强防范。民进党籍"立委"王幸男带人到"倒扁运动"总部追讨施明德两次参加"立委"选举台南民众给他的捐款。"保扁"派们把什么恶劣的手段都用上了，真可谓是

"无所不用其极"。尽管施明德家人对豪宅、政治捐款等问题作了及时地澄清和回应，但是这些恶毒的反制措施让施明德深受伤害。岛内媒体报道说，施明德深感痛心，连日无眠，感叹道："他们竟然这么残忍"。

但是，公理、正义自在人心。施明德的义举得到岛内各界越来越热烈的支持，各界人士纷纷站出来谴责"保扁"人士的卑劣行径。国民党发言人黄振玉指出，民进党中某些人为了保住陈水扁的权位，不惜对施明德作恶意的人身攻击，这对一个号称"民主进步"的政党来说，不啻是一大讽刺。"美丽岛事件"的受害人张富忠、纪万生痛批民进党纵容"立委"这样恶毒地向施明德抹黑，可以说是集体堕落到恐怖的地步。一位资深的民进党"立委"则沉痛地说：这样下作，"施明德只有小伤，民进党却是大伤。"因为作为"美丽岛事件"的主要受难人施明德是否写过"求饶信"不是重点，重点是"美丽岛事件"一直是民进党赖以自豪的精神资产。

在社会各界热情支持下，施明德并未退缩，而是更加自信，更加坚定地把倒扁运动进行下去。8月28日下午，施明德正式宣布，"百万人倒扁运动"的静坐将于9月9日正式启动，直到陈水扁下台为止。他同时表示，鉴于某些人可以将此次活动定性为"流血革命"，静坐将对外弱化对抗气愤，务求"和平、理性、安静"地进行；为了避免整个行动被简化为"倒扁"与"保扁"之争，"百万人倒扁运动"也将更名为"百万人反贪腐运动"。对此，岛内有媒体发表评论指出，倒扁运动可能陷入两难困境，若是出现流血，运动将会失去人民的支持；但若是安静地坐在大马路上，能把厚颜无耻的陈水扁拉下台吗？很可能是，群众日晒雨淋地静坐，换来的却是陈水扁坐在空调房中的一抹冷笑。

原本"倒扁总部"根据岛内民众积极参与倒扁的热烈情况，拟定"百万人倒扁静坐"提前举行，但此时陈水扁又施出"拼外交"的招数，企图寻求美国支持，再者也可转移岛内民众的视线，至少也可以躲开百万人围困"总统府"的尴尬局面。

8月下旬就传出陈水扁将出访南太平洋岛国帕劳和瑙鲁，参加在帕劳举办的台湾和南太平洋岛国元首峰会。8月30日，就有多家媒体对此作了报道和评说。

8月30日出版的台湾《联合报》发表的题为《美拒空军一号降关岛，倒扁运动在即，美不愿被解读为"替扁背书"》的报道说，倒扁运动在即，美国对于陈水扁出访时搭乘"空军一号"过境属地关岛感到疑虑，要求陈水扁改乘民航机。报道指出，陈水扁希望能让漆有"中华民国国旗"的"空军一号"破天荒降落美国领土，以此"外交举动"提振低迷士气。

这一天台湾"中央社"发表电讯报道了国民党政策会兼大陆部主任张荣恭对陈水扁在倒扁风潮大起之时，出访帕劳和瑙鲁两个人口仅有一两万的岛屿小国的动机作了解读。张荣恭指出，陈水扁这次出访，原本是在期待中共打压，以便转移第一家庭弊案的焦点。提早预告出访国家，更是有"苦肉外交"的念头，故意提供北京挖走台湾"邦交国"的时间，以求得岛内民众的体谅。陈水扁是在打"外交内政化"的牌。

但是，陈水扁的算盘打错了。中国大陆以"静观其变，不愿其乱"的态度冷静对待他的恶意挑衅，不予理睬。

陈水扁使尽浑身解数也难以阻挡"倒扁运动"的滚滚来势。9月1日下午5时多，倒扁总部的人身着"台湾红"上衣来到凯达格兰大道大声呛扁，陆续有大批"红衣人"来到凯道旁的人行道上，准备参加晚6点30分展开的倒扁静坐的第一场"试坐"。晚6点10分施明德来到现场与民众握手致意，并站在舞台上配合"阿扁下台"的口号，与群众一起高举大拇指向下的倒扁手势，火辣辣地拉开了"倒扁静坐"的序幕。

施明德在接受媒体采访时说，这场历史剧不只是台湾在看，国际媒体都在看，未来的子孙也在看。

倒扁总部发言人范可钦向媒体表示，所以要对服装颜色提出要求，是因为红色代表人民心中的怒火，要呈现人民有多么愤怒，而不是在办喜事。

9月1日晚上，另一支倒扁队伍——以亲绿营文化界人士为主导的"民主行动联盟"在中正纪念堂前举办"民主夜市"，请泛蓝"立委"揭批陈水扁及家人的弊案，国民党"立委"邱毅、民进党前主席许信良等参与演说。"民主行动联盟"的发言人说，他们将从今晚开始推出一连串倒扁活动。明晚以"送瘟神"仪式到陈水扁家门口送扁出访。后天则计划以特殊形式为阿扁送行。

9月2日晚，"阿扁下台！"的口号又一次响彻"总统府"前的凯达格兰大道的夜空，四五千试坐民众汇成红色的海洋，犹如一股怒不可遏的怒火烧向前方的"总统府"。

9月2日晚，另一支倒扁队伍"民主行动联盟"，也带着扮鬼扮马的除妖队伍，从中正纪念堂的"民主夜市"游行到陈水扁居住的玉山官邸，举行"送瘟神"仪式，警方在官邸前围上蛇笼等拦阻工具，并向示威人群举牌警告，现场民众一度失控，高呼"阿扁下台"等口号，与警察爆发了肢体冲突。

9月3日，陈水扁又拉文武百官来为自己"壮行"。岛内媒体说，此前

"总统府"专门发文，要求"五院"（"行政院"、"立法院"、"司法院"、"考试院"、"监察院"）院长务必赴机场送行。媒体报道说，包括吕秀莲、苏贞昌、王金平、游锡堃等在内的文武百官齐聚，送机人数达七八十人之多，将偌大的松山空军基地指挥部挤得水泄不通。

岛内媒体当天就发表评论指出，"五院院长"大阵仗送领导人出访的官场文化，是2003年陈水扁声明取消的，今次在倒扁声浪中竟死灰复燃，是阿扁自打嘴巴，再次展现阿扁言行不一、政治性格反复矛盾的特点，同时表明阿扁确实已没有信心了。

这一天的台湾《联合报》发表题为《帕劳的献花能遮蔽凯达格兰大道的抗议？》的文章指出，6年来陈水扁11次出访，留下了一长串谁也记不住的"××之旅"的口号，也留下了一堆外交圈中罕见的奇闻笑谈。频繁的出访，并没有给台湾岛打开新的外交空间，反而因为他的招摇而断送了几个"友邦"，甚至连美国的友好都因为他的任性和善变而变得保留。这次出访南太平洋，本质上也是一次"过境"重于"访问"的安排，帕劳和瑙鲁其实都不是重点，美国才是指标。这正是陈水扁拼外交最缺乏真诚之处。这次企图以载有国旗标志的"空军一号"专机降落美国海外属地，以彰显自己拼外交的突破。甚至计划在这块美国领土上举行记者会向国内"倒扁"人士呛声，借美国的支持来挫折抗争群众的锐气。这些用心和盘算，都是把外交出访剥削到不可思议的怪诞地步。

文章最后说，正由于陈水扁的"外交"手段如此工具化与个人化，他再怎么宣称"拼外交"，其实都是在拼权位。美国拒绝"空军一号"降落关岛，且只准专机停留四个多小时，显示陈水扁非但未获美国"背书"，反而形同遭到极度负面的待遇。

其实，就在"总统府"放出扁要出访的口风之时，批判之声便随风而起，8月30日出版的台湾《经济日报》就发表题为《阿扁又要出国"拼外交"了》的文章对扁的所谓"务实外交"进行了辛辣的讽刺和深刻的批判。文章说，花钱"拼外交"，如果能有成效的那也只好容忍了。无奈的是，阿扁"拼外交"，勤于出访，到处摆阔，一路撒钱；但其结果就像阿扁口口声声喊的要拼经济一样，江河日下，愈拼愈糟。阿扁上任6年以来，和台湾断交的有马其顿、利比里亚、多米尼加、格林纳达、塞内加尔和乍得，不多不少，也正好6国。文章指出，"拼外交"拼出来的问题，似乎不限于"断交"，还因为阿扁的慷慨多金，一路挥洒，惹得这些小小的"友邦"诸国，频频曝出了与之有关的贪腐案，弄得台湾政府恶名昭彰，国际社会为之侧目。文章的

结论是，陈水扁的"金钱外交"让台湾屡屡蒙羞。

陈水扁企图用"拼外交"来转移岛内倒扁焦点、提升民进党内的低迷之气，结果未动身便招来猛烈批判，且揭露出扁上台以来的种种劣迹。

（十二）

陈水扁出访返台后的第三天，即9月9日，百万民众"倒扁"静坐便拉开了帷幕。定于下午3时正式启动"倒扁静坐"，但上午就有大批红衣民众聚集在凯达格兰大道，大批媒体也进驻其间。参与静坐的民众中，有不少民众自制大字报，表达倒扁的诉求；更有人请出神像焚香祭拜，祈求苍天护佑，气氛异常热烈。

这一天出版的台湾《联合报》刊登了施明德写的题为《九·九运动宣言：百万人民集结前对陈家政权和2300万同胞的最后呼吁》的文章。文章开头便义愤填膺地说："这是台湾！人类历史上又一轮滔天巨浪因统治者的贪腐无能集结了！一百万张脸孔为贪腐者漫天撒谎气愤，为礼义廉耻荡然流泪，为难以超越的蓝绿魔咒喃喃祝祷，为即将断绝的台湾经验心急如焚，为呼之欲出的公民社会，涌上凯达格兰！这是百万人的义愤，百万人之怒。当历史被误导、道德被凌迟、司法被阉割、文化被窒息、社会被轻贱的时候，哪一次不是人民之怒冲开专制郁闷的闸门，让政治的大河重新奔流？"

文章质问："陈家政权与其统治集团，你们听到人民上吊、自焚、跳海前的叹息声了吗？你们听到企业家出走前叮咛嘱咐妻儿的话别声了吗？你们听到司法、警政、甚至文官系统内对你们的咒骂声了吗？你们听到一票票把阿扁选出来的年轻人后悔顿足的声音了吗？"文章接着指出："6年来，陈水扁政府的重大政策制定和部会首长、"国营"事业或公股银行董事长人事任免，从来不是依循民主机制提出，既非党中央、党团所能决定，甚至非"行政院"所能置喙，而是不知道什么时候，陈"总统"就会从口袋中掏出。这和SOGO礼券、国务机要费案一样，都是一家人、一人的意志凌驾所有人，凌驾制度与程序的结果，称之为陈家政权、陈氏王朝并不为过。一个人予智自雄、信口雌黄，一党人攀缘阿附，一国人呼天不应、叫地不灵，这还不是终结陈家政权的时候吗？"

文章愤然指出，现在是"贪婪遮蔽了天，顽抗拉住了日，人民奋起为的只是还我清清白白的天日"后，还对扁提出善意的规劝："在陈'总统'还可以选择尼克松模式下台的时候，我们奉劝陈家政权不要选择全斗焕、卢泰愚模式，当中间温和的人民被反动政权激怒时，陈家政权的家人能否立足台湾都不可知，届时陈'总统'势将求马科斯模式而不可得！"

文章对2300万台湾同胞发出呼吁，要勇敢地站出来，"在台湾民主存亡绝续的历史关口，第一个站出来，不要等到最后做打落水狗的懦夫。不要高估贪腐者的意志，贪腐的人怎么可能有意志？有意志的人，怎么可能闪烁其辞，一叠礼券、几张发票、各种版本的说辞说得全国眼花缭乱，头晕目眩？太阳没有出来之前，乌云可以遮天蔽日，一旦朝阳露出曙光，哪怕只有5%的曙光，也要逼得乌云四散溃逃。这是正与邪之争，胜负已定。在知耻、不知耻之间，台湾同胞们，你只有两条路可选择，现在就选，不要等到2008年！"

这一天的《联合报》还发表了马英九题为《还台湾一个干净的未来！》的文章。文章温文尔雅地说："今天，我们站上凯达格兰大道，不是因为仇恨，不是为了斗争。"

"而是，因为爱。"

"爱孩子，爱台湾，爱我们共同拥有的未来。"

"民进党，不要成为贪腐的共犯！"

"今天施明德先生在这里静坐下来。这个一生坐牢超过25年的前政治犯，忍受着昔日同志的污蔑，忍受着恶意的人身攻击，他唯一的要求，只是这样单纯：礼义廉耻，贪污下台！"

文章指出："整个民进党被陈水扁总统绑架了，曾几何时，民进党竟成为贪腐的共犯！我们不乐见民进党因为挺扁的崩解，这对台湾并不好，请民进党的朋友，为台湾好好想一想！"

文章明确表示，"我个人在第一时间捐出100元，成为这'百万分之一'的力量。这次静坐活动不分蓝绿，只讲是非，因此我支持国民党的公职人员、党员，以个人的名义参加。在公理正义面前，我们义无反顾。我深信凯道广场的人民将向全世界展示高度的民主素养，以和平、静默与尊重公共秩序的方式，表达我们对贪腐政权的愤怒与不满。人民不用拳头，而用听不见的声音与衣服的颜色表达共同的心愿——清廉保台，阿扁下台！"

9月9日中午左右，大批身穿红衣的民众已经陆续集结在中正纪念堂、凯达格兰大道等区域。下午2时，活动组织人员带领民众绕行"纳斯卡线"，为活动暖身。

"纳斯卡线"是南美秘鲁高山神秘的、向天祈福的地方。此次"倒扁总部"在静坐现场设定"纳斯卡线"，就是希望由群众形成台湾的"纳斯卡线"，配合数十万民众仿圣经"绕城"的做法，召唤天地与人民齐心，产生

律动的力量，在排山倒海的怒吼声中，把厚颜无耻的陈水扁赶下台。

下午3时，当活动总指挥施明德到达静坐现场后，"百万人反贪腐静坐活动"正式启动。数十万群众组成的红色海洋，高喊着"阿扁下台"的口号，高举着大拇指向下的倒扁手势，在"总统府"前汹涌澎湃着。以其恢宏的气势、强大的声势，在台湾历史上写下最为壮观而又充满悲愤的一页。

下午5时，施明德在凯达格兰大道活动现场发表演讲指出，如果陈水扁要硬拗到2008年，台湾将成为"植物人"，陈水扁也将成为"总统府"的囚犯，"阿扁你要做自由人？还是'总统府'的囚犯？"施明德强调，"阿扁不下台，决不结束抗争。"他说，台湾人是有是非的，执政者做得好，大家支持他，和他站在一起；贪腐时，台湾人民有权利要求他下台。

施明德向陈水扁喊话："不管你在哪里，都应该听到人民要你下台的呼声。"此时台下民众齐声呼喊起一连串"阿扁下台"的口号，呼应施明德为民请命的诉求。施明德强调，9月9日的活动，不只是要扁下台，而是要重建台湾公民社会的核心价值。全世界都在看，台湾民众要阿扁下台的决心有多强！

晚间，国民党主席马英九和亲民党主席宋楚瑜冒雨抵达凯达格兰大道，声援施明德发起的倒扁运动。马英九原本表示来静坐现场表达敬意，但面对海海漫漫冒雨静坐的群众，也席地而坐参与静坐。马英九和宋楚瑜分坐总指挥施明德的两旁，三人一起和静坐民众高喊倒扁口号，高举倒扁手势，掀起现场一波高于一波的高潮。

凯道入夜后大雨滂沱，但群众倒扁的决心和热情并未因大雨浇淋而有所减弱，反而情绪更加激昂，静坐现场被挤得水泄不通，全身被雨水淋透的民众随着台上主持人高喊着"九月九，阿扁做不久"、"阿扁下台"的口号，有节奏地挥舞着倒扁手势。

倒扁活动现场还设置有"水扁被水扁"的阿扁人像，提供民众用水砸向陈水扁，表达满腔义愤，在人像两旁写着"阿扁滚下台，人民站出来"的标语，反映民众的心声。现场男女老幼纷纷拿起水球，一齐砸向阿扁人像，并高喊着"阿扁下台！"

与台北市凯达格兰大道的"倒扁"行动相呼应的活动在岛内多处展开。高雄市亲民党籍议员王龄娇9月9日在服务处成立了"倒扁加油站"，民众来这里吸倒扁香烟、喝倒扁花茶，一起宣示倒扁的意志。

这一天，"金门倒扁行动联盟"在金门外岛展开倒扁行动。上午9时起进行静坐和演讲，表达"关键时刻，金门乡亲不缺席！"前"立法委员"傅昆成、国民党金门县党部主委林国平等轮番上台，痛斥陈水扁弊案连连、贪腐奢靡等种种劣迹，已达"罄竹难书"、人民无法忍受的地步。

为了因应随时可能爆发的倒扁民众冲击"总统府"或玉山官邸，台湾"国防部"已秘密抽调10个宪兵营在台北市内戒备，并准备随时调动镇守台湾北部的陆军第6军团入城"平乱"，倒扁与护扁的大战，一触即发。

（十二）

自9月9日"百万人反贪腐运动"启动以来，"倒扁"静坐人数持续增加，群众参与的热度不减，许多静坐民众还昼夜坚守在凯达格兰大道上。看到他们风餐露宿地坚持"倒扁"，岛内各界包括普通老百姓做起了"后勤保障"工作，有台北市民送来了整车不同口味的面包、糕点，有年逾古稀的电影演员送来了许多箱热腾腾的大包子，有从新竹北上的民众送来了客家米粉，有年轻的艺人和全家人一起扛来了自己熬制的牛肉汤，还有旅馆业者为风吹雨淋的静坐民众提供了免费盥洗服务，如此周到细致的后勤支持更鼓舞了静坐民众倒扁静坐的信心和决心。

9月12日，静坐现场又掀起一波高潮。来自台湾中南部的屏东、宜兰、台中等县市的民众包括退休教师、失业劳工等，相继上台发表"倒扁"演讲。著名艺人罗大佑晚间也来到现场，带领抗议群众合唱歌曲，鼓舞士气，高喊"阿扁下台"口号。

9月13日上午7时左右，中国国民党主席马英九再次出现在凯达格兰大道，为参与静坐活动的民众送来了1200份早餐，并带领群众用普通话、闽南话和客家话高喊"阿扁下台"的口号。当天，台湾"立法院"院长王金平也明确向媒体表示，他义不容辞地支持民众在凯达格兰大道的"反贪腐运动"。

岛内倒扁运动风起云涌。前文提到，以反军购起家的"民主行动联盟"在扁出访帕劳和瑙鲁的当天，就在"总统"官邸前的爱国西路请来布袋戏、传统锣鼓等表演"送瘟神"，引来众多民众围观，喝彩声不断，非常热闹。"民盟"的本意就是要以本土文化洗涤"本土政权"。在施明德发起"百万人反贪腐运动"的同时，"民盟"也号召民众成立"全民倒扁行动联盟（简称"倒扁联盟"）"，虽然没有施明德发起的运动那么声势浩大，但"倒扁联盟"像一支机动部队，活跃在台湾南北庙宇之间，他们结合民间信仰，以具有文化意涵、且富创意的特殊手法号召基层民众倒扁，对以草根起家的民进党给以重击。

当倒扁行动还局限在台北的时候，"倒扁联盟"就在陈水扁的家乡台南发起了倒扁行动，要打破南台湾挺扁的传统势力。因为南台湾这股挺扁声势，让扁暗自窃喜，让扁有了保位固权的"底气"。陈水扁惯用的保位固权手法就是制造分裂，制造族群矛盾，在他的操弄下，台湾现在已被划分为本土与非本土、倒扁与挺扁等区块。这些年来，他就是用这套分裂的手法来保位固权的。"倒扁联盟"就是要用基层民众的信仰来触动基层民众的感情，来弥合他们的感情，来凝聚基层民心。比如，8月12日"倒扁联盟"就在台南关帝殿前宣读倒扁檄文，要"借关刀，斩妖魔"，吹响了倒扁的号角。此时，绿营支持者将关帝庙围住，十几条壮汉冲进庙中，跳上祭坛，抢走檄文，怒吼"台湾人不要拜中国神！"当"倒扁联盟"的组织者说明事情的真相，闹事者一时语塞后便以胡搅蛮缠的粗鲁行为搅这场"借关刀，斩妖魔"的义举。但是，两岸同胞都在信仰关公、妈祖等的事实却让更多的台湾基层民众明白了两岸同胞是共有文化之根的。

不久，"倒扁联盟"又在嘉义举行"告城隍"仪式，向城隍控诉陈水扁的罪状，希望这位阴间司法官能替天行道，斩除人间妖魔。提出举行这个仪式建议的是"民盟"执行长林深靖，他说，嘉义是他的故乡，动员乡亲比较容易。同时他在嘉义认识许多正直的"老党外"和民进党的创党党员，他们对陈水扁都已忍无可忍了。他指出，他提出到关帝殿"借关刀"，就是要打破陈水扁"中国/台湾"、"外来/本土"的二分法。长久以来，关公忠义的形象已经深植台湾人心，在阳间胡作非为的陈水扁，司法对其无可奈何，必须"借关刀""告城隍"才能除害。

再回到台北倒扁静坐现场，人气鼎盛，如火如荼，参与静坐的不仅有普通百姓，还有公职人员，还有军人和警察脱下军衣、警察服装也悄悄加入静坐行列。一位现场执勤的警员呛声说："要不是上班，我也会来参加！"一位中山南路及凯道路口当值的警员向记者透露："我在警察制服里面穿着红色内裤，也在倒扁。"在信义路口，有个警员向记者说出了自己的感受："经历了那么多群众运动，这几天的群众静坐让我大受感动。因为我看到凯道上也有'贵妇人团'——不过不是珠光宝气的贵妇人，而是妇女们坚毅地带着小孩坐在凯道，不管比手势、喊口号，举手投足更像'贵妇'——尊贵的妇人！"

直接负责倒扁集会执勤的中正警一分局的警员向记者流露出不满的心声："我们已经够累了，但是吴淑珍一人住台大医院，上头还搞什么'玉山夫人勤务'，浪费警力，实在不合理。"他还愤愤地说："上次阿扁去看吴淑珍，'玉山勤务'一站岗就是好几小时；更令人生气的是，人走了也不通知撤岗，就让警察呆呆地站在医院外直到关门，这种'总统'，警察怎么挺得下去？"

如火如荼的倒扁运动给"倒扁总部"以巨大的支持和鼓舞。"倒扁"进入第四天，"倒扁总部"宣布于15日晚上举行"9·15围城"游行，并已获得台北市警察局核准。根据台北市警察局核准路线，抗议群众将手持荧光棒，从凯达格兰大道出发，绕行陈水扁办公场所和住处外围的一些街道。"倒扁"运动副总指挥李永萍在记者会上号召，台湾中南部民众积极参与"倒扁"，要于15日北上参与"围城"抗议。

9月15日下午，台北市下滂沱大雨，但凯达格兰大道静坐民众依然热情不减，大家或身着雨衣，或撑起雨伞，持续在雨中静坐。为因应晚间的围城之战，倒扁总部下午在静坐现场宣导"爱、和平、非暴力原则"，并说明相关事宜。原本计划在晚7时启动游行，但由于参与人数众多，总部决定提前1小时举行。

晚6时，活动总指挥施明德在指挥车上身穿红雨衣，带领民众开始围城之战。施明德不断带领群众比倒扁手势、喊倒扁口号，陈水扁办公处和住处顿时淹没在一片红色海洋中和要求阿扁下台的怒吼声中。

此次游行虽下着间歇小雨，但参与人数仍持续增加。队伍行经中华路与和平路，有许多民众挤不进游行队伍，只好在对面人行道上陪伴往来，沿路有不少住户悬挂出红布表达支持，还有的市民燃放起烟火，引起群众一片欢呼。倒扁总部宣布，围城人数已逾百万。

亲民党主席宋楚瑜、国民党台北市长参选人郝龙斌、台中市长胡志强、台北县长周锡玮、艺人张小燕等岛内知名人士也加入了游行队伍。前民进党主席许信良和前台北市长黄大洲等，也都登上"民盟"的宣传车，发表倒扁演讲。

岛内媒体报道，由于"倒扁"静坐活动未能申请到凯达格兰大道及其附近地区的使用权，游行结束后，抗议民众将转往台北车站前继续静坐，直到9月21日再返回凯达格兰大道静坐。

晚8时30分，游行队伍陆续抵达台北火车站。铁路警察原本安排600名警力负责台北车站安全维护，但因参与围城之战活动的人数比预期的多出许多，铁路警察局增加警力至千余人。

（十三）

针对倒扁群众运动举行的"9·15荧光围城"之战，执政的民进党在9月16日举行了"9·16我们在向阳的的地方"的"挺扁"活动。这场活动虽然也

· 685 ·

有自发的参加者，但绝大部都是民进党利用行政手段和引诱的手段发动出来的人群。主办者者宣称参加者有30万之众，官方估计只有5万至8万，公众认为最多也找不出10万人。这项活动由于有着"挺扁"就是"挺贪腐"的暧昧性，有着名不正、言不顺的尴尬，加以诱以补助，其正当性理所当然地遭到社会舆论的质疑和挞伐。最引人注目的是民进党的几个要角——吕秀莲、苏贞昌、谢长廷等都躲躲闪闪，没有在"挺扁"现场露脸。而更为麻烦的是，这场活动后来群众失控，对两家现场采访的电视公司人员大打出手，这一施暴的场面被电视转播到千家万户，更引发了公众的愤怒，更是民进党的挺扁活动难以为继。民进党原本计划把这种挺扁活动从9月16日搞到9月20日，这样一闹腾，只得宣布后来的活动不能办了。民进党的演出，就和它一开始发动的"全党批施"一样，又帮了陈水扁一个倒忙，更抬高了倒扁的气势。

为了躲避"红衫军"的强大攻势，陈水扁只好以"视察"为名频频到台湾中南部活动，岛内外媒体纷纷以"流浪总统"、"后门狗"等类的语汇描写扁的狼狈、尴尬和厚颜无耻。9月18日的香港《经济日报》就发表了以题为《红军围堵，扁成流浪"总统"》的报道，反映了扁处处遭人唾骂的情况。报道说，连日来，陈水扁为了避开倒扁民众聚集台北的难堪局面，频频到中南部视察。不过，陈水扁到花莲、澎湖等地视察时，倒扁"红衫军"仍然如影随形，夹道"欢迎"，伴着"阿扁下台"的口号，比着"阿扁下台"的手势，把扁搞得灰头土脸。昨日陈水扁到南投视察，近300名当地市民身着的红衣，沿路向陈水扁抗议，令陈水扁车队只好绕小道行驶。有人讽刺陈水扁刻意离开台北到各地视察是躲避尴尬，但逃不过倒扁的声浪，扁已成为"流浪总统"。

同一天的香港《太阳报》发表了题为《访南投遭围堵，车队逼抄小路，民众骂扁"后门狗"》的报道，反映了倒扁运动在岛内"遍地开花"的情况。

报道说，尽管倒扁行动总部取消在台北以外地区发动"遍地开花"的倒扁活动，但倒扁活动已在全台湾"遍地开花"！在百万红衫军围城后，陈水扁昨日前往南投参访，所到之处都遇上高呼"阿扁下台"的红衣民众，车队抄小路离开时，更被民众高呼为"走后门的走狗"。

报道具体描述道，陈水扁昨日早上到南投县视察，首站是名间乡赤水村洛胜农场，当车队还没抵达目的地的前，就有一名高举红衣的男子，牵着一头披上红衣的小狗在农场外高喊倒扁口号，该男子很快被警员押解离开。而在沿路还有数百名情绪激动的倒扁民众，其间有人曾一度冲过封锁线，围堵车队，差点爆发冲突。

陈水扁到浊水村福兴宫参拜时，无处不在的倒扁民众早已聚集在庙外"恭候"他的大驾，陈水扁的车队被迫抄小路进入福兴宫。当他下车时，更有倒扁民众冲破警方封锁线，在距离扁数米处高喊倒扁口号，并大声责骂扁是"走后门的走狗！"当扁一行欲离开福兴宫时，却被民众围堵在庙内，警方到场开路才解围。

9月18日，百万人倒扁运动进入第十天，倒扁总部召开扩大会议决定，十月十日台湾国庆节的当天，红衫军实施"天下围攻"计划，号召红衫军在国庆节当天到"总统府"前亮出呛扁下台手势；紧接着，则将训练出来的5000名非暴力行动者从十月十日起开始围住"总统府"，不让陈水扁上班。十月十日，将是倒扁群众运动又一个展开攻击的发起线。

9月19日，台湾"立法院"新会期开议。国亲两党党籍民意代表"立委"全部穿上红色衣服表达对陈水扁的不满，并呼吁民进党支持罢免陈水扁。当天的会议议程是安排台行政当局领导人苏贞昌进行施政报告并备询，结果遭到泛蓝民意代表们的杯葛。泛蓝民意代表表示，苏贞昌包庇陈水扁贪腐，应和陈水扁一起下台。

当天，亲民党主席宋楚瑜表示，亲民党"立法院"党团会再次提出罢免陈水扁案，如果罢免不成就提"倒阁案"，从而与静坐倒扁的民众"里应外合"，逼使陈水扁下台。

9月22日，马英九提出"阿扁去留，选民公投"的口号，希望两个月内完成罢免提案，交付全民公投。他说，国民党不会借此案夺权，也不会要求组阁，他愿意邀约政坛有实力及公信力的领袖共同协商罢免案。他认为，用"组阁换下台"行不通，谈"内阁制"纯粹是吊人胃口，权谋毫无意义。

9月25日，反贪静坐倒扁总指挥施明德宣布，他将带领一批朋友作环岛之行，从台北出发，绕到南部、东部，十月十日再回到台北，进行"天下围攻"，唤起每一位反贪倒扁的人民，全部站出来，"要把台北市的游行，转变成全台湾的游行"。

这一天，亲民党发言人李鸿钧率领党团负责人召开记者会表示，二次罢免联署已达到成案门槛，中午将提交"立法院"议事处，使二次罢免案排入处理议程。罢免提案文将注解为"公投决定陈水扁去留案"。

9月26日，由亲民党提出的第二次罢免陈水扁案在台"立法院"程序委员会获得表决通过，将被列入下次院会报告事项。此前，亲民党主席宋楚瑜数度呼吁民进党"立委"支持罢免案，这样才能让民众最终决定陈水扁的去留。

9月29日，台"立法院"院会处理亲民党籍"立委"吕学樟提出的罢免陈水扁提案，尽管民进党团提出反对交付审查的意见，但仍不敌中国国民党、亲民党、无党派及团结联盟籍"立委"人数的优势，以106票赞成、82票反对，表决通过10月11日、12日召开全院委员会审查，10月13日交院会记名表决是否通过"总统"罢免案。

同一天的下午，百万人反贪腐运动"环岛遍地开花"游行在台北市起程，总召集人施明德在出发前向倒扁民众发放红花，现场呈现一片红色的花海。倒扁总部决策委员魏千峰说，环岛倒扁活动是要全台串联，宣传理念，为10月10日的"天下围攻"作准备。

施明德发起的倒扁群众运动声势浩大、波澜壮阔，加之国亲两党提出的第二次罢免案又列入"立法院"院会进行表决，使一路挺扁的民进党灰头土脸，始终处于被动挨打的地位。陈水扁为了激励绿营军心，也为了回馈他的支持者，他只能再一次表演故伎，以"'台独'乌托邦"回赠"台独"基本教义派。

9月24日，陈水扁抛出"宪改"涉及"领土"变更的议题。此前，民进党中常会决议，要在已研拟的"宪改"草案之外，再研拟一套含有"台独"主张的"宪改"草案。民进党有关方面已开始着手研拟。这又一次表明，陈水扁为了一己之私，再一次公然背弃他自己一而再再而三重申的"四不"承诺和"宪改"不涉及"领土""主权"变更的保证，进一步发出了通过"宪改"谋求"台湾法理独立"的危险信号。

9月27日，中国大陆国台办发言人李维一在例行记者会上指出，我们密切关注台湾岛内"宪改"的动向，对事态发展保持高度警惕。任何人妄图以任何方式把台湾从中国分裂出去，必将玩火自焚，遭致可耻的失败。李维一说，陈水扁这种严重破坏两岸关系、威胁台海地区乃至亚太地区和平稳定的分裂行径，言而无信、翻云覆雨的卑劣做法，立即遭到台湾内外强烈谴责。李维一强调，近些年来，我们努力促进两岸关系和平发展，维护台海地区稳定。在两岸同胞的共同努力下，台海形势中有利于遏制"台独"分裂活动的积极因素增加，两岸关系朝着和平稳定方向发展的势头增强。我们将牢牢把握两岸关系和平发展这个主题，继续以最大的诚意、尽最大努力推动两岸关系朝着和平稳定的方向发展。同时，我们反对"台独"的立场决不动摇，对通过"宪改"谋求"台湾法理独立"绝不容忍。

在一片谴责声中，岛内外舆论一致指出，倒扁明明是反贪腐诉求，但是陈水扁偏偏要将其纳入统独之争。陈水扁每遇困境，或每逢选战开打，他总是言必称"独立建国"、撕裂族群关系、挑衅两岸底线。这是这个弊案连连的政治赌徒、无赖的看家本领，把台湾搞得再乱、再烂他也在所不惜，他口口声声叫喊的"爱台湾"只不过是一块遮羞布而已。

台湾政权的"保护伞"——美国听到陈水扁放出如此挑衅性的言论，也明确表示反对民进党"宪改"越过红线。台湾"中央社"驻华盛顿记者9月29日发出电讯说，美国在台协会台北办事处处长杨苏棣返华府述职，美国政府给杨苏棣的训令很明确，就是美国不接受民进党版"宪改"跨越"四不"红线。美方此次反应"严厉"，原因在于国务院的立场就是预防和避免任何让美国付出代价的国际状况，如今台湾负责人领头冲撞，其过程绝不可能仅是"辩论一番而已"，恐怕经过媒体与内部政治攻防，其效应将影响整个亚太地区。华府决策人士也明确指出，虽然台湾方面已经传达"陈'总统'的宪改不会改变现状"，但美方在9月26日透过两国沟通管道回应，"美方不想听到律师语言"。舆论认为，美方放出如此重话是少见的。美方用"不想听到律师语言"作为回应，足见美方对扁的轻蔑和不信任。

但是，深陷困境的陈水扁不顾舆论排山倒海般的谴责，不顾美国"老大哥"的严厉警告，为了转移焦点、摆脱困境仍然声嘶力竭地叫嚣"台独"。9月30日民进党在高雄举办的"台湾站起来"的挺扁集会上，陈水扁发表压轴演讲，用沙哑的声音喊出民进党在年底北高两市市长选举中全赢；2007年在"立委"选举中拿下50席；2008年"总统"大选再获大胜等三大梦想。他还是声嘶力竭地叫喊，对"制宪"、"以台湾名义申请加入联合国"、公投讨国民党党产等三大任务，绝对有信心，一定会成功。他以极为煽情的"台独"言论，试图重新凝聚绿营的支持者。

对于陈水扁的这套表演，岛内民众早已习以为常，明眼人早已看出这套动作的后果。9月28日出版的新加坡《联合早报》发表的王家英先生题为《陈水扁"修宪"动作只会弄巧成拙》的文章就指出，众所周知，台湾"独派"一直以"重定宪法中的领土范围"、将"固定疆域"改为"台澎金马"作为实现"法理独立"的重大目标之一，陈水扁在强大的民间倒扁风潮下突然抛出"宪改"议题，明显是想一方面借"修宪"转移社会焦点，淡化倒扁运动效应；另一方面是以变更领土向深绿全面交心，透过深绿的支持撑起他濒临崩溃的政权。不过，这次陈水扁的故伎重施，未必能讨得便宜，反而可能弄巧成拙，加速其政权崩溃的过程。原因是他如今弊案缠身，随着倒扁运动风起云涌地展开，相信他的拥护者已寥寥可数，而希望他下台的却高达70%。

文章分析说，须知，按照台湾"修宪"程序，要达成"宪改"的目标，必须经过"立委"总数3/4同意后才能交付公民复决。以目前台湾有1600多万合格的选民计算，至少要有800万以上公民投票支持才可变更领土范围。何况根据现时"立法院"蓝大于绿的现实，陈水扁连第一关都绝对过不了，遑论公民复决！

同一天出版的台湾《中国时报》发表题为《民进党还记得20年前的"民进党"吗？》的社论，对民进党假民主真贪渎、建党20年便老态毕露的一片衰败景象进行了评论。社论说，20年前的9月28日，党外人士在圆山饭店聚会，正式宣布成立民主进步党。当时的参与者都面临着被抓、被关甚至家破人亡的恐惧。但在那个历史的关键时刻，他们依旧选择了理想与勇气，愿意为台湾美好的未来奉献牺牲。但不幸的是，到达执政的巅峰之后，民进党却开始一路往下坡滚跌，而且速度愈来愈快，姿势愈来愈不忍卒睹。民众感觉最鲜明的是，民进党得到了权位，却失去了清廉，变得几乎和之前打倒的敌人没什么两样。从"总统"以降，多少人坐上了从没沾过的高位，享有梦想不到的资源，似乎毫无挣扎就迷失在贪腐的黑洞里。对于拿金融或"国营事业"大肆分封酬庸，以及陈水扁一家涉及重大弊案，民进党内从大佬到清流基层，不仅未见质疑，更不思纠正，过去指责国民党金权政治的义正辞严已抛诸脑后。

社论指出，民进党曾经拥有许多理想，但第一次有机会付诸实现时，却又一再让理想受伤褪色。粗糙的停建核四为经济带来巨创，一味强调本土，不思正面因应中国崛起及全球化潮流，让国家发展迟滞，基层民众生活愈加困苦。而一再逼近"台独"红线的挑衅动作，虽然换到短期的政治获益，却未能争取到国际支持，甚至还促成美中共同看管台湾，至于加入联合国之路似乎更远了。执政六年来，民进党到底实现了什么理想？民主人权、国际参与、社会公义、人民幸福，究竟是比较近了还是变得更远、不知道自己能不能摸着良心答得出来？

社论进一步指出，民进党真正的问题是老化。看看现在说的语言，和10年、20年前比，不要说没有进步，甚至还更退步，更缺乏前瞻性。这种倒退，是来自老化、虚弱与欠缺安全感，以至于没有兴趣学习，没有勇气改变，总是以熟悉的旧逻辑看世界，并力图让世界保持在旧有状态。因为缺乏应付新事物的信心，所以不让台湾迈入新时代，免得自己被看穿手脚。今天的民进党，已经不是台湾成长的动力，而是阻力了。

陈水扁声嘶力竭地叫嚣"台独"的丑恶表演并没有转移了岛内民众的视线，反贪腐倒扁的群众运动依然在岛内如火如荼的延烧。倒扁总部10月4日发出号召，号召岛内民众5日11时45分，在岛内各地捷运（地铁）、火车、汽车站，以手势、口号、汽车喇叭声"快闪示威"，倒扁15分钟，借此"柔性罢工"表达要陈水扁下台的诉求。5日这一天，岛内民众积极响应"倒扁总部"的号召，在台北、台中以及高雄市等地，"倒扁"民众纷纷展开了"快闪示威"活动，民众或高呼口号，或按汽车喇叭，或高举倒扁手势，表达"反贪腐""倒扁"的诉求。"快闪示威"活动结束后，"倒扁"总部表示，这只是第一次演练，目的是让民众学习如何保护自己参加示威，未来在各地都可以采取类似方法随时举行"倒扁"示威。

5日下午，由施明德率领的"环岛反贪腐"车队抵达本次活动的最后一站宜兰。在宜兰河滨公园举行"倒扁"集会上，施明德发表激情四射的演讲，他呼吁岛内百万民众10日参与"天下围攻"活动。

10月7日上午，反贪倒扁总部举行记者会，发布全台动员令，表示"天下围攻"10日当天上午9时启动。倒扁总部强调，他们的目标是让陈水扁下台，不是参加国庆节。整个活动将以"爱与和平"为基调。总部副总指挥简锡堦在记者会上指出，"天下围攻"计划分4个集结点包围"总统府"与博爱特区：东起中正纪念堂信义路段，南以植物园南海路段为界，西至中华路国军文艺中心，北以台北市站为根据地。另计划于10月9日晚9时起，在台北车站广场举办民间版国庆晚会。简锡堦提醒参加"天下围攻"的民众，当天一律穿着红色上衣，手上要绑着倒扁红丝带。

10月10日上午9时，倒扁总部发起"天下围攻"之战。在台北车站，总指挥施明德宣布三点决定：第一，要求陈水扁必须对台湾人民的要求（"总统"下台）作出决定；第二，活动是否过夜，由参与活动的民众决定；第三，待队伍回到台北车站后，每四小时游行一次，并高喊"阿扁下台"口号。10时，施明德从北集结点台北车站出发，大批群众随即簇拥着向馆前路前进，依逆时针方向，绕行"天下围攻"路线：向西走中华路与贵阳街，经南集结点建国中学，至东集结点中正纪念堂信义路段。施明德在途中发表演说时向红衫军表示，天下围攻人数已突破150万人，比起"9·15"荧光围城多了一半。施明德说，从9月9日之后，台湾人民的怒吼散布全台，但陈水扁却视若无睹，"行政院"、民进党没诚意、也没能力处理这么重大的政治问题，这不是陈水扁可以逃掉的责任与闪避的问题，"陈水扁必须正面响应人民的要求、怒吼与怨恨"。他接着说，"基于主权在民的原则，今、明、后天，人民要不要解散，决定全交由人民，所有法律责任我来承担"。

在红衫军发起的百万人"天下围攻"一片高呼"阿扁下台"的口号声浪中，台湾当局举办的"国庆大典"还是开场了。场内，为配合倒扁红衫军的"天下围攻"，许多国亲的两党的"立委"都穿着红衣、戴着红帽进入观礼台，尽管大典举办单位为区隔"立委"和行政官员，在两个观礼台区块之间拉上白色布幔，但国亲"立委"仍在陈水扁准备致辞时，一面比划倒扁手势，一面高喊"阿扁下台"。在一片倒扁手势和"阿扁下台"的口号声中，10时许，陈水扁发表了十二分钟的演讲，他情绪冲动，声嘶力竭，三度破音，最后表示，不赞同过去威权时代的强制动员参加"国庆典礼"，所以建议明年以后不再举办各种形式的"国庆"大会或典礼。

陈水扁致辞完毕后，国亲"立委"开始运作，与被管制在外围区域的"天下围攻"红衫军里应外合，一起表达促扁下台的立场。由于现场"国安"人员无法制止国亲"立委"呛扁的势头，紧临在旁、作出挺扁手势的民进党"立委"们，开始按捺不住，与国亲"立委"爆发冲突，双方数度拉扯，一片混乱。民进党"立委"林国庆、王世坚等人疑似殴打国民党"立委"李庆华，被"国安"人员架走。

亲率党籍"立委"出席观礼的亲民党主席宋楚瑜，这时不耐蓝绿冲突的发生，起身离席。"国安"人员原本不予放行，宋楚瑜几度争论不成，采用迂回方式绕开"国安"人员，最后成功闯进阅兵台前，率众拉起"扁下台"的红色条幅，加入游行行列，高喊"阿扁下台"的口号，现场一片混乱，一片尴尬。

当天下午，国民党举行记者会，发言人黄玉振表示，涉嫌贪腐的陈水扁在"国庆典礼"上大谈反贪腐，可谓是有史以来国庆最大的笑话。作为"国家元首"，陈水扁竟然主张不办"国家生日庆典"，已明显失职不适任。"国庆"应该喜气洋洋，但陈水扁却因为对红色过敏，挂上了大大的白色布幔，有说不出的怪异。陈水扁用白布幔为自己遮羞，却让台湾和全体台湾人民蒙羞。陈水扁认为"罢免总统案"是政治恶斗，显示出他已毫无反省能力。

陈水扁"不过国庆说"遭到岛内外台湾同胞齐声谴责。菲律宾侨界普遍予以批判。"菲华文经总会"常务委员陈紫霞表示，双十节庆祝活动行之有年，一时要将它舍弃也不是那么容易，国内外还有很多人认同"中华民国"，如果真的停办，将给人一种当局打算"去中华民国"的印象。

陈水扁的种种丑恶表演，不断受到公众强烈的谴责；他早已成为一只过街老鼠，人人喊打的声音响彻岛内外。

（十四）

10月13日上午，台湾"立法院"举行院会，以记名投票的方式表决第二次罢免陈水扁"总统"案。表决的结果是，出席会议的"立法委员"130席，同意票116票，不同意1票，无效票13票，未达到全体"立法委员"的2/3，即147票的同意门槛，"罢免总统案"未获通过。民进党籍"立委"全部缺席，即使到会的130位"立委"全部投而同意票也难以跨过147票的高门槛。民进党又护扁躲过一关。

会议结束后，国民党"立法院"党团再度谴责民进党不敢向人民表态，党团书记蔡锦隆说，将视第一家庭所涉弊案发展等主观因素，决定是否发动第三次罢免案，甚至"倒阁"案。社会舆论一致谴责陈水扁厚颜无耻，"中华民国宪政史"上首度出现罢免案，而且两次提出，恬不知耻的陈水扁仍然恋栈权位，真不知天下有羞耻二字，堪称"天下第一不要脸"。

10月13日上午，反贪倒扁总部召开"感恩、反省"记者会，发言人范可钦说，昨晚总部召开会议，深自检讨，考量警察、媒体的辛苦、经费支出，以及为降低民众焦虑情绪，决定缩小反贪倒扁规模。他说，从14日开始，原本24小时的静坐，改为每天下午6时至10时，静坐现场不会有音乐、演讲和活动，活动总指挥施明德会留在台北火车站，未来不会发动任何大型集会游行，待"查黑中心"检察官陈瑞仁报告"国务机要费案"侦查结果公布后，才会有下一步动作。

这就意味着"反贪腐倒扁"群众运动暂时画上了休止符。但并不意味着倒扁运动的结束，只是缩小了运动规模。10月5日，反贪腐倒扁总部向媒体透露，施明德与核心干部已形成共识，"天下围攻"之后将兵分二路，一方面维持台北静坐主场，警方核准哪里就在哪里静坐；另一方面则在全台发动罢免民进党"立委"，由于罢免"立委"程序约需142天，倒扁战场将至少延伸到2007年2月。

当"反贪腐倒扁"群众运动暂时画上休止符时，众多专家学者对这场运动的成败得失予以评说。10月16日出版的香港《明报》发表南方朔先生题为《"倒扁"运动后的台湾政局》的文章认为，这场持续日久、声势浩大的群众运动虽然没有达到预期的目标，但群众倒扁的热情绝不会白费。文章说，就实质效果而言，这次群众运动当然无功，但尽管如此，它终究不能说是"浪费的热情"。这次运动唤起了人们对政治道德与操守的注意，以后的为官者多少都会更加警惕。由这次运动过程中陈水扁和民进党那些不择手段、穷凶极恶的表现，人们对民进党搞挑拨撕裂、搞控制司法、搞诡辞狡辩的这一套手段，当会有更深体悟。因而就客观来说，这次百万群众倒扁，未尝不可说是民进党气数更加下滑的重要分水岭。

这场群众运动为什么会"无果而终"，文章作了这样的分析：这场运动最鲜明的特点就是"绿头蓝身"，即领头人物是民进党前主席施明德，核心干部也以前绿色人物为多，但追随的群众则无疑是以蓝色中产阶级为主，尤其是妇女比例超过60%。这种特性再加上运动本身一直以"爱、和平、非暴力"为诉求，遂使得它尽管用了好像很具威胁性的口号如"围城"、"围攻"，但事实上则是只有"围"而无"攻"。数十万、近百万的人群在铁丝网之外高呼口号，陈水扁根本置之不理，这种呼口号的动作能维持一个月，其实已相当不错了。只是这种缺乏实质结果的群众运动，当人们看到希望与日俱减，即难免"一鼓作气，再而衰，三而竭"的结果。

10月13日的台湾《联合报》发表文章指出这场台湾抗争史上人数最多、且参与人不要任何回报的群众之所以"无果而终"，有三大失误：一是方向不明。虽然喊出"反贪腐、阿扁下台"的口号，但却没有具体可以达到这个目的的做法。"爱与和平"的招牌只能出现在防御之时，即其势为守，如打不还手，则可避免暴力升高。然而，倒扁运动既然是拉"总统"下台，显然其势应该是攻，静坐与游行或许可以导出攻的动能，但其本身却不存在攻的力量。二是表演性强过实质功能。倒扁总部及其友人如今仍得意于活动仪式之美，如走纳斯卡线、"9·15烛光之夜"等。这的确创造了难得一见的视觉效果，不过，这个效果能直接反映在"阿扁下台"的功能上吗？三是太多被动的期待。如期待绿营天王倒戈、民进党内讧、马英九穿红衫入列、陈瑞仁检察官对"国务机要费"作正义的侦查报告，甚至传出施明德希望有300万人加入倒扁行列等，不过这些总是操之在人，并变不成现实的力量。

10月19日的新加坡《联合早报》发表的陈子帛先生题为《台湾反贪倒扁运动成败论》的文章，对这场群众运动为什么会"无果而终"的原因揭示得更为深刻。文章指出，是"师劳兵疲，决策反复，导致倒扁运动陷入困局。在发育不成熟的政治环境中，由于司法、立法系统缺乏独立性，也由于'总统'的权力毫无法律约束与节制，因此，尽管陈水扁在政治道德层面已濒临破产，诚信荡然无存，但他摇摇晃晃坚持到2008年，将是不得不正视的客观现实。"

文章说，诚如倒扁总部执行总指挥简锡堦所言，倒扁运动错过9月底的决战期，造成师劳兵疲，决策混乱，群众失去信心，这是最大的败笔；更有批评者率直指出，反贪倒扁运动归纳一句话，就是"成也施明德，败也施明德。"

文章指出，"施明德倒扁的目的和动机，与绝大多数红衫军有高度重叠之处，共识点是反贪，是回归"礼义廉耻"的传统价值观。但在'维护台湾主体认同'、'延续本土政权'、'避免本土政权因贪渎腐败而夭折'的问题上，施明德有自己的坚持。施明德的这个坚持正是导致其决策混乱的根本原因。"所以，才有"败也施明德"这样入木三分的批评。

文章最后不无同情地写道，反贪倒扁运动也许是施明德的黄昏之战，是政治旅途尽头的落日余晖。因此，这场运动不是"一将功成万骨枯"，而是"出师未捷身先亡，长使英雄泪满襟"的悲剧结局。

10月下旬出版的一期台湾《新新闻》周报发表杨照先生的文章，从另外一个角度评说了这场群众运动的成就，题目就叫《"红衫军"让台湾喘了口气》。文章说，这几个月，台湾社会活力"实质松绑"，不只是"倒扁"的活动冒涌出来，更重要的是，陷入泥沼里的政府无力再搞两岸政策、金改政策、媒体政策、教育改革。于是本来被政府搞得束手束脚无所适从的民间活力，终于又可以"做自己"了。这几个月真正被瘫痪的，是这个政府的政务所为，以及这个政府挑衅社会、对社会捣蛋的管道。至于一般的常务运作，却不受影响，照常在大家看不到的地方走着转着。

文章针对有人指责"倒扁"运动是件坏事的说法，义正词严地指出，这怎么会是坏事！把所有的政治力量全都牵制在"倒扁""挺扁""反贪腐"等单一焦点上，结果"总统府"、"行政院"就没有力气来烦我们，政府也无从再用粗暴无聊的语言刺激社会情绪，如此状况下，台湾必然会表现得比以前更好！光看看短期，两三个月内台湾经济的表现吧！不只没有什么负面效应，台股竟然还突破预期，节节高升。以前说"政府空转"，讲错了。政府的毛病，不在"空转"，而在于不让民间自主地好好转。如果政府真的"空转"，像最近一两个月这样，台湾可过得不错呢！

文章最后说，刚告一段落的"红衫军"成就了什么？他们没有把阿扁拉下台，是的。他们大概也没有什么机会把阿扁拉下台，是的。但他们做到了——把台湾政治与媒体的注意力全都吸纳过去，让"总统府"和"行政院"无法继续支配台湾社会，也无法继续干扰台湾经济；于是，被过去几年政治"假议题"与意识形态"假争议"弄得疲惫不堪的台湾，得到喘口气休息的机会！这是"红衫军"意外的成就。

这里值得一提的是，就在社会舆论评说"倒扁"运动成败得失的时候，10月19日发生了一件让世人叫好的事情，那就是陈水扁的女婿赵建铭要求回台大医院复职的申请被院务会议义正词严地否决了。因为台开案遭起诉求刑的赵建铭，10月9日就向台大医院提出复职申请，院务会议经过几次讨论，最

后结果在19日上午出炉，以57票反对、1票赞成、1票弃权的投票结果，正式否决了赵建铭的申请复职案。台大校长李嗣涔在记者会上强调，校方完全支持且尊重台大医院院务会议的决定，对于他们的决定，表示高度敬佩。台大医院在措词严厉的新闻稿中表示，参与会议的院内医师一致认为，赵建铭的行为严重违反医学伦理，影响台大医院院誉，因此决议赵建铭不适合担任台大医院医师一职。

岛内媒体对此事纷纷作了报道。这对刚刚躲"反贪倒扁"群众运动一劫的陈水扁来说，无疑又是一记响亮的耳光。但政治无赖陈水扁对这类事已习以为常，摆出一副"泰然处之"的嘴脸。这个政治无赖坚守着"宁可被斗臭，绝对不可被斗垮"的信条，欣然笑纳公众送给他的"天下第一不要脸"的"桂冠"，摇摇晃晃地要把"总统"大位坐到2008年。

十二、弊案缠身的陈水扁依靠操弄统独议题和挑起族群斗争来维系其摇摇欲坠的统治地位，使台湾陷入有恶不能除的困境

（一）

备受公众瞩目的陈水扁的"国务机要费"弊案，自2006年6月29日立案后，经过120天的侦查，台北地检署于2006年11月3日侦结。根据陈瑞仁检察官的调查，陈水扁与其妻吴淑珍共犯贪污治罪条例的"利用职务上之机会诈取财物罪"，总共假借"国务费"核销机会，从2002年7月到2006年3月，连续诈取新台币约1480万元。

"国务机要费案"起诉被告如下：吴淑珍涉嫌贪污、伪造文书；"总统府"前副秘书长马永成涉嫌伪造文书；"总统府"机要员陈镇慧涉嫌伪造文书、伪证；"总统府"办公室主任林德训涉嫌伪造文书、伪证；台湾外贸协会董事长曾天赐缓起诉2年；杏林、新生制药董事长李碧君缓起诉2年。

由于陈水扁依台湾"宪法"规定"总统"具有刑事豁免权，检方将暂时把陈水扁涉及刑事犯罪的卷证，以"暂留"方式交由台湾"高检署"保管，待2008年5月20日，陈水扁任期届满后，将卷证起出追诉陈水扁所涉的贪污行为。

检察官陈瑞仁当天表示，"国务机要费案"突破的最关键的一天是10月31日，当天检方已查明所谓"海外秘密工作人员"支领"国务费"并非事实，于是传唤马永成、陈镇慧、曾天赐、林德训等人进行最后一次大讯问，

在证据确凿的情况下，他们才坦白承认作了伪证，全案正式"摊牌"。

根据检方起诉书指出，曾天赐为掩护"总统"夫人吴淑珍诈领"国务费"犯行，即于2006年六七月间在外贸协会办公室内，伪造秘密外交工作代号"甲君"的领据3张。曾天赐、林德训初期应讯时称，会拿李碧君消费发票给陈镇慧请领"国务费"，是给执行海外秘密工作人员"甲君"的费用，并分三次将钱交给"甲君"使用，从未交予他人。李碧君也称交给"甲君"52张发票供他向"总统府"报账。陈瑞仁调查期间，虽然"甲君"始终未到案，但他传真声明并委托妻子交给检方，表明自己未拿"国务机要费"，而李碧君所称当面交给"甲君"核账的52张发票，从开立到进入"总统府"核账的日期，"甲君"都在海外未归。

检方在掌握证据后，10月31日再传他们讯问，他们才坦白作伪证，并和盘托出其实他们发觉"甲君"可能被揭穿后，又找上与陈水扁是旧交的书商吴文清，请他配合作伪证。陈瑞仁同一天一并传唤吴文清，吴文清也坦白承认配合作伪证。

"国务机要费案"侦查结果公布之后，岛内媒体和海外媒体纷纷予以报道，岛内社会各界反响强烈。倒扁群众"红衫军"在得知吴淑珍被检方起诉后，在台北重新集结，人潮滚滚庆祝胜利，"阿扁下台"的口号此起彼伏，响彻夜空。

国民党主席马英九当天发表谈话说，"总统"陈水扁涉及贪污与伪造文书，国民党的态度不是见猎心喜，而是哀矜勿喜，他呼吁陈水扁以台湾为念，以苍生为念，尽快辞职下台；他也希望民主进步党拿出勇气与魄力，促使陈水扁立即下台。

亲民党主席宋楚瑜当天晚上抵达国民党中央拜会马英九。宋楚瑜会后说，他和马英九谈话过程，有好多共同看法，首先，国亲两党共同主张陈水扁立即下台，静候司法公正调查。国亲"立法院"党团已经开始联署弹劾与罢免陈水扁。其次，国亲两党呼吁民进党必须回应广大民意，和在野党一起共同要求陈水扁下台。

"台湾团结联盟"主席苏进强当天表示，"总统"陈水扁应履行"主动下台"承诺，台联党支持三次罢免"总统"案。

原本台湾民众对检方查办陈水扁"国务机要费案"持怀疑态度，以为此案可能会不了了之，想不到主办检察官陈瑞仁公布的侦查结果是"认定陈水扁及其老婆吴淑珍是贪污共犯"，人们直呼陈瑞仁是"现代包青天"。在因特网上，台湾网友拿敢于犯颜直陈的唐代贤臣魏征来形容陈瑞仁，称"在陈水扁还没被起诉定罪之前，就指出过失，应该颁发荣誉勋章给陈瑞仁"。

政治色彩属深绿的陈瑞仁，1957年生于台湾南投县竹山地区，毕业于台湾大学法律系，是陈水扁的"学弟"；美国哥伦比亚大学法律硕士，后来取得公费留学资格前往美国进修，获刑事诉讼学博士学位。历任台东地检署检察官、台北地检署主任检察官、高等法院检察署查黑中心检察官。他承办过台湾南回铁路工程弊案、军购泄密案、股市秃鹰案等几个大案。台湾《壹周刊》在陈瑞仁宣布起诉吴淑珍的当天推出的"号外"中，高度赞扬陈瑞仁"终于实现了他的座右铭，在这历史的大关卡上，从民众期待的司法英雄，一跃成为名垂青史的历史人物"。

陈瑞仁虽然赢得了广泛的尊敬，但是政治立场属于"深绿"的他，在宣布起诉吴淑珍等人时，内心却是五味杂陈，心情异常沉重。他在宣布侦查结果的当天接受记者采访时说："这样的结果我心情不好，但我是挥泪斩马谡啊！"

（二）

就在起诉书宣布的当晚，民进党中央召开临时会议，经过近4个小时的讨论，没有像以往处理其他党员涉嫌弊案那样立即开除，只是要求陈水扁在3天之内做出说明。与此同时，马英九和宋楚瑜进行会商并达成共识，国亲两党将提出第三次罢免陈水扁"总统"案。11月4日、5日，国民党又在高雄、台北两市分别发动了声势浩大的"反贪腐万人游行"，表达对陈水扁当局的强烈不满。

11月5日晚，陈水扁打着"向人民报告"的冠冕堂皇的幌子举行记者会，对检方的起诉书作出回应。他先表白自己如何"爱台湾"，辩称"我都愿意薪水减半了，有可能贪腐吗？"继而郑重表示，只要"国务机要费"案一审宣判吴淑珍有罪，他就提前下台。

陈水扁长达一个多小时的"向人民报告"，全程都在为自己无罪辩白，都在为自己脸上贴金。聚集在台北车站静坐的反贪腐群众全程观看了陈水扁在电视上的表演，随着扁作秀的镜头，群众纷纷叫骂"无耻"、"够了"、"下台啦"等语汇表达强烈不满。扁的辩白几乎都用闽南话表达，不少群众指出，陈水扁这样做是给"台独"基本教义派听的。

陈水扁的记者会一结束，施明德就怒气冲冲地从休息区步入静坐区，但因他喉咙有毛病无法讲话，请律师魏千峰代他说出的感想是"一派谎言、非常失望"。

11月6日，媒体询问马英九听完扁的辩白后有何感觉，马英九说："没有办法接受"，对陈"总统"不再抱什么希望。

这一天，亲民党"立法院"党团向媒体表示，"总统"陈水扁承诺若司法一审判决有罪即下台，是高明的缓兵之计，既可钳制事事强调依法论法的中国国民党主席马英九，也使民主进步党有借口向支持者交代，徐图巩固领导中心。由此可知，奢望陈水扁自动请辞根本不可能，亲民党打算罢免不成再提"倒阁"。

陈瑞仁在接受记者的采访时表示，检察官办案有检察官的原则，"总统"夫人吴淑珍对"国务费案"的说法，10月31日就已被检方戳破，若再主动去问被告，"岂不变成向被告说明案情、让被告有机会修正"？因此，无再讯问"总统"夫人的必要。

岛内法律界人士认为，陈水扁作"一审有罪就下台"的承诺等于在欺骗不懂司法实务的老百姓。台北地方法院的一位庭长说，"国务机要费案"，在侦查阶段传讯证人就高达二百多人次，在审理过程中光是准备程序庭就可能要开庭多少次才能决定。此外案中涉及的所谓地下情报人员都在境外，并非可随传随到，就算到庭，法院也要采取秘密审理，采取随便的诉讼技巧就可达到延宕审理的目的。等到结案，恐怕陈水扁的任期也就结束了。

自检方公布起诉书以来，岛内各路媒体就不断发表报道或文章对扁的污行和谎言予以猛烈的谴责和挞伐。

11月6日的台湾《联合报》针对陈水扁5日晚所作的"向人民报告"的辩白，发表题为《一审有罪下台，救扁不救党》的报道对扁的伎俩予以揭露。报道说，在各界的注视下，陈水扁昨天刻意堆积出自信的笑容，出现在社会大众面前，以高度的辩论技巧说明自己没有贪污动机，还宣誓"只要一审有罪就下台"。这套鬼扯一通的说法，虽然只是漂亮的拖延之计，但对民进党支持者确有说服力。报道指出，扁的这一招令部分深绿人士受用，对扁而言，他只要固守深绿选票，不论如何伤痕累累，都能存活。扁的这一招只能救自己，但救不了民进党。

这一天的《联合报》还发表题为《谎话连篇》的社论，对扁的表演予以更为深刻的揭露和挞伐。社会辛辣地讽刺道，陈水扁昨晚"向人民报告"，将自己塑造一个为国忧心、想尽办法从事"秘密外交"，却受尽委屈和污蔑的"英明元首"。若照他的廉洁，非但不可冤枉他，国人更应为他近日所受的冤屈向他致歉！社论揭露道，昨晚的陈水扁，其舌如簧，却仍是破绽百出，捉襟见肘。他又标榜薪水减半，却不能证明他未用发票贪污；他辩称

"没有落入私袋",但起诉书上却明明写着"(每月一二次)陈镇慧将现金装在小信封内交由林哲民转给吴淑珍夫人收受";他又说,所有的钱皆用于"秘密外交",但起诉书指出,陈水扁自己也承认曾用"国务费"买钻戒赠予吴淑珍,并认为这合于"馈赠"项目。

社论强烈地抨击道,一个谎言,要用另外一百个谎话去狡饰。昨晚陈水扁又说了一个钟头的谎话,但这一定不是最后一次。民进党要求陈水扁在本案侦结后再提出说明,其实只是形同逼他再度公开撒谎而已。这当然无助于挽回陈水扁他个人及民进党的信用。当一个"总统"必须自辩"我不是骗子"的时候,他还能直视人民的眼睛吗?人民又能从他的双唇中读到几分真相?

社论最后说,陈水扁只剩一年半任期,但司法程序缓慢。他竟然称一审判有罪他就下台,这不啻就是摆明了他不肯认罪下台。法律不能宽容这个贪污的"总统",国人更应惩罚这个满口谎言、毫无诚信可言的不肖政客!

11月6日的台湾《中国时报》刊登题为《扁漂亮战术难掩谬误逻辑》的文章,揭露了扁"鬼扯战术"的鬼魅之心。文章说,"陈大律师"昨晚亲自上阵,对着电视机那一端的"人民法院"自我辩护。陈水扁的战略目标很清楚,他先压住内部反弹,再亲上火线,用同样的逻辑对泛绿选民交代,目的只有一个:暂从风暴中脱身,延长战线到一审。至于台湾会不会因此崩盘,显然不在陈律师的考量之内。

文章指出,陈水扁的战术有三:第一是"爱台湾"老牌,把"国家安全"无限上纲,把他的贪污行为合理化;第二是向泛绿传统选民祭出"清廉阿扁"耳语;"我都愿意薪水减半了,有可能贪污吗?"第三是诉诸人民感情,说太太身体不好,还愿意配合应讯,但检方竟不理,并花很多时间责怪陈瑞仁泄密。

这一天的《中国时报》也发表社论对扁的谎言予以批驳。社论的题目叫《违法滥权就是违法滥权,还辩什么?》。社论说,陈水扁"向人民报告":吴淑珍一审若判有罪就下台,这样的宣示当然意在消解眼前逼退压力,但他更直接传达的讯息就是:"我不下台!"而且将战线推到一审了!这一个半小时的"向人民报告"不断辩称是"认识不同"、有"程序瑕疵",简单地说,不仅没有澄清他被起诉的违法贪污,更公开承认他利用"总统"职权在不当滥权。必须指出,陈水扁说得越多,越证明他应该下台。

陈水扁这只过街老鼠此时又陷入一片喊打声中。

（三）

为因应"国务机要费案"不利于陈水扁的侦查结果，民进党中央在11月8日下午召开了第二次扩大的中央执行委员会议，除"中执委"以外，还邀请民进党籍县市长、"立法委员"、县市党部主委等参加，意在扩大保陈水扁的"保皇派"的势力。但民进党一些"重量级"人物对出席此会却持消极态度。副"总统"吕秀莲临时取消出席；台北市长参选人谢长廷虽然到场，却以要跑选举行程为由匆匆离去；"行政院长"苏贞昌虽然到场，但面对媒体询问时相当低调；被视为党内改革派的多位前"新系"要角，包括"立委"李文忠、前"立委"段宜康等出席一下就离开，而林浊水、洪奇昌等都没有现身。而那些被外界认为是保皇派的"立委"们，则踊跃出席。

会后，党主席游锡堃信心满满地表示，中执会有二十多人次的发言，发言中有一人建议"总统"请假，但未坚持，其他人都呼吁团结，而且认为要静待司法判决，也表达要反对罢免陈"总统"。游锡堃透露，会议作出三点决议。第一，党中央认为陈"总统"已展现政治承担，远比党纪处分的标准要高，目前应静待司法判决。第二，针对在野党提出第三次罢免，民进党基于尊重司法、政局稳定和社会安定，决议反对。第三，决议由党团总召集人柯建铭召集、成立"总统"与行政首长机要费制度化研议小组，尽快研议妥当方案，并推动法制化工作。

对此次会议的详细情况，"中央社"等岛内媒体作了充分报道。

对事态的发展，专家学者已研判出，陈水扁保位策略已初见成效。11月8日出版的香港《新报》发表的王家英先生的文章就认为扁的保位策略已初见成效，文章的题目叫《阿扁的保位策略》。文章说，"国务机要费案"侦结，"总统"夫人吴淑珍等6名被告遭起诉，陈水扁是共犯之一，这样的侦调结果出乎各界所料，对台湾政坛即刻造成巨大的冲击，不仅倒扁运动重新快速升温，蓝军也随即积极发动第三次罢免"总统"陈水扁，泛绿阵营对是否继续挺扁更出现不同杂音。影响所及，陈水扁本已舒缓的下台压力也急转直下，随时面临崩盘的危机。

文章指出，面对如此危机，陈水扁使出了这样的保位策略：首先，在得知高检即将公布对他极端不利的侦调结果前，他在第一时间抢先在"总统府"召开府院党高层会议，向包括四大天王在内的民进党高层表明他绝无贪腐和决不下台的立场，以防侦调结果出台后四大天王胡乱揣测或表态造成众叛亲离的局面。其次，侦调结果出台后，由四大天王之一的盟友及心腹、民进党主席游锡堃快速召开民进党扩大的中执会会议，并发动保皇派全力挺扁，否决来自改革派要求对陈水扁停权或下台的建议，让陈水扁取得三天时间回应起诉书，以暂缓起诉书造成的第一波下台压力。再次，在11月5日晚长达一个多小时起诉书的回应和澄清中，陈水扁定位清晰，主打的焦点是全面争取深绿支持者而非中间民众的信任与支持。陈水扁深知，只要稳住深绿民众的信任与支持，民进党四大天王和台联党都不可能轻易倒戈相向，否则就会面对被深绿民众抛弃的风险。从这几天的事态发展看，陈水扁的保位策略已明显初见成效。

有专家指出，陈水扁每陷困境就操弄统独议题，挑动族群对立，制造两岸关系紧张的空气。就在台湾检察部门宣布"国务机要费案"侦调结果的前一天，陈水扁在接受英国《金融时报》记者采访时，提出制定"第二共和宪法"理念，主张冻结现有"中华民国宪法"，"严肃看待和界定领土、主权等事"。专家指出，这件事陈水扁明知不可为，但生硬要提出来，就是为了争取深绿民众对他的信任和支持，就是为了摆脱弊案缠身、已成众矢之的的困境。

当陈水扁的"第二共和"的说词一出现，美国当即表示反对。美国国务院官员11月2日接受台湾媒体询问时，重申美国长期坚持的一贯立场，即坚持"一个中国"政策，不支持"台独"，反对两岸任何一方片面改变现状的做法。这位官员指出，6月8日陈"总统"与美国在台协会理事主席薄瑞光会晤时，当面作出的承诺与声明，极具意义。这位官员说，在美国代表面前，陈"总统"重申两次就职演说中的各项承诺，"不论国内外压力有多大……承诺与保证绝不会变更"。这位官员重申，陈"总统"能否信守承诺，是对其领导能力以及可靠度的考验。

11月3日，国务院台湾事务办公室新闻发言人，就陈水扁再次鼓吹制定所谓"第二共和宪法"答记者问时指出，陈水扁鼓吹制定所谓"第二共和宪法"，是他9月24日抛出"宪改"涉及"领土"变更议题遭致各方谴责后，为继续通过"宪改"谋求"台湾法理独立"采取的又一危险举动；也是他为一己之私，在台湾挑起对立，在两岸关系上制造冲突，以求脱困自保的又一伎俩。发言人一针见血地指出，扁操弄统独议题，完全是为了"脱困自保"。

就在陈水扁暗自窃喜转危为安的时候，台湾前"中央研究院"院长、诺贝尔化学奖获得者李远哲先生，于11月9日晚在法国巴黎越洋发表公开信指出，陈水扁与执政党必须在"小我"与"大我"、"政党"与"国家"之间，作出正确的抉择，他诚恳建议"陈'总统'有必要慎重考虑去留的问题

"。这是继义美食品公司总经理高志明先生之后，又一位陈水扁2000年竞选时"国政顾问团"成员提出的劝退主张。口气虽然婉转，但劝退之意甚坚，加之李远哲先生的特殊地位与身份，此信一面世，立刻引起岛内社会各界强烈的震动，岛内媒体形容说，这是李远哲先生投出的倒扁"重磅炸弹"。

岛内媒体报道说，李远哲11月9日晚呼吁陈"总统"考虑去留，这已是"国政顾问团"多数成员的共同想法。知情人士透露，"总统府"在9日下午紧急派人与在巴黎参加国际科学委员会议的李远哲"沟通"，但李远哲婉拒联系，不为所动，府方的阻挡因而无功而返。媒体报道说，陈水扁与第一家庭持续深陷弊案风暴后，李远哲不断与2000年发挥政党轮替"临门一脚"功能的"国政顾问团"成员交换意见，多数"国政顾问团"成员都认为，陈水扁已难以有效行使"总统"职权。知情人士透露，"国务机要费案"起诉后，李远哲本来仍然在期待民进党能够做出正确的因应处理，但是没有想到民进党在11月8日召开的"中执会"竟会做出"全党保扁"的决定，李远哲对此深感失望，因此才决定在11月9日晚通过秘书发表这封震撼台湾政坛的公开信。

中国国民党发言人黄振玉对李远哲的公开信表示肯定和赞赏。黄振玉同时说，目前是民进党"最好也是最后的机会"，呼吁民进党籍"立委"拿出道德勇气，避免民进党与陈水扁一起沉沦。亲民党主席宋楚瑜表示，欢迎李远哲的呼吁。他认为，民进党台北市长参选人谢长廷、前民进党主席林义雄，也应该出面呼吁陈水扁下台，这样才能让第三次罢免陈"总统"案在"立法院"成案。

11月10日，岛内媒体纷纷对李远哲的公开信予以评说。这一天的《联合报》发表题为《"理性绿"浪潮，倒扁海啸前兆》的文章说，陈"总统"前天（11月8日）傍晚刚在党内中执会"过关"，前"中研院"院长昨天（11月9日）深夜就跨海发出"促扁请辞"声明，足以证明府党高层评估"国务机要费"风暴已过的背后，其实还有一波波的社会压力接续而来。陈水扁曾向友人描述，他每逢危机只要"稳住深绿"，浅绿、中间路线的质疑声浪自然就会被压下。此次"国务机要费"危机爆发，陈水扁采取的战略也是如此。他取悦深绿的招数确实发挥过若干效果，但陈"总统"失算的是，民进党内公职人员或许基于政治考量，不免受制于深绿，但是社会上却有更大一块浅绿支持者不会被深绿绑架。此次"国务机要费"风暴，尤其可以看到绿营在中产阶级与知识分子这一块的声援，几乎全是倒扁的声浪。对于曾送扁上垒的李远哲的"劝退"，扁还能给李先生扣上"不爱台湾"的帽子吗？

　　这一天的台湾《经济日报》刊发的题为《倒扁蝴蝶效应》的文章指出，继亲绿的义美食品总经理高志明公开呼吁阿扁自动请辞后，前"中研院"院长李远哲也出面倒扁。高志明和李远哲都是2000年挺扁的"国政顾问团"核心成员，如今却化身为倒扁先锋，恐怕会引爆"倒扁蝴蝶效应"。大家都在关注：李远哲效应如何发酵？"国政顾问团"是否会成为压倒扁的最后一根稻草？

　　文章说，2000年政党轮替，李远哲担任首席顾问的"国政顾问团"扮演了"临门一脚"的角色。当年"国政顾问团"成员还包括张荣发、殷琪、许文龙、施振荣等工商大佬，李远哲、高志明出面倒扁后，下一个出来接棒倒扁的会是谁？泛绿倒扁声浪不绝于耳，亲绿的企业界人士倒扁却是格外震耳。李远哲的话很重，出手倒扁的力道更如石破天惊。李远哲不仅是"国政顾问团"的核心成员，也是扁政府教改的核心角色。

　　文章最后说，李远哲倒扁，未必代表扁政权的最后一道防线自此溃堤，但"倒扁蝴蝶效应"加入李远哲元素后，显然已经成为狂风巨浪，民进党成员如果再选择和陈水扁绑在一起，恐怕只是在倒扁狂潮中徒做困兽之斗。

　　正当人们关注着下一个倒扁的将是谁的时候，前"总统府"秘书长陈师孟于11月12日向台湾《自由时报》投书，建议陈水扁明年初以因故无法视事引退离职。陈师孟在投书中一方面批评检调侦办"国务机要费"案的起诉书错得离谱，另一方面又基于对"总统"的信心以及对检方的质疑，他劝陈水扁不得不考虑暂时委曲求全，把个人的进退抉择置于大局为重的前提之下，建议"总统"比照当年蒋介石"引退后复行视事"的模式，宣布在明年初以"因故无法视事"为由引退离职。陈师孟的投书虽然用语委婉，但劝退之意明白无误，这又使陈水扁及其"保皇派"们大吃一惊。民进党副秘书长蔡煌琅故作镇静地表示，陈师孟的用意善良，但对陈师孟的建议，民进党持保留态度。看来民进党中的保皇派们为了既得利益甘愿与扁一起沉沦了。

　　但是，民进党并非铁板一块，党内不满陈水扁贪腐行径、不愿与其一起沉沦的大有人在。11月13日，民进党两名重要"立委"林浊水和李文忠公开宣布辞去"立委"之职，以抗议民进党不顾腐败指控仍支持陈水扁的行为。林浊水和李文忠在记者招待会上说，他们已经辞去了民进党"立委"之职，原因是民进党禁止他们支持反对党罢免陈水扁的行动，而良心使他们不能不支持这项提案。林浊水语带哽咽地说，民进党赢得民众的信任是因为它倡导民主，与腐败作斗争。但现在，这一宗旨正受到质疑，因此希望通过辞去民进党"立委"职务向民致歉。李文忠在宣读两人的辞职声明时表示，从政者应有诚信，面对罢免案，本该信守诺言，但不愿违背党的决议，更不忍心伤害民进党支持者的感情。李文忠说，民进党一贯以道德标准自许，并以此向社会诉求，也得到人民的信任与支持。就"国务机要费案"而言，以过去的标准，曾公开表示"总统"涉案或被起诉就应下台。但是，如今党的处置未尽符合社会的期待。

这一天，岛内媒体纷纷就此事发表报道或文章予以评说。台湾《联合晚报》发表题为《这是民进党良心的反弹》的文章说，林浊水、李文忠宣布辞去"立委"，这将是民进党中央为了挺扁，强压、围堵党籍"立委"自由意志，所付出的重大代价。文章指出，在陈师孟等偏绿人士相继表态要陈水扁请辞下台后，尽管"总统府"与民进党中央态度仍强硬，不过，预期陈水扁会面临一波波新的党内与绿营逼退声浪，则很合理。因为检察官起诉吴淑珍的证据非常清楚，可说是压垮陈水扁这只骆驼非常关键的稻草。

文章说，民进党中央两度在"立法院"罢扁提案上，采取不进场态度，就是怕党籍"立委"失控。中执会甚至还决议，以党纪处分任何逼扁下台的言论。迫使民进党内稍有良知者，只能极尽委婉之能事，不是转对阿扁身边人讲重话，便是曲折地要求阿扁请假或释权。堂堂执政党，为了一个弊案缠身、威信扫地的"总统"，护航到这种地步，怎不叫民众疑惑，不叫党内良心徒呼负负呢？

文章最后说，林浊水、李文忠辞"立委"以明志，不算意外。意外的是，民进党"立委"初选明年（2007年）初举行，林浊水、李文忠敢冒大不韪，以行动挑战党中央，逼迫陈水扁，对民党的死忠者、特别是党员来说，无疑是很大的刺激。他们的奋勇一辞，对负隅顽抗的阿扁，绝对很致命！

<h2 style="text-align:center">（四）</h2>

正当陈水扁面临致命一击的时候，陈水扁及其亲信们抓住了一根救命稻草——那就是追打马英九的"特别费"（也称"特支费"）案。从2006年8月初，台高检署查黑中心风风火火地侦查陈水扁的"国务机要费"起，扁的亲信们眼见局势不利，就率先检举、告发马英九的"首长特别费"，涉及入私人账户部分有贪渎嫌疑。

"首长特别费"是在两蒋时代建立起来的发给台湾当局部门首长和地方首长的工作补助费，此费中的一部分无需报账核销，另一部分则需用单据报账核销。马英九涉嫌贪渎的问题正是发生在这后一部分。有民进党"立委"检举，马英九的身边工作人员用大面额的假发票报账核销。此事揭发后，台

"高检署查黑中心"于11月14日、23日两次约谈马英九，调查马英九每月34万元新台币的"特别费"中，单据核销的支出是否有单据以及核销单据是否名实相符。这一举动仿佛给民进党"立委"打一剂强心针，一扫民进党内因群起倒扁而出现的一片低迷气氛，立刻恢复了无所不用其极的攻击力。"立委"们群起打马，声势浩大惊人。就在马英九被"查黑中心"第一次约谈之后，民进党从中央到地方，倾巢出动打马，记者会上午九点一场，九点半、十点又一场，午休后，下午继续连场举行记者会，谈的都是台北市长马英九的"特别费"问题，竭力攻击以清廉著称的马英九。

马英九在11月17日晚举行记者会宣布，为避免市长特别费不断遭到曲解，他决定将1999年就任市长起至上月底，直接汇入个人户头的每月17万元特别费，总额约新台币1500万元全数捐给公益团体。马英九语带哽咽地说："我绝对不是贪钱的人，却被以贪污罪嫌调查，这辈子从未受过这样的侮辱，让我心里非常难受！"他表示，他为凸显特别费问题遭到扭曲，为制度改革，也为证明自己的清白，愿意成为捐出全数首长特别费的第一人。他说，上任以来，每月汇入账户的特别费多数都已馈赠、犒赏或捐作公益，这次全数捐出后，自己因此要倒贴很多钱，但他仍决定，扣除会议删除的特别费，其余1500万元全数捐出。

对于马英九的清白，对于民进党无所不用其极攻击，亲民党主席宋楚瑜向媒体表示，他绝对相信马英九的清白。他批评民进党无限上纲，铺天盖地地打马救扁，让陈"总统"近来"从没这么得意过"，使人觉得"无耻"。

就马英九的"特别费"案，岛内蓝绿之间又掀起一场混战，互相告发，互相攻击，流弹四射。台湾媒体提供的资料显示，台湾地区现有六千五百多位领有"特别费"的"首长"，如果再把他们的前任加进去，有好几万人。如果再加上秘书、会计等经手人员，数目将更多。因此，台湾行政当局领导人苏贞昌无可奈何地表示，如果依照目前这种方式告来告去，相互毁灭，当局检调司法单位要怎么办？11月23日，苏贞昌面对媒体询问有关"特别费"争议时又指出，这是相沿成习的做法，受影响的人特别多。"行政院"已拟办法，明年起会有新制，让特别费制度化。他呼吁大家要诚实以对，一起全面解决，此事不是个案或个人问题，政党因此恶斗，咬来咬去并不好。

但是，陈水扁及其亲信们并不理睬苏贞昌的呼吁，他们好不容易抓住马英九"特别费"案这根救命稻草，找到了脱困的突破口，是绝对不会放过的，诚如台湾舆论所言，马英九的疏失正帮了陈水扁的大忙，扁的苦脸上又浮现出得意洋洋的笑纹。11月16日出版的台湾《联合报》刊登的题为《扁因马绝处逢生，绿营获突围出口》的文章就是描述这种状况的。文章说，马英九特别费出状况，最大的问题，不是他个人信用受挫，而是陈水扁被处处进逼的困境，意外地因马英九的疏失而"绝处逢生"，绿营士气正如昨天扁嘴角的笑意一般上扬，马英九即使能在最短时间止血，却也不易补回倒扁阵营如虹的斗志与元气。

尽管"特别费"出状况涉及包括民进党"四大天王"在内的数以万计的台湾官员，但陈水扁仗着手握行政司法大权，就是抓住马英九不放，群起而攻之，必欲置之于死地而后快。台湾舆论纷纷谴责陈水扁及其亲信道德堕落的政治无赖行为。11月20日出版的台湾《联合报》发表社论谴责这种行为。社论的题目叫《挺扁与打马：民进党的不对称演出》。社论说，马英九的"特别费"爆出弊案，让民进党大喜过望，各路人马日夜追击。但民进党若以为强力打"马"，即可在陈水扁"国务机要费案"上与蓝军战成平手或扳回一域，恐须预防反效果。社论指出，马英九"特别费"和陈水扁"国务机要费案"虽都涉及核销发票不实，但犯罪主体和犯案动机完全不同，前者是秘书人员贪图便利或其他居心，后者却是"国家元首"诈取公帑，纳入私囊。民进党企图将两案混为一谈，但社会大众不难判别其间差异。民进党打马的手段愈凌厉，愈衬托出民进党对扁的姑息和曲意回护。两件假发票案若真是民进党所描述的相同等级弊案的话，它自己对待两案所采取的截然不同的标准，岂不正好暴露出它道德上的虚无和堕落吗？

社论进一步揭露，民进党用乌贼战法已非一朝一夕，其实并不意外。但问题在于，民进党掌握政权已经六年半，它却表现得像个只会掠夺、毫无建树的集团，完全缺乏"执政党意识"。它坐拥大权，却遂行徇私，甚至连国家纲纪、社会道德都无意善加维护。民进党眼里的政党政治，如果只是无尽的斗争，如果它根本不知自己和在野党差别何在，它如何可能负责面对手中的政权？我们看最近民进党人批马的言行，和他们挺扁的表现多么不对称，即可知，台湾"政党政治"的意义其实已被掏空，只剩下"政党"利害，而没有"政治"憧憬了。社论举例说，例如，马英九随扈购买早点的支出，被民进党"立委"指控是马将生活费浮报公帑，这是刻意的扭曲。但是，先前"总统"官邸将陈水扁爱犬"勇哥"的饲料费申报"国务机要费"，民进党内可有人表示不同意见？随扈的餐点和"勇哥"的饲料，就算可以放到一个天平上称重，民进党"立委"又何偿公平看待这两件事？

社论进一步指出，对待轻的下重手，对待重的犯行却顾左右而言他，这就是民进党的矛盾和投机。马英九在"特别费"危机中的不当表现，已受到蓝营内部和支持者的强力质疑；但要把他的处理失当说成贪污，恐怕尚需更多证据。民进党打造的道德尺度，若只用来量称对手，而无意用于自身，这不仅难以说服民众，也将使政治走向虚无化。最近，林浊水和李文忠两位优秀且有反省能力的民进党"立委"不惜辞职，希望借此提醒党内莫忘执政初衷，结果却只换得一些"立委"的冷嘲热讽，这种"群鸦争鸣、鸿鹄噤声"、"黄钟废弃、瓦釜雷鸣"的场面，其实已不止一日，也象征这个历来说过最多道德大话的政党，已到了无力维持自己嘴巴和手脚一致的地步。它倘不能对自己的问题有所警觉，未来一年半的台湾，真不知如何收拾。

社论最后说，拒不下台的陈水扁，其实已经走入他政治生涯的末路；而所有新的政治战役，却都要民进党全党承受成败。当人民已极度厌弃政治的无限上纲，民进党自然地必须重新思考它的战斗策略。如果继续维持其割喉战略，作不成比例的厮杀演出，只会徒增人民的反感。

在诸多抨击民进党"打马救扁"恶劣行径的文章中，《联合报》的这篇社论最为公允、深刻，其中也不乏对民进党善意规劝之意，但被弊案缠身的陈水扁绑架了的民进党能听善意的规劝吗？答案是不言自明的。为了一己之私，陈水扁不把民进党拖垮是不会罢休的。

（五）

当11月10日上午，台湾"立法院"通过了中国国民党和亲民党"立法院"党团所提出的第三次罢免陈水扁案，交付院会处理，并定于11月24日进行记名投票表决时，许多人士就认为，"三罢案"仍难通过，因为民进党83位"立委"不到场投票就难以跨越必须有2/3的"立委"投赞成票的高门槛。但舆论认为，结果是可以预见的，公众要表达的是对陈水扁的愤怒和唾弃。一个"总统"连续被三次提出罢免，恐怕在世界历史上也是罕见的，这不能不说是民进党在台湾执政所创造的唯一"奇迹"。

11月24日上午，"中华民国宪政史"上第三次罢免"总统"案在"立法院"院会进行记名投票表决，中国国民党、亲民党和新党112席"立委"，投下111张同意票，加上无党团结联盟6席"立委"与无党籍"立委"李敖，共投下118张同意罢免的票，而民进党籍83席"立委"届时都未进场投票，台湾团结联盟籍12席"立委"行动一致，在选票上贴上"建立制度，尊重司法"的字条后，投下无效票，这样，同意罢免的"立委"未达到全体"立委"2/3的146席同意的高门槛，罢免案不能成立。

这一表决结果早在大多数人士的意料之中。蓝营"立委"听到表决结果后，即拉起"挺扁就是挺贪腐"的标语，并高呼"陈水扁下台"、"歪哥扁仔下台"的口号，表达愤怒抗议的情绪，在冷冷的气氛中愤然离开会场。

这一结果公之于众后，台湾社会各界纷纷谴责民进党"挺扁就是挺贪腐"的行为，各路媒体纷纷发表报道或文章抨击民进党的行径。世界舆论也予以批判。11月25日出版的英国《泰晤士报》，发表该报驻台北记者简·麦卡特尼先生的题为《在有关贪腐的表决之后，"总统"保住了权力》的报道，在报道弊案缠身的陈水扁躲过一劫的同时，指出扁已无力再打"台独"牌了。报道说，昨天，四面楚歌的台湾"总统"在一项试图以腐败罪名把他赶下台的表决中保住了职位，但中国大陆却作为最大的赢家脱颖而出。

报道指出，由于涉及陈水扁自己、夫人和女婿的腐败丑闻，他的地位已经被严重削弱，可能不再有力量来提出任何重大的政策倡议，或者使该岛迈向正式宣布享有他所渴望获得的主权。报道说，反对党国民党在这次"立法院"投票中曾经希望获胜。投票结果本来会将陈的命运交给一项"全民公投"来决定。然而，只有118名"立法委员"投票赞成这项动议，远远低于所需的具有218个席位的"立法院"中的146席，即2/3，结果使这位"总统"有机会完成自己剩下的18个月任期。

报道指出，自从陈水扁的民进党2000年上台以来，北京一直担心他会使该岛走向公开的独立。但是，就连民进党官员现在也试图使该党与这位"总统"及其腐败丑闻疏远，以致使他丧失了做出大胆的政策举动的回旋余地。民进党秘书长林佳龙对本报记者说："这个所谓的案子将影响他的形象和权威。这给我们造成了一定的损害。"

报道说，近年来，"总统"经常强调进一步阐明该岛"主权问题"。这个问题作为煽动民众情绪的一条途径已经不那么强有力了。著名政治评论家盛治仁说，陈水扁已经过多地动用"独立"这张牌，在比较关注稳定而不是挑衅中国的人们当中，他所获得的回报每况愈下。他说："陈水扁在面临危机时一再动用这一议题。但人们感到，他并不诚恳。"

报道最后说，近年来，中国大陆也降低了语调。去年以来，中国共产党领导人甚至对退休的国民党领导人表示欢迎，并强调其和平的愿望。北京希望，曾经主张与大陆统一的国民党重新掌权，使该岛逐步摆脱独立道路。

就在台湾"立法院"投票表决第三次"罢扁"案的前一天，香港《东方日报》发表李谷城先生的题为《假民主害了台湾》的文章，评论台湾之所以能上演"打马救扁"这样的恶作剧，根源就在于台湾现行的假民主，这似乎也预示着，即使陈水扁弊案缠身、劣迹斑斑，台湾"立法院"24日进行的投票表决第三次"罢免"案，也将以失败告终。文章说："台湾式的假民主，它是万恶之源"。

文章开篇这样写道：有"政治洁癖"的马英九，因为涉及"特别费弊案"而遭到民进党穷追猛打。多数台湾民众相信马英九的政治人格，并认为这是民进党搞政治斗争的阴谋。在台湾目前的政治环境下，马英九大有"秀才遇着兵，有理讲不清"之感慨！台湾式的民主，把整个台湾搞得乌烟瘴气，人心难安。"台湾政治环境到底出了什么问题？在千头万绪之中，应该归根到台湾式的假民主，它是万恶之源。"

文章说，民主政制在台湾似模似样地推行了几十年，特别是上世纪90年代李登辉实现"直选总统"后，曾经一度吹嘘为台湾的民主经验。台湾也被美国吹捧为东亚民主的样板工程。但是，到了阿扁手上，民主变成尔虞我诈的政治斗争工具，在阿扁家族弊案问题上，更进一步显示出，阿扁不知礼义廉耻，他的政治人格已破产，台湾的法律尊严已经死亡，台湾的民主已经成为肮脏手段的代名词。

台湾为什么陷入有恶不能除的困境，这篇《假民主害了台湾》的文章正给善良的人们提供了很好的答案。

十三、混乱、贪婪、恶斗的台湾现状，毫不留情地砸碎了陈水扁自己戴在头上的"民主先锋"的桂冠，彻底粉碎了他时时标榜的"民主自由"的谎言

（一）

2007年1月11日出版的新加坡《联合早报》发表了新加坡华文学习研究院院长蔡志礼先生题为《台湾启示录：关于台湾式自由民主的观察和省思》的文章，以自己的亲历亲见对台湾式的民主自由提出质疑。蔡先生说，1978年，因机缘巧合，他被新加坡政府派到台湾南部的恒春镇受训，给他留下美好的印象。"28年前的台湾南部，就像邓丽君演唱的电影主题曲《小城故事》一样，留在我记忆里的，尽是温馨的人情味和质朴的乡土气息"。上世纪80年代中期和90年代后期，他也多次踏上台湾的土地，感受着台湾的发展变化。"可惜的是，好景已逝，随着政治局势的迅速逆变，宝岛千禧年以前呈现的蓬勃朝气，到了2002年后，几乎都化为欲振乏力的眼神"。2006年12月中旬，他受邀到台湾参加一个论坛并发表主题演讲，所见所闻却让他产生了一种"莫名的悲情"。

蔡先生说，一天，他在下榻的台北喜来登饭店旁的一间小商店买矿泉水，"60岁开外的老板独自守着店，他虽然双眼无神，面露倦容，但是耳朵蛮尖的，很快就听出我的华语口音不像当地人，他好奇地猜我是从哪里来的：'马来西亚华人？还是印尼华侨？'我笑着回答：'都不是，我是新加坡人。'老板闻言想都没想，立即竖起大拇指说：'你们新加坡很好！'谁知道老板随即沉下脸来，很严肃地说：'六七年前我们台湾的确很不错，比你们新加坡好，因为我们比较自由，比较民主。但是，你看现在整个社会乱糟糟的。贪官污吏横行，政党把台湾搞到四分五裂、永无宁日，经济也一塌糊涂，生意大不如前。这种自由和民主我们老百姓不要。我们要的是安居乐业，就像新加坡一样干净、安宁……'望着老板落寞无助的眼神，我顿时感觉到生活在干净和平静环境中的新加坡人是幸福的，但是我不知道该说些什么话来安慰老板。"

蔡先生说，2006年12月中旬他到台湾再次经过"立法院"时，问坐在身旁的一位台湾友人："最近里头还常有人打架吗？"他摇着头苦笑着说，"唉，岂止打架，还放烟雾弹呢！堂堂"立法院立委"，居然扭打成一团，真是国耻！"看来厌倦政坛乱象的台湾朋友，已经重新定义自由和民主精神了。

蔡先生是学者，他在台湾接触最多的是学者、教授，多次听到台湾学者、教授对台湾所谓的"民主自由"的抨击。他说，台湾备受尊崇的知名心理学家洪兰教授，对台湾混乱的政局对新一代所起的不良影响忧心忡忡，她在《找回读书人的风骨》一文中，明确指出："现在的年轻人都学会了呛声、闹场、绝食，这不是理性的沟通方式。"在她和许多有良知的学者的言论和著作中，不断揭示台湾社会和教育界匪夷所思的种种弊端，让人掩卷叹息之余，不寒而栗。

蔡先生说，在台湾高等院校任教的一位教授，就感叹地对他说，这些年来来时局的动乱严重地影响了他的教学和学术研究工作，他不想把人生中最宝贵的壮年时段，消耗在纷纷扰扰的政党斗争当中，所以他近几年来一直在寻求移居海外的机会。他拜托蔡先生可否帮他在新加坡找个教职，薪金少点儿也没关系，最重要的就是能让他专心致志地教书和从事研究工作。这位教授的一番话正好准确无误地印证了近年来许多台湾人选择移居外地，多半不是为了赚更多的钱，而是对台湾境内的居住环境品质、政治斗争乱象、教育制度错漏和社会治安等现状到了极度的不满，所以才会下定决心忍痛离开生活多年的家园。

蔡先生指出，自上世纪90年代以来，台湾出现的几次移民热潮都与动荡的政局息息相关。台湾《经济日报》社论断言，如果台湾的政治人物只顾恶斗抹黑，经济形势持续低迷，经济前景晦暗不明，向外移民的台湾人会越来越多。最值得关注的是，过去离开的台湾人主要是有钱有势的老板和企业家，而此次移民潮则不同，在打算移民的人当中，40岁以下的青壮年族群占了一半以上，他们之中，以医师、工程师、教授和银行经理等白领阶层为主，也有不少演艺圈人士。这批高学历、高能力、高技术的专才的离去，严重影响了台湾本来就有限的人力资源。

蔡先生同时指出，另一方面，大量资金的流失是台湾的另一重大危机。当美国公司开始到大陆设厂，其他国家的许多公司都陆续跟进，很快就形成了一种资金流势。当年王永庆的一句"根留台湾"，让政府和民众听了很窝心。然而，王永庆后来的一番话："大陆的投资环境优于台湾，成长速度也超越台湾"，清楚地表明了王氏家族的投资取向。

蔡先生说，去年底，美国"自由之家"在"全球新闻及言论自由"的评点中，不但把台湾列为亚洲之冠，还首度超越美国及日本，自由指数获得满分。台湾"总统"陈水扁因此沾沾自喜，把这份殊荣归功于自己对民主、自由和人权信念的坚持捍卫和高度尊重。吊诡的是，在一项民意调查中，被询及"能代表台湾社会精神"的名词时，台湾民众对此的排名依序是"混乱"、"贪婪"和"自由"。针对这个调查结果，《中国时报·电子报》主笔黄哲斌的结论是："我们得到了自由，但活在混乱和贪婪里。"黄先生的这番话真如暮鼓晨钟，我们不仅要问："这难道是为了追求所谓的'自由满分'，而必须付出的惨重社会代价吗？"

蔡先生在文章的结尾处用这样一段话为台湾式的"民主自由"作了归纳："看着台湾高举'民主自由'旗帜，一路走来混乱颠簸的轨迹，因政治的腐败造成社会的动荡不安，这活生生的教材，难道不足以让我们引以为鉴？从台湾老百姓、教授和学生率真的表白中，我们已深深感受到他们对过度挥霍自由和民主而导致社会亏空失衡的绝望。"

蔡先生的这篇文章所表达的观点绝非是一家之言，而是代表了多数研究、关心台湾问题的专家学者的看法。专家学者们的观点和台湾民众用"混乱"、"贪婪"等语汇来描述"台湾社会精神"的观点是相当一致的。如果在"混乱"、"贪婪"的后面再加上"恶斗"，恐怕就更能准确、全面地诠释台湾式的"民主自由"了。

（二）

台湾"立法院"一再上演的武打闹剧反复验证着蔡志礼先生在上述文章中所揭示的观点的正确性和深刻性。就在蔡先生的文章面世不几天，即1月19日台湾"立法院"进行本会期最后一天的议程时，又演出了让人称奇的武打闹剧。事情的起因是，民进党籍"立法委员"为了阻挡"中央选举委员会组织法（草案）"通过，群起攻击主席台，抢"立法院长"王金平的麦克风，把鞋子丢向王金平，砸伤王的嘴角，扭伤王的手指，阻挡王金平裁示，于是蓝营"立委"也一拥而上，相互打斗，你推我搡，乱成一团。这种令人瞠目结舌的混乱场面，迫使王金平宣布散会，中断议题，才使闹剧收场。

美联社驻台北记者当天向美国发回电讯说，这个场景让人想起台湾"立法院"过去的打架场面，而且也表明台湾从独裁到民主的变革陷入了最差状态。自台湾取消军管以来，台湾"立法院"一直因肢体冲突而赢得恶名。

台湾"中央社"驻华盛顿记者当天从美国发出题为《CNN报道台湾"立法院"丢鞋大赛》的报道说，美国有线电视美国国际公司电视台（CNN）今天不断重播台湾"立法院"为讨论"中央选举委员会组织法草案"吵成一团，朝野"立委"在主席台上推挤并在台上台下互丢鞋子的镜头。主播在报道时说："看！鞋子又丢过来了，刚好打在一个'立委'的脸上！"主播所说的"立委"，就是"立法院长"王金平。主播还有感而发地说，这不是台湾"立法院"第一次出现打架场面，恐怕也不会是最后一次。画面结束，主播摇头苦笑。

这一天，台湾"中央社"驻莫斯科记者发出题为《台湾"立法院"全武行新闻上俄国独立电视台》的电讯说，俄罗斯收视率最高的独立电视台晚间新闻以台湾"立法院"打架为国际新闻板块头条新闻。新闻称，台湾蓝绿为了"中央选举委员会组织法草案"，朝野僵持不下，有人抢占主席台，抢麦克风，推挤扭打，叫嚣叫阵，场面乱成一团。

蓝绿"立委"为什么会因为讨论"中央选举委员会组织法草案"而大打出手？台湾媒体对此中原因作了充分的报道。原来，蓝绿"立委"对"中央选举委员会组织法"之争，都是在拼2008年的台湾地区"总统"大选。现行的"中央选举委员会"（以下简称"中选会"）的组成人员操控在执政的民进党手中，这使国民党在2004年的"总统"大选中吃了大亏。当时，"中选会"决定把"防御性"公投与"总统"大选安排在同一天举行，实际是刺激泛绿选民把票投给陈水扁。结果是使本来处于劣势的陈水扁胜出。民进党尝

· 713 ·

到了甜头，企图在2008年的大选中再故伎重演，策划把对国民党的"党产公投"与"总统"大选绑在一起进行，意在刺激泛绿选民和中间选民对国民党"党产"腐败问题的仇恨，把选票再投在民进党候选人的名下。这样做，不仅可为民进党吸引选票，而且可以所谓的国民党"党产"腐败问题转移陈水扁家人及其亲信弊案缠身的焦点。

国民党从2004年大选失败中吸取了教训，也预防着民进党在2008年的大选中再使"公投绑大选"的诡计，所以就提出了"中央选举委员会组织法草案"。草案规定，"中选会"的委员会将按政党比例产生，且"中选会"决议必须经出席会议的委员会三分之二以上同意方可成立。这样一来，国民党靠一党之力就可否决民进党推动的"党产"公投与"总统"大选同日举行的提案。所以，民进党的"立委"们就力阻这一草案付议，不惜演出大打出手的闹剧。

台湾"立法院"的这场闹剧又引起媒体的热评。1月20日出版的台湾《中国时报》发表题为《焦土战之后，所有人都是输家》的社论说，又是焦土抗争！在昨天"立法院"本会期的最后一天，蓝绿"立委"全力动员，倾巢登场，为的竟然是再度让议事瘫痪、法案卡档。社论指出，排在议事日程里的，有许多攸关民生法治的重要法案，还有施政必需的总预算案。这些法案没有蓝绿色彩，施政也没有党派之别，没有理由一搁再搁。"立法院"一再虚耗在无休无止也无意义的焦土战上，实在让民众厌烦至极。

社论说，虽"立法院"已经很久没打架了，但一开始干起来，委员诸公诸婆们显然平时保养有方，身手完全没有生疏，从早打闹到晚，活力依然旺盛，骂声毫不稍减。而球鞋与高根鞋齐飞的场面，也马上就被外电报道出去，再一次展示了台湾享誉全球的"暴"发力。对于这样经常让台湾变成国际笑柄的"立法院"，台湾民众实在是既痛恨又无奈。

1月21日出版的台湾《联合报》也发表社论抨击这场闹剧所反映出来的问题是，混乱和胡闹已经把台湾的民主掏空。社论的题目就叫《掏空民主：从两颗子弹到两只女鞋》。社论说，"立法院"闭会日未审法案却大打群架，两只女鞋在空中飞来飞去，一度砸中议长王金平的脸。此一情景，让人忆起了解除戒严前后台湾政治发烧期的暴力乱象。不同的是，当年的抗争还说得出一些理念，如今的群殴却只是政治进步精神被掏空后的抽搐，已经没有什么道理可言了。

社论指出，这次冲突的起因，是民进党反对"中选会"组织改革政党比例制，因而极力以议事瘫痪杯葛。民进党在野时以少数走暴力路线或许情非得已，但执政后大权在握仍滥用肢体暴力，用拳头宰制政治的方式，让人不敢领教。更何况，为此瘫痪了其他重要法案的进行，包括将议长锁在休息室使其无法主持议事，导致连"国家总预算"都不能过关，民进党的做法像个执政党吗？又能说那是为了维护台湾民主吗？

接着社论提出了这样的问题：在批评朝野"立委"粗暴和盲动之际，人们也别忘了想想：台湾的民主政治何以落至这般田地？两百多名"立委"组成的最高民意代表机构，何以沦为流氓火并的战场？

社论接着用台湾"力霸亚太企业集团"老总王又曾用欺诈手段掏空财力而使集团崩塌作比喻，现在台湾的民主政治也被民进党掏空了。王又曾因事业主要集中在内需市场，未扩展至大陆，近年为应付每况愈下的危机，遂用自己的银行贷款给自己，用自己的票券及保险公司为自己融资。长期亏损下，它旗下的"力霸"和"嘉食化"已累计亏损超过台币250亿元。由于前景不佳，它向其他银行的贷款也被收回，整个企业集团连环内爆，连日来该集团下的银行被挤兑300多亿台币，旗下保险公司客户也纷纷解约转移。集团就此垮台，王又曾流亡海外。

社论用"力霸"为例分析说，最近"力霸"两家公司申请重整，但整个集团财务掀开来，多数企业只剩空壳子。我们若检视台湾政治的民主内里，何尝不是也处于被掏空的状态。撇开民进党的行政无能不谈，光就其政治理念而言，它的本土主张被窄化成为"族群割裂"，它的两岸政策带来"锁国效应"，它的改革诉求不断降低水准，乃至对党内改革派都不能容忍。更可怕的是，"总统"把"宪政"当成私人工具滥用，而当政府清廉形象被陈水扁家族败光，执政党却还倾全党之力杯葛、诋毁司法。当一切政治力量都被动员来为一个贪渎"总统"背书，为了巩固权力可以羞辱司法、压迫忠贞，此时，台湾的民主还剩下多少内容？

社论说，说实在话，"立委"在"国会"一天打三场群架，不会比陈唐山一句"要抓要罚随你便"来得严重（指时任"总统府"秘书长陈唐山，在抵制司法要求"总统府"相关人员出庭为审理"国务机要费案"应讯时所放出的威胁司法人员的言论）。执政者手中操控着体制，却同时对体制进行无情的摧残，这才是台湾民主最凶险的命运。问题的关键是，其实不在意识形态上的差异有多大，问题在你期待的民主制衡妨碍了他的利益，于是他把你和民主一起抛弃。

社论最后指出，2004年的两颗子弹不仅改变了选举结果，也改变了台湾人对自由选举的信服。这次，两只被抛上"国会"主席台的女鞋，同样是

"执政者造反"的代表作，象征着执政党对巩固权力的不择手段。

民进党的全称叫作"民主进步党"，"民主进步"是他们戴在自己头上的桂冠，而且口头上也时时喊叫着"民主自由"的口号，但是他们执政以来的所作所为，一再地抽打着他们自己的嘴巴，一再地践踏着他们自己戴在头上的桂冠。诚如上述社论所言：当"你期待的民主制衡妨碍了他的利益，于是把你和民主一起抛弃"，"执政党对巩固权力是不择手段的"。

（三）

随着台湾乱象丛生、不断恶化的现状，舆论对陈水扁当局鼓吹的所谓"民主自由"展开越来越深刻的揭露和批判。

2007年2月4日出版的香港《亚洲周刊》发表的题为《台湾乱象从2007年开始》的文章认为，台湾之乱，是民主之乱，乱象罄竹难书。而这"民主之乱"的根本原因就在于美国为陈水扁这个腐败政权护航。文章说，2007年的第一个月还没有过完，台湾的乱象就此落彼起，一波波汹涌而出。这不是普通的乱，而是充满了凶险、被权力的贪婪浸泡得过分饱和、近乎无政府的乱！

文章接着指出几大乱象：今年台湾之乱，一开始是"力霸集团"形同实质崩溃。这一方面见证了台湾经济形势的持续恶化，同时也显示出政府管治的瘫痪。而"力霸案"还在愈闹愈大的时候，紧跟着又是"国务机要费案"第五次开庭，不但吴淑珍不到庭，法官要五名官员出庭作证，也同样拒绝应讯。陈水扁及其律师团以及整个民进党所打的算盘，乃是要将此案扯上"国家机密"，而"国家机密只存在于'总统'的睡袋中"，"打死都不说"。而他们的支持者，则宣称这是法官违法，是欺负陈水扁。一个领导人在法律上要无赖、钻漏洞、搞民粹，真是举世从未曾见。而这样闹完了吗？还早得很呢！2007年有"立委"改选，随后就是2008年大选，由于"立委"名额减半，蓝绿内部争成一团。而"总统"大选，绿色的"四大天王"苏谢吕游，同样也是拳来脚往。文章同样也写到台湾"立法院"的武斗闹剧，说"议场内也打成一团，鞋子都成了武器，让全世界都看得目瞪口呆，叹为观止。"面对这些罄竹难书的乱象，文章说，我们已可铁口直断：今天台湾这些乱象，会一路乱到2008年。

台湾之乱，乱在何处？文章指出，台湾之乱，是民主之乱。没有人会否认民主的终极价值，但全世界的人都知道，民主并不是唾手可得。台湾当局把民主里的"尊重差异"变成"对立撕裂"，把民主里的"尊重程序"变成

"任意专擅"。它靠着丑化过去而炮制族群的相互仇视，而统治者则在这种仇视憎恨上建造出一个民粹权力宝座，统治者的腐化被查，被说成是"中国人党欺负台湾人'总统'"；自己违法，却反过来指控法官违法违宪和没有心肝。当统治者自己违法玩法，并视权力为最大，这样的民主已不可能再有任何是非对错，而成了谁的煽动本领大可以煽动起较多群众，谁就是赢家。当前的台湾政治，是在比谁狡猾，比谁会弄权要诈。今天的台湾，其实是走在民主倒退的道路上。而台湾民主一乱至此，统治集团的贪婪、玩法、无能及只懂鬼扯硬拗和诡言诈语，就是原因所在。

如此糟糕的陈水扁当局，把台湾社会搞得如此混乱不堪，为什么还能存在下去？文章分析指出，今天台湾这样的政府无论表现得多么糟糕，甚至多么不择手段，多么被人民反对，但因它符合美国利益，因而原本会督促台湾民主的美国，反而成了台湾之乱的护航者。冷战时代，美国支持不民主的蒋家政权；后冷战时代，美国转而支持滥民主的陈水扁政权。美国老大哥的角色，也是台湾走到今天这种乱局不容忽视的关键因素之一，甚至还可能是最大的原因。台湾的人都知道，美国才是台湾的大老板！台湾今天这种乱，也就在夹缝中继续。

2月11日出版的香港《亚洲周刊》又发表了一篇题为《反智教科书与台湾式文革》的文章，针对陈水扁执政当局在台湾历史教科书上搞"去中国化"的闹剧，进一步揭露扁当局推行的所谓的"民主政治"到底是什么货色。文章说，台湾的历史教科书问题再起，主张"台独"的民进党政府为了加速它"去中国化"的步调，硬是以政治力量，找来"独派"学者审查教科书，不符合其意识形态的即百般阻挠，使之无法赶及出版。于是刻意扭曲的历史课本遂告出现。

文章接着指出，任何对近年台湾政治变化有所理解的人都明白，主张"台独"的民进党政府所持续操弄的即是"统——独"、"卖台——爱台"、"中国人——台湾人"这些二分撕裂的对立，企图将台湾的"民主政治"压缩成仇恨式的"族群政治"，它就可以成为占人口大多数且永远执政的所谓"台湾人党"，这也是陈水扁的"国务机要费"贪腐案会被硬扯成是"中国人党（指国民党）欺侮台湾人'总统'"的原因；而百万人倒扁的"红衫军"则被扯成是"中共的阴谋"。一个"独"字，即可以合理化一切的贪腐和一切的不择手段和无耻行径。

人们从这里可以清楚地看到陈水扁当局口口声声叫卖的"民主政治"里倒究是些什么货色，倒究包藏着什么样的祸心。

3月13日出版的台湾《中央日报》网络版上发表了题为《绿色麦卡锡主义正侵袭台湾》的署名文章，批判陈水扁当局打着"民主"的旗号，大肆推行"去中国化"、"去蒋化"的"正名"运动，疯狂地搞政治投机的卑劣行径。麦卡锡虽然早已作古，但其阴魂不散，现在似乎又附着在陈水扁之流的身上。

麦卡锡是上个世纪40年代末50年代初的美国参议员，共和党人，50年代初因骇人听闻地而又未经证实地指控共产党在高级政府机构中进行颠覆活动而横行一时。1954年12月2日，美国参议院通过决议，正式谴责他的不适当行为，从而结束了麦卡锡主义时代。随后，美国国内外开始谴责他是蛊惑民心的煽动家，他的名字成为政治投机和公开诽谤的同义词。陈水扁在政治舞台上的表演，难道不是以"蛊惑民心的煽动家"和"政治投机和公开诽谤"的伎俩展示自己的"才华"吗？所以，文章的作者用"绿色麦卡锡主义正侵袭台湾"作题且其寓意是深刻的。

文章说，近日来为了是否拆除"中正纪念堂"围墙及变更其园区为"台湾民主纪念馆"所掀起的政治风波，再次凸显出这是民进党为了选举而耍出的种种花招。但更深一层的解读，这也是"绿色恐怖统治"的开端！陈水扁"总统"为"反国营事业更名"的人所戴的"联共制台"红帽子及民进党副秘书长蔡煌琅所说的"民进党代表本土政权"的两种宣示，不但明显指出未来政局的走向，也代表着绿色麦卡锡主义侵袭台湾的第一步！当民进党继续操作认同问题之时，就代表着评断执政党的标准不是政绩，而是意识形态。

怎样看待民进党要员所说的"民进党代表本土政权"的宣示，文章说，正如孙庆余在《苹果日报》上所写的《民进党不代表本土政权》一文指出，"无耻的政党及政客从来不觉悟他们只是一小撮人或一个人，竟时时以全民代表自居。当他们谈他们'代表本土'、'代表主流价值'时，他们的潜在用语是他们'统治本土'及他们'就是主流价值'，是骑在人民头上、有权决定人民命运的主子。""民主价值"在民进党人眼中，不过是可随时利用、也可随时抛弃的物品。所谓建立永续的民主，完全是政治谎言！

俗话有"打蛇打七寸"的说法，孙先生的这番话可谓打在陈水扁之流的"七寸"之上，打在其要害处。

（四）

2007年5月8日，台湾"立法院"又为"中央选举委员会组织法（草案）"付诸讨论一事大打出手，此事马上又成了世界媒体的笑料。美联社、路透社、法新社、英国《卫报》、德国之声等世界各国媒体纷纷对此事进行报道和评说。有些媒体还把台湾"立委"打群架的照片放在网站的首页上，有的则把这条新闻放在"天下奇闻"的栏目里。

5月8日，美联社在一篇报道中这样描述台湾"立法院"上演的群殴闹剧："他们拳脚相加，踩着别人的肩膀，野蛮地推搡对方，不顾一切地要压倒对方。""与其说这是'议会'在开会，不如说是一场不守规则的橄榄球混战更合适"。

美国《华盛顿邮报》8日不仅对此事作了文字报道，而且还把打架现场的视频挂在网页上，题目就叫《台湾"立法院"拳头纷飞》。英国的《地铁报》则在报道的一开头就挖苦道："打打打！我们就喜欢看打架，特别是政治家们打架"。另一家西方媒体不无讽刺地说，台湾的"立委"们个个都是"功夫高手"。

英国BBC 8日对此作了更为全面的报道说，台湾"立法院"里这种非常不体面的暴力斗争，已经上演不止一次了。岛内两大极为对立的阵营，常常在这里扭打成一片。上一次在"立法院"发生的严重斗殴事件是在今年1月，起因也是反对国民党的一个类似的提案。该报道说，当时就有西方媒体惊呼，"台湾'立委'疯了"！2004年，一位政治人物曾经建议，在参加"立法院"会议前，要对所有"立委"强制进行呼吸酒精浓度测试，以防止频繁出现拳脚相加的事件。2001年，还有一名"立委"因为殴打另外一位女性"立委"而被"立法院"封杀了6个月。BBC的报道还分析说，鉴于台湾"立法院"有暴力历史，因此这种肢体冲突一点都不奇怪。这说明，"总统"陈水扁从一开始就不受欢迎，他在"立法院"里无法获得足够的席位以推行他的政策。"立委"们打群架只能说明"政府"的无能。报道说，"一个不使用暴力就无法通过或否决一项简单法律的'政府'，还怎么去和国际上的大国搞关系"。

台湾的"立委"们为什么会如此肆无忌惮地去胡闹呢？他们自己有着非常可笑的解读。8日台湾"立法院"又演出武打闹剧时，国民党的一位"立委"向记者爆料说，他听到身后的民进党"立委"高喊"用力打！这样才能拉高民调"（指提高民意调查的分数）。随后，民进党"立委"蔡启芳就公开承认这句话是他说的，他还解释说："哪个党员票如果投得差一点，就要赶快冲向前面，打死也没关系，民调自然就提升了"。这句话正道出了民进党"立委"们对"民主"理解的真谛。

如果说台湾"立法院"屡屡上演武打闹剧已贻笑天下，那么台南市民进

党"议员"刘益昌在会场上将事先准备好的粪便泼向国民党议员的恶行，真可谓"遗臭万年"了。

5月21日上午，台南市召开"议会"。当台南市长许添财结束施政报告后，民进党"议员"刘益昌就拿起一个事先准备好的牛皮纸袋走向国民党"议员"谢龙介的座位前，突然将袋内的粪便泼向谢龙介。措手不及的谢龙介身上沾满粪便，坐在他两边的另外两名国民党"议员"李建平和姜沧源也遭池鱼之殃，沾了不少粪便。不甘遭殃的姜沧源猛追刘益昌，议事厅内顿里乱作一团。而跑回座位的刘益昌十分得意，忍不住哈哈大笑，并且说这是他与谢龙介的个人恩怨，说完便跑出议事厅。但会议却因此而中断，议事厅内臭气冲天，不少女议员当场作呕，大骂刘益昌太低俗，太过分。

刘益昌报复谢龙介的原因何在？原来是因为谢龙介日前出版了一套"另类扑克牌"，将民进党执政7年的贪腐报道，以52张扑克牌的方式把典型的贪腐画面呈现于世，其中既有陈水扁家族及其亲信的贪腐画面，也有刘益昌因涉及一年多前市"议员"选举贿选而遭收押后交保吃猪蹄消灾庆贺的画面等类图像，因此刘益昌想出如此低俗不堪的手段，挟私报复。

由于事情太过恶劣，影响极坏，连民进党也自感"表演过火"。身为受害者的谢龙介，已在当天下午到台南市地检署控告刘益昌涉嫌侮辱。下午2点30分，台南市"议会"重新召开，国民党与亲民党"议员"在会上集体默哀一分钟，控诉民主已死。

为什么民进党党员常常会有如此恶劣的表演？有专家指出，民进党党员爱打架，是其恶质政治文化"上行下效"的必然结果。民进党成立之初走的是街头闹事路线，大量采取暴力冲突和打架手段来扩大自己的影响力。但它取得台湾地区执政权后，这种方式非但没有因为成了"执政党"而有所变化，反而由于和黑金结合等原因而变本加厉。

岛内一位政论家指出，民进党虽然坐在执政的位置上，而且也在六七个县市当上了县市长，但是，不论在"立法院"还是在各地方议会里，民进党却都是少数。于是就出现了这样一种怪现象，当民进党是赢家的时候，它便要求对手遵守民主规则；而当它是输家的时候，它就要大打出手，"就要打破对手人头"。因此，一旦"立法院"要进行表决时，它就会骂国民党和亲民党"立委"是"多数暴力"，然后以它的"少数暴力行动"来阻挠开会，这是民进党经常使用的两手策略。现在，台湾马上要进行"立委"和"总统大选"这两个重大选举，民进党更是以这种打架斗殴的方式作秀，来争取台湾本土选票。

台南"议会"泼粪事件尚未平息，5月23日中午，亲民党台北县资深"议员"吴善九在其服务处被歹徒连开五枪当场打死的消息迅速传遍了岛内。这是台湾首个"揭弊民代"被歹徒在光天化日下以"处决"方式残忍杀害的案例，让整个台湾政坛震撼不已。尽管刚上任的台"行政院长"张俊雄强调"全力缉凶"，但大家更担心吴善九的被杀，将使已经极为浮嚣、暴烈的台湾政治会进一步走向"以暴力解决争议"的邪路，使台湾陷入更加混乱、贪婪、恶斗的泥淖。

岛内有媒体载文指出，用枪解决问题本来不应该成为"民主社会"的做法，何况陈水扁自上台以来，始终将"推动台湾民主"挂在嘴边，并以"民主先锋"自居，但事实上，自扁执政以来，使台湾社会陷入一片混乱、贪婪、恶斗之中，与民主相悖的议事厅里打群架的闹剧屡屡发生，用枪解决问题的事情也并不罕见。台湾《中国时报》直言，台湾的"总统"、民意代表、地方官员遭枪击"似乎已经不是新闻"。2002年，前台北市"议员"陈进棋竞选连任期间，在台北市一家餐厅前遭歹徒当街开枪射杀，是台北市首名市"议员"被枪击身亡的案例。同年，竞选台南县"议员"的林明贤在其竞选服务处遭蒙面歹徒近距离射杀，其助手也身中4枪。2004年，台北县"议员"游辉廷因与他人发生纠纷遭枪击示警。凡此种种，就是这位以"民主先锋"自居的"总统"先生治下的"民主"现状，不仅使整个台湾社会陷入一片混乱、贪婪、恶斗之中，而且常常用枪来解决问题。

更有甚者，发生在2004年3月19日"大选"之日的两颗神秘的子弹打在陈水扁和吕秀莲的身上，从而使这两位"受害者"从选举劣势转为选举优势，顺利当选台湾地区"总统"、"副总统"，更显示出台湾式"民主"的"奇妙"之处。此案被拖延一年后，按台湾"选举罢免法"规定，连宋被宣判为败诉。这又是这位"民主先锋"的"总统"先生治下用阴谋创造的"奇迹"。

（五）

前文提到台湾式"民主"也叫"民粹式民主"。什么是"民粹式民主"？早有专家学者对此著书立说作了解读。2006年6月14日出版的新加坡《联合早报》发表的题为《一种政治生态的形成》的文章，就以引述台湾黄光国教授1996年写的《民粹亡台论》一书的论述为主，深入地解读了台湾的"民粹式民主"到底是什么货色。

文章说，经过长期斗争，在李登辉的暗中协助下搞垮国民党政权上台的民进党，不到6年便败象毕露，不只没有政绩，还贪污深重，弊案连连，延烧第一家庭，致使岛内出现一片倒扁之声。民进党原本是个"革命党"，革了国民党黑金政治的命，为什么会在夺权后短短的一任时间里就变质？的确值得研究。作者认为，这同台湾的所谓"民粹式民主"有很大关系。

文章接着引用黄光国教授的《民粹亡台论》一书的话解释了什么是"民粹"。《民粹亡台论》中这样说，台湾人语境中的"民粹"指的是台湾政客们的一种想法，"他们认为，一个人一旦经过各种选举，当选公职之后，便成为人民的'精粹'，便可以利用职权，为所欲为。"文章说，黄光国教授在十年前写《民粹亡台论》，矛头直指李登辉统领下的国民党，他没想到的是，民进党上台后，竟也跳脱不出"民粹"的大酱缸，而"台湾之子"陈水扁在操弄"民粹"政治上和"台湾之父"李登辉竟是一脉相承，甚至青出于蓝。根据《民粹亡台论》一书分析，李登辉在受到蒋经国重用取得权力后，一面勾结财团和资本家，一面利用地方派系，回过头来进行"民主改革"，清除国民党的旧势力。文章指出，实际上，李登辉承袭了国民党的威权式政治体制，国民党籍民意代表更是经常利用自身对各级政府的影响力，修订各种法令或采行各种措施，来保障大财团或地方派系的利益。"几年下来，台湾的政治演变成'假民主之名，行多数暴力之实'的'民粹式民主'，台湾社会也演变成为'金权治国、黑道治县'的特权社会"（《民粹亡台论》语）。于是，所谓的"民粹式民主"成了李登辉时代的一大特色。黄光国教授经过对"民粹式民主"仔细深入的研究后指出，"民粹式民主""是东方文化传统和西方式民主政治结合之后所产生出来的一种'怪胎'。"

文章指出，《民粹亡台论》说："在蒋经国时代，小蒋本人从来不跟商人打交道；到了李登辉时代，许多财团负责人都一跃变成'红顶商人'，政治人物也以拥有复杂的政商关系为荣。"这就是金权政治。在李登辉时代，财团最早是以金钱援助竞选对象，后来干脆自己派人参选，政商勾结愈加严重。在地方上，通过所谓"桩脚"贿选的现象也已变成政治生态中的一环，不管什么政党，不管蓝绿，大家的做法其实没有什么分别，只是各显神通，争夺利益和分肥、分赃而已。"于是，选举就成了'买票比赛'，没有钱的候选人根本就无法问津"（《民粹亡台论》语）。

文章说，从台湾"民粹式民主"政治生态的形成，到民进党的变质，人们可以观察到，一旦某种政治生态已生成，它对所有政党就会产生一种可怕的"大酱缸"的作用。即便是一个"革命"政党，在大酱缸里泡上几年，也会像患上"艾滋病"一样，免疫系统瓦解，加上骨质疏松，四肢麻痹，晕头转向，恐怕难以救药。

文章强调说，在这样的政治生态中，"民主"一触碰"酱缸"，马上就扭曲变形。"民主"成了"民粹"。所谓政党轮替、制衡，也犹如七年之病，求三年之艾，根本于事无补。事实说明，连第一家庭也不能幸免。换言之，民进党只是接管政权，并没有改变台湾的政治生态。

　　文章最后愤然指出，现在的台湾，"民粹式民主"的大旗仍然高擎，到处挥舞。政治人物一开口就是"民主、民主、民主……人民、人民、人民……"而民众在政党和政客的操弄下，阵营化、族群化；没有是非，只有敌我；目无黑白，只见蓝绿。"民主""人民"……多少罪恶假汝之名以行！

　　这篇文章应该说，把当今在台湾执政的政客们用"民主"和"人民"包装起来的"民粹式民主"到底是什么样的货色揭露得一清二楚。陈水扁之流执政以来，打着"民主"和"2300万台湾人民"的旗号干了多少坏事，难道不是有目共睹吗？

[第九章]

两岸积极互动同心维护两岸
和平发展的春天

一、尽管弊案缠身的陈水扁不断在两岸之间制造麻烦，但始终阻挡不住两岸积极互动的脚步

（一）

2006年的4月22日，星期六。珠海市碧空万里，风和日丽，正是休闲的好日子。但是，珠海市政协委员林良倩却闲不住，"台湾农民在大陆创业情况怎样？""信息渠道畅不畅？""近两年来，只身前来大陆创业的台湾农民的生产生活状况究竟怎么样？"这几个问题始终牵动着她的心，她要利用休息时间去走访在珠海创业的几户台湾农民，要实地考察一下他们的生产生活情况，宣讲大陆新出台的优惠政策。

早上8点半，林良倩怀揣刚刚出台的"大陆面向台湾民众的15项优惠政策措施"的复印件，带着83岁会说闽南话的老母亲为自己当"翻译"，驱车前往分散在珠海两个区6个村镇的6位台农果园、鱼塘、苗圃看个究竟。

她走访的第一户是经营鱼塘产业的吴志宪先生。她仔细地考察着吴先生鱼塘生产经营的情况，并把大陆出台的15项惠台政策措施的复印件拿给吴先生看。吴先生看着这些政策措施，喜上眉梢，脱口赞道："太好了！开辟'绿色通道'可以大大降低我们的运输成本！"他前一天刚从台湾运进30万尾优质鱼苗，他给林良倩计算道："开辟了'绿色通道'，以后每次进鱼苗可以省下一千五百多元的费用哩！"看着喜形于色的吴先生，林良倩高兴地说："这些政策措施都是经过深入调查拿出来的，很务实，针对性和操作性都很强，好处很多，在今后的实施中都会展现出来。"

林良倩走访的第二户是果农蓝文成先生。蓝先生毕业于台湾农学院，对种植台湾水果既有理论知识又有实践经验，他想在大陆大展身手，好好地发展一番。当他看了惠台政策措施后，兴高采烈地说："我要去佛山看看，我很想去创业园内发展！"他对设立两岸农业试验区和台湾农民创业园特别感兴趣。他认为，台湾农民创业园的设立将为他提供施展才华的舞台和广阔的发展空间。他知道林良倩是市政协委员，所以直言不讳地向林良倩提出建议：珠海地区应当引进外来技术，建立集生产、销售、观光、教学于一体的农业示范基地。珠海的自然条件、基础设施、地理位置等各方面的条件都很好，建立这样的基地肯定会得到蓬勃发展。林良倩详细地记下他的建议，感谢他提出如此好的建议，希望他与她建立起良好的联系，有什么好的意见和

建议随时向她提出来，这是一位政协委员应尽的职责。

吃过工作午餐，林良倩没有休息又来到一片盛开莲花的池塘，阵阵清香让人神清气爽，心旷神怡。这是来自台湾的花农蔡肇鑫经营的地方。看着这一池塘充满蓬勃生机的莲花，看着蔡先生喜气洋洋的神情，林良倩断然说道："你已经成功转型了！"蔡肇鑫微笑领首，成功的喜悦已溢于言表。拥有五百多项专利的台湾"专利大王"蔡肇鑫，5年前带着自己培育的"香水莲花"来到珠海，由于土地信息不灵，销售渠道不畅而惨淡经营。一年前，林良倩了解到这个情况，积极与相关企业沟通，请蔡先生仔细听取了当地某化妆品企业的建议，开始研发"莲花植物精华素"项目。现在这种"香水莲花"已开满池塘。蔡先生滔滔不绝地向林良倩介绍着他研发成功的情况，他满怀喜悦地说："这种'香水莲花'的干精精华素的附加值比原来卖鲜花提高了5倍。"听到蔡先生取得的成功，林良倩的欣慰之情溢于言表，她进一步建议蔡先生要走公司加农户的发展之路，扩大规模，使更多的农户富裕起来。

一路调研，一路思考。林良倩随着调研的深入，思路越来越清晰了：台湾农民把先进的台湾种苗引进来，由当地农民种植养殖，并提供资金与技术，再由公司加工和销售，如此做下去，可以做大农业三个方面：一方面是优质农产品项目的研发，另一方面是农产品的加工销售集散，再一方面是公司与农户的双赢。

当夕阳西下的时候，林良倩又走访了三户台湾农户。她欣喜地听取他们成功经验的介绍，也认真地把他们提出的问题记在心上带回去协调有关方面加以解决。比如，她走访果农谢荣和的时候，了解到他租用的20亩土地面临征用的问题，她得协调土地管理部门妥善解决。再比如，她走访台农王庆原的时候，老王提出他愿意与几个台农朋友建立农业观光园，老王请她加以撮合。又比如，走访龟鳖养殖户陈忠和的时候，了解到陈先生出资建设的厂房正在办理房产证，部分龟鳖正在生病。这些问题都萦绕在她心头。她边走边思考着解决问题的良策。

直到晚上9点30分，林良倩才走访完她要走访的6户台湾农民。到此时，她带着年迈的老母亲持续工作了13个小时，累计行程近200公里。当她搀扶着母亲回到珠海市区的时候，她已经想好了下一步的工作。她要走访政府职能部门，提出如下工作意见和建议：做好农业用地规划，保持土地政策的连续性；签订租用土地合同时要注意保护台农的利益；开展台农产品交易会；建立台农产品网上发布平台……劳累了一整天的林良倩当把这些问题想清楚的时候，顿时感到浑身轻松了许多。

（二）

2006年4月15日，中台办主任陈云林受权在两岸经贸论坛闭幕式上宣布促进两岸交流合作、惠及台湾同胞的15项政策措施以来，大陆方面积极履行对台湾同胞的各项承诺，使台湾同胞感受到实实在在的便利，"言必信、行必果"，有力地促进着两岸的交流与合作。

5月12日，经国务院批准，广东佛山、湛江两地同时举行海峡两岸农业合作试验区挂牌仪式，这标志着广东省海峡两岸农业合作试验区正式启动。

佛山海峡两岸农业合作试验区确定的重要合作领域，包括花卉园艺、农业生物技术、水产养殖、农产品精深加工、农业物流、农业科技展示和观光旅游等六个方面。在重点项目建设上，突出建设"一个农业保税区、两大物流中心、三大种苗繁育基地"，以点带面，推动两岸农业合作加速发展。

湛江试验区由南、北两个核心区组成，规划以发展高效绿色农业、渔业、畜牧业为重点，引进台湾优良种苗、先进技术设备和管理经验，开展科技教育、信息、市场营销体系建设的交流合作，重点领域包括热带精品农业、沿海渔业、畜牧业、农产品加工业、生态观光农业等五个方面。该试验区将利用其对粤西乃至我国西南地区的辐射带动作用，以推进海峡两岸农业多层次、全方位的交流与合作为目标，努力做到"两高三有"，即"高起点、高标准，有创意、有新意、有成效"，实现农业产业群聚和产业升级。

此前，即4月28日，广西壮族自治区玉林海峡两岸农业合作试验区也已正式启动。在15项惠台政策措施公布不到1个月的时间，政策措施中提出的再增设3个农业合作试验区的承诺都已落实到位，充分体现了大陆方面为台湾同胞解难题、办实事、谋福祉的善意和诚意。

两岸农业合作前景十分广阔，加强交流、扩大合作、优势互补、共谋发展、实现双赢，已经成为两岸同胞的共识。一直以来，祖国大陆十分关心台湾农民的生产和生活，出台了很多政策和措施，鼓励和支持两岸农业界进行交流与合作，扩大台湾农产品在大陆的销售，为台湾农民在大陆创业搭建平台。自1997年以来，大陆有关部门先后批准在福建、山东、海南、黑龙江、陕西等省设立"海峡两岸农业合作试验区"，在福建、山东、四川、黑龙江等地创建"台湾农民创业园"。事实已经说明，试验区和创业园是深化两岸农业交流与合作的好形式，优化了资源配置，提升了技术水平，提高了国际竞争力，两岸的农民兄弟也得到了实实在在的利益，两岸同胞更是在合作中增进了相互了解，在发展中沟通了彼此的感情。在这15项政策措施中，涉及两岸农业交流与合作的有7项，其中就包括了新批准在广东佛山市和湛江市、广西玉林市设立海峡两岸农业合作试验区，在福建漳浦县、山东栖霞市设立台湾农民创业园。这些政策措施的稳妥落实，必将造福更多的两岸同胞。

就在大陆惠及台胞的15项政策措施公布1个月后，5月17日上午，国台办举行例行记者会，由国台办经济局副局长刘军川、海关总署关税征管司司长高融昆、国家质量监督检验检疫总局动植物检疫监管司副司长卢厚林，向各路媒体介绍了大陆各有关部门和地方政府采取积极措施，将利好于台湾农业和农民的政策措施落到实处的情况。

海关总署的高融昆司长介绍说，在明确新增零关税优惠的产品品名、相应的税号、产地证明的签发、原产的认定办法和加强政策宣传、人员培训的同时，海关总署将从六个方面规范和完善便捷措施，千方百计确保台湾农渔产品的通关便利，使各项政策优惠实实在在地落实到台湾广大农民和渔民身上。

高司长介绍说，这六个方面包括：一、开辟"专用通道"，优先办理报关手续。二、实行"提前报关"和"预约报关"。三、在税收担保的前提下，实施先放后税。四、对经营台湾农渔产品的进口商，优先受理"网上支付"申请。五、实施信任放行。六、建立"咨询热线"。高司长并表示，海关总署决定进一步开放台湾同胞和港澳同胞参加报关员认证资格考试，具体报名办法正在制定当中，并将在近期公布。

卢厚林副司长介绍说，质检总局于2006年4月19日发布公告，决定自2006年5月1日起，扩大台湾水果、蔬菜准入种类，并简化台湾捕捞水产品输往大陆的检疫要求。具体说，就是允许产自台湾地区进入大陆的水果种类从18种增加到22种；允许来自台湾渔船捕捞的水产品输往福建，并参照大陆远洋捕捞渔船的做法，向检验检疫机构报检时，不再要求提供输出方签发的水产品卫生证书。

卢厚林说，质检总局已通知各地检验检疫机构，继续对台湾农产品进入大陆采取便利检验检疫措施。这些措施包括提供热线咨询服务、快速检疫审批、快速受理报检、快速查验、快速出证放行等。卢厚林表示，质检部门将进一步加强与台湾企业、社会团体等方面的沟通，及时协商解决台湾农产品销往大陆遇到的检验检疫问题，便利台湾农产品顺利进入大陆销售。

刘军川介绍说，据海关初步统计，2005年8月1日至2006年4月30日，大陆进口原产于台湾地区享受零关税待遇的水果计2310吨，进口总值为二百九十多万美元，优惠税款三百九十多万元人民币。其中，2006年1月至4月，进口

1150吨，总值一百三十多万美元，优惠税款二百一十多万人民币，进口势头明显加快。

对于大陆方面如何采取措施防止假冒台湾水果，刘军川表示，大陆出台的打击假冒产品的法律规定，都适用于保护台湾农产品在大陆销售。台湾果农在大陆引进和种植的台湾水果目前都被要求标识为"台湾水果"，并注明其在大陆的产地，以区别于原产于台湾的水果。高融昆表示，海关总署采取相应措施，加强对产品的运输单证进行认证，必要时还会通过与台湾有关方面加强合作，对产地证书进行认证与核查。

国台办发言人李维一在回答记者提问时表示，台湾有关主管部门应尽快允许台湾民间旅游行业组织和大陆"海峡两岸旅游交流协会"进行协商，早日实现大陆居民赴台旅游。

李维一说，将台湾列为大陆居民旅游目的地，须经过三个阶段：第一阶段是宣布开放大陆居民旅游。中台办主任陈云林2005年5月已经受权宣布开放大陆居民赴台和旅游，国家旅游局、公安部和国台办今年4月16日已联合发布《大陆居民赴台湾地区旅游管理办法》。第二阶段是解决大陆居民赴台旅游涉及的一系列问题。比如游客的权益保障、突发事件的妥善应对、大陆如何有序向台湾输送以及台湾旅游市场有序发展等，这些都需经两岸旅游行业组织沟通协商，达成必要的协议。第三阶段是协商达成协议并已有旅游团出发。这样，国家旅游局就会而将台湾列为大陆居民旅游目的地。

在场的记者都清楚，大陆居民赴台旅游之所以难以成行，主要就卡在扁当局的"闭关锁台"政策上。人们不禁要问，陈水扁之流的所作所为难道能阻挡住两岸人民要和平、要发展、要交流、要合作的历史潮流吗？答案是不言自明的。

（三）

陈水扁当局的"闭关锁台"政策锁住了岛内企业家在大陆发展的手脚，许多企业家已逐步认清了陈水扁的嘴脸，不少偏绿的企业家已收起绿色旗帜，纷纷投入"胡连会"所掀起的两岸互动的热潮之中。岛内媒体对此多有报道。2006年4月26日出版的台湾《新新闻》周报刊登的一篇报道对此作了最为详实的描述。

这篇题为《收起绿旗，商人选边站》的报道说，陪同国民党荣誉主席连战前往大陆开会的台湾企业家，摆明了是不给台湾当局的面子。就连偏绿的企业家，如富邦集团的蔡明忠、长荣集团的张国政、中小企业协会理事长戴胜通、工业协进会理事长李成家……也收起绿色旗帜，抢赶连胡会这股热潮。而这些企业的总产值占台湾生产总值（GDP）的48%。

报道对"绿色长荣变成蓝色"描述道，陈水扁2000年当选"总统"前，长荣集团创始人张荣发一直是绿营的长期金主，原本期待金援对象掌大位后会在两岸政策上大开大放，让海空双霸的长荣集团政治投资大丰收。岂料，陈水扁的两岸政策走回头路，眼看2000年为全球第三大港的高雄港，因为绿营的锁台政策而被韩国的釜山港追过，沦为第六大港。长荣海运业务和高雄港一样向下沉沦，张荣发再也忍不住了，决定和绿营割袍断义。而整个长荣集团不但和陈水扁政府渐行渐远，还跟国民党和大陆政府愈来愈亲密。

报道对长荣集团跟国民党和大陆政府越来越亲密的情况也作了陈述。报道说，前不久，张荣发大手笔买下国民党党部，替马英九2008年"总统"大选搬走了最大绊脚石。自此，绿营能攻击国民党的党产问题已去除大半。挟助国民党之功，长荣搭上连战热。这次国共论坛，长荣集团共有4人参加，长荣海运副总裁林省三、长荣集团副总裁张国政、长荣集团北京代表周宝裕与陈文传都参加了国民党的代表团，绿色长荣变成蓝色。

报道说，随着大陆经济的快速成长，长荣在大陆的业务也愈来愈多。长荣海运在大陆的重要港口都可以见到其踪迹，长荣航空也积极拓展大陆市场。在北京最热闹的国贸中心附近，长荣在北京的总部也即将成立。

报道对岛内著名的银行家富邦集团的蔡明忠先生怎样去大陆寻找企业发展的第二春也作了描述。报道说，富邦的蔡明忠，为了怕触动绿营敏感的神经，在连战二次出访的行程中，一直低调未出现，但最后赶在和中共领导人握手、拍照的时候出现了。报道说，富邦蔡家的嗅觉是敏锐的，虽然扁政府不准岛内银行登陆，但富邦早就利用合并香港港基银行（改名香港富邦银行）迂回前进大陆。这次更亲赴大陆，寻找企业发展的第二春的愿望昭然若揭。

报道说，至于吴、辜、蔡三大金控家族中的辜家大家长辜濂松，本来就是国民党中常委，走国民党和亲大陆路线。此次是搭乘私人飞机抵北京参与国共经贸论坛的。由于辜振甫和海基会的渊源，辜濂松与大陆的关系一向密切。

报道对台湾企业家中的"老大陆"在大陆的发展作了充满感情的描述。报道说，这次随行连战的企业家中，最引人注目的是鸿海集团董事长郭台铭。这位被国民党智库董事长林丰正当面笑着形容"你来了，论坛就亮眼了"的人，是在大家还不看好大陆的时候，就已经到大陆投资。1989年，郭台铭到深圳建厂成立富士康集团，经过十余年的发展，富士康集团已经是大陆最大的外商投资企业之一。富士康在大陆的工厂如果停工的话，全世界的电脑行业都会出问题。

报道说，在台湾的高科技产业中，表现一直非常突出的光宝集团董事长宋恭源也在这次企业家代表之列。光宝集团在大陆的工厂超过20座，分布在天津、上海及东莞等地，并且在广州经济技术开发区内投资兴建光宝科学园区，并将营运中心迁到这里。宋恭源的公子目前长期待在北京历练。

报道说，半导体封测业中的老大、日月光集团董事长张虔生，这次也出席了国共两岸经贸论坛。台湾封测业受限于当局限制，一直没办法前往大陆投资。不过，日月光集团在上海松江、张江和江苏昆山均设有原材料生产基地。此外，日月光的股东以私人名义在北京投资经营的鼎好电子城，愈做愈好，目前已是中关村最大的电子卖场之一。

报道对另一位被人们称为"焦师傅"的"老大陆"焦廷标的发展也作了介绍。1992年，焦廷标带领华新丽华集团在上海与江阴设立电力电缆与钢缆厂。第二年，该集团又在武汉设立电线电缆公司，生产光通讯线缆。1995年，又成立华新（中国）投资公司，先后在杭州、上海、南京等地增设营运据点，生产电力电缆、裸钢线与光纤光缆等。经过十多年在大陆投资发展，华新丽华集团在中国（包括香港）投资的分支企业达三十多家。投资主要集中在以长江三角洲为中心的华东地区，同时在华南地区与华中地区也有不少投资。

随同焦师傅来大陆创业的独生子焦佑钧，现在已是华邦电子的董事长。2001年，焦佑钧在上海成立了华邦上海半导体电路有限公司，致力于半导体电路及其系统相关软件的设计、研发、制作、销售，并为客户提供华邦各种产品的资讯以及相关技术的咨询服务，并在北京与深圳设有办事处。

另一位被台湾企业界尊称为"经营之神"的王永庆老先生及其家人们在大陆的发展更是蓬蓬勃勃。台塑集团的大家长王永庆虽然没亲自参与两岸经贸论坛，但是他派出他弟弟王永在的大儿子王文渊代表他出席。王老先生长期呼吁两岸三通让人耳熟能详，此次其家族二代参与论坛自然也成了论坛关注的焦点之一。台塑集团在大陆大手笔投资是不胜枚举的，其第二代自行建立的公司也是赫赫有名，像王文洋的宏仁集团、王雪红的威盛电子、王雪龄与简明仁的大众电脑在大陆都是颇负盛名的。

第二次国共两岸经贸论坛召开以来所掀起的更为热络、更为积极有效的两岸互动，给岛内经济带来不少惊喜，各路媒体多有报道和评论。2006年5月9日出版的台湾《经济日报》发表的题为《两岸迈向共荣，股市直上万点》的社论堪称是诸多评论中的代表之作。

社论说，尽管我们的"元首"四处被飨以闭门羹，被迫在异国的天空上飘荡；尽管执政党的党员对第一家庭猛烈炮轰，对其领导高层百般羞辱。台湾的股价仍然青云直上，天天缔造五年半以来的新高，直向睽违已久的8000点迈进。

社论说，其实不只股市涨势惊人，整个社会也隐隐然弥漫着一股莫名的兴奋，原因就在于，两岸经济间被刻意筑起的高墙，正一点点松动、腐蚀，眼看就要崩坍。因而台湾被压抑了20年的经济潜力，正蠢蠢欲动。人人都睁大双眼，期盼它一飞冲天的那一刻。种种迹象显示，那一刻已迫在眼前。

接着，社论充满激情地描绘了大陆观光客赴台旅游、与观光客并至的客运包机常态化以及投资大陆上限的松绑将给台湾带来的繁荣景象。社论说，这三者一时并至，几乎已将近年来国人所期望的景象在两岸互动中完全实现。20年来的高墙，眼看就要在我们面前倒下。

无奈的是，善于制造麻烦的陈水扁仍然以制麻烦为手段，仍然维系着这摇摇晃晃的高墙。不过社论仍然乐观地说，虽然不论观光客来台、客货运包机直航、登陆投资上限松绑，目前一样都还没有实现，但一个令人憧憬的光明前景已隐然浮现。正如山雨欲来风满楼，台湾的空气里已弥漫着一股按捺不住的兴奋情绪。一向得风气之先的股票市场，最先反映出乐观的期待。

（四）

两岸互动持续升温。特别是与台湾仅有一水之隔的福建省更为热络。台湾居民中的80%的祖籍地在福建省。台湾与福建有地缘相近、血缘相亲、情缘相通、文缘相承、俗缘相似、商缘相随、法缘相循的渊源，所以闽台两地居民的交流、交往更为频繁和绵密，许多台湾居民都想去福建创业发展。针对这一现实需求，福州市政府于2006年5月初出台了《台湾居民在福州申办个体工商户登记管理的若干意见（试行）》，发布之日便有10位台湾居民获准在当地工商部门注册登记。

《意见》规定，台湾居民在福州市行政区域申请设立个体工商户，可直接由经营所在地的县（市）、区工商行政管理局登记管理。台湾居民在福州可申请登记的经营范围为：零售业（不包括烟草零售），餐饮业，居民服务和其他服务业中的理发及美容保健服务，洗浴，洗染，摄影及扩印服务，汽车、摩托车维修和保养，家用电器修理及其他日用品修理，货物、技术进口。

《意见》规定，当地工商部门对台湾居民核发的是与大陆居民同样的《个体工商户营业执照》，唯一不同的就是在"经营者姓名"后面加注了

"台湾居民"四个字。

福州市工商局外贸分局局长陈琼对《意见》的实施作了特别说明。他说，各级工商部门将在登记场所设置居民申办个体工商户"绿色通道"，提供申请、受理、审批一站式服务。台湾居民个体工商户可自愿加入个体劳动者协会。

听到和见到这个《意见》出台的台湾居民奔走相告，欢欣鼓舞之情溢于言表。他们说，这个《意见》的出台为他们来大陆创业又提供了一个新的舞台。

与此同时，在海南省又出现了一件令世人瞩目的事情。那就是前台湾民进党党员、曾担任过台南县副县长的林文定于2002年退出民进党和台湾政坛，来到海南省创办了"古色农场"，经过4年努力取得成功，受到各方面的关注。新华社记者闻讯即赶往海南采访。

当记者采访林文定的时候，正逢他创办的"古色农场"种植的咖啡挂果的季节，位于海南省澄迈县的"古色农场"里散发着咖啡豆的阵阵清香，林文定正沉浸在大获丰收的喜悦里。

林文定高兴地告诉记者，今年他种的3万株咖啡销售收入就有三百多万元，足以收回30年承包的全部固定投资，已经转入盈利阶段。林文定说，目前大陆仅台商开设的咖啡连锁店就有近两千家。他的农场出产的咖啡，满足不了像"星巴克"这样一家大型咖啡加工企业的需求，10家咖啡店的采购量就会将他的咖啡定购一空。接下来，他将扩大自己的种植规模，建立自己的咖啡烘焙加工基地，创建自己的咖啡品牌。他还筹划着将台湾的休闲农业引入海南，准备在三亚市开设一家咖啡渡假休闲农庄。

林文定说，大陆市场大，而且潜力无限。农业台商西进大陆，不但可以为台湾农产品的产销增加出路，而且为台湾农业产业的发展提供很大的空间。他在台南县任职时，有很多乡亲到海南发展，投资海峡两岸（海南）农业合作试验区，回去都说海南农业如同台湾的翻版，而且海南还具有劳动力成本低廉、土地资源相对丰富等台湾无法比拟的优势，所以他最后决定落脚海南。

2002年5月，林文定在澄迈县大丰农场找到一块450多亩的闲置土地，即创办了"古色农场"。经过4年的投入和改造，他和妻子、独生子一起将原本荆棘丛生的荒坡打造成独具特色的咖啡庄园。望着园中苗壮地生长着他从巴西引进的3万余株阿拉比卡咖啡和从台湾引种的5千多株咖啡，林文定满怀自信与喜悦说："我引种的咖啡，长势比原产地巴西还好！"

林文定回忆起4年前退出民进党和台湾政坛时说，由于民进党上台执政后，一心系念的只有权力，没有法纪；只有私利，没有公利。所以，他在2002年才毅然决然地选择来海南农村务农，回归那种陶渊明所歌颂的"采菊东篱下，悠然见南山"式的田园生活。

林文定带着记者一边参观他的咖啡园一边叙述着这几年的田园生活。尽管农场里的农事劳作十分辛苦，但林文定被晒得黑黑的脸上始终洋溢着甜蜜的微笑，眉宇间写满了事业的成就感和对生活的满足感。

两岸互动不仅越来越热络，而且互动的范围越来越扩大。5月21日上午，两岸高僧大德带领着五百多名僧众出席了在福州市鼓山涌泉寺举行的"海峡两岸鼓山法系圆桌座谈会"，并形成了《促进两岸佛教文化交流（福州）倡议书》，提倡通过两岸鼓山法系子弟间的联络与交流活动，搭建两岸佛教文化交流沟通对话的平台。

圆桌座谈会由中国佛教协会常务理事、鼓山涌泉寺首座湛如法师主持。两岸高僧大德在会上回顾了两岸法系的历史渊源，探讨了闽台佛教的法脉传承与现状，凝聚了对两岸佛教文化的共识。来自台湾的"世界华僧会"会长净心长者盛赞鼓山涌泉寺为"两岸佛教文化交流的提倡者"，对今后两岸佛教文化的交流与合作将会更加有力地加以促进。

鼓山涌泉寺方丈普法大和尚与净心长者、鼓山在台法系回山朝礼团团长净良长老、月眉山灵泉寺的晴虚长老等共同在《促进两岸佛教文化交流（福州）倡议书》上签字盖章。倡议书内容包括建立海峡两岸鼓山法系联系机制、编辑鼓山法系丛书、召开以鼓山法系为中心的佛教学术会议、编辑出版佛教期刊等。

与会僧众对圆桌会议以及此前举行的"福州鼓山涌泉寺海峡两岸祈福会"给予高度评价，特别对《倡议书》赞扬有加。认为两会和《倡议书》是两岸佛教文化交流与合作的范例，特别是《倡议书》更是加强两岸佛教文化交流与合作的制度性建设。

就在"海峡两岸鼓山法系圆桌座谈会"落幕不几天，即5月27日，反映大陆与台湾历史关系的国家级专题博物馆—— 中国闽台缘博物馆，在闽南泉州市竣工开馆。中共中央政治局常委、全国政协主席贾庆林致信祝贺。

贾庆林在信中说，海峡两岸同宗同源，闽台联系尤为密切。中国闽台缘博物馆的建成，对于传承中华传统文化，增进两岸骨肉亲情，具有重大而深远的意义。希望福建把博物馆建设好，充分发挥其在研究、展示闽台两地密切关系方面的特殊优势，进一步增进台湾同胞的文化归属感和民族认同感，为发展两岸关系、增进两岸交流做出积极贡献。

中国闽台缘博物馆位于泉州市西北侧，占地154.2亩，主体建筑面积23332平方米，高43米，分为4层，展厅总面积7355平方米，共征集和复制文物文献近1.5万件，其中国家级文物129件，全面展示了海峡两岸在地域、血缘、文化、建制沿革、商贸往来、宗教信仰、民俗风情等方面的历史关系，具备收藏、展示、教育、研究、交流和服务等多种功能。

开馆当天便有众多闽台两地的同胞前往参观。观后，大家纷纷称赞这个博物馆办得好，用大量实物充分展示了两岸同宗同源、血脉相连的历史关系，特别是闽台两地的联系更为密切，许多实物都生动地叙说着两地地缘相近、血缘相连、情缘相亲、商缘相通、法缘相循的紧密关系。许多观众赞扬这个博物馆是一本生动的教科书，建议主办单位多组织两岸年轻的一代来这里看一看，应该把这里列为对年轻人进行爱国主义教育的基地。

（五）

就在两岸互动持续升温的时候，陈水扁当局又抛出所谓"国家安全报告"。该报告系统地汇集了扁当局的"台独"分裂主张，集中、全面地污蔑、攻击祖国大陆，蓄意离间两岸同胞感情，挑起两岸冲突。

5月31日，国台办举行例行新闻发布会，国台办新闻发言人李维一对扁当局出台的这个报告予以揭露和批驳。李维一说，这个报告的公布，再次充分暴露了台湾当局领导人顽固地坚持"台独"分裂立场，继续推行激进的"台独"分裂路线，执意破坏两岸关系和平发展；同时也暴露了台湾当局领导人企图混淆视听，转移台湾民众和舆论对经济、民生、社会问题关注的卑劣用心。这份报告一公布，就遭到台湾社会舆论的质疑和抨击，充分说明台湾当局领导人谋求"台独"、制造两岸关系紧张、无视台湾民众希望两岸关系和平发展的主流民意，是不得民心的。

李维一指出，当前，在两岸同胞共同努力下，两岸关系出现了朝着和平稳定方向发展的良好势头。反对"台独"分裂势力及其活动，维护台海和平稳定，是两岸同胞的共同愿望，也是我们坚定不移的意志和决心。我们将继续以最大的诚意、尽最大的努力，维护和促进两岸关系和平稳定发展，为台湾同胞谋和平、谋福祉。两岸同胞携起手来，牢牢把握两岸关系和平发展这个主题，共同开创两岸关系和平发展的新局面。

陈水扁当局的卑劣做法阻挡不了两岸积极互动、友好往来的步伐。就在这个新闻发布会上，国家农业部、交通部、供销总社的负责人宣布，将适时出台进一步促进台湾农业企业和农民到大陆发展创业的政策措施，为他们在大陆发展提供优质的服务、优美的环境和完善的生产条件。

农业部办公厅副主任何子阳介绍说，自上世纪80年代末海峡两岸开始农业交流与合作以来，两岸农业交流与合作发展迅速。他用几组数据说明这个事实。他指出，特别是2005年以来，大陆单方面宣布了扩大台湾产水果的准入品种等优惠政策，两岸农产品贸易额又有了大幅提高。

何子阳说，为了促进海峡两岸农业交流与合作，为了给台资农业企业投资大陆提供新的平台，1997年以来，农业部、国台办和原外经贸部（现商务部）先后批准在福建省福州市、漳州市、海南省以及山东、黑龙江、陕西等省的部分区域设立海峡两岸农业合作试验区。截至2005年底，试验区内台资农业企业已达1800家，合同利用台资二十多亿美元，总体经营情况良好，普遍取得了可观的盈利。2006年4月，农业部、国台办批准在福建漳浦和山东栖霞设立台湾农民创业园也已挂牌启动。

接着，交通部公路司副司长李华在发布会上宣布，凡台湾地区生产的农产品，在大陆通过公路运输至销售地，符合大陆鲜活农产品绿色通道运输规定的合法运输车辆，全部享受"绿色通道"政策。

李华说，凡整车运输新鲜蔬菜、新鲜水果、鲜活水产品、活的畜禽和新鲜的肉、蛋、奶等鲜活农产品的合法运输车辆在"绿色通道"上通行时，可享受沿线省（自治区、直辖市）人民政府为鲜活农产品运输制定的通行费优惠政策；可优先通行沿线收费站设置的"绿色通道"专用道口，提高通行效率；对有超限超载等违法行为的，行政执法人员要严格按规定及时予以处理，不得延长时间滞留车辆。

供销总社办公厅副主任杨占科在发布会上透露，供销总社组织赴台采购团的工作已全面展开，并与台湾方面进行了初步沟通、协商，力争早日成行，以帮助台湾农民解决农产品丰产滞销的问题，也为大陆消费者提供来自宝岛台湾的新品种、高质量的农副产品。

国台办经济局局长何世忠在发布会上透露，为了进一步扩大福建沿海与金门、马祖、澎湖的直接往来，应广大金门同胞的要求，福建省将在泉州石井港增开赴金门的客运直航，首航仪式将于6月8日举行，届时还将举办第一届"海峡两岸（泉州）农产品展洽会"。

何世忠说，实现两岸全面、直接、双向"三通"是我们的一贯主张，也是两岸经济交流与合作、人员往来的客观需要和两岸同胞的所愿、所想、所盼。在未能全面实现两岸直接"三通"的情况下，福建沿海与金门、马祖、

澎湖之间的局部通航，是两岸人员往来和经贸交流的一个渠道。

何世忠介绍，福建沿海与金门、马祖之间的海上直航始于2001年，当时只开通了双方客运直航；在2002年，实现了货运海上直航。截至2006年4月，双方船舶共营运了1.5万航次，运送旅客144万人次，运输货物396万吨，总价款为1200万美元。5年来，福建沿海与金马之间海上直航模式代表了真正意义上的两岸直航，双方均用两岸注册的船舶、挂公司旗、另纸签注的方式，解决了敏感的政治问题，这种模式完全可以扩大到两岸的其他港口，实现两岸全面、直接、双向直航。

就在何世忠透露的泉州将要开通至金门的海上新航线不几天，即6月8日，泉州——金门客运直航正式开通，这是"两门"（厦门——金门）、"两马"（马尾——马祖）实现海上直航五年半之后，两岸人员和经贸往来的又一条新航线。当天，泉州和金门两地同时举行了隆重的首航仪式，两地码头锣鼓喧天，喜气冲天，人们的喜悦之情溢于言表。

6月8日上午，泉州、金门两艘轮船"泉州轮"和"新金龙号"双向对开。执行首航金门任务的"泉州轮"船长李朝水，来自台湾屏东县，此前他已经在"两门"（厦门——金门）航线上工作了11个月。在接受媒体访问时，他表示，近来台商们问得最多就是泉金航线的情况，"泉州石井港与金门航程仅14海里，早就该直航了"。

金门与泉州渊源很深，历史上金门隶属于泉州，祖籍泉州的台胞约有900万人，两地民间的联系千丝万缕。石井镇与金门最近处仅隔6海里，航程14海里。石井港是国家二类口岸，1992年就设立了台轮停泊点，2002年3月开通了货运直航金门航线。金门淡水资源缺乏，砂子、石材等建材也十分紧张，而泉州砂石资源十分丰富，石井港距号称闽南建材第一市场的水头不过10公里。驰名的高粱酒是金门的支柱产业，但是金门本地的原材料根本就无法满足生产需要，急需大陆供给，而石井镇距福建最大的粮食市场官桥镇仅22公里。泉金货运航线货源充足稳定，自货运直航以来，共运营了335航次，货运量43.3万吨，合计299.6万美元，石井已成为福建沿海地区对金门货运通航运量最多、增长幅度最快的港口。

借泉金客运直航的东风，"首届海峡两岸（泉州）农产品展洽会"也于6月8日在石井镇举行，与此同时，"泉州闽台农产品交易市场"也在当天落成揭牌。台湾台闽经贸文化交流协会访问团团长蔡尧山先生，带领26位台湾经贸文化交流组织成员前来参会，蔡先生表示，金泉直航已经开通，以泉州活跃的经济力量为助力，这条航线必将发展成为一条沟通两岸的"经贸航线"。

"两门"（厦门——金门）客运直航采用的是"两岸对等"模式，也就是说厦门轮船公司开厦门的船，金门轮船公司开金门的船，两岸各派3条船经营这条航线。而泉州——金门的客运直航采用了"两岸合作"的模式，即由大陆和金门一起组建一家公司，建立资本纽带关系，两岸共同经营这条航线。负责经营"泉金航线"的"泉州中远金欣海运有限公司"由两岸三家公司——中远集团厦门远洋运输公司、泉州石井港务有限公司与金门金厦海运股份有限公司联合组建。这是祖国大陆和台湾地区首次合作组建公司从事两岸运输业务。中远集团厦门远洋运输公司总经理王鲁军说："这开创了两岸航运合作的新模式"。

听说泉金客运直航开通，在闽南做生意的澎湖客商赵文书专门约了10位老乡，一同乘坐首航班轮体验直航的便利。在接受媒体访问时，赵先生高兴地说，现在回澎湖更方便了。他说，原来澎湖到泉州，必须乘飞机到高雄，再从高雄飞香港，然后从香港飞厦门，最后从厦门搭车来泉州，路上至少要用去12个小时。他指出，其实泉州与澎湖之间只有四个多小时的海上航程，坐飞机半个小时就能到，为什么还要几经辗转呢？他强烈地盼望泉州——澎湖之间尽快实现直航。

赵先生的愿望，也是两岸同胞共同的愿望。福建与澎湖的通航，大陆方面正在积极推动，而随着两岸交流合作的不断推进，祖国大陆与台湾本岛之间直航的时间会越来越近，因为两岸"三通"是陈水扁当局想挡都挡不住的潮流。

（六）

两岸之间频繁而热络的互动，带动着两岸方方面面的交流交往。隔绝了半个多世纪的两岸侨联组织，6月6日在北京举行的"和平与发展论坛"隆重开幕。这是由中华全国归国华侨联合会与台湾侨联总会共同举办的，是海峡两岸侨联组织的首次正式接触。

中国侨联主席林兆枢在论坛上作了主题演讲。他首先高度赞扬台湾侨联总会坚持反"台独"、反分裂、维护祖国完整统一，结合海外华侨华人力量为中国和平统一事业和坚持不懈努力的立场。他说，中国政府多年来一直坚持"和平统一、一国两制"的基本方针。2005年以来，两岸交流进一步扩大，两岸关系趋向缓和，求和平、求发展、求稳定已成为台湾的主流民意，两岸的和平与发展正处在一个重要的机遇期。但是，台海形势依然严峻复杂，台湾当局还再继续推动新的"台独"分裂活动。

　　林兆枢强调，为了中华民族的根本利益和两岸同胞的福祉，基于认同"九二共识"、反对"台独"分裂的立场，两岸侨联共同致力于维护台海和平稳定、促进两岸关系发展、谋求中华民族伟大复兴，这符合五洲侨胞的共同心愿，符合两岸同胞的共同期待。

　　林兆枢就两岸侨联组织如何共同为两岸创造持久和平、共同繁荣和谋求中华民族的伟大复兴提出了五点意见，即共同反对"台独"；共同促进两岸经济、技术、文化交流；共同传承中华文化，进一步在海外推广华文教育；共同做好海外侨胞工作，维护海外侨胞和权益；共同推进两会的交流与合作，争取在适当时候实现两会互访，为祖国的和平统一共同奋斗等。

　　台湾侨联总会理事长吴振波在讲话时说，侨胞生活在海外，期盼国家统一，因为只有祖国强盛，他们在侨居地才能获得尊严。台湾侨联总会的海外会员坚决反对"台独"。他表示，希望海外侨胞团结合作，为两岸的安定与和平作出贡献。

　　"和平与发展论坛"开幕以来，与会代表围绕"两岸关系和平发展"的主题畅所欲言，各抒己见，两岸侨联组织进行了广泛而深入的接触与交流。在论坛闭幕时，达成五点共识。

　　这五点共识是：（一）、共同反对"台独"，反对国土分裂，谋求台海和平稳定，结合海外侨胞力量，促进两岸关系发展，推动中国和平统一；（二）、共同促进两岸经济、技术、文化交流，促进全面、直接、双向"三通"，推动两岸中国人的互惠合作，共创进步繁荣；（三）、共同继承中华文化，发扬优良传统，开展丰富多彩的文化交流活动，进一步推广华文教育，加强华侨历史与现状的研究；（四）、共同做好服务海外侨胞的工作，努力维护海外侨胞的权益，形成凝聚侨心之合力，谋求增进侨团之间的交流合作及兴盛发展；（五）、共同推进两会的交流与合作，建立两会沟通平台，就两会共同关心和各自关心的问题进行讨论，开展形式多样的联谊活动，扩大两会交流与合作的内容，加强两会联系，期盼在适当时候实现两会人员互访。

　　成立50年的大陆侨联与成立54年的台湾侨联，由于历史原因，50年来没有往来。今天打破藩篱，聚首北京，就是缘于一个共同的目标。这次"和平与发展论坛"形成的五点共识就具体体现了这个共同目标。这个共同目标把两岸侨联组织凝聚在了一起。

　　翻开华侨历史，人们会发现，从17世纪到19世纪，无论是东南亚城镇的形成，还是横贯美洲各大铁路的通车，无不渗透着华侨华人的智慧与血汗。但是，从落脚异乡到落地生根，华侨华人为所在国付出了无数辛劳，获得的地位、待遇却与付出的辛劳、作出的奉献不成比例，其中一个重要原因就是，近代中国国弱民穷，饱受欺凌。因此，新中国成立后，海外侨胞虽然远离祖国，仍然关心着祖国的大事小情、一草一木，并通过投资、捐赠等方式，支持中国经济、社会、文化建设。对于因历史原因遗留下来的两岸问题，他们的态度非常明确：中华民族只有团结，才能强盛，反对台湾独立，促进祖国统一。

　　无论来自大陆，还是来自台湾，海外侨胞都是炎黄子孙。但是，眼下的台湾民进党当局不仅在岛内推动"台独"，对海外侨胞也抛出"侨分三等论"，企图用统独分裂侨界，甚至在类似索罗门群岛发生骚乱，营救危难中的侨胞时，陈水扁当局也刻意将侨胞分门别类，引起很多侨胞不满。2006年2月，陈水扁当局公然宣布废除"国统会"的运作、"国统纲领"的适用，更是激起许多侨胞的愤怒，一位曾是"国统会委员"的老侨领说："这等于把我们为之努力的目标和愿景都废掉了，我们对陈水扁的失望已达冰点。"

　　与此同时，大陆自改革开放二十多年来经济社会发展取得巨大成就，增加了传统侨社对大陆的认同。由此，两岸侨联从试探、接触，到会晤、交流，水到渠成，才有此次两岸侨联成功举行"和平与发展论坛"。在"和平与发展论坛"上，大陆侨联主席林兆枢发言时，特别引用了台湾侨联总会简汉先生的话："集结全球华侨力量，促进祖国早日统一，让华侨活得堂堂正正，让每一个华侨都以做一个中国人为荣！"正是基于这样的目标，"年过半百"的两岸侨联才聚首北京，达成共识。

（七）

　　随着两岸经贸关系不断发展和两岸人员往来日益密切，早日实现两岸直接通航，已经成为两岸交流中最为迫切需要解决的问题。诚如国台办新闻发言人在接受记者采访时所说，两岸直航已经是每年数百万到大陆经商、探亲、旅游的台湾同胞的需要，是众多台湾工商企业界人士在大陆经商、发展事业的需要，是实现两岸旅游正常化的需要，是台湾水果、蔬菜到大陆销售，降低成本，照顾台湾农民利益的需要。总之一句话，尽快实现两岸直航，是两岸民之所需，利之所系。但是，陈水扁当局为了推行其"台独"路线，总是在这件"民之所需，利之所系"的大事上有意拖延、阻挠。但是，当弊案缠身的陈水扁面临被罢免的政治危机时，也不得不作出若干让步。

　　2006年以来，大陆海峡两岸航空运输交流委员会与台北市航空运输商业

同业公会按照既有协商模式多次进行直接沟通协商，经过努力，到6月中旬双方就客运包机节日化和开办专案包机的技术性、业务性问题达成了共识，作出了架构性安排。经双方业务主管部门认可，这个安排自6月14日起实施。

主要内容为："节日包机"指的是清明、端午、中秋、春节四个节日期间的两岸包机，相关安排比照2006年两岸春节包机作业方式进行。其中，春节包机实施时间为春节前后各14天。清明、端午、中秋包机时间为节日前后各7天。飞行班次是在上述四个节日期间，双方各执行84个往返班次，双方共计168个航班。飞行航点是北京、上海、广州、厦门与台北、高雄。搭载对象是所有持合法、有效证件往来两岸的台湾居民及台商眷属。

"专案包机"是指"运送紧急医疗救援包机"、"残疾人等急难救助包机"和"有特殊需求的货运包机"。此三项包机和前述"节日包机"被舆论称为"四项专案包机"，也称为"两岸包机四项共识"。

尽管这四项包机仍属局部安排，举例两岸同胞特别是台湾同胞的要求还相差甚远，但仍然受到两岸各方面的肯定。大陆海峡两岸运输交流委员会主任浦照洲在新闻发布会上表示，凡是有利于推动两岸直接、双向、全面通航的进程，符合两岸同胞利益的事，我们都欢迎。我们积极推动两岸直航的诚意是一贯的，从来没有改变。他希望，台湾当局能信守承诺，尽快同意两岸航空业者按照2005年两岸春节包机的周末化、常态化和货运包机的便捷化进行协商，达成共识，做出安排，早日实施，以真正满足两岸同胞的迫切需求。

听到两岸客运包机有所进展的消息时，广州市台资企业协会会长吴振昌正在前往香港的路上，他连说三声"太好了！"他说："这是我们盼了很多年、努力了很多年的消息，包机实现节日化，对重传统的台胞来说意义重大，让我们的生活增加了很多人情味。"他提出希望说："包机实现节日化后，我们更希望有关方面进一步推动，实现周末包机、定期包机、每天固定时间的包机，最终实现全面、直接、双向的直航，希望这一进程能够加快。"

上海及周边地区的台胞闻讯后非常兴奋。在昆山翊腾平面显像公司任公共行政处长的陈修博说，听到增加节日包机的消息，公司员工都说太好了。"春节包机从2003年开始飞，但对我们公司的台商来说，工作、放假时间点常与春节包机的时间点配不上，我到现在还没有乘过一次春节包机。现在增加了节日包机，当然是件好事。"他同样提出希望，非常希望包机能尽快常态化，"那我们就更方便了。"

在北京经营台湾水果的台商吕政佑对记者说："这个当然实用了，我虽然因为工作的关系没有坐过包机，但听到这样的消息还是觉得很高兴。因为过节的时候，每个人都想早点回家。"

北京美大星巴克咖啡执行副总裁王朝龙认为，包机节日化是一个很好的开始。"现在节日有包机，那么发展下去的话可能就会有周末包机，然后直航就会顺理成章，我很高兴看到这样一步一步的开放。"他说，对于他们这些在大陆工作的台商，转机不光浪费金钱，更浪费时间。"如果直航的话，我周五晚上就可以飞回家，然后到周一再赶过来工作，这样也可以多一些和家人相聚的时间。"

"四项包机方案"14日一经公布，立即成为台湾舆论的焦点，各新闻媒体立刻以"最新消息"的形式报道了这一重大新闻。这一消息也立即成为台北股市的重大利多，当日收盘时指数上涨131点，台湾航空业者对此纷纷表示欢迎，他们认为，节日包机虽然很难达到规模经济，但无论如何，"没鱼，虾也好"。台湾长荣集团副总经理聂国维说，未来还是希望货运常态化、客运朝周末化假日包机努力。

国民党籍多位民意代表表示，希望台湾当局不要以这次小幅度开放为借口，来延迟更大幅度开放的脚步，应提出包机周末化、常态化的时间表。亲民党籍民意代表李鸿钧说："两岸三通不能打点滴，而是要灌猛药"。当局如果真的想做事，就应该推动周末包机，使台商每周都可回家，那样才有实质意义。

这一消息同样引起国际舆论的关注，美联社在"四项包机方案"公布的当天就发表电讯指出，这是海峡两岸朝着恢复定期直航迈出的建立互信的重要一步。对于大多数时间都在为抽象的主权之争吵来吵去的海峡两岸来说，这个消息是一大进展。电讯引用台湾政治大学教授蔡玮对此事的看法。蔡玮说，"中国领导人可能不希望帮助面临罢免的陈水扁。但是，北京同意安排专案包机大概是因为这符合中国大陆实施统一的长远战略利益。"他指出，"门一旦打开"，朝向最终统一的"趋势就不可逆转了"。

6月15日出版的美国《纽约时报》发表题为《处境艰难的台湾领导人敲定包机协议》的署名文章指出，包机协议以及最近出现的迹象表明，两岸关系似乎正在解冻。这是在围绕着陈水扁发生的政治危机日益恶化后出现的转机。

文章说，台湾"大陆委员会"的主任委员吴钊燮在接受采访时说，陈水扁"总统"的政治危机并不影响两岸达成包机协议的时间。但是，台湾反对党和学者对此持怀疑态度，认为陈水扁政府在"立法院"召开临时会议讨论"总统"罢免案后的第二天就宣布达成两岸包机协议，这绝非巧合。他们认为，陈水扁正不情愿地向对岸伸出橄榄枝，虽然他本人的政治生涯就建立在

"台独"基础上。显然,这是扁的无奈之举。

大陆对此是心中有数的。《人民日报》曾发表署名文章指出,台湾当局推动直航的每个分解动作仿佛有其特定时机,比如,民进党当局支持率低迷时,台湾政局纷扰时,选举在即需要吸引选票时,等等。所以,我们宁愿善意揣度,"四项包机案"的通过与目前台湾波诡云谲的政局之间没有关联,只是偶然的时间巧合。考虑到每年两岸四百多万人次往返、超过900亿美元的贸易往来,希望与民众利益息息相关的直航,没有被当成政治砝码讨价还价,而是更快地、更完整地得到推动,让两岸民众真正开怀大笑。

(八)

两岸交流、合作的势头越来越强劲,且热潮频出。自2003年始,每年6月18日举行的"中国·福建项目成果交易会"现在又在福州隆重开幕。

6月的榕城,繁花似锦,处处生机盎然。规模越办越大、对接项目越来越广、影响越来越深、朋友越交越多的第四届"中国·福建项目成果交易会"(因此会在每年6月18日举行,故简称"6·18"),虽然只有三天的会期,但"6·18"交易会所富含的创新、提升、集聚和两岸积极互动的涵义,在为推进海峡西岸经济区的建设中日益彰显。

2005年第三届"6·18"首次设立了台湾馆,闽台携手,成为当时的一大亮点。就在交易会首日,福州明牌氧气机有限公司与台湾良盟集团便签约共同开发生产"溶氧电解法制氧机",双方还达成继续合作的意向,将引进台湾新型饮水机、傻瓜上网机等系列产品。整个交易会期间,福建省企业共对接台湾科技成果62项,总投资24.37亿元。台湾馆中还展出了三十余种台湾农民"创业园"的产品。冠杰、东南汽车、华擎电动、华映等一批闽台高科技合作企业的科技成果也在台湾馆中亮相,让人们看到了闽台科技合作的美好前景。

本届"6·18",进一步突出了闽台的科技交流与合作,有力地推动着闽台产学研的结合与互动。组委会在项目成果馆专门设立了台湾成果展区;全国青年联合会和台湾中华青年交流协会联合举办了规模较大的"农业产业化与两岸青年科技论坛"、"海峡两岸青年创业投资论坛"、"两岸青年领袖论坛";福建省科技厅举办了"海峡两岸科技中介服务论坛";福建省农办等举办了"闽台农业产业化合作论坛"。台湾有关方面知名人士、企业家和同业公会的代表积极与会,并签订了多项合作备忘录。福建省台办、福建省教育厅携手邀请十多所台湾高校的22名专家及同业公会代表七十多人与会,并筛选推介出72个项目在"台湾成果展区"展出。

本届"6·18"又一个亮点是，两岸小发明登上"大雅之堂"，使交易会的内涵更加丰富了。由福建省总工会、福建省发明协会首次承办了"海峡两岸职工创新成果展"，邀请海峡两岸拥有发明成果的职工参会，并举行了海峡两岸发明人座谈会。两岸职工的小发明、小创造中有二百多项成果参与展出。这些参展项目中有65%以上为贴近生活的项目，有70%以上项目都申请了专利。福建省总工会还与高雄发明人协会签署了《海峡两岸职工技术交流与合作备忘录》，委托高雄发明人协会牵头组织、征集台湾职工的发明、创新成果，前来参加年年都举办的"6·18"项目成果交易会。"6·18"的会期虽然只有3天，但是交易会上达成的对接成果却需要双方积极配合才能变成现实生产力或现实生活需要的产品。正如福建省委书记卢展工所言："'6·18'是一种创新，是一种提升，是一种集聚，是一个不落幕的合作创造平台。"

不落幕的"6·18"项目成果交易会为闽台农业合作写出新的篇章。高雄"台湾昶维工业有限公司"总经理何景仁与福建省漳州市南靖县民营企业家罗文迁的合作发展就是令世人注目的典型。

何景仁的公司是台湾专营农业机械的中型企业，已有二十多年的发展历史，重点研制高科技的农业机械。早在2003年，何景仁就把扩大发展的目光投向大陆市场，特别是福建市场。他对记者说："闽台两地农业生产条件极为相似，我们的产品肯定会在大陆有大显身手的空间。"

何景仁的看法正和罗文迁想到了一块。罗文迁的公司原本只是搞机械加工的企业。可近年来，随着国家对"三农"工作的日益重视，农业的市场前景也日益凸显，经商多年的罗文迁看到了商机，将投资方向转向了农业机械生产。自从有了这个念头，他的目光就投向了海峡对岸的同行。他对记者说，台湾的农业机械制造技术"在全世界也堪称一流，如果和他们开展合作，企业必将会实现更快发展。"

正是不落幕的"6·18"项目成果交易会使罗文迁与何景仁喜结良缘。2005年，罗文迁的南冠机械工业有限公司正式引进何景仁公司的"可控制转向中耕管理机"专利成果，并在南靖县牛崎头工业区内，建成了首期年产4000辆轻便型多功能中耕管理机系列产品生产线。何景仁介绍说，可控制转向中耕管理机，适用于温室花卉、蕉园、茶园及山地使用，能完成中耕锄草、培土、开沟、作畦等田间作业，具有适合不同高度的操作者在不同位置操作，可满足在不同的土质上耕作等特点。

"可控制转向中耕管理机"专利成果刚刚引进，就受到了农业机械销售商以及用户的广泛关注。就在本届"6·18"交易会上，已有黑龙江哈尔滨亿丰农机贸易有限公司、海南锦荔园农场、海南正一农庄、河北兴农机械有限公司等与南冠机械工业有限公司接洽，商谈订购事宜。何景仁此次来参加"6·18"交易会，就是为了把项目在大陆做得更大。他看到如此红火的场面，不禁喜上眉梢，笑口常开，让他切身感受到大陆有他的产品大显身手的广阔空间。这种强劲的势头，陈水扁靠制造麻烦的卑劣做法能阻挡住吗？

（九）

2006年7月19日晚10点20分左右，台湾桃园中正机场，一架波音B747——400型货机在夜色中缓缓起飞；与此同时，上海浦东机场，数百人难以入眠，翘首等待这架将载入海峡两岸航运史的首架货运包机。

首架货运包机装载了什么？前文讲到，6月14日，海峡两岸航空业民间组织同时宣布，已就两岸节日包机、有特殊需求的货运包机、紧急医疗救援包机和残疾人急难救助包机等四项专案包机达成共识。首架货运包机就是四项共识中的第二项，"有特殊需求的货运包机"。台湾媒体又把此次包机直称为"台积电条款"。

岛内媒体为什么这样称呼？岛内媒体报道说，7月7日，台湾交通主管部门刚一公布两岸包机申请作业程序，台湾"积体电路制造股份有限公司"（简称"台积电"）就立刻提出了申请。该公司在上海建立8.025英寸晶片厂，一直计划将台湾闲置的晶片制造相关设备，通过货运包机的方式运送到上海的工厂。此次终于成行。

据此次货运包机承运方"台湾中华航空公司"上海办事处负责人董国梁介绍说，目前台湾的货物如需空运到上海，要经过两家航空公司承运、三个航空港装卸方可到达。以"中华航空"为例，他们要先将货物空运到香港，再转搭港龙航空或者东方航空的飞机到上海，全程大致需要1—2天时间。如果实现直航，不仅时间上将比以往缩短至少半天至一天，运输费用按保守估计也至少节省1/4。对"台积电"来说，货运包机不仅可免去转运的时间和金钱成本，更重要的是可以免除中途换机可能对精密生产组件所造成的损害。"台积电"以前也曾采用过包机转运，但须经停第三地，电子设备每多一次飞机起降，就多一分受损的风险，因此他们一直盼着货运包机早日成行。

"货运包机的成功飞行对两岸经贸发展来说是重要一步"，上海台商协会会长叶惠德对记者表示，台商投资大陆从最早的传统产业为主，已发展到目前高科技产业居多。高科技产品体积小、单价高，当前国际经贸趋势是对产品时效性要求越来越高，企业要做到零库存，要保证迅速供货，都对两岸便捷的交通提出要求，因此两岸货运包机对高科技产业帮助最大。

但是，此项货运包机未行之前就已预设了不完美。一位民航业者表示，与以往不经停第三地的两岸春节包机一样，首架货运包机仍旧需要在空中绕经香港飞航区，走一条"曲线"，而"曲线"和"直线"可以相差近一个小时的时间。以台北至上海的航线为例，如果实现真正的直航，航程比香港至上海还短。而且，根据目前公布的两岸专案包机的安排，特殊需求的货运包机服务对象只能是台商，载运货物限于在大陆投资设厂有特殊需求的机械设备、器材及相关零配件。这些条件显然是扁当局虽然难以阻挠两岸越来越强劲的互动势头，但是要制造一些麻烦加以限制。

叶惠德呼吁，"更多台商还盼望能够海运直航，因为每年两岸九百多亿美元的贸易大部分是通过海运的。"他说，与空运相比，海运可以节省更多成本，允许搭载的货品种类也多，一旦实现直航，海运直航的优点将更加明显，受益的台商也会更多。

正在北京访问的台湾工商建研会理事长郭台强也向记者表示，货运包机能够直航他非常开心，并乐观其成。他说，台湾制造业者都认为两岸直航的脚步太慢。两岸直航对投资大陆的台湾企业来说，是非常重要的事情，因为不"三通"，产业链就会发生中断，这对台商非常不利。所以，最希望的仍然是早日实现真正的"三通"。

二、海峡两岸经济区的建设，两岸青年的频频交流，两岸文化、信仰等多方面的积极互动，都在稳健地维护着两岸和平发展的春天

（一）

"放眼八闽花满丛，海峡西岸正春风。初衷不改唯民重，发展为先情意浓。冲门而进闽海阔，破门而出飞蛟龙。蓄势而发聚后劲，再创辉煌靠打拼……"这首由中共福建省委书记卢展工作词，省政协副主席、省音协主席王耀华作曲，省委副书记王三运演唱的歌曲《海峡西岸正春风》，已在八闽大地到处传唱，充满激情和活力的旋律响彻八闽大地的山山水水。

福建与台湾仅一水之隔，有着地缘相近、血缘相亲、文缘相承、商缘相连、法缘相循的"五缘"优势，两地紧密相连的关系源远流长。台湾同胞

· 747 ·

80%以上的祖籍在福建，台湾许多政要和知名人士的祖籍就在福建，台湾有福建同乡会147个，宗亲会126个，福建现有八十多万台属、一万三千多位台胞，这是福建省所具有的独特优势。

前文对海峡西岸经济区虽有介绍，但仍嫌不足。海峡西岸经济区并不是单单限于福建省，而是指以福建省为主体包括周边地区，它涵盖浙江、广东、江西三省的部分地区，人口约6000—8000万人。这一区域南北分别与珠江三角洲、长江三角洲两个经济发达的地区相衔接，东与台湾岛相贯通，西向江西的广大内陆延伸。对应台湾海峡，具有对台工作、统一祖国，并进一步带动全国经济走向世界的特点和独具优势的区域经济综合体。该经济区建设的总目标是，"对外开放，协调发展，全面繁荣"；基本要求是，经济一体化、投资贸易自由化、宏观政策统一化、产业高级化、区域城镇化、社会文明化。专家预计，建成后的经济区年经济规模在一万七千亿元以上。

建设海峡西岸经济区的战略构想一提出便引起各方的关注和呼应。此一构想提出不久，全国政协副主席、致公党中央主席罗豪才即率团到福建就"加快海峡西岸经济区发展，扩大两岸经济合作与交流"专门视察调研，全国人大常委会副委员长、农工党中央主席蒋正华就"关于从祖国统一高度加快福建沿海港口发展"亲临调研。罗豪才并以个人名义给中共中央领导写信，建议国家对海峡西岸经济区建设给予必要的支持，将其列入国家"十一五"规划。他们的调研报告分别得到胡锦涛、温家宝等中央领导人的高度重视，并作出具体批示。在中共十六届五中全会上，海峡西岸经济区的战略构想被写入中共中央关于"十一五"规划建设，并顺利列入2006年全国"两会"上审议通过的国家"十一五"规划。这样，海峡西岸经济区的战略构想就从地方决策上升为中央决策，从区域战略上升为全国战略，从局部共识上升为全面共识。对此，福建省委书记评价说："海峡西岸经济区建设的提升，统一战线功不可没。"

经过短短几年的打拼，"海西"经济区建设已取得令人瞩目的成绩："十五"末，福建GDP总量从改革开放初排全国第22位到2006年提升到第11位；截至2006年，福建企业拥有全国驰名商标61件，也已经居全国第5位；福建拥有的总长47公里的大型深水岸线建设也进入全国前列。这种蓬勃发展的势头更鼓舞着"海西"建设，他们又提出了"六个扎实"的工作任务：扎实推进新农村建设、扎实提高经济增长的质量和效益、扎实增强经济社会发展活力、扎实搞好和谐社会建设、扎实促进两岸交流合作、扎实提高党的执政能力。

根据闽台两地有割不断的地缘、血缘、文缘、商缘、法缘的"五缘"优势，福建在"海西"经济区建设中又提出闽台之间"六求"的工作目标，即求紧密经贸联系、求两岸直接"三通"、求旅游双向对接、求农业全面合作、求文化深入交流、求载体平台建设。

　　谈"五缘"而求融合，谋"六求"而图发展。闽台区域经济、文化互动更加频繁而酣畅。福州、厦门港与高雄港开通海上试点直航，福建沿海地区与金门、马祖、澎湖直接往来，启动福建居民"金门、马祖游"，武夷山与阿里山、大金湖与日月潭双向旅游对接，台湾水果零关税"登陆"，福建产品率先登岛办展，厦门增设为两岸春节包机航点……对台交往的诸多重大举措中，福建都走在了全国的前头。2005年，国家批准福州、漳州海峡两岸农业合作试验区扩大到全省，设立海峡两岸（福建）农业合作试验区。2006年6月8日，泉州—金门客运直航正式开通。

　　在福建，到处都能听到台商在八闽大地寻根发展的动人故事。台商天福集团总裁李瑞河在漳浦县创办天福茶庄，实现二次腾飞的故事就颇具典型意义。李瑞河的茶产业发展在台湾受到种种条件制约后，就来到福建寻求发展空间。漳浦是他的祖籍地，他发现这里自然条件与台湾相似，民情民俗也与台湾相近，就选择在漳浦县的盘陀镇建立天福茶业有限公司，发展茶园，形成公司加农户的发展模式，并形成种植茶叶、加工茶叶、经销茶叶、发展茶文化产业的产业链条。天福茶业有限公司下属的天福茶博物馆是世界上最大的茶博物馆、国家4A级旅游景区、首批全国农业旅游示范点。这里的环境优美，设施齐全，具有学术研究、文化传承、教育娱乐的功能，使游客在娱乐中获得茶学知识，了解茶艺及传承茶文化，月客流量达三千多人次。

　　李瑞河创办的天福茶职业技术学院也充满生机，该院不仅招收大陆学生，也招收台湾学子。

　　天福集团为什么能实现二次腾飞？李瑞河一语中的："祖国大陆稳定的社会环境是企业自下而上的土壤，也是天福集团发展壮大的依靠。"据了解，天福集团自2005年底获得全国茶叶类商品第一件中国驰名商标后，注重发挥名牌效应，生产规模和营销网络不断扩大，经过两年的努力，在全国新增天福茗茶直营连锁店二百多家，现已达七百五十多家。同时新办的茶叶、茶食品、茶具厂相继竣工投产，经营额快速上升，对国家和地方财政的贡献连年大幅度增长。仅漳浦县的三家子公司，2007年共向当地税务部门申报缴纳税款2106万元，是2006年度的1.51倍。

　　天福集团规范而科学的经营受到各方面的尊重，先后获得全国文明单

位、中国驰名商标、省级农业龙头企业等荣誉，并被福建省人民政府授予"福建省品牌农业企业金奖"称号，被省文化厅定为文化产业示范基地。如今，像天福集团一样投资福建并获得更大发展的台资企业已超过8000家。

媒体用"海西战略，一呼百应；八闽大地，激情四射"的诗句来描述海峡西岸经济区建设的景象，这绝不是文人的抒情之作，而是"海西"经济区建设的真实写照。以"一呼百应"为例，当"海西"战略一提出，国家各部委就积极响应，国家发改委、建设部、铁道部、交通部、商务部、农业部、信息产业部、国家林业局、海洋局、旅游局、质检总局、海关总署、国家电网公司等纷纷在编制自身的《十一五发展规划》中，将支持"海西"建设写入各自的纲要中——支持福建建设海峡西岸综合交通运输网络，将海西的公路、铁路、港口等建设规划纳入全国交通发展规划；在制定能源、炼油、乙烯、造船和林浆纸一体化等行业中长期发展专项规划中，充分考虑福建的项目；海峡西岸城市群列为全国8大重点发展城镇群之一；海峡西岸现代农业列入全国农业发展规划重点开发区域；海峡西岸经济区列为全国"十一五"海洋事业6大重点发展区域；福州至厦门沿线升级为国家级信息产业基地；海峡西岸与长江三角洲、珠江三角洲、环渤海区等一并列为全国林业生态体系建设重点，福建被列为国家林业改革与发展综合实验区；海西列为全国12个旅游区之一；推动福建与周边省份联网，保福建电力"关得上、落得下、用得上"，并投资550亿元，建造海峡西岸坚强电网⋯⋯

在闽台商也积极投身于"海西"经济区建设。福建依据"五缘"优势和"六求"目标又提出了"借力台商，以商引商；突破工业，激活农村；拓展发展空间，培育产业集群"的工作方略，位于福州经济技术开发区的华映光电的发展壮大就是这一方略的生动写照。华映光电是台湾中华映管公司投资的企业。近几年来，福州市以华映光电为龙头，引进上下游企业落户，打造出一条包括二十多家知名企业、年产值达119亿元的显示器件产业链。2005年12月，中华映管入主厦门厦华电子，成为第一大股东。华映董事长林镇弘先生高兴地对记者说："华映在福州与冠捷合资的企业，已经做到了IT面板世界第一；与厦华电子的合作，也将在平板电视上做到世界第五。福建，真的很了不起！"

林镇弘先生的一句"福建，真的很了不起"，恐怕是对福建在"海西"经济区蓬蓬勃勃建设中迅速升华的最为朴素的评价。

（二）

在两岸各领域的积极交流与互动中，最为频繁和活跃的当推两岸青年之间的交流与交往。下面仅以发生在2006年6、7、8月间两岸青年交流的情况为例，就可以看出两岸青年间交流交往的热络程度。

6月16日，由中华全国青年联合会和台湾中华青年交流协会共同主办的"第四届海峡青年论坛"在福州开幕，来自祖国大陆和港澳台地区以及马来西亚、新加坡等国家的海外华人青年代表共800人出席会议。

本次论坛以"携手同心，共创未来"为主题。福建省省长黄小晶为论坛鸣锣揭幕。全国青联主席杨岳，台湾中华青年交流协会创办人李钟桂，中国国民党副主席、青年团总团长林益世在开幕式上分别致辞。

杨岳在致辞中指出，海峡两岸和港澳地区青年同是龙的传人，肩负着民族振兴的重任。通过这次论坛，海峡两岸和港澳地区青年朋友们必将结下深厚的友谊，达成广泛的共识，实现长远的合作，为提升两岸和港澳地区区域竞争力，促进互利共赢作出积极的贡献。

开幕式后举行了主旨论坛。全国青联副主席、中国农业大学校长陈章良围绕着"推动两岸农业的合作与发展"，全国青联副主席、港台青年交流促进会主席黄英豪围绕着"加强两岸青年的交流与合作"，台湾政治大学教授吴秀光围绕着"发挥两岸优势，促进共同发展"等主题分别发表了演讲。

当天下午，与会代表还出席了"创业与风险投资"、"农业产业化合作与交流"专题论坛。

7月7日下午，应宋庆龄基金会邀请，由台湾十大杰出青年基金会组派的二百多名台湾青年学生来到了国家体育总局训练局，零距离感受奥运冠军的风采。国家体育总局训练局羽毛球、乒乓球馆内，国手们精湛的技艺吸引了台湾大学生的目光，东吴大学的潘佳佳禁不住自己内心的喜悦，立即跑到羽毛球训练场，与国手们一搏高低。近3个小时的活动结束时，台湾学生还与奥运冠军们一起，在绘有福娃图案的旗帜上写下了"北京欢迎你"几个大字。

7月10日，"全国台联2006年台胞青年个人夏令营"在北京北展剧场开营，来自台湾135所大学的1248名学生将在北京开始为期6天的夏令营生活。

"千人夏令营"是当时海峡两岸最大规模的青年学生交流项目。本次夏令营以"龙脉相传，青春中华"为主题。19时30分，开营式在喜庆热闹的锣鼓表演中拉开帷幕，全国政协副主席张克辉宣布开营。

全国台联会长梁国扬在致辞中表示，相信通过本次夏令营活动，营员们

· 751 ·

更能真切感受到中华文化的博大精深和两岸同胞同根同源的文化渊源，两岸青年朋友能多发现一些共同点，少一些陌生神秘，成为好朋友。他说，两岸青年都是龙的传人，两岸的未来、前途在两岸青年身上。希望营员们能够传承中华文化，致力两岸交流，为中华民族的伟大复兴，为建设好我们共同的家园做出贡献。

谢志鸿是200名台湾少数民族营员中的一员。他高兴地表示，自己非常幸运，可以亲身感受到大陆的真善美。他说："我会将每分每秒的所见所闻当作学习，一一记录下来，回台湾后与同学、、长辈们分享。"

本次夏令营在北京的6天时间里，安排营员们参加北京大学生活作切身体验，参观航天城并与航天员面对面，登长城，举行篝火晚会，参观故宫、颐和园等古迹，活动内容丰富多彩。

7月15日上午，台湾学子参观了位于北京西北郊的航天城，这里是中国空间技术研究院和北京航天指挥控制中心的所在地，也是中国航天员成长的摇篮。在观看了介绍神舟六号飞船的纪录片之后，航天英雄费俊龙以一身利落的夏军装出现在大家面前，让台湾学子非常惊喜。费俊龙欢迎台湾青年学生来到航天城，并感谢台湾同胞对祖国大陆航天事业的支持。

费俊龙说："祖国的发展需要两岸青年的共同努力，希望青年朋友能够把握住青春时光，为祖国的未来发展多做贡献。祝同学们学业进步。"

夏令营营员们向航天城赠送了由营员们签名组成的"龙脉神舟"匾额。他们说，这四个字代表了台湾青年的情怀，体现了中华民族的共同光荣，也寄托了他们对祖国大陆航天事业的祝福。费俊龙向10名台湾学生幸运者赠运了精致的飞船模式，并与他们合影留念。

7月17日上午，五千余名来自全球45个国家和港澳台地区的华裔青少年欢聚北京，参加"2006年海外华裔及港澳台地区青少年中国寻根之旅夏令营"。开营仪式上，全国人大常委会副委员长许嘉璐发表讲话说，华夏大地悠悠五千年，孕育了伟大的中华民族和悠久的历史文化。随着中国的发展进步，汉语和中华文化再次受 到了世人的瞩目和重视。各位营员作为华裔子弟，从世界各地来到中国，来到北京，参加以"学习汉语、领略中华文化，寻根问祖"为主题的夏令营是一件十分有意义的事情。希望青少年朋友们能够充分利用参加本次夏令营的机会，在中国多走走，多看看，亲身领略中华文化的丰厚底蕴，考察中国改革开放以来的巨大变化，并把所见所闻介绍给海外的亲朋好友。

随后，夏令营营员代表和领队代表相继发言，恳切地表达了对中华文化的崇敬和寻根问祖的热切心情。

在随后的3天时间里，营员们游览了故宫、颐和园、天坛、长城、十三陵等历史文化名胜，并参加了中外青少年联欢活动，切身感受着中华文化的丰厚底蕴，内心深处时时涌动着寻根问祖的亲切感。

"我的家在台湾岛，你的家在海南岛……团结起来，相亲相爱，我们都是一家人！"这是7月23日，琼台两岛学子在海南三亚心手相连，互相唱和，依依惜别的场景。像这样的场景，这个星期在大陆许多地方都能看到——两岸交流与人员往来比往年更加热络，形式多样的夏令营、辩论赛、寻根问祖之旅、文化论坛等，两岸青年积极参与，受到两岸同胞的热烈欢迎和高度好评。

沐浴中华文化的熠熠光辉，感受神州大地的勃勃生机，两岸兄弟姐妹心手相连，虽有舟车劳顿，虽然时光短暂，但两岸同胞一见如故，心无间隙。在交流交往活动中，两岸同胞特别是台湾青年学子，增进了对大陆经济社会发展的了解，增进了对中华文化的认识，增强了民族自豪感；在交流交往活动中，两岸同胞特别是台湾青年学子，找到了人生发展的大舞台。

8月7日至10日，来自台湾的1008名青年和祖国大陆的一千多名青年相聚在美丽的鹭岛——厦门，参加由中华全国青年联合会和厦门市政府共同举办的首届两岸青年联欢节。两岸青年在交流、在体验、在思考，五千年华夏文明，离不开中华儿女一代代的传承；实现中华民族的伟大复兴，离不开热血青年一代代的奋斗。

联欢节开幕前夕，中共中央政治局常委、全国政协主席贾庆林发来贺信，亲切勉励参加首届两岸青年联欢节的海峡两岸青年。

贾庆林在信中说，欣闻首届两岸青年联欢节在福建厦门隆重举行，这是海峡两岸青年旨在弘扬中华文化优秀传统、携手共促民族振兴的一次青春盛会。我谨向参加联欢节的两岸青年朋友们表示热烈的欢迎和诚挚的问候！

贾庆林说，两岸同胞血脉相连、文脉相承，同是炎黄子孙，共为"龙的传人"。两岸青年情同手足，朝气蓬勃，风华正茂，共同肩负着实现民族振兴的历史重任。希望你们树立远大理想，勤奋学习，奋发成才，增进友谊，携手同心，努力传承中华文化，大力弘扬民族精神，为促进两岸关系和平稳定发展，实现中华民族伟大复兴，作出无愧于时代的贡献。

贾庆林说，盈盈海峡咫尺，两岸青山相望。台湾同胞大多福籍福建，闽台关系源远流长，相信你们此行一定会体会到一种浓浓的乡情，并亲自感受中华民族走向复兴的蓬勃生机，从而激发起为振兴中华而共同奋斗的壮志豪情。面向未来，我们正站在一个新的历史起点上，相信通过两岸青年的共同努力和不懈奋斗，中华民族的未来一定会更加辉煌。

贾庆林的贺信在两岸青年中引起热烈反响，纷纷表达为肩负起民族振兴的历史重任，一定要勤奋学习，奋发成才，同心同德，团结奋斗的决心和信心。

8月7日上午，联欢节在厦门国际会展中心举行了开幕式。随后即举办了以"弘扬中华文化，共促民族振兴"为主题的"中华文化青年论坛"。全国人大常委会副委员长许嘉璐作了主旨演讲后，台湾东吴大学的一位女研究生站起来提问："我们该为中华文化做怎样的思考，怎样弘扬发展我们的文化呢？"

许嘉璐回答："要为中华文化做思考，不能把自己关在小小的书斋里，要接触民众，他们是我们文化原始的动力，是最深刻的历史创造者。只要长期去关注我们的文化，与这个根脉保持亲近，你就一定有自己的答案。"

8月7日下午，两岸青年多米诺大联欢活动在厦门嘉庚体育馆举行。上千名两岸青年用多米诺骨牌搭建起了"世纪天路"、"飞天圆梦"、"共迎奥运"、"海峡情深"4个主题图案。

随着立方体骨牌的顺次滑落，"青春相约、共创未来"8个大字映入大家的眼帘，这正是此次联欢节的主题。"成功啦！""成功啦！"两岸青年鼓掌欢呼，相互击掌庆贺。在《龙的传人》的歌声中，两岸青年载歌载舞，将联欢活动推向高潮。

活动现场，最耀眼的明星当数航天英雄杨利伟。从台上到台下，两岸青年纷纷挤到跟前和他合影留念。杨利伟说，两岸青年是我们祖国的未来和希望，应该多沟通，增进了解。

8月8日，正值北京2008年奥运会开幕式倒计时2周年之际，福建华侨大学男子篮球队和台湾辅仁大学男子篮球队举行了一场篮球友谊赛，成为联欢节的一个亮点。两队运动员代表宣读了"两岸青年共迎奥运誓词"，表达了两岸学子相约2008、为奥运加油、为中华喝彩的心声。有两千多名两岸学子签名的"两岸青年心手相牵，青春飞扬共迎奥运"的巨型条幅在观众席间传递着，如同一条"中国龙"在人海中跃动。辅仁大学男篮队员说，两年后的今天，希望我们有机会到北京体验奥运会第一次来到中国的那份激动。

8月9日至10日，参加联欢节的台湾青年分赴厦门、泉州、漳州、莆田、福州五地进行民俗考察交流，体验着两岸同根、同源的文化传承，感慨良多。

"以前只在地理课本上看过厦门的风光，今天亲眼见到，很多地方真的漂亮。"台湾立德管理学院的李佳静是第一次来大陆，由衷地感叹说，"在鼓浪屿上看到民族英雄郑成功的雕像时，我想起台南纪念郑成功的延平郡王祠。与台湾相比，大陆很大，很神秘，我很想有机会继续去不同的省市感受不同的风土人情。"

吴佳蓉是台湾大学的研究生，她的感受是："走在厦门，除了简体字的招牌和标识，我仿佛仍然置身台湾。这也告诉我们，我们彼此的差异并非想像中的那么大，更多的时候，我们之间的障碍和藩篱都是自己建起来的。如果彼此敞开心扉，我们得到的将更多。"

离别的时刻，两岸青年互送礼物，场面感人。台湾青年代表郑钦煌在深情回顾这次联欢活动时候，他们在大陆充分感受到了祖国的繁荣昌盛和真情关切，也通过这次活动认识了许多大陆的青年好友，这将是他们终生难忘的重要经历，希望今后大陆青年朋友多去台湾，让两岸亲情在青年之间传承下去。

8月17日，首届两岸大学生领袖论坛在北京人民大会堂举行。全国人大常委会副委员长何鲁丽在开幕式前会见了出席首届两岸大学生领袖论坛的全体与会者，并与大家合影留念。

会见中，何鲁丽首先向来自祖国宝岛台湾的各位大学生朋友们表示热烈的欢迎和诚挚的问候，对首届两岸大学生领袖论坛的举办表示衷心的祝贺。她指出，此次论坛将为两岸大学生架起一座情感交融、心灵互动的金桥，是两岸历史的继承者与未来的创造者之间零距离、深层次的对话。她还对与会的两岸大学生提出殷切希望，希望他们要以史为鉴，着眼未来；把握机遇，谋求发展；志存高远，振兴中华。

会见结束后，举行了论坛开幕仪式。4名来自两岸的大学生代表就建立两岸青年互动平台的目的、意义、机制和途径分别阐述了自己的观点。

首届两岸大学生领袖论坛由中国宋庆龄基金会、中国国民党青年团、中华全国学生联合会共同主办，论坛主题为"建立两岸青年互动机制的意义及途径"。围绕主题设有三个分议题：一是中华文化文化的传承与发展；二是全球化下的两岸经贸关系；三是两岸关系的远景展望。参加此次论坛的代表有来自宝岛台湾32所高校的71名学生，以及大陆40所高校的93名学生，他们围绕主题进行了广泛而深入的交流和探讨。

这是中国国民党青年团成立以来，第一次组织岛内青年学生领袖与大陆青年学生领袖面对面的深层次交流，它在两岸交流史上具有特殊的意义，对今后两岸青年交流产生了十分积极的影响。

（三）

前文讲到首届两岸青年联欢节期间，上千名两岸青年在厦门嘉庚体育馆举行了多米诺大联欢活动，他们用多米诺骨牌搭建了"世纪天路"、"飞天梦圆"、"共迎奥运"、"海峡情深"4个主题图案。这4个主题图案都是以事实为基础的实旨，并非仅限于青年们对美好憧憬的一种表达。比如"世纪天路"，指的就是青藏铁路的开通，是世界上在海拔最高的青藏高源上建成的第一条铁路，被人们称为"天路"，是新世纪开通的一条"天路"。所以在两岸青年联欢节上才有了"世纪天路"这个主题图案。

7月1日至14日，国务院台湾事务办公室和中华新闻工作者协会，组织海峡两岸19家媒体的28位记者联合采访了西藏和青海两省区。其间，两岸新闻同行不仅深入了解西藏、青海经济社会发展情况，切身感受青藏铁路建设和运行情况，充分领略西藏、青海雄奇的山水、瑰丽的文化、淳朴的民风，而且努力克服高原反应等困难，力争在第一时间将自己的所见所闻所思告诉受众，其发稿数量，为历次联合采访之冠，其敬业乐群精神，给人们留下了深刻印象。

7月1日晚20时40分左右，两岸联合采访团的记者们就抵达了北京西站，一边等待安检，一边开始了自己的采访准备工作。

列车驶出北京西站后，台湾《中国时报》记者白德华找了个安静的地方——车厢连接处，打开便携电脑开始写稿。

"我的同事和家人都特别羡慕我这次能够坐火车上青藏高源！"来自台湾的电视摄影记者洪年辉在列车上对新华社记者说。他身边不远处，几位同样来自宝岛的记者已是谈笑风生。

经过几天的行程，记者们都写出了颇有份量的新闻稿。比如台湾《联合报》记者赖锦宏写出的题为《海拔5000米看见天堂的颜色》长篇报道就颇受读者的青睐。报道连载于《联合报》7月2日至4日出版的显眼位置，并加编者按说："离天最近的铁路——青藏铁路，7月1日全线通车。本报特派记者赖锦宏7月1日晚搭乘首班北京至拉萨的列车，现场报道青藏铁路沿线景色和青海、拉萨风情，与读者一起千里走青藏。"

下面不妨摘录几段，一睹青藏铁路通车的风采。

报道开篇写道："开了、开了，哇！车子开了！"7月1日晚9时30分，首次由北京开往拉萨的列车缓缓地自北京西站开出，见证青藏铁路通车。车上所有的乘客兴奋异常，即使互不相识，也站在走道上打开话匣子，来自天南地北的陌生人瞬间熟稔。

　　青铁各线列车全是新造的车厢，地面铺着棕色格子地毯。包括床单、被子、乘务员的制服，眼中所见，都是新的。每节车厢有1名乘务员，男性乘务员平均身高180厘米，都是军中退役后转业来的。他们培训了4个月，除了普通话，还会说藏语。

　　火车上备有应急药品，每节车厢都有自动供水机，也提供纸杯。车上餐厅共有44个座位，开放给所有乘客；中晚餐提供30道菜，有川味、藏味等。为让客人吃得安心，厨房外观是透明玻璃，可以看到里面有5位师傅。这5位师傅也是精选出来的，培训了4个月。乘客可以到餐厅用餐，也可以买来在自己座位上吃。

　　记者访问了一位来自湖南、56岁的黄太太，她由湖南到北京看儿子，听说青铁通车，就买了软卧车票，准备到拉萨玩半个月再回北京。进藏最怕的是犯高原缺氧症，而黄太太信心满满地表示，平常勤运动，身子骨没问题，到西藏不怕高原症。

　　另外一家5口来自香港，同游西藏。爸爸说，他排了两天队，买到5张软卧票，全家准备到西藏好好玩玩。问他怎么会带全家游西藏？他说得妙："一家人都向往藏文化，去西藏玩肯定有趣。"

　　报道对列车经过"苍鹰飞不过的山口"——唐古拉山的情景着墨较多。报道这样写道：清晨5点半，在半昏半醒之间被副团长叫醒，海拔2800米的格尔木到了。格尔木是青藏铁路二期工程的起点，也是世界屋脊的门户。到了格尔木，我们的列车挑战正在开始。铁路人员换了内燃机车头，这个车头是由美国通用电气公司的高原型车头再加上两个国产车头，以3个车头之力拉动10节车厢，并将以时速80公里冲过藏人传说的"苍鹰飞不过的山口"——唐古拉山口。

　　八点多到了南山口，阳光绚丽，为白云镶上金边，远处昆仑山头白雪皑皑，清澈的蓝天泛着光彩。列车从3008米的南山口直奔玉珠峰，这里是昆仑山脉主峰，周围有15座5000米以上的山峰，一身银白的山峰在盛夏的阳光下更显庄严，令人屏息。

　　唐古拉山口是唐朝文成公主西行所经之地，如今青藏铁路也循着古道筑轨，文成公主将汉文化西传，铁路也将让21世纪的藏人更方便东行进入另一个文明世界。

　　在可可西里，不时看到美丽的藏羚羊蹦出来，深咖啡的身躯被绿黄色草地衬着，还有些野驴结伴迈着步子，漫步在草原中。火车的声音引得它们竖起大耳朵，耳壁上的白毛随风舞动，真是逗趣；二三十只同时移动的牦牛让人睁大眼睛；海拔4600米的楚玛尔河面上还有比平地乌鸦大两三倍的乌鸦。一切一切都是那么特别。

楚玛尔河沿岸每两米就有一个电棒，绵延五百多米，这是为使铁轨与冻土层温度保持一致的高科技工程。一旁的牧民们不断向我们挥着哈达，还有些孩子穿着传统民族服饰跳着民族舞蹈。他们不是采访行程的一部分，但和自然环境一样，都是高原上的惊喜。

经过5072米高的唐古拉山口时，大家都觉得快不行了，却发现窗外出现一排穿着军大衣的卫兵，背向铁轨笔直地戍守着铁路，与天安门前的卫兵相比毫不逊色。

远处是柔软如地毯的绿地，小黄花参差其中，此时感受到的就是平静。

报道最后这样描述列车临近和抵达拉萨车站的情形：

过了唐古拉山，列车逐渐往下，在海拔4800米的错那湖，时光和生命在这天堂附近的圣地，像是停滞了一般。列车经过这比日月潭大16倍的错那湖后，我们也离拉萨不远了。

晚上近9点，列车行驶了47个钟头后终于抵达崭新的拉萨车站。白色的新月台长五百多米，以布达拉宫为参考设计的背景。车站大厦，灯火通明。搭配藏族吉祥纹饰为主的装饰主轴十分壮观。出口处有盛装的藏族少女，分发西藏各景点的介绍、拉萨各旅游部门和饭店的简介。旁边是迎接第一趟进藏列车的西藏官员。

尽管联合采访团的记者们在高原上还有这样那样的身体不适，但是令他们神往已久的拉萨给他们带来不少惊喜，又马不停蹄地开始了采访。

台湾记者特别关心台商在拉萨经商的情况。台湾《联合报》的记者就采访到了首位来拉萨经商的台商，写出了题为《拉萨首位台商，大昭寺前卖珠宝》的报道，并发表在7月9日出版的《联合报》上。

报道说，青藏铁路未通车前，李映蓉就来到拉萨开珠宝店，成为拉萨市第一家台商，而且是女性台商。报道接着介绍道，李映蓉的珠宝店开在繁华的大昭寺前的八角街。为什么千里迢迢到西藏高原开店？李映蓉说，因为她感到台湾政局不稳定，看不到未来与希望。2004年4月，她决定到西藏投资。自己财力不够，不能到北京、上海商场打拼，但她有信心从台湾带来的珠宝，绝对比西藏、尼泊尔、印度的产品优越。

青藏铁路的开通，让李映蓉欣喜异常。她说，这对台胞的确是好消息，也显示出西藏的进步与开放，她期待着更多台胞坐火车到西藏，带来大陆各省市的商人和商机，台商自然也不例外。她说："我不相信台商就看不到西藏的商机。"

7月9日，海峡两岸记者联合采访了青海省省长宋秀岩。宋秀岩表示，青海省全方位地欢迎台商前来投资发展，在水电资源、盐湖资源、高原动植物资源、有色与黑色金属资源、旅游资源等领域进行合作开发，实现互惠共赢。

在回答有关青海进一步吸引台商的问题时，宋秀岩建议，台商可以到青海投资电站建设；青海的盐湖资源还有巨大的开发潜力，高原动植物资源具有很高的经济开发价值，都欢迎台商前来合作。

宋秀岩还特别推介了青海的旅游业。她说，随着青藏铁路的全线开通，青海同国内其他旅游线路、旅游景点连通，有利于打造青藏铁路沿线旅游带。欢迎台湾企业家们前来考察，共同开发旅游产业。

宋秀岩说，青海对台经贸起来较晚，但近几年通过举办"台商参与西部开发青海行活动"，对台胞台商热情相待，台商来青海考察投资的人数逐年增多，目前在青海注册的台资企业有19家。为进一步增强青海对台资的吸引力，我们已经与福建、广东等地的有关台办、台资企业协会进行了联系，组织当地台商来青海考察。她表示，青海对外资企业的所有优惠政策，台资企业都能享受。青海将敞开大门、敞开胸怀，热诚欢迎台商到青海来，相信未来会有更多台商走进青海，发现更多的合作商机。

台湾记者通过采访和实地考察，发现青海确实是地大物博，合作开发的商机很多。他们纷纷利用自己手中的笔和摄像机把所见所闻记录下来传回岛内见诸于各类媒体，积极地推动着两岸之间的交流与合作。

（四）

两岸民间的共同信仰，充分显示着两岸人民之间文化基因无法分割的关系。正是这种关系在有力地推动着两岸之间积极的交流与互动。

2006年7、8月间，新华社记者赴台进行文化专题采访，充分见证了两岸民间共同信仰无法分割的关系。

在宝岛台湾，拜妈祖、保生大帝，敬孔子、关公……这些源自祖国大陆的各种民间信仰，已经成为人们生活的重要内容，并沉淀为他们无法割舍的民族和文化基因。

妈祖崇拜是台湾民间信仰人数最多和最普遍的一种信仰，信众约占岛内总人口的三分之二。澎湖天后宫、鹿港天后宫、台中大甲镇澜宫、云林北港朝天宫……在这些岛内知名的妈祖庙里，人们所虔诚奉祀的正是来自福建民间信仰中的"海峡和平女神"。

福建莆田是妈祖的故乡,是妈祖文化的发祥地。一千多年前诞生在莆田湄洲岛一个小渔村的奇女子林默娘,因其一生扶危济困,救助海难,而被后世尊称为妈祖。经过一千多年的分灵传播,妈祖信仰及妈祖文化已经从莆田湄洲岛走向世界,全球共有妈祖庙五千多座,信众2亿多人。妈祖被海内外华人共同尊奉为"海峡和平女神"。仅在台湾,较具规模的妈祖庙就有一千余座,信徒1700万。福建莆田湄洲岛的妈祖庙是祖庙,被誉为"东方的麦加"。每年,尤其是农历三月廿三妈祖诞辰纪念日和九月初九的妈祖羽化升天纪念日前后,都有众多台湾妈祖信众踏海而来,到湄洲祖庙进香祷祝,表达虔诚的敬意。湄洲妈祖已成为台湾妈祖信众心中最崇拜的护佑神,成为两岸同胞沟通和交流的重要纽带。作为妈祖的故乡,莆田市始终把弘扬妈祖文化作为自己的天职。从2000年起,莆田市已连续举办了六届妈祖文化旅游节。两岸同胞携起手来,以现代形式丰富着妈祖文化。

关帝、保生大帝、清水祖师也是岛内民众供奉的几位主要民间神明。目前,全台湾有一千多座关帝庙,其中绝大多数是以建于明洪武二十年(公元1387年)的福建东山铜陵关帝庙为香缘祖庙。

除此之外,神农大帝、福德正神、玉皇大帝、太上老君、王母娘娘、文昌帝君、田都元帅……诸多民间神祇无不来自于中华民族所特有的历史和文化。这些神明固然带有浓厚的神话色彩,但其背后所蕴涵着的民族文化认同,却是十分清晰可辨的。

岛内知名人文学者李丰楙认为,这些民间信仰的神明或庙宇,代表了台湾民众对大陆和原乡的强烈归属感,象征着与地缘、血缘相配合的"文化缘"。

历史学者王仲孚在接受新华社记者采访时说,早期闽粤移民移居台湾时,往往都会从原乡携带神像或香火,一旦定居后即建庙加以奉祀。随着移民在岛内各地的垦殖开拓,这些神祇信仰便随着移民的脚步而散布于宝岛各地,逐渐形成根深蒂固的中华文化传承,并造就了台湾与大陆间难以割舍的亲缘和"神缘"关系。

同根同俗的亲源、地缘和"神缘",缔结成两岸民间交往和文化交流的情感纽带。以妈祖信仰为例,自上世纪70年代开始,两岸妈祖文化交流日渐热络,特别是1987年"妈祖千年祭"开启两岸大规模民间信仰交流以来,每年都有约10万人次台胞到福建莆田湄洲岛朝拜妈祖。

大甲镇澜宫2006年9月由台湾妈祖联谊会37个成员宫庙,组织七千多名信众代表前往福建莆田湄洲岛谒祖进香。这是迄今为止海峡两岸规模最大的民间信仰交流活动。

民间信仰在台湾社会中占有非常重要的位置，与此相关的各种庙宇见证了台湾社会的风雨沧桑和历史演变。有着二百六十多年历史的台北大龙峒保安宫，就是这样一面折射社会变迁的"镜子"。

以供奉保生大帝为主神的保安宫，目前由"财团法人台北保安宫"管理。祖籍福建的董事长廖武治先生告诉记者，保生大帝传说原为北宋时期福建泉州的神医吴真人，得道升天后被尊为医神。清朝乾隆年间，大批福建泉州同安人迁台，将保生大帝乞灵分火至台北大龙峒供奉，于1760年建成正式宫庙。

保安宫最初只奉祀保生大帝，后来随着大陆迁台移民的不断融合，民众心灵需求的变化，逐渐加祀其他神祇，成为一座儒、释、道合一的庙宇。记者在这里看到，除了正殿供奉的保生大帝及其坐骑"黑虎将军"外，庙里还奉祀着天上圣母（妈祖）等从多神明。

保安宫因其建筑保有中华文化的古朴、典雅风格，在2003年获得了"2003亚太文化资产保存奖"。此外，保安宫近年来积极举办各种文艺活动，如书法、国画研习班及人文系列讲座等，努力地传承着中华文化。而且，保安宫还把每年保生大帝的"圣诞庙会"转变为文化活动，在祭祀活动中增加了戏剧表演、文物展览、中西医义诊等新元素，受到了当地居民的热烈欢迎。

就在新华社记者采访临近结束的一天，记者们发现下榻饭店的大门口摆上了一张长桌，上面整齐有序地摆放着水果、点心等物品，询问门口的服务生，得到的答案是"中元节到了，我们都要这样拜一拜"。

记者不禁感叹：台湾社会的民间信仰竟然如此与大陆相似，且普及如斯，连繁华都市中的星级饭店也未能免俗。

农历七月十五，俗称"中元节"，又名"盂兰盆节"、"鬼节"，是台湾民间祭奠祖先之魂的日子，也是道教与佛教的一个极为重要的节日。以往在这个日子里，台湾乡村家家户户要杀猪宰羊，准备极为丰盛的酒肉祭品，祭拜祖先。现今的祭奠方式与过去已有所不同，更多的是供奉鲜花水果。

在为期三周的专题采访期间，记者恰好还赶上岛内民间信仰的另外两个节日。一个是农历六月廿四日关帝1846岁诞辰；另一个是农历七月初一——"鬼开门"。尽管算不上十分重要的节庆，但岛内民众踊跃参与的热情仍然令人惊叹。其中，供奉关帝的台北天行宫当天就涌进了十万多人为关帝祝寿。

一路走访台北、高雄、台南、台中等地的大小十多个庙宇，记者总是能看见男女老少们虔诚而熟练地烧香磕头、求签问卦，其中不少还是带着孩子的年轻爸爸或妈妈。

为什么台湾老百姓会这么普遍地信仰妈祖、关帝、土地公、城隍爷等诸多神明？台湾民俗专家的回答是：早期大陆移民来台垦殖，同时带来了原乡的神祇，在艰难的开拓过程中，这些源自故乡的民间信仰是人们不可或缺的精神支柱，也是一种中华民族文化的传承，而随着社会的变迁，台湾的民间信仰也随着时代的脚步进行调整和演进，日渐融入老百姓的生活，成为他们生命的一部分。台湾少数几个政客企图把两岸民间的共同信仰分割开来，犹如白日做梦，是根本不可能的。

（五）

两岸文化交流是多方面的，而且交流、互动的势头越来越强劲，方方面面都显示出两岸同胞同文同种不可分割的关系。

中国残疾人艺术团全团54人，从2006年7月7日到22日在全台演出，吸引了七万多人次到现场观看，轰动一时。这些残疾人或聋或哑或盲，甚至肢体残疾，都必须付出比一般人更多的训练与磨炼，才能献出如此绚丽多彩的舞姿和动人心魄的旋律。他们精彩的演出让观众叹服；他们的坚毅精神，鼓舞了无数的观众。

岛内媒体对艺术团的精彩表演纷纷予以报道并给予高度评价。台湾"中央社"7月22日发表的一篇报道，对《千手观音》的表演备加赞赏。报道说，节目表演中最受注目的舞蹈首推"千手观音"，优雅曼妙的舞姿、美轮美奂的造型，让观众的感官和心灵受到了一次洗礼和震撼。很难想像，这21位舞者是生活在无声世界的聋哑人。大型音乐舞蹈"化蝶"则是取材自家喻户晓的"梁祝"，祝英台由团长邰丽华饰演，全剧由艺术团的残疾人创作完成，舞蹈由聋人演出，盲人和肢障艺术家则担任配唱和配音。

有的报道则对聋人演员表演的京剧经典之作《三岔口》大加推崇。报道说，在时急时缓的锣鼓声中，聋人演员在盲人演员的伴奏、配唱和手势指挥下，用幽默风趣的肢体语言，生动演绎了京剧《三岔口》片断，轻捷的身段，深厚的武功，并不亚于京剧表演艺术家们的表演。

有的报道对聋人演员姜馨田的手语诗作了解读："生命，总有梦想，我们和您一样，热爱生命，渴望艺术；生命，总有价值。哪怕是一棵受伤的树，也献出了一片绿荫；即使是一朵残缺的花，也散发出全部的芬芳。

生命，总有圆缺。我们不是不幸，只是不便。我们努力——于黑暗中体味光明，于无声中感悟音律，于残缺中寻求完美。歌着无憾的完美，舞出柔软的勇气，书写大爱的力量。"这首诗正讲出了残疾人艺术团所有人心中珍藏的艺术梦想。

有的报道引用台湾证严法师的观后所见来评价艺术团演出的意义。证严法师说，有人因病痛生起厌世之心，看了表演后，转而提起斗志，振作心灵，因为看到他们，人生就没有什么好埋怨的。

有的报道用诗一般的语言来描写艺术团的演出在观众心中所引起的感动和震撼："你可以忍住泪水，但是，你一定无法漠视心底最深处涌出的那抹柔软和坚强。""你纵有如花妙笔，但是，这一刻，总不知用什么样的语言诠释心中的震撼与感动。"

就在大陆残疾人艺术团在台湾的演出引起轰动后不久，9月8日晚，来自香港、澳门、台湾的演员们在全国政协礼堂共聚一堂，联袂上演以"天涯共此时，中华一家亲"为主题的专场演出，同样轰动京城。

专场演出以台湾代表团热烈的《迎宾舞》拉开帷幕，歌舞《宝岛少数民族风情舞》展现了台湾少数民族的传统生活习俗和宝岛风情。澳门代表团的舞蹈《春江花月夜》，令观众仿佛置身于月夜美景之中，领略那种犹如山水画般的淡雅意境。香港代表团的舞蹈《麦西热甫》以宏大的场面把演出推向高潮。

一个半小时的精彩演出高潮迭起，场内掌声阵阵，气氛热烈。一对老年夫妇观看演出后动情地说："我觉得台湾和香港、澳门的演员表演得都很好。我们还是第一次看到这样展示台港澳不同艺术特色的演出。给我们印象最深的是台湾'北原山猫'组合的演唱，他们的词曲创作和表演风格可以说是独具特色的。"

这次专场演出是台港澳各代表团首次以同台联袂表演的方式参加第三届全国少数民族文艺会演。2001年，台湾、香港、澳门代表团分别参加了第二届全国少数民族文艺会演演出。每次演出都受到大陆观众的热烈欢迎和高度评价。

就在第三届全国少数民族文艺会演闭幕不久，9月20日上午，以"书香两岸，情系中华"为主题的第二届海峡两岸图书交易会在台北世贸中心展演二馆开幕。来自海峡两岸近500家出版机构在交易会上展示了超过10万种、100万册图书。

本届交易会由厦门市人民政府、福建省新闻出版局、中国出版工作者协会、台湾图书发行协进会、台湾图书出版事业协会、台湾地区大陆简体字图书业界联谊会、台北市出版商业同业公会共同举办。

本届交易会是两岸开放交流以来书目最完整、规模最大的中文书展。其中，大陆参展的单位有196家，展团人数达三百余人，展位160个，参展和销售的图书达两千多万元人民币码洋，11万种，35万册图书。如此多的大陆图书人和图书机构赴台参展，如此多的大陆图书在岛内直接面向读者，在两岸图书交流史上是前所未有的。此外，这次大陆参展的图书中，弘扬中华民族文化的图书占有相当比重。《永乐大典》、《四库全书》、《中华再造善本》等国宝级图书也呈现在展出之中。

大陆图书深受台湾民众钟爱。有岛内媒体报道了这样一幕：9月20日早晨六点半，74岁的陈文河老先生，坐了近4个小时的火车，从花莲赶到台北，参观图书交易会。随后的3天时间里，这位退休老教师每晚都住在台北的宾馆里，白天早早来到交易会现场选购大陆图书。

在大陆图书展区，每天都有川流不息的众多读者精心地挑选着自己钟爱的图书。一位身着校服的女中学生和同伴看中了外文出版社的《红楼梦》，当她问清楚这套书新台币销售价仅为人民币标价乘5（1元人民币大约为4.7元新台币）后，决定将《西游记》、《三国演义》、《水浒传》一并买下，凑齐四大名著。她说，买四套大陆图书只花费买一套台湾版图书的钱，很值。

在北京图书馆出版社展位前，人们争阅《国家图书馆藏敦煌遗书》、《永乐大典》等难得一见的精品图书。白发苍苍的谭老先生看上了轰动本次交易会的《中华再造善本》中的《孝经》单册。忆及往事，他指点着用宣纸手工印制的精美册页连连说，我很小的时候就背诵过《孝经》。

大陆图书一入台即热卖。台湾联经出版事业公司在去年2月开设了专卖大陆简体字书的上海书店。联经总编辑林载爵告诉新华社记者，上海书店一年多引进大陆图书6万多种，100万册左右，销路一直看好。他分析说，大陆图书以往文史哲类销售最好，现在艺术、地理、民俗、译作、社会风情等各个方面的书籍都很好卖。

让两岸读者阅读无时差、无障碍，一直是两岸出版界努力追求的目标。始于1987年的两岸图书交流，发展并不是一帆风顺的。20世纪90年代末期，大陆入台图书每年已达一百多万册，2000年民进党上台后，曾一度禁售简体字书籍，使大陆入台图书跌到50万册左右。在各方面的压力下，陈水扁当局在2003年7月才不得不放宽了政策，2004年后，两岸图书出版交流才全面回升，当年入台图书就达到一百多万册。

在两岸图书交流中，书展、交易会已成为促进两岸阅读无时差的有效途径。本届交易会组委会表示，两岸共同筹办的这项活动已成为两岸出版交流的重要平台，这样的交易会和书展要持续办下去。

"合作发展全世界"，是两岸出版业界的热切愿望。与上一届一样，书展同时还举办了"海峡两岸图书交流与发展高峰论坛"，两岸业者就出版业的现状进行了交流，很多观点不谋而合。台湾时报出版公司总经理莫昭平发言指出，两岸联手，强项互补，定能拓展华文出版市场的繁荣局面。这需要两岸业者一起操作，而非切割操作；整合资源，而非切割资源。厦门对外图书交流中心总经理张叔言表示，两岸的图书业各有优势，大陆有丰富的图书文化资源和庞大的创作队伍，还有较低的出版发行成本，台湾有比较成熟的市场运作经验和畅通的销售网络，两者的互补性强，两岸图书业加强合作，将创造双赢，对丰富世界华文图书市场将会起到十分积极的促进作用。

同为古籍出版社商的台湾世界书局股份有限公司总经理阎初，对本届交易会展出的《中华再造善本》珍爱有加，她说："世界书局一直坚持弘扬中国文化的理念，今后，我们与北京图书馆出版社应该跨越所有的隔阂，加强沟通合作，共同推动中国文化的传承。"

（六）

海峡两岸的关系是水土交融、血脉相连的关系，这是不争的事实，不管陈水扁之流怎样制造谎言推行其"台独"路线，台湾同胞总是用事实和行动驳得扁之流灰头土脸。就在扁不断上演"台独"闹剧的时候，2006年7、8月间，台湾同胞又积极参加了由华夏文化纽带工程组委会主办的《中华故土地图》推广5周年的一系列纪念活动。

《中华故土地图》是把中国境内的各方水土交融在一起制成的特型地图，旨在展现中华各民族的团结合力，反映中华各民族的血肉亲情。

2001年8月，台湾"中华文化艺术基金会"在阿里山取土，由台湾的高山族同胞组团送到北京长城脚下，并举行了汇土仪式，揭开了由华夏文化纽带工程组委会主办的《中华故土地图》推广活动的序幕。

2006年6月24日，台湾"中华文化艺术基金会"和台湾南投县文化局联合举行了《中华故土地图》推广活动在日月潭取土典礼。之后，他们组成送土代表团，不顾旅途辗转、舟车劳顿，来到兰州，参加第二块《中华故土地图》大型文化标志汇土仪式。

伏羲是中华民族传说中的三皇五帝中的第一皇；伏羲和女娲代表着中国

传说中的皇天后土，反映着中国上古时代的天地人合一的观念。与5年前开展的《中华故土地图》推广活动相比，这次的《中华故土地图》推广5周年纪念活动增添了两岸同胞共同祭祖的内容。7月3日，台湾送土代表团参加了由甘肃省人民政府和华夏文化纽带工程组委会共同主办，由天水市人民政府承办的公祭伏羲大典。公祭仪式上，南投县文化局长陈振盛率领台湾代表团先向伏羲像敬献了花篮，之后又手捧着他们带来的台湾泥土，敬献于伏羲像前。陈振盛先生在献土时说，土生土长的台湾人都十分珍视土，取土时都要敬天祭祖。伏羲既代表着天，又代表着祖。公祭伏羲的仪式使我们看到，两岸的这一文化传统是完全相通的，并且大陆的这一传统更为源远流长。我们把台湾带来的泥土敬献给伏羲始祖，表明我们都认同中华民族的团结和统一。

7月5日，台湾送土代表团出席了由华夏文化纽带工程组委会与甘肃省政府主办的《中华故土地图》推广5周年纪念活动甘肃仪式。台湾代表团将日月潭的土交给中共甘肃省委书记、甘肃省省长陆浩。陆浩将从兰州市穿城而过的黄河古道上所取的土交给陈振盛，实现了台陇古土互换。日月潭的土将被汇入在甘肃省建立的第二块《中华故土地图》大型文化标志内。3年前，华夏文化纽带工程组委会在北京中华世纪坛安放了第一块《中华故土地图》文化标志。甘肃省的飞天歌舞和太平鼓参加了当年的仪式，当时就确定要在甘肃省安放第二块《中华故土地图》大型文化标志。

结束此次在甘肃省的活动后，台湾送土代表团前往太湖主要区域所在的无锡市和西湖所在的杭州市，商讨南投县与这两个市的全面合作与交流。陈振盛先生说，日月潭和太湖、西湖都是我们祖国最美丽的湖泊，日月潭所在的南投县理应与无锡市、杭州市加强合作，形成一种合作机制。同时，在弘扬两岸共有的土文化过程中，也应弘扬两岸共有的水文化。

7月7日上午，无锡市和台湾送土代表团共同为一块"源远流长两岸同胞心"的石碑揭幕，并共同植下一棵高大的枫树。陈振盛先生和台湾送土代表团成员将带来的日月潭的土一层一层地撒在坑内，无锡市的代表又一次次地浇上太湖水。最后，两岸人士共同为这棵枫树培土。应两岸人士邀请，陪同台湾送土代表团的华夏文化纽带工程执委会副主任李靖即席谈了中华水文化的内涵。他说，中华土文化强调"聚沙成塔，汇土成地"，中华水文化也强调"涓涓细流，汇成长河"，两者都有着团结合力精神的内涵。两岸的水土交融，表达出两岸人民的共同心愿，这就是团结和统一。

7月8日，台湾送土代表团在游览西湖景区后，又到灵隐寺来参观。杭州市的灵隐寺已与南投县的中台禅寺于2006年4月结为友好寺院。台湾送土代表团对此感到十分振奋。陈振盛团长也将日月潭的土撒在灵隐寺内，并取了灵隐寺的土带回台湾。在无锡和杭州期间，台湾送土代表团与两地都商定了后续的交流项目。

"过去我们是一家人，现在还是一家人，手牵着手，肩并着肩，共同唱出我们的心声，团结起来相亲相爱，因为我们都是一家人。"在活动过程中，台湾同胞走到哪里，歌儿就唱到哪里。有关《中华故土地图》推广5周年的纪念活动还在继续，人们有理由相信，这些活动必将增强台湾同胞的文化认同感和民族情感，加快两岸统一的脚步。

（七）

9月19日上午，第三届海峡两岸妇女发展交流研讨会在北京人民大会堂隆重开幕。全国人大常委会副委员长、全国妇联主席顾秀莲，全国政协副主席、全国妇联副主席张梅颖等出席开幕式。

本次研讨会是由全国妇联主办的海峡两岸妇女系列交流活动中的重要内容。来自海峡两岸及香港、澳门特区的各界知名妇女人士及有关专家、学者等共1300人出席会议，其中来自台湾的知名妇女人士和妇女团体代表约700名，来自香港和澳门特区的妇女代表近百名。

顾秀莲在开幕式上致辞时说，加强两岸交流，共促民族振兴，维护台海和平，谋求同胞福祉，是包括两岸妇女在内的所有中华儿女的殷切期盼，更离不开包括妇女在内的两岸同胞的不懈努力。

顾秀莲强调，当前海峡两岸面临着难得的发展机遇，两岸妇女交流与发展的空间也将更加广阔。希望两岸姐妹以弘扬中华文化为使命，为祖国的和平稳定与民族的伟大复兴贡献力量；希望两岸姐妹以合作共赢为目标，在繁荣两岸经济、发展各项事业中有大作为；希望两岸姐妹以推进性别平等为己任，携手共促妇女发展；希望两岸妇女组织发挥自各优势，为促进妇女发展、建设和谐社会而不懈奋斗。

国台办常务副主任郑立中在会上致辞说，"妇女能顶半边天"，广大同胞姐妹是实现两岸关系和平发展的重要力量。希望两岸同胞姐妹们携起手来，两岸同胞兄弟们携起手来，牢牢把握两岸关系和平发展这个主题，推动两岸关系朝着和平稳定的方向发展，使我们的感情更融洽、合作更深化，共同开创两岸关系和平发展的新局面，共同促进中华民族的伟大复兴。

中国国民党副主席章仁香、全国人大常委会香港基本法委员会副主任梁爱诗、澳门妇联总会理事长招银英、首都医科大学宣武医院神经外科主任凌锋，以及12名少年儿童代表在开幕式上发言和献辞。

章仁香的发言阐述了"两岸和平，妇女有责"的主题。她指出，女性具有强烈的关怀心、爱好和平、强调清廉、崇尚大自然等等特性，妇女参与政治，可以使两岸社会更趋向合理美好，走出由男性价值观所造成的困境。妇女同胞爱好和平、痛恨贪腐，这一点可以从台湾社会刚落幕的"9·15"围城之夜得到证明，台湾社会的反贪腐运动之所以能够持续并且和平地进行，少有暴力事件发生，妇女同胞无疑发挥了极大的支撑力量。因为参与活动的民众，有七成是妇女同胞。

章仁香在发言结束时强调，妇女是实现两岸关系和平发展的重要力量，让我们携起手来，共同为建构两岸和平、合作关系而努力。

梁爱诗的发言用事实赞颂了香港回归祖国以来，中央政府始终坚持"一国两制"、"港人治港"、高度自治的基本方针所取得令世界瞩目的骄人成绩，她说，今日的香港，经济强劲复苏，社会保持稳定，民生不断改善，公众信心日益增强，内地和香港两地经济合作不断地向广度和深度延伸，"一国两制"显示出巨大的生命力。

她特别指出，回归后的香港继续发挥着对两岸关系重要的中介和桥梁作用，港台关系继续保持健康良好的发展态势，两地同胞交流交往更加频繁。香港妇女界与内地、台湾妇女组织的民间交流日益广泛，合作项目日益增多，充分显示了海峡两岸姐妹们唇齿相依、水乳交融的深厚感情和良好的合作关系。这届研讨会，以"姐妹携手，共促发展"为主题，体现了历史发展的趋势，意义非常深远，为海峡两岸姐妹们搭建了建立友谊、加强沟通、促进合作、共创未来的平台。

发言结束时她强调，姐妹们，我们同为炎黄子孙，同根同源，血脉相连。实现祖国统一是所有中华儿女的共同心愿。一年一度的中秋佳节就要来临，"每逢佳节倍思亲"，海峡两岸姐妹们更加思念故乡亲人，更加盼望和平统一。让我们中华儿女携起手来，奋发努力，为创造中华民族的辉煌明天、实现祖国统一大业作出应有的贡献。

各位代表的精彩发言赢得全场阵阵热烈的掌声。上午的会议结束时，与会人员在《大中国》的音乐声中，把写满深情寄语的祝福卡挂在了会场里的5棵"同心树"上。

开幕式后，与会代表们通过"妇女创业与经济发展"、"女性教育与性别平等"、"妇女读物与妇女形象"和"家庭教育与儿童发展"等4个专题论坛，就两岸妇女发展问题进行了深入研讨。

"妇女创业与经济发展"是本次研讨会最受关注的话题。就此议题，两岸经济界的妇女代表交流了彼此在创业的经验，探讨了面临的问题和挑战。妇女代表们普遍认为，在海峡两岸经济交流与合作日益加强的新形势下，由女企业家扮演举足轻重角色的中小及微型企业，在海峡两岸的经济发展中扮演着越来越重要的角色，这也为妇女创业提供了前所未有的良机。同时，海峡两岸妇女在经济领域特别是创业方面的联系和交流，需要得到进一步加强。

香港代表李嘉音在发言时指出，香港是两岸交流合作的平台，香港妇女通过文化交流和经济合作的方式，增强了两岸的了解和认同，为促进两岸和平统一，做出了自己的贡献。

台湾"现代妇女基金会董事长"潘维刚在发言中论述了这样的观点："两岸妇女都认为'妇女能顶半边天'。女性代表了无私、关怀下一代，关心未来发展，思考更长远，比如对于两岸发展，女性更容易放下争议和不必要的矛盾，一起做更多的沟通，从这个角度说，妇女或许是两岸沟通的最好桥梁。"

9月20日下午，中共中央政治局党委、全国政协主席贾庆林在人民大会堂会见了出席海峡两岸妇女系列交流活动的台湾及港澳妇女人士。

会见时，贾庆林说，大陆同台湾同属一个中国，咫尺海峡割不断两岸兄弟姐妹的血脉相连、手足情深。当前，求和平、求稳定、求发展是包括两岸妇女在内的两岸同胞的共同心声，和平发展理应成为两岸关系的主题。两岸妇女是实现两岸关系和平发展的重要力量，我们衷心希望两岸妇女姐妹携起手来，牢牢把握和平发展这个主题，最大程度地为两岸同胞谋和平、谋福祉，最大程度地促进两岸妇女事业共同发展、共同进步，推动两岸关系朝着和平稳定的方向发展。

贾庆林强调，我们将坚持"和平统一、一国两制"的基本方针和现阶段发展两岸关系、推进祖国和平统一进程的八项主张，认真贯彻胡锦涛总书记关于新形势下发展两岸关系的四点意见。无论在什么情况下，我们维护两岸关系和平稳定发展的信念不会改变，推进两岸经济文化交流合作、谋求两岸共同繁荣的决心不会改变，为台湾同胞谋福祉、办实事的诚意也绝不会改变。这是我们对台湾同胞的庄严承诺。

全国人大常委会副委员长何鲁丽、顾秀莲，国务委员唐家璇，全国政协副主席刘延东、郝建秀等参加了会见。

研讨会闭幕后，参加活动的台湾妇女代表于9月21日至24日，分赴北京、上海、福建、四川、陕西等地进行主题参观考察和联谊联欢活动。各位代表在活动中深切地感受到大陆在改革开放大潮中所展现的强劲的发展势头，也深切地体会到两岸兄弟姐妹之间那种血脉相连、手足情深的感动。

（八）

江西，隔福建与台湾相望，是离台湾最近的内陆省，生活在台湾的江西籍乡亲有五十多万人，在江西的台属有一百多万人，江西近800万客家人与生活在台湾的客家人本是一家人。地缘、亲缘、文缘使赣台两地同胞有许多共同的话题、共同的心愿。自2003年江西举办首届赣台经贸合作研讨会以来，到2006年9月，已经是第四次举办赣台经贸合作研讨会了。

在"2006赣台（九江·庐山）经贸合作研讨会"开幕前夕，江西省委副书记、常务副省长吴新雄，副省长、九江市委书记赵智勇在庐山举行记者见面会。吴新雄向中央、省市和境外四十多家媒体记者介绍了本届研讨会的有关情况并回答了记者的提问。吴新雄说，本届研讨会由有五个特点，一是平台高、品牌好，由于前三届研讨会的成功举办，"赣台经贸合作研讨会"得到国台办的认同，成为中部乃至全国的一个品牌活动；二是规模大、层次高，国家领导人和台湾政要、商贸巨子与会，到会客商人数有1700人；三是以"同胞情、一家情、叙友谊、促发展"为主题，主题鲜明，特色显著；四是基础雄厚、领域开阔；五是领导重视，推动有力。他希望境内外记者多角度、全方位宣传好本届研讨会，多宣传江西优良的投资环境，为促进江西在中部地区崛起作出贡献。

专程前来参加研讨会的中共中央政治局常委、全国政协主席贾庆林在研讨会开幕前夕会见了国民党副主席江丙坤、新党主席郁慕明及部分台湾嘉宾。

贾庆林对与台湾客人在庐山相见感到十分高兴，对"2006赣台经贸合作研讨会"的举办表示热烈祝贺，对出席研讨会的台湾嘉宾表示由衷的欢迎。他希望出席会议的广大台湾工商业者，今后继续为促进两岸经济交流与合作，推动两岸关系和平发展多作贡献。

贾庆林说，深入开展两岸经济交流合作，符合两岸同胞的共同利益。两岸经济互补性强，在两岸同胞的共同努力下，两岸经贸交流与合作不断向前发展，已成为支撑台湾经济发展的重要因素之一。同样，两岸之间的经贸往来也为大陆经济发展提供了助力，作出了贡献。两岸关系发展的事实证明，两岸合则两利、分则两害，已经成为两岸同胞的共识。谋和平、促合作、求发展，构建和平稳定发展的两岸关系，创造更加美好的生活，已成为两岸同胞的共同愿望。两岸同胞是一家人，完全应当携起手来，牢牢把握两岸关系和平发展这个主题，维护台海和平，促进两岸经济交流与合作，实现两岸互利双赢，共襄振兴中华民族的伟大盛举。

9月23日上午，以"同胞情、一家亲、叙友谊、促发展"为主题的"2006赣台（九江·庐山）经贸合作研讨会"在庐山旅游会议中心隆重开幕。中共中央政治局常委、全国政协主席贾庆林出席开幕式。

上午9时30分，随着省长黄智权宣布2006赣台经贸合作研讨会开幕，省委书记孟建柱轻轻转动金钥匙，象征着赣台友谊与合作的红色大门徐徐推开，现场顿时的彩带飞舞、焰火腾空、掌声雷动。

本次研讨会由国台办、江西省人民政府主办，江西省台办、九江市政府、庐山管理局共同承办。国家有关部门负责人和江西省领导出席盛会。中国国民党副主席江丙坤、新党主席郁慕明，以及唐飞、王志刚、杨世缄、焦廷标、陈武雄、黄茂雄、徐旭东、冯志玲等台湾知名人士、工商企业界人士1700人参与盛会。

孟建柱在致辞中说，金秋的庐山，满目青翠，桂花飘香。在这美好的日子里，2006年赣台经贸合作研讨会隆重开幕了，这是我们两地人民合作交流的一件大喜事。他说，赣台经贸合作研讨会至今已举办了4届。研讨会一届比一届办得成功，规模一年比一年大，层次一年比一年高，合作交流的领域一年比一年广。"同胞情、一家亲、叙友谊、促发展"，优势互补，互利共赢，已经成为赣台两地越来越多人士的共识。近几年，江西开放型经济发展取得了显著的成绩。这些成绩的取得，离不开广大台湾工商界人士的关心支持。我们衷心希望在研讨会上，台湾工商界朋友对进一步改进江西投资环境多提出宝贵意见和建议。我们将进一步加强设施建设，进一步改善政务环境、法制环境、市场环境，努力把江西建成投资商务成本的盆地、政府服务的高地、投资回报的福地。

国台办常务副主任郑立中在致辞时说，这是一次深化两岸经贸合作与交流的盛会，同时也是一次两岸同胞齐聚一堂、共谋发展、携手前进的盛会。两岸同胞手足情深，促和平、促合作、谋发展是两岸同胞的共同心愿。当今世界，面对经济全球化和区域经济一体化趋势，两岸经贸关系的深化合作，顺应历史潮流，符合经济发展规律的客观要求。江西物华天宝，人杰地灵，衷心希望通过这次研讨会，两岸企业家进一步扩大交流，加强合作，为两岸经贸交流合作做出更大的贡献。

江丙坤在致辞时说，研讨会的成功举办，证明江西是值得台湾同胞投资的地方。庐山是历史的名山，也是风景的名山，很多人和我一样，是第一次到庐山，我们来庐山的目的就是要来看一看庐山的"真面目"。我发现庐山"真面目"很简单，就是"两岸情、一家亲"。今天有1700名的海峡两岸知名人士和工商界人士参加赣台经贸合作研讨会，就足以证明这一点。

江丙坤指出，随着经济的快速发展，内地现在已成了世界的工厂，也是世界的市场。两岸同根同脉，地缘相近，人缘相亲，台湾企业应该把内地当作自己的工厂，当作自己的市场，加强合作，这样对两岸的经济发展都是很有帮助的。

江丙坤说，从南昌昌北机场到庐山，一路上看到宽阔的公路、优美的环境，也看到有很多台湾的重要企业在江西投资，而南昌市连续三年都被台湾电机电子工业同业公会评为台商投资"极力推荐"城市，这都说明江西有很好的吸引台商的条件。江西是值得台湾同胞投资的地方，相信通过赣台经贸合作研讨会，更多的台湾工商界人士在考察江西的投资环境之后，会作出明智的选择。

台湾工业总会理事长、和桐化学董事长陈武雄代表台商致辞时说，江西无论生态环境、自然资源，还是劳动力成本都具有独特的发展优势和广阔的发展前景。尤其是赣台经贸合作研讨会已成为全国的一个品牌活动，得到了广大台商的认同，吸引了台商踊跃参加，证明了"两岸情、一家亲"，更象征了赣台经贸合作研讨会的发展精神。让我们共同合作，推动交流，推动两岸直航，推动所有有利于两岸人民的事业发展，使江西不仅是一个动感的江西，更要成为一个伟大的令人感动的江西。

众多台湾知名人士在研讨会上对江西的活力和魅力倍加赞赏，提出不少积极的建议性的意见和建议。比如，新党主席郁慕明在发言中就提出，两岸同胞团结起来就能赚钱全世界的钱。他说，小时候从地理书和历史书上了解了江西，尤其是对庐山有非常深刻的印象。在20世纪30年代，国共两党在庐山协商，唤起共同抗日。今天，我们在这里进行研讨，发展经贸合作，寻求商机。庐山鸟语花香，山明水秀，它是属于时代的庐山，属于世界的庐山。我们每一位与会者，都应负起时代的责任，把两岸之间的同胞情，两岸之间的商机推广到全世界去，两岸同胞团结起来，就能赚全世界的钱。他指出，江西正在全力营造"成本低、市场大、回报快、效率高、信誉好"的一流环境，其中台商最看重的是"信誉指数"，因为信誉指数带来人气指数，人气指数带来经济指数，希望江西继续优化投资环境，给台商更多的信心。

中国国民党中常委王志刚而在发言中谈了自己到江西的感觉"就像回

家"。他说，我奶奶就是江西人，来到江西就像看到了自己的奶奶，就像回家一样。江西正处在加快发展的上升期，同时，江西处在承东启西、贯通南北的重要位置，有区位优势，资源丰富。同时，江西人才资源丰富，这些都说明江西具有很好的条件，适合发展投资。加强赣台经贸合作，潜力巨大，前景广阔。希望广大台商把握新机遇，在实现企业发展的同时，也为江西经济更上一层楼添一臂之力。

研讨会开幕式后，大会进入推介、研讨和项目签约阶段。与会嘉宾齐聚一堂，进行项目专题推介和研讨，共商合作发展大计。江西省委副书记、常务副省长吴新雄作主旨演讲推介江西，新党主席郁慕明，台湾知名人士唐飞、王志刚、陈武雄就推进两岸及赣台经贸合作与交流的主题发表了演讲。

吴新雄在演讲中说，现代企业竞争的关键在于认识机遇、把握机遇，江西省委、省政府明确了"以工业化为核心，以大开放为主战略"的发展理念，确立了"为投资创业者着想、助投资创业者成功，帮投资创业者发展、为投资创业者服务"的方针，海内外投资者对江西充满信心。台湾同胞到江西来投资创业的机遇不仅是巨大的，而且是真实的，江西在市场发展潜力、发展空间和资源、人力和智力资源方面具有良好的优势。赣台两地地缘相近、人缘相亲、文化相通，经济发展具有很强的互补性，台湾各界朋友到江西投资创业，有利于实现优势互补、互利双赢。

经过热烈的推介和研讨，大会签约项目有92个，台商投资金额10.1亿美元，较上届研讨会增长30.2%，签约台资项目主要涉及电子及元器件、信息通讯、机械制造、汽车配件、纺织服装及旅游等行业。

赣台经贸合作研讨会已成为两岸共谋合作、共求发展、互利双赢的重要平台之一，良好的发展势头鼓励和推动着这样的平台越办越好，越办越大，这是构建两岸关系和平发展春天的具体步骤和现实基础，是两岸同胞之福，两岸同胞无不为之祝福。

（九）

台湾工业总会长期以来致力于推动两岸关系发展，为促进两岸经济交流与合作做出了积极的努力。2006年8月下旬，以陈武雄为团长的台湾工业总会大陆经贸考察团来大陆参观考察。8月22日，贾庆林会见了考察团一行。贾庆林对台湾工业总会在促进和两岸关系发展中所作出的积极努力给予高度评价，希望继续为促进两岸全面、直接、双向"三通"，推动两岸关系和平发展多作贡献。

　　贾庆林指出，大力加强两岸经济交流与合作、发展两岸经济关系、尽快实现两岸直接"三通"，是我们的一贯主张，是两岸同胞的共同愿望，也是两岸经济互利双赢、共同繁荣的客观要求。两岸同胞骨肉相亲，是手足兄弟。在当今世界经济高速发展、竞争日趋激烈的情况下，两岸同胞比以往任何时候都需要携手合作、扩大交流、相互扶持。两岸关系发展的事实证明，合则两利，通则双赢，分则两害。我们高兴地看到，求和平、求安定、求发展已成为当前台湾民意的主流。我们一贯主张不以政治分歧去影响、干扰两岸经济合作。以民为本、为民谋利，应当成为发展两岸经贸关系和实现"三通"的出发点和落脚点。在促进两岸经济关系发展，推动尽快实现两岸全面、直接、双向"三通"的进程中，凡是有利于台湾同胞切身利益、有利于两岸人民的各项交流和交往、有利于实现中华民族伟大复兴的事，我们都将积极推动。我们将继续鼓励台湾同胞来祖国大陆投资，认真贯彻《台湾同胞投资保护法》，切实维护和保障台商的正当权益。

　　在其后的参观考察中，考察团全体成员对大陆在改革开放中所取得的成绩赞不绝口，对大陆各地认真贯彻《台湾同胞投资保护法》，切实维护和保障台商的正当权益所作的积极努力大加赞赏，同时也提出了一些建设性的意见和建议。

　　在台湾工业总会大陆经贸考察团在大陆考察结束后不久，9月25日在北京举办的"海峡两岸工会论坛"又拉开帷幕，两岸工会工作者围绕着"和平、发展、工人权益"的主题进行了广泛交流和深入研讨。论坛虽然只举行了两天，但经过充分而坦诚的交流，两岸工会工作者达成四项共识：（一）、共同致力于维护两岸关系和平稳定发展。建立和平稳定发展的两岸关系有利于两岸经济发展和社会进步，符合两岸职工的利益，符合中华民族的根本利益，符合当今世界潮流。（二）、共同致力于推动两岸经济共同发展。经济全球化和区域经济一体化继续发展，给两岸加快发展带来新的机遇。两岸职工和工会期盼持久和平、共同繁荣，并期望尽早实现两岸直接通邮、通航、通商，支持和促进两岸经济发展。（三）、共同致力于维护两岸职工合法权益。加强交流，促进合作，提高两岸职工的福祉。积极开展在工会组建、维权机制等方面的交流，积极推进职工文化、体育和旅游等方面的交往。（四）、共同致力于推动两岸工会互动交流。积极推动建立两岸工会的互动机制，加强团结合作，为中华民族的伟大复兴而共同努力。必要时继续举办"海峡两岸工会论坛"，由两岸工会协商确定。

　　26日"海峡两岸工会论坛"闭幕后，中共中央政治局常委、全国政协主席贾庆林会见了出席论坛的台湾工会人士。

在会见中贾庆林指出，当前，两岸关系紧张的根源尚未消除，"台独"的危险性依然存在。对于台湾当局领导人企图通过"宪改"谋求"台湾法理独立"的冒险性和危险性，我们必须要保持高度警惕。为了维护两岸同胞和中华民族的根本利益，我们决不允许任何人以任何名义和方式将台湾从祖国分离出去。我们希望广大台湾同胞与我们一道坚决反对和遏制"台独"分裂活动，共同维护台海和平。

贾庆林强调，丰富两岸职工的物质生活和文化生活，维护两岸劳动群众的合法权益，是两岸工会组织的共同职责。此次"海峡两岸工会论坛"的成功举办，标志着两岸工会交流与合作进入了新的发展阶段。两岸工会及劳动界手足情深，往来密切。只要两岸工会及劳动界的朋友抓住机遇，进一步加强交流，深化合作，就一定能为维护两岸广大职工的合法权益，促进两岸关系的和平发展，实现中华民族的伟大复兴，作出新的更大贡献！

随后，台湾工会工作者参观和考察了大陆一些地方的工会工作的状况和企业发展的情况。他们说，此行两岸工会工作者不仅达成了四项共识，而且切身感受到大陆同胞的手足之情，也亲眼目睹了经济建设蓬勃发展的状况，也学到了大陆工会工作的一些经验和做法，真可谓是满载而归了。

三、在两岸同胞的共同努力下，两岸农业在合作中发展，在发展中提高

（一）

2006年10月16日，中国国民党荣誉主席连战一行抵达海口美兰机场，参加将在博鳌举办的两岸农业合作论坛。中台办主任陈云林、常务副主任郑立中、中共海南省委副书记蔡长松及众多的有关方面代表等到机场迎接，照例是鲜花、笑脸、掌声，表达着同胞情谊和对连战先生一行为促进两岸和平发展所作的积极努力的敬意。

连战在机场发表讲话说，今年4月，国共两党在北京举办了两岸经贸论坛，论坛除了达成多项共识外，大陆方面还宣布了15项促进两岸交流合作的政策措施，其中7项有关两岸农业合作与发展，措施具体而富有成效。

连战说，农业问题经纬万端，两岸必须紧跟时代脚步，剑及履及，共同为促进两岸农民、农业发展作出努力。他表示，海南与台湾经贸往来非常紧密，尤其在农业领域的合作更为热络，相信此次在海南举办的两岸农业合作

论坛，能进一步促进两岸在农业领域的合作和共同发展。

由中台办海研中心与中国国民党国政研究基金会共同主办的两岸农业合作论坛，定于10月17日举行。连战一行是从上海飞抵海口的。

此次与连战夫妇同机抵达海口的还有新党主席郁慕明、亲民党荣誉副主席钟荣吉及部分参加论坛的代表。

当天，专程来参加两岸农业合作论坛的中共中央政治局常委、全国政协主席贾庆林在海南博鳌会见了连战先生一行，并代表中共中央和胡锦涛总书记向连战等出席两岸农业合作论坛的台湾人士表示热烈欢迎和诚挚问候。

贾庆林说，国共两党有关方面共同举办两岸农业合作论坛系列活动，是两党进一步落实胡锦涛总书记与连战主席所达共识的又一重要举措，也是两岸同胞共商农业合作大计的重要活动，对促进两岸农业互利双赢，增进两岸同胞、特别是广大农民的福祉，必将产生重要而积极的影响。加强两岸农业合作有利于密切两岸经贸关系，有利于两岸关系和平稳定发展。我相信，经过我们和国民党、亲民党、新党及与会的两岸专家学者、企业界人士的共同努力，一定能把这次论坛办好，推动两岸农业合作迈上新的台阶。

贾庆林指出，2000年以来，两岸经贸关系发展一直存在着两种趋向：一种趋向是两岸同胞要求交流合作，实现两岸经济互利双赢；另一种取向是台湾当局阻碍交流合作，损害两岸同胞利益。当前，广大台湾同胞越来越强烈地要求台湾当局放弃阻挠两岸经贸交流合作的政策，取消不合理的限制，早日实现两岸全面、直接、双向"三通"，建立两岸经济合作机制。我们相信，广大台湾同胞的要求不仅一定要实现，而且一定会实现。

贾庆林强调，和平发展理应成为两岸关系的主题。当前，两岸关系出现了朝着和平稳定方向发展的势头，需要两岸同胞悉心呵护。只要有利于深化两岸经贸交流合作，有利于增进两岸同胞交往，有利于两岸关系和平发展，各种做法、各种途径都可以尝试。但是，反对"台独"分裂活动的形势仍然是严峻、复杂的。"台独"分裂势力图谋通过所谓"宪改"实现"台湾法理独立"的危险依然存在。两岸同胞对此要保持高度警惕，牢牢把握两岸关系和平发展这个主题，更紧密地团结起来，共同制止"台独"，携手推动两岸关系朝着和平稳定方向发展，共同开创两岸关系的新局面。

连战感谢贾庆林主席代表胡锦涛总书记来参加这场众所瞩目的农业会议，并特别委请贾庆林主席向胡总书记表达诚挚的敬意与谢意。

连战说，大陆具有土地及人力、市场的优势条件；台湾则具有资金、技术与管理经验的有利条件，可以结合双方的优势条件，进而扩大互惠双赢的农业合作。农业与经贸合作是两岸和平发展必走的路，两岸农业合作论坛可说是两岸农业的合作发展会议，相信经由大家广泛而深入的讨论，可望获得具体共识与结论，必将开创出两岸农业合作互利双赢的新局面。

（二）

10月17日上午，来自海峡两岸的四百多位农业界人士、专家学者聚集海南博鳌，参加两岸农业合作论坛。贾庆林和连战出席论坛开幕式，并分别发表了演讲。吴仪和中国国民党副主席吴伯雄、江丙坤、关中、林益世、章仁香及中央党部主管人士，亲民党荣誉副主席钟荣吉、秘书长秦金生，新党主席郁慕明等出席了开幕式。

开幕式由中台办主任陈云林和中国国民党国政研究基金会副董事长林丰正共同主持。

贾庆林作了题为《共创两岸农业合作互利双赢的新局面》的演讲。他首先代表中共中央和胡锦涛总书记，对本次论坛的举办表示热烈的祝贺，对各位与会嘉宾表示诚挚的欢迎和亲切的问候。他说，国共两党有关方面举办两岸农业合作论坛，是落实去年4月胡锦涛总书记和连战主席会谈新闻公报的又一重要举措，是国共两党持续开展交流的重要活动，也是两岸同胞共商农业合作大计的盛会，对于进一步深化两岸农业合作、密切两岸经贸关系、推动两岸关系和平发展，必将产生重要而积极的影响。

贾庆林指出，经过两岸同胞二十多年的共同努力，两岸经贸交流与合作取得了长足发展，基本形成了互补互利的格局。近几年，特别是自2005年以来，我们党与中国国民党、亲民党、新党不断主动采取积极措施，努力扩大和深化两岸经贸交流与合作。今年4月，在两岸工商界人士和专家学者的广泛参与下，国共两党有关方面共同举办的两岸经贸论坛取得了积极成果。我们在论坛上宣布和通报的促进两岸交流合作、惠及台湾同胞的15项政策措施，受到两岸同胞的欢迎和肯定。随后，大陆方面积极推动落实各项工作。我们将认真履行对台湾同胞作出的庄严承诺，既不会因局势的一时波动而迟疑，更不会因少数人的干扰而停滞。

贾庆林强调，综观两岸农业的现实情况和共同面临的新形势，进一步发展两岸农业交流与合作，不仅具有必要性，而且具有紧迫性。两岸农业各具特点和优势，互补性强，这是发展合作的重要基础，蕴涵着广阔的合作前景。如果两岸农业加强优势互补，必将相得益彰，共享其利。面对新的形势，两岸同胞理应抓住机遇，扩大交流，深化合作，共创双赢。他就进一步

第九章 两岸积极互动同心维护两岸和平发展的春天

推进两岸农业交流与合作提出了四点建议：

一、共同努力，优化两岸农业合作的环境和条件。两岸的管理机构要实施更宽松的政策、采取更有效的措施，为两岸农业交流与合作搭建平台、铺平道路。要通过协商，就农产品质量安全认证、通关措施、动植物检疫、农产品运输便捷化等提出可行的解决办法。海峡两岸农业合作试验区和台湾农民创业园，要加强基础设施建设，规范管理。要积极为台胞在大陆投资经营农业、推广技术提供必要的融资帮助。要尽可能地做好各方面的服务工作，使广大台商愿意来、发展好、做得久。

二、统筹兼顾，拓展两岸农业合作的深度和广度。要继续拓展合作面，在农林牧渔、种养、产供销等方面，全方位开展大农业合作，努力吸引各行业的农民兄弟广泛参与，使他们广泛受益。要突出重点领域和重点区域，在种植业、养殖业和农产品加工业等方面扩大生产规模，发展支柱产业和龙头企业。要利用高新技术提高传统产业的科技含量、附加值和竞争力，促进农业增长方式的转变。要努力提高自主创新能力，凝聚智慧，抢占前沿，加快科研成果产业化进程，创立中国人的农产品品牌。

三、以人为本，切实维护和发展两岸农民的利益。在促进两岸农业合作的进程中，要始终把维护和发展两岸农民的利益放在首位，设身处地考虑他们的愿望和需要，尽最大努力为他们排忧解难、创造便利条件。两岸要共同做好农业领域知识产权保护工作，切实保障农民的正当权益。大陆有关行政管理机关要加大市场监督管理力度，进一步规范好市场，保护好台湾农产品的品牌和利益，维护好大陆市场的信誉和形象。

四、着眼长远，逐步建立和完善两岸农业合作机制。当前，可以考虑由两岸农业专家、产业界人士就两岸农业合作的基本问题和未来发展进行专门的研究和规划，比如，研究比较双方的优势，确定今后合作的战略、重点领域和重点项目；研究双方合作的机制和分工，确定双方的职责和合作方式；研究如何共同打造产品品牌、制定市场营销战略、建立营销网络等。在深入研究的基础上，待条件成熟后，逐步形成稳定的合作机制。

贾庆林说，当前和今后相当长的一个时期，我们将致力于建设新农村，构建和谐社会。实现这一目标，需要大陆亿万农民的不懈努力和全社会的广泛参与。台湾同胞在农业发展、农村建设等方面创造了宝贵的经验，我们真诚欢迎台湾同胞积极参与大陆新农村建设。我们相信，大陆经济社会发展，不仅将造福于大陆同胞，而且也会给台湾同胞带来巨大的商机，必将促进两岸农业合作在更大范围、更广领域和更高层次上得到加强，同时也必将为两岸全方位的经济合作提供更广阔的空间和更强劲的动力。

贾庆林强调，我们将与广大台湾同胞一道，牢牢把握两岸关系和平发展的主题，努力开创两岸关系发展新局面。尽管两岸关系发展会遇到干扰，但我们维护两岸关系和平发展的信念不会改变，推进两岸人员往来和经济文化交流的决心不会改变，为台湾同胞谋福祉、办实事的诚意不会改变。同时，我们也应充分看到，造成两岸关系紧张的根源并未消除，"台独"分裂势力图谋通过"宪改"谋求"台湾法理独立"的冒险性、危险性依然存在。两岸同胞要高度警惕，坚决反对一切"台独"分裂活动，绝不允许任何人以任何名义、任何方式分裂我们的国家，破坏两岸关系和平发展的光明前景。

连战发表了题为《开创两岸互利双赢的农业合作新局面》的演讲。他说，去年我首次率团访问大陆，两党站在人民福祉的立场上，达成了五项共识，搭起了两岸沟通平台，开启了两岸和平发展的契机。今年4月，在五项共识的基础上，我们一起在北京举办了两岸经贸论坛，商讨了双方在贸易、经济、农业、航运、观光、金融各方面合作的愿景，凝聚共识，获得了丰硕的成果。非常感谢大陆方面在论坛中宣布了十五项促进两岸交流合作的政策措施。这些措施已陆续付诸实施，获得广泛的回响，为两岸的交流合作奠定了更坚实的基础。

连战强调，台海两岸同文同种，血脉相连，两岸和则两利，通则双赢，这是两岸之间"和平发展的真义"。两岸农业在人力、土地、资金、技术及市场等方面具有互补性。结合双方的优势，加强两岸的农业交流合作，必然有助于促进两岸农业竞争力的提升，以及整体经济的发展，产生乘数效果，使彼此都能更上一层楼。

连战指出，为提升两岸农业的竞争力，首先要突破"三通"的障碍。"三通"直航对两岸农业交流合作将会产生许多效益，可以大幅降低时间与运输成本；扩大农产品贸易，增加台商在大陆的农业投资效益；促进休闲农业的发展，为农村和农民带来生机。

开幕式结束后，与会人员在"加强两岸农业合作，实现两岸农业互利双赢"的主题下，围绕"加入WTO后两岸农业合作面临的机遇与挑战"、"当前两岸农业合作模式的探讨"、"两岸农业合作发展中的问题与对策"等3个议题，进行了深入的探讨。

中国国民党国政研究基金会政策委员陈武雄在论坛所举办的专题报告会上介绍说，近年来两岸农产品贸易持续增加，目前大陆已成为台湾农产品外销的第四大市场，也是台湾农产品进口的第四大来源地。他指出，目前大陆高所得消费群的购买力已经超过台湾，是距离台湾最近的农产品外销大市场，大陆消费者对台湾农产品有着强烈的偏爱，台湾农产品开拓大陆市场已是大势所趋。

陈武雄说，在台湾与其他主要贸易伙伴农产品贸易增长停滞的情况下，与大陆的农产品贸易却潜力十足。截止2005年，台湾农产品出口大陆的总值3.6亿美元，占台湾农产品出口总额约1/10。他以台湾水果出口为例指出，在大陆对部分台湾水果实施零关税的激励下，近两年台湾农产品对大陆的直接出口增长迅速，已由2004年90万美元增加到2005年的251万美元，成长力高达181%；如果加上经香港转口到大陆的水果，2005年台湾出口到大陆的水果总值已达992万美元。

陈武雄指出，如能加快与大陆市场的融合，台湾农业就可以进入更大格局的发展。

经过热烈而充分的讨论，论坛形成了共同建议。在17日下午举行的闭幕式上，中台办常务副主任郑立中宣读了论坛通过的共同建议。

共同建议具体内容包括：

（1）促进两岸农业交流与合作，实现双赢。两岸农业具有很强的互补性，面对经济全球化和区域经济整合的各种机遇与挑战，两岸应结合双方的农业优势，相互扶持，互惠互利，共同发展，造福两岸同胞。

（2）欢迎台湾农民、农业企业到大陆投资兴业。大陆方面支持台湾农民、台湾合作经济组织和台资农业企业参与大陆海峡两岸农业合作试验区和台湾农民创业园的建设，在项目审批、用地服务、基础设施建设、财政支持、通关检验检疫便利化等方面完善扶持政策，努力提供优良的生产和经营环境。对两岸农业合作项目提供融资支持。

（3）采取措施保障台湾农产品输入大陆快速通道顺畅。大陆方面将进一步完善输入台湾农产品的"绿色通道"。同时，呼吁台湾方面建立农产品运销大陆的快速通道，采取直航方式以缩短运输周期，争取时效，减少业者损失。

（4）继续帮助台湾农产品在大陆销售。大陆方面将进一步研究并及时宣布扩大开放台湾农产品的准入政策，对其中部分农产品实行关税和进口环节税的优惠政策，采取有效措施予以推动。加强和规范进口台湾农产品的渠道，减少台湾出口企业的风险。

（5）维护农产品贸易的正常秩序。大陆方面将加强市场监督管理，对假冒台湾产地水果进行销售的行为依法予以查处，大陆方面欢迎台湾农产品生产商和经销商在大陆按规定注册商标，对于假冒台湾农产品注册商标的行为依法予以处罚，维护台湾业者的利益。

（6）推动构建两岸农业技术交流和合作机制。双方努力促成两岸民间团体就有关台湾农产品和农业技术输入大陆所涉及的贸易纠纷、知识产权（智慧财产权）保护、原产地认证、检验检疫、技术标准等问题进行协商。

（7）推动建立两岸农业安全合作机制。支持两岸民间农业组织就传统病虫害、重大病疫、基因食品与农产品污染等农业安全问题进行探讨。

大会认为，对于本项论坛所形成的共同建议，除通过两党沟通平台所建立的机制积极研究付诸实施的各种办法外，也要通过民间力量认真推动，同时将本建议转达两岸有关方面予以重视并给予支持。

在闭幕式上，中台办主任陈云林受财政部、农业部、商务部、交通部等部门的委托，宣布了一系列扩大和深化两岸农业合作的新政策措施。

这些政策措施涉及四大方面，共20项，具体包括：

（一）关于进一步完善海峡两岸农业合作试验区和台湾农民创业园建设方面：

1. 欢迎台湾农民合作经济组织、台资农业企业和农民参与大陆海峡两岸农业合作试验区和台湾农民创业园的建设与发展；鼓励和支持台湾农民合作经济组织与大陆农民专业合作经济组织之间开展合作与交流活动。

2. 来园区从事农业合作项目的台湾农民，可依照大陆有关法律、法规和规章直接申请设立个体工商户。

3. 简化园区台资农业企业在项目核准、企业立项、税务征收、检验检疫通关等相关审批办理手续，降低企业的运营成本。

4. 对台湾农民创业园内的基础设施建设给予积极财政支持。对创业园的重点农民高新技术项目予以优先立项、重点扶持。

5. 积极做好用地服务，支持海峡两岸农业合作试验区和台湾农民创业园的发展建设。对试验区和创业园的用地规模和布局，将在地方土地利用总体规划中统筹安排和落实，予以重点倾斜。对试验区内符合条件的已核准、签约的台资农业发展项目，在依法、节约、高效的前提下，优先协调用地。

6. 经有关部门批准，四川新津、重庆北碚台湾农民创业园，上海郊区、江苏昆山和扬州两岸农业合作试验区正式投入运行。

（二）关于鼓励和支持两岸农业合作与技术推广，扩大合作领域方面：

7. 为鼓励两岸农业合作与技术推广，大陆有关部门将运用农业技术推广资金予以支持，具体项目由有关省市组织申报。

第九章 两岸积极互动同心维护两岸和平发展的春天

8. 积极支持台湾各类各级农民合作经济组织、农业企业和台湾农民来大陆参加农产品的展览及推销活动，并在检疫审批、检验放行、检验检疫监督管等方面继续提供便利措施。进一步为台湾农产品进口提供通关便利措施及优质的通关服务。

9. 优先安排台湾产兽药产品在大陆审批和注册，取得《兽药注册证书》后，可通过在大陆设立销售机构或委托符合条件的大陆代理机构在大陆销售。

10. 对台湾渔船自捕水产品进口，在原来允许输往福建的基础上，增加输往广东汕头。

11. 充分发挥大陆现有的出口加工区及保税仓库、出口监管仓库的作用，鼓励和支持两岸农业界开展农牧产品、水产品等深加工，促进两岸农业合作和贸易往来。

12. 加强台资农业企业在大陆投资经营的咨询服务工作。农业、商务主管部门和海峡两岸经贸交流协会在网站上设立投资大陆农业政策专栏，向台湾农民介绍有关政策法规。

（三）关于优化服务，便利两岸农产品贸易和大陆台资农业企业产品销售方面：

13. 为方便大陆台商引进农作物优质种子种苗，增强其在大陆拓展业务的竞争能力，大陆有关行政主管部门缩短台商自岛内引进种子种苗及其栽培检疫许可的审批周期，自受理台商进口申请之日起20个工作日内完成审批工作。大陆检验检疫机构提供相关检验检疫便捷措施。

14. 在大陆的台资农业企业自岛内进口自用的与农林业生产密切相关的种源品种，经向当地农业行政主管部门提出进口申请并报农业部审批后，可以零关税进口。如果在进口年度计划额度内，可享受免进口环节增值税的优惠政策。

15. 凡涉及野生动植物及其产品（包括人工繁殖、人工培植）贸易，有关台资企业可向省、市、自治区林业或渔业行政主管部门事先备案并提出相应的进出口管理计划（包括种类和数量），大陆野生动植物行政主管部门和大陆濒危物种进出口管理办公室在审批相关计划及核发相关证书时，在依法的前提下，实行最为简便的办理手续，缩短工作时限，便利企业。

16. 凡涉及人工培植来源的蝴蝶兰、大花蕙兰、仙人掌类、仙客来、云木香、天麻、西洋参、芦荟植物种本标本贸易，大陆濒危物种进出口管理办公室在各地的办事处可根据林业主管部门批准文件，直接核发相关证书，减少审批环节，提高效率。

17. 对台湾农渔产品进口商提出的"网上支付"申请，海关部门将优先受理、审批并安排相关设备。海关总署深圳原产地管理办公室设立联络人和专线电话，提供台湾农渔产品进口通关涉及相关业务的咨询和答疑。

18. 进一步完善台湾鲜活农产品公路运输"绿色通道"，提供台湾鲜活农产品在大陆的运输服务和通行保障，包括可以享受沿线省级人民政府制订的"绿色通道"通行费优惠政策和通过沿线收费站设置的专用"绿色通道"优先通行。

（四）关于保护台湾农产品知识产权，维护台湾农民正当权益方面：

19. 为规范台湾水果的市场经营行为，保护台湾水果品牌和形象，工商行政管理机关将加强市场监督管理，严格区分"台湾产地水果"和"台湾品种水果"。凡是销售非原产于台湾岛内的台湾品种水果，均需在包装物和价格签上注明产地。对以非原产于台湾的水果假冒台湾产地水果进行销售的行为予以制止，并按照《反不正当竞争法》的有关规定予以处罚。加强对相关广告宣传的监管力度，对违法广告行为将依据《广告法》等法律规定予以处罚。

20. 欢迎台湾农产品生产商和经销商在大陆通过注册普通商标、证明商标或集体商标等方式，获得《商品法》的保护。对侵犯台湾农产品注册商标专用权的，按照《商标法》的有关规定予以处罚。

陈云林的宣读不时激起场内阵阵热烈掌声。

在闭幕式上，中国国民党副主席吴伯雄、亲民党荣誉副主席钟荣吉、新党主席郁慕明发表了热情洋溢的讲话。

随后，在两岸农业合作论坛举行的记者会上，连战发言说，国共两党举办的第一届农业合作论坛圆满结束了，完全实现了我们的预期，过程顺利，成果丰硕，为今后两岸农业合作开启了新的一页。

连战强调，两岸和平互动、合作发展，一直是中国国民党的既定政策，很高兴从去年开始在国共两党达成的五项共识的基础上，陆续开展了有关经贸、农业等项目的沟通与合作，这是正确的方向，也是务实的做法，符合两岸人民的共同利益。我们将会秉持这一立场，继续全力推动两岸交流与合作，绝不会因为台湾岛内的乱象等客观因素而受到影响。

对于国共两党近两年的沟通与合作，连战说，国共两党在推动两岸交流与合作方面的努力，顺应了时代和历史的潮流，也呼应了民意的驱动。这既是人民所希望的，也是历史发展所必然的。连战强调，目前两岸在经贸、科技、信息产业、交通、观光都有合作成绩，我们有信心把这种模式运用到其它领域，相信假以时日，一定会有更好的成果。

论坛结束后，与会人员于18日赴福建省厦门市参加两岸农业合作成果展览暨项目推介会，随后台湾团组分别赴山东、广东、广西等地的海峡两岸农业合作试验区，进行参观考察。

（三）

10月18日晚，中共中央政治局委员、国务院副总理吴仪在厦门举行晚宴，欢迎出席两岸农业合作成果展览暨项目推介会的代表。中国国民党荣誉主席连战和夫人，中国国民党副主席吴伯雄、江丙坤、关中、林益世、章仁香，亲民党荣誉副主席钟荣吉等出席。

吴仪在致辞时，首先代表中共中央，向这次两岸农业合作成果展览暨项目推介会的召开表示热烈的祝贺，向参会的各位嘉宾表示诚挚的欢迎。她说，加强两岸经济交流与合作，推动两岸关系和平稳定发展，是两岸同胞的共同愿望，也是中国共产党与中国国民党、亲民党、新党共同关注、大力推动的重点工作之一。在两岸同胞共同努力下，两岸经济交流与合作的层次不断提高，领域不断扩展，互补互利的格局基本形成。

吴仪说，两岸农业交流与合作是两岸经济关系的重要组成部分。两岸农业合作论坛刚刚在海南博鳌成功举办，达成了多项共识，取得了可喜的成果。大陆有关方面提出了有利于进一步扩大台湾农产品在大陆销售、协助台湾农民在大陆创业等多项举措，这对于加强两岸农业交流与合作、推动两岸经济关系向纵深发展，具有重要意义。即将开幕的两岸农业合作成果展览暨项目推介会，是对多年来两岸农业合作成果的集中展示，也为两岸同胞交流搭建了新的平台，这必将为深化两岸农业交流与合作创造更多更好的契机。

吴仪指出，两岸农业各有特色，合作空间十分广阔。随着经济全球化和区域经济一体化的深入发展，两岸农业都面临着新的机遇和挑战。面对新机遇、新挑战，只要两岸同胞牢牢把握两岸关系和平发展这个主题，携手合作，相互扶持，就一定能够抓住机遇、加快发展，实现两岸农业优势互补，互利双赢，不断增进相互理解、扩大共同利益，共同为中华民族的伟大复兴作出新的贡献。

中台办主任陈云林、中共福建省委书记卢展工、国家质检总局局长李长江、福建省省长黄小晶等出席晚宴。

（四）

10月19日上午，海峡两岸农业合作成果展览暨项目推介会在厦门开幕。吴仪、连战出席开幕仪式并共同启动开幕按钮。本次活动的宗旨是"展示成果、推动交流、加强合作、促进发展"。

本次展会由中台办海研中心和中国国民党国政研究基金会共同主办，是两岸农业合作论坛系列活动的重要组成部分，也是迄今为止规模最大的两岸农业交流与合作的盛会，来自海峡两岸的农业界及有关方面人士共约4000余人与会。

农业部副部长尹成杰在开幕式上表示，两岸农业各具优势，合作与交流的潜力巨大。合则双赢，合则发达。大陆将努力为来大陆创业的台湾企业和农民提供更好的服务，进一步促进两岸农业交流合作，繁荣农村，富裕农民。

中国国民党副主席吴伯雄在开幕式上说，合作互利、和平发展，让两岸人民过好日子，这是两岸应走的道路，也是唯一的选择。目前两岸农业合作与交流的规模越来越大，希望两岸农业能实现优势互补。

本次展会客观地展示了近些年来海峡两岸农业交流与合作所取得的丰硕成果，其间还举行了21场专项活动，包括9场两岸农业合作项目签约仪式和12场招商投资宣传推介会。

当你一走进海峡两岸农业合作成果展览会场，扑入眼帘的是一颗颗印字苹果组成的前言，下面是充满诗意的广告词："十月，栖霞苹果红了"，"十月，永春柑橘熟了"。

镜头前，中国国民党副主席林益世举着高雄的香蕉客串推介人员，"介绍台湾的农产品，我当然先推荐高雄水果，有番石榴、莲雾、西施柚……"

近2万平方米的展会，划分为6个展区，设有34个特装展位和550个标准展位。特装展位除了大陆海峡两岸农业合作试验区、台湾农民创业园之外，还有在大陆发展的16家台资重点农业企业以及台湾10个县市的环境资源展示。而标准展位群由大陆31个省区市的台资农业企业、大陆农业产业化重点龙头企业以及来自台湾的农业企业和农业组织组成。

为期两天的展会得到了台湾农业界的热烈响应，来自台南县、台中县、云林县、南投县、屏东县、高雄县、花莲县、台东县、澎湖县、彰化县10个县市的代表，近百家台湾企业、协会、合作社和产销班及农业从业人员约1500人与会，同时共有13种台湾应季热带水果、七百多种深加工农产品在展会上亮相。

在台北县农会的展区，台湾省农会常务监事白添枝拿起一杯包种茶，推荐："考前要喝包种茶，因为包中！"玩笑之后，他解释道：所谓"包种"，指茶种早年是用纸包着从大陆带到台湾的，"同是绿茶，包种茶和大陆的龙井、碧螺春香气不同。"

大陆31个省份、台湾10个县市，带来的展品尽显各自的特色。即使是一样的产品，也有不同的花样：方形西瓜、印字苹果、烘干蔬果、冷冻蔬菜……

云林县土库镇农会张俊升一边请参观者亲自闻一下茶树精油、玫瑰洗颜露的香气，一边介绍："农会的产品都是很实在的，希望我们的产品能吸引人，让大陆市场有所了解。"

台南县的展区摆着金桔蒟蒻冻、牧草粉、山药粉、芒果干……农会王志文介绍说："我们带来的都是有地方特色的产品，来看的人很多。"

高雄农业开发股份有限公司的谢忱勋在展位前向现场采访的记者表示，台湾土地、人力成本都比大陆高，农产品进入大陆市场的确存在价格问题。他指出，台湾水果进入大陆，只能做精品水果，走高端市场，"大陆市场大，只要有万分之一的人买得起，就够我们做的。"

南投县农会是12场推介会的举办者之一，农会林永森先生说，台湾要降低成本，一个办法是与大陆合作。他说："优势互补，就能双赢，两岸官方虽然不通，民间早就打成一片了。"

10月19日上午，在福建与台湾农业合作项目签约仪式上，当场签约20个项目，总投资达23.24亿元人民币，上海、江苏、广东、海南等8场签约会，各省都有收获。比如江苏与台湾农业合作项目签约仪式上，当场签15个项目，总金额达2.8亿美元，其中金额有1000万美元以上的项目就有9个。福建漳浦台湾农民创业园管委会副主任王建文介绍说："台湾农民投资大陆很踊跃！"漳浦台湾农民创业园项目从2005年正式启动，目前已有51家台湾农户或农业企业入园，总投资达7500万美元。"现在几乎每天都有台湾农民来参观、考察、洽谈合作事宜。"

四川省武胜县土台乐农经科技有限公司的展台很小，但引人注目，因为挂了一串长长的蛇瓜。来自台湾的总经理张清炘说，2003年成立的"土台乐"是个小公司，主营优质蔬果引进。他们委托当地农民耕种，公司负责提供有机肥料、技术辅导，并包销产品，"种子费用收获后结算。我们与农民利润分成，像蛇瓜，农民每亩纯收入达到3000至4000元人民币。得让农民有钱赚，才能实现利益共享！"

立德管理学院林如森博士说，他吃到一种标着产地台湾的枣子，结果和台湾的味道完全不一样，"又是冒名水果。"他说："大陆新推出的20项措施中最切中实际的就是关于保护台湾农产品知识产权的。"高雄县农会林昌霖认为，这20项扩大深化两岸农业合作新政策措施，会有助于台湾果农拓展大陆市场。

看完展览，中国国民党副主席关中说，这个成果展是两岸农业合作论坛的具体落实，可以增进两岸人民的了解，推动两岸进一步合作，希望以后可以配合生产季节，办这样类似的展会、推介会，让农民得到更多的利益。

10月19日下午，陈云林在厦门机场送别返回台湾的连战一行时宣布，为帮助解决台湾香蕉滞销的难题，大陆方面将循以往的采购机制和办法，由中华供销合作总社、福建超大集团和台湾有关方面沟通，根据需要和可能采购台湾部分香蕉。

陈云林说，今天上午连战先生在参观两岸农业合作成果展览会时，听到台湾的蕉农和业者反映最近台湾香蕉又出现滞销，农民和企业十分焦虑。连战先生希望通过国共两党沟通平台，商量解决办法。陈云林表示，经过大陆有关方面认真研究，决定将由中华供销合作总社和超大集团循既有机制，迅速和台湾方面联系，根据需要和可能采购部分台湾滞销香蕉。

连战对大陆方面的决定表示感谢，他说，没有想到有关方面在两三个小时内就能快速做出决定，他对这样的高效率表示赞赏。称赞这真是"剑及履及"。

（五）

就在海峡两岸农业合作成果展暨项目推介会开幕的当天，第八届海峡两岸花卉博览会暨农业合作洽谈会在福建漳州隆重开幕，中共中央政治局委员、国务院副总理回良玉出席并宣布开幕。

开幕式前，回良玉和福建省委书记卢展工、省长黄小晶等一起参观了海峡两岸农业合作成果展馆和花卉合作成果展馆，并与前来参展的农民企业家、花卉业者和台湾客商亲切交谈。良玉说，两岸农业各有优势，互补性强，互利合作的空间和潜力很大。漳州花博会已经成为辐射海峡两岸、以花为媒的全国性经贸盛会，要进一步办出水平，办出特色，办出成效，促进花卉产业发展，促进两岸农业合作。他希望两岸携手，进一步拓展农业合作、提高合作层次、扩大合作成果、增进两岸福祉。

全国政协副主席张克辉也出席了开幕式。组委会主任、福建省省长黄小晶在开幕式上致辞时表示，近年来，福建充分发挥得天独厚的对台区位优势，立足全国发展大局和祖国统一大业，秉持"以花为媒、拓展平台、两岸联手、促进发展"的理念，从1999年至今，已成功举办了七届海峡两岸花卉博览会。希望海内外宾朋在花博会的平台上展示海峡两岸农业合作成果，推介洽谈合作项目，共创商机，共谋发展。

本届花博会暨农洽会由国台办、国家质检总局、国家林业局、福建省人民政府、海峡两岸农业交流协会共同主办。参展企业一千多家，其中台湾企业三百四十多家。参展花卉品种一千五百多种以上，参展的农产品及其加工制品两千多种。参展的台商四百多人，荷兰、菲律宾、泰国等7个国家9个团组和一批港澳嘉宾也应邀出席。

本届花博会期间还举办了"国际农产品贸易与质量卫生安全管理论坛"的和"海峡两岸花卉市场与营销论坛"。台湾业者对于拓展大陆花卉市场信心十足，充满期待。

（六）

前文讲到，陈云林在厦门机场送别连战时宣布，为帮助解决台湾香蕉滞销的难题，大陆方面将循以往的采购机制和办法，由中华供销合作总社、福建超大集团和台湾有关方面沟通，根据需要和可能采购台湾部分香蕉。大陆一诺千金，事隔两天，即10月21日下午，中华供销合作总社下属的北京市果品有限公司、上海市果品有限公司和超大现代农业集团，与台湾省农会、台湾省青果运销合作社在厦门就采购台湾部分滞销香蕉达成协议，决定采购300吨台湾滞销香蕉，以缓解目前岛内香蕉滞销的困难。

大陆方面的举措，真正是急台湾农民之所急，想台湾农民之所想。其实，类似于这样的动作，所在多有，2006年6月14日，大陆方面接获台湾香蕉滞销的信息后，就曾经紧急采购了200吨台湾香蕉。而为了保证台湾的农产品快速方便"登陆"，大陆方面相关部门所作出的努力，更是不胜枚举。实践再次说明，大陆方面是坐言立行，剑及履及，积极践行大陆对台湾同胞的庄严承诺，真正体恤台湾同胞。

反观陈水扁当局和岛内分裂势力，他们口口声声"爱台湾"，对于岛蕉农的苦痛却是视而不见，充耳不闻。香蕉滞销也不是一夕之间出来的事情，他们完全有时间帮助蕉农找出因应解决之道，至少可以减轻损失，但他们却熟视无睹，毫无作为。他们不光贻误时机，还大费周章污蔑两岸农业交流与合作，挑拨离间两岸同胞的情谊，说什么"两岸农业交流对台湾助益不大"，"两岸农业交流会害死台湾农民"，"两岸农业交流是中共的统战阴谋"，"长此以往，台湾农民会变成大陆的农奴"，凡此种种，无一不说明陈水扁当局和岛内分裂的伪善和虚弱，他们心里根本就没有"民之所欲"，只有一己之私；他们对日益密切的两岸农业交流充满了一种恐惧感和无力感，因为在事实面前，一切诺言都会破灭。

陈水扁当局和岛内分裂势力的言行，遭到舆论的挞伐。在岛内外的压力下，扁当局终于要出手帮助"蕉农"了，他们炮制了所谓的"农安专案"，"行政院会"还一度成为"吃香蕉会"。对扁当局的惺惺作态，岛内媒体评价说，"百分之百的表演政治，即使最初有些微成效，年年搬演相同戏码，早就效应递减"。确实如此，扁当局如果真正体恤同胞，当初就应该帮助蕉农未雨绸缪，早做规划；如果真正体恤同胞，就应该帮助建立农产品营销大陆的快速通道，采取直航方式以缩短运输周期，争取时效，减少业者损失；如果真正体恤同胞，就应该积极推动两岸农业交流与合作，促进台湾农业转型，不断增强竞争力。但是，事实并非如此，扁当局在两岸农业交流与合作中却是处处设置障碍，横加阻挠。

但是，两岸农业合作交流之势是不可阻挡的，扁当局处处作梗只是螳臂挡车的表演。在两岸同胞的共同努力下，两岸农业在合作中发展，在发展中提高，成绩喜人。这些喜人的成绩主要体现在四个方面，一是民间往来非常频繁，形成了多层次、宽领域的两岸农业合作交流的格局，台湾省农会这样的台湾民间组织已经和大陆建立了经常性的联系和互动。二是两岸农业合作试验区取得了很大的成功，为两岸农业的进一步合作交流提供了示范模式和宝贵经验，也为探索两岸经贸合作交流提供了建立新模式和新平台的新思路。与此同时，台湾农民创业园的建设也取得了长足的发展。三是大陆出台的一系列惠及台湾农民的政策，维护和照顾了台湾农民同胞的利益。就拿水果来说，近两年台湾水果销往大陆就增长了180%。这一系列优惠政策措施的影响力随着时间的推移会越来越广泛而深刻地体现出来。四是两岸农业交流合作的规模越来越大，层次越来越高，涵盖面越来越广。就以刚刚落幕的海峡两岸农业合作成果展暨项目推介会为例，短短两天就有6万人参观了展览，获得了丰硕的成果。据主办单位统计，本次展介会有近500个两岸农业合作项目签约，涉及种苗繁育、养殖、食品加工、农产品物流、农业观光园和农业科技园建设等多个方面，实际签约额近186亿人民币，其中包括一些对两岸农业未来合作有重大影响的项目。

展介会有关负责人介绍说，本届展介会，规模大、层次高、涵盖广，当前两岸农业的顶尖技术和顶级农业企业，从名特优农产品到先进农业技术，从农作物的育种、组培到精深加工，都在本次展介会中以不同的形式亮相。在展介会期间举办的12项专项活动中，两岸业者坦诚交流，寻找互补、共赢的合作点，显示出两岸农业界经过二十多年的交流与合作，彼此已经非常默契和融洽，在一系列具体事务上，都能紧密配合，互相支持。这位负责人指出，展介会宣传了两岸农业合作的成果，也为两岸农业向更深层次的合作发展提供了新的平台，必将对今后两岸农业交流与合作产生巨大的推动作用。

四、不管陈水扁之流怎样疯狂地上演"台独"闹剧，却始终阻挡不住两岸积极互动的脚步

（一）

2007年1月17日，国台办在京举行本年度第一次例行新闻发布会。发言人杨毅在新闻发布会上指出，2007年是反对"台独"、维护台海和平的关键时期。台湾当局通过所谓"宪改"谋求"台湾法理独立"的活动将进入实质阶段，两岸关系将面临严峻挑战。

杨毅在回顾2006年的两岸关系发展时，将其概括为"一个主题、三个特点"。"一个主题"就是和平发展，在两岸同胞的共同努力下，两岸关系进一步朝着和平稳定的方向发展。"三个特点"是：第一，"台独"分裂势力挑起两岸关系紧张的行径遭到两岸同胞的强烈反对和谴责，两岸同胞对"台独"活动危害性的认识日益加深；第二，两岸同胞对两岸关系和平发展的光明前景有了更深切的认识，相互间的了解进一步加深，共同利益更为紧密；第三，两岸人员往来和经济、文化等各个领域的交流与合作，继续呈现良好的发展势头。

展望2007年两岸关系形势，杨毅说，坚决遏制"台独"分裂活动、维护台海和平，仍然是两岸同胞当前最重要、最紧迫的任务。我们将以最大的诚意、尽最大的努力争取和平统一的前景，但是决不容忍"台独"，决不允许任何人以任何方式把台湾从中国分裂出去。

杨毅所说的，台湾当局通过所谓"宪改"谋求"台湾法理独立"的活动将进入实质阶段，是指陈水扁为了摆脱弊案缠身、要求其下台之声不绝于耳的困境，2006年末，在接受外国媒体采访时多次鼓吹，要制定所谓"第二共和宪法"，以此谋求"台湾法理独立"。就此，新华社记者采访了国台办新闻发言人。

发言人指出，陈水扁在外国媒体前多次鼓吹制定所谓"第二共和宪法"，是他在2006年9月24日抛出"宪改"涉及"领土"变更议题遭致各方谴责后，为继续通过"宪改"谋求"台湾法理独立"采取的又一危险举动；也是他为一己之私，在台湾挑起对立、在两岸关系上制造冲突，以求脱困自保的又一伎俩。为达到他的目的，陈水扁抹杀历史，歪曲事实，混淆视听，极尽诡辩之能事，已到了无以复加的地步。发言人说，如果任由陈水扁肆无忌惮地推进"台独"活动，势将进一步威胁中国主权和领土完整，威胁两岸关系和平发展，威胁台海地区乃至亚太地区和平稳定。发言人强调，我们坚决反对陈水扁通过"宪改"谋求"台湾法理独立"的立场是坚定的、不可动摇的。我们也相信，无论陈水扁如何百般狡辩，台湾同胞和国际社会一定会认清陈水扁顽固谋求"台独"的本质。不管陈水扁玩弄什么花招，其"台独制宪"的图谋都必然遭致彻底的失败。

（二）

不管陈水扁怎样疯狂地上演"台独"闹剧，怎么也阻挡不了两岸积极互动的脚步。两岸青年学子的交流交往尤其引人注目。

2007年1月29日晚，由中华全国台湾同胞联谊会主办的台胞青年冬令营在北京开营，全国台联名誉会长杨国庆、会长梁国扬等为参加冬令营的210位来自台湾大专院校的莘莘学子授旗。

迄今为止，台胞青年冬令营活动已经成功举办了十二届，越来越多的台胞青年通过活动充分领略了祖国大陆的北国风情，亲身体验了大陆人民的友好热情和两岸都是一家人的骨肉亲情。本次冬令营活动，台湾青年学子不仅与北京大学、清华大学等高校的同龄人热烈讨论和充分交流，还游览了颐和园、长城、故宫、人民大会堂，仔细领略祖国大陆的人文景观。此后，他们又赴辽宁、黑龙江，亲身体验"北国风光，千里冰封，万里雪飘"的神韵。

北国有北国的神韵，南国有南国的妙处。

2月3日下午，为期8天的首届海南大学、台湾高校大学生冬令营在海南大学开营。共有90名台湾师生参加本次冬令营，海南大学派出60名师生参加此次活动。

台湾师生主要来自台湾成功大学、台湾南荣技术学院、台湾嘉南药理科技大学、台湾东吴大学、台湾大学、台湾真理大学知识经济学院、台湾东方技术学院和台湾大仁科技大学8所台湾高校。

本次冬令营活动的主题是："携手共进，宝岛同辉——青春美丽行"。

两岸师生代表分别在开营仪式上发言，畅谈两岸同胞手足亲情，表达两岸同胞携手共进，让青春在振兴中华民族的伟大事业中展现出灿烂光彩的豪情。两岸师生商定，今后每年在海南、台湾两地轮流举办大学生冬（夏）令营活动。

随后，两岸师生同游博鳌水城，参观具有纪念意义的博鳌亚洲论坛成立会址，参加万泉河竹筏漂流，游览享有"天下第一湾"美誉的亚龙湾美景，体验"天涯海角"、"南天一柱"的美妙之处，欣赏黎族歌舞，了解海南的风土人情……在8天丰富多彩的活动中，两岸师生加深了了解，结下了深厚的情谊，更加具体而深刻地体验到手足之情的珍贵。临别，双方用真诚的话语和盈眶的热泪表达依依惜别的深情。

与此同时，生长在北京的台湾少数民族大陆后裔回到台湾故乡寻根。岛内媒体纷纷对此作了详细的报道。

2月8日出版的台湾《联合报》发表题为"原民子孙从北京来寻根"的报道说，"60年前离乡赴大陆打国共内战的原住民，有的在对岸落地生根，但'常做梦回到山林之间的故乡'，他们的儿女孙子十天前组成少数民族文教交流团来台，回到台东、花莲、屏东与新竹的原乡，完成长辈亲吻故乡土地的遗愿。"

报道说，担任中央民族大学讲师的阿霞是花莲泰雅族的后裔，见到太鲁阁惊叹道："太鲁阁比父亲形容的还美！"她说，自己的名字取自父亲"丽巴库·阿必斯"的台湾少数民族名字。血脉牵系，让她投入民族学研究。她说，父亲离家时才十四五岁，1993年返乡时，获悉双亲在前一年先后去世，难过得痛哭流涕。花莲还有姑姑、表哥，双方都曾互访过。

团长陈军说，台湾少数民族第二代在北京市不过三十余人，经过两年的联络终于成团。这次还乡，15名团员参访了阿美、排湾、卑南、泰雅等部落，见到了亲人与族人，觉得"好贴近"。阿里山、日月潭、太鲁阁、垦丁、台中科博馆等知名景点都留下了他们的足迹。陈军说，父亲陈连生是阿美族，19岁到大陆，在两岸开放通信后和家人联系，才获知父母过世，第一次与台湾的弟弟妹妹通电话时，"坚强的父亲开始大哭，几乎没有停"，讲了数十分钟，两边都很激动。

团员马骊的父亲是屏东排湾族，她听父亲说，他和同伴当年从高雄坐船到江苏连云港，寒冬中只发短衣短裤，又不会说国语，只负责搬弹药，没到第一线作战。她父亲说，当时连"跟谁打，为什么打"他们都不知道。马骊这次特别要求去高雄港，要看看当年父亲离开家乡的港口。

其余团员常听父亲谈起家乡的米、甘蔗、凤梨、小米酒和歌舞，这次回乡后，他们品尝了小米酒和凤梨，也听过父亲唱过的歌，看过父亲跳过的舞。

台东卑南族后裔陈京说，父亲非常想家，曾画过一张家乡的地图，画出红叶温泉、田地等，详细告诉她"回家的路"。可惜她这次无法照着父亲的地图走，但在台东和亲人会面时，发现和"歌后阿妹（张惠妹）是同乡"，感到很光荣。

还乡的文教交流团团员大都是教授，还有大学生、工人，有的为过世的父亲一圆故乡梦，有的除了探亲，还收集台湾少数民族文化产品，以慰亲人之心。

2月2日出版的台湾《联合报》还发表过题为"见文面老人，大陆原住民后代落泪，感受到祖先光荣"的报道。报道的第一句话就是："千山万水阻隔不了台湾海峡两岸原住民血浓于水的亲情！"报道说，北京台湾第二代少数民族文教交流团，昨天参访花莲县田贵实文面文史工作室，见到文面老人散发族人光荣的容颜，不少大陆访客激动得落泪。

报道说，田贵实安排87岁文面老人方阿妹与团员见面，解说台湾文面老人凋零的现况和他的努力成果。团员阿霞见到方阿妹时激动得相拥而泣。阿霞说，看到方阿妹不但让她想起父亲珍藏数十年的祖母文面老照片，心灵冲击很大，而且还首次踏上父亲的家乡，通过田贵实的解说，令她惊叹祖先文面的荣耀。

团员田丰的父亲田富达是新竹县泰雅族人，曾任全国人大委员、台盟中央副主席、全国政协委员、全国台联副会长等重要职务，先后同中共多位领导人共事。田贵实说，多年前，他受邀访问大陆少数民族，在北京结识了田富达。田丰此行衔父亲之命向他问候，他很感动，还当场赠送台湾少数民族服饰给田丰。

此次北京台湾第二代少数民族文教交流团的回乡寻根之旅，使台湾少数民族加深了对大陆的了解，他们感慨地说："我们原本就是一家人，他们回来寻根使我们感到格外的亲切。这种血脉相连的关系是任何人也割不断的。"

（三）

2007年的2月18日，是中国人最为隆重的节日——春节。按照中国人的传统礼仪，节日期间互相拜年，恭贺新喜，表达美好的祝愿。2月15日，中台办主任陈云林通过"中国台湾网"发表春节贺词，向台湾同胞拜年。

陈云林在贺词中说，两岸同胞都是中国人，不仅有血脉相连的民族情感，也有荣辱与共的现实利益，更有和平发展的共同愿景，任何力量都不能把我们分开。在新的一年里，无论遇到多少困难，我们维护两岸关系和平发展的信念不会改变，推动两岸人员往来和经济文化交流的决心不会改变，为台湾同胞谋福祉、办实事的诚意也不会改变。我们将同广大台湾同胞一道，紧紧围绕两岸关系和平发展的主题，坚定地维护台海的稳定和平，继续推动两岸关系朝着和平稳定、互利双赢的方向发展。

台湾民众在网上看到这个贺词无不为之感动，对不断制造麻烦的陈水扁无不予以谴责。

春节前夕，岛内传颂着两条重要消息。

一条是大陆台商总会要在春节后挂牌成立。岛内媒体对此作了报道。台湾"中央社"在1月23日发表的报道说，中国大陆台商全国总会主要发起人张汉文证实，中国民政部去年底已核准并通过大陆台商成立全国总会的审批。即将成立的台商全国性组织总部设在广东东莞，全称为"大陆台商企业协会联谊会"。未来运作成熟后，将在北京兴建一座台商大厦，作为接待办公场所。

报道说，前东莞台商协会会长张汉文接受香港《文汇报》专访时证实上述消息。张汉文说，"大陆台商企业协会联谊会"申请的法人是来自中国大陆9个地区的台商协会负责人。他在2005年底就提出了这个构想，毕竟中国大陆已有100家地方台商企业协会，而由于两岸政治之间的特殊原因，也需要一个组织在两岸之间为大陆台商争取利益。他把成立全国总会的想法跟中国国务院台湾事务办公室领导提出交流时，获得国台办的支持。

张汉文透露，台商总会本计划2006年底就可正式挂牌成立，但因年底大家忙，正式成立的时间应该会定在2月中旬以后，也就是春节之后。

另一条重要消息是，大陆在3月上旬召开的全国人民代表大会和全国政协会议（简称"两会"）将邀台商代表出席。2月8日出版的台湾《工商时报》发表题为《北京催生台企联，3月底挂牌》的报道对此作了报道。报道说，中国大陆将在今年"两会"期间，首度邀请台商会长以观察员、联络员的身份出席会议。

报道说，为全力凝聚台商资源及民心，大陆今年将在"两会"期间展现前所未有的大动作。相关人士透露，日前大陆方面已决定，要把筹备多时的"台资企业联谊会"的政治地位提升。日前国台办特别召集主要台商会长到北京开会时，即传达大陆方面决定，给予联谊会重要政治地位的意见。此外，一位与会者透露，为了提升大陆台商参与议政的机会，除了大陆各地人大、政协系统开始广邀台商参与地方"两会"之外，今年也将有大批台商受邀，列席全国人大、政协会议。

这两条消息成了春节前台湾同胞的热门话题。街谈巷议，善良的台湾同胞纷纷表达着求和平、求稳定、求发展、求双赢的良好愿望。

（四）

3月4日，全国"两会"中的全国政协会议在这一天开幕。许多台商代表列席会议为"两会"增添了新的亮点。

两年前的这一天，胡锦涛总书记在看望参加全国政协十届三次会议的民革、台盟、台联委员并参加联组会时，提出了新形势下发展两岸关系的四点意见："坚持一个中国原则决不动摇"、"争取和平统一的努力决不放弃"、"贯彻寄希望于台湾人民的方针决不改变"、"反对'台独'分裂活动决不妥协"。转眼两年过去了，当时在现场聆听胡总书记讲话的台联委员们再度聚首，畅谈这四点意见的贯彻所引起的变化。

全国台联会长梁国扬说，两年来，我们看到了造福台湾百姓的新政策、新举措不断出台，看到了两岸关系取得的巨大进步，看到了大陆各地、各有关部门为落实胡总书记重要主张所做出的巨大努力和取得的积极成效，胡总书记所作的承诺正在逐一兑现。"以全国台联为例，两年来，我们推动两岸青少年交流，推动两岸少数民族交流，推动两岸历史文化交流，推动保护台湾同胞利益等等，尽最大努力把大陆对台胞的关怀和照顾落实到实际行动中。"

台盟、民革组的一些委员在接受新华社记者采访时普遍认为，当前，尽管反对"台独"分裂势力及其活动的斗争依然严峻、复杂，但是两岸交流交往空前活跃，两岸关系朝和平稳定方向发展的势头不断增强，尤为可喜的是，胡总书记对台四点意见以及随后提出的和平发展理应成为两岸关系发展主题的重要主张，已在海峡两岸深入人心。两年来，两岸同胞相互间的了解进一步加深，共同利益更为紧密，对两岸关系和平发展的光明前景有了更深刻、更真切的认识。

随着两岸交流与合作走向范围更广、层次更高、关系更紧密的新局面的出现，特别是大陆方面不断展现的善意、诚意，让岛内民众对大陆有了更多的正面认识，过去长期被误导而形成的对大陆的隔阂、误解甚至敌意开始"融化"。两岸同胞间的相互了解进一步加深，共同利益更为紧密。"两岸合则两利、分则两害"，"台独"不符合台湾民众的利益，正成为越来越多的台湾民众的心声。台盟福建省委副主委陈正统委员说："我接触了许多台湾中南部民众，包括我自己的一些台湾亲属，他们都对大陆的快速发展感到惊讶和钦佩，也认为大陆对台湾人民充满了善意。"

知名台湾问题专家杨毅周认为，"得民心者得天下"，事实证明，台湾主流民意是"求和平、求安定、求发展"。而加强两岸交流，共同维护台海和平、稳定，共同为两岸同胞谋福祉，是包括两岸同胞在内的所有中华儿女的殷切期盼。杨毅周说，胡总书记对台重要主张的最大特点是牢牢抓住了两岸关系和平发展的主题，"虽然'和平发展'是去年才正式提出来的，但其实在四点意见中已经充分表达了这个主题。"正因为顺应民心，尊重民意，胡总书记的对台重要主张受到了台湾同胞的广泛欢迎，为两岸关系进一步和平稳定发展打下了坚实基础。

全国台研会常务副会长许世铨委员说，在新的一年里，在胡总书记所提出的对台方针政策的指引下，无论遇到多少困难，我们维护两岸关系和平发展的信念不会改变，推动两岸人员往来和经济文化交流的决心不会改变，为台湾同胞谋福祉、办实事的诚意也不会改变。可以预见，两岸人员往来将继续扩大，两岸各项交流与合作的深度与广度将不断得到拓展。

3月4日，正是中国又一个重要节日——元宵节，是亲人团圆的节日。"两会"到了晚餐时间，台湾团的代表们却比平时晚到半个小时，一打听，原来代表们下午集体讨论议案时发言踊跃，气氛热烈，会议迟迟未能结束。会议虽然结束了，但到了餐厅话题还在延续。此时，有着"中国特殊教育第一人"美誉的陈云英代表，一走进餐厅就满脸高兴地拿出一件"礼物"说："瞧我给大家带来了什么？"一旁的詹高越代表率先惊喜起来；"是酒！金门产的高粱酒，来自台湾故乡的酒！"因为这瓶金门名牌高粱酒和端上餐桌的汤圆，顿时使温馨的气氛中增添了一种特别的情感。

陈云英亲自给大家一一斟满酒。在场的代表多是"第二代台胞"，土生土长的"老台胞"范增胜代表于是很权威地给大家讲起了台湾元宵节的种种风俗，"就拿汤圆来说吧，台湾的要大些，馅多些。不过，都是从祖国大陆传过去的。汤圆，汤圆，真希望两岸同胞早一天团圆。"

范增胜，这位1980年放弃美国优越生活举家迁回祖国大陆、在上海港一干就是二十多年的老台胞，今天的装束格外"中国"——一套深蓝色的对襟中式装。范增胜说："买了很多年，今天是第一次穿。因为今天是在盛会期间过元宵节，意义很大。"老范的6个兄弟姊妹现在都在台湾。说到海峡那头的故园和生活在那里的手足亲人，他略微仰起头，有点伤感。"作为一个台湾同胞，在两岸尚未统一前，与大陆同胞一道走过改革开放以来的这20多年，我既是改革开放的直接参与者和见证人，也是祖国大陆辉煌成就的受益者。真想念台湾的家人，希望他们能跟我共享到这种欢乐。"

说来也巧，今天正好是陈云英代表父亲的生日。隔着一道海峡，她给父亲捎去了美好的祝福。她回到大陆已经快20年了，她的闽南话依然流畅悦耳："真想家啊，想念那里的山和水。"

（五）

3月5日，十届全国人大第五次会议隆重开幕。全国"两会"最为重要的议题就是，听取和审议温家宝总理所作的政府工作报告。这一天，温总理作政府工作报告讲到台湾问题时强调，我们坚持"和平统一、一国两制"的基本方针，坚持新形势下发展两岸关系、推动祖国和平统一进程的各项政策。团结广大台湾同胞，坚决反对"台湾法理独立"等任何形式的分裂活动。温总理铿锵有力、掷地有声的讲话，表达了全国各族人民的共同心声，顿时激起全场雷鸣般的掌声。

温家宝说，我们牢牢把握两岸关系和平发展的主题，积极扩大两岸交流与合作，促进直接"三通"，以最大的诚意、尽最大的努力为两岸同胞谋和平、谋发展、谋福祉。我们将继续在一个中国原则基础上，加强同主张发展两岸关系的台湾各党派的对话和交流，争取早日恢复两岸对话与谈判，努力推动两岸关系朝着和平稳定方向发展。我们坚信，在包括台湾同胞在内的全体中华儿女的共同努力下，中国的完全统一一定能够实现。温总理诚挚而务实的话语又一次激起全场热烈的掌声。

就在这一天，中台办、国台办负责人针对陈水扁在元宵节（3月4日）疯狂地叫嚣台湾要"独立"、"正名"等"四要一没有"，即"台湾要独立、台湾要正名、台湾要新宪、台湾要发展；台湾没有左右路线只有统独问题"的分裂主张，发表谈话。

谈话说："3月4日，陈水扁在一个'台独'组织的聚会上，公然抛出'四要一没有'主张，声称'台湾要独立'、'台湾要正名'、'台湾要新宪'。这是陈水扁赤裸裸鼓吹'台独'、在'台独'分裂道路上又迈出的危险一步。这也再次表明，陈水扁是一个毫无诚信的'台独'政客，他已经用'四要一没有'取代了'四不一没有'的承诺。"

谈话强调："我们多次指出，陈水扁通过'宪改'谋求'台湾法理独立'、分裂国家将严重危害台海地区乃至亚太地区的和平与稳定。当前事态表明，陈水扁出于一己之私，故伎重演，变本加厉地鼓吹'台独'分裂主张，其目的是要进一步鼓动通过所谓'宪改'谋求'台湾法理独立'，蓄意挑衅祖国大陆，制造两岸关系紧张，并以此转移焦点，摆脱困境。陈水扁不惜牺牲台湾同胞的利益，不计后果地发表上述言论，必将遭到包括台湾同胞在内的13亿中国人民的坚决反对，其图谋绝对不会得逞。"

谈话最后指出："两岸关系和平发展，符合两岸同胞的共同愿望，也符合国际社会的普遍期待。我们将继续以最大的诚意、尽最大的努力推动两岸关系和平发展，但是绝不会容忍'台独'。我们将密切关注事态发展，绝不允许'台独'分裂势力以任何名义、任何方式把台湾从祖国分裂出去。"

两会期间，全国人大代表和全国政协委员在讨论中谈到台湾问题时，对大陆出台的各项惠及台湾同胞的政策措施纷纷给予高度评价和赞扬，对陈水扁为了摆脱弊案缠身的困境，为了谋取一己之私，不惜牺牲台湾同胞的根本利益，疯狂推销其"台独"主张的丑恶行径，纷纷予以严厉的谴责。

会议期间，人民日报记者采访了台湾代表团团长杨国庆。杨国庆欣喜地说："'十一五'开局良好，向全面建设小康社会的目标迈出了坚实一步。面对祖国欣欣向荣的繁华景象，我们生活在祖国大陆的台湾同胞感到无比自豪与骄傲。"他说，一年来，祖国大陆继续履行为台湾同胞谋福祉的庄严承诺，推出一系列惠及广大台湾同胞的政策措施，受到了广大台胞的热烈欢迎。在两岸同胞的共同努力下，两岸人员往来和经济、文化等各个领域的交流与合作，呈现良好的发展势头，两岸关系进一步朝着和平稳定的方向发展。"

杨国庆话锋一转，指出树欲静而风不止。"我们遗憾地看到，陈水扁当局罔顾台湾同胞谋和平、求发展、促合作的良好愿望，妄图通过所谓'宪改'谋求'台湾法理独立'的活动有所升级。"说到这里，杨国庆气愤地说："近日，陈水扁公然提出'四要一没有'的赤裸裸的'台独'言论，充分暴露了他的'台独'野心家本质。这是对广大台湾同胞根本利益的最大伤害，是注定不能得逞的。"

杨国庆感慨地说，两岸同胞是一家人，中国是两岸同胞的共同家园。祖国大陆了解台湾同胞特殊的历史遭遇，理解台湾同胞热爱乡土的感情，尊重台湾同胞当家作主的愿望。祖国大陆始终把广大台湾同胞视为血浓于水的骨肉兄弟，视为反对和遏制"台独"、发展两岸关系的重要力量。

"台湾是我们的家乡，我们深爱着台湾，思念着在台湾的父老乡亲、兄弟姐妹，我们绝不允许'台独'分裂势力将台湾从祖国分离出去！"杨国庆坚定地说，"我们相信，具有光荣爱国主义传统的台湾同胞，一定会团结起来，与'台独'分裂势力作坚决的斗争，维护好、发展好两岸同胞共同的家园。"

最后，杨国庆表示，在新的一年里，我们要坚决贯彻胡锦涛总书记就新形势下发展两岸关系提出的四点意见的精神，贯彻落实"寄希望于台湾人民"的方针，大力推动两岸各项交流，不断加强与岛内、港澳和海外广大台胞的交流力度，增进彼此相互了解、理解与信任，推动两岸关系和平发展，实现中华民族的伟大复兴。

十届全国人大五次会议刚刚落下帷幕，上午11时许，温家宝总理在人民大会堂三楼大厅会见了1200名采访"两会"的中外记者。

记者招待会上，第四个提问的是台湾东森电视台的记者，他提出的问题是：2007年是两岸关系的关键之年，当然现在两岸关系是政治冷，但民间交流非常热，有越来越多的台商到大陆来。继开放台商包机和推动台湾水果进口之后，台湾民众现在非常关心大陆居民到台湾来观光，请问什么时候开始正式开放和实施？为进一步推动两岸关系，还有哪些具体措施和构想？2008年也是关键的一年，在北京有奥运会，在台湾有大选，对于未来的两岸关系，您的期待和看法是什么？

温家宝答道："这两年是海峡两岸关系十分关键的时刻。关键在哪里？关键在于维护台海的和平与稳定。我在政府工作报告里已经再次重申：我们坚决反对'台湾法理独立'等任何形式的分裂活动。我们密切关注着台湾分裂势力在'台独'的道路上所采取的种种行动和他们分裂的图谋。我们绝不允许改变台湾自古以来就是中国领土不可分割的一部分的历史事实和国际公认的法律地位。我们将牢牢把握海峡两岸和平发展的主题，继续贯彻和执行有利于两岸关系和平发展的各项政策措施。你说得对，现在台商来大陆发展的越来越多。去年两岸双边贸易额已经达到1000亿美元，其中台湾向内地出口达到800亿美元。我们将保护台商以及台湾同胞在大陆投资、就学、旅游等各方面的合法权益。我们积极推进全面的、直接的、双向的'三通'。首先要解决两岸客运包机周末化的问题和两岸货运包机便捷化的问题。大陆同胞到台湾旅游已经期盼多时了，准备多日了。我们希望早日实现这个愿望。海峡两岸和平发展是大势所趋，是任何人无法改变的。'沉舟侧畔千帆过，病树前头万木春。'"

温总理诚挚而坚定的回答，又一次赢得记者们的热烈掌声。

就在温家宝总理会见中外记者的当天，商务部也举行了记者会，商务部新闻发言人王新培宣布，为扩大台湾农产品在大陆的销售，大陆将于2007年

3月20日起，正式对原产于台湾地区的11种蔬菜（甘蓝、花椰菜、丝瓜、青江菜、小白菜、苦瓜、洋葱、胡萝卜、莴苣、芋头、山葵）和8种水产品（鲳鱼、鲭鱼、带鱼、比目鱼、鲱鱼、鲈鱼、虾和贻贝）实施进口零关税措施。

王新培说，对上述19种台湾产农产品正式实施进口零关锐措施，是深化两岸农业交流与合作、满足台湾农民同胞切身利益的又一项实际行动。今后，祖国大陆将继续推动台湾农产品、食品在大陆的销售，切实解决困扰台湾农民同胞的农产品丰产滞销问题。也希望台湾有关主管部门能从照顾台湾广大农民的福祉出发，采取实施措施推动两岸农产品贸易和农业交流与合作的发展。

参加全国"两会"的人大代表和政协委员听到这一消息无不赞不绝口，尤其是台湾代表团和列席会议的台商代表更是赞扬有加，他们说，就连对陈水扁当局的敦促也都充满了善意和诚意，话语并不是批判的口吻，而是"希望台湾有关主管部门能从照顾台湾广大农民的福祉出发，采取实际措施推动两岸农产品贸易和农业交流与合作的发展"。话语中所展现的善意和诚意是显而易见的。

（六）

就在全国"两会"进行期间，大陆有关部门进行了台湾居民报考海关报关员资格证书的考试。3月20日公布了考试结果。这一天，33岁的台胞青年潘美红从厦门海关教育处领到了大陆报关员资格证书，成为首批申请并获得大陆报关员资格证书的台胞之一。拿到证书，潘美红喜悦之情溢于言表，她说她是台南人，1997年毕业于台湾的政治大学财税专业，在台中市一家会计师事务所做过一年查账员。1998年她离开台湾到大陆发展，至今已9年时间，先后在漳州、上海、东莞等地工作，在台资企业做过企业内部的财务行政管理，也做过有进出口业务企业的关务管理工作。2006年大陆开放台胞报考报关员资格考试，她报着试一试的念头参与考试，真没想到一举成功。

从1993年开始，大陆逐渐对会计师、营养师、调酒师、美容师等90项左右的技术性、服务性职业，实施"就业准入"制度。考虑到台湾同胞的利益和需求，大陆逐渐开放台胞报考其中一些证照。从那个时候起，台湾同胞就掀起一股到大陆考证照的热潮，至今这股考证照热还在延烧。1994年大陆开放台湾居民报考会计师，到现在已吸引了3000人次报考。2001年，大陆首次在北京举行保险经纪人及代理执照考试，吸引了1000名左右的台湾寿险业务人员及经纪代理业者组团考试。2003年，"中国心理咨询师"证照考试，又吸引了不少台湾心理咨询师、心理学系学生、幼教人员、社会工作者、儿童看护人员报考。2006年，大陆首次允许台湾居民报考报关员，有551位台湾居民报考，其中多半是在大陆台资企业工作的管理人员，潘美红就是典型例子。

台胞能够到大陆考证照，体现了大陆方面对台湾同胞的关心、爱护和照顾。与之配套的大陆方面逐步放宽政策，扩大两岸人才交流，鼓励和促进台湾同胞在大陆就业，更是想台胞所想，急台胞所急，表现的是一种浓浓的同胞爱，手足情。台湾同胞热衷到大陆考照，动机虽然因人而异，有人出于新奇，有人为了证明自己的能力，但是小异之外却有大同，那就是，他们越来越看好大陆经济社会又好又快发展的广阔前景，并愿意将自己事业的版图延伸到大陆。到大陆发展，身份和资历证明必不可少，相关的行业证照就是一个要件。就拿报关员来说，大陆报关员的平均薪水并不太高，但是台湾同胞还是表现了很大的兴趣，蜂拥报考，他们看重的自然不是那点薪水，而是看好那个证照的潜力和前景。在台湾同胞看来，大陆迟早要开放外资独资设立报关行，协助企业通关。大陆广阔的外贸市场，加上未来必将实现的两岸"三通"，未来这个证照必然炙手可热。到大陆考证照，不仅是台湾同胞的一种时尚，更是一种现实需要，一种追求，这股热潮还将继续。

台湾同胞到大陆考取证照的热潮仅是海峡两岸互动热潮中的一股热潮。就在这个时段，两岸之间其他方面的互动同样也在热热络络地进行着。下面仅举几例，即可看出两岸互动的热络程度。

——3月28日，在北京召开了"海峡两岸农业交流协会第二次会员代表大会"。会议指出，海峡两岸农业合作试验区和台湾农民创业园建设成效显著，眼下，大陆已在11个省市区设立了9个试验区和4个创业园，台资企业已达4500家，实际利用台资近50亿美元。

农业部总经济师、办公厅主任薛亮介绍说，这些试验区、创业园主要分布在大陆沿海地区并扩展到西部和东部地区，通过这些园区的建设和发展，既促进了大陆农业的结构调整、农民增收，又拓展了台湾岛内农业的发展空间。

海峡两岸农业交流协会会长于永维强调，海峡两岸农业交流协会今后将不断开拓两岸农业交流的新领域，寻求两岸农业合作的新契机，推动两岸农业交流与合作不断取得新成绩，让两岸同胞共享农业发展的新成果。

——3月30日，来自海峡两岸和香港特区的数十位专家学者聚首香港，参加"海峡两岸经济发展论坛"，就如何深化两岸经贸与科技合作，促进海峡两岸经济互利共赢等问题进行深入探讨。

全国人大常委会副委员长蒋正华出席开幕式，并发表了题为《深化两岸经贸合作，实现互利双赢》的主题报告。蒋正华在报告中说，无论从祖国大陆今后几十年的发展需要出发，还是从台湾新一轮产业结构升级和提升在全球产业链分工中的地位，以及实现海峡两岸及香港、澳门的经济共同发展繁荣的历史视角出发，都需要充分发挥两岸经济的互补效应，全面深化和扩大两岸经贸交流合作，实现互利双赢。

由国际欧亚科学院中国科学中心发起、香港中文大学主办的此次论坛为期两天，论坛议题涉及"两岸经济与全球经济"、"两岸的科技合作"、"两岸的金融合作"、"两岸的气象、环保及地理信息合作"等方面。经过两天充分而热烈的讨论，论坛形成多项共识。这些共识都是围绕着"怎样充分发挥两岸经济发展的互补效应，全面深化和扩大两岸经贸交流与合作，实现互利双赢"这个主题形成的。

——4月8日，"第十一届厦门对台进出口商品交易会暨海峡两岸机械电子商品交易会"（简称"台交会"）在厦门国际会展中心又隆重拉开帷幕，全国政协副主席张克辉出席了开幕式。

作为海峡两岸规模最大、影响最广的专业展会，本届"台交会"共有七百多家来自海峡两岸的企业参展，展位达1670个，创历史新高。展馆分为"机械设备展区"、"仪器仪表暨工控展区"、"模具工具及材料展区"、"汽车零部件展区"、"光电展区"等，其中机械类产品仍是第一大参展商品。

在为期4天的展期中，同时举办了"2007海峡两岸经贸论坛"、"海峡两岸投资贸易对接会"、"2007海峡两岸半导体（LED）产业项目对接会"、"海峡两岸民俗文化节"、"第二届台湾地区专业人才暨大学毕业生大陆就业洽谈会"等系列活动。

本届"台交会"由中国机电产品进出口商会、台湾电机电子工业同业工会和厦门人民政府共同主办，海峡两岸经贸交流协会、台湾车辆工业同业公会和台中世贸中心共同协办。

在为期4天的展期中，始终涌动着川流不息的人潮，在参展业者的脸上始终写满收益满满的笑意。主办单位负责人喜气洋洋地向记者介绍说，本届"台交会"与以前举办"台交会"相比，可以用三个"最"、三个"旺"来概括。三个"最"是"规模最大，影响最广，效益最好"。三个"旺"是"人气旺，交易旺，收益旺"。

好一个"旺"，这难道不是这一段时期以来海峡两岸经济、文化交流合作与人员往来的真实写照吗?

五、2007年的4月,两岸又掀开积极互动的耀眼篇章

(一)

当胡锦涛总书记在2007年4月7日获悉吴伯雄先生当选为中国国民党主席后,随即致电吴伯雄,祝贺他当选为中国国民党主席。贺电全文如下:

台北

中国国民党中央委员会

吴伯雄先生:

值此先生当选中国国民党主席之际,谨致祝贺。由衷期望贵我两党为两岸同胞谋福祉,继续努力推动两岸关系和平稳定发展,共创中华民族美好未来。

中国共产党中央委员会总书记 胡锦涛

2007年4月7日

4月8日,吴伯雄主席即复电胡锦涛总书记,感谢胡总书记对他的祝贺。吴伯雄在复电中表示:"贺函敬悉,谨致谢忱。本人出任中国国民党主席后,将循贵我两党2005年4月29日公报之五点共同愿景,持续推动,以促海峡两岸之和平与发展。"

吴伯雄先生生于1939年,台湾桃园县人。他在台湾成功大学工商管理系毕业后,又赴美国芬德雷大学留学获荣誉政治学博士,又赴韩国圆光大学留学获荣誉法学博士。曾任桃园县长、台北市长等行政职务。1996年到1997年任中国国民党中央委员会秘书长。2000年后,他一直担任中国国民党副主席。近年来,他曾多次访问大陆。

吴伯雄在就职典礼上表示,摆在国民党眼前的考验非常严峻,当选党主席是千斤重担的开始,他会促成党内团结,秉持大公无私的态度,协调推出最有胜选可能的"立委"人选,并尽最大努力提出最有胜选可能的台湾地区正副领导人选。

4月7日这一天,正是另一位国民党主席候选人洪秀柱的生日,她虽然坦诚地承认自己败选,诚挚地祝贺吴伯雄当选,但吴伯雄仍然惦记着她。当天,吴伯雄提着蛋糕为洪秀柱祝寿,并且为洪秀柱唱生日快乐歌,两人热烈

拥抱，展现了政治家的崇高风范。诚如他在就职典礼上所言，"他会促成党内团结"。

（二）

4月11日，国台办举行例行的新闻发会，新闻发言人杨毅介绍说，经过一段时间的筹备，全国台湾同胞投资企业联谊会（简称"台企联"）将于4月15日下午在北京召开第一届第一次会员代表大会，4月16日上午举行成立大会。成立大会之后，部分与会代表将赴天津滨海新区参观考察。

杨毅还介绍说，经过国共两党积极磋商，第三届"两岸经贸文化论坛"将于4月28日至29日在北京举行。本次论坛的主题是两岸经济文化交流，包括直航、教育和旅游观光，双方与会代表将围绕当前两岸同胞共同关心的问题进行研讨。中国国民党荣誉主席连战先生将出席论坛，连战先生还将应中共河南省委的邀请，出席在河南新郑举行的"丁亥年黄帝故里拜祖大典"。

台企联是以各地台资企业协会为主体，自愿组成的联合性、非营利性的社会团体。其宗旨是服务台资企业，增强会员间联谊以及会员与政府间联系，维护会员合法权益，推动两岸经济交流与合作，促进两岸关系和平发展。截至2007年2月底，在25个省、自治区和直辖市已相继成立了100家台资企业协会，会员企业达两万余家。

4月15日，台企联举行了第一届第一次会员代表大会，来自大陆各地的台资企业协会会长和企业代表共计两百余人出席大会。大会选举产生了第一届常务理、监事会，并由常务理、监事会提名，选举通过了第一届理、监事会领导成员，张汉文当选首任会长，丁鲲华当选监事长，叶惠德等7人当选常务副会长。大会还通过了台企联章程、会费收取和管理办法，决定了荣誉会长、总顾问、顾问人选等。

4月16日，全国台湾同胞投资企业联谊会在北京人民大会堂举行成立大会，来自各地的台资企业协会会长和企业代表、部分台湾大型企业及工商团体负责人及国家有关部门负责人，共六百余人出席了大会。

国台办主任陈云林出席大会并讲话。他代表国台办热烈祝贺台企联成立。他说，台企联成立是广大大陆台商盼望已久的一大喜事，对于服务台商，促进台资企业发展，推动两岸经济交流与合作及两岸关系和平发展，必将产生积极的作用和深远的影响。他希望台企联秉持办会宗旨，倾听台商心声，反映台商意见，协助台商解决生产经营和生活中的难题，充分发挥在会员与政府间的桥梁纽带作用，努力把台企联建设成为广受台商欢迎的和谐的

"台商之家"。

台企联首任会长张汉文代表台企联第一届理、监事会讲话。他说，台企联成立后，将积极推动两岸民间交流，推动两岸包机周末化、常态化，推动尽快实现真正意义上的两岸"三通"，推动两岸经贸交流正常化、扩大化。他表示，只有为台商积极营造和平稳定的发展环境，才能为台商发展提供根本保证。他们有信心携手努力，把联谊会打造为服务台商的平台、两岸经贸交流的平台、推动两岸关系和平发展的平台。

台企联的成立引起两岸各界的高度关注，各路媒体对此事纷纷予以报道。路透社4月16日发出的一则电讯说，大陆首个国家级台湾商会——全国台湾同胞投资企业联谊会今天在北京成立。中国官员说，它的目的是使台湾投资者得到更好的法律保护，大大回避政治问题。电讯说，在北京人民大会堂举行的成立大会上，台企联会长张汉文说，台湾企业遍布中国大陆，台湾商人和他们的亲属已经融入了社会各个阶层。张汉文指出，台企联旨在帮助解决商业纠纷，保护数以千计的台湾投资者的权益。

电讯说，台北的倾向独立的政治人士严厉批评台企联。他们认为台企联是北京在台湾赢得人心的阵线。台湾"陆委会"上周说，它希望这个新组织将坚持其声明的目标，避开政治问题。对此，张汉文说，他已经同"陆委会"谈论了台企联和它的作用。他对记者说："我们的协会一直在与海基会沟通。我们是自己去那里的。他们非常清楚我们为什么成立这样一个组织。它完全是积极的。我认为什么问题也没有。"

针对扁当局威胁"台企联"若搞"统战"，将"依法处置"，并对陈云林担任"台企联"荣誉会长一职说三道四，台湾"中央社"4月15日发出的一则电讯说，"台企联"会长张汉文今天表示，请中国国务院台湾事务办公室主任陈云林等官员担任"台企联"职务，是当台商的"靠山"，"台企联"是为台商生意发展服务的，不会去碰政治。

也就在4月16日这一天，准备参加第三届两岸经贸文化论坛的连战先生一行抵达河南，准备参加"丁亥年黄帝故里拜祖大典"。在4月17、18日两天的时间里，连战先生一行参观了郑州、洛阳、开封等地。飞速发展的中原大地让连战先生一行连连赞叹。在与河南省委书记徐光春的会谈中，连战感慨道："台湾在电视机没有普及之前，我们都是通过广播了解新闻，每次听到的广播报时都是'中原标准时间'。台湾、河南距离蛮远，但中原是很多台湾儿女心灵上的一个故乡。这里是我们华夏文明发源的地方，尤其是我们中华民族共同始祖——黄帝出生和成长的地方。今年参加黄帝拜祖大典，完成

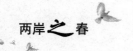

了我多年来的一个夙愿。"

"二月二，龙抬头；三月三，生轩辕。"2007年4月19日，农历丁亥年三月初三，千里中原，惠风和畅，牡丹争艳。应中共河南省委的邀请，连战先生和夫人连方瑀女士与上万名海内外来宾一起，来到黄帝出生、创业、建都的地方——河南省新郑市，祭拜中华民族的共同祖先——轩辕黄帝。

上午9时18分左右，身着深色服装、满面红光的连战夫妇携手步入"丁亥年黄帝故里拜祖大典"会场，礼仪小姐为他们佩戴上金黄色的"黄帝丝巾"。在故里祠前，连战挥毫写下"扫蒙昧，定中原，世胄文明于焉开"的题词。

9时50分，伴着21响礼炮的轰鸣，拜祖大典正式开始。在全国人大常委会副委员长许嘉璐、全国政协副席张思卿、周铁农、张怀西等向黄帝像敬献花篮后，连战夫妇和中台办主任陈云林夫妇缓缓走上前，郑重地献上花篮，面向黄帝像，肃立了3分钟，然后深深地三鞠躬。

10时，典礼进行到净手上香阶段时，连战夫妇第一个走到香炉前，净手之后，两人各执一炷高香，默默点燃，缓缓插入香炉，鞠躬深拜。

拜祖大典结束后，连战接受记者的访问时说："轩辕黄帝是我们中华民族共同的始祖，今天除了向始祖表达最高的敬意之外，特别想借这个机会表达我们一个很庄严的承诺，中国国民党一定同心同德、一心一意，为两岸人民的福祉继续努力奋斗，来祈求两岸的和平、稳定和发展。这是我此行的主要目的。"

连战先生的庄严承诺，令现场的祭拜者和记者十分感动，以热烈的掌声回敬连战先生。

春风轻拂，百花争艳。4月25日，连战先生携夫人及子女一行，来到沈阳，前往"显阳园"，代表母亲赵兰坤，祭拜赵氏先祖。

这一天的上午，连战与夫人连方瑀女士及儿女一行，来到位于沈阳市西郊铁西新区沙岭镇兰胜村的赵家墓地。因连战外曾祖父名赵显阳，故纪念园被命名为"显阳园"。上午9时28分，连战夫妇为"显阳园"揭幕，并率儿女在"显阳园"石碑前三鞠躬。连战说："在清明后不久来到沈阳，代表母亲纪念她的父母乃至赵氏列祖列宗，完成了母亲多年的夙愿，心里感到非常高兴。"

连战的母亲赵兰坤女士是沈阳大西关人，当年曾在奉天（今沈阳）坤光女子师范学校读书，因成绩优异被推荐到燕京大学深造，自"九一八"事变离开沈阳后一直没有回过故乡。此次连战代母祭祖并亲眼目睹了东北地区的巨大变化，确实是代表母亲完成了七十多年的夙愿。

也就在4月25日这一天，国台办在北京举行例行新闻发布会，介绍即将召开的第三届两岸经贸文化论坛的有关情况，同时揭露了陈水扁当局提出以"台湾"名义加入世界卫生组织的险恶图谋。

新闻发言人杨毅介绍说，由国共两党有关机构共同举办的第三届两岸经贸文化论坛，将于4月28日至29日在北京举行，出席这次论坛的代表共约500人，其中台湾方面代表近300人，大陆方面代表200人。除国民党方面外，亲民党、新党、无党联盟的代表，以及两岸航空、海运、教育、旅游等有关领域的人士将出席论坛。

杨毅说，以往两届论坛就两岸同胞关切的加强两岸经贸交流合作等问题进行了探讨，达成了多项共同建议；大陆方面还分别宣布了一系列进一步促进两岸交流合作、惠及台湾同胞的政策措施，并在会后切实落实。这两届论坛对于深化两岸经贸合作、构建和平稳定发展的两岸关系产生了重要而积极的作用，获得了两岸同胞的充分肯定和国际社会的好评。

杨毅透露，在即将召开的第三届两岸经贸文化论坛上，两岸各界人士将就两岸直航、两岸教育交流与合作、大陆居民赴台旅游等议题广泛交流意见，凝聚共识，以进一步促进两岸经济文化交流与合作，推动两岸关系朝着和平稳定的方向发展。不论遇到什么阻挠和障碍，我们都会一如既往地为两岸关系和平发展做出积极努力。

新闻发布会上，有记者问：台湾地区领导人陈水扁最近致函世界卫生组织总干事，提出以"台湾"的名义加入世界卫生组织，对此您有何评论？杨毅指出，提出以"台湾"名义加入世界卫生组织，是台湾当局在国际多边活动中从事"台独"分裂活动的升级，对此我们坚决反对。

杨毅说，我们始终高度重视并积极维护广大台湾同胞的卫生健康权益，大力促进两岸在医疗卫生领域的交流与合作。2005年5月，卫生部与世卫组织签署了相关谅解备忘录。按照谅解备忘录的精神，我们积极支持台湾地区的医疗卫生专家参加世卫组织举办的医疗卫生交流活动。截至目前，已有12批、23人次的台湾医疗卫生专家参加过世卫组织举办的技术交流活动。台湾获取世卫组织相关信息和援助的渠道、途径是通畅的。

杨毅指出，世界卫生组织是一个只有主权国家才能参加的联合国专门机构。根据世界卫生组织《组织法》以及世界卫生大会《议事规则》的规定，台湾作为中国的一部分，不能以"会员"或"准会员"身份加入世界卫生组织，也不能以"观察员"的名义参加世界卫生大会。

杨毅说，台湾当局将此事作为政治议题进行恶意炒作，其目的不是为了台湾民众的健康卫生权益，而是以此为幌子，在国际上进行分裂国家的活动，因而理所当然地受到岛内舆论的抨击和国际社会的反对。

（三）

一年一度的博鳌亚洲论坛年会，是思想激荡和观点碰撞的盛会。

2007年4月21日至22日，第六届博鳌亚洲论坛年会如期在博鳌召开。蓝天、白云、椰林、大海……摇曳多姿的博鳌小镇，以它的美丽和热情拥抱着来自36个国家和地区的一千四百多名精英代表：亚洲国家政要、工商界巨擘、学术界名流……围绕着亚洲的发展前景和发展方式，他们各抒己见，畅所欲言。精辟的观点，深刻的阐释，热烈的讨论，加上自由开放的交流气氛，成就了博鳌亚洲论坛年会的独特魅力。

4月20日，中共中央政治局常委、全国人大常委会委员长吴邦国在博鳌会见了前来出席博鳌亚洲论坛2007年年会的台湾两岸共同市场基金会董事长萧万长先生和台湾企业家代表团。

吴邦国在会见时说，两岸经济的发展离不开两岸和平和谐的环境。当前，和平发展、互利双赢已经成为两岸同胞的广泛共识。过去的一年，在两岸同胞的共同努力下，台海局势中有利于遏制"台独"的积极因素持续增多。去年4月，中共中央总书记胡锦涛提出了"和平发展理应成为两岸关系发展的主题"的重要主张，反映了我们对两岸关系发展进程的深刻认识，揭示了两岸关系发展的规律，已经成为当前两岸同胞的共同愿望和为之奋斗的目标。

吴邦国指出：2007年是台湾政局演变和两岸关系发展的关键年。两岸关系和平发展面临重大机遇，也面临更为严峻的挑战。我们有坚决打击和遏制"台独"分裂势力及其分裂活动的信心和决心。为了维护两岸同胞和中华民族的根本利益，我们绝不允许任何人以任何名义和方式将台湾从祖国分割出去。我们真诚地希望广大台湾同胞与我们一道坚决反对和遏制"台独"，共同维护台海和平。

吴邦国强调，不管遇到多少困难，我们维护两岸关系和平发展的信念不会改变，推进两岸经济文化交流合作、谋求两岸共同繁荣的决心不会改变，为台湾同胞谋福祉、办实事的诚意也不会改变。我们将忠实地履行对台湾同胞作出的庄严承诺，既不会因局势的一时波动而迟疑，更不会因少数人的干扰而停滞。

萧万长说，近年来两岸经贸文化交流和人员往来发展势头强劲，合作潜力很大。他表示，将继续为增进两岸同胞的了解与互信，促进两岸经贸关系的发展做出积极努力。

会见结束时，始终微笑着的吴邦国和始终微笑着的萧万长亲切握手，热烈拥抱，展现了浓浓的同胞情、手足爱。

（四）

4月27日，中共中央政治局常委、全国政协主席贾庆林在人民大会堂会见了率团前来参加第三届两岸经贸文化论坛的中国国民党荣誉主席连战一行。

贾庆林在会见时说，2005年4月，胡锦涛总书记邀请连战主席来访，进行会谈并发布了"两岸和平发展共同愿景"，标志着国共两党在共同促进两岸关系发展的道路上迈出了历史性的重要一步，揭开了两党关系新的一页，载入了两岸关系发展的史册。两年来，国共两党建立起交流对话平台，积极运作，富有成效，先后举办了两岸经贸论坛、两岸农业合作论坛，达成了许多共识，取得了丰硕成果，实实在在地解决了台湾同胞关心的问题，受到两岸同胞的欢迎和国际社会的好评。

贾庆林说，本届论坛将讨论促进两岸直航、旅游观光和教育交流等议题。这些议题都是两岸同胞关心的问题，也是需要国共两党进一步推动解决的重要课题。两岸直航早已是两岸同胞的共识、台湾同胞的强烈愿望。我们要在已有两岸包机的基础上，进一步推动两岸直航的进程。大陆同胞希望早日实现赴台旅游，领略宝岛美好风光。百年大计，教育为本。两岸教育交流从广义上说属于大文化范畴。多年来，两岸教育交流十分活跃、成效显著。要进一步大力推动两岸青年交流，促进中华文化发扬光大。

贾庆林指出，总的看，当前两岸关系基本稳定，但"台独"分裂活动十分猖獗，岛内形势十分复杂。民进党当局通过"宪改"谋求"台湾法理独立"，是台海和平稳定面临的最现实、最严重、最危险的问题。同时，民进党正在推动以"台湾"名义申请加入联合国的"公投"。我们坚决反对陈水扁当局通过"宪改"、"公投"进行"台湾法理独立"活动，绝不允许"台独"分裂图谋得逞。

贾庆林强调，坚持"九二共识"，反对"台独"，促进两岸关系发展，是国共两党共同的基础。我们愿意与国民党继续加强交流与对话，与两岸同胞共同努力，制止"台独"分裂活动，维护台海和平稳定。

连战表示，我两年前首次应邀来大陆访问，就是本着正视现实、开创未来的精神，坚定、坚决地坚持"九二共识"、反对"台独"。两年来，国共两党开展交流与对话，除成功举办了两届论坛外，还就信息产业标准化、台商权益保障等议题进行了多次讨论和沟通，推动解决了很多涉及两岸民众权益、增进福祉的实际问题，嘉惠了两岸同胞，特别是台湾民众，受益的不仅是台湾工商企业，还包括农民、学生，以及医生和律师等专业人士。

连战说，前来参加本次论坛的约300位台湾代表来自不同界别，代表了台湾的主流民意和民心所向，台湾民众希望看到两岸和平、交流、发展、双赢。相信本届论坛一定会顺利圆满，取得丰硕成果。

连战夫人连方瑀女士，中国国民党副主席关中、林丰正，亲民党秘书长秦金生，新党主席郁慕明，中国国民党中央党部和智库的部分人士，出席本届论坛的台湾企业界、教育界、学术界的部分代表，参加了会见。

中共中央政治局委员、国务院副总理吴仪，国务委员唐家璇、陈至立，全国政协副主席刘延东，中台办主任陈云林等会见时在座。

会见结束后，贾庆林举行宴会，招待前来参加本届论坛的海峡两岸各界人士。

（五）

4月28日，是第三届两岸经贸文化论坛开幕的日子。上午9时，在本届论坛举行开幕式前，胡锦涛总书记在人民大会堂与率团前来出席论坛的中国国民党荣誉主席连战等人亲切会面，随后一同会见了出席论坛的全体代表，并合影留念。合影结束后，胡锦涛和连战先后发表致辞。

胡锦涛在致辞中首先向出席论坛的海峡两岸各界人士表示诚挚欢迎，对论坛的召开表示热烈祝贺。他说，两年前，我同连主席在这里举行了历史性会谈，达成了"两岸和平发展共同愿景"。两年来，国共两党有关方面共同举办了两届论坛，围绕两岸同胞关心的两岸交流中的热点问题展开研讨，取得了丰硕成果，产生了重要影响。本届论坛以两岸直航、旅游观光、教育交流为主题，反映了两岸同胞扩大交往、加强合作的迫切愿望，符合两岸互惠互利、共同发展的现实需要，体现了国共两党促进两岸关系和平发展的共同心愿。我衷心祝愿本届论坛取得圆满成功。

胡锦涛指出，两岸关系发展的实践证明，两岸分则两害，合则双赢。当前，大陆经济发展势头强劲，为两岸经济交流合作提供了更广阔的空间、更强劲的动力、更优越的条件。加强两岸经济文化交流合作，增进两岸同胞福祉，促进中华民族伟大复兴，是人心所向、大势所趋。

连战在致辞中说，两年前，我首次应胡锦涛总书记邀请来北京进行"和平之旅"时，中国国民党和中国共产党本着"正视现实、开创未来"的体认，坚持认同"九二共识"、反对"台独"的主张，达成了五点共同愿景，受到了两岸人民的普遍肯定和欢迎。在当前两岸关系形势下，举办本次论坛，意义非常重大。

连战表示，中国国民党将秉持既有的理念和坚持。一是加强两岸交流。交流是硬道理，交流是主动力。二是促进两岸协商。通过对话，把两岸关系推向更新的里程。三是共创两岸双赢。和解互助、和谐相处、和平共荣。相信经过大家努力，一定能达成两岸共创和平、共创稳定、共谋发展、共享繁荣的局面。

中共中央政治局常委、全国政协主席贾庆林，中共中央政治局委员、北京市委书记刘淇，中共中央政治局委员、国务院副总理吴仪，中共中央政治局候补委员、中央书记处书记、中央办公厅主任王刚，国务委员唐家璇、陈至立，全国政协副主席刘延东，中台办主任陈云林等，参加了会见。

随后，第三届两岸经贸文化论坛在人民大会堂隆重开幕。贾庆林和连战出席开幕式，并分别发表了演讲。

贾庆林作了题为《深化两岸经贸文化交流，促进两岸关系和平发展》的演讲。他说，本届论坛就关系两岸同胞切身利益的直航、教育、旅游观光等重要议题展开深入探讨，必将对推动两岸人员往来和经贸文化交流、促进两岸关系和平发展产生重要而积极的影响。

贾庆林指出，2005年4月29日，胡锦涛总书记与连战主席进行正式会谈，共同发布"两岸和平发展共同愿景"，标志着国共两党在促进两岸关系发展的道路上迈出了历史性的重要一步。去年4月16日，胡锦涛总书记在会见连战主席时郑重提出，"和平发展理应成为两岸关系发展的主题，成为两岸同胞共同为之奋斗的目标"。这一重要主张，展现了我们维护台海地区和平稳定的诚意，指明了两岸关系发展的方向，符合两岸同胞的共同愿望，也符合当今世界和平与发展的潮流。两岸同胞要实现两岸关系和平发展的目标，就要坚决反对和遏制"台独"，消除导致台海局势紧张动荡的最大根源；就要坚持"九二共识"，奠定共同的政治基础；就要以人为本，把两岸同胞的利益放在首位，确立和实践为两岸同胞谋福祉的宗旨；就要深化互利双赢的两岸交流合作，拓宽造福两岸同胞的有效途径；就要推动开展平等协商，打开两岸关系和平发展的必由之路。两年来，我们党与国民党、亲民党、新党交流与对话的不断深化，激发了两岸同胞携手合作的热情，促进了两岸关系朝着和平稳定的方向发展。

贾庆林说，面对新机遇新挑战，两岸同胞要继续努力，全面扩大两岸人员往来和经贸文化交流，争取早日实现直接"三通"，密切同胞交往，维护共同利益，增进文化认同，溶洽同胞感情，促进两岸关系和平发展。

就当前促进两岸交流和台湾民众关心的重要问题，贾庆林提出四点看法：一是把握时机，大力推动两岸直航进程。应当本着方便两岸人员往来、促进两岸经济关系发展、符合两岸航运企业利益的原则，继续采取两岸民间行业组织协商的办法，务实解决问题，积极推进两岸空中、海上直航进程。尽快对两岸客运包机周末化、常态化与货运便捷化作出安排。大陆居民赴台旅游和包机周末化同步安排、同步实施。福建沿海与金门、马祖海上直航模式完全可以扩大到两岸其他开放港口。两岸民间海运行业组织可按照2005年春节包机澳门协商模式，磋商海上直航的相关事宜，取得共识，尽早实施。

二是务实协商，尽早实现大陆居民赴台旅游观光。大陆居民赴台旅游不是"国与国之间的旅游"。希望台湾有关方面在大陆居民赴台旅游问题上，能够切实顺应民意，采取务实、积极的态度，协商解决遗留的问题。只要台湾当局真心支持两岸旅游民间组织通过协商达成共识，大陆居民赴台旅游即可实现。

三是面向青年，扩大和深化两岸教育交流与合作。我们将继续出台政策措施，尽力满足台湾教育界希望大陆学生赴台就读、台湾学生希望来大陆发展事业的愿望。希望两岸青年学生加强交流，成为相互理解、相互关爱的挚友，成为促进两岸关系和平发展的有生力量。

四是深化交流，共同弘扬中华文化优秀传统。深化两岸文化交流，要以共同继承和发扬中华文化的优秀传统为主线，以加深两岸同胞感情和理解为出发点，要坚决反对"台独"分裂势力在文化领域推行"台独"活动、炮制"台独文化"。民进党当局炮制"文化台独"的活动愈演愈烈，企图以此割断两岸历史文化纽带，泯灭台湾同胞的中华民族意识，培植"台独"思想、社会基础。我们希望台湾同胞与大陆同胞一道，共同传承和弘扬中华文化，保持和加强两岸同胞共同珍视的精神文化纽带。

贾庆林指出，民进党当局领导人不断抛出极端"台独"言论，加紧通过推动所谓"宪法改造"进行"台湾法理独立"活动，把"去中国化"、"台湾正名"等分裂活动推到前所未有的程度，并肆意对大陆进行挑衅。事实说明，"台独"危险性上升，这是当前台海和平稳定面临的最严重、最危险、最紧迫的问题。共同反对"台独"分裂行径，两岸同胞责无旁贷。我们愿继续以最大的诚意、尽最大的努力促进两岸关系和平发展，争取和平统一的前景，但决不容忍"台独"，决不允许任何人以任何方式把台湾从中国分割出去。我们有信心、有能力、有准备制止"台独"和导致"台独"的重大事变。

连战发表了题为《建立开放、合作的两岸关系》的演讲。他强调，两岸血脉相连、文化相同，"合则两利，分则两害"，两岸同胞应凝聚共识、共同努力，建立开放、合作、发展的两岸关系。

连战指出，民进党当局在两岸关系上采取"政治对抗，经济封闭，军事竞赛"的路线，并在岛内推动"去中国化"，要从文化、血缘上彻底斩断台湾与中华文化、中华民族的关系，这造成了台湾内部社会撕裂、政党对立、自我认同混淆，不仅使台湾经济被边缘化，使台湾的竞争力不断流失，也无助于提升台湾人民的福祉，而且使两岸间紧张态势螺旋式升高，已经严重影响台海地区的和平稳定。

连战表示，台湾决不应走"正名"、"去中国化"的"台独"路线，在两岸关系上，要以人民福祉取代意识形态的对立，要以和平发展取代军事竞赛，要以功能整合取代政治分裂，要以历史的眼光取代私人的野心。两岸应在"九二共识"基础上恢复协商，求同存异，签署和平协议。应加快两岸交流的脚步，加强两岸经贸合作。台湾应善用大陆经济腾飞的动力作为自身发展的助力，大陆应多加善用台湾的资源、技术及国际行销经验，这是互利双赢的最佳局面。连战指出，本届论坛讨论的主题很有意义。两岸直航不仅节省时间、能源和成本，更可以提升台湾的经济效率和台湾在区域经济中的战略地位。开放大陆居民赴台观光，可以惠及台湾上百项产业。加强两岸教育和文化交流，将从更根本的层面建立两岸各项整合的基础。

论坛开幕式由中台办主任陈云林与中国国民党副主席、国政基金会副董事长林丰正共同主持。中国国民党副主席江丙坤、关中、章仁香、林益世及中央党部主管人士，亲民党秘书长秦金生、新党主席郁慕明、无党团结联盟主席林炳坤等出席了开幕式。中共中央政治局委员、北京市委书记刘淇，中共中央政治局委员、国务院副总理吴仪，国务委员唐家璇、陈至立，全国政协副主席刘延东，北京市市长王岐山，中央国家机关有关部委负责人等也出席了开幕式。

本届论坛由中台办海研中心与中国国民党国政基金会共同主办。与会人员有两岸海运、航空、旅游等相关团体和企业负责人，两岸教育界知名人士、著名专家学者以及全国台资企业联谊会主要负责人等共五百多人。

（六）

两天来，来自海峡两岸的专家学者、企业界人士，围绕直航、教育、旅游观光等议题进行了广泛而深入的探讨。

"两岸直航，民之所望"。中国南方航空集团公司总经理刘绍勇认为，两岸直航，利在台湾经济，利在两岸民心，利在民族的和谐发展，可谓"兼相爱，交相利"。

台湾交通大学教授陈光华生动地形容两岸发展多年的海空运关系，"直航只欠'临门一脚'！"只要双方坦诚交流，积极促进合作，直航目标不难企及。

富国强民，教育为本。本届论坛首次把"教育"列为三大议题之一。"两岸携手，大有可为"。台湾嘉义大学前校长杨国赐表示，随着知识经济社会的来临，两岸教育界都应该深切体认到，人才开发与培养已成为加强发展竞争力的核心。期待两岸以和谐共生的胸襟，提出完善的因应策略，共同提升教育品质和人才竞争力。

教育部教育发展研究中心副主任、研究员范文曜表示，台湾拥有比较完整的教育体系，拥有高素质的教师队伍，台湾教育的理念也比较前沿，如果台湾教育资源向大陆开放，两岸教育资源优势互补，将创造共赢的局面。

厦门大学管理学院旅游系教授黄福才认为，开放大陆居民赴台旅游，不仅可为台湾旅游业的发展带来更大的发展空间，拉动台湾经济的增长，也将为两岸旅游合作双赢开辟美好前景。

台湾观光学院校长李铭辉以香港和澳门为例，说香港和澳门正因为通过吸引内地同胞旅游和获得巨大收益，这对于拥有更丰富的旅游资源的台湾而言，无疑是一个重要启示。李铭辉呼吁台湾当局减少、取消不合理且不必要的限制，早日全面开放大陆居民赴台旅游，"将对台湾旅游业与经济发展产生重大的促进作用！"

4月29日下午，论坛举行闭幕式，贾庆林、连战出席。在闭幕式上，中台办常务副主任郑立中宣读了本届论坛形成的《共同建议》。《共同建议》共有6项：

（一）促进两岸空中直航与航空业交流合作。推动两岸民间航空行业组织，就包机周末化、常态化尽早作出安排。增加包机地点，扩大乘客范围，增加班次密度，相对固定时刻，完善营销方式，以便捷两岸人员往来。在两岸业者包机总班次对等的情况下，允许双方根据实际情况各自指定包机承运人。鼓励两岸民间航空行业组织尽早建立直达航路事宜进行沟通和落实，尽快实现两岸空中交通管制直接交接。希望台湾方面尽快允许大陆航空公司在台湾设立相应的办事机构或代表处。在条件允许的情况下，两岸航空公司可在对方自办业务。

（二）推动两岸海上通航和救援合作。推动两岸民间航运行业组织尽早按照既有模式就两岸海上通航相关事宜进行沟通，达成共识，作出安排。台湾方面应本着互惠双赢、互利共享的原则，允许大陆海运企业在台湾设立经营性机构。支持、鼓励两岸民间专业组织在两岸海上搜救、打捞方面开展技术交流与合作。两岸专业救助力量应全力以赴对发生在台湾海峡的自然灾害和海难事故提供紧急救援，共同维护海上人员生命财产与环境安全。

（三）继续拓展福建沿海与金门、马祖、澎湖直接往来的范围和层次。两岸应采取切实有效措施，推动福建与金、马、澎直接往来朝着积极稳妥、安全顺利、健康有序的方向发展。当前应重点推动扩大两地人员往来和货物贸易的范围。希望台湾方面充分考虑金门、马祖民众的需求，尽快同意金、马与福建沿海建立直达水电供应管路。呼吁两岸有关方面为两岸船舶公司及其他企业从事福建与金、马、澎直接往来的相关业务提供税收优惠、通关便利等方面的政策支持。

（四）积极促进两岸教育交流与合作。全面开展两岸幼儿教育、基础教育、职业技术教育、高等教育、继续教育等领域的交流。鼓励、支持两岸校际交流与合作，加大互派讲学、合作研究、研修学习等多层次专业交流力度，推动双方在办学、科研等方面的合作，丰富交流合作的形式与内容。加强两岸学生交流。在教育领域重视两岸血脉相连的史实，加强中华民族历史和文化的传承。大陆方面欢迎台湾大专院校来大陆招生，并为此提供便利。继续扩大台湾学生在大陆就业的渠道。呼吁台湾方面尽早承认大陆学历。

（五）继续推动实现大陆居民赴台旅游。开放大陆居民赴台旅游惠及两岸同胞，有利于台湾旅游业及相关产业的发展与繁荣，有利于进一步加强两岸人员往来与交流，促进相互了解。支持两岸旅游民间组织在既有协商基础上继续磋商并作出安排，建立健康有序的两岸旅游交流合作机制。呼吁台湾有关方面采取积极、务实态度，以利大陆居民赴台旅游尽早成行。鉴于周末包机方式可节约游客时间与费用，建议大陆居民赴台旅游与包机周末化同步安排、同步实施。两岸并应制定旅游的相关配套措施，包括简化申请手续、相互开放设立旅行社、办理旅游保险等。

（六）促进两岸关系和平发展。和平与发展是当今世界的潮流。两岸关系和平发展符合两岸同胞的共同利益。反对"台独"活动，维护台海地区和平稳定。促进在"九二共识"基础上尽速恢复两岸平等协商，构建两岸关系和平发展的框架。继续按照"两岸和平发展共同愿景"，推进两岸关系互利双赢。

在雷鸣般的掌声中通过《共同建议》之后，大陆教育部、公安部、人事部、交通部、民航总局和国家旅游局负责人在会上先后发言，分别宣布了进一步促进两岸交流交往与合作的政策措施，共计13项：

（一）为进一步促进两岸教育交流与合作，欢迎台湾地区高等院校招收大陆学生，大陆有关方面将为大陆学生赴台就读提供必要的协助。

（二）为进一步方便台湾同胞来往大陆，自2007年5月15日起，增设广州、青岛、武汉三个台胞口岸签注点，为台湾同胞办理签注手续。

（三）为进一步促进两岸人才交流，今年向台湾居民在开放15类（项）专业技术人员资格考试，包括：经济、会计、卫生、计算机技术与软件、质量管理、翻译、拍卖师、执业药师、棉花质量检验师、注册资产评估师（含珠宝评估专业）、房地产估价师、房地产经纪人、造价工程师、注册咨询工程师（投资）和注册税务师。符合报考条件的台湾地区专业技术人员可向大陆各省、自治区、直辖市相应专业考试机构，提出参加上述15项考试的申请。目前，有关方面正在抓紧做好实施相关考试的准备工作。

（四）鼓励台湾相关企业直接投资参与大陆的码头、公路建设和经营。

（五）台湾相关航运和道路运输企业可直接在大陆设立独资船务、集装箱运输服务、货物仓储、集装箱场站、国际船舶管理、无船承运、道路货运和汽车维修企业，以及合资国际船舶代理、道路客运公司。

（六）从事福建沿海与金门、马祖、澎湖海上直接通航的台湾客运公司，可在福建相关口岸设立办事机构，从事相关票务业务。对海峡两岸全部公司从事福建沿海与金门、马祖、澎湖海上直接通航业务在大陆取得的运输收入，免予征收营业税和企业所得税。

（七）为台湾船员和潜水员培训、发证提供方便，免收考试、发证费。

（八）支持、鼓励两岸民间专业主持在两岸海上搜救、打捞方面开展技术交流与合作。大陆专业救助力量将全力以赴对发生在台湾海峡的自然灾害和海难事故提供紧急救援，共同维护台湾海峡生命和环境安全。

（九）在北京、上海、广州、厦门成为第一批两岸直航包机地点的基础上，将根据市场需求和机场综合保障能力，陆续开放第二批直航包机地点。具体为：成都、杭州、南京、深圳、大连、桂林，同时开放天津、福州、重庆、珠海、沈阳、青岛、贵阳等机场作为上述包机地点的备降机场。

（十）台湾民航飞机在飞行中如遇紧急情况，可以通过两岸民航界建立的有效联系渠道，在大陆对外开放的机场降落。大陆民航将为台湾同胞和台湾民航业者提供安全、可靠、方便、高效的服务。

（十一）自2007年5月1日起，台湾所有飞行两岸包机的航空公司，可在所有开放的大陆包机地点设立办事机构或代表处。

（十二）完善有关法规和政策，鼓励、支持和拓展两岸民航业界的合作范围和合作模式，包括允许合资组建航空公司、合资组建机场、合作生产机上用品、联合采购航材、建立共享的航材库等。鼓励并支持两岸航空公司在机务维修、货运仓储、地面代理、市场开发、商务运作、代码共享、战略联盟、网络延伸等各个方面建立更加紧密的伙伴关系，开展宽领域、多渠道、全方位、多层次的交流与合作。

（十三）民航总局与局属院校将与台湾有关方面积极开展各种形式的校际、校企合作，联合培养民航适用人才。欢迎台湾学生报考大陆民航院校，允许台湾机务维修人员和机务维修专业的学生报考大陆机务维修制造，并鼓励其来大陆工作。

大陆部、局负责人宣布的每项政策措施都引起全场热烈的掌声。

台湾民意代表雷倩用两个"大多数"来形容——大多数措施对大多数台湾民众都有直接影响。她解释说，比如开放15类专业资格考试，过去台湾技术人员必须跟着企业一起来，现在他们有了独立参与大陆经济发展的机会。

台湾中原大学教授高孔廉认为，做事务时，比如欢迎台湾高校到大陆招生，可以一举四得：大陆学生赴台读书，那么台湾就须考虑承认大陆学历问题；两岸不再是只有台湾学生到大陆的单向交流；有助于双方交流增进好感；台湾有些高校招生不足，可以充分利用两岸教育资源。台湾的鸿海集团董事长郭台铭表示，台湾就读费用比较高，他旗下的基金会愿为大陆学生赴台就读助一臂之力。

陈云林在闭幕式上发表讲话说，第三届两岸经贸文化论坛规模盛大，气氛和谐，研讨热烈，成果丰硕。海峡两岸企业界、教育界、学术界的代表作了专题报告和发言，提出了许多重要意见和建议。论坛形成的共同建议汇集了各位代表的真知灼见，反映了两岸同胞的共同期盼和迫切要求。这届论坛取得的成果，必将促进两岸经贸文化交流与合作进一步扩大和深化，惠利民生，造福于两岸同胞。

陈云林说，维护和促进两岸关系和平发展，是我们坚定不移的主张和努力奋斗的目标。当前，台海局势仍然严峻复杂。"台独"分裂势力企图破坏大陆和台湾同属一个中国的现状，是对两岸关系和平发展的最大威胁。但是，两岸关系和平发展，是人心所向，大势所趋，是任何人、任何力量都无法阻挡的历史发展趋势。两岸同胞同是中华儿女，大陆和台湾是我们共同的家园。只要两岸同胞团结携手，抓住历史机遇，克服种种阻碍，就一定能共创两岸互利双赢的新局面，共创中华民族伟大复兴的美好未来。

中国国民党副主席江丙坤在闭幕式讲话说，为期两天的第三届两岸经贸文化论坛，顺利圆满结束。在台北的吴伯雄主席非常关心与重视这次论坛的进行，特别要我代为致意。这次论坛除了延续前两届的经贸议题外，特别加了文化议题，层面更为扩大，层次更为提高。论坛所讨论的各项议题都是未来两岸经贸及文化交流可以具体推动与实现的方向，论坛的建议与共识以及大陆有关部门负责人宣布的各项利好措施，将会是中国国民党持续推动两岸政策与工作的重要参考。

江丙坤说，两岸人民同属中华民族，语言文化同源，经贸关系紧密，经济结构互补性高，最有条件、也最应该发展互利互惠的两岸经贸合作架构。两岸经贸文化论坛是两岸沟通的重要平台，希望能对两岸关系良性发展及两岸同胞福祉有所贡献。

亲民党秘书长秦金生、新党主席郁慕明、无党团结联盟主席林炳坤也在闭幕式上发表了讲话。

闭幕式由陈云林和中国国民党副主席林丰正共同主持。

（七）

参加第三届两岸经贸文化论坛的台湾代表已于4月27日参观了奥运场馆，由于连战先生和夫人及子女正在沈阳代母祭祖未能参与。所以29日特地利用会议间隙，偕夫人连方瑀及儿子连胜武前往位于北京城区北部的奥运场馆区参观，一了心愿。

在北京"2008"工程展示中心，连战一行先观看了15分钟长的北京奥运宣传片，并听取了北京市政府与奥组委有关专家的介绍。在观看宣传片时，连方瑀女士还拿出笔记本，不时记下要点，显示出对北京奥运的浓厚兴趣。

随后一行人观赏了奥运场馆的沙盘模型，集中了解北京新建12座富有创意的奥运场馆以及奥运村等规模庞大的配套设施。连战在观摩沙盘时，不时发问，了解细节问题。当他得知一些场馆在奥运会后将成为大学和社区的文体中心时，频频点头表示赞同北京建设方的设想。

"鸟巢"、"水立方"是北京奥运最具代表性的场馆建筑，此时已经接近完工。亲眼看到真实的建筑时，连战对记者表示，对于2008奥运，"我的心情和你一样"，言语中难掩激动之情。

在4月27日的招待晚宴上，连赞先生致辞时曾说，2008年北京奥运会的主题是"同一个世界、同一个梦想"，和平发展是不分种族和区域的梦想，两岸同胞同为中华民族炎黄子孙，没有道理不能共同圆梦。

因场馆外围绿化尚未完成，连战特别询问了树种和种植范围。连方瑀也就奥运会后场馆的功用问题进行了解，解说员回答，新建的奥运场馆规划寿命为百年，连战马上接口说："将成为北京的地标性建筑。"有记者提及"水立方"的建设获得台资捐助，连战表示，此举意义重大。

由于会程紧迫，参观不得不匆匆结束。离开奥运场馆时，连战挥毫写下"日新更新，引人入胜"8字墨宝，表示这是他今天参观的深切感受。临行，他对媒体记者说："祝愿北京奥运会举办成功！"

连战先生所表达的正是广大台湾民众共同的心愿。但是，陈水扁这个政治流氓出于一己之私，痴迷地做着"皇帝梦"，疯狂地推行其"台独"路线，生硬将奥运会这一世界性的体育盛会政治化，硬生生地拒绝奥运圣火入台传递。

自4月26日陈水扁当局拒绝奥运圣火赴台后，世界各路媒体纷纷发表报道或文章予以谴责。4月27日路透社发出电讯指出，陈水扁领导下的倾向独立的政府拒绝火炬来台，台湾各大报纸对这一决定感到失望。台湾《中国邮报》的社论说："政府拒绝圣火来台，取悦于少数'台独'分子，却剥夺了所有体育爱好者和广大民众目睹火炬穿越台湾的机会。"

这一天出版的台湾《联合报》发表题为《决策23日即成形，体坛心寒》的报道说，政府拒绝圣火来台的决策其实早在23日就已经成形，扁政府23日就指示中华奥委会行文北京奥组委与国际奥组委表示拒绝圣火入台。根据体坛重量级人士表示，这是事件最坏的发展，台湾成为奥运史上第一个拒绝奥运圣火入境的地区。这位人士说："这是国际笑话，而且我方会不知如何善后。"体坛人士表示，这种非常粗糙的处理方法，将让台湾的运动员日后在国际体坛成为"侧目"的焦点，牺牲的是体育人的权益。

台湾《中国时报》发表文章分析了扁当局为什么拒绝圣火来台的原因。文章指出，扁当局执意在奥运圣火赴台问题上做足文章，一是希望不择手段打赢2008选举。在扁积极主导深绿路线作为2008选战主轴后，圣火路线早就从体育议题变成政治议题。扁当局这项决策的背后，主要还是延续向深绿倾斜的政策路线，以遭到北京打压为由凝聚民意。二是彻底防堵北京奥运会对台湾民众产生的正面影响。扁当局认为，北京奥运必然对台湾民众产生巨大的磁吸效应，切实不论是到北京观赛、旅游，或从媒体上看到北京先进建设、中国强盛国力，都会对绿营强打的"台湾主体路线"带来极大的威胁。当局拒绝圣火，实际上也是意在提前冷却这波2008的北京热。三是借抵制奥运圣火做文章，通过塑造台湾"被大陆打压"的悲情，引发国际舆论对台湾问题的广泛关注，更可借机与鼓动抵制北京奥运的国际上的一些杂音互相呼应，为北京成功举办奥运会制造麻烦。

台湾《联合报》发表评论指出，扁当局口口声声要"重返国际"，如今难道要以冷对奥运、退出奥运、来凸显台湾的主体性？选举操作玩弄到这种"赶走圣火，自我否定"的地步，是不是"走火入魔"？

香港《明报》4月30日发表的南方朔先生题为《圣火问题已惹来真麻烦》的文章，从另一个角度对扁当局的恶意操作进行了批判。文章说，民进党政府在意识形态上，早已将台湾"现状"定义为"台湾已'独立'快60年"，而罔顾两岸这一路走来的真实历史过程及国际社会的"一中"认知。这遂使民进党政府几乎绝无例外地永远在名称、符号、语意这些细小之处玩着钻缝隙的游戏。文章举例说，在奥运问题上，官方称呼是"中华台北"，但一般大陆甚或海外华文媒体，谁也不会觉得"中华台北"与"中国台北"有多大的不同。尽管北京奥组委这次使用"境外"，但民进党政府却把媒体用语"中国台北"当作借题发挥的题目，似乎与香港、澳门挂在一起就成了中国的内部。

文章指出，这种在名称、符号、语意上的自我着魔，才会使得扁当局作出许多外人觉得不可思议的动作，例如陈水扁搞迷航外交、只要想方设法到哪一个机场暂时加油，就认为是外交的重大突破；一个"废统"、"终统"、"暂时搁置"，也可以闹成轩然大波。"过分在语言、符号，甚至事物的联想上动脑筋的结果，反而使得台湾在实体的各种问题上完全无所用心，套句《阿Q正传》的老话，这其实只不过是自己高兴的'精神胜利法'而已。"

就在扁当局拒绝奥运圣火赴台传递的第二天，《参考消息》记者采访了香港《新报》专栏作家蔡省三先生。蔡先生长期致力于研究两岸关系问题，在世界多家媒体上开辟专栏，读者遍及全球。

当记者问及"陈水扁当局为什么要拒绝奥运圣火入台"时，蔡先生指出，陈水扁当局将奥运圣火拒之门外，实际上是为了制造话题，打压蓝营，为年底的"立委"选举和明年的"大选"制造氛围，为自己拉选票。这反映了台湾目前的执政者心胸狭隘，眼界太小，对形势的判断没有理智，而这将导致台湾自外于国际社会。

蔡先生说，据我所知，早在1936年的柏林奥运会上就举行了圣火传递活动，连希特勒都没有拒绝的奥运圣火，却被陈水扁给拒绝了。这是民进党理性泯灭、私欲膨胀的标志，现在民进党满眼只看到权力，为了攫取权力不择手段。

蔡先生进一步指出，由于在执政期间没有什么拿得出手的政绩，民进党现在一直想方设法维持自己的"暴力权威"，从2004年让陈水扁再次上台的"两颗子弹"，到台湾一系列的军演，再到陈水扁当局不断鼓吹的大陆军事威胁，都是为了维持其"暴政"。陈水扁还剩下一年多的任期，他深陷弊案丑闻之中，还会想尽办法，继续维持其"暴政"。

蔡先生说，我想说的是，你陈水扁可以关起门来做皇帝，但是不能在全世界人民面前演这样一出戏。这种行径是对人类文明的公然威胁。

当记者问及扁当局在岛内搞"去中国化"、"去蒋化"，蔡先生有何看法时，蔡先生说，"去蒋化"不符合历史的真相和历史正义。陈水扁当局的这种做法完全是数典忘祖，就像是历史文化的小丑一样。

蔡先生指出，现在陈水扁利用权力审判蒋介石，但是将来历史会审判陈水扁的。实际上，包括陈水扁、苏贞昌、谢长廷在内的很多民进党高层都毕业于台湾大学法律系，而台大正是在蒋介石的指示下建立起来的，蒋当时的初衷就是为了在台湾建立一所类似北京大学的高等学府。

蔡先生指出，陈水扁当局所搞的"去蒋"、"正名"这些动作，目的在于掩盖历史真相，抹杀台湾过去的历史，企图将自己塑造成台湾历史的开创者，要带领台湾出头天，陈水扁甚至以"台湾之子"自居。但是，历史是不会被抹煞的，历史真相、是非曲折也不是以个人意志为转移的，一个民族不能砍掉自己的文化，不能切割自己的历史。陈水扁的这些做法反而会促使人们努力探求历史真相，最终受到历史审判的不是蒋介石，而是陈水扁。

蔡省三先生的"历史将审判陈水扁"的预言迟早会变为现实的。

（八）

4月30日中午，连战先生率团将离京返台，照例是隆重的欢送仪式。临行前，连战表示，本届论坛成果丰硕，一定会受到台湾同胞的肯定和欢迎。

陈云林送行时表示，两岸经贸论坛弹指间已经开过三届，一届比一届办得更好。因为论坛的宗旨是为两岸同胞谋福祉，论坛的目的是为两岸关系开

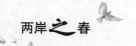

创和平稳定的大环境，因此获得了两岸人民的理解和支持。陈云林说，今日的离别预示着明日的相逢，期待明年春暖花开时，第四届两岸经贸论坛能在台湾举行。

连战表示，以往两次论坛都得到台湾各界的肯定，这次论坛针对两岸直航、教育文化交流、大陆居民赴台旅游等议题进行讨论，形成多项具体建议，又为两岸和平发展厚植了根基。

连战说，国民党虽然在台湾是在野党，但是却坚持为两岸关系搭桥铺路，希望通过国共两党的对话，推进两岸关系向前发展。他表示，希望台湾当局能够勇敢地承担起为台湾民众谋福祉的责任，"收割论坛的丰硕成果"，国民党对此乐观其成。

北京奥运场馆的建设给连战先生留下了深刻印象，临行时他说，看到北京为了迎接即将到来的奥运盛会快马加鞭，日新月异。相信在大家的努力下，北京奥运将会是一届成功、亮丽、欢欣的奥运会。最后他表示："相见很短，后会有期！"

中台办常务副主任郑立中，北京市委副书记王安顺，海协会常务副会长李炳才，中台办副主任王富卿等也到机场送行。

六、在两岸经济、文化、青年、医疗等多个领域的积极交流与互动热潮中，在世界舆论对香港回归10周年的盛赞声中，扁之流又疯狂的上演"台独"闹剧

（一）

随着台湾地区的"立委"选举和"总统大选"的临近，以及陈水扁任期临近结束，扁当局加紧推行"宪改"、"去中国化"、"去蒋化"、"正名"、"入联公投"等一系列"台独"分裂活动，图谋以此凝聚绿营的选票，同时也图谋实现"台湾法理独立"。

台湾"中央社"2007年5月30日发表的一则电讯说，民进党将把"国家正常化决议文"更名为"台湾国家正常化决议文"，草案预计七月底前出炉。电讯说，决议文草案有7项主张，即"确立台湾为正常国家"、"对等中国政策"、"加强对台湾认同"、"推动台湾文化"、"提倡母语"、"正名台湾"、"制定新宪"。决议文草案还说，"国家"应正名为"台湾"，"驻外使馆"与"国营事业"要冠名台湾，中华航空改为台湾航空，护照明白表明为台湾护照，并"以'台湾'名义加入联合国等国际组织"。

当天，国台办举行新闻发布会，对扁当局疯狂推行"台独"分裂活动予以严厉谴责，指出，民进党正在制定的"正常国家决议文"是十足的"台独告白书"。新闻发言人李维一再一次表明原则立场，中国"决不允许任何人以任何名义、任何方式把台湾从中国分裂出去的图谋得逞"。

此前陈水扁把"中正纪念堂"改名为"台湾民主纪念馆"，撕裂族群关系，挑起蓝绿恶斗。对此港台媒体多有报道。称赞台北市长郝龙斌强势反击让扁当局没有招数。5月23日出版的香港《东方日报》发表题为《承父风范，作风强硬》的报道说，陈水扁强行给"中正纪念堂"改名风声一出，郝龙斌马上祭出"古迹法"保护。扁政府强挂布幔将"中正纪念堂"遮住，郝龙斌立刻行动将其拆除，而且还加上一招，将"总统府"前广场改名为"反贪腐广场"，对于一波接一波的政治纷争，郝龙斌不仅正面迎战，还以其人之道还治其人之身。报道说，郝龙斌作风强硬，毫不含糊地回击，让人刮目相看。他自己不止一次坦承受到父亲、前"防长"郝柏村很大影响。

同一天，台湾《联合报》发表题为《战略与战术，郝龙斌对陈水扁》的社论，高度赞扬郝龙斌的作为。社论说，郝龙斌宣告将凯达格兰大道"加注"为"反贪腐民主广场"，可谓是在"战略"与"战术"层次皆占据了反制陈水扁的新高点。就战略言，郝龙斌借由"加注"，将这场"反蒋/反国民党"的战争，转化为"反贪腐"的战争，至少已达成另辟战场的战略目标；在就战术言，郝龙斌的动作完全在市府权限内进行，但陈水扁的"台湾民主纪念馆"正名工程，却须受到法律及台北市政府主管机关的牵制。社论指出，郝龙斌的动作，应当给了国民党很大启示。未来，无论是面对陈水扁"去中华民国化"或"去蒋化"的正名动作，除了须在"战术层面"的因应，更应在"战略层面"寻求突破，夺回制高点。

此外，陈水扁还多次叫嚣要"以'台湾'名义申请加入联合国"的"公投"。台湾"中央社"发出电讯说，6月18日陈水扁接见美国传统基金会会长佛纳等人时又明确表示，在接下来的大选一并举行"以'台湾'名义申请加入联合国"的"公民投票"。他辩称，以"台湾"名义，不涉及"国号变更"，也没有违背所谓"四不"承诺。

陈水扁的狡辩受到岛内舆论乃至国际舆论的强力挞伐，纷纷指出，陈水扁的所作所为早已背弃了他上台之初所作的"四不一没有"的承诺，停止"国统会"，终止"国统纲领"，早已违背了"一没有"的承诺；此后推行的"宪改"、"正常国家决议文"、"正名"、"入联公投"等"台独"分裂活动，已经把他所公开宣扬的"不会宣布独立，不会更改国号，不会推动

823

两国论入宪，不会推动改变现状的统独公投"的所谓"四不"承诺撕毁得稀烂尽光。

6月13日，国台办举行例行记者会，发言人杨毅指出，陈水扁当局推动举办"以'台湾'名义申请加入联合国"的"公投"，是以"公投"方式谋求改变大陆和台湾同属一个中国的现状、走向"台湾法理独立"的重要步骤，也是一种变相的"统独公投"。大陆方面的严重关注事态的发展，决不允许"台独"分裂势力以任何名义、任何方式把台湾从中国分裂出去。

杨毅说，陈水扁当局不顾台湾舆论的谴责和国际社会的反对，正在加紧推动举办"以'台湾'名义申请加入联合国"的"公投"，两岸关系面临严峻挑战，台海和平面临严重威胁。

杨毅指出，陈水扁当局在台湾地区即将举行选举之际制造这一事端，并扬言要"公投绑选举"，其目的就是要挑起两岸冲突，欺骗台湾民众，裹胁台湾民意，以骗取选票，实现"台独"分裂图谋。这一事态如果发展下去，必将严重冲击两岸关系，严重损害两岸同胞的根本利益，严重危及台海地区乃至加太地区的和平稳定。

杨毅表示，促进两岸关系和平发展是我们对台湾同胞的庄严承诺，维护国家主权和领土完整是我们坚定不移的决心。我们有发展两岸关系的最大诚意，也有坚决制止一切"台独"冒险活动的必要准备。我们希望广大台湾同胞和国际社会认清陈水扁当局推动举办这一公投的险恶用心和必将造成的严重危害。我们严重关注事态的发展，决不允许"台独"分裂势力已任何名义、任何方式把台湾从中国分裂出去。

对于陈水扁的表态，美方在6月1日就正式作出回应。美国国务院官员表示，美国对台湾的政策非常清楚，就是不支持台湾加入以国家为会员身份的国际组织，联合国及世界卫生组织都在这个范畴内，所以"美国不会支持台湾加入联合国"。

6月29日出版的台湾《中国时报》发表题为《台湾"入联公投"惹恼美国》的报道说，陈水扁在18日会见美国访客时表示要就"以台湾名义加入联合国"举行公投。当天，美国国务院官员即拟妥声明表示反对，呈国务卿赖斯女士，待批后转呈布什总统。可是由于中东情势生变，赖斯忙于处理，故一时之间无暇核阅。然而美国政府希望尽快就"入联公投"一事表达明确立场，于是国务院的草稿就直接送至白宫。

报道说，消息人士转述，布什同意国务院拟具的声明，但是提笔在最后加了一句，称"入联公投"与扁"一再对布什总统以及国际社会所作的各项承诺背道而驰"。使全段成为："台海和平与稳定，是台湾人民的关键利益，也符合美国的安全利益；更重要的是，这样的（公投）行为显然与陈水扁总统一再对布什总统以及国际社会所作的各项承诺背道而驰。我们促请陈总统展现领导风范，拒绝这样的公投之议。"

岛内有识之士更是对扁之流的疯狂举动予以口诛笔伐。岛内政治评论家胡忠信指出，事实上，这次陈水扁推动"以台湾名义加入联合国"公投，美国方面已强烈地表达了反对之意，薄瑞光这几天来台，就曾经向陈水扁当面表示"反对台湾推动以台湾名义加入联合国"的做法。陈水扁刚刚承诺信守"四不一没有"，一转身就大声要搞"以'台湾'名义加入联合国公投"，是因为陈水扁认为这个"公投"或许是民进党继续执政的唯一依靠。胡忠信说，陈水扁很清楚，他已经只剩下不到一年任期，所以美国对他的约束力将越来越弱，他目前最关心的是"如何建立卸任后的政治势力"。李登辉在任时说过一百多次"我不是'台独'"，但一卸任就组织"台联党"，明目张胆地提倡"台独"，就是因为"台独"等极绿人士虽然在台湾是少数，却是凝聚力极强的一群人，所以只要这群人拥护，在台湾政坛就拥有一定的政治势力，而不必担心会被政敌追杀。陈水扁看到李登辉的例子，也要在任内的最后一年建立起他的"台独教父"的地位。

急于充当"台独教父"的陈水扁，不顾国际社会的强烈反对与谴责，通过台"邦交国"把扁的亲笔具名的"以台湾名义加入联合国"申请提案提交联合国秘书长潘基文，还狂妄地要求潘基文将此申请书送交联合国安理会及大会审议。20日，联合国秘书处就退回了该信。联合国中文网站23日的新闻稿说，秘书处认为，这样做是基于联合国大会第2758号决议，"这一决议确定了联合国奉行一个中国的政策"。

贼心不死的陈水扁于7月27日再度致函潘基文和安理会轮值主席、中国驻联合国常驻代表王光亚，要求处理"以台湾名义加入联合国"的申请案。当天，潘基文即对此事正式作出回应。潘基文说，联大第2758号决议文确认"中国政府是唯一且合法代表中国的政府，联合国认定台湾是中国的一部分"，"联合国针对台湾加入联合国所作的决定完全以此为据。"

就在联合国第一次退回扁的申请书后不几天，即7月24日，中台办、国台办负责人发表谈话，揭露扁的阴险图谋，严厉谴责扁的恶劣行径。该谈话指出，陈水扁当局无论是"申请入联"，还是推动举办"入联公投"，都是图谋改变大陆和台湾同属一个中国的现状、走向"台独"的重要步骤，都是为对内推动"台独制宪"、对外谋取国际社会承认创造条件。这也再次证明，陈水扁是一个不折不扣的阴谋家，一个不惜断送台海地区乃至亚太地区和平稳定的破坏者。

谈话说，陈水扁的"台独"挑衅，激起了全中国人民和国际社会的强烈反对，是注定要失败的。任何涉及中国主权和领土完整的问题，必须由全中国13亿人民共同决定。在这个根本原则问题上，我们没有丝毫妥协的余地。我们将坚定不移地推动两岸关系朝着和平稳定的方向发展，也做好了坚决制止一切"台独"冒险活动的必要准备，决不允许"台独"分裂势力以任何名义、任何方式把台湾从中国分裂出去。如果陈水扁当局不顾警告和国际舆论的谴责，一意孤行，铤而走险，必须承担由此引起的一切严重后果。图谋分裂国家的民族败类，最终都逃脱不了历史的惩罚。

此前，中国常驻联合国代表王光亚也发表谈话指出，联合国秘书处根据联大第2758号决议及联合国一贯坚持的一个中国立场，决定所罗门群岛等国转交的致函是不能接受的，因此迅即退回了该函，维护了《联合国宪章》的严肃性和联合国的尊严。中国政府对此表示高度赞赏。我们相信，在维护国家主权和领土完整的正义事业中，中国政府和人民将继续得到联合国和广大会员国的理解和支持。

扁当局一方面对外疯狂地去推动"以台湾名义加入联合国"的"台独"活动，一方面又对内狂热地上演"去中国化"、"去蒋化"、"正名"等"台独"闹剧。岛内媒体指出，当今世界上也许没有一个地方的执政者向陈水扁当局这样，急着对本地的全部历史来个大翻盘。继此前去掉孙中山的"国父"称呼以及大规模销毁台湾各地的蒋介石雕像后，陈水扁当局又开始对中小学教科书全面"去中国化"。岛内媒体报道，7月21日台湾"教育部"公开了一项所谓"教科书不当用词检核计划"，检查出了中小学教科书中五千多个"不适当用词"。不仅"国父"、"国画"、"国剧"等台湾民众耳熟能详的词语将从此"消失"，甚至连"古人"、"中华民族"等词也要被删除！此次又引起岛内一片哗然，遭到岛内民众和媒体的强烈谴责。泛蓝阵营明确表示，泛蓝执政的18个县市要自编教科书，反制陈水扁当局的"去中国化"。

岛内媒体连日来发表报道或文章予以严厉批判。台湾《东森新闻报》发表评论指出，台湾当局文不成武不就，"法理台独"无能为力，只好做一些"去中国化"的小动作给深绿信众作一个交代。岛内"去中国化"教育营造了一个虚幻的"台独"封闭小气候，但如果陈水扁和民进党就此认为剔除所谓的"不适当用词"就能改变历史与现实，只能说明其无知与肤浅。民进党如果听任这股"去中国化"的邪火烧得更旺，最后一定会应验"玩火者必自焚"的古训。

<h2 style="text-align:center">（二）</h2>

扁当局的"台独"闹剧阻挡不住海峡两岸积极交流与互动的脚步，两岸间的交流、合作、互动反而越来越积极频繁，规模越来越大，范围越来越广，层次越来越高。2007年5月18日上午在福州隆重开幕的第九届海峡两岸经贸交易会（简称"海交会"），就是显著的例证之一。历经八年发展，海交会的"海峡"特色愈加显著，对外影响力和区域辐射功能逐年增长，已经成为一座两岸经贸交流的大平台。

这个大平台，也是台湾城市展示交流的平台。中国传统中代表喜庆的红色，闽南建筑中常见的飞檐造型，以及饱含文化气息的古代篆书字体，把本届海交会的台湾馆装点得格外醒目。

今年的海交会台湾县市区域展示版块，由"台湾中部都市映象展"、台北县展区、金马澎展区3部分组成，共有台湾9个县市的一百多家机构、企业参展，是海交会迄今为止台湾参展县市最多、最具代表性的一次。

"台湾中部都市映象展"1500平方米的展区里汇集了31家台湾企业，展示着台湾中部地区台中市、台中县、彰化县，苗栗县、云林县、南投县等县市的风土人情和农副产品、工业产品。台中的文化、云林的风景、南投的小吃……丰富多彩的展示让参观者目不暇接。有二十多家企业参展的台北县展区，同样推出了台北农特产展出、旅游观光推介等多种多样活动。

2002年，第四届海交会首设金门馆，之后又增设了马祖馆。2006年，第八届海交会又设立了澎湖馆。2007年，台湾本岛的城市也走进了海交会。

海交会组委会的负责人介绍说："台中台北地方组团的参展，改变了以往海交会对台经贸仅限于金马澎地区和主要以行业协会牵头组团的状况，将使两岸互动模式从产业链协作向区域板块协作转变。"他指出，两岸的直接贸易在本届展会中也不再占据主要位置，取而代之的是两岸经济、文化的交流和城市形象、企业品牌的充分展示。"越来越多的台湾县市区域，通过海交会这个平台，加强了与祖国大陆各城市间的交流、合作。"

这个大平台，也是惠台政策先行先试的平台。海交会的发展历程中，"海峡"特色日益凸现，特别是近几年来，每年都有大陆的惠台政策通过海交会的平台先行先试。

2005年，第七届海峡为实现了台湾水果零关税直航福建展销的"破冰之旅"，结束了台湾农产品只能间接进入大陆的历史。2006年，第八届海交会上，5项对台新政策发布并先行先试，即台湾水果直航从18种扩大到22种；大陆的12名渔工登上台轮，暂停近5年的两岸渔工劳务合作恢复；台湾居民可以在大陆申办个体工商户；国家政策性银行首次向福建省台资企业、台商投资区发放开放性贷款……

2007年，又有一批惠台政策在海交会期间先行先试。5月15日上午10时许，台湾全富海运公司所属的"全富轮"，缓缓驶离福州市连江县琯头对台贸易码头，福建沿海与澎湖实现货运直航常态化的首次直航顺利启动。3月20日，大陆新开放了19种台湾农产品"零关税"待遇，这些农产品也最先出现在本届海交会的展销台上。

更令台湾农民高兴的是，今年海交会期间，由国家工商总局肩头，大陆18个省市的工商行政管理部门签署了保护台湾水果省际协作备忘录，这将有利于各地联手打击假冒台湾水果违法行为，更好地维护台湾果农合法权益。

这个大平台，也是两岸产业对接互动的平台。5月18日至19日，第九届海交会的重点项目"海峡两岸创意产业合作与发展高峰论坛"在福州举行。来自海峡两岸三地及法国、英国、捷克、新西兰、韩国、新加坡等国的两百多位创意产业专家、学者齐聚一堂，就两岸创意产业的发展与合作进行交流和研讨。

与此相对应，本届海交会也首次设立两岸创意产业产区，包括广告创意展示、创意产业投资机构展示、动漫企业展示、动漫影音展示、优秀创意作品展示等。国内最知名的卡通品牌"蓝猫"的运营商三辰卡通集团、台湾知名动漫原创企业三思堂文化实业公司等两岸创意产业领域的佼佼者，在该展区互动交流。

除了展示、交流，海交会也正在充分发挥两岸经济互补性强的优势，搭建起两岸产业对接、互动合作的平台。

福州市经贸委负责人介绍说，福建的创意产业、光机电产业发展有一定的基础，闽台两地创意产业、光机电产业有着较好的合作基础和拓展空间。前几届海交会上，福州市也曾举办相关展示和对接活动，这次将创意产业作为海交会专业展的主攻方向之一，将提升海交会的科技含量，推动两岸高新技术产业的合作与发展。

与创意产业对接洽谈同时开展的，还有海峡两岸装备制造业项目对接洽谈、海峡两岸农业合作论坛等。台湾各县市区域代表团也分别举办了多次专场对接座谈会。台湾参展团相关人士说，希望通过海交会这个"桥头堡"，让台湾更多的先进技术和名优产品能够落户大陆。

（三）

与两岸经贸积极的交流、合作、互动相伴随的文化领域的交流与互动同样积极而热烈，且持续升温。

2007年5月25日，海峡两岸《康熙字典》学术研讨会在《康熙字典》编纂组织者陈廷敬的故居——山西晋城市阳城县皇城相府开幕，全国人大常委会副委员长、民进中央主席许嘉璐出席并发表讲话。

许嘉璐说，《康熙字典》在中国辞书发展史上的地位值得研究。海峡两岸同根、同文、同源，两岸学者能够对《康熙字典》及中国语言文字展开考证、论述和研究，反映出两岸学者对于弘扬中华文化、促进两岸学术及文化交流的热心，有利于加强两岸文化交流和其他领域的交流，有利于两岸共同弘扬中华传统文化。

来自海峡两岸的八十多位专家学者出席了研讨会开幕式。会议期间，专家们围绕着《康熙字典》的编纂理论、方法和成就，以及辞书与中华文化的传承等题目展开热烈而深入的研讨和交流。

与此同时，新出土的秦兵马俑在台北展出，民众冒着酷热，排出百米长队，只为一睹兵马俑的风采。同样，半个月前，台湾艺术家林怀民携云门舞集，在北京大学演出并发表演讲，获得了学子们的热烈反响。

此后不久，即5月29日至31日，一台前所未有的戏剧"群英会"在台北中山堂粉墨登场。来自中国内地梅花奖艺术团的17位表演艺术家及梅花奖获得者、台湾著名梅派青衣魏海敏，以精湛的表演艺术折服了观众。海峡两岸18朵"梅花"，11个不同的剧种，通过各自的经典剧目与"绝活"的集中展示，让台湾观众第一次近距离领略到传统戏曲的博大精深。

如此种类繁多的剧种，如此多的表演艺术名家汇聚一堂演出，无论在内地还是在台湾，都属首次。

在本次赴台的艺术家中，既有德高望重的老艺术家，也有"身怀绝技"的青年演员。所演剧种除了台湾观众熟悉的京剧、昆剧、豫剧之外，还有他们难得一见的龙江剧、扬剧、秦腔、晋剧等。

一开场是王红丽的豫剧《抬花轿》选段《坐轿》，一个泼辣可爱的新娘子，赢得了满堂彩；"蓦抬头，月上东山"，身着青色长袍的李政成以一曲《板桥道情》让台北观众第一次领略到扬剧的悠扬之美；齐爱云更是以一出秦腔《打婵告庙》选段，将演出推向高潮。我国龙江剧主要创始人白淑贤的

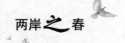

一段《木兰演兵》，辅以现场双手正写与双手反写的书法，为台湾观众带来了惊喜。晋剧演员武凌云塑造一个喜滋滋的老臣徐策，用十余种变化的"帽翅功"展现了晋剧的传统功力，一次次让全场响起热烈的掌声。

素有"活钟馗"、"活武松"之称的京昆及梆子表演艺术家裴艳玲不是第一次来台演出了，此前的演出曾引起轰动，台湾观众更是对她拥戴有加。一出最见功力的昆曲《林冲夜奔》选段《折桂令》，让台湾观众见识了这位60岁的艺术家深厚的功底，表演时间不长，但几乎每秒都是淬钢式的高潮，片腿、下腰、云手，依然保持着艺术鼎盛时的水平。

压轴大戏自然属于尚长荣。他身披大靠，"力拔山兮气盖世，时不利兮骓不逝"，一出场就博得满堂喝彩。大家耳熟能详的英雄悲叹，经他唱出愈加撼天震地。虞姬的扮演者是魏海敏，她专程从国外赶回参加这次难得的艺术盛宴。两位知名艺术家同台演戏京剧《霸王别姬》选段，给这场戏曲群英会画了一个完美的句号。

11个不同剧种，十余个精彩节目，18位戏曲界最高荣誉——梅花奖获得者的"看家本领"的展示，演出过程中，掌声、喝彩声不断，甚至都"干扰"到濮存昕、张凯丽两位主持人的工作。演出结束后，观众不约而同地起立鼓掌，掌声喝彩声持续了半个多小时。"一定要再来啊！"观众呼声不断。

台湾学者蔡欣欣为能看到如此精彩的演出而喜悦。他说："我们既看到大陆艺术家对传统程式出神入化的表现，又看到新编戏，他带来了真正的中国声音、中国色彩，真正是我们祖先留下的宝贵财富。"

6月末，山西省歌舞剧院排演的大型歌舞《舞动黄河》在台北市首演。从那时起至7月3日，他们共在台北、云林、花莲等地演出了9场，场场爆满。

7月，山西省职业艺术学院华晋舞剧团排演的大型舞剧《一把酸枣》在台北和嘉义演出5场，再次出现观众如潮，一票难求的景象。

山西省歌舞剧院副院长郝孝明事后说："演出前，我们还担心过观众可能会比较少，真没想到现场能来这么多人。"

感到吃惊的不仅是郝孝明，台北文化局局长李斌先生也说："这种观众爆满的场面在台湾很少见到，演出盛况出乎意料。"演出期间，台湾东森、中视、民视等电视台和《联合报》、《民众日报》、《新闻报》，以及韩联社、欧新社、法新社等十余家媒体进行了报道。台湾的一些政经要人也前来观看了演出，中国国民党副主席江丙坤看完演出后表示，"我看了山西的风情歌舞，是继去年的《立秋》演出之后的第二次感动。"

江丙坤说的《立秋》，是由山西省话剧院排演的大型话剧。2006年底在有两千多个座位的中山纪念堂演出时，5天6场，场场爆满，"勤奋、敬业、谨慎、诚信"这句台词每出现一次，观众就与演员一起含泪大声吟诵。在台北故宫博物院作讲解义工的曾女士，第一次看完演出后非常激动，第二天又专程带着家人前来。台湾原文化建设委员会主任申学庸说："看了这个戏真是太感动了，眼泪都止不住。"

带队赴台演出的山西省文化厅厅长杨波说，一连3部"大戏"之所以能在台湾引起如此大的关注，首先要归功于这些剧目将山西的特色文化展现得淋漓尽致，"本土文化、乡情民风是文艺创作的重要源泉和动力，越是特色的东西越能引起共鸣"；此外，两岸根脉相同，传统文化的基因已深深根植于血脉之中，实践证明，只要是宣扬中华民族优秀文化的作品，一定能得到两岸人民的喜爱。

立足山西特色，紧扣时代脉搏，既宣扬传统文化，又极具现实意义，是这几部大戏取得成功的主要原因。《立秋》突破了以往晋商戏歌颂创业辉煌的常规主题，紧扣"诚信为本"的晋商精神，每一句台词都力求体现人间真情和积极的道德取向；《一把酸枣》荟萃了"珠算舞"、"团扇舞"等多种山西民间原生态歌舞的精华，通过清纯曼妙的肢体语言，传达了至情至爱与大仇大恨，而搬上舞台的几千株酸枣树，再现了独特的山西风光；在《舞动黄河》中，《看秧歌》、《婆姨》、《洞房》等民歌、民舞、民乐，也让观众品尝到了原汁原味的黄河文化盛宴……

晋商、黄河、黄土地，这些特色鲜明的东西，以不同的艺术形式展出来，由此勾起台湾同胞的热情也是自然而然的。台湾"立法院"副院长钟荣吉观看演出后，站在台上大声演讲："今天我们享受了这么精彩的文化生活，大家无不为之感动，充分说明了山西文化的感染力很强，也反映了两岸人民一家亲，血浓于水的情谊。"他的激情洋溢的讲话顿时又激起全场热烈的掌声，"一家亲"、"一家亲"的呼声不绝于耳。

在流行音乐领域，两岸间的交流与互动同样越来越热络。台湾由于接受西方影响较早，以往都是台湾的艺人在大陆掀起热潮，比如邓丽君、周杰伦等，在大陆都拥有众多的歌迷。近年来，大陆流行音乐的艺人也在台湾不断掀起热潮。摇滚歌手崔健就是一位突出代表。

7月8日至10日，崔健展开了他赴台演出的"艺术之旅"。这3天，他成了所有台湾音乐迷的生活中心，所有报纸与电视新闻，都以一整版一整版的介绍，和每半小时加播两三分钟现场报道的频率，详尽地介绍崔健的歌唱和生活点滴。

崔健此次访台的主要行程是参加"贡寮海洋音乐祭",他的演唱将这个已经举行了8届的海洋音乐节推向了最高潮。在音乐祭进入尾声时,数万观众一起高喊崔健的名字,期待他的压轴演唱。许多人都戴着红领巾、军帽和红星等崔健的"标志性符号",崔健的魅力甚至超越了政治局限,让红星和军帽等"台湾禁忌"大大方方地出现在台湾民众的聚会中。

崔健演唱了新歌《滚动的蛋》和《飞了》、《红旗下的蛋》、《宽容》等,还与全场观众合唱经典老歌《一无所有》和《花房姑娘》。

崔健在介绍大陆摇滚乐时说到"凑合"一词,他解释这是"很牛"的意思,接着他问观众过得怎么样,台下齐呼"凑合",让知道这个词确切意思的人不禁大笑。

演唱当晚,台湾7家主要电视新闻台都以大量的现场报道,记录了数十万歌迷对崔健演唱如痴如醉的实况。第二天,台湾几家最主要的大报都放弃了"用娱乐版报道崔健"的常规操作,纷纷改在最重要的第一迭报纸的第三版、第五版等"焦点新闻"版面,并配以大幅俊男靓女对着崔健歌唱欢呼的照片。《中国时报》和《联合报》还在头版刊登照片,把乐迷的痴迷景象介绍给台湾民众。

两岸文化界的交流与互动是多方面的,两岸文化界专家学者交流的热络程度并不亚于演艺界人士的交流。7月8日,由湖南省人民政府和中华文化联谊会共同主办的"情系湖湘——两岸文化联谊行"大型文化交流活动在长沙正式启动。来自海峡两岸的160位文化界人士参加。

本次活动为期11天,包括参访、观摩和学术交流3部分。其间,两岸嘉宾将参访岳阳楼、衡山、凤凰古城等名胜古迹,祭拜伟大的爱国诗人屈原,还要举行湖湘文化报告会、研讨会、两岸文化交流座谈会以及书画笔会。

"情系两岸"系列活动是文化部精心打造的对台文化交流品牌。从2001年以来,文化部与地方政府合作,已经成功地举办了5届。

本次活动更为丰富多彩。

汨罗江畔,屈子祠里,两岸同胞用最具民族与地方色彩的祭祀仪式,向怀国忧民的"三闾大夫"现象无尽的追怀与尊崇。衡山山麓,忠烈祠前,两岸同胞共怀庄严崇敬之情,向抗日先烈们鞠躬致意。洞庭湖畔,岳阳楼上,人们吟哦起"先天下之忧而忧,后天下之乐而乐"的千古绝唱,沅水边上,桃花源里,人们缘溪而行,寻觅"良田美池桑竹",流连忘返。长沙、岳阳、常德、湘西州、张家界……一路行来,物华天宝,人杰地灵的湖南就像一幅浑厚壮丽的长卷,徐徐展开,让人目不暇接。

在参访、观摩期间，两岸文化界人士还进行了诸如"湖湘文化报告会"、"地域文化研讨会"等多次的交流研讨。

"当初都是书上字，如今确是眼前事"。对许多台湾同胞来说，走进湖南，就像走进历史。台北市文化局副局长李斌先生说，自己从小就从书本里读到屈原的爱国情操，但是从来没有想到会有这样一个机会亲身来到汨罗江，在屈子祠里表达自己的敬意。台中县文化局局长陈志声先生说，自己很痛心现在台湾有人连自己老祖宗的文化都不要了，想完全切割与大陆的文化联系，但是历史长河中的任何逆流都不能阻挡历史前进的步伐。在凤凰古城的沈从文先生故居，台湾知名作家李昂盘桓良久，她告诉记者说，沈从文先生是她景仰的作家，她一直想到沈先生的故居看看，这次终于一偿夙愿，心里非常高兴。在著名的常德诗墙，台湾知名书法家陈坤一先生见到了睽违9年的"孩子"，那是他应邀为诗墙所撰写的一幅书法作品——刘禹锡的诗作《善卷坛下作》。随后他还见到了神交已久如今80岁高龄的常德市书法家张弓——当年常德诗墙的修建委员兼书法组长。

7月17日，夏日之夜的张家界，星斗满天，新月如眉。国际酒店一楼大厅，舞影婆娑，弦歌不绝。两岸文化界人士在这里联欢、交流、话别。戏曲清唱、诗歌朗诵、歌曲演唱、舞蹈、魔术、小品……两岸文化同胞的精彩演出，为"清系湖湘——两岸文化联谊行"活动画下圆满句号。

短短的10天时间，两岸文化界人士对湖南的过去和现在有了真切的认识，也对湖南的未来充满信心，此行也让他们彼此之间结下了深厚的感情，临别前他们互道珍重，相约来年，并衷心希望"两岸文化联谊行"能够早日走进台湾。

两岸合作共创双赢，近年来已成为绝大多数人的共识。不过，人们所说的双赢，多指经济上的双赢——两岸优势互补，通过经贸往来，实现互惠互利。实际上，两岸之间的文化双赢同样意义深远。

同为炎黄子孙，两岸同胞都负有的传承中华文化的历史责任。2007年初，台北举办"北宋汝窑瓷器特展"，台北故宫所藏的汝窑珍品，与河南省汝窑产地出土的各类器具，一同展出，呈现给观众一个完整的汝窑瓷器印象。还有之间两岸同时举办的祭孔大典，台湾带来了大陆失传的礼仪，在山东曲阜孔庙重现。两岸分隔50年，其间各自因缘际会，对于中华文化的继承与发展互有短长，为两岸文化交流留下了空间。要更好地继承和发扬中华文化，也需要两岸加强文化交流与合作。

经济决定当下，文化着眼未来。两岸间的文化交流与合作，必将会创造出文化上的双赢。

（四）

在海峡两岸积极交流与互动中，两岸青年之间的交流与互动显得更为活跃，一年四季持续不断。

2007年的6月17日，第五届海峡青年论坛在福州市隆重开幕。来自海峡两岸、港澳地区以及海外的七百多名青年代表出席论坛，围绕着"海峡西岸经济建设与青年科技创新"的主题展开交流、探讨。

海峡青年论坛是以"经济、文化、科技"为主要内容的两岸、港澳和海外青年交流的新平台。论坛由中国全国青年联合会、台湾中华青年交流协会、台湾中国青年创业协会总会共同主办。论坛自2003年创办以来，已成功举办过四届。

在本届论坛的开幕式上，全国青联负责人卢雍政致辞时说，当代青年已经成为推动科技发展的中坚力量。两岸青年要顺应时代潮流，紧紧抓住两岸和平发展的主题，勇于创新、矢志创业、加强交流合作，迎接科技发展带来的机遇与挑战。台湾中华青年交流协会创办人李钟桂在致辞时表示，海峡青年论坛立足福建，面向台湾，已经成功地举办了5年，为推动两岸交流发挥了重要作用。我相信，经过大家不间断地共同努力，论坛还将对两岸交流与合作做出更多的贡献。

时隔不久，进入7月份，两岸青少年的交流活动陆续在北京启动。

7月8日，来自台湾及海外的近千名台胞青年在北京大学欢聚一堂，参加全国台联举办的2007年台胞青年千人夏令营开营仪式。

从1983年开始，全国台联已成功举办了22届夏令营、13届冬令营。自2004年后夏令营规模扩大为"千人夏令营"，是目前海峡两岸规模最大的青年学生交流项目。本次夏令营仍以"龙脉相传，青春中华"为主题，营员来自台湾92所大学，大多数是首次来大陆。全国台联会长梁国扬在开营式上致辞说，希望各位乡亲在十余天的参访活动中，能亲自感受悠悠中华传统文化，体会两岸同文同种的历史渊源，了解大陆现代化建设的成就。

营员们在北京的4天时间里，参观了故宫、长城等名胜古迹和首都博物馆、奥运场馆等北京新标志性建筑，并与清华大学等7所高校的学生进行面对面交流。随后，台胞青年即分赴上海、江苏、黑龙江、陕西等地参访、交流。

7月9日上午，"第二届海峡两岸青少年交流研习营"在北京开营。全国政协副主席张克辉接见了全体营员并发表讲话。张克辉向营员们介绍了祖国大陆近年来经济社会的发展情况，希望大家通过此次交流研习活动，用心感悟中华民族优秀的历史文化传统，全面了解祖国大陆经济社会发展的成就，加强与大陆学生的交流，两岸和港澳青年学生携起手来，共同为保持香港、澳门的繁荣稳定，实现祖国的最终统一，实现中华民族的伟大复兴贡献青春、智慧和力量。

"海峡两岸青少年交流研习营"由中华全国学生联合会和海峡两岸青少年交流基金会共同举办，2006年成功举办了首届活动。此次交流研习营由来自台湾、香港、澳门的100名大学生组成，他们先后赴北京、南京、上海等地参观访问，并参访清华大学、北京大学、南京大学、复旦大学等大陆著名高校。

7月10日，由中华全国青年联合会与北京、河北、上海、江苏、浙江、福建、广东、海南8省（市）政府主办的"第二届两岸青年联欢节"在北京隆重开幕。本届联欢节以"两岸青年欢聚神州，携手共创美好明天"为主题，为期两个月，分5条线路进行参访、联欢，参与的台湾青年学生有两千多人。

全国政协副主席罗豪才在开幕式上为本届联欢节各线路代表授旗并发表讲话。他说，两岸经贸、文化交流日益密切，为两岸青年成长成才、创业发展提供了广阔的空间和舞台。青年是民族的希望，是促进两岸和平发展的重要力量。民族的前途取决于青年，两岸的繁荣发展离不开青年。他希望两岸青年始终保持高涨的学习热情和旺盛的求知欲望，始终保持锐意进取的精神状态，打下成长进步的根基，争做民族的栋梁之材。要以创新的思维拓展两岸青年在学习、创业、发展等方面的交流，拓展合作渠道，丰富合作内涵，创新合作模式，不断开创两岸青年交流新局面。

团中央书记处常务书记、全国青联主席杨岳在致辞中指出，两岸青年应进一步加强交流与合作，锐意创新，奋发有为，努力成为促进两岸和平发展、促进两岸文化交融的有生力量。

清华大学学生王磊、台湾艺术大学学生李光颖分别代表两岸青年发言，表达了当代两岸青年携手同心、弘扬中华文化、共促民族振兴的共同心声。

开幕式后，北京市副市长、北京奥组委执行副主席刘敬民作了关于2008年北京奥运会筹备情况的报告。

本次活动采取"一节多点"的方式，分北京—河北、江苏—上海、浙江、广东—海南、福建这5条线路展开活动。每条线路开展的活动都围绕着"两岸青年欢聚神州，携手共创美好明天"的主题确定本条线路的主题。

7月28日上午，第二届两岸青年联欢节"江苏—上海行"在南京紫金山下拉开帷幕，本次交流活动的主题为"锦绣江苏·共享和谐"。全国青联和江苏省人民政府在中山陵博爱广场举行了热烈的开幕仪式。来自海峡两岸的一千多名青年参加了开幕式。团中央书记处书记、全国青联常务副主席尔肯江·吐拉洪在开幕式上致辞时表示，两岸青年有着共同的文化情感和发展需求，应该珍惜大好年华，积极探索求知，刻苦学习，奋发成才；应该进一步加深了解、增进友谊、加强交流、扩大合作，以两岸青年的团结和谐促进中华民族的团结和谐，为推动两岸关系和平稳定发展做出积极贡献。来自南京大学和台湾大学的学生代表在发言中表示，希望通过两岸青年的联欢活动，能够增进彼此之间的了解和友谊，更深入地进行学习和思想等方面的交流，共同为民族的未来做出贡献。

在随后的4天时间里，来自台湾的青年学生在南京等地开展"金陵古都行"、"江南山水行"、"吴越文化行"等活动，参观了江苏名胜古迹和人文景观，走访了台资企业和高新技术企业。

8月8日上午，在北京2008年奥运会倒计时一周年之际，第二届两岸青年联欢节"浙江行"活动在浙江省杭州市的西子湖畔红红火火地举行了开幕式。本次交流活动的主题为"牵手汇西湖·同心迎奥运"。来自海峡两岸的一千多名青年代表参加了开幕式。

开幕式上，两岸青年进行了精彩的民俗表演。杭州的余杭滚灯、台湾青年的高山族舞蹈等节目赢得了两岸青年阵阵喝彩。两岸青年"汇水聚情"仪式把开幕式引向了高潮。奥运冠军罗雪娟和台湾青年代表分别乘坐两艘皮划艇缓缓驶到西湖中央的水上平台，他们将现场取自西湖的水与取自台湾日月潭的水汇聚在了印有奥运五环标志的容器里，表达了两岸青年血脉相融、心手相连的骨肉亲情和共同为北京2008年奥运会祝福的心声。此时的西子湖畔彩旗飘舞，2008只寄托祝福和希望的和平鸽在激昂的旋律中飞向蓝天。汇聚后的水被分别装入两瓶之中，一瓶由台湾青年带回台湾，另一瓶则送往北京奥组委。

8月17日上午，第二届两岸青年联欢节"海南行"在海南省启动。本次交流活动的主题为"青春海南行，汇聚中华情"。开幕式结束后，来自海峡两岸的青年先后到海口、琼海、五指山等地进行参访。

8月19日上午，海南省保亭黎族苗族自治县七仙广场成了欢乐的海洋，三百多名台湾青年与当地各界群众联欢，参加"2007年海南七仙温泉嬉水节"。保亭县委、县政府对台湾客人的到来表示热烈欢迎，为来宾送上了精彩的民族歌舞节目。台湾青年代表团也为上万名现场观众表演了充满青春活力的文艺节目。随后，台湾青年参与了嬉水狂欢大巡游，切身体验少数民族风情，亲切共话两岸骨肉亲情。8月20日，代表团前往祖国最南端的风景名城——三亚市，游览享有"天下第一湾"美誉的亚龙湾，领略"天涯海角"、"南天一柱"、"大小洞天"的景致，一路走来切身体验着祖国大陆的辽阔和壮美。

8月23日晚，福建厦门嘉庚体育馆洋溢着青春的气息，第二届"两岸青年联欢节"在此落下帷幕。闭幕式晚会上，两岸青年心手相牵，踏歌起舞，一起回顾了近两个月来在祖国大江南北留下的青春风采和友谊足迹，展现了携手共创美好明天的青春激情，共同祝愿中华民族的明天会更加美好。

团中央书记处书记、全国青联常务副主席尔肯江·吐拉洪在闭幕式上致辞时说，联欢节活动增进了台湾青年对祖国大陆的了解与认识，加深了两岸青年的血脉亲情，增强了两岸青年传承中华文化的责任感和振兴中华民族的使命感，激发了当代中华青年携手同心、共创美好明天的青春豪情。他的讲话表达了两岸青年的心声，顿时激起全场热烈的掌声。

此时此刻，大家用热烈的掌声、激昂的歌声和依依惜别的深情为历时近两个月、近万名两岸青年参与的"第二届两岸青年联欢节"画上了圆满的句号。

在两岸青年联欢节接近尾声的时候，8月20日—22日，"两岸同胞携手迎奥运"青年交流活动在北京举行。从"好运北京"奥运测试赛场到八达岭长城，从"鸟巢"主体育场到圆明园遗址，来自海峡两岸以及港澳地区的四百多名青年学子参加了由海峡两岸关系研究中心和海峡两岸关系协会举办的这次活动，共同分享迎接奥运这一民族盛事的喜悦与荣耀。

8月20日上午，"两岸同胞携手迎奥运"青年交流活动开幕式前，中共中央政治局党委、全国政协主席贾庆林亲临会场，代表中共中央和胡锦涛总书记向参加的两岸青年朋友表示热烈欢迎和亲切问候。贾庆林说，北京举办2008年奥运会，是海峡两岸中国人的一件盛事、喜事。中华民族拥有五千年悠久的历史和灿烂的文化，为人类社会做出了伟大贡献。近代以来，中华民族遭受了被欺凌、被侵略的巨大痛苦，台湾同胞更是未能幸免。在那个年代，谈不上在中国的土地上举办奥运会。但是，中华民族不甘沉沦，奋发图强，终于走上了民族复兴的康庄大道。祖国大陆改革开放以来，经济社会迅速发展，国际地位愈益提升，我们中国人有能力、有条件举办奥运会了。北京奥运会是祖国大陆改革开放30年取得的辉煌成就的集中体现，是展示中华

民族新风貌、新形象的巨大舞台，也是提升中华民族凝聚和影响力的宝贵契机。

贾庆林指出，两岸同胞同根同源，同是中华儿女。我们欢迎台湾同胞与大陆同胞携手喜迎北京奥运，共襄民族盛举，共同见证中华民族实现百年梦想，共同谱写一曲壮美的盛世华章。大陆和台湾同属一个中国，中国是两岸同胞共同的家园。两岸同胞有责任、有义务把共同的家园维护好、建设好。两岸关系发展的实践证明，两岸分则两害、合则双赢，推动两岸关系和平发展，是人心所向、大势所趋。

贾庆林表示，在浩浩荡荡的历史潮流面前，两岸青年应勇于承担起历史赋予的庄严使命，密切彼此的交流往来，共同反对"台独"分裂活动，为推动两岸关系和平发展做出无愧于时代的贡献。

全国政协副主席张克辉、中台办主任陈云林等参加了会见，并参加了部分交流活动，倾听年轻人的心声。

国台办常务副主任郑立中在开幕上为开展此次活动作了题解。他说："这是两岸青年交流的盛事，也是两岸青年喜迎北京奥运会的一件大事。"他指出，两岸关系的前途，取决于两岸青年的努力。当前，"台独"势力及其活动严重威胁着两岸关系和平发展的环境，严重伤害两岸同胞的切身利益和根本利益。只有坚决反对和遏制"台独"势力及其分裂活动，才能确保两岸关系和平发展，才能确保两岸同胞的长远福祉，也才能确保两岸青年的美好前程。"希望两岸青年要做促进交流的先锋，走在交流的前列；做中华文化的传人，大力弘扬中华文化优秀传统；做促进两岸关系和平发展的生力军，积极推动两岸关系朝着和平稳定的方向发展。"真诚的话语博得全场热烈的掌声。

此次交流活动正值"好运北京"奥运测试赛期间，两岸青年朋友一同走进五棵松体育场棒球场，观看了中国队的比赛。听说自己是最先体验北京奥运会赛场的观众，大家深感荣举，听着满场"中国队，加油"的喊声，心情十分激动。

台湾政治大学学生张庭飞说："2001年北京申奥成功时，我真的以身为一名中国人为荣。看到'鸟巢'、'水立方'，我深深感到，其实我们中国人能做得跟世界一样好。我期待成为北京奥运会志愿者，期待还有下一次的两岸青年交流活动。"

听报告，是这三天"信息量"最大的活动。原中国奥委会副主任魏纪中、北京奥组委执行副主席蒋孝愚给大家介绍了申奥历程和北京奥运会筹备进展等情况，两岸青年听得津津有味。

而最令年轻人难忘的，是8月22日上午与邓亚萍、杨扬、杨凌等奥运奖牌得主见面的经历。邓亚萍还在乒乓球台上接受了大家的"挑战"。身体不便的台湾大学学生胡翔淳坐着轮椅参加了这次特殊的比赛，在邓亚萍的指导下，胡翔淳成功地接起了奥运冠军的来球，场边响起了热烈的欢呼声。胡翔淳对记者说："希望2008年奥运会上，两岸运动员能屡创佳绩，为中华民族争光！"

相见时难别亦难。短暂的相聚已结下了深厚的友谊，在闭幕式前的交流座谈会上，大家谈收获、话友情，难分难舍之情溢于言表。

"我是第一次到大陆，去了长城和圆明园，过去在书本上读到的历史活生生地展现在眼前，心情很激动。"15岁的高雄市公立阳明中学学生林霈恩虽是此次活动中最小的台湾学生，见识却不输大哥哥大姐姐们。他说，那时的中国人能创造出长城这样的奇迹，真了不起。圆明园的断壁残垣让人感慨万千，再看看今天的北京充满了活力，这是一个现代感与历史感交相辉映的城市。

台湾教育大学艺术教育系的学生洪儒廷能言善道，在交流中结识了不少好朋友，他拿出自己的本子，上面写满了大陆朋友的电子邮件地址。坐在洪儒廷身边的北京体育大学学生杨絮笑着对现场采访的记者说："我的本子也写满了。"

在交流中结下友谊，在互动中彼此了解，在对话中沟通心灵。惜别时刻，两岸青年互道珍重，相约下一次的相聚。北京交通大学学生卢静、北京体育大学学生刘姗姗郑重承诺：下次一定请台湾同学到学校的篮球场去，和我们的同学一较高下。

海峡两岸关系协会常务副会长李炳才对这次两岸青年交流倍加赞许，他说："我们强烈地感受到两岸青年朋友可亲可爱，可期可待。能为两岸青年提供交流机会，我们感到由衷的高兴，并勉励自己要为促进两岸青年交流、推动两岸关系发展多做好事、多办实事。"

上述活动的盛况仅是2007年盛夏两岸青年交流的一部分，还有"首届两岸青少年社会教育论坛"、"台湾中学生黑土地文化之旅"、"两岸中学生才艺交流"等活动也在热热络络地进行着，两岸青年交流的热潮像这盛夏的气温一样居高不下。

有人用"灿若夏花，秋实可期"这样两句话来形容两岸青年交流的盛况，确实恰如其分。近年来，越来越多的两岸青年社团和有识之士，着眼于两岸发展和民族的长远利益，积极推动两岸青年交流，夏令营、冬令营、联欢节、参访团、青年论坛等等，虽然形式多样，主题各异，但目的都是一个：为两岸青年交流搭建平台。促进两岸同胞的交流往来，这也是2005年4月国共两党领导人会谈达成的共识之一。因为青年是民族的未来，两岸关系的前途和两岸青年的命运息息相关，两岸关系的前途取决于两岸青年的努力。

（五）

在两岸各个领域积极而热络的交流与互动中，两岸民意代表之间的交流与互动同样引人注目。

7月19日上午，第二届两岸县市"双百"论坛在青岛海天大酒店隆重开幕。来自台湾19个县市的100名议员和来自山东、江苏、浙江、上海、福建5省市的100名县市区人大代表与会。中共山东省委常委、常务副省长王仁元、中台办副主任孙亚夫、中共青岛市委副书记王文华等出席开幕式。

王仁元在开幕上致辞时说，本届两岸县市"双百"论坛，主要是围绕"两岸合作，共同发展"这一主题，深入探讨两岸县市经济、文化、社区建设的交流合作。这些议题都与两岸民众生活和福祉息息相关，反映了两岸人民的共同愿望。通过这届"双百"论坛，两岸同胞将在多学习、多接触、多沟通、多交流的基础上，进一步增进了解和互信，加深友谊与合作，不断推动两岸关系向前发展。

王仁元在简要介绍山东省基本情况后指出，山东是与台湾联系最密切的省份之一，特别是近年来，山东和台湾人员往来频繁，经贸交流不断扩大。王仁元最后说，山东经济社会又好又快发展，必将为鲁台经济文化全方位交流合作提供更广阔的空间和更强劲的动力。

福建省泉州市人大常委会主任傅圆圆，台湾新竹县议长张碧琴也分别在开幕式上发表了热情洋溢的致辞。

围绕着"两岸合作，共同发展"这一论坛主题，来自台湾的代表钟逸文、潘怀宗、陈富厚、叶丽娟、吴宗宪，与来自大陆的代表傅圆圆、盛永安、施协新、陈添友、殷允岭等，分别在论坛大会上就如何加强两岸合作，如何实现共同发展发表各自的意见。在分组交流中，与会代表就加强两岸县市经济、文化、社区建设方面的交流合作，进行了热烈讨论。

与会代表利用论坛休息时间，还参观了青岛经济技术开发区、青岛啤酒博物馆等地，并游览了崂山和青岛市容。

通过两天坦诚而深入的讨论和交流，增进了两岸人员的了解与共识，更进一步融合了两岸同胞的亲情，这对于推动两岸各方面的交流与合作，具有十分重要的意义。

20日晚上，青岛市人大常委会在海天大酒店举行欢送宴会，两岸代表欢聚一堂，畅叙亲情，共话友谊。

市人大常委会主任徐长聚在致辞时说，这次两岸县市"双百"论坛围绕"两岸合作，共同发展"的主题，特别就两岸民众普遍关心的经济发展、文化交流等进行了热烈的讨论。双方相互学习交流，共同研究探讨，表达了加强两岸交流、扩大互利合作、实现共同发展繁荣的强烈愿望，反映了两岸同胞共同的期盼和心愿。实践证明，两岸"双百"论坛，是两岸县市之间增进相互了解，探寻合作发展的好途径、好平台。他指出，近年来，在两岸同胞的共同努力下，两岸的交流与合作不断深入发展，两岸地方人大与县市议会间的联系也不断加强。我们殷切地期望，这种能够为两岸人民带来福祉的交流与合作，形式更加多样，渠道更加通畅，成效更加显著。

台北市议员黄珊珊代表台湾与会代表致辞时说，能够有机会相聚在美丽的青岛，与来自5省市的百名人大代表面对面交流座谈，认识了许多新朋友，大家感到非常高兴。这次两岸县市"双百"论坛让所有与会人员印象深刻，收获颇多。在论坛交流中，大家彼此用心沟通，亲如一家，度过了一段美好时光，增进了两岸同胞间的相互了解和互信，拉近了距离，加深了友谊，进一步促进了合作。

论坛落下帷幕后，部分台湾代表赴北京、上海、江苏等地参访，继续考察大陆快速发展的情况。

（六）

在两岸医疗交流与互动中，最为感人的莫过于两岸同胞相互捐献造血干细胞，实现跨越海峡的生命接力与爱心传递。

2007年7月20日上午，在北京道培医院，台湾佛教慈济骨髓库副主任杨国梁从中华骨髓库管理中心主任洪俊岭手中接过了大陆同胞捐赠的两例造血干细胞。这是中华骨髓库首次向台湾提供造血干细胞。

捐献的背后，两位志愿者演绎着不同的故事。

江苏苏州的杭彬女士经历了2年多的等待捐献成功，一波几折；而湖南女孩小艳则不到4个月就实现了捐献。

由于有多次献血的经历，杭彬于2004年参加了捐献造血干细胞样本采集活动，并签署了志愿捐献造血干细胞同意书。她没想到，自己偶然的决定，竟然铸就了她与一位台湾姑娘跨越海峡的情缘。

2005年8月的一天，杭彬突然接到红十字会的电话，被告知她与一位台湾姑娘的HLA低分辨配型成功。杭彬说："听到这个消息，当时的感觉像中了奖一样，真是不敢相信。"

会不会影响健康？会不会很痛？一连串的问号曾让杭彬忐忑不安。在咨询专家之后，杭彬意识到造血干细胞采集并不是骨髓移植手术。她对采访她的记者说："用可再生的造血干细胞，去挽救不可再生的生命，我还犹豫什么？于是我打电话告诉红十字会的负责人'我愿意'。"

当杭彬一家已经为此做好准备时，台湾女孩却因为病情的原因，没法接受捐献。杭彬深感遗憾。然而，注定的缘分再一次牵连起了这两位素未谋面的女子。2007年4月，杭彬再次接到红十字会的电话，得知捐献对象还是那位台湾女孩，"当时我真觉得我们之间冥冥之中有一种缘分，所以这次我毫不犹豫。"当杭彬第二次说"我愿意"的时候，她的心中充满坚定和爱心。

当杭彬的造血干细胞即将飞往台湾救助同胞姐妹，续写爱的篇章，她来到北京市道培医院的交接现场时，遇见了自己的同乡——来自江苏泰州的姑娘陈霞，陈霞动情地对杭彬和现场采访的记者说："这是一种缘分，绝非偶然。这种任谁也抹不掉的血缘关系，显然是两岸骨髓库亲密'互动'的基石。"陈霞对此有切身的体验。2001年6月，患有白血病的22岁的陈霞收到了一份来自台湾的特殊礼物——1305毫升骨髓注到了她的体内。从台湾到苏州，长达20个小时的救助行动被媒体完整地记录下来，深深地感动着两岸同胞。

陈霞这次专程来到现场，就是想用自己的亲身体验说明，这并不是单纯的"救命"，而是以这种"接力赛"式的事实，证明两岸同胞同祖同宗，血脉相连，任谁也抹不去的"中国人"的烙印。

2007年4月10日，湖南省白血病患者谭科刚刚接受了台湾同胞捐献的造血干细胞，使谭科脱离了险境。湘雅医院血液科医生介绍说，潭科目前身体很稳定，骨髓等各项指标正常，在家继续服药。

7月20日，恰是谭科接受救助100天的时间，湘妹子小艳捐献的造血干细胞已经跨越海峡，去救助台湾同胞了。

7月21日，台北荣总医院血液肿瘤科主治医师邱宗杰表示，20日夜晚已将270毫升骨髓干细胞输入患者体内，医院对幸运获得大陆捐赠造血干细胞的白血病少女的病情相当乐观。

杨国梁曾多次护送台湾志愿者捐献的造血干细胞来大陆。同样携带着蓝色的骨髓储存箱，这一次却是来取大陆同胞捐献的造血干细胞，去挽救台湾患者的生命。两岸的爱心传递，令他说话有些哽咽："我非常高兴。这是功德无量的好事，爱是可以传递的。"

自从1997年4月8日，54岁的台湾妇女杨秀霞为17岁的安徽少年刘金权捐赠骨髓以来，这种跨越海峡的爱心传递就不绝如缕，渐成常态。到目前为止，已有四百多位台湾同胞的骨髓通过慈济骨髓捐赠中心，为大陆的血液病患者带来生机。

旅途辗转，辛劳颇多，但是为了点亮生命的明灯，台湾同胞不辞辛劳，奔波于两岸之间传递着爱心，充分展现了他们的大爱与真情。1999年9月21日，台湾发生了令世人震惊的大地震，可是22日是慈济骨髓捐赠中心事先就定好的为浙江医学院第一附属医院送髓的日子。面对不断的余震，捐献骨髓的台湾同胞与慈济的医护人员冒险完成骨髓的抽取，医护人员又几经辗转于当天深夜赶到杭州，将生命之髓送到医院。这样让人感动得热泪盈眶的事例并不鲜见。

台湾慈济骨髓干细胞中心成立于1993年，是全球唯一靠民间善款构建起来的骨髓库，如今在这里登记备案个人骨髓干细胞资料的超过30万人。中心已完成一千多笔捐赠骨髓配对，接受骨髓移植者来自23个国家和地区，其中向大陆捐赠案例最多。之所以有这样高的配对比例，慈济医护人员的解释最为朴素、精当："因为同是华夏儿女的缘故！骨髓配型最基本的要素有两个，一个是从自己所属的族群中寻找相同遗传标志的捐髓者成功率几最高，另一个是同一族群的人其抗原种类和频率最相似。从人类学、遗传学的观点来看，两岸同胞级庸置疑是同源、同种，所以，才能获得如此高的配对几率！"

大陆的中华骨髓库成立晚于台湾，于2001年才开始工作。现在，中华骨髓库的资料数已经是台湾慈济骨髓库资料数的两倍。洪俊岭说，能回报同胞，也是两岸互惠互利共同发展的体现。"这是一个里程碑，也是一个开端。"

血脉相连，爱心相映，这种血缘亲缘之爱跨越了山水阻隔，超越了政治纷争。现在，两岸之间的爱心传递又由单向发展为双向。2006年，32岁的哈尔滨电工阎善义，捐赠骨髓干细胞给台湾鸿海董事长郭台铭之弟郭台成，成为大陆第一位为台胞提供造血干细胞捐赠者，谱写了两岸爱心接力、生命接力的第一乐章。随着两岸交流交往日益深化，这种跨越海峡的生命接力和爱心传递不断续写着新的篇章，同时也在稳健地推动着两岸和平发展春天的构建。

（七）

随着7月1日香港回归10周年的临近，与香港隔海相望的台湾也在以自己的角度审视香港10年来的变化。连日来，岛内各大媒体纷纷推出"香港回归10年"、"璀璨明珠"等系列报告，描述香港回归后各个方面的变化。虽然也有少数媒体对香港回归后的"民主问题"说三道四，陈水扁甚至在其"阿扁总统电子报"上声称"10年来香港像是被关在鸟笼中的小鸟，只是这个鸟笼愈来愈小"，但更多的媒体看到的是，10年来，香港国际金融中心的地位不断巩固，经济持续发展为社会带来了勃勃生机。与此同时，在同为"亚洲四小龙"的香港所取得的显著成就映衬下，岛内媒体也不由得反思起台湾10年来所走过的曲折道路和所面对的迷茫前景。

10年前，台湾赴港报道回归盛况的媒体并不多，在台湾电视媒体中只有"华视"一家赴港作了3集各90分钟的特别报道。而回归10年后的眼下，几乎所有的台湾报纸、电视台都在为回归10年后的盛景制作专题报道，有的报纸已连续七八天刊登整版报道。中天电视台、TVBS电视台还与香港作现场连线的报道。这些报道大多以香港目前的经济繁荣作为重点，许多经济类报纸还从香港股市、房地产、产业转型等不同角度，详细剖析香港为何由当年西方担心的"趋向死亡的都市"，发展成为目前亚洲最有活力与经济蓬勃发展的城市之一。

10年前，台湾《中国时报》也曾派遣一个近30人的采访团赴港，当时，他们这样形容香港，"港人面对着一个不确定的未来，连天公也不作美，整个月阴雨绵绵，让整个社会气氛更显低迷，充满悲观情调。"10年后的6月初，一个12人的台湾媒体采访团再赴香港，这一次，他们见证的情形是，"所到之处，餐厅座无虚席，铜锣湾商业区的人潮超过以往，香港可以说充满了活力，股票已涨到历史新高点"，"在香港10年的生死簿上，外界已经普遍写上了香港充满活力与生机盎然的结语"。

除了感性认知，岛内媒体还用数字说明问题。台湾《经济日报》报道说，1997年香港回归后，首先面临的就是当年8月的亚洲金融风暴。但今天，香港从谷底攀升，稳坐亚洲金融中心，近3年来经济增长率分别达到8.6%、7.5%及6.9%，股市、楼市频创新高，羡煞台湾民众。《东森新闻》则将目光投向被视作"经济晴雨表"的股市，报道恒生指数在金融危机后一度跌破6500点，现在却坐稳20000点；而上市仅7年的香港交易所，股价足足增长了23倍，成为世界股票交易所的神话。

对于这样的经济繁荣景象，台湾民众不得不叹服。

对于香港经济为什么会取得如此骄人的成就，几乎所有岛内媒体都将其归功于"回归令香港紧紧背靠大陆"。

在香港回归前后，岛内舆论一直跟着西方媒体"唱衰"香港，尤其是民进党上台以来，更是不断恶意宣传"一国两制"导致香港经济崩溃，加上金融危机确实使香港经济一度遭受重创，那些年，多数台湾人都认为"香港经济不如台湾"，相信"香港回归就会灭亡"。然而，随着每年至少有三四百万人次的台湾人赴港，大家都亲眼看到香港的繁荣，岛内媒体的报道也开始回归真实、客观，无论台当局再怎么诋毁"一国两制"，台湾民众已把香港看作是"领先台湾、值得模仿"的榜样。

台湾中华电视台报道说，香港简直就是"大陆游客的购物天堂"。10年前大陆游客一年只有200万人到香港，但香港开放大陆观光客到香港自由行之后，去年大陆游客就一举突破1000万，令香港仅观光业外汇营业收入去年就达51亿港元。该报道羡慕地说，难怪香港在世界经济论坛发布的全球竞争力评比中排名第6、列亚洲之冠，而台湾却排名第30。台湾《联合报》则认为，10年来，香港由原来大陆企业的"窗口"变成了"舞台"。香港之所以能保持国际金融中心地位，主要是成功说服北京，在特殊关爱下转型为大陆的金融中心。

对此，台湾《东森新闻报》评论说，站在经济起飞的巨人脚下，香港不仅保留了引以为傲的自由金融体系，还是外资通往大陆的道路，回归是好还是坏？十年风云现在看来，加分效果显然是大的。就连刚被马英九选为"总统"竞选副手的萧万长也在日前表示，香港2003年底与大陆签订的"更紧密经贸关系"（CEPA），"对香港的确是历史性重大转折点。"《联合报》的评论更为直接地指出："也许因为有'两制'的支撑，香港才'香'得持久。"

香港经济快速发展的现实，令台湾民众格外心动。台湾TVBS电视台报道，一群来自基隆码头的工人，6月30日在台湾"立法院"召开记者会，宣布为了唤起当局重视基隆港日渐萧条，码头工人相继失业的现象，将举行游行要求向香港学习，争取实行"一国两制"。工人们表示，"我们这些码头工人，没有工作可以做，有时候一个月做不到几天的工作。""反观香港跟澳门就好，那你说'一国两制'有什么不好呢？"工人们还表示，他们的愿望其实很单纯，就是要让基隆港与大陆的八大港口一起成为亚太航运枢纽中心。为烘托主题，记者会现场还悬挂着"一国两制、基隆先行"、"基隆厦门，天天来回"等标语。对于工人们的要求，扁当局的有关方面已经表示

"严重关切"。

面对香港经济快速发展的景象和岛内经济持续低迷的现实，岛内媒体纷纷发表社论或评论加以评说。台湾《联合报》发表社论说，"因为有九七这个基准点，我们看到香港10年的哀乐悲喜；同样10年，台湾的变化更为复杂，却找不到自己的参考点了。"《中国时报》发表评论指出，香港与台湾都曾经历亚洲金融危机，当年的台湾安然度过挑战，香港则遭冲击经济根基为之松动。但随着民进党政权于2000年上台，香港与台湾却走上了完全不同的发展道路，特区政府更努力地拼经济，民进党政府则更加彻底地拼政治，让台湾深陷政治恶斗的深渊。于是，香港并未因回归缺乏"西方式民主"而导致竞争力下滑，仍维持亚洲"四小龙"的第二名，而台湾"拼政治"的结果则是降为"四小龙"之末。过去10年香港兴、台湾衰，是大陆与台湾10年政策走向的缩影，突出了两岸三地经济实力消长的根源。

就连台当局直接管辖的"中央社"，也在其推出的"香港主权移交十周年专题报道"的开篇中强调，"舞照跳、马照跑，维多利亚港夜景依然灿烂。兰桂坊人潮汹涌，跑马地也仍然热闹，铜锣湾及旺角一带人挤人，一幅歌舞升平的景象"。这是连陈水扁也不敢不正视且必须承认的事实。

在庆贺香港回归10周年的前夕，人民日报记者采访了老台胞纪朝钦。纪老先生出生于台中，是台湾"二·二八起义"的亲历者，1949年来到大陆后，一直在外交部工作，直到离休。现在是台盟中央政策研究会成员。他对记者说，看到香港的变化，作为一位老台胞，自然要想起台湾。"'一国两制'最早是针对台湾提出来的，从香港的实践看，用在台湾也是可行的。当然，台湾有其特殊性，最终实施时，应与香港有所不同。"

纪老先生说："台湾人常到香港采购、游玩。'一国两制'的效果到底如何，看看香港这十年的发展就知道了，这是一种无形的影响。"香港是台湾最有说服力的镜子。香港的成功实践，为解决台湾问题提供了借鉴，总结了经验。

纪老先生离开故乡台湾已经五十多年，对故乡的牵挂一如既往。他经常与旧友、乡亲联络，相互交换看法。采访时，他特别拿出台湾某大学教授的一封信说，和这位朋友联络多年了，看着他的思想在一点点地转变。在最近的这封信里，这位教授写道：我们不能坐视这些"台独"分子乱搞，糟蹋我们美丽的台湾，使台湾再次沦为外国的殖民地。我的理由只有一个：我是中国人……

纪老先生说，我们台湾同胞都要好好想想。中国现在正处于千载难逢的伟大复兴时期，作为一个中国人，不管出于对历史负责，还是对后代子孙负责，都不能把个人家庭的恩怨、党派利益放在中华民族的核心利益之上。同样也要好好想想，当经济全球化，各国都希望借助中国经济和平发展的东风的时候，台湾自外于大陆，只会使台湾越来越边缘化。

纪老先生的观点，正反映了大多数台湾同胞的心声。

（八）

在两岸各个领域的交流与互动中，两岸记者的交流与互动历来都是颇为活跃和频繁的。2007年7月16日又在内蒙古自治区呼伦贝尔市启动了"海峡两岸记者草原行联合采访活动"。此次采访活动正值内蒙古自治区成立60周年大庆的前夕，来自海峡两岸的近30名记者来到这片神奇而美丽的土地，风雨兼程，踏歌而行，领略草原的辽阔与神秘，感受历史的厚重与悲壮，见证收获的欣喜与感动。

采访团团长、国台办新闻局副局长杨毅表示，举办两岸记者联合采访活动，目的是为了促进和推动两岸新闻交流。自1992年至今，两岸记者已经联合采访了新疆、西藏、云南、长江三峡等地，这项活动已经成为深受海峡两岸新闻界欢迎的著名品牌。今后将进一步扩大参与范围，增加采访主题，拓展活动的影响力。

此次两岸记者内蒙古行为期10天，自16日启动以来，从头至尾有雨相随。一到呼伦贝尔市，记者们便奔赴附近的金帐汗部落。正当记者们漫步草原之时，一场大雨不期而至。"下雨对草原上的牧民是好消息，因为有了雨水草才能长得好，牛羊才能吃得好。"蒙古族导游亚齐女士的一番话，说得记者们心花怒放。

在离开内蒙古前的最后一站——恩格贝生态旅游区，记者们又与雨相逢。"恩格贝"，蒙古语是"平安、吉祥"的意思。近十多年来，恩格贝沙区初步形成带、网、片、乔、灌、草结合的综合防护林体系。1997年恩格贝被国家环保局命名为"国家生态建设示范区"（试点）。治沙志愿者的奉献精神深深感动着两岸记者，大家冒雨实地观摩治沙成果。台湾中天电视台、无线卫星电视台记者浑身被淋得湿透，仍坚持采访，向景区负责人详细询问治沙方法。

两岸记者内蒙古草原行，一路都有歌声相伴。在舒缓悠扬的歌声中，两岸记者走进大昭市，走进昭君墓，走进成吉思汗陵，感受那风云激荡的历史厚重与悲壮。

成吉思汗陵位于鄂尔多斯草原中部，只见蓝天绿草之间，三座蒙古包式的大殿肃然伫立。守护成陵的吐尔扈特人是成吉思汗8位功臣的后裔，数百年来，他们坚守职责，为酥油灯添油、烧香、祭祀，形成了特殊的祭祀文化。台中晚报记者陈荣晴说，内蒙古大草原旖旎的风光、淳朴的牧民，蒙古民族悠久的历史、独特的文化，太吸引人了，相信以后会有越来越多的台湾同胞来这里旅游。

深入到牧民聚居点，记者们发现他们的生活方式已经有了天翻地覆的变化。走进牧民那日格勒家的蒙古包，只见电风扇、电视机、收音机等电器一应俱全。那日格勒笑容满面地告诉大家，家里养了20头牛和六百多只羊，年收入超过3万元人民币。

在内蒙古自治区的明星企业伊利集团的新工业园，记者们感受到更大的"视觉冲击"。这里有世界最先进的技术装备应用于生产的全过程。从伊利集团到鄂尔多斯羊绒集团，从小肥羊餐饮连锁有限公司到台资企业旺旺集团，记者们看到了内蒙古经济发展的缩影。台湾《联合报》记者陈东旭说，作为记者我很关心内蒙古的经济发展情况。这一路走来的所见所闻，让我觉得无论是牧民生活还是总体经济发展，都比我想象的好很多。

7月20日，记者们采访了内蒙古自治区民盟主委、自治区政府副主席郝益东。郝益东说，今年是内蒙古自治区成立60周年。作为中国共产党领导下建立的第一个省级少数民族自治区，内蒙古60年来的发展建设实践，为我国坚持和完善民族区域自治制度创造了成功的范例，为维护祖国统一和边疆稳定做出了贡献。内蒙古60年来的发展变化充分证明，民族区域自治是解决中国民族问题的历史选择，是增强各民族团结与合作、促进各民族繁荣与发展的有效途径，是维护国家稳定和统一的重要保证，具有巨大的优越性和旺盛的生命力。

郝益东及自治区有关部门负责人还向记者们介绍了内蒙古自治区民族宗教、旅游业及招商引资、台资企业发展等情况。郝益东说："改革开放以来，内蒙古经济发展已进入了快车道。"他举例证说，2006年全区生产总值比1978年增长了21倍，年均增长11.7%，与此同时居民收入也有了十分显著的增加。

记者们的所见所闻正印证了郝益东的情况介绍。

（九）

自2005年大陆推出一系列惠台政策措施以来，台湾优质农产品在大陆集中亮相成了两岸农业交流的重要形式。7月20日至25日，由海峡两岸农业交流协会和台湾省农会又一次主办的"2007台湾优质农产品巡回展"分别在上海、南京、福州、武汉、广州、大连6个城市举行。

本次巡回展览以展示、销售台湾特色优质农产品为重点，为台湾农产品进入大陆市场搭建平台的同时，也向台湾推介大陆为台湾农民专门设立的创业园。台湾各级农会、专业协会及农业企业等150多个农业组织、320多人参展，除了展示时令水果、蔬菜外，还有蜜枣、豆干、蜂蜜、果饼等469种农业深加工产品，不仅品种丰富，价格也定位于普通消费者。

7月20日上午，"2007台湾优质农产品巡回展览"在上海农业展览馆隆重开幕。农业部副部长尹成杰、国台办副主任叶克冬、台湾省农会总干事张永成、中国进出口银行副行长李郡、海峡两岸农业交流协会副会长薛亮等出席了开幕式。

走进上海农展馆，满目鲜亮的台湾水果立刻让人口舌生津：青黄相间的菠萝、又大又红的芒果、大串大串的香蕉……吸引着潮水般涌入的参观者的目光。

年过花甲的周明渭先生一早就乘公交车赶到农展馆，中午离开时，只见他大包小包的采购了不少台湾水果和蜂蜜。他笑呵呵地对采访他的记者说："台湾的水果、蜂蜜，质量都不错。而且台湾同胞是我们的兄弟呀，对那里的农业，我们应该支持。"

展厅内，上海的阿公、阿婆们看得仔细，问得也仔细，参展的台湾农民不厌其烦地给他们热情地回答着问题，每个人的脸上都洋溢着收益满满的笑容。

海峡两岸农业交流协会秘书长李永华说："本次巡回展的主要目的就是，为台湾农民和大陆消费者搭建交流平台，使台湾农产品在大陆的销售逐渐步入常态化。"

高雄县大树乡第二十九产销班班员庄荣林笑眯眯地站在一堆菠萝后面，骄傲地向围拢在展位前的参观者说："我们那里的红土土质好，气候也适合菠萝生长，结出的菠萝皮薄、香气浓，甜度都在16度以上。"参观者品尝后，争相购买着他的菠萝。庄荣林介绍说，在台湾，每个乡都有数十个农民自愿结成的产销班，大家进行技术交流、集中采购原材料、集中销售，这次就有不少以产销班为单位的台湾农民来大陆参展。"来前我们做了精心准备，要让大陆同胞吃到一流的水果。"

台湾精细农业发达，科技含量和深加工程度都很高。台湾省农会秘书长

欧建良说："我们都很看好大陆市场，希望今后台湾农产品到大陆能有更多的通路，让两岸同胞享用到同质同价的农产品。"

台湾省农会总干事张永成说，此次台湾农产品与大陆消费者"亲密接触"，是大陆关切台湾农民现实困难的又一次"贴心安排"。

在沪台商林麦可3年前从台湾来到上海创业，看到各种台湾农产品，他说仿佛回到了家乡。"大陆现在的环境非常好，我们都希望两岸今后可以在更多领域合作，让更多人受益，我们对未来更有信心。"

本次展览上，福建漳浦、山东栖霞、四川新建、重庆北培4个台湾农民创业园也作了集中展示，现身说法介绍了各自的发展情况和优惠政策对他们发展的推动作用及受益情况，前来咨询的台湾农民和农产品经营者络绎不绝，介绍资料都成了"抢手货"。

本次展览上，上海、江苏、福建、湖北、广东等省市也设立了专门的展台，展示近年来本地现代农业的发展情况，与台湾农产品的展台交相辉映，展示了两岸农业优势互补的广阔空间和合作发展的美好前景。

上海主展场活动结束后，展览又前往南京、福州、武汉、广州、大连等地巡回举行，形式多样的农产品推介活动进一步扩大了台湾农产品的知名度，同时两岸在农产品领域的合作方面也进了广泛的交流。

24日，巡回展在大连隆重开幕。在巡回展期间，近40位参展台商在辽宁省农委和大连市农委的组织下，参观考察了大连市菊兰园、金科生态园及长青现代农业园。武汉武商量贩总经理助理叶剑雄在接受记者采访时说，台湾水果在武汉的销售已经有两年的历史了，武商量贩是武汉市第一家引进台湾水果的商超企业，台湾水果一直销售得很好。此次参加巡回展，就是为了进一步提高经销水平。24日上午，"2007台湾优质农产品巡回展览"在南京隆重举行的同时，一百三十多名台胞分两路考察了南京的农业。同一天，参加福州巡回展活动的两岸专家、企业代表和台湾农会负责人共同呼吁早日实现台湾农产品经两岸"小三通"（指厦门—金门、马祖—马尾的直接三通）直航，让更多台湾农民受益。在广州举行巡回展期间，参展的台商考察了佛山海峡两岸农业合作试验区，大陆方面向与会台商详细介绍了大陆台湾农民创业园的发展情况和美好前景。

本次"台湾优质农产品巡回展览"无论是规模和活动范围，还是经济效益，都超过了上一次。参展的台湾农民说，有大陆一系列优惠的政策措施的支持，相信这样的巡回展会越办越好。参展的台商说，这样的巡回展已经成为两岸农业交流合作的重要品牌。

<h1>（十）</h1>

在两岸体育界的交流与互动中，最为抢眼的当属2007年9月7日至9日姚明受邀访问台湾的活动。

多年前当姚明还是个青涩的大孩子时，曾随上海大鲨鱼队首次赴台访问，2000年他又随中国队二度赴台参加比赛。但当姚明成为北京奥运会形象大使时，他的第三次赴台之旅却遭遇阻挠。台湾《中国时报》报道说，日前台湾"中华篮协"申请大陆球员来台，台当局同意放行38位大陆运动员，唯独姚明却吃了闭门羹。

台湾当局为什么阻挠姚明赴台访问，《中国时报》的一篇报道对此作了分析。报道说，姚明多年前来台访问时还是一名青涩害羞的大孩子，但现在他已是NBA数一数二的中锋，又是北京奥运会形象大使，他访台将对两岸僵持不下的奥运圣火传递路线争议造成何种影响，台当局"陆委会"绝不敢大意。报道指出，台当局已陷入两难。不让姚明访台，极可能造成拒人于千里之外的负面形象；而准许姚明访台，以他的知名度和善意目的，又可能为北京的奥运圣火传递路线或多或少争取到台湾民众的同情票。

台当局的阻挠并敌不过台湾民众的强烈要求，当局扭捏再三，最终还是对姚明赴台访问放行。

姚明如期访问台湾虽然只有短短的三天时间，但在岛内却连刮三天"姚旋风"，台湾民众热情支持，岛内媒体"围追堵截"，展开"轰炸式"的报道。

当9月7日姚明一踏上台湾的土地便掀起台湾民众热情如潮的热浪。台湾《联合报》9月8日发表的报道说，几经波折，NBA休斯敦火箭队的中国大陆"移动长城"姚明昨天抵台，负责接待这位NBA巨星的西华饭店员工，在饭店门口列队迎接这位稀客的光临。当姚明抵达饭店时，有员工惊呼："姚明比电视上看到的还要大一号！"

报道说，第三度来台的姚明和中国篮管中心主任李元伟共7人昨天下午抵台。当身高2.26米的姚明鹤立鸡群的出现在桃园机场入境走道时，立即引爆现场数百位热情球迷的激情，高喊着"欢迎姚明""姚明我爱你"。面对球迷的热情，姚明礼貌地以微笑回应。

7日晚，姚明来到台北101大楼参观，他一出现就引起了轰动，现场媒体和球迷的闪光灯闪个不停，姚明感觉到有点刺眼，但他还是幽默而友善地说："请你们节省一点闪光灯的电吧，我的眼睛不是很好。"

8日下午，姚明又来到台湾少数民族聚居区，与当地的小学生们交流篮球。姚明来到活动现场后，像一位和蔼可亲的大朋友，充满童心地与小学生们互动联欢。面对姚明，新竹的小学生们显得相当兴奋，他们纷纷提出自己的问题。有学生问，你在NBA里最怕谁？姚明回答，最怕主教练。又有小学生问，你吃什么能长这么高？姚明笑着说："我吃的很普通，喜欢上海菜，上海菜比较甜一点，可能会长高。"姚明风趣幽默的回答妙语连球，引发了现场一阵阵欢笑。

《联合报》9月9日发表的一篇报道说，"姚明旋风"所到之处都造成轰动。这位平常就热心公益的NBA第一长人，昨天在科技业的大力捧场下，为联电文教基金会播撒希望种子专案募集到750万元新台币（4.7元新台币约合1元人民币，下同），未来将发放给需要帮助的小朋友。

姚明昨天到新竹进行篮球交流之旅，中午接受联电荣誉副董事长宣明智和警友会的午宴款待，许多科技业老板都到场一睹"移动长城"的风采。

在宣明智客串主持人的主持下，姚明原本准备50颗签名篮球，并以每颗10万元新台币义卖给科技业老板，而且还可以和姚明一起合影留念。结果，获得现场来宾热烈回应，使签名篮球追加到75颗，为联电文教基金会播撒希望种子专案募集到750万元新台币。

9月10日出版的岛内报纸对姚明9日在台湾最后一天的活动作了详尽的报道。《联合报》的报道说，"移动长城"姚明昨天以精湛的球技，为3天两岸篮球之旅画下精彩的句点。面对数以千计的热情球迷，他充满感情地说："我会想念大家，希望下次还能再来和大家相会。"

这位NBA第一长人昨天率影视明星联队在台大体育馆和"台湾飞人"陆信安领军的SBL明星队打了一场表演赛后，正式结束了他第三度访台之行，并于昨天下午搭机返回大陆。

昨天表演赛是姚明此行最后一个活动，这位NBA巨星在场上展现的优异球技，获得现场数千球迷的热情回应。"移动长城"姚明对决"台湾飞人"陈信安是昨天的焦点，外界都期待看到7年前在台北举行的亚洲职业篮球大赛上，陈信安飞越姚明扣篮的那一幕，但两位球星昨天打得"温良恭俭让"，完全符合表演性质。

表演赛的过程一片祥和，姚明领军的影视明星队虽以84：88败阵，但这位NBA火箭队当家球星不负球迷期待，在场上展现出精湛球技，不但攻下26分，还投进两个3分球，并表演7次灌篮，令现场球迷大乐。

和姚明一起打影视明星队的前纬来猎人队球星熊仁正说："姚明对人亲

切和善，完全没有大牌球星的傲气，是来台NBA球星中，配合度最高的一位巨星。"

姚明赛后表示，对台湾球迷的热情留下深刻印象，并感谢这3天来各界的招待，他说："这次来访的感觉很愉快，我会想念大家，希望以后还有机会再来。"

在3天的访问行程中，台湾民众对姚明的到来表现出前所未有的热情，甚至有一位年届八旬的台湾阿婆也出现在欢迎的队伍中，当记者问她为什么这么大年纪还辛苦赶来，她说："喜欢姚明，他每场球赛我都看。"

对于姚明的台湾之行，岛内各大媒体都是闻风而动，进行了"轰炸式"的报道。台湾中天电视台特别制作了题为《姚明的天空，二二六的传奇》的专题节目。台湾《联合报》8日则在头版刊出了姚明的大幅照片，对姚明赞赏有加。台北市长郝龙斌的一句话，也许最能表现台湾民众对姚明的热爱。当姚明到餐厅吃饭时，郝龙斌特地赶到餐厅并送上礼物，郝龙斌说："我把父亲当偶像，我儿子则把姚明当偶像。"简单的一句话，说明了姚明在台湾年轻人心中的地位。

七、十七大报告对台湾问题的论述虽然不到1000字，却赢得了来自全国各地各条战线的两千两百多名与会代表多次长时间热烈的掌声

（一）

令全世界瞩目的中国共产党第十七次全国代表大会于2007年10月15日在北京举行。

大会定于上午9时开幕，7时左右就有众多群众聚集在天安门广场关注着大会的召开。数百名中外记者也早早地聚集在人民大会堂记者席，一遍又一遍地调试着设备，准备记录这历史性的时刻。法国电视二台记者高勔说："中国的发展牵动着世界的目光。有谁能不关注这样的大会呢！"他边说边调试着摄像机的镜头。

9时许，胡锦涛健步走到台前，代表十六届中央委员会向大会作报告。

当胡锦涛讲到台湾问题时，全场显得格外肃静。胡锦涛强调，解决台湾问题，实现祖国完全统一，是全体中华儿女的共同心愿。我们将遵循"和平统一、一国两制"的方针和现阶段发展两岸关系、推进祖国和平统一进程的八项主张，坚持一个中国原则决不动摇，争取和平统一的努力决不放弃，贯

彻寄希望于台湾人民的方针决不改变，反对"台独"分裂活动决不妥协，牢牢把握两岸关系和平发展的主题，真诚为两岸同胞谋福祉、为台海地区谋和平，维护国家主权和领土完整，维护中华民族根本利益。胡锦涛对今后一个时期对台工作的指导思想和总体要求的简明概括，顿时激起全场热烈的掌声。

胡锦涛指出，坚持一个中国原则，是两岸关系和平发展的政治基础。台湾任何政党，只要承认两岸同属一个中国，我们都愿意同他们交流对话、协商谈判，什么问题都可以谈。我们郑重呼吁：在一个中国原则的基础上，协商正式结束两岸敌对状态，达成和平协议，构建两岸关系和平发展框架，开创两岸关系和平发展新局面。胡锦涛发出的"达成和平协议，构建两岸关系和平发展框架"的郑重呼吁，更是激起全场暴风雨般的热烈掌声。

胡锦涛说，十三亿大陆同胞和两千三百万台湾同胞是血脉相连的命运共同体。凡是对台湾同胞有利的事情，凡是对维护台海和平有利的事情，凡是对促进祖国和平统一有利的事情，我们都会尽最大努力做好。两岸同胞要加强交往，推动直接"三通"，使彼此感情更融洽、合作更深化，为实现中华民族伟大复兴而共同努力。胡锦涛的讲话又一次被全场热烈的掌声打断。

胡锦涛强调，当前，"台独"分裂势力加紧进行分裂活动，严重危害两岸关系和平发展。两岸同胞要共同反对和遏制"台独"分裂活动。中国主权和领土完整不容分割。任何涉及中国主权和领土完整的问题，必须由包括台湾同胞在内的全中国人民共同决定。我们愿以最大诚意、尽最大努力实现两岸和平统一，绝不允许任何以任何名义任何方式把台湾从祖国分割出去。胡锦涛铿锵有力的讲话再一次引发全场热烈的掌声。

胡锦涛说，两岸统一是中华民族走向伟大复兴的历史必然。海内外中华儿女紧密团结、共同奋斗，祖国完全统一就一定能够实现。胡锦涛的讲话表达了全体中华儿女的共同心声，又一次赢得全场长时间的热烈掌声。

（二）

胡锦涛所作的十七大报告受到世界舆论特别是台湾舆论的普遍关注，尤其对"达成和平协议，构建两岸关系和平发展框架"的郑重呼吁更是赞赏有加。

就在十七大开幕的当天，路透社接连发出两则电讯，一则从北京发出的电讯说，在今天召开的中共第十七次全国人民代表大会上，胡锦涛警告台湾不要宣布独立。他说，台湾任何政党，只要承认两岸同属一个中国，我们都愿意同他们交流对话、协商谈判，什么问题都可以谈。胡锦涛在讲话中说，我们郑重呼吁，在一个中国原则的基础上，协商正式结束两岸敌对状态，达成和平协议。胡锦涛的讲话赢得了与会者经久不息的掌声。

另一则发自华盛顿的电讯说，中国国家主席胡锦涛在今天开幕的中共十七大上发表讲话，表示要同台湾进行谈判，以达成和平协议。白宫发言人戈登·约翰德罗说："美国注意到胡锦涛主席今天在讲话中谈到两岸问题的调子。我们认为，胡锦涛主席的讲话是朝着寻求恢复两岸对话的正确方向迈出的一步。"

美国"彭博新闻社"这一天从北京发出的电讯说，中国国家主席胡锦涛今天表示，他愿意与台湾磋商达成和平协议。中国称台湾"总统"陈水扁为"分裂分子"。胡锦涛的和平倡议是对陈的继任者发出的。电讯援引台湾中国文化大学政治系教授杨泰顺的话说："中国不必动武。如果紧张局势持续下去，它只需切断经济和贸易生命线即可。"

岛内媒体对十七大报告更是热评不断。

在十七大开幕前夕，台湾东森、TVBS等多家电视台均派出庞大的记者团队赶赴大陆，对十七大开幕进行实时转播。台湾"中央社"在第一时间对胡锦涛总书记的报告进行了全文转载。《中国时报》、《联合报》等岛内主要报纸以一至两个版的大篇幅对十七大进行报道。岛内发达的网络媒体除了视频转播外，还专门以"特报"的形式进行报道，"和平协议纳入中共文件"、"大陆将推动惠台措施直接三通"等更被标成醒目的红色。岛内两岸问题的学者、专家和政治评论员也成了最热门的人物，各电视台、报纸和网络媒体争相请他们发表评论。许多电视台一边直播十七大报告，一边请专家发表即时评论。当胡锦涛总书记讲到对台政策时，几乎所有专家都选择了静听，生恐自己误听、错说。

10月16日出版的台湾《中国时报》发表题为《胡锦涛首度呼吁签两岸和平协议》的报道说，中共中央总书记胡锦涛在十七大政治报告中，首度将"和平协议"写进党的正式文件，这不仅是中国国家领导人的首次，也是胡锦涛为未来两岸关系定下指导性框架，而这很可能影响未来5年、10年，甚至更长时间两岸的政治互动，意义不容小觑。这也显示"反独"是中共当代领导人的主要任务，而非"促统"。报道指出，大陆经济的迅猛发展，以及由此带来的"和平崛起"，胡锦涛提出的"和谐社会"都为彼岸带来更自信的政策布局。正因如此，胡锦涛正式将"和平协议"纳入党内指导性文件，就具有相当重大意义。显示中共高层已形成一套完整的对台战略战术方针，不

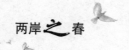

受台海形势影响。

报道又从另一个角度说，不过，"和平协议"作为十七大正式文件提出，可能也因在台海找到了一项最大公约数。2004年"陆委会"曾提出"两岸签署和平稳定互动架构协议说帖"；连宋北京参访时，"和平协议"更成为公报用语；马英九更多次呼吁两岸签署中程和平协议，解除台海战事的潜在威胁，而这些说法，其实多少均根源于1999年美国密歇根大学教授李侃如提出的"两岸签订50年不变中程协议"。如果一项政策能获致三方、甚至四方（台湾朝野两党）的认同，可行性就最大。预料，中共智囊建议时也认知到这一事实。

这一天出版的台湾《联合报》发表题为《和平为主轴，反独不退让》的报道说，台湾全力推动"公投入联"，中共反独、遏独声震天响之际，中共中央总书记胡锦涛十七大政治报告，仍然强调要构建两岸关系和平发展框架，展现他处理两岸问题的自信和主导性，也反映出未来5年对台政策：和平为主轴，反独不退让。

报道指出，面对台湾提出"公投入联"、"一边一国"等主张，胡锦涛仍呼吁两岸进行协商，达成和平协议，这一举措实属不易。就台海形势来看，胡锦涛达成和平协议的呼吁，显见他对台湾民心的理解程度，比外界想像的更深入和全面。他抓住大多数台湾民众渴求两岸和平和稳定，不希望台海有战事发生的心理，呼吁和平谈判，对台湾民众做另类"心战喊话"。和平的橄榄枝比文攻武吓有用，如同寓言中说的，阳光比北风更具有力量。

15日、16日两天，台湾"中央社"更是发出多篇报道，反映岛内各方对十七大发出"达成和平协议"呼吁的态度。一则报道说，中国国民党主席吴伯雄肯定胡锦涛所提两岸协商，正式结束两岸敌对状态，达成和协议的讲法。他说，国民党将坚持两岸对等原则，切实维护台湾的安全与尊严。又一则报道说，国民党政策会执行长兼大陆事务部主任张荣恭表示，胡锦涛提出两岸协商达成和平协议，这是中共首度及正式把国共两党公报的重要共识，提到党的最高权力机构加以确认，有利于两岸关系的长远发展。另一则报道称，国民党"总统"参选人马英九说，两岸应该同时回到"九二共识"，一个中国各自表述，以此作为协商基础。有关吁签两岸和平协议提法，他说，相对于过去，不能说不是一个进步。

台湾《今日晚报》发表一篇报道反映了陈水扁的狂妄态度。这篇被放在一个小角落里的报道说，中共中央总书记胡锦涛提出两岸达成和平协议，陈水扁表示，若在"一个中国"的框架下，就不是和平协议，而是投降协议。

他强调，两岸签署协议的三项条件是：放弃一中原则、废除《反分裂国家法》、撤除针对性的九百多枚飞弹。他还说，"台湾人不是中国人，台湾人民不是中国人民。"

对于陈水扁狂妄而丑恶的表演，岛内明眼人早就指出，陈水扁这个恬不知耻的民族败类，早在1991年就同柯承亨等人到大陆寻根问祖，明明自己是中国人他却生硬说"台湾人不是中国人"。他的"台独"招牌只不过是他贪污公款、索取贿赂、搜刮民脂民膏的遮羞布和挡箭牌罢了，他根本不爱台湾，爱的是台币。

（三）

在各路媒体的热评中，最引人注目和深思的，当属岛内及海外媒体所发表的社论和文章。

10月17日出版的台湾《中国时报》所发表的题为《北京倡议两岸和平协议的战略思考》的社论就颇有独到的见解，引人深思。

社论说，面对北京召开的第十七届中国共产党代表大会，海内外关注焦点，多集中在三个方面，一是人事，二是政治改革，三是两岸关系。当然台湾最关注的还是两岸关系部分，特别是此刻台湾"入联公投"吵得震天价响，原本可能缓和两岸关系的奥运圣火登台又破局，因而北京当局会在十七大中如何论述两岸关系，自然令人瞩目。结果在中共总书记胡锦涛的政治报告中，有关两岸关系的部分不仅只字未提"入联公投"，也未出现任何要启动《反分裂国家法》使用"非和平手段"的条文，文字表述除了重申以往的政策方针外，主要就是呼吁台湾的执政党在"一个中国"原则的基础上，协商和平协议，构建两岸和平发展架构。如果说这份政治报告在对台政策上有何新意，应该就是中共首度将这段文字写进了党的正式文件中，这也等于是将中共未来5至10年对台政策的框架，正式定了调。

社论指出，对北京而言，将两岸"达成和平协议"作为未来两岸关系的指导框架，除了彰显一般评论所指陈的，意在"防独"重于"促统"外，也包含了其它诸多的意涵，这些意涵是所有关注两岸关系者都不应轻忽的。先就文字修辞部分论，中共领导人过去对两岸关系的提法，一直维持在"和平统一"、"和平谈判"等类似终局状态的语言风格，而"达成和平协议"则是首度在语言风格上，以过程与程序的形式加以论述，从"终局论述"到"过渡论述"，相当程度上透露了北京对两岸关系思维风格。这同时也表现在另一个层面，不仅响应了民进党所提过的"两岸签署稳定互动架构说帖"，也参考了连宋在北京参访期间所发表的几个公报内容，也等于说，这是在寻求两岸在这个课题上的最大公约数。

社论强调，北京提出这个倡议的战略思考很清楚，一方面它不再随台湾内部选举议题的操作起舞，而是"以静制动"，揭示一个更大的框架，这个架构并不强调要启动《反分裂国家法》，而是正面呼吁签署和平协议。对北京而言，反正"一个中国"的大前提已先定在那里，《反分裂国家法》只须隐身幕后即可。"达成和平协议"的倡议，可以充分宣示北京对两岸的基本立场是要和解、要对话的，但也绝不是没有底线的。

社论说，在面对台湾当局不断升高"入联公投"的强度下，北京不但没有说出任何重话，反而显示出追求和平的姿态，并提出寻求对话的架构，在国际社会上所塑造的当然是正面形象，美国华府第一时间给予正面肯定即是显例。

社论最后指出，看得出来，当下两岸当局对议题操作的模式，其实是展示了两套不同的棋局。民进党"入联公投"闹得再大，意也只在赢得2008年初的两项选举，仿佛是在下一盘攻势凌厉的象棋，其意只在吃掉将帅棋子而已；而北京则意在架构全新的两岸互动模式，下的仿佛是全方位布局的围棋，落子或许缓慢，但围局则正在形成。社论对大陆战略布局之高明做法的赞许之情溢于言表。

10月19日出版的新加坡《联合早报》发表的王家英先生所作题为《北京对台政策显现自信》的文章，同样对大陆以和平与善意的策略回应台湾当局之挑衅的高明做法赞誉有加。

文章说，显而易见，胡锦涛在十七大报告中是以和平与善意的策略回应台湾当局的挑衅的。在对台讲话中，"和平"二字共出现了15次之多，而达成和平协议的表述，更是第一次进入党代会政治报告，反映出这一讲话将成为北京未来5年对台工作的指导性纲领。

文章指出，胡锦涛以和平与善意回应台湾当局挑衅的策略十分高明，原因有三：首先，国际社会尤其是美国对台湾当局近年来在"台独"问题上擦触北京底线已有定见，不断敦促台湾当局改变有关行为，不要做"麻烦制造者"，也呼吁北京要克制。如今胡锦涛的讲话显示，北京对台政策确如国际社会所期待的一样，高度克制，反而强调和平积极的取态。这一方面有助于凸显中国作为负责任大国的形象，另一方面也让国际社会更明白哪一方是"麻烦制造者"。胡锦涛发表讲话不久，白宫国家安全委员会发言人随即表示肯定，指出胡锦涛的讲话措辞温和，是寻求重新推动两岸对话、走向正确方向的一步，清楚地反映出胡锦涛和平策略的成功。

其次，台湾当局步步进迫无疑对北京造成强大压力，但北京同样清楚的是，强硬的回应未必能遏制"台独"，而且按过往的经验教训，反而可能帮助民进党的选举造势。陈水扁和民进党自年初以来，明知不可为而为地大力推动"入联公投"，背后正有挑衅北京从而达到推高本土意识、抢占选票的策略考虑。现在，胡锦涛不正面对抗，使陈水扁和民进党失去着力点。

其三，胡锦涛选择以和平策略回应台湾当局，也显示出北京的自信。近年来，中国大陆持续崛起，不但使国际社会惊讶，而且更将两岸的实力差距越拉越大，这使北京领导层相信时间对自己有利，只要大陆保持和平发展，就可超越台湾当局的种种干扰。毕竟，真正的强硬在于实力和行动，而不在措辞。

发表在10月22日出版的美国《福布斯》杂志上的一篇文章更为引人注目。这篇题为《中国如何处理台湾问题》的文章由罗伯特·罗斯先生所作，作者称赞"大陆在制定对台政策过程中日益老练"。

文章说，与陈水扁的一系列挑衅行为相比，大陆的克制更加引人瞩目。过去的一年中，陈水扁几乎接近正式宣布"台湾独立"。他在10月10日的讲话尤其具有挑衅性。陈水扁不仅激怒了北京，也使美国布什政府感到不快。尽管美国与台湾签有"协防条约"，但是美国政府已经公开批评陈水扁的动机。白宫也不再敦促北京同陈水扁进行谈判，而是鼓励北京与其继任者展开合作。另外，白宫还赞扬大陆在应对陈水扁挑衅行为时的克制。

文章在谈到胡锦涛主席在党代会上对台湾发出和平谈判的呼吁时，指出，这些引人瞩目的政治观点的发展，体现了大陆在政策制定过程中日益老练。中国领导人已经意识到，台湾的短期挑衅行为只不过是长期稳定的一段前奏而已，与采取那些会使陈水扁受益并破坏中国与美国等国家之间的合作关系的政策相比，等待台湾的政局改变是一项更好的选择。

文章说，陈水扁是台湾问题中的一个被孤立的并且不受欢迎的政客。台湾参选人已经意识到陈水扁迷恋于"台独"意识形态，并不关注台湾岛的经济和福祉。台湾两位参选人都强调经济发展和两岸稳定，而不是装腔作势地"改变台湾称号"或者"获得联合国席位"。

文章指出，大陆的经济发展已将台湾纳入大陆市场。大陆是台湾最大的出口市场和台湾投资的最大目的地。台湾既无法承担疏远其经济繁荣的首要市场的代价，也不能承受宣布"独立"后与大陆开战所带来的巨大风险。美国再也不能保护台湾。美国既不能帮助台湾应对来自大陆的报复性经济制裁，也不能保护台湾免受来自大陆的飞机和导弹的打击。大陆的崛起迫使台湾在与大陆打交道时要小心谨慎，这包括放弃其追求象征性"独立"的野心并转而关注经济发展。

文章最后说，令人欣慰的是，中国领导人的对台政策反映出他们认识到，耐心和克制将迫使台湾改变其固定路线。只要大陆能抵制住使局势紧张的诱惑，时间就将站在大陆一边。

（四）

支持海峡西岸经济发展正式写入十七大报告，这让福建省代表团倍受鼓舞，每一位代表的发言几乎都离不开"海峡西岸"四个字。"支持海峡西岸和其他台商投资相对集中地区经济发展"，当然是福建省和台商们的福音，它预示着福建省和台商们将迎来一个新的发展契机。张志南代表在发言中就指出："两岸统一是中华民族走向伟大复兴的历史必然，报告中提出要支持海峡西岸及其他台商投资相对集中地区经济，这意味着福建将面临更大的发展机遇。"

袁荣祥代表说，报告把支持海峡西岸经济发展放在推进"一国两制"实践和祖国和平统一大业的部分，说明了党中央对海峡西岸经济建设的高度重视。闽台之间一水相连，地缘相近、血缘相亲、文缘相承、商缘相连、法缘相随，渊源很深，促进祖国统一大业，福建有特殊的优势，应该做出特殊的贡献。近两年来，台商在福建的投资出现了"井喷"现象，我们一定要扎扎实实地推进海峡西岸建设，为促进祖国统一大业服务。

郑道溪代表来自泉州，他说，十七大报告指出，13亿大陆同胞和2300万台湾同胞是血脉相连的命运共同体。泉州到台湾，比到上海的距离还近。泉州是台湾同胞重要的祖籍地，我们要发挥这一优势，促进经济文化交流，拓展领域、提高层次，使彼此感情更融洽，合作更深化，为实现中华民族伟大复兴而共同努力。

来自漳州的代表刘可清说，1997年，经国家外经贸部、农业部、国台办批准，漳州设立了"海峡两岸农业合作实验区"，有力地促进了两岸农业的交流与合作，漳州也成为重要的台资投资地。中央支持海峡西岸经济发展，给漳州这个农业地区带来了工业崛起，近年来已形成电力、钢铁、汽车、船舶四大支柱产业，发展速度上来了，发展后劲也上来了。

梁绮萍代表是福建省政协主席，她说，现在两岸经贸、文化交流越来越密切，很多台湾同胞都曾经向她表示，由于最近几年祖国大陆出台了很多惠台政策，他们都从中获益，现在，许多台湾同胞都期盼着两岸尽早能够实现"三通"，使彼此感情更融洽、合作更深化，为实现中华民族伟大复兴而共同奋斗。

各位代表在讨论中都注意到，支持海峡西岸经济建设，是放在"推进'一国两制'实践和祖国和平统一大业"的篇章中论述的，说明其目的和重心，在于加强两岸交流交往，促进两岸关系和平稳定发展。20年前，两岸交流大门初启。20年来，两岸交流、交往虽然杂音不断，波折不断，到现在仍然不能直接通航，大陆居民仍然不能赴台旅游，但是两岸经贸合作、文化交流、人员往来，都以不可阻挡的趋势向前发展着。2006年两岸贸易额已经超过1000亿美元，人员往来达到四百四十多万人次。这样的大趋势使人们都看到，两岸同胞之间的了解在日益加深，感情在日益增进，交流在日益增加。

支持海峡西岸经济建设，再一次表明，大陆努力促进两岸关系和平发展的诚意和善意。海峡西岸是大陆离台湾最近的地区，其间最近处只有1公里。在这唇齿相依的地方，特别强调支持其经济建设，所显示的诚意和善意是不言自明的。通过交流交往，深化合作，增进了解，融洽感情，增强互信，是推进两岸关系和平稳定发展的最为有效的途径。海峡西岸与台湾，不仅空间距离近，而且同讲闽南话，同样信妈祖，习俗也相同，"地缘近、血缘亲、文缘深、商缘广、法缘久"，更容易与台湾同胞沟通交流。支持他们担当两岸交流的先锋，足见大陆对于加强两岸交流、促进两岸关系和平发展的信心和决心。

（五）

中国共产党第十七次全国人民代表大会闭幕不久，人民日报记者采访了海峡两岸关系协会常务副会长李炳才。当记者问到"您对党的十七对台工作精神作何解读？您对于两岸人员往来和经济文化交流的前景有何展望"时，李炳才说，推动两岸交流、促进两岸关系和平发展，是十七大报告对台工作精神的重要内容。可以乐观地预见，两岸人员往来和经济文化交流将以此为动力和契机，获得新的更大发展。

李炳才对他的"乐观预见"阐述了四个方面的理由：首先，13亿大陆同胞和2300万台湾同胞是血脉相连的命运共同体。共同的血脉、文化，共同的两岸关系前途，共同的中华民族伟大复兴远景，把两岸同胞紧紧地连在一起。两岸同胞加强交往，加强经济文化交流，是基于民族感情和共同利益的内在需求。台湾的发展离不开大陆，中华民族的伟大复兴需要台湾同胞的共同参与。我们相信，在两岸同胞的共同努力下，两岸交流的领域将继续拓展，层次将不断提高，规模将更加宏大，两岸同胞的感情会更融洽、合作会更深化。

其次，我们党和政府对台湾同胞倾注了满腔亲情和无私关怀。凡是对台湾同胞有利的事情，凡是对维护台海和平有利的事情，凡是对促进祖国和平统一有利的事情，我们都要尽最大的努力做好。这是我们对台湾同胞的庄严承诺。理解、信赖、关心台湾同胞，是我们应尽的责任。只要我们坚定不移地继续深入贯彻"寄希望于台湾人民"的方针，就能够赢得台湾同胞的认同和支持，团结更多的台湾同胞投身两岸交流，致力于两岸关系和平发展。

第三，尽管两岸谈判的恢复受到"台独"分裂活动的严重干扰，但是，两岸和平谈判的思想已深入人心。海峡两岸同属一个中国，中国是两岸同胞的共同家园，我们对于在"九二共识"基础上重开两会谈判始终充满诚意，也充满信心。台湾任何政党，只要承认两岸同属一个中国，我们都愿意与他们交流对话、协商谈判，什么问题都可以谈。我们希望两岸能在一个中国原则的基础上，协商正式结束两岸敌对状态，达成和平协议，构建两岸关系和平发展框架，开创两岸关系和平发展新局面。只要"台独"活动受到遏制，台海局势就能稳定下来，两岸关系就有了向前发展的条件，两岸谈判就能为继续促进两岸交流的深入发展发挥应有的作用。

第四，改革开放近30年来，祖国大陆以世界上少有的速度持续健康发展，经济建设、政治建设、文化建设、社会建设全面进步，国防建设取得历史性成就，综合实力愈益壮大，国际地位不断增强。今后5年，祖国大陆将在新的历史起点上，继续全面建设小康社会。加快推进社会主义现代化，实现更大的发展。这将使我们比以往更有能力、更有条件、更有办法推动两岸人员往来和经济文化交流。

也就在十七大闭幕不久，台盟中央主席林文漪在一次座谈如何贯彻落实十七大报告精神的会议上，围绕着"大力增进两岸交流与合作"的主题发表谈话说，中共十七大报告将和平发展确立为推动海峡两岸关系发展的主题，充分体现了中共中央对台湾同胞的理解、信赖和关心，在台湾岛内引起了热烈反响，受到了两岸同胞的一致欢迎。我们在与岛内的亲朋好友接触时也明显感到，已经有越来越多的台湾同胞对大陆对台方针政策表示认同和理解。台盟是由生活在祖国大陆的台湾省人士组成的参政党，和平发展两岸关系，早日实现祖国统一，正是台盟盟员最深切的期盼和为之奋斗的目标。十七大的部署，使我们充满信心，同时也倍感自身肩负的责任重大。我们将牢牢把握两岸关系和平发展的主题，以反对和遏制"台独"分裂活动为首要任务，充分发挥自身优势，大力增进两岸交流与合作，为密切两岸同胞的交往和增进互信作出不懈的努力。

（六）

两岸舆论就十七大报告论述台湾问题中所展现的善意、诚意和解决问题的构想，热评不断，纷纷予以高度评价和积极解读。比如对"13亿大陆同胞和2300万台湾同胞是血脉相连的命运共同体"这一观念的解读就颇为深刻。

舆论认为，13亿大陆同胞和2300万台湾同胞是血脉相连的命运共同体，说明了两岸同胞关系历史和现实的基本事实。台湾自古就是中国领土，2300万台湾同胞中98%是汉族，他们大多来自福建的漳州、泉州和广东的梅县、潮州；其余2%是高山族，他们和13亿大陆同胞一样，都是中华民族大家庭的一部分。台湾同胞和大陆同胞无论从血缘上、文化上，还是从社会关系上、经济来往上，都密不可分。尤其是从20世纪80年代末两岸交流逐渐开放以来，两岸经济文化交流规模越来越大，人员往来日益密切，相互依存不断加深。即使那些主张"台独"的人士，也大多亲自或委托亲人到大陆寻根追宗、祭拜祖先。任何人以任何手段"去中国化"，都不可能切断台湾同大陆的血脉、文脉、人脉，不可人为否定其自身的民族和文化根源。

舆论认为，13亿大陆同胞和2300万台湾同胞是血脉相连的命运共同体，提出了在经济全球化条件下两岸同胞走向共赢的基本要求。经济全体化的日益深入，使得任何地区都不可能再孤立发展。实行开放交往以来，两岸经贸联系和人员往来日益密切。截至2007年6月，两岸贸易累计达到6589.7亿美元，台商实际投资大陆累计达至445.8亿美元，其中，2007年1—6月两岸贸易额为552.8亿美元，台湾顺差332.6亿美元；截至2007年上半年，台湾同胞来大陆累计达到4461万人次，大陆居民赴台累计151万人次，其中2007年上半年台胞来大陆221万人次，大陆居民赴台超过10万人次。大陆是台湾外汇储备的主要来源地和产业升级换代的重要输出地，台湾同胞的投资也为大陆经济发展作出了贡献，台湾与大陆在经济上已经形成互利互补、相互促进的共赢关系。面对经济全球化、区域经济一体化的潮流，两岸同胞完全可以携手建立共同市场，实现两岸共同繁荣。

舆论认为，13亿大陆同胞和2300万台湾同胞是血脉相连的命运共同体，表达了对两岸同胞抓住机遇、携手并肩、共同为民族复兴而团结奋斗的衷心期待。一百多年来，中华民族历尽磨难，终于迎来了民族复兴的难得机遇。

两岸同胞都有责任站在新的历史高度，服从民族大义，顺应时代潮流，超越历史恩怨，加强相互交往，拓展交流领域，推动直接"三通"，使彼此感情更融洽、合作更深化，为实现中华民族伟大复兴而共同努力。"度尽劫波兄弟在，相逢一笑泯恩仇"。两岸同胞命运相连，合则两利，分则俱伤，唯有追求双赢，才能避免双输。要尽一切可能避免兄弟阋墙、亲者痛仇者快的悲剧。

舆论认为，13亿大陆同胞和2300万台湾同胞是血脉相连的命运共同体，体现了中国共产党对台政策的基本方向。十七大报告指出，我们将遵循"和平统一、一国两制"的方针和现阶段发展两岸关系、推进祖国和平统一进程的八项主张，坚持一个中国原则决不动摇，争取和平统一的努力决不放弃，贯彻寄希望于台湾人民的方针决不改变，反对"台独"分裂活动决不妥协，牢牢把握两岸关系和平发展的主题，真诚为两岸同胞谋福祉，为台海地区谋和平，维护国家主权和领土完整，维护中华民族的根本利益。这些对台工作大政方针的庄严宣示，其根本着眼点就是两岸同胞的共同利益和中华民族的光明未来。由于长期的历史隔阂，部分台湾同胞对祖国大陆缺乏了解，心存疑虑，要让所有台湾同胞真正确立"血脉相连的命运共同体"的正确观念，需要相当的历史过程，同时要付出艰苦的努力。近年来，大陆不断出台和实施惠及台湾同胞的政策措施，比如，开放台湾水果零关税登陆、实行有利于台湾学生在大陆学习就业的政策、积极推动两岸节日包机常态化，依法保护台湾同胞在大陆及世界各地的合法权益等，已经并继续产生良好效果。十七大报告关于"我们理解、信赖、关心台湾同胞"、"凡是对台湾同胞有利的事情，凡是对维护台海和平有利的事情，凡是对促进祖国和平统一有利的事情，我们都会尽最大努力做好"、"继续实施和充实惠及广大台湾同胞的政策措施，依法保护台湾同胞的正当权益，支持海峡西岸和其他台商投资相对集中地区经济发展"等政策的庄严宣示，突出地表明了中国共产党涉台政策中所体现出来的"13亿大陆同胞和2300万台湾同胞是血脉相连的命运共同体"的强烈意识。

（七）

岛内多家媒体把十七大的积极布局与陈水扁当局的恶劣行径进行比较，对大陆的表现高度赞扬，对扁当局的恶劣行径予以大胆揭露和强烈谴责。比如10月20日出版的台湾《联合晚报》发表的题为《大陆越沉着，越凸显陈水扁毛躁》的社论就是一篇代表之作。

社论说，有时候，看台湾政治，以两岸对比为角度，更能看出一些新迹象。台湾的执政党，几乎放下一切政务，全面推动"入联公投"。对岸中国共产党，则在十七大积极布局，以求稳定未来5到10年，乃至15年的发展。此其一。

社论接着指出，台湾的执政者，从陈水扁到谢长廷，没人告诉台湾人民，推动"入联公投"即便过了门槛，除了宣泄情绪外，还能有助于什么？但大陆的领导人，明确地告诉世人，中国大陆要继续往小康之路稳定前进，和谐社会亦即解决贫富差距，将成为施政重点。换言之，台湾执政者在玩"不会有答案"的假议题，海峡对岸则极力对付真议题，一来一往，谁在内耗，谁在虚耗，根本不必争论。此其二。

台湾的执政者以激怒中共为乐，就是要转两岸议题为选举操作。但这回大陆完全不理"入联公投"等话题，反抛出更多橄榄枝，释出更多争取民间、企业认同的利多。何故？这是信心使然，大陆记取教训，不跟你陈水扁唱双簧，不跟你民进党起舞，反正美国已在美中台三角关系上一再表态，大陆为什么当麻烦制造者呢？大陆越沉着，反凸显陈水扁的激情越毛躁。此其三。

台湾的执政者，基于选举考虑，拿"入联公投"、"制定新宪"等议题惹恼台湾最好的盟友美国，为了"入联"问题，美国说了多少重话，甚至让陈水扁任内可能最后一次过境美国，都绕道阿拉斯加，不给面子到顶了。相较来看，中共十七大释出的讯息，连美国在内，国际社会一片叫好。而台湾的民主，被陈水扁简化到只剩民粹，只剩"赢得选举便等于一切"的民主暴力。但是，中国却在改革开放下，政府的现代化治理能力大幅改善。此消彼长，十年之间，台湾停滞，大陆增长，还不叫人心惊胆战吗？此其四。

论社最后不无感慨地说，中国释放出惊人的外汇存底，通过中投公司投资台股、港股，尽管"陆委会"第一时间拒绝，然而重要的是，人家善意十足，是你民进党政府把到门的资金推给香港，推到门外，当港股资金充沛时，外资往哪里跑，还不清楚吗？唉，这就是民进党的思维。

八、扁当局疯狂上演"入联公投"的"台独"闹剧，受到天下华人的强烈反对和国际社会的齐声谴责

（一）

2007年，台湾政局最关键的词汇莫过于"入联公投"。英国《卫报》

对此评论说，"被孤立的台湾不断叫嚣，极力争取根本不可能得到的联合国席位。然而，在2008年奥运会主办国中国大陆的面前，这一切都显得黯然失色"。这代表了世界上绝大多数国家的基本判断。民进党上半年抛出"入联公投"后，《欧洲时报》就判定，"这场分裂闹剧必将以失败告终"。新加坡《联合早报》也明确指出，这将是"台独"又一个"不可能完成的任务"。9月联大开会，台当局首次以"台湾"名义申请加入联合国遭到封杀，英国广播公司（BBC）嘲讽说，台湾"再次独享汉语的特定词汇'闭门羹'"。但这似乎丝毫没有动摇扁当局的决心，陈水扁甚至引以为荣地宣称，推动"入联公投"以来，国际媒体对台湾的报道是去年同期的4倍。不过，他没有说明，报道的内容都是负面的，是一片谴责声。就连台湾最大的"盟友"美国也对此感到厌烦。自8月以来，美国政府以各种方式方式连续7次在"入联公投"问题上重批台湾，如8月27日，美国副国务卿内格罗蓬特就放重话说，美国反对台湾推动"以'台湾'名义申请加入联合国的公民投票"，因为美国认为这个"公投"是"朝向宣布台湾独立的一个步骤"。而且出面重批的层级不断提高，直至国务卿赖斯12月21日在美国举办的年终记者会上说："美国认为，台湾推动'以台湾名义申请加入联合国的公民投票'，是一项挑衅政策，它使台湾海峡不必要地升高紧张态势，也不能保证台湾人民在国际舞台上带来实质利益，这是美国反对这项公投的原因。"厦门大学台湾研究院院长刘国深说，"中美两国在维护台海地区和平稳定现状、反'台独'分裂活动的认知方面，达成了空前的共识"。12月3日出版的《香港商报》发表报道说，统计数字表明，目前全世界已经有一百六十多个国家明确表态，坚决反对"台独"。形象地看，包括美国、欧洲在内的一百六十多个国家就像一个巨大的国际铁桶，紧紧地把"台独"捂在桶里。

尽管受到全世界的质疑和谴责，但陈水扁当局已确定2008年3月执行"公投绑大选"，"入联公投"似乎是箭在弦上，不得不发。美国两岸问题专家卜睿哲说："大多数美国专家都认为，'入联公投'不能代表所有台湾民众的愿望，而仅仅是服务于民进党私利的手段。"卜睿哲一语中的，扁当局强行推动"入联公投"的根本目的，就是为了一党一己之私利。

9月12日，国台办举行例行新闻发布会，国台办新闻发言人李维一针对陈水扁近期的"台独"分裂言论强调指出，在台湾地区即将举行选举之际，陈水扁为了一己一党之私，全然置2300万台湾同胞的利益于不顾，赤裸裸地进行"台独"挑衅，这只能证明陈水扁是一个不折不扣的阴谋家，一个不惜断送台海地区、亚太地区和平稳定的破坏者。如果陈水扁不顾警告和国际社会的谴责，一意孤行，铤而走险，必须承担由此引起的一切严重后果。图谋分裂国家的民族败类，最终逃脱不了历史的惩罚。

对于扁当局在各方强大的反对声浪下，仍一意孤行地推动"入联公投"的根本目的，就是为了图谋扁一人及民进党一党之私利，台湾问题专家早就有深刻的分析和解读。对陈水扁而言，使出浑身解数主导和推动"入联公投"，是为了保性命和抓权力。

首先是保性命。陈水扁企图以"台独的陈水扁"来挽救"贪污的陈水扁"。2006年以来，扁的亲信、妻子及其本人均卷入多起弊案漩涡。不论2008年民进党是否继续执政，只要扁一下台就将失去"豁免权"保护，直接指向扁及其妻的"机要费弊案"，将时刻威胁着这个贪污的家庭。为此，扁极力利用余下任期，想方设法使自己下台后的余生能够躲避法律的审判和制裁。于是，一再利用"台独"猛药化解任内诸多危机的扁加紧进行"台独"活动。在扁于2006年元旦宣誓的"三大任务"中，对于"正名制宪"，连扁自己都说"做不到就是做不到"，已经跳票；对于"讨国民党党产"议题，扁深知是陈词滥调，无法激起大波澜；于是，扁遂将"入联公投"视为其奠定"台独"历史定位、向"独派"交待以换取日后支持的重要目标。因此，扁做出一副力推到底的架势，企图以此站在"台独"的制高点上，抓住"台独"这个"金钟罩"，用"台独基本教义派"的能量来保护自己的身家性命。

其次是抓权力。扁是一个岛内外闻名的权力狂，失去权力对他而言就等于失去生命。扁上台以来，始终无法争取到岛内多数民众的支持，2006年岛内"反贪倒扁运动"风起云涌，更使其陷入空前的执政危机，扁最终以"制宪、正名"、"维护本土政权"等口号得到"深绿"的力挺而度过下台危机。2007年初，扁开始加紧推动"入联公投"的另一主要目的，即是为避免随着任期无多和党内2008年大选候选人出线带来的权力"跛脚"危机，意图用极端的激进路线来绑架民进党参选人，主导该党未来路线的走向以及2008年的两场选举，维持其政治影响力。如果"统独牌"成为未来两岸选举的主轴，扁就可以借此翻云覆雨，控制岛内政局。

对民进党而言，全面配合推动"入联公投"，是为了拼选举、保政权。民进党面临着2008年选举"无牌可打"的困境。民进党上台七年多来，不但岛内经济严重衰退，社会对立，民不聊生，两岸政治关系僵持而倒退；更因党政高层严重的贪污腐败使其在野时高唱的所谓"清廉"政党形象彻底破产。在这种情况下，即使是基层支持者也都出现"2008年民进党这一票'实在投不下去'"的声音。正是由于"政绩牌"、"两岸牌"、"清廉牌"等均拿不出手，为了转移焦点，激发基本盘的支持热情，在扁和民进党中央的主导下，"入联公投"和"正常国家决议文"等"台独牌"再度成为该党的选举主轴。而2005年底以来，民进党内部"急独"派势力日益坐大，理性和中道的力量在党内初选中遭到清算而式微。在至高无上的选举利益下，全党上下或主动或被动，都不得不支持"入联公投"这个煽动性极强的劲爆议题。

民进党当局企图以"入联公投"来复制2004年"公投绑大选"的吸票效应，将2008年选举的主轴锁定在"统独"上，将民生和经济议题边缘化，以利于擅打"台独牌"的民进党，而使国民党的强项"经济牌"难以出手。正如岛内舆论所言，扁当局操弄此议题，"玩公投"是假，"绑大选"是真。

（二）

前文提到，扁当局首次以"台湾"名义申请加入联合国遭到封杀，英国广播公司（BBC）嘲讽说，台湾"再次独享汉语的特定词汇'闭门羹'"。扁当局是怎样在第62届联大上吃"闭门羹"的，岛内媒体对此作了详细报道。

9月23日出版的台湾《联合报》发表报道说，9月21日第62届联大全体会议核认总务委员会议程，台湾"入联"案企图翻案。在大会上，总计有一百多个国家发言，时间长达4小时15分。这是联合国成立62年来，首次在联大全会以如此长的时间讨论未被总务委员会列入议程的提案，也是台湾推动参与联合国15年来"最为激烈的交锋"。

报道说，当天会议一开始，台湾"友邦"冈比亚等国就发言要求将台湾"入联"案重新列入联大议程。针对台湾"友邦"的无理要求，中国常驻联合国代表王光亚发言，重申台湾是中国的一部分，联合国是只有主权国家才能参加的政府间国际组织。台湾是中国的一个地区，没有资格以任何名义加入联合国。世界上任何主权国家，包括提案国在内都不会同意本国的一个地区加入联合国。王光亚的讲话得到了绝大多数与会国家的支持，相继有126个国家发言表示拒绝将台"入联"案列入联大议程。其中，法国代表强调，法方坚持一个中国政策，"台湾的提案跟这个原则相违背，我们不会在大会中提出。"英国、德国、意大利等欧盟国家也一改过去在台湾"入联"问题上沉默的立场，公开发言反对纳入台湾"入联"案。

对于台湾"入联"案再度"独享闭门羹"，早已做好失败打算的扁当局却给自己找了个台阶下，津津乐道于一百多个国家为阻止台"入联"而发

· 868 ·

言，使台湾在国际上"获得了高知名度"。而扁当局却闭口不谈原本答应在联大发言"力挺"的"友邦"代表"临阵失踪"，使当局高层震怒但又无奈。

台湾《东森新闻》23日发表报道说，瑙鲁和马拉维会前曾表示将发言"助台"，但会议开始后，瑙鲁驻联合国的女代表脸色发白，随即以身体不适为由提前退场。而原本在现场穿梭的马拉维代表，一开始很正常，却在登记准备发言后就看不见人影了，以上厕所为名离开了坐位，直到4个多小时的辩论结束后也没有出现。台在中南美洲的12个"友邦"中，最后只有4个国家发言"挺台"，让台"外交"高层相当震怒，悻悻然道："陈水扁才去访问回来，大家签过联合公报和双边协议，怎么会人刚走就不给面子呢？"

其实，更让台方脸上无光的则是台方官员被逐出会场。据台湾《中国时报》报道，为了表示对此次"入联"案的重视，台"外交部国际组织司司长"林永乐亲自"出征"纽约，通过某"友邦"邀请到大会现场旁听。林永乐进场后直扑联合国常驻代表的官员席。但林的违规动作很快就被发现，结果被警卫驱离会场。

对于扁当局"入联"案再次遭遇封杀，台湾《中华日报》发表社论指出，所谓"入联"，不过是陈水扁当局为掩饰其执政无能、贪腐枉法，所制造的假议题、所拉起来的遮羞布，企图借助"公投绑大选"，将"入联"失败的悲情，转化为选票，以实现其继续当权的终极目的。

扁的图谋，连外人也看得很清楚。美国战略与国际研究中心专家考德斯曼指出："台当局领导人这样做是出于自己的野心，这是故意的公然挑衅，没有好处。"

前文提到，台"外交"高层对"友邦"在联大会议上的表现悻悻然道："陈水扁才去访问回来，大家签过联合公报和双边协议，怎么会人刚走就不给面子呢？"

其实，陈水扁为了寻求中美洲"友邦"支持其"入联"，在8月下旬进行了他离任前的"毕业之旅"，企图以大把钞票换取"友邦"的支持，但事与愿违，让他屡遭尴尬，只能灰头土脸地收场。有媒体用"出尽洋相"来形容他下台前的这次"毕业之旅"。

据台湾《中国时报》、《联合报》等媒体报道，8月23日，扁和中美洲"友邦"元首在洪都拉斯举行"峰会"并签署"联合公报"，台方仅在会后发给随行的台湾记者"公报"正式中文版本。但台湾记者在偶然情况下拿到了一份洪都拉斯政府"峰会"前发给中美洲媒体的西班牙文"公报"草案。记者惊奇地发现曾有一项内容为"台湾为主权独立国家，中美洲各国支持台

湾有权参加联合国、世界卫生组织等国际组织"的条款，该条款被列在第5项，后面还用括号注明是台湾提的。然而，在会后的正式"公报"中，仅有"友邦"要求扁承诺给予该地区多项援助的条款，而台湾所提的唯一条款竟然被删除。

另据台"中央社"报道，按原计划，"峰会"23日上午结束，将安排两名台湾记者在随后的记者会上提问。但是，记者会却一直推迟到下午两点才开始。在记者会上，扁致辞刚说了一半，洪都拉斯司仪就打断了他的话，称时间不够。后来司仪也没有让一名台湾记者提问，引起台湾记者团不满，并集体退席抗议。此时，洪都拉斯则切断了现场电视转播的信号。

尽管扁"慷慨出手"，但洪都拉斯等"友邦"并不把他放在眼里，不仅狮子大开口，要这要那，而且当地媒体还公开讽刺他。洪都拉斯《新闻报》就在扁访问期间刊出政治漫画，漫画中洪总统塞拉亚一副趾高气扬的模样，而扁则弯腰笑着和塞拉亚握手，背后还提着钱袋子。25日，扁在萨尔瓦多国会作主题为"以台湾名义入联"的演讲时，一半议员以不鼓掌、不起立的方式，表达不欢迎的立场，会场再度出现尴尬局面，扁只得以"容忍不同意见就是民主"来自我解嘲。

对扁的这次"出尽洋相"的"毕业之旅"，岛内外媒体猛批不止。台湾《中央时报》发表社评指出，正当台湾风灾水患不断，农民叫苦连天之际，陈水扁却在外面大送红包。面对外界质疑，民进党当局对以往"援外"的弊病只字不识，对受灾农民的救助却斤斤计较，大喊"财政拮据"，令人火冒三丈。

岛内多家媒体都忿忿不平地说，陈水扁此次出访撒出大把钞票，却受尽侮辱讽刺，不仅丢脸丢到外国，更让台湾形象严重受损。台湾《联合报》发表评论说，陈水扁想用民脂民膏堆砌出他的个人秀，却只证明了台湾的尊严是用钱买不来的。

国外媒体则对扁的此行充满嘲讽。法新社发表的一篇报道说，本应各国元首亲自参加的"峰会"，却有尼加拉瓜、巴拿马和多米尼加三国总统缺席。萨尔瓦多《新闻写真》发表总统府特别顾问卡洛斯撰写的评论说，陈水扁这次的中美洲之行又是一趟"圣诞老人"之行，但争取中美洲国家支持其"加入联合国"并未得到预期的效果，各国似乎只对台湾的援助感兴趣，而忽略了台湾的要求。

（三）

　　自从陈水扁当局推动"入联公投"以来，就遭到了两岸同胞和海外华侨华人的强烈反对。9月初，就由"台湾地区政治受难人互助会"、劳动党、"夏潮联合会"、"劳动人权协会"、"失业劳工联盟"等二十多个岛内民间团体发起成立了"反'公投入联'行动联盟"，呼吁广大台湾民众体认"入联公投"的危险性，要求扁当局立即停止推动以任何名义加入联合国的"公民投票"。这个联盟在发表的《宣言》中指出，所谓"入联公投"是民进党祭出的选举伎俩，此举只会扩大岛内政治对抗，虚耗宝贵的社会资源，延宕民生复苏的时机和可能，更加破坏台海和平的基础。《宣言》说，"台湾大陆同属一个中国"的现状，是当前国际社会的最大共识。陈水扁当局意图推动"入联公投"等一连串闹剧，不但危及台湾2300万人民的安定与幸福，违背海峡两岸人民追求人民和平、和解、和谐及合作的意愿，更危害亚太地区的安全与稳定。"反'公投入联'行动联盟"宣布，将举办一系列活动，展现台湾民间力量，让岛内蓝绿阵营知所进退。

　　扁当局推动"入联公投"以来，同样引起全球华侨华人的强烈反对。连日来，世界各地的华侨华人以座谈会、发表声明等形式强烈谴责扁当局分裂中国的罪恶行径。

　　美国南加州中国和平统一促进会联盟和美国大洛杉矶地区促进中国统一联合会于9月15日召开座谈会，与会的10多个南加州地区华侨华人社团代表发表了《反对台湾"入联公投"联合声明》，谴责"入联公投"是向中国《反分裂国家法》和美国及国际社会坚持的一个中国政策的公然挑战，并对美国政府反对"入联公投"、反对"台独"的立场表示支持。《声明》呼吁台湾人民认清"台独"分子置人民的安危于不顾的本质，表示将竭尽所能，与"台独"分裂势力进行不屈的斗争。

　　紧接着，美国大芝加哥地区华侨华人于16日也举行座谈会，强烈谴责扁当局分裂国家的罪恶行径，呼吁台湾同胞以及广大的海外华侨华人携起手来，全力制止"入联公投"。与会者在座谈会上发表宣言指出，陈水扁等顽固不化的"台独"分子为了一己一党之私，不顾台湾人民的福祉安危，继续欺骗蛊惑岛内选民，无视一个中国的国际现实。陈水扁难以得逞的"台独"噩梦已经受到国际社会的坚决抵制和唾弃。宣言呼吁台湾同胞，"务必认清'法理台独'对台湾有百害而无一利，要掌握自己的命运，共襄振兴中华民族之举"。

与此同时，美国华盛顿中国和平统一促进会致信美国国会参众两院，明确表示坚决支持美国政府奉行一个中国政策，反对陈水扁当局一意孤行推动"入联公投"。信中说，陈水扁当局不顾美国政府多次警告，依然高调推动"入联公投"，这是非常危险的。"入联公投"的要害是陈水扁当局企图从法理上把台湾从中国的版图上分裂出去，以改变台海现状，这是对亚太和平和世界和平的严重挑衅。

旅居澳大利亚、加拿大、新西兰、意大利、巴西、秘鲁、日本、瑞士、新加坡、菲律宾、保加利亚、非洲等世界各地的华侨华人社团纷纷举行座谈会，发表宣言或声明，强烈谴责扁当局的险恶图谋，表达要与分裂国家的罪恶行径斗争到底的决心。

随着陈水扁当局越来越疯狂地推动"入联公投"闹剧，全球华侨华人声讨和谴责扁当局的火力也越来越猛烈。

11月17日，为期3天的"全球促进中国和平统一高峰论坛"在美国华盛顿隆重开幕。来自世界32个国家和地区的华侨华人代表与会，声讨陈水扁最近大肆推动"入联公投"，大搞"法理台独"的挑衅活动，呼吁全球华人共同努力，早日实现中国的和平统一和中华民族的伟大复兴。

这次论坛由全美中国和平统一促进会和华盛顿中国和平统一促进会联合主办，世界各地34个和平统一促进会的会长和代表三百多人出席了大会。

中国驻美国大使周文重在大会开幕式上发表讲话说，胡锦涛总书记在中国共产党第十七次全国代表大会所作的报告中提出了对台工作的指导思想和总体要求，阐述了对两岸关系重大问题的主张，体现了中国政府努力争取两岸关系和平发展的诚意和坚决遏制"台独"分裂活动的坚强决心。周文重指出，当前"台独"势力正加紧分裂活动，严重危害两岸关系的和平发展，损害台海及亚太地区的和平与稳定。因此，反对陈水扁当局推动"入联公投"等"法理台独"活动是当前两岸同胞最重要、最紧迫的任务；在反对分裂国家这个重大原则问题上，我们不会有丝毫动摇、妥协与含糊，绝不会吞下"台独"这个苦果。

对于陈水扁最近大肆推动"入联公投"活动，与会代表们群情激愤。来自欧洲的代表张曼新表示，"对分裂祖国的行径我们海外华人绝不会沉默。谁要将台湾分裂出去，全世界的炎黄子孙绝不会答应！"84岁高龄的中南美洲和统会会长张无咎在台湾居住了三十多年，后移居巴西。他对祖国统一充满信心。他说："我们就是要让全世界都知道，我们全球的华侨华人都热切地期盼中国的统一。谁也无法阻止中国实现统一。我等着在有生之年看到中国的统一。"纽约和统会会长花俊雄说，随着中国的和平发展，中国实现统一的希望越来越大。他说，中国统一就是要靠中国综合国力的日益强大，也要靠海内外华侨华人的共同努力，谁也别想阻止中国实现统一的伟大进程。

会议通过了《2007年华盛顿"全球促进中国和平统一高峰论坛"宣言》。宣言指出，中国的和平统一是包括台湾同胞在内的全体炎黄子孙的共同心愿和伟大奋斗目标。一个中国原则已被联合国和包括美国在内的国际社会所普遍认同。而台湾当局大搞"法理台独"，推动"入联公投"是对公认的一个中国原则的公然挑衅，是对亚太和世界和平的破坏。为此，论坛呼吁中美两国加强战略对话，坚决携手遏制"台独"势力的猖狂活动，支持两岸的和平对话和交流，支持中国的和平统一事业。

（四）

在一片声讨扁当局疯狂推动"入联公投"的大潮中，有一支力量格外引人注目，那就是台湾工商界大佬针锋相对地提出要推动"两岸和平共处法"，高呼可以进行"统一公投"。

11月12日，台湾著名的工商界大佬曹兴诚在岛内各大报纸的头版刊登半版广告，大声呼喊要推动"两岸和平共处法"，以彻底解决两岸问题。在他设想的"两岸和平共处法"中，第一条就是要求民进党和国民党停止举行"入联公投"和"返联公投"，他还大胆地提出举办"统一公投"的建议。在扁当局执迷于"入联公投"、在"急独"的路上越来越远的当口，这么大声地喊出包括有"统一"字眼的"两岸和平共处法"，无异于向岛内抛出了一颗震撼弹，工商界人士大声叫好，媒体议论纷纷，陈水扁、马英九、谢长廷等政治人物则表态谨慎。岛内分析人士认为，"两岸和平共处法"引起如此巨大的轰动背后，是岛内渴望两岸和平稳定的强大民意。

据台湾"中央社"报道，曹兴诚构想的"两岸和平共处法"有以下几个重点：确定台湾不会举办"独立公投"；宣布"中华民国"不排斥与大陆统一；台湾不主动举办"统一公投"，应在大陆提出要求时予以办理；在办理"统一公投"之前，大陆将其"高度自治"的具体实施内容公开予以详尽说明。曹兴诚还描述了"统一公投"如果通过后的前景：两岸即可统一，台湾人民认同统一比"独立"有利，比如可以终止"凯子外交"、蓝绿恶斗，"共创、共享世界强国地位"等等。

曹兴诚提出的话题不仅在岛内政坛引发旋风，更成为岛内民众热议的焦点。当天浏览曹兴诚博客的就超过6000人次，不少有同感的人留言附和。一

名网友说："这是最近以来难得的让人感到振奋的建议，不管老曹的看法有多少可行性，至少是知识分子振臂一呼的楷模。这一点他在众多企业家中最突出，值得向他竖大拇指。"另一名网友发的留言说："终于有人提出一个让人振奋的想法，和平代替对抗，才能获得最大的利益，把心思放在民生上才是重点，支持你的想法，加油！"还有网友留言说："政治环境恶劣，有勇气说出自己心里话的人不多了，老曹请加油！"跟帖中也有少数几个提出相反意见的，比如其中一人称"这个法，是自废台湾武功的和平法"云云。

工商界对老曹的提议更是一片叫好声。TVBS电视台的报道说，"曹兴诚砸下百万登广告，对两岸关系提出建议，洋洋洒洒好几千字，抢攻报纸头版，可不可行值得讨论，但显然曹兴诚已经看不下去蓝绿恶斗，代表产业界开第一枪"。

曹兴诚是台湾支柱产业——半导体的领军人物，30岁出头便出任岛内半导体企业联电集团的董事长，并带领联华电子成为台湾第二大半导体公司，同时也是世界上第二大专业晶圆（芯片）代工厂。正是由于个人的超凡能力，带领联电集团不断取得巨大突破，不仅使他在台湾经济界享有崇高的声誉，而且也为他在台湾政界赢得一席之地。1996年时，李登辉聘请他为"总统府国策顾问"。2000年陈水扁上台之后，他连续获聘此职。但2004年后，扁对两岸经贸关系采取更为紧缩的政策，以联电"违规向中国间接投资"的罪名搜查，甚至起诉曹兴诚。这项指控被证明毫无根据，曹兴诚最终也被判无罪。曹兴诚为了不连累联电集团，自2005年起陆续辞去联电及其相关企业的董事长之职。不过，曹兴诚至今仍为联电集团的精神领袖，在岛内经济界仍有登高一呼的巨大影响力。因此，曹兴诚一提出"两岸和平共处法"的呼吁，便立即得到岛内企业界的热烈呼应。

其实，有关"两岸和平法"的提议，近年来在岛内一直都是热门话题，不同的人提出过不同的说法。1998年，对美国行政决策部门有重要影响的中国问题专家李侃如，就建议两岸应先达成一个可能的50年的"中程协议"，在这个协议期间，两岸都存在于一个中国之内。2000年民进党上台后，也回应过两岸签订"和平协议"的呼吁，但却坚持不能以一个中国为前提。2005年，亲民党曾提出过"两岸和平促进法草案"，并要求"立法院"进行表决，蓝绿两大阵营还为此在"立法院"大打出手，最终也没有表决成功。2005年10月，台湾一群学者和社会活动人士呼吁在"完整中国，尊重现状，两岸统合，和平不武"的基础上，协商签署"两岸基础协商"，并推出民间版的"两岸和平法"。

11月20日，曹兴诚再次在博客上发表题为《两论"两岸和平共处法"》的文章，点名回应"陈水扁先生之质疑"，与上次一样，他又花钱把文章以广告的形式刊登在岛内的主流媒体上。

在这篇文章中，曹兴诚用了很大的篇幅回击陈水扁质问他为何只主张"办'统一公投'，而不办'独立公投'"，直接指出扁所说的"独立"实际上是"法理台独"，而从中国大陆《反分裂国家法》的条文可以看出，"台湾一旦完成'法理台独'（等于造成了从大陆分裂出去的事实），两岸必将开战"，"台湾如果真想要达成'法理台独'，就必须准备将大陆打败，而且要打得大陆彻底认输、签约投降，把台湾永远割让给'台湾共和国'"。曹兴诚质问说，"这可能吗？"日本借《马关条约》夺取了台湾，50年后，还是得吐出来。那'台湾共和国'即使千辛万苦打赢中国，取得了'法理独立'，又能维持多久呢？"如果不与大陆开战并彻底打败大陆，有什么和平方法能达成'法理台独'呢"？

对于陈水扁有关"和平共处法"是投降书的说法，曹兴诚回击说："'和平共处法'规定，'统一需要经过台湾公民投票'，就是要让统一符合台湾的民意，这怎么可以说是投降呢？台湾民意把你送上'总统'宝座，你就说这是民主；如果台湾民意决定与大陆统一，你就说这是投降。这样的说法，显然低估了台湾百姓的智能，也有给本人'戴红帽'之嫌"；"如果台湾政客个个假公济私、天天忙于恶斗，导致台湾不断向下沉沦；而中共励精图治，努力建设，使得国势蒸蒸早日上；台湾居民可以公投赞成两岸统一，扬弃台湾这些骗子政客。"

曹兴诚认为，他的广告之所以遭到"陈水扁先生及民视几位深绿名嘴的围剿抨击"，只因为"一个政治外行的'野人献曝'，竟然意外地击中了一些政治权贵的罩门"，"让这些政治权贵惶遽失措"；"陈先生如果真的要追寻'法理台独'，需要以2300万人来对抗13亿人；那一定要想尽办法促进内部的团结。但当政者不断地在台湾内部制造分化对立，从未努力去促成团结。这显示当政者只想愚弄百姓、撷取权力，其实没有什么理想"。

岛内媒体报道说，在曹兴诚的个人博客上，"网上留言的人激增"，以加油鼓励的声音为主，而且长篇幅的留言越来越多。有位署名"一个对教育感到绝望的数学老师"的网友留言说："到曹先生如此洋洋洒洒地针对国事发表看法，感觉真的很欣慰，每天的政治恶斗，喧嚣谩骂，实在是令人看不下去，殊不知我们这些小老百姓快被每天的政治口水战淹没了"；"曹先生您这篇大作针针见血，字字见骨，看不懂的人您也就不用太去理会了，社会需要您这样的人士来仗义执言。如果您还有余力的话，请帮台湾的教育请命吧。"

曹兴诚与陈水扁的论战成了岛内媒体一时的关注焦点。20日，台湾《联合报》专门就这一问题发表社论。社论批评陈水扁的用语很不客气，社论说，"曹兴诚的提议诚有可待斟酌之处，但陈水扁的批评却是失格失态，简直是栽赃、扣帽子"；曹兴诚"字斟句酌之间充满忧时伤民的情愫，可谓呕心沥血"，但"陈水扁的反应却是大出众人意料，竟以如此尖刻粗暴的言语詈骂曹兴诚，非但扭曲其议论，更污蔑其爱国之心，俨然将曹兴诚视作台奸国贼！这是统治者以诤友为寇仇的刻薄表现，委实让人齿冷"；陈水扁批评曹兴诚时"竟断章取义、诬陷栽赃"，"这简直是流氓口气，哪里像是领导人的言语"？如此辱骂曹兴诚，只能说明陈水扁"思维肮脏、道德阴损"。

台湾工商巨子公开对扁当局"造反"，已呈现此起彼伏的态势。在曹兴诚连续两次刊登广告要求"统一公投"之际，台湾半导体业的另一"教父级"人物、台积电董事长张忠谋公开抨击扁当局"封闭锁国"，跟清朝乾隆皇帝的做法没有什么两样。一时间，岛内"锁国"之说再次响成一片。

11月21日出版的台湾《工商时报》、《经济日报》等媒体纷纷发表报道说，张忠谋20日到台北美国商会发表演讲时，说出了一些他憋了很久的话。他说，台湾经济发展的"最大罩门"就是缺乏对外开放，由于"全球化不完全、没有全面开放"，台湾的经济发展"受拖累很严重"，"过去10年来全球化加速进行，但台湾却不只是停滞，甚至还是大衰退"。张忠谋提到，大陆是全球发展最快的经济体，台湾人口只有大陆的2%，因此台湾最好扮演大陆与世界连结的"门户"，"如果台湾在15年或20年前看见这个机会，台湾的经济发展会远远超过现状，只可惜当时台湾没有善加利用这个机会"。

张忠谋是岛内家喻户晓的人物，一手创办了"台湾积体电路制造股份有限公司"（简称"台积电"），有"台湾半导体教父"之称。现在，台积电仍然是全球最大的晶圆（芯片）代工厂。民进党执政后，张忠谋与曹兴诚一样，曾担任"总统府国策顾问"，2006年11月代表陈水扁出席在越南举办的亚太经济合作组织会议（简称"APEC"会议），坐的是陈水扁的"空军一号"。岛内著名政治家叶耀鹏指出，这显示张忠谋与陈水扁关系非常密切。也正因如此，比起曹兴诚已经与陈水扁闹翻两三年而言，张忠谋这两天公开呛扁，其意义更是大不相同。台湾东森电视台称，"张忠谋对政府开了一记重炮，大呛政府搞'锁国'"。

其实，岛内关于"锁国"的争论七八年前就了。2000年扁上台后，扁当局就坚持以政治统领经济，限制两岸经贸交流和人员正常往来，包括设定台湾企业向大陆投资不得超过企业净资产40%的上限、阻止两岸直航、阻挠大陆居民赴台旅游等在内的一系列政策，对岛内经济发展产生了明显的消极影响。眼下，台湾经济实力已滑至"亚洲四小龙"之末。台湾《中国时报》曾在2000年发表评论指出，台湾当局"以替台湾筑堡垒的心态来处理两岸关系"，"正一步步走向视外在环境于无物的锁国时代"。

台湾《联合报》22日发表社论批评扁当局说，台湾领导人经常提醒民众，"对岸有多少多少颗导弹正瞄准台湾，要大家提高警觉"，但实际上"台湾面临的最大威胁未必是对岸的导弹，而是人才流失对台湾竞争力造成的致命伤"，而人才流失"主要是因为台湾内斗不止，政客以意识形态锁国，继续让产业萎缩；中青年找不到工作，只好外逃寻生路"。

随着陈水扁越来越疯狂地上演"台独"闹剧，台湾的经济发展也越来越深地陷入困境，扁的日子能好过吗？

（五）

陈水扁的日子确实越来越不好过了。

随着台湾"立委"选举日期的临近，民进党为了拉选票，其高层接连在岛内各地"体恤民情"。陈水扁搞经济不利，搞选举却很拿手，因此民进党对他从11月8日开始的"全岛趴趴走"寄予厚望。"副总统"吕秀莲也在此期间到各地市场"关心物价"。没想到他们的"趴趴走"却接二连三地遭到民众的呛声。

据台湾《联合报》报道，陈水扁8日上午在台北参观音响展时，背后突然发出一声"老百姓快活不下去啦！"陈水扁当场回击称，"我们不会像过去的政府，派人去把他干掉。"下午他又在一场接见中大声反呛，"活不下去的人还有闲情逸致去参观音响展吗？"9日晚，在被视为"绿营地盘"的高雄市，一名妇女冲近陈水扁高喊"民不聊生，阿扁下台"，马上被特勤人员架开。扁不以为然地反呛，自己连"共产党都不怕，还怕什么红衫军"。

扁的嚣张态度显然激怒了岛内民众，10日的两场公开行程都遭到不断呛声的"闹场"，搞得扁灰头土脸。据TVBS报道，当扁出席台湾医学会活动时，一名学生针对日前扁当局将"中正纪念堂"定为"国定古迹"，语带讽刺地喊："也应指定乐生疗养院为古迹，陈水扁给个回应！"随后扁到某小学参加校庆致辞时，又有家长在台下高喊"阿扁下台"。这位家长愤言，大家本来都是沉默的大多数，虽然对执政者不满，但总认为只要再忍一两百天就够了，但扁的反应让人忍无可忍。对此，扁却厚颜无耻地笑称"这样很热闹"。

无独有偶，吕秀莲8日在高雄也遭到一名女肉贩阿珠当场哭诉："生意不好，快要不能活了"。对此，吕秀莲9日表示，事后她接到情报得知自己是"被设计的"、"造假"，有人在她到达前，故意找人和她唱反调，好让媒体"做文章"。

陈水扁对民众的诉求不仅置之不理，反而大声反呛，立即在岛内引起强烈反应。8日当晚，扁在音响展中遭呛声和反呛就成为TVBS电视台"全民开讲"现场节目的热门话题。那位呛陈水扁的男子化名查理，打电话到节目中诉苦，他说自己是在音响展上打零工，并不是有闲情逸致买票要看展览的参观者。查理气愤地说："以前支持陈水扁，现在彻底失望了。"女肉贩阿珠也对着东森新闻台记者大声喊冤，她说自己是正宗的高雄人，"小百姓日子难过，难得遇上大人物可以说心声，却还被认为是假冒的"。

10日晚，扁终于找到一个没呛声的场子。在出席民进党"扁友会"活动时，面对满场的支持者，他将近日来的不爽全都发泄出来："今天天气那么好，这里风景那么美，台湾竟然被他们说成一无是处。中国那么好？太平洋又没加盖，觉得中国好就游过去呀！去了就不要再回来！"

陈水扁和吕秀莲反呛两位老百姓，反倒使这二位老百姓成了"人民英雄"，岛内民众到处传颂着他们呛扁、吕的事实。岛内媒体甚至仿照武侠小说的做法，将两位封为"北查理南阿珠"。

查理其实一直是民进党的忠实支持者，但看到民进党上台以来人民生活越来越痛苦，他原先经营的贸易公司也被迫关张，不得已才打起零工，因此"一时气不过，才忍不住呛声"。查理说，他呛扁后非常害怕，就躲了一整天，但是"小老百姓总要过日子"，因此又出来摆摊。让查理没想到的是，10日下午刚刚摆摊营业，就有许多民众向他购买太阳镜，并称赞他说出人民的心声。他没想到会在四十多岁时"一夕成名"，意外地成为"全民呛扁"运动的"发起人"。

在"绿营根据地"的高雄，向吕秀莲呛声的阿珠同样也成了当地民众心目中的"英雄"。10日，阿珠针对吕秀莲的指责说，自己是土生土长的高雄人，全家都支持民进党，她根本没想要呛声，只是想到日子真的不好过，才会心里想什么就说出来。

充满讽刺意味的是，吕秀莲呛阿珠是"事先有人设计的"，是"假冒的"，却给阿珠所在的"建兴市场"的摊贩们带来了意外的人气。这两天，市场人潮多了，其他卖鱼、卖菜的生意也变好了。还有许多民众特意前来找阿珠买猪肉，送给她媒体称赞她勇敢呛声的剪报，对她进行声援，原本压力很大的阿珠渐渐笑逐颜开了。

查理和阿珠不但成了这几天岛内媒体的焦点人物，而且他们的事迹还被彰化县无党联盟"立委"参选人陈进丁编排成了反映民生热点的小品，演出时，台下掌声、笑声不断。

对于"北查理南阿珠"掀起的这场"全民呛扁"风潮，台湾《中国时报》发表评论说，物价飙涨、人民薪水却不涨，市井闲谈中呛声当局者早已比比皆是。与2006年的"倒扁红潮"相比，人民要求陈水扁下台的标准，已从"反贪腐、要清廉"的政治道德转为基本的民生温饱问题。政治可以不谈不看，饭却是天天要吃的。陈水扁可以继续嘲笑人民没钱还能出门看展览，但只要他一句轻佻的讽刺，民众的怨气就会升高，陈水扁也势必会继续遭到更多民众的呛声。

台湾《联合晚报》发表评论指出，陈水扁以言语修理百姓，吕秀莲挖苦肉贩的"市场秀"，让人叹为观止。今天呛扁的民众都是个人行为，既无组织，更称不上任何规模，只是当初红衫军的九牛一毛，但以"讨生活"发出呛声，让执政者怎么回嘴都讨不到便宜。

台湾《联合报》发表文章指出，"现在起人人都是自由红衫军，人人都是个体呛扁户。但民众要小心，这个'总统'刀枪不入，他是越呛越勇"。文章说，"呛"这个字眼，是民进党带进台湾政坛的，也是该党自认独享的专利：在野的时候它呛政府；当上高官则呛百姓；现在民众不满，它加倍凶悍地反呛回去。"阿扁连老美、大陆都不怕了，还怕区区老百姓乱吼乱叫吗？他已练就一身百毒不侵术"。

台湾《苹果日报》发表社论指出，"越接近任期满，要越谦恭，才是领导者的风范；哪像扁，越接近离职，就越流氓气。他到底是什么材料造的？"

岛内资深政论家孙庆余更是痛骂，听到扁吕对民众的反呛，任何不是丧心病狂的人都会由错愕到痛心，惊问台湾的民主政治怎么了？老百姓活不下去不能说出来，台湾人就不能批评民进党及扁政府，批评者就是"台湾公敌"、"求官未遂"或"基于个人恩怨"。"这是什么世界？什么混蛋法西斯？不过是一群小希特勒、小戈培尔、小希姆莱罢了"！

岛内有分析人士指出，俗话说"当家不闹事"，但陈水扁也好，民进党也好，恰恰一直在闹事：当有内政危机时，陈水扁会制造两岸间的冲突，用"急独"的挑衅来转移矛盾的焦点；当民进党选情有危机时，扁会制造"族

群冲突"，把台湾社会撕裂成蓝绿两块，提升选情；当扁个人地位有危机时，他甚至制造党内权力的矛盾，并因此重新当上民进党主席。

台湾《苹果日报》发表的社论也阐述了与上述分析人士相似的观点。社论说，扁当局惯用"冲突模式"，企图借着制冲突来营造效果。实际上，陈水扁追求的不是"入联"，而是它的政争效应。"天下大乱"的时候，他觉得"形势大好"。

在岛内网络上，呛扁同样也成为热门话题。多位网友讽刺扁的地理知识不及格，"要去中国，得从台湾海峡游过去，而不是太平洋。连台湾地理都搞不清楚！不爱台湾"！一个署名阿台的网友呛扁说："老百姓是主人，陈水扁才应该滚去太平洋！"

一首名为《呛声响起》的歌曲更是红透岛内网络："站在骄傲的舞台，听见呛声响起来，阿扁心中有无限愤慨，没钱还看展览，肉贩阿珠是个案，都是红衫军在乱。活不下去的时代，油价物价涨起来，百姓眼泪忍不住掉下来。呛声响起来，我心更明白，我的哀还与你同在。"岛内媒体报道说，这首歌是台湾师范大学教授胡幼伟为表达对陈水扁的不满而改编的。

台湾"立法院长"王金平也感慨道，民众困苦确是事实，全台低收入户从三万多户增为八万多，活不下去的民众自然会发出不平之鸣，现在连"李登辉也加入呛扁行列"，扁当局应该倾听民意，否则呛扁将成为"新全民运动"。

王金平说的"李登辉也加入了呛扁行列"，这是岛内民众有目共睹的事实。这一对搞"台独"分裂活动的"台湾之父"与"台湾之子"，早就反目为仇。就在扁肆意推动"入联公投绑大选"的时候，李登辉讽刺陈水扁"想当皇帝，恣意妄为"。台湾《中国时报》刊发报道说，"台联党"精神领袖李登辉10月20日在"李登辉学校"授课时讽刺陈水扁"公投"绑"大选"的言论，"是在做皇帝，要怎样就怎样"。他还说，"这是在开玩笑，有人不知道自己的身份与能力"。

不断口出狂言的陈水扁在不断地激发着岛内民众呛扁的怒潮。一位退役军官用给陈水扁寄"炸弹"的方式，表达着自己的义愤和不满。

11月14日出版的台湾《联合报》的一篇报道说，一位民众在台中县太平邮局的邮政信箱旁发现一个用红绳绑着的鞋盒，上面贴的纸条写着"寄给台湾土皇帝阿扁大礼，公投入殓（联）"等文字，还强调此中"非炸弹"，署名是"被欺骗的市民"。台警方接到报案后小心翼翼地打开盒子，却发现里面只是个收录机，还附着张纸条写着："阿扁你要我们跳海去死，不是你该死，就是我死给你看，你不能把国家主人当奴隶"等字句，署名是"快活不下去的人"。警方通过调阅附近监视录像，76岁的台陆军退役中校陈正华13日上午在家中被警方抓获。陈正华见到警察时毫不意外，表示自己为人坦荡，只是借此发泄愤怒情绪，没有伤人的想法，一点也不害怕。尽管只是虚晃一枪，陈正华最后仍然被警方以"恐吓罪"移送法办。

报道说，陈正华主要是对扁日前一句"太平洋没加盖，中国好就游过去"的反呛民众的狂言大为不满，他痛批：这种话是要逼民跳海。他说，他曾在七八年前号召亲友支持陈水扁当选台湾"总统"，但两任下来，扁施政奇烂无比，害得他被亲友大骂；他的儿子已经失业一年多，两个孙子要靠他的退休金生活，他对扁忍无可忍，才邮寄"炸弹"，借此表达不满。

《联合报》发表文章评论说，"总统"变成硕鼠似乎像魔幻小说，但在台湾真正发生了。陈水扁是什么"总统"？简直是"乞丐赶庙公"，离谱至极！台湾，该走的不是人民，而是这群张牙舞爪的硕鼠。如果政治人物认为选举只需靠一张嘴（指吕秀莲11月11日在台中县的一次集会上说，"我们（她与扁）真的是靠一张嘴，把政权拿来的"），而不真心为人民幸福着想，想取得长久的政权是不可能的。"人在做，天在看，别再把人民当傻子"！

台湾《联合晚报》发表文章指出，陈水扁是台湾"嘴巴政治"的始祖，他不但靠"口号治国"，更把嘴巴当成武器，把语言变成一种暴力，他最擅长用政治语言抹红对手、挑动对立、制造分化，一碰到选举，就变本加厉。口无遮拦，政治口水淹没一切，成为台湾政治大灾难。

扁吕的"全岛趴趴走"本来是为即将到来的台湾两大选举替民进党参选人拉票，但是，民进党8年执政"其烂无比"的政绩和扁吕的斑斑劣迹却成了民进党的票房毒药。台湾《苹果日报》发表评论说，"扁成了马的头号助选员"。可以说，陈水扁现在的发言以及民进党的很多政策，"都是在替马英九辅选，而不是替谢长廷拉票"。陈水扁只要继续这样对老百姓尖酸刻薄，谢的选票跑光光是迟早的事。

台湾《联合报》12月2日发表的报道说，扁的辅选行程"排得满满"，但刚开始就接连遭遇难堪事件。当扁转战桃园县帮民进党"立委"参选人邱创良站台造势时，邱创良当着众多民众的面"出狠招"，下跪向扁递交陈情书，并表示希望陈水扁和吕秀莲"你们回去，要好好检讨，想办法救救桃园的经济"，让所有在场的人"尴尬不已"。

但这还不是令扁最为难堪的。最为难堪的是，当晚扁到彰化助选时，有一名男子用扁妻吴淑珍的名字及其贪污劣迹编写成"吴耻珍贱"的贴纸贴在红气球上放飞现场。并把一迭发票扔向陈水扁，引发一片混乱。该男子在被警方架离时大声喊道："贪腐的烂总统，用口号治国"，"他要发票，我就给他更多发票，气球上贴的字是表达我的愤怒"。稍后，又有一名年轻男子也向陈水扁大声提出抗议，也被警卫架离现场。接连的尴尬与"意外"让扁的警卫紧张不已，让扁狼狈不堪。

此后，台湾《联合报》又发表社论指出，从李登辉到陈水扁，台湾十余年来的政治，几乎是满篇口号写就的发展史。誓言和口号喧天，内容却空洞无物，这是近年来台湾"民主"的灾难。政治除了比赛毒舌和奸计，似乎已没有其他内容了。从不尊重体制、不尊重游戏规则，乃至践踏自己的承诺和理想，陈水扁一步步毁"国"残民，台湾"民主"的质感已所剩无几了。政治被简化到只剩下选举，选举被简化到只剩下撕裂，民众被贬低成猪狗鸡，当权者只剩下一张利嘴。这就是台湾的"苦情民主"。

对于陈水扁的污言秽语国际舆论多有抨击。《英国广播公司网站》11月22日的一篇题为《阿扁啊，游过去的台湾人不少啦！》的文章，用大量的事实批驳了扁的"太平洋又没加盖，觉得中国好就游过去呀！去了就不要再回来"的污言秽语。

文章说，"在全球'谁搭上中国大陆谁赚钱'的态势下，台湾的男女老少，早就绕过意识形态的千山万水，或西进或北上，投资、居住、读书、旅游，先是福建，后是珠江三角洲，再是长江三角洲、环渤海、西部、东北部，正是'台风登陆'，谁也阻挡不了。"

文章用生动的事实描述了在上海定居后的台湾居民的幸福生活后说，"居住在上海的台湾人，虽是'新上海人'，却不再是这座城市的陌生人了。同语同根，他们很快就找到了自己的位置，俨然成了上海的主人。"

文章对台湾人登琨艳在上海创业发展的17年历程作了详细的描述，登琨艳说，他非常喜欢上海这个地方，交了很多朋友，"不仅从个人生活上关怀这座城市，在自己的专业里会更关怀"。他的公司主要从事建筑规划、景观、室内、舞台、婚礼设计，还做工业产品设计，他第一个将苏州河边的仓库变成艺术工作室，掀起苏州河畔"艺术仓库区运动"。

文章说，像登琨艳这样的台湾人，在毗邻上海的江苏省苏州市下辖的昆山市就更多了。2005年昆山率先达到江苏省全面小康社会指标体系，短短20年，总面积不到1000平方公里的昆山，就从苏州所辖区县排名最后的"小六子"，连续两年成为中国（大陆）百强县之首，当年的农业县，如今聚集了五百多家IT企业，成为全球最大的笔记本计算机生产基地，产量占全球1/4，台商正是昆山这座小城市"蝶变"的催化剂。台商成就了昆山，昆山也成就了台商。台资占昆山利用外资总量的60%，创造了昆山70%的工业产值和80%的出口。截至2007年9月，昆山累计批准台资企业3100家，增资项目一千一百多个，注册台资126亿美元，累计投资总额274亿美元，占大陆利用台资总额的1/9。

文章最后说，前不久，国民党荣誉主席连战经澳门去珠三角考察，在澳门逗留期间出席了第四届世界华商高峰会。在接受媒体访问时，谈到如何从经贸层面拓展两岸关系，他说，尽快推动两岸双向直航；开放大陆观光客去台湾；开放大陆资金去台投资；鼓励台湾开放金融业"登陆"，允许人民币在台湾挂牌买卖；放宽台商投资大陆的限制。他更呼吁，两岸携手催生"亚元"。这是大势所趋，"游过去"也好，"游过来"也好，陈水扁是遏制不了的。

这就是陈水扁面对的现实。他丧心病狂地上演"台独"闹剧，丧心病狂地辱骂岛内民众，他的日子能好过吗？

（六）

"'台风登陆'，谁也阻挡不了"这确实是自2005年第一次"胡连会"以来两岸积极互动的一个生动写照。陈水扁疯狂地演出"入联公投"等"台独"闹剧，怎么能够阻挡得了"台风登陆"！

随着中国大陆经济的快速发展，大陆的股市也迅速成长起来，于是，基金就成为大陆同胞最为关心的话题之一。台湾的基金业发展比大陆早十几年，培养出不少基金人才，他们看好大陆的市场，纷纷登陆担当基金经理。

张惟闵是最早供职于台湾媒体的基金经理，来大陆已经4年，是最早来大陆的"台湾基金人"之一，也是少数直接操作A股的台湾基金经理。他现任富兰克林国海收益的投资总监兼富兰克林国海中国收益和富兰克林国海潜力组合的基金经理。当记者采访他谈到来大陆发展的理由时，他连用了几个"大"字表述："大陆的市场大，人口基数大，基金规模大，舞台自然也大，潜力也更大。"对于个人收入，张惟闵并不讳言："目前在大陆做基金经理，收入远远超过台湾同行。"

相比张惟闵的"老资格"，同样来自台湾的上投摩根亚太优势的基金经理杨逸枫女士就是一个大陆基金市场的"新人"。她虽然在2007年7月才到大陆工作，但却有13年亚太区域型基金投资运作的经验。目前管理的上投摩根亚太优势基金也是大陆4支QDII基金之一。当记者问她为什么到大陆来发展时，她说："当大陆股市的重要性在一天天接近美国股市时，我有什么理由不来呢？"她告诉记者，在台湾，规模超过80亿元新台币（4.7元新台币约合1元人民币）的基金不多，如果规模超过150亿新台币，该基金一般就会停止申购。而在大陆，规模超过百亿人民币的基金比比皆是，她自己管理的上投摩根亚太优势就有40亿美元的规模。规模大了，基金经理也就更能施展自己的本领，充分体现自身的价值。当然，手里把握的基金多了，身上的压力也就更大了。

随着大陆金融市场的发展和民众手中闲钱的增多，大陆民众有了更强的理财需求，也促使越来越多的台湾基金人来到大陆发展。截至2007年10月，大陆仅有的4家QDII基金中，有3家的基金经理是台湾人，除杨逸枫外，还有华夏全球精选基金的杨昌桁、南方全球精选配置基金的谢伟鸿。杨逸枫说："随着大陆基金业的发展，会有更多的台湾基金人来大陆发展，我们在联谊会上共同交流了在大陆工作的感受。"

大陆看重台湾基金人，原因很多，但两岸相同的文化背景和沟通上的零障碍是最重要的原因之一。对新的工作环境，台湾基金人一般都能很快适应，"从饮食、生活习惯到语言都没有差别"。有的还把家人接了过来，有的在大陆购置了房产，做好了扎根大陆的准备。对周围的大陆同事，张惟闵和杨逸枫都认为他们非常优秀、勤奋，工作也相当默契。此外，相对而言，台湾更早接触到海外经验，与全球基金业的接轨更深入，借用台湾对于金融市场的经验教训，大陆基金业可以少走一些弯路，特别是在QDII投资海外股市方面。而且，台湾基金人的到来还给大陆市场带来了新的视角和思维方式。

"'台风登陆'，谁也阻挡不了"的另一个重要原因是，大陆用实际行动不断展现的对台湾同胞血浓于水的亲情和善意，不断出台的一系列惠台政策措施。

11月7日，国家广电总局副局长田进在北京"两岸城市文化创意产业论坛"开幕式上，宣布了两项影视产业的惠台政策：一、大陆与台湾合拍的电视剧，经大陆部门核准后，可视为大陆生产的电视剧播出和发行。二、广电总局将各省、自治区、直辖市所属制作机构生产的有台湾演职人员参与的大陆电视剧完成片的核准工作，交由省级广播电视行政部门负责。这两项政策措施将于2008年1月1日起开始执行。田进表示，政策调整后，两岸制作单位合拍的电视剧，在播出、发行、参展等方面，享受与大陆产电视剧同等待遇。有台湾演职人员参与制作的大陆电视剧完成片的核准程序进一步简化。

对于这两项新政策，国家广电总局台港澳事务办公室副主任曹寅作了进一步解读，他说这意味着未来两岸合拍剧将会出现在大陆上星频道和黄金时段。"上星频道"，是指通过卫星覆盖全大陆频道，每个省、自治区和直辖市都有一个；黄金时段是指晚7时至10时参与受众最多的时段。以往只有大陆制作的电视剧能够在这些频道的黄金时段播出，政策出台后，为合拍片在黄金时段播放提供了可能，这对其收视率、经济效益的影响是很大的。另外，每年台籍主创人员参与大陆剧拍摄的有300至400人次。过去拍完的片子，需要到国家广电总局审核，新政策提高了电视剧审核的时效性，会为台湾演职人员来大陆发展提供了更加广阔的空间和条件。

大陆的惠台政策传至岛内，台湾的制片人一片叫好声。台湾《中国时报》8日发表报道说，台湾的中华电视台著名制作人阮虔芷表示，这几年大多时间在大陆制作戏剧，她对大陆调整政策很开心。她说，未来有台湾演员或工作人员参与的合拍戏，只要到省级电视厅审核就行，前后时间可压缩4个月。以前合拍剧不能上黄金时段播出，一集只能卖10万元人民币左右，将来上了黄金时段，估计一集能卖到50万元人民币以上，"真是大利多"。《一帘幽梦》的导演沈怡表示，以前只要有台湾演职人员的合拍戏，必须送交国家广电总局审核批准，政策开放后，戏剧作品只要送到省级电视厅审核，无论在手续上还是时间上都方便了许多。曾制作过《第一茶庄》和《徽娘宛心》等剧的制作人俞维中则说，过去因为名额限制，两岸合作片中许多台湾的制作人、导演在工作名单上"隐姓埋名"，为能让戏上黄金时段播出，常把合拍剧做成大陆剧。如今合拍剧和大陆剧的条件平等，对台湾的投资方和演职人员都有所保障，收益也大幅度增加。

台湾媒体认为，大陆市场对台湾的影视业来讲至关重要，惠台政策等于让台湾影视业者看到生机，将吸引更多的影视单位与人才到大陆发展。据《中国时报》报道，《包青天》的编剧陈文贵、陈曼玲等，早被重金礼聘到北京发展。台湾演员寇世勋，现在是大陆公认的腕级演员，他在大陆1集约30万新台币（4.7元新台币约合1元人民币）的酬务，台湾已没有制作单位能付得起。著名台湾小生黄维德在大陆也很吃香，他一连拍了《东方霸主》、《大唐游侠传》等戏，成功跃升为男一号。此外，琼瑶爱情戏、杨佩佩武侠戏中的演职人员也纷纷到大陆发展，他们已成为大陆民众耳熟能详的人物。

11月28日，国台办举行例行新闻发布会，新闻发言人宣布，为了落实促进两岸农业合作、惠及台湾同胞的政策，国台办、农业部、商务部、公安部、国家工商行政管理总局共同协商制定了《台湾农民在海峡两岸农业合作

试验区和台湾农民创业园申办个体工商户登记管理工作的若干意见》（以下简称《若干意见》）。《若干意见》于2007年12月1日起执行。

发布会上，国家工商总局个体私营经济监管司副司长潘海民介绍说，根据《若干意见》的有关规定，台湾农民在海峡两岸农业合作试验区和台湾农民创业园申请设立个体工商户，可直接向经营所在地的县（市）工商行政管理局以及大中城市的工商行政管理分局申请。工商行政管理机关将依照国家有关法律、行政法规和规章直接予以登记。《若干意见》充分考虑了台湾农民开展个体经营从事农业生产的特点，对申请登记的个体工商户的经营范围和经营模式等事项作了具体规定。工商行政管理机关将为台湾农民申办个体工商户开设"绿色通道"，提供申请、受理、审批一站式服务，对申请人提交的申请材料齐全、符合法定形式的当场准予登记，颁发个体工商户营业执照。

截至目前，大陆共有11个省区设立了海峡两岸农业合作试验区和台湾农民创业园。潘海民说，台湾农民可以在以上试验区或创业园申请设立个体工商户，可以申请登记的经营范围包括：种植业、饲养业、养殖业、农产品及农副产品加工业、农产品等自产产品零售业（不包括烟草零售和特许经营）、农产品和农业技术出口、农业科技交流和推广，具体事项可以登陆国家工商总局的网站进行查询。

潘海民介绍说，与申办台资企业相比，台湾农民申办个体工商户手续少、门槛低。比如，个体工商户登记的资金没有最低限额，由申请人申报，不验资，设立的门槛相当低。

大陆出台的一项项惠台政策措施使台湾同胞获益匪浅，"台风登陆"，谁能阻挡得了？

种种事实都表明，"'台风登陆'，谁也阻挡不了"，已经成了两岸积极互动的一种真实写照。

（七）

在两岸积极互动中，有一支特殊的力量不容小觑，那就是黄埔同学及其后人为实现祖国的和平统一所做的积极努力。

10月中旬，被誉为"玫瑰之城"的泰国清迈，一群特殊的客人来到这里，"黄埔缘、民族情"相约泰国亲情联谊会在此举行。一百六十多位来自世界各地的中华儿女跨千山、越万水，欢聚一堂；叙亲情、话统一，群情激昂。

在"黄埔缘、民族情"联谊会的开幕上，清迈中华商会主席陈汉民深情地致辞说："有海水的地方就有中华儿女，就有中华儿女情牵祖国、心系统一的动人故事。我们今天的会议和活动，就是一个有力的证明和生动的写照。"他的致辞让许多代表都红了眼眶。

清迈中华商会副主席马剑波回顾这次亲情联谊会的筹备经过说："经过近一年的筹备，我们终于可以和来自不同地方的同胞欢聚一堂，为实现祖国统一大业尽一份心力。"

由于历史的原因，清迈颇多黄埔同学及后人。一年前，马剑波作为黄埔后代亲友，应邀参加了在云南省昆明市举行的首届"黄埔缘、民族情"黄埔后代亲友联谊会，深感活动意义重大，影响深远。马剑波于是代表清迈中华商会与主办方约定：2007年在泰国清迈举办第二届联谊会。

来自台湾的中华黄埔四海同心会原会长谢元熙是第24期学员，他在发言中说："不管你来自何方，也不管我们过去是否相识，今天都一见如故，情同手足，充分体现了'天下黄埔一家亲'的亲情。我深信通过今天的联谊交流，我们黄埔同学的爱国精神更能发扬光大。"他深情地叙罢"天下黄埔一家亲"的亲情后，语气激愤地抨击了"台独"分子蓄意挑起两岸对立的罪恶行径，言语之间，充满了忧虑的情绪。他最后说："孙中山先生曾说过，凡是爱国的中国人，都应该为祖国的和平统一而努力奋斗。在这方面，海内外黄埔同学责无旁贷。"

巴西中国和平统一促进会会长雷滨早年曾在清迈生活，此次故地重游，别有一番感慨。他说："目前两岸关系的形势十分严峻，以至于大家发言时，来不及叙亲情，话题就转到了两岸局势上。我们不愿看到两岸人民的和平幸福生活受到破坏，不愿看到台湾从祖国的怀抱里分裂出去。感谢联谊会，为我们旅居世界各地的黄埔同仁及黄埔亲友后代，提供了一个相互交流，增进感情的平台，用黄埔情这根红线串联起世界各地爱国华侨华人的赤子之情，共同努力为国家的统一和振兴贡献力量。"

美国北加州中国和平统一促进会常务理事刘天魁早年生活在台湾，家人与黄埔军校有很深的渊源。他在发言中，就当前台湾局势和两岸关系的前景提出了许多建设性意见。

昆明台资企业协会会长李志铭则以亲身经历说明两岸经贸和人员往来的热络，并呼吁与会同胞以不同方式为两岸的和平与发展出力。

时间在与会嘉宾热烈而情真意切的发言讨论中流逝。意犹未尽中，来自云南西双版纳歌舞团的演员献上了优美的节目，云南海鑫堂茶叶公司的工作

人员进行了原汁原味的茶艺表演。在美妙的歌舞和缕缕的茶香中，来自世界各地的中华儿女畅叙亲情、乡情、友情，共话反独促统的大事。

云南省海峡两岸交流促进会会长岩庄在任西双版纳傣族自治州州长期间，曾多次访问过清迈，结交了不少朋友。他说："不过，这次来清迈的感觉很不同。我们希望通过这样的联谊活动，搭建一个更为广泛的联系华侨华人和海内外同胞感情的工作平台，激发全体中华儿女期盼统一的民族情怀，为祖国统一大业做出贡献。"

云南省黄埔军校同学会秘书长李俊平说："此次会议是在两岸关系面临严峻挑战的情况下举行的，嘉宾们克服了诸多困难与不便前来参会。通过联谊，大家交流了思想，加深了友谊，提出了许多有利于祖国统一的真知灼见，收获很大，成效颇丰。"

"世界只有一个中国，中国只有一个家。不论你在海角，还是在天涯，家中亲人都在把你牵挂。"在告别晚宴上，清迈华人歌咏团的一曲《世界上只有一个中国》，拨动着每一位与会者的心弦。相聚虽短，情谊长存，共同的心愿激励着大家作出共同的努力。歌声中，大家举杯共祝祖国繁荣昌盛、早日统一！

在两岸积极互动中，有一位台湾同胞提出的大胆构想分外引人注目，那就是金门县长李炷烽在11月上旬接受香港《明报》记者的采访时，大胆提出借鉴港澳发展的经验，推动金门成为"一国两制试验区"的构想，希望金门由过去两岸的"战区变为观光区"，将冷战时期的"炮弹"转变成金门经济发展的"银弹"。

李炷烽在接受专访时指出，金门县具有地理优势，在两岸间所扮演的角色，不该是拉大两岸的距离，而应缩短两岸的差距，"一国两制试验区"构想就是要将金门建设成"有长久台湾法制背景的大陆沿海特区岛屿"，"两岸的制度、政策、方针都可以拿来金门实验"，让两岸尖锐的对立点在金门找到一个媒介、平台。他说，两岸都在谈"和平协议"，厦门是大陆的一个特区，金门如果也成为特区，先建构一个"金厦和平特区"，试验可行后，再扩及澎湖及台湾。他指出，"一国两制试验区"近程能为台湾在"统独对抗、蓝绿斗争"的困境中找到新出路，并通过两岸制度在金门的试验，远程成为"未来新中国"的出路。

台湾政治人物一提到"一国两制"都是"避之唯恐不及"，李炷烽为何甘冒这样的政治大忌提出他的构想？李炷烽拿着自己的小三通"金厦出入境证"说，过去金门实施军管"战地政务"时，有"台军出入境证"；现在小三通有"金厦出入境证"。"战地政务军管是第一阶段的一国两制,小三通则是第二阶段的一国两制",台湾政府以前在做,现在也在做,有什么理由反对,"真要批评,只有受过苦的金门人才有资格"。

访谈中,李炷烽对台湾的蓝绿恶斗、陈水扁及民进党的"台独"言论多有批评,对台湾一直漠视金门发展更是怨言满腹。他以两岸节日包机台当局规定宁可绕大圈子,也不经金门直飞为例说,"金门一直为台湾牺牲",但是台湾政府宁可让飞机经第三地的港、澳,现在又有"第四地"的韩国济州岛和日本石垣岛,也不给金门,"金门当了60年的看门狗,台湾却不当一回事,金门人怎能不抗议呢?"他毫不讳言地说,提出"实验区"构想就是要表达台湾漠视金门等离岛的抗议。

李炷烽说,虽然"实验区"是仿效港澳的中介地位,但"不是要和港澳竞争",也不会影响香港的地位。他指出,港澳游客到厦门旅游,如能延伸到金门,可以更吸引港澳游客;相对地到厦门、金门旅游,如果可以直接再到港澳,也能活络厦、金旅游市场。他进一步提出,"港澳金厦共同市场"的想法,将金厦旅游圈和港澳旅游圈结合起来,这样的共同市场将会异常繁荣。

其实,金门、厦门的海上观光早已成为两岸的著名景点。大陆旅游船和台湾旅游船,经常在金厦海面上会面。一见面台湾同胞和大陆同胞就互相问好,相机也立刻拿了起来互相拍照,而且互掷人民币、台币或者其他礼物到对方船上,表达同胞亲情,作为纪念。

在金厦海面上,旅游者还会看到一个特别的景观,那就是树立在金门大担岛上的"三民主义统一中国"的大标语和树立在厦门青屿岛上的"一国两制统一中国"的大标语。金门乡亲专门为此作了一副对联,上联是"三民主义统一中国",下联是"一国两制统一中国",横批为"勿忘在莒"。这个横批充分显示了金门乡亲深厚的中国传统文化功底和真诚的回归祖国怀抱的急切心情。"勿忘在莒"这个典故发自西汉学者刘向所著《新序》一书之四《杂事》一文,齐桓公谓鲍叔:"姑为寡人祝乎?"鲍叔奉酒而起曰:"祝吾君勿忘其出而在莒也"。鲍叔牙在提醒齐桓公不要忘记当年他流亡在外、离开齐国故土的艰难日子。公元前686年,齐襄公死于内乱,其弟公子小白(即齐桓公的乳名)流亡在莒地,在鲍叔牙的帮助下,小白自莒返齐当上了齐国的国君,即为齐桓公。这样,"勿忘在莒"就成了"不要忘记离开祖国、流亡在外"的代名词。这难道不是那些坚决反对"台独"、真诚地期盼着国家实现和平统一的广大台湾同胞的心声吗?

在两岸互动中，居住在岛内的少数民族始终是积极的参与者。11月10日至18日在广州举行的第八届全国少数民族传统体育运动会上，台湾少数民族代表团的表演项目团队格外引人瞩目。演员们全是高中生，满脸的稚气掩盖不住优秀的艺术气质，身着罕见的高山族服装，像一阵清风掠过舞台，而舞蹈带来的震撼强烈无比，现场很多观众被感动得热泪盈眶，由衷地送上潮水般的掌声。真实、质朴的高山族歌舞拨动了现场每一位观众的心弦。

今年30岁的廖怡馨是台湾少数民族代表团表演项目的编导，是来自台湾屏东县来义中学的教师。她从6岁就开始接受专业舞蹈训练，气质出众，容颜姣好，乌黑的短发，微黑的皮肤与雪白的牙齿，显露了她的少数民族血统。她率领的表演团队的出色表现，使她成了众目关注的佼佼者。《瞭望》杂志的记者对她进行了专访。

记者向她询问了台湾少数民族的情况。她说："我来大陆三次了，每一次都会有人盯住我说，喂，你是不是高山族（笑）？其实高山族包含很多民族，台湾原住民有13个族群，排湾人是其中的一支，我就是排湾人，我们是非常爱美的民族。我觉得大陆对台湾原住民了解不多。很高兴我们这次来能把更多的原住民介绍给大家，比如13个原住民中有阿美族、卑南族、排湾族等等。所有的民族风俗各异、文化多样，每一个民族都有自己最拿手的歌舞和音乐。"

当记者问到她几次来大陆参加活动的情况时，她说："从前台湾少数民族代表团参加过第四届、第六届和第七届全国民族运动会，参与的竞赛项目比较少。这一次来的是一个62人的代表团，规模应该是历届最大的。62人里头有20个参加表演项目的舞蹈演员，全部来自我们来义高中的原住民艺术专业班。有些孩子是第三次来大陆，有的是第二次，比较多的是第一次来。前几次我们是参加全国少数民族文艺调演、三月三两岸民族交流活动、中秋晚会等。每一次来都有全新的感受，像这一次，开幕式太美了，我和孩子们都震撼得不得了，很多的奥运会开幕式也不过如此啊。"

当记者说到，这次你们的节日非常棒，尤其是13个民族手拉手出场亮相、欢快起舞的时候，我在现场看到很多观众在擦拭泪水。真是很震撼。廖怡馨激动地说，真的吗？太棒了！这次我们带来了排湾族的《秋千下的传说》、卑南族的《美丽的花环》、阿美族的《阿美仙凤》、13个族群的《台湾少数民族风情》和阿美族的迎宾舞《欢》，每一支舞蹈都各不相同，它所展示的就是原汁原味的台湾原住民的文化。我真的没有料到大陆的观众那么喜欢它们。她说，我们的演员还只是一些十六七岁的高中生，跟大陆的专业团队怎么比？我们只需要把来自孩子们日常生活的状态拿出来。我想，可能正是这种简单、纯粹和质朴感染了观众吧。其实好的舞蹈都来自演员的内心，我的孩子们在用心去跳，这就是他们本民族最本色的生活状态啊。

在两岸积极的交流与互动中，演艺界的明星们表现得最为活跃。有岛内媒体认为，台湾电影金马奖办得越来越窄，几近"死亡"。但是，由于大陆影星的积极参与，把金马奖又带火了。12月上旬刚刚落幕的第44届台湾电影金马奖办得可谓"轰轰烈烈"。有媒体连用4个"最"来评价金马奖又"火"起来的情况：最重量级的华语电影作品，最闪亮的亚洲流行偶像，最大力度的评审改革，历史上最强的颁奖仪式宣告金马奖的回归。

在过去金马奖的"红地毯"走秀仪式上，台湾影星习惯向影迷招呼"晚安"。而在2007年，影星和影迷间的问候全部换成了更符合大陆习惯的"晚上好"。台湾媒体评价说："这个过去由台湾政府新闻局所创办的电影奖，已经蜕变为一个大陆色彩充分提高的华人金马奖。"

颁奖前呼声很高的赵本山此次虽然没能获奖，但他近来在岛内新闻的出现率明显要比"对手"香港影星梁朝伟高。赵本山在《落叶归根》里的演出片段以及他在各类小品中的精彩表现，已经成为台湾观众热议的话题。本次金马奖评委在评价赵本山时认为，"他憨直的形象和灵动的表演让台湾观众真正认识了这位大陆喜剧之王。"

此次金马奖的"最佳女主角"的得主是大陆演员陈冲。陈冲在与澳大利亚合拍的电影《意》中，表现了一位单身母亲海外打拼的故事。她凭借此片获得金马奖"最佳女主角"。不少媒体认为，陈冲在《色·戒》中也有出色的表现，但汤唯的异军突起掩盖了她的光芒。所以汤唯获得"最佳新演员奖"，陈冲被评"最佳女主角"，这样的"双头牌"是一个公平的结论。

这次金马奖号称"史上最强"，主要原因就在于它的"去台湾化"与"走华人化"路线的落实。过去台湾金马奖绝大多数都是台湾和香港电影，大陆与其他地区的华语影片并未得到重视，路子越走越窄，几乎走进"死胡同"。此次主办方邀请大陆影星和世界各地的华语影片积极参与，结果"起死回生"，使第44届台湾电影金马奖办得轰轰烈烈，演艺界备受鼓舞。所以，岛内媒体才有大陆影星带火了台湾电影金马奖的评价。

大陆备受台湾音乐的熏陶，台湾歌手也争先恐后到大陆一展身手。有媒体用"邓丽君带来'甜蜜蜜'，周杰伦领跑'80后'"来形容台湾音乐对大陆的影响。20多年前，台湾名歌星在大陆得享盛名时，台湾其他艺人对于邓丽君能获得"10亿人的掌声"的荣耀艳羡不已，但当时对于大陆这个巨大的市场，台湾歌手却都有"看得到、吃不到"的痛苦。近10年的情况却大不相同，一方面大陆经济快速发展，演艺是一块无比庞大的市场，而台湾则囿于经济相对的低速，几乎所有的台湾艺人都渴望到大陆发展。春晚显然是台湾歌手走到大陆发展的最耀眼的舞台。从1987年费翔在春晚上以《故乡的云》和《冬天里的一把火》迅速走红后，文章、姜育恒、潘美辰、庾澄庆、孟庭苇、任贤齐等台湾艺人也都陆续亮相春晚。他们演唱的《让我一次爱个够》、《我想有个家》等歌曲，不但在大陆传唱至今，有的还被观众评为春晚最佳节目。

周杰伦更是大陆年轻心目中的偶像。眼看北京奥运会就要到来，2007年11月底，周杰伦在上海宣布启动"周杰伦奥运歌词征集"活动，并力邀全球华人共谱奥运主题曲。他在接受媒体记者采访时表示，希望这首歌偏向气势磅礴类的歌曲，就像《霍元甲》、《黄金甲》那样；或者能走温馨路线的曲风也可以。歌词方面"一定要有中国风的东西在里面，因为在自己国家举行嘛，一定要写一些跟自己国家有关的东西。"让人意想不到的是，周杰伦这番寻常谈话，竟触动了岛内"台独"分子的政治神经。于是，他们对周杰伦施以急风暴雨式的围剿，说什么周杰伦"叛国"，周杰伦"只爱中国，不爱台湾"，种种罪名，不一而足。

在眼下的岛内政治气氛下，类似周杰伦这样的事情并不少见。岛内知名音乐组合S.H.E.的新歌《中国话》还没有推出，就有"台独"媒体诬称S.H.E."媚中卖台"，企图封杀。等到新专辑出来，"台独"分子不光集中火力对这一组合的三个女孩子进行"猛烈攻击"，甚至对词作者施人诚进行了人身攻击。"台独"分子的恶言恶行，一方面显现了他们的虚妄和无知，另一方面也显露出他们的焦虑和惶恐。

说他们虚妄和无知，是因为他们连起码的常识都不知道。台湾人当然是中国人，中国当然是台湾人"自己的国家"，绝大多数台湾同胞不仅认同自己是中国人，更以源远流长、博大精深的中国文化为骄傲。周杰伦说得好："我是中国人，这事有什么好讨论的？我在台湾出生长大，我也是台湾人。这几年我做的中国风音乐，就是希望把中国文化写在音乐里，让老外知道，中国人的音乐很棒，文化很棒，从我的歌里就说明一切啊！""台独"分子每天做着"去中国化"的迷梦，攻击人家唱《中国话》是"媚中卖台"，可是他们自己还不是写着中国字，说着中国话吗？他们以莫名的理由攻击别人，难道不是在打自己的嘴巴吗？说他们焦虑和惶恐，是因为种种现实显示，他们的攻讦、谩骂，不仅无助于"以售其奸"，反而让更多的人认清他们的丑恶面貌和不良居心。少数"台独"分子"围剿"周杰伦，遭到两岸同胞的同声谴责。"台独"分子企图封杀《中国话》，《中国话》却依然风靡海峡两岸与海外。

扁之流的"台独"分子面对如此现实，他们的日子能好过吗？

（八）

陈水扁的日子确实是越来越不好过了。2008年的元旦对扁来说可谓"倒霉极了"。

台湾元旦在"总统府"前举行升旗典礼向来被视为重要的"国事活动"。但2008年元旦举行的这个典礼让爱出风头的扁颜面尽失，狼狈不堪。台湾东森新闻在元月2日发表的报道说，元旦清晨6时许距升旗典礼还早，但凯达格兰大道管制区外早已聚集了许多民众，他们挥着小旗帜高声喊着"阿扁下台"的口号，有的青年更是在看完午夜场的电影后就直接制作抗议标语，准备在升旗前向扁呛声。升旗完毕后，陈水扁和吕秀莲转身要走，司仪照例请大家喊"总统好"，但现场却鸦雀无声，倒是突然有人大声呛扁："阿扁下台！"在寂静的清晨显得格外嘹亮、清楚，令现场尴尬无比。尽管灰头土脸的陈水扁快步离去，但呛扁民众如影随行，无处不在，一名男子拿着呛扁的广告牌高喊"陈水扁是贪官"，向扁冲去，所幸被警卫架离才避免更尴尬的局面出现。

清晨的尴尬不过是扁元旦这一天"霉运"的开头。去年一年间，扁当局在岛内掀起"去中国化"声浪，甚至扁在刚刚发表的元旦文告中大肆宣扬"去中国化"，但当扁走进一个会场时，主办单位放的是"龙的传人"这首嘹亮而雄壮的歌曲，让扁"进也不是，退也不是"，浑身"很不自在"。

当晚，陈水扁辅助民进党"立委"候选人黄昭辉在高雄光华夜市徒步拜票，就在扁准备进入一家小吃店时，一位站在附近的老人走到离扁约二三米的地方，高喊"陈水扁不要脸，下台！"尽管呛扁老人立刻被警卫架离，但老人仍然愤怒地高喊"贪官污吏不要脸"。有岛内媒体讽刺道，扁选择在新年的一开始到高雄扫街拜票，但没想到结果还像去年一样又被呛声包围。

另据台湾TVBS 2日报道，不仅台湾艺人拒绝与扁同台出现在为"立委"选举造势的晚会上，就连民进党"总统"参选人谢长廷也连续两晚拒绝陪扁站台。谢长廷虽然没有明确表达"拒绝"，但在日程安排上没有"扁谢同台"，扁在高雄连续两晚辅选，就是不见谢长廷的身影。

扁的元旦讲话内容同样也成为同处绿营的"台联党"抨击的对象。针对扁讲话中以"伟大的旅程将告一段落"来形容他8年"执政","台联党""立委"赖幸媛抨击说,如果8年的"国政"空转、竞争力下降也叫"伟大的旅程",希望这种"旅程"赶快结束。

扁的"不要脸"在岛内是家喻户晓的,但他总是恬不知耻地不断给自己脸上贴金,舆论对此多有挞伐,如2008年元旦前夕,台湾《经济日报》发表的年终社论就对扁的恶劣行径进行了有力的挞伐,社论的题目就叫《"扁"》。社论开篇即说,2007年想必对许多人而言会是毕生难忘的一年,与半世纪来每一年均大不相同。该用什么字为它定位?几乎不假思索,有一个字就自然跃出,那就是"扁"。

为什么用"扁"这个字来概括2007年的台湾呢?社论说,倒不是因为陈水扁建立了什么丰功伟业令人民感激涕零,时刻不能忘怀;正巧相反,现在愈来愈多的台湾人民认清了,正由于扁一个人的翻云覆雨,才使台湾不断沉沦,经济竞争力每况愈下,百业萧条,人民失去欢颜甚至举家赴死。

社论说,选择"扁"字的另一个理由,是从年初到年尾,阿扁其人及其亲属亲信,几乎没有哪一天不出现在我们眼前:或在府内、法庭上接受司法机关的盘诘侦讯;或在选举舞台上声嘶力竭地谩骂叫嚣;或在红衫军包围下从警备森严的"总统府"内仓皇张望;或是亲手擘划"入联公投",唯恐天下不乱。在我们厌恶的每一个场合,都难以逃避那"慷慨激昂"的身影,这一年岂能不聚焦于"扁"?

社论指出,本来可以充分掌握大陆崛起所创造的绝佳机会的台湾,在画地自限、化转机为危机的扁的倒行逆施下,有如一朵被压"扁"的艳丽玫瑰。本地人才、企业不断失血,外资企业也裹足不前,甚至仓皇撤走。原本色彩斑斓的台湾经济,一日日凋萎,愈发苍白。

社论最后充满信心地说,我们对台湾人民还是保有信心,对半世纪好不容易蓄积的经济实力,更不会放弃希望。我们宁可相信,被压扁的不是玫瑰,而是一颗活力充沛的皮球,扁那只手一松开,立刻反弹直上,冲散满天阴霾!

被称为"2008年首出政治大戏"的台湾"立法委员"的选举于1月2日正式拉开帷幕。此次"立委"选举与3月22日进行的"总统"选举是2008年台湾政治中的两件大事,由于陈水扁执意推动"入联公投",挑战两岸现状,许多世界媒体在预测2008年台海形势时,都将这一时段视为危机爆发点。正由于扁之流不断上演"台独"闹剧,不断给亚太和平乃至世界和平制造麻烦,加之其执政8年的斑斑劣迹和种种弊案,岛内舆论一片看衰民进党选情的声音，就连绿营内部也充满了悲观情绪。台湾TVBS电视台发布的最新民调显示，此次"立委"选举中，在政党支持度方面，国民党大幅度领先，占65%；民进党占29%；至于"台联党"等其他小党均超不过3%。"美国之音"发表报道称，分析人士一致认为国民党将赢得"立委"选举。国民党期望在113席中至少赢得61席，民进党的目标则为45席。

经过10天激烈的拼选举，1月12日，选举结果揭晓，中国国民党在总共在113个"立法委员"的席次中，获得81席；民进党仅获得27席，其它政党及无党籍人士获得5席。一直以来，台湾政治版图呈现"北蓝南绿"——国民党的支持者北部居多，民进党的支持者南部居多。这次选举结果用岛内媒体的话说是"北更蓝、中也蓝、南转蓝"。虽然民进党在台南县、台南市一席未丢，但在台湾本岛的22个县市中，民进党在15个县市中全军覆没，云林县以北的各县市，51个区域"立委"名额，民进党只分到台北县两席。在台中县，2004年"总统"大选时，绿营曾拿下过半选票，这一次5个选区，民进党却一票未得。

当晚，民进党中央经过3个小时的会商后召开记者会，几个高层个个面色阴沉，除向支持者鞠躬道歉外，灰头土脸的陈水扁不得不承认，民进党遭遇到创党以来最大的惨败，因此他辞去党主席一职，此后一切由2008年"总统"候选人谢长廷主导。与此同时，中国国民党也召开了选后记者会，荣誉主席连战、党主席吴伯雄、2008年"总统"候选人马英九、"立法院长"王金平等高层也没有面露喜色，相反却是严肃强调，要以"谦卑"心情面对选举结果。马英九更表示，未来国民党会戒慎恐惧，步步为营，听取其它小党和中间人士的声音，以推动民众期待已久的改革。

对于这样的选举结，舆论一致认为，岛内民众用选票严惩陈水扁。台湾《联合报》1月13日发表报道指出，"立委"选举结果证明了以陈水扁为主的执政路线与选举路线全面失败，人民用选票严厉惩罚了扁和民进党。该报同时还发表题为《民进党必须惩治陈水扁，国民党应抚慰绿营》的社论说，民进党崩盘、大败、惨败、狂败。这是多数选民对陈水扁投下了不信任票，亦是多数选民对民进党八年执政深恶痛绝的终极评价。

社论说，国民党赢得81席，超出选前的一切最高预测；且泛蓝共得86席（指国民党获得81席加上其它政党及无党籍人士获得5席，共86席），已逾修宪门槛。民进党则仅得27席，跌穿选前的一切最低估计。面对开票结果，国民党必须谦卑以对，尤应以全民政党自期，绝不可辜负国人的托付；民进党则应大彻大悟，明智果敢地大刀切去陈水扁这块毒瘤，期能置诸死地而后生。

社论最后指出，大败次日，陈水扁遁逃"国外"（出访中美洲）。陈水扁当然应为惨败负责，他是民进党的罪人，亦是台湾的罪人；辞去党主席，犹有余辜。选举结果显示，多数国人已不承认民进党有代表本土精神、民主意义或台湾价值的资格。

1月13日的台湾《中国时报》发表题为《贪腐硬拗，民进党输给自己》的文章指出，"立委"选举结果民进党输到"脱裤子"，等于回到在野时国民党主导的"修宪时期"。陈水扁从第一家庭弊案爆发后领导的"基本教义路线"（即"台独路线"）完全挫败。一言以蔽之，民进党输在人心思变上。而扁的"变、变、变"，初一、十五不一样，民进党"以不变应万变"，不能与扁切割，最后与主流民意渐行渐远。

这一天的台湾《经济日报》发表文章认为，"国民党大胜，两岸的路变宽了"。文章说，国民党在第七届"立委"选举中大获全胜，拿下81席，所占席次比率超过七成，取得立法主导权。限制企业投资大陆的相关法律可望放宽。文章指出，国民党"立委"曾提案要修改企业投资大陆不得超过40%净值的限制，因受台联党和民进党势力的牵制，一直无法过关。如今国民党取得主导权，此项法案有望闯关，朝放宽的方向修正。

国际舆论对大陆冷静对待台湾"立委"选举结果的态度多有赞赏，比如美国1月13日的《时代》周刊网站上发表的题为《台湾的民主让北京高兴》的文章就是一个代表。文章说，在台湾的这个选举周期，北京采取了谨慎的态度。去年，陈水扁宣布打算是否应该"以'台湾'的名义加入联合国"举行"公投"。虽然"入联公投"的实际意义不大，但是在过去，这种做法必然会让北京怒不可遏。虽然北京表示不会容忍这样的"公投"，不过它的言辞并不激烈，而是由台湾最重要的盟友美国来向台北施加压力。去年12月，美国国务卿赖斯说，公投是"一项挑衅性的政策"。在12日的投票中，两项公投即"反贪腐公投"和"讨党产公投"都没有获得通过，这也让将于3月表决的"入联公投"不大可能获得通过。

文章指出，陈水扁说，目前大陆在正对着台湾的地方部署了一千三百多枚导弹，与他2000年当选"总统"时部署的200枚导弹相比，有了大幅增长。其意在挑动台湾民众的对立情绪。但是从最近的情况看，北京的表现说明，它不用发射导弹就能对台湾事务产生更大的影响力。

台湾"中央社"1月15日发表的一则电讯说，北京当局面对台湾内部政治情势的处理态度愈越稳健。以日前刚结束的"立委"选举为例，涉台系统虽极度关注，但选后态度低调，未发表任何看法。据分析，由于"立委"选举后，台湾"总统"大选即将在3月登场，在这种敏感时期，中共涉台部门决定尽量保持一定的低调与超然，以避免影响选情。电讯稿洋溢着对大陆的稳健态度和明智做法的赞扬之意。

台湾"立委"选举引发的国际震动也很大。西方三大通讯社都在分析"国民党获得压倒性胜利，民进党惨败的选举结果意味着什么"。美国有线电视新闻网（简称"CNN"）发表报道说，这次台湾"立委"选举，被广泛地视为是对陈水扁及其"台独"分裂路线的一次"公投"。报道说，这个结果显示，陈水扁的"台独"路线被"彻底击败"。美国《华盛顿邮报》13日刊登该报驻台北特派员的文章称，选举结果显示选民对陈水扁8年来推动"台湾独立"为主轴的幻想的破灭。选民厌恶了扁的好斗风格，他以牺牲台湾经济为代价搞"台独"运动。13日的《纽约时报》说，陈水扁计划举行的"以'台湾'名义加入联合国的公投"不但激怒了大陆，而且也招来了美国非同寻常的批评。政治分析人士说，台湾选民对陈水扁的经济管理能力和其主政期间的"立法院"僵局感到大失所望，他亲属的腐败丑闻也伤害了民进党的形象。

另外，《纽约时报》、彭博社等媒体纷纷发表文章说，国民党在"立委"选举中赢得压倒性胜利，急剧提升了该党候选人马英九在3月"大选"中的胜算机会。《华尔街日报》发表文章指出，如果国民党在接下来的"总统"选举中获胜，那么这两场胜利将为力拼经济的国民党快速促进台湾发展经济铺平道路，而且会在贸易和其他方面改善同大陆的关系。

欧洲媒体在评析台湾"立委"选举结果时，把民进党惨败的原因归咎于台湾民众对不景气的经济状况、层出不穷的贪污贿赂丑闻和两岸关系处理的不满。德国《明镜》周刊13日发表文章认为，出于对本地经济前景以及两岸紧张关系的担忧，越来越多的台湾选民对陈水扁及其领导的民进党感到不满。政府处理经济的手法也使人民深感失望，其他新兴市场都在迅速发展，台湾被甩在了后面。

路透社发表文章说，很多选民指责民进党让台湾的经济在陈水扁主政期间失去活力，停滞不前。文章援引台湾政治大学的一名教授的话说，"选举结果表明，台湾人民一是要求变革，二是要求发展经济。陈水扁不懂经济，他总是认为光搞政治一切OK了。"法新社发表文章认为，随着国民党在"立委"选举中大胜，预计台湾股市在星期一开盘时会上涨，因为投资者很可能不再太多地担心政治紧张关系了。

德国《柏林日报》13日发表文章指出，陈水扁的失败还在于不听从国际批评，不断强调"入联公投"决心。今后，台湾可能会向温和转变。这个惊人发展的关键在于台湾选民情绪的改变。台湾人看重和平。德国《世界报》发表文章作进一步分析认为，台湾地区潜在的战争危险性比世界任何其他地方的重大战争更可怕。美国和该地区的决策者都千方百计寻找避免台海两岸发生军事对峙的方法。现在台湾人自己作出了选择。

日本舆论同样对这次选举纷纷作出评析。日本《产经新闻》1月13日发表题为《"立法院"选举惨败，民进党面临危机》的报告指出，民进党只是在一味地抬高"台独"意向，不仅在两岸关系方面无所作为，而且还招致了台美关系的紧张。面对台湾腐败横行的现象，陈政权不敢承担责任。报道引用陈政权干部的话说，"只会一味地强调（'台独'）理念。这在选民看来就是转移视线。一味地煽动政治对立只能使政局日益混乱，让人们更加厌恶政治"。

日本《朝日新闻》13日发表报道说，"立委"选举给了民进党很大的打击，民进党的当务之急是转变与大陆对立的"台独"路线。民进党强调"台湾人意识"和"台湾的独立性"，把选举说成是"选择中国还是选择台湾的"选举，与国民党对大陆的柔软姿态不同，民进党的话对选民来说没有号召力。

1月16日出版的《人民日报》（海外版）发表了一篇题为《"台独"乃十恶之源》的署名文章说，民进党失败为何如此之惨？具体原因可以说上若干条，但归结起来就是一条，那就是"台独"不得人心，这是所有问题的总根子。作者说，对此，我想了又想，暂时把"台独"归结为以下"十恶"之源：一是"祸"源——因为要"台独"，心中无民，搞得风风雨雨，美国恼怒，两岸紧绷；二是"乱"源——因为要"台独"，心术不正，搞得鸡飞狗跳，社会不安，乱象丛生；三是"病"源——因为要"台独"，心中有鬼，搞得如中邪魔，肌体失调，病态百出；四是"烂"源——因为要"台独"，私心膨胀，搞得社会腐烂，弊案如山，民生凋弊；五是"疯"源——因为要"台独"，邪念缠身，搞得神经错乱，言不由衷，疯言不断；六是"谎"源——因为要"台独"，伪善待人，搞得口无真言，为骗选票，谎话连篇；七是"苦"源——因为要"台独"，爱心缺失，搞得民不聊生，痛苦指数，连年上升；八是"仇"源——因为要"台独"，心怀恶意，搞得矛盾激化，昔日兄弟，今日仇家；九是"去"源——因为要"台独"，不愿和谐，搞得蓝绿对抗，去蒋去中，神鬼不宁；十是"灾"源——因为要"台独"，罔顾民意，搞得措施不力，人祸转灾，轻灾转重。

文章最后指出，这一次蓝胜绿败的选举，对于绿营至少有这样的教训：凡是脱离人民的政策和政党都必然会受到人民的唾弃。民进党为了选举，不断制造矛盾，制造仇恨，搞得内斗不已，社会失序，经济下滑，两岸关系紧张。作者强调，这一次民进党的失败有利于未来岛内当局者汲取教训。

（九）

虽然扁之流疯狂地推动"入联公投"的"台独"闹剧给两岸关系制造了很大的麻烦，但是两岸之间的积极交流与互动并没有停顿下来，反而愈来愈积极而热络。在2008年春节来临之际，大陆演艺明星纷纷赴台献艺，被岛内媒体赞为，这是大陆演艺界跨越海峡送来的"新年大礼"。

一月初，刘晓庆赴台主演舞台剧《金大班的最后一夜》时，在台湾文艺界掀起了一股很久未见的热潮。对台湾观众来说，刘晓庆是一个并不陌生的名字。她过去主演武则天的精彩表现，与百花、金鸡影后等荣誉以及许多获奖作品，使得她在台湾拥有许多影迷。她的演出持续了6个晚上，票房是"国父纪念馆"近年来少见的好，每天的上座都在90%以上。

1月4日，台湾的各大媒体都大篇幅地刊载了刘晓庆演出的新闻。《中国时报》头版用了一张刘晓庆几近半版的大幅彩照，将当天其他新闻都挤掉了。4日首演后的第一天，台北报刊更是好评如潮。《中国时报》以其文艺版头条配上彩色照片，赞"刘晓庆诠释'金大班'让观众痴迷"。当天《联合报》和《联合晚报》的报道，比《中国时报》的报道更为丰富，报道"金大班，多了川妹子的麻辣劲"、"刘晓庆表现了金大班感叹青春消逝的无奈"、"金大班台北首演风光落幕"等新闻。

这次演出，最特别的就是引发了台北人的怀旧心情。首演当天，一位88岁高龄的老奶奶坐着轮椅让儿孙推进剧场。由于轮椅只能放在座位最宽敞的第一排，因此一家四口买了4张高价票。除了花甲老人，台北的政商名流也纷纷涌入"国父纪念馆"，比如连战的夫人连方瑀、台积电董事长张忠谋夫妇、台北市长郝龙斌陪着父亲郝柏村、名模林志玲等。

其实，"金大班"对台北人来说是一个耳熟能详的人物。创作者白先勇的父亲是当年权倾一时的白崇禧，白崇禧在台落落寡合，白先勇当然感受更深，所以他创作的"台北人"系列小说所塑造的人物形象，都有着重重的忧愁与不甘的心情。然而，由刘晓庆饰演的金大班，却带给台北人一种不同的感觉，那就是白先勇自己所点评的"多了点川妹子的麻辣劲"。原来的金大

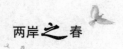

班是个从吴侬软语的上海来到台湾的，而且不得不屈从于命运下嫁给一个小商人的舞厅大班，表现得多的是对命运的无奈。但是，刘晓庆却赋于金大班新的生命，让大家体会到她还有更多的对命运抗衡的张力存在。所以，《中国时报》发表的评论才会说，那是"影后刘晓庆精彩的一夜"。

就在刘晓庆掀起的热潮还没有消退的时候，由中国头牌老生于魁智领衔的中国京剧院赴台进行"名角名剧大汇演"，让台湾京剧戏迷过足了戏瘾。

《台湾立报》1月8日发表题为《当红名角领军著名京剧大汇演》的报道说，这次阵容强大的演出由院长吴江亲自率领，除头牌文武老生于魁智、梅派青衣李胜素、程派青衣李海燕、叶派小生江其虎、萧派文丑郑岩外，还特别邀请大连京剧院著名花脸、架子两门抱的杨赤、北京京剧院著名马派老生朱强，上海京剧院大武生奚中路，中国戏曲学院著名花脸舒同等加盟演出，此项联袂来台，同台较劲演出，堪称京剧界盛事。8日至13日在台北"国家戏剧院"6天演出8场精彩好戏，让台湾京剧戏迷过足戏瘾。

报道说，第12次抵台的中国京剧院在中国有"第一京剧"之称，于去年年底正式改名为中国国家京剧院。为了对戏迷有个交代，于魁智此行应观众要求，再度演出李少春的代表作《打金砖》，此戏对文武老生是一大考验，其中在《太庙》一折当中，不但要连摔带唱，还要从高桌翻下，接着甩发、吊毛、抢背、僵尸等高难度的动作，绝对让戏迷大呼过瘾。

与于魁智在舞台上是黄金搭档的李胜素，也带来梅兰芳大师脍炙人口的作品《贵妃醉酒》。连外国观众都折服不已的戏码也呈现在台湾观众面前。

同一天的《中国时报》以题为《京剧大腕于魁智〈打金砖〉再领风骚》的报道赞扬了于魁智刻苦敬业的精神，介绍了《打金砖》的故事梗概和演技之难。报道说，于魁智是中国京剧界大腕级老生演员，两岸粉丝无数。他在首次来台那年就在国父纪念馆唱《打金砖》一炮而红。这次已经是第12次来台，重演《打金砖》仍旧掀起热潮。

报道介绍说，《打金砖》故事描述东汉光武帝刘秀执政期间，大臣姚期之子姚刚打死太师郭荣，姚期绑子上殿请罪，刘秀将姚刚发配。刘秀酒醉，郭荣之女郭妃传旨斩姚期，一干老臣前来保本，都被刘秀传旨斩首。刘秀酒醒后十分后悔，到太庙祭奠，见到许多忠良鬼魂，惊昏终于吓死。这戏对演员的唱腔及武功技术要求严格。前面要有帝王气派，唱作要华丽优雅；后面要显出失心疯狂状态，摔完要唱，唱完要摔，演员很难有喘息的时间。《打金砖》对演员是一大考验，观众看得过瘾，却也心疼于魁智辛苦。于魁智说，他现在的感觉是"肩上的责任更重"。

岛内媒体报道说，有些戏迷早就预订了6天所有的套票，日场夜场连着听。是什么能让戏迷有这种冲动？很多观众就是冲着这些名角而来的。大陆的著名演员已深深地刻在台湾戏迷的心中。萧派文丑郑岩对记者说："我走在街上，台湾的观众都能叫上我的名字。那叫一个亲切！"

台湾一位八十多岁的老人，买了不少票，在剧院门口看到没钱买票的青年学生，就免费送给他们，让他们多了解一些中华民族的传统文化。

岛内记者采访了多位演员，问他们此次来台演出的感觉是什么，他们说有个共同的感觉是，十年前观众多是老年人，他们早年从大陆来到台湾，看京剧成为他们排解乡愁的一种方法。现如今，台湾中青年京剧观众开始增多。一位台湾大学生说，他到现场看完演出之后，就被深深地吸引住了，他喜欢上了京剧。

有媒体发表评论指出，京剧的魅力跨越海峡，是沟通、连接两岸民众感情的纽带。传统戏曲是中华民族的文化瑰宝之一，也是维系海峡两岸情分的一种文化之根。两岸戏曲的交流切磋，大陆京剧名角来台演出并到台湾学校做示范讲座、大幅提升了京剧艺术在台湾的影响力。

距离2008年春节还有不到半个月时间，关于大陆"春晚"的各种话题持续炒热，有什么精彩的节目，有哪些明星会露脸，成了全球十多亿华人观众关心的话题。

与往年一样，这股热潮也涌到了台湾，不少岛内艺人和经纪公司早就"八仙过海，各显神通"，希望在"春晚"上露个脸。岛内媒体已报道，台湾歌手费玉清和小天王周杰伦将分别演唱具有中国传统意境的歌曲《千里之外》和《青花瓷》；而人气组合S.H.E.，已被选中演唱《中国话》。

S.H.E.被岛内媒体称为"华人世界第一女子演唱团体"，深受两岸年轻人的喜爱。2007年5月，S.H.E.在新专辑《PLAY》中，推出了主打歌曲《中国话》。"扁担长板凳宽，扁担绑在板凳上……孔夫子的话越来越国际化，全世界都在讲中国话"，这原本很平常的歌词，曾一度引发"独"派叫骂"捧中国大腿"，但这首歌一时间仍占据各大歌曲排行榜的榜首，被歌迷热烈追捧。

周杰伦创作的两首中国风歌曲《青花瓷》和《千里之外》，网上点击率也一直居高不下。2007年底刚推出《青花瓷》就被大量下载。"素胚勾勒出青花笔锋浓转淡，瓶身描绘的牡丹一如你初妆……"歌曲含蓄委婉的语言，古典浪漫的意境，被媒体称为，是周杰伦典型的"中国风"之又一力作。

周杰伦对记者说："我的每张专辑里一定要有一首中国风。"他是说到做到的人，已经推出的8张专辑里始终都有"中国风"，从第一张专辑里的《娘子》到《双截棍》、《本草纲目》，再到《东风破》、《千里之外》，谁也没有想到，7年前那个害羞、把鸭舌帽拉得很低、咬字不清的周杰伦，竟会在华语乐坛上引领出一股强劲的"中国风"。

何谓"中国风"？有人将其定义为"三古三新"相结合的中国独特乐种。"三古"指古辞赋、古文化、古旋律；"三新"指新唱法、新编曲、新概念。典型的"中国风"应该是怀旧的中国背景与现代节奏的完美结合，从而产生含蓄、忧愁、幽雅、轻快、自豪等风格。比如周杰伦演唱的《本草纲目》的歌词是这样的："如果华佗再世，崇洋都被医治，外邦来学汉字，激发我民族意识。马钱子、决明子、苍耳子还有莲子，黄药子、苦豆子、川楝子我要面子，用我的方式，改写一部历史。"仅从这首歌的歌词中，我们就可以体会到这首歌所表现的含蓄、轻快、自豪的风格。

大陆娱乐业的发展，让岛内艺人对这个巨大的市场趋之若鹜，如果能在"春晚"上露面，无疑是打开大陆市场或保持影响力的最佳途径。有岛内媒体报道说，台湾任何一个艺人，要是能接到央视"春晚"的邀请，无不欢欣鼓舞。2006年亮相"春晚"的台湾相声演员刘增锴就说："作为台湾演员，能有机会在'春晚'表演相声，十分荣幸。"2007年，当得知被"春晚"选中后，台湾歌手张韶涵激动得"就差没落泪"，直到晚会开场前，她还难以掩饰内心的激动，直言参加"春晚"是个难得的机会。

但是，顽固阻挠两岸交流的陈水扁当局，对台湾艺人参加"春晚"大为不满，给他们贴上"卖台"的标签。一些艺人在扁当局的重压下不得不放弃参加演出，比如2005年，张惠妹和蔡依林就不得已选择留在台湾过年，而人气王周杰伦则远赴美国。岛内媒体对此评论说，当局简直就是用政治恐怖来控制艺人的自由。

但是，不管扁当局怎样阻挠两岸之间的交流，两岸之间各方面的交流却越来越绵密而热络，文艺界表现得更为活跃。虽然离2008年"春晚"还有近半个月的时间，岛内几位明星要上"春晚"的消息已成了人们的热门话题，扁当局再怎么给他们扣红帽子也阻挡不了他们上"春晚"的决心。

两岸青年之间的交流并不逊色于文艺界的交流，就在2008年春节临近的时候，两岸青年之间的交流依然热热络络地进行着。

1月22日晚，由全国台联举办的2008年台胞青年冬令营在北京开营。来自岛内四十多所高校的两百多名台湾学生，与北京大学、中央民族大学的上百名大陆学生代表参加了开营式，两岸青年欢聚一堂，载歌载舞，拉开了这次

"青春之约"的冬令营序幕。本次冬令营以"冰雪、文化、友情"为主题，从1月22日至29日，为期8天，活动地点包括北京、天津和东北三省，两岸学生共同参与。全国台联举办台胞青年冬令营至今已是第14个年头，与夏令营一样，已成为全国台联推动两岸交流的一个著名品牌。

此前一天，由民革中央组织接待的"台湾高校杰出青年赴大陆参访团"也入住北京"王府井大饭店"，将展开为期11天的"神州之旅"。1月22日下午，全国政协副主席、民革中央主席、中华中山文化交流协会会长周铁农，民革中央副主席齐续春、修福金会见了"台湾高校杰出青年赴大陆参访团"（以下简称"杰青团"）全体成员并与他们进行了亲切的交谈。

周铁农说，由民革中央组织接待的"台湾高校杰出青年赴大陆参访团"至今已经是第六届了，这一系列参访活动在海峡两岸的青年学子中已经产生了积极影响。希望更多台湾青年朋友来大陆感受中华民族博大精深的历史文化、丰富多彩的地域风情，切身体验祖国大陆当前的经济社会发展状况，以幸两岸青年大学生之间的了解与沟通。他勉励参访团的成员，要积极发挥聪明才智和在台湾青年中的影响力，为推动两岸关系发展，增进两岸交流多做工作。

谈起"杰青团"，此次参访团团长戴光迁说，可以称得上是台湾高校"第一天团"。它创建于2003年。当时，由于"非典"的肆虐曾使两岸的交流一度陷入低谷，为了加强两岸民间的交流对话，民革中央主导邀请"杰青团"交流应时而生。这个两岸唯一一个以校园领袖为主的"参访团"建团5年以来，共有近200位岛内各高校学生会干部参访大陆，是台湾最具影响力和号召力的品牌。

此次"杰青团"由台湾二十余所高校的35名学生会干部组成，大部分团员是第一次来大陆参访，对北京之行充满着期待。此次在北京的行程安排得丰富多彩，包括参观故宫、长城、"鸟巢"，与北京高校师生联谊等多种活动。

来自台南艺术大学的顾玲瑜是一个温文尔雅的女生，但她却完成了一件让男生都为之赞叹的事情——她曾独自一人骑自行车用了24天完成了环台湾岛旅行。爱好运动的她，对奥运更是情有独钟。在参观完"鸟巢"之后，顾玲瑜激动地说："我非常希望到时候能来这里看奥运。"在北京街头，随处可见的奥运宣传标语让顾玲瑜感触良多。她说，奥运标语渲染出大陆人民期盼奥运的喜悦，"同一个世界，同一个梦想"的标语最为常见；"迎奥运，学法律，十要十不要"标语的内容丰富，朗朗上口，给她留下了深刻的印象。她认为，未来的世界将以中国为中心运转，身为21世纪的青年，必须把握同为华夏儿女的优势，随着盛势加速发展。

来自台南大学的邱建婷说："印象中的北京非常传统，而当我身临其境时，却觉得这是一个先进、时尚的都市。"她说，这次来大陆，她还肩负着一个任务，在台湾经商的父亲计划着近期来大陆开拓茶叶市场。"我是爸爸的小先锋，爸爸可以通过我的眼睛更多地了解大陆"。曾任台南大学社团博览会、歌唱大赛主持人的邱建婷平时很注意收集大陆信息，但北京的发展速度之快着实让她始料不及。邱建婷说，在北京的3天，改变了她二十多年来的印象。感觉现在的中国就像历史上的盛世汉唐一般，是世界的中心。期盼未来两岸经贸交流更加便利，让两岸人民得到更多的实惠。

身为静宜大学第十一届学生自治会会长的苏郁婷告诉记者，在来大陆之前，她的脚不幸受了点轻伤，但她却和别的团员一样，全程游完了故宫，登上了长城。苏郁婷自豪地说，我是全团第一个冲上好汉坡的，当然这是在团里强壮的男生搀扶帮助下完成的。登上长城的感受太美了，几处恰到好处的积雪，让长城雄伟磅礴之气更添了几分柔美。课本上描述得再精彩，在真正的长城面前也显得苍白了。苏郁婷说，我是主修日本语言的，日本从中国学习了很多优秀的传统文化。我一直盼望着能亲身到这些文化的发祥地看一看。游览故宫的时候，感觉自己仿佛回到了古代，如果时间允许，我愿意在里面呆上一整天，真正享受博大精深的中华文化。我有很多同学没有来过大陆，能先来一步我感到非常幸运。

谈起影视娱乐，开朗健谈的大男孩云森科技大学的李德俊就打开了话匣子。他是读多媒体硕士的，曾获得2006年文化创意竞赛第一名，获得2007年第四届育秀杯网页设计组最佳人气王的美誉。他爱好广泛，很喜欢看电影。他说，《集结号》很好看，感动得我都流泪了。他说，台湾大部分地区收听收看大陆的广播电视还有困难。李德俊这样形容两岸关系：大陆和台湾就像两兄弟打架，事后双方都想靠近，但彼此都有点戒心，若即若离，但毕竟是一母所生的亲兄弟。两岸的热血澎湃青年人，有着相似的兴趣爱好，比如都爱听周杰伦的歌，甚至有着同样的情感发泄方式：在练歌房唱歌到天亮。都是黄皮肤、黑眼睛的中国人，两岸青年有义务共同思考，相互理解，汇聚力量，共同创造。

来自东海大学的梁咏淇是个活泼可爱的小姑娘，也是此次"杰青团"里年龄最小的一个团员，1988年出生。每次自我介绍的时候，她总会说："我叫梁咏淇，不过不是来自香港，我来自台湾阿里山。"她说，来北京之前，对大陆熟悉又陌生。熟悉的是，这里的历史、古迹、语言、文化是那么的贴近；陌生的是，这一切在我的记忆里只出现在书本和影视中。这次终于踏上大陆，让我大开眼界。特别是与北京航天大学师生的互动联谊，使我了解到更多大陆青年人的文化、价值观，以及对政治、经济、社会等各方面的看法。感觉大陆的学生个个"深藏不露"，头脑清晰，逻辑性强，遣词造句十分严谨，这是我们台湾学生多多学习的地方。真希望大陆的同学也能够来台湾走走，体验一下台湾的风土人情，让我们也尽尽地主之谊。

（十）

2月1日，陈水扁当局不顾两岸同胞的强烈反对和国际社会的齐声谴责，公然决定于3月22日"总统"大选的同时举办所谓"以台湾名义加入联合国的公投"。

对此，2月2日，中台办、国台办发表授权声明指出，陈水扁当局执意举办"入联公投"，是谋求改变大陆和台湾同属一个中国的现状、走向"台湾法理独立"的重要步骤，是变相的"台独公投"。这一图谋一旦得逞，势必严重冲击两岸关系，严重损害两岸同胞的根本利益，严重危害台海地区乃至亚太地区的和平。

声明强调，大陆和台湾同属一个中国。任何涉及中国主权和领土完整的问题，必须由包括台湾同胞在内的13亿人民共同决定。我们十分关注"入联公投"事态的发展。陈水扁当局一意孤行，铤而走险，必将付出沉重代价。

声明最后说，两岸同胞是骨肉兄弟，根本利益是一致的。两岸之间的矛盾和分歧完全可以在两岸关系和平发展过程中通过平等协商加以解决。我们真诚希望广大台湾同胞认清陈水扁当局举办"入联公投"的险恶用心和必将给台湾同胞带来的严重后果。只有坚决遏制"台独"冒险行径，才能维护两岸关系和平发展的前景，才能维护台湾同胞的福祉，才能维护台海地区和亚太地区的和平。

两办的授权声明引起舆论的广泛关注，岛内媒体纷纷予以报道，表达了对扁当局的强烈不满。台湾《中国时报》2月3日发表报道说，对"立委"选举保持低调的中共当局，昨天发表两办声明，旨在表达对台湾"总统"大选时举办"入联公投"的反对立场。声明特别指出，大陆真诚希望广大台湾同胞认清陈水扁当局举办"入联公投"的险恶用心和必将给台湾同胞带来的严重后果。只有坚决遏制"台独"冒险行径，才能维护两岸关系和平发展的前景。

香港《明报》2月3日发表报道说，声明罕见地警告说，"陈水扁当局一意孤行、铤而走险，必将付出沉重代价"，引人注目的是，声明中以"陈水扁当局"来称呼台湾当局。声明重申，任何涉及中国主权和领土完整的问题，必须由包括台湾同胞在内的全中国13亿人民共同决定。声明表示，北京十分关注"入联公投"事态的发展。

台湾《联合报》2月5日发表文章指出，陈水扁当局推动"入联公投"，使两岸关系紧绷，台湾发展陷入困境。有道是"颠狂柳絮随风舞，轻薄桃花逐水流。"正是目前台湾政治乱象的最佳写照。文章说，请想象一下，香港、迪拜、新加坡、韩国、上海成功的关键何在？说穿了，其实就是"开放"，面向全球与世界联结。迪拜在沙漠中崛起的传奇，向世界借脑的气魄，令人惊奇；香港1997年以后再度回春，靠的是务实的开放政策与其对跨国企业具备不可或缺的中介机能。文章最后指出，如何提升台湾的竞争力是最重要的条件，那么积极的开放政策与尽速两岸"三通"直航就是挣脱眼前困境与枷锁的必不可少的条件。务实的两岸开放与面向全球的政策，才是台湾唯一的选择。

扁当局疯狂地制造的麻烦阻挡不了两岸同胞共同欢渡春节的互动脚步。

这些年来，每临近春节，福州市竹片书法家王渊华家的信箱就源源不断地收到来自海内外的贺卡，其中一些用繁体字工整书写的贺卡尤为引人注目，也让王渊华特别高兴，它们来自台湾的名人、政要——连战、马英九、宋楚瑜、郁慕明、江丙坤、胡志强、郝龙斌等。"春节和他们互寄贺卡已经有好多年了，他们每收到我的贺卡总是认真回复，非常平易近人。"王渊华说。

王渊华与台湾名人、政要互赠贺卡的历史要追溯到14年前。1992年他赴加拿大"国际文化艺术中心"举办书法展时，得到陈立夫先生题写的展标。1994年初，他首次与陈立夫互赠贺卡，从此，年龄悬殊的两个人开始了长达8年的书信联谊。每年春节，王渊华都能收到陈立夫的贺卡，陈立夫的每一封书信和贺卡中都旗帜鲜明地谈统一、反分裂，令王渊华印象非常深刻。

王渊华又与连战、马英九、宋楚瑜等建立了联系。1998年12月，《王渊华竹片书法艺术》一书在福州举办首发式，台湾文化界代表李保堂前来祝贺，王渊华托李保堂带一幅他的竹片书法作品《千字文》给马英九，祝贺马英九当选台北市市长，令马英九大为感动，特地在办公室手持墨宝留影寄赠王渊华。2005年4月，时任中国国民党主席的连战率团成功访问大陆，王渊华激动不已，他给连战写去贺信，并结合正在筹办的"纪念抗日战争胜利60周年海峡两岸名人名家书画展"，用隶书撰写了"承祖训，坚持抗战须连战；

达民情，致力和平仰永平"的对子，表达对连战先生的敬意并隐寓为活动索惠墨宝的期待，连战慨然应允，为书画展题写了展标。

作为一介普通百姓的王渊华何以能与台湾的这些名人政要建立起友谊？关键在于一个"诚"字。王渊华认为，实现祖国和平统一是中华民族紧要迫切的千秋大业，作为一个普通公民，有义务为此做点力所能及的事。这些年来，他通过与台湾名人、政要上百封的书信、贺卡往来，表达大陆民众盼和平促统一的心愿，其拳拳诚心一一得到回馈。

2月6日，是2008年春节的"大年三十"。这一天，中台办、国台办主任陈云林通过"中国台湾网"向台湾同胞发表了春节贺辞，代表中台办、国台办向台湾同胞拜年。他在贺辞中说，2008年是两岸关系进程中具有特殊意义的年份。我们将牢牢把握两岸关系和平发展的主题，真心诚意地为两岸同胞谋福祉，坚定不移地为台海地区谋和平。两岸同胞理应增进相互理解，摒弃分裂对抗，追求合作双赢，共同开创两岸关系和平发展的新局面，维护好、建设好我们共同的家园，促进中华民族的伟大复兴。

陈云林说，共同的血脉文化，共同的两岸关系前途，共同的中华民族伟大复兴远景，把两岸同胞紧紧地连在一起。中国是两岸同胞的共同家园，13亿大陆同胞和2300万台湾同胞是血脉相连的命运共同体。在过去的一年中，两岸同胞走过了不平凡的历程。我们风雨与共，有力地回击了"台独"分裂势力的挑衅，维护了两岸关系基本稳定。我们同心携手，大力推动彼此往来和经济文化交流达到新水平，感情更增进、合作更深化。

台湾网民看到陈主任的贺词无不为之感动，大家口耳相传，异口同声地赞扬贺词所展现的同胞之谊、血脉亲情。

台湾同胞中80%以上人家的祖籍地在福建。近几年台湾同胞回故里欢渡春节的人越来越多，2008年的春节尤其显得热闹。从台湾宜兰大东里回到福建东山岛，与一家四代十几口人一起团圆过年的台湾同胞叶瑞龙先生，面对家乡父老乡亲热情相待由衷地感叹道："大陆对台政策足够好！"他说，他有很多相识的台湾农渔民长期从事水果种植业、水产养殖业，过去经常因为水果、水产品销路问题而忧愁。近年来，大陆频频推出种种惠台政策，台湾农渔产品零关税进入大陆市场销售，使许多台湾农渔民和商人受惠得利，收益明显增加。

大陆的诚意与善举，让叶先生大为感动并深深感受到海峡两岸的骨肉亲情。正是这种亲情的呼唤，在这阖家团圆的农历春节里，许多台胞特地从台湾返回故里过春节、庆团圆、拜父母、会妻儿、访朋友……

台胞孟昭旭告诉采访他的记者："我们在福州已经渡过第七个春节了！"他说，以前因为在大陆忙工作走不开，现在事业发展了更不想走开，台湾的家人都高高兴兴地来福州与我们欢渡春节。孟昭旭满怀欣喜地说，现在妻子在福建帮助他打理事业，小儿子在福建念书，春节期间一家人在喜庆的鞭炮声中走亲访友，又通过电话和电子邮件给台湾的亲朋好友拜年，感觉很开心，很美。

24岁的台北小伙子李定宪今年春节过得特别开心。2002年他从台北来到福建医科大学学习，毕业后又进入福建协和医院实习。1999年他的父亲到漳州开辟茶园设立茶厂生产茶叶，今年在台湾生活的母亲和姐姐以及在南京读大学的弟弟也都赶了过来，全家首次在漳州大团圆。李定宪说，自己的祖籍在福建，闽台过年的习俗也差不多，一家人在这里团聚很亲切。"这个年过得开心极了！"

1992年在台湾投资失败的李瑞河，到福建漳浦创办了天福集团。十几年后，天福集团已成长为一个集生产、加工、销售茶叶为一体，在大陆设有七百多个直营销售店的大型企业集团。天福集团的发展被媒体视作是闽台农业合作发展二十载的缩影。李瑞河已经连续14年在漳浦欢渡春节了。这一年春节，他身着唐装，满面春风，笑嘻嘻地对记者说，在祖籍地过节感到格外温馨快乐。李瑞河在小年夜与一千多名员工会餐，并一起参加春节联欢会；除夕又与坚守岗位的三百多名员工一起围炉吃年夜饭。初一到初四，他或在天福茶学院评定茶的等级，或在天福茶博物院与游客品茗谈心，其乐融融。

在天福春节联欢会上，李瑞河先生声情并茂地演唱了歌曲《感恩的心》。他说，前几年我爱唱《爱拼才会赢》，最近我爱唱《感恩的心》。天福集团能有今天的成就，首先得感谢改革开放的好政策，感谢各级政府的支持。改革开放是祖国走向繁荣富强的必由之路，是实现中华民族伟大复兴的必由之路。改革开放使古老的中国焕发青春，充满了活力。今年是改革开放30周年，也是天福集团创立15周年。李瑞河说，正是因为祖国大陆改革开放的吸引，促使他毅然到福建投资。他说，这些年来，天福随着大陆一起发展，经过7次增资扩股，目前在大陆各大中城市开设了770家"天福茗茶"直营连锁店，在福建、浙江等省建有9家茶叶及茶食品工厂，2家茶博物院，2个高速公路服务区及全球第一所茶专业高校——天福茶学院。

"爱茶、爱乡、爱中国"，这是对李瑞河先生的真实写照。为了协助祖籍地的发展，天福集团把大量投资放在漳浦，为漳浦的社会发展进步作出了贡献。目前，天福集团在漳浦投资超过5个亿，有员工1800人，每年发放的工资两千多万元。2007年，天福集团在漳浦的企业缴纳的税收为2106万元，成为漳浦民营企业的第一纳税大户。

谈到鼠年天福的发展，李瑞河说，要乘中国奥运年的东风，百尺竿头，更进一步。目标是基本完成在国内主要名茶原产地建厂的布局，继续拓展连锁店版图，完成各生产基地建设，进一步规范各部门的作业流程，为争取在2010年前股票上市做好准备。"有改革开放的好政策撑腰，就是要趁势而上。"李瑞河先生对发展前景充满了信心。

为了方便台胞往来两岸过年，厦门至金门、马尾至马祖航线开通以来首次在正月初一不停航，此后也天天通航。而在节前为期15天的春运中，"厦金"、"两马"航线共运送出入境旅客3.2万余人次，其中"厦金"航线同比增长了68.8%。"厦金"、"两马"航线已经成为台胞返乡最便捷的通道。

为了增添海峡两岸闹新春的喜庆祥和，福州在春节期间推出了"海峡亲情之旅"。一台由两岸电视工作者第一次联手举办、两岸演艺明星同台献艺的闽南话春节联欢晚会"春节大围炉"，除夕夜在海峡两岸同步播出，为两岸同胞奉送一顿丰盛的"年夜饭"。厦门、金门正月初一晚上同放焰火，深情"对话"庆新春、迎奥运、盼团圆。

正月初五（2月11日），亚洲最豪华的五星级国际游轮"海洋迎风号"搭载着664位大陆游客登上了宝岛，被岛内媒体赞之为"春天里来台的第一只燕子"。此行虽然受到扁当局的种种限制，行程也只安排了初五、初六两天，但所到之处无不掀起一股股热潮。游轮在驶抵基隆和高雄两大港口时，岛内的旅行社早在码头上安排了迎宾乐队，用红地毯的礼遇和锣鼓喧天的方式表达他们的热烈欢迎之情。664位大陆游客随后被台湾地接旅行社分为20个团，搭乘六十多辆游览车赴台北和高雄观光、购物，参观的景点包括台北故宫博物院、"中正纪念堂"、台北101大楼等。由于时间的限制，一般游客必到的"国父纪念馆"等景点以及台湾特色小吃店，不少都未能成行。

为了迎接大陆游客的到来，台湾的旅行社和商家们早已做好了准备。台北知名的大东山珠宝店紧急增购了一大批最新款式的珠宝首饰，提前十多天对员工进行培训，并专门在店内设立了"外币兑换点"，以方便大陆游客购物。高雄最大的锦龙光珠宝店则专门开辟了大陆游客购物区，准备了足足四个专柜的钻石、手表、化妆品以及名牌皮包等。在台期间，大陆游客表现出来的惊人购买力给岛内商家留下了深刻印象。据报道，大陆游客对台湾的高质量珠宝尤为偏好，在短短半个小时里，大东山珠宝店至少进账600万元新台币（4.7元新台币约合1元人民币），而锦龙光珠宝店的销售额也高达500多万元新台币，是平时的4到5倍。业界估计，尽管大陆游客食宿都在船上，但在两天的行程中，至少给台湾带来两千多万元的商机。

与台湾业界热切期盼大陆游客不同，扁当局却对此是如临大敌，处处设限。岛内舆论对此强烈不满。台湾《联合晚报》12日发表评论说，超级大陆旅游团赴台观光，是"春天里来台的第一只燕子"，对于振兴台湾观光产业乃至整个经济都具有积极意义，大陆游客"消费能力惊人"，台湾没有任何理由错失这一大好商机。《联合报》发表评论认为，在两岸观光谈判陷入僵局的时刻，搭载664位大陆游客的"海洋迎风号"将成为试探"两岸是否春江水暖的鸭子"，台当局应展现善意，而非横加限制。《中国时报》发表的评论指出，面对史上最大规模的大陆游客来台观光，台湾民间和当局表现出了"两样情"，当局因为政治因素踌躇不前，而民间却期盼已久，热情似火。大陆经济发展到今天，潜在的赴台游客不仅数量多，而且消费能力极强，这其中巨大的商机，令台湾旅游业者充满期待。

（十一）

2月19日（正月十三），中华民族传统佳节元宵节来临之际，与台湾隔海相望的福建迎来全球五大洲四十多个国家和地区的五百多名华侨华人和台港澳同胞代表，隆重举行"海峡西岸闹元宵，全球华人盼团圆"活动。

为期3天的"闹元宵，盼团圆"活动，以"看海西、话亲情、闹元宵、盼团圆"为主题，旨在让海内外中华儿女充分认识闽台之间地缘近、血缘亲、文缘深、商缘广、法缘久的特殊关系，充分了解海峡西岸经济区建设，共同表达海内外中华儿女期望海峡两岸和平发展、中华民族早日统一的美好愿望。

19日举行活动开幕式前，全国人大常委会副委员长许嘉璐在福州亲切会见与会代表，向大家致以节日的问候和新春的祝福。他说，中华民族的纽带归根到底是博大精深的中华文化。元宵是月圆之夜，圆在中国文化中意味着和美、包容、平等、圆满，象征着中华民族的大团结。大家在元宵佳节之际，不远万里回到祖国，欢聚在与台湾有着"五缘"关系的福建，欢聚在海峡西岸经济区这片热土上，这正是出于中华文化的巨大凝聚力和中华儿女对团圆的美好期待。"人有悲欢离合，月有阴晴圆缺"，尽管目前中华民族这一轮明月尚未完全圆满，但和平统一的历史趋势不可阻挡，我们真诚希望海内外中华儿女紧密团结，共同努力推进祖国和平统一大业，最终实现中华民族的大团圆。

开幕式上，国务院侨办主任李海峰、海峡两岸关系协会常务副会长李炳才和福建省省长黄小晶先后发表了热情洋溢的致辞。

李炳才在致辞时说，过去的一年，我们继续实施促进两岸合作交流、惠及广大同胞的政策措施，两岸人员往来和经济文化交流达到前所未有的新水平。我们将以最大的诚意、尽最大的努力，真诚地为台湾同胞谋福祉，为台海地区谋和平，维护好两岸同胞共同的家园。在反对分裂国家这个重大原则问题上，我们绝不会有丝毫动摇、妥协、含糊。他表示，两岸关系的前途掌握在两岸同胞的手中，只要两岸同胞共同反对和遏制"台独"分裂活动，两岸关系一定能够迈入和平发展、互利双赢的新阶段。

2月20日（正月十四）上午，参加"海峡两岸闹元宵，全球华人盼团圆"活动的五百多位海外侨胞、台港澳同胞参观了位于泉州西湖边的"中国闽台缘博物馆"，共同感受"闽台缘"。

矗立在闽台缘博物馆广场上的一对"九龙戏珠"柱子，是大陆最高的一对九龙柱，它们像两个热情好客的泉州人，欢迎来自世界各地的华侨华人和台港澳同胞的参观，客人们对这一对雄伟高大的建筑啧啧称奇。悬挂在闽台缘博物馆中厅的火药爆绘壁画"迎客榕"，是博物馆的标志性装饰之一，它的原型是泉州开元寺内的一棵榕树，缘于榕树根深蒂固、枝繁叶茂的特点，切合闽台两地"同文、同种、同根生"的主题。随着灯光的变换，各种不同的姓氏图腾出现在榕树上，客人们纷纷在上面寻找自己的姓氏。

"找到了，找到了，你看，'许'在那边。"在"迎客榕"上找到自己姓氏图腾的许先生显得非常兴奋。他告诉记者，他的先祖于1661年跟随郑成功到台湾，到他已经是第十代了，回到家乡的感觉真好，从小自己对榕树就有特别深的感情，走到哪里，都有榕树作伴，这是一种"根"的情结。

当参观到"闽台神主牌"时，蔡金树先生看得很详细。他说："台湾也有这种'神主牌'，也是这种典型的闽南风格建筑，可惜现在越来越少见了。"他称赞说，闽台缘博物馆为他们展示了一系列很完整的"闽南文化"，让两岸人民更系统地了解闽台渊源，他的很多台湾朋友参观完后，都觉得非常好，很有意义。

来自香港的李碧葱女士参观完闽台缘博物馆后，感触很深。她说，看过很多个博物馆，闽台缘博物馆给她的印象最深，内容很丰富，也很完整。来自世界各地的乡亲一起欢渡元宵节，是一件非常有意义的事，圆了乡亲们思亲、思乡的梦。

中国闽台缘博物馆是中国唯一一座国家级对台专题博物馆，2006年5月开馆后，吸引了海内外游客特别是台湾同胞络绎不绝地前来参观，至今已接待

游客103万人次，其中台胞达10万人次之多。

2月21日正是正月十五元宵节，这天上午，参加"海峡两岸闹元宵，全球华人盼团圆"活动的五百多位代表，搭乘3艘游船在厦金海域观看金门。眺望着近在咫尺的金门列岛，许多代表禁不住发出心声："以前在金门透过铁丝网看大陆，而现在是从厦门的游船上看金门，几十年来海峡两岸的发展变化不得不让人感慨。""海峡两岸相距如此近，怎么能隔断两岸情！"

台湾中国统一联盟主席王津平先生说，此次福建行是一次文化寻根之旅，以前常说"唐山过台湾"，现在感受到的是闽南地区和台湾之间无处不在的乡音乡情，应该把这句话改成"台胞回娘家"更合适些。当金门列岛在雾气中隐隐若现时，王先生哼唱起《祖国大地任我行》的歌曲，他说，期盼有一天两岸民众也能在这片海峡间自由往来。

台湾发展研究大陆研究所所长王瑞拱博士已数度到福建参观访问。他说，两岸厦门至金门、马尾至马祖的"小三通"让海峡两岸尤其是闽台之间的经济、文化交流交往越来越密切，期盼早日实行全面"三通"。

在昨天下午举行的恳谈会上，台湾海峡两岸和平统一促进会会长郭俊次对于此次元宵佳节的活动寄予厚望，他说："侨乡福建应当结下祖国和平统一的第一缘，立下第一功；海内外的所有任何也应当成为'统一之桥'。"祖籍漳州的郭俊次博士说，祖辈们渡海而过"黑水沟"来到台湾，文化和信仰都一直没有改变，仅从两岸共同供奉的神明这个例子中，就可以体会到闽台之间同文同种、同根同源的关系。他的心愿是，"首先希望两岸'三通'直航早日全面开放，让海峡的宽度变得越来越窄，甚至从两岸乡亲的心中完全消失；其次，希望海峡两岸的和平早日到来，共同建设一湾和谐的海峡；希望每一个海内外的中华儿女参与到祖国统一和发展的大业中来，成为两岸的'统一之桥'……"郭博士在短短的发言中，一口气表达了自己的七个心愿。他说，最迫切的心愿是希望明年或者更早的将来两岸乡亲能像他们这样在传统佳节实现大团圆。

五百多位代表在福州、泉州、厦门等地参观考察后，2月21日即正月十五晚，参加了厦门举办的"团圆灯火耀今宵"元宵文艺晚会。璀璨的礼花，缤纷的花灯，动人的歌声，喧闹的人群，把整个厦门变成一片欢乐的海洋。

与厦门举办的元宵文艺晚会相比美的，是福州马尾举办的"两马同春闹元宵"晚会。由福州马尾与台湾马祖共同举办的"两马同春闹元宵"活动迄今已连续成功地举办了五届，规模一次比一次大，档次一次比一次高，质量一次比一次好，影响一次比一次广。

晚上8时许，焰火文艺晚会在福州江滨大道拉开序幕。晚会舞台呈半月形，跨度约90米，背景是由巨大的彩色电视屏组成的大跨度长拱。舞台前是水池，中央是连接舞台的伸缩台，舞台两侧各有一座具有福州浓郁民俗风格的石桥。舞台设计者介绍说，半月形的舞台寓意海峡，长拱寓意桥梁，以此表达两岸心心相连的晚会主题。两千多个红灯笼将现场映得一片火红。

长达100分钟的晚会以"情"动人，以"娱"贯穿始终。焰火晚会上两岸明星云集，潘长江、张含韵、林志炫、郭峰、张帝、张燕、郭冬临、腾格尔等演唱《青春无敌》、《快乐老家》、《我们是朋友》、《天堂》等经典歌曲。马尾童声合唱团、马祖仁爱国小合唱团、马尾少儿艺术团、福州小茉莉合唱团等同台演出的童声表演唱《月光光》，有着浓浓的福州地域风情；马祖的铁板大鼓队表演的《大鼓阵》，喜庆火爆，让现场一片沸腾。晚会总导演邹友开特地为晚会写了主题曲《一家亲》，把'两岸心心相连一家亲"的晚会主题表达得淋漓尽致。由蒋大为、吕薇用福州话领唱，"两马"合唱团合唱的大型歌舞《福州，我故乡》，把晚会推向了高潮。

此时，三万多发各式烟花腾起在晚会现场的上空，点燃成五彩缤纷的节日之夜。此次燃放的烟花是历届焰火晚会最多的，"轨道流星"、"七彩连心"、"红太阳"等最新烟花产品让人耳目一新，特地为此次晚会制作的"金马尾，银马尾"、"2008两马同春闹元宵"等巨型字幕，以独特的创新手法深化了晚会的主题。晚会结束后，集中燃放烟花达30分钟之久，两万多发烟花以排山倒海之势接连射向天空，现场沸腾着阵阵喜庆的欢呼声，定格成人们脑海中最美好的记忆。

从2003年起，马尾经济文化交流合作中心和马祖经贸文化交流联谊会开始主办"两马同春闹元宵"活动。6年来，"两马"同庆"两马同春闹元宵"已经成为马尾和马祖富有地方特色的知名品牌。前来参加盛会的马祖经贸文化交流联谊会理事长陈雪生激动地对记者说："巍巍罗星塔，悠悠东引灯塔，奔流不息的闽江水将马尾和马祖连在一起。7年多来，'两马交流'成了一条坚韧的纽带，把两地人民紧紧地连在了一起。"陈先生高兴地说："今年的元宵，马尾、马祖一样的火树银花，一样的鼓乐喧天，'两马'民众以共同的方式欢渡共同的佳节，此情此景必将载入'两马交流'活动的史册。"

岛内民众"闹元宵"同样充满热情和创造——处处蜂炮震天、天灯高挂、人头攒动。但是，今年岛内"闹元宵"更多了"驱恶避邪"的用意。有媒体指出，岛内今年的"闹元宵"之所以格外热闹，在很大程度上是出于一种情绪宣泄的需要，因为在过去的一年里，他们看到了太多的"邪"与"恶"，这些东西至今仍在肆虐——"入联、返联公投"有多荒唐，"公投绑大选"有多邪性，人人都心知肚明，就连绿营自己搞的民调都显示，多数选民对此已是深恶痛绝。可扁当局还是死拽着"恶术"不撒手。一会儿喊着要不分蓝绿，将民进党的"入联公投"和国民党的"返联公投"同时推进；一会儿又放出风来要以"防御性公投"来替代"入联返联公投"。

类似的"邪性"还表现在扁当局的两岸政策上。每次选举都喊"开放"、"松绑"，选举一结束，立刻"变脸"，棍子照打，帽子照扣，用这套空头支票骗选票的把戏已经耍了8年，人们连骂的兴趣都没有了，可扁当局居然还当什么都没有发生过，依然闹得很起劲。

类似的"邪性"还表现在选举上，不堪入目的选举"泥巴战"、"扒粪战"虽然"爆炸性"的动作有所减弱，但是无聊的程度却是越发让人恶心，就连马英九的大姐四十多年前替人代考大学联考、女儿没有抽签上中学这些在常人看来很无聊的事情，让绿营政客当作"泥巴战"、"扒粪战"的"超级猛料"，通过开记者会曝光，上报纸搏版面。

面对如此多的"邪"与"恶"，岛内的人们在祈求天神开眼、施展"驱恶避邪"之法的同时，也在寻求以民意唤醒政客之道。就在迎接元宵佳节期间，一场引人关注的"2008，决战在品格"的活动在岛内高调登场，发起者希望能用这样的方式从根本上去除政坛上弥漫着的"邪恶、丑陋的气息"。

两岸乡亲闹元宵的热潮还未消退，福建省"连江县第二届妈祖文化节"这一盛会又将海峡两岸的亲情聚拢于壶江岛上。2月27日中午，前来赴会的200位台湾马祖乡亲携马祖境马港天后宫妈祖金身抵达福州港马尾客运码头，随后马不停蹄地坐车前往连江县琯头，再由琯头乘船过渡到文化节的举办地壶江岛。

锣鼓喧天，鞭炮欢响，铺天盖地的彩旗，飘飘扬扬的气球……捧着妈祖金身的马祖乡亲们一踏上壶江岛，就被喜庆欢乐的气氛紧紧包围了，壶江岛的乡亲倾岛而出，列队欢迎马祖乡亲们的到来，长长的队伍从码头一直延伸到壶江天妃宫，鼓乐声、炮竹声、欢呼声使壶江岛成了一座沸腾的欢乐岛。"时隔两百多年，妈祖金身终于回到祖銮了，我们也有了回家的感觉，特别高兴，也特别激动。"马祖乡亲动情地说。

当地民俗专家告诉记者，早在南宋时期，妈祖信仰就从莆田传到连江，而壶江岛作为当时的海防前线，时常遭到海寇的袭击，村民们一边奋勇抗击，一边祈求妈祖的护佑，海寇数次攻击未果，壶江得以安宁。从此，妈祖信仰在当地日渐盛行。到清朝嘉庆年间，一位倪姓壶江村民将妈祖信仰带到马祖，并将妈祖筑成金身，与已在马祖寓居的壶江先人共同供奉起来，世代朝拜。此次马祖乡亲携妈祖金身前来壶江岛，是自清嘉庆以来，马祖境马港天后宫妈祖金身首次回到壶江祖銮。

妈祖文化节期间，壶江乡亲与马祖乡亲一同参加妈祖祭典、南海神坛学术研讨会、两岸同乐焰火歌舞文艺晚会、妈祖金身巡游等一系列活动，许多马祖乡亲还住到壶江乡亲的家里，大家近距生活在一起，用福州方言拉家常，进一步加深了乡情乡谊。

这次前来参加文化节的马祖参访团团长、马祖境马港天后宫主任委员曾林官捧着妈祖金身一踏上壶江岛，就被热烈的欢呼声包围了。他高兴地告诉记者："据最新统计，台湾各地的妈祖宫庙多达上千座，有八百多万信仰者，每年三月妈祖诞辰之日，台湾各地妈祖庙都会举办大小不一的庆祝活动，我们马祖境天后宫在庆妈祖的活动中从不缺席，尤其在两岸的宗教文化交流活动中，我们更是努力参与，扮演积极的角色，这次受邀前来感到十分荣幸。"

连江县台办主任对记者说："妈祖是海峡两岸人民共同信仰的神祇，弘扬妈祖文化是海峡两岸同胞的共同职责，我们想通过这次盛会使千百年来割舍不断的两岸亲情更加牢固，让具有民族特色的妈祖文化世代相传，不断发扬光大。"

（十二）

就在2月27日"连江县第二届妈祖文化节"开幕的当天，国台办举行例行记者会，有关部门再次公布了多项惠台政策措施。

卫生部办公厅副主任毛群安宣布，卫生部经研究决定，台湾地区永久居民同时具备以下三个条件可以申请大陆工程师资格：一是2007年12月31日前取得台湾地区合法行医资格满5年；二是具有台湾地区专科医师资格证书；三是目前正在台湾地区医疗机构执业。有关部门认定后核发《医师资格证书》，相关具体办法另行颁布。以上认定条件及办法同时对香港、澳门地区的医师适用。

教育部港澳台事务办公室处长刘建丰说，为方便台胞子女在大陆就读，教育部近期向各地教育行政部门进一步明确了相关政策并提出要求：对台胞子女在大陆中小学和幼儿园就读，实行"欢迎就读、一视同仁、就近入学、适当照顾"的政策；经批准设立的公办和民办普通中小学、幼儿园以及中等

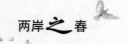

职业教育机构都可以接受台胞子女就读；台胞子女在入学、入园和升学的条件、学校安排、收费等方面均享受与当地大陆学生同等待遇。同时，各地教育行政部门和学校还要创造条件给予台胞子女适当照顾。

国台办发言人范丽青宣布，为进一步推动两岸农业交流与合作，大陆将在福建漳平永福、广东珠海金湾、湖北武汉黄陂、江苏无锡锡山新设立4个台湾农民创业园。此前大陆已批准在福建漳浦、四川新津、山东栖霞、重庆北碚设立了4个台湾农民创业园。经过一年多的建设发展，这些创业园在有关方面支持下，已投入2.6亿元人民币用于基础设施建设。

范丽青还透露，据不完全统计，2007年大陆主要银行对台资企业融资总额达到了2300多亿元人民币。近三四年，大陆主要银行累计为大陆台资企业提供融资7000多亿元人民币，涉及台资企业6300多家次。同时，与国台办签有合作协议的国家开发银行和华夏银行的台资企业融资工作在2007年取得了新进展。其中国家开发银行完成87个项目的评审，承诺贷款额107.84亿元人民币，实际向91个项目发放贷款83.53亿元人民币。华夏银行向61家台资企业提供授信，授信总额达20.45亿元人民币，台资企业实际使用11.47亿元人民币。

新闻发布会上，商务部机电和科技产业司副司长周若军还介绍了大陆加工贸易政策调整的有关情况，并表示欢迎台资企业在大陆投资办厂，开展加工贸易。

大陆公布的这些惠台政策措施，舆论界再次予以积极评价。岛内媒体对各项惠台政策措施纷纷予以详细报道，海外媒体同样也给予积极报道。路透社驻北京记者发出的电讯，介绍了多项优惠政策的具体内容，处处洋溢着赞扬之意。电讯最后说，尽管台海两岸处于敌对状态，但双方之间的贸易、投资和人员交往自20世纪80年代末以来急剧增加。台湾2007年对大陆的贸易顺差达到近800亿美元，它变得越来越依赖大陆这个庞大的邻居。

就在国台办举行新闻发布会的当天，在获悉福建漳平将获准设立台湾农民创业园后，引起在漳平投资台商的积极反响。漳平台商联谊会会长李志鸿激动地说："中午我们全都聚在一起热烈讨论呢。你看排名，福建漳平还排在第一位呢！在政府的重视和支持下，我们要继续做大做强，做出特色。"

在永福的高山茶叶专区是大陆最大的软枝乌龙基地，是台湾茶农在台湾岛外投资最集中、最大的一个生产基地。此前为福建省级创业园，此次国台办明确公布就意味着升级为国家级的创业园。李志鸿高兴地说："漳平的创业园已具备了特色，取得了成果，在接下来的两岸农业合作上将更有优势，茶叶属于台湾精致农业的一个龙头项目，又是中国最具文化特色的一个农业项目，以茶为媒，两岸已经没有距离。"

十多年前第一个到漳平的台商谢东庆先生，觉得日子越来越红火。他听到这个消息后激动地说："这是漳平的大事，是我们的福气，也是两岸的福气。"他昨天还带了一些台商到漳平参观。他相信，有了这么一个好机会，漳平台湾农民创业园区的建设将会有更大的提升。

还在官田茶山上的台商陈宪智，听到这个消息后十分振奋。他特地找了一个手机信号好的地方，将这个消息告诉他的朋友。他说，这是福建全省上下和所有在闽台商共同努力的结果。"现在是气候好，环境好，又加上一个政策好，相信我们台商在海西会风光无限好！"陈宪智高兴地直竖大拇指。

2月29日出版的《澳门日报》发表了题为《大陆惠台新措施推出适时》的社论，对大陆所展现的诚意和善意备加赞扬。社论指出，在2月27日国台办举行的新闻发布会上，商务部、卫生部、教育部等部门公布了一系列惠台新措施。这些措施涉及农业、医疗、教育、加工贸易、台商融资等多个领域，备受台胞关注。如此多部门同时公布惠台政策并不多见。新措施宣布之时，恰逢大陆人大、政协两会即将举行之际，也是台湾"总统"选举将要进行、国民党与民进党参选人宣传造势、激烈角力之时。其时机上的选择显然经过考虑，自有其特殊而积极的用意。

社论接着从农业、医疗、教育、加工贸易等几个方面对大陆出台的惠台政策进行了介绍和解读。接着社论指出，惠台新措施的推出，展示了大陆全面推进两岸交流合作、实现两岸和平发展的极大诚意。只要不存在偏见的人，都会为大陆这些政策喝彩。这些措施与台湾陈水扁当局对两岸交流合作处处设限封堵的做法，形成鲜明的对比。

社论说，胡锦涛主席2006年4月在会见来访的国民党荣誉主席连战时说："我曾经多次说过，凡是涉及到台湾同胞利益的事情都要认真对待，凡是向台湾同胞作出的承诺都要认真履行。在这里，我愿再次郑重地表示，我们将忠实履行对台湾同胞作出的各项承诺。"事实的确如此。

社论指出，无疑，大陆惠台新措施的推出，都是对国民党、亲民党和新党等台湾多个政党领导人近年访问大陆时达成的共识和协议的继续落实，台湾民众也会铭记和感谢他们的功劳，自然也会比较国民党跟民进党的大陆政策。谁爱台，谁害台；谁想两岸和平共处，谁欲两岸关系紧张，台湾民众心中有数，看得最清楚。

社论最后说，当两岸关系不可避免地成为台湾大选的重要话题之时，究竟应该选择国民党的马英九还是民进党的谢长廷，台湾民众自有定夺。大陆

的惠台政策也给了他们一个思考，一个启迪。

<h2 style="text-align:center;">（十三）</h2>

进入3月，令全世界关注的全国"两会"在北京举行。3月4日下午，中共中央总书记、国家主席、中央军委主席胡锦涛看望了参加全国政协十一届一次会议的民革、台盟、台联委员，并参加了联组会，听取委员们的意见和建议。

在认真听取了大家的发言后，胡锦涛就发展两岸关系提出了重要意见。他指出，台湾问题事关祖国完全统一，事关国家核心利益。我们要遵循"和平统一、一国两制"的方针和现阶段发展两岸关系、推进祖国和平统一的八项主张，坚持一个中国原则决不动摇，争取和平统一的努力决不放弃，贯彻寄希望于台湾人民的方针决不改变，反对"台独"分裂活动决不妥协。

胡锦涛强调，事实已经并将继续证明：两岸关系和平发展，有利于两岸发展和稳定，必定造福两岸同胞；"台独"分裂活动，有害于两岸发展和稳定，必定遗祸两岸同胞。实现两岸关系和平发展，是两岸的共同利益所系、共同责任所在。经过两岸同胞长期共同努力，推动两岸关系和平发展已经具有更为坚实的基础、更为强劲的动力、更为有利的条件，是大势所趋、人心所向。我们再次呼吁，两岸同胞团结起来，牢牢把握两岸关系和平发展的主题，共同开创两岸关系和平发展新局面，共同促进中华民族伟大复兴。

胡锦涛强调，实现两岸关系和平发展，基础是坚持一个中国原则，目的是为两岸同胞谋福祉，途径是深化互利双赢的交流合作。我们要继续促进两岸人员往来和经济文化交流，继续推动两岸直接"三通"进程，也要继续努力争取恢复和进行两岸协商谈判。台湾任何政党，只要承认两岸同属一个中国，我们都愿意同他们交流对话、协商谈判。谈判的地位是平等的，议题是开放的，什么问题都可以谈。通过谈判，寻求解决两岸政治、经济、军事、文化、对外交往等重要问题的办法，对未来两岸关系发展进行规划。我们期待，两岸双方共同努力，创造条件，在一个中国原则的基础上协商正式结束两岸敌对状态，达成和平协议，构建两岸关系和平发展框架，开创两岸关系和平发展新局面。

胡锦涛指出，实现两岸关系和平发展，要靠两岸同胞共同努力。无论是过去、现在，还是将来，13亿大陆同胞和2300万台湾同胞都是血脉相连的命运共同体。我们真心诚意关心台湾同胞，充分考虑他们的愿望和要求，切实维护和照顾他们的正当权益。凡是对台湾同胞有利的事情，凡是对维护台海和平有利的事情，凡是对促进祖国和平统一有利的事情，我们都会尽最大努力做好。我们将始终如一地履行对台湾同胞作出的承诺，既不会因为局势的一时波动而有任何动摇，也不会因少数人的蓄意干扰而有任何改变。我们要广泛地团结台湾同胞，团结的人越多越好。只有实现大团结，才能促进两岸关系大发展。对于那些曾经对"台独"抱有幻想、主张过"台独"甚至从事过"台独"活动的人，也要努力争取团结，只要他们回到促进两岸关系和平发展的正确道路上来，我们都将热情欢迎，以诚相待。

胡锦涛强调，"台独"分裂活动已成为对国家主权和领土完整的最大祸害、对两岸关系发展的最大障碍、对台海地区和平稳定的最大威胁。只有坚决遏制"台独"分裂活动，才能实现两岸关系和平发展的前景，才能维护两岸同胞的福祉。大陆和台湾同属一个中国，中国是两岸同胞的共同家园。任何涉及中国主权和领土完整的问题，必须由包括台湾同胞在内的全中国人民共同决定。我们决不允许"台独"分裂势力以任何名义任何方式把台湾从祖国分割出去。"台独"分裂活动违背了中华民族维护国家统一的坚强意志，是没有出路的，是注定要失败的。尽管两岸关系和平发展还面临阻力和障碍，今后也难免会经历曲折和起伏，但我们推动两岸关系和平发展的信念坚定不移，决不动摇。

胡锦涛最后表示，希望民革、台盟、台联充分发挥同台湾地区和海外联系广泛的优势，密切同台湾同胞的联系，努力推动两岸人员往来和经济文化交流，为促进两岸关系和平发展、促进我国改革开放和社会主义现代化作出新的更大的贡献。

3月5日下午，全国政协台盟、台联委员小组讨论气氛热烈。委员们争相发言，直抒胸臆，高度评价胡锦涛总书记3月4日的讲话。

台联蔡国斌委员回忆起三年前总书记的那一次讲话，心情依然激动。他说："三年前，胡锦涛总书记在看望民革、台盟、台联委员时，发表了新形势下发展两岸关系的四点意见，我有幸亲耳聆听。四点意见发表以来，两岸关系的形势有了很大变化，两岸人员往来和经济文化交流进一步深化。三年后，总书记在大会一开始又来看望大家，体现了党中央对祖国统一事业的高度重视和对广大台湾同胞的关心。总书记昨天的讲话，是对四点意见的纵深阐释和具体化。"他认为，总书记关于"只有实现大团结，才能促进两岸关系大发展。对于那些曾经对'台独'抱有幻想、主张过'台独'甚至从事过'台独'活动的人，也要努力争取团结，只要回到促进两岸关系和平发展的正确道路上来，我们都将热情欢迎，以诚相待"的讲话，展现了更加宽厚、包容和宽广的胸怀，充分体现了以两岸人民福祉为重的宗旨。

台盟孙南雄委员说："'实现两岸关系和平发展，基础是坚持一个中国原则，目的是为两岸同胞谋福祉，途径是深化互利双赢的交流合作。'总书记这个关于基础、目的、途径的阐释，使我们的对台政策更加明确、更加清晰、更加实在，构成了新时期对台工作纲领的新框架。"

"我注意到，总书记讲话强调要把好事做好。"台联张嘉极委员说："'凡是对台湾同胞有利的事情，凡是对维护台海和平有利的事情，凡是对促进祖国和平统一有利的事情，我们都会尽最大努力做好。'一个'好'字，体现了我们对台湾同胞的一诺千金。这承诺'既不会因时局的一时波动而有任何动摇，也不会因少数人的蓄意干扰而有任何改变，强调了大陆对台政策的一贯性。"

"'台独'分裂活动已成为对国主权和领土完整的最大祸害、对两岸关系发展的最大障碍，对台海地区和平稳定的最大威胁。"台盟刘亦铭委员对总书记讲话中的"三个最大"印象深刻，认为这充分体现了我们反对和遏制"台独"的坚强决心。另外，讲话对两岸协商谈判的内容阐述更为清楚，清楚列明政治、经济、军事、文化、对外交往等都可以谈，体现了极大的诚意。

"讲话以诚心、关心、信心和决心贯穿始终，代表了我们全体委员的心声。"台联苏辉委员用"四个心"表达自己对胡总书记讲话的感受。"反对'台独'、惠及台胞、广泛团结、和平发展"，台联纪斌委员用16个概括了总书记讲话的内容，认为"讲话一气呵成，充满善意，强调两岸关系和平发展，符合中华民族的根本利益"。

最后，台盟、台联委员们纷纷表示："我们每一个人，都要充分发挥同台湾地区和海外联系广泛的优势，能做大事的做大事，能做小事的做小事，'最广泛地团结台湾同胞，团结的人越多越好'，为促进两岸关系和平发展、促进我国改革开放和社会主义现代化建设作出新的贡献。"

3月6日下午，全国政协十一届一次会议举行记者招待会，邀请8个民主党派中央主席参加。台盟是由生活在大陆的台湾省人士组成、唯一一个具有地域特点的参政党。台盟中央主席林文漪在记者会上表示，胡锦涛总书记讲话时我在现场聆听，在场的台胞都非常高兴，身为台湾人，我深受鼓舞。我们看到祖国大陆正以最大的诚意、尽最大的努力来推动两岸关系和平稳定向前发展。我们相信，讲话一定会得到岛内台胞更加强烈的回应，推动两岸关系和平稳定发展。她说，台湾是我们的家乡，台湾二字赫然标在我们立盟的名称之首，这是因为立盟的宗旨之一就是继承台湾同胞爱国爱乡的传统，团结海内外各界台籍人士，表达渴求祖国统一、渴求家庭团聚的愿望。

林文漪说，我们每一个盟员身上都有拳拳的爱国之心和浓浓的思乡之情，为台海地区谋和平是我们发自内心的愿望，是我们代代相传的传统，也是我们奋斗不懈的目标。我们也真诚地呼吁，岛内各个政党、团体、组织和我们一起，为两岸同胞的共同利益，一起来促进台海地区的和平，促进两岸的经济发展，为中华民族的伟大复兴贡献力量。

诚如林文漪所言，胡锦涛总书记的讲话连日来在岛内受到高度关注，引起强烈反响。

岛内舆论认为，胡锦涛的讲话理性务实，展示了大陆方面对台湾同胞的善意和诚意，必将对两岸关系朝着和平稳定方向发展产生重要而深远的影响。

岛内知名学者、辅英科技大学教授苏嘉宏在接受记者采访时说，胡锦涛针对"台独"人士的讲话，展现了恢宏的气度，显示了实力不断增强的大陆方面在处理台湾问题上更加自信，更加务实，更有耐心，更具弹性。他说，两岸关系面临新的契机，胡锦涛的讲话为开辟两岸关系新局面预留了广阔的空间，将产生积极而重要的影响。

台湾《联合报》6日发表报道对胡锦涛关于两岸和平发展的重要意见进行了详细解读。报道分析指出，今年全国政协会议开幕后，胡锦涛第一个到访的团组就是民革、台盟、台联，发表对台长篇讲话，表明胡锦涛和中共中央把对台工作摆在相当重要位置。此前，《联合报》5日在显著位置刊登了该报两会特派记者的大幅报道。报道说，胡锦涛在其对台四点意见发表三周年的日子，又就促进两岸关系发展发表了重要讲话，基调是"和平发展"，并首次提出促进两岸和平发展"团结说"。

《联合报》知名栏目"冷眼集"刊登了特派记者撰写的新闻分析认为，胡锦涛讲话最特别的新意是"团结说"，对曾经对"台独"抱有幻想、主张过"台独"甚至从事过"台独"活动的人，提出"也要努力争取团结"。讲话还有一个重点，即多次强调"两岸关系的和平发展"，阐述两岸关系和平发展对两岸人民的意义，也是切中要害的陈述。

台湾"中天电视台"大陆新闻中心主任许书婷告诉新华社记者，该台派往北京采访两会的记者4日在获悉胡锦涛将发表重要讲话后，立即与台北总部联系。台北总部随即改变原定的网络传稿计划，临时决定采用卫星连线第一时间进行滚动报道。当天17时45分左右，该档"中天新闻"的主持口头播报了胡锦涛讲话要点，18时一过又进行了带有现场画面的新闻播报。许书婷

说，之所以如此处理，是认为胡锦涛的讲话既很重要，也有新意。

岛内两大财经报纸都对胡锦涛讲话进行了显著报道。《工商时报》报道说，胡锦涛在对台四点意见发表三周年时发表新的对台讲话，意味着大陆对台工作进入新阶段。《经济日报》在两会特别报道专版中，以头条通栏标题的形式，报道了胡锦涛这一讲话。在配发的新闻分析中，该报特派记者认为，讲话显示出大陆对台政策更趋灵活，大陆高层对两岸关系的政策越来越自信。

岛内其他主要媒体也都对胡锦涛讲话进行了充分的报道。

大陆台商获悉胡锦涛的讲话后，无不欢欣鼓舞。济南市台商协会副会长、山东大鲁阁织染工业有限公司总经理王金锁兴奋地说："胡总书记的讲话仿佛让我们吃了颗定心丸，我们对两岸经贸交流与及两岸关系的前景更有信心了，相信今后将会有更多的台商到大陆来发展。"在珠江三角洲发展的台商们认为，总书记的这一讲话充分表明了大陆对台湾同胞的关怀，台湾同胞从中感受到了深厚的情谊。在东莞市经营糖果企业的台商李文诚说，近年来大陆推出了数十项惠台举措，惠及岛内许多阶层。比如大陆对台湾多种农产品实行零关锐，有效解决了台湾农产品丰产滞销的问题，使不少台湾老百姓真正得到实惠。"而这次胡总书记的讲话，让我们看到两岸交流更加美好的明天。"

杭州台资企业协会会长谢智通说："台商在大陆的发展，是两岸互利双赢的最好注解。"台商的发展离不开两岸关系的和平稳定，胡总书记的讲话体现了对台湾同胞血浓于水的骨肉亲情和人文关怀。台商普遍希望台湾当局也能以两岸人民的根本利益为重，摒弃一切不合时宜的人为障碍，促进两岸经济的共同繁荣。

福建省东山县是台胞台属聚居区，这里的许多台商及其眷属以及回乡定居的老台胞，都通过电视或报纸了解了胡锦涛总书记讲话的详细内容。在这里从事水产品精深加工的台商林阿强、陈小雄等人说，岛内少数人搞"台独"不得人心，希望他们能以人民福祉为先，不要破坏两岸同胞求和平、谋发展的美好心愿和努力。"只有两岸关系和平发展，那才是台湾民众之福"。

港澳各主要报纸连日来均大篇幅报道了胡总书记的讲话及相关信息，并配发了评论。舆论认为，胡锦涛的最新对台讲话表明了大陆维护国家统一的决心和信心，又显示了"大包容"、"大团结"、"大发展"的思维和胸怀，向台湾岛内释出了极大的善意和诚意，显示了大陆推动两岸关系和平发展的信念决不动摇。

香港《明报》在相关报道和署名文章中说，胡锦涛的重要讲话，再度释出了希望两岸关系和平发展的善意。讲话并非针对岛内哪一个阵营，只是指出了两岸关系和平发展是民心所向的主题。讲话也清楚地点明，两岸政治谈判的前提仍然是"九二共识"，在此基础上才能开展地位平等、议题开放的谈判，这是不可改变的。

香港恒通资源集团有限公司董事局主席施子清说，胡锦涛的讲话展现了宽广的气度，是着眼于两岸同胞的根本利益、着眼于中华民族未来前景的讲话。两岸关系和平发展这一主题，反映了中华民族"和"的文化精神；只有实现大团结，才能促进两岸关系大发展，也反映了"和"的思想。两岸唯有在一个中国原则的基础上，追求和平发展，才能实现共同繁荣，这也正是包括港澳同胞、台湾同胞和海外侨胞在内的全体中华儿女的众望所归。

澳门地区中国和平统一促进会会长刘艺良表示，胡锦涛的讲话非常鲜明、充分地表达了大陆方面对推动两岸关系和平发展的善意和诚意，令人十分感动。广大港澳同胞和海外华侨华人都支持推动两岸关系和平发展，坚决反对"台独"分裂活动。"台独"势力如若一意孤行，逆潮流和民意而动，下场必定是可悲的。大家越来越看清楚台湾问题的实质，就是胡锦涛讲话中所说："两岸关系和平发展，有利于两岸发展和稳定，必定造福两岸同胞；'台独'分裂活动，有害于两岸发展和稳定，必定贻祸两岸同胞。实现两岸关系和平发展，是两岸同胞的共同利益所系、共同责任所在。"

《澳门日报》3月6日发表题为《大包容大团结的诚挚呼唤》的社论说，胡锦涛的讲话"以和平发展为基调，显示了大包容、大团结、大发展的思维和胸怀，向台湾释放出了极大的善意和诚意，将对两岸关系的发展产生长远而积极的推动作用。"社论指出，在距离台湾的"总统"选举不足三个星期的关键时刻，胡锦涛"最广泛地团结台湾同胞"的讲话，特别是"努力争取团结"那些"曾经对'台独'抱有幻想、主张过'台独'、甚至从事过'台独'活动的人"，无论是对党对人，都是诚挚的呼唤，都留下广阔的空间："只要他们回到促进两岸关系和平发展的正确道路上来，我们都将热情欢迎、以诚相待。"既往不咎，回头是岸，此其时也！与以往相比，这席讲话显得更加宽容，再度释出了希望两岸和平发展的最大善意，显示了北京在处理两岸关系问题上的新思路，是一大突破。

海外舆论同样高度评价胡锦涛主席关于两岸关系和平发展的讲话。美国各大华文报纸5日均在显著位置报道了胡锦涛主席的讲话。《侨报》撰文说，胡锦涛就两岸关系重申了两岸统一的决心，并提出"最广泛地团结台湾同

胞"，展达了善意。报道还引述观察家的评论说，胡锦涛的讲话表明"大陆对台不只着眼于当前，而是放眼未来，彰显其更加自信与更大的包容度"。

美国国会众议院外交委员会亚太和全球环境小组委员会主席法莱奥马维加3月5日接受新华社记者采访时说，中国领导人坚持一个中国原则，继续主张两岸交流对话、协商谈判，令人宽慰，是一个好的征兆。胡锦涛主席关于继续争取恢复和进行两岸协商谈判的讲话，有助于缓和两岸紧张局势。在谈到美中关系时，法莱奥马维加表示，中国在促进亚太地区的发展中发挥着积极作用，他对此表示赞赏。

澳大利亚首都地区中国和平统一促进会副会长陈蔚东高度赞扬胡主席的讲话。他说，广大的海外华侨华人都坚决拥护胡主席有关两岸关系的讲话，希望台湾民众看清现实，和大陆同胞一起努力争取两岸关系和平发展的新局面。

捷克中国和平统一促进会会长倪健先生3月5日说，"反独促统"是海外华侨华人的关切所在。胡主席的讲话重申了"坚决反对'台独'分裂活动"的坚定立场。捷克中国和平统一促进会坚决反对"台独"分裂势力的所谓"入联公投"，将为维护国家的领土完整和祖国的统一作出自己的贡献。

菲律宾《世界日报》、《商报》、《菲华日报》、《菲律宾华报》等主要媒体3月5日均刊登了胡锦涛主席对台讲话内容。《商报》回顾了胡锦涛过去3年的两会上所发表有关台湾事务的讲话，称赞"一次比一次深入具体，一次比一次充满信心而又更为务实开放"。

新加坡《联合早报》3月8日发表社论指出，胡锦涛此次讲话中的最大新意有两点：一是明确承诺，两岸未来的谈判将不限于台湾某个特定的政治势力，而且谈判的地位是平等的。二是缩小孤立的范围，扩大团结的对象。胡锦涛说，大陆方面将"最广泛地团结台湾同胞，团结的人越多越好"。社论说，近日来，上述两点内容，特别是后面一点，引起了舆论的广泛议论。不少分析家认为，胡锦涛的这一政策表述体现了诚意、信心和大度，也体现了北京在两岸问题上占据了战略制高点，我们赞同这一看法。

社论最后称赞道，山不择垒土，故能成其高；海不择细流，故能成其大。中国大陆在政策思维上，展现出的这种雍容大度、兼容并包的宽广胸襟，是一个不小的质变。

全国"两会"另一个令世人关注的焦点是，"两会"闭幕后，温家宝总理出席全国人大举行的记者招待会答记者问的一幕。

温总理在回答美国有线新闻网记者关于台湾问题的提问时说，关于台湾问题，我所关心的是维护台海的和平与稳定，促进两岸关系和平发展，这应该成为两岸关系的主题和主旋律。我们之所以反对"入联公投",就是因为如果这样一些主张得逞的话,它将改变大陆和台湾同属一个中国的现状,势必冲击两岸关系,势必危害两岸人民的根本利益,势必造成台海局势的紧张,破坏台海和平以至亚太地区的和平。我在这里想再一次重申,凡属涉及中国主权和领土完整的事,必须由包括台湾同胞在内的全中国人民共同决定,任何人想把台湾从祖国分割出去都是不会得逞的,也是注定会失败的。我还想强调,我们希望在一个中国的前提下,尽早地恢复两岸对话与谈判,什么问题都可以谈,包括结束两岸敌对状态这样重大的问题。

温总理在回答台湾工商时报记者关于发展两岸经贸关系的提问时说,请记者女士转达我对台湾同胞的问候。正如你所说的,两岸经贸关系这些年有很大的发展,这符合两岸人民的根本利益。关于进一步发展两岸经贸关系,我在政府工作报告中已经讲得很清楚了,就是继续推进两岸经贸交流,特别是尽快实现直接"三通"。加强两岸经贸关系,可以用八个字来概括,就是"加强合作、互利共赢",这是一条根本原则。我们在认真地履行自己的诺言,凡是对台湾同胞有利的事,我们一定要努力去做,而且要把它做好。从2005年到现在,我们对台湾同胞实施了大约60项优惠政策措施。为了台湾同胞的利益,我们甚至愿意作出必要的牺牲,比如说大陆与台湾的贸易,台湾保持着多年的巨额顺差。2007年两岸贸易额超过1200亿美元,台湾的顺差超过700亿美元。台湾至今限制大陆产品进入岛内,多达两千多种。即使这样,我们对台湾还是开放市场,包括农产品市场。在台湾同胞最困难的时候,我们主动来帮助同胞销售水果等农副产品。至今台湾还限制大陆的企业到台湾投资,而台湾进入大陆的企业已经多达7万多家,投资金额460亿美元,如果加上通过第三方进入中国大陆的投资超过700亿美元。我是一个爱国主义者,我脑子里总是在想:"一心中国梦,万古下泉诗"、"度尽劫波兄弟在,相逢一笑泯恩仇"。我们将继续扩大同台湾经贸交流的范围,包括投资、贸易、旅游、金融,提高合作层次。在这些问题上,我们都可以本着平等互利的原则进行协商。这样做,实际上是发挥了两岸互补和互利的优势。

温家宝总理的答记者问依然受到各方的好评。就在3月18日举行完记者会的当天,美联社即发出电讯说,中国总理今天吟诵古诗,提供商机,希望以此打动台湾,但同时敦促台湾选民反对"就台湾是否加入联合国进行公投",并警告说通过该提议将加剧紧张局势。电讯说,在标志人大年度会议结束的记者会上,通常平易近人的温家宝尽力减少了针对台湾政治的犀利言辞。温家宝试图以手足情谊和商贸关系来打动台湾。温家宝引用诗句说:

"度尽劫波兄弟在，相逢一笑泯恩仇"。为证明这一点，温家宝还敦促台湾减少对台湾进入大陆的企业以及到台湾的大陆企业的投资限制。

（十四）

越是临近台湾"大选"的关键时刻，岛内各界掀起的反对扁当局胡作非为的声势越是强烈。3月1日，七百多岛内法界人士共组的"马萧司法改革联盟"宣告成立，法学界泰斗、前"最高法院院长"钱国成亲任总召，前"司法院长"施启扬担任总顾问，陈水扁的老师、前"大法官"姚瑞光等法界名人出席成立大会。此前，法界名人联署力挺国民党候选人马英九。

成立大会上，发表了一份题为《因为你我，台湾不会这样到尽头》的成立宣言，呼吁法律人不能再对毁法滥权的政权噤声不语，唯有政权再度轮替，台湾及台湾的"司法"才有希望，不会就这样到尽头。

宣言指出，"过去八年，灾难不幸降临，法律沦为权力的工具，法律人已无法独善其身；法律人若对毁法滥权的政权噤声不语，则戒严或类似的待遇，终有一日必将成为咎由自取的报偿。"

95岁高龄的钱国成，曾公开批判"三一九枪击案"承办检察官，用三万字就论断谋杀陈水扁是已死亡的陈义雄一人所为，全篇都是废话。这次站出来挺马，也在法界投下震撼弹。

"马萧司法改革联盟"执行长赖素如表示，钱国成不仅是法学界的泰斗，也是前"司法院长"翁岳生、施启扬的老师，亲自邀请他支持马英九时，他语重心长地说："现在社会这么乱，应该要有像马萧这样的人出来服务大众"。他也希望不要再看到台湾的法治沉沦，因此决定现身挺马。

赖素如说，已经联署支持马英九的法界人士还包括多名前大法官、前"监委"、各处前律师公会理事长及退休法官、庭长。他特别提到姚瑞光。姚瑞光桃李满天下，陈水扁、吕秀莲、马英九、苏贞昌等都是他的门生，苏贞昌当年就是在姚瑞光的引介下到前"立委"张德铭的律师楼实习的。此次他站出来挺马，格外引人注目。姚瑞光说："马英九跟我小孩是同班同学，到过我家三四次，他看到我，要叫我姚伯伯，他站出来，他的想法我一定尊重。"

据台湾"中央社"报道，中华民国"荣民、荣眷及退伍军人社团"3月1日举办春节联谊大会，表达力挺马萧立场，台湾前"行政院长"郝柏村、吴伯雄、马英九等应邀到场。郝柏村致辞时指出"公投绑大选"已经成了民粹、要弄人民的手段，因此，"3·22"投票当天，他和他的家人，不领"公投"票，借此反制民粹、反制假民主。至于国民党为反制"入联公投"案，那是战术问题，那是国民党中央的事。

同一天，国际青年商会"中华民国总会"国际事务副会长沈伯璋在台中市召开记者会表示，包括所属的中山国际青年商会、立人国际青年商会、合作国际青年商会、高雄国际青年商会，当天在北、中、南三地宣导"大家爱台湾"，要去选"总统"，拒领"公投"票活动。沈伯璋说，"入联公投"是民进党的政治操作，而"返联公投"则是国民党为反制"入联公投"所提出的，可见"公投"只是选举操作，对台湾能不能"加入联合国"根本没有作用。因此，他主张，"大选"要单纯、顺利，应拒领"公投"票。

此前，在台企联举办的"大陆台商春节联谊餐会"上，有台商在餐会之前拿出"反对公投绑大选"联署书，摆放在靠近舞台前的餐桌上，许多台商会长跟着大排长龙，踊跃签署。有北京、上海、天津、东莞、深圳、广州、昆山、厦门、福州等大型台商协会的会长都积极参与联署。主持人介绍说，此次联署至少有55位台商会长签名。这只是初步启动，后续要成立"台商拒领公投联盟会"，目的要扩展到所有百万台商，拒领"入联"、"返联"的"公投票"。

台企联发言人叶惠德表示，无论"入联公投"、"返联公投"，都对台商造成负面冲击，但这不是台企联发起的，也没有大陆方面介入，是大家自发的，希望借此凝聚台商的共识。

台企联常务副会长、深圳台商协会会长黄明智说："这是所有台商会长共同发起的，因为搞'公投'没有意义，不要挑拨两岸关系，不要把选举跟'公投'绑在一起，所以才签署拒领公投票。"

同是台企联常务副会长的漳州台商协会会长何希灏说，"入联公报"、"返联公投"都是"国际笑话"，完全是选举伎俩，也没有意义；但这是不分蓝绿的，也不怕被外界贴任何标签。

据台湾《联合报》3月3日报道，台湾医师界向来是民进党的"传统地盘"，但现在，这一切似乎"只能用过去式来描述"。自医界大佬、台南市工程师公会理事长王正坤春节期间公开支持马英九后，3月2日，全台湾近2万医药卫生界人士齐聚台中市，公开力挺国民党"总统"候选人马英九。医院协会理事长吴德朗致辞说，过去他和很多朋友都是穿"绿衣绿帽"，但看到马英九的用心，让他愿意"脱去绿色穿上白色，望向蓝天"。此外，多名之前被谢苏阵营公布的"医疗顾问团"成员，当日也用行动证明力挺马英九。

事实上，这只是绿营连日涌动的"投蓝潮"的一部分。2月28日，民进党籍嘉义县长陈明文的胞兄陈明仁宣布"弃绿投蓝",在岛内政坛引发轰动。2月29日,马英九又应邀南下拜访"台联党"秘书长钱橙山夫妇,得到双方表态"精神支持"并获赠"马到成功"匾额。3月1日,岛内又传出消息说,立场持续偏绿的嘉义市无党籍正副议长蔡贵丝、邱芳钦日前带着一批议员加入国民党,两人并宣布3月8日召开记者会公开力挺马萧。

另据台湾最新一期《新新闻》报道,民进党当局动用行政资源、"国营"事业、公股金融机构等为谢长廷辅选,反而遭到包括台电、"中油"、"台邮"等"国营"事业工会主要干部的反对,他们纷纷表态支持马英九。就连过去被视为亲绿色彩浓厚的著名主持人吴淡如政治立场也出现转折。据TVBS电视台3月3日报道,曾为陈水扁热情站台的吴淡如,如今决定脱下绿衣,将为马萧阵营3月8日在高雄举办的大型晚会担当主持人。

香港《明报》3月8日发表报道说,台湾"总统"大选选情激烈,艺人也准备总动员。首先是演艺界的"大姐大"张小燕,决定在20日联同40名艺人举办大型造势活动,出钱、出力支持国民党"总统"候选人马英九。此外,台湾资深艺人、上海汤臣集团负责人徐枫,更公开表态支持马英九,打算赞助机票给集团的四十多名台籍干部,让他们在22日回台投票。徐枫表示,她不是政治狂热者,只是作为台商支持"三通",所以支持马英九。

台湾《苹果日报》3月9日报道说,越来越多的台湾艺人表态挺马,其中较为港人熟识的,有歌手罗大佑及张震岳等,而有台湾歌坛"小天后"之称的萧亚轩,虽未明言支持马英九,但昨日仍不避嫌地与马一起,出席台北市庆祝三八妇女节的慢跑活动,被取笑与马合组"马萧配"。

岛内媒体报道说,艺人白冰冰唱着自己创作的新歌力挺马英九:"台湾是一个好所在,好山好水好人才,认真打拼为后代,拼经济就要大家一起来……"白冰冰说,台湾要选领导人,我们一定要选一个让我们经济可以起飞的运转手;我们大家心连心,手牵着手,投给马英九;不要每次到了选举,大家就来做族群操弄,什么"台湾人投给台湾人",哪一个不是台湾人?

除了白冰冰外,闽南语歌坛"大姐大"陈盈洁也现身挺马英九的造势现场,陈盈洁大声对现场民众说:"这是我一生中最关怀的,几号?2号!选谁?马英九!"(此次台湾"大选",民进党候选人谢长廷次序号为1,国民党候选人马英九为2。)

在临近台湾"大选"的日子,美国政府再一次重申反对台湾当局推动"入联公投"。3月19日,美国国务院发言人凯西在新闻发布会上说,在台湾当局推动"入联公投"问题上,美国国务卿赖斯已在去年12月和今年2月对美国的立场进行了阐述，美国的立场至今没有改变，美国反对台湾举行"入联公投"。凯西说，美国认为，台湾举行"入联公投""没有必要且没有助益"，而且"有可能加剧台湾海峡的紧张局势"。

3月20日，法国、西班牙、葡萄牙、阿根廷等国政府分别重申坚持一个中国的立场，表示反对台湾当局推动"入联公投"。

法国外交部发言人安德烈亚尼说，法国政府"非常明确地"反对台湾当局推动"入联公投"。法国重申坚持一个中国的立场，认为台湾是中国领土不可分割的一部分，反对任何单方面改变台海地区现状的行为，主张台海地区加强对话，促进合作与稳定。

西班牙外交部发表新闻公报说，西班牙政府重申奉行一个中国的原则，对台湾当局推动"入联公投"感到担忧，认为这是台湾当局单方面的行动，不利于地区稳定和平发展。

葡萄牙外交部发表声明说，台湾当局推动"入联公投"将加剧台海地区紧张局势，损害包括台湾人民在内的所有各方的利益。葡萄牙政府重申坚持一个中国政策，主张通过和平方式解决台湾问题。

阿根廷外交部发表声明说，阿根廷政府对台湾当局一意孤行地推动"入联公投"表示严惩关切。阿根廷政府重申坚持一个中国政策，认为"入联公投"将加剧地区紧张局势，不利于台湾问题的和平解决。

此前，上海合作组织发表声明，对台湾当局推动"入联公投"表示反对。声明说，上海合作组织成员国认为，台湾是中国不可分割的一部分。各成员国将始终支持中华人民共和国政府在台湾问题上的立场，坚持反对台湾以任何形式谋求"独立"，认为台湾加入联合国以及其他国际组织的企图将是徒劳的和危险的。

此前，芬兰、保加利亚、冰岛、拉脱维亚等国也都分别重申坚持一个中国的立场，再次表示反对台湾当局推动"入联公投"。

在临近台湾"大选"的日子，岛内大军纷纷返台投票，据岛内有关部门统计，今年从各地返台投票的台籍人士总计将突破25万人，打破4年前的纪录。

台湾《经济日报》3月18日发表题为《投票大军来了，台商返乡，海空并进》的报道，重点报道了几个"大票仓"台商返乡投票的情况。报道说，福建九大台商协会上周六紧急在厦门召开投票工作会议，备妥"夜间航运"应急方案，未来一周内，九大台商协会组成的联合服务中心将伺机协调各航空公司和船运公司加开班次，运输高达3万名台商、台干循"小三通"返台投票。

报道说，另一个大票仓上海，根据上海台商协会上周五统计，已有3.6万名台商、台干准备在本周返台，愈靠近选举日，返乡人次还有机会上冲4万人。上海台商协会近日特别在浦东机场设置服务中心，协助台商处理各种机票问题。

据岛内媒体报道，在各路返台投票大军中，除了大陆台商，旅居东南亚、欧美等地的海外台胞，也是人数较多的一支队伍。过去一周，美国纽约几乎所有飞往台湾的客机都客满，加拿大温哥华飞往台湾的班机也几乎被挤爆。泰国和菲律宾的"马萧后援会"，各自拉起数百人的队伍，于3月19日起蹲守机场，迎接回乡台胞。

在岛内，著名艺人由于具有特殊的社会影响力，也是近年来台湾选举中各方着力拉拢的对象。著名影星秦祥林3月中旬就回到台湾，带着老婆公开亮相，并毫不掩饰地表示"挺马"。因扮演"武则天"而声名大噪的台湾女星贾静雯，婚后一直定居上海。3月17日，她与丈夫、公婆、女儿一家人乘机返台。她说："身为台湾人，我关心民生经济；身为妈妈，我忧心孩子教育，不能再像4年前不敢表态了"，至于政党倾向，"当然是挺蓝"。3月20日，被誉为"台湾之光"的著名导演李安的夫人，从美国搭机返台。行前，她表示要投票给马英九。虽然李安没回台湾，但这两天，很多长期没在台湾现身的知名艺人如罗大佑、林青霞、方芳芳等都赶着回乡投票挺马。

岛内媒体报道，3月22日，岛内"大选"举行了投票，中国国民党籍候选人马英九、萧万长获胜，得票765.87万张，得票率为58.45%；民进党籍候选人谢长廷、苏贞昌得票544.52万张，得票率为41.55%。"马萧"以领先220万多张选票的优势大胜"谢苏"。扁当局执意推动的"入联公投"与"大选"同时举行，因投票人数未达总投票权人数的一半，投票率仅为35.8%，公投未获通过。同时举办的由国民党提出的"返联公投"投票率仅为35.7%，同样未获通过。

3月22日晚，国台办新闻发言人李维一发表谈话说，我们注意到了台湾地区领导人选举的结果。陈水扁当局推动的所谓"以台湾名义加入联合国的公投"遭到失败，再次说明"台独"分裂势力搞"台独"是不得人心的。李维一指出，两岸关系和平发展是两岸同胞的共同愿望和期待，大家要共同为此而努力。

从3月22日开始，台湾7家有线电视新闻台一连两天都是从早上9时开始连续举行政治评论节目，邀请专家学者分析、评论。23日，台湾主要的四家报纸都以20多个版面报道相关选举新闻。选前曾坚持"马英九可赢240万加减20万选票"的沈富雄称，"不是马英九打败了民进党，而是民进党自己的堕落受到民意唾弃"。《中国时报》23日发表题为《蓝胜选三主因》的文章指出，马英九为什么能以悬殊比例胜选？最重要的原因有三：陈水扁执政失败、国民党走本土化路线、马英九个人品牌。简单地说，马萧配狂胜的意义，就象征陈水扁执政的彻底失败。扁政府政绩不佳，从府到院官德败坏，阁员失言乱行，贪污舞弊频传，第一家庭又形象恶劣，导致民心尽失，是马萧配能重挫对手的主因；换个角度看，谢长廷背上陈水扁的包袱，也是他大败的主因。

文章说，第二个原因，就是国民党在大选失败两次后，痛定思痛，彻底走向转型本土化，也让马突破族群魔咒的藩篱。而马英九则是国民党走上本土化的重要根源。马个人自多年前开始，年年纪念"2·28"，赢得家属的谅解与尊重。第三个原因，就是马英九个人品牌的成功。不光是党内同志，即使是政敌也承认，马英九这人尽管有若干缺点，但大抵可称得上君子。

文章最后说，简单归结，马英九的胜利，其实就是三个字："陈水扁"。若说马英九在台北市长选举中击败陈水扁，成就了陈水扁的"总统"路，陈水扁这八年的执政失败，也成就了马英九的"总统"路。这是历史的吊诡，也是台湾的命运。

"东森新闻"23日发表评论指出，谢长廷惨败最主要的原因，"在于陈水扁8年主张未能获得大多数民众认同，第一家庭及官员频频出错，让代表民进党出征的谢长廷一起承受，加上'总统'及'立委'党内初选的内斗，重伤民进党"。就连亲绿的《自由时报》23日的一篇报道中，不得不承认，这次选举是"选民教训了民进党和政治人物"。

台湾《联合报》23日的报道说，与"总统"大选绑在一起的"入联、返联公投"，双双以不到三成六的投票率遭到否决。这个结果，比4年前"总统"大选的"公投"，投票率足足少了一成。这让北京和华府都松了一口气，拆除了一颗台海核爆弹，北京、台湾、美国三方免去立即面对可能爆发的台海军事冲突危机。报道指出，这次"入联公投"未过半，北京会认为通过美国施压台湾的策略奏效，加强与美国合作，进行台海危机共同管理，将是北京未来继续运用的重点策略。

美国对台湾的这次选举异常关注。选举结果出来不久，"美国之音"网站便刊登了题为《马英九高票当选台湾一片蓝天》的报道。《华盛顿邮报》23日刊登了题为《台湾选出新总统》的报道，副标题说，"马英九的胜利可能缓和与中国（大陆）的紧张关系，让美国感到欣慰"。报道说，"选举的结果将可能让北京长吁一口气"。"对华盛顿来说这也是值得欢迎的消息，因为它虽然保证协防台湾，但在被伊拉克和阿富汗牵涉精力之际不愿陷入一场亚洲的危机"。美国总统布什22日就台湾"选举"发表声晚，"祝贺马英九获得胜利"，还说，"我相信选举为台海双方提供了一个新机会，以便双方通过相互接触和平解决分歧。我们将继续按照我们长期坚持的一个中国政策，我们坚持同中华人民共和国的三个联合公报以及与台湾关系法，通过美国在台协会与台湾人民保持非官方关系"。美国《时代》周刊网站23日的报道说，马英九的大胜是台湾选举史上胜面最大的胜利，这给他提供了继续自己选举议程的公众支持。并认为马英九的胜利，是选民"对民进党疏远大陆的批判"。报道还说，选举结果可能"重绘东亚政治版图"。

英国《金融时报》23日报道说，"台湾选民给予了反对党国民党的马英九彻底的胜利，增加了缓和与大陆紧张关系的希望"。报道说，"这个清晰的结果给马英九提供了有力的信任，将经济发展优先于台湾的民族主义"。路透社的报道说，"国民党大选获胜提振台湾市场"。报道说，与大陆的经贸关系获得改善的前景将使未来一周台湾市场重振旗鼓。

对"入联公投"没有通过，国际舆论也多有评论。英国《卫报》网站22日刊登的文章说，"引发广泛批评的台湾'入联公投'失败了"，"美国、俄罗斯和英国都严厉批评这个公投，说试图改变两岸现状的这个举动是没有必要的挑衅"。西班牙《先锋报》发表的评论认为，"与2004年的选举不同，现在台湾选民最关注的不是独立而是经济。增长放慢了，通货膨胀加剧了……解决这些问题的关键在于与中国大陆保持良好的关系。"西班牙《阿贝塞报》23日发表的评论认为，选举结果表明台湾大多数人无意独立。"德国之声"发表题为《马英九赢得台湾下届总统选举，入返联公投失败》的报道说，"结果未出意外"，"选民通过选票，对一再发生的贪污渎职丑闻、台海关系紧张、与亚洲其他国家而言相对发展缓慢的经济以及国民收入减少，作出了自己的判断：对此负责的应是现任政府及民进党"。报道认为，"公投失败标志着陈水扁个人在台湾的政治号召力已经式微"。

不少国际舆论认为，这次选举结果意味着台湾老百姓选择走近大陆，意味着一个新的时代的开始。日本最大的报纸《读者新闻》23日以题为《台湾选民向大陆伸出橄榄枝》发表社论指出，"台湾国民党总统的诞生意味着台湾居民选择了与中国大陆融合的路线，也意味着台湾居民想通过这样的路线追求实际利益"。社论说，"陈水扁当权的8年中，大陆取得了惊人的经济增长。可地理位置与文化方面与大陆最接近的台湾却没有充分享受到这个巨大市场的恩惠，这样的不满在台湾日益高涨"。

"卡塔尔半岛电视台"记者发自台北的报道指出，"马英九的胜选标志着台湾和中国之间新时代的开始"。

德国《法兰克福汇报》发表文章认为，这样的选举结果表明，马英九提议的"温和时代"即将来临。

两岸之春

LIANGAN ZHICHUN

闫 华◎编著

（下）

華藝出版社
HUA YI PUBLISHING HOUSE

两岸积极互动一心开创两岸
和平发展春天般的新局面

一、一场春雨一场暖。博鳌论坛上的"胡萧会"正是这样一场显示着台海回暖的"及时雨"

（一）

进入2008年4月，新当选的台湾"副总统"萧万长将出席博鳌亚洲论坛成为岛内舆论的热点，台北股市7日也出现"博鳌论坛行情"，显见台湾民众对选后两岸的首度接触，予以高度期待。台湾《联合晚报》7日发表评论认为，今年博鳌论坛的焦点纵然可以是"胡萧会"，但却不在于两者会面的政治意涵，而是它背后所隐含的态度与高度：即两岸可以为了区域内的发展坐在一起研究，找到办法解决问题，两岸兴起的这种平实、朴素但却前瞻的风格，才是镜头应该锁定萧万长赴会的正确焦距。

台湾《联合报》7日发表社论指出，"总统"选举期间，萧万长的"两岸共同市场"被对手批评得体无完肤；如今，当选"副总统"的萧万长，却以"两岸共同市场基金会董事长"的身份，出席周末（4月12日）在海南岛举行的博鳌亚洲论坛，并可能出现举世瞩目的"胡萧会"。对两岸而言，今年博鳌论坛的主题应当是："多彩两岸：在变革中实现共赢！"我们期盼"胡萧会"能为两岸揭开一个"胡萧会新时代"，甚至奠定一个"两岸08共识"。

从11日开始，台湾所有电视新闻报道最多的消息就是萧万长要与胡锦涛会面，到博鳌采访的台湾记者达一百多人，从萧万长自桃园机场起飞开始，台湾电视现场直播的镜头就一直跟随。

11日下午，萧万长一行抵达海南时，不仅台湾电视现场直播的镜头一直跟随，而且岛内报纸也及时报道了大陆热情接待萧万长一行的场景。《联合报》当天发表的题为《"5·20"后互动，胡萧会启契机》的报道说，萧万长今天下午抵达海南，中共接待规格比照2005年连战、宋楚瑜的大陆行。中共当局对萧万长此行十分重视，希望借此机会，建立两岸领导人的直接沟通管道。报道指出，在北京高层和萧万长方面"共同创造"下，"胡萧会"成为"5·20"（指5月20日马萧正式上台执政）后，两岸政治关系走向良性互动的重要开端。据了解，"胡萧会"不会讨论具体问题，主要涉及两岸关系未来发展的大方向，尤其是双方如何在"九二共识"的基础上，尽快恢复两岸协商与谈判。报道说，在接待规格上大陆创造了另一种模糊，给予"领导人"礼遇。对北京而言，萧万长此行，比当年连、宋以在野党领袖身份访问大陆，对两岸关系发展和走向更具重要指标意义。

台湾"中央社"当天发出的电讯说，萧万长今天下午抵达海南岛海口机场，参加博鳌亚洲论坛，中国国台办主任陈云林等人前往接机，萧万长下机后与陈云林热情拥抱。萧万长伉俪也挥手向媒体致意，并说："谢谢大家，大家辛苦了"。

2008年4月12日下午5时35分，众所瞩目的"胡萧会"在博鳌索菲特酒店隆重登场，众多记者到场采访。台湾记者特别关注胡锦涛会见萧万长先生一行的每个细节。台湾"中央社"当天发出的电讯说，胡锦涛见到萧万长时说，萧先生，很高兴在这个地方与你见面，接着示意萧万长转身，让在场媒体拍摄。萧万长随后一一介绍12个代表团成员给胡锦涛认识。胡锦涛对淡江大学教授苏起说："好久不见了"。对台泥董事长辜成允说，令尊（辜振甫）虽已仙逝，他对两岸贡献很多。

接着举行的"胡萧会"双方各有13人参加。会后，与会者转述，这场简短的座谈会气氛极为融合。胡锦涛首先对萧万长先生一行前来出席博鳌亚洲论坛2008年年会表示欢迎，并表示，众多的海内外各界人士出席本次论坛年会，从一个侧面反映了亚洲各国各地区加强交流、促进合作、寻求共赢的强烈愿望，也给我们在新形势下深入思考两岸经济交流合作提供了重要启示。胡锦涛强调，当前两岸经济交流合作面临着重要的历史性机遇，需要双方共同努力，大力推进。在新的形势下，我们将继续推动两岸经济文化等各领域交流合作，继续推动两岸周末包机和大陆居民赴台旅游的磋商，继续关心台湾同胞福祉并切实维护台湾同胞的正当权益，维护促进恢复两岸协商谈判。

会谈开始时，胡锦涛很礼貌地请萧万长先生先发言，并推崇萧先生是经济方面的专家。萧万长说，他自2003年以来每年都率团出席博鳌亚洲论坛年会，受益良多。萧万长表示，两岸经济密不可分。长期以来，两岸经贸关系发展一直发挥着稳定两岸关系的正面作用。两岸经济交流与合作克服了种种不利因素取得进展，得来不易。现在是一个新的开始，希望尽快启动两岸周末包机，并实现大陆居民来台湾旅游。希望能尽快恢复两岸协商，以利交流与合作。实现两岸直航和经贸关系正常化是必走的路，而且代表着海峡两岸人民近60年来首次实现全面开放性交流，具有长远的意义。政策要开放，态度要务实，步伐要稳健，两岸经济交流与合作才能走得顺，也才能为两岸人民创造更大的利益。希望能正视现实，开创未来，搁置争议，追求双赢，为两岸关系开创互信、互访、互助、互利的新时代。

在认真听取了萧万长先生的意见后，胡锦涛表示，早在30年前，我们就主张开展两岸经济交流合作。自上个世纪80年代两岸同胞隔绝状态被打破以来，经过20年的发展，两岸经济交流合作取得了显著成就，形成了互惠互利的良好发展局面。事实充分证明，开展两岸经济交流合作，是两岸关系发展中最有活力的因素，是增进两岸同胞福祉、扩大两岸共同利益的有效途径。

胡锦涛指出，近8年来，由于众所周知的原因，两岸关系屡屡出现波折，两岸经济交流合作也因此受到严重干扰。这种局面是两岸同胞不愿看到的。在当今世界经济竞争更为激烈的形势下，两岸同胞应该抓住难得机遇，共同应对挑战，切实加强合作，努力共创双赢。

胡锦涛强调，实现两岸关系和平发展，是两岸同胞的共同愿望所系，共同利益所在。当前两岸关系正朝着和平稳定的方向发展，两岸同胞加强两岸交流合作的愿望进一步增强。这是人心所向、大势所趋。两岸同胞是一家人，是血脉相连的命运共同体，两岸关系的前途应该掌握在两岸同胞自己手中。我们推动两岸关系和平发展的信念不会动摇。希望两岸同胞携手努力，共同开创两岸关系和平发展新局面。

会见结束时，胡锦涛请萧万长先生代为转达对马英九、吴伯雄、连战等人的问候。

13日下午，大陆商务部长陈德铭与萧万长共同主持召开了"台湾经济和两岸经贸展望"圆桌会议。现场采访的记者发现，这是除了博鳌亚洲论坛年会开幕式外记者到场最多的一次会议。会前，有台湾记者拦住博鳌论坛秘书长龙永图问，萧万长以往参加博鳌论坛都坐第二第三排，这次却"坐贵宾席第一排"，是否是因为台湾两岸共同市场基金会"给了大陆方面一大笔钱"（台湾亲绿的《自由时报》报道称，萧万长是"花了25万美元买到大陆高规格接待"）。龙永图当场怒斥这是"无稽之谈"，并说这样的报道"有损台湾媒体的形象"。

圆桌会议上，萧万长介绍了台湾新时期的三个经济发展策略：扩大公共投资、产业再造、开放松绑。他说，台湾未来的新经济政策，将对两岸经贸合作的扩大产生积极的作用，会带给两岸很多新的商机；两岸经贸关系会进一步加强，大陆的资金、市场、人才，与台湾有很多合作机会。他介绍说，今年5月后，将会积极落实兑现竞选时的政见：开展两岸协商，实现两岸"三通"；开放大陆资金到台湾进行长期投资；促进两岸金融业的开放合作；放宽大陆观光客赴台限制。

陈德铭在致辞时指出，当前，两岸经贸合作处于一个难得的发展机遇期，两岸没有理由不携手合作，共谋发展。他表示，今后大陆方面将继续扩大两岸经贸合作范围，不断提高合作层次，积极构建两岸经贸协商平台，努力推动两岸实现"三通"，让两岸经贸合作的成果能够更多地惠及两岸同胞。陈德铭说，我们希望台湾方面能尽早放宽对两岸经贸交流的限制，与我们一道努力，促进两岸经济共同发展和繁荣，共同应对经济全球化和区域经济一体化的挑战。

两岸企业界、学术界的三十多位代表在会上交流了各自对两岸经贸关系现状的观感，并提出了改善、发展两岸经贸关系的具体建议。

13日晚，在博鳌论坛举行的记者会上，有记者再次问到为什么给萧万长高规格接待，龙永图回答说，这是给萧万长的"必要的礼遇"，也是论坛主持者"对台湾政治形势变化的一个反应"。并说，博鳌论坛能为"胡萧会"提供平台"感到自豪"。

（二）

"胡萧会"的举行顿时引起社会各界和国际舆论的高度关注和积极评价。

2008年4月12日整个下午，台湾的电视新闻都是"胡萧会"，据报道马英九也在办公室全程收看相关电视直播。台湾电视台将胡锦涛短短讲话的画面一播再播，电视评论员热烈地谈论"两岸春暖花开"，乐观地预测"7月周末包机将不成问题"。萧万长所提的十六字箴言"正视现实、开创未来、搁置争议、追求双赢"，与胡锦涛所说的"抓住难得机遇，努力共创双赢"，及"推动两岸关系和平发展的信念不会动摇"，都是当晚台湾电视谈话节目引用最多的话。有电视评论员认为，原先只强调到博鳌"交朋友"的萧万长，其实"已经创造了两岸近60年来最大的一次和解动作"。

第二天，台湾各大报纸除了亲绿的《自由时报》外，都以"胡萧会创造历史"为报道主调，包括《苹果日报》这份平常以民生八卦为重点的报纸，也以"胡萧会"作为头条新闻，并且刊登胡萧握手的彩色大幅照片，认为"胡萧会，破冰求双赢"。

台湾《联合报》发表社论说，"准确的时机，做出明智的决定，实现了胡萧博鳌会"，这是"一场世纪之会，两岸都向前跨出了一大步，可谓是没有辜负了历史创造的珍贵契机"。该报13日发表题为《善意起步，两岸务实新时代》的文章说，胡锦涛总书记与萧万长一行的会面虽然时间不长，但代表双方充满善意的尝试，两岸关系已迈入务实的新时代。

台湾《中国时报》发表评论指出，两岸只要能把握住"搁置争议、追求

· 939 ·

双赢"的精神，未来大陆不必担心台湾"独"，台湾不必担心大陆"武"，两岸可以发展出"兄弟姊妹的血缘情谊"，"赚全世界的钱"。

台湾《经济日报》14日发表短评说，"忽如一夜春风来，千树万树梨花开"，两岸关系只要气氛好，两岸客货运包机与大陆居民来台旅游等都可望加速完成，海协与海基会的复谈也将不是奢望，这是萧万长此行的最重要成果。

香港《明报》14日刊登岛内政论家南方朔先生题为《让两岸共得诺贝尔和平奖》的文章说，博鳌论坛的"胡萧会"，乃是60年来双方最高实质领导层级的互动。在全台湾已被方向错乱而闭锁的策略搞得疲惫不堪之际，"胡萧会"也的确不负众望，不但在气氛上融冰，各种实质的开展也必将赓续而至。萧的16字箴言"正视现实、开创未来、搁置争议、追求双赢"，胡的"抓住难得机遇、共同应对挑战、切实加强合作、努力共创双赢"，都必将发挥引导性的作用。

文章以历史发展的眼光分析指出"两岸携手共创双赢"的时候已经来到。文章说，从历史的视野看，近百年来，两岸皆历经沧桑与困苦，当然有内因，但中国长期积弱，列强入侵与瓜分，可以说扮演了更大的外因角色。特别是国共内战与国家分裂，乃是近代"代理战争"所造成的最大悲剧。也就是说，两岸过去的历史皆满目疮痍，两岸在所处的国际结构下皆身不由己。但到了今天，由于两岸各自的付出与努力，再加上世局的改变，的确已到了近300年来最好的状况，也到了两岸可以携手合写两岸未来史的时候了。台湾所能做的最大角色，乃是献身于东亚的和平与稳定，不再躲在美国鹰派的背后，而是扮演中国开明派与美日进步派中间的桥梁角色，为亚洲带来和平，为自己创造空间。而中国大陆则应对台湾发挥手足之情，不是在国体上求"统"，而是在血缘、感情和文化上求统。而在最终极的"名"上，两岸已须在行省、联邦、邦联、国协这些复杂的"名"上做出最有创意皆都满意的开创。

文章最后指出，国民党在"胡萧会"后，已有必要加速形成具有未来指向性的两岸新论述。有了新方向、新态度、新策略、新互动，两岸同获诺贝尔和平奖之日即不远了！

国际舆论同样对"胡萧会"的举行异常热烈。德新社12日发自北京的电讯说，中国国家主席胡锦涛今天在海南会见了台湾当选"副总统"萧万长。"这次具有里程碑意义的会晤可望为北京与台北的未来关系定下基调"。萧万长会见后发表简短声明说，这次20分钟的会晤"非常坦率和友好，取得了成果"。他说，台北的立场是，双方应该"正视现实，开创未来，搁置争议，追求双赢"。胡锦涛指出，促进两岸经贸关系需要双方合作。他称萧万长是经济问题专家，想听听他在这一问题上的意见。萧万长表示，台湾经济依赖于亚洲和整个世界，因此台湾和中国应该寻求合作。

美联社13日发自博鳌的电讯说，12日中国国家主席胡锦涛与台湾"副总统"当选人萧万长举行了历史性的短暂会晤，萧万长成为与中国国家主席会晤的最高级别的台湾官员。同日，美国《洛杉矶时报》网站发表报道说，观察家认为，胡锦涛和萧万长的短暂会晤开创了两岸的新局面。台北智库高等政策研究协会秘书长杨念祖说："双方无疑向前迈出了重要一步，这表示两岸关系已经开始解冻。"

日本《产经新闻》13日的报道说，胡萧会谈自始至终气氛融洽。然而，由于台湾问题是一个极其敏感的政治问题因此中国方面在处理时小心翼翼。日本NHK电视台记者认为，难得看见两岸高层会面，相当看好这次"胡萧会"。

英国《每日电讯报》12日的报道说，这次会晤可能标志着两岸关系的一个分水岭。过去8年里，由于陈水扁有"台独倾向"，两岸关系困难重重。相反，萧所在的国民党支持与中国的最终统一，不过当选"总统"马英九暂时把这个问题摆在次要位置。路透社的报道说，这是一次重要的"破冰"性质的会面。英国《金融时报》认为，这表明台湾当选领导人正在向兑现竞选承诺的方向迈进。"胡萧会"上，双方在经贸方面相当具体的承诺显示马英九承诺的两岸对话将很快展开。

法新社报道称，参加博鳌论坛的美国前国务卿鲍威尔为"胡萧会"欢呼，他在会见萧万长后表示，"我已经向萧表达过我对此事的评价，那就是对整个地区是个好消息，两岸现在开始走上了一条新路。"他说："我希望这是通向两岸更多交流、在新领域展开合作的路。"

（三）

一场春雨一场暖。博鳌"胡萧会"正是这样一场预示着台海回暖的"及时雨"。淡江大学教授、前"陆委会"主委苏起此次陪同萧万长先生一起赴会，他用"两岸的春天来了，列车要启动了"这样一句饱含深意的话来形容"胡萧会"的成果再恰当不过了。

2008年4月14日下午，马英九和萧万长联袂举行记者会，马英九高度评价胡锦涛与萧万长在博鳌的会见，认为非常成功，对两岸关系发展有正面的、开创性的影响。萧万长表示，他的博鳌之行的目的是希望为两岸关系营造有利气氛，推动两岸关系走向稳定、和平和友善。

马英九说，希望台海两岸能够和平繁荣，取得双赢。双方都要持续努力投入，一步一步推动两岸关系发展，表示上任后会尽快推动海基金与海协会的接触，并公开证实江丙坤将出任"海基会董事长"。台湾《中国时报》当天发出的报道说，马英九和萧万长"5·20"上台、新"内阁"开始运作后，海基会和大陆海协会最快将于6月恢复运作。未来两岸事务性议题，如相互遣返以及台商保障协议或投资保障协议等，都可以通过两会接触谈判。报道还说，大陆相关单位已获得授权，一旦海基、海协复谈，将立即启动包括直航、周末包机与大陆游客赴台观光等协商机制。有消息说，江丙坤4月底将访问大陆，就直航和人民币汇兑等问题先行沟通。该报同时发表评论说，大陆与马萧新当局的"经贸合作路线图"已大致确定，基本轮廓应是"两岸互动，人事先行，经贸先行，包机先飞"，而两岸实际的操作必将是"5·20"后国际瞩目的重头戏。

记者会上，记者对大陆资本进入台湾尤其感兴趣，询问马英九未来是否会将陆资视同一般外资，他回答说："我们和大陆都是世界贸易组织成员，从这个角度看，也可以啊。"

其实，13日，萧万长在博鳌论坛上已经表示欢迎大陆企业到台湾投资，并现场发放了宣传资料。大陆商务部长陈德铭在接受香港媒体采访时表示，希望在"一家人"的前提下，台湾可以开放大陆投资，因为大陆现在有资金、有管理、有技术、有能力，而且愿意去台湾投资，如果是大陆的工程公司做，会比世界上任何地方的价格都低。为了展现诚意，陈德铭还带去大陆重要企业家，包括中国远洋运输集团董事长魏家福、TCL总裁李东生等，阵仗浩大。

"胡萧会"在台海掀起的阵阵"台湾热"还因为：大陆12家大企业的领导人借由"台湾经济与两岸经贸展望圆桌会议"表达了参与"爱台12建议"的强烈愿望；大陆地产企业家即将组团赴台着手抢滩岛内房地产业进行前期作业；港府政制及内地事务局宣布将在台湾成立办事处，以促进和强化台港间的贸易合作关系；香港商界大亨对未来几年台湾经济情报表现出了前所未有的乐观情绪，赴台投资欲望高涨……随之而来的是台北股市连续多日保持在9000点的高位，为8年来的头一遭，引来各方投资人的追捧；长期低迷的房地产市场也几乎是一夜之间发起了"高烧"，高达四成的房价涨幅也没能浇灭人们的购房热情。

"胡萧会"后，两岸议题成为岛内各大媒体追逐的焦点，"三通"、

"直航"、"陆客来台"、"人民币兑换"等热门话题随处可闻；业界的"登陆"热潮急剧升温，诸如"岛内建筑开发业者将筹组'卖房团'到大陆访问，同时推销台湾不动产案"，"金门高粱酒在北京设立首家专卖店抢攻有4亿台币商机的大陆白酒市场"等消息不绝于耳。

苏起教授已内定为"国安会秘书长"，他在接受媒体采访时信心十足地表示，7月初两岸包机直航和大陆观光客赴台一定会兑现。这两件事是马上任前开出的第一张支票，十分关键，务必不能闪失。苏教授说，两岸关系是新当局的重头戏，要先从双方最有共识的部分，即两岸经贸交流与合作做起。今后海基会与海协会应该成为两岸谈判和对话的第一轨道，国共论坛和其他交流管道可以作为两岸的第二轨道。

苏教授指出，萧万长向胡锦涛提出的16字箴言，前8个字是2005年"胡连会"的共识，后8个字则是这次萧万长出发前，马英九亲自与萧万长商议、两人共同拍板决定的。可以这样说，"搁置争议，追求双赢"，就是萧万长以马英九代表的身份，正式在胡锦涛面前提出的"关键字"，也是马执政后的两岸政策大方向。马英九新加的8个字，等于是告诉大陆，他执政后，会继续"胡连会"共识，并未抛开"胡连会"的成果；但他也拿出新的主张，表示他当家后，有"承先启后"的意味。

面对"胡萧会"掀起的这场大潮，让人略感意外的是，绿营和扁当局也有不同以往的表现：绿营大将、高雄市市长陈菊第一个站出来，喊出了"欢迎大陆观光客来台，高雄市准备好了"的口号，并呼吁"新政府"采行南进南出的开放方案，增加高雄商机。其他绿色执政的县市长也不落后，竞相公布了亲自带队赴大陆寻商机、卖产品的计划。

扁当局的"行政院"方面也对"新政府"提出的开放人民币兑换最快7月上路的政策主张给予了积极回应，声称"尽快，不排除在上任前开始"；先前曾极力阻岛内水果大举赴大陆销售的"农委会"，也在本周作出决定，拿出1600万新台币补助南部8县，支持他们将农产品销往大陆等岛外市场；"立法院"民进党团第一次对于蓝营提出的有利于两岸开放交流的"法案"作出了"民进党都没有意见"的表态。

不管这里面是否有"作秀"的万分，有没有其他的政策算计，但有一点是可以肯定的：在台湾回暖的大势面前，深绿人士苦心编织的"恐中"篱笆实在是不堪一击。

（四）

博鳌论坛"胡萧会"后，中国国民党荣誉主席连战于2008年4月28日再访大陆，再度与胡锦涛总书记会面。《中国时报》报道说，连战此行主要是为将成为北京奥运雕塑的台湾雕塑家杨英风作品"水袖"举行安座仪式。但若"总统"当选人马英九有需求，连战表示，乐意为两岸关系尽力。连战此行虽然低调，定位为"私人行程"，但随行的企业家和政治人物的阵仗并不亚于萧万长前往博鳌亚洲论坛的阵仗。

随行的台湾企业界重量级人物有鸿海集团董事长郭台铭、中信金董事长辜濂松、润泰集团总裁尹衍梁、裕隆集团执行长严凯泰、富邦金控董事长蔡明忠、长荣集团首席副总裁林省三、台塑总裁王文渊和永丰金董事长何寿川等人。由于与金融圈有关的就有3名重量级人士，所以此行会否触及金融业登陆议题，备受瞩目。

随行的台湾政界名人有国民党副主席林丰正、内定为"行政院政务委员"蔡勋雄、前"行政院副院长"徐立德、洪秀柱、蒋孝严等。其中蔡勋雄的出现，引起了岛内媒体的关注。《东森新闻报》评论说，连战此行，对岸接待的规格可以说相当高，"且新领导人马英九对连战之行也表示尊重，请他代为向大陆高层致意，并派蔡勋雄随行前往"。正因如此，连战登陆更受瞩目。

连战行前，岛内舆论已开始热评此行的意义。有媒体撰文指出，连战几次访问大陆，次次都是满载而归。文章说，2005年4月29日，在经历了60年光阴、跨越了两个世纪的辛酸和一道浅浅的海峡后，连战与胡锦涛的手终于紧紧地握在了一起，外界普遍以"破冰之旅"来形容。这次会面，两人共同发布了包括"促进尽速恢复两岸谈判，共谋两岸人民福祉"、"促进终止两岸敌对状态，达成和平协议"以及"促进两岸经济全面交流"等在内的"五大愿景"，被认为"解决了台湾人民心中所有的重大问题，几乎是把台湾人心目中的一些石头搬走了"。此外，连战还给岛内民众带回了大陆方面的三大"厚礼"：向台湾同胞赠送一对大熊猫、开放大陆居民赴台旅游、扩大开放台湾水果准许入并对其中十余种水果实行零关税。

《中国时报》评论说，从2005年胡连第一次会面开始，连战每次大陆行都会给台湾带来利好消息。2006年，连战率团前往北京参加经贸论坛，达成大陆对台开放文教、农渔和医疗等十多项利好。2007年的两岸经贸文化论坛焦点放在两岸旅游方面，虽然在这一问题上没有达成具体共识，但开放了教育和专业证照交流。同时，新增广州、青岛、武汉3个签注点；增加成都、杭州、南京、深圳、大连和桂林为第二批两岸包机地点；台商可投资大陆交通事业等，"可以说，过去3次胡连会，每次都达成两岸交流的目的，两人也累积了不少情感"。因此，对于第四次"胡连会"又将给台湾带回什么样的好消息，岛内民众尤其是台商都在翘首以盼。台湾东森新闻评论说："国共围绕五项愿景的努力终于迎来收获的季节"。

另据《中国时报》报道，就在岛舆论热议连战赴大陆的消息之际，国民党26日发布消息说，党主席吴伯雄也确定将于6月初访问大陆，并与大陆高层展开新一波的党对党协商。国民党人士表示，早在马英九高票当选后，吴伯雄就有意出访大陆，但为了避免消息曝光后增加阻力，一直私下进行安排。吴伯雄也将成为第一个以"台湾执政党主席"的身份访问大陆的政界要人。

28日下午，连战一行飞抵北京首都机场。在首都机场T3航站楼E10出口处，中台办主任陈云林、中台办副主任郑立中、海峡两岸关系协会常务副会长、北京市常务副市长吉林和众多相关人士等迎接连战一行。

照例是美丽的鲜花、灿烂的笑容、热烈的掌声。当连战走出机舱时，陈云林热情地迎上来，朗朗地说："很高兴又见到你！"两人紧紧地握手，热烈地拥抱。

连战一行下机后，连战与身着裙装的夫人连方瑀同给他们献花的两位姑娘愉快地合影留念。然后连战一行参观了新建成的T3航站楼，听取了对新航站楼情况的简要介绍。连战对守候多时的众多记者挥手致意，连声说："谢谢！谢谢！"随行的台湾政界、企业界名人们都成了记者们拍照和采访的对象。

当天，中共中央政治局常委、全国政协主席贾庆林在人民大会堂会见了连战先生一行。贾庆林高度评价连战为促进国共两党关系和两岸关系发展作出杰出的贡献，希望两岸同胞更紧密地团结起来，共同开创两岸关系和平发展新局面。

贾庆林说，连主席这次采访，向北京奥林匹克体育中心赠送台湾著名雕塑家的作品，表达台湾同胞支持北京奥运的美好心意，我们深表感谢。北京举办2008年奥运会，是包括台湾同胞在内的全体中华儿女的世纪盛事。台湾体育健儿来北京参加奥运会，大陆同胞一定会以最热情的方式表示欢迎，为他们加油喝彩。我们衷心祝愿台湾奥运健儿在北京奥运会上再创佳绩。

贾庆林指出，3年前，连主席率中国国民党代表团来大陆进行首次和平之旅。胡锦涛总书记与连主席举行了历史性的会谈，掀开国共两党关系崭新的一页。这次访问和国共两党领导人的会谈，载入了两岸关系发展的史册。这些年来，国共两党进行多种形式的交流对话，达成了许多重要共识，产生了广泛的积极影响。近来，台湾局势发生了重大变化，两岸关系朝着和平稳定方向发展的势头增强。这是两岸同胞共同努力的结果。这一局面来之不易。连主席为促进国共两党关系发展，为增进两岸同胞相互了解、加强合作，为反对"台独"分裂活动，付出了大量心血，作出了杰出的贡献。

贾庆林说，胡锦涛总书记不久前在博鳌会见了萧万长先生，就加强两岸经济交流合作交换意见，台湾各界给予了高度评价。这反映了台湾民众普遍希望加强两岸交流、增进合作、实现双赢的心声。当前，两岸关系和平发展已经具有更坚实的基础、更强劲的动力、更有利的条件。希望两岸同胞更紧密地团结起来，牢牢把握两岸关系和平发展的主题，共同开创两岸关系和平发展新局面。

连战表示，3年前两岸关系紧张对立，我觉得两岸不能再持续对峙下去，毅然决定来大陆进行和平之旅，结果得到大多数两岸同胞的肯定。两岸同胞都希望建立和平、和谐、合作的关系。近年来国共两党建立沟通平台，举行了3次经贸文化论坛及其他形式的交流，为两岸关系擘划未来发展方向。我们必须全力维护两岸关系和平发展，为后代子孙开创幸福环境。

会见结束后，贾庆林设宴欢迎连战先生和夫人一行。

（五）

2008年4月29日上午，中共中央政治局委员、北京市委书记、北京奥组委主席刘淇在北京饭店会见了连战先生一行。刘淇向连战介绍了北京2008年奥运会的筹办工作情况，并以奥组委主席身份表示，北京对举办一次高水平的奥运会充满了信心。他同时表示，广大台湾同胞对北京奥运会给予了巨大的支持和帮助，真诚欢迎台湾同胞光临这次历史性盛会。

连战说，2008年奥运会不仅是北京的盛事，更是所有中国人、整个中华民族的光荣。从他第一次到北京，3年里看到奥运场馆等现代建筑一一落成，可以预期北京奥运会一定可以办得有声有色、顺利成功。

上午10时，在北京奥林匹克体育中心区，连战先生夫妇与陈云林，北京市委副书记、北京市市长、北京奥组委招待主席郭金龙，共同拉开系在铜塑《水袖》上的红绸，为这件联结中华文化、台湾景观和两岸同胞感情的雕塑揭幕。

《水袖》高7米，是2006年4月连战访问北京时赠送给胡锦涛总书记的礼物的放大版。连战致辞时介绍说，《水袖》是台湾已故艺术家杨英风的作品。杨英风是台湾宜兰人，青少年时期曾在北京读书，他的艺术作品中有很丰富的中国哲学含义。《水袖》将台湾太鲁阁磅礴的山水气势与京剧中柔软轻灵的水袖相结合，体现中国刚柔相济、道法自然的哲学思想，展现了中华民族源远流长的历史和坚忍不拔的精神。连战说，2008年是海内外中国人充满喜事和盛事的年份。不久北京将在此处举办中国历史上的第一次奥运会。这不仅是一次国际体育的交流，也是一次文化的交流。如果成千上万的国际友人看到《水袖》，能够增加一些对中华文化的了解，《水袖》也就发挥了应有的作用。同时，无言的《水袖》将在这里见证历史盛事，恐怕也是杨先生始料未及的。

郭金龙致辞时表示，《水袖》展现了中华儿女的自信与豪迈，是一个难得的艺术作品。把它放在"鸟巢"与"水立方"中间，不仅为奥林匹克公园增加了风景，更代表了广大台湾同胞对北京奥运会的美好祝福。

29日下午，胡锦涛总书记在钓鱼台国宾馆会见了中国国民党荣誉主席连战先生一行。老朋友相见气氛十分亲切。胡锦涛指出，当前台湾局势发生了积极变化，两岸关系呈现出良好发展势头。两岸双方应当共同努力，建立互信、搁置争议、求同存异、共创双赢，切实为两岸同胞谋福祉，为台海地区谋和平，开创两岸关系和平发展新局面。

会见时，胡锦涛首先感谢连战先生向大陆同胞赠送台湾著名艺术家的雕塑作品，表达广大台湾同胞对北京奥运会的真诚祝愿。

胡锦涛表示，今天与连战荣誉主席再度相见，有着特殊的意义。3年前的今天我们进行会谈，是中国共产党和中国国民党的主要领导人时隔60年后的首次正式会谈。我们共同发布的"两岸和平发展共同愿景"，郑重宣示了国共两党推动两岸关系和平发展的决心和诚意，奠定了双方合作的政治基础，指明了两岸关系发展的正确方向。事实充分证明，在两岸关系发展的关键时刻，国共两党共同迈出的这历史性一步，是十分正确的。

胡锦涛指出，"两岸和平发展共同愿景"是国共两党向两岸同胞作出的庄严承诺。我们应该以此为遵循，大力加强两岸人员往来和经济文化等各领域交流合作，在"九二共识"的基础上尽早恢复两岸协商谈判，务实解决各种问题，切实为两岸同胞谋福祉，为台海地区谋和平。

胡锦涛强调，对于两岸关系发展面临的一些历史遗留问题和今后出现的新问题新情况，只要双方以两岸同胞福祉为念，以两岸关系和平发展大局为重，建立互信、搁置争议、求同存异、共创双赢，就一定能够找到解决问题

的办法，两岸关系和平发展的道路就一定会越走越宽广。

胡锦涛表示，中华民族正迎来实现伟大复兴的光明前景。这是两岸同胞和全体中华儿女的共同荣耀。两岸同胞是血脉相连的命运共同体，同属中华民族这个大家庭。衷心希望两岸同胞进一步携起手来，共同开创两岸关系和平发展新局面，共同实现中华民族伟大复兴，共同促进人类和平与发展的崇高事业。

连战表示，他对于两岸关系的发展深具信心，而且抱持乐观。他强调，和平发展是一个划时代的理念，"和平是发展的基础，发展可以强化和平"，和平发展可以让彼此的生活方式、思维和路线差异逐步缩小。

连战表示，2005年以后，国共两党对两岸关系发展已形成共同的看法，并体现在"两岸和平发展共同愿景"中，成为两岸关系和平发展的指导方针，这是划时代的里程碑，意义重大。两岸人民的福祉必须建立在两岸关系和平发展基础上。两岸应当掌握契机，在经济、文化、经济、社会、安全等层面加强交流合作，创造有利条件和环境，在两岸关系和平发展的康庄大道上携手前进。

会见结束后，胡锦涛在钓鱼台宴请连战夫妇和访问团主要成员。

（六）

第四次"胡连会"照例受到各路媒体的高度关注和积极评价。就在"胡连会"举行的当天，台湾"中央社"即发出电讯详细报道了双方晤谈的详细内容，突出报道胡锦涛提出"建立互信、搁置争议、求同存异、共创双赢"的十六字方针，指出只要秉此原则，两岸就能找到解决问题的办法。

路透社这一天发出的电讯说，中国国家主席胡锦涛今天接见了由国民党荣誉主席连战率领的一个台湾高级代表团，这是台湾与北京试图建立更紧密关系的最新举措。台湾媒体说，这是连战自2005年以来第四次与胡锦涛主席会晤。本月早些时期，胡锦涛与台湾当选副领导人萧万长曾举行了大约20分钟的会谈，此举被很多分析家看作是海峡两岸关系取得的一个突破。

法新社这一天发出的电讯说，中国国家主席胡锦涛今天会见了台湾即将开始执政的国民党的前主席连战。这是两岸关系改善的又一个信号。电讯指出，国民党候选人马英九赢得竞选的部分原因在于，他承诺在希望独立的陈水扁治下的两岸关系的8年严寒期之后改善同大陆的关系。

台湾《中国时报》这一天发表题为《热诚接待老朋友，中共意在言外》的文章说，虽然卸下国民党主席，不再是国共论坛的主持人，但连战此次

"私人性质"的访问，北京丝毫不见怠慢，想见的人都见到了。北京很重视老朋友，尤其是这样一个打破国共坚冰的老朋友。文章指出，2005年当连战以国民党主席的身份到北京访问之后，国共关系和解，并建立起一个国共论坛的平台，但这样一个平台，在人与事都发生变化之后，是否还能产生当年的作用，没人说得准。但中共相信的是人，不是平台，连战是一个中共愿意相信的"老朋友"。

香港《信报》这一天发表题为《用两党化解两国》的文章指出，很明显，北京的思路是用国共两党第三次合作，去化解"两国"之争。因为两党是互相承认的，两党有80年的渊源，有过两次合作的历史，现时两党又是执政党，这可解"两国"互不承认的现实，达到避开政府对政府的敏感议题。故此北京对连战一行会高规格接待，并申明连战有功于两岸和解。而接着，6月份邀请现任主席吴伯雄访京。

文章强调，连战、吴伯雄、江丙坤、萧万长均是大陆的"老朋友"，况且在党对党的平台上，任何问题，包括政治、外交问题，均可交换意见，相信北京会持续推行以"两党"合作去化解"两国"对峙。

台湾《联合报》30日发表报道说，"胡连四会"昨天在钓鱼台国宾馆登场，中共中央台办对这次胡连两位"老朋友"的见面，巧思设计，除显示北京当局对连战促进两岸关系和平发展的尊崇，更重要的，是对国民党新政府继承经验的期许。

报道特别提到，胡连昨天会晤的四季厅，就是10年前"辜江会"——海基会董事长辜振甫与中共总书记江泽民会晤之处，北京将"辜江会"定调为"私人会晤"；胡连昨天的见面，好似10年前"辜江会"的翻版。

报道说，中共总书记胡锦涛昨天在"胡连会"上，提出"建立互信，搁置争议，求同存异，共创双赢"16字方针，强调只要两岸秉持这16字方针，就一定能够找到解决问题的办法，两岸关系和平发展的道路就一定会越走越宽广。萧万长日前在博鳌与胡锦涛会晤时，提出"正视现实，开创未来，搁置争议，追求双赢"16字方针；胡锦涛昨天提出的16字方针，是对马萧政府构建两岸关系方针的正式回应。搁置争议、共创双赢，是两岸高层推动下一阶段两岸关系发展的最大公约数与基本共识。

在各路媒体纷纷解读第四次"胡连会"涵义的热潮中，连战先生一行按计划继续进行着此次大陆参访的行程。2008年4月30日，连战先生一行抵达重庆市进行参访，所到之处照例是美丽的鲜花、灿烂的笑脸、热烈的掌声和亲切的话语迎接着他们。当天，中共中央政治局委员、重庆市委书记薄熙来会

见了连战先生一行。薄熙来说，3年前连战荣誉主席的和平之旅为两岸交流与合作做出了重要贡献。连战荣誉主席坚持民族大义，坚决反对各种形式的"台独"分裂活动，致力于两岸合作交流及两岸和平发展，是对中华民族前途负责任的政治家。

薄熙来说，连战荣誉主席曾在重庆上学，夫人在重庆出生，在阔别重庆60年后又回到了山城，的确是故土情深。按照中央政府的规划，重庆将建设成为长江上游的经济中心，欢迎台商到重庆发展事业，也相信连战荣誉主席此次访问将为渝台交流合作增添新的动力。

连战说，重庆已经跟小时候记忆中的样子完全不同了，这也从一个侧面反映出大陆近年来的快速发展。大陆在台湾农产品销售、人才资格认证、台商投资创业等方面提供了很多优惠条件，改变了很多台湾民众对两岸关系的看法，希望两岸合作共创未来的脚步更快、更踏实。

连战先生一行在重庆期间，先后参观访问了重庆西永微电子产业园区及重大大学城，并到园区内的惠普全球（中国）软件服务中心和台资企业渝德科技股份有限公司了解相关情况。还到连战先生在重庆期间就读的小学参观访问。

5月3日，连战先生一行又抵湖北省进行参观访问。先后参观访问了三峡水坝、辛亥革命武昌起义纪念馆、黄鹤楼、湖北省博物馆等地。

5月5日下午，湖北省委书记罗清泉亲切会见了连战先生一行。连战先生对湖北省的热情款待表示感谢。他说，目前两岸已经建立良性互动关系，希望未来双方继续努力，促进两岸各方面合作更好地成长、开花、结果。

连战表示，把握机会为两岸创造一个更亮丽的未来，创造一个更美好的中华民族前途，是大家所共同期盼的事，我们对此充满信心。湖北是中部大省，资源丰富，相信在各方的共同努力下，中部崛起战略一定会克日成功。

罗清泉说，3年前，连战主席率中国国民党台湾访问团来大陆访问。3年后的今天，连战荣誉主席又到湖北参访。相信这次访问定会促进湖北与台湾各方面的交流与合作，希望下一步鄂台两地能在农业、高新技术等领域深化合作。

5月6日上午，连战先生一行离开湖北，结束此次大陆之行返回台湾。

行前连战说，此行共访问了北京、重庆和湖北3个省市，到北京主要是为雕塑《水袖》揭幕，代表很多台湾朋友表达对奥运会成功举办的期待。很高兴《水袖》已被安放在奥林匹克中心，成千上万的外国友人将看到它，体认两岸同胞感情的联结。连战说，重庆、武汉是他少年时曾经住过、旅游过、求学过的地方，此次旧地重游，看到这些地方的景象与过去已完全不同，经济、社会各方面都快速发展，让他感到非常振奋。总而言之，不虚此行。

中台办常务副主任郑立中、海协会常务副会长李炳才、湖北省统战部部长苏晓云和众多相关人士等到武汉天河机场为连战先生一行送行。在充满手足情谊的温馨而亲切的气氛中乘飞机飞离武汉。

就在连战先生一行在湖北参访期间，据岛内媒体报道，马英九5月3日晚在接受记者采访时表示，他高度肯定中共中央总书记胡锦涛日前在会见中国国民党荣誉主席连战时所提的"建立互信、搁置争议、求同存异、共创双赢"的16字箴言，认为这是开启两岸关系新页极为重要的方针。马英九表示，两岸和解是必走的路，只要双方多来往，多了解，两岸自然会降低敌意；7月两岸周末包机和开放大陆居民来台观光，他一定尽最大努力促成实现。

（七）

就在连战先生一行访京期间，海峡两岸农业交流协会会长于永维接受媒体采访时表示，近年来祖国大陆制定出台的一系列吸引台资投资大陆农业、惠及台湾农民和农业企业的好政策措施，已逐步形成体系，充分表明了大陆积极推动海峡两岸农业交流与合作的诚意和善意，为两岸农业交流与合作提供了新契机。他说，海峡两岸农业交流协会作为一个民间组织自成立以来，本着"促进两岸农业界交往，发展两岸农业交流与合作"的宗旨，通过举办会议、展览等各种形式积极与台湾农业界交往。我们将最大限度地推动惠及台湾同胞的政策措施的落实，推动两岸农业优势互补、合作双赢。

怎样推动惠台政策措施的落实，于永维向媒体介绍了几项具体做法。这些做法包括以为台湾农民和农业企业服务为重点，加强与各两岸农业合作试验区和台湾农民创业园的联系和配合，为两岸农业交流合作牵线搭桥，真情实意地为台湾农民和农业企业在大陆创业、发展提供技术、信息等服务，努力为他们营造良好的发展平台和环境；积极开展多层次的人员交流和信息交流，重点邀请台湾基层农民、农学院青年学生来访，加强与岛内农业界建立更广泛、更紧密的联系，增进技术和信息交流，进一步推动两岸农业交流与合作向纵深发展；进一步扩大台湾农产品在大陆市场的影响，推动台湾农产品特别是台湾水果在大陆市场的销售，让台湾农民切实感受到大陆惠台农业政策的诚意和温暖。

与台湾有地缘近、血缘亲、文缘深、商缘广的福建省，闽台农业合作一直走在全国的前列。进入四月，福建省的"漳浦台湾农民创业园"迎来创立

三周年的日子。《福建日报》记者日前专门采访了创业园。他们进入园区，处处春意盎然，一片欣欣向荣的景象。台农们都说："我们在漳浦找到了创业的乐园！"

许慈颜先生是第一批到漳浦台湾农民创业园投资创业的台商之一，他18岁与兰花结缘，潜心研究，成为一名兰花培植的行家，而做起兰花生意却是缘起他对祖籍地漳浦的一次特别会面。2002年，许先生应邀来漳浦担任花博会评委时，一眼就看上这块投资宝地。第二年，他即来漳浦投资建设"富圣兰园"，从此，许先生在台湾酝酿数十年的兰花品牌经营梦想在漳浦得以实现。创业园的项目启动后，他将种植兰花的大棚从3000平方米扩大到14000平方主，使"富圣兰园"成为福建最大的蝴蝶兰生产基地之一。他告诉记者，他的蝴蝶兰在台湾研发品种，在漳浦培育种苗，在海外尤其在欧洲市场很走俏，仅2007年就出口一百多万株。

许先生说，选择在漳浦投资，人亲、土亲，更重要的是人力、土地价格比台湾低，仅相当于台湾的十分之一。同时，闽台农业具有很强的互补性，把台湾的技术、资金优势与当地的土地、人力成本优势结合起来，是双赢的好事。

台湾农民创业园的发展前景，广为台湾农民看好。落户该园的台湾南投县农民林源坪夫妇，从台湾引进高优水果——黑珍珠莲雾、甜玉米、葫芦瓜、珍珠芭乐等十多种，雇了十多个当地农民精心管理，两年来，大获丰收。在漳浦从事水产养殖的台商黄哲三先生也在创业园内购地，办起了"三丰园艺有限公司"。他说，建立台湾农民创业园，对台湾农民是很大的鼓舞。台湾嘉义农民吴益谋不久前也签下承包50亩土地的合同，开发绿色食品，发展精致农业。

漳浦县是台胞祖籍地之一，是闽台农业合作实验区和示范县。近年来，当地政府紧紧抓住对台的独特优势，在全国率先建成集种植、养殖、加工、科研、教学为一体的台湾农民创业园，引发了台湾农民前来投资创业的热潮。对此，漳浦县长蔡金海表示，台湾农民创业园将大陆的农业资源、劳动力、科研成果与台湾的资金、应用技术、农产品营销等优势有机地结合起来，形成了互补双赢的局面，实现闽台农业合作利益最大化。

三年来，该创业园高标准、全方位地完成了多项基础设施和科技服务中心项目的建设，为创业园更快、更好的发展提供了很好的条件和环境。此外，园区邀请台湾专家学者参与创业园的规划建设，开展农业技术培训；积极参与各种会展活动，借助电视、报纸、网络等多种媒体，宣传创业园发展的美好前景。现在，创业园区规划面积拟从目前的3万亩扩大至30万亩，已入驻企业66家，总投资1亿美元，年产值已达15亿万人民币。

如今，漳浦台湾农民农民创业园已经成为漳浦县经济最亮丽的风景线。天福集团总裁李瑞河就是在这里得以重振雄风的，他深情地说："希望台湾的农民都能来这里看看，看了就会信心倍增，因为天福的发展之路就是一个极好的见证呀！"

被誉为"世界茶王"的李瑞河日前在台湾又提出："我建议台湾10万茶农到祖国大陆发展，两岸茶农茶商联手合作，让中国茶进军全球，创造中国茶的世纪。"这一建议立刻在海峡两岸引起热烈反响。台湾《中国时报》、《工商时报》等媒体纷纷引述李瑞河的言论，并呼吁台湾当局开放政策，打破区域市场限制，整合海峡两岸茶叶资源，共同做大做强，抢占全球市场。

4月25日，刚从台湾归来的李瑞河在天福茶学院接受记者采访时说："我是基于两岸关系出现积极变化，经济文化交流更加密切，以及中国茶产业的良好发展前景，才号召台湾10万茶农西进大陆创业的。"他指出，这些年来，台湾的经济不景气，机遇白白失去，茶业也走下坡路，茶农茶商深受其苦。台湾的茶叶特别是乌龙茶是大宗的拳头农产品，目前销路受阻。据李瑞河估算，台湾有茶农约50万人，大部分是小茶农。岛内有关人士建议，为提高台湾茶产业的竞争力，需实施规模化经营发展，茶园相对集中，由大茶农集约化经营，同时给小茶农补助。李瑞河说，如果这个办法实施，不少小茶农将离开茶园。"他们需要找出路，所以，我建议他们大胆西进，到大陆来创业发展。"

李瑞河认为，与台湾相比，大陆的茶叶市场要大得多。10年来，大陆人均年茶叶消耗量增加一倍，而且对高价位茶品的接受度越来越高。随着大陆经济的快速发展，人均年茶叶消耗量还将不断增加，茶叶需求十分巨大。他还以自己的亲身经历作了对比说明：他领导的天仁集团在台湾经营50年，开设连锁店63家；天福集团在大陆经营15年，开设连锁店777家——"这充分证明大陆市场潜力巨大，商机无限，投资大陆是最好的选择。"

台湾农民和农业企业并非仅止步于福建等东南沿海地区创业发展，而是凭借着同文同种的亲情和品种、技术、营销网络等优势大踏步地进入内地和边远地区去追求发展。2008年5月，宁夏回族自治区永宁县现代农业发展中心的一家果业公司引进了台湾果桑品种后，通过日光温室进行栽培获得成功。公司负责人喜气洋洋地向记者介绍说，明年开春果桑就可以采摘上市，每公斤市场价格可达60元人民币，经济效益相当可观。台湾农业企业进入内蒙古

自治区、新疆维吾尔自治区等边疆地区发展同样取得很大成功。内蒙古巴彦淖尔市与台资企业合作种植的蕃茄面积逐年扩大，所生产的蕃茄酱远销海外。

（八）

　　海峡两岸在工业经济方面的交流与合作要比农业方面更为热烈而广泛。4月8日在厦门隆重开幕的"第十二届海峡两岸机械电子商品交易会暨厦门对台进出口商品交易会"（简称"台交会"），可以说是两岸工业经济热络交流与合作的缩影。经过十多年的精心打造，"台交会"已经成为海峡两岸影响最广的经贸交流盛会之一，也是祖国大陆规模最大的机电专业商品交易会之一。据统计，前11届"台交会"，共有来自全国31个省（市、区）和台港澳及全球65个国家和地区的专家客商近20万人次与会。本届"台交会"，共吸引来自海峡两岸的715家企业参展，展位1810个，创历届之最。众多国际龙头企业加盟，展商质量进一步提升，专业聚集度和品牌效应更为突出地呈现出来。

　　本届"台交会"的海峡交流平台作用继续扩大，各类与两岸交流合作有关的配套活动在"台交会"期间同时展开，涉及的领域更广，包括经贸、科技、环保、人力资源、民俗文化等多个方面的交流活动。

　　在4月8日上午举行的开幕式上，有两岸众多的政界、商界名人出席。引人注目的是，前全国人大常委会副委员长成思危作为级别最高的嘉宾站在主席台的中心位置，并为本届"台交会"开幕启动按钮。而作为境外嘉宾来自台湾世新大学的成思危的胞妹成嘉玲董事长，也站在主席台上。兄妹为了两岸经贸交流事业同台而站，成了本届"台交会"的佳话。成嘉玲女士说，半个世纪前，"那时哥哥才16岁，在香港上中学，他思想独立，自己看定的事情谁也别想说服他。"好在他们的父亲在子女问题上特别开明，子女的信仰、宗教、婚姻等大事概不干涉，由子女自己作主。于是，成思危回到大陆，而成嘉玲与妹妹一道随父亲到了台湾，尔后各自到国外求学，成家立业。1979年，当时的成思危作为一名访问学者到了美国，兄妹才在分别28年后在美国见面了。如今两岸人为的藩篱已经消除，两岸经贸交流和人员往来也越来越绵密而热络，他们兄妹间的来往自然更亲密。成嘉玲女士说，2008年春节，她和妹妹带着儿女和孙子到北京哥哥家过年，其乐融融，天伦之乐体悟至深。

　　4月的厦门已有几分炎热，而最"热"的地方当属正在举办"台交会"的厦门国际会展中心。走进展馆，那熙熙攘攘的人群、挤挤挨挨的展位，让人充分感受到本届盛会的火爆程度。展馆大堂内有不少企业"见缝插针"地布置展位，原有的走道上也布满了展台，但还是无法满足需求。会展主办方承诺："会展中心二期扩建工程年内投入使用，明年一定要让大家满意。"本届展会设机械设备展区、模具工具及材料展区、仪器仪表暨工控展区、节能照明展区、台湾展区。其中，台湾展区是首次设立，台湾"电电公会"（全称为"台湾区电机电子同业公会"）副总干事罗怀家告诉记者，台商报名参展十分踊跃，有两百多家企业前来赴会，500个展位早早就预订一空。罗怀家说，台商的热情充分证明了"台交会"在两岸经贸交流中的重要作用。"台交会"不但规模日益扩大，更成为两岸机电企业市场信息、市场技术法规标准的交流、制定平台。

徜徉于台湾馆，只见红、黄、绿等不同色调呼应着各参展商的企业文化，各参加企业纷纷亮出自己的"招牌"机电产品，那各式各样新奇的"大家伙"、"小家伙"吸引了众多眼球。在一家台资数控科技有限公司的展位前，有两位先生端着数码相机围着一台数控机床前后左右各个角度不停地拍摄着，原来他们是大陆同类企业的技术代表。其中一位郑先生告诉记者，他们公司也生产了一款类似的数控机床，但有一个技术难题一直解决不了，想不到在这展览上看到了台湾同行把它做得这么好，他们要拍摄下来回去好好研究。该展区里一张桌子边围坐着来自同安一家复合材料有限公司的客商，他们正在一张纸上画着机械草图，一边画一边咨询，而台资企业的工作人员正认真地解答着。记者悄悄问：难道不怕技术泄漏吗？该工作人员笑着说，他们是为客户提供技术支持，并根据客户的需求量身定做机器的，公司到这里参展就是为了与大陆的客户交流，展会为两岸同行提供了一个很好的"交易、交流、交友"平台。

来自台湾彰化的张先生于三十多年前创办了从事车床机械制造的公司。两年前，公司跨过海峡，在厦门集美区落户，生意颇为兴隆。张老板告诉记者，近年来，台湾制造业发展空间被压缩，前景不看好，而且企业在台湾岛内运营成本越来越高，所以他们公司转移到大陆。大陆有着庞大的市场，展会给他们的印象是这个庞大的市场触手可及。"海峡两岸机电产业优势互补，各具特色，机电产品长期以来一直是两岸贸易第一大类商品。如今两岸交流合作更加频繁，两岸贸易往来日益密切。"台湾"电电公会"理事长焦佑钧说。他相信今年两岸机电产业交流合作空间将更加广阔，"台交会"必将如芝麻开花节节高，办得一年比一年好。

2008年是台商投资祖国大陆20年。作为"台交会"最重要的配套活动之一的"2008海峡两岸经贸论坛"在"台交会"开幕的当天于厦门国际会展中心举行。本次论坛的主题为"台商投资大陆20年——回顾与展望"。前全国人大常委会副委员长、著名经济学家成思危在论坛上作题为《海峡两岸经贸发展展望》的主旨演讲中指出，随着祖国大陆生产和消费结构的不断升级，两岸贸易结构将按照扬长避短、互通有无的原则渐进地实现优化。大陆近年来一直鼓励企业到境外投资，特别是在目前外汇储备充裕、流动性过剩的局势下，更需要进一步加强对外投资。在政治、经济、文化等因素看来，只要台湾当局对大陆投资实行开放政策，台湾完全可能成为祖国大陆对外投资的重点地区。他同时表示，未来祖国大陆引进台资的重点是生物、信息、环保等高技术产业和技术含量高的传统产业，以及信息业、物流业、咨询业、管理业、会展业等现代服务业。

在当日上午的论坛上，海峡两岸经贸交流协会会长李水林、厦门市市长刘赐贵、全国台湾同胞投资企业联谊会会长张汉文等也作了精彩的演讲。下午，论坛以"台商投资大陆与产业梯度转移"为题，两岸专家学者就此展开了深入的探讨。

9日上午，作为"台交会"另一项重要的配套活动，第三届"台湾地区专业人才暨大学毕业生大陆就业洽谈会"在厦门市人才市场举行。洽谈会吸引了两百多位来自台湾的专业技术人才、毕业生和在大陆求学的台生，现场还举行聘用台湾人才的签约仪式。

"洽谈会"已经成功地举办了两届，为两岸企业构建了一个多元、开放的平台，促进了两岸人才的交流。此次"洽谈会"吸引了集美大学、厦门眼科中心、汇丰银行、夏新电子、友达光电、七匹狼、厦顺铝箔等八十多家单位到场招聘，涉及制造业、电子电器、服装、生物医药、IT、金融、教育、化工及信息咨询等多个性。除厦门企业外，还有来自上海、青岛、苏州、无锡、宁波、福州、泉州、莆田、漳州等地企业到会招聘。

此次"洽谈会"为报名企业提供免费参展、招聘广告免费制作、有关媒体免费发布信息、远程视频面试及帮助企业招募等配套服务。经人才中心推荐成功的台湾人才，还将得到协助办理就业、居留等手续的服务。

6日至9日的每天晚上，作为"台交会"配套活动之一的"2008海峡两岸（厦门思明）民俗文化节"如期在厦门白鹭洲公园广场开张。偌大的广场上排起了长长的摊位，香味四散。花莲麻薯、三色鲨鱼丸、大肠包小肠、虾卷、龙须糖……各种台湾地道的美食色香味俱全，两岸50位美食制作高手，在现场制作、展示，让厦门市民和游客大快朵颐，直呼过瘾。

台湾参展团队，由金门县商业会会长蔡天送率领。蔡天送说，这次摆了30个摊位，成员来自金门县商业会、高雄县青果公会、花莲县玉里乡农会、台北县三峡农会、台南七股农会、云林县农会，以及在厦门的台商。"我们带来了八大类优质特产，金门贡糖、线面、钢刀、一条根等都有。金门厦门门对门，以后两地的交流会越来越多，商机会越来越看好啦。"

在台北县三峡农会的展位，一种特殊的饮品吸引了不少好奇的市民和游客。饮品中有看似芝麻的果实，颗粒饱满圆润，十分诱人。原来这是台湾植物香兰子，其与柠檬一起浸泡后口感滑溜，不但能消暑止渴，而且可美容养颜、降火护肝、清凉解毒，制作这一饮品的71岁老人赖云开津津乐道地向围观的人们介绍着祖传上百年的手艺。他说，这手艺是从大陆传过去的，"现在有机会，反过来让大陆同胞尝尝老祖宗留下来的味道，这比什么都值得啊。所以，好不好卖，不是主要问题，关键是要有人气！"

赖云开老人原来是一名海员，曾经专门为船员烹制食品，家乡基隆的花生糖，更是他走到哪里都要拿出来宣传的"绝活"。他说："我现在来厦门开店，只有一个目的，就是让厦门乡亲吃到独一无二的基隆花生糖，绝对是纯手工制作。让老祖宗留下的美味永不消失。"

在红火热闹的民俗节上，不仅可以品尝到地道的台湾美味，还可以观赏到富有闽台特色的民俗文化演出，听听歌仔戏，看看歌舞晚会。

（九）

海峡两岸文化交流的热络程度并不亚于两岸经贸交流的热络程度，特别是以妈祖文化为纽带的两岸间的交流与互动更为热烈而绵密。

2008年4月28日（农历三月二十三日），是海上女神1048岁寿诞纪念日。此前，《2008妈祖之光》晚会在台中、台南的先后成功举办，成为两岸同根同源与骨肉亲情的生动写照。

4月6日晚，夜幕刚刚降临，台南市市政府西侧广场上已热气腾腾，挤满了期待的人群，《2008妈祖之光》大型电视综艺晚会在此隆重举行。

晚会舞台设计取意"妈祖之眼"，整体造型宛如一眸美丽的眼睛，在凝视着普罗大众。250平方米的巨型背景，采用了台湾最先进的LED电子声光技术，绚丽夺目的艺术效果，带给观众强烈的视觉震撼。

晚会分为"天妃圣乐"、"德泽万民"、"光耀千秋"3个篇章，来自大陆、台湾和香港的5位主持人赵娜、黄宝慧、曹启泰、吴宗宪、周瑛琦同台主持，北京歌剧舞剧院、云南杂技团、厦门歌仔戏剧团、台湾唐美云歌仔

戏团、台南十鼓击乐团等两岸优秀艺术团体和众多两岸知名艺人联袂登台献艺，艺术地表现妈祖济世救民的宏愿伟业和高尚情怀。

作为台湾第四大城市的台南市，也是著名的历史文化古城，人口约80万，绝大部分民众都信奉妈祖，目前全市供奉妈祖的庙宇有16座。4月6日正值台南市一年一度的"府城迎妈祖"庆典，《妈祖之光》晚会成为庆典最为瞩目的活动之一。《妈祖之光》主题晚会首次在台南举行，就吸引了5万多名当地民众到场观赏。每当表演进行到精彩处，现场就一片沸腾。高潮之时，全场观众合唱主题歌《妈祖之光》。台南市政府文化观光处许耿修处长看完晚会后感慨万千："大陆艺术家的表演很精彩，这样的晚会让人心灵震撼，希望以'妈祖之光'为主题的晚会今后能经常来台南举办。"

妈祖，又称娘妈、天妃、天后、天上圣母等，是我国宋代以来的民间神祇。近代以来，妈祖信仰、妈祖文化远播海外。妈祖，代表着中华儿女对保护海洋生态、维护世界和平的期盼，成为联结海内外中华儿女的精神纽带。

妈祖文化，肇始于对一个真实历史人物的纪念。据宋代文献记载，妈祖，原名林默娘，福建莆田湄洲岛人。生于宋建隆元年（公元960年）农历三月二十三。自幼聪颖灵悟。成人后，识天文、懂医理、急公好义、见义勇为，因救助海难而逝于宋雍熙四年（公元987年）农历九月初九，年仅28岁。后来传说她经常显灵护佑船只，拯救海难，这其实是与她生前助人为乐的品质分不开的。妈祖的故事，最初是在民间口口相传。后历经宋、元、明、清朝廷三十多次祭封褒奖，妈祖的地位不断提高，逐渐被神化，成为民间神祇，被尊为至高无上的海神。清康熙五十九年（公元1720年），妈祖被尊为"春秋谕祭"之神，列入国家祀典。

"妈祖文化"这个概念，是1987年在福建省莆田市召开的第三次妈祖学术讨论会上提出的。2004年，国家批准成立中华妈祖文化交流协会。自清朝以来，由政府正式确认妈祖文化的地位，这还是第一次。2006年，湄洲岛妈祖祖庙被国务院公布为全国重点文物保护单位，湄洲妈祖祭典被列入我国第一批国家级非物质文化遗产名录，与陕西省黄陵县的黄帝陵祭典、山东省曲阜市的祭孔大典并称为"中华三大祭典"。

中华妈祖文化交流协会顾问、北京大学教授陈寿朋先生指出，妈祖文化，是基于妈祖的感人事迹而形成的，以天后宫、妈祖庙等为物质载体，以有关祭祀、传说、文学、民歌、舞蹈等为传播途径，具有海洋文化特色的民俗文化。妈祖文化本质上是一种和谐文化。历代政治家、思想家、文学家都很重视妈祖的教化功能，希望妈祖精神成为促进祖国昌盛、民族团结、民生富饶的推动力。

在台南市举行《妈祖之光》主题晚会的前两天，即4月4日晚，在台中县大甲镇体育场举行的《2008妈祖之光》晚会同样获得巨大成功。从彩排开始，当地民众就对晚会给予了极大的关注，每天都有人前来观看演员的排练。演出当晚，来自台中的十万多名现场观众，深切感受到妈祖文化的丰富内涵和恒久魅力。

福建省对外文化交流协会副会长朱清在台湾记者会上说："妈祖是伟大的和平女神，她的博爱精神和善良品格，千百年来一直哺育着两岸人民。福建是妈祖的故乡，闽台人民自古以来就是一家人，世世代代共同传承着妈祖精神。我们这次与台中、台南有关方面共襄盛举，为促进两岸妈祖文化的深入交流而来，也为台湾乡亲的美好生活来祈愿和祝福！"

福建省广播影视集团是《妈祖之光》晚会的发起者和主办者之一。从2006年至今，福建省广播影视集团已经连续三年在台湾岛内成功举办大型电视综艺晚会，并打造出《妈祖之光》这一独特的品牌，成为福建乃至全国对台文化交流的重要项目之一。

2006年，在台北市小巨蛋体育馆上演的《情深艺动·相约东南》大型电视晚会，创下了两岸文化交流第一次举办大型电视晚会、第一次举办以妈祖文化为主题的晚会等多个"第一"。

2007年，《妈祖之光·相约东南》在台中举办，以"故乡与爱"为主题，荟萃了两岸演艺明星，受到到内群众高度关注和热情参与，现场观众达六万多人，七十多家媒体参与报道，晚会实况经台湾中视、中天、年代、东森等电视台全程转播，进入两百多万户家庭。

2008年，《妈祖之光》晚会更是接连在台湾举办两场。福建省广播影视集团董事长舒展说："妈祖信仰是两岸人民特别是台湾民众不可缺少的精神需求。妈祖文化是海内外华人共同的精神财富，妈祖精神是我们中华民族的美好传统和美德。我们一定要把《妈祖之光》晚会常态化，把它越办越好。"

在举办《妈祖之光》晚会的同时，4月3日至13日，由中华妈祖文化交流协会、湄洲妈祖祖庙、贤良港天后祖祠、莆田市文峰宫、莆田市民间信仰研究会等组成妈祖文化交流参访团一行一百多人，应邀赴台湾参加妈祖文化论坛、观摩妈祖绕境活动、拜访各妈祖宫庙。

参访团所到之处，都受到当地妈祖宫庙董监事和妈祖信众的热烈欢迎和热情款待。通过参拜、座谈、研讨、互赠礼品等活动，宾主之间加深了解，畅叙同胞情谊，探讨妈祖文化，共同祈愿妈祖保佑天下吉祥平安、保佑海峡

两岸和平发展、和谐共荣。

中华妈祖文化交流协会常务副会长、参访团团长林国良接受记者采访时说："海峡两岸一衣带水，人同根、血同脉、神同缘。共同的妈祖情缘把两岸同胞的心紧紧地连在一起。作为中华优秀文化的重要组成部分，妈祖文化这一桥梁和纽带，在福建省建设对台交流的先行区中，将发挥更加积极的独特作用，让海峡两岸同胞的心贴得更近，情连得更紧。"

4月26日至4月28日（农历三月二十一——三月二十三），湄洲妈祖祖庙连续3天举行妈祖诞辰1048周年纪念日（农历三月二十三）系列纪念活动。活动内容包括迎宾晚会、祭祀筵桌展示邀请赛、莆仙戏表演、民俗文艺表演、十音八乐表演、木偶戏表演、醮筵、吹鼓、妈祖诞辰纪念座谈会以及大型妈祖祭祀大典等。特别是卡通电影《海之传说——妈祖》的首映，成为纪念活动的一大亮点。

来自莆田地区的近百支民间民俗表演队，纷纷拿出自己精彩纷呈的特色节目：踩高跷、舞花扇、舞龙灯、腰鼓队、锣钵鼓乐队，原汁原味的表演让广场上充满了浓郁的节日气氛。三千多人的民俗表演队在3天的庙会活动中，充分展现了莆田民俗和妈祖文化。来自海峡两岸和海外信众两万多人参与了纪念活动，他们通过各种方式表达了大家"人同根、血同脉、神同缘"的情谊，共同祈愿妈祖灵光普照，带给两岸永远的和谐与幸福。

在莆田湄洲妈祖祖庙举行的纪念妈祖千年诞辰的庙会刚刚落幕，4月29日晚上，由台南市主办的第七届郑成功文化节在当地延平郡王祠隆重开幕，来自海峡两岸、日本等地的嘉宾应邀参加了文化节。在文化节开幕式上，台湾南部知名艺术团组、福建省文化艺术交流团同台演出，再现了郑成功收复台湾的史迹。

本届郑成功文化节因流落外庙奉祀四十多年的郑成功塑像金身回銮安座，故以"王者归来"为主题。开幕式上，台湾廖末喜舞蹈剧团、东方艺术团和十鼓击乐团等南台湾知名乐团首先登场，用舞蹈剧和打击乐等新颖的形式，重现了郑成功在大陆泉州、漳州整兵练武，以及跨海征台、赶走荷兰殖民者并开疆辟土的史迹。福建省梨园戏实验剧团、厦门市金莲升高甲剧团、漳州市芗剧团随后联手展演了歌仔戏《迎亲》等经典曲目，闽南传统艺术的精彩表演让与会的台南乡亲倍感亲切。福建省艺术馆当晚还在台南郑成功纪念馆举行了"福建民间美术展"开展式，漳浦剪纸、惠安影雕、泉州木偶等民间艺术纷亮相，漆线雕、提线木偶等实物展示以及数位民间艺术家的精彩现场表演，吸引了大批台南乡亲到场观看。

台南市市长许添财在开幕式上表示，通过文化交流来追思先贤，共同发扬郑成功勇敢开拓、追求和平等精神，有助于增进两岸在文化上不可分离和历久弥新的情感。他说，台南市近期还将在网上招标，重新仿制郑成功渡海征台时的战舰，然后从台南安平港出发，期待"直航到金门甚至是厦门，从安平饮水思源，回到原乡做一次文化交流之旅。"

二、从台湾同胞挺身护卫奥运圣火在境外传递的实际行动，到"5·12"汶川大地震后台胞倾情相助的感人事迹，都充分展现了两岸同胞同根同源，血浓于水的手足亲情

（一）

在奥运圣火境外传递的过程中，活跃着一大批台湾同胞，他们激情四射、热血沸腾，成为奥运圣火传递中的一道亮丽风景。他们提出"不论党派、不分蓝绿、不谈政治"的口号，用实际行动宣传奥运属于世界，奥运属于中国的理念。在接受记者采访提到奥运圣火不经过台湾时，他们黯然神伤，表示遗憾。但当记者说起奥运圣火已在中华大地上传递时，同为炎黄子孙的他们欢呼雀跃，由衷地感到高兴。

4月9日，北京奥运圣火在美国旧金山传递。对当地华人华侨来说，这是一个激情燃烧的日子。已过中年的李竞芬是美国北加州华人文化体育协会（简称"华体会"）执行会长，她出生于台湾，在台湾接受过高等教育，是土生土长的台湾人，来美国已定居十几年了。她是组织护卫奥运圣火在旧金山传递的领导人之一，深受当地华人华侨的敬重和拥戴。

在奥运火炬抵达旧金山前，"藏独"分子等反华势力大肆干扰了奥运火炬在伦敦和巴黎的传递。他们嚣张地扬言，要把旧金山变成奥运火炬境外传递的"滑铁卢"。忧心忡忡的国际奥委会也无奈地放出风来，如果火炬传递在旧金山遭破坏，他们将在两天后举行的会议上决定是否取消奥运火炬在境外传递。全球的目光顿时聚集于旧金山。

这已经不是一次普通的奥运火炬传递，这是维护奥运精神、捍卫中华民族尊严的一场不见硝烟的战争。旧金山成了正义力量与邪恶势力的必争之地。

路见不平一声吼，民族大义担肩头。面对反华势力的嚣张气焰，一向忍辱负重、辛勤劳作的华人华侨再也无法保持沉默。旧金山近200个华人社团向所有华人发出了"人人出力、保护圣火"的号令。很快，近百万美元筹集到

位；上万件奥运T恤印制完毕；数万面旗帜准备就绪；数以千计的志愿者在积极筹备……

在发起保护圣火的华人社团中，李竞芬领导的"华体会"并不大，但它在旧金山的影响却不小：一是因为它长期以来组织了一系列弘扬奥运精神的体育活动；二是因为其前身全部由台湾人组成，历史悠久。

李竞芬向记者介绍，为迎接圣火，"华体会"提前两个月就提出了"不分党派、不分蓝绿、不谈政治"的口号；宣传奥运属于世界、属中国、也属于台湾的理念。此外，"华体会"准备了1000面五星红旗和奥运旗帜，组织了大约一千五百多人参加保护圣火的活动，其中许多是台湾同胞，还有年近七旬的老人。李竞芬说，谈到保护圣火，已不分大陆人还是台湾人，所有人都是龙的传人，都是中华民族的子孙，大家都有一种神圣的使命感、紧迫感和危机感。

在旧金山的历史上，来自大陆和台湾的华人为了一种共同的事业携手合作，而且心是那么齐，人数是那么多，恐怕是前所未有的。

圣火传递当天，天还没亮，李竞芬就带队到了火炬必经的海滨大道，占据有利地形，不给"藏独"分子可乘之机。日上三竿时，一些"藏独"分子才来到现场，他们试图挤入人群，却被挡在了人墙外。他们手中的"雪山狮子旗"被淹没在五星红旗和奥运旗形成的海洋之中，他们无奈的叫喊在震耳欲聋的中国国歌声中显得那么渺小，仿佛在向隅而泣。

李竞芬向记者介绍说，她在现场发现了一个奇怪现象：尽管支持中国、支持奥运的人无论是人数还是气势上都占上风，但在现场采访的几家美国媒体却只把镜头对准"藏独"分子，只采访这些人，只记录他们的胡说八道。李竞芬看在眼里，急在心头，气愤地冲上前去质问美国媒体记者："你们为什么不采访我们这些反'藏独'、支持奥运的人，我们也有话说，不要只报道'藏独'的声音。我们是多数，代表的是主流民意。你们不是讲民主吗，为何不听听主流民意的声音？"

李竞芬除了自己据理力争外，还主动把一些具有代表性的支持圣火传递的人介绍给西方媒体，以便"让正义的声音传遍四方"。尽管一些西方媒体装模作样地采访了支持奥运的人，但据当地华人事后反映，他们并没有在电视节目中看到李竞芬路见不平、挺身而出的身影。

李竞芬说，旧金山及美国其他地方的华人华侨，为保护奥运火炬传递做了大量工作，反对奥运的人只是极少数。但从美国媒体的报道中，人们看到和听到的几乎全是反对奥运的人的表演和鼓躁，正义的声音被淹没了，许多美国人被蒙在鼓里。

为了让更多的人了解事情的真相，李竞芬把争夺话语权作为了支持奥运工作的一部分。在奥运圣火在旧金山传递的前后和进行期间，她先后接受了CNN、《华尔街日报》及当地电视台等多家美国媒体的采访，成为被美国主流媒体曝光率最高的华人之一。《华尔街日报》发表了一篇美国媒体中少有的比较客观的报道，其中有段话是这样说的："北加州'华体会'招待会长李竞芬接到了数十个电话，其中许多都是对有关抗议者的报道有失公正而感到气愤不已的美籍华人打来的。李竞芬说，她相信大多数人都是支持火炬传递的，'跑去抗议的人为数很少，但弄出了很大的动静。这里是美国，我们无法阻止抗议者。我们所能做的只能是站出来表达自己的支持。但我们的人数比他们多。'"

圣火传递刚结束，记者见到了李竞芬，由于连续几天的忙碌没有好好休息，她脸上透露出一些疲惫的样子，但浑身上下依然展现出干练泼辣的作风。她快言快语地说："多日的努力没有白费，今天打了个大胜仗，真过瘾。"

旧金山市政府出于安全考虑，在最后一分钟改变了圣火传递路线，李竞芬和数万名迎接圣火的华人华侨都没能看到圣火，难免有些遗憾。但李竞芬说："只要看到那些企图破坏圣火传递的人垂头丧气的样子，所有的遗憾就都没了。"

接受记者采访时，李竞芬坦言："大多数人从台湾来的中国人都希望看到中华民族的伟大复兴，也以中国人能圆百年奥运梦想为荣。我觉得在迎接奥运火炬期间，中国人的自信心被点燃，海外的美籍华人及包括台湾在内的中国人，变得更加团结。他们开始反省：我们的使命及社会责任在哪里？海峡两岸的中国人如何才能更好地共同肩负起振兴中华的历史重任？"

一位老华侨在接受记者采访时深有感触地说："旧金山成千上万的华人华侨用身躯筑就了保护圣火的城墙，这些华人不管来自大陆还是台湾，也不管是老还是幼，是男还是女，他们心往一处想，劲往一处使。在保护圣火这个问题上，大陆和台湾实现了'统一'。"

旧金山有媒体发表评论说，奥运圣火传递期间，有那么一大批海外的台湾同胞能够摒弃政治分歧，同护圣火，共圆中华百年奥运梦想，这是中华民族之大幸！

（二）

5月12日下午2时28分，四川汶川发生8级强烈地震，造成极其严重的人员

伤亡和财产损失。远隔千里的台湾同胞心向灾区，迅速行动，将一份份爱心和实际行动，汇聚成一股股强大的力量支持灾区人民渡过难关。

从12日下午3时开始，台湾所有媒体所关注的焦点只有一个，那就是四川大地震。13日一早上市的台湾所有报纸，头版都是四川大地震的消息，年代、中天、东森、民视、三立、TVBS、非凡等电视新闻台以一天24小时滚动的方式，不断播报大地震的最新消息。尽管台湾是震多发地区，1999年9月21日也曾发生过人员伤亡惨重的"9·21"大地震，但四川"5·12"大地震的强度是"9·21"的5倍，相当于251颗原子弹的威力，让台湾同胞震惊不已。台湾《自由时报》以《板块内地震、半个亚洲跟着晃》为题报道说，此次地震属浅层地震，而且是较罕见的"板块内地震"，板块挤压导致震中附近出现长约100公里的断层带，引发强烈地震震波，"几乎半个亚洲地区都感受到强大的威力"，远在1900公里外的台北也感到很明显的晃动。台湾《联合报》的报道说，与四川相距1900公里的台湾也感到了地震，包括台北、台中、高雄等地都测到一级地震，台北地标建筑101大楼也在晃。

四川汶川大地震，让台湾同胞又联想起1999年9月21日发生在岛内的那场7.3级大地震。这也使他们更深切地牵挂着海峡对岸正遭受灾难重创的同胞们。台湾彰化县员林镇民众徐胜昌在接受媒体采访时说："我已不忍心打开电视看新闻，因为每看一次，我就流泪一次，就会想起'9·21'那一晚。"他对四川大地震灾民所遭遇的处境感同身受。他说，他会像当年帮助"9·21"地震灾民的善心人士一样，对四川地震灾区同胞伸出援手。彰化的黄先生向媒体投书说，听到四川强震造成严重灾害，"让我们不禁有更多的对于当地人民的不舍和心疼"，"殷切期盼四川灾区的人们能早日进入重建之路，恢复生活的平静"。

就在地震发生的当天，中国国民党中央委员会致函中国共产党中央委员会，对四川汶川地震灾区表示慰问。函电说："顷悉四川省汶川县发生严重地震灾害，造成人民生命财产损失，谨对灾区表达关切及慰问。若有必要，本党将促请台湾救灾人员前往协助。尚祈灾区居民坚强克服难关。"国民党下午举行中常会，为四川灾区死伤人民默哀一分钟。

当天晚上，马英九先生发布新闻稿对灾情表达关切，并呼吁台湾当局与民间社团发扬人道精神，提供物资及专业救援的协助。马英九萧万长办公室发言人13日表示，马英九已致电台北市消防局与红十字会，在能力范围内主动协调救灾资源。13日，马英九前往中华民国红十字会，捐赠新台币20万元赈灾。

中国国民党荣誉主席连战13日致电中共中央总书记胡锦涛，表达对四川汶川等地遭受地震灾害的关切。来电说："顷闻四川汶川县等地发生强烈地震，造成我同胞生命财产及地方建设之重大损失，至感震惊、悲恸。两岸同胞血浓于水，强震肆虐，人民流离失所，我等感同身受。"连战表示，将"全力协同台湾民间力量，配合救灾，以尽绵薄"。

亲民党主席宋楚瑜12日致电胡锦涛总书记，对四川遭受严重震灾表示慰问。来电说："惊闻四川遭受空前震灾，国家及人民均蒙重大损失。两岸同胞，血肉相连，祸福同当，楚瑜备极关怀。""阁下临危处变，指挥若定，温总理亦已立即赶赴灾区，投入救灾工作。领导风格，令人敬佩。至祈救灾及重建工作顺利竟功，早日重现荣景。"

新党主席郁慕明13日致函国台办，代表新党向四川地震灾区同胞表达慰问。郁慕明在来函中说："四川省汶川县发生7.8级强烈地震，造成我们同胞生命财产损失，慕明谨代表新党全体同志，向灾区同胞致上最深切的慰问，并将全力向灾区同胞提供必需的资源。""值此时刻，我们的心紧紧相连、手紧紧相携，共同为死难者默哀，共同救助受灾同胞，团结合作，克服一切困难与挑战！"

连日来，台湾媒体持续跟踪报道地震灾区的最新情况，社会各界通过不同方式表达对灾区同胞的关切，各项赈灾活动迅速展开。在大灾面前，两岸同胞血脉相连，祸福同当的情谊令人动容。在当年"9·21"地震受灾最严重的南投县，从县长、议长到普通民众纷纷捐款捐物。最让人感动的是，在当地一所初中，不少因震灾而家贫的困难学生捡拾饮料瓶变卖后捐款，初三园艺班学生则将卖菜所得的一千多元新台币全部捐出。他们说，我们的能力有限，但献出的爱心"绝对是百分之百"。

在台中，一位赶来捐款的孕妇说，她和丈夫在大陆设厂，觉得大陆员工就像自己的亲人一样，看到地震造成数万人伤亡，希望能尽一份心力，帮助四川民众渡过难关。11岁的小学生王聿凯拿出存了很久的零用钱1000元新台币，主动和母亲说要捐助四川赈灾，曾经历过"9·21"地震的他流着泪说："我知道被压在瓦砾堆下有多痛苦，希望四川的学童都能平安。"

13日一早，台湾红十字组织的工作人员就接到大批民众来电，主动表示要捐款捐物，也有医护人员表示愿意加入搜救队赴大陆救灾。该组织当天捐出30万美元，同时发起募款活动。该组织负责人表示，台湾发生"9·21"大地震时，大陆通过红十字组织捐给台湾超过300万美元，让台湾灾民相当感动。

　　台湾宗教组织法鼓山、慈济、佛光山、中华禅寺、灵鹫山等慈善团体也纷纷投入赈灾，设立捐款账户，呼吁民众奉献爱心，发起了祈愿活动。佛光山与国际佛光会世界总会率先捐出1000万元新台币赈灾。

　　14日，在国台办举行的例行新闻发布会上，发言人杨毅介绍说，汶川地震发生后，岛内著名企业及大陆台资企业、台商纷纷向灾区民众表达诚挚的慰问，并慷慨解囊，捐款捐物。地震发生两天的时间，就有台塑集团捐款1亿元人民币；台湾鸿海集团捐款6000万人民币；台湾润泰大润发公司捐款5000万人民币；台湾润泰集团总裁尹衍梁先生以个人名义捐款2000万新台币，并准备安排私人飞机运送药品赴灾区；旺旺集团捐款500万元人民币，捐赠500万元人民币的食品，该集团董事长蔡衍明先生捐款1000万元港币；顶新集团康师傅公司捐款300万人民币，捐赠700万元人民币的食品；统一集团捐款500万元人民币，捐赠500万元人民币的食品；华新丽华集团捐款300万元人民币；金钱豹（中国）控股有限公司捐款120万元人民币。全国台湾同胞投资企业联谊会（简称"台企联"）得知灾情后，立即向各地会员发出倡议书，号召会员和台商发扬中华民族扶贫济困的传统美德，尽力而为，踊跃捐款，向受灾群众献出一份诚挚的爱心。"台企联"率先向灾区捐款670万元人民币，带动会员和台商踊跃捐款赈灾。

　　台湾文艺界人士同样迅速地行动了起来。歌手周杰伦的母亲在第一时间代儿子捐款50万元人民币，周杰伦表示会再通过其他途径，以当代方式帮助更多灾民。演员何润东得知灾情后随即捐款10万元人民币，并取消了这几天的商业活动。他表示，将全力参加相关的赈灾活动，"这个时候没有比救灾更重要的事了"。

　　台湾艺人高凌风、康晋荣（康康）等人13日下午发表连夜创作的歌曲《震不碎的心》，歌中唱道："无情的漆黑，你需要我来陪。别忘了我在你身边和你一起坚强面对。因为我相信，再大的苦难也会过去。美丽的风景，我们一定能再找回。同胞的情谊，哪里能被震碎……"深情的话语鼓舞灾区同胞坚强面对"世纪浩劫"。他们还共同捐款30万元新台币赈灾，呼吁台湾艺人为四川灾区尽一份心力，"别落在香港艺人之后"。

　　18日晚7时30分，由台湾中视、中天电视台及台北经纪人交流协会发起，并与台湾红十字会合作举行"把爱传出去"赈灾晚会，全程直播4个小时，现场设有123支电话线，岛内三百余位演艺界人士参加义演与募款工作，堪称是娱乐圈里空前大团结的行动。身空白T恤的艺人们轮番登场呼吁民众献出爱心。

汶川地震发生后最早发起募款赈灾活动的台湾各慈善团体也同劝募。佛光山星云大师通过短片再度提醒台湾民众，大家对汶川大地震要抱有"感同身受、人饥己饥"的心情投入赈灾活动，震后救援、重建的路还漫长，希望持续给予响应。

4个小时的募款活动中，台湾"妇联会主委"辜振甫先生遗孀辜严倬云女士捐出1000万元新台币；"台湾大哥大"总经理张孝威、新光三越百货都捐款1000万元新台币；中时集团董事长余建新则代表集团员工，捐出一日所得，560万新台币；台湾"天行宫"董事长叶文堂捐出2000万元新台币；台湾"远雄企业"捐出300万人民币；一名自称"无名氏"先生，点名费玉清献唱老歌《爱心》，捐出当晚最高纪录100万美元……

"一块钱不嫌少，一千万不嫌多"，台湾民众踊跃捐款，募捐活动一直延长到午夜12时以后才结束，共募得2.27亿元新台币，这些款项全数交由台湾红十字会统一处理。

当晚，现场接线义工们的忙碌身影备受民众的瞩目。马英九和夫人周美青到现场力挺晚会，并当义工亲自接听捐款电话，为赈灾出力。马英九上台时简短致辞："我们要用行动来表达对灾民的关心、对灾民的支持。话不多说，赶快干活。"讲完就坐在周美青的身边接听电话。在马英九接听捐款电话的一个多小时里，善款快速增加。他坐下时，善款才1000万元新台币左右，但到他离开时，善款就增加到近1.2亿元新台币。马英九说，看到台湾民众捐款那么踊跃，他非常开心；看到善款增加得那么快，他很感动。马英九原计划只接半小时电话，结果"加班"近1个小时才离开。马英九离场时说，起码接到超过20个电话，最大一笔是2.1万元。周美青接捐款电话直至晚会结束，多次口干喝水。

担当接线义工的还有台北市长郝龙斌、台北县长周锡玮、桃园县长朱立伦、台湾红十字总会会长陈长文等岛内名人。周锡玮接到电话时，还先问对方是不是台北县县民，是的话就直接说："我是县长，你要捐多少？"陈长文说："千言万语，抵不过一个行动，请大家捐款，让我们把爱传出去。"

这场赈灾晚会的艺人号召为主轴，在制作人王均动员下，台面上从一线、二线到唱片歌手、演员、名模，几乎在台湾的都到现场尽力。一位艺人说出了全场的心声："今天不管你是什么颜色，血都是红的，心都是热的。"主持人张小燕形容："不分哪个电视台、哪家公司，简直是前仆后继，动员能量空前，甚至连分手的情侣都到场一起出现了。"

超过300位的艺人到场，远远超过各种大型晚会的参加人数，有艺人

到场甚至连接电话的位子都挤不进去。全场捐款电话不断，尽是满满的感动。

此前一天，台湾TVBS电视台与香港TVB义演晚会现场联机，推出"TVBS众志成城抗震救灾重建学校募款特别晚会"，台湾"立法院长"王金平、台北市长郝龙斌，桃园县长朱立伦等人莅临晚会现场，呼吁台湾民众踊跃捐款，献出爱心。同样是捐款电话不断，同样是满满的感动。

（三）

18日晚上，来自台湾的红十字救援队和大陆的海军陆战队某部、浙江消防官兵，在四川绵竹汉旺镇对一处可能有生命迹象的地方展开了联合搜救行动。台湾救援队领队欧晋德说，联合行动体现了两岸人员良好的沟通。

来自台湾红十字组织的这支救援队，由台湾红十字组织理事、台北市前副市长欧晋德任领队。他们16日下午从台湾桃园机场直飞成都，并于17日一早从成都赶到汶川大地震重灾区之一的绵竹市汉旺镇。这是台湾民间首次组织救援队参与大陆的救灾。

18日晚18时左右，台湾红十字救援队刚刚完成对汉旺镇西北方山区的搜救工作，全体人员已经上了大巴准备返回营地。这时，来自浙江的一位消防官兵跑过来说，前方一处废墟中可能有生命迹象，希望能借台湾红十字救援队的搜救犬再侦测一下。欧晋德领队和几名队员不顾一天的疲劳二话没说就带着搜救犬赶赴现场。

这处废墟原本是一座四层楼房，现已完全垮塌，可能的生命迹象就在最下面，海军陆战队某部和浙江消防官兵已经在这里展开了救援行动。一位海军战士介绍说，他们所携带的穿墙雷达和生命探测仪都曾显示废墟中有生命迹象。台湾红十字救援队到达后，提供了搜救犬、钻孔机、影像探测器等多方面的帮助。领队欧晋德和海军陆战队、浙江消防总队的两名负责人联合制定了搜救计划，并调来发电机现场挑灯夜战。

台湾红十字救援队副队长郭恩书是专业救援队员，曾经在台湾"9·21"地震中救出了被困6天的郭氏两兄弟。他说："我们不会轻易放弃。尽管汶川大地震已经过去了5天，可是还有希望。"郭恩书的小孩刚满一岁，他这一走会让太太更辛苦。他说："对太太有点抱歉，不过她很支持我的工作，两岸同胞骨肉相连，我们应患难与共，以尽自己能尽之力。"领队欧晋德说，这是一场巨大的灾难，但我看到这里的救灾工作组织得非常好，能够迅速整合，非常不容易。坚持到第6天依然生还的例子并不鲜见，只要有充足的空气和水,生命就能最大限度地延续。他希望灾区群众和救援人员坚持到底,相互鼓励,"每分每秒,每个生命都不要放弃"。

搜救工作忙碌到深夜22时左右,浙江消防总队副总队长曹瑞明遗憾地告诉大家,已经从四楼打了一个孔到二楼,但经过搜救犬和生命探测仪的反复探测,已经没有生命迹象,工作已经转移到清理废墟并找出遇难者遗体方面。

欧晋德领队疲惫的脸上也是写满了遗憾,但他说,尽管没有找到幸存者,这次联合行动仍然很有意义,他刚才和大陆人员合作得很好,彼此之间很容易沟通。他表示,希望将来能跟大陆方面有更多的交流。

从18日台湾红十字组织发出整合一支医疗队赶赴四川灾区开展医疗救治的信息,到20日由37名各科专家组建的医疗队,携带2.5吨重的医疗用品从台北出发,仅仅一天半的时间就迅速地集结起这样一支专业医疗救援队伍。媒体赞曰:"是同胞情使他们在如此短的时间内整装出发"。医疗队的叶春英女士说:"在家里看电视报道,简直坐不住。与其在家里悲伤,不如到一线为他们帮忙。只有这样才能安心。"来自台南成功大学附属医院57岁的张财旺医师说:"我从电视上看到一个外科医生连续工作20多个小时,都快晕倒了。我愿意接替他再工作20个小时。"就是在这样一种朴素情感的驱使下,这支精湛的医疗队伍20日下午出现在成都双流机场。4个小时后,他们已经在重灾区的德阳广汉市灾民救助点开始工作了。正如海协会副会长张铭清和中国红十字会常务副会长江亦曼在迎接这支医疗队时所说:"你们不仅带来了灾区人民最需要的医疗器材、药品和精湛的医术,更带来了2300万台湾同胞对灾区人民的一片深情和关爱。"

21日,医疗队奔赴高坪镇救治因灾受伤的群众。23日,又赶赴广汉市体育场灾民安置点,设立医疗救护站展开医疗救治。救护站里,内、外、儿科,针灸及处方、发药点等,一应俱全。

21日到24日四天里,医疗队共计诊治了476名受灾群众,对数十位老人儿童进行了健康检查,施行了一例气胸手术、两例骨折手术和一例头皮缝合手术。

37名医护人员不顾余震险情,一次次以崇高的人道主义精神和高超的医疗技术,为灾区人民进行救治,让灾区人民深刻体会到了两岸同胞血浓于水的亲情和台湾同胞的关爱。

医疗队队员王玲玲说:"得知四川的民众受灾,我们也非常悲伤。但是光悲伤是没有用的,我们想的更多的是能为灾区的民众做点什么。作为医务工作者，我知道灾区的人们需要我们。"

　　医疗队领队陈长文说，大地震后，台湾有的组织启动了电话捐助活动。"一个母亲打来电话说，我能不能再以我孩子的名义捐赠……我能不能再以我第二个孩子的名义捐赠……我还有一个小女儿，能不能我也以她的名义捐赠。"他说，几天来，这样的事例在台湾层出不穷。

　　今年已经78岁的彭芳谷老先生，是医疗队里年龄最长的成员，是医疗队的副队长，他曾是台北市立第一医院院长。老人说："我们同根同种，文化相通。大陆有我们的同胞，虽然我年纪大了，但我还能行动，还能为灾区人民做一点事情。"24日下午，彭老在高坪镇果菜批发市场救助站，见到一名可爱的小姑娘，叫陈文迪，今年10岁。看到这个比自己孙女还小的孩子，彭老很是心疼。他说："文迪很可爱也很坚强，我见到她的时候，她还在帐篷里读书。"他牵起文迪的手，到临时搭建的卫生间里，一点一点地帮她洗脸洗手。彭老告诉文迪，要想把小手洗干净，有一个五字口诀："湿、搓、冲、捧、擦。"聪明的文迪学得很快，照爷爷的五字口诀把手洗干净。作为奖励，爷爷从口袋里掏出一块从台湾带来的巧克力，放到文迪的手上。文迪高兴地说："我表哥也喜欢吃巧克力，留着跟他分着吃。"说着，高高兴兴地跑开了。

　　约摸过了10分钟，文迪蹦蹦跳跳地来到彭爷爷的身边。只见她双手将一支精致的红色钢笔捧到爷爷面前，说："爷爷，谢谢您来帮助我们。这支钢笔是妈妈为我买的，我一直没舍得用，送给您。"文迪在灾难过后还保持的坚强、懂事和善良让彭老动容。他说："我知道这是文迪最心爱的笔，本来不想收，但小姑娘非常坚持。我把她的联系方式记下来，我会一直帮助她。四川灾区的小朋友聪明坚强，我可以看得到他们美好的未来。"

　　在德阳灾区，医疗队所到之处，感人的故事一个接一个……5天的四川行，给所有医疗队队员都留下了难以磨灭的印象。对于医疗队员、台湾联合医院护理长王玲玲小姐来说，更是终身难忘。她说："22日是我的生日，本来想到是非常时期，早上队员们用馒头当生日蛋糕，向我祝贺了生日快乐。"此时她眼中闪着泪光，激动地说，下午两点左右，回良玉副总理来高坪卫生院看望我们。我们大家都很激动，很高兴。突然，回良玉副总理不知从哪里变出一个漂亮的生日蛋糕，向我祝贺生日，他说："对你而言，这是一个特殊的生日，感谢你和你的同事为四川受灾群众所做的一切。祝你生日快乐，和顺和美。"那一刻我都懵了，只是不停地说："谢谢，谢谢！"

　　王玲玲动情地说："其实我和这次医疗队里的几个同事都曾经历过SARS

的洗礼，我们什么都不怕了。但是到了这里，我们不仅看到了残垣断壁，看到了不少受灾群众急需医治的场面，更看到了大家的坚强面对，这些深深地鼓舞着我和我的同事们。这次经历不仅有危难，更有亲情，让我终身难忘。"

医疗队在德阳救助期间，集体打地铺、睡帐篷、洗冷水澡。克服重重困难，圆满完成了在四川地震灾区医疗救援工作，25日下午就要返回台湾。灾区的群众舍不得台湾大夫们的离去。短短4天的相处，已经把病人和医生、大陆人民和台湾人民的心，紧紧地连在一起。

医疗队队员、23岁的郑彩馨在离开位于广汉体育馆的救助站时，泪水在眼眶里打转。她说："我们的队员都舍不得离去，在四川我们感受到太多的无助和温馨。"她在接受记者采访时说："21日，我们刚刚到德阳时，灾民的情绪非常低落，垂着头，不说话，有的不断地抹眼泪。他们还沉浸在对灾难的恐惧和失去亲人的痛苦中。除了医治伤员外，我们另一项重要的工作就是安抚灾民。每个帐篷，我们挨个挨个地进，跟灾民们聊天，告诉他们不要总去回忆那个可怕的瞬间。"她说："几天过后，救助点的灾民已经把我们当作亲人了。他们有哪里不舒服会主动跟我们的医生讲，有什么心里话，也特别愿意跟我们说。我们走的时候，好多灾民舍不得。有的孩子还牵住我们的衣角，想跟我们多说会儿话。"

为感谢医疗队对灾区无私的援助，海协会副秘书长王小兵、四川省台办主任刘俊杰、副主任张军等特意看望了医疗队，并到机场送行。王小兵代表国台办和海协会，对医疗队及时赶到四川灾区救治受伤群众的义举表示感谢。他说："这次你们给灾区带来的最大礼物就是受灾群众的心理重建。你们无微不至的照料给了灾区人民极大的宽慰。""血浓于水，情缘于根。事实证明，只要两岸同胞携手，可以创造出令世人瞩目的至高境界。"他还向医疗队赠送了题写着"扶危济困真情义举，两岸同胞血浓于水"的锦旗。刘俊杰代表四川省抗震救灾指挥部、四川省台办对医疗队表示由衷的感谢。他说，医疗队以崇高的人道主义精神和高超的医疗技术为灾区人民进行救治，充分体现了两岸同胞的手足情、同胞爱。四川人民不会忘记来自宝岛台湾的人道主义救援，我们将会以更加昂扬的斗志、更加努力的工作来回报台湾同胞的关心与支持。

台湾红十字医疗队离开四川，返回台湾时，大陆舆论齐声赞美道："他们带走的是自己疲惫的身体，带不走的是2300万台湾同胞对灾区人民的牵挂和支持。"

就在台湾第一批红十字医疗队返回台湾的当天，台湾第二批红十字医疗队又抵达四川德阳广汉市，继续展开医疗救助工作。

自"5·12"汶川大地震发生以来，台湾各行各业的民众都积极地拿出专业所学为灾区提供支持。多数专业人员使用假期，以志工身份到灾区出力。台湾佛教慈济人道救援会负责人介绍说，目前慈济志工正通过带领大家煮热食等方式，帮助四川灾民振作精神、以主动工作面对天灾，当地的气氛已经不一样。"我们都有一个相同的想法，希望将台湾'9·21'大地震后，边做边学所掌握的系统救灾、全面重建的方法，提供给大陆同胞，加快灾区复原过程。"

在地震灾区什邡市洛水镇洛水公园门口，每天中午11时多，就排起了长长的队伍，人们在等着打饭。慈济会志工们正忙着准备，希望快些为灾区群众送上热腾腾的饭菜。来自台湾高雄的慈济会志工刘再和在这里已服务了10来天，他主要负责烹饪工作。他说："这里的群众喜欢吃辣，我们在准备食物的时候就特别多放些辣椒，希望合他们的口味。"他说："我初步准备在这里呆半个月，不过如果需要的话，我会继续留在这边工作。"

在洛水服务点，慈济会带来5吨大米和上万套卫生餐具供救灾使用，每天供应午餐和晚餐，最多的时候每顿饭供应1000多人。慈济会在绵竹市遵道镇棚花村的救助工作也于6月2日正式开展，当晚供应了900份饭菜。

在洛水公园，慈济会还设立了医疗服务点。84岁的沈述秀大娘一大早就赶到这里接受治疗。接待她的是慈济会志工谢辉龙医师，他仔细地询问了沈大娘的病症，为她做了检查，开了药，并细心地叮嘱她："大娘放宽心，没什么大碍，按时吃药就可以了。"沈大娘高兴地说："这几天我的腿一直痛，现在镇上又不好找医生，要不是他们来帮助我们，还不知道要痛到什么时候。"老大娘连说"谢谢"，满意地回去了。

谢辉龙告诉记者："看着灾区的人们受病痛的折磨，我们心里也很难受，希望尽自己的力量帮助他们。"他介绍说，慈济会在灾区的每一个服务点都设了两名医师和两名护理人员为灾区群众服务。当他们了解到当地农村缺医少药，而村民们到镇上看病大都要走一两小时，慈济会医疗志工便决定提供"上门"诊治服务，他们每天都会选择一个村，为当地受灾群提供尽可能多的服务。慈济会还与什邡市医院签订了灾后重建医院和加强教学、科研合作的意向性协议，以促进两地医疗卫生事业的交流与发展。

慈济会的志工们针对灾后一些人特别是孩子精神受到的创伤，专门组织了心理辅导组，有针对性地进行心理辅导。李宪宗先生是心理辅导的一员，他告诉记者，他们针对孩子的心理分为静态和动态进行辅导。静态主要是给他们讲故事、说道理；动态是教他们唱歌、画画和玩游戏，都是一些孩子们容易接受的形式。李宪宗说："和孩子们一起的这些日子，尽管辛苦一点，但是看到孩子快快乐乐地玩了起来，心里感到很幸福。"

在慈济会志工的感染下，当地的一些孩子都纷纷当起了义工。周丹是东汽技校的一名学生，现在学校放假了，她就来到棚花村慈济会做志工做些力所能及的事情。烈日下，她挨家挨户去登记受灾情况，帮忙送餐，打扫环境。16岁的蒋弘吉是洛水中学的学生，在洛水公园救助点，他主动给慈济会志工当起了"翻译"，让志工与当地老百姓交流起来更加顺畅。他说："在这里，我能学到很多东西，特别是做人的道理，我也要向这些叔叔阿姨们学习，为社会奉献爱心，贡献力量。"

为防治灾区群众精神上的创伤，台湾心理卫生协会率台湾心理、医学界多位学者汇集整理台湾"9·21"地震至今的受害灾民身心健康重建资料全部上网，提供给大陆救灾参考，并表示"如果大陆有需要，心理学者将陆续前往提供援助。"

当四川灾区堰塞湖威胁着众多民众的生命财产安全的消息传出来，一批台湾同胞加班加点连夜对有关文件资料进行电子扫描，并通过电子邮件将有关抢险的珍贵资料传送到长江水利委员会信息中心，为抗震救灾一线的水利专家提供了重要的技术支撑，解决了水利部门的燃眉之急。当大陆人员要为这批宝贵资料付费时，他们婉言谢绝，并表示"将这些资料第一时间送达前方才是最重要的"。

在台湾，学生和运动员也有自己独特的献爱心方式。台湾中原大学从5月27日起举办"饥饿30"活动，延续到28日晚间18时，希望借由师生自发性连续不进食物，体验饥饿状态之苦。所以募款所得，全部作为四川灾区赈灾使用。中原大学校长程万里表示，他希望发挥"人饥己饥、人溺己溺"的心情，捐款关怀罹难者家属，帮助遭受震灾的孩子及家庭。

5月25日晚，台湾职业棒球队"中信鲸球队"与"统一狮球队"在台北进行一场"职棒送爱心"比赛，所得款项全部用于四川地震灾区赈灾。中信鲸职业棒球队的领队说，汶川大地震触动了台湾民众的爱心，作为中华民族的一员，捐款帮助灾区义不容辞。他希望通过这场比赛抛砖引玉，号召更多民众和球迷加入到捐款赈灾行列，汇集更多的力量，把爱心送到灾区。

5月30日，国台办举行例行新闻发布会，新闻发言人杨毅介绍说，截至5月28日，台湾各界同胞向国台办、海峡两岸关系协会及各有关地方台办捐款或表达捐款意愿累计约7.8亿人民币。他介绍说，四川汶川大地震发生后，广大台湾同胞心系灾区，慷慨解囊，踊跃捐款捐物。台湾同胞通过红十字会、慈善总会、四川省台办等渠道捐赠了大量物品。其中包括水泥2000吨，海事卫星电话100部，帐篷、睡袋、医疗用品等一百余吨。另有食品、药品、内衣、自行车等各类物资，价值约合人民币3300万元。

杨毅说，对于台湾同胞对灾区同胞的深切关怀和慷慨援助，我们再次表示诚挚感谢。请台湾同胞放心，我们一定会根据灾区重建规划和捐赠者的意愿，将大家支援灾区所援助的款项和物资，送到最需要的地方。

（四）

地震发生后，国台办迅速启动涉台突发事件应急机制，成立了以陈云林主任为组长的抗震救灾应急指挥工作领导小组和应急指挥工作小组，并发电四川等相关省区市台办，要求立即行动起来，以高度的责任感，克服困难，做好涉台抗震救灾工作。按照国台办和省委、省政府的要求，四川省台办立即成立了由刘俊杰主任为组长的抗震救灾应急指导协调小组，火速下发紧急通知，对全省涉台系统的抗震救灾工作作出部署。各地台办在当地党委、政府的领导下，第一时间赶赴现场。

13日早晨，一度中断的通讯刚刚恢复，省台办的电话就没有停歇。成都、德阳、绵阳、阿坝……21个市州台办在最快的时间里向省台办发来报告，部分台资企业虽有不同程度的损坏，但台商无人伤亡。四川大学、成都中医药大学等高校台办纷纷打来电话通报，在川台湾学生无人伤亡，学校已经进行了妥善安排，确保他们的安全。这些消息让台办工作人员感到欣慰。但与此同时，受困在地震灾区的台湾旅游同胞又立即揪住了大家的心。

13日，受困台胞的消息陆续传来：台湾滞留在四川的旅游团游客人数共2897人，有6人失去联系；有28名台湾游客被困在都江堰至汶川的友谊隧道中，寻求救援；有11名台湾游客被困在都江堰灵岩索道缆车里，等候救援。

灾情就是命令，时间就是生命。省台办抗震救灾应急指导协调小组立即进行安排部署，组成工作小组奔赴第一线，全力以赴援救台湾游客。

13日中午，省台办领导带领工作组赶到都江堰，兵分两路，一路去营救困在高空缆车中的11名台湾游客，一路去营救困在都江堰至汶川友谊隧道中的28名台湾游客。

当一路工作组到达都江堰灵岩寺索道处时，消防武警官兵正在营救被困游客。发生大地震的当天下午，这11名台湾游客和3名大陆游客被困在距离地面30米高的7个吊箱中，跨度大、离地高。由于地形险峻，天空又下起了暴雨，余震不断，山上多处发生了泥石流，营救难度很大。地震发生后不久，都江堰市旅游局党组成员黄智等人即赶到现场设法营救。面对难题，他们当即决定派人跑步下山请示消防武警支援。消防武警官兵赶到现场后，反复查看了地形并研究营救方案。为了确保安全营救，救援组决定天亮后再施营救。这样，被困游客就要在空中再困一个晚上。为了避免被办人员因过度紧张和失去信心而出现意外，黄智及几位局领导决定留守在山上陪着这些被困游客过夜。黄智将带来的旅游局人员索道公司总经理、旅游团导游分成7个小组，每个吊箱下面一个小组，要求每个小组都要不停地向吊箱上的游客喊话，尽力稳定他们的情绪，为安全营救争取时间。于是，在暴雨和寒风中，黄智和各小组的组员们冒着余震和泥石流的危险，在遍地荆棘的山坡中，和吊箱中的游客隔空"聊"起天来。这一"聊"就是整整一夜。

13日8时开始，消防武警官兵进行了一场艰苦的大营救。到晚上7时，10名台湾游客和3名大陆游客被成功救出。开始对最后一名被困台湾游客实施救援时，这位名叫王民权的台湾游客的精神和情绪已经出现异常，突然破门跳下吊箱坠落地面，经抢救无效死亡。

王民权发生的意外令黄智感到很难过。在随后护送游客们下山时，黄智将他的组员们再次分组，每两个组员负责搀扶一位游客。由于山中没有路，又陡，加上台湾游客年龄较大，体力消耗严重，每到一个坎，黄智和他的组员们几乎都是先找好落脚点，自己踩稳后让游客踩着自己的脚下来，有些地方甚至是让游客踩着自己的背或肩下来的。到了山下时，黄智和他的组员们全都累倒了。

到5月17日，绝大部分台湾游客已安全撤离。但台湾祥鹤旅行社一行14人因地震时处于震中附近，一度与外界失去联系。经多方查找，17日早上，终于获知该团被困于汶川七盘沟村，在当地政府和村民的照顾下，所有游客状况良好。

当天下午，四川省有关方面即两次派直升机前往解救，但由于天气原因，未能成功。5月18日上午，直升机再次前往解救，终于成功将其中11位游客安全接回成都。19日下午，直升机再次起飞，将最后3名游客安全接抵成都。为解救这14名台湾游客，有关部门前后共出动直升机5架次。

20日上午，海峡两岸关系协会副会长张铭清代表国台办、海协会看望了从汶川救援至成都的14名台湾游客，向他们表示亲切慰问。台湾游客对大陆有关部门的关心和礼遇深表感激和钦佩。台湾旅行商业同业公会总会大陆委员会副召集人董彬激动地表示："这次成功救援充分展现了海峡两岸同胞血浓于水的骨肉亲情。两岸同胞是一家人，经过我们的共同努力，一定会把家园建设得更好！"

20日下午，台湾祥鹤旅行社一行14名游客乘坐飞机离开成都。至此，地震后滞留四川的所有台湾游客全部安全撤离。台湾旅行商业同业公会总会就此专门发来感谢信，对国台办高度重视、极为关心台胞的生命安危表示感谢；对国台办、海协和四川省台办等有关方面提供的协助表示感谢。信中说："这几天感受到两岸一家亲，我们心相连血相融，我们是一家人。再次感谢大陆各界朋友的帮助，历史永远不会忘记这一刻，我们永远与大家同在，让我们倾悲痛为力量，在风雨过后更好地重建家园。"

灾难面前，两岸同胞同心同德，相濡以沫，坚强面对，让人们更深切地体会到什么是"同胞"，什么是"同根"。台湾一位年轻的母亲在网上记录了和自己幼女的谈话：

——妈妈，为什么哭？

——因为四川地震了，很多很多的叔叔阿姨死了。

——这些叔叔阿姨是谁？

——是我们的同胞。

——什么是同胞？

——同胞就是一家人，是亲人。

人们在网上看到这位年轻的妈妈与幼女的谈话无不为之感动、流泪。这位年轻的母亲在灾难面前把"同胞"这个要领向幼小的女儿解释得如此生动、感人、具体，谁人不为之动容？

什么是同根？人饥己饥、人溺己溺、扶危济困、守望相助、知恩图报、老吾老以及人之老……这些中华民族千年来的传统美德和做人准则在两岸之间一脉相承。同根就是源于同一血脉同一家乡，也源于同一文化土壤，有同一价值观和道德观，即使人们素不相识，但也是血脉相连、甘苦共尝，危难之中彼此依靠，因为有同根在心灵深处做保证。北京有位七十多岁的老太太，平时并不知道王永庆是怎样的一个人，在汶川大地震发生之后听说王永庆捐款1亿人民币用于赈灾，她找到一位相识的记者问道："王永庆在北京卖什么？今后我一定要买他的东西感谢他！"这里就有一种"知恩图报"的传统美德在驱使着老人家。在台湾，"9·21"大地震重灾区埔里镇的几位老阿婆，连普通话都不会说，但当她们听到四川汶川大地震造成重大的人员伤亡和财产损失后，都流着眼泪积极地去捐款。这里不仅展现出中华民族"扶危济困"的传统美德，也可以看出两岸同胞同根同源凝聚人心的力量。

三、应胡锦涛总书记之邀，中国国民党主席吴伯雄率团赴大陆进行"雨过天晴之旅"，为两岸积极互动掀开了新的篇章

（一）

5月18日上午，第十届海峡两岸经贸交易会（简称"海交会"）、第五届中国福建商品交易会（简称"商交会"）在福州市金山展览城隆重开幕。

开幕式上，全体与会人员首先为在四川汶川地震灾害中不幸遇难的同胞默哀。

福建省省长黄小晶在致辞时说，过去的一周，面对四川汶川特大地震灾害，福建人民和全国人民一道，心系灾区，共渡难关，迅速行动，踊跃投入捐助和救援。他强调，在抗灾救灾中，广大台湾同胞以各种方式慰问灾区、援助灾区，他们患难相助的真情义举，充分体现了两岸同胞血浓于水的手足亲情。

黄小晶说，在这特殊的日子里，我们如期举办第十届海交会和第五届商交会。海交会和商交会走过了不平凡的发展历程，已经成为海峡两岸交流交往、对台经贸政策先行先试的重要平台。在这个平台上，率先实现了台湾农产品"零关税"直航进入大陆；率先实施了扩大台湾农产品准入种类和范围；率先恢复了对台渔工劳务合作；率先实施了台湾居民在大陆申办个体工商户。闽台"五缘六求"的持续拓展，构筑起两岸同胞血脉相连的命运共同体。他表示，我们要加快实践科学发展观的先行区和闽台合作先行先试区的建设，用两个先行区建设的实际成效，更好地服务大局、支持灾区、造福两岸同胞。希望海峡两岸同胞和海内外各界朋友充分利用海交会和商交会等一系列载体平台，融入海西、共谋发展、扩大合作，携手创造更加美好的未来。

今年的"海交会"首次采取了"五会联展"的方式，即第十届海交会、第五届商交会、第三届中国（福建）消费品全球采购交易会、第五届福建商贸行业投资合作洽谈会、海峡西岸经济区城市协作展等五大展会联袂登台。在这一系列经贸活动中，海峡两岸在经贸领域的交流合作，仍是无可置疑的最大亮点。伴随着"海交会"走过10年，海峡两岸的闽台合作领域正在不断拓展，层次更是逐年提升。

"海交会"期间，主展馆里的"台湾城市映像馆"人来人往，川流不息。火红色的祥云图案等，牌楼样式的中华民族建筑装饰风格，揭示着海峡两岸的同根同源。面积约3000平方米的展馆里集聚了上百家台湾企业，展示

的文化艺术、旅游休闲、民居饮食、风土人情、地方特产等，让大陆客商和参观者目不暇接。

除了往年的金马澎地区外，台湾岛内的台北市、高雄市、高雄县、宜兰县、基隆市、嘉义县等首次前来参加"海交会"。全岛25个县市中仅有花莲、台东两县未参展。福州市常务副市长梁建勇说，这意味着"海交会"的影响力已由离岛向岛内纵深拓展，由台湾中部向南北两翼延伸。

作为祖国大陆最早举办的两岸经贸展会之一，"海交会"早已成为海峡两岸交流合作、对台经贸政策先行先试的重要平台。2008年，一系列活动更使得这个平台的辐射效益，开始由海峡两岸向祖国内地和世界各地拓展。

据主办方统计，有33个国家驻华使领馆官员和政府官员、多个海外华侨社团、37家著名境外企业和跨国公司代表以及来自31个国家和地区的近万名海内外客商参加今年的"海交会"。而随着海峡西岸经济区建设的深入，浙江温州、丽水、江西上饶、抚州等"海西19城"也专门组团参会。

自2005年以来，在"海交会"这个平台上，两岸合作已率先实现了台湾农产品"零关税"直航进入大陆，率先实施了扩大台湾农产品准入种类和范围，率先恢复了对台渔工劳务合作，率先实施了台湾居民在大陆申办个体工商户等政策。

今年的"海交会"上，两个重要备忘录和声明的签署，则标志着两岸经贸合作层次的再次提升。

5月19日，福州市与台北市签署加强交流合作的共同声明，以进一步加强两市的合作往来、促进和保护双向投资。共同声明说，两市本着"友好合作、平等互利、优势互补、互动往来、和平发展"的共同愿望，在7个方面加强合作，其中明确提出，加强在会展业、旅游业、服务贸易业、金融业的合作。

台湾统安旅行社是参加今年"海交会"的唯一台湾旅行企业。旅行社负责人说，现在离7月很近了，借助"海交会"这个平台，可以向福建的民众好好推介台湾的旅游产品。台北市观光传播局局长羊晓东带来了三百多幅台北市的风光摄影图片，在展会上举办"台北好精彩"摄影展，期望让大陆同胞对台北多一些认识，到台北旅游观光。

18日，福建省闽台经济合作促进委员会与台北市进出口商业同业公会也在福州签署了交流合作备忘录。备忘录指出，要建立常态化的合作机制，举办各种形式的贸易对接洽谈、大型商品展等活动，推动闽台工商企业加强往来，推进合作，共谋双赢。

两岸合作不仅仅在商贸、实业领域。"海交会"期间，还举办了海峡两岸创意产业合作与发展高峰论坛，来自世界各地及海峡两岸的众多创意产业专家聚集一堂，成为今年"海交会"的一大亮点。

林磐耸是台湾师范大学文化创意产学中心的主任，1999年曾受邀担任北京申办奥运会视觉形象专家与评审，并担任2008北京奥运会会徽国际大赛评审及形象景观设计顾问。在海峡两岸创意产业合作与发展高峰论坛上，林先生说，海峡两岸有着相同的文化传统，相近的价值观和生活方式。在目前的国际设计界，糅进中华文化理念的创意设计独树一帜，更能打动人心。

越来越多的学术界、艺术界人士参与到"海交会"这个两岸交流活动的平台上来。"海交会"期间，除了举办海峡两岸创意产业高峰论坛外，海峡两岸经济发展论坛、海峡两岸科技与经济论坛也同期在福州举行。在海峡两岸经济发展论坛上，一百多位来自祖国大陆、香港、台湾的知名专家学者、企业家、政府部门的决策者与管理者围绕着"海峡两岸经济发展与互利共赢"的主题进行了热烈讨论。

学术界的讨论并非纸上谈兵，画饼充饥，而是有实实在在的成果。5月18日，"海交会"创意产业对接会在福州软件园举行，海内外近70家动漫、工业设计、软件企业和30个台湾院校、5家风险投资机构参加对接会，9家企业签约入驻福州软件园。专家们描绘的未来景象正在海峡西岸变为现实。

前来参加"海交会"的国台办常务副主任郑立中说，十年"海交会"走过了一段不平坦的风雨历程，在海峡两岸同胞的共同努力下，克服了很多困难，在两岸经贸交流交往中贡献很大。"海交会"在闽台沟通交流中，不仅成为两岸经贸交流合作的平台，也成为两岸同胞加深相互了解、增进情感的平台。

（二）

5月17日上午，中台办主任陈云林在北京接受新华社记者专访时，受权宣布，中共中央和中共中央总书记胡锦涛欢迎并邀请中国国民党主席吴伯雄率中国国民党访问团来大陆参观访问。

陈云林表示，5月12日四川汶川发生特大地震灾害后，台湾各界出于同胞骨肉之情，踊跃捐款捐物，提供各种援助。中国国民党中央在第一时间致函中共中央，表达关切慰问。这里，我再次代表灾区同胞表示衷心感谢。

陈云林说，近3年来，国共两党开展了多种形式的交流与对话，对促进两岸关系稳定发展起到了重要作用。在当前台湾局势发生积极变化的新形势

下，中国国民党主席吴伯雄率团来访，将有助于国共两党加强交流对话，进一步共同努力推动两岸关系和平发展。我们将与国民党方面尽快就吴伯雄主席来访的有关事宜进行磋商，作出安排，以便访问团尽早成行。

当天下午，中国国民党中央委员会秘书长吴敦义在台北举行记者会宣布，中国国民党主席吴伯雄接受中共中央和胡锦涛总书记邀请，将率中国国民党大陆访问团访问大陆。

吴敦义表示，吴伯雄主席充分感受到胡锦涛总书记推动改善两岸关系的诚意和善意。吴主席此行除了会再度代表中国国民党及台湾各界对大陆遭遇空前的地震劫难表示慰问之外，也会务实地提出两岸互惠双赢的见解。

18日上午，中国国民党副秘书长张荣恭在国民党中央举行的记者会上公布了参访团组成人员名单和具体行程安排。参访团成员包括副主席关中、林丰正，中评会主席团主席林澄枝，立法院副院长、中常委曾永权，秘书长吴敦义，中央政策会执行长林益世，智库执行长蔡政文，副秘书长张哲琛和张荣恭自己。另外，还有台北市议会议长吴碧珠，高雄市议长庄启旺，台北县议会议长陈幸进，党务顾问、国际奥委会委员吴经国，组发会主委黄昭元，文传会主委兼主席办公室主任李建荣等，共16人。媒体把访问团的组成赞誉为"重量级访问团"。

对于吴伯雄这次出访的定位，国民党高层认为是"雨过天晴之旅"，有别于连战的"和平之旅"、江丙坤的"破冰之旅"和萧万长的"融冰之旅"，象征两岸关系在经过8年的阴霾后，终于要雨过天晴了。

吴伯雄主席率团出访的消息一传出，立刻引起岛内各界的高度关注和舆论界的热烈评论，成为岛内最轰动的事情。

台湾"中央社"17日发表题为《吴胡会为马萧政策搭桥，凸显国民党角色》的电讯指出，国民党主席吴伯雄将应中共总书记胡锦涛邀请访问大陆，除有两岸执政党领导人会面的象征意义外，过去建立的国共管道也将不再只有愿景，而将转化为两岸互动的风向球，并作为海基、海协两会的第二轨沟通管道，国民党的角色也将由府院联系平台，扩大为两岸官方的润滑剂。

台湾《联合报》19日发表报道说，国民党主席吴伯雄下周一（5月26日）将率团赴大陆访问，外界解读未来国共平台将由吴一手主导，荣誉主席连战将"功成身退"；对此，连战幕僚18日表示，党内没有谁取代谁的问题，任何人对两岸做出贡献，都是国民党的功劳。报道说，接近连战的人士表示，连战当年一手创立国共平台，2005年"和平之旅"打破两岸僵局，历史定位无可取代。未来推动两岸关系更没有所谓"取代"的问题，即使吴伯雄有党主席身份，未来国共平台仍是"共同参与"，连战仍会贡献一己之力。

《联合报》22日发表题为《请吴伯雄主席带给胡锦涛主席一句话：两岸不会没有地震，但是可以没有战争！》的社论开头就说，吴伯雄应胡锦涛之邀，将于26日访问大陆。我们想请吴主席给胡主席带一句话：两岸不会没有地震，但两岸可以没有战争！社论说，四川大地震给两岸关系带来了意料之外的和解气氛，且这种气氛是由台湾民间自发发动的。首先，王永庆在第一时间捐款1亿元人民币，可谓为台湾民间的认知与态度定了调；接下来，两岸人道包机往返，大批的台湾志工与救援物资涌向灾区。一场大地震，仿佛震垮了两岸之间近年来若有似无的种种矜持与障碍，使双方多年来在心理及实体上的障碍立即获得大幅解放。就心理层面的解放而言，台湾人民慷慨地向大陆灾民表达关怀，大陆人民亦深刻感受到台湾人民真挚的善意；就实体层面的解放而言，人道包机的往返，正好反衬了过去五花大绑的政治束缚是多么无聊。

社论指出，大地震所触动的两岸对话有两个层次：一、人道层次。可谓是"9·21"与"5·12"的对话，毕竟两岸死者流的血是一样的血，两岸生者流的泪是一样的泪。二、政治层次。台湾人民此次对大陆灾民的热心关切，在不知不觉间也是对两岸多年来恶化的政治关系进行修补。这一次，可说是台湾民间走在两岸政府的前面，民间打开了政府打不开的局面，且幸而两岸政府亦能因势利导，借震灾互动而将两岸关系提升了几个台阶。吴胡会在这样的背景下登场，吴伯雄自然会代表台湾人民向大陆灾民表达慰问，而胡锦涛亦会代表大陆人民向台湾人民的关怀与捐输表达谢意。但最重要的是，这是两岸"执政党主席"的首次会晤，二人应就各自身为两岸执政党主席的责任相互勉励，并且共同倾听两岸人民的心声。

社论最后再次点题，请吴主席给胡主席带一句话：两岸不会没有地震，但两岸可以没有战争。

随着行程的临近，媒体对这次访问的关注迅速升温。25日，几乎所有台湾媒体都报道了马英九亲率大批高官为吴伯雄钱行的消息。《联合报》的报道说，吴伯雄率团访问出发前夕，马萧刻意以最高规格招待，包括阁揆刘兆玄亲自与会，背后具有高度象征意义，等于吴此行具有"马萧代表"的意涵。国民党荣誉主席明天也将亲自为吴伯雄送机。

这一天出版的台湾《中国时报》发表的报道说，马英九当面托付吴伯雄向胡锦涛说明他在就职演说中陈述的理念与政策，强调"两岸人民都渴望和平、繁荣与尊严"，他希望在九二共识的基础上，双方能尽快恢复协商、求同存异、搁置争议、建立互信、共创双赢，把一时间无法解决的问题暂时搁置，容后处理。报道说，马英九指出，海基、海协两会是两岸关系的第一管道，国共平台是辅助的第二管道，针对7月开放周末包机与陆客来台观光的政策，民间也多次协商，盼吴伯雄此行发挥临门一脚，为两岸关系未来要走的路，加一把力量。

26日是吴伯雄率团出访的日子，这一天台湾《联合报》再次发表社论，阐述此次访问的历史意义，题目就叫《两岸执政党党魁首会的历史意义》。社论说，28日的"吴胡会"可谓是这30年沧桑的总结，亦是无限未来的新起点。这个总结应当是："国共内战"已无延续的条件，国际主流架构不容两岸开战，两岸主流民意亦不容相互残杀。这正是中共数位领导人曾经说过的，两岸不存在"谁吃掉谁的问题"。所谓的新起点则是：国共两党之间，应当从"斗争"，转为"竞争"，再由"竞争"转为"合作"。这正是马英九所说的"和平共荣"的憧憬。

社论指出，此时此际，确是最佳的"历史机遇"。就台湾而言，经历了跌宕起伏，终于实现了民主政治与自由经济；就大陆而言，30年的改革开放无疑已走在正确的道路上，而有了"中国崛起"的愿景与机会。如此，国共两党还有什么理由延续所谓的"内战"，又有什么理由不能"共生共荣"？社论最后说，我们希望，此次两岸执政党党魁的"吴胡会"，应以共赴民主道途、共创民生福祉为共同志业，相互勉励、相互祝福，尽量减低"斗争"的意味，尽量提升"竞争"与"合作"的气氛，更当然不必将此视为"内战"的延续。

香港媒体对此次访问同样也作了热情而积极的报道。香港《经济日报》26日发表的报道指出，相信吴伯雄访问大陆期间，北京方面会就两岸关系释出更多善意，为下个月两岸全面复谈暖身。报道还从吴伯雄此次访问携带的礼物上揭示其中深刻的寓意。报道说，今次吴伯雄的大陆行，将向胡锦涛赠送两份礼物，第一份是台东的名产"太峰茶"，取其"两岸太平、再造巅峰"的意思；另一份礼物，则是由台湾陶艺家孙超创作的结晶釉画"雨过天晴"，这幅山水画正是雨过天晴的景象，寓意当前的两岸关系发展。

对于26日吴伯雄率团出发的情况，岛内媒体纷纷予以报道。"中央社"的报道说，吴伯雄上午9时抵达桃园机场，国民党荣誉主席连战到机场送行，并短暂会谈。吴伯雄在登机前说，这次率领访问团到大陆，两岸总是对彼此来说都很重要，特别是中国大陆有地震灾情在抢救复建时，我们要抓紧此一时机，推动两岸关系良性互动；这次四川地震，台湾人民展现的关怀，对此次行程有很大的助益，他表示感谢，也深感责任重大，不过会以平常心尽心尽力扮演好自己的角色。吴伯雄还期盼说，希望此行有助于两岸和平发展和稳定，有助于台湾安全和人民福祉，有助于国民党大陆政策的推动，也让总统马英九的竞选诺言可以兑现。

（三）

26日下午，吴伯雄一行16人乘东方航空公司包机抵达南京禄口机场，开始对大陆为期6天的访问。

收音机舱门打开，吴伯雄边步下舷梯边向停机坪上欢迎的人群挥手致意，人们以热烈的掌声、美丽的鲜花、热情的问候欢迎吴伯雄主席一行的来访。

受中共中央和胡锦涛总书记委托，中台办主任陈云林和中台办常务副主任郑立中、江苏省委副书记王国生以及江苏台商代表等早已在机场迎候。

吴伯雄走下舷梯后，陈云林迎上前去，与吴伯雄热情握手、拥抱。在停机坪鲜花环绕的临时演讲台上，陈云林说，吴伯雄主席提议，请大家为汶川地震中遇难同胞默哀。访问团一行16人与现场欢迎人员严肃地为遇难同胞默哀3分钟。

随后，吴伯雄发表讲话说，在两岸关系出现新契机时，大家要把握这一契机，正视历史、面对现实、展望将来。希望两岸不断努力，在"九二共识"之下，搁置争议、求同存异、创造双赢。虽然困难很多，但只要我们双方诚心化解，两岸和平发展一定会越来越有前途。

陈云林在致辞时表示，吴伯雄主席和访问团一行带着台湾2300万同胞求和平、求安定、求发展，希望两岸互惠双赢、共创未来的良好愿望前来，我们深信这次访问必将在新形势下促进国共两党进一步交流、沟通与合作，续写新的华章，为两岸关系和平发展作出重要贡献。

26日晚，江苏省委书记梁保华等在南京金陵饭店会见了吴伯雄主席一行。梁保华首先向客人介绍了江苏省经济社会发展和苏台两地交流合作的情况，充分肯定了台商对江苏经济社会发展所作出的贡献。他表示，两岸关系发展的良好势头，江苏新一轮改革发展的需求，为苏台经贸、文化、教育、科技等各个领域的交流合作提供了更为广阔的前景。他希望两岸同胞携手同心，共同努力，为两岸的共同繁荣，为两岸关系的和平发展，为实现中华民族的伟大复兴，作出新的更大贡献。

吴伯雄说，国民党对南京有特殊的感情，这里长眠着两岸共同崇敬的伟人孙中山先生，他的胸襟和理想始终是我们学习、遵循的目标。当前两岸关系发展出现新的契机，我们要珍惜把握，一起来努力。希望双方能正视历史、面对现实、展望未来，不断累积善意，展开良性互动，建立互信，创造双赢。

会见后，梁保华等省委领导设宴为吴伯雄主席一行接风洗尘。

初夏时节的南京中山陵，草木葱茏，松柏掩映，显得格外庄严肃穆。27日上午8时，吴伯雄主席一行在中台办常务副主任郑立中、江苏省委副书记王国生等陪同下来到这里拜谒。

"伯雄加油！""国民党加油！""中国万岁！"……访问团到达中山陵的一刻，刚一下车，民众热情的欢呼声就响了起来。两位江苏青年干部管理学院的大二学生在人群中格外显眼，一个打着"伯雄"的标语，另一个打着"你好"的标语，他们说，这些标语是宿舍同学连夜赶做的。

66岁的南京市民武子凌早晨6点就赶到中山陵，就是为了向远道而来的中国国民党客人表示欢迎。他已过世的父亲曾是参加过辛亥革命的老国民党员，因此武子凌一向关注台海局势和两岸关系。他告诉记者，今天特意赶来向吴伯雄主席表示欢迎，为他们加油。

有亲属在台湾的南京市民汪成美不停地高喊"中华民族大团结万岁"，他还特意准备了好多表达心愿的小纸条，上面写着"国共携手合作，共同开创新时代，振兴大中华！"

在南京市民一片欢呼致意声中，8时20分许，吴伯雄一行抵达中山陵博爱广场，随后穿过刻着孙中山先生手书"博爱"二字的牌坊，缓缓踏上墓道，来到陵墓的正门。横悬着"天下为公"牌匾的中山陵正门，今天为贵宾们打开中门，以示礼遇。正门之后，苍松翠柏掩映中，中山陵392级石阶一眼望不到头，石阶之顶就是中山先生的祭坛。

在访问团登陵过程中，也有民众夹道随行，不断呼喊"加油"。吴伯雄不时向人们相视微笑、挥手致意。69岁的吴伯雄一直为腰部骨刺所苦，平常连走路都会不舒服。幕僚们事先都担心，此番谒陵，不啻是对吴伯雄体力的考验。

在大批记者的簇拥下，身着庄严的深色西装的访问团一行缓步拾级而上。吴伯雄走在最前面，倾听讲解员的解说，时而抬头凝视峰顶，时而与团员笑语，一路面带微笑，全无难色。天气湿热，访问团成员几次歇脚擦汗。一名记者趁机问："吴主席，累不累？"吴伯雄大声回答："累，算什么？"访问团只花了大约20分钟的时间就登上了中山陵，过程比大家预想的要轻松许多。

步入祭堂，面对孙中山坐像，访问团成员肃然而立。祭祀典礼开始，吴伯雄首先向孙中山先生坐像敬献了金菊编成的花环，接着司仪恭读祭文，"三顾台湾，呼朋聚义"，"振兴中华，煌煌奇功"，祭文歌颂了孙中山先生的丰功伟绩和高风亮节。之后访问团成员向孙中山先生坐像行三鞠躬礼，并默念一分钟。金黄的花朵，淡淡的花香，祭堂内气氛肃穆，静谧无声。拜谒完毕，步出祭堂，吴伯雄在祭堂前挥毫题字："天下为公，人民最大"。他说，这是中山先生的思想写照，也是国民党的承诺，而汶川地震发生后，大陆领导人在灾区前线救灾，不怕危险，也是"人民最大"的表现。

回到博爱广场，吴伯雄发表了简短讲话。他说，两岸必须正视历史，面对现实，开创未来。南京把中山陵维护得这样好，"让我们很感动，这就是正视历史的最好证明。"

吴伯雄说，汶川地震后，国民党中央第一时间致电表达关切和慰问，台湾民间也自动、自发支持灾区，这种感情发自自然，令人感动。"两岸同属中华民族，血缘相连，这是任何人都不能抹煞的。"

吴伯雄说，明年是中山先生安葬中山陵80周年，中国国民党届时将组织更大的代表团来这里参加纪念活动。相信那时已实现直飞，来这里会更加方便。

吴伯雄讲话时，民众加油声甚至一度盖过了音箱。吴伯雄讲到台湾人民对四川地震灾区的关怀和援助时，民众报以热烈的掌声，有人大声喊"谢谢"。面对热情的市民，吴伯雄深情地说："我们邀请南京市民多到台湾来观光旅游，我们一定会热情招待。"

访问团祭陵完毕走下台阶时，一位头发花白的老先生喊道："希望马英九先生早日来大陆访问。"引起访问团一阵会心的笑声，吴伯雄回答说："我会转达！"

9时30分，吴伯雄一行在南京市民热情的欢呼和热烈的掌声中离开了中山陵。

（四）

27日下午，吴伯雄一行乘坐包机抵达北京首都机场。中台办主任陈云林、常务副主任郑立中，北京市委副书记王安顺等到机场迎接。照例是美丽的鲜花、灿烂的笑容、热烈的掌声和热情的问候。

陈云林在欢迎仪式上致辞时说，访问团的到来，使两岸同胞的感情更加拉近，使全世界华人炽热的目光再次聚焦两岸关系和平发展的进程。他说，3年前，中国国民党主席连战先生率中国国民党代表团访问大陆，两党领导人在北京进行了历史性的会面、会谈，双方发表了两岸和平发展五项共同愿景，指明了两岸关系发展的大方向。3年来，两党按照五项愿景的精神，为两岸同胞谋福祉，为台海地区谋和平，赢得了两岸同胞的共同赞许。

陈云林指出，吴伯雄主席一直是两岸和平发展的重要推手。在国民党重新获得政权不久，他就率领国民党大陆访问团应邀来访，充分体现和反映了两党愿在新的历史条件下，承担起两岸人民交付的共同创造我们民族伟大未来的历史重任。我们期盼并坚信，正确的历史应该而且一定能够继续写下去，美好的愿望一定会最终得到实现。我们衷心祝愿访问团在北京的访问圆满成功。

吴伯雄随后在讲话中指出，访问团此时到北京访问具有非常重大的意义。在两岸呈现新契机之时，我们不能浪费这一契机，而要继续努力进行良性互动。他说，两岸之间有很多历史造成的问题，不可能一蹴而就。但我们没有理由让两岸人民有利的事务停滞不前，应该用智慧来搁置争议，通过不断的善意互动，累积互信。

吴伯雄表示，两个多月后，北京奥运会就要举行，目前准备工作正在顺利展开。我们愿意带来台湾人民的祝福，希望北京奥运会是非常成功的一次奥运会。

当天下午，中共中央政治局常委、全国政协主席贾庆林在钓鱼台国宾馆会见了吴伯雄主席一行。贾庆林说，在台湾局势发生积极变化、两岸关系呈现良好发展势头的形势下，吴伯雄主席应中共中央和胡锦涛总书记的邀请率团来访，意义重大。国共两党应当牢牢把握两岸关系和平发展的主题，不辜负两岸同胞寄予的厚望，悉心维护两岸关系发展的良好势头，抓住和用好难得的机遇，再接再厉，共同努力开创两岸和平发展的新局面。

会见时，吴伯雄再次表达对四川汶川地震灾情的关切和对受灾同胞的慰问。贾庆林对此表示感谢。他说，中国国民党中央委员会在震灾发生当天立即发来慰问电，台湾同胞纷纷以各种方式表达关爱之情、伸出援助之手，充分体现了两岸同胞血浓于水、患难与共的骨肉亲情。我向广大台湾同胞表示衷心感谢。

贾庆林积极评价吴伯雄此访首先到南京致谒中山陵。贾庆林说，中山先生毕生致力于中国的民族独立、国家统一、中华振兴，今天仍然激励着我们为实现中华民族的伟大复兴而不懈奋斗。

贾庆林高度评价吴伯雄为推动两岸关系改善和发展作出的重要贡献。他指出，国民党坚持反对"台湾"、认同"九二共识"、主张发展两岸关系的立场和政策，得到了大多数台湾同胞的支持。贾庆林表示，发展经济、改善民生，是两岸面临的最重要的任务。两岸双方要采取切实的积极措施，努力实现两岸经济互利双赢，增进和扩大两岸同胞的共同利益。当前，台湾各界十分期待两岸周末包机和大陆居民赴台旅游早日实现。我相信，通过两岸双方共同努力，就能够办成这两件好事，满足台湾同胞的愿望，增进两岸同胞的福祉。

吴伯雄说，在新的形势下，国共两党应加强交流对话，继续开展基层党组织交流，探讨解决两岸民众关注的问题。

贾庆林对吴伯雄关于加强国共两党交流对话的意见表示赞同。他说，3年来，国共两党积极落实两党领导人发布的"两岸和平发展共同愿景"，向两岸同胞展现了推动两岸关系和平发展的决心和诚意，对推动两岸经济文化等领域的交流合作发挥了积极的作用，对促进两岸关系朝和平稳定方向发展产生了十分重要的影响。今后，国共两党的对话应进一步深入，两党基层组织的交流应当进一步加强，使之成为鼓舞和带动两岸各界加强交往、扩大合作的重要渠道，成为共同促进两岸关系和平发展的重要推动力量。

贾庆林强调，国共两党应当坚定地沿着两岸关系和平发展的正确方向迈进。胡锦涛总书记提出，两岸双方应当建立互信、搁置争议、求同存异、共创双赢。马英九先生对此作出了积极回应。我相信，只要国共两党、两岸双方都以两岸同胞福祉为念、以两岸关系和平发展大局为重，就一定能够克服前进道路上的各种阻碍，找到化解矛盾、解决问题的办法，使两岸同胞的感情更融洽、合作更深化，使两岸关系和平发展的道路越走越宽广。

会见结束后，贾庆林在钓鱼台国宾馆宴请了吴伯雄主席和访问团一行。

28日上午9时，吴伯雄主席一行来到位于北京长安街和西四环交汇处的奥运会棒球场。初夏的北京阳光热情而柔和，到处洋溢着温馨而喜庆的气氛。

场馆方面担心吴伯雄主席腰部骨刺会引起久坐不适，很贴心地为他准备了座椅靠垫，让他很感动。参观棒球场时，吴伯雄表现得相当轻松和高兴。在听取场馆工作人员介绍时，他频频点头，并不时环顾场地四周，偶尔还微笑着与陪同人员低头交流。

在2号场地的贵宾看台上，听完棒球场的介绍后，吴伯雄还获赠一枚棒球作为纪念。吴伯雄笑容可掬地回答了记者的现场提问。

　　吴伯雄用棒球术语"暴投"巧妙表达对两岸关系的看法。"暴投"是指投球偏离本垒板令投球手无法接住球。吴伯雄说，北京的奥运场馆中，五棵松棒球场是台湾民众最关注的地方，因为中华台北队将在这里一展身手。我们不希望看到"暴投"的情况发生，就像两岸关系，也不要发生"暴投"的情况。

　　吴伯雄说，我本人也是个棒球迷，我看电视的时间大部分花在美国职棒大联盟扬基队的台湾选手王建民身上。有记者问：对中华台北队有何期待？吴伯雄回答：北京奥运棒球赛强手如林，希望我们的球队能全力以赴，相信北京的观众届时也会为中华台北队热情加油。有记者问：您时候是不是做过投手？吴伯雄回答：我拿过桃园县的少棒冠军，不过那是五十几年前的事了。

　　在台湾，众多民众喜爱棒球，堪称"万千宠爱在一身"，就像大陆民众喜爱乒乓球、排球一样。有人比较说，大陆有"女排精神"，台湾有"棒球精神"；大陆有NBA的姚明，台湾有MLB的王建民。2008年3月12日，中华台北队在奥运会棒球预选赛中顺利晋级，台湾球迷马上打出"北京，我们来啦！"的横幅，表达他们的欣喜与自信。自此，北京五棵松棒球场便成为台湾球迷心中的圣地。台湾棒球界提出要组织万人奥运棒球加油团，台北旅行社推出"奥运棒球加油团"项目，台湾的国际奥委会委员吴经国先生更希望届时1.2万个座位都能坐满，希望大陆球迷一起为台湾选手加油。

　　吴伯雄在离开五棵松棒球场时，还邀请记者一起去参观"水立方"和"鸟巢"。他笑着向记者说："那里的场馆也很值得看喔！"

　　上午10时左右，吴伯雄主席一行进入"鸟巢"。为迎接贵宾，体育场主席台铺上红地毯，巨大的电子屏幕上打出了"热烈欢迎中国国民党大陆访问团"的大型标语。他们首先在二层的观礼台俯瞰体育馆的全貌，听取工作人员讲解"鸟巢"的结构。国民党中评会主席团主席林澄枝等几位团员还在红灰相间的座椅上试坐一番，提前体验看比赛的感觉。

　　随后，吴伯雄和访问团成员缓步通过观众通道，走到等候在跑道上的记者面前，与记者亲切互动。记者问，吴主席对"鸟巢"有什么印象？吴伯雄说，"鸟巢"的钢骨结构他以前从来没有见过，很壮观。"悉尼、墨尔本、东京、汉城的奥运会主场馆我都去过，但是鸟巢是最大、最雄伟的。"吴伯雄同时也预祝世界各地的体育选手，尤其是中华台北队的健儿们，能够在北京奥运会的赛场上取得好成绩，也希望所有的人为他们加油打气。被问到是否会来观看北京奥运会时，吴伯雄表示，非常期待到时能来。

步出"鸟巢",吴伯雄一行来到奥林匹克公园中心区,观赏了铜塑"水袖"。这座由台湾艺术家杨英风设计的雕塑,一个月前由中国国民党荣誉主席连战揭幕安放于此,寄托了台湾同胞对北京奥运会的美好祝愿,让吴伯雄一行备感亲切。吴伯雄一行绕雕塑一周,并在"水袖"前笑容可掬地合影留念。

步出"鸟巢"后,吴伯雄再次深情地说:"北京的奥运会,有我们来自台湾的祝福。祝愿北京奥运顺利、成功!"

当天上午,中共中央政治局委员、北京市委书记、北京奥组委主席刘淇在北京饭店会见了吴伯雄主席一行。刘淇代表中共北京市委和全市人民,热烈欢迎吴伯雄主席及访问团成员来北京访问。他介绍了北京市援助四川抗震救灾、筹备奥运会和奥运圣火传递的情况。他说,经过七年多的筹备,奥运会各项准备工作目前已基本就绪。台湾同胞多年来给予北京奥运会筹备工作大力支持和帮助,真诚地欢迎台湾同胞光临奥运会。

刘淇表示,经过多年努力,京台交流合作已经覆盖经济、科技、教育、文化等多方面,具备了进一步发展的良好基础。去年,京台两地贸易额达28.8亿美元。截至去年底,北京市已累计批准各类台商投资企业两千两百多家,总投资额达26亿美元。欢迎台湾同胞到北京发展,北京愿尽最大努力发展京台两地间的合作关系,为维护两岸同胞共同福祉作出应有的贡献。

吴伯雄对北京市的热情接待表示感谢,并代表中国国民党和台湾同胞真心祝愿北京奥运会成功举办。他说,台湾民众都能感受到来自北京的热情邀请,期待来自台北的健儿能在北京奥运会上有出色表现。国民党将把握两岸关系发展的新契机,秉持国共两党领导人发布的"两岸和平发展共同愿景",积极推动两岸关系发展,加强京台互动、交流。

中共北京市委副书记、市长郭金龙等会见时在座。

(五)

28日下午3点半,胡锦涛在人民大会堂迎宾厅会见吴伯雄主席和他率领的中国国民党大陆访问团全体成员,并与访问团成员逐一握手、合影留念。随后,胡锦涛同吴伯雄在北京厅举行会谈。

胡锦涛首先代表中共中央对吴伯雄率团前来大陆访问表示热烈欢迎。他说,吴主席首次以国民党主席的身份率团来访,是新形势下国共两党关系和两岸关系的一件大事。希望我们能够在国共两党以往交流对话的基础上就新形势下促进两岸关系改善和发展深入交换意见,共同面向未来,努力推动两岸关系和平发展。

　　吴伯雄代表中国国民党和台湾同胞向汶川地震灾区同胞致以慰问。他表示，两岸同胞同属中华民族，国民党和台湾各界将积极协助灾后重建工作。

　　胡锦涛表示，当前，大陆同胞正全力以赴开展抗震救灾工作，各项工作正在有序进行。地震发生后的当天下午，中国国民党中央委员会立即发来慰问电。台湾社会各界以各种方式表达对地震灾区同胞的关心和慰问，给予慷慨援助和支持。广大台湾同胞的爱心和善举感人至深。我代表大陆同胞特别是灾区同胞，向广大台湾同胞表示衷心感谢。我们对在这次震灾中2890多名在四川境内的台湾同胞得到及时救助、平安返回台湾感到很欣慰，对两名台湾同胞不幸遇难感到很悲痛。我谨向遇难的台湾同胞表示深切哀悼，向他们的家属表示诚挚慰问。

　　胡锦涛指出，这次汶川大地震给我们带来了巨大伤痛，也使全民族更加紧密地团结在一起。包括台湾同胞在内的全体中华儿女在患难之时体现出的同胞之爱、手足之情格外珍贵。这不仅是中华民族团结互助、共克时艰的精神力量，也将成为两岸同胞相互扶持、携手合作、共同开创两岸关系美好未来的强大动力。

　　吴伯雄表示，两岸关系拨云见日、雨过天晴，建立互信、创新合作的时刻已经来临，台湾的主流民意期待两岸关系走向善意互动。国民党已经将2005年4月国共两党领导人共同发布的"两岸和平发展共同愿景"正式列入党的政纲，这不仅是对台湾民众而且是对两岸同胞作出的承诺。我这次来访，要特别强调国民党将一如既往继续加以推动落实。期盼两岸在"九二共识"基础上搁置争议、追求双赢，希望中断多年的两岸协商尽快恢复，在7月份实现两岸周末包机、大陆居民赴台旅游，并让深受台湾各界、特别是小朋友们喜爱的大熊猫尽早到台湾定居，在适当时候邀请海协会长访问台湾。

　　胡锦涛高度肯定吴伯雄为促进国共两党交流对话和两岸关系朝着和平稳定方向发展作出的重要贡献，高度肯定国民党坚持"两岸和平发展共同愿景"所指引的两岸关系发展方向。他说，事实证明，国民党反对"台独"、坚持"九二共识"、积极发展两岸关系的立场和主张，得到了大多数台湾民众的肯定。

　　胡锦涛强调，"两岸和平发展共同愿景"奠定了国共两党交往的政治基础，也是两党向两岸同胞作出的庄严承诺。在新的形势下，国共两党应该共同把握和用好难得的历史机遇，继续依循并切实落实"两岸和平发展共同愿景"，开创两岸关系和平发展新局面，为两岸同胞谋福祉、为台海地区谋和平，不辜负两岸同胞的期待。

胡锦涛强调，国共两党和两岸双方应该共同努力，建立互信、搁置争议、求同存异、共创双赢。首先要建立互信，这对推动两岸关系和平发展至关重要。反对"台独"、坚持"九二共识"，是双方建立互信的根本基础。只要在这个核心问题上立场一致，其他事情都好商量。其次要搁置争议。必须看到，两岸关系发展中还存在一些历史遗留问题，也还可能遇到一些新情况，新问题，其中一些症结问题一时不易解决。我们应该以实事求是的态度，务实面对，妥善处理。搁置争议需要政治智慧。希望双方都能够从两岸关系和平发展大局出发，把握好这一点。有了互信，再加上搁置争议，双方就能够求同存异，也就能够通过交流和协商不断累积共识，共创双赢。

　　胡锦涛指出，当前，恢复两岸协商谈判并取得实际成果，是两岸关系改善和发展的重要标志。我们应该在"九二共识"基础上尽快恢复海协会和海基会的交往协商，通过平等协商务实解决两岸间的有关问题。两会恢复协商后，首先要解决当前两岸同胞最为关心的两岸周末包机、大陆居民赴台旅游问题。只要双方共同努力，这两件事完全可以在最短时间内办成、办好。希望今后两会制度化协商能够顺利推进，不断取得成果，并在双方方便的时候进行两会领导人互访。台湾同胞期盼大陆同胞赠送的一对大熊猫"团团"和"圆圆"尽早到台湾去，我们会积极促成。

　　吴伯雄表示，一些台湾民众对两岸关系发展存在疑虑，国民党也十分重视台湾民众普遍关心的参与国际活动的问题。但国民党反对有人将"台湾意识"扭曲成"台独意识"。希望能通过两岸扩大交流、互惠合作、互利双赢，不断产生正面效益，化解一些台湾民众的疑虑。

　　胡锦涛表示，关于台湾同胞参与国际活动的问题，我们了解台湾同胞在这个问题上的感受。"两岸和平发展共同愿景"中已经明确，"促进恢复两岸协商后，讨论台湾民众关心的参与国际活动的问题，包括优先讨论参与世界卫生组织的问题"。我相信，双方共同努力，创造条件，通过两岸进行协商，这些问题会找到解决办法。

　　胡锦涛强调，中国共产党在发展两岸关系上始终坚持维护中华民族的根本利益、维护包括台湾同胞在内的全体中华儿女的共同利益。我们关心、尊重、信赖台湾同胞。对于一些台湾同胞在两岸关系问题上存在误解和疑虑，我们不仅会基于同胞情怀予以理解，而且会采取积极措施予以化解。

　　吴伯雄说，国共两党今后需要继续加强交流对话，适时举办两岸经贸文化论坛或和平论坛，继续开展基层党务交流，让两党的交流平台根基更加稳固，效益更加深远。两岸协商恢复后，双方的制度化协商和国共两党的交流

平台，应该同时发挥作用，就像两条腿走路，交替向前，可以行稳致远，这对两岸关系和平发展具有重要意义。希望两党共同努力，与两岸同胞携手共创和平、共促稳定、共谋发展、共享繁荣。

胡锦涛强调，2005年以来，国共两党举办论坛、开展基层党务交流取得了良好成效，对促进两岸关系发展产生了重要影响。新形势下，国共两党应该继续交流对话，发挥交流平台的作用。真诚希望国共两党以两岸同胞福祉和中华民族根本利益为重，面向未来，积极努力，坚定不移地推动两岸关系和平发展，共同实现中华民族伟大复兴。

会谈中，吴伯雄对北京奥运会表示祝福。胡锦涛预祝台湾体育健儿在北京奥运会上取得优异成绩，并邀请吴伯雄出席北京奥运会开幕式。吴伯雄表示感谢，并愉快地接受了邀请。

会谈结束后，吴伯雄旋即率国民党秘书长吴敦义、副秘书长张荣恭、国民党文传会主委李建荣在北京饭店举行"中国国民党大陆访问团记者会"。吴伯雄介绍了与胡锦涛总书记会谈的情况后，回答了记者的提问。

吴伯雄介绍说，胡总书记和我们代表团的会谈进行了一个小时，我们对这次会谈非常满意。两岸过去有一段时间关系紧张，如今新的趋势和新的契机大家要好好掌握，在两岸和平稳健发展的正确道路上共同努力。现在两岸彼此都有共识，就是要赶快建立互信，把这几年破坏掉的赶快恢复；搁置争议，很多问题不是在短期甚至近几年内马上解决的就搁置，不能因为争议让很多关系到人民福祉的问题停滞不前。搁置争议后，求同存异，共同开创双赢的新的局面，这是两岸共同的需要。

吴伯雄说，会谈中双方共同认为，台湾海基会和大陆海协会制度性的协商应该早日恢复，大陆游客赴台、周末包机也要双方尽最大努力在短期内实现。他指出，胡总书记讲得很清楚，两会复谈尽快实现。一旦恢复协商，两会首先要解决的是周末包机、大陆观光客赴台这两个问题，这些问题要靠两会协商，我们在这里不能替他们作决定，但是只要双方全力以赴，我们有理由乐观，这是很快的事情。

吴伯雄说，两岸良性互动很重要。这次大陆震灾是很不幸的事情，但一方有难八方支援。胡总书记在会谈中尤其对台湾同胞发自内心对灾区的关切和以实际行动的支援表示感谢。此次灾区有两千多位台湾观光客，他们得到了大陆妥善照顾，很快返回台湾，但有两位台胞不幸遇难，胡总书记对此表示悲痛。而我们代表团一到大陆，第一个动作就是向此次地震中的遇难者默哀。本来要参加访问团的中国国民党副秘书长詹启贤这次没能来，他是一位名医，他今天带领医疗团队进入灾区。将来灾区复建工作，我们将联络岛内社会团体和热心人士继续关注。这就是良性互动。

吴伯雄说，我们今天参观了奥运场馆"鸟巢"和五棵松棒球场，我们由衷希望这次北京奥运会成功。一百多年前中华民族被称为"东亚病夫"，这次办一个成功的奥运会意义非常重大。希望来自台湾的健儿能够在北京奥运会上大展身手。本来我希望组织一个拉拉队，但胡总书记对我说，台湾不需要自组拉拉队，大陆老百姓是你们坚强的拉拉队，你们有主场优势。这就是良性互动。

吴伯雄介绍说，国共有一个平台对稳定两岸关系和台海局势非常重要，过去很多的时候两岸陷入紧张，是靠两党平台稳住局势。今后我们跟海基会和海协会的管道相辅相承，授权的事务只有两会能够签署，但两党的平台仍然重要，就像两只脚交互使用，这将对两岸关系的稳定发挥重要作用。所以两党论坛我们还会办，国共平台会继续存在。

吴伯雄表示，三年前"连胡会"发表的"五项愿景"，已经变成中国国民党的政纲，政纲是要推动的，我们会督促影响各方面遵守。我们要对台湾人民负责，也要对两岸和平负责。

谈到有关"九二共识"的问题是，吴伯雄指出，两岸要在"九二共识"的基础上恢复协商。

吴伯雄还说，十年前，辜汪二老在上海会面，辜振甫先生邀请汪道涵先生访问台湾，后来因为人所共知的原因没有成行。现在，新的契机出现了，假如海基会董事长江丙坤先生将来邀请海协会长访问台湾，我们会乐观其成。他说，国民党赢得选举来之不易，因为我们强调以感恩谦卑的态度重新出发。过去的失败我们会彻底反省，而这八年民进党失败的原因也会让我们警醒。

吴伯雄对此次大陆之行非常满意。他说，我还要特别说明一件事，这次来听到两只大熊猫"团团""圆圆"的情况不错，我回去后要向有关部门询问是否准备好了，大陆方面已经准备好了。

当天晚上，胡锦涛总书记宴请了吴伯雄主席和访问团主要成员。

（六）

胡锦涛总书记与吴伯雄主席的历史性会晤，在台湾引发广泛的兴奋和喜悦的回响。就在胡锦涛与吴伯雄会面的当时，台湾年代、东森、中天、民视、三立、TVBS等6家电视新闻台，都以现场直播的方式进行了报道。东森、中天等电视台从下午3点就开始联机而北京现场进行直播。会谈仅开始十几分钟，台湾"中央社"就发出了"吴胡会登场，讨论两会复谈与国共平台"的报道。报道说，胡锦涛特别对台湾人民关怀、参与四川地震赈灾表示感谢。他说，"天灾无情人有情，台湾同胞的爱心善举感人至深"，还对两名在震灾中罹难的台湾同胞的家属致意。胡锦涛认为，四川地震带来巨大伤痛，但包括台湾人民在内的全体中华儿女表现的同胞之爱、手足之情，尤其珍贵，这将是两岸共同开创两岸关系美好未来的动力。

29日，台湾的4大报《中国时报》、《联合报》、《自由时报》、《苹果日报》都以最重要的版面报道了"吴胡会"的消息，即使是被认为属于"八卦报纸"的《苹果日报》，也以头版头条配上大幅的"吴胡握手合照"来报道此事，大标题是"吴胡会敲定直航——北京、上海、厦门、广州"。各报概括会议成果的标题充满喜悦和兴奋之情，如"包机增南京，熊猫九月来"、"包机、观光获响应，胡允优先谈"、"回归制度，海基海协两会复谈，约在端午后"等比比皆是。连亲绿的《自由时报》网站都将包机、大陆观光客、参与世卫这些好消息的报道置于绿营人士担心"国共平台恐掏空台湾主权"的报道之前。

《联合报》又一次在头版发表长篇社论，以"孙中山的启示与国共共识的诠释"来概括"吴胡会"的成果。社论中强调吴伯雄所说的"两岸可永无战争"这句话："5月22日，本报社论曾请即将往访大陆的国民党主席吴伯雄带给中共总书记胡锦涛一句话：'两岸不会没有地震，但可以没有战争！'昨天，吴胡会登场，吴伯雄面对胡锦涛，在两岸电视直播的致辞中带到了这一句话。"

《中国时报》、"中央社"最关注的则是有关台湾可以参与世界卫生组织（WHO）的议题。29日《中国时报》的通栏标题的就是"胡承诺，台湾与WHO应有可行方式"，文章写道，"胡锦涛善意响应指出，关于台湾同胞参与国际活动问题，他们了解台湾同胞在这个问题上的感受"。文章还引用国民党副秘书长张荣恭转述胡锦涛的话说，"我愿意很负责地告诉吴主席，大陆始终坚持包括台湾同胞在内的中华儿女根本利益，不会把本土意识和'台独'意识混为一谈。"

29日一早，台湾的海基会就很不寻常地召开记者会，原来是在当天上午7时，台湾所有公务机关都还没有上班的时候，大陆海协会就已经来函，邀请该会董事长江丙坤6月11日至14日率团访问北京，"就两岸周末包机、大陆居民赴台旅游事宜进行商谈，并期待取得积极成果"，"胡吴会"上胡锦涛的允诺如此迅速地得到落实，令海基会精神振奋，江丙坤在记者会上兴奋地表示，他期待尽速完成两项协商，并于13日完成签署，这样7月4日完成周末包机直航"已经是不成问题的事"。

台湾媒体最关注的还有"胡吴会"中所表达的那种"两岸兄弟之情、血肉同胞的感情"。29日，《联合报》第二版整版文章的标题就说"震灾见真情，吴胡会谈，中华民族提不断"，报道中甚至统计胡吴两人提到"中华民族"的次数达十次之多。

香港《明报》29日发表题为《两岸多轨道沟通协商良性互动揭新的一页》的社论指出，胡锦涛总书记和吴伯雄主席在北京举行正式会谈，这是自1949年以来中国共产党和中国国民党以两岸执政党的身份首次会谈，极具历史意义，也为日后两岸互动揭开新的一页。

社论说，3年前，连战以国民党主席身份访问大陆，不过当时国民党在台湾是在野党，而这次吴伯雄的大陆之行情况就不一样了。国民党已经在地方政权和立法院占绝对优势，加上马英九当选总统，国民党在台湾完全执政，主导和落实大陆政策的力度将远超执政时期的民进党。

"胡吴会"同样引起国际舆论的高度关注和积极评价。美联社28日发表电讯说，台湾新执政党领导人会晤中国国家主席胡锦涛，表明两个竞争对手已经捐弃前嫌。吴伯雄此次来访旨在加强经济关系，但是电视直播的吴伯雄与胡锦涛之间的会谈表明访问也具有政治意义。

美国《世界日报》28日发表报道说，北京的对台政策已经变得越来越灵活，越来越柔软，吴伯雄这次大陆行，可以充分感受到北京对他以及国民党的重视，吴伯雄的工作之旅，势必成为两岸关系深化的一环。

华盛顿时间28日，美国太平洋司令基廷在五角大楼的记者会上被问到"胡锦涛与吴伯雄的会晤是否属正面迹象"时，基廷说，简单回答，的确是这样。他说，美军对于台湾新政府与中华人民共和国进行对话，深感鼓舞，美军也乐见台湾协助中国大陆灾后重建，"我们认为都是正面迹象"。

英国广播公司网站28日发表报道说，国民党主席吴伯雄正在对中国进行为期6天的里程碑访问。人们认为，吴伯雄此行是表明双方关系不断升温的又一个迹象。台湾新任总统马英九呼吁两岸共同开创和平新局面。

《俄罗斯报》28日发表题为《国民党造访共产党》的报道说，国民党与共产党这对宿敌之间的关系之所以好转，是因为8年前上台执政的民进党领导人陈水扁执意要"台独"，而国民党历来反对分裂。报道指出，台湾与中国大陆的经济合作正不断加深。减缓海峡两岸政治对抗的每一步都使统一变得更为现实，即便是在"一国两制"模式基础上的统一。

法新社28日发表报道说，在铺开红地毯的人民大会堂，使台湾海峡成为世界上潜在的一大引爆点的数十年关系紧张被搁置一边。周三的会晤是近几个月来大陆与台湾间紧张关系迅速缓和的一部分，"国民党在3月的总统大选中击败亲独立的民进党，触发了两岸关系的改善"。

新加坡《联合早报》29日发表社论说，实现两岸执政党领导人会面的中国国民党"雨过天晴之旅"，在"胡吴会"结束之后，果然向外界展示出"一道横跨两岸的彩虹"。社论说，国民党重获执政权以来，两岸关系的进展与变化可用"眼花缭乱"形容，吴伯雄此行，是国民党重新执政后众多有利两岸关系发展的集中体现。"胡吴会"亦将为新形势下国共政党交流平台的功能"立标尺"。在现今的两岸格局下，两会与国共平台两条腿齐行并进，"实应珍惜而不宜自废"。

（七）

在舆论一片好评如潮的声浪中，吴伯雄主席一行继续在大陆的行程。29日13时许，访问团一行乘包机抵达上海。中台办副主任王富卿等陪同访问团抵沪。上海市委副书记殷一璀率领有关方面人士和众多台商代表到机场热情迎接吴伯雄主席一行。

当天下午，吴伯雄主席一行来到位于上海红松东路的知名台资企业旺旺集团的大陆总部参观。吴伯雄在与企业负责人座谈时笑谈：来这里参观是要沾沾"旺"气，希望两岸关系也"旺"起来。

集团董事长蔡衍明向访问团一行介绍了企业在大陆生产、经营和发展的情况。该集团在大陆投资发展已有十余年的历史，在大陆各地设立工厂一百一十多家，投资总额截至去年底已超过16亿美元。蔡衍明在陪同吴伯雄一行参观产品陈列室时，用视频通讯连通旺旺各地的企业，欢迎吴伯雄一行到访。吴伯雄称赞旺旺集团的蔡衍明先生"粗犷的外表下有颗柔软的心"。吴伯雄说，旺旺集团在大陆有四万多名员工，成功地造就了很多就业机会。同时，每年对公益事业也相当慷慨，企业家事业的成功是社会的福气。

参观过程中，蔡衍明向吴伯雄表达了对于两岸直航的盼望。吴伯雄表示，今天上午海协会已致函海基会，邀请海基会负责人来京就两岸周末包机、大陆居民赴台旅游事宜进行商谈，企业界对于直航的期待"应该很快就会实现了"。

吴伯雄称赞旺旺集团董事长蔡衍明"有一颗柔软的心"，不仅是指该集团慷慨解囊热衷于社会公益事业，而且也指"5·12"大地震发生之后该集团和董事长本人的善举，地震发生后，他们立即通过国台办捐款500万元人民币，捐赠500万元人民币的食品，蔡衍明先生个人捐款1000万元港币。

当天晚上，中共中央政治局委员、上海市委书记俞正声在上海西郊宾馆会见了吴伯雄主席一行。

俞正声向客人介绍了上海经济社会发展情况和沪台两地交流合作情况，充分肯定了台商为上海发展作出的贡献。他说，台商在上海的事业发展很快，同时台商的发展也推动了上海的进一步发展，这是一个双赢的结果。他表示，上海将一如既往地支持、帮助台商在上海发展，促进沪台两地在经贸等方面的进一步合作。

俞正声表示，这次四川发生大地震，在沪台商踊跃捐款捐物，总值将近3亿元人民币，表现十分突出。

吴伯雄说，上海是享誉国际的大都市，经济持续高速发展，成就骄人。每一次到上海，上海都呈现新的面貌。洋山深水港、东海大桥等建设确实是大手笔、大气派。吴伯雄表示，两岸当前要抓住新的契机，搁置争议、求同存异、共创双赢，进一步推动和加强经济、文化等领域的交流与互动。希望未来上海与台湾之间来往更方便。

会见结束后，俞正声等上海领导人宴请了吴伯雄主席一行。

在即将结束访问返回台湾的5月30日晚上，吴伯雄主席在上海接受了人民日报、新华社等大陆媒体记者的联合采访。

在回答记者提出的"此行有什么收获？有没有感受到大陆方面的善意"的提问时，吴伯雄说：通过这次与胡锦涛总书记的会谈，我们深深感受到胡总书记在发展两岸关系上的善意以及他那种历史的高度和宏观的视野。根据胡总书记的主张，我们双方只要在"九二共识"基础上建立互信，其他的问题都好办，首先就可以尽快恢复两岸两会的商谈，解决两岸周末包机等经济问题。

吴伯雄说，8年来，由于众所周知的原因，两岸关系陷入低潮甚至倒退，这是很不幸的事情。但国共两党的交流对两岸关系起到了稳定作用。现在面对新的契机，国共两党将为推动两岸关系发展发挥更加积极的作用。

吴伯雄指出，今年台湾的两次选举证明，绝大多数的台湾民众认同中国国民党的主张，就是两岸可以和平发展，避免冲突，追求双赢。我们觉得彼此都有足够的智慧，不断求同存异，化异为同。3年前，国共两党领导人共同发布了"两岸和平发展共同愿景"，这五项愿景已列入国民党党纲，成为我

们对两岸人民的承诺，国民党会积极为台湾人民谋福祉，为两岸人民谋和平。

吴伯雄高兴地说，两岸关系现在可以说是拨云见日、雨过天晴，我们要好好珍惜，只要我们共同努力，两岸关系一定会越来越好！

记者提出"四川发生地震后，台湾同胞毫不犹豫地伸援助之手，请问这份情感从何而来"的问题时，吴伯雄答道，四川发生严重的地震灾害，连国际社会都十分关注，何况是一水之隔的台湾。我想台湾民众自动自发地捐款捐物，是一种自然的反应，真情的流露，毕竟同属中华民族，炎黄子孙。再说台湾也遭受过"9·21"大地震，对地震所造成的生命和财产的损失有着深切感受。所以我们访问团第一站到南京，一下飞机就为地震罹难者默哀。今天我又专门到宜兴大觉寺做法会，以虔诚之心，为地震的往生者慰灵，为受灾民众祈福。希望他们加油，一定要振作起来！

在回答记者提出的"您对北京奥运会有何期许"的问题时，吴伯雄说，我发自内心希望北京奥运会成功，并成为有史以来最成功的一届奥运会，也希望台湾运动健儿届时能有好的表现。实际上台湾在棒球、跆拳道、射箭等项目上有夺牌的机会，我相信大陆观众一定会给予他们支持和爱护，让台湾选手在北京也可以拥有主动优势。

吴伯雄主席一行结束在大陆6天的访问行程后，5月31日今晚返回台湾，晚间即向马英九说明此行过程，随行的国民党副主席关中、林丰正，以及秘书长吴敦义、副秘书长张荣恭等参加。萧万长、刘兆玄等人陪同接见。

马英九询问包机直航和大陆观光客来台的问题，吴伯雄说，一切就等海基会董事长江丙坤去大陆再说，原则已经确定，中共总书记胡锦涛说要最迅速、最积极地办好这些事情。

吴伯雄说，台湾人民在四川震灾后踊跃捐款，让大陆人民很感动，"这次去的氛围很好"。他表示，萧万长在博鳌论坛的表现，马英九提出的几个原则与就职演说的说法，大陆方面期待建立互信，讲话要算话，并且提出要搁置争议、求同存异、共创双赢。他们强调，最重要的是要坚持"九二共识"这个原则。

马英九称赞吴伯雄此行圆满成功，高度评价吴主席作出的贡献，热情地慰勉吴伯雄主席一行的辛劳。

5月30日，在国台办举行的例行记者会上，发言人杨毅在回答记者提问时指出，胡锦涛总书记与吴伯雄主席举行的会谈，就促进两岸关系改善和发展达成了广泛共识，意义重大。

杨毅说这些共识主要包括，第一，双方都认为，当前两岸关系良好发展势头来之不易，两岸都应当把握好这一难得的重要机遇，建立互信、搁置争议、求同存异、共创双赢，为两岸同胞谋福祉，为台海地区谋和平，两党都反对损害两岸同胞利益的"台独"分裂活动。

第二，国共两党应当继续推动落实"两岸和平发展共同愿景"，面向未来，努力推动两岸关系和平发展。

第三，双方一致认为，应当在"九二共识"基础上尽快恢复两岸协商，首先积极促进两岸周末包机和大陆居民赴台旅游及早实现。希望两岸制度化协商能够顺利进行，务实解决两岸之间有关问题，不断取得成果。

第四，国共两党应当继续加强交流对话，累积共识，增强互信，推进合作，为推动两岸关系和平发展承担起更大的责任。

第五，国共两党都希望，两岸同胞携起手来，加强经济文化等领域的交流合作，实现互利双赢，促进两岸共同繁荣发展，共同开创两岸关系和平发展的美好未来。

四、两岸两会复谈取得了实实在在的成果，在两岸关系的史册上写下了光辉的篇章

（一）

自2008年5月29日台湾海基会在记者会上公布了应大陆海协会之邀江丙坤董事长于6月11日至14日率团访问北京，"就两岸周末包机、大陆居民赴台旅游事宜进行商谈"的消息后，立刻引起海内外舆论的高度关注和热烈评论。进入6月以后，媒体的评论更加热烈而绵密。

6月4日出版的新加坡《联合早报》发表题为《台海两岸的新篇章》的文章指出，5月20日台湾总统马英九就职典礼以"人民奋起，台湾新生"为题发表的就职演讲，表明了对台海两岸采取的新立场，广受全球华人瞩目。最引人关注的是，马英九以"中华民族"的高视角，审视两岸的未来。这是他主动率先提出的。对马英九而言，这个立场并不"新"，是他向来的主张；但在庄严的就职典礼上正式宣示，则别具"新"意。所谓"新"，是与过去8年陈水扁政府的施政方针对比而得出来的。文章说，民进党在"总统"大选中兵败如山倒，民心所向，是非对错，还需争辩吗？在"台独"意识的指导下，内外交困。对外，9个"邦交国"和台湾"断交"，8年换了4名"外交部长"，"业绩斐然"，消耗政府资源之外，还使台湾声誉严重受损；对内，

政府负债累累，入不敷出，财库空虚，有数为据。结果，"爱台湾"变成了"害台湾"，"台独"变成了"台毒"，阿扁一败涂地，黯然卸任。

文章以赞许的口气写道，马英九登场后，准备多时的国民党主席吴伯雄立即组团访问北京，受到共产党总书记胡锦涛的热诚接待。国共两党北京的聚会商谈，握手寒暄，"一笑泯恩仇"，以民族感情为先，暂将政治搁置一旁。媒体形容胡锦涛总书记招待吴伯雄主席等的晚宴气氛如同一家人的欢聚一样，闲话家常。"瀛台夜宴"是一个令人动情的开始。

6月5日出版的香港《市民日报》发表题为《对台新人事安排凸显先经济后政治实效作用》的社论说，大陆海协会完成人事改组，陈云林出任海协会会长，原外交部副部长王毅出任中共中央台办与国务院台办主任，北京对台工作新团队，第一项重任即迎接本月11日至14日举行的两会复谈，届时，台方海基会董事长江丙坤将率团抵京赴会。社论指出，台方对大陆两项人事任免，反应良好，国民党及海基会董事长江丙坤即时致贺电。陈云林负责对台事务14年，是台湾的老相识，台方需要一个人脉关系熟络的对手，说起话来方便，何况陈是资深官员，对两岸问题充分掌握。对来自外交系统的王毅，台方寄望对解决国际活动空间问题有助突破。

社论说，王毅由外交部副部长转职台办主任，显示北京大力启用外交人才主理两岸工作。外界认为，王毅的灵活手段适宜处理两岸新形势下的复杂谈判，某些问题需要"模糊"时如何"模糊"，包括台方参与国际活动问题，在涉及"一个中国"原则时聪明化解，但又不留尾巴为日后"台独"分子制造"两个中国"所利用，这方面富有经验的外交官更能胜任。

台湾东森新闻报道，海基会副董事长兼秘书长高孔廉8日召开记者会，公布海基会赴北京会谈代表团19名团员名单，包括海基会董事长江丙坤、高孔廉及副秘书长张树棣、林淑闵、庞建国等人。而此次代表团中比较引人注目的则是，有多名官员将作为团员坐上谈判桌参与协商，其中包括以"海基会顾问"身份"登陆"的"陆委会副主席"傅栋成、"交通部政务次长"游芳来，这是两岸接触以来第一次有高官直接参与协商。"创下两岸协商谈判最高官员层级纪录"。

岛内媒体报道说，台湾方面对两岸两会复谈高度重视，9日上午，马英九特地率领"副总统"萧万长、"行政院长"刘兆玄、"国安会秘书长"苏起及"陆委会主席"赖幸媛等在"总统府"接见代表团成员。马英九表示，这次会谈是依据"九二共识"重新恢复协商，因此具有"搁置争议、求同存异"的意义。他特别提醒，"大家都在写历史，这次的任务，对台湾的未来有深远的影响，全民都在期待"。

对于这场"世纪会谈"，海内外媒体高度关注，两会公布的数据显示，已有126家媒体，432名记者报名参加海基会与海协会的复谈报道。记者人数之众，创下历年来两岸接触和谈判媒体采访人数最高纪录。众多记者中，大陆媒体有47家、记者140人，台湾媒体29家、记者106人，港澳媒体22家、记者79人，外国媒体28家、记者107人。

6月11日上午9时，江丙坤一行抵达台北桃园机场准备启程。身为海基会委托授权的上级单位"陆委会"，其"主委"赖幸媛一大早就先行抵达机场准备送机。

启程前，江丙坤在机场发表谈话时表示，深感此行责任重大，希望两会协商能推动两岸共创双赢，使两岸人民有更好的生活。他说，此次为期4天的行程是一个"新的开始"，他定位为两岸"互信协商之旅"，目的是要让两岸和平共荣，因为两岸关系不只影响两岸经贸交流和台湾的经济发展，而且对亚太地区和国际局势的稳定有很重要的意义。他指出，这次协商后两会"当然会陆续有第二次、第三次的协商"。

随后，赖幸媛致辞说，这次两会重启协商，是一次历史的新页，海基会此行肩负着人民的期待，可谓是任重道远。

当天下午15时许，江丙坤一行乘澳门航空班机抵达北京首都机场。海协会常务副会长郑立中，驻会副会长李炳才，副会长王富卿、王在希、安民，副秘书长王小兵、马晓光、张胜林等到机场热情迎接江丙坤一行。现场打出"欢迎海峡交流基金会代表团"的横幅。美丽的鲜花、热情的笑脸、热烈的掌声，让江丙坤一行异常感动，他们走下飞机，与海协会人员一一握手，互致问候。

现场有记者问："董事长，是不是历史性的一刻？"江丙坤微笑着向众多的记者挥手致意，虽然没有明确的回答，但在笑容满面的脸上已经写出明确的答案。

当天，许多媒体发表了热情洋溢的评论。新华社发表的题为《两岸中国人，"心桥"永不断》的短评让读者感动不已。短评说，到过杭州西湖的人都知道，"断桥"其实不断。在国共两党和两岸同胞的共同努力下，今年3月以来台湾局势发生了积极变化，两岸关系发展面临着难得的历史机遇。和煦的春风再度吹拂台海，曾经覆盖在两岸沟通之桥上的积雪开始融化，两会将于12日正式恢复协商谈判。两岸同胞欣喜地看到，断桥不断，仍将通连两岸，造福两岸同胞。

短评说，9年来，两岸关系曾经阴霾密布、乌云飞渡，如今终于拨云见日、雨过天晴。这当中固然有大陆方面和岛内反对"台独"、坚持"九二共识"、主张发展两岸关系的政党和人士扮演重要"推手"，但其根本原因则是两岸同胞血脉相连、命运与共，这是任何人都不能改变的。尽管分隔了许多年，但两岸中国人之间的"心桥"从来不断，也永远不会断。

短评最后说，初夏之时，蕙风和畅。两会恢复往来与商谈，并且有望取得实实在在的成果，延续新形势下两岸关系和平发展的好势头。人们有信心期待两会此次协商顺利成功，更有理由期许今后两岸沟通之桥越走越宽阔、越来越顺畅，"为同胞谋和平，为两岸创双赢，为台海争和谐，为中华开太平。"

当天，台湾《联合报》发表文章指出，江丙坤此行的意义，绝对不只是签署包机和观光这两纸协议。"制度性协商"的恢复，才是在台湾"大选"后，两岸共同追求的目标。文章说，上一次两岸签订协议是1993年新加坡辜汪会谈，上一次海基会董事长与海协会领导人见面是1998年辜振甫访问北京。由此可见，江丙坤此行，将两岸关系推上新高点。

同日出版的台湾《联合晚报》发表社论指出，这次两会复谈"修补了李登辉时代后期断开的两岸关系"，也是"陈水扁时代做不到的事"，意义重大。

当天的台湾《中国时报》在相关分析文章中指出，两岸以"九二共识"为复谈基础，跨越了政治纷争，两会恢复接触后的关键在于如何有效地巩固复谈后的机制。该报发表的另一篇评论则强调，两岸关系正面对着"百年难得一见的机遇"。

同日出版的《台湾新生报》发表评论说，两会复谈将再度登场，"不知多少人盼了多少年的两岸关系改善，就在这几天内开启了一连串的契机"。两岸周末包机和大陆居民赴台旅游"不再是嘴上说，而是指日可待的行动"。"与以往8年的陈水扁时代相比，或再往前推至李登辉时代'两国论'的情境，简直不可同日而语。两岸在这个过程中，虚掷了不少宝贵时光，今日重启良性对话，益感弥足珍贵。""两岸当前该做的就是搁置争议，求同存异，形成最大共识，不断开启海峡两岸共享的最大机会。"

有岛内民众投书媒体，用极为朴素的语言表达心声：两会协商的议题，无论是周末包机直航，还是开放大陆游客赴台游，都会直接让我们受惠。大陆的活水会让台湾经济良田更加滋润，岛内经济提升了，就业率提高了，薪水增加了，日子也就好过了。

这心声正反映了台湾同胞对两岸两会复谈的热切期待。

（二）

6月12日清晨，北京街边的报摊上有报纸刊出通栏标题：两会今起复谈。

当天上午8时55分，海协会会长陈云林在钓鱼台国宾馆5号楼庆功厅迎接步入会场的海基会董事长江丙坤、副董事长兼秘书长高孔廉一行。庆功厅"天圆地方"的格局中，寄寓着中华民族自古传的"方圆"哲学：有方则立，有圆则通，方圆相济，以取和谐。海基会代表团的12位成员落座后，海协会的12位有关人员就座。9时，对座长条会议桌中央的陈云林、江丙坤起身握手，在现场两百多位记者的闪光灯和快门声中，两会制度化协商正式恢复！

会谈开始后，陈云林首先发言。他说，在这个重要的历史时刻，我们缅怀汪道涵会长和辜振甫董事长，两位老人虽然驾鹤西去，但是他们为改善两岸关系，推进两会协商作出的卓越贡献，已经深深地铭刻在两岸人民的心中。希望两会双方在此次商谈中共同努力，尽快达成一致意见并签署协议，从而取得1993年汪辜会谈后两岸协商谈判的重要成果，回报两岸同胞的期待，续写两岸协商谈判的历史新篇章。

陈云林说，两岸的协商谈判能否顺利进行，一向是两岸关系是否改善与发展的重要标志。两岸关系经历过漫长的蹉跎岁月，两岸经济、文化、社会等方面需要解决的问题很多。两会恢复协商以后，我们深知承担着繁重的任务，肩负着重要的责任。衷心希望两会把握时机，及时、积极地交换意见，做出符合两岸同胞期待、有利于增进两岸同胞福祉的务实规划。

江丙坤在发言时首先对汶川大地震遇难者的家属表示"最诚挚的慰问"。他说，希望将来通过两会的协调，为地震灾区提供更实质的帮助。

江丙坤表示，在最近两岸善意互动的氛围下，两会已经建立互信，定能在两岸协商、交流和服务等方面，再度发挥桥梁和管道的功能，为两岸关系的长远和平与稳定发挥重要作用。

江丙坤说，这次会谈象征着两会互动的恢复，也是两岸关系重新启动的一个起点，两会正常化、制度化的往来对两岸关系未来的发展具有指标性的意义。他指出，借由两会正常化的互动，定能达到为两岸民众谋福祉的目标。衷心盼望两会能掌握这个难得的契机。

陈云林在与江丙坤会谈时，提出推进两会协商、加强两会联系的三点意见和建议：（一）加强两会协商，本着先经济后政治、先易后难、循序渐进的精神，务实规划近期协商议题和步骤。（二）加强两会交流，打造两岸受权民间团体推动两岸交流的平台。海协会与海基会都负有推动两岸民间交流的职责。两会应加强各层级会务人员互访，开展多层次的经济、文化、社会交流活动，包括根据两岸关系发展需要，邀集两岸社会各界人士举办研讨活动。两会还可考虑组织海协会理事和海基会董事、监事进行互访。特别是可以考虑邀请两岸主管部门人士以两会名义进行交流，就解决两岸交流中的政策性问题交换意见，以利双方各自或共同采取措施，推动两岸人员往来和经济文化交流迈向新层次、新水平。（三）恢复两会日常联系，相互委托，协助有关方面妥善解决两岸同胞交往中遇到的具体问题，服务两岸同胞。恢复两会紧急联系人制度，及时有效地处理涉及两岸同胞生命财产安全的突发事件，维护两岸同胞正当权益。

对此，江丙坤积极回应，表示同意两会人员经常性互访，并邀请海协会会长陈云林今年内率团到台湾访问。陈云林表示感谢并接受邀请。

江丙坤提出两会年度内协商议题的建议，包括两岸货运包机、扩大客运包机、两岸海运直航等。陈云林表示重视江丙坤对未来两岸协商议题的关注，会认真考虑海基会的意见；并希望双方共同努力，积极创造条件，根据两岸民众要求的轻重缓急和条件成熟的状况，就今后两会协商议题和步骤早日作出安排。

上午10时45分，两岸周末包机的协商在钓鱼台国宾馆5号楼百人厅举行。两会各10位有关人员一同走进会场就座。协商由海协会执行副会长孙亚夫与海基会副董事长兼秘书长高孔廉共同主持。

高孔廉在正式协商前讲话。他说，关于两岸周末包机、大陆居民赴台旅游二项议题，希望两会在既有的基础上顺利地商定二项协议文本，13日由两会领导人正式签署，使两岸关系迈入一个崭新的时代。

高孔廉说，两岸关系的分歧有历史的原因，分歧应经由对话和协商来化解。两会的任务主要是通过制度化的对话和协商，建立两岸交流的具体规范，解决两岸交流中衍生的议题，保障两岸民众的利益。他指出，近来，两岸双方共同强调搁置争议，追求双赢。这为两岸关系的和平、稳定、发展创造了一个历史的契机。这次两会能在最短时间内恢复制度化的协商、互动，是一个最好的开始，深具历史意义。

下午2时30分，两会举行大陆居民赴台旅游的协商。海协会的9位有关人员和海基会的12位有关人员从两个入口同时进入会场。这场协商还是由孙亚夫和高孔廉共同主持。

孙亚夫在正式协商前介绍了上午关于周末包机事宜的协商情况。他说，双方都以积极认真的态度进行磋商，就所有条款都达成了一致，对这样的结果我感到很高兴，也受到鼓舞。上午的两会协商使我感受到，在两会建立互信的基础上，双方平等协商，积极沟通，是可以解决两岸同胞关心的问题的。上午的协商是9年来两会重新恢复协商的第一次，双方都积累了经验，对下午协商大陆居民赴台旅游很有帮助。

　　孙亚夫说，大陆居民赴台旅游是两岸同胞都非常关心、一直期待解决的问题。希望下午的协商顺利进行，确定协议文本，这样我们可以期盼两会领导人签署协议，办成这两件好事。

　　高孔廉回应孙亚夫说，上午的协商很顺利，相信两会领导人能够顺利地签署协议。下午的观光议题，现状是非常失衡的，台湾每年到大陆有463万人次，大陆到台湾的人次不到30万。希望经由大陆居民赴台旅游协商，改善这样的状况，促进两岸人民的往来。相信我们能够在这个议题上很快达成共识。

　　当天下午晚些时候，中台办、国台办主任在钓鱼台国宾馆会见了江丙坤董事长和海基会代表团主要成员。王毅指出，海协会与海基会在"九二共识"基础上恢复商谈，标志着两岸关系朝和平发展方向迈出了新的一步。两会通过平等协商就两岸周末包机以及大陆居民赴台旅游达成了共识，为两岸同胞办了两件实实在在的好事。

　　王毅说，两岸关系重现光明来之不易，值得我们倍加珍惜和维护。不久前，胡锦涛总书记就新形势下实现两岸关系和平发展，提出"建立互信、搁置争议、求同存异、共创双赢"的重要主张，寓意深刻，内涵丰富，高度概括了两岸之间的共识。其中，建立互信是首要。而建立互信的根本基础是反对"台独"、坚持"九二共识"。他说，两会商谈得以恢复来之不易，需要我们不断向前推进。进一步加强两岸交流合作是民心所向，大势所趋，利益所至。随着两岸关系走向和平发展，两岸交流合作有望呈现宽领域和多层次的蓬勃发展局面。两会商谈的工作任重道远，大有可为。

　　王毅指出，中华民族复兴机遇来之不易，期待两岸同胞携手并进。两岸同胞都是炎黄子孙，同属中华民族。抓住难得机遇，实现民族复兴，是全体中华儿女的共同期盼。希望我们每一个人都能承担起自己的历史责任，履行好自己的历史使命，积极投身到这一历史进程中去。

　　江丙坤表示同意王毅提出的意见。他说，过去9年，种种原因造成两岸协商中断，今天两会商谈得以恢复，我们的确格外珍惜。这是两岸两会在21世

纪的第一次商谈，意义重大。两岸周末包机和大陆居民赴台旅游这两件事情得到落实，不仅可以为两岸民众往来提供更多便利，而且可以促进台湾经济发展。

江丙坤表示，赞同胡总书记提出的十六字重要主张。他说，两岸一家亲，两岸人民同属中华民族。我们将持续推动两岸协商进程，希望通过两岸共同努力，让两岸经贸关系正常化，推动两岸实现良性互动，为两岸和平共荣作出贡献。

王毅最后表示，中共中央台办、国务院台办将全力支持海协会的工作，积极协调大陆有关部门，为两会的联系交往、协商谈判创造有利条件，为海协会履行职责提供必要保障。祝愿海协会和海基会今后为两岸关系和平发展不断作出重要贡献。

陈江会的举行，立刻在海内外激起强烈反响。当天，台湾《联合报》发表社论说，"两岸关系一夕之间已经乾坤旋转，换了人间。这是一个新的起点"。社论说，"不要辜负或误导了这一历史机遇，两岸皆应在新的气氛里共创更佳气氛，在新的境界上共创更佳的境界。"同日的台湾《联合晚报》也发表社论感慨地写道："周末包机和陆客观光的议题，'只闻楼梯响'已不知多久了，让台商和相关业者望穿秋水亦多时，如今终于等到'燕子来了，春天真的到了'的新局面。"

新华社当天发表题为《告慰汪辜写新页》的评论指出，"这是两会领导人十年来的首次会谈，标志着中断九年的两会制度化协商正式恢复。值得一提的是，会谈并非仅仅停留于接续历史的断层，而是奋起直追，跨越蹉跎岁月，取得超出外界预期的丰硕成果，书写两岸协商谈判的历史新页。"评论说，"两岸新局，已然显现。汪辜二老如若天上有知，定当倍感欣慰。两岸之道，唯和与合。我们期许两岸两会再接再厉，为两岸关系的和平发展、为中华民族的福祉再立新功。"

当天，新华社记者还分别电话采访了台湾海基会原副董事长兼秘书长的焦仁和先生和原海协会常务副会长唐树备先生。

采访焦仁和先生时，先生感慨颇深地说："两会复谈是势所必然。黄河九曲，终向东流。不管中间有什么波折，但两岸关系终究会不断向前发展，这种历史洪流是挡不住的。"作为两会商谈的重要参与者，焦先生对于两会恢复商谈备感欣慰。他告诉记者，民进党在台"执政"8年之后，台湾老百姓深切地认识到"台独"是行不通的，两岸"和则两利"，必须交流、交往，两岸关系必须要向前发展。而两会协商谈判的恢复，是两岸关系发展中非常重要的一环。他说，新形势下的两会商谈，拥有"我们当年所不敢想像"的和谐环境。两岸要记取一路走来的颠簸，把握时机，求同存异，不要为琐碎的事情斤斤计较。

对于大陆方面提出两会商谈应先易后难、先经济后政治、循序渐进，焦先生认为"这是正确而务实的思路，相信两会的这次商谈会取得实际成果。"他也期待未来两会能不断务实解决两岸同胞关心的更多问题。

近年来，焦仁和先生将大量精力投入到两岸的文化交流中。他说，两岸同属中华民族，应该在中华民族这个大家庭的概念下推动彼此间的交流与融合，这对于两岸关系长远发展至为重要。

采访唐树备时，唐先生表示："两会重启商谈是对'汪辜会谈'的延续，更是书写了两岸关系发展史上的新篇章，如果汪辜二老地下有知，当可感到欣慰。"现年77岁高龄的唐树备先生，不仅参加了1993年海协会会长汪道涵和海基会董事长辜振甫在新加坡举行的"汪辜会谈"、1998年在上海举行的"汪辜会晤"，而且在上世纪90年代，他还是"汪辜会谈"预备性磋商和多次两会负责人商谈的主持人，代表海协会方面主持了两会各种事务性商谈。

唐树备说，"汪辜会谈"留下的宝贵遗产对今天的两会商谈仍然意义重大。"其中'九二共识'这个原则性的遗产不仅一直延续到现在，而且得到了进一步巩固。"他说："而'汪辜会谈'所秉持的搁置争议、平等协商的精神也值得今天借鉴。"

唐先生说："人会走，但历史永远存在。二老虽然走了，但两会建立的制度性协商机制在新形势下会得到进一步发展，成为对两岸建立和平稳定框架产生深远影响的重要渠道。"他认为，目前的两岸关系环境与"汪辜会谈"时相比发生了重大变化，使两会商谈的基础更加稳固。

香港《文汇报》12日发表题为《两会正式复谈开启务实对话新页》的社评说，两会复谈的深远影响在于扭转两岸长期对抗的局面，推动两岸协商制度化及常态化，进一步增进两岸同胞之间的相互理解和感情，从而为两岸关系的和平发展创造更可靠的基础，也为长久保持台海和平提供更有利的条件。

同日的香港《大公报》还特别报道了台商对两会复谈的期望。大陆台商在接受采访时表示，盼两会复谈犹如"久旱之望云霓"，希望两会在这次协商两岸周末包机和大陆观光客赴台旅游两项议题的基础上，尽快落实两岸货运包机直航等议题，最终实现两岸全面直接"三通"。

同日的香港《明报》以大半版的篇幅报道了有关两会复谈的消息，并在相关报道中称赞两会复谈"开启了两岸制度性协商的历史新页"。香港《成报》发表文章说，希望两会复谈能形成一种模式、制度，这样对实际解决两岸之间的问题，会更有助益。

同日出版的《澳门日报》发表题为《努力为两岸和平创造良好环境》的社论说，两会复谈，象征两岸关系的发展迈入新里程。海峡两岸互惠互利，创造双赢，是中华民族的大幸事，全球中华儿女均额手称庆。这次两会达成的一些共识，必将为今后两岸交往奠定基础，创造良好的氛围。

同一天的《今日美国报》网站发表题为《历史性的两岸会谈是一个起点》的报道说，中国大陆和台湾坐下来举行近十年来的首次会谈，这使人们对这个世界上最危险的战争爆发点之一的地区实现持久和平抱以希望。报道说，华盛顿智库史汀生中心东亚研究室主任容安澜说："这一转折性时机的潜力不可低估。创造一个和平与稳定的长期框架的可能性是实际存在的，问题是双方是否能设法利用这一可能性。"

同日的美国《华盛顿邮报》网站发表题为《台湾协商代表团抵达北京会谈》的报道说，双方官员希望此次会谈成为包括经济、政治和安全问题在内的更广泛的谈判的第一步，最终达成一个综合协议以结束历时59年的敌对状态，降低军事紧张度，在亚洲最具活力的一个时刻进行更多的经济交流。

这一天出版的日本《产经新闻》发表题为《陆台向关系重建迈出第一步》的报道指出，由于台湾新上台的马英九政权对中国大陆奉行和睦政策，陆台以经济合作为突破口，正在向关系重建的方向迈出第一步。

这一天，德新社发表文章认为，"海峡两岸的历史性会谈将为两岸在经历长达60年的关系僵局后实现和解铺平道路。"文章引用台湾报纸的评论说，两会商谈"将把两岸关系推上新高点"，"两岸关系正面对百年难得一见的机遇"。

舆论普遍认为，相关议题的落实惠及两岸民众，必将使两岸共同利益增加，扩大民众对"两岸双赢"的认同感，从而给未来诸多领域的商谈带来新的动力，使两岸关系呈现出新的格局。

（三）

6月13日上午9时许，在钓鱼台国宾馆5号楼庆功厅，当参加两会商谈的全体代表在签字桌后面站好后，陈云林会长与江丙坤董事长在签字桌前坐下，在《海峡两岸包机会谈纪要》和《海峡两岸关于大陆居民赴台湾旅游协议》两份文件上同时郑重签下了各自的名字，接着交换文本、握手，现场两百多名采访记者的照相机快门声噼里啪啦响成一片，他们记录并见证了这一历史时刻。在热烈的掌声中，全体与会人员举杯庆祝这个庄严的时刻。此刻，中断9年后的两会协商谈判取得实际成果，两岸关系由此走入和平发展的新局。

依据《海峡两岸包机会谈纪要》与《海峡两岸关于大陆居民赴台湾旅游协议》，两岸周末包机将从7月4日起正式实施，大陆居民赴台旅游自7月18日起正式实施，7月4日启动首发团。

海协会与海基会就开通两岸客运包机等事宜，经平等协商形成了《海峡两岸包机会谈纪要》，内容包括承运人、搭载对象、飞行航路、通关便利、保税措施、互设机构、辅助安排、准用事项、货运事宜、定期航班以及联系机制等方面。

根据纪要附件，两岸周末包机时段为每周五至下周一计4个全天。大陆方面同意先行开放北京、上海（浦东）、广州、厦门、南京5个航点，并陆续开放成都、重庆、杭州、大连、桂林、深圳，以及其他有市场需求的航点；台湾方面同意开放桃园、高雄小港、台中清泉岗、台北松山、澎湖马公、花莲、金门、台东等8个航点。双方同意在周末包机初期阶段，每周各飞18个往返班次，共36个往返班次。根据市场需求等因素适时增加班次。

根据纪要，双方同意：凡持有效旅行证件往返两岸的旅客均可搭乘客运包机；尽快协商开通两岸直达航路和建立双方空管方面的直接交接程序，在直达航路开通前，包机航路得暂时绕经香港飞行（航）情报区；包机承运人得在对方航点设立办事机构，台湾方面同意大陆承运人于6个月内设立办事机构；在周末客运包机实施后3个月内就两岸货运包机进行协商，并尽速达成共识付诸实施；尽快开通就开通两岸定期直达航班进行协商。

《海峡两岸关于大陆居民赴台旅游协议》内容包括联系主体、旅游安排、诚信旅游、权益保障、组团社与接待社、申办程序、逾期停留、互设机构等方面。

根据协议，双方同意赴台旅游以组团方式实施，采取团进团出形式，团体活动，整团往返；双方应共同监督旅行社诚信经营、诚信服务，禁止"零负团费"等经营行为，倡导品质旅游，共同加强对旅游者的宣导；双方同意各自建立应急协调处理机制，互相配合，化解风险，及时妥善处理旅游纠纷、紧急事故及突发事件等事宜，并履行告知义务；双方同意就旅游者逾期停留问题建立工作机制，及时通报信息，经核实身份后，视不同情况协助旅游者返回；双方同意互设旅游办事机构，负责处理旅游相关事宜，为旅游者提供快捷、便利、有效的服务。

　　根据协议附件，接待一方旅游配额以平均每天3000人次为限。组团一方视市场需求安排。第二年双方可视情况协商作出调整。旅游团每团人数限10人以上、40人以下，自入境次日起在台停留时间不超过10天。

　　在两会领导人签署了有关纪要和协议后，两会分别举行了记者会。在海协会举行的记者会上，海协会执行副会长孙亚夫表示，陈云林会长与江丙坤董事长签署有关会谈纪要与协议，是1993年"汪辜会谈"期间汪道涵会长与辜振甫董事长签署4项协议后，两会签署的第一批协议，是"汪辜会谈"后两岸协商谈判取得的重要成果，续写了两岸协商谈判新的一页。他指出，这样的成果，是在当前两岸关系形势发生新的变化和面临难得的历史机遇下出现的。这种局面，是两岸同胞共同努力的结果，包含着两岸各界许多人士的心血。在此向为此做出努力的两岸双方有关人士表示衷心感谢。

　　孙亚夫说，开办两岸周末包机、实现大陆居民赴台旅游，是两岸同胞十分关心和期待的两件好事、大事。有关纪要和协议的签署、两个问题的解决，对于促进两岸同胞交往、推动两岸直航进程、增进两岸同胞福祉意义重大。

　　在海基会举行的记者会上，江丙坤董事长指出，两会领导人签署会谈纪要与协议，虽然所用时间很短，但是他感到很高兴，也觉得责任重大。他说，两会自"汪辜会谈"后，相隔15年，终于在新世纪再次签署协议，意义相当重大。

　　江丙坤说，对于两会将来后续协商的议题，他在这次与海协会领导人接触中多有提及，包括两岸周末包机变成定期包机、两岸海运直航、两岸共同在台湾海峡进行油气资源勘察等，都得到了海协会领导人原则上的同意与重视。但是将来对于这些议题的协商，海基会仍须等到台湾当局有关主管部门授权后，方可进行。

　　对于两会复谈并取得实际成果，海内外舆论纷纷予以积极评价。舆论普遍认为，两会复谈标志着两岸关系发展出现新的良性局面，具有重大而深远的现实意义和历史意义。

　　台湾《联合报》14日发表社论指出，"历经峰回路转，两岸出现新局。"此次两会协商，除了促成两岸周末包机和大陆居民来台观光之外，更重要的是在两岸间塑造了一种"和平、和解、合作"的氛围，真是"两岸猿声啼不住，轻舟已过万重山"。社论指出，"周末包机，朝发台北，午抵北京，暮宿台北，两岸生活圈一夕实现"，这不仅是商旅称便而已，两岸更应在这个"新形势"中努力创造"和平共荣"的效益。"大陆观光客将成为台湾的重要街景"，但这也绝非仅是观光路线上的"扩大内需"而已，而应"借此促进两岸民间情谊"。

同一天的台湾《中国时报》以《期盼两岸从此走上平稳互动新局》为题发表社论说，"两岸关系仿如峰回路转，磨蹭十年都还成不了局的许多议题，恢复商谈后立即迎刃而解。""这种戏剧化的转折，确是在'写历史'。"

同日的台湾《联合晚报》发表社论说，"江丙坤和陈云林的两支签约笔，堪称在写历史。复谈成果得来不易，值得珍惜。"社论指出，"这次会谈，除了实务上的收获外，更值得注意的是，两会的互信基础也加强了。整个过程显现了双方交流的良性气氛，在既定的协议课题外，又提出进一步构想，有待未来继续协商。""这其实比任何实质共识更有价值、更具乐观发展潜质的成就。""两岸之间如果能继续维持这样的的谈判互信基础，可预期将来还有更多议题，能往两岸互利和双赢的结果迈进。"

同一天，香港《文汇报》发表《两岸关系开新端，积累共识行致远》的社评说，两会复谈并签署纪要、协议，其意义不仅仅是取得具体成果，而且表示着两岸关系已由紧张对立转往和平发展的方向，这一历史的转折点是继"汪辜会谈"之后一个新的起点，显示出两岸双方有智慧、有能力通过协商谈判，造福两岸同胞。社评说，两会复谈的实际成果，为两岸同胞办了两件实实在在的好事，立即受到了两岸同胞的普遍欢迎。两岸民众期盼已久的和平发展、共同繁荣的春天已经到来。

这一天的香港《大公报》发表社评指出，此次两会复谈，就周末包机和大陆居民赴台旅游签署纪要、协议，实在是一件非常了不起和值得欢迎的大事，不仅营商者及民众共同称便，"两岸一家"的亲和气氛大大加强，更将有利于推动两岸关系的和平发展。社评说，作为中华民族的一分子，港人实在非常高兴看到复谈的两项成果，更为两岸紧张局势能够尽快解除而欣慰，未来两岸如能携手合作、振兴中华，实在是全体中国人的福气。

《澳门日报》13日在《两岸关系和平发展的新篇章》的社评中说，开办两岸周末包机、实现大陆居民赴台旅游，顺应了两岸同胞要求加强交流合作的共同愿望，对于带动两岸经济发展和社会繁荣、密切两岸同胞交往、增进两岸同胞福祉意义重大。

日本《读卖新闻》14日发表以《两岸改善关系为双方带来经济利益》为题的社论说，两岸正在迅速改善关系。大陆曾猛烈抨击有"台独"倾向的台湾前政权，期间两岸未能实现对话。相比之下，目前的情形恍如隔世。

同一天的日本《朝日新闻》以《大陆经济推动两岸融合》为题的报道

说，大陆各主要城市随处可见台资企业。经济走在了政治前头，两岸关系已经密不可分。以航运业和旅游业为主，台湾各界大多对两岸会谈作出了善意的反应。

新加坡《联合早报》14日发表题为《海峡两岸重新写历史》的社论指出，两会之所以如此顺利和快速地取得实际成果，在相当大程度上得益于国共论坛所作出的前期铺垫，以及两党高层通过直接接触所积累的善意和融洽气氛。在民进党执政时，国共两党就已经开始针对一些具体事物进行磋商，并且达成了基本共识。马英九上台后，进一步明确了新政府将遵循"九二共识"的态度，如同临门一脚，使两会复谈和两份协议的签署变得顺理成章和水到渠成。

美国《时代杂志》网站14日的报道称，两岸两会在北京"达成时代新里程的协议"，此举除有助台湾经济外，并可缓和台海紧张关系。

欧盟轮值主席国斯洛文尼亚13日傍晚发布声明，对两岸两会复谈表示"热烈欢迎"。

印尼《国际日报》14日发表评论表示，祝贺两会复谈取得重大新成果。指出，这是"两岸人民合作发展的新阶段，为中华民族走向和平统一和伟大复兴奠定了新的基石"。

此外，捷克通讯社、埃及中东通讯社和《埃及新闻报》等媒体都对两会复谈并签署历史性协议予以高度关注和积极评价。捷克通讯社的报道说，两会复谈签署的协议是双方关系中具有重要意义的突破。

两岸同胞对两会复谈所取得的实际成果更是欣喜异常。新华社、人民日报等多家媒体记者都及时采访了民众和业者的热烈反应。76岁的陕西民间打击乐艺术家安志顺曾26次往来两岸进行艺术交流，对于两会复谈的欣喜之情溢于言表，"两会复谈受益最大的是海峡两岸的炎黄子孙"。他对记者说："希望这次两会复谈能开创两岸关系改善和发展的新纪元。"

广州市民麦杰对于赴台旅游一直充满期待。他对记者说："大陆很多地方我都去过了，但宝岛台湾一直没有机会去。""两岸血脉相通，台湾的历史遗迹和人文景观非常值得游览"。

45岁的福建省泉州市市民林建彬是一个摄影爱好者，记者采访他时说："2006年我实现了'金门游'；2007年我走进了'外婆的澎湖湾'；现在我最想看的是台湾岛内的日月潭、阿里山，它们神秘又亲切。媒体报道说，岛内旅行社已经做好了接待大陆游客的准备，我的相机也做好了入岛的准备！"

福建省东山县西埔镇梧龙村村民林亚娇在台湾有不少亲人。她欣喜地说，到时候会带着家人"看看宝岛台湾是什么样，走走海峡那边的亲戚"。

从事旅游和航空的业者更是欢欣鼓舞。从业多年的西安康辉旅行社出境游分公司副总经理谢沛，亲身体会了大陆同胞对赴台旅游的渴望。在获悉陕西成为首批获准开放赴台旅游的13个省市之一后，他十分高兴地说："两岸达成大陆居民赴台旅游的协议，将给旅行社提供新的增长点。"

厦门航空有限公司副总经理沈志群是厦航参与两岸春节包机的首飞机长，他期待着两岸实现真正意义上的直航。他对记者说："这次两会商谈使我的愿望又向前迈进了一步"。

台湾"中华航空公司"（简称"华航"）拥有六十余架飞机，是岛内最大的航空公司，从2003年两岸首次春节包机开始，华航即成为岛内第一批开展两岸节日包机业务的航空公司。但是，近年来岛内航空业经营状况低迷。2001年至2007年，岛内航线班次平均每年减少7.6%。6月以来，在岛内航线运营惨淡和油价飙涨的双重打击下，华航传出了"裁员减薪、无薪休假"的消息，员工人心惶惶。13日上午，两会签署了《海峡两岸包机会谈纪要》的消息传到台湾后，使华航员工受到莫大鼓舞。华航董事长兼总经理赵国帅随即在公司工会代表大会上宣布："不裁员了，不减薪了！"给全体员工吃了一个"定心丸"。赵国帅对员工特别强调，华航将把握两岸周末包机及未来直航的商机，以化解油价高涨带来的经营困境。

岛内媒体报道，岛内其他航空业者也纷纷表示，《海峡两岸包机会谈纪要》"为台湾航空业打了一剂强心针"，使"两岸航空业合作空间拓展"，"未来的两岸直航，将开大门走大路"。

两岸学者对两会复谈取得实际成果纷纷给予"创造了具有历史意义的良好开端"、"迈出了具有深远历史意义的第一步"、"两岸共创双赢的机会之窗由此开启"之类的高度评价。大陆台湾研究会副秘书长杨立宪说，这次两会复谈的过程非常顺利，气氛十分融洽，这是因为双方已充分总结、吸取了两岸关系发展十多年来正反两方面的经验、教训，大家都认识到唯有搁置争议、建立互信，才能共创双赢，真正为两岸人民谋福祉。

台湾淡江大学大陆研究所教授赵春山在题为《两会一小步，两岸一大步》的评论中说，有理由因两会成功复谈而对两岸关系的前景感到乐观，"也相信只要在这个基础上累积更多的互信，再敏感的政治问题都有可能列入未来两岸协商的议程，并且找出双方都能接受的解决办法"。

（四）

13日下午，胡锦涛总书记在钓鱼台国宾馆会见了江丙坤董事长和海基会代表团成员。胡锦涛指出，海协会与海基会在"九二共识"的共同政治基础上恢复商谈并取得实际成果，标志着新形势下两岸关系改善和发展有了一个良好开端，表明两岸双方有智慧、有能力通过协商谈判解决有关问题，造福两岸同胞。只要双方秉持建立互信、搁置争议、求同存异、共创双赢的精神，就一定能够不断推动两岸商谈进程，不断取得更多积极成果。

胡锦涛指出，这次江丙坤董事长率海基会代表团来到北京，同海协会进行会谈，是两会商谈中断9年之后举行的首次会谈，是两岸关系发展进程中的一件大事。两会经过协商，就两岸周末包机、大陆居民赴台旅游签署了两项协议。这两项协议的实施，有利于增进两岸同胞往来和交流，有利于推动两岸直接"三通"，有利于扩大两岸互利合作。

胡锦涛强调，展望当前世界形势，中华民族发展正面临着难得的历史机遇，两岸关系发展也将面临着难得的历史机遇。今天，两岸比以往任何时候都更有条件携手合作、共同发展。协商谈判是实现两岸关系和平发展的必由之路。世界上不同国家、不同民族尚且能够通过协商谈判化解矛盾、解决争端、开展合作，两岸同胞是一家人，更应该这样做，而且应该做得更好。我们应该紧紧抓住和切实用好两岸关系发展面临的难得历史机遇，珍惜和维护两会交往商谈的政治基础，积极务实地解决存在问题，努力开创两岸关系和平发展新局面，共同为实现中华民族伟大复兴而奋斗。

胡锦涛强调，建立互信、搁置争议、求同存异、共创双赢的主张已经得到了两岸双方的认同，我们应该把这一精神贯彻于两会商谈之中。希望两会今后在商谈中做到平等协商、善意沟通、积累共识、务实进取。平等协商，就是在商谈中双方要平等相待，不把自己的意志强加于对方。善于沟通，就是在商谈中要充分考虑对方的实际情况，多从善意的角度理解对方的想法，消除不必要的疑虑。积累共识，就是要不断扩大共识、缩小分歧，这样才能取得更多更大的成果。务实进取，就是要实事求是地寻求双方都能接受的解决办法，真正解决问题，做到行稳致远。

胡锦涛指出，两岸双方要商谈解决的问题还很多，需要两会承担的任务还很繁重。希望两会就今后商谈的议题和步骤作出合理规划，以利于推进两岸制度化协商。希望两会协助有关方面促进两岸同胞交往，帮助解决交往中遇到的问题，服务两岸同胞。希望两会为推动两岸关系和平发展作出贡献。

江丙坤说，台湾政治形势发生变化，有必要根据1992年达成的共识，尽快恢复协商。两会为此互致函电，构成了恢复商谈的基础。两会恢复商谈并就两岸周末包机和大陆居民赴台旅游两项议题达成协议，为两岸交流写下了历史新页。两岸人民同属中华民族，相信通过两岸双方共同努力，两岸关系必然可以重新出发，步入合作双赢的良性循环。两岸经济要持续发展，今后应推动两岸经济整合，实现互补双赢的目标。

中共中央台办、国务院台办主任王毅、海峡两岸关系协会会长陈云林等参加了会见。

采访两会复谈的各媒体记者对"胡江会"及时作了报道。台湾"中央社"的报道把焦点放在胡总书记对台湾政务官员的会见和新提出的今后两岸协商的四点建议。报道说，海基会代表团今天傍晚会见中共总书记胡锦涛。"行政院大陆委员会"副主任委员傅栋成与交通部政务次长游芳来，都与胡锦涛握手致意，创下台湾政务官员与中国最高领导人正式会晤的历史纪录。报道说，胡锦涛致辞时表示，两会所签署的两岸周末包机及大陆居民赴台旅游两项协议的实施，有利于增进两岸同胞往来和交流，有利于推动两岸直接三通，有利于扩大两岸互利合作。

报道特别指出，胡锦涛提出今后两岸协商的四点建议。胡锦涛指出，两岸未来商谈中，应当平等协商；相互尊重，善意沟通；积累共识，消除争议；务实进取，共同寻找双方可以解决的议题。

台湾《联合报》14近日发表社论，对胡锦涛总书记两个月内接连会见台湾重量级政治人物大加赞赏。社论说，漫漫十年，使台湾的国际经济地位严重耗弱，却竟亦使两岸互动出现了"和平共荣"的契机。整个台湾正以出奇的静默，注视着这两个月内胡萧会、连胡会、吴胡会、胡江会一幕一幕密集上演。大家都知道，这是历史的意志，也是"迟到的历史"。

岛内媒体报道，台湾政治学者江岷钦教授对胡总书记提出的"平等协商、善意沟通、积累共识、务实进取"的四点建议倍加推崇。他说："胡总书记的'新十六字'方针，是为两岸商谈具体事务量身定做的。"他称赞道："有这十六字作指引，两岸协商和谈判将由此呈现'星垂平野阔，月涌大江流'的宏大格局。"

大陆学者郭震远也感到十分振奋。他说，"新十六字"方针是大陆方面对未来两会协商的指导方针，体现了真心实意推动两会协商不断取得成果的诚意和善意，非常务实，也得到了海基会方面的认同。今天两岸关系发展的新局面来之不易，应倍加珍惜，持续推动两岸商谈进程，造福两岸同胞。

14日上午，江丙坤董事长一行结束了"互信协商之旅"搭机返台。尽管此次北京之行只有短短55个小时，但成果确是一场丰硕：不仅一举打破了两岸两会长达十年的"停滞状态"，更为台湾带回了"周末包机直航"和"大陆居民赴台旅游"两份厚礼。马英九在日前召开的记者会上感叹道："这次复谈对两会来讲，也许只是一小步，但对两岸关系绝对是一大步"。

台湾《联合报》报道，14日下午，江丙坤一行抵达台北桃园机场时，国民党主席吴伯雄和台湾"陆委会主委"赖幸媛等亲自到机场登机口欢迎。江丙坤感叹道："这是1993年以来，两岸两会的第一张成绩单"。赖幸媛则称赞海基会代表团圆满达成任务，做出"开创两岸良性互动新页的贡献"，她还希望海协会长陈云林今年底前能访台展开第二次"陈江会谈"，让两岸两会制度化互动的基础"更稳固"。

14日晚，马英九、萧万长、刘兆玄等人接见了江丙坤、副董事长兼秘书长高孔廉等人。马英九对于江丙坤此行给予"高度肯定"。马英九表示，江董事长这次前往大陆建立正式的沟通管道，而且是制度化的管道。制度化也可以分层次，看议题重要性，或在大陆或在台湾都可进行。

马英九说，如有必要，也不排除同一时间双方不同组人各谈两三个议题，同时进行，不必每次谈一个议题，却派去一大堆人，这应只是刚开始的做法。他说，以后就可以分散，针对不同议题同时协商。两岸之间真的是百废待举，要谈的问题很怕赶不上民众的期待。

关于新航路的问题，马英九说，民众都希望不但直航，而且要最短的距离，他也希望这样，这个问题不谈是不行的，谈了以后还要知会国际民航组织，而且要公告，还一大堆后续程序。马英九还请台当局"陆委会"适度让民众知道，不是因为当局偷懒或忘记，因为这是非常专业技术性的问题。两会谈判在大家有共识后，就用最有效的方式，同时进行多组谈判，对双方来讲都是有利的。

江丙坤返台后不久，香港《亚洲周刊》记者对他进行了专访。在回答记者提出的"3年前你以国民党副主席的身份前往大陆进行'破冰之旅'，与时任国台办主任的陈云林达成12项共识，当时民进党政府一度要将你移送法办；最近两会复谈，你以海基会董事长的身份率团前往协商，这当中发生这么大的变化，你最大的感触是什么"的提问时，江丙坤说："这次的协商跟3年前的访问是连贯的。假如没有国民党这3年的努力，我也不会做海基会董事长，两会的协商也不会这么快。过去三年，国民党和共产党利用国共平台做了很多事情，'连胡会'五大愿景变成了国民党政纲，也是马英九先生竞选时的政见。所以，这次的协商和3年前的访问是一脉相连的。"

江丙坤指出，"这三年我在大陆建立了很多人脉，包括国台办和地方政府的领导，也跟各地台商密切联络，充分了解两岸经贸关系，这对我从事以后的工作有相当的帮助。"

江丙坤强调，"最重要的是，两会终于恢复了协商，这是很长的一条路。1993年辜汪会谈的4项协议，至今已经15年了，才又再签署两项协议；从1998年的辜汪会晤到现在，两会领导人才又恢复见面，而且初次会面就达成两个议题的协议，基本上就是天时（国民党赢了）、地利（受邀赴北京）、人和（见面的人皆熟识）的结果，也因此谈起来顺心应手，这两件协议是未来恢复协商的基础。"

江丙坤说："我们应该在理性、对等、尊重、互信的基础上协商，将两岸的问题一一克服。这些问题关系两岸人民的福祉，两岸人民最希望的就是和平，没有战争，以经济文化交流创造双赢。尤其是台湾老百姓可以安居乐业，这是我们追求的主要目标。"

（五）

两会商谈结束不几天，即6月18日上午9时，第六届"中国·海峡项目成果交易会"（简称"6·18"）在福州金山展览城隆重而热烈的拉开了帷幕。

本届"6·18"特别不寻常。因为，它从前五届的"中国·项目成果交易会"更名为"中国·海峡项目成果交易会"，突出了"6·18"的海峡特色，进一步发挥了海峡西岸经济区的区位优势。

一走进展馆，他们左手边的"台湾展区"特别引人注目。本届"6·18"，成为两岸亲密接触的平台，参会的台湾嘉宾不论是数量还是层次都有了大幅度的提高。台湾大学、台湾海洋大学、台湾成功大学、台湾区机械工业同业公会、电机电子工业同业公会、台湾嘉农农业发展基金会等33所高校、科研院所与机构组团前来参展参会。今年首次出现了以学校名义组织参会的台湾高校，改变了以往台湾学者个人参会的局面。

本届"6·18"，两岸互动的各项活动明显增多。"6·18"期间，同时举办"首届海西物流论坛"、"第六届海峡青年论坛"、"海峡两岸RFID产业高峰论坛"、"海峡两岸渔业经济合作与发展论坛"、"海峡两岸银行业财富管理高端论坛"、"海峡绿色建筑与建筑技能博览会论坛"、"海峡两岸知识产权论坛"、"海峡两岸职工发明创新项目福州专场推介会"等活动。

在台湾展区，集中展示了207项台湾项目成果，涉及电子信息、生物医药、新材料、现代农业、机械装备、节能减排以及资源综合利用等领域。高雄市发明人协会组织31个项目36人参会，并出席"海峡两岸发明人座谈会"。在展馆的各个展区，也针对不同的产业、不同的对象，展示了一大批台湾项目。

闽台同根同源，通过项目这个纽带表现得淋漓尽致。金门建筑师公会理事长吴建中说："台湾和福建建筑业界有很多共同语言。"他指出，两地地势、地质条件、气候、文化等与建筑设计相关的主要因素非常相似，两地的建筑风格如出一辙。走在闽南街头，两边的骑楼让人感觉就在台湾街头。台湾建筑师有很多很好的发明和创意，但台湾土地资源紧缺，这些发明和创意苦于没有实现的平台。有了福建广阔的土地作后盾，台湾建筑师的聪明才智就能够得到更大程度地发挥。

本届"6·18"是海协会与海基会正式恢复制度化协商的背景下举行的，参会的台胞也带来了对两岸合作更大的期许。在大陆从事了8年人力资源开发合作的台湾永诚咨询顾问有限公司总经理张述廉表示，看好两岸"三通"后福建到台湾的便利交通，将把在大陆事业的主要阵地转移到福建。他说："在这里我可以做到一周开一次招聘会，上午从台湾来下午回台湾，这在大陆其他地方是难以办到的。"

"闽台经济发展轨迹十分相似。"在海峡两岸人才开发合作论坛上，福建省台湾研究会会长严正的一番话，引起了两岸专家的共鸣。他说："上世纪60至70年代，台湾产业以制鞋、纺织服装、雨伞、石板材、自行车、体育用品、文化用品为主，曾经号称制鞋王国、自行车王国、雨伞王国，而上世纪80年后这些产业逐步淡出，被电子、石化、机械等行业取代；而台湾曾经辉煌的那些传统产业在福建于上世纪末、本世纪初占主导地位，现在福建重点发展的3大支柱产业也是电子、石化、机械。"

台湾辅英科技大学人文与社会学院院长王维新说，随着台湾土地等生产力要素的日益紧张，产业西进的态势非常明显，和福建与台湾产业结构相似，优势互补，福建应该成为台湾产业转移的承接地。

闽台产业对接，项目是"红线"，也是突破口。"6·18"组委会统计，截至19日，大会共对接台湾地区项目57项，投资金额达11.5亿人民币。这些项目都是电子信息、光机电一体化、化工、制造技术、现代农业、生物医药、新材料、新能源和节能技术等福建省产业发展急需的项目。

全球绿谷建设有限公司看准台湾高新技术产业西进的机会，在惠安规划面积8400亩，发展以光伏电子、电子信息、精密机械为核心的高科技产业集群。一期的光伏电子园区已引进了6家台湾企业，其中包括两个项目孵化器。本届"6·18"上，他们带来了园区内台资企业的10个项目，园区企业智尊科技研发公司的太阳能逆变器项目与泉州一家企业实现对接，投产后年产值估计在1000万美元以上。

台湾德昕光电公司和福建永定县的德泓科技有限公司签约的螺旋形阴极照明整灯项目，填补了福建这一产业链的空白，项目总投资6200万元人民币，投产后预计年产值将达到9000万元人民币；福建省清流县元生花卉有限公司利用福建省与台湾相似的农业环境，对接台湾多芬花卉有限公司的台湾文心兰鲜切花新品种专利技术，预计年产值将达1500万元人民币；寿宁县的福建一格铸业有限公司看准本省机械制造业蓬勃发展的机会，对接台湾的承锋铸造有限公司的FC—30高强度合金铸铁技术……海峡两岸的对接项目真是数不胜数。有媒体把"6·18"举行的"中国·海峡项目成果交易会"的运作机制归纳为"3＋362"机制，意思是，在一年的365天中，"6·18"期间3天集中进行项目展示、经验交流、项目对接签约，其余的362天进行经常性的项目洽谈会和专场对接、不间断的成果推介和跟踪扶持、全天候的网站在线互动和热线服务，从而使"6·18"成为永不落幕的交易会。

在本届"6·18"期间，媒体记者采访了多位台湾知名人士。福建日报记者采访台湾新党主席郁慕明时，郁慕明先生特别强调搭建两岸合作交流平台的重要性。他说："没有平台，交流就只是口号，有了像'6·18'这样的平台，项目就出来了，平台将交流具体化了。"他认为两岸关系的发展，不仅要追求量，更要追求质。在质与量并重的要求下加强交流，将交流的成果具体体现在项目上。从量上说，现在已有越来越多的项目在'6·18'这个平台上出现，在项目的量不断增加的同时，大家也欣喜地看到，项目的质正在不断地提升。

郁慕明是第二次出席"6·18"活动，他观察到两岸在"6·18"这个平台上交流合作的范围很大，内容涉及技术交流、人才培训、市场扩张等方方面面。他希望两岸优势互补，携手合作，在海峡西岸经济区建设中充分展现交流合作的成果，他相信这一成果必将在全球市场上占据一席重要的位置。

"6·18"的开幕距"两会"复谈不过一周。郁慕明说，两岸关系良好发展的势头通过"两会"复谈已有了具体的体现，7月份两岸周末包机和大陆居民赴台旅游，必将大大地推进两岸的合作交流。郁慕明认为，台湾地方小，而大陆人口多，大陆居民赴台观光旅游将是一项长期的交流活动，通过这种交流，会有越来越多的人增进彼此间的了解，从而也将促成更多的合作，促进共同提高。

记者在采访前来参加"6·18"期间举办的第六届海峡青年论坛的中国国民党中央委员、台湾大学政治系教授葛永光时，葛教授对本届青年论坛的举办赞赏有加。他说："1990年，台湾首次举办两岸青年交流活动，当时两岸的交流还不太频繁，受邀的是在海外留学的大陆学生，两岸青年借活动相互认识，产生了感情，甚至缔结了婚姻。这次活动让我们看到年轻人之间没有历史的恩怨报复，很容易通过交流达成共识。此次海峡青年论坛同样搭建了一个好平台，有利于促进两岸青年的进一步理解沟通。"他指出，两岸同文同种，本来就是一家人。希望大陆青年多去台湾走走，通过互动交流，拉近距离，缩小差异。尤其是两岸实现包机直航行后，便利的交通将会把大陆和台湾置于同一个生活圈，这样两岸民众的生活方式和价值观念都为更加趋同。

本届海峡青年论坛的主题是"创意·创业——区域经济发展中的青年力量"。葛永光认为，社会环境自由宽松、竞争机会均等是年轻人产生创意、积极创业的重要条件。台湾中小企业多，三五个人就可以成立一个公司，由于在操作上简便易行，他们积累的经验可与大陆青年分享。在葛永光看来，两岸青年创业者在资金、技术、人才、品牌上都可以合作，两岸应该加强资源整合，互助共荣，形成合力一同去赚世界的钱。

（六）

自从福建省委、省政府提出"建设海峡西岸经济区"的战略举措得到党中央的关心和大力支持，并提升为国家区域发展战略后，作为80%以上台胞祖籍地的福建，积极发挥"五缘"（地缘相近、血缘相亲、文缘相承、商缘相连、法缘相循）优势，全面拓展"六求"（求紧密经贸联系、求两岸直接"三通"、求旅游双向对接、求农业全面合作、求文化深入交流、求载体平台建设）作为，在两岸传媒界交流合作方向一直走在全国前列。尤其在福建省委、省政府提出把海峡西岸经济区建设成为科学发展的先行区、两岸人民交流合作的先行区后，福建积极践行媒体先行、舆论先行，与台湾新闻界合作交流的领域不断扩大，形式日益多样，内容越来越丰富多彩，影响力越来越大。

6月8日，"海峡两岸新闻与传播研究交流中心"在厦门正式挂牌成立。这是在台湾局势发生积极变化、两岸关系发展面临难得的历史机遇时，两岸和香港、澳门新闻界、新闻学术界加强交流、共谋发展、加强新闻合作的又一重要举措，受到两岸四地民众的普遍关注和热情赞誉。

海西战略提出之后首先是通过台湾媒体的报道传递到台湾各界的。早在2004年7月5日，台湾《联合报》就以《福建催生"海峡经济圈"》为题，作了分析报道，支持海峡西岸经济区建设写入国家"十一五"规划纲要后，台湾媒体对海西更加关注。

台湾东森电视在福建拍摄制作了关于海峡西岸经济区崛起及发展远景的特别报道；东森新闻网还以"海西对台特区——大陆将再送'大礼'"为题，大篇幅地报道"海西"构想以及中央的重视、支持；台湾《经济日报》载文提出，"海峡西岸"的时代即将来临；台湾中天电视由台湾著名时政评论员陈文茜领衔，组成摄制组来福建各地实地采访、报道；台湾"中国广播公司"安排在每周一至周五黄金时间，介绍海峡西岸经济区和台商在福建的投资、生活等情况，先后已播出一百多期；台湾中天卫视、《经济日报》、《工商时报》和金门"太武之声"、马祖电台等都开辟了"海峡西岸"栏目，专门用于报道海峡西岸经济区建设情况。

台湾《新生报》以"闽设海峡西岸经济区战略思维"为题，对海峡西岸经济区作了一次篇幅较长、较为深入的评述，指出"这无疑是台湾的一个难得机会，如果顺势而为，对拯救台湾经济将有莫大助益。"

中央电视台海外中心、福建省广播影视集团和台湾TVBS联手打造直播节目"海峡西岸行"，播出后在海峡两岸引起很大反响。

2005年连战先生来闽寻根谒祖期间，TVBS、东森、中天、中视、华视、年代、"中央社"、《联合报》、《经济日报》、《中央日报》等16家岛内主要媒体派记者全程跟踪连战先生一行在福建各地的参访情况，充分报道了闽台之间血浓于水的亲缘关系和海峡西岸经济区的建设情况。如近海西正在逐步成为扩大对外开放、推动全国区域经济合作、促进祖国统一大业的重要平台。因应良好的发展形势，福建省委进一步提出把海峡西岸经济区建设成为科学发展的先行区、两岸人民交流合作的先行区。建设先行区，媒体要先行，以海峡两岸新闻与传播研究交流中心的成立为契机，海峡两岸传媒界将进一步加强合作，为海西建设宣传造势。

近年来，福建省台办每年都与省外宣办联合而组织"台胞祖地福建行"中外记者联合采访、"台资企业巡礼"闽台记者联合采访等集体采访活动。2007年8月，福建省台办组织了"台湾广播媒体闽南行"活动，邀请台湾中南部广播媒体15人来闽进行闽台农业和闽南文化的专题采访。通过这些采访活动，台湾媒体对大陆有了更具体更深入的了解。

信息互换、委托采访、合作采访、稿件节目交换，成为两岸新闻机构之间常态性的交流合作方式。《福建日报》的"海峡新闻"版面自2005年起与台湾《中国时报》建立了新闻图片的互换关系，实现新闻资源共享。1998年，台湾TVBS电视在闽驻点，其驻点形式成为台湾记者在大陆驻点的模式，随后，台湾东森电视等纷纷跟进。1998年至2000年，福建省与台湾TVBS无线卫视联合摄制"福建观察"，台湾TVBS每月派记者来闽采访，共制作播出两百多期；福建东南卫视与台湾TVBS无线卫视、"中视"达成了节目交换协议；福建东南卫视、海峡电视台、新闻频道与台湾东森电视台、TVBS都建立了供稿关系。类似的海峡两岸新闻合作项目不胜枚举。

福建日报报业集团主办的《海峡导报》是全国唯一以台海新闻为主要特色的综合性市民生活报，是祖国大陆与台湾靠得最近、与台湾媒体开展合作活动最多的一张报纸。通过深耕台湾岛内人脉，打造出独具特色的栏目与版面。这些版面和栏目不仅为大陆读者提供了来自对岸的思想观察，也为不少台湾政论"名嘴"、"名笔"提供了一个在大陆发表见解的舞台。

两岸新闻界还共同召开学术研讨会、知识竞赛、大型文艺演出等多种形式的大型活动，以多种形式加强两岸新闻业务的交流与合作。

在将台湾记者请进来的同时，大陆的记者也积极走访台湾本岛及金、马、澎地区，及时而真实地报道海峡东岸的新情况、新面貌。

（七）

两岸之间在文化领域的交流与合作历来都是相当活跃的，特别是闽台之间在这一领域的交流与合作，因为有"地缘相近、血缘相亲、文缘相承、商缘相连、法缘相循"这样的特殊关系，表现得更为活跃和热络。

6月8日（农历五月初五），是中国又一个重要的传统节日——端午节。这一天，在福建省石狮市蚶江举行"第二届闽台对渡文化节暨蚶江海上泼水节"，充满传统气息的红火场面，充分展现了两岸民间"竞舟泼水庆端午，两岸对渡传乡情"的浓厚情谊。

什么是"对渡文化"？中国民俗学会副理事长、国家非物质文化遗产保护工作专家委员会副主任委员乌炳安教授对此作了简明而中肯地解答，他说："'对渡'其实也是'共渡'，对于海峡两岸的同胞来说，在同一片海域上共渡，不仅是中华民族共同的节日，也是在危难面前的共渡难关。"乌炳安教授对于石狮蚶江与台湾鹿港的对渡文化评价甚高，他说，两地传承和保护蚶江对渡活动，将进一步增进两岸乡亲之间的交流交往，传载海峡两岸同文同种、骨肉相连的血脉深情。

中午12时许，随着蚶江海域潮汐的涨起，第二届闽台对渡文化节在蚶江后埭澳古渡头等地拉开了序幕。长长的海峡堤坝上人潮涌动，数万名当地群众携幼扶老、翘首等待海上活动的展开。今年参会的台湾参访团不再局限于鹿港地区，来自岛内各地的众多餐饮、教育和企业界代表组团前来共襄盛举。

开幕式大型民俗表演中，除了拍胸舞、大头娃娃传统踩街表演之外，还再现了当年渔民出海前祭放"王爷船"的场面。一群头戴毡帽、身着布卦的赤脚船工举着"风调雨顺""祈福平安"等旗帜，在焚香祷告之后，抬着即将出海的"王爷船"——"金再兴"号神船，缓缓走向海边。海峡两岸共同祈福，再现传统祭海场面，成为本届对渡文化节的一大看点。

海上民俗表演节目围绕着本届活动的主题"相约端午节、闽台一家亲"展开。"海上泼水"、"海上抓鸭"、"海上抓金猪"、攻炮城等妙趣横生的传统民俗活动，吸引了岸边乡亲翘首围观。在独特的海上两岸龙舟赛中，台湾参访团也首次派出了女子龙舟队参赛。在热烈的助威声中，把"相约端午节、闽台一家亲"的主题表现得淋漓尽致，让两岸乡亲又一次共同感受到闽台多元民俗文化的魅力。

海上泼水节祈福，闽台民俗大融合。继2007年对渡文化节首次由政府主办，提升活动层次和规模之后，今年国台办将其纳入2008年对台交流重点项目，也为"闽台对渡文化习俗"申报国家级非物质文化遗产代表名录奠定了基础。闽台对渡文化节已经成为维系闽台两岸情谊的纽带之一，也为闽台文化交流、经贸发展，提供了更加广阔的活动空间和发展平台。

6月8日晚，2008两岸青年对歌会在石狮体育馆举行。祈福灾区，唱响奥运，来自海峡两岸的青年歌手和艺术团组用对歌的方式，共渡了一次独特的端午节和对渡文化节。

四川汶川地震牵动了两岸同胞的心，一曲《让世界充满爱》的大合唱拉开了两岸青年对歌会序幕。由两岸歌手对唱的《情系姑嫂塔》、两岸企业家代表合唱的《爱拼才会赢》，把对歌会推向高潮。随后，两岸青年歌手还共同演绎了《外婆的澎湖湾》等经典台湾民谣联唱。相同的语言、割不断的乡情，让两岸青年共渡了一次欢乐的端午节和对渡文化节。《年轻的朋友再相会》等晚会结束时的大合唱，表达了两岸青年相约再重逢的心声。

6月9日上午，海峡两岸对渡文化高峰论坛在石狮举行。与会专家学者纷纷表示，闽台人民是对渡文化的推动者和创造者，也将成为新时期两岸各项交流的继承者和弘扬者，希望两岸行家携手合作，挖掘两岸对渡文化的历史，展示对渡文化在两岸交流过程中的意义与内涵。

来石狮参加"闽台对渡文化节"的台湾参访团团长、台湾中华技术大学教授杨乃彦对石狮称赞有加，所到之处都留下他"没想到，没想到"的感叹。在接受记者采访时，杨乃彦说："闽台对渡文化节很难得、很有意义，通过这样的活动让台湾同胞对两岸久远的对渡文化历史有了进一步的认识，有助于两岸同胞的团结。回到台湾后，我将大力宣传闽台对渡文化节，希望闽台对渡文化节成为全国性的大活动，成为世界性的活动，明年我还要来参加！"

第二届闽台对渡文化节暨蚶江海上泼水节刚刚落幕，6月16日上午，在福建省东山县又拉开了"第十七届海峡两岸（福建东山）关帝文化旅游节"的帷幕。

"两岸交流，关帝搭桥"。自古以来，作为台湾目前九百多座关帝庙祖庙的东山关帝庙，在向台湾及海外弘扬关帝文化中担当重任，发挥了重要作用。东山县已经成功地举办了十六届关帝文化旅游节，已经成为两岸合作交流的重要平台之一。关帝文化节一届比一届的内容更精彩、规模更大、规格更高、效果更好，增进了台湾同胞对祖国传统文化的认知，增强了民族凝聚力，有力地推进闽台文化、旅游、经贸、科技等方面的合作与交流。

近年来，在东山举办的关帝文化节上，海峡两岸宗教信仰交流、民俗文化交流、书画戏曲文化交流等活动亮点纷呈，吸引了三十多万人次的海内外嘉宾和游客，其中台湾同胞达十多万人次。现在，东山已成为海峡两岸民间文化交流的热点地区之一，东山的关帝庙也成了境内外同胞文化寻根的宝地之一。

同时，以"关帝为桥"，开展旅游的双向对接，促进两岸实现"三通"，已成为两岸旅游界人士的共同心愿。去年关帝文化节，漳州市旅游局与台湾中华国际观光协会，东山县旅游局与澎湖县旅游发展协会分别签订了漳台旅游合作，东山与澎湖旅游对接合作协议。按照协议，台湾方面每年计划组织台湾同胞3万人次以上赴漳旅游，漳州市旅游协会在大陆居民赴台旅游启动后，将每年组织大陆居民3万人次以上赴台旅游。

文化搭台，经贸唱戏。独特的"关帝文化"名片，提高了东山的知名度，也撬动了东山经济板块和城市品位的提升，助推着东山这个国际旅游海岛的崛起。仅去年举办的"漳州首届旅游节、第十六届海峡两岸（福建东山）关帝文化旅游节暨闽台水产品博览会"，东山县就有总投资21.8亿元人民币的4个大项目奠基和开工；签约合同项目16个，总投资3233万美元和2.4亿人民币。台商翁启镜先生多次到东山朝拜关帝，看中东山资源优势和优良环境，先后投资创办了多家水产品加工企业，成为目前福建全省投资规模最大的水产品精深加工产业群。

本届海峡两岸（福建东山）关帝文化旅游节吸引了来自台湾台北、高雄、宜兰等地五百多人前来参加。开幕式上，台商服务总会会长、中华道教总会名誉会长廖正豪先生发展了热情洋溢的致辞，他说："今天既是关圣帝君的圣诞日，又是东山关圣帝君祖庙重修500周年纪念日。我们组团渡海返乡，寻根谒祖，共襄盛举，必将进一步弘扬关帝文化，增进两岸人民友谊。我们相信在关圣帝君的圣灵庇佑下，两岸人民必定更加幸福安康！中华民族必定更加繁荣昌盛！"

来自台湾中华道教协会关圣帝君弘道协会会长吴朝煌先生接受记者采访时说，东山和台湾隔海相望，自隋朝时就有商旅往来，东山人或入垦、或出戍，不断移居台湾时，大都会到关帝庙祈赐香火，抵台后在当地建庙奉祀。台湾关帝信仰文化也从县城乡镇传播到农村渔区，直至遍布全台湾。东山是关帝文化从中原向沿海，从沿海向台湾及东南亚地区传播的中转站，是台湾关帝文化的发祥地。自20世纪80年代开始，台湾岛上的关帝宫庙堂坛，纷纷组团回东山关帝祖庙晋祭挂香，以续香缘。海峡两岸关帝文化旅游节的成功举办，对于凝聚人心，增进两岸同胞手足情谊具有深远的影响。

在开幕式上，演员们以精彩的民俗文化表演，诠释着"关帝连两岸，闽台骨肉情"的真谛，使东山关帝庙广场成了一片欢乐的海洋，两岸众多信众和客商喜气洋洋地感受着关帝文化的深厚底蕴。

就在闽台之间热热络络进行着文化交流的同时，6月8日至18日，由大陆文化部所属中华文化联谊会与台湾沈春池文教基金会在北京合作推出了"海峡两岸艺术周"，这是近年来规模最大的两岸艺文交流活动之一。

沈春池文教基金会秘书长陈春霖先生在记者会上介绍说，两岸6家艺术团体参加为期10天的艺术团。这些团体是：台湾鸿胜醒狮团、原舞者舞蹈团、无垢舞蹈剧场、台湾豫剧团、台北新剧团和河南省豫剧二团。这些团体各有各的高招和绝活：既有赢得国际声誉的现代舞，也有展现台湾民俗和原生态的舞蹈表演，还有传统戏曲演出。

在北京民族文化宫，台湾鸿胜醒狮团表演的《艺阵风华》，突破了传统舞狮的刻板，以崭新的风格，为传统舞狮注入了一股新的生命力，呈现出原汁原味的民俗技艺；而原舞者舞蹈团表演的《海的记忆》，由台湾少数民族舞者将阿美族港口部落珍贵的祭仪乐舞文化搬上舞台，展现了台湾特殊的少数民族乐舞文化。

在长安大戏院，台湾豫剧团演出的新编历史剧《慈禧与珍妃》，由台湾"豫剧皇后"王海玲与"豫剧小天后"萧扬玲演对手戏，带给观众艺术享受；大陆河南豫剧二团带给观众的，是一个根据广为流传的民间故事改编的古装剧目《清风亭上》，目前，该剧已被列入国家戏曲精品库；台北新剧团以大陆京剧名家李少春之子李宝春为团长，领衔与大陆裘派传人杨燕毅主演台湾剧作家辜怀群的新编京剧《孙膑与庞涓》，亦让京城戏迷大呼过足了戏瘾……

本次艺术周，有一部名叫《醮》的现代舞吸引了众多目光。这部由台湾无垢舞蹈剧场艺术总监和编舞家林丽珍女士编导的作品，多次在欧美国家进行演出，受到高度评价。有评论家指出，这部舞剧"将大众文化融入表演艺术，根源于传统而又突破现代的肢体表现，有别于西方流派而自成一格"，营造出独树一格的艺术美。尽管有如此耀眼的表现，林丽珍女士第一次来北京并在国家大剧院演出，还是被国家大剧院的建筑设计所折服，她觉得，能够在这样宏大的舞台上表演，一旦出现哪怕是些许的差错，那就真的对不起台下的观众了。为这次赴北京演出，林丽珍推掉了所有的商业演出，认真进行排练。行前，还为台湾大学的学生进行了两场汇报演出。

艺术周的台湾主办方沈春池文教基金会，二十年来为两岸文化交流做了不少事。他们与文化部、国家文物局、中国美术馆、故宫博物院、北京市文化局以及大陆其它省市有关文化部门合作，在大陆举办了美术展、陶瓷展、摄影展、戏剧演出等各种文化艺术活动百余场，同时，他们还经常邀请大陆文化界同行赴台交流，同样取得了不俗的成绩。为此，还连续多年得到了台湾"陆委会"颁发的两岸交流"绩优奖"。

他们与文化部合作举办的"情系中原（及"情系湖湘"等等）——两岸文化人士联谊行"，至今已经成功举办了6届，"情系"活动也成了岛内文化人士的"名牌节目"，得到了两岸文化界、同行、特别是岛内文化界人士的赞誉。这些人第一年去过大陆之后，第二年还要报名参加，"由于报名者实在过于踊跃，使得我们不但应接不暇，还囿于名额的限制，劝退了不少报名者。"陈春霖无奈地说。

陈春霖告诉记者，两岸持续对话与交流，积累共识，加强合作，是双方加深了解、增进互信的重要方式和途径。而面向未来，振兴和发展中华文化，一直是两岸文化人的历史使命和共同责任。沈春池文教基金会愿为两岸优秀艺文团队穿针引线、铺路搭桥，做两岸文化交流的使者和桥梁。

（八）

台湾的政治局势发生积极变化之后，海峡两岸各方面的交流与互动越来越绵密而热络。民进党执政期间限制官员赴大陆访问的规定，今年6月初，台湾当局作出"松绑"的规定。金门县长李炷烽赴大陆的申请得到批准，而台北市长郝龙斌和高雄市长陈菊也将紧随其后。台湾东森新闻的报道认为，"这将为两岸间由上而下、由政党到政府的良性互动打下基础"。

李炷烽算是台湾政坛的一个"异数"，以敢说话而著称。他今年55岁，是土生土长的金门人。小时候家境贫寒，家里兄妹有5个，他的父亲从南洋打工回来后卧病在床，不能下地。为了生计，家里的孩子从小就随母亲下地干活。李炷烽的妻子吴丽凤曾感慨地说，丈夫或许就是因为小时候吃了太多的苦，习惯了，如今再怎么累都不会抱怨。从台湾师范大学教育系毕业后，李炷烽当过小学校长、"国大代表"、"立委"和新党党团总召集人，并担任金门、马祖地区两岸交流协会荣誉理事长等职务。2001年，他以56.17%的高票当选第三届金门县长，2005年成功连任。

金门有5万常住人口，过去一直靠当地驻军维持经济。陈水扁上台后，大量裁撤金门驻军，到2007年10月仅剩下两三千人。当地经济受到很大冲击，像靠做军人生意而繁华一时的金湖镇，之前当兵的满街跑，比当地人还多，被戏称为"绿蚂蚁"。但如今这"绿蚂蚁"已很难看到，一些军需品商店等生意萧条，有的关门大吉，有的被迫转行。本来前景不错的旅游业，也因为地雷埋得太多而清理进度又缓慢使之受到严重影响。身为金门老百姓父母官的李炷烽思来想去，觉得唯有打两岸这张牌，金门才有出路。

为此，李炷烽经常跑到福建推销旅游、金门高粱酒等特产，还大胆地提出要搞一个"世界金门日"，要组织投资金门的"财神爷"今年8月到北京看奥运会等。他还一直琢磨怎样才能让金门成为"沿海特区"。这样一来，金门产品出口大陆就能比照香港减免关税。李炷烽说："金门的出口主要为土特产，产量有限，收入也有限，如2006年仅高粱酒一项，金门就向大陆缴纳关税约四五百万元新台币（4.7元新台币约合1元人民币），对大陆来说微不足道，但对金门却是一个不小的数目。"看到大陆猪肉涨价，李炷烽也忍不住动了念头，"金门生猪等农产品数量过剩，可经过大陆检验后就近进入厦门等地区"。和台当局其他县市长不同，他敢于公开高呼"两岸统一潮流不可阻挡"，并且大方地在自己的办公室里挂大陆地图，还经常站在大陆地图前让媒体拍照。有统计显示，李炷烽就任县长7年，申请赴大陆达49次，在台湾所有县长中排名第一。

岛内媒体报道说，李炷烽此番登陆之所以一度受阻，很重要的一个原因是台当局"陆委会"高层不满他在两岸问题上的表态。2006年11月他在接受媒体采访时公开提出，希望金门能成为"一国两制"试验区。他说："'一国两制'试验区的构想，仁者见仁，智者见智，但我认为它对金门有非常大的现实意义。"为此，李炷烽写了长达9页的报告《21世纪新台湾的出路，金门作为"一国两制"试验区之刍议》。他认为，金门一直是台湾地区的"政治试验区"，第一个阶段是从1956年到1992年，金门实行的是长达36年的"战地政务体制"；第二阶段是2001年至2004年的"小三通"。而"一国两制"试验区能使金门进入全新的发展段。进入这一阶段至少有三大好处：一是在世贸架构下，与大陆之间的合作关系可获得提升；二是两岸的紧张关系将有效缓和；三是未来和平统一后的法律冲突问题可获得试验性的解决等。这个报告在岛内外引起很大反响，台湾"立法院"展开热烈讨论，海外金门同乡纷纷致函表示支持，不少大陆学者也认为它对两岸关系发展有借鉴意义。新加坡《联合早报》为此发表评论指出，在军事上，李炷烽的设想意味着金门这个过去的战场将不再弥漫硝烟；在政治上，则意味着尊重一个中国与两岸的特殊现实，"在两岸整合愿景下，金门和厦门也许可以扮演无可取代的桥梁作用"。不过在民进党当局的重重掣肘下，李炷烽只能眼看着对岸的红火干着急。他不停地对媒体抱怨说："香港、澳门能做的，金门原本也能做。"

6月23日下午14时40分，台北市长郝龙斌抵达上海访问。台湾《联合报》的报道说，作为近50年来首位以现任"直辖市"市长身份访问大陆的台湾行政官员，郝龙斌此次上海行有两个"重头戏"最为引人注目。首先是代表台北市签约参展上海世博会。报道说，台北入选此次上海世博会的是"台北无线宽带——宽带无线的便利城市"和"资源全回收、垃圾零掩埋、迈向城市的永续"两个项目，是唯一有两个项目入选的城市。而此次也是台湾在1970年的日本大阪"万国博览会"之后，近40年来首次重返世界博览会。台北市政府方面对此极为重视，郝龙斌亲自给郭台铭打电话，拉来了3亿元新台市（4.7元新台币约合1元人民币）的赞助，台北市展区面积也将高达近1200平方米。另一个"重头戏"就是推动两岸动物保护方面的交流。访沪期间，郝龙斌将争取"团团"、"圆圆"两只大熊猫10月赴台，同时争取金丝猴也能在台北动物园展览。上海方面也有意赠送给台北市另一种大陆珍稀动物——扬子鳄。

被岛内政坛看作是马英九"最佳接班人"的郝龙斌，参访上海5天来的一举一动都备受媒体关注。26日傍晚时分，郝龙斌参加了"城市最佳实践区"的签约仪式，这是他5天访沪之行的最主要目的。台湾《今日新闻》26日报道说，台北展馆是一栋独立的建筑，也是参展城市中最高、最大的展馆。它位于黄浦江畔江南造船厂的旧址，是世博会水路入口的必经之地，肯定会成为热门展馆。郝龙斌对此非常满意。他还透露，世博会展期后，台北展馆将移到同年举行的台北"花博会"会场，让台北市民分享世博会成果。

郝龙斌访沪的另一场重头戏——两岸动物保护交流也取得重要进展。台湾《联合报》报道说，郝龙斌25日参访上海野生动物园，台北、上海两市商定以"三换三"的方式互换珍稀动物：上海将向台北赠送国家一级保护动物金丝猴、扬子鳄和小熊猫各一对；台北则回赠红毛猩猩、白手长臂猿和马来熊。香港中评社发表社评说，此合作"开启了两岸动物交流的新篇章"。

自从大陆宣布赠送台湾两只大熊猫后，台北市就一直期待它们能落户台北动物园。郝龙斌一进入上海野生动物园，也是直奔大熊猫展区。当时，"平平"和"安安"两只憨态可掬的大熊猫正好在户外绿地上吃早餐，郝龙斌一边了解大熊猫的饲养情况，一边饶有兴致地用窝头、胡萝卜给熊猫喂食。他对记者说，熊猫可爱、友善，他非常期盼未来台湾民众不只能在电视上看到，也可在台北的动物园看到，而且"越快越好"。据了解，台湾许多县市都在争取大陆赠台大熊猫落户自家动物园，台北市立动物园耗资2亿元新台币打造的熊猫馆将于今年的9月完工。访问团成员、台北市立动物园园长林庆华对媒体透露，预计赠台大熊猫将推迟到十一二月抵台，因为原定9月天气较热，不适合大熊猫长途旅行，而且目前四川卧龙大熊猫中心正忙于灾后重建。

尽管郝龙斌非常低调，但此行仍被媒体视为继国民党主席吴伯雄和海基会董事长江丙坤登陆之后两岸关系的又一重大事件。香港时事评论员阮次山说，郝龙斌此次上海行已使"陆委会"对县市长登陆松绑，可谓跨出了一大步，在他之后将有更多的岛内地方官员走向大陆，对今后两岸关系走向意义深远。

岛内媒体也分析认为，郝龙斌的沪上之行，大大激发了其他县市长的登陆热情，谁也不愿意错过7月4日的直航。台中市长胡志强有意搭乘当天台中清泉岗的首波直航包机，赴大陆参访招商。虽然他被"陆委会"拒绝，但台中市副市长萧家旗26日强调，不论胡志强胡否亲自带队，7月4日台中飞厦门的班机确定成行，"两岸首航，台中绝不缺席"。此外，花莲县长谢深山计划七八月间，亲自率队到大陆推销农产品。民进党籍的云林县长苏治芬已正式向"陆委会"提出申请，希望7月中旬前往北京，举办农特产品贸易洽谈会。该县还预定在北京、沈阳和天津设立3个农产品批发中心。屏东县长曹启鸿和高雄市长陈菊也表示希望能前往大陆，推销观光等。

台湾"中央社"26日发表报道说，县市长登陆规定将有重大突破，"陆委会"倾向于"只要与县政、市政相关交流等活动，都在开放之列"，相关法案预计7月3日送"行政院"通过。有岛内媒体报道说，这是马英九亲自拍板决定的。

就在郝龙斌在上海参访期间，6月25日下午，台湾"爆料大王"、国民党籍"立法委员"邱毅首度经"小三通"到厦门参加竞争力论坛学术交流活动，亲身见证了"小三通"扩大之后给两岸交流交往带来的好处。

岛内媒体报道指出，2001年民进党当局核准实施"小三通"政策，允许金门、马祖与大陆福建沿海地区进行通航及非官方的小额直接贸易与经济交流，并允许两岸居民相互往来以改善金马居民的经济生活。但"小三通"包括人员范围一直被限定为户籍在金马地区的民众以及登记在案的台商和眷属，使"小三通"难以真正满足岛内民众扩大两岸往来的要求。台湾"中央社"报道，6月19日上午，台湾"行政院"通过了"小三通人员往来正常化实施方案"，使岛内民众期盼已久的扩大金门、马祖"小三通"成为现实。"陆委会主委"赖幸媛宣布，只要持有两岸出入境有效证件的台湾民众，未来都可以经"小三通"往来两岸，同时"小三通"口岸比照国际机场和港口准许外籍人士出入，从19日起开始正式实施。

台湾《中央日报》发表文章还刊出扩大"小三通"的四大好处：一是应对两岸互动频繁的新局势，符合两岸关系发展的现实需要；二是使两岸间尽可能朝自由化方向规划，采取最小且必要管理，让"小三通"在两岸关系正常化之前成为两岸往来的主要通道；三是减少台湾民众前往大陆在时间及金钱上的支出；四是加强金马在两岸关系中的角色，有利于带动该地区的经济发展。

日前才因爆料陈水扁女婿赵建铭涉嫌洗钱成为媒体焦点的邱毅，一到厦门水头码头旅客通关中心，立即引起人们的热情关注，"粉丝"争相找他签名、拍照，电话也追个不停，虽然想经"小三通"暂时轻松一下，但他似乎又有忙不完的事情要做。

邱毅说，他是第一次经"小三通"登陆的，"小三通"自6月19日起扩大，台湾本岛民众也能经金马往返两岸，这是历史时刻，百忙之中也要亲自走一趟，实地体会一下两岸来往的便利。邱毅还透露，这趟"小三通"对他个人来说，另有特殊意义，因为，其父邱士锦在对日抗战期间，追随谢东闵（后来曾担任台当局"副总统"）到大陆，在厦门念书、工作，抗战胜利后返台之前，曾在金门担任沧湖小学校长一年，因此，这趟"小三通"也是追寻父亲的足迹，厦门市政府还要帮他寻找祖厝，他心里很是兴奋。

　　对于金门的发展，邱毅指出，长期以来所谓"台湾主体论"把金门当边陲，对金门不公平，造成建设落后，金门应是海峡两岸的核心，观念一定要转变，因此，他在"立法院"下一会期将推动"金门经济行政特区条例"草案立法，希望让金门有更自主的发展空间。

　　经"小三通"到厦门交流的台湾学者专家，包括台湾竞争力论坛秘书长彭锦鹏、前"立委"吴成典、淡江大学财务金融系主任聂建中等，他们将拜访厦门大学，与厦门、泉州、漳州台商协会座谈，就推动金厦特区、金厦生活圈等课题交换意见。

　　澳门《新华澳报》6月21日报道说，台湾"行政院"院会19日通过将"金厦大桥"列为金门中长期经济建设计划，让金门人相当开心期待。报道说，金门与厦门只有一水之隔，相距17海里，"小三通"客船只要40分钟航程左右就可抵达。金门民众期待大桥一旦兴建，可以带动两岸交流，金门将不再是孤岛，不但减少战争发生的可能性，而且还可解决金门长期短缺的水电问题，金门就可建成厦门的后花园。

　　报道说，金厦大桥其实又名金嶝大桥，十多年前曾通过三个方案，由两岸共同合作，从厦门的大嶝岛或是小嶝岛建立跨海大桥。只是由于两岸敌意未消，大桥通行后，解放军可以直达金门，因此台湾"国防部"表示反对。

　　但金门县长李炷烽表示，绝对没问题，他指出，金门的军事地位角色已经不如从前，金厦大桥如果兴建，可以让两岛连成一气，对金厦共同发展建立生活圈有非常重要的意义。海基会董事长江丙坤上个月也在一个论坛上表示，基于两岸和解，他支持成立"金厦特区"的构想。

五、两岸周末包机暨大陆居民赴台游首发团启动；两岸同胞共圆奥运百年梦，共享中华民族的荣耀，亲情互动的热潮一波接着一波

（一）

6月30日，国家旅游局在北京举行记者会，国家旅游局新闻发言人、海峡两岸旅游交流协会秘书长祝善忠就7月4日大陆居民赴台游首发团事宜，向记者通报了相关情况并回答了记者的提问。

祝善忠介绍说，大陆赴台游首发团由旅游团和旅游交流考察团两部分组成，共760人左右，团长由国家旅游局局长、海峡两岸旅游交流协会会长邵琪伟担任。旅游交流考察团行程7天，首发旅游团行程10天。

祝善忠说，从6月13日海协会与海基会签订《海峡两岸关于大陆居民赴台湾旅游协议》后，大陆旅游部门按照两会协议的相关内容，积极做好大陆居民赴台湾旅游的各项准备工作，精心组织首发团，目前相关工作已基本就绪，大陆居民赴台游首发团已经准备好了。

"陆客要来啦！"周末包机和大陆游客入岛在即，台湾社会上下准备，街谈巷议，由此延伸出对未来两岸交流交往的展望和一场接待工作的大比拼。

岛内媒体报告，马英九日前出席台北县一家医院的开幕典礼时说，因应大陆游客即将到台，希望未来台湾的医疗与观光相结合，这样大陆观光客到台观光时，还能接受健康检查等医疗服务。马英九还提出"两岸一日生活圈"的概念，他说，周末包机还不算是最短距离的直航，现在台北飞上海，还要两个半小时，台北飞北京，将近4个小时，将来希望台北飞上海能缩短到80分钟，台北到北京应该在2.5小时内，让台北与大陆许多城市形成一日生活圈。

一位台湾作家投书岛内媒体，表达对"一日生活圈"的期待。投书说，直航将使台湾人民的生活更加丰富，"在台湾吃早饭，在上海吃午饭，在厦门吃晚饭，还可以回到台湾吃宵夜。"两岸形成了"一日生活圈"，活动空间扩大，交流层面增多，生活自然多姿多彩。两岸的旅行社都兴高采烈地对两岸人民的这一诉求做着准备。岛内媒体说，这是一个大商机，对台湾而言，更如大旱逢甘霖。

7月4日台湾执飞周末包机的各航空公司都宣布：7月4日首航的两岸乘客，都可获得"两岸包机首航纪念邮票"小礼物。此外，各航空公司暗自准

备"秘密武器"，争着要给乘客一个意外惊喜，誓以绝技拔得头筹！

台湾华航、华信的首航空乘人员一字排开苦练上海话、广州话与闽台话，要在班机上用方言问候上海、广州与厦门的旅客，以乡音拉近与大陆乘客的感情。此外，机上餐点的准备更是费尽心机，华航砸下重金，在包机商务舱上推出"故宫晶华国宝宴"佳肴，推出仿故宫典藏品的创意菜，如台北故宫的镇宫之宝"翠玉白菜"、"肉型石"等将成为餐桌上惟妙惟肖的美味。经济舱餐点，华航以台湾地方特色为主，菜谱包括猪脚饭、排骨饭、竹堑米粉、三杯鸡饭、筒仔米糕等；华信菜谱包括香烤鳗鱼、香菇糯米饭、怀旧排骨饭、台湾特产乌鱼子等，并以台中太阳饼及新鲜水果招待旅客。

长荣、立荣两航空公司则依路线设计，以目的地餐饮为特色的餐点，由大陆启程的航班，商务舱旅客可在抵台前，吃到红烧牛肉汤面、台式三杯鸡、鼎泰丰小笼汤包等；经济舱则有彰化肉圆、麻油鸡与卤肉饭等。而由台北飞大陆的旅客，可以吃到北京烤鸭、上海名菜虾籽乌参、广式芝麻枣泥核桃酥等。

台湾交通主管部门拍板定案，7月4日周末包机首航，为了帮助大陆观光首发团"洗尘"，将效仿新船入港迎接方式，当大陆包机飞抵松山、桃园机场后，在停机坪对飞机进行喷水欢迎式。目前，两机场的洗尘消防车队已就位。首次接待大陆来客的台北松山机场更是事事求好，一航厦入境口前，由书法家书写着"好客"两个大字；通往二航厦入境查验处沿途挂上各县市的风景照，请大陆游客未入宝岛，先赏美景。

由民进党执政的高雄市，在陆客入台的热潮中也不再一味地抱怨指责，高雄市政府表示，将组成行销团"前进广州"，争取陆客到台后不错过高雄，最好是"北（台北）进，南（高雄）出"，或者是"南进北出"。

而商家比拼的是商机布局。台湾国泰、新光两大集团积极与大陆航空公司合作，拟将"寿险、航空、医院"资源整合，推出陆客赴台医疗、健康检查优惠项目。国泰集团透露，国泰人寿准备提供大陆东方航空客户来台健康检查的优惠方案。新光集团也正在研究争取大陆海航集团的机师、空乘人员健康检查的业务。

随着两岸周末包机的启动和大陆居民赴台游的成行，"人民币终于合法登台了"。岛内媒体报道说，6月30日，台湾"中央银行"公布14家金融单位、约1240家分行可申请兑换人民币业务，包括台湾银行、合作金库商业银行、台湾土地银行和中国信托商业银行等。另外，还有15家百货公司和46家旅馆可购买人民币。30日一大早，台湾银行的门口就排起了长队等待进行人民币兑换。正在台湾的大陆艺人胡彦斌也一早赶到银行，用1万元人民币换了4万多新台币。他说，以前来台湾只能刷卡，小额消费就跟朋友借钱，现在方便多了。机场柜台最热闹，不少台商直接兑换2万元人民币的上限。

有媒体发表评论说，等了近60年，人民币终于在6月30日合法登陆台湾，"五星红旗"也跃上台湾"国营银行"——台湾银行的汇率电子看板上呈现着"五星红旗"，当天人民币现钞买入价为4.339元，卖出价为4.552元。不少人一大早就在银行等候，希望"见证历史"。

海内外媒体都在关注着即将启动的两岸周末包机和大陆居民赴台游首发团。法新社记者7月2日在台北发表电讯说，台湾将在4日为历史性的一批大陆游客的到来铺设红地毯，这是首次有游客从大陆直航抵台，就在几周之前，这还是不可想象的。电讯说，新的台湾总统马英九开始履行他在竞选活动中关于加强同大陆关系的承诺，把两岸自从1949年内战结束以来持续至今的敌意放在了一边。约700名大陆游客在周五（7月4日）抵达台湾。他们来自北京、上海和其他3座城市。他们将受到热烈欢迎，庆祝仪式中包括了中国传统的舞狮活动。

电讯说，直航协议令大陆和台湾每天来自对方的游客人数分别增加了3000人，这似乎将对台湾萎靡的经济带来特别的推动作用。台湾旅游官员称，这批额外的游客将对旅游待业提供强大动力，带来每年至少600亿新台币的收入。台湾电视台一直在大力宣传这次直航，播放了游客在大陆热切地申请旅行许可的镜头。

香港《新报》7月2日发表报道说，两岸周末包机将于后天起航，大陆游客将历史性地踏上台湾旅游观光。台湾观光局指出，7月4日当天将有25个分别来自京、沪、宁、厦、穗5市的大陆首发团共687人抵台，台湾方面已做好准备，当日将举行盛大欢迎仪式，其中台北松山机场更会以红地毯迎客。

报道说，由于周末直航包机对两岸民众交流具有重大意义，台观光局为扩大宣传效果，当日海峡两岸观光旅游协会除在机场以舞龙舞狮迎宾外，更将在台北圆山饭店安排台湾美食和节目表演，欢迎首发团旅客。

（二）

7月4日，两岸11家航空公司的18班直航包机在两岸10个城市依次完成了一次历史性的起降，730位大陆居民踏上美丽的宝岛土地，岛内各界则以最隆重的礼仪热情欢迎"走亲戚"的亲人。

4日上午7时，海协会会长陈云林、国台办常务副主任郑立中和江苏省、南京市高层领导及民航、旅游、口岸等方面的负责人悉数出席在南京机场举行的隆重欢送两岸周末直航包机暨大陆居民赴台游首发团启程。热烈的锣鼓、美丽的鲜花、飘舞的彩旗、美好的祝愿和欢送的人群共同描绘和见证着这一历史时刻。

此次带领首发团赴台旅游的是国家旅游局局长邵琪伟，他以海峡两岸旅游交流协会会长的身份赴台。中国国民党主席吴伯雄在台北松山机场，迎候第一批"登台"的大陆客人。当飞机降落时，松山机场顿时变成欢乐的海洋，洒水的礼仪、鲜红的地毯、喧天的锣鼓、美妙的舞狮、灿烂的笑容、美丽的鲜花、热情的问候，让首发团的每一位成员切身地感受到了浓浓的手足之爱、同胞亲情。

日前，国民党中央文传会主委李建荣在记者会上说，吴伯雄主席做好了接机的各项准备，他已预定7月5日下午在国宾饭店设宴款待邵琪伟一行。吴主席在2日主持国民党中常会时，希望国民党中常委和党籍"立委"能抽空参与接机。下午4时接机时，国民党多位中常委和"立委"出现在接机现场，他们热情的笑脸已展现在荧屏上。

岛内媒体报道，首发团令人瞩目的还包括60名大陆随团记者，这是两岸自开放新闻交流以来，规模最大的单一大陆记者团。

在首发团赴台的第二天，国民党荣誉主席连战在台北"故宫"西侧的"故宫晶华"设午宴款待邵琪伟一行。"故宫晶华"是台湾耗资4亿新台币建起的豪华宴饮中心，此处隆重推出"国宝宴"，让游客在观赏"故宫"珍宝、大饱眼福之后，可以到此大饱口福。连战先生包下宴会厅场地，设的是"国宝宴"，1人1份定价就要3200元新台币，规格相当高，不仅惟妙惟肖的"翠玉白菜"、"肉型石"等国宝呈现在餐桌上，还让人观赏到仿照西周晚期的"毛公鼎"造型制作成冰雕，晶亮剔透的"鼎"中，盛着台湾的特产水果，给人以视觉与味觉的惊喜。此外，一些国宝还被仿制成器皿，比如战国时代青铜器的代表作"弦纹鼎"，就被仿制成白瓷容器，盛装的是闽菜之首"佛跳墙"。

宝贵的历史文物，华丽的水晶灯饰，时尚的中国风摆设，在和谐亲切的氛围中，连战先生先与邵琪伟会晤，然后共用"国宝宴"。邵琪伟一行惊喜地欣赏着"国宝宴"，还可从窗上看到台北"故宫"古色古香的建筑，这一安排所体现出来的手足亲情、同胞之爱，怎能不让邵琪伟一行感动。

稍后几天，海基会董事长江丙坤在台北会见了邵琪伟一行。会见时，江丙坤说，两岸周末包机和大陆居民赴台旅游能在短时间内实现，大陆有关方面给予了巨大支持，对此他表示感谢。他说，刚刚启动的周末包机和赴台游只是一个开始，希望下一阶段逐渐增加包机的航点和航班，以带动大陆居民来台旅游，并为大陆台商提供更多方便。

邵琪伟说，台湾拥有丰富的旅游自然资源和独特的人文资源，对大陆游客具有很强的吸引力。与此同时，大陆居民赴台旅游拥有巨大的潜在市场。大家要共同把大陆居民赴台旅游这件事办好。开好头，起好步，同时还要着眼中期和长远，实现可持续发展。邵琪伟还表示，两岸旅游合作拥有广阔的空间和美好的前景，未来双方应继续本着务实、有效、诚信的精神，不断推动两岸旅游业的交流与合作。

人们之所以如此关注大陆居民赴台旅游首发团启动这个日子，是因为它在大陆游客首次赴台观光活动给台湾经济又注入一股"活水"之外，另有更重大的意涵和象征。诚如岛内媒体所言：大陆游客来台最重要的意义，是在两岸人民之间搭起"心灵交流的平台"，使真正的民间情怀交互激荡，为两岸共同的未来寻找方向。所以，国台办主任王毅称这一天"是两岸同胞交流史上的一个新起点"；台湾"行政院院长"刘兆玄认为这一天"将为两岸关系的发展写下新页"；而岛内的业界人士则开始展望"其后的每日包机乃至正常航班，配合海运直航、投资松绑"，在台湾营造出"两岸猿声蹄不住，轻舟已过万重山"的美好景象，开始为台湾又重新走上正确的道路而"欢欣雀跃，兴奋莫名！"

7月4日这一天让人们关注的又一个焦点是台中市市长胡志强率台湾中部县市参访团搭乘台湾华信航空公司航班抵达厦门进行参访。这天上午10时47分，华信航空公司的航班降落厦门机场后，照例受到大陆民众的热烈欢迎，福建省、厦门市的领导和相关部门的负责人到机场接机，喧天的锣鼓、美丽的鲜花、灿烂的笑容、热烈的掌声、亲切的问候，表达着血浓于水的感情。

胡志强所率参访团包括台中县县长黄仲生、彰化县县长卓伯源、南投县副县长陈志清，以及台中市和彰化县议会议长等多位地方官员。他们将参观厦门港区、厦金航线码头、高新产业区等，还要进行"文化造市"演讲，出席有关经贸交流和研讨活动等。胡志强在机场致辞时表示，两岸周末包机对于增进两岸交流、实现双赢非常有利。台中与厦门直航是一个起点，希望通过福建、厦门的平台，与大陆展开互利、互惠和双赢的"直航飞行"。

7月7日中午，中台办、国台办常务副主任、海协会常务副主任郑立中在厦门悦华酒店会见了胡志强一行。郑立中说，他受国台办主任王毅和海协会会长陈云林的委托专程到厦门来看望大家。郑立中指出，两岸关系历经艰辛，曙光出现。两岸共同期待已久的周末包机和大陆旅游团赴台在7月4日得以实现，标志着两岸关系的发展有了一个良好的开端。郑立中还特别提出台湾同胞在四川汶川大地震后以各种形式进行的赈灾，充分体现出两岸之间的手足情和同胞爱，"情源于根，血浓于水"。

胡志强说，这次到厦门感受最深切的是非常的善意和尊重，参访受到的接待每个细节都安排得非常好。一直以来台商和台胞在大陆受到非常好的照顾，这些将会对今后的两岸关系发展起到非常好的作用。

两岸周末包机首航日又一个特别是，厦门青礁慈济宫保生大帝神像巡游团273人乘周末包机直航澎湖。这是大陆首个以空中直航的方式前往澎湖的民间信仰团组，也是大陆迄今赴澎湖最大规模的一次民间交流。

7月4日两岸周末包机正式启动后，保生大帝巡游团采取双向对包的方式直航赴澎湖。即台湾华信航空公司搭载台湾旅客自台中飞厦门，台湾复兴航空航班搭载一百八十余名赴泉州进香的信众自澎湖飞厦门，然后，台湾两家航空公司航班再分别搭载保生大帝巡游团直飞澎湖马公机场，这是两岸航空业者特意协商，临时增加的厦门赴澎湖的周末包机航班。

保生大帝神像赴澎湖巡游活动4日至7日举行，主题为"弘扬闽南文化，促进两岸交流"。

此前，《福建日报》记者采访了海沧投资区党工委副书记、管委会副主任、保生大帝神像巡游澎湖总团团长林世鸯。他指出，在福建省建设"两个先行区"的大好形势下，此次巡游澎湖必将开创两岸交流特别是民间信仰文化交流的先河，意义重大。

林世鸯说，此次保生大帝神像赴澎湖巡游，首次采用包机直航方式，从大陆机场直飞澎湖机场，可谓是千年夙愿、一朝梦圆。他透露，巡游总团此前也曾考虑走"小三通"，先坐船到金门，再由金门乘机至澎湖，但这样一来，路途需要3个小时。最后在各级各有关部门的关心下，在澎湖方面的鼎力支持下，达成了这一具有历史性意义的一举。

林世鸯介绍说，在台湾，保生大帝信仰泽被深远。目前，台湾保生大帝信众达五百多万人，分灵庙达三百七十多座，最为著名的有台北的保安宫、台南的学甲慈济宫、台中的元保宫等。每年都有大量的台湾同胞来到大陆祖庙——厦门青礁慈济宫进香，这强有力地证明了台湾"根在大陆"。林世鸯表示，通过类似的民间信仰文化交流，可以更好地加深台湾同胞对祖国大陆的认同感，增进了解，融洽感情。所以他说，这次通过包机直航澎湖巡游，开创了"民间信仰文化交流的先河，意义重大"。

周末包机开航以来，首位绿营县市长访问大陆的事又一次引起人们的普遍关注。7月13日出版的台湾《中国时报》以《绿县长搭包机第一人，苏治芬抵北京，推销农产品》为题对此作了报道。

报道说，云林县长苏治芬12日上午搭乘周末包机前往北京，成为周末包机开航以来，绿营执政县市首位登陆的首长。为了赶在奥运会期间宣传与促销云林县的农特产品，苏治芬除亲自前往天津港巡视云林县农特产品通关情形外，也将前往北京市洽谈在"新发地"批发市场设立展售点。

报道说，苏治芬过去长年担任民进党"国代"、"立委"等职，从来没有被获准到中国大陆旅行，只有去过香港、澳门，苏治芬昨天下午抵达北京首都国际机场，第一次踏上大陆。

对于她前往中国大陆访问并且持"台胞证"入境，她承认"深绿的人可能会有意见"。但她说："那只是一个入境文件或入境手续，不必那么敏感的去看待它"。

报道说，在媒体记者不断追问如果被大陆方面问到与民进党主张相违的"九二共识"、"中国统一"等问题时要如何回应？苏治芬都避开话题只谈农产品，她笑着说："人家才不会像你们这样问问题呢"。她强调，此行很单纯是来推销农产品，来者是客，不可能为政治争得面红耳赤。但她也强调，"不可能"为利益就讲大陆方面"爱听的话"，而她的身份就是"台湾来的云林县长"。

报道说，2000年第一次政党轮替时，时任新竹市长民进党籍的蔡仁坚曾经到大陆访问，之后再无民进党县市长登陆；苏治芬也是第二次政党轮替，"行政院"正式开放县市长登陆后，首位登陆的民进党籍县市长。

（三）

赴台旅游的首发团成员们返回大陆后，争相传颂着所见所闻和台湾同胞热情相待所展现出来的民族亲情。会风川先生所写的一篇赴台旅游的见闻和切身感受的文章发表在7月中旬出版的一期《瞭望新闻周刊》上，引起读者广泛的关注和好评。

文章说，7月4日至12日，笔者随着首发团从北京飞赴台湾，所到之处，台湾的热情、精致、和乐、民族亲情，迎面拂来，这是大陆游客在尽览美景、尽享美食之余的心灵收获。

文章深情地写道，对大陆游客，台湾民众的热情，普及于他们的言谈笑语里；对大陆游客的欢迎，遍见于细致周到的服务中。一路上，笔者一行遇到的台湾民众都和善热情地欢迎大陆游客，不断听到询问"你觉得台湾怎么样？""玩得还好吗？""台湾小吃的口味还能适应吗？"临别时也总不忘说上一句"祝你有个愉快的旅程"，"欢迎你再来台湾"。

台湾民众说，岛内南北民风民俗不同，越往南，"土气"越重，人情也越重。同行的导游在台南市问路时，当地人干脆把他直接送到了目的地。

文章说，行在台湾，可以感受到一种精致美。眼中的台湾，人们相见，先奉笑脸。"对不起"、"不好意思"、"打扰您"屡闻不绝。城市街头垃圾桶不多，却少见随手丢弃的垃圾。公共场所全面禁烟，几天行程下来几乎没见吸烟者。台北"故宫博物院"是大陆游客参观的第一个景点，这里保存着蒋介石当年从大陆运来的文物精品。这一天，博物院游客很多，中外游客摩肩接踵，川流的人群少闻喧哗，整个博物院在庞大的参观人群中仍然安稳、庄严，令人心中一震。

文章说，细腻贴心的服务背后，有着社会关爱。在苗栗高速路收费站口，笔者一行乘坐的巴士被拦了下来。一位中年女性走上车来，她是台湾交通监理部门的安检抽查人员。她询问我们是否了解这辆巴士的逃生通道在什么位置，如遇危险，在哪里能找到用来敲开玻璃的小锤子，以及用锤子敲击玻璃的哪个方位更容易将其击碎，等等。大家一一作答，因为初次乘坐这辆巴士时，录有这些安全知识的光盘就已经反复播放了多次。司机告诉我们："如果在这些安全抽查中没有通过，后果会很严重哦。"

文章说，共同的文化根基、价值观念是一个民族得以确立的基本要素。在台湾，不管政治立场如何，笔者接触到的普通百姓对同为"中国人"的认识相当一致。在台湾著名古迹亿载金城，笔者邂逅了正在树荫下享受午餐的一对台湾中年夫妇陈景扬、蔡惠珍和他们的一双儿女。他们一家来自台中，利用双休日自驾车旅游。听说我们来自大陆，他们非常惊讶，关切地询问起飞行了几个小时等细节。谈起即将在北京举办的奥运会，陈景扬神情肯定地说："这是奥运会第一次在中国举办，是中国人的一件大事，我们很高兴，非常关注。"

一路向南，我们进入被称为泛绿阵营基础深厚的南部地区。在嘉义县，笔者一行夜色中漫步街头。在一家名为"店仔口"的小吃店前，一位皮肤黝黑的中年男子主动上前搭话，他满脸笑意地说："你们是大陆来的，听得出你们的口音。"他自我介绍说自己一直是"深绿选民"。然而，他看着我的眼神始终带着笑意，交谈中十分诚恳。他告诉我："台湾的民主制度是用鲜血换来的，付出了惨烈的代价。当然，现在的自由民主也太过了，缺乏约束了。"临别时我们交换了联系方式，他右手高高举起写有我们地址的纸条说："这个东西非常珍贵，我会好好保留，我会写信给你。我们都是一家人嘛，为何互相猜忌呢？"

文章说，在大陆居民赴台旅游实施之前，与台湾人进入大陆相比，大陆居民入岛的机会少之又少。有统计称，截至2007年底，大陆居民因公务和探亲、奔丧等私人原因入台有163万人次。而人口仅为2300万的台湾，却已有4700多万人次曾经来过大陆。大陆居民赴台旅游成行，将为两岸民众增加更多生动美好的共同记忆。

文章最后记叙了一位台湾同胞和一位大陆游客对两岸同胞交流交流的感受。文章说，在著名的三仙台海边，笔者为来自台中的曹先生一家四口拍照留念。谈起大陆游客入台旅游及两岸民间交往的前景，曹先生说，希望两岸这种非官方的民间交流可以越来越多，不要让大家以特别紧张的方式来相互了解和对话。"其实，在两岸之间，施与受同样重要，没有谁比谁更了不起。"

同行的一位大陆游客说："记者们问我到了台湾有什么感受。其实，我们和台湾就像是自幼离散的兄弟，几十年后再相见时，肯定不会一上来就抱头痛哭。但是慢慢地接触、了解、磨合，骨肉亲情的力量就会把我们越拉越近，再也无法分离。"这与曹先生的意思异曲同工：两岸的交流不可能没有磨合，但双方将会在这种磨合中，日益体味到对方的价值、彼此的亲情，以及相互依存的骨肉联系。

会风川先生的这篇文章在读者群中引起了热烈的反响，大家都说这篇文章写得好，让我们真切地感受到了台湾同胞的情谊，特别是那位"深绿选民"对会风川先生所说的："我们都是一家人嘛，为何互相猜忌呢？"给人留下深刻的印象和思考。"台独基本教义派"顽固的意识形态，怎么能割断两岸同胞之间的骨肉亲情呢！

（四）

就在两岸周开包机启动、大陆居民赴台旅游首发团成行的同时，大陆海协会副会长王在希一行于7月6日抵达台湾访问。台湾《联合晚报》7日发表报道说，王在希此前曾担任大陆国台办副主任，是台湾政党轮替两岸开放交流后，大陆涉台系统来台层级最高的前任官员，他的台湾之行格外引发外界关注。

报道说，王在希此行是以顾问身份参加大陆海协会与台湾"促进中国现代化学术研究基金会"共同在台北举办的第13届中国现代化学术研讨会。在研讨会上王在希与台湾海基会董事长江丙坤会面。王在希在会后透露，陈云林希望能在适当时候来台访问，"秋高气爽"是比较适合的时间，似乎晃示即北京奥运之后。江丙坤则表示，陈云林何时来台，还需"陆委会"通过"国安会议"做出最后决定。"陆委会"官员表示，邀请陈云林来台是既定方向，只是奥运会前夕对方一定没有时间，待北京奥运会结束后，双方一定会积极展开协商。

香港中评社7日发表报道说，王在希表示，十年前，前海协会副会长唐树备也曾来过台湾，当时唐树备来的时候，和他此次来的气氛大不相同，他这次有机会来台访问，很有意义，将来两会之间的互动会越来越多，他希望这次来能起到探路的作用。对于台湾的印象，王在希表示，尽管他只来了一天，但他对台湾的印象非常好，接待他的朋友也非常热情、坦诚，给他留下非常深刻、美好的印象，他感到台湾同胞对大陆同胞非常友好。

王在希表示，8日研讨会结束之后还有一周的时间赴台湾中南部参观，他会趁这次机会多看看，和台湾同胞进行广泛的交流，将观察所得带回大陆作为日后扩大两岸开放的参考。

8日下午5时，王在希与吴伯雄在伯仲基金会会面。王在希表示，此次来台强烈感受到台湾同胞发自内心的友好感情，见到了老朋友，有宾至如归之感；结识了新朋友，有一见如故之感。这次有机会来岛内走走看看，对台湾情况的了解定会更全面、客观、公正。

吴伯雄说，过去都是在大陆见面，这次能够在台北迎接老朋友，觉得非常高兴。他说，两岸周末包机和大陆游客访台已经实现，这是重要的一步。台湾是个宝岛，大陆同胞应该来看一看，希望在台湾能体会到台湾人民的善良、敦厚和好客，了解台湾人民内心的想法，"见面三分情，以后交往多了就不止三分。"吴伯雄强调，今后的发展更为重要，两岸应珍惜这个契机，通过交流增进彼此的友谊和了解。他希望周末包机和大陆居民赴台游这两项政策能发挥出绩效。

会见时，吴伯雄向王在希赠送了台东香茗太峰茶，包含着天下太平、两岸和谐的底蕴；王在希回赠了奥运福娃纪念品，表达着两岸同胞共襄盛举的意蕴。

当天晚上，连战先生在台北馥园与王在希一行进行了餐叙。

9日，王在希一行离开台北奔赴台湾中南部进行参访，一周的时间从北到南路经15个县市，最大的感受是"台湾同胞很热情，很真诚"。虽然行程很紧，不能充分领略宝岛风光，王在希还是抓住机会与中南部农民和少数民族同胞交流。通过广泛的交流，王在希的感受是"台湾同胞对大陆、对两岸关系都不陌生，特别关心将来大陆游客来台的人数以及两岸直航的问题，有些朋友还嫌包机班次少，希望开辟新航线和航点。"

王在希说："从北到南，可以感觉到，台湾同胞对周末包机和大陆游客来台这两件事都是真诚欢迎的，没听到一点杂音。这说明两岸扩大交流交往是有坚实的民意基础的，让我对两岸交流、对两岸的未来很有信心。"

"台湾的中华文化传统与习俗保持得很好，让人十分欣慰。"王在希感触颇深地说："过去几年的'去中国化'让人担心，但此行发现，台湾处处可以感受到浓厚的中华文化氛围。虽然两岸分隔多年，但共同的文化信仰和习俗源远流长，中华文化是联结两岸的纽带，这种血浓于水的关系，是谁也割不断的。"

15日晚，海基会董事长江丙坤在台北喜来登酒店宴请刚刚结束台湾中南部考察行程的王在希一行。王在希在接受记者采访时说，台湾中南部之行让他感受到，台湾民众对周末包机和大陆观光客来台都很认同，但也有一些问题有待下一步解决。他说，几乎所有的人都提到，两岸包机的航线应截弯取直，时段不要限制在周末，大家都希望两岸包机能实现正常化和常态化，两岸的航点进一步增多，商界人士则希望两岸货运包机以及海运直航尽快开放。他说，这些都是合理的要求。他与江丙坤董事长也讨论了相关事宜，两岸两会将在下一次复谈时进一步推动相关工作。

王在希说，江董事长在席间委托他转达对陈云林会长的问候，希望陈云林能在适当的时间来台访问。双方并商定，在陈云林访台前，两岸两会将进行一到两次秘书长级的磋商，就相关问题达成基础共识后，再由两会领导人会面协商，达成协议。他说，现在无法确定陈云林来台访问的具体时间，但我们主观上希望越快越好，力争安排在金秋时节。

（五）

同样是在两岸周末包机启航、大陆居民赴台旅游首发团成行的同时，海峡两岸关系研究中心于7月9日至10日在杭州举行了"2008年度两岸关系研讨会"，两岸共有171位专家学者和有关人士与会，其中来自台湾的专家学者96位。这是2008年3月以来规模最大的两岸学术交流活动。

在9日上午举行的开幕式上，中台办、国台办办主任王毅致辞时说，开创两岸关系和平发展新局面，需要我们进行历史性的总结、前瞻性的思考和开拓性的实践。

王毅说，今年3月下旬以来，台湾局势发生了重大而积极的变化，两岸关系发展面临难得的历史机遇。同时他指出，两岸关系和平发展的道路上，也面临许多亟待研究的新课题，需要我们从理论、政策和务实操作等方面，深入思考、积极探索，以凝聚和扩大两岸同胞的共识。

王毅强调，开创两岸关系和平发展新局面，需要我们认真总结历史经验，需要两岸双方发挥政治智慧、积极面向未来，需要积极探索两岸交流合作的新思路、新方式。

8日晚，在为研讨会开幕举行的酒会上，王毅致辞时指出，"两岸关系和平发展"是本次研讨会的主题，也是举行过多次的两岸关系研讨会的主题。"两岸关系和平发展"是胡锦涛总书记提出的，产生了广泛的积极影响。他说，这一重大命题凝聚了国共两党的政治智慧，也反映了两岸同胞的共同心声，同时也适应了当今世界和平发展的时代潮流。要把和平发展落实到实处，付诸实现，还需要两岸同胞一起努力，以最大限度聚合两岸共识，调动各方的积极性，克服可能出现的阻力和干扰，促使两岸关系和平发展。

开幕式上，浙江省委书记赵洪祝致辞时说，浙江与台湾地缘相近、人缘相亲、文化相通、习俗相似、经济相融。作为与台湾隔海相望的省份，浙江良好的区位优势、投资环境和服务措施，吸引了广大台商纷纷前来投资兴业。浙台两地人员往来日益热络。2007年台胞来浙人数突破了70万人次。目前，在浙江省内常住的台胞有一万多人，定居的有三千多人。赵洪祝特别提到，"5·12"汶川大地震发生后，在浙台商与海内外社会各界一样，情系灾区，关爱灾区，踊跃捐款达五千二百多万元人民币，充分体现了两岸同胞是一家人，是血脉相连的命运共同体。

开幕式结束后，台湾大学荣誉教授张麟征、中华文化发展促进会秘书长辛旗发表了主题演讲。

辛旗发表的主题演讲受到人们的关注。辛旗说，处理台湾问题，始终是以不同历史阶段的客观现实为政策调整的依据，当前两岸关系面临难得的历史机遇，大陆方面已经做好准备，那就是和平发展。他用"和平发展、构建框架、遏制'台独'、逐步统一"来概括两岸关系和平发展的主题。他说，和平是统一的根本，发展是为统一奠定基础；和平与发展相辅相成、相互依存；只有保持和平，才能平稳快速发展，只有发展才能有足够的力量更好地维护和平、促进统一。和平发展是实现和平统一的过渡阶段。在过渡阶段重要的任务就是构建框架，构建两岸同属一个中国、什么问题都可以谈的基本

第十章 两岸积极互动一心开创两岸和平发展春天般的新局面

框架，在这个框架下，签订和平协议，共同反对"台独"，推动两岸社会一体化，为最终实现两岸逐步统一奠定政治、经济、文化基础。

辛旗指出，和平发展的主题，一方面极大地丰富了和平统一的内涵，和平统一不可能一蹴而就，要推动两岸实现和平统一，首先应推动两岸实现和平发展，从加强经贸文化交流、人员往来、社会一体化以及遏制"台独"方面做起，逐步为两岸最终统一创造条件；另一方面，深刻反映了两岸关系发展的历史规律。天下太平是中国历代先贤追求的最高政治理想，而这一中心观念已经深入到包括台湾同胞在内的所有中国人的心中。两岸统一的最佳方式是和平，和平是根本，是百年大计，和平统一也是两岸现代化的重要标志。把和平发展确定为两岸关系发展的主题，表明了大陆将一如既往地推动两岸的良性发展，持续促进两岸交流合作，持续推动直接"三通"，持续推动两岸民众情感融合，最终使和平统一成为历史的必然，同时也符合当今世界发展的普世价值——和平。

研讨会期间，记者采访了中国国际问题研究所研究员郭震远，请他谈一谈对两岸关系和平发展这一主题的看法，他说，和平发展是两岸关系发展中的过渡阶段，也是一个动态的过程。因为和平发展不可能永远保持现状，一方面两岸间许多历史遗留问题长时间存在；另一方面，在这一过程中还会有许多新的问题不断发生。因此，这个过渡阶段肯定是一个漫长的、跌宕起伏的过程。

郭震远认为，既然两岸和平发展是动态的，有终极目标的，我们当前就是要摆正心态。首先，要有紧迫感。60年的对抗，对于一个国家和民族来说实在太长，更何况两岸和平发展阶段也是一个漫长的过程。因此一定要有紧迫感，双方目前能做的事情，一定要抓紧做，包括货运包机、包机常态化、包机航线"截弯取直"等。其次，也要不急不躁。两岸历史积累的问题、新出现的问题很多，有些问题很难一时解决，这就要求双方端正态度，实事求是，务实地去解决，不能为达目的而急于求成。如果急于求成，很可能会造成双方出现新的矛盾甚至导致新的对抗。所以，要把紧迫感和不急不躁有机地结合起来，二者缺一不可。第三，要有充分发挥中华民族智慧、共同探讨解决两岸和平发展的创新思维，这在当前形势下显得尤为重要。在推动两岸关系和平发展之时，两岸确实要解放思想、创新思维，相信两岸中国人凭借自己的智慧完全可以解决面临的问题。

研讨会上，与会的专家学者畅所欲言，所抒己见，求同存异，表达见解。围绕"把握难得的历史机遇，促进两岸和平发展"的主题，提出了不少积极的建设性的意见和建议。

（六）

继大陆居民赴台旅游首发团的七百多名游客于7月4日至13日完成了具有历史意义的旅程之后，大陆居民赴台旅游从18日起正式实施，迈入常态化阶段。

18日这一天，共有38个团、一千多名游客从北京、天津、山东、上海、南京、厦门、广州等地搭机赴台，分别降落台北桃园机场、台北松山机场和高雄小港机场。此外，19日至21日，还有28个团、七百多名大陆游客乘周末包机赴台旅游。

大陆居民赴台旅游，是两岸合作、互利双赢的好事。这件事既可以为岛内旅游业挹注丰沛的活力，更可以带动和提升台湾的经济，创造更多的就业机会。与此同时，大陆相关行业可以借鉴台湾旅游业发展的宝贵经验，提升自己的服务素质。两岸旅游业者还可以携起手来，努力实现两岸旅游资源的有效整合，共同打造世界上有影响力的旅游大市场，全力推动两岸旅游业更好地发展。

大陆居民赴台旅游，两岸同胞可以直接交流、交往，增加了解，增进感情。两岸隔绝多年，又经历了不同的发展历程，两岸民众之间，既熟悉又陌生，既热络又隔阂，现在可以借助这个交流平台，正可以重新连接起历史的线头，熟悉和了解彼此工作、生活的状况，消除隔阂，化解疑虑，增进互信，融合感情。

18日晚7时许，福建赴台旅游团搭乘厦航MF881航班，将由厦门直航台北松山机场，开始向往已久的"宝岛之旅"。候机厅中，旅游团的成员们热烈地议论着，等待着登机起飞。有一位中年旅游团成员显得格外兴奋，引起现场进行采访的《福建日报》记者关注，随机采访了他。

他叫张源顺，在龙海经营床上用品，生意做得很不错，小日子过得有滋有味。闲暇时，他喜欢旅游观光，走了大半个中国，赴台旅游早就期盼。他说："台湾是个好地方，特别是日月潭、阿里山、阳明山等风景名胜，更是久负盛名，向往已久。"

记者问他为何如此激动、兴奋，张源顺道出了此行台湾的另一个缘由。原来张源顺祖籍在台湾，1934年，时年仅2岁的其父亲李亚生随着父母从台湾到厦门做生意，李亚生的姐姐也在厦门就读医学专业。1938年日本攻占厦门，父母与姐姐先回了台湾，将年幼的李亚生托付给保姆陈金照看护。1944

年，父母曾托人回厦门要将李亚生带回台湾，但因陈金照的苦苦挽留，最终还是把李亚生留在厦门。此时，陈金照已嫁给一个张姓男子，遂将李亚生也改姓为张。此后，李亚生与台湾的父母亲失去了联系。陈金照夫妇将李亚生抚养成人并成家立业，遂生下张源顺兄妹3人。此后，李亚生、陈金照相继去世，临终前念念不忘嘱咐张源顺要找到台湾的亲人。1990年，张源顺曾通过中央电视台、福建电视台的栏目寻亲未果。从此，"到台湾寻亲"成了他一大愿望。

时光荏苒，18年过去了，这次寻亲有希望吗？望着身边的行李，张源顺既忐忑不安又非常激动。他对记者说："早就想到自己的祖籍地去走走看看，真希望能在游览台湾风景的同时，能帮奶奶和父亲圆了几十年的夙愿。两岸真正实现了直接'三通'，那我就有更多时间到台湾去走走了。到那时，我很可能会找到台湾的爷爷、奶奶和姑姑留下的后代。"张源顺对于两岸人民加强交流交往充满了自己的期望。

随着大陆居民赴台旅游正式启动，两岸旅游业者又在提高服务质量、打造新的旅游品牌上下功夫。比如福建厦门建发旅行社就准备推出以岛内东西线景区为主的6日精品游、赴台湾婚纱摄影游、购物休闲度假游等；福建康辉旅行社在前期赴台旅游经验的基础上，准备推出茶文化之旅、陶艺之旅、亲子之旅，以及专门为退休老人打造的"夕阳之旅"等。

但最为引人注目的，是由福建省闽台交流协会、台湾台南市、金门县和福建省泉州市、南平市延平区的民间团体共同合作，将依照郑成功的行军路线打造一条"成功之旅"的旅游路线。为此，他们在7月下旬要在福建省南平市共同举办"2008·成功之旅系列活动"。

7月24日，来自台湾的郑氏宗亲、台湾郑成功庙宇的负责人、旅游界人士等一百多人，从郑成功登陆台湾的台南市启航，经金门、泉州安井，最终抵达郑成功军政生涯的起点南平市延平区。

南平市郑成功研究会和延平区郑成功文化交流协会是此次活动延平站的主办单位。同时担任两个协会会长的张水源在接受记者采访时指出，闽北的延平、建瓯、武夷山、浦城、光泽等地都曾留下郑成功的足迹，尤其是延平在郑成功文化中的地位举足轻重。"近年的历史研究确立了闽北在郑成功军政生涯中的重要地位，借这个契机，推广南平的郑成功文化，推动南平与台湾之间经济文化的交流合作是一个很好的时机。"

郑成功被称为"郑延平"，这主要是因为当年被南明的隆武帝封为"延平郡王"。但过去连南平本地人也很少知道，延平区的"延平"二字就是郑成功的封号。

此次来大陆交流的团长、台湾台闽海峡两岸文化交流协会顾问张昭雄接受记者采访时指出，在台湾，郑成功又被称为国姓爷、护国公、延平郡王等，地位很高，约有百万信徒，全台湾共有386个祠庙（宫、殿）供奉着国姓爷。"此次寻根，有利于台湾的郑成功信徒了解他在大陆的历史事迹，很有意义。"

为什么郑成功被台湾民众称为"国姓爷"？这是因为，22岁的郑成功由其父郑芝龙带着去见南明隆武帝，隆武帝问郑成功应该如何救国，郑成功回答道：岳飞说过，只要文官不爱钱，武官不怕死，天下就可以安定了，依臣看来，这两句话是特别重要的。隆武帝大为赞赏，任命他为御营中军都督。现在南平已落成郑成功"都督御营"旧址纪念碑。同时赐郑成功姓朱，这是朱明王朝的国姓，是对郑成功的最高礼遇。从此民间便称郑成功为"国姓爷"。

正是在延平的8个月时间里，郑成功完成了由一介书生向武将的转化，在延平城乡招募了一批主力部队，在延平的大洲岛、际洲岛等地训练了水军队伍，建立了水军阵地。更为重要的是，他的战略思想在延平形成，日后一直指导着他的军事行动，如他向隆武帝提出的"延平条陈"——据险控扼，选将进取，航船合攻，通洋富国。这一段重要历史，直到2004年南平郑成功研究会成立以后，才被挖掘出来，并使之成为郑成功研究主流群体关注的重点。

中国社科院副院长、全国台湾研究会副会长朱佳木对这一段历史的评价是"北郑成才，南郑成功"。"北郑成才"，指的是郑成功在闽北成功地转型，成为一位赫赫有名的将才。

"南郑成功"，是指郑成功在抗清复明的斗争中退守闽南，为了建立稳固的抗清根据地，郑成功决心驱逐荷兰殖民者，收复台湾。这时，正好有一个台湾商人兼荷兰通事（翻译）何廷斌向他反映了台湾人民迫切要求驱逐荷兰殖民者的心情，并献上秘密绘制的荷兰在台湾的军事要塞的地图，建议郑成功迅速进兵，自己愿作向导。郑成功采纳了何廷斌的建议，于1661年4月22日，亲自率领2500名兵将，乘大小战船数百艘，从金门料罗湾出发，横渡台湾海峡，向台湾本岛进军。经过艰苦的浴血奋战，终于将荷兰殖民者围困在台湾城内，准备采取长期围困的办法将其歼灭。与此同时，他一再向荷兰头目揆一严正声明：台湾自古是中国的土地，必须归还。只要荷军投降，准许他们携带珍宝，安全离开。荷兰侵略军负隅顽抗，伤亡惨重，剩下的六百多

人完全陷入绝境。在兵临城下，不投降就灭亡的形势下，1662年2月1日，揆一只好向郑成功献上投降书，带着残兵败卒狼狈地撤离台湾。持续了38年的荷兰在台湾的殖民统治结束了。

郑成功收复台湾后，立即着手全面经营，按照大陆的府县制度进行行政管理。他特别重视发展农业，实行"寓兵于农"的政策，大力实施屯田制，并号召文官武将把家属迁来台湾，按人口多少分配土地，永为世业。同时鼓励大陆沿海居民到台湾来开发，给予土地，免租税3年。积极保护台湾农民已有的耕地，严禁文武官员圈地侵占。当时，台湾高山族人民的生产技术还很落后，郑成功按社发给他们铁犁、铁耙和耕牛，每社并各派一个有经验的汉族农民去传授先进的生产技术。这些措施的实施有力地促进了台湾农业的迅速发展，清史称"台湾耕作之兴，自郑氏窃居始"。郑成功还注意发展手工业和商业。从大陆引入的海水煮盐、烧陶瓷、种蔗糖、烧炭、纺织等生产技术都得到广泛推广。各大城市都设有商行，同南洋群岛、日本、琉球和英国等国家和地区进行贸易，把商贸流通也搞得很活跃。此外，他还在台湾大力兴建学校，广泛传播中国的传统文化。这些丰富的内容正是"南郑成功"的意涵所在。

郑成功在反清复明的斗争中特别是在驱逐荷兰殖民者、振兴台湾经济的过程中，呕心沥血，积劳成效，年仅39岁时便病逝于台湾。正是由于郑成功在台湾所建立的丰功伟绩，台湾人民才把他奉若神明，他病逝后，到处为他修建庙宇，供奉他的塑像，信徒发展到百万之众。

7月28日上午，在南平市剑津中学新落成的郑成功"都督御营"旧址纪念碑前，来自台湾花莲县回兰国姓庙总干事程安荣先生怀抱一尊"国姓爷"郑成功小塑像，神情虔诚而庄重地摄影留念。这尊塑像伴随着他从金门出发，穿过海峡，途经郑成功的故乡南安市石井乡来到郑成功当年的军营前。

与程安荣同行的庄女士告诉现场采访的记者，这尊塑像可不一般，这是她30年前在花莲海边拾得的一尊塑像，她和信徒们推断这尊塑像极有可能是从大陆漂过来的，因而成了该庙的镇庙之宝。

在整个活动过程中，程安荣先生怀抱着这尊塑像见证了"都督御营"纪念碑的揭幕，走过了当年郑成功在延平境内的行军路线。他说："在台湾的信徒们对国姓爷塑像重回大陆的事情早已奔走相告，回去后，他们将在花莲火车站举行隆重的迎接仪式。"

在此次郑成功文化研讨会上，南平市郑成功研究会透露，他们已与一些台湾客商接洽，初步达成将在南平市郊建设一座郑成功大观城的意向。"文化先行，经贸跟进"，与会者都对这一集旅游文化、休闲度假、修学养生为一体的项目满怀期待。

南平市对于打"成功文化"品牌，促进闽北对台交流与经济发展充满信心。延平区旅游局局长张水源表示，南平是福建的重要农业区，发展种养业的历史悠久，而台湾的现代农业十分发达，这是双方对接的一个亮点；闽北的延平、建瓯、武夷山、浦城、光泽等地都留有郑成功的足迹，尤其是延平在"郑成功文化"品牌中的地位举足轻重，丰富的历史人文资源是开发旅游业的绝佳题材。张水源说："'成功创业园'若得以运作，将吸引世界郑氏宗亲和其他台商来投资，而创业园以开发现代农业产品为主题，这对提升闽北农业现代化和农产品深加工水平，将起到带动作用。"

一些与会专家也表示，南平市的"成功文化"资源丰富，如果不利用到发展经济上，是个遗憾。亚太旅游联合会驻港澳台办事处主任霍建文认为，联系两岸的这条旅游线路很有发展前景，他回去后会向业界和海外华人推荐这一线路。与会专家学者一致认为，这一线路的开发具有很强的历史意义和现实意义，一定要把这件事情办好，让两岸同胞携手同心，同走"成功"之路。

（七）

"奥运一圆百年梦，两岸儿女同欢庆"。随着北京奥运会的日益临近，广大台湾同胞正以前所未有的热情，投入中华民族的百年盛事。这热情贯穿了北京奥运会从申办、筹办到举办的整个过程，注定将在两岸交流乃至两岸关系史上写下浓墨重彩的一笔。

数年前，当北京申奥进入最关键阶段时，中华台北奥委会即对北京予以最鼎力协助；台湾"中华文化协会"等一百多个社团组织，先后致电当时的国际奥委会主席萨马兰奇和许多奥委会委员，表达了台湾同胞支持北京申办奥运的意愿。

中国奥委会名誉主席何振梁先生在其新近出版的《申奥日记》中透露：2001年7月13日在莫斯科，当萨马兰奇宣布第29届夏季奥林匹克运动会的主办城市是北京后，来自台湾的国际奥委会委员吴经国与他挥泪相拥，并对他说："中国人百年的梦想实现了，咱们的愿望实现了。"

在北京奥运会漫长的筹备过程中，台湾同胞始终通过各种方式宣传奥运、支持奥运，为北京奥运增长添彩。2008年4月，寄托了台湾同胞支持北京奥运美好心意的雕塑"水袖"正式安放在北京奥林匹克中心区，连战先生和夫人出席了安放仪式；6月，由台湾客家乡亲捐赠的采自台湾花莲的著名特产"花石"作为北京奥运景观石，在北京奥林匹克森林公园举行落成仪式，这尊"花石"高3.6米，宽2.6米，重达五十多吨，上面镌刻着"两岸客家，心系奥运"8个朱红大字，表达着台湾450万客家乡亲支持北京奥运的深情厚谊；这期间，台北、台中、高雄三地同步举行了"迈向2008年北京奥运会总动员，万人健康大步走"活动；一位腿部有残疾的台湾摄影家，走遍北京，将拍摄的"新北京、新奥运"照片印成扑克牌，在台湾展出、发行。

台湾知名音乐人鲍比达创作的《点燃激情，传递梦想》，伴随着北京奥运圣火在全球传递；周华健作曲并演唱的《我是明星》，已当选为北京奥运会暨残奥会志愿者主题歌；周杰伦、蔡依林、王力宏、林志玲等许多台湾知名艺人，也多次参加奥运公益演出和奥运歌曲的录制。

7月21日，周华健现身国家体育场"鸟巢"，以导游、主持的身份加盟由中国新闻社和北京新禾传媒联合制的电视系列专题片《明星带你看赛场》。作为2008年北京奥运会开、闭幕式的举行地，"鸟巢"备受关注。能够如此近距离接触"鸟巢"，周华健感到十分幸运。他对现场采访的记者说，为了此次千载难逢的机会，他在拍摄前搜集了很多资料，做了充分准备，希望自己能做一个优秀的导游，将"鸟巢"介绍给观众。

在大陆居住、经商的台湾同胞，更是自觉、踊跃地以东道主身份，为北京奥运会尽心尽力。54岁的台湾捷安特自行车代理经销商林清发8月6日参加了郑州市奥运火炬传递。他说："在中国人的百年奥运梦想实现的时刻，大陆人民没有忘记与台湾同胞共享奥运荣光。作为一名来自台湾的火炬手，我感到非常幸运和骄傲！"令林清发自豪的是，他能与航天英雄杨利伟、中国男篮主力中锋、篮球巨星姚明，国际奥委会委员、第29届奥运会协调委员会主席维尔布鲁根，奥运会开闭幕式总导演等众多重量级人士同为北京奥运火炬传递手而深感振奋。

林清发的妻子将在奥运会期间担任棒球馆的志愿者，为来自台湾的观众服务。北京奥组委公布的数字显示，在北京奥组委募集赛事志愿者期间，共收到三千多份来自台湾的志愿者申请表，他们中的91人已被正式录用为奥运会志愿者，其中有周华健和他刚满18岁的儿子。

从20年前台北体操队到北京参赛以来，体育交流已成为增进两岸同胞感情的重要途径。8月3日，当中华台北代表团首批成员步出首都机场3号航站楼时，出现了感人的一幕——过往的旅客自发地齐齐停下脚步，向来自海峡对岸的同胞报以热烈的掌声，再一次展现出两岸同胞血浓于水的感情。

中华台北代表团人数约有130人，他们参加射箭、跆拳道、乒乓球、棒球等15个项目的角逐。代表团总领队蔡赐爵在机场发表感言说："我们希望能和大陆同胞并肩来争取团队的荣誉，让我们一起创造中华民族的荣誉。"

8月6日，代表团团长蔡辰威在奥运村接受新华社记者专访时表示，在北京参加奥运会比赛，我们同样具有"主场优势"。他说："在饮食等生活习惯上，两岸同胞没有多大区别，所以我们会很快适应，这对备战比赛是有利的。而且，相信会有很多的大陆同胞在比赛中支持我们，我们就像在自己的主场一样。"

在当天晚上举行的中华台北队升旗仪式上，国务委员、奥运村村长陈至立出席，并用闽南话向台湾运动员和官员表示亲切慰问，这一举动一下子把两岸同胞的心贴在了一起。

在大陆的台商，纷纷跟进北京奥运会，开展品牌推广活动。统一集团、正新集团等一批知台资企业已经成为北京奥运会的赞助商，台湾仙蒂雷娜服饰公司为奥运会提供拉拉队员服装，捷安特全程赞助中国自行车队用车。

台湾的凤梨、杨桃、芭乐、芒果等特色水果，也成功进驻奥运村。对此，台湾财团法人农业发展基金会顾问叶莹女士说："这是令台湾人民感到自豪的事，希望借此机会拓宽台湾农产品在大陆市场的空间，更向全世界展示优质的台湾特产。"

在临近北京奥运会开幕的日子里，台湾岛内从体育用品的户外广告，到奥运纪念品的展销，以及路人身着的带有奥运标志的服装，无不令人感受到北京奥运会临近的气氛。岛内媒体报道说，饭店业者推出相关餐点，"打造全方位的奥运体验，一起吃美食疯奥运"。台中亚致大饭店推出奥运会"奥运主题商业午餐"，主菜为中国、日本等参赛国的风味料理。其中点心以北京奥运建筑物及奥运火炬为灵感，设计出"鸟巢白巧克力慕斯、水立方椰香杏仁豆腐"等四款糕点，餐厅还会同步转播精彩赛事。

岛内主要报纸均已推出北京奥运专版或专题；拥有奥运会台湾地区独家联合转播权的台视、中视、华视和民视等四家无线电视台，已派出庞大采访团前往北京，奥运期间将制作播出总时数约3000小时的节目；台湾"中华电信"也将从8月8日至24日奥运会期间，免费向台湾网友提供奥运在线实时看服务。

特别引人注目的是，众多台湾政商界重量级人士出席北京奥运会开幕式一事。岛内媒体报道说，起码有一百五十多位台湾政商界重量级的人士将在8月8日举行的北京奥运会开幕式上聚首。媒体的报道是准确的。8月5日下午，中国国民党荣誉主席连战夫妇乘机抵京，中台办主任王毅等机场迎接。连战对于抵京后所受的热烈欢迎表示感谢。他说，北京奥运会是世界的、和平的、友谊的、健康的盛事，也是中华民族的盛事，他为能亲自参与这件盛事而深感荣幸，相信这次奥运会一定会办得非常成功、顺利。王毅表示，北京举办奥运会是海内外中华儿女的共同荣耀，欢迎连战主席偕夫人等一行来京与大陆同胞共襄盛举。祝愿两岸运动员在北京奥运会上奋力拼搏，共创佳绩。

8月6日下午，亲民党主席宋楚瑜偕夫人等一行乘机抵京；8月7日下午中国国民党主席偕夫人等一行乘机抵京。他们同样受到与连战一样的热情欢迎，同样是中台办主任王毅等机场迎接。连、吴、宋等领导人都是应胡锦涛总书记的邀请前来共襄盛举的。此前，新党主席郁慕明已提前抵京，同样受到热情的欢迎。与吴伯雄同机抵京的还有国民党秘书长吴敦义，副秘书长张哲琛、张荣恭，政策会执行长林益世，文传会主委李建荣等。

蓝营高层大动作出席北京奥运会，让岛内政坛"奥运热"急剧升温。岛内媒体报道，奥运会开锣后，岛内还将有一批"立委"、县市长到北京看奥运，其中国民党有近2/3的"立委"前来看比赛。台湾《联合报》报道说，借举办奥运之机，中共向民进党人士释出善意：中共国台办通过学术部门，邀请高雄市副市长邱太三，与高雄世运会组委会常务董事、前"国安会副秘书长"刘世芳，及高雄世运会组委会执行长许钊涓等人以贵宾身份赴京观赏奥运开幕典礼。尽管民进党一再呼吁党籍县市长和"立委"避免前往北京奥运会，但不断有人"溜号"。岛内媒体报道说，除邱太三等人外，民进党"立委"赴京观赛的不在少数，有人甚至以"监督国民党"为由，携亲带友赴京，搞得民进党"立法院"党团啼笑皆非。

台湾《经济日报》报道，去北京观看奥运会的世界级的企业领袖破纪录地将达到一千多人，规模"胜过了瑞士达沃斯世界经济论坛"，"奥运俨然是各大企业另类社交场合"。因此，岛内工商巨头纷纷以能够出席开幕式为荣。报道用调侃的语言说，"北京奥运开幕，企业大老板也跟着疯奥运。"报道说，刚完成"世纪新婚"的鸿海集团董事长、台湾巨富郭台铭已于6日带着母亲和妻子等亲友，搭乘其价值10亿元新台币的私人专机飞抵北京。据称，郭台铭所持的奥运票券可以观看所有比赛，由于鸿海集团在大陆布局广泛，郭台铭还大手笔包下专机，邀请鸿海员工及重要客户赴京参与盛事。作为两岸最大的白肉鸡供应商，大成集团有幸成为北京奥运肉品两大供应之一，大成集团韩家四兄弟因此全员出席开幕式。统一集团是此次北京奥运唯一食品赞助商，商层主管几乎全部出动，一下子有二十多人来看开幕式。此外，宏基董事长王振堂、台达电董事长郑崇华、仁宝总经理陈瑞聪、联电荣誉副董事长宣明智等岛内企商界重量级人士也都抵京观看比赛。

8月7日下午，中共中央政治局常委、全国政协主席贾庆林在人民大会堂会见了吴伯雄和他率领的中国国民党奥运参访团，以及应邀出席北京奥运会开幕式的台湾各界人士

贾庆林对吴伯雄一行的到来表示热烈欢迎。贾庆林说，我要特别讲几句话，请吴主席转达给广大台湾同胞：第一，向热情关心、大力支持和积极参与北京奥运会的台湾各界人士，表示衷心感谢。第二，向参与北京奥运会志愿者服务工作的台湾同胞表示诚挚意。第三，向所有前来观看奥运比赛的台湾同胞表示热烈欢迎，希望他们来到这里，就像在自己家里一样，与大陆兄弟姐妹共享奥运会的激情、欢乐和荣耀。第四，衷心祝愿台湾体育健儿在本届奥运会上取得优异成绩，大陆同胞一定会为他们热烈加油、助威。贾庆林说，今年5月，胡锦涛总书记同吴伯雄主席举行会谈，就发展两岸关系达成重要共识。在两岸关系呈现良好 发展势头的新形势下，国共两党应该进一步加强交流对话，落实"两岸和平发展共同愿景"，扎实推动两岸关系取得新进展、新成果。

吴伯雄说，台湾2300万同胞和我们一样，祝福北京奥运会成为一届空前成功的奥运会，祝愿两岸体育健儿发挥最高水平、取得最好成绩。他表示，中国国民党十分珍惜两岸关系发展难得的机遇，希望国共两党加强善意沟通，巩固互信，推动两岸关系不断取得新成就。

（八）

8月8日，举世瞩目的北京奥运会就要拉开帷幕。中午，国家主席胡锦涛为迎接众多的前来参加奥运会开幕式的各国各地区的领导人举办盛大的欢迎宴会。台湾赴大陆进行现场采访的记者十分关注岛内政要的情况，台湾"中央社"当天发出的报道说，连战、吴伯雄、宋楚瑜三对夫妇应邀参加了这场盛大的宴会。报道说，尽管胡锦涛很忙，当天下午还分别会见了三对夫妇。

在会见连战夫妇时，胡锦涛高度评价连战为国共两党关系和两岸关系发展作出的贡献。胡锦涛指出，几年来，台湾各界人士以各种方式热情支持和积极参与北京奥运会筹办工作，表达了对北京奥运会成功举办的美好祝愿。我相信，在国际奥委会和国际奥林匹克大家庭大力支持下，包括台湾同胞在内的海内外中华儿女的共同努力下，我们一定能够把北京奥运会办成一届有

特色、高水平的国际体育盛会。希望两岸双方抓住难得的历史机遇，大力加强两岸各领域交流合作，多为两岸同胞做实事、做好事，继续推动两岸关系和平发展。

连战表示，很高兴能躬逢北京奥运会这一中华民族的历史盛会，祝福两岸体育健儿取得好成绩，期盼两岸关系发展取得新成就。

在会见吴伯雄夫妇时，胡锦涛表示，在双方共同努力下，近两个多月来，两岸协商在"九二共识"基础上得到恢复并取得积极成果。总的看，两岸关系发展在新形势下有了一个良好开局。两岸双方应该本着建立互信、搁置争议、求同存异、共创双赢的精神，继续共同努力，保持这一良好势头。国共两党应该继续依循并切实落实《两岸和平发展共同愿景》，开创两岸关系和平发展新局面，不辜负两岸同胞的期待。

吴伯雄表示，台湾同胞都关心北京奥运，祝福北京奥运圆满成功。国民党十分珍惜两岸关系改善的局面，将进一步加强国共两党对话，促进善意沟通，推动两岸关系和平发展。

在会见宋楚瑜夫妇时，胡锦涛强调，当前，两岸关系发展迎来了难得的历史机遇，呈现良好的发展势头。这一局面来之不易，值得倍加珍惜。两岸同胞比以往更加热切地期待增进相互了解、加深彼此感情、加强交流合作、实现共同发展。两岸的中国人有智慧、有能力妥善处理好存在的矛盾和分歧。我衷心希望，两岸双方积极面向未来，大力加强两岸交流合作。

宋楚瑜表示，大陆改革开放30年取得了巨大成就。当前两岸关系发展势头良好。两岸同胞不仅同宗，还要同心、同步，共同开创中华民族的美好未来。

在当天晚上举行的开幕式上，台湾媒体仍然关注的一个焦点是，台湾政要坐在什么位置。他们发现连战、吴伯雄、宋楚瑜等人被安排在元首区座位欣赏盛会，让他们感到十分亲切、振奋，积极地予以报道。此外，他们还发现，马英九当局的"教育部长"郑瑞城、"体委会主委"戴遐龄、"政务委员"曾志朗等人，也以中华台北奥运会顾问名义持贵宾卡坐在显要位置，同样让他们惊喜。这些珍贵的镜头都被台湾的"台视"、"央视"、"华视"、"民视"4个无线电视台分别在主频道或数字频道全程实况转播到台湾岛内。

在开幕式第一部分的文艺表演中，台湾少数民族的"原"味歌舞表演赢得最多掌声，更让台湾民众倍受鼓舞。台湾《中国时报》以《高金团"原"味歌舞，掌声最多》为题及时作了报道。报道说，北京奥运登场，"立委"

高金素梅率领台湾少数民族团体参加开幕式前的文艺表演，成为当天唯一的台湾演出团体。台湾少数民族以"我们都是一家人"为演出剧目，传递奥运和平精神，高金素梅在舞台上特别表达对四川震灾受难羌族的关心，赢得现场观众最热烈的掌声。

报道说，高金素梅此行带领一百多位台湾少数民族参加文艺表演。安排在表演节目中压轴，主办单位给了他们多达3分40秒的演出时间，表演内容是融合布侬族八部合音、卑南族歌舞与达悟族的头发舞等最具台湾少数民族特色的舞蹈。首先是布侬族的八部合音，浑厚嗓音搭配上下起伏的动作，相当具有特色。然后是高金素梅在场中高歌"我们都是一家人"，此时现场观众开始鼓掌，欢呼，表演结束后，观众再报以长时间的热烈掌声。

演出结束后，高金素梅在接受记者采访时，春风满面地说："这是我一生最难忘的体验，团员们特别高兴。"她说，为了这次表演他们准备了半年多时间。团员中有农夫、渔民、猎人、工人、学生，年纪最大的65岁，最小的只有14岁，他们中没有一人是职业演员，很多人甚至没有上过舞台，但初登舞台，就到了"离世界最近的舞台"。她说，团员人数原来是102人，最后却成了101人，那是因为7月24日团队全体排练时，布侬人伍聪义先生因心肌梗塞突然去世。令人感动的是，同是队员的伍聪义的父亲和弟弟，短时间内料理完后事，毅然跟大伙一块来到北京。来的时候，团队特意为伍聪义先生保留了一个机位，以完成他的心愿。

高金素梅说，8月10日，她将从北京飞赴四川地震灾区，向受灾同胞送去来自台湾少数民族同胞的问候，并认捐20名羌族孤儿。这些孩子从小学一年级到四年级不等，她将捐助支持他们求学直至大学毕业。

在长达一个小时的文艺表演之后，运动员开始入场，中华台北代表团排在第24位，在日本之后、中非之前，女垒队队长赖圣蓉担任旗手，共有66人参与进场。大会在介绍时，特别强调中华台北代表团在跆拳道、举重和射箭项目上具有夺金实力，而且上届雅典奥运会拿下2金2银一铜，写下历年来的最佳成绩。中华台北团进场时，现场九万多观众更是给予雷鸣般的热烈掌声，同时转播的画面也拍摄到胡锦涛等国家人领导人和出席开幕式的吴伯雄、连战、宋楚瑜等人站起来热烈鼓掌的情景。代表团绕场时，观众的欢呼声和掌声更是不断，许多观众还挥舞着欢迎台湾同胞的条幅，大声喊着"我们欢迎你们来北京"。场面极其热烈，令人感动。现场采访的台湾记者用最平实的语言表达他们身在主场的感动。

台湾民众也未缺席北京奥运会隆重而热烈的开幕式，他们通过电视直播同样欣赏到中华民族的骄傲。人民日报驻台湾记者及时报道了"台湾民众满怀喜悦看直播"的动人情景。报道说，开幕式举行的当晚，台北县县民广场上，3面巨大的电视墙同步实况转播开幕式全程，吸引了大批民众前来观看。绚烂声光中，民众共襄盛事，迎来兴奋的不眠之夜。人们说："让我们一起来欣赏中华民族的骄傲！"户外广场、运动酒吧、家庭聚会、商场内的大屏幕……台湾民众在不同的地方，观赏北京奥运会开幕式，分享中华儿女的荣光，体会"我们都是一家人"的手足深情。"感动、精彩、震撼"成为当晚台湾民众对开幕式用的最多的评语。

报道说，8月8日出版的台湾《联合报》、《中国时报》等主要报纸的头版头条都发表了北京奥运会开幕的消息，并并配发社论。包括《联合报》、《中国时报》在内的多家报纸都推出了北京奥运会专刊，随时报道北京奥运会方方面面的进展情况。

海内外舆论特别是岛内媒体对北京奥运会隆重开幕及两岸同胞在北京奥运会上的亲情互动赞赏有加，并给予高度评价。路透社对中华台北代表团入场所受到的热烈欢迎发表评说，鸟巢中的观众大部分是中国人，中华台北代表团一进场便受到雷鸣般的掌声欢迎，"这成为两岸关系僵持几年后解冻的又一标志"。约约亚洲协会的中国问题专家鲁乐汉也说："对台湾和大陆来说，这可成为一个拉近双方关系的正面经验。"

台湾《联合报》9日增加了奥运彩色专版，刊登了一张巨幅彩照，画面上记录着奥运主火炬点燃的那一刹那，并报道说，奥运，让北京城真正成为寰宇中心。正文头版则配发了"李宁飞檐走壁点燃奥运圣火"的大幅彩照，称中国人的百年梦想8日终于实现。

该报在"北京奥运专刊"中报道说，开幕式文艺表演比预期的还要精彩！特别指出，当中华台北代表队进场时，全场掌声如雷，让运动员进场掀起第一波高潮。

该报当天发表的一篇题为《在世界中心，中国璀璨升空》的文章，对"中国形象"大加赞赏。文章说，经过奥运会的洗礼，生气勃勃、充满激情、意志坚定、现代化与全球化的"中国形象"，一如昨晚"鸟巢"上空绚烂的烟火，冉冉升空。文章指出，历史上还没有过任何一个开幕式，让占世界五分之一人口的国家盼了百年，筹备了七年多。

文章说，京奥吸引了八十多位元首领袖齐聚"鸟巢"，除了亲眼目睹处处惊奇的开幕式。更为中国迈向现代化强力背书。难怪国际媒体形容，除联合国开大会外，大概找不到第二个场合能聚集全球一半国家元首。

文章最后指出，对中国而言、京奥的意义将超出比赛场馆，透过开幕式向世人宣示，中国已经进入世界中心。

　　台湾《中国时报》9日共用了5个整版做北京奥运特别报道，认为开幕式"灿烂登场"，场景华丽，"名不虚传"，如同张艺谋的电影，时而呈现中国地方的风土民情，时而展现瑰丽的气派，令人目不暇接。该报还报道说，台湾少数民族表演团体以"我们都是一家人"为演出剧目，传递奥运和平精神，高金素梅在舞台上特别表达对四川震区受难民众的关心，赢得现场观众的热烈掌声。

　　该报还特别报道了胡锦涛总书记对连、吴、宋3对夫妇的特别礼遇。报道说，为表示对台湾的重视，中共中央总书记胡锦涛尽管要接待一百多个国家和地区元首、领导人、政党领袖，但还是在百忙之中单独约见连、吴、宋3对夫妇。国民党高层向台湾媒体透露，胡锦涛在会见他们时，特别感谢台湾各界全力支持大陆抗击四川大地震，并说台湾的运动员在参加奥运会比赛时，大陆的同胞同样也会为他们加油。该报在一篇报道中还谈到一个细节：为了参加晚上8时的开幕式，所有出席的贵宾提前在傍晚5时20分在规定地点接受安检、统一搭车进场，"只有连战、吴伯雄和宋楚瑜获得免安检的礼遇"，而其他一些安排也都显示出台湾政党领导人备受礼遇，"目的在于排除他们遭到矮化的疑虑。一些网友留言说，面对北京对台湾宾客和运动员平等以至超规格的礼遇，民进党的政客们还能再把"矮化"叫得出口吗？

　　9日出版的澳门《新华澳报》发表富权先生题为《北京奥运必将成为两岸良性互动的助力器》的文章，对大陆所展示的积极而负责任的态度备加赞扬，对奥运会上所体现出来的"两岸都是一家人"的情怀作了充分的分析和反映。

　　文章说，"中华台北"代表团从踏进北京的土地开始，就受到了恍如一家人的亲切接待。从志愿者们如同"星迷追星"般的热情要求运动员们签名，到奥运村村长陈至立以闽南话问候运动员，无不体现了"一家人"的情怀和体贴。尤其是在开幕式中，当"中华台北"代表团进场时，全场九万多观众自动起立并热烈鼓掌，是仅次于对东道主中国队的热烈掌声。这充分显示，不但是北京奥运主办当局及大陆官员，而且是一般大陆民众，都没有"矮化"台湾的运动健儿，而是以最热情、最诚挚的感情，来欢迎他们。所谓"切身感受"，这一点，台湾的体育健儿们是充分感受到了。从屏幕上看，他们的脸上写满了满意、满足，因而满面春风，完全陶醉于这种受到充分尊重的氛围之中。那些怀有"酸葡萄"甚至是"得不到就索性一拍两散"

心态的民进党政客们，隔空喷口水只能是自曝其丑。

文章强调，来自台湾地区的朋友们，在这场"百年奥运"盛宴中，确实是享受到了民进党政客们所想像不到的礼遇。在人民大会堂举行的，被形容为除联合国大会之外，全世界各国首脑及王室成员最集中的宴会，其中包括美国总统布什、法国总统萨科奇、俄罗斯总理普京、日本首相福田康夫等政要，还有国际奥委会主席罗格及各国奥委会的负责人，堪称"中国第一宴"。同时吴伯雄夫妇、连战夫妇和宋楚瑜夫妇也都是座上客，享受到了"元首"级的待遇。开幕式上，吴伯雄等也被安排在胡锦涛座位后面的"元首区"，而且还享受"免安检进场"的元首级待遇。面对北京对台湾宾客和运动员平等甚至是超规格的礼遇，民进党的政客们还能再把"矮化"叫得出声吗？

文章指出，更令人动容的是，全世界过半元首前往中国出席奥运会开幕，胡锦涛等领导人必然要逐一会见，在短短的几天内要都会见一遍，可说是"工作量"甚大，安排密度极高。对此，吴伯雄等人也已认为，胡锦涛等领导人这几天很忙碌，不一定专门会见他们。但胡锦涛仍在宴会结束后，立即分别会见并不具公职身份的吴伯雄、连战、宋楚瑜夫妇，这使吴伯雄等人十分感动，吴伯雄只能以"辛苦了"来作为对胡锦涛的谢辞。这些，不但说是完全没有"矮化"，相反还使台湾来的朋友享受到超高规格的礼遇。

文章最后说，实际上，在经北京奥运的"盘整期"后，两岸应当好好地总结前一段时间的会谈成果及经验，以求在北京奥运结束后，立即进入新一阶段的两岸会谈，本着"建立互信，搁置争议，求同存异，共创双赢"的精神，妥善地解决那些存在的矛盾和分歧，推进两岸关系向前发展，开创两岸关系和平发展的新局面。

10日出版的台湾《中央日报》发表题为《盼望奥运带来两岸和平发展新机会》的社评说，在全球几十亿人的注视下，北京奥运日前举行开幕式，绚丽壮观的声光影像和传统结合现代的节目内容，不仅博得世人的赞叹，而且还象征着中国的崛起将带来人类和平的曙光。身为中华民族的一分子，我们除了与有荣焉，更盼望北京奥运的成功，能使"同一个世界，同一个梦想"早日实现。

社评说，被国际媒体形容为史上最壮观的奥运开幕式，也是"观众最多的单一活动"，北京奥运开幕式长达4个多小时，毫无冷场，以"灿烂文明"与"辉煌时代"为主题的文艺表演，场面雄阔，创意十足，忽而典雅，忽而喧腾，以画卷贯穿古今，令人对中国文化的源远流长有深刻的印象。而其全面运用多媒体数字技术，结合传统舞台、团体体操，进行立体展示的手法，不仅突破空间，也为今后国际间大型广场活动，树立了里程碑。

社评指出，事实上，奥运不仅是运动选手的竞技场，也是主办国综合国力的展示台，历年来各个主办国莫不将其视为国家第一等大事办理，希望借奥运展现本身的进步与活力，以此角度来衡量，北京奥运无疑成功地达到目的。

社评接着摆出北京奥运场馆建设、北京市容焕然一新以及市民文明程度的提高等事实，论述了中国综合国力的提高。特别指出，以气候为例，开幕式前夕，一条暴雨云带自西南向东北，直扑北京而来，当天靠近北京的河北保定以北暴雨中心最大雨量达一百多毫米，北京空气湿度90%，所有外国的气象专家都认定，开幕式必然下雨。但在中共当局实施有史以来最大规模、最有计划的人工影响天气作业，发射1104枚火箭弹"拦截"后，硬是让鸟巢上空滴水未落。如此人工消雨，充分展现中国大陆为了达成目标，不惜一切代价，突破各种困难的决心和魄力。

社评说，平心而论，中国大陆的大手笔，外界或许有仁智之见，但这次北京奥运展现的精神，确实值得肯定，特别是大会"同一个世界，同一个梦想"的口号，强调人类对和谐世界的向往，除了见证中国大陆追求和平与发展的决心，对于消弭国际间疑虑"中国崛起"，也应该有相当的助益。

社评最后说，诚为中国国家领导人所说，当今世界既面临前所未有的发展机遇，也面临着前所未有的严峻挑战，"世界从来没有像今天这样需要相互理解、相互包容、相互合作"。北京奥运会既给予中国大陆处理国际重大事务的启发，相信对两岸问题的处理，也会遵循同样的方式，这无疑是我们对奥运会成功最大的期盼。

（九）

8月9日，是北京奥运会正式比赛的首日，中华台北队就有斩获。在女子举重48公斤级的比赛中，陈苇绫夺得铜牌，为中华台北队拿下本届奥运会首枚奖牌。

诚如中台办主任王毅在北京奥运会开幕前夕接受记者采访时所说："两岸同胞是一家人。大陆同胞对台湾同胞有着发自内心的亲切感情。""台北选手无论参加哪项比赛，都完全可以把北京当作自己的主赛场。大陆同胞一定会为他们加油助威。"陈苇绫赛后接受记者采访时表示，在北京参加比赛有主场感觉，由于全场观众齐声为她助威，使她感到非常兴奋。现场采访的大陆记者和台湾记者也强烈感受到了两岸同胞浓浓的情谊。从运动员入场开始，北航体育馆的观众就给了陈苇绫格外的偏爱。每当她登场，观众席上便爆发出"台北加油"的呼喊声。当她在挺举最后一举失败险些砸伤自己时，观众们一片惊呼，"太可惜了！""没受伤吧？"的关切之声此起彼伏。连战先生坐在观众席的第一排，陈苇绫每次试举他都会鼓掌加油。在谈到现场观众为同场竞技的两岸选手热烈助威时，连先生感慨地说："这是民族感情的自然流露。我也祝贺大陆选手夺得金牌。"

陈苇绫今年26岁，毕业于台湾"国立体育大学"运动竞技研究所，2003年开始代表中华台北队出征国际赛事，第一次参加世界举重锦标赛仅获得第15名，但在同年的亚洲举重锦标赛上就获得第4名的佳绩。雅典奥运会时，陈苇绫再试锋芒，但由于压力太大，她的左半脸一度麻痹，仅拿到第11名。此后，在大陆辽宁籍名教授张嘉民的指导下，她刻苦训练，成绩大幅提升。不过，由于台湾女子举重近几年表现不佳，此次岛内并未对她寄予厚望。《联合报》曾发表文章称，"这次北京奥运会台湾派出48公斤级陈苇绫、63公斤级卢映锜参赛，一般预料夺牌的可能性微乎其微"。

陈苇绫"意外"获得奖牌，岛内自然欣喜异常，主要媒体都详细报道了她比赛的情况，当局高层也非常振奋。《联合晚报》报道说，马英九获知喜讯后立刻发出贺电，陈苇绫将获得"国光"奖章及500万新台币的奖金。"中央社"报道说，"行政院长"刘兆玄也请"体委会主委"戴遐龄代表他赠送红包，感谢她开了个好头。

在12日举行的女子举重63公斤级的比赛中，中华台北选手卢映锜同样是在全场一片加油助威声中再夺一枚铜牌，卢映锜同样感受到主场优势的振奋，岛内民众同样为之欢欣鼓舞。

13日中华台北棒球队迎战本届奥运会上第一个对手荷兰队，岛内岛外都沸腾了。棒球是最受台湾民众欢迎的体育项目，首战荷兰也点燃了球迷们积蓄已久的激情。不少人相约早餐吃荷包蛋，"让荷兰队抱蛋而归"；还有不少人号召去拜郑成功，希望借助"国姓爷"郑成功当年驱逐荷兰殖民者的经验，保佑中华台北队大胜对手；无法亲自到庙里拜"国姓爷"的，就对着电脑上的郑成功像跪拜祈求。

在北京五棵松棒球场，两岸政商要人纷纷到场。吴伯雄、宋楚瑜和全国政协主席贾庆林都到现场观看助威。在全场观众震天响的助威声中，中华台北棒球队尽离享主场优势，最终中华台北队以5比0取得开门红，这正印验了球迷们祈求"国姓爷"郑成功的那句话，"让荷兰队抱蛋而归"。

14日出版的台湾《中国时报》发表题为《两岸加油团互声援，震撼五棵松》的报道，详细描述了两岸球迷怎为台北棒球队助威呐喊的情景。报道特别指出，台湾职棒场上的波浪舞，昨天在中华队比赛的看台上也出现了，坐在看台中央的中国政协主席贾庆林、国台办主任王毅、国民党主席吴伯雄、亲民党主席宋楚瑜、台湾首富郭台铭与多位"立委"都融入气氛，一度跟着站起来，顺便与观众挥手致意。难怪荷兰队总教练会认为，像是在台湾比赛一样，中华队球迷震撼了五棵松棒球场，让北京民众见识了棒球赛的魅力。

这一天出版的《澳门日报》发表题为《京奥运带给两岸关系良性影响》的文章对两岸同胞在赛场上的亲情互动作了生动的描述与分析。文章说，在昨天结束的北京奥运会首场棒球比赛中，中华台北棒球队以5比0力克欧洲劲旅荷兰队，实现了开门红。北京五棵松棒球场俨然是中华台北棒球队的主场。中华台北棒球队的教练和运动员深为两岸热情的观众所感染。

文章说，在北京奥运会漫长的筹备过程中，台湾同胞已通过各种方式宣传奥运、支持奥运，为北京奥运增光添彩。在中国人的百年奥运梦想实现的时刻，大陆人民没有忘记与台湾同胞共享北京奥运的欢乐与荣光。中华台北代表团一下飞机，他们就感受到了大陆上上下下的热烈欢迎和热情接待。在盛大的开幕式上，当中华台北队入场时，会场响起了最热烈的掌声。正如中华台北代表团团长蔡赐爵所说，希望能和大陆同胞并肩争取团队的荣誉，一起创造中华民族的荣耀！

文章指出，北京一直坚持奥运是体育盛会，不必介入太多的政治因素，更何况两岸一家，又何必分彼此。不过民进党对待北京奥运的态度，却仍是意识形态挂帅，酸溜溜的丑态百出。

文章最后说，奥运一圆百年梦，两岸儿女同荣耀。北京奥运会远远地超越了运动比赛本身，正在两岸交流乃至两岸关系史上产生深刻、长远的积极影响，留下浓墨重彩的华章。

诚如中台办主任王毅所言，"台湾选手无论参加哪项比赛，都完全可以把北京当作自己的主赛场。大陆同胞一定会为他们加油助威。大陆观众不仅为台湾选手的胜出助威加油，而且也为台湾选手的失利者报以最热烈的掌声，表达对他们的尊重和支持。在21日的跆拳道赛场上，台湾跆拳道女选手苏丽文带着严重腿伤坚持上场比赛，11次倒下再站起来继续拼杀。在这场铜牌争夺战中，她忍受着严重的伤痛，用右脚支撑、以重伤的左腿进攻。虽然最后她没有获得铜牌，但她那种敢于拼搏的奋战精神感动了全场，现场观众频频高喊着她的名字，以热烈的掌声为她加油，表达对她的赞扬和尊重。比赛结束时，已站不起来的苏丽文跪着向全场观众致意。最后由教练背着她离开赛场。

另一位同样坚韧的选手，是羽毛球女将郑韶婕。她受到膝伤的影响，在羽毛球32强赛中惜败对手。但纵观全场比赛，尽管一路居于下风，但她丝毫没有退缩气馁，铆足全力拼搏到最后一分一秒。她的顽强拼搏精神，同样得到大陆观众一阵又一阵的热烈掌声。郑韶婕也切身感受到大陆同胞给予她的赞美和尊重。

比赛结束后，中华台北奥委会副主席、中华台北代表团总领队在接受记者采访时指出，北京奥运会最大的贡献就是让两岸在竞技场上拉近了距离，进而让两岸新生代从交流中感受到"不可离不可弃"的真实情感。

国际奥委会委员、国际拳击总会主席吴经国先生在接受记者采访时说："就像我们这次看到大陆同胞在中华台北选手出赛的时候，给予很多鼓励，中华台北队的选手都能够深深地感受到。"他深有感触地指出："这都是非常良性的，应该从运动当中真正体会到大家如何走向和谐、团结、和平。奥运会提供了一个中华民族团结的机会，也给了两岸携手走向和平未来的机会。"

北京奥运会期间，来自台湾的青年志愿者提供的热情、周到、细致的服务成为一道亮丽的风景线，《人民日报》等大陆媒体对此多有报道。有一篇报道说，每天上午10时，北京市宣武区街头，20名来自宝岛台湾的年轻人穿着蓝色的奥运志愿者服，同宣武区城市志愿者一道，以一种特殊的方式体验北京奥运。

在西琉璃厂城市志愿者服务站，台北教育大学的钟念宏正为一位老人指路。虽然前一天他才刚到北京，但是经过简单培训后，他已基本了解了通往奥运场馆的交通线路。他们的主要职责就是提供交通信息服务和"多语种导航"，能熟练使用英语、日语和德语做导游。志愿者还在站点准备了画笔和颜料，免费为路人绘制脸谱、中国印、福娃等图案。

在菜百商场城市志愿者服务站，台湾体育大学的林圣凯与同伴们举办了一个小小的奥运有奖问答活动。身高1.86米的他端着装有各种问题的纸箱，站在人群中格外引人注目。他说，这个活动是两岸志愿者们精心设计的，"题目都很简单，我们是想借此机会普及一下奥运知识，市民们只要答对了就可以获得我们特意准备的小礼物。"说话中间，一位名叫琦琦的小朋友答对问题后领到小礼物——一份北京市地图。

谈到此次北京之行，林圣凯特别兴奋。他说，此次前来参加第九届京台青年交流周的台湾青年共有90名，而这90名幸运儿是从一千多名报名者中筛选出来的。

这90名志愿者中大多是第一次来北京。来自台湾大学的石宜真也是第一次到北京。谈到北京给她的印象时，她说："北京比我想象中的要现代化多了。以前我只知道北京是一座历史古都，有着许多名胜古迹，但来了之后我发现，北京的现代化程度同样让人惊叹。"

北京奥运会期间，又一个引人注目的事情是，"两岸共建和平龙"的活动19日在北京奥林匹克公园启动。新华社当天发表报道说，海峡两岸同胞在北京奥林匹克公园共同建设"中华和平龙"活动，目前已顺利完成第一轮创意和设计征集工作，大陆和台湾方面均已提交了征集到的设计方案。这标志着"两岸共建和平龙"活动正式进入实施阶段。

这一活动由华夏文化纽带工程组委会与台湾"中华文化艺术基金会"共同发起并主办。第一轮征集工作共收到海内外七十多份来稿和六百多份支持函件。台湾"中华文化艺术基金会"专门在台湾地区开展了征集和宣传活动，并最终确定由南投县文化局局长陈振盛先生领衔并担任总策划，提供关于"中华和平龙"的一件雕塑作品设计、一首主题歌和一幅书法作品。这份设计方案以中华民族人文始祖伏羲、女娲孕育中华文明为主题，展现了中华民族万世一系、融合团结、幸福和谐的民族精神。

全国人大常委会副委员长、华夏文化纽带工程组委会主任委员周铁农19日出席了活动启动仪式并致辞。他说，中华民族是龙的传人，每个中华儿女都是我们民族这条巨龙的舞龙手。巨龙的腾飞，要靠我们每个人的努力，要靠我们团结和凝聚焕发出来的力量。两岸同胞在奥运期间共同推进在北京奥林匹克森林公园建设"中华和平龙"活动，既说明海峡两岸的文化是相通相融的，两岸同胞的感情是相通相融的；也说明了两岸同胞共同支持北京奥运的态度是一致的，说明了整个中华民族的文化与奥林匹克精神是相通相融的。

仪式上，台湾南投县文化局局长陈振盛介绍了在台湾地区开展"中华和平龙"征集和创作工作的有关情况，并率领南投县台湾少数民族演唱团演唱了《我们都是一家人》等岛内民歌。

主办单位介绍说，目前活动还将继续向海内外特别是两岸同胞开展第二轮创意和设计征集。最终遴选出来的"中华和平龙"设计方案，将以实物形式建于北京奥林匹克森林公园北区东侧。

（十）

8月24日，北京奥运会就要画下圆满的句号。连日来，岛内媒体对即将举行的闭幕式也进行了多角度的报道，与台湾相关的事情尤为关注。台湾"中央社"23日报道，中华台北奥委会主席当天透露，在跆拳道比赛中带伤上阵、感动现场和岛内无数观众的"女战神"苏丽文将参加闭幕式。她的左膝和左脚受伤严重，根本不适合行走，但她特别希望能坐着轮椅参加闭幕式，她的队友、被岛内民众誉为"神雕侠侣"的朱木炎和杨淑君自愿为她推着轮椅参加闭幕式。这对情侣虽然在此次跆拳道比赛中没获得理想的成绩，但是他们能坦然面对，尤其以队友苏丽文顽强拼搏的精神为荣，他们推着苏丽文参加闭幕式，就是带着被岛内舆论誉为"我们心中的金牌"上场。当苏丽文坐着轮椅由"神雕侠侣"推着出现在闭幕式上的时候，现场观众又报以更加热烈的掌声表达对她的尊重和赞赏。

另一个让人们赞赏的台湾运动员是宋玉麒，他在跆拳道比赛中获得铜牌，在闭幕式上，他以中华台北队的旗手展现出自己的英姿。宋玉麒不仅奋战精神可敬，而且非常懂得感恩。台湾《联合报》对他感恩的表现作了报道。报道说，比赛结束宋玉麒向观众行鞠躬礼回到休息区后，他双膝一跪，在他的父亲兼教练面前行中国传统最为庄重的磕头礼。这些细节深深地打动了现场观众和台湾民众的心。大家都认为，他和苏丽文的表现比获得奥运金牌更让人感动和敬佩。

在闭幕式上，台湾演艺界人士同样有精彩的表现。台湾《联合报》对此作了详细的报道。台湾著名导演李行提前来到北京，他是北京奥组委邀请的唯一一位出席闭幕典礼的台湾导演。李行的作品很多，大陆观众最熟悉的是他执导的电影《汪洋中的一条船》。他提前来京与张艺谋与共同策划了闭幕式的文艺演出。此外，台湾歌手周华健、周杰伦、王力宏等在闭幕式上的演唱同样获得满堂喝彩。

带给世界阵阵惊叹的北京奥运会精彩收场后，好评依然如潮，赞叹之声响遍全球。台湾舆论指出，13亿人口的东道主带给世界阵阵惊叹，带着史无前例的51面金牌、100面奖牌，走进世人的记忆，写进奥运的历史。

在闭幕前夕，新华社发表题为《最新最"近"的奥运》评论说，回顾盛会期间岛内各界对奥运的关注与支持，以及台湾体育健儿、球迷在赛场内外所受到的热烈欢迎，人们不难得出这样一个结论：对于2300万台湾同胞来说，这是与他们地理距离近、心理距离更近的一届奥运会，也是感觉最为亲切的一届奥运会。评论指出，"近"不只体现在奥运会首次在中国土地上举办，北京与台湾并不遥远，更重要的是，体现在本届奥运会与台湾同胞之间心理上的"零距离"。

评论最后说，北京奥运会不过短短十多天，但它给两岸同胞留下了宝贵的精神财富。通过这次盛会，彼此了解更加深入，同胞情谊更加强化，更为关键的是人们从中得到至为重要的启示，那就是：应以宽广的心胸、宽容的心态、积极的态度，去看待与处理两岸事务，多从善意的角度理解对方的想法，消除不必要的疑虑，增进了解，建立互信，共创双赢。相信两岸的体育交流，必能促进两岸更多的交流。

24日出版的台湾《联合报》发表题为《北京奥运会后的两岸关系》的社论说，北京奥运会不仅是一场运动盛会，也具有浓重的政治意义。一方面，这是鸦片战争以来中国在世界坐标上的重新定位；另一方面，这是中共政权改革开放30年的成果展现。对台湾而言，北京奥运会将如何影响两岸关系？或北京奥运会后的两岸关系当如何应对？对于这样的问题社论指出，当北京借奥运向世界宣示"和平崛起（发展）"之时，亦可对两岸关系的内涵（双赢），及解决两岸问题的方法（和平），怀持更明确与坚定的"方向感"。显然，社论得出的答案就是：和平、发展、双赢。

同一天的台湾《中国时报》在"京奥闭幕特别报道"专版中表示，北京奥运会，大陆无疑是最大赢家。不仅以51金、百面奖牌，缔造了崇高荣誉，而且借着这场盛会，让世界各国进一步能了解中国，同时也开启了一扇窗，让中国的民众接受一场文明洗礼。民众透过奥运，更了解了奥林匹克精神，欢笑、喜悦、激情、泪水不断在奥运场馆上演。北京的用心已被看到，主办奥运更让中国至少加速10年与国际接轨，让这场盛会最终灿烂收场。

25日出版的澳门《新华澳报》发表富权先生的题为《北京奥运和谐友谊精神将弘扬于海峡两岸》的文章指出，是数以万计的全球各地的参赛运动员、教练员及现场观看比赛的海内外观众的亲身感受，也是全球数十亿电视观众从电视屏幕中留下的美好印记，更是国际奥委会主席罗格发自内心的赞叹：北京奥运会是奥林匹克史上最好的一届运动会！

说它最好，不单单是"鸟巢"、"水立方"等运动场馆是历届奥运中同类运动场馆最壮观、最新颖的场馆，以致"水立方"因为游泳池的独特设计减少波浪，而让泳将不断打破世界纪录或奥运纪录。

说它最好，也不单单是大会的各项赛事安排严密，有条不紊，而且还充满人性。一百四十多万名志愿者训练有素，优质、贴心地为运动员、记者、观众及国际和各国各地区奥委会官员等奥林匹克大家庭成员服务。曾有台湾射箭运动员表示，以往参加在别处举办的奥运会，在比赛结束后，需自己背参赛器具离场，如今有志愿者代劳，使她顿时感受到人性的关怀，成为"北京名片"，折射了奥林匹克运动史的一大进步。为此，国际奥委会特地决定，闭幕式增加由新当选的国际奥委会委员向志愿者代表献花的环节。这是对志愿者们最高的奖赏，也是对把志愿者文化艺术提升至最高峰的北京奥运的崇高敬礼。

说它最好，当然更有令全球观众震撼的开幕式和使人强烈感受到团结、友谊、进步、和谐、参与和梦想精神的闭幕式。

因此可以说，北京奥运，不但完全达成了"平安奥运"的基本要求，而且完全达成了"把北京奥运办成奥运史上最好的奥运会"的最高期待。正因为如此，北京奥运开幕后，"最佳奥运"的事实震慑了原本要削尖脑袋混进比赛场地进行破坏、捣乱的"藏独"、"疆独"、"法轮功"等各类反华势力，而且也震慑了台湾地区的民进党，让这些当初叫嚣要"抵制北京奥运"的政客，不得不乖乖坐在电视前欣赏北京奥运的开、闭幕式和各项赛事。

文章特别提到，中华台北代表团虽然只拿了4面铜牌，不若前几届奥运会的成绩，却拼出了"苏丽文精神"。在祖国大陆的各个网站上，都是对苏丽文的一片赞赏之声。文章接着指出，大陆运动员、大陆观众、大陆人民，对来自台湾宝岛的中华台北代表团的参赛，表达了最新切的同胞之情。不但是高度赞赏"苏丽文精神"，而且也为台湾运动员创造了"主场优势"，每逢台湾运动员出场时，大陆拉拉队和观众都热情地为之"加油"打气，以致大陆拉拉队要与台湾拉拉队商议，有默契地互相呼应。这一切，都令台湾运动员感触甚深，感受到了大陆拉拉队、观众的同胞之爱，更使他们对启程前民进党人要挟他们杯葛北京奥运、拒绝出席开幕式的聒噪之音，倍感反感。

文章说，又何止是台湾运动员如此，成千上万的台湾电视观众，又何尝不是如此！从北京奥运开幕式开始，到北京奥运比赛期间，尤其是在有台湾运动员出赛之时，台湾民众都聚集在电视机旁，聚精会神地观看。还特别提到，民进党主席蔡英文也率领中央党部成员，边吃荷包蛋边观赏中华台北棒球队对荷兰棒球队的比赛。

文章指出，事实证明，北京奥运忠实地弘扬了奥林匹克运动会和平、友谊的精神，不但是面对全世界，而且更是面向海峡两岸。民进党人在北京奥运开幕式后收起"乌鸦口"，就证明了北京奥运所弘扬的这种精神，威力没法挡，连曾蓄意要搅事的民进党人，也不得不被迫败下阵来，这是北京奥运比赛场馆外的另一项战果。

文章最后说，相信，北京奥运的这种精神，将一直渗透到两岸人民的日常生活、世世代代中！

28日出版的台湾《联合报》发表龚济先生题为《北京奥运闭幕后，看大陆，忧台湾》的文章说，北京奥运会闭幕。中国大陆、国际奥委会、很多参与国家都称赞："这是一次成功的盛会"。举办奥运，大陆收获丰硕，这可由国际奥委会主席罗格在闭幕典礼上的话来概括："通过本届奥运会，世界更多地了解了中国，中国也更多地了解了世界。"

文章认为，罗格先生的观点得到了国际舆论的普遍认同。接着文章列举出多家国际媒体的评论加以证明：

印度《印度时报》："奥运是世界重新认识中国的开始。"

英国《泰晤士报》："奥运迫使西方注视真实的中国。"

西班牙《体育报》："奥运会把中国分成两个，一个是奥运会前的中国，一个是奥运会后的中国。"

法国《费加罗报》："中国向世界证明，它能够像西方一样，办好这一全球盛世，而且是用融入中国精神的'现代'方式。"

澳大利亚《悉尼先驱晨报》："奥运让中国实现'最伟大的跃进'。"

法国《新闻周刊》："说中国没变化是十足的无知。"

美国《时代》周刊："世界见证了一个准确无误的事实——中国在荣誉的光环下回来了。"

在来自国外的评论中，说得最中肯的可能是美国《基督教科学箴言报》。它说："中国因为成功举办奥运会而赢得国际尊重，在这种背景下，中国领导人和中国人民很愿意信任世界其他国家。"

文章指出，的确，中国人民因为有信心，明显改变了一些对人对己的态度。他们比过去更能遵守清洁、秩序、礼貌等文明规范；对本国和外国选手一视同仁，一律鼓掌加油；他们也批评和检讨自己，譬如承认虽是奖牌大国，但仍非体育强国。

文章在对大陆与台湾作比较中说，大陆对台湾的生存发展关系极大，相对于大陆，台湾这些年做了些什么？他们是开放，我们是闭锁；他们是发展，我们是萎缩；他们目光向外，广与人交，我们是眼睛朝内，耽于内斗。文章指出，本以"民主"自傲的台湾，但是历年无节制的"修宪"，无规范的政治斗争，早已使民主千疮百孔。文章的字里行间处处洋溢着对大陆改革开放、和平发展、日新月异的景象备加赞扬之意；而对台湾闭关自锁、内斗空耗、发展萎缩的景象充满忧虑之情。

北京奥运，对两岸同胞来说，确实是最亲最近的奥运。通过这届奥运会，两岸同胞间的了解更加深入，手足之情更加浓厚，亲情互动将更加热络而绵密。北京奥运会上所展现出来的和平、友爱、团结、奋进的奥林匹克精神，必将在两岸之间得到弘扬。

六、大陆方面再次出台便利两岸交流交往新举措，作为两岸人民交流合作先行区的福建，表现尤为活跃

（一）

9月初，《福建日报》发表了一篇题为《携手共创两岸"三大"时代》的短评。题中提出的"三大"时代，是中台办、国台办主任王毅在两岸关系出现难得的历史机遇后，多次提出的"要不失时机地开展两岸同胞大交流，推动两岸经贸大合作，促进两岸关系大发展"。短评说，近半年来，两岸关系雨过天晴，拨云见日，可谓"月月有大事、月月有好事"：5月国共两党会谈开新局；6月海协会海基会恢复协商；7月两岸周末包机、大陆居民赴台旅游启动；8月两岸同胞共襄北京奥运盛举；9月大陆方面再出便利两岸交流交往新举措。

短评所说的新举措，是指9月7日，在厦门人民会堂举行的第三届海峡两岸经济区论坛上，王毅受权宣布大陆方面为便利两岸同胞交往所采取的五项政策措施。

本届论坛在"合作发展，建设海西"的主题下，突出"拓展两岸交流合作"的宗旨。来自国际区域组织、国家部委、台港澳地区及福建省周边省市负责人等各界知名人士、专家学者近千人，汇聚一堂，就推进海峡西岸"两个先行区"（科学发展先行区与两岸人民交流合作先行区）建设、发展两岸关系、加强区域经济合作等重大议题展开热烈讨论，尤其是王毅受权所宣布的五项新的政策措施，使海西论坛成为海内外媒体报道的焦点，极大地提升了海西论坛品牌，有效地扩大了海西经济区的影响，拓展了海西效应。

第三届海峡西岸经济区论坛举行完开幕式后，即由博鳌亚洲论坛秘书长龙永图主持论坛演讲与互动。

王毅作了题为《促进两岸交流大发展，开创和平发展新局面》的演讲。王毅说，当前，两岸交流合作正处在一个新的历史起点上，我们愿与台湾各界人士一道，牢牢把握两岸关系和平发展这一主题，从中华民族和两岸同胞

的根本利益出发，不失时机地开展两岸同胞大交流，推动两岸经贸大合作，促进两岸关系大发展。

王毅从五个方面讲了"开展两岸同胞大交流，推动两岸经贸大合作，促进两岸关系大发展"的意见。

王毅在讲述"大力促进两岸人员往来"的意见时，他说："在此，我谨受权宣布大陆方面为便利两岸同胞交往采取的五项新的政策措施：（一）凡持有效往来台湾的通行证及签注的大陆居民，今后可以经金门、马祖、澎湖往来大陆与台湾本岛。（二）首批开放赴台旅游的大陆13省市居民，今后可以赴金门、马祖、澎湖旅游，并经金门、马祖、澎湖赴台湾本岛旅游。（三）调整现行5年有效台胞证的号码编排规则，自今年9月25日起，实行台胞证号码"一人一号，终身不变"，以方便台湾居民持证在大陆办理相关手续。（四）自今年10月20日起，增加北京、南京、重庆、杭州、桂林、深圳6个口岸为台胞证签注点。（五）经上海、江苏、福建之后，从今年10月20日起，增加北京、天津、重庆市和浙江省公安机关出入境管理部门，为在大陆的台湾同胞补发、换发5年有效台胞证。这些举措的实施，将为两岸同胞的交往创造更好的条件，提供更多的便利。"

接着，王毅从积极推动两岸直接、双向、全面"三通"；大力推进两岸产业合作；切实推动两岸金融合作取得实质进展；探索推动建立两岸经济合作机制等四个方面，发表了"促进两岸交流大发展，开创和平发展新局面"的意见。

王毅最后说，海峡西岸地区与台湾一水相隔，具有诸多特殊优势，在两岸关系发展中发挥着独特的重要作用。改革开放以来，海峡西岸地区经济社会发展取得巨大成就，综合实力不断提升，对台经贸合作和各项交流不断扩大。福建省委、省政府以科学发展观为指导，提出并不断完善海西发展战略，积极拓展闽台经贸交流与合作，取得了令人瞩目的成绩。当前，海峡西岸地区构建一个更具吸引力、功能更完备的两岸交流合作前沿平台，具有更好的条件。中央台办国务院台办将一如既往地支持福建省实施海西发展战略，积极推动闽台经贸合作、文化交流、人员往来，鼓励和支持福建省努力探索一条具有海西特色、造福海峡两岸的先行先试之路。

中国国民党中常委曾永权在发表题为《加强合作，共创双赢》的演讲中指出，自1987年台湾开放民众赴大陆探亲以来，两岸经贸及人员往来非常密切，目前大陆是台湾的第一大贸易伙伴、第一大出口伙伴及第二大进口伙伴，已经为两岸关系和平发展奠定了扎实的基础。再加上海峡两岸地缘近、血缘亲、文缘深、商缘广、法缘久，未来两岸一定可以进一步维持和平、和谐与合作的关系。大陆在"十一五"规划中特别提到："支持海峡西岸和其他台商投资相对集中地区的经济发展，促进两岸经济技术交流和合作"。所以，"加强台闽合作，共创双赢局面"，一定可以收到事半功倍之效。

曾永权说，建立"两岸共同市场"是个长远的发展目标，并非一蹴可及，需要双方付出时间及耐心，两岸宜着眼未来，共同构建长期、稳定的两岸经济合作机制，并通过下列四方面的合作，争取早日实现两岸经贸关系正常化。一是继承推动两岸贸易、投资、人员交流，双向发展，特别是要创造条件，尽快消除阻碍两岸贸易投资正常发展的政策性障碍。二是推动两岸直接往来范围的扩大，逐步从金、马地区扩展到澎湖地区，进而扩及全台。三是进一步深化两岸产业合作，包括继续加强两岸在半导体、光电、生化等高技术产业的合作；拓展两岸服务业领域的合作，为制造业合作提供更强有力的支撑；加强两岸农业领域的合作。四是加强金融业合作，推动两岸民间组织就建立两岸金融备忘录和货币清算机制等问题进行协商。唯有两岸间尽快协商，构建长期、稳定的经济合作机制，才能达到两岸经贸合作与交流的制度化、规范化和便利化。

曾永权说，两岸可以通过"海西区"作为经贸关系正常化的起点和未来"两岸共同市场"试点。在推动闽台具体合作项目方面，大陆可仿效建立"经济特区"的经验，在福建开辟"农业合作"、"产业对接"、"文化交流"及"金融开放"等"先行区"，从各个产业、各个方面做起，互助互利，共创双赢。希望中共中央对福建能予以全力支持。除此之外，台闽也应加强基础建设的合作，如：连接金厦海底电缆，成为两岸通话门户；建设金厦大桥；全面开放"小三通"；开放厦门为金门之备用机场，金门机场在浓雾闭场时可借用等。

曾永权最后强调，中国大陆的繁荣与富强，需要台湾同胞的支援；台湾的繁荣与发展，也离不开大陆作为后盾和腹地。所以两岸应把握当前的历史机遇，"建立互信，搁置争议，求同存异，共创双赢"，全面展开交流合作，签署"和平协议"及"综合性经济合作协议"，建立两岸和平发展繁荣的稳定关系。

福建省省长黄小晶在发表题为《力求先行，建设海西》的演讲时指出，科学发展先行区与两岸人民交流合作先行区是相辅相成的，加快建设两岸人民交流合作先行区，既是对建设科学发展先行区的促进，又是对祖国统一大业的责任。他说，在新形势下，福建应当把握两岸关系呈现出良好发展势头的难得历史机遇，加强闽台合作，在推进两岸人民交流合作上先行先试、积极作为。

接着，黄小晶从三个方面讲了福建怎样"先行先试、积极作为"的意见：

一是在产业方面，加强闽台产业对接，促进经济融合。我们将充分利用经济特区、台商投资区、高新技术园区、各种类型的产业基地、新增长区域的平台承接功能，吸引台商投资，鼓励台湾产业组团式转移；将充分发挥保税港区、出口加工区等特殊监管区域的政策优势，引进台湾的生产性服务业，促进闽台经济合作转型升级；将继续推进海峡两岸农业合作试验区等建设，提升闽台农业合作的层次和成效。

二是在"三通"方面，推进沿海口岸及配套设施建设，加快形成两岸未来的综合枢纽。我们将积极扩大对台物流合作，推动建立闽台港口、航运合作联盟；扩大两岸包裹快运业务，尽快开通和闽台邮政函件总包邮路；进一步促进海峡枢纽功能的提升，共同规划两岸直接通道，开展项目前期工作，为实现两岸直接"三通"创造条件。

三是在文化方面，建设两岸文化交流重要基地，充分发挥纽带作用。我们将加快推进闽南文化生态保护试验区建设；加强联系，开展宗亲文化、民间宗教信仰交流；拓展闽台教育、文化、卫生、体育、人才等领域的交流，使两岸同胞增进相互了解、加深彼此感情、加强交流合作、实现共同发展。

交通运输部副部长徐祖远在发表题为《发挥区位独特优势，促进两岸直接"三通"》的演讲时表示，交通运输部将一如既往地发挥优势，积极支持海西建设，增强海西港口对周边区域的辐射作用，继续稳步推进"小三通"，大力发展海峡航行业，积极开展两岸直接"三通"前瞻性研究工作，为海西发展多作基础性工作，推动两岸直接三通尽快实现。

江西省副省长洪礼和在发表题为《融入海西建设，拓展区域合作》的演讲时指出，海峡西岸经济区在连接长三角、珠三角等区域经济板块中发挥着不可替代的作用，海西平台的建设，有利于江西和周边区域形成区位优势，成为海西发展的腹地和承接闽台产业梯度转移的重要区域。他表示，赣闽、赣台经贸合作互补性很强，江西将积极参与海西建设，主动加强与闽台在农业、现代制造业、航运业、旅游业、金融业等方面的合作，共同推动海峡西岸经济区建设。

论坛上，演讲嘉宾还与听众互动，就海峡西岸经济区在区域经济合作、两岸直接"三通"中的重要作用、优势发挥等问题回答了大家的提问。

（二）

第三届海峡西岸经济区论坛所发表的意见和建议受到各方面的积极评价，特别是王毅受权宣布的五项新的政策措施，更获得如潮的好评。

国民党副秘书长兼大陆事务部主任张荣恭9日在接受记者采访时指出，该措施符合台当局推动方向，有利于两岸人民和谐相处及为台湾经济注入活水，值得欢迎。他说，这些措施进一步落实了两岸人民的期待与国共两党的共识，显示两岸关系不断朝互利双赢目标发展。而台湾居民可经"小三通"往来两岸，不仅方便台湾居民，也刺激金门、马祖、澎湖等外岛景气。张荣恭认为，大陆宣布大陆居民和来台旅游人士，也可经"小三通"后，形成双方良性互动，相信未来还会持续进行，包括通过两岸协商，台当局承诺第一年每日吸引3000名大陆的旅客来台观光，将可逐步实现。

金门县长李炷烽表示，这些新措施的实施，金门拥有极佳的区位优势，在进入两岸往来的新里程里，预期会引进更多的商机。澎湖县长王乾发则表示，大陆方面宣布两岸交流新措施，是对台释放出的善意，台湾方面也应该有更明确的突破。

台股的反应更为直接，观光类股8日呈现强势齐涨的态势，饭店业龙头股晶华、国宾、新天地、华园、六福、第一店、亚都、剑湖山、凤凰等纷纷涨停。晶华酒店财务长林明月表示，大陆方面开放13个省市居民可经"小三通"来台款光，有利于吸引更多的大陆游客，对台湾观光业将有帮助。

香港中评社发表文章分析说，台股上周跃得鼻青脸肿，马英九虽然数度道歉，改口表示会努力在四年任期内兑现经济承诺，财经首长也利用各种机会希望唤起民众的信心，但仍无法止跌，代表马当局已经束手无策，"而大陆适时抛出多项给台湾的利多，就像给溺水者抛出一个救生圈，颇有两岸联手抢救台股的意味"。

台湾《经济日报》发表文章说，从王毅的讲话看，他发布几项措施时都强调是"受权宣布"，拉高中共中央重视的层级；他的演讲也一口气把台湾关注的两岸议题来一次"总点名"，结尾还有一段"诚意保证"，强调"只要是对台湾同胞作出的承诺，我们都为切实履行"，"显示大陆已感觉到台湾民心近来因为股市低迷而浮躁，其明确表态算是给了马政府一个交代"。

台湾《中国时报》发表文章说，很显然王毅的谈话不仅针对海峡西岸经济区，而是对马英九当选后百日的坚定支持，"大陆提出加快两岸人员往来的新措施其实只是小菜，更重要的是全面阐述了所有对台的最重大议题，提出大陆的主张及态度，且具体响应了台湾关切的几乎所有的话题"。文章举例说，马英九推出"爱台12项建议"，提及让大陆企业来台参与建设，王毅便响在"推动大陆企业参加台湾建设项目"；不久前台湾中油和大陆中石油计划共同开采油源，王毅便提出"我们愿看到两岸企业在共同开发资源，共同开拓国际市场方面携手合作"，"这些都显示大陆并未把台湾提出的关键政策束之高阁。相反，这些话题在台湾股市低迷、经济政策饱受批评之际由北京高层提出，具有反向刺激的作用。换言之，大陆是在为马英九政府注入强心针，为台湾的两岸政策背书"。

还有岛内媒体发表评论指出，大陆游客直接经金马澎地区进入台湾本岛，在路线上实现了"截弯取直"，令往返成本和时间大大节省，将为台湾岛内的旅游业和海峡旅游区的广阔市场注入巨大商机，有利于形成跨越台湾海峡的两岸旅游合作区。而且，两岸民众能够通过更便捷的方式互相交流，增进互信，减少和消除误解，对两岸关系在新的历史时期下和平发展具有重要意义。

台湾旅游业者更是欢喜鼓舞，他们都认为，通过"小三通"转到台湾本岛，既多了一个途径进出台湾，也可以节省机票费用，将有效带动大陆居民来台旅游。台湾金厦旅行社总经理柯文中则认为，开放大陆游客经"小三通"中转，不仅对金门有益，而因为金门有5条航线分别往返台北、台中、高雄、嘉义、台南，将有利于发展出新的"赴台游"路线，可以设计3到4天的行程，单价不会太高，可吸引大陆游客多次来台旅游消费。

在台湾那鲁湾经营温泉度假饭店的老板娘高速敏说："本地的原住民（台湾少数民族）一直都引颈热盼大陆游客早日到来！"如今经济不太景气，他们最希望大陆游客到此游览，这不仅能带活此地的经济，同时也是两岸人民互相认识、交朋友的好机会。

在台湾阿里山经营一家台菜馆的张先生说："新举措不仅能刺激台湾股市上涨，而且在股市的带动下，民间消费也会增加。"他算了一笔账，新措施开放大陆游客经金马澎地区进入台湾本岛旅游，令路线大大缩短，陆客赴台游日程安排更方便，行程更丰富，价格也更便宜。仅以厦门经金门中转至台北的价格来计算，便比厦门至台北包机直航费用节省2000元新台币。"而且，新措施还为大陆游客提供了一次领略福建、金门和台湾本岛三地不同风光的机会。物超所值，为什么不来？赴台游一定会越来越热的！"张先生满怀信心地说。

台北市旅行商业同业公会理事长姚大光高兴地说："这一新措施还将让

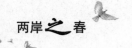

跨越海峡的两岸旅游合作区初步成型"。他指出，"大陆居民赴台可以天天出团，客源更稳定，旅游线路更多样，未来两岸可以共同设计丰富多彩、价格实惠的中短途台湾特色游，这不仅能促进'台湾游'市场的成熟，也会推动两岸旅游合作的发展。"

（三）

在第三届海峡西岸经济区论坛举行的前一天，两岸旅游合作的会议已经拉开帷幕，即9月6日晚，由国家旅游局和福建省政府共同主办，以"海峡旅游，合作共赢"为主题的第四届海峡旅游博览会在厦门国际会展中心隆重开幕。

在开幕式上，福建省省长黄小晶发表致辞，他首先代表省委、省政府和大会组委会向莅会的海内外嘉宾表示热烈欢迎。他在致辞中说，一年一度的海峡旅游博览会，在国务院领导的亲切关怀下，在国家旅游局、国台办等有关部门和各方面的支持和参与下，已经成为海峡两岸交流合作、旅游对接和对台政策先行先试的重要平台，成为海内外旅游业界密切联系的桥梁和纽带。今年是中国改革开放30周年，北京奥运会成功举办对旅游业产生了巨大的带动效应。两岸关系发展呈现良好势头，两岸旅游合作进入新的阶段。福建致力于把海峡西岸经济区建设成为科学发展的先行区、两岸人民交流合作的先行区，海峡西岸旅游业正朝着又好又快的方向发展。我们真诚欢迎旅游业界朋友聚焦海西、融入海西，共享两个先行的机遇，共谋资源开发的良策，共创海峡旅游品牌，共铸合作发展辉煌。

国家旅游局局长邵琪伟在致辞时说，在海峡两岸旅游界及相关各界的共同努力下，两岸旅游领域的务实合作取得了积极进展，互为旅游客源市场的格局逐步形成，两岸旅游交流与合作进入了双向互动的全新时期，合作前景十分广阔。在新的发展机遇到来之时，两岸更需要相互理解、相互包容、相互支持和相互合作。他表示，为推动大陆居民赴台旅游的持续和有序发展，大陆方面正在研究进一步促进大陆居民赴台旅游的举措，希望两岸旅游业界携起手来，继续推动两岸人员双向交流，共同完善旅游合作机制，合力打造"海峡旅游"品牌。我们将联合香港、澳门，把海峡两岸四地作为"大旅游经济圈"，合作研发高端产品，联手参与国际竞争，积极推进资源互补和客源共享，全面提升综合实力和竞争优势，将该区打造成为世界级旅游目的地，共创区域旅游合作的典范。

随后，邵琪伟宣布第四届海峡旅游博览会开幕。

本届旅博会以"发挥优势、深化合作，培育海峡旅游品牌，推动海峡西岸旅游区建设，打造海峡西岸世界级旅游目的地"为宗旨，重点展示海峡两岸旅游产品，举办两岸旅游交流合作圆桌会议、海峡两岸"旅游1+1"（旅行商对接）洽谈会和丰富多彩的系列活动，两岸旅游交流更加活跃，"海峡旅游"品牌更加凸显，投资交易更加务实。会议期间，海峡西岸旅游区23个城市旅游主管部门负责人将在厦门共同签署海峡西岸旅游区域协作联盟《厦门宣言》，全面深化区域旅游合作。

本届旅博会共设展位320个，总面积达6000平方米，应邀参会嘉宾和参展商近3000人。展馆重点展示海峡两岸的旅游产品。在往届由台湾六大旅游同业公会牵头组团参展的基础上，今年台湾各县市旅游机构首次独立参展，全面展示了宝岛美丽的风光，每个展位都有精彩的表现。

台北县展区的电视大屏幕上，不断播放着《平溪天灯节》等录像，吸引了很多人。展区还为观众提供自制小天灯的材料，让观众亲自体会民俗文化的趣味。台北县观光局局长秦慧珠是厦门的媳妇，她说："台北县很多民俗和厦门一样，到那儿走走看看，你们会感到很亲切。"

从厦门海沧区赶来的小谢和小马被台北县展馆里的婚纱模特儿吸引住了。这对相恋了两年的情侣准备明年元旦结婚，对婚纱主题区特感兴趣。小谢乐呵呵地说："现在可以到台湾看一看了，如果顺便到那儿拍婚纱照，会很有意义。"来自台北旅游观光局的邱义翔在一旁介绍说："台北县的九份镇是台湾著名的婚纱小镇，还有淡水的真理大教堂、淡水渔人码头等都是拍婚纱照的好去处。"展馆里六十多部台湾知名的电影、电视剧所入镜的景点印证着邱义翔的话。

台南市也是首次"登陆"旅博会，此次台南市主推"重走郑成功入台之路"旅游线路。在这一展位前聚集着一批又一批观众，大家都仔细地听着讲解员的讲解，脸上都写满了对民族英雄郑成功的崇敬之情，纷纷表达愿意踏着这条线路，走一走"成功之路"。

展馆每个展位都显示出，台湾旅游业者不约而同地把目标瞄准了下一拨赴台旅游的大陆游客，在展馆中随处可见他们为此所做的精心准备。在高唱着《外婆的澎湖湾》的澎湖展区，澎湖县政府参议郑长芳正带领参展人员热情地把澎湖美食端给大家品尝。他们希望通过这些美食增加澎湖的知名度，争取让更多的大陆游客欣赏到澎湖的美丽风光。

9月7日，海峡旅游"1+1"洽谈会在厦门举行，来自境内外旅游机构、旅游景区、酒店等260家旅游企业近400名代表参会。两岸四地的旅行商进行面对面的业务商洽、旅游对接和合作协议签订等交流活动。

福建省泰宁县旅游协会与台湾旅行商业同业公会联合签署了《大金湖——日月潭旅游市场双向开放协议》。双方将通过产品互推、住处互通、市场互动等方式，共同打造"两水"旅游品牌。双方共同策划主推山水观光、寻根祭祖、圣地朝拜、养身修学四大主题线路，让"大金湖——日月潭"成为响亮的旅游品牌。

闽台旅游景区间又一携手合作的范例是，厦门鼓浪屿菽庄花园与台湾林本源园邸签订了"姐妹园"旅游对接协议备忘录。林本源园邸是台湾目前保存最完整的园林类古迹建筑，与厦门鼓浪屿菽庄花园同为林本源家族及其后代所建，历史渊源深厚，均为两岸珍贵的文化遗产。此次来参加旅博会的台湾林本源园邸园长郑博文在签署完备忘录后，满怀信心地对采访的记者们说，这次两岸"姐妹园"再携手，肯定会打造出一个响亮的台闽合作的旅游品牌。

在本届旅博会圆桌会议上，由福建、广东、浙江、江西四省中同属海峡西岸经济区的23个城市共同签署了《厦门宣言》，这又是本届旅博会的一大亮点。《厦门宣言》以"诚信旅游"为宗旨，提出协商制定海峡西岸旅游区旅游行业管理协议，在旅游质量管理、旅游投诉和应急事件处理等方面进行全面合作，及时相互通报旅游市场监察信息，联合规范旅游市场秩序。

《厦门宣言》以海峡旅游为主题，以"区域"对接"区域"的合作模式，让两岸业界深为赞同，深信这种新模式必将会推动两岸共创和谐旅游。

金门旅游部门对《厦门宣言》作出积极回应。金门交通旅游局局长林振查认为，合作联盟的签署有利于两岸旅游深度合作。他提出"N+X"的合作方式，"N"代表海峡西岸旅游区的联盟城市，"X"代表台湾对接的所有城市。"海峡西岸旅游区首先可与金马澎地区合作，在'23+3'框架对接成熟后，再逐步推广到岛内20个县市，最终实现'23+23'全面合作的形态"林振查信心满满地说。

此外，福建旅游业界还与台湾六大旅行同业公会签订了《海峡旅游区协作备忘录》和"两山两水"（指福建武夷山和台湾阿里山、福建大金湖和台湾日月潭）合作协议，通过参加台北旅展、海峡两岸旅行业联谊会、举办海峡旅游论坛、邀请台湾业者来闽实地考察等交流合作活动，共同开拓客源市场，共同培育"海峡旅游品牌"，目前，闽台两地已经开始合作编制海峡旅游规划，着手编制"闽台游精品线"、"两岸游精品线"、"闽台双层旅游精品线"、"一层多站式精品游"和"民俗、朝圣文化游"等，进一步深化武夷山和阿里山、大金湖和日月潭等闽台主要景点的对接与整合，吸引更多的台湾同胞和大陆居民经福建往来两岸旅游。

（四）

就在第四届海峡旅游博览会开幕的同一天，9月6日上午，首届海峡两岸（泉州）农产品采购订货会在泉州南安市石井镇的农产品市场拉开帷幕。

本次订货会设有400个标准展位，其中台湾农业主题馆设置117个标准展位，来自台湾的一百多家企业集中展示了果蔬、水产品、肉类、深加工食品等台湾农产品，参会台商达三百多人。大陆的浙江、安徽、吉林、广东、福建等多个省的一百九十多个农业企业、五百多名农产品专业经销商、采购商也参与盛会。

早上开幕式一结束，整个订货会展馆便被挤得水泄不通。入口处，来自台湾的各种品质优良、包装精美的农产品一下就吸引了大家的注意力，很多人都拿出相机、手机兴致勃勃地拍摄起来。

在云林县义和合作农场的展位上，一位身穿写着"黑肉田"黑色T恤的台湾壮汉正在向观众认真地解释着："你们问我什么叫'黑肉田'？'黑'是指我们台湾的浊水溪，是营养最丰富、无污染的好水；'肉'是指含有丰富的氮、磷、钾等元素的土壤；特别适合稻米栽种；'田'就是云林县刺桐乡的这块肥沃田地喽。"壮汉还介绍着展位上一袋袋颗粒晶莹的优质稻米和用米做的饮料等产品，十分引人瞩目。这位壮汉告诉采访他的记者说，"黑肉田"的米特别香，黏弹性也特别好，他们这次来这里参展，是想了解一下大陆民众对这种米欢不欢迎，如果有市场，就想在大陆办农场进行开发生产。

台湾的农业科技发达，在农产品深加工方面的研究开发成就显著，此次订货会上设立的农业高新技术成果和特色产业园区专业展示推介区，集中展示了台湾水产养殖、食品加工、食品和农产品冷链物流技术等方面的最新成果，让参观的人们大开眼界。比如，同样是葡萄酒，台北县的博智创形企业社开发出红曲葡萄酒、苹果葡萄酒等多种口味，还生产出了柳丁酱油；黑乐丝生物科技有限公司，则把竹炭产品发展到衣食住行的各个领域；奇香妙草国际有限公司，将自然界的各种花香都变成了美味佳酿；而集教育、养生、休闲功能于一体的蜜蜂故事馆，则把蜂蜜做成冰淇淋、水果茶、冰咖啡等多种美味。这些摊主在接受记者采访时不约而同地说，这次想利用采购订货会这个平台，好好推介自己的产品，进一步打开大陆市场，同时也学习观摩大陆的农产品，寻找合作伙伴。由于闽台之间的许多相似性，使他们深信在这里开创事业有很多机会，也相当便利。

就在采购订货会开幕的当天，已经签订农业合作项目和购销合作21个（份），总金额已达19.6亿多元人民币。

在全国城市农贸中心联合会会长马增俊和台湾省农会总干事张永成等业界行家的眼里，本次采购订货会的成功，意味着两岸经贸合作有更广阔的前景。

马增俊说，以前大陆也办过多次关于农产品的展销会，但往往是在展馆里，会开完了场馆也就撤了。而此次订货会在闽台农贸市场这个农产品交易的最佳场所举行，"可以帮助经销商和采购商认同台湾农产品，同时可以把短暂的贸易机会变成长线的贸易机会，延长贸易时间"。

张永成在会上表示，海峡两岸农产品采购订货会的举办，是两岸农产品交流领域的一大盛事，也是展示台湾特色农业的大舞台，他希望通过这次订货会，能更好地促进两岸农业交流，深化两岸的产业对接，增进两岸优势互补。张永成指出，台湾农业的飞速发展在很大程度上得益于两岸日益深化的农业合作，从上世纪80年代两岸农业合作领域零散的人员交流，到2007年两岸农产品实现8亿美元的年交易额，两岸农业交流走过20个不平凡的春秋。大陆出台的一系列惠台农业举措，受到两岸业界及广大台湾农民的普遍欢迎。他希望两岸能够在农产品领域进行更广泛、更深入的合作。

张永成说，看到在海峡西岸一座以两岸农产品贸易为特色的市场正在崛起，他十分欣喜。目前，闽台农产品市场一期项目已基本告竣，相信随着这座海峡两岸建筑规模最大、软硬件配套设施最完善、服务门类最齐全、交通区位最便利的农产品专业市场的投入运行，两岸农产品贸易领域的物流、仓储等方面的瓶颈必将被打破，两岸农业必将朝着更广泛、更深入的层面发展。

台湾云林县农会总干事林启沧同样对两岸农业合作前景充满期待。他说，这次通过"小三通"来到南安，比从香港转机方便多了。"台湾水果以往销往大陆因尚未直航，运输及保鲜成本过高，削弱了产品的竞争力，期待未来能逐步缩短两岸运输的时间和成本，让两岸农业的往来交流更加有效率。"

大陆商务部副部长姜增伟一直在仔细地倾听着他们的发言。他在发言中细数了近年来大陆针对台湾农产品的种种优惠措施后说："今后，我们还将认真地、积极地拓展和充实这些措施，把两岸间的合作推进到更多领域、更高层次。"

（五）

就在第三届海峡西岸经济论坛、第四届海峡旅游博览会、首届海峡两岸（泉州）农产品采购订货会举办的同时，9月8日上午9时8分，第十二届中国国际投资贸易洽谈会（简称"投洽会"）在美丽多彩的厦门隆重开幕。中共中央政治局委员、国务院副总理王岐山高举"9·8"金钥匙，打开了中国国际投资贸易洽谈会的财富大门。顿时，礼花闪烁，彩球飞舞，鼓乐喧天，掌声雷动。

出席本届投洽会开幕式的嘉宾如云，有波兰副总理帕夫拉克、库克群岛副总理马奥阿特、萨摩亚副总理雷茨拉夫、澳门特区行政长官何厚铧、世界投资促进机构协会主席阿莱山德罗·特伊西拉、菲律宾前总统拉莫斯、英国前副首相波利斯科特、商务部部长陈德铭、福建省委书记卢展工、海关总署署长盛光祖、国台办主任王毅、国家质检总局局长李长江、福建省长黄小晶、安徽省长王三运、福建省委常委厦门市委书记何立峰等54位本届投洽会主办、协办、成员单位的负责人，和国家各部委、31个省市自治区的领导、企业代表以及来自全球一百二十多个国家和地区的工商界人士、政府官员和有关国际组织的代表共襄盛举。

商务部部长陈德铭在致辞时说，本届投洽会有来自一百多个国家和地区的五万余名各界人士参会，内容更丰富，特色更鲜明，国际性更突出。希望本届大会能够真正成为促进各国双向投资合作的"金钥匙"，实现互利共赢。中国刚刚成功举办了奥运会，这是国际大家庭共同努力的结果。奥运会后的中国，将更加坚持改革开放，坚持和平发展。相信与会的每一位朋友，都能在中国的和平崛起中，寻得机会，获得回报，共同为全球经济的稳定、繁荣做出贡献。

本届投洽会的一个显著特点就是着力打造"海峡牌"，对台特色更加鲜明，两岸经贸交流的空间进一步拓展，对台交流的平台与窗口作用进一步凸显，对两岸人民交流合作的先行区建设起到积极的促进作用。

本届投洽会，台商参会人数超过往年，共吸引95个台湾工商团体、四千二百多名台湾客商参会、人数居境外客商首位。大会首次设立台湾商品展区，共有65家台湾企业设立一百多个展位。台湾最主要的贸易工商团体之一的台北市进出口商业同业公会首次组织台湾本岛18家贸易厂商参展。该同业公会专员陈坤霖对记者说："各个厂商的摊位都挤得水泄不通，我们想去了解一下情况，他们都说抽不出空来，这种情形大大超出了我们的预期。"

他说："这次亲眼见证了投洽会平台的魅力，以后我们还将组织更多的台湾厂商前来参会。"

通过投洽会这个平台，一大批台资企业在大陆觅得商机。福建作为东道主，更占得先机，台商投资福建的项目年年攀升。本届投洽会进一步发挥福建对台的区位优势，发掘"海峡"内涵，围绕当前两岸交流合作的热点问题，举办系列专题活动，热点频频，精彩纷呈。

其实，日前召开的第四届海峡旅博会就是系列专题活动之一，是本届投洽会的重要组成部分。在总面积6000平方米的旅博会展览馆里，共有320个旅游展位亮相，其中拥有88个展位的台湾馆成为特色鲜明、人气最旺的展位之一。

9月8日下午拉开帷幕的第三届两岸经贸合作与发展论坛也是本届投洽会的重要组成部分之一。本次论坛邀请两岸产业、学术界知名人士四百多人，就推动两岸经贸关系正常化、促进两岸经济共同发展进行研讨。

大陆商务部副部长在论坛上发言时说，两岸关系呈现良性发展势头，希望两岸同胞乘势而上，促进两岸经济进一步融合。他提出三点建议：一是全力开创两岸产业合作的新局面；二是积极推进经贸关系正常化；三是努力构建两岸经贸合作的制度性安排。台湾商业总会理事长张平沼在发言时指出，两岸经贸交流对双方皆有利，能和谐、持续地开展两岸经贸关系对两岸人民具有非常重要的意义。他说，如今，大陆市场已经成为台湾经济发展的强大后盾，同时，大陆经济因为有了台商投资得以更勇猛地向前迈进。这说明，发展两岸关系不仅是基于血浓于水的骨肉亲情和民族情结，更是互利合作、创造双赢的必然结果。他自豪地说，"二十多年前，我曾说过，18世纪是西班牙人的，19世纪是英国人的，20世纪是美国人的，21世纪则属于中国人。当时许多人都笑我痴人说梦。但是，今天中国经济的迅速崛起震惊世界，北京奥运会的成功举办也向世界证明，中国人的世纪梦想就要实现了。"张平沼呼吁，我们都是跨世纪的人，我们都有责任、有信心去创造两岸未来的美好明天！

参加论坛的嘉宾一致认为，联系紧密、高度依存、共同繁荣的两岸经济共同体正在逐步形成。

本届投洽会期间，作为投洽会系列对接会的一部分，就是首次举办台资农业企业投资项目对接会，45家台资农业企业携带资金、培育技术和种苗等来到了对接会上，最后都找到了自己中意的合作伙伴。

台湾嘉农基金会是岛内影响较大的农业社团，拥有四万多名成员。这次由该基金会董事长蔡武璋带领着35位成员代表参加对接会。蔡武璋分析说，大陆的土地资源、人力成本更具比较优势，台湾农业在品种、技术、管理等方面跻身世界先进水平，双方进行合作，发挥各自优势，肯定会达到双赢的目标。他说："参加对接会后，我们要到安溪和永安考察，主要是考察在茶叶和竹子方面的投资机会。"

本届投洽会期间，"闽台产业合作洽谈会"的举办吸引了台湾工商界11个团组的44家企业参加，电子信息、机械装备等产业吸引了台商的目光，现场达成意向项目26个，意向利用台资1.2亿美元。

以承接台湾光伏、电子等高新技术产业为目标的泉州绿谷科技园区成为台湾高新技术企业关注的焦点，台湾蓝金海洋生物科技、艾斯勒公司等多家台企与园区洽谈，达成合作意向。

作为台湾软件业最有影响力的中华软体资讯协会，由会长刘瑞隆带领一大批台湾软件业的知名企业与会，而且还利用自身在亚太地区软件业的影响力，邀请了亚洲、大洋洲信息化产业组织成员国的61个单位，组成105人的大型考察团前来探讨交流合作。

刘瑞隆说，台湾人口有限，市场容量太小，因此台湾的软件企业都在寻求对外合作。"这种合作首选大陆。大陆这几年经济高速发展，信息化程度越来越高，这些都为台湾软件企业的进一步做大提供了广阔的空间。另一方面，台湾软件业发展程度高，经验丰富，人才众多等优势，也是大陆软件业发展所需要的。"

刘瑞隆透露，"闽台之间同宗同脉，中华软体资讯协会与福建信息产业业者有着密切的关系，协会与省信息产业厅共同合作推动长乐纺织业的信息化，取得了很好的效果。"他高兴地指出，"这种兄弟同心的精神必将会延续下去，共同推动领先息产业的发展。"

本届投洽会期间，从第二届海峡两岸大学校长论坛上也传来利好消息，两岸93所高校的近两百名校长、副校长或校长代表共同签署了联合宣言。宣言中提到，两岸将创新交流与合作模式，加快推进双方学历和学术互认，以扩大双方学生流动数量，并尝试联合举办高等教育机构，开创两岸高校办学资源共享的新局面。

此外，投洽会期间还举办了海峡两岸亲情联谊会、台商座谈会、厦门大嶝对台小额商品交易市场上的台湾商品展销会……精彩纷呈的对台经贸交流和恳亲活动，跨越海峡，牵起两岸业者的手，大大地拓展了两岸交流与合作的空间。

9月11日，第十二届中国国际投资贸易洽谈会落下帷幕，伴随着中国改革开放的步伐，以骄人的业绩再一次印证了中国顺应经济全球化的潮流，不断拓展着开放的广度和深度，不断提升着开放的质量和水平。同时也在不断地拓展着两岸关系和平发展的新局面，不断地为台海地区谋和平，为两岸人民谋福祉。

（六）

春江潮水连海平，海上明月共潮生。中秋临近，湄洲岛天蓝海青，来自两岸四地的艺术家们以天为棚，以海为界，以山为景，以月为灯，上演了一场天人合一的视听盛宴。这是由中央电视台与福建省委宣传部、莆田市政府于9月8日晚在莆田市湄洲岛举办的"海上明月共潮生——2008两岸四地迎中秋大型民族音乐会"的录制现场。

湄洲岛是闻名遐迩的妈祖祖庙所在地，祖庙山上妈祖巨雕深情的目光，再次吸引了海峡两岸无数向往团圆的心；妈祖文化的独特魅力，再次伴着悦耳的音符感动着两岸四地同胞的心。

本次音乐会以"中秋佳节倍思亲"为主题，展现着两岸四地同胞在同一轮明月照耀下，共渡中秋佳节，融合亲情乡谊的和美景象，表达着两岸同胞求统一、盼团圆的诚挚心愿。

明月千里寄相思。为了心中的那个诚挚的愿望，两岸四地的演奏家和歌星从四面八方赶到了湄洲岛。台湾的胡琴演奏家王明华来了，澳门的二胡演奏家贾雪飞来了，香港的中胡演奏家和管子演奏家郭雅志也来了……香港艺术团艺术总监净惠昌担纲乐团指挥，他们与福建妈祖乐府古老的乐器文枕琴配合，奏响了真正的《祖庙盛会》。

音乐会在开场乐舞《盛世欢声》的喜气洋洋欢乐声中拉开序幕。传统民乐《阳关三叠》、《春江花月夜》以器乐音诗的新形式，与被称为"中国古音乐活化石"的福建南音完美结合，给现场近万名观众描绘出美妙无比的意境。

音乐会以民乐为主轴，还融进声乐、舞蹈、诗歌等多种舞台表现形式。两岸四地众多歌手明星同台献艺，向海内外同胞送去节日的美好祝福。

刚刚在北京残奥会开幕式上演唱《和梦一起飞》的韩红，第二次踏上了湄洲岛，一首发自肺腑的《故乡的云》激起全场的热烈欢呼，韩红边向台下观众挥手致意边大声说道："两年前来湄洲岛，这里的一切让我印象十分深刻，这块土地蕴涵着一种庄严，体现了中华民族的辉煌，今天再次站在天后广场上为大家演出，背后就是伟大的妈祖女神，感觉神圣而又美丽，祝大家中秋快乐、团团圆圆！"

月亮代表我的心。台湾歌星费玉清倾情演绎的歌曲是《千里之外》和《月圆花好》。费玉清说，中秋是一种感觉，很民族很传统的感觉。他从千里之外赶来，为的就是圆一种依恋、一种深情。那富有穿透力的歌声，倾倒了海峡两岸的近万名观众。

一轮明月挂在天海之间，月光如水，两岸同胞共沐浴；花好月圆，华夏儿女心相连。宏伟的舞台、璀璨的焰火、悠扬的旋律、深情的歌唱，尽情地诠释着中秋月圆人更圆的主题。两岸四地艺术家演奏的《阿细跳月》、《春江花月夜》等器乐音诗，将现场的气氛一次又一次地推向高潮。

台湾歌星齐豫与久违歌坛的大陆歌星那英合唱一曲《九月的高跟鞋》后，又唱起那风靡两岸的《橄榄树》，引起台下同声应和。"不要问我从哪里来，我的故乡在远方，为什么流浪，流浪远方……"祖庙前，月光下，动听的旋律饱含着对故乡的怀念。

湄岛合奏天籁曲，四地共怀同胞情。徐徐海风，和谐团圆的旋律感动着近万名观众的心。来自台湾的旗其祥在接受记者采访时说："我的祖籍是福建晋江，近3年来已连续来湄洲祖庙3次了，今年还特地请了一尊台湾的妈祖回'娘家'。在台湾，我们中秋也吃月饼、吃柚子，晚上还要拜月亮，今年跟这么多同胞一同提前在湄洲祖庙过中秋，又遇上规模这么宏大的中秋晚会，台湾的歌星也来演出，真是终生难忘。"

海上生明月，天涯共此时。迎中秋大型民族音乐会也是两岸四地演员的聚会，无论是莫华伦演唱的《大海啊，故乡》，还是容祖儿演唱的《挥着翅膀的女孩》，无论是何咏诗演唱的《我是现在》，还是咏儿演唱的《月亮代表我的心》，都表达了对幸福生活的憧憬，对美好未来的向往和对海内外同胞的祝福，博得现场观众阵阵热烈的掌声和此起彼伏的喝彩。

9月14日（农历八月十五）中秋节晚上，央视综艺频道和音乐频道在黄金时段播出了这场大型民族音乐会的实况录像，又一次感动着数以亿计的大陆同胞和居住在大陆的台湾同胞、台商。

中秋节前夕，由于受台风影响，停靠在福建东山港的十多艘台轮的台湾渔民不能及时赶回台湾与家人一起过节。得知这个消息后，东山县边防工作站的官兵放弃休假，登上台轮提醒防范台风，慰问台湾渔民，并与他们提前过一个中秋节。

夜幕降临，边防官兵们搬来桌椅、食品，登上最大的台轮，向台湾渔民们说："大家伙都过来吧，中秋节到了，咱们一起过个节！"官兵们一起热情地招呼着，一会儿，三十多位台湾渔民都过来了，围坐在桌子旁，一起尝月饼、品茶、唱歌，共叙同胞兄弟之情。首次到东山港的台湾渔民洪先生、孙先生等起初还有点拘束，随后见官兵们这么热情，这么和蔼可亲，马上就放松了，气氛就更加热闹了。官兵们把《船歌》、《外婆的澎湖湾》等一首首台湾渔民耳熟能详的歌曲献给台湾渔民们，他们以热烈的掌声表达着谢意。

这时，一位台湾渔民站了起来说："十分感谢大家的美意。我唱一首由居住在泉州的台湾老人高明潭老先生为台湾著名诗人余光中先生写的《乡愁》谱了曲的歌。曲子虽然有点哀婉，但表达的感情是我们共有的，希望大家喜欢。"接着他唱道："小时候，乡愁是一枚小小的邮票，我在这头，母亲在那头。长大后，乡愁是一张窄窄的船票，我在这头，新娘在那头……"大家伴随着他的歌声有节奏地拍着手，有的人流下了感动的泪水。

海上生明月，两岸共此时。台湾渔民何志雄、朱阿勇唱完歌后，用手机拨通台湾家里的电话，来个"现场直播"，让家里人一起享受佳节快乐。来自澎湖岛的许才富、周海欣感激地说："在东山过中秋节，就像在家里一样温暖、开心。这场特殊的中秋晚会让我们没齿不忘！"

早在7月14日拉开帷幕的第三届两岸青年联欢节，有两千余名台湾青年参加这项活动。这项活动安排得时间长、地域广，分为"荆楚文化之旅"、"海峡西岸行"、"粤湘文化之旅"、"天涯携手行"、"多彩贵州行"等5条线路，分别在湖北、福建、广东、湖南、海南、贵州等6省相继展开。临近中秋时，两岸青年举行的"多彩贵州行"活动才精彩启程。因为这次活动的举行恰在中秋节前夕，所以有的团员也把它叫做"中秋圆月行"。

对绝大多数台湾青年来说，贵州是遥远而陌生的地方。当一个繁荣发展、充满活力与生机的贵州扑入他们眼帘的时候，很多人都有一种震撼的感觉。来自台湾花莲的林茂江说，一直以为贵州是个非常落后的地方，来了之后才发现，这里跟大陆其他地区一样，同样是一派繁荣发展的景象。

9月9日晚，美丽的黔南荔波，清风习习，舒适宜人。河面上几十只竹筏筏筏相连架起了一座桥，台湾青年们踏上这座桥走向对岸。岸那边，就是荔波的风雨楼，在这里，就要举行此次活动的重头戏——"相约荔波、我心荡漾——两岸青年中秋圆月夜"大型晚会。

听说台湾的青年朋友们要来，热情好客的荔波人民早早就摆起了"瑶王宴"。几十条长桌连在一起，宛如一条二百多米的长龙，丰盛的宴席五颜六色，让人食欲大增。甘甜的米酒倒映着皎洁的月光，令人陶醉……

"一杯呀糯米酒流到你心海，春去秋花开，只等远方的亲人来……"五六个披挂银饰的布依族少女"叮叮"响地走到桌旁，笑盈盈地给客人唱起敬酒歌。台湾的朋友们深为感动，激动地接过美酒一饮而尽。

"瑶王宴"上掌声、笑声、歌声阵阵传来，有人兴奋地对起了歌，有人兴奋地跳起了舞，酣畅淋漓，其乐融融。

高雄市真善美联谊会的许铃华感动地说："这里的人民太热情了！不经历不知道，经历了才有发言权，这里的人民多么善良、朴实呀！"

精彩的晚会开始了。台湾青年与贵州各族青年跳起了当地少数民族特有的竹竿舞等舞蹈，唱起了《我们是一家人》、《龙的传人》等充满民族亲情的歌曲，一次又一次地把晚会的气氛推向高潮……

几天的"多彩贵州行"，让台湾青年尽情地领略了古老的青岩古镇、雄壮的黄果树瀑布、秀丽的荔波风光、充满亲情的民风民俗……让他们留恋忘返。台北大学公共行政学系教授周育仁不住地感叹道："都说贵州'天无三日晴，地无三尺平'，几天下来我发现，这是老皇历了。这边的自然风光和民族风情都让我陶醉。总之，我这次看到的都是意料之外的东西。"

周育仁说，让他印象深刻的是看到少数民族对教育的重视。"我到贵阳一中参观，建筑的宏伟、设施的先进、教育理念的科学前卫，都让人赞叹。"

高雄县燕巢乡深水国小校长目谷·伊斯坦大是台湾少数民族，在黔南民族师范学院参观时，得知大陆对少数民族升学有加分政策，他感慨地说："大陆如此重视民族教育，注重少数民族文化传统的传承，让人感动。大陆的民族教育在进步，这让人敬佩。"

谈到这次贵州之行的印象，目谷·伊斯坦大高兴地说，相信很多台湾朋友像我一样，领略到了贵州大好河山的旖旎风光，体验到了少数民族的风情，感受到了中华民族历史文化的源远流长。

全国青联副主席陈肇雄对此行也感受颇多，他说："两岸青年以独有的热情与活力，共同编织着两岸同胞割舍不断的血脉亲情，希望两岸青年珍惜大好年华，携手同心，拓展合作，为促进两岸关系和平发展不懈努力。"

"我的家在那鲁湾，你的家在那鲁湾，从前我们是一家人，现在还是一家人……"两岸青年朋友在歌声中依依惜别，互道珍重，相约来年再相聚。

（七）

9月20日上午，由中国出版工作者协会和台湾图书出版事业协会共同举办的"纪念海峡两岸出版交流20年系列活动"在台北隆重开幕。这是两岸出版交流20年来规模最大的一次交流活动。此次交流活动以"书香两岸，情系中华"为主题，为期4天的活动内容包括海峡两岸出版交流20年图片展、华文出版联谊会、两岸大学生演讲比赛、两岸作家签名售书等多项活动。

在开幕式上，中国出版工作者协会常务副主席杨德炎致辞时说，本次活动是两岸出版界联合主办的综合性活动，是两岸出版交流史上参与人数最多、参展图书和期刊最多、规模最大的一次。

台湾图书出版事业协会理事长陈恩泉在致辞时说："20年过去了，我们从'破冰之旅'走到今天的'统合之路'，华文出版的整合真正要开始了，两岸出版界应继续努力扩大彼此的交流与合作。"

陈恩泉先生是两岸出版界从"破冰之旅"走到今天的"统合之路"的亲历者。1988年，上海举办首次"海峡两岸图书展览"。当时台湾当局仍奉行与大陆"不接触、不谈判、不妥协"的"三不"政策。为了参展，陈先生拜托在香港开书店的朋友，将门市上和仓库里所有台湾出版的图书，全部运抵上海，他和出版界同仁则绕了个大圈子，以探亲为名取道日本抵达上海，开启了两岸出版交流的大门，这就是当初的"破冰之旅"，为两岸同行大加赞赏。其后20年间两岸出版界的交流与合作，陈先生也积极参与，从未缺席。

历史的悲剧造成了两岸长达数十年的隔绝。曾几何时，鲁迅、巴金、茅盾、老舍、钱钟书等诸多大家的作品在台湾都被列为"禁书"。然而，对于两岸中国人的文化心灵而言，仓颉造字是共有的眷恋，活字印刷是共同的骄傲，两岸一脉相承的文化家园怎么能被一湾海峡或什么人为的因素所割断呢！1990年，台湾书林出版公司出版了钱钟书先生的作品集，钱先生为台湾版特撰的前言中写道："现在，海峡两岸开始文化交流，正式出版彼此的书籍就标识着转变的大趋势。我很欣幸，拙著也得以作为表示这股风向的一根稻草、一片树叶。"

过去20年里，当年在台湾大学附近偷偷贩售"禁书"的摊贩已经被一家家专售简体版书籍的书店所取代，《呐喊》、《子夜》等当年的《洪水猛兽》早已解禁，大陆各年龄层作家的众多作品和各种介绍大陆的书籍已堂而皇之地登上了台湾大小书店的书架。

同样，在这段时间里，台湾作家的作品也愈来愈多地进入大陆读者的阅读视野，从琼瑶、三毛到王文华、蔡智恒，从席慕容、余光中到柏扬、李敖、白先勇等，都在大陆拥有广泛的读者群。现在用"一片绿林"来描写两岸出版业以至文化领域的交流景象，完全可以告慰当年钱先生的"一片树叶"的叹惋。

开幕式上，大陆代表团团长、新闻出版总署署长柳斌杰向台湾大学赠送了涉及历史、传记、哲学、教育、经济等12类的大陆图书883种；向世新大学赠送了涉及文学、地理等8类的大陆图书588种。

参与此次交流活动的大陆代表团共563人，来自四百七十余家出版行业的相关单位，展销大陆图书超过12万种；台湾方面也准备了八万余种图书，二十余万图书把台北市的主展场七千多平方米的面积摆得满满当当。此外，在台中市、台南市、高雄市还设有3个分展场，展区面积都在1000平方米上下。

就在"两岸出版交流20年系列活动"开幕的当天，由两岸出版界联合举办的"第四届海峡两岸图书交易会"在台北世贸三馆拉开了帷幕，7481平方米的展场成了台湾爱书人聚集的地方。

走进展馆，以皇家建筑门楼、天坛和福娃为标志的"主宾城市——北京馆"彰显出浓浓的中国味和奥运气氛，特别引人瞩目。而最热闹的地方当属大陆图书销售区。这里没有华丽的装饰，但有一句广告词非常醒目："在这里购买，比去大陆买还便宜。"原来，所有在这里销售的大陆图书，只需按原人民币价格乘以4即为新台币的售价。很多台北市民一开馆便提着购物篮进入销售区选购书籍，他们往往一口气买上好几本甚至十几本。

早上展馆一开馆陈先生就带着小女儿在一排排书架前搜索。他把《故宫国宝》、《国宝档案》、《世界犹太人历史》、《中国盗墓史》、《汉英双语学习词典》、《新编字典》等书籍一一放入购物篮中。记者随即采访了他，他说："大陆出的史学类的书很有权威性，我对历史感兴趣，在这里可以找到不少好书，收获很大。"而那些工具书则是为自己的小女儿挑选的，他说他会让小女儿适应简体字。台湾中央大学法语系二年级的小黄挑选了一本《法语开口就会说》的工具书，她说："这本书很实用，在台湾看不到，而且这本书的价格比台湾同类书便宜一半。"

张先生离开展馆时，拎着的三个购物袋里装满了俄文工具书。记者采访他时说，台湾很难买到有关俄文的图书，他先前还特地到北京的书店去找，这次在台北办两岸书展，他一早就赶来选购，这里大陆各大出版社的精品图书荟萃，品种多，品质好，价格优惠。他认为，像这样的两岸图书交易会，不仅为两岸图书界搭建了合作交流的平台，也为他们这些读书人打造了一个节日。

参展商台北人类智库出版集团经理丁国川对采访他的记者说，两岸同文，读者的口味相近，爱好相通，对岸流行的书，在台湾往往也能大卖。现场签售《王立群读〈史记〉之项羽》的河南大学教授王立群说："对于方块字，对于中国文化，两岸同胞都有着同样的热爱，由《史记》及有关书籍在两岸都受欢迎就可见一斑。"

在大陆各省区市出版社办的展位上处处热闹，其中最热闹的是福建出版社的展位，而"魅力福建"图片展、《闽南文化丛书》推介会、《书香两岸》杂志首发式等系列活动的举办，屡屡在会展上掀起了"福建潮"。对此，福建省新闻出版社局党组书记陈秋平解释说："福建与台湾，隔海相望，闽台之间有着深厚的'五缘'优势，在两岸图书交流合作中一直走在前列。"她说，大陆改革开放初期，福建就开始了对台出版交流合作。早在1980年，福建首次引进出版了台湾作家於梨华的作品，引起海内外读者广泛关注。此后，福建开始有计划地向大陆读者介绍台湾作家作品，创办了《台港文学选刊》杂志，出版了一批台湾题材和台湾研究的图书，在海峡两岸产生了积极的影响。随之，台湾作家、学者、出版商来福建访问日益增多，并以版权交易、合作出版的方式与福建出版界开展各种合作与交流。

《闽南文化丛书》的推介会更受台湾同胞的欢迎。这套《丛书》共14卷，约200万字，内容包括《闽南区域发展史》、《闽南宗教》、《闽南书院与教育》、《闽南乡土民俗》、《闽南海外移民与华侨》等。该丛书是两岸文化交流、学术合作的有益尝试，是两岸专家学者共同研究闽南文化取得的重要成果。推介会后，这套丛书成了交易会上热卖的亮点之一。

作为"纪念海峡两岸出版交流20周年系列活动"之一的"魅力福建·海西风采"大型图片展，在图书交易会开幕的当天也拉开了帷幕，吸引了大批台北市民前来观看。

图片展精选了一百七十多幅图片，以魅力福建、海西风采、闽台情深三部分全面展示了福建独特的自然魅力和经济文化魅力，以及闽台紧密的交融往业。它不仅是对福建深厚历史积淀的一次汇总，也是对海峡西岸势如长虹之建设成就的一次提炼。它不仅是一次平面的展览，也是一个增进了解的立体视窗，是献给海峡两岸同胞的一份共同礼物。

"这张图片多棒，而且这么大。"一位中年台湾同胞在观看一幅巨幅图片时忍不住赞叹道。这张图片拍摄的是福建南安蔡氏古民居，图片完美地呈现了规模宏大、并完整保留了闽南氏族民居文化的蔡氏古民居。

福建土楼、福建客家庆典"游大龙"、海西建设的风采、闽台情深等图片让大批参观的台北市民留恋忘返。

20日下午，纪念海峡两岸出版交流20周年座谈会在台北圆山饭店举行，国家新闻出版总署署长柳斌杰、台湾当局"新闻局长"史亚平等出席了座谈会。他们在会上的发言，都不约而同地谈到了期盼两岸未来在数码出版方面的发展交流。

柳斌杰在发言时指出，台湾的数码产品起步较早，不但有基础，也有经验，这可以为两岸交流打造新方向。柳斌杰介绍，台湾很多有实力的印刷企业已经在广东、上海等地投资发展出版产业，他表示大陆欢迎台湾更多的出版业者到大陆发展，投资创办出版、印刷、发行企业。柳斌杰也希望大陆业者能够到台湾发展出版产业。

作为本次活动组委会顾问之一、台湾"新闻局长"史亚平在会上也表示，希望两岸的图书出版交流不仅仅限于实体化的书籍，在数码、游戏、漫画等可以创造更多价值的方面也要有进一步的发展。史亚平在接受记者采访时还表示，希望两岸未来在各个方面的交流与合作创造更宽广的空间。

来自两岸和香港的出版界的众多负责人，在座谈会上的发言中，充分肯定两岸出版界在20年的交流中所取得丰硕成果，一致认为，如今，两岸业者的合作早已不再限于单纯的版权贸易，包括共同投资开办书店，经营批发和物流等业务，交流与合作的空间越来越宽广，层级越来越提升。正如台湾图书出版事业协会名誉理事长杨荣川先生所说："20年来，从互访、书展、研讨会到版权和图书贸易，从委托组稿、合作印制到台湾业者赴大陆成立工作室、编辑中心以至开办文化公司，两岸出版交流与合作已呈多元化的形态，优势互补、资源共享、共创商机，真是一片繁荣景象！"

21日晚，柳斌杰在台北与中国国民党主席吴伯雄会面。吴伯雄对柳斌杰及大陆代表团一行来访表示欢迎，并表示希望两岸关系越为越好。柳斌杰说，当前两岸关系的气氛很好，才有了这次在台湾举办两岸出版交流20年的纪念活动，相信两岸出版交流会更上一层楼。

22日晚，柳斌杰与中国国民党荣誉主席连战在台北会面。连战与柳斌杰在交谈中都表示，包括出版在内的两岸文化交流有着重要而深远的意义，在两岸关系发展的新形势下，两岸出版、文化的交流将会更加活跃和热络，都表达了进一步加强合作的愿望。

9月23日晚，"纪念海峡两岸出版交流20年系列活动"落下了帷幕，系列活动所取得的丰硕成果，让与会者兴高采烈。

近年来，世界上学习华文热日益高涨，这是两岸出版人的共同机遇。在活动期间，柳斌杰提出，两岸出版业应联合起来，共同拓宽华文出版走向国际市场的道路，推动中华文化走向世界。在华文出版联谊会上，两岸的业者

都认为，探讨华文出版在全球化发展下应扮演什么样的角色，是非常重要且十分急迫的课题。可以说，20年来，两岸出版界走过相交、相知的昨天，跨入整合融合的今天，现在又携手合作走向国际市场，共创合作双赢的明天。

（八）

9月21日，2008年国家司法考试落下帷幕，818名台湾考生成为首次亲历者。在整个报名考试过程中，台湾考生始终都是媒体关注的焦点。对他们参加司法考虑的热情和期待以及开放司法考试对他们的意义的报道，都没有随着考试的结束而结束。

当2008年4月16日国家司法部宣布，"从今年起，台湾居民也可以报名参加大陆司法考试"后，台湾考生的一举一动便进入了媒体和公众的视线。

台湾考生受关注，首先是因为今年是他们首次获准参加国家司法考试，"第一次"本身就具有极大的新闻价值。媒体很快就捕捉到了台湾同胞对投入司法考试的热情。台湾新党前主席谢启大女士在博客上这样写道："大陆向台湾居民开放司法考试的消息，让许多和我一样来自台湾的法律工作者感到兴奋。"

台胞李天甲在广州考区是第一个到现场报名的考生。他对采访他的记者说："开放报考绝对是一个利好消息，我的很多台湾朋友也准备明年来报名参考。"

就读于中国农业大学的台湾学生小高，听到这个消息后高兴地对他的同学说："虽然大陆司法考试难度极大，但不管怎样终于有了考试资格，一定要考考看！"

司法部相关负责人介绍说，参加今年国家司法考试的总人数有37万人，港澳台三地的考生以台湾最多，有818人。据岛内媒体报道，此次报考的台湾考生绝大部分是从台湾直接过来的，其他考生是在大陆工作或学习的，涉及上海、北京等14个省市和港澳地区。从台湾考生的职业分布来看，学生占70%以上。不过，也不乏"有来头的"，岛内资深律师、法学院教授、大公司企业的律师顾问等也不在少数。

开放司法考试，为什么会受到台湾同胞如此热情的追捧？正在清华大学读研究生的张志荣在接受记者采访时说："因为我非常喜欢与台湾一水之隔的厦门，毕业以后想在厦门工作。不过现在是'证照时代'呀，只要拿下司法考试，工作才好找，我的梦想才更容易实现。"

吴学媛是台湾一家知名会计师事务所的财经法律专家，过去几年里，她

· 1090 ·

一直在关注大陆的司法考试。她对记者分析说："过去在大陆的台生大多以研究中医和法律为主，如果能够通过司法考试，等于让他们有了安身立足的出路与发展的机会。而且，与港澳考生相比，台湾考生能够通过司法考试的比例应该会高些，因为港澳以英美法系为主，大陆和台湾则以大陆法系为主。"

现年52岁的陈祖祥是台中人，目前在台湾一家公司从事法务工作。说起参加此次司法考试的理由，陈祖祥表示："近年来，台湾律师的服务量逐渐紧缩，而大陆的法律市场即取得了很大的发展。特别是随着两岸经贸往来的增多，两岸之间的一些经济贸易纠纷也会随之增加，如果能通过参加司法考试，获得大陆律师资格，不仅能更好地保护台商合法权益，也必然会获得更多的工作机会。"

显然，对于参加大陆司法考试的台胞而言，这决不仅仅是一次考试而已，它还是一种心愿、一条出路、一个机会……

9月20日上午，在厦门金尚中学考点，2008年国家司法考试的第一场考试结束，考生陆续走出考场。忽然，眼尖的台湾记者似乎发现了什么重要目标，迅速冲过去将一位女士围住。原来，他们发现了台湾前"法务部长"廖正豪之女廖尉均。

面对记者的提问，已经从事法律实务10年的廖尉均直呼："神州第一考真是名不虚传"。她说："与台湾律考9门课程相比，大陆14门法学主干课复习起来确实比较吃力。尽管5月就买齐教材开始复习，但考完后还是觉得心里没底。"

9月21日下午，最后一场考试结束。头发花白的台胞许皆清一走出考场，也是呼啦一下被一群记者围上。69岁的老许是厦门此次参加司法考试的考生中年龄最大的一个。

许先生家住台南，是退休公务员，这次是在老伴的陪同下，通过"小三通"到厦门来参加考试的。他说："能参加考试已经很开心了，大陆方面考虑得很周到，虽然考题使用简体汉字，但我们可以选择用繁体字作答。今年考不上，明年再来。"

其实，廖尉均、许皆清并非特例。每一个台湾考生几乎都是两岸记者特别锁定的"目标"。对此，在北京参考的台胞小吴开玩笑说："真没想到自己有这么多的'粉丝'，还有点当明星的感觉呢！"

考试虽然落下了帷幕，但有关"台胞首次参加大陆司法考试"的讨论还在继续。

有台湾媒体对此发表评论预测，大陆准许非法律系毕业的学生报考，除了专门研读法律的台湾学生有资格报考，还包括已经获得台湾律师资格的社会人士，以及现在和未来有兴趣从事两岸相关工作的人。因此不难预料，明年报考的人数还会增加。更多的台湾人有兴趣、有机会了解大陆的司法，对促进两岸交流而言无疑是件好事。

谢启大进一步指出，台湾律师能够到大陆执业，是两岸人才流通领域拓展的又一喜讯。随着两岸司法界交流与合作的不断加深，彼此都会扬长避短，两岸都将受益。

（九）

9月21日出版的台湾《联合报》，发表了原海基会副董事长兼秘书长陈长文撰写的题为《两岸融冰，微细的一线香……》的文章。编者加了这样的按语："今天这块版不登新闻，改登一封来自大陆、写给陈长文律师的信。写信的小梅不是达官显要，她为了将老死台南白河的荣民叔公的骨灰接回大陆，与陈律师以及许多善良的台湾人书信往返，织成一段段感人的故事。最终，小梅决定不领骨灰了。因为，好心的台湾人让她感动，她知道叔公一定能够安息在台湾这块美好的土地上。"

文章说，约莫月余之前，我服务的律师事务所接到一个讯息，有一位在1949年随国民政府来台湾的老荣民（退伍军人）往生（去世）了。他在大陆的家人想要将他的骨灰接回去安葬，以慰失散数十载的亲情。无奈中间有许多规定与手续，使他们无法如愿。其中有一项就是必须由中华民国国民具名才能领出骨灰。

文章说，代表老荣民的大陆家人写信给我的是老荣民的侄孙女小梅。还记得小梅说：听说台湾规定，只要继承遗产就必须领回骨灰。我们不要遗产只要骨灰可不可以？我听闻这件事后，觉得很感动也很难过，这么一个单纯发乎于亲情的微小心愿，为什么要实现就这么困难。于是我告诉小梅，我非常愿意义务代为具名领出老荣民的骨灰。小梅和她的家人都非常高兴。

文章说，一切事情看起来都在顺利进行。然而，就在最后的关头，我接到了小梅的信，她说，家人决定不接回叔公的骨灰了。因为，经过一段争取的过程，他们突然发现，台湾这边把叔公的骨灰安置在非常清幽的公墓，照顾得十分妥善。他们也发现，叔公虽然并不是自愿来到台湾的，但大半辈子为台湾奉献，叔公心中早把台湾当作另一个家。

文章说，我读着信、不禁潸然泪下。这封信娓娓述说了老荣民的一生，有着亲人分离的无奈，有着历史乖违的悲欢，有着两岸分隔数十载所造成的不理解，也有着两岸融冰时更进一步了解彼此后的释然。

看着这封信，我愈发觉得，这些年来许多人常常自陷于一些文字游戏建构的意识牢笼里走不出去。于是，许多人特别是政治人物，根本空不出眼睛、抽不出脑筋，去看、去想那些真正有意义的事情。而这封信，一个平淡的却又有悲有喜的人物故事，背后想要传达的意义其实再单纯不过：两岸关系，奠基在处处可见的善意里。这些看来微小的、点滴、发自人心的纯朴善意，要千倍、万倍地重于那些千篇一律、故作慷慨状的政治语言。这才是有意义的事，只可惜，被意识形态框住的眼睛看不到这些。

陈长文先生在征得小梅的同意后，在《联合报》发表陈先生文章的同时，也原文刊载了小梅写给陈先生的信。

小梅在信中首先回顾了叔公当年是被抓壮丁抓走的，一走就是50年。信中说："亲情遭受如此折磨，反而历练出持久的坚韧。寻找对岸的亲人成为两岸亲人永恒的使命。当两岸关系回暖时，父亲最大的心愿就是找到叔公。经过多方求助，我们终于盼到了叔公的归来。"

接着小梅在信中写了叔公第一次归来的情形："我还记得叔公第一次回来时的兴奋，还记得他当时带回来一整箱罐头。因在台湾，他知道的就是大陆的亲人生活很苦。为了能多带点东西回来，结果叔公因为行李超重还被航空公司罚了款。"

接着，小梅写道："当时年幼，对叔公的行为我当成笑话看。可是过了这么多年，再想起叔公当时可爱的样子，我不禁心酸落泪。"

"这就是亲人啊，无论时隔多久，始终牵挂的还是对方的温暖啊。"

"可是，我们牵挂的是叔公孤苦伶仃，独老终身。作为他的后辈，不能临终尽孝是我最大的遗憾。"

"两岸音讯隔绝，我们没办法得知叔公的详细情况。我们原以为叔公身后更是凄惨无比，无人问津。因此，无论怎样我们都要让他回归大陆。生前不能享福，那么身后享受后人的香火也是一种慰籍。"

"后来我运用现代的网络平台，想尽办法搜索了很多关于叔公这类台湾老兵的资料。每每有所发现，我都下载给父亲看，然后他再打电话告知乡下的叔婆。"

"我们发现，其实叔公并没有我们想像的那么惨。每年各类社会团体也会组织祭奠，让逝者也能得到后人的缅怀。我在网上搜索，得知有一个荣民眷属基金会组织祭奠白河已故单身荣誉国民的活动，然后在网上留言问到了白河荣誉国民之家的联络方式。我打电话去问，他们的态度很好，还告诉我叔公的骨灰安好，但要领取必须由台湾人办理。我们只好向台湾的各律师事务所寻求帮助。最后，我们找到您。"

接着，小梅写了他们不打算领取叔公骨灰的原因："在寻求帮助的过程中，我们得到了五华同乡会的李锦怀干事的热情帮助。在互通邮件的过程中，我们还聊起了一些乡间往事。来来往往的邮件中，充满了亲切和善意。"

"在北京奥运会开幕式的前一刻，8月8日晚上7时50分，我收到了李锦怀干事的邮件。原来，他以同乡会的名义，请求白河荣誉国民之家将叔公的灵位及荣灵塔的周边环境拍成照片，他再将照片传给我。"

"看到叔公的名字，看到我们日思夜想的灵位，我父亲哭了，我的眼睛也湿润了。真的太感谢你们了。感谢所有好心的台湾人。我们怎么也没想到，荣灵塔竟然这么幽静美丽，叔公的安葬环境远超出我们的想像。我把照片打印出来，交给父亲带回乡下给叔婆看。"

"叔婆已经90岁了，经历了太多的岁月，反而什么都看开了。她很感动。既然叔公大半辈子都为台湾奉献，身后安葬在台湾也顺理成章。台湾没有亏待他，叔公的灵位安放得这样好，我们这些大陆的亲人放心了，也就没必要再费周折迎他回乡。说不定，他回到大陆了，却又在牵挂台湾。"

小梅在信的后面写道："真的，陈律师，也许您还没做什么，但您的态度及给我们的支持，让我们家族的历史情伤得到抚慰，对台湾的顾虑得到释怀，几十年的心结也解开了。"

"我不知道该用什么话来表达我的感激。现在，父亲不再唠叨叔公的遗愿，而是天天在看地图，计划着台湾之行。我们准备10月份去台湾旅游，看看叔公生活过的地方，看看美丽的台湾，一起体会与叔公在同一片土地上的感觉。那时，我们就真正完成了叔公的心愿。因为他在病重期间，在给我们的来信中，表示希望我们到台湾看看。"

"我还想，等台湾开放自由行了，我会再次到台湾，一定要去白河荣誉国民之家看看，要给叔公上炷香。因为有亲人在台湾，也因为有您这样的好心人，我觉得台湾是值得我们去的地方。谢谢。"

读了这封信和陈长文先生的文章，让人们再一次体会和认识到，什么是血浓于水的同胞感情。

（十）

2008年9月25日，是廖承志同志诞辰100周年，这一天大陆隆重举行座谈会，深切缅怀他为中国人民的革命、建设、改革事业和祖国统一大业建立的不可磨灭的历史功绩。中共中央政治局委员、全国人大常委会副委员长王兆国在座谈会上作主旨讲话，高度评价了廖承志同志光辉的一生。

王兆国在讲话中说，廖承志同志是中国共产党的优秀党员、无产阶级革命家、杰出的社会活动家、党和国家的优秀领导人。他是广东省惠阳县人，1908年9月25日出生于日本东京，青少年时，就在孙中山、宋庆龄和父母廖仲恺、何香凝的教育熏陶下，积极投身反对帝国主义和封建主义的民族民主革命。他1925年加入中国国民党，1927年"四·一二"反革命政变后，1928年在上海毅然加入中国共产党，走上了为无产阶级革命事业而奋斗的光辉道路。

王兆国在讲话中特别指出，廖承志同志为祖国的统一事业，作出了重大贡献。他长期负责对台工作，十一届三中全会后，邓小平同志就台湾问题提出"一国两制、和平统一"的构想。1979年，全国人大常委会发表《告台湾同胞书》，1982年7月，廖承志同志发表致蒋经国先生信，以振兴中华相勉，以忠孝两全相劝，殷切期望台湾当局摒弃前嫌，依时顺势，负起历史责任，毅然和谈，达成国家统一。这封信在国内外产生了深远的影响。

中台办、国台办主任王毅在座谈会上发言，对廖承志同志在对台工作上所做出的卓越贡献作了更为具体的回顾。他说，上个世纪70年代末80年代初，廖承志同志作为中央对台工作的主要负责人之一，领导我们开展各项对台工作。廖承志同志直接参与了1979年元旦发表的全国人大常委会《告台湾同胞书》的研究起草工作。1979年12月，中央决定成立由邓颖超同志任组长的中央对台工作领导小组，由廖承志同志任第一副组长，主持日常工作。此后，在小平同志和邓颖超同志的直接领导下，廖承志同志参与了中央一系列对台方针政策的研究制定，并亲自组织推动有关措施的贯彻落实，付出了大量心血，做了大量卓有成效的工作，为丰富小平同志提出的"一国两制"伟大构想、开创新时期对台工作新局面作出了重要贡献。

王毅说，1981年9月30日，叶剑英同志发表重要谈话，阐述了解决台湾问题、实现和平统一的九条方针政策。廖承志同志直接参与了有关政策的研究制定。1982年，根据中央部署，廖承志同志主持起草并发表了《廖承志致蒋经国先生信》。在信中，他从国家、民族、个人的角度，晓之以理，动之以情，既阐明"纵观全局，合则国家有利，分则必伤民族元气"，深情地呼吁"度尽劫波兄弟在，相逢一笑泯恩仇"。当时，《星岛日报》、《华侨日报》等能够在台湾发行的香港报纸，全文刊发了这封信，在台湾岛内引起轰动。这封信，义正情殷，言词感人，产生了重要影响，受到海内外舆论高度评价，成为脍炙人口的经典篇章。

现将这封信的全文抄录如下：

经国吾弟：

咫尺之隔，竟成海天之遥。南京匆匆一晤，瞬逾三十六载。幼时同袍，苏京把晤，往事历历在目。惟长年未通音问，此诚憾事。近闻政躬违和，深为悬念。人过七旬，多有病痛，至盼善自珍摄。

三年以来，我党一再倡议贵我两党举行谈判，同捐前嫌，共竟祖国统一大业。惟弟一再声言"不接触，不谈判，不妥协"，余期期以为不可。世交深情，于公于私，理当进言，敬希诠察。

祖国和平统一，乃千秋功业。台湾终必回归祖国，早日解决对各方有利。台湾同胞可安居乐业，两岸各族人民可解骨肉分离之痛，在台诸前辈及大陆去台人员亦可各得其所，且有利于亚太地区局势稳定和世界和平。吾弟尝以"计利当计天下利，求名应求万世名"自勉，倘能于吾弟手中成此事业，必为举国尊敬，世人推崇，功在国家，名留青史。所谓"罪人"之说，实相悖谬。局促东隅，终非之计。明若吾弟，自当了然。如迁延不决，或委之异日，不仅徒生困扰，吾弟亦将难辞其咎。再者，和平统一纯属内政。外人巧言令色，意在图我台湾，此世人所共知者。当断不断，必受其乱。愿弟慎思。

孙先生首创之中国国民党，历尽艰辛，无数先烈前仆后继，终于推翻帝制，建立民国。光辉业绩，已成定论。国共两度合作，均对国家民族作出巨大贡献。首次合作，孙先生领导，吾辈虽幼，亦知一二。再次合作，老先生主其事，吾辈身在其中，应知梗概。事虽经纬万端，但纵观全局，合则对国家有利，分则必伤民族元气。今日吾弟在台主政，三次合作，大责难谢。双方领导，同窗挚友，彼此相知，谈之更易。所谓"投降"、"屈事"、"吃亏"、"上当"之说，实难苟同。评价历史，展望未来，应天下为公，以国家民族利益为最高准则，何发党私之论！至于"以三民主义统一中国"云云，识者皆以为太不现实，未免自欺欺人。三民主义之真谛，吾辈深知，毋庸争辩。所谓台湾"经济繁荣，社会民主，民生乐利"等等，在台诸公，心中有数，亦毋庸赘言。试为贵党计，如能依时顺势，负起历史责任，毅然和谈，达成国家统一，则两党长期共存，互相监督，共图振兴中华之大业。否则，偏安之局，焉能自保。有识之士，虑已及此。事关国民党兴亡继绝，望弟再思。

近读大作，有"切望父灵能回到家园与先人同在"之语，不胜感慨系之。今老先生仍厝于慈湖，统一之后，即当迁安故土，或奉化，或南京，或庐山，以了吾弟孝心。吾弟近曾有言："要把孝顺的心，扩大为民族感情，去敬爱民族，奉献于国家。"旨哉斯言，盍不实践于统一大业！就国家民族而论，蒋氏两代对历史有所交代；就吾弟个人而言，可谓忠孝两全。否则，吾弟身后事何以自了。尚望三思。

吾弟一生坎坷，决非命运安排，一切操之在己。千秋功罪，系于一念之间。当今国际风云变幻莫测，台湾上下众议纷纭。岁月不居，来日苦短，夜长梦多，时不我与。盼弟善为抉择，未雨绸缪。"廖廓海天，不归何待？"

人到高年，愈加怀旧，如弟方便，余当束装就道，前往台北探望，并面聆诸长辈教益。"度尽劫波兄弟在，相逢一笑泯恩仇"。遥望南天，不禁神驰，书不尽言，诸希珍重，伫候复音。

老夫人前代为问安。方良、纬国及诸姪不一。

       顺祝

近祺！

廖承志

一九八二年七月二十四日

这封情真意切、文情并茂的信件一发表，不知感动了天下多少华夏儿女！诚如王毅所说，这封信已经"成为脍炙人口的经典篇章"。

王毅在座谈会上说，廖承志同志历来把台湾同胞当作自己的骨肉兄弟，与台湾各界人士广交朋友，满腔热情地关怀台胞台属。在他的直接领导下，中央多次下发关于落实居住在大陆的台胞政策、落实去台人员在大陆亲属政策的文件。廖承志同志亲自推动落实台胞台属政策，推动成立中华全国台湾同胞联谊会，鼓励台胞台属发挥积极作用，与岛内乡亲加强联系，欢迎和鼓励他们来大陆参观访问。廖承志同志一生与众多台湾同胞结下了深厚友谊。

确实，我们从大陆现行的各项对台工作方针政策中，从两岸关系现在所呈现的和平发展的大好形势中，都可以看到廖公为此所付出的大量心血和所做出的种种努力。

（十一）

9月21日至25日，千余名台商汇聚江西，参加2008"赣台会"。这一连续举办6年的品牌活动今年又有新的提升，随着江西省对5个台资企业转移承接基地和5个台商创业的授牌，赣台经贸吹响了新的"集结号"。

在"赣台会"期间，传颂着许多近乎传奇的"台商故事"。

麻绿笋是一种江西特产，通常生长在沙滩、荒地上，不太起眼。但是，这种不起眼的东西，却被台商当作宝贝，他们就在沙滩、荒地上建起了万亩种植基地。台湾老板说，这东西一身是宝，不仅可以鲜食，做笋干、罐头，还可做竹竿，叶子当粽叶。种多了，还保护生态。前不久，他们向北京奥运会的餐饮商家提供了4万盒麻绿笋，一时卖到供不应求。

身有残疾的台商江文龙，几年前来到新余市种丹桂。他扎根山区，艰苦创业，创业初期没有房子，就在山上搭茅棚住。目前已种植丹桂5000亩、60万株。江文龙把山里的荒地做成了产业，公司的资产由当初的2000万元增值到现在的6个亿，而且带动当地农业增收近亿元。

庐山、井岗山也有台商辛勤耕耘的身影。庐山从岛内引进的1.5万株柿苗，已在"台湾农民试验园"栽种，正等待收获。井岗山引资500万美元种植台湾乌龙茶，面积达到3000亩，也是一片丰收的景象。

台商入赣也改变着当地农民传统的耕作方式。在上饶县，过去茶农只采一季春茶，习惯于只制作绿茶。台商进来后，改制乌龙茶，价钱卖得更好。公司还开发人参乌龙茶、客家团圆茶、普洱茶等系列茶品。精深加工、一物多用，让上饶县的茶农大开眼界，钱包也鼓了起来。

在工业领域，也是佳话连连。北京奥运会圣火在珠峰传递时，高山电视转播所需电能从何而来？它的提供者就是在江西的台湾升阳光电公司生产的太阳能电池设备，该公司已投巨资在新余市建厂。

从沿海迁到九江的台商黄旭锋，其瀚森科技公司今年5月厂房才建成，6月就开始赚钱了，现在10月份的订单早已接到手。台湾光宝集团去年底在赣州签订项目合同，现已顺利投产并新安装了16条生产线，被业界赞为"神速"。

台商为什么喜欢到江西投资，而且不断地传出佳话？到会采访的各路媒体记者在采访台商时，他们最喜欢说的话就是江西"山好，水好，人更好"。台湾神基科技公司董事长蔡丰赐说："我们之所以选定江西，很大一部分原因是被江西人的热情和真诚所打动。"几度增资扩建在赣项目的台湾远东集团董事长徐旭东，把自己当成半个江西人。他深情地说："远东集团的发展离不开江西人民给予的关心和支持，把生意放在江西，我很放心。"

也有台商在商言商，坦承自己入赣是被这里丰富的矿产所吸引。台商联志电子公司董事长郑香奕感慨地说："5年没来过江西的人，现在再来只有感叹和惊讶，惊讶这里发展这么快，后悔自己没有早来。"这番话里有一段曲折的故事。5年前，联志作为行业的先锋，与台湾东元电机董事长黄茂雄一起到南昌高新区考察，结果东元电机决定立即投资，而联志却迟疑了。先行的东元实现了跳跃式发展，联志顿悟过来后，两年前又迅速"杀"回南昌，投入大笔资金建厂发展。"商人是为利益奔波的，江西可以提供给我们产生利益的条件和各种要素，我们为什么不过来呢？"郑香奕的话，道出了大多数在赣台商的实情。

越来越多的台商青睐赣鄱这片投资热土，纷纷增资扩股，加快抢滩步伐。台湾华硕电子集团在吉安投资30亿元，将建成全国最大的电脑及其周边产品生产基地。东元电机、亚东水泥、泰丰轮胎、宝成鞋业、统一食品等纷纷在江西增资扩产。

与过去比，落户江西的台资项目规模趋大，平均投资规模已上升到600万美元，去年批准1000万美元以上的项目就有81个。结构趋优，一大批高科技企业，加上好又多超市、钱柜歌城等服务品牌先后入赣，极大地改善了当地的投资结构。台商喜欢"扎堆"经营，南昌的微电子产业集群、宜春的食品产业集群、赣州与抚州的鞋业集群、景德镇的陶瓷产业集群等都具有相当的规模。台湾亚东水泥落户瑞昌，带动8家中下游配套协作台商接踵而至；台湾东元电机在南昌设厂，引来十多家台企紧随聚集……这样就形成了上述多处产业集群。

最新动向是，台湾光电企业纷纷入赣，世界前三强太阳能电池制造商台湾升阳公司，今年在江西新余建设占地500多亩的大厂，总投资100亿元，目标是成为该行业全球第一。

新一波台资热动因何在？

这些年，东部沿海地区劳动力及土地成本提高，大批台商开始"西移"，进行新一轮的战略迁移和扩张。与此同时，还有一个重要机遇正在走来，那就是岛内核心产业出岛扩张发展。为做好产业对接，江西信心满满。该省本身的工业、资源很有竞争优势，土地、水、电、人力、运输等要素费用比沿海低。目前全省有94个工业园区和22个特色产业基地，基础设施、配套能力、承接能力都齐备。此次"赣台会"上，又为5个台资企业转移承接基地和5个台商创业园举行了授牌仪式。

对此，江西省长吴新雄在接受记者采访时作了分析。他说，台资梯度转移有其原动力，大陆有市场和资源优势，而台企的专业技术、市场开发、行销能力强，这就形成了"差异推动，互利吸引"的机制。建设承接基地是为了便于台商的集聚，更有效地提供综合配套服务。招商引资，星罗棋布是一种形式，而集中服务则是一种提升。所以，省里下大工夫实施重大项目招商。

在"赣台会"期间，与会的台商都不约而同地赞扬道，江西提供的政策扶持和安商服务，都相当到位。这正道出了，江西省为什么会出现一波又一波的台资企业投资热潮的原因。

七、从两岸侨联的不懈努力，到两岸首届合唱节的举办，再到第六届全国农运会的欢乐登场……桩桩件件的事实都彰显出两岸同胞一心开创两岸和平发展新局面的信心和决心

（一）

10月14日，"2008两岸侨联和平发展论坛"在澳门举行，来自海外二十多个国家及大陆、港澳台地区的三百多位嘉宾欢聚一堂，共叙乡情乡谊，共谋侨社福祉，围绕着本届论坛"携手推进两岸和平发展的美好明天"的主题，共商推动两岸和平发展的大计。

论坛由中国侨联和台湾侨联总会主办，澳门归侨总会承办。澳门特区行政长官何厚铧在论坛开幕式上致辞时说，中华民族具有源远流长的历史，虽然分布在世界各地，生活经历各有不同，然而对于和平与发展，彼此有共同目标，祖国最终实现和平统一更成为广大海外华侨的共同心愿。一直以来，在中国统一事业中，华侨坚定的信念和不懈的贡献，都是无可替代的。

中国侨联主席林军在发表演讲时，首先回顾了两岸侨联为推动两岸关系和平发展所作的不懈努力。接着他指出，祖国大陆改革开放的不断深入，为两岸关系和平发展，为海外侨胞事业发达提供了难得的历史机遇。为携手共同出力造福海内外侨界，共同推动两岸关系和平发展，他提出四点建议：第一，围绕两岸关系和平发展的主题，竭尽全力营造和平发展的有利环境。中国侨联和台湾侨联总会立足自身的特点和优势，更加广泛地联系两岸同胞，融洽两岸同胞情感，凝聚两岸关系和平发展的健康力量，不支持、不参与有损于两岸和平发展环境向前发展、有可能造成两岸和平稳定局面倒退的任何举动。第二，围绕建设中华民族共有精神家园，尽心尽力弘扬中华文化。两会应大力推动两岸民间文化交流活动，支持和服务海内外华文教育，不断满足海外侨胞传承中华文化的需要，使其同受哺育、同享恩泽。引导两会的青年组织积极举办形式多样的活动，为加强海峡两岸年轻一代以及海外华侨华人新生代的融合、交流创造更多机会。第三，围绕凝聚促进和平发展力量，不遗余力促进社团和谐。应坚持增强包容性，最广泛地团结海外侨胞，不分地域、新侨老侨，只要拥护两岸关系和平发展，就一视同仁，加强联系；鼓

励、引导和支持海外侨胞摒弃纷争，求同存异，以共同民族感情、共同民族利益推进侨界社团的和谐与团结。第四，围绕两会交流合作，群策群力建立健全长远发展机制。双方应本着相互尊重，平等相等，彼此关照，深化友谊与互信的精神，继续扩大合作，搭建为侨服务的合作平台，发挥两会在联系海外侨团、侨商、侨校、侨报等方面的优势，共同寻求合作的新途径和方式。

林军说，建立在乡谊亲情、同胞同侨、民族大义基础之上的两岸侨联关系，一定会愈来走愈近，愈来愈紧密，必将成为推动海外侨界社团和谐和推动两岸和平发展的重要力量。

台湾侨联总会理事长简汉生在论坛上呼吁两岸侨界为弘扬中华文化共同努力。他说，所谓"求同存异"，对中华儿女而言，最大的"同"就是源远流长、博大精深的中华文化，其坚韧性与连续性为世人瞩目，两岸侨联所联系的海内外侨界应共同携手做好华文教育工作。

论坛举办期间，无论大会小会，发言者总觉得时间太短。大家虽然来自不同的地区，但因为同为华侨，有相似的经历，所以相处起来十分热闹，普通话、粤语、闽南话、客家话交错使用，总之是有说不完的话，气氛融洽，话题投缘，议题专精。此情此景，正应了台湾一位侨界贤达所说的话："我们的血脉、思想都是连在一起的。"

两岸议题趋热，侨界自然闻风而动。简汉生理事长透露，此次组织海外侨社代表来开会，报名十分踊跃，限于名额，还有几十位未能成行。他说："大家心气为什么这样高？过去8年，由于台湾局势变化，我们这个团体反'台独'的立场遭到多方杯葛，会务处于低迷状况。现在形势有所转变，大家对两岸关系和平发展有了新的期待，所以大家的心气十分高涨。但是，不应以维持现状为满足，不能只是等待，我们要做向前发展的推手。过去8年，岛内主政者每天处心积虑地把台湾往'独'的方向推，我们现在每天又往和平的道路上拉，他们已经推了8年，所以我们的任务艰巨，大家要加油啊！"

台湾侨联总会常务理事、泰国中华会馆副理事长陈鸿彰先生讲得很动情。他说，回顾1949年以来数十年间，两岸侨团经历了从"势不两立"到"老死不相往来"的阶段，近年来海外侨社产生了一种自动自发的觉醒，希望破除过去的成见，希望两岸和解，往新的趋势发展。促成今天两岸侨联走到一起的原因，一是大陆的改革开放取得了令人瞩目的成就；二是过去8年民进党当局走分裂道路，反而促成侨胞的觉醒。在当前形势下，大家都觉得应该贡献力量，投身中华民族的伟大复兴，这是我们的共同理想，也是自动自发的行动，不需要任何政治力量在后面推动。

　　两岸同侨正是抱着高度的期待相聚澳门，为两岸和平发展贡献心力与智慧。共创双赢是讨论得最为热烈的话题。为论坛所提交的论文内容广泛而深入，包括台湾经济新的机会与挑战、两岸经贸交流的形势与展望、怎样发挥澳门的独特优势促进两岸关系深入发展，等等。有些还不乏侨胞特色的思考，如加拿大的牛震先生在《试论金门的发展与定位》中提出，金门的发展目标应以文化性优于经济性，他建议金门作为台湾本岛以外的"特区"，利用侨外资金来开发，将金门发展定位为"侨乡文化城"。

　　论坛期间，随时可感受到两岸侨界心意的交汇和融通。林军提出的四点建议、获得与会代表的一致认同。在与会侨胞的交谈中，经常听到他们的肺腑之言。台湾侨联总会名誉理事、玻利维亚华侨联谊会理事长杨启周先生说："两岸关系历经风雨，现在是往前推进的多好时机啊！作为海外侨胞，我们不偏不倚，两手牵两岸。我个人的能量有限，但很乐意为两岸和平发展奔走，这些年我在海内海外来回穿梭，做生意赚点钱，贴到社团的事务上了。对两岸同侨来说，中华民族的利益是最大的相同，其他歧见啊纷争啊，比起来又算得了什么！"

　　论坛结束后，海外侨领即赴珠江三角洲上的中山市、肇庆市、广州市、东莞市、深圳市等地参观访问，亲眼观察祖国大陆改革开放以来所发生的巨大变化，亲身体验祖国大陆所展现的勃勃生机。

（二）

　　10月17日至20日，来自海峡两岸的22个顶级合唱团欢聚福州，参加由中国音乐家协会、福建省委宣传部、福州市委和市政府共同主办的"放歌海西"——中国福州海峡两岸首届合唱节。

　　合唱节设金茉莉奖、银茉莉奖、铜茉莉奖。十月榕城，秋高气爽，茉莉芬芳，花香四溢。海峡两岸歌唱爱好者用歌声唱响了两岸和平发展的最强音。

　　参加合唱节的22个团队中，来自宝岛台湾的4个合唱团——台北艺术家合唱团、基隆雨韵合唱团、花莲县合唱团、金门县合唱团格外引人注目。无论是演出服饰，还是演唱风格，都让观众眼前一亮。

　　台北艺术家合唱团在演唱中融入歌剧咏叹调的元素，用分角色叙述故事的方式演唱歌曲，同时还伴有口技、人物模仿，不时有演员从怀里变戏法似地掏彩绸、扇子舞动开来，表演惟妙惟肖，赢得阵阵喝彩，有时还令人捧腹。他们随兴、自然的演唱风格让观众不禁赞叹："原来合唱还可以这样唱！"

闻名世界的台北艺术家合唱团是福州的常客，该团从1983年参加第一届北京合唱节开始，20多年来频繁往来于两岸。该团艺术总监郭孟雍在接受记者采访时说："大陆的很多城市我们都去演唱过，福州来过四五次。我认为，两岸交流就是要不停地往来，大家越来越近，越走越亲。我们很高兴福州能举办这么大规模的合唱比赛，这个城市的变化发展令人欣喜。"

花莲县合唱团的团员扎着头巾，身着高山族传统服饰，赤着脚在舞台上亮相。演唱时，演员们不时变换着吹号角、双手向天伸展等动作，脚丫整齐地跺着地板，原生态之风扑面而来。一首无伴奏清唱的曲目《山海欢唱》，让大陆观众尽情地领略了台湾少数民族的独特风情。

该团指挥简正雄向记者介绍说，花莲合唱团是一支以男、女声搭配的4部混声业余合唱团，以推广花莲当地音乐人的创作曲目为趋向，尝试以不同的语言、文化和民族风情，融合舞蹈、乐器、人声来演绎合唱曲目的内涵。合唱团的团员来自各行各业，最年长的团员已年逾古稀。他们每周日的7点半到10点都集中在一起排练，每年在当地举办一场汇报演出，如此坚持了36年。简正雄说："这次来参赛的22支合唱团实力都很强，我们很荣幸能够来大陆观摩学习并登台演唱，感谢合唱节为两岸音乐爱好者提供了一个艺术交流的平台。这种机会很难得，所以我们提前一天就来到福州排练。"

基隆雨韵合唱团，则为大陆观众带来了原汁原味的客家山歌《十想挑柴歌》。金门合唱团用闽南方言演绎了民歌《丢丢仔》。一首首动听的歌曲，让观众倍感亲切，深切体会到两岸同文同种的亲情。

金门合唱团曾在厦门2006年第四届世界合唱大赛中荣获混声室内合唱组银牌奖，这也是一支常来大陆进行艺术交流的团队。该团总干事李素治特别喜欢厦门这座城市。她说："因为厦门的一草一木，一沙一石和金门都是一样的。金门厦门近在咫尺，我们站在厦门就可以看到金门哪块地方在下雨呢。过去'两门'之间有过争端，如今我们要让歌声代替炮声，唱响两岸的和平。"

20日上午，来自台湾的4支合唱队伍走进福州金牛山公园，参加海峡两岸合唱团"心连心"活动，与福州人民同唱一首歌，共叙两岸情。两岸合唱队伍充满激情的演唱激起现场阵阵热烈掌声，现场观众无不为之感动。中国音协的一位负责人不无感慨地说，希望今后这项活动能在台湾举行，更好地促进两岸文化的和谐交流。

在展演、比赛的间隙，台北艺术家合唱团还来到福州于山九日台音乐厅，为福州市数百名激情广场合唱团的骨干上了一堂公开排练课。全体演员全身心地投入，不厌其烦地跟随着指挥，从音准、语言、情感表达、肢体动作等各个方面展示合唱技巧，分享音乐魅力。

对此，中国音协合唱联盟副主席、国家一级指挥高伟感慨地说："大凡著名的合唱团，他们的排练都是不公开的。这次我们要感谢台北艺术家合唱团，他们为我们做了一次无私的奉献，这些都源于海峡两岸的骨肉亲情。"

台北艺术家合唱团总督郭孟雍在接受记者采访时说："我们在歌声当中，感觉到了彼此之间的一种感动，体会到了彼此之间的一种互动，由感动产生更多的互动，这就是我们参加合唱节的一个重要收获。"

合唱节赛场内外，多支来自海峡两岸的优秀合唱团队同样演绎着精彩。他们不约而同地向采访的记者们表示，海峡两岸合唱节可以成为两岸人民增进交流的又一文化品牌，我们应该共同为打造这一品牌付出更多的努力。为此，他们刻苦地训练，满怀激情地演唱，以辛勤的汗水浇灌着这一文化品牌茁壮成长。

金秋十月是丰收的季节，生活在有福之州的福州人民在享受合唱节上的激情演唱的同时，又享受了一场视觉盛宴。10月17日至23日，第三海峡摄影艺术节在福州举行。来自两岸四地以及美国、日本、新加坡、马来西亚、印尼、菲律宾、泰国等国的近千名摄影家欢聚一堂，举办展览、开设论坛、切磋技艺、展开系列摄影采风活动……艺术节期间的一台台好戏让人目不暇接，其中，18日至22日在福州国际会展中心推出的近百个摄影展览最为吸引人。

展馆里，台湾摄影家翁庭华、黄季嬴、王古山、许捷芳、林再生、黄嘉胜、张庆祥等的作品前人气火旺。"台湾摄影家们的摄影水平很高，他们对待艺术不浮躁，不急功近利，从他们的作品中，不仅可以读出美，还能读出他们的虔诚之心，他们身上有很多东西值得大陆摄影者学习。"在某摄影论坛担任主持的张丹先生对台湾摄影家的作品颇为赞赏。

很多参观者被摄影家林再生镜头下的台湾风景深深吸收。"这位摄影家真了不起，他拍的阿里山、淡水湾、野柳公园太美了，参观了这样的摄影展，就忍不住想到实地去看一看，找个合适的时间我一定要带老伴绕着台湾岛好好地玩一趟。"年过花甲的刘老先生向现场采访的记者津津乐道地说着他的旅行计划。从福建连江赶来参观的老李则对摄影家王古山所拍摄的台湾民俗情有独钟。他说："'王船祭典'的场景看起来很熟悉，很亲切。原来台湾的很多民情风俗和我们这里是一样的，两岸一家亲，这些照片很能说明问题。"

台湾"中国摄影学会"前理事长周志刚先生上世纪90年代初即踏上大陆的土地。他说，近20年来，他亲眼见证了大陆日新月异的发展变化，也感受到了大陆摄影水平的幅提高，这次摄影艺术节给了台湾参展者向大陆同行学习交流的机会。

在此次摄影艺术节摄影展上，世界华人摄影学会副会长、台湾摄影学会名誉理事长翁庭华的《逝去的脚印》摄影个展给人以极强的视觉冲击力。十几幅拍于上世纪60年代初的黑白照片，叙述着台湾矿业的发展脚印，凸显出自然而又朴素的韵味。

翁庭华祖籍福建安溪，出生于台湾基隆。24岁那年，他与朋友合买了一部中古相机，从此以摄影为业。经过长期坚持不懈的努力创造了不凡的业绩。他从1988年第一次到上海参加摄影展开始，20年来带着相机频繁往来于两岸，其中福建是他最常来的地方。他说，福建有着丰富的旅游资源和摄影资源，风光如画的武夷山、风格独特的土楼、淳朴秀丽的惠安女等都深深地吸引着各地摄影家们的目光，给了大家丰富多彩的摄影题材。他希望能到他的祖籍地安溪拍摄一组作品，在那儿留下自己的脚印，他相信这样的脚印不会逝去，因为那里面蕴含着血浓于水的亲情。

（三）

说到台胞祖籍地的福建安溪县真还出了不少名人，其中最著名的当属被业界誉为"台湾经营之神"的王永庆老先生。不幸的是这位奇人在10月11日赴美视察业务时，于10月15日凌晨在睡眠中安详辞世，享年92岁。噩耗传来，两岸同悲。不同阶层、不同政治立场的人们用最美的赞誉来向这位白手起家、凭借惊人的毅力书写了一段传奇人生、缔造了一个产业王国、诠释了一种不朽精神的老人作最后的告别。

告别时的赞誉虽然不能唤醒逝者，但却可以让后人重新审视、思考许多事情。比如说"爱台湾"。王永庆从来没有把这句话挂在嘴上，但却没有谁敢怀疑他对这块土地无时不在的"大爱"，为什么？因为他让世人领悟了奋斗不懈、刻苦耐苦的"台湾精神"；他以"立足台湾、布局全球"的前瞻性和大格局让台湾的重工业、石化企业得以发展壮大，使台湾企业家在世界企业舞台上有了自己的位置；他深明大义、明辨是非，提出了许多促进两岸关系和平发展的真知灼见，并为此付出了长期不懈的努力；他一生克勤克俭，却时刻不忘用自己创造的财富回馈社会，帮助所有需要帮助的人……

10月18日出版的台湾《民众日报》发表题为《王永庆与陈水扁比一比》的社论，社论用王永庆克勤克俭，用自己艰苦奋斗创造的财富回报社会的光辉一生，与陈水扁天天把"爱台湾"挂在嘴上，实际上却在处处滥权捞钱，不断制造麻烦，不断祸害台湾百姓的卑劣行径作比较，以悼念这位"台湾经营之神"的仙逝。

社论说，王永庆毕生奋斗，身价超过千亿元，生前勤劳朴素，勤俭自持。报载王永庆的小舅子从香港带了两条较高级的领带给他，却被他嫌贵而骂了一顿。王永庆的子女多靠自己的努力来打拼事业。而陈水扁则不然。身为台湾前领导人，却不尚勤俭。太太吴淑珍穿金戴银，全身珠光宝气。儿子陈致中享尽特权，当兵开高级轿车，娶太太动用"总统专机"。亲家赵玉柱及附马赵建铭，恃权捞钱。由于阿扁"一人得道"，所以让扁家族"鸡犬升天"，享尽荣华富贵之余，犹有未足，竟A钱（贪钱）B钱（洗钱）到全球五洲四海存藏。

社论说，王永庆的为人体现了台湾人勤劳俭仆的精神；而陈水扁在位却让台湾人的道德是非观念沦丧殆尽。古语曰："由俭入奢易，由奢入俭难。"王永庆不因有钱而改变简朴生活；而陈水扁却因有权而滥权捞钱，生活奢华。

社论指出，王永庆对当前台湾景气有深刻认识。他认为，台湾政治社会乱象，多肇因于政客争夺权夺利，一心只为谋私利，甚至为此上下勾结、黑白共沾，恣意破坏法治秩序。以之观诸扁家弊案事例，真有几分真实。

社论最后说，王永庆逝世，海内外同表哀悼，政坛人士咸认"至今台湾找不到第二个人，"未来很难再找到第二个人"。而陈水扁家族贪财至多至深，民众多表鄙视，至今台湾也找不到第二个人，未来也很难找到第二个像扁这样贪得无厌、厚颜无耻的人了！

祖国大陆的乡亲们听到王老仙逝的消息，纷纷以各种形式表达对王老的哀思之情。特别是福建乡亲在王老生前投资的漳州华阳电业有限公司、厦门长庚医院等多处设立灵堂，供人们吊唁，表达悼念之情。

王老在大陆投资很多，然而最让大陆同胞感念的是他无私地捐助社会公益事业的义举。2004年他大手笔捐赠30亿元人民币，兴建1万所希望小学——明德小学。现在已经立案或发包兴建的有2300所小学，已完成的有五百多所。这些希望小学分布很广，包括福建、江西、广西、湖北、山东、四川等地，都是贫困、偏远的地区。

王老还在祖籍地福建安溪县投建特殊教育学校，还捐赠1.4万套"电子耳"，帮助大陆聋哑儿童开口说话，仅此一项捐资即达15亿元人民币。

前文提到，四川汶川发生特大地震，王老的台塑集团首先宣布捐款1亿元人民币救助灾民，带动了台湾企业的捐款热潮。

王老对家乡的贡献是多方面的。在王老辞世后不几天，《福建日报》记者采访了因受王老教诲而成长为福建百强企业之一的福建华闽进出口公司董事长刘平山，写出了题为《王永庆两个经典解答，催生福建百强企业》采访实录的文章，发表于该报显著版面。刘平山说，1998年的秋天，他和几个福建企业家组团去台湾考察，他们是带着企业管理的许多困惑去拜访王老先生的。让他怎么也没有想到，拥有10万员工举世闻名的台塑集团总部竟只有十一层的写字楼，其内部装修只能用"普通"来形容，与西方大公司总部相比，显得有点"寒碜"。但这正印证了王老所倡导的，简洁的、简单的往往是高尚的、最好的主张。

当年已届83岁高龄的王老给刘平山留下了慈祥、友善的深刻印象。王老说："很欢迎来自家乡企业界的青年才俊，你们是中国企业界的未来。企业不论大小，都是平等的。我们双方各提三个问题，讨论完了请你们上十一楼吃台塑招牌菜'台塑小牛排'。"

刘平山抓住这一难得的机会，对王老说："我不能像台湾企业家那么有幸，可以经常聆听您老人家关于企业管理的演讲，在这之前，只能在香港书店买书来读。您的文章简短隽永又能形成体系，像珍珠串成的美丽项链。"刘平山的话似乎让王老有了知音之感。王老随即让刘平山提问两个问题。而正是这两个问题的解答，让刘平山找到了对企业进行有效管理的方向。

刘平山的第一个问题是：企业管理最核心、最本领的问题是什么？

王老回答说："是分配。'一分耕耘一分收获'，这话说起来容易，做起来难。外部要让供应商、生产商、销售商利益合理分配；内部要让投资者、经营者、员工都感觉到他们的付出得到了合理的回报，这是相当不容易的，但又是企业长久和谐发展的关键。"

刘平山问的第二个问题是：您手下企业众多，跨了许多行业，又遍布世界各国，如何实施有效的控制管理？

王老回答说："靠电脑。人脑不如电脑。沃尔玛上世纪80年代就花了4亿美元买了颗卫星，把每天全世界各地的商场销售、仓储、配送等数据输入电脑，并通过卫星传回总部。台塑企业也有开发自己专门的企业管理软件。"

王老的回答让刘平山有了醍醐灌顶的感觉。回大陆后，刘平山调到华闽进出口公司工作。当年的华闽注册资本只有200万元，年营业额1300万美元，还潜亏400万元。公司内部吃闲饭的人比做业务的人多好几倍，有人戏称"满天月亮一颗星，七八个将军一个兵"，大家都在吃"大锅饭"。

刘平山决意按照王老的指点，从改革分配机制入手改变这种局面。他打破公司原有的科室建制，改为业务部。业务员自由组合，双向选择，业务部经理竞争上岗，业务部自主经营、自负盈亏。这一改革激发出企业的潜能，连刘平山自己都没有想到，到1999年底，仅一年时间，公司完成进出口额5100万美元，约为上年的4倍，利润增加了数十倍。以后华闽每走一步，包括企业改制、企业转型、并购南平汽车、重组中福股份等，刘平山首先考虑的就是如何处理好利益分配的问题。

按照王老的指点，刘平山对外贸资金、资产、物流的信息化管理同样高度重视。华闽与美国软件公司共同投资开发外贸专项经营管理软件，目前这个软件已在全国外贸行业普遍使用。

到2007年止，华闽进出口公司经过近10年的发展，已成为年营业额60亿元、员工逾3000人的企业集团，位列福建百强企业第17位，全国外贸企业百强94位。

"王永庆老先生虽已过世，但他创办的台塑企业文化理念将是我们两岸企业永远的精神财富！"刘平山动情地说。

（四）

10月20日，第六届中国国际农产品交易会在北京举行，来自全国各地的展团纷纷亮出自己的特色农产品，其中再次亮相农交会的台湾展区，分外引人关注。

除了传统的台湾水果外，数家台湾农会还带来了更地道的台湾农业精品，成为农交会上的一大亮点。

从2005年第三届中国国际农产品交易会首次专门设立台湾农产品展示区和销售区至今，两岸农业交流合作不断深入，并快速推进。

走进台湾展区的人们都目不转睛地盯住展台上的各种新鲜水果和经过深加工的农产品制成品。端详一番，再仔细看看说明，顺便拍上几张照片——这里成了闪光灯最常亮起的展区了。

一位小伙子端着照相机把各种水果依次拍了个遍。"我还没有见过这么大个儿的柿子呢！"这位来自河南的小伙子指着一种名叫"台湾甜柿"的水果，有些不好意思地说，"这里好几种水果我以前都没有见过，觉得挺新鲜的。"他指的是莲雾、芭乐、杨桃等台湾特色水果。

2005年以来，在广泛、认真倾听台湾农民呼声的基础上，大陆农业部会同有关部门研究出台了扩大台湾水果、蔬菜准入品种，并对其中部分品种和部分水产品实行零关税等一系列优惠政策措施，受到台湾农民和渔民的积极响应和热烈欢迎。"台湾农产品能够顺利进入大陆千家万户，台湾的农民连晚上睡觉都会笑。"台南县南化乡果蔬合作社的曾永长先生对现场采访的记者乐呵呵地说。

为降低台湾农产品在大陆销售的运输成本，大陆交通部开放台湾农产品运输的"绿色通道"，使台湾农产品在大陆运输能享受部分地区过路、过桥费减免的优惠。福建省厦门市则建立了台湾水果销售集散中心，对入驻的进口台湾水果经销商给予免交保鲜冷库储存使用费以及经销场地免一年租金的优惠。大陆农业部会同大陆有关部门和岛内有关方面主办了一系列台湾农产品宣传推介活动。

这些措施的实施，使台湾农产品逐渐得到大陆消费者的认可，并一度在大陆的不 少城市引起了台湾水果热，切实缓解了台湾农产品旺季滞销的问题。

据台湾有关部门公布的进出口资料显示，在2007年台湾农产品总出口额中，大陆（包括香港）市场所占有的比例为25.65%，日本市场的比例为24.49%，大陆（包括香港）已取代日本，成为台湾地区农产品的最大出口市场。

不过，台湾水果虽然品种好，但由于两岸尚不能直航等原因抬高了成本，售价还是要比大陆普通水果高出一截，这使得相当一部分消费者对台湾水果望而止步，而更多的小城镇，人们依然没有见过台湾水果的"庐山真面目"。

"希望将来能有更多的机会品尝这些台湾水果。"河南小伙低头翻看着刚刚拍下的照片，轻轻地说。

来自江苏苏北的一位先生自己经营着一家养殖场，对于台湾农业的高科技含量和先进的经营模式，早有耳闻。他说："这次来参展主要想看看介绍两岸农业合作试验区的材料，我觉得特别好，很想向他们学习。"

1997年以来，经农业部、国台办、商务部批准，先后在大陆14个省区市设立9个海峡两岸农业合作试验区和15个台湾创业园，园区所覆盖的面积已经超过了台湾面积的8倍多。2007年底，大陆又为台湾农民申办个体工商户开设了"绿色通道"。

众多的试验区、创业园成为台湾投资大陆农业的热土。截至2007年底的不完全统计，试验区、创业园有台资农业企业4700家，占在大陆发展的台资农业企业5800家的81%左右，实际利用台资53亿美元，占台资投资大陆农业实际金额的79%左右。经营范围包括种植业、渔业、畜牧、兽医、养殖、饲料、花卉、茶叶、观光农业、生物技术以及农产品深加工等主要农业生产领域。

通过园区建设，大陆引进了大批台湾农产品优良品种、生产技术和管理经验，对当地的农业结构调整、产业化经营、农民增收起到了促进作用，同时也为拓展岛内农业发展空间、承接台湾农业产业转移发挥了十分积极的作用。

来自福建省仙游县台湾农民创业园的台湾农民王贵铭正在他的展位前向观众介绍个儿大、水灵的台湾甜柿。他满怀激情地说："福建的山好水好政策好。我们公司近期规划在仙游创业园发展1.5万亩甜柿，力争把这里打造成亚洲最大的甜柿种植基地。"

前几年，王贵铭利用闽台农业合作的优惠政策，带动台湾农民来到仙游创办台湾农民创业园，经营生态农业。目前，又有苏启洋、傅金池、洪渊辉等二十多位台湾农民在仙游生态经济区先后投资创建了摩天岭、胜丰、永嘉等8家总投资一千五百多万美元的台资"农字号"企业。

仙游台湾农民创业园重点区域位于仙游县东北部，包括榜头镇、钟山镇、游洋镇、石苍乡等4个乡镇，项目区域面积69万亩，其中耕地8万亩、山地61万亩。这里山清水秀，生物种类丰富多样，气候和山地资源条件等与台湾十分相近，可进行休闲农业和高优农作物种植、现代畜牧、农产品加工等产业的系列开发。

为帮助台湾农民在仙游创业，促进闽台农业合作交流，去年仙游县政府成立了台湾农民创业园管委会。今年初，仙游县政府又进一步完善招商优惠政策，规定凡进驻创业园的台资企业，除可享受中央、省、市的一切优惠政策外，还可享受本县制定的包括税收、土地征用、金融服务等特殊优惠政策与措施，鼓励更多的台湾农民来园区投资农业综合开发和农产品加工。县政府还采取领导挂钩等举措，提供各种服务，帮助台湾农民搭建创业平台。这些服务包括：帮助起草合同、协议等法律文书，提供法律咨询；协调解决征地中出现的各种问题；特事特办，派专人办理林权证；提供资金支持和水、电、路设施先行服务；为台胞子女就学和车辆牌证、营业执照办理提供便利等。

目前，王贵铭开始规划建设面积3万亩、投资9000万元的优质甜柿种植基地；李宪庭着手建设面积1000亩、投资860万元的闽台现代园艺合作示范区；陈吉昌拟投资600万元扩建各类猪舍及其配套设施8000平方米；苏启洋征用山地3000亩，开发钟山生态农业观光园。台湾农民在这里开发的9个农业项目，均已列入福建省《海峡两岸（福建）农业合作试验区发展规划》。

目前，台湾农民在仙游县已累计开发种植台湾甜柿1.7万亩，建立台湾名优水果和樱花苗圃基地600亩；建良种猪繁育场1个，每年为社会提供良种猪苗1万头、商品猪3万头。今年头3个季度，仙游台湾农民创业园内的这些台资"农字号"企业，已创产值近亿元。这些企业还带动当地运输业、商业、旅游业的发展，为山区农民增收提供了条件。台资"农字号"企业的进一步发展，将成为仙游经济发展新的增长点。

当人们都忙着参观展品的时候，在台湾展区一个角落的藤椅上，一位老大爷正捧着一本介绍台湾农业发展概况的小册子仔细地阅读着。"如今两岸越来越开放了，交流越来越多，咱们也得多了解台湾各方面的情况。"这位家住北京朝阳区的王大爷笑着对现场采访的记者说，"我退休以前从事供销工作，对台湾的农业情况多少有所耳闻，感觉台湾的农业还是比较发达的，尤其是深加工和经营模式方面。"

王大爷聊起这个话题来兴致很高，他指着展台上琳琅满目的台湾农产品说："两岸农业合作加强，对双方都好。大陆市场这么大，台湾遇到了农产品滞销的问题，当然应该提供帮助，都是自家人嘛。"

站起身来离开的时候，王大爷笑嘻嘻地说："我希望明年'五一'能够去台湾旅游，在当地好好尝尝台湾的农产品。"王大爷的话正表达了许多大陆民众的心愿。

（五）

医圣李时珍虽仙逝已有四百多年，但现在依然紧紧地凝聚着海峡两岸中医药界人士的骨肉之情、敬仰之意。10月9日，三百多位海峡两岸及海外中医药界人士聚会李时珍的故里湖北省，参加"海峡两岸李时珍医药文化与产业发展研讨会"，就李时珍医药文化的内涵定位是什么？如何看待李时珍医药文化与中华文化的关系？两岸中医药有哪些合作空间？中医药信息化及标准化管理与医药学信息工程的发展等问题展开热烈讨论。

国家中医药管理局王笑频副司长在研讨会上介绍说，海峡两岸都十分重视中医药学的发展。在大陆，中医药在应对突发公共卫生事件和防治重大疾病中令人刮目相看。在大陆中医药事业快速发展的同时，我们也十分关注台湾中医药的发展，看到了台湾同业所取得的成就。台湾地区中医药的管理、监督以及发展的法规体系不断完善，中医药已纳入全民健康保健体系中，中医医疗服务水平和能力不断提高，中医药的人才教育培养体系已经形成，中医药产业化不断扩大，形成了一批知名品牌产品。

王笑频说，大陆一直鼓励两岸中医药事业的合作，实行了一系列具体措施，比如承认台湾高等学校的学历，支持台湾学生到大陆求学，在台胞集中的地区专设门诊以方便他们回台报销，欢迎两岸合资合作经营医院等。他认为，现在是两岸中医药界进入务实合作的最好契机，这样的合作优势互补，能为两岸人民带来实实在在的好处。

关于如何看待李时珍医药文化与中华文化的关系问题，两岸与会代表从多角度提出了自己的观点。华中师范大学研究生严明丹、戚为在向研讨会提交的论文中提出，《本草纲目》在海外各国的传播，不仅为世界各国医药学界认识中草药提供了详细的资料，而且它也把中国特有的文化传播开来。这部著作蕴含了深厚的儒家文化，"虽曰医家药品，其考辨理性，实为儒家格物之学，可补《尔》、《雅》、《诗》疏之缺"。论文指出，在《本草纲目》的"火部"、"谷部"、"虫部"等部，李时珍都引用了儒家经典，写出了儒家十三经的名称和经书中的篇名。这部书最早被日本翻译，1637年在日本首次翻刻。这部著作在世界传播的同时，也成为隐性的儒学"文化使者"，它的文化价值还有待于两岸学者的深入研究。

关于中医药信息化及标准化管理的问题，是研讨会上讨论最为热烈的议题之一。中国医学科学院药用植物研究所所长陈士林介绍了中药研究方法的创新与实践的体会，他关于建立中药材DNA条形码的作法，能准确地反映药材的产地、成分等重要信息，提升了中药材的标准化管理水平，引起与会者的高度重视，现场提问不断。有台湾与会者现现场采访的记者表示，真是不虚此行，今后要和药用植物研究所取得联系，交换各自在这方面所做的尝试。

10月10日，参加研讨会的医药界人士齐聚李时珍故里蕲春县蕲州镇李时珍墓前，向李时珍墓鞠躬敬香，宣读祭文："戊子重阳，两岸子孙同聚李时珍陵园，谨申祭奠之礼，共表敬仰之情……"

蕲春县是李时珍生于斯葬于斯的土地，是《本草纲目》成书的家园，自古就有采药种药的传统。"走遍千户悬蕲艾，出城十里闻药香"的诗句，就是对蕲春的真实写照。蕲春有四宝，即"蕲蛇、蕲龟、蕲竹、蕲艾"，样样可以入药。从武汉走黄黄高速公路一进蕲春，路边就见"李时珍纪念馆"的指路牌，可见家乡人对李时珍的珍爱。

蕲春县近日有一件大喜事，专家认定的李时珍唯一存世的墨迹《李濒湖抄医书》（李时珍字东璧，号濒湖）的影印件9月重归故里。蕲春县文化研究会副会长周彭在研讨会上披露，墨迹原件藏于台北"中央图书馆"，2006年周彭得此消息，便向有关人士诚恳表达家乡人民希望一睹李时珍墨迹的心愿。在台北"中央图书馆"的理解和支持下，国家中医药现代化工程技术研究中心副主任曹晖先生受托亲赴台北取得影印件。现在，蕲春县正在组织专家对抄医书研究评点，同时也请书法界专家对墨迹进行分析鉴定。

有李时珍的响亮名字，蕲春也吸引了台湾医药企业到此投资兴业。台商郭文和、林朝晖先生在蕲春投资兴建了中药企业李时珍医药集团。集团总经理林朝晖先生向台湾乡亲介绍说，我100万美元的投资，发展10年，现在总资产12亿元人民币，企业零负债。在蕲春种植药材和花卉果蔬，地方够大，人手够多，气候够好。我的经验是，找好合作伙伴，相信大陆伙伴。我是台湾来的蕲春人，谁要到蕲春创业，我全力帮忙。

（六）

10月23日下午2时30分，随着一声发令枪响，三颗红色信号弹在厦金航线海域腾空而起，以"关爱生命，打造平安航线；增进协作，构筑和谐航区"为主题的2008年厦金航线海上搜救演习拉开序幕。这是厦门至金门海上客运直航航线开通7年多来，海峡两岸首次联手进行的海陆空大规模联合海上人命搜救演习。

此次演习以厦金航线可能发生的海上突发事件为背景，以海上人命救助和船舶消防为主，模拟某厦金直航客船在航行中与一艘失火、失控滚装船发生碰撞事故后展开的旅客紧急疏散、落水人员海陆空联合搜救、船舶消防等情节，具体设置了应急响应、沟通协调、搜救组织、船舶消防、善后恢复等6个演习科目。至下午3时7分，搜救演习的6个科目全部完成，10名落水者全部救起，伤员成功送治，火灾扑灭，报告险情全部排除。

此次演习由福建省海上搜救中心主办，厦门市海上搜救中心协办。约300人参加了这场演习，动用专业救助船、公务船、民间船舶25艘和其他辅助船16艘，救助直升机2架。其中，金门方面派出"金港一号"专业救助船和厦金直航客轮"东方之星"参加演习。

上海、浙江、广东、广西、海南等相邻省区市及福建沿海各设区市海上搜救中心，福建省、厦门市海上搜救中心成员单位代表，台湾"中华搜救协会"、金门县和马祖县代表观摩了搜救演习的全过程。

福建省海事局局长、福建省海上搜救中心副主任高军介绍说，今年9月7日，中台办、国台办主任王毅受权宣布的促进两岸交往的五项新举措，对福建沿海两岸客运直航的发展带来积极而深远的影响，两岸人员交流与往来将更加便利和顺畅，两岸同胞对海上交通安全和人命安全问题更加关注。高军表示，这是一次非常成功的演习，两岸搜救力量首次共同参与，并在演习中进行了积极的互动配合，这将成为今后两岸海上联合搜救的良好开端。此次演习充分检验了两岸的搜救协作机制和厦金航线海上应急预案的有效性，提升了两岸有关部门应急反应能力，为两岸人员通过海上航线进一步开展交流和往来奠定了坚实的基础。

金门港务处副处长倪振土说，两岸首次在厦金航线上进行搜救演习意义重大。闽台两地应当进一步加强信息沟通之外的合作，建立起更为全面的合作救难机制。未来金门方面也将进行相关演习，对厦金直航的航线安全提供更多帮助。

就在两岸在厦金航线举行陆海空联合搜救演习的同时，又传来了两岸携手要在南海、东海进行合作开发油气的喜讯。10月26日出版的台湾《中国时报》就以《两岸携手，前进南海东海探油》为题，报道了这一喜讯。

报道说，原油探勘开采，在油源紧缺的今天已成各国施政主轴，马英九上台后也不例外。"国安会"咨询委员蔡宏明透露，合作开发油气已是两岸协商的主要议题。根据"国安会"规划，未来南海、东海及海外油气资源开发，都将是合作重点；而两岸合资成立公司，应是最可能的合作模式。

报道说，早在1993年，台湾中油成立"海外石油及投资公司"（简称"OPIC"）进行两岸合作探勘。2002年，"OPIC"与大陆中海油正式签署"台潮石油合约"（即台南盆地与潮汕凹地石油开发合约），并成立了"台潮开发公司"，展开两岸油气共同开发计划。

但是十几年来，两岸能源合作经常遭到政治力的干扰。台湾中油探采部代执行长徐永耀说："过去政府态度保守，让台湾失去很多机会"。他举例说，1999年，中海油专家来台时，也首度向台湾提出渤海湾探油的可能。虽然当时未开放矿区，但透露经营该区域的公司有意售股，中油可探询。"没反应的结果就是，两三年后，大陆宣布当地发现有史以来最大、蕴藏量达20亿吨的南堡油田。台湾再一次错失良机。"

报道说，同样的事例不胜枚举。2001年，大陆珠江口盆地深水矿区投标，大陆中海油当时允诺，"只要中油投标，我们一定让你们得标。"结果因扁当局反对，中油原选取的29/26矿区被别的公司标到。2006年，该矿区宣布发现大油田。这与我方放弃"南堡油田"如出一辙，台湾再度坐失良机。

报道说，新政府上台后，两岸油气开发合作的确"水乳交融"，过去曾提出的案子，像中油在北京设立办事处又端上台面。

蔡宏明说，"台潮"合作模式为两岸油气开发树立了很好的典范，未来尽量以"合资公司"方式处理两岸油气开发。稍早，"台潮合约"已经"陆委会"同意无限期延长。如今，台湾中油也正与大陆中海油互换文本，计划将"台潮"合作区由1.54万平方公里，扩展为3.8万平方公里，预料近期将互签新约。

徐永耀坦承，从实力上看，与大陆合作对台湾最有利。他说："上世纪80年代，大陆不管海域探勘或公司章程合约，都向我们取经。现在，大陆是人家不去的地方我去，结果，就出了许多宝贝。这大概就是"大庆精神"吧！出语坦率的徐永耀说："对中国探勘队只用两个字形容：佩服！"大陆派到国外工作的开发队，都以"万"为单位，"老实说，我们跟人家的实力是有差距的"，"以钻井技术来说，大陆钻井可钻到1万米，技术第一，像新疆、四川的油井深达8000米以上"。台湾钻井技术也不差，但比不上大陆。徐永耀举了实例说明两岸实力对比，"按营业额算，全球石油公司，大陆四大石油公司都列入全球500强，中石油排第17位，中石化排第24位，中化排第257位，中海油排第469位，台湾中油排第327位。"

报道说，今年6月，中日就"春晓油田"达成协议，完美展现了"搁置主权，共同开发"的策略。东海地区主权争议不亚于南海，台湾面临究竟和"两只老虎"其中哪只合作的困境。对此，徐永耀认为，日本近海无油源，唯一争夺区是东海，但东海地质、油气资料全掌握在中方，"台湾跟谁合作，其实很明显了。"

报道最后说，多年互动让两岸能源企业默契十足，也为未来两岸合作铺平了道路。前年，大陆中海油主动邀请台湾中油参与其石油矿区合作开采的案子，近日即将签约。双方近日还讨论了缅甸、柬埔寨及澳大利亚的矿区合作计划。此外，除"台潮合约"即将扩大合作区外，"南日岛盆地"1.4万平方公里的开发区近日也将签约。中油和大陆中石化在澳大利亚西北部矿区都有投资，都会事先沟通谋取彼此最大利益。去年，大陆中石油董事层级组团访台，他们在沙特阿拉伯及伊朗都有矿区，未来台湾中油也可能与之合作进入此区。而大陆中石油第三号人物、集团副总王宜林近日刚刚结束在台湾的参访活动返回大陆。

这篇报道的字里行间都透露着，对两岸在南海、东海油气田合作开发已经达到"水乳交融"程度的赞扬之情。

（七）

亿万农民喜迎盛会，魅力海西尽展风流。北京奥运会、残奥会成功举办之后的第一次全国性体育盛会——第六届全国农民运动会开幕式，10月26日晚在福建省泉州市隆重举行。

从空中俯瞰泉州市海峡体育中心，仿佛是一朵盛开的莲花。在开幕式夺目的灯光和绮丽的焰火照耀下，将这朵"莲花"装点得愈发娇艳夺目。在习习凉风中，农民体育健儿汇聚在这座全新的体育场中，迎来自己的节日。

"海峡西岸风浩荡，健儿拼搏情飞扬。奥运农运手牵手，金秋收获新希望。"在激昂奋进、令人振奋的农运会会歌声中，32个体育代表团的三千多名运动员神采奕奕地按顺序入场，现场三万多名观众报以热烈的掌声和充满激情的欢呼。

这是历史上规模最大的一届农运会。在入场时，各代表团疾呼无一例外地打出了向东道主致意的横幅，诠释着"欢乐农运、亲情海峡、和谐中华"的开幕式主题。其中，湖南代表团的"泉州我爱你"的口号最为坦率；河南代表团的"三中全会好，农民实惠多"的横幅道出全国农民兄弟的心声；四川代表团的"四川灾区感恩全国人民"的标语激起全场的欢呼……

名为"大地情飞扬"的开幕式演出，将现场变为一幅丰收的画卷：麦浪、茶山、渔歌、锦鲤……积极生动地展现出一派繁荣与丰收的欢乐景象。

演出由《民以食为天·丰收篇》、《挥汗天地间·风情篇》、《爱拼才会赢·奋争篇》、《春风颂吉祥·展望篇》组成，尽显祖祖辈辈脸朝黄土背朝天的中国农民对党的"三农"政策的感激之情和潇洒奔小康的豪迈激情。

象征农时节气的妙音鸟，款款飞来，带来了丰收的喜讯。大地孕万物，民以食为天。1600名身着传统农村服饰的表演者敲响了丰收的锣鼓，跳起了欢快的舞蹈，拉开了大型文艺表演《大地情飞扬》的序幕。

随着喜庆的唢呐声，四周民俗表演队伍走进了金色的稻浪中，有人扭起了欢天喜地的秧歌；泉州"火鼎公火鼎婆"抬着一口大铁鼎，鼎中柴火烧得通红，象征着红红火火的美好生活；来自妈祖故里的莆田车鼓队声势浩大，振奋人心；而来自宝岛台湾的少数民族表演团则带来了独具民族特色的欢快舞蹈。他们为鼓励生产劳作而歌舞，为庆祝丰收而歌舞，在传统的祭祀节日中更是离不开歌舞。今天，他们以歌舞抒发感情，祝福农运会。同讲闽南话，同跳丰收舞，在一幅海峡两岸携手农运的美好图景中，"亲情海峡"的主题表现得淋漓尽致。

飘逸美丽的妙音鸟，在美妙的琴声中，从远处翩翩飞来，几名美丽的少女，在舞台中央拨弄着琴弦，弹奏出美妙的音乐。大海无垠，碧波荡漾，美妙动听的音乐与缥缈欲仙的舞蹈传递出两岸人民血脉相连的亲情和对美好未来的憧憬。

"天乌乌，要落雨；海龙王，要娶某……"在闽南童谣《天乌乌》的童声演唱里，身着各种鲜艳民族服装的各族兄弟姐妹们，手持星星灯，从舞台两侧的长桥两端走上舞台。他们在大海的两端，在海峡的两岸架起了一座心桥。

心桥联两岸，西岸正春风。在田野里，在春风中，人们播种下了共同的希望，盼望着祖国早日和平统一。

在"大地情飞扬"的最后一个篇章《春风颂吉祥·展望篇》中，一曲《海峡西岸正春风》欣然奏起，美妙和谐的旋律，表达了海峡两岸人民企盼统一的强烈愿望，展现了中国大地春风浩荡、广大农村生机勃勃的发展前景。这一夜，伴随着"拼搏、创新、和谐、小康"的主旋律，亿万农民共同点燃了未来金色的梦想。

"大地情飞扬"的开幕式演出虽然结束了，但是在三万多名观众的心里仍然"情飞扬"。人们纷纷赞扬着丰富多彩的闽南文化所展现的美丽，特别对台湾表演团的精彩演出更是赞赏有加。

但对多数观众来说，他们并不了解台湾表演团为这场演出所付出的努力。就在举行开幕式的前4天，表演团就从台湾赶到福建，刚到泉州，他们就立刻赶到海峡体育中心投入紧张的开幕式歌舞排练中。他们这种认真、执著的工作态度让许多人感动。《福建日报》的记者随即赶到排练现场采访表演团领队蒋美妹女士。

蒋美妹介绍说，此次台湾少数民族表演团成员有32人，分属台湾阿美族和泰雅族，年龄最小的只有13岁。在26日举行的农运会开幕式上，导演组给他们安排了15—20分钟的表演时间。虽然在台湾他们已经作了充分的准备，但是为了力求尽善尽美，表演团还得抓紧一切时间加强排练，把独有的台湾少数民族文化魅力展示给祖国大陆同胞。她说："能够在全国农运会这种大型盛会上表演，是我们的荣幸，希望能与福建的艺术家们多交流，相互切磋技艺。"

蒋美妹在台湾从事文化保护和推广工作，所以她曾多次来过大陆，在云南、广西等地，与大陆不少同行有过密切的交流。她对大陆少数民族歌舞赞不绝口，认为非常有特色，而且保存得很完美。

虽多次到过大陆，但蒋美妹此前却从未来过福建。趁着来泉州参加全国农运会的机会，她终于可以一偿心愿。蒋美妹表示，福建是许多台湾人的祖籍地，闽南文化特色鲜明，早就想来走走看看，更希望于福建艺术界的同行互通有无。

台湾代表团团长王世铭介绍说，表演团的其他成员也大多是第一次来泉州，除了表演任务外，农运会组委会特地安排了一些游览活动，团员们届时定能尝尝泉州的美食，逛逛刺桐城的古迹，多多了解这座海西名城。

提前好多天就先期到达泉州的王世铭因为还身兼中华海峡两岸文化观光产业发展协会的秘书长一职，往来两岸相当频繁。他在接受《福建日报》记者采访时，乐呵呵地说："台湾人、大陆人，都是中国人。奥运会、农运会，都是海峡两岸的盛会。只要是祖国的赛事，我们都希望参加，和大陆同胞一起分享快乐。"他介绍说，这已经是台湾第四次组团参加全国农运会。本届农运会，台湾代表团人数多达130人，人数之多，规模之大为历届之最。台湾运动员将参加游泳、钓鱼、拔河、中国象棋和龙舟赛等5个项目的比赛。

王世铭说："如今两岸间的交流越来越频繁，我们来参赛也比以往方便很多。这些年，祖国大陆的工业、商业、科技都进步很快，农民的生活水平也提高了许多，农运会是一个极具趣味的运动会，我们当然很高兴地来参加。"谈到此次来参赛的项目，他说："龙舟、象棋这些项目，在台湾同样广为人们所喜爱，这些是中国文化的缩影。同为中国人，进行这些比赛，对我们而言再熟悉不过了，我们的目标是力争在这些项目上取得突破。"

对于在泉州参赛，王世铭把这里当成了自己的主场。他笑着说："台湾运动员中大部分人的祖籍都是福建，在泉州，听到人们讲闽南话，就和在家里一样。在泉州参赛，我们的运动员没有客场作战的感觉。"

王世铭说，台湾代表团除了参加比赛和演出外，还带来了自己的农产品。在农运会正式开幕之后，他们将在泉州的丰泽广场摆摊设点，向大陆同胞展示来自台湾的农产品特产。"古坑咖啡、台湾高山茶等很多特色产品都会在这次展览中亮相。"

果然，就在全国农运会开幕的第二天，就在泉州举行的"泉台农产品展销会"拉开了帷幕，向参加农运会的嘉宾和运动员等各界人士推介海峡两岸优质农产品。

展销会分为台湾名优农产品展区、泉州龙眼展区和全球特色农产品展区，共120个展馆。其中，台湾展区社60个展馆，参展企业51家，参展商一百多人，产品有水果、茶叶、水产品、肉制品、休闲食品等。泉州农产品展区30个展馆，有安溪铁观音、永春芦柑、德化梨、惠安余甘等特色农产品。泉州龙眼展区30个展馆，主要展示泉州晚熟龙眼及龙眼酒、龙眼果冻等系列加工产品。

展销会开幕的当天，就有50家泉州、台湾企业与来自各地的农产品批发商、销售商进行投资、购销项目签约，总金额达1.53亿元人民币。

前来参加全国农运会的台湾"中华海峡两岸文化观光产业发展协会"理事长宋智忱看到展销会火爆的景象，十分感动。他在展销会现场接受《福建日报》记者采访时，激动地说："接到农业部、国家农体协的邀请参加这次农运会，我们十分珍惜这个机会。来到泉州后，我们深切地感受到大会组委会和泉州的高度重视、诚挚接待，方方面面都体现出对台湾同胞的周到礼遇。我们十分感谢和感动。"宋智忱说，本届农运会在各式宣传品中都特别提到台湾代表团，眼前举办的泉台农产品展销会，让台湾农产品搭乘农运会的"顺风车"赶集，这样我们深深感受到福建对台工作的真诚和周到。

谈到参加竞技比赛，宋智忱说："对我们而言，参与农运会，是竞技更是联谊。"宋智忱关于"联谊重于竞技"的心意表达，确实也体现在参赛的运动员身上。比如台湾棋手苏煐昭在参加乡级比赛中的表现就充分体现了这一精神。在赛场上，象棋比赛的棋子摆下还不到15分钟，苏煐昭就从冥思苦想中解脱了出来，乐呵呵地从座位上站了起来，和对面的上海棋手盛石华用力地握手后，笑嘻嘻地离开了赛场。棋桌上，他的"老将"已被逼上绝路，无处可去。

流传千百年的中国古老象棋，将海峡两岸的棋手紧紧地连在了一起。台湾下象棋的人数众多，苏煐昭说："在榕树下、街巷旁，棋盘一摆就开始下了。"来自台湾的象棋裁判徐一晖说："台湾的象棋一直在发展，而且水平不低，平时经常举办比赛。一些棋手还应我们的邀请，参加一些比赛。"不过，已经61岁的苏煐昭下象棋就是下着玩儿，在比赛中记棋谱都是他第一次经历，和其他参赛选手比较自然差距不小。

快步走出泉州体育中心豪盛馆的苏煐昭，心情并没有因为输棋而变坏。对于象棋本身的胜负，苏煐昭看得很淡，但对棋盘外的收获，他却十分看重。"农运会在泉州举办可谓机会难得，闽台之间有非常亲近的关系，这增加了台湾同胞的参赛机会。恰好象棋比赛还有参赛名额，我就报了名。胜负无所谓，只要参与就对了。两岸的选手同场竞技，对海峡两岸的交流有非常大的作用。借助这个品牌，两岸人民能够在和谐的氛围下更进一步相互了解，增进友谊。"苏焕昭乐呵呵地对采访他的记者说。

祖籍就在泉州安西的苏焕昭7年前就踏上了寻根问祖之路，现在，他已经在石狮等地开起了自己的咖啡厅，每年往返海峡两岸三四次。苏焕昭说："很多台湾同胞都有落叶归根的想法，想找机会回来看看，在两岸关系越来越和谐的情况下，会有更多的台湾同胞选择和我一样的路。两岸之间加强交流，增进理解，那将是一盘双赢的棋局。"

11月1日，第六届全国农运会胜利地落下帷幕，第二天，与会的全国各省区市代表团纷纷向大会组委会发来感谢信，感谢福建省和泉州人民在农运会期间热情周到的服务，其中，台湾代表团的感谢信写得文情并茂，感人至深。

感谢信说，台湾代表团有幸来到泉州这个充满魅力的海峡西岸名城，与全国9亿农民的优秀体育健儿代表一起，挥洒激情，铸就梦想，我们深感光荣和骄傲。感谢福建人民，感谢泉州人民。

感谢信在回顾了台湾代表团所取得的可喜的比赛成绩后说："泰雅族、阿美族表演团亮相开幕式演出，为广大同胞表演了精彩的'丰年祭'舞蹈，赢得全场观众的热烈掌声；此外我们还带来富有台湾风味的农产品特产，与泉州共同举办泉台农产品展销会。尤其令我们感动的是，无论是比赛、表演，还是农产品展示，我们不仅收获了成绩，赢得了掌声，我们还收获了友谊，增进了感情。"

感谢信对"欢乐农运"作了深情地回顾："欢乐农运，亲情海峡。难忘海峡西岸这片激情飞扬的大地，难忘农运会这段美好快乐的时光。当前海西建设气势如虹，两个先行区建设如火如荼。泉州这个充满魅力的海峡西岸名城，举全市之力、集各方之智，为本届农运会构建了一个无与伦比的平台。深厚的文化积淀和鲜明的时代潮流交相辉映；爱拼敢赢的人文精神和热情好客的邹鲁之风光芒闪烁。精干高效的各级官员，热情洋溢的志愿者，友好和善的同胞乡亲；和谐有序的赛会组织协调和赛事安排，周到细致的服务和真诚的微笑；清爽宜人的赛会环境和整洁优美的市容市貌，心旷神怡的农运之旅和安全顺畅的海西交通；福建形象，海西气势，泉州特色以及温馨的乡音和亲情，这美好的一切将在我们的心中永远珍藏。'我到过大陆和东南亚很多地方演出，这次来泉州的感觉是最好的。'蒋美妹女士在依依惜别时真情流露，表达了我们台湾省代表团全体成员的心声。"

感谢信充满手足亲情地说："同心同德，共创双赢。此次中华海峡两岸文化观光产业发展协会授权组织台湾省代表团来泉州参加第六届全国农运会，吸引了台湾社会各界对本届农运会、对台湾省代表团的关注。早在农运会筹办期间，宋楚瑜、郁慕明、陈武雄等台湾政商名流就挥笔泼墨为农运会题赠墨宝，寄托祝福；赛会期间，台湾'中央社'还专门就'中国农运会开幕，台湾省代表团参赛'，作出报道，这是自台湾组团参加农运会以来的第一次。台湾人、大陆人都是中国人，奥运会、农运会都是中国盛会。海峡两岸本就同根、同源，泉台两地更是血脉相连，我们将在成功参加本届农运会的良好基础上，加大加深存放为、多元化耕耘脚步，与广大大陆同胞一起，同心、同德，推动两岸交流合作再创新辉煌。"

感谢信最后诚挚地写道："海峡西岸正春风，古城尽现农运情。衷心祝愿福建的海西建设日新月异，壮猷大展！真情祝福建人民、泉州人民美满幸福。"

这岂止是一封感谢信，它是对第六届全国农运会的一份完美而又充满亲情的总结，同时它也对两岸同胞血脉相连、期盼两岸早日实现和平统一心声的深情表达。

（八）

福建莆田不仅是妈祖的故乡，同时也是"中国木雕之城"、"中国古典家具之都"。10月29日至11月2日，莆田市迎来了又一场艺术盛会——第三届中国（莆田）海峡工艺品博览会在此隆重举行。博览会参观设在国内最大的工艺品专业交易市场——"中国·莆田工艺美术城"。29日早上，开幕式一结束，工艺美术城便人头攒动，成千上万件精美的工艺美术作品让人目不暇接、叹为观止。现在，一年一度的"艺博会"已成为国内规模最大、规格最高、人气最旺的工艺美术专业展会之一，成为福建省对台文化交流和经贸往来的重要窗口和平台。此次"艺博会"上台湾的展位有近百个，参展商人数为历届"艺博会"之最。

一阵悠扬的二胡声穿透喧嚣的人语隐约传来，一位身着枣红色男装的台湾男子正满怀激情地拉着二胡，旁边一位身着白色汉装的台湾男子则用毛笔专注地往一件白色的瓷瓶上描画蝴蝶，台湾大汉精瓷展位前的这一幕吸引众多参观者围观，装饰展位的色彩缤纷的手工马赛克墙也成为展馆一景。"贯穿我们作品的是中国元素、中国气质。"经营大汉精瓷的草葛轩艺术陶瓷有限公司董事主席林明德说，"我们的瓷器作品融汇了唐宋元明清的工艺技法，比如宋代的描金，元明清的金花、点釉，明末清初的晕彩等等，在我们的作品上都有明显的体现，在此基础上我们又加入了现代的技法。"林明德介绍说，去年大汉精瓷第一次参加"艺博会"就颇受青睐，每天傍晚5点闭馆时还有不少观众涌进来参观，这火爆的场面使他倍受鼓舞。一些客商与林明德约定，今年要再来看看他们的作品，"所以，我们这次又带来了近130件工艺品与老朋友们会面。"林明德认为，借助"艺博会"这一平台，两岸工艺美术工作者就工艺的制成、材料的选择、价格的定位等进行面对面的交流，对彼此产业界的发展现状有更深入的了解，从而有利于进一步的合作。"大汉精瓷汇聚了大陆一大批优秀的画工，而台湾有较强的工艺研发设计能力，两岸强强联合，必定会取得双赢的效果。"林明德信心满怀地说。

台华窑也是第二次来参加"艺博会"。"因为在去年的第二届'艺博会'上我们销售的成绩不错，所以这次又来观摩学习推介。"台华窑的业务经理刘家齐说。而台湾浥品轩窑瓷则是第一次前来赴会，公司总经理范德忠惊叹展会规模之大、参展商之多出乎他的意料，他告诉采访他的记者，他们用了8年时间，对各种釉彩的配方、上釉技术进行研究，通过严格控制火候，终于烧制出了类似台北故宫博物院展出的汝窑瓷器，"我们希望借这次展会，把台湾最新的陶瓷工艺展示给大陆民众，同时也向大陆的工艺美术师们学习。"

走进台湾苗栗三义木雕协会的展区，一阵阵好闻的木头香味扑鼻而来，这里展出了诸多宗教题材的木雕作品，如庄清勋的《书卷观音》，官当雅的《太极达摩》、《禅宗》等，它们将传统的木雕造型特色与现代的装饰语汇相融合，呈现出粗犷有力的表面触感。而一些多媒体的艺术作品则以纯粹的艺术观念展现台湾工艺作者的美学追求，给人耳目一新的感觉。三义木雕协会的负责人张家琪介绍说，台湾省苗栗县三义乡是目前台湾乃至国际知名的木雕重镇，拥有名人创作室六十多家，作坊和专卖店两百多家，木雕产业占台湾的60%左右。"莆田的木雕始于唐宋，盛于明清，是雕刻品中的一枝奇葩，莆田和三义有不少相似之处，莆田的木雕工艺很值得我们学习借鉴，上一次我们来参加展会效果不错，此次展会规模更大，我们希望通过展会扩大苗栗三义木雕的影响，同时也向大陆的同行们取经。"张家琪笑眯眯地说，借助"艺博会"这一平台，进一步加强两岸工艺美术产业的合作与交流，是两岸工业美术工作者的共同心愿。

29日这一天，在莆田工艺美术城中最引人注目的是，台中县县长黄仲生与莆田市市长张国胜签订《莆田市与台中县建立城市交流关系备忘录》，对今后加强和推动两地经济文化社会交流达成多项共识。两位县市长签署完备忘录互换文件并笑容满面地紧紧握手致意的那一幕，在众多记者和参与者中留下了美好的印象。

双方在"备忘录"中提出，莆田市与台中县以妈祖文化为主题的人文渊源关系深厚，经贸文化交流合作基础良好，推动两地经济社会发展是双方的共同愿望，要从"五个共同"方面入手持续加强交流，以增进往来，扩大合作，促进发展，实现双赢。

"五个共同"包括：一是，共同弘扬妈祖文化。要通过莆田湄洲妈祖文化旅游节、台中大甲妈祖文化节等活动平台，促进两地共同致力于保护妈祖文化遗产，发展妈祖文化特色旅游带。二是，共同推动产业合作。要借助"海峡工艺品博览会"这一平台扩大对话，加强经济发展经验交流，积极拓展两地农业、海洋渔业以及制造业的合作空间，促进工业园区互动，着力改善民生，为两地民众谋福祉。三是，共同促成两地港口直航。湄洲岛情牵两岸妈祖信众，莆田秀屿港与台中港分别是两地港口经济、工业经济腾飞之希望所在，两地要携手推动湄洲岛与台中港朝拜直航以及台中港与秀屿港货运直航，顺应民意，推动发展。四是，共同促进行业交流。透过组织举办活动，促进两地文化、教育、体育、卫生、医疗、工会、青年、妇女、学生组织，以及馆藏工艺等开展对口交流。五是，共同建立交流机制。双方将建立联系窗口和日常联系机制，并视具体情况组织开展不同层级的人员互访。

台中县访问团是应邀前来参加"第三届中国（莆田）海峡工艺品博览会"和"第十届湄洲妈祖文化旅游节"的。在莆田期间，访问团来参观了湄洲妈祖祖庙、秀屿港、进口木材检疫除害处理加工区、LNG项目、仙游仿古家具生产基地、仙游台湾农民创业园等，并与在莆田投资的台商进行了座谈。

就在莆田市举行第三届"艺博会"的同时，10月31日，"第十届湄洲妈祖文化旅游节"在莆田市隆重地拉开了帷幕。中国国民党与荣誉主席连战、国民党主席吴伯雄、台湾民意机构负责人王金平等发来贺信、贺电表示祝贺。世界全国政协副主席、中华妈祖文化交流协会会长张克辉等大陆政要出席了开幕式。

福建省副省长李川在开幕式上代表省政府发表致辞时说，目前，湄洲妈祖祖庙已与26个国家和地区的一千二百多家妈祖文化机构建立了联谊关系，吸引了越来越多的台港澳同胞和旅居世界各国的侨胞前来进香谒祖，极大地促进了妈祖文化的交流和弘扬。福建是海峡西岸经济区的主体，福建和台湾地缘相近、血缘相亲、文缘相承、商缘相连、法缘相循，两岸经贸、文化交流与合作密切，在闽台两地也有着广泛而深刻影响的妈祖文化把闽台乡亲紧紧地联系在一起。为发挥福建在海峡两岸文化交流合作中的独特优势，福建正顺应科学发展的大势，致力建设两个先行区，以更好地服务全国发展大局，推动两岸关系和平发展。

开幕式后，举行了妈祖祭典仪式。

近年来，莆田市为弘扬妈祖文化，扩大两岸交流作了大量工作。对湄洲妈祖祖庙进行了修复和建设，已形成了宏大的建筑群，被国务院公布为全国重点文物保护单位；建成妈祖城首要景点工程——妈祖阁；建成中华妈祖文化研究院；规范挖掘妈祖祭典。妈祖祭典已成为首批国家级非物质文化遗产。

莆田已成功举办了9届妈祖文化旅游节，每家都以深厚的文化内涵、鲜明的地域特色、丰富的活动内容，吸引海内外上万名宾朋、诸多台湾马祖宫庙和信众前来参加，在海峡两岸产生了轰动效应。今年的妈祖文化旅游节安排有开幕式、《同乐五洲》广场文艺演出、"天下妈祖回娘家"系列活动、第四届湄洲岛·海峡论坛等多项活动。

"天下妈祖回娘家"系列活动是今年"文化旅游节"的重头戏。10月31日，"天下妈祖回娘家"入城仪式在莆田举行。来自美国、日本、印尼、泰国、新西兰、澳大利亚、南非、新加坡、马来西亚和台湾、香港、澳门等海内外18个国家和地区的妈祖文化机构代表，捧着323尊妈祖分灵神像来到妈祖故乡省亲谒祖、寻根溯源。这是有史以来规模最大的妈祖分灵神像集中"回娘家"活动。而十届全国政协副主席、中华妈祖文化交流协会会长张克辉宣布入城仪式开始。

经过千年传播，妈祖文化已成为中华民族传统文化的重要组成部分，对全球华侨华人有着巨大的吸引力和凝聚力，仅台湾岛内就有上千座妈祖分灵庙和一千六百多万妈祖信众，他们视莆田湄洲妈祖祖庙为心灵原乡。"妈祖回娘家"的习俗，自宋代延续至今。

这次"天下妈祖回娘家"活动后，共吸引世界各地妈祖文化机构三百多家参与，而其中台湾就有115家，这也是有史以来台湾宫庙主要负责人来莆田最多、最集中的一次。

入城仪式发言人林光大说："世界妈祖同一人，天下信众共一家。希望包括港澳台同胞和海外侨胞在内的炎黄子孙，以妈祖文化为纽带，不断增强凝聚力，扩大相互的交流与合作，携手并进，共谋福祉。"护送妈祖神像前来参加活动的台湾嘉义县新港奉天宫董事长何达煌先生表示："天后分灵来自大陆，希望'妈祖回娘家'活动能保佑国家兴旺、两岸和平、百姓平安。"

在"天下妈祖回娘家"的活动中，来自台湾鹿港天后宫主委张伟东先生的虔诚态度和专注精神格外引人注目。《福建日报》记者现场采访了他。他告诉记者，鹿港天后宫和湄洲祖庙有很深的渊源，宫庙和牌楼上都写着"湄洲天上圣母"，表示不忘本源。鹿港天后宫供奉的镇殿妈祖神像，是1683年（清康熙二十二年）由福建水师提督靖海侯施琅将军从湄洲祖庙迎请到台湾的，是台湾开基妈祖之一。

张伟东先生深切感受到大陆同胞的热情，妈祖地位的崇高。他高兴地说："18个国家和地区的三百多尊妈祖分灵神像集中回娘家，共同来寻根溯源省亲谒祖，这是千年来的第一次，意义不同凡响，也扩大了我们的亲情联络，真是令人终身难忘！"他特别指出，鹿港天后宫的镇殿妈祖是时隔191年后再次回娘家"探亲"。

张伟东介绍说，鹿港天后宫是台湾的重要景点，每年到鹿港天后宫观光的信众和游客达1500万人次。台湾有许多宫庙的妈祖就是从鹿港天后宫迎请分灵而来的。目前，从鹿港天后宫分灵到世界各地的妈祖神像已有近5000尊。

为了响应这次活动，张伟东一行还特地带来了台湾媒体记者，及时把活动视频和文字转回台湾，并花费四百多万元新台币在台湾东森电视台和《联合报》等十几家媒体购买了播放权和版面权做宣传，以便更多的台湾同胞在第一时间感受到妈祖的恩泽。张伟东表示，弘扬妈祖文化，宣传妈祖精神，为两岸共谋福祉，是责任所在。为了不让这个精神纽带在年轻人中"断层"，鹿港天后宫特地请台湾著名音乐人罗大佑制作CD，把各种妈祖活动的盛况传播出去。另外，他们还运用卡通、音乐等娱乐方式，让年轻人了解妈祖文化，感受妈祖精神，让更多的人来弘扬妈祖文化，把妈祖的和平愿景推向全世界。

11月1日下午，湄洲妈祖祖庙安泰宾馆会议厅高朋满座，第四届"湄洲妈祖·海峡论坛"在这里举行。"妈祖文化与申报'世遗'"的主题，吸引了许多专家学者和妈祖信众。

参与论坛的两岸专家们纷纷表示，千百年来，带着浓重民间气息的妈祖信俗与百姓生活水乳交融，世代相传，已成为中华民族文化认同的标志，在维护家庭和睦、社会和谐、世界和平与弘扬大爱精神方面发挥了独特的作用。大家一致认为，两岸携起手来共同推动妈祖文化申请"世界文化遗产"，把妈祖文化打造成世界性的文化品牌。

八、第二次"陈江会"在台北举行，它标志着两岸关系发展迈入了新境界

（一）

10月27日，海协会常务副会长郑立中、驻会副会长李炳才与台湾海基会副董事长兼秘书长高孔廉在深圳举行预备性磋商，就海协会会长陈云林率团赴台协商、访问安排事宜交换意见。双方商定，海协会协商代表团于11月3日至7日访问台湾，两会将在台北举行第二次领导人会谈及工作性商谈，协商解决两岸海运直航、两岸货运包机、平日包机及建立空中直达双向新航路、两岸邮政合作、两岸食品安全等问题，争取达成一致意见，并签署协议。鉴于当前金融危机给两岸经济发展带来的复杂因素和严峻挑战，两会将组织有关方面专家进行座谈，研讨加强合作、应对挑战的办法，为下一轮商谈有关议题预作准备。海协会协商代表团由会务人员、部分海协会理事和专家组成，除进行协商工作外，还将适度安排拜会与参访活动。

消息一传出，立即引起海内外舆论的高度关注。10月28日出版的台湾《联合报》发表题为《马将亲上火线辩护》的报道说，海协会会长陈云林下周一将来访，据透露，为化解蓝绿对立紧张气氛，"府院"要求各部会强化文宣，"以人民听得懂的语言"宣导江陈二次会的正面意义及效应，马英九更将亲上火线，密集接受媒体访问。

同日出版的台湾《联合晚报》发表题为《宣传！"府院"发动民间力量》的报道说，陈云林下周一将访问，面对民进党的大动作，"府院"将密集展开反击。除了马英九将亲上火线，府方要求各部会通过广告等各种方式进行宣导，甚至也将发动企业界、民间力量，全面营造"江陈会"正当性。

当天的台湾《中国时报》发表报道指出，张铭清在台南被推倒，没有对陈云林访台造成困扰。诚如海协会常务副会长郑立中所说，少数人的极端行径，难以阻挠两岸关系的发展。

报道所说"张铭清在台南被推倒"事件，是指海协会副会长张铭清10月19日以厦门大学新闻传播学院院长身份应邀到台南进行学术交流，10月21日在台南孔庙参观时遭民进党台南市议员王定宇率若干暴徒攻击。事发后遭到岛内舆论强烈谴责。台南地方检察署随即对王定宇等人暴力犯罪行为展开侦查，30日侦查终结，决定起诉王定宇，依公然聚众施暴胁迫及伤害等罪嫌求刑一年两个月。另外6名男女依法分别求刑8个月、7个月、4个月。台南地检署在起诉书中指出，王定宇等人所为对台湾社会秩序造成动荡不安，他们践踏人权法治，阻挡民主进步。王定宇等人所针对者陈张铭清个人外，更主要的对象是张铭清作为海协会副会长所代表的身份，因此这一暴力行为已造成社会大众不安，影响所及，将来其他大陆地区人民来台，也将担心安危。

10月28日，台湾海基会召开临时董监事会，海基会董事长江丙坤在会上发表讲话时指出，下周一大陆海协会长陈云林来台，不仅是大陆来台层级最高的人物，也具有重大的历史意义，在海协陈云林的行程方面，海基会都会维护台湾的尊严和人民的权益，也将让大陆方面感受到台湾百姓热情、好客、有礼的一面，这些事情都有助于两岸相互了解。他强调，希望这次陈江台北会谈能够务实推动，顺利达成协议，进一步创造两岸互惠互利、有利于双赢发展的环境。

10月28日，台湾地区工业总会、商业总会、工商协进会、工业协进会、中小企业协会、电机电子工业同业公会、工商建设研究会等七大工商团体发表共同声明，对当局邀请海协会会长陈云林来台进行协商对话表示支持和肯定，对陈云林访台表示欢迎。

声明说，近日来台湾各界对陈云林来台一事看法不一，对此，关心台湾经济发展的各大工商团体不仅想表达自己的关切，更对当局邀约陈云林来台进行协商对话、建构两岸和谐平台表示支持和肯定。

声明说，"通过交流增进了解"是两岸和平共处的基石，也唯有运用智慧，通过对话才能让长久以来复杂纠葛的两岸关系找到一个可行的解决途径。工商七大团体欢迎陈云林来台，并就两岸共同关切的议题早日达成协议，共创两岸合作双赢。

声明说，在两岸互动日益频繁下，我们必须以更多元的思考来看待两岸的互动。在此，我们深深以为"两岸的合作，有利于两岸的经济发展"，"两岸的对话，有助于台海的稳定和平"。因此，对陈云林此刻来台，我们应以积极理性的态度面对，在对等与尊严的立场上进行有利于台湾及两岸关系和谐的事务性协商，为台湾争取最大的利益。

声明说，大陆食品安全问题确实造成台湾民众的惶恐与不安，因此台湾更应借由陈云林来台，共同协商，订定《两岸食品安全合作协定》，借以维护台湾民众的利益。

声明表示，期待当局能够以维护台湾利益为前提，与陈云林会长平等、尊严地互动，并在互利互惠原则下，不论是在货运包机、海运直航、两岸航线"截弯取直"乃至于两岸共同打击犯罪，以及食品安全协议中，为台湾民众争取最大的利益，让台湾在这一波全球金融风暴中找到经济复苏的利益基础。

声明最后说，通过不断交流与相互了解，而进建构一个和谐发展的两岸关系，这是台湾工商界的衷心盼望，也是台湾民众的共同期待。

美国对陈云林访台也表达了充分的善意。美国前副助理国务卿柯庆生28日表示，陈云林访台是正面事情，期盼陈云林访台能成功，希望能有助两岸关系长期进展。美国国务院官员在28日的记者会上也表示，美国乐见陈云林访台。而在稍早时候，两位美国总统候选人亦表达了同样的观点。民主党的奥巴马表示，他"强力支持大陆与台湾之间降低紧张关系"；共和党的麦凯恩则表示，美国不但要与中国大陆建立合作及建设性的关系，也要"鼓励台海两岸改善关系"。

美国《商业周刊》10月30日发表题为《对中国和台湾来说这是"机会之窗"》的报道说，北京和台北希望一次简单的商业谈判将打开和解之门，把台湾政治地位正式放在一边，以利于已经开始的经济一体化进程。报道说，国民党希望达成一项30年到50年的协议，该协议的内容就是：现在不考虑台湾的政治主权问题。现在只谈商业问题，在以后一致同意的时刻再来谈台湾政治主权问题。报道说，对北京来说，陈云林访台说明，大陆希望至少有20年注意力集中于经济而不必担心台湾问题。高等政策研究协会秘书长杨念祖说："双方都认为这是一扇机会之窗。"报道最后说，陈云林抵达台湾，这是一种希望和解的表示。如果他的访问获得成功，那将是最有效的亚洲外交。

10月29日，国民党举行中常会，海基会董事长江丙坤就陈云林访台议题提出报告，吴伯雄发表讲话说，6月13日，江丙坤与陈云林在北京签署实施周末包机和大陆居民来台旅游两项协议，获得台湾民众欢迎。无论这两项协议，还是北京"陈江会谈"所预定要签署的4项协议，包括客运包机扩大化与便捷化、海运直航、直接通邮、食品安全机制等，都是现阶段台湾所迫切需要的，也是民进党执政期间想做而做不到的。他强调，各项民调均指出，多数民众支持台湾"陈江会谈"。可见陈云林访台，既是两岸关系演进的必然趋势，也是台湾主流民意所强力驱动的，不容在野阵营的诬蔑和扭曲。吴伯雄表示，台湾主流民意与国际舆论都期待"陈江台北会谈"顺利进行，却只有民进党反对。国民党仍愿意尊重在野人士用合法方式表达不同意见，但如出现暴力滋扰，就会伤害台湾的"国际形象"，所以当局绝对要保障合法，取缔非法，让台湾做好东道主。国民党当全力支持当局圆满完成台北"陈江会谈"。

10月29日出版的香港《东方日报》发表题为《陈云林能够赴台就是赢》的文章指出，大陆海协会会长陈云林访台，将签署一些两岸经贸交流协定，这些协定大大有益于台湾，有益于马英九政府振兴经济，用港人的话说是"送大礼"。这些协定当然不一定非要在台北签，也即今次"陈江会"不一定非要在台北开，但双方还是决定在台北开会、在台北签协定，是政治意义大于一切。对此，北京方面态度尤其积极，不管台湾社会有多少人反对、阻力有多大、危险有多大，陈云林都要去。在北京的政治布局中，只要陈云林去了，踏上了宝岛，就是在两岸关系和平发展道路上树立了一座里程碑。

文章指出，主张"台独"的陈水扁和民进党执政期间，台湾海基会和大陆海协会的交往被中断，陈云林访台更属天方夜谭。陈水扁清楚，"两会"交往的政治基础是"九二共识"，而"九二共识"的两大内涵，一是"一中原则"，一是主张国家统一。在"九二共识"的基础上发展两岸经贸关系，"台独"就会受挫，其市场就会愈来愈小，这是陈水扁、民进党要极力反对的。然而，2008年大选，民进党下台，他们的反对无效了。两岸"两会"恢复协商谈判更是蓄势已久，台湾经济8年下滑更是急等两岸经贸发展争得转机。故几个月来两岸频密接触，"两会"商谈迅速取得成果。

文章说，对此，民进党和"台独"势力的反弹也相当凶狂，他们把火力集中在陈云林访台上，一是要极力阻止陈云林访台；二是要破坏陈云林访台；三是要在陈云林访台时展示"台独"力量；四是要借机对大选后溃不成军的绿营进行整合动员，再找到出发的支撑点。要做到上述四点，民进党没有别的办法，还是老招数，游行抗议，街头斗争，甚至诉诸暴力。

文章最后说，看来，围绕着陈云林访台展开的是一场反"台独"与搞"台独"的政治斗争，对北京而言，陈云林只要踏上台湾，开好会议，签署协定，安全返回就是胜利。

10月30日，陈云林在北京接受台湾媒体联合采访时表示，这次他率团赴台湾访问，是两会领导人首次在台湾举行会谈，是两会制度化协商进程中新里程的开始，也是两岸关系发展中的重要一步。

在谈到此次访台的意义时，陈云林指出，不断通过协商解决问题，是两岸关系和平发展的内在要求，也是两岸关系发展的重要内容。这次两会在台北举行会谈，将成为两岸关系继续改善和发展的重要标志。协商进程的持续、成果的累积，将扩大两岸交往，增进双方互信，推动两岸关系和平发展近入新的境界。相信两会制度化协商顺利进行会得到越来越多的台湾民众理解和支持。

陈云林说，此次率团访问台湾，是两会6月份约定的事情，属于两会制度化协商。此行主要有两项任务：第一，也是最主要的任务，就是与海基会董事长江丙坤进行会谈，协商两岸海运直航、空运直航、邮政合作、食品安全等议题，签署协议；并就如何增加大陆居民赴台旅游人数、两会下轮协商议题安排、加强两会联系与交流等问题交换意见，做出规划。第二，就两岸合作应对当前国际金融危机冲击、共度时艰交换看法、研究办法，并为两会下轮商谈金融合作等议题预作准备。

陈云林表示，希望通过这次两会协商并签署协议，能够更加有利于促进两岸经济合作，便利两岸同胞往来，增进两岸同胞切身利益。建立两岸空中直达航路，增加包机班次与航点，将使两岸民众往来两岸更为便利，并将大大降低两岸民众往来和空中货物运输的时间与金钱成本；开放两岸海运直航，对两岸经济将有重要的积极影响；扩大两岸邮政业务范围，将使两岸民众和企业享受到更好的邮递服务，联系会更为方便；建立两岸食品安全协调处理机制，可以维护消费者权益，维护两岸贸易健康发展。

陈云林指出，此时应邀赴台访问，既是基于两岸关系发展的现实迫切性，又考虑到两岸关系长远发展的必要性。两会协商中断达9年之久，失去了许多宝贵的时间，积累了很多需要协商解决的问题。如果协商制度不能落实、协商进程不能持续，损害的是两岸同胞的利益。做对两岸关系发展有利的事情，做对台湾同胞有益的事情，我们没有任何理由拖延。

陈云林充满感情地说，此次赴台湾访问也是为了完成汪道涵、辜振甫两位老先生未了之夙愿。如果二老泉下有知，当对两会商谈的进展和两岸关系的发展感到欣慰。

"我对台湾这片热土和自己的同胞抱有美好的感情！"陈云林还十分坦率地吐露了即将首次赴台湾访问的心情，"就要踏上这片可爱的土地，实现多年的期待和夙愿，心情自然十分激动。"

台湾《联合报》就陈云林接受台湾记者联合采访一事于10月31日发表报道说，陈云林昨天第一次接受台湾记者集体访问，处处展现"不一样的陈云林"。一个小时的问答，陈云林不但会前、会后和记者一一握手，对熟悉的台湾记者更不时点头微笑，亲和力百分之百。整场记者会只让台湾记者提问，大陆中央媒体只能在旁边记录，和过去以大陆媒体优先的中共官员记者会截然不同。

报道说，记者会上，陈云林变化多多的手势和动作，很能抓住台湾电子媒体的镜头，谈话内容主打温情攻势，谈到自己对台湾的想象和情感，他说自小就有台湾情结，想看阿里山的美景，多年来他一直想去台湾，很想看看小时候听的歌"台湾岛啊我的故乡"里面所描述的真实台湾是什么样子。这段对台湾感情的表白，打动了在场台湾记者的心。

报道说，为了和台湾民众"搏感情"，67岁的陈云林操着东北口音勤学台语。记者会最精彩的高潮，是陈云林说着说着，一度哽咽，眼泛泪光，在场记者跟着沉默。不管是无法去台湾中南部的遗憾，或是好不容易才能来台的感慨，陈云林感性的表现，尚未动身，已倾全力争取台湾人的好感。

岛内媒体报道，10月30日下午，岛内航运界众多代表在向台湾地区领导人马英九递交了欢迎陈云林来台湾访问的"陈情书"之后，随即在台北举行记者会表示，航运界非常欢迎海峡两岸关系协会会长陈云林来台湾签署直航协议，两岸海空直航不但可节省时间和成本，有利于两岸经贸厂商，更有助于台湾经济发展，受益者是台湾全体民众。

台湾长荣集团首席副总裁林省三在记者会上说，我们航运界与大多数台湾民众一样，非常欢迎陈云林会长来台签署协议，早一天实现直航。他说，两岸海空直航，其受益者不仅是海空运输业者而已。两岸现阶段，因为无法直航，布局两岸的经贸厂商都要面对高成本、低效率的运转过程，削弱了产业的竞争力。直航之后，由于可以节省不少时间和成本，可以提高企业的经营绩效，这有利于两岸经贸厂商，有助于台湾的经济发展，所以最后的受益者乃是台湾全体人民。

航运界代表在记者会上一致表示，台湾目前经济环境，正处于美国金融风暴与全球性经济衰退的双重压力下，而攸关台湾民生经济的两岸直航议题却经常被泛政治化，导致台湾的竞争力日趋恶化。台湾海空业者郑重呼吁，当局务必掌握此次"陈江会谈"的契机，全面实现两岸直航，达成两岸互惠互利的双赢结果。

岛内媒体报道，在台湾的美国商会、欧洲商会及日本工商会于10月31日联合发表声明，欢迎"陈江会"，期待两岸能在交通运输、扩大通邮及其它形式合作的协商达到实质进展，促进两岸人员、货物和资金的流动。报道说，在台的三大外国商会过去极少联合发表意见，特别是日本工商会很少举办公开活动，三大外国商会首次联合发表声明，凸显他们对"陈江会"的强烈期待。

岛内媒体报道，全国台湾同胞投资企业联谊会会长张汉文等十余位大陆台商代表，11月1日在台北召开记者会，公开支持海协会长陈云林来台，与台湾海基会董事长江丙坤会谈，更期待两岸尽速建立具有实质意义的制度性协议。他们说："已经有了这么好的开始，希望两岸关系进一步向前发展，有利于两岸关系的事情我们都支持！"台商协会代表发表声明表示，大陆百万台商寄望台湾上下整合意见，支持维护两岸协商，为全体人民，乃至大陆台商争取最大权益。

面对社会舆论热烈欢迎和支持陈云林赴台与台湾海基会董事长举行"陈江会"的强烈呼声，民进党内一些人的闹场叫嚣显得甚为渺小。有专家指出，这些人的闹场叫嚣只不过是"向隅而泣"的表演罢了。

（二）

11月3日，陈云林率海协会协商代表团乘机离京赴台，中台办、国台办主任王毅等前往机场送行。王毅在机场对众多现场采访的记者发表讲话时说，4个月前，也是在北京首都机场，我们为首次乘坐两岸周末包机赴台的大陆游客送行，那是两岸同胞交往的一个新起点。4个月后的今天，我们又在这里为首次赴台的海协会会长率领的代表团送行，这是两会制度化协商的一个新起点。海协会已经成立17年了，今天，海协会领导人终于可以应邀访台，这是两岸关系向前发展的一个重要标志，也是载入两岸关系史册的一件大事。他代表中台办、国台办对所有关心、支持并为此作出宝贵努力的两岸各界朋友表示衷心感谢，也预祝陈云林会及海协会协商代表团此次赴台商谈安全顺利、圆满成功。他说，两会恢复协商的时间并不长，但已取得了不少积极成果。当然，也有某些领域的交流由于各方面原因还不尽如人意，大陆方面愿随时听取和尊重各界意见，与台湾朋友们一道，不断改进，完善和加强两会协商进程。只要方向正确，只要符合两岸同胞的共同愿望，两会协商将在制度化的轨道上不断为两岸同胞谋得更多、更实实在在的利益。

王毅强调，两会协商就是为两岸同胞办好事、办实事。两会平等协商，共创双赢，不存在谁让步的问题；双方携手合作，互蒙其利，也不存在谁吃亏的问题。王毅指出，两岸关系的坚冰已经打破，道路已经开通。当然，在前进的道路上还存在不少需要解决的问题，面临不少复杂的因素。但在双方共同努力下，两岸关系正在步入和平发展的轨道，开始呈现良性互动的态势，这一局面来之不易，值得我们珍惜、维护和发展。中台办和国台办将秉承"建立互信、搁置争议、求同存异、共创双赢"的精神，与台湾各界朋友一道，积极稳妥地解决好当前及今后可能出现的各种问题，不断巩固和促进两岸关系改善和发展的势头。尽全力为两岸同胞谋福祉，为台海地区谋和平，不断开创两岸关系和平发展的新局面，坚定不移地维护中华民族的根本利益和长远利益。

11月3日11时45分，陈云林一行所乘国航包机平稳地降落在台北桃园机场。机身上，5个奥运福娃的彩绘图案，鲜艳夺目。舱门徐徐打开，陈云林偕夫人走出舱门，向欢迎的人群挥手致意，走下舷梯，踏上宝岛的土地。

历史在这一刻定格。

2008年11月3日，11时58分。两岸关系发展的史册上应记下这一时刻。

陈云林率领的海协会协商代表团抵达台湾，这是1949年后大陆受权团体最高负责人第一次访问台湾，也是大陆第一次派出庞大的协商代表团同上宝岛。

陈云林的一小步，两岸关系一大步。

早已迎候多时的台湾海基会副董事长兼秘书长高孔廉等上前与陈云林等握手，陈云林向接机人员微笑挥手致意。陈云林在机场发表了书面谈话，代表海协会协商代表团全体成员，向广大台湾同胞致以最诚挚的问候和祝福。

随后，陈云林一行乘上专车，从停机坪直接前往下榻的圆山大饭店。始建于1952年的圆山大饭店，因其独特的中国宫殿式建筑而成为台北市的地标，曾被美国某著名杂志评选为"世界十大饭店"之一，近年来饱受亏损之苦，而最近因为接待陈云林一行，并成为两会领导人首次台北会谈所在地而再现风华，成为媒体关注的焦点，让饭店上上下下都觉得十分光彩。

富有中国传统特色的饭店大厅，宫灯高悬，雕梁画栋。厅中央，满地的鲜红地毯，显得庄重热烈。大厅两侧和阶梯上，挤满了媒体记者。有关人士介绍说，申请采访这次会谈的记者有1047人，最终获准采访的有574人，分别来自岛内外138家媒体。

12时25分，陈云林一行抵达饭店，走进大厅。"会长好！"迎候的人群响起热烈的掌声。陈云林与海基会董事长江丙坤热情相拥。

随后，海基会举行欢迎仪式。

江丙坤致欢迎辞说，陈云林会长踏上宝岛土地，这一刻不只台湾民众在看，大陆民众在看，全世界都在看，这是历史的一刻。江丙坤说，两岸交流史上，这一刻整整花了60年。

陈云林随后发表讲话说："首先，我要向海基会的朋友以及岛内乡亲表示衷心的感谢！同时转达大陆13亿人民对海峡彼岸2300万骨肉同胞真诚的祝福和衷心的感谢！"

谈及踏上宝岛的心情，陈云林说："第一次踏上台湾这片可爱的土地，能够如此近距离地接触那么多可爱的台湾乡亲，心情十分激动。"

陈云林说，这次两会商谈在台北举行，这是两岸制度化协商走出了新的里程，标志着两岸关系迈出了重要的历史性的一步。他说："为了这一天的到来，两岸的朋友，特别是很多台湾的朋友，奔波于两岸，他们付出了辛劳付出了心力，作出了贡献；为了这一天的到来，汪辜两位前辈孜孜以求，不懈地努力，几经相许，终未成愿，如今两位老人已经乘鹤西去，但是他们在九泉之下，如果能够知道我们今天这种场景，一定会非常欣慰。"

今天的台北，一度飘起了濛濛细雨。陈云林说，我在北京登机的时候，晴空万里。到达桃园机场和圆山大饭店，外面是细雨绵绵，和风宜人，它预兆着我们两会的商谈会圆满成功。

11月3日下午，台北细雨霏霏。

带着仆仆风尘，作为首次赴台的海协会领导人，陈云林抵达后的第一件事，便是率队拜会已故海基会董事长辜振甫先生遗孀辜严倬云女士。他说："这是感情使然，也是心情使然，是大陆广大同胞希望我们做的。"

台泥大楼士敏厅，也叫台北戏棚，门前挂着爱戏的辜老生前的剧照。83岁的辜严倬云女士身着绿底紫色团花的旗袍，神采奕奕，精神矍铄。她的一侧坐着海基会董事长江丙坤、海基会前副董事长兼秘书长陈长文、焦仁和等，陈云林的一侧坐着海协会常务副会长郑立中，曾参与"汪辜会谈"的海协会驻会副会长李炳才、执行副会长孙亚夫等。他们的身份、年纪不尽相同，却有一段共同的记忆——关于两位老人一场未赴的相约、一个未了的心愿。

陈云林说："回想15年前，汪道涵、辜振甫两位前辈为两岸和平发展在新加坡举行会谈；10年前，辜振甫先生到上海，两会领导人再次会晤，他们一生孜孜追求的是两岸同胞的相互了解，两岸之间的和平发展。"

汪辜两次相会，辜严夫人都陪同参加，怀念往昔，她说："辜振甫董事长生前关心的就是两岸关系的和平发展，直到临终前仍然念念不忘。汪辜二老对于两岸关系都有极深的期许。"

怀念故人，不胜唏嘘。辜严夫人说，这座大楼是辜老生前所建，当时期待着汪道涵先生能来，就在此地宴请他。辜严夫人欣慰地表示："当年汪道涵会长没能够亲自来到台湾，是一个很大的遗憾，今天这个遗憾已经由陈会长来弥补了，真是令人高兴，也为两岸庆幸。"

陈云林说自己算是汪老的助手。他回忆道，汪老后来长期在医院，他当时念叨的一个很大的遗憾，便是与辜老相约未践。

陈云林说："今年6月两会恢复商谈，很不容易。为了两岸商谈从开始能延续下去，期间有许多朋友不断努力。虽然当时二老未能完成心愿，但是今天终于实现了这个愿望。我们将继续把两岸和平发展的事情做下去。我想两位老人在九泉之下，一定会感到欣慰。"

临别之时，陈云林向辜严夫人赠送了一个绘有汪辜二老握手的瓷盘，辜严夫人则回赠著名画家张大千女弟子邵幼轩的作品《合鸣》——一对黄莺站在百花盛开的树枝上。辜严夫人说，希望两岸能如这幅画般百花盛开，也如黄莺般唱出最美的声音。

11月3日下午，大陆海协会与台湾海基会在台北圆山大饭店举行第二次预备性磋商，各方各派出15名商谈代表。海基会副董事长兼秘书长高孔廉率领海基会15名代表在会议室迎候海协会常务副会长郑立中一行。

高孔廉首先致辞时表示，海协会这次来台是大陆最高层级人员首次访台，特别具有意义，也是两岸关系发展的重要里程碑。两会之间有往有来，象征两岸关系正常化，对台海和平稳定具有重大意义。他说，海基会在主管机关授权下，与海协会就两岸空运、海运、邮政以及食品安全议题磋商，这四项议题都是民生经济议题，完全与政治无关，并经过海基会与海协会我次工作层级磋商，技术性方面都已达到相当共识。相信在这样的基础上，应该能很顺利地协商完成，为明天签署协议做准备。

海协会常务副会长郑立中致辞说，今天的预备性磋商，将商定协议的基本框架和主要内容。他说，两岸食品安全协议问题，直接关系两岸消费者的健康权益，两岸双方高度重视，并且在专家沟通的基础上，将就建立有关机制做出安排。他表示，相信双方从增进两岸同胞福祉的高度考虑，从维护两岸发展的大局出发，本着平等协商、善意沟通、积累共识、务实进取等精神，能对四项议题达成协议文本，以便两会领导人签署。

本次磋商是继10月27日两会于深圳举行的第一次预备性磋商的第二次磋商。磋商进展顺利，双方敲定了有关空运、海运、邮件、食品安全卫生四项协议的基本框架和主要内容。

3日晚，海基会董事长江丙坤以东道主的身份，在台北最高的摩天大楼101大楼84层的"风云会"宴请陈云林一行。

这场宴会的菜单设计颇具深意，6道主菜及1道甜点分别取名为"四海一家齐欢庆"、"海阔天空展新局"、"福临大地报佳音"、"龙跃青云呈吉祥"、"协和齐力转乾坤"、"一团和气万事兴"、"花开果硕喜民生"。从这份充满喜庆的菜谱中，可以清楚地看出主人努力营造两岸共求和平、共谋发展的和谐氛围的美好用心。

在大楼高速电梯的入口处，张贴了一副巨大的对联——"江山有情，丙火恒丰乾坤会"；"陈谷无偶，云水复泰儒林谈"。这付对联不仅陈云林与江丙坤的名字镶嵌其中，而且把"陈江会谈"的意涵也写了出来，构思巧妙，文采飞扬，充分地反映出东道主的美意。

先贤一别，流水十年，汪辜二老十年前的约定，今天终于由陈江二位达成。历史性的一刻，万众瞩目。岛内外媒体3日纷纷发表评论，高度评价陈云林访台和二次"陈江会"的积极意义。

台湾各大报纸3日均发表社论对陈云林来访作评。

台湾《联合报》的社论说，海协会会长陈云林3日率团来访，这是60年来深具里程碑意义的两岸大事。社论说，将台北"江陈会"置于60年来"历史与现实"的坐标点上，可以看出两岸互动有一条由隐而显、由微而著的主轴线，那就是"民意与和平"。今日台北"江陈会"所站的"历史与现实"的坐标点，无疑是正面的、进取的，也是足可庆幸与肯定的。

台湾《经济日报》的社论说，陈云林访台，对两岸关系、台海和平、区域稳定都具有高度意义，广受国际瞩目。总体上，两岸关系正常化是台湾经济所需，我们欢迎陈云林来访，也期待台湾民众待之以礼，但更期待二次"江陈会"方圆有度，为持续的良性互动继往开来。

台湾《中国时报》的社论说，"陈江会"将是两岸长期互动中的一次重要的转折点，任何一方的参与者都会在这几天留下他们的轨迹，希望台湾未来的发展，因此走得更宽广。

台湾《工商时报》的社论说，汪道涵一度有机会来台，却遭李登辉以"两国论"破局，随着陈水扁的"一边一国"论大行其道更让海峡两岸的关系降至冰点。如今，两岸误会冰释，官员坐上谈判桌进行协商签约，两岸关系的进步可以用"日新月异"来形容。

台湾《联合晚报》发表评论说，陈云林踏上台湾土地的那一刻，两岸从1949年凝结恩怨的那一刻，跃进了追求和平的未来。历史发展至今，终究把两岸同胞又拉近了距离，两岸人民展开交流，感情、血缘、实质的经济利益，终于还是冲破了政治藩篱。

3日出版的香港各大报刊也纷纷发表社论或文章认为，陈云林访台是"历史性的访问"。香港舆论期待此访能为未来长远的两岸关系发展营造良好气氛，奠定坚实基础，推进新形势下两岸关系的和平发展。

香港《文汇报》的社论说，这是两会领导人第一次在台湾举行会谈，标志着两会沟通管道进入制度化、常态化模式，为未来长远的两岸关系营造良好气氛，奠定坚实基础。

香港《明报》的社论说，这次历史性访问，是两岸关系走向和缓的重要一步，让关注两岸和平之士既引颈以待，亦无不唏嘘感叹，定将被记入史册。

香港《星岛日报》的社论说，4日的"陈江会谈"，涉及两岸直航、邮件直达与食品安全卫生等四项协议，不但为台商往来大陆节省大量时间金钱，两岸货运节省大量成本，而且打破大陆访台旅客机位不足的瓶颈，将是力推台湾经济走出低谷的火车头，更是雪中送炭的救生圈。

岛内媒体报道说，就在舆论盛赞陈云林访台之际，岛内不和谐的杂音也随之而起。民进党与"独"派团体组织的抗议活动3日也陆续登场，在陈云林一行途经路上拼命制造混乱，都被早有防备的维安警力挡下。

报道说，跳梁小丑往往擅长抢镜头搏版面，但淳朴的民众也会以自己朴素的方式表达台湾人的好客热情。台湾嘉义几位民众因为10月去大陆旅游时巧遇陈云林，与他合照，还约定要款待他，但陈云林此行未能覆盖嘉义，乡亲们很失望。这一群年过半百的嘉义乡亲，3日围在电视机前关注陈云林访台的最新动向。这几位乡亲对采访的记者说："本来以为陈会长到台湾来我们可以跟他见面，把我们在福建土楼所合拍的照片送给他。"他们拿出照片记者看，照片里，陈云林开心地与巧遇的嘉义旅游团成员合照，当时他亲切的态度让团员印象深刻。他们对记者说，他们希望在不打扰陈云林会长的前提下，能把照片送到他手里。

报道说，台湾广大股民也用手里的钱做了最直接的表态。3日，台北股市收盘大涨124.40点，尤其是"两岸要领股"，观光、运输、金融类股皆大涨飙红，显示民众对陈云林来访的肯定，对两岸双赢前景的信心。

（三）

台北圆山饭店，这座见证过台湾近代史上无数传奇的美丽宫殿，将再一次见证一段两岸历史的传奇——11月4日上午，举世关注的第二次"陈江会谈"在此展开。

8时不到，饭店顶层的会议厅里，汇聚了各路媒体。厅中央，三排长桌铺上了洁白的布幔。大厅一侧，浅蓝色的大型背板上，简洁的线条勾勒出一幅海峡图景，寓示着海峡两岸的两条线条，越来越接近……

8时55分，海基会董事长江丙坤进入会场，站在门口迎候。随后，陈云林会长率协商代表团走进会场。江丙坤与陈云林热情握手。

双方代表坐定，只见江丙坤打开面前的矿泉水瓶，将陈云林面前的杯子

· 1137 ·

斟满。陈云林双手捧着茶杯，脸上堆满了笑意。

应媒体要求，陈云林与江丙坤笑意盈盈地站立起来，再次伸手相握。顿时，闪光灯闪成一片。

9时，海基会副董事长高孔廉宣布："第二次'江陈会谈'现在开始。"

江丙坤首先致辞，他有感而发："刚才我跟陈会长握手，在北京的时候还几乎握不到，但现在大大地靠近了。"

陈云林致辞说，两会领导人在台北举行会谈，是两会成立以来的第一次，也将成为两岸关系改善和发展的重要标志。他表示，两会这次将针对海运直航、空运直航、邮政合作、食品安全进行商谈，"我们愿意尽最大的努力，满足广大台湾民众的需要，在互利互惠的基础上达成一致意见，签署协议。"

现场的记者都注意到，陈云林致辞结束后，也随手拿起桌上的矿泉水，为江丙坤的杯子斟水。细微的动作，引发媒体一阵赞叹。

陈云林说，两会领导人在台北举行会谈，是两会制度化协商的重大突破，也是两岸关系发展中的重要一步。他指出，近半年多来，两岸双方都抓住难得的历史机遇，作出了各自的努力，推动两岸关系步入和平发展的轨道。海协会与海基会恢复商谈，两岸周末包机和大陆居民赴台旅游顺利实施，谱写了两岸交流合作的新篇章。双方各自采取措施加强两岸投资和贸易，扩大"小三通"的功能与作用，为促进两岸人员往来和经济合作提供了更多便利。两岸关系的改善与发展，受到两岸同胞和国际社会的高度评价。

双方在解决两岸海运、空运、邮政、食品安全等问题方面取得了重要共识，一致同意开通两岸海运直航，实现两岸海上客货直接运输；建立两岸空中双向直达新航路和两岸空管部门直接交接程序，开办两岸货运包机，增加客运包机航点、班次，将两岸周末包机扩大为平日包机；开办两岸直接平常和挂号函件、小包、包裹、特快传递、邮政汇兑等业务，加强其他邮政业务合作；相互通报涉及两岸食品贸易的食品安全信息，建立两岸重大食品安全协调处理机制。

陈云林指出，上述四项议题的解决，将使两岸同胞渴望了30年之久的两岸直接通航、通邮变为现实，为两岸人员往来和经济合作开辟便捷路径，从而增进两岸人民福祉，带动两岸关系发展进入新的里程。他特别指出，国际金融危机给两岸经济发展带来严峻挑战，也使得两岸金融合作和经济合作显得更为重要、更为迫切。两岸人民是骨肉同胞，理应通过相互扶助，赢得持续发展。

陈云林提出，两会今后一个时期应重点协商推动建立两岸金融合作问题，协商推进两岸经济关系正常化、紧密化问题，以逐步构建两岸经济合作制度化框架。同时，两会也应积极协商加强文化交流、社会交流等议题。

双方讨论了促进大陆居民赴台湾旅游的具体措施。陈云林表示，两岸旅游发展需要两岸双方共同努力。大陆方面正在研究开放13个省市以外的大陆居民赴台旅游，并相应增加大陆组团社数量。台湾方面应解决简化申办手续、签证时效等问题。两岸业界应考虑共同解决大陆居民赴台旅游价格偏高、旅游团组最低人数的问题。目前一个赴台旅游团组不能少于10人。根据这一段的有关情况和经验，两岸旅游业者均认为应调整为不少于5人。海协会经商大陆有关方面，赞成这一意见。我们期待，采取这些措施，加之两会商谈达成空运协议后，增加航点、班次，实现了平日包机，将对大陆居民赴台旅游人数增加起到推动作用。

陈云林表示，一段时间以来，两会就互赠大熊猫、长鬃山羊、梅花鹿、珙桐树作出了努力，协调有关方面解决出入境、检疫检验手续和运输等问题，协助两岸专家开展技术交流、人员培训等活动。希望大陆同胞赠给台湾同胞的这一对大熊猫于年内运抵台湾，给广大台湾同胞特别是小朋友带来欢乐和吉祥。汶川特大地震灾区羌族同胞委托我此行将被称为"植物活化石"的珙桐树种转交海基会，希望能够把它们同灾区人民感恩的心一起种植在台湾的土地上。同时，接受台湾方面回赠的稀有动物长鬃山羊和梅花鹿，把台湾人民的情谊带回大陆。

双方还就两会明年协商议题规划、两会会务联系与交流等事宜交换了意见。初步商定两会下一轮商谈具体解决两岸金融合作问题、共同打击犯罪问题、两岸渔工劳务合作问题、两岸双向投资及签订投资保护协议问题、两岸动植物检验检疫合作问题、两岸产业合作问题、两岸知识产权保护问题、两岸媒体记者常驻问题。并就以适当方式构建两岸经济合作制度化安排问题进行探讨。

陈云林还就进一步落实两会制度化协商、发挥两会在促进两岸交流方面的作用提出建议，包括：组织两岸经济界、工商界人士互访考察，为扩大"小三通"政策性问题沟通发挥协调作用；配合两会商谈议题和扩大两岸文化、教育交流事宜组织两会理事、董事、监事互访交流，组织两岸有关方面专家以两会名义开展交流与沟通；协调推动两岸石油企业合作勘探，协调推动两岸气象业务与科研交流。

陈云林最后表示，希望两会抓紧就双方确定的议题进行沟通，争取于明年适当时候，欢迎江丙坤董事长再度赴大陆与海协会进行协商。

"陈江会谈"结束后，11时30分，陈云林会长在江丙坤董事长的陪同下，专程赶到台北县林口镇，吊唁日前去世的台塑集团创办人王永庆老先生。陈云林身着黑色西服套装，面色凝重，在王永庆家人带领下，步入位于长庚大学活动中心的王永庆灵堂。

灵堂摆满白色鲜花，散发着淡淡的芳香。大门正中摆放着一盆白色蝴蝶兰花篮，写着"功勋不朽"的挽词，这是陈云林早前敬献的。陈云林向王永庆灵柩三鞠躬，然后与王永庆先生的亲属一一握手表示慰问。

步出灵堂，陈云林面露哀思，他在接受记者采访时表示，王永庆先生是两岸同胞共同敬重的民族企业家。他不仅为台湾经济建设作出过重大贡献，也对两岸经济发展倾注了大量心血。他一生热心社会公益，慷慨捐输，令人感佩。陈云林说："对这样一位德高望重的长者去世，我们深为哀痛。今天我们海协会代表团特地前来，也代表国务院台办主任王毅先生，表达我们对王永庆先生的沉痛哀悼，对王永庆先生促进两岸关系所作努力的高度推崇。"

陈云林充满感情地说："王永庆先生和我相识相交近15年，我们有非常深厚的感情。"两年前，陈云林曾为王永庆传记《筚路蓝缕》作序，称赞他"仗义执言，从广大台湾工商界和两岸同胞的共同愿望出发，主张两岸'三通'，每次同王永庆董事长见面，都有晤语契心之感。"

陈云林说："王董事长一生孜孜不倦追求的就是两岸经济共同发展、互利双赢。他一生最关心，多次向我说起的就是两岸'三通'。我们今天下午将签署两岸空运、海运协议，就要实现他的愿望了，终于可以告慰老人的在天之灵！"

11月4日下午2时，陈云林会长和江丙坤董事长不约而同地系着红色领带，满面春风，携手步入圆山大饭店大会厅。随后，陈云林、江丙坤分别在红色的简体版、蓝色的繁体版一式两份的《海峡两岸空运协议》、《海峡两岸海运协议》、《海峡两岸邮政协议》和《海峡两岸食品安全协议》四个沉甸甸的协议上分别签下自己的名字。仅仅用了20分钟的时间，就使两岸翘着以盼30年的两岸直接通航、直接通邮得以实现。

协议签署后，现场响起热烈的掌声。两会全体协商人员合影留念，举杯相庆。随后，江丙坤与陈云林互赠纪念品。江丙坤送给陈云林的是由台湾镂空书法名家詹秀蓉书写的"和平协商、共创双赢"金箔镂空书法作品，作品的背景中还藏着第一次"陈江会"时签署的《海峡两岸包机会谈纪要》与《海峡两岸关于大陆居民赴台湾旅游协议》全文，共约6000字的隶书小字。

陈云林回赠江丙坤的是一个双手互握形状的水晶工艺品。这个工艺品象征着海协会、海基会平等协商的精神，比喻和平、合作，期待两会成为推进两岸关系和平发展的桥梁。

协议签署后，两会分别举行记者会。海协会常务副会长郑立中在海协会举行的记者会上指出，今天是两岸关系史上值得记载的日子，会谈成果将带动两岸人民往来和经济文化交流。江丙坤在海基会举行的记者会上表示，两会台北会谈签署的四项协议是两岸共同努力的结果，有助于提升台湾的经济竞争力和保障台湾民众的健康权益，有信心能够顺利付诸实施。

在记者会上，双方均就四项协议中的有关规定作了说明。在《海峡两岸空运协议》及其附件中，双方同意开通台湾海峡北线空中双向直达航路，并建立两岸空（航）管部门的直接交接程序，同意继续磋商开通台湾海峡南线空中直达航路及其他更便捷的航路。两岸资本在两岸登记注册的航空公司，经许可后将可从事两岸间航空客货运输业务。

在客运包机方面，两岸将在原有周末包机的基础上，增加包机航点、班次，调整为客运包机常态化安排。大陆方面同意将在现有北京、上海（浦东）、广州、厦门、南京5个周末包机航点的基础上，开放成都、重庆、杭州、大连、桂林、深圳、武汉、福州、青岛、长沙、海口、昆明、西安、沈阳、天津、郑州等16个航点作为客运包机航点。台湾方面同意开放台北桃园、高雄小港、台中清泉岗、台北松山、澎湖马公、花莲、金门、台东等8个航点作为客运包机航点。

双方每周7天共飞不超过108个往返班次，每方各飞不超过54个往返班次。今后将视市场需求适时增减班次。客运包机常态化安排实现后，此前的节日包机不再执行。春节期间可视情况适量增加临时包机。双方还同意利用客运包机运送双方邮件。

在货运包机方面，双方同意开通两岸货运直航包机，运载两岸货物。大陆方面同意开放上海（浦东）、广州，台湾方面同意开放桃园、高雄小港作为货运包机航点。双方每月共飞60个往返班次，每方30个往返班次。

在《海峡两岸海运协议》及其附件中，双方同意相互开放主要对外开放港口作为直航港口，两岸资本并在两岸登记的船舶，经许可后可以从事两岸间客货直接运输。大陆方面现阶段开放上海、宁波、秦皇岛、厦门等63个港口，台湾方面开放基隆（含台北）、高雄（含安平）、台中、花莲等11个港口。在船舶识别问题上，双方同意两岸登记船舶自进入对方港口至出港期间，船舶悬挂公司旗，船艉及主桅暂不挂旗。双方同意在两岸货物、旅客通关入境等口岸管理方面提供便利。

根据协议，双方按照平等参与、有序竞争原则，根据市场需求，合理安排运力。双方同意对航运公司参与两岸船舶运输在对方取得的运输收入，相互免征营业税及所得税。

协议载明，双方积极推动海上搜救、打捞机构的合作，建立搜救联系合作机制，共同保障海上航行和人身、财产、环境安全。发生海难事故，双方应及时通报，并按照就近、就便原则及时实施救助。

在《海峡两岸邮政协议》中，双方同意开办两岸直接平常和挂号函件（包括信函、明信片、邮筒、印刷品、新闻纸、杂志、盲人文件）、小包、包裹、特快专递（快捷邮件）、邮政汇兑等业务，并加强其他邮政业务合作。

协议分别确定了两岸邮件封发局。大陆方面邮件封发局为北京、上海、广州、福州、厦门、西安、南京、成都；台湾方面邮件封发局为台北、高雄、基隆、金门、马祖。双方可视需要，增加或调整邮件封发局，并由增加或调整一方通知对方。双方同意通过空运或海运直航方式将邮件总包运送至对方邮件处理中心，并同意建立邮政业务账务处理直接结算关系。

以上三项协议自签署之日起40天内生效。

两会就两岸食品安全事宜，经平等协商达成《海峡两岸食品安全协议》。根据协议，双方同意相互通报涉及两岸贸易的食品安全信息，并就涉及影响两岸民众健康的重大食品安全信息及突发事件，进行即时沟通，提供完整信息。

双方同意建立两岸重大食品安全事件协调处理机制，具体措施包括：（1）紧急磋商、交换相关信息；（2）暂停生产、输出相关产品；（3）即时下架、召回相关产品；（4）提供实地了解便利；（5）核实发布信息，并相互通报；（6）提供事件原因分析及改善计划；（7）督促责任人妥善处理纠纷，并就确保受害人权益给予积极协助；（8）双方即时相互通报有关责任查处情况。

双方还同意建立两岸业务主管部门专家定期会商及互访制度，就双方食品安全制度规范、检验技术及监管措施进行业务交流及信息交换。这份协协自双方签署之日起7日后生效。

现场采访的各路媒体记者纷纷即时发出报道。美联社的记者发出的报道充满善意，报道说，这样的谈判"将进一步缓和两岸的紧张关系"。路透社记者发出的电讯说，这些协议意味着一周7天都会有直航航班。协议还同意在台湾11个港口和大陆63个港口间开通免税的海运直航。每月还有60班货运包机，并将建立一个确保食品安全的机制。法新社记者发出的电讯说，有关改善两岸经济关系的协议今天最后敲定，台湾航空业和海运业将因为同中国加强联系而在经济上获得很大推动。电讯引用台湾中华航空公司副总裁韩梁中的话说："我预计新措施将帮助航空公司节省10%到20%的成本，这对我们绝对有利。"又引用台湾阳明海运公司负责人的话说，海运直航一年可以节省8亿至10亿新台币（合2430万至3050万美元）成本。台湾众多媒体都即时发出了报道，台湾"中央社"的一则电讯说，两岸航空采取新航路后，从台北桃园机场到上海最快只需81分钟，到北京也只要166分钟。话虽不多，但欣喜之情溢于言表。

当日下午，陈云林与常务副会长郑立中、执行副会长孙亚夫、驻会副会长李炳才等12人在台北晶华酒店会见了台湾当局两岸事务主管部门负责人赖幸媛。身着黑色裤装的赖幸媛主动趋前与陈云林握手致意，江丙坤董事长把郑立中等11人一一介绍给赖幸媛。

陈云林向赖幸媛表示，这次我能率领海协会协商代表团到台湾与海基会进行商谈，很不容易。能有这样的局面，离不开两岸同胞的鼓励和支持，离不开两会的努力。您作为台湾两岸事务主管部门主要负责人，给予了很多支持，并作出了努力，我对此表示感谢。今天两会在台北举行领导人会谈并签署了四项协议，这是具有历史意义的事情。若干年后，我们会为做成这件事而感到欣慰，因为它惠及两岸同胞，有利于两岸关系和平发展。

陈云林指出，两岸关系有如逆水行舟，不进则退。在我与江丙坤董事长会谈时，双方都认为，下一步应商谈解决两岸金融合作、共同打击犯罪、合作抗击世界金融风暴带来的挑战等问题。希望两岸双方、两会能携起手来，共同把两岸关系和平发展的大局推向前进。

赖幸媛表示，第二次"江陈会谈"顺利完成任务，并且签署空运、海运、邮政合作和食品安全四项协议，获得丰硕的成果。在短短不到5个月的时间里，两会接连举行两次高层会谈。两岸双方采取具体行动，落实制度化协商，向世人展现出双方正视现实、搁置争议、积极改善关系的强烈意愿，并持续务实地解决两岸人民交流的问题与需要。她指出，只要两岸诚心地互相了解，相互包容，就一定可以有效地逐步解决歧见。

赖幸媛致辞时，陈云林在旁仔细聆听，不时微笑点头，展现出浓浓的善意和诚意。台湾媒体称赞说，"他确实是一位亲和力和情商都很高的政治人物"。

当日晚，国民党荣誉主席连战偕夫人在台北"国宾饭店"设宴款待陈云林一行。晚宴的22道菜中，有宜兰粉肝、东港乌鱼子、官田菱角等冠有台湾地区的名8样，其他还有樱花虾、鹅蹄等台湾民众常吃的菜，充满浓浓的台湾味。

晚宴设11桌，二百余名贵客云集，除海协会一行外，台湾政要包括"立法院"正副院长王金平、曾永权、国民党副主席林丰政、台北市长郝龙斌、前"行政院长"郝柏村、前"监察院长"王作荣、前"行政院副院长"徐立德、前海基会董事长辜振甫遗孀辜严倬云、前"国策顾问"许历农等，都受邀坐主桌作陪。此外，国民党籍县市长、议长，以及蒋孝严等47名"立委"也参加了宴会。

连战在宴会上致辞说，陈云林到台湾访问意义重大，不仅圆了辜汪二老10年前的心愿，更标志着两岸制度性协商管道的建立，象征两岸迈向和平稳定发展的未来。会谈签署的四项协议，都是增进两岸同胞福祉，增进两岸经贸发展，提升两岸竞争力的具体做法，是值得喝彩的事情。

陈云林致辞时表示，这次能够成功访问台湾，感谢岛内各界的努力。他说，今天签署的四项协议，有三项涉及"三通"。两岸"三通"基本的主要内容，已经用协议的形式"凝固"在文件里了。"此时此刻，我们可以用两会商谈的成果，告慰汪辜二老了。"

陈云林在致辞时提到台湾经济发展列为"亚洲四小龙"，他说这是"替中华民族争光"。他称赞连战先生2005年访问大陆是"为民族立生命，为两岸开太平"。历史会铭记连先生为两岸关系作出的重大贡献。

他动情地说："人生可能有千百个追求、千百个梦，到台湾这块可爱的土地上，来和尊敬的江董事长和两会同仁共同签署惠及两岸同胞四项协议，是我人生最大的追求，最大的梦！"此话一出令连战先生和在座的各位贵客无不为之动容。尤其是他引用《三国演义》卷头诗"一壶浊酒喜相逢，古今多少事，都付笑谈中"来说明参访的心情时，把酒宴带上高潮，博得满堂喝彩。

晚宴上，连战还依照过去习俗，准备了凤梨酥、太阳饼等"台湾八大名产"作为礼物赠送给陈云林。陈云林也以充满亲情的礼品回赠连战先生。

"江陈会谈"在台北举行的同时，台湾南部7县市议会议长、"立委"及工商、农、渔业团体共同呼吁：为了拼经济、拼观光，全力支持"江陈会谈"，并欢迎陈云林到台湾南部参访旅游。

岛内媒体报道，这一呼吁是在4日由高雄市议长庄启旺代表高雄市各界发出的。包括多位"立委"和高雄县市议长、屏东县议长、嘉义市议长、澎湖县议长、高雄市旅行公会、工商建研会南区联谊会、高雄县工业会、台湾农会、高雄农会、屏东县农会、高雄区渔会、台湾区鱿鱼公会等。庄启旺表示，相信"江陈会谈"可以让两岸经贸关系更加良好，让更多的大陆人士赴台观光，而且这次会谈的议题，都是与两岸人民生活密切相关的。

庄启旺表示，为了拼经济、拼观光，绝大多数的台湾南部民众热诚欢迎陈云林以及大陆观光客到南部来参访旅游。他说，台湾经济受到全球金融风暴影响，台湾民众期待能够和大陆在经贸上有更具体的协议，以及更常态性的交流，期待这次"江陈会谈"能够有重大的突破。

（四）

11月5日上午，海协会与海基会在台北圆山饭店共同举办两岸工商及航运座谈会。两岸工商界、航运界、旅游界人士和有关专家参加座谈会，就如何共同应对国际金融危机、适应两会签署4项协议后展现出来的经济格局，加强两岸工商界、航运界的交流与合作交换意见。

陈云林、江丙坤出席了座谈会。

陈云林在致辞时说，在两会台北会谈结束后，举办两岸工商及航运座谈会、两岸金融座谈会，两场座谈会都非常具有紧迫性、重要性。两会11月4日签署了4项协议，有助于两岸经济发展，有助于共同抵抗国际金融危机的冲击。但当前这场危机百年罕见，将对两岸经济产生多大的影响，犹难预料，因此航运界、工商界有必要加强沟通交流，探讨应对的办法。希望两岸兄弟携手，共度时艰。

江丙坤在致辞时说，举办两场座谈会是陈云林会长此次访台的两个任务之一，今天的座谈会有助于落实、完善昨天两会签署的协议。当前的金融海啸是全球性的，而且深不见底，两岸要针对病因，找到办法。这次座谈会除为落实两会昨天签署的协议做好准备，以便生效后能顺利落实，也想让两岸相关主管人员能就两会下一轮协商提前沟通，以加强两岸合作，共同度过当前经济困境。

两岸工商及航运座谈会结束后，接着举行两岸金融座谈会。两岸金融界人士、专家参加座谈会，就如何共同应对国际金融危机、加强两岸金融合作等议题进行了交流、研讨。

陈云林、江丙坤出席了座谈会。

陈云林致辞时说，在国际金融风暴迎面袭来的时刻，把探讨两岸金融合作的内容安排到两会台北会谈中，体现了问题的重要性和紧迫性。大陆和台湾的外汇储备都很丰厚，实体经济的体制也都不错。在这个时刻两岸兄弟应相扶相帮，共同研讨对策，及时沟通信息，共度时艰。我们完全有理由相信两岸能渡过难关，迎接更加美好的明天。他表示，在这样一个关键时刻、重要场合，两岸金融业界专家探讨如何共同应对国际金融危机，未雨绸缪，探讨应对的办法，对于两岸同胞极其有利，一定会得到他们的理解和赞同。

江丙坤在致辞时说，召开两岸金融座谈会，找出国际金融风暴的病因并且对症下药，重要性不亚于4日两会签署的4项协议。目前面临的金融危机，需要两岸专家共同探讨病因、商谈对策。这对于大陆和台湾的金融业都很重要。

两场座谈会结束后，海基会举行了说明会。海基会副董事长兼秘书长高孔廉透露，两岸工商及海运座谈会上，与会者研讨了因应金融风暴避免经济衰退的措施，还交流了经验。双方认为，两岸在建立检验、检测、认证标准等领域有很大的合作空间，高科技产品要付出不少标准权利金，如果两岸联手合作，我们在技术、市场都有优势，完全可以建立一个自己的标准。双方希望每年可以举行一次或两次专家研讨会，交换意见，对彼此的产业发展都会有相当大的帮助。

现场采访的新华社记者即时写出题为《兄弟同心，其利断金》的短评。短评说，短短一个上午的座谈，未必就能找到治病良方。但它的重要意义，在于凸显危机来临之时，两岸的兄弟情谊和相扶相帮的积极意愿。大陆和台湾都有雄厚的外汇储备，实体经济也各有长处，倘能真诚相助，未雨绸缪，共同研讨对策，及时沟通信息，相信定能携手战胜挑战。短评最后满怀信心地说，两岸合则两利。今天，我们看到两岸"兄弟同心"，也因此相信，明天必能"其利断金"。

5日中午，亲民党主席宋楚瑜在台北圆山大饭店设宴，欢迎陈云林及其率领的海协会协商代表团。宋楚瑜特别为陈云林安排了一场充满亲情和诗意的欢迎场面：4岁的陈喻安身穿洁白的天使装，背上两只翅膀一扑一扑，"飞"上主席台献上花束。陈云林和夫人脸上露出惊喜的表情。陈夫人把小安安抱了起来，陈云林在小安安的脸颊上轻轻一吻，眼里充满了慈爱。此时，宴会厅里响起一片热烈的掌声。

陈喻安的英文名字叫Angel（意为"天使"），就是这个小天使4年前引发了一场"两岸生命大接力"，而幕后最重要的推手就是宋楚瑜和时任国务院台办主任的陈云林。

2004年5月，陈喻安在上海出生，因为先天性肺部发育不全，甫一降生就必须接受长时间治疗。面对大笔的医疗费用，她的父亲、台商陈朝福想让孩子回到台湾，以享受台湾的健康保险。为了确保安全，一场牵动两岸的"生命大接力"在当年12月12日登场。陈朝福回忆说，从上海到厦门，从厦门到金门，从金门到台中，陆海空接力跋涉1800公里，在没有实现两岸直航的2004年，全程只用了20个小时。他激动地说，如果不是陈云林鼎力相助，当时生命垂危的安安不可能那么顺利地回到台湾接受治疗。"我一直和安安讲，这个爷爷帮助我们，一定要记住他！"如今听说陈云林到台湾访问，陈朝福特意带着女儿来到亲民党欢迎宴会的现场。陈朝福激动地说："我们第一次见到恩人陈会长，时隔4年，终于可以当面说声'谢谢'！"

获知陈喻安现在身体很健康，陈云林和夫人非常欣慰，轮流抱着她合影。陈云林还对小安安耳语："相约北京。"

陈朝福满怀感激之情说："我们想用实际行动让陈会长知道，台湾人是知恩图报的！"

宋楚瑜在宴会上致辞时说，陈云林会长和海协会代表团排除万难来到台湾，两会用智慧、决断和努力，写下两岸的历史。亲民党自成立以来，有三个坚定主张之一便是两岸全面"三通"，互补互利。昨天两会正式签订四项重要协议，让两岸"三通"基本完成，我们为此热烈鼓掌，让我们为两岸和平和共同发展发出我们的声音。

陈云林在致辞时表示，应海基会的邀请，海协会协商代表团终于在金秋时节来到台湾，这是一次重大突破。海协会领导人第一次访问台湾，两会领导人第一次在台湾举行会谈，这是两会制度化协商新的里程碑，标志着两岸关系发展迈出了历史性一步。这一天的到来，充满曲折和艰辛，抚今忆昔，我们为今天有这样的结果表示高兴，心中也充满了对所有朋友的感激。陈云林在致辞中特别提到，3年前宋主席应邀访问大陆，与胡锦涛总书记进行了成功的会谈，并发表会谈公报，阐述了两党发展两岸关系的共同立场。宋主席这一重要举动，为两岸同胞所钦佩，已经在两岸关系发展史上写下了重要的一笔。宋主席为积极推动两岸交流、促进两岸关系发展，付出了大量心血，两岸同胞是不会忘记的。陈云林说，昨天两会领导人协商并达成广泛共识，签署了四项协议，取得了令人满意的成果，我们相信只要两岸能够继续秉持"建立互信、搁置争议、求同存异、共创双赢"方针，从促进两岸关系和平发展出发，就一定能推动协商不断取得新进展，绝不辜负两岸同胞的殷切期望。

5日下午，陈云林一行到台湾新竹科学工业园区参观。该园区是全球半导体制造业最密集的地方之一，素有"台湾硅谷"之称。园区设立于1980年

12月，迄今已有近400家高科技厂商进驻，主要产业包括半导体、计算机、通讯、光电、精密机械与生物技术等。

陈云林一行的来访受到园区管理局的热烈欢迎。园区管理局局长严宗明简要地向陈云林一行介绍了园区发展的情况。随后即到友达光电与华晶科技两家IT公司参观。参观后，陈云林感慨地说，让我振奋和感动的是这里的企业精神：超过最好，争取第一。这也应是我们中华民族的精神，有了这样一种精神，我们的企业才有生命，经济才能克服各种危机的冲击。

5日晚，中国国民党主席吴伯雄举行晚宴，欢迎陈云林一行。

吴伯雄在致欢迎词中表示，这一次"江陈会谈"签署的四项协议是对两岸和平发展、两岸人民福祉非常有益的事情，将来历史会证明这是重要的一步。国共两党是站在历史正确的一方，不断往前走。吴伯雄说，海基会与海协会是两岸授权的、能签订协议的管道，而国共平台是两岸很重要的联系管道。国民党会继续尽最大努力协助两会，让两会协商更圆满、更快速、更顺利。

陈云林在致辞中首先转达了胡锦涛总书记对吴伯雄主席的问候。他说，当我们在大陆听到吴主席身体欠安，非常着急。今天见到吴主席身体如此健康，我们感到非常欣慰。陈云林表示，这次海协会和海基会第一次在台湾举行会谈，标志着两岸关系迈出了重要的一步。他说，从今年6月迄今短短半年的时间里，两会完成了6项重要协议的签署，这6个协议，实现了两岸人民期盼了60年的愿望。

陈云林说，两会协商，未来的路还很长，也许还会出现某些曲折和困难，但不管出现什么情况，只要是对两岸同胞有利的事情，我们就会坚持做下去而且争取把它做好。

晚宴上，吴伯雄和陈云林互赠了充满深情厚谊的礼物。

5日这一天，岛内外舆论对于4日两会在台北签的四项协议予以高度评价。5日出版的各路媒体上布满了这样的评论。

台湾《中国时报》5日发表题为《正面看待江陈会谈的四项协议》的社论认为，四项协议对两岸关系而言是一份历史性的文件，代表两岸"三通"将正式上路。对两岸人民而言，时间成本与飞航成本即刻降低，初步估计每年至少节省逾30亿元新台币。"对台湾而言，利当然绝对大于弊"。社论说，协议签署后，台湾民生物资的成本随之降低，未来输往大陆的农产品可增加两倍。"凡此种种都有助于提振低迷的景气，有助于台湾经济的复苏"，"正面看待江陈台北会谈四项协议的成果，两岸确实可以共创经济荣景"。

台湾《联合报》的社论说，"三通"这个出现在两岸间已有30年的名词，终于在江丙坤、陈云林签字后实现。该报另一篇题为《用协议搭桥》的文章则表示，空运、海运、通邮、食品安全的四项协议"为两岸建立了新的里程碑"。该报还发表岛内新闻主管部门负责人史亚平的文章表示，这次会谈成功象征着两会"协商管道的制度化"，以及两岸关系发展"正式迈向协商合作代替对抗冲突的历史性关键时刻"，对未来两岸关系发展有"极正面且深远的意义"。

台湾《工商时报》辟出多个版面，详细解读四项协议的积极意义。该报发表社论认为，四项协议不仅将使两岸交流互动呈现新局面，后续效应更将使两岸进入"相辅相成、再难区隔切割的崭新境界"。该报引用岛内经济主管部门负责人陈添枝的分析指出，两会签署海空运直航等四项协议，有利于两岸经贸创造新的投资模式，"虽然"明年全球经济普呈悲观，但在两岸经贸升温下，台湾明年经济仍是审慎乐观，绝不会重蹈2001年经济负成长的覆辙。

香港《文汇报》5日发表题为《开启"三通"时代加深两岸交流》的社评说，这是两会首次在台湾进行协商并取得实质性成果，标志着两会沟通管道进入制度化、常态化模式，正式开启两岸"大三通"时代，有助于两岸更紧密合作，携手抵御全球金融危机，创造双赢的未来。陈云林此行将进一步增进两岸互信和了解，加深两岸交流，对于今后两岸关系的全面发展，具有重要的历史意义。

香港《大公报》发表题为《"三通"扩大两岸经济合作潜力》的社评说，两会四项协议的签订，给两岸交流带来了重要的突破，通邮、通商及通航的"大三通"将可实现，令两岸交流可加快向深度、广度发展。社评说，"三通"的巨大经济效益及潜力无可置疑。目前两岸经贸合作规模已十分庞大，"三通"首先可为两岸间人流、物流提高效率，降低成本，有利于推动两岸合作。当然，"三通"的潜在效能并非朝夕间可全面浮现，但假以时日必有大成。更重要的是，由此建立的两岸间更多互信、互惠，将可拉近双方差异，减少分歧，为日后更多新型合作奠基铺路。

《香港商报》的社评说，这次两会在迈出历史性大步的同时，也承前启后为下轮商谈制订了初步议程。在"三通"的基础上，双方将积极建构两岸经济关系正常化、紧密化和制度化，并进一步在经贸、金融、社会、民生等各领域加强交流，包括两岸金融、渔工劳务、动植物检疫、产业等的合作，以及共同打击犯罪、双向投资及投资保护、知识产权保护和媒体记者常驻等问题。

《澳门日报》5日发表题为《两岸关系又进一大步》的社论说，陈云林访台是一个里程碑，是"两岸关系处在历史上最好时期"的一个重要标志。社论说，此次"陈江会"签署的四项协议，对促进两岸经贸合作、便利两岸人民往来、提振台湾经济、保障两岸民众健康都大有裨益，是实实在在地为两岸人民谋福祉。

英国《金融时报》5日发表报道指出，中国和台湾4日签署了开放贸易和旅游的协议，这是朝着结束两岸几十年的敌对状态所采取的重大行动。

日本《产经新闻》5日发表文章称，首次在台湾举行的中台民间高层会谈旨在谋求经济领域的紧密合作，体现了马英九政权下中台关系的融合势头。采取"中华民国是代表全中国的正当国家"这一立场的中国国民党，虽然在已故总统蒋经国执政期间曾经提出"不妥协、不接触、不谈判"的"三不"政策，但是马政权如今对于"三通"的逐渐认可也让人感受到了时代的变迁。

香港《南华早报》5日发表的报道中特别提到，美国和日本驻台北的代表说，两会签署协议是维护地区和平与稳定的积极步骤。报道说，分析人士指出，大陆与台湾4日达成的协议使两岸关系走上了不可逆转的道路。台北中国文化大学政治学教授蔡玮说："一旦闸门打开，谁也不能改变潮流。"

在各路媒体纷纷高度评价"陈江会谈"所取得的重要成果的同时，也有岛内媒体报道了岛内绿营人士闹场的情况。台湾《联合报》5日发表的题为"绿拥国旗围陈，北京暗喜"的报道说，为抗议陈云林访台，绿营发动插"国旗"、拿"国旗"运动。过去8年民进党执政，北京最担心的就是"'中华民国'不见了"，警告台湾不能更换"中华民国"国号，不准更换"中华民国国旗"；现在，绿营却拿"国旗"作为"吓走"陈云林的政治图腾，令人啼笑皆非。报道说，至于大唱蒋介石时代的反共歌曲，要"反攻大陆"，北京访客听了，更是"偷着乐"，因为，这意味着绿营承认"两岸都是一家人"。

（五）

11月6日上午，马英九在台北宾馆会见陈云林一行。多家媒体现场见证了这场历史性的会见。台湾"中央社"的报道说，马英九今天在台北宾馆接见两岸两会代表，并简短致辞。大陆海协会会长陈云林聆听"总统"致辞时，不时调整双手姿势，听到"总统"提到"让两岸关系更向前跨出一大步"，陈云林频频点头。陈云林在整个会面过程中未称马"总统"官衔。报道说，马英九拿出拟好的讲稿简短致辞，并以"陈会长"称呼陈云林，他希望未来两岸在"正视现实、互不否认、为民兴利、两岸和平"的基础上，处理有关台湾安全与国际空间等两岸分歧议题，并扩大双方合作。他也期待，未来两岸间能有更多高层互访。

报道说，马英九致辞后，双方互赠礼物。马英九准备了一个造型像达悟族独木舟、上面画着台湾蝴蝶兰、象征着一帆风顺的莺歌陶作送给陈云林；另外准备了琉璃工坊的"大爱丰收"琉璃作品，送给陈云林夫人。陈云林回赠了以画马著称的大陆绘画大师韩美林画作《骏马图》给马英九，并现场介绍作者及抽象画风，最后说"将这幅画送给您"，避开直呼总统头衔。

日后，新华社记者就解读《骏马图》采访了韩美林。韩美林介绍说，马亦被视为"龙种"，象征超越、奋进与鸿运。他说，陈云林会长在赴台前夕，邀请他为即将初次谋面的马英九创作一幅画作为"见面礼"。"当时，我们俩不约而同地想到了以'马'为主题画一幅国画。"

这幅《骏马图》所展现的是一匹正在奔腾的"飞马"，马尾与鬃毛逆风飞扬，而马蹄则在云中掩藏，若隐若现。马身之下是韩美林书写的唐代诗人卢征《天骥呈材》的诗句："异产应尧年，龙媒顺制牵。权奇初得地，蹀躞欲行天。"大意是说：天下升平之世，有神骏不凡的良马应时而出。虽初临其境，却已怀天马行空之志，扬鬃奋蹄，意欲大展其才。

韩美林说，他与马英九虽然从未谋面，但神交已久。此前，马英九已藏有韩美林的墨宝画册。去年，身为世界华人协会副主席的韩美林通过该协会的台湾会员，向马英九承诺为其创作一幅画。"趁陈会长访台会见马英九的机会，我也完成了我的心愿。"韩美林说。他表示，国画、唐诗、书法，这幅充满中华文化意境的《骏马图》也寄托了他个人对于两岸中华儿女携手齐心共建美好家园的期许。

现场采访"马陈会见"的各路记者，即时发表报道对"马英九陈云林实现历史性握手"予以积极评价。法新社发出的电讯说，台湾"总统"马英九今天创造了历史，他成为了自1949年内战结束以来台湾岛首位与中国高官会面的领导人。马英九说，台湾和中国大陆官员本周的会议"让两岸关系更向前跨出一大步"。马英九说："这样的发展不仅符合两岸人民的期望，也将对两岸的稳定和繁荣作出贡献。"

美联社发出电讯说，在街头嘈杂的抗议声中，台湾领导人马英九与来访的中共使团最高官员握手并交换礼物，他宣布中共使团此行是成功的，但说双方仍存在较大分歧。在会晤中，马英九称赞两岸于4日签订的协议具有里程碑意义。美国《纽约时报》网站发表报道说，尽管此次会见时间很短，但这是自1949年蒋介石领导的国民党在内战中败给中国共产党并撤到台湾后，台湾与中国大陆官员之间最高级别的交流活动之一。

英国《泰晤时报》网站发表报道说，马英九称赞陈云林的访问取得了成功，但利用这个机会提醒北京以及台湾人民，两岸在进一步改善关系时所面临的挑战。

台湾《中国时报》发表报道说，马"总统"会见陈会长，不论从现实政治，还是从历史进程的角度来看，都是60年来两岸交流的盛事。遗憾的是，在民进党发动抗争且兵临城下的压力下，两会对"马陈会"的形式，选择最低调的方案，错失两岸政策完整表述的契机。

11月6日上午，"两岸互赠大熊猫、长鬃山羊、梅花鹿、珙桐树记者会"在台北圆山大饭店举行，受到两岸同胞广泛关注的大熊猫"团团"、"圆圆"有望即将来台。

记者会上，陈云林宣布，在履行完相关手续后，两岸同胞期待已久的两只大熊猫"团团"、"圆圆"即将抵台，落户台北市木栅动物园。珍贵的"绿色熊猫"——珙桐树的树苗也将落户台湾。

海基会董事长江丙坤说："我们一定会好好保护它们，让它们茁壮成长。"江丙坤宣布，台湾同胞将回赠台湾特有保育动物一对长鬃山羊和一对梅花鹿。

大熊猫是中华民族的瑰宝，象征着和平与祥瑞。多年来，两岸民众对大熊猫来台湾积极响应，众多朋友也为促成此事做出不懈努力。但是由于众所周知的原因，两只大熊猫来台时间已被延宕3年。3年来，这对大熊猫一直备受两岸同胞的关心和爱护。在5个多月前的汶川特大地震中，这对可爱生灵的安危曾牵动海峡两岸无数同胞的心。许多台湾朋友用不同的方式表达了对它们的关切。卧龙大熊猫研究中心的工作人员在那些地动山摇的日子里，冒着生命危险，日夜守护，悉心照料这对大熊猫。

陈云林表示，在这两只憨态可掬的大熊猫身上，凝结了万千大陆同胞对台湾同胞的善意和祝福。大熊猫能够在台湾生活，繁衍后代，是大陆同胞的真诚期待，也是两岸交流中的一大盛事。

陈云林说，汶川特大地震发生后，台湾各界人士对大陆受灾同胞慷慨捐赠、无私援助，体现着两岸同胞血浓于水的厚谊深情，大陆同胞深铭于心。他说，受灾区羌族同胞的委托，这次赠送给台湾17棵名为"珙桐"的树苗，以此表达灾区同胞和大陆同胞对台湾同胞的深深谢意。

珙桐树生长在羌族地区。它是第四纪冰川南移时幸存的"遗老"，故又被称为植物"活化石"，是一种极为珍贵的树种。它的稀有为它赢得了"绿色熊猫"的美名。每逢花期到来，它就会盛放白花，一树璀璨、仿佛是无数飞翔的和平鸽。羌族同胞把它形象地叫作"鸽子树"。它耐寒的特质、顽强的生命力，象征着中华民族无比坚韧的生存品质。

陈云林表示，真诚希望大熊猫能为台湾同胞带来欢乐与吉祥，和平与友好。珙桐树作为珍贵的"绿色熊猫"，带着羌族同胞与大陆灾区同胞对台湾同胞的满腔谢意和美好祝福。它们的到来，将见证两岸同胞斩不断割不开的骨肉深情。

江丙坤表示，台湾经过"9·21"大地震的伤痛，当四川发生特大地震时，震动了台湾民众的心，台湾民众慷慨捐助，发挥人溺己溺的精神，展现了中华民族血浓于水的关怀。江丙坤说，古时，"羊"与"阳"通，有三阳开泰之称，代表吉祥平安。长鬃山羊代表台湾同胞对大陆同胞的祝福。梅花鹿是台湾特有亚种，经有关方面努力，已复育成功，在珍稀动植物保育方面有积极意义。江丙坤说，希望两岸将来能如珙桐树开花、鸽子飞翔般繁荣发展。祝福两岸平安吉祥。

记者会说，台北市立动物园园长叶生接受记者采访时表示，希望"团团"、"圆圆"在12月中旬之前来台，经过在台一个月的检疫期之后，争取在春节前后与台湾民众见面。

6日中午，台湾工商界在台北圆山大饭店举行宴会，欢迎陈云林一行。海协会常务副会长郑立中致辞时说，受陈云林会长的委托，向长期以来为推进两岸经济合作做出贡献的台湾工商界朋友，致以诚挚的问候和由衷的敬意。

郑立中说，30年来，两岸经济交流合作从无到有，由小到大，已经达到相当规模，形成了互补互利的局面，厚植了两岸同胞的共同利益。在当前国际金融危机给两岸经济发展带来严峻挑战的形势下，加强两岸金融合作和经济合作显得更为重要、更为迫切。两会已经商定今后一段时期重点协商的议题，相信在包括台湾工商界在内的两岸同胞的支持下，两会协商进程必将不断推进，以更丰硕的成果造福两岸同胞。

台湾工业总会理事长陈武雄、商业总会理事长张平沼先后致辞表示，热烈、真诚地欢迎陈云林会长一行访问台湾。陈武雄说，两会交流互访，是两岸和平互信的基础，有很重要的象征意义。陈云林会长踏入台湾的一小步，是两岸关系的一大步。

6日下午，陈云林在海基会副董事长兼秘书长高孔廉的陪同下，来到位于台北县关渡的慈济人文志业中心，拜访慈济慈善基金会创办人证严法师。

72岁的证严法师一袭灰衣，神态祥和，坐在散发着茶香的大爱厅中，娓娓和道出慈济的四大志业：慈善、医疗、教育、人文。

陈云林用心倾听。他说："今天我和我的同仁怀着非常崇敬的心情，离台前夕特别来拜访您。您亲手创办的慈济把大爱撒向人间、撒向全世界，不仅关爱生命，也关爱地球，我代表大陆同胞对慈济在大陆贫困受灾地区的慷慨捐输、温暖的爱心表达感谢。"

今年年初，慈济基金成为大陆第一家境外基金会，实际上，慈济在大陆行善的脚步起于1991年。证严法师说："慈济从1991年华东地区发生水灾开始到大陆赈灾，得到了当地政府的支持，让慈济人能直接与受灾乡亲见面，了解他们的所需。"

陈云林回忆说："还记得1991年大陆华东地区发生水灾，广大台胞展现血浓于水的亲情，慷慨相助，给我们留下深刻印象的便是慈济人，他们深入许多灾区，到灾民家嘘寒问暖，从衣物、粮食到学校、医院，给灾区人民带来了温暖关怀和热情帮助。"

证严法师拿出一条围巾，请陈云林细看。她说，慈济希望不仅要爱人，还要爱地球，这是慈济志工用回收的塑料瓶经发酵抽丝后手工织成，70个塑料瓶可以制成一条毛毯，"在四川汶川大地震中，慈济人亲手将4万件围巾送往灾民手上，还有超过20万条毛毯送往全球各地受灾地区，为灾民送出关怀与温暖。"

陈云林说："今年5月，四川汶川大地震您第一时间发去紧急电报，让灾区人民感受到了温暖。"他也回忆起慈济人不辞劳苦，在甘肃进行的水窖工程为长期饱尝缺水之苦的农民解决水荒问题；在大陆还没有发展自己的骨髓库时，很多罹患白血病的大陆患者得到了慈济的无私支援，"他们心中充满了感恩。"陈云林说。

陈云林还从慈济的大爱精神联想到两岸关系。他说，大爱是遍布全世界的，两岸人民都是骨肉同胞，更应该有爱护心，互相关怀。两岸之间可能有这样那样的问题、矛盾，那是历史遗留的，我们要慢慢地去解决。相信以大爱无边的精神，两岸同胞会更加融合、更加理解。

临别时，证严法师向陈云林和海协会协商代表团成员赠送了"福慧红包"，内装5元硬币，闽南话音为"有缘"。陈云林回赠了一幅刺绣作品"清气图"，一茎白荷清净圣洁，表达对证严法师的赞颂之情和崇敬之意。

6日晚，海协会在圆山大饭店举行答谢宴会。陈云林以"欣慰、憧憬、感谢"6个字总结此次历史性的台湾之行，并与海基会董事长江丙坤相约明年在大陆再次相逢。

陈云林致辞时说，4天来，我们见到了为两岸关系发展作出贡献的老朋友，也结识了关心两会协商的新朋友，参观了为台湾创造经济价值、社会价值的科技企业与公益团体，拜会了辛勤劳作的普通农户，观看了反映台湾普通人思想感情的电影《海角七号》，增加了对台湾社会的认识，增进了对台湾人民勤奋善良优秀品质的了解。

他说，此次台湾之行，两会签署了两岸空运、海运、邮政和食品安全四项协议，并就改善大陆居民赴台旅游措施，及加强两岸工商、航运和金融合作达成了许多共识。两岸同胞渴望30年的通航、通邮正变为现实，两岸经贸合作和人员往来更加密切。两会此次取得的成果，两岸同胞感到高兴，国际社会也给予高度评价。

陈云林表示，这几天，他强烈感受到了广大台湾民众对两会协商抱持高度的关注，寄予了殷切的期待，希望看到两岸深化交流，实现互利双赢，促进两岸关系的和平发展。

陈云林说，两岸关系和平发展，符合两岸同胞的利益，是历史发展的正确方向，一定会成为两岸同胞的必然选择。我们了解百年沧桑中台湾同胞的遭遇，知道有些同胞对两岸关系有不同的看法，这就需要我们更有诚意、耐心地去沟通、化解。只要我们秉承善意，运用智慧，深入解决攸关人民利益的经济议题和民生问题，累积成果，增进互信，完全可以通过共同努力，创造条件，解决历史遗留的复杂问题。本着以协商化解分歧，以合作取代对抗的精神，一定会感召越来越多的同胞，两岸关系和平发展的道路一定会越走越宽广。

陈云林说，感谢海基会和台湾有关方面周到细致的安排和各界人士热忱温馨的招待。陈云林特别表示，台北警察和维安人员，为了我们的安全，为了两会商谈的顺利进行，他们中有人为此受伤，有人流汗流血，付出了很大的辛劳，海协会对他们及家属表示崇高的敬意和衷心的感谢。

海基会董事长江丙坤在致辞中说，这次两会能够完成协商并签署协议，自己感慨万千，因为终于达成过去多年的想法和民间的要求。这些工作，历史一定会有记载。两会恢复协商不到半年，就交出了亮丽的成绩单，期许未来两岸继续团结合作，扩大经贸交流，增进人民福祉，进一步达成两岸和平、经济双赢。

海协会常务副会长郑立中、执行副会长孙亚夫、驻会副会长李炳才和海基会副董事长秉秘书长高孔廉、海协会协商代表以及岛内各界有关人士出席了晚宴。

（六）

11月7日上午，陈云林率领的协商代表团结束了为期5天的历史性台湾之行，搭乘中华航空航班离台返京。

行前，海基会在圆山大饭店举行了隆重的欢送仪式。陈云林发表临别感言说，这次台北之行，完成了两岸同胞期待已久的光荣使命。5天前，他带着大陆13亿人口对2300万台湾同胞的深情厚谊而来，今天也将带着2300万台湾同胞对大陆同胞的深切友情、理解和支持离开台湾。陈云林说，尽管未来的路还很长，很可能会遇到这样那样的问题，但一定会有所担当，两岸两会将不负两岸期待，为两岸同胞继续做出有利于共同利益的事。陈云林表示，期待不久的将来，有更多台湾同胞到大陆参访、旅游，大陆同胞会热情欢迎。他郑重地承诺和保证，台湾同胞到大陆旅行将是一片和谐，一路春风。

江丙坤董事长在欢送仪式上致辞时表示，这次两会台北协商的成果美满、丰硕，新出台的媒体民调也都给予了高度肯定，因为这是攸关人民福祉的工作，未来我们会继续努力。

台湾"中央社"发自台北桃园国际机场的报道说，陈云林在机场脸上始终保持着微笑，在出境长廊上不时有热情的台湾民众鼓掌欢迎，他则双手合抱致意说着谢谢。9时50分陈云林步出贵宾室准备登机，逐一向海基会送行人员握手告别，华航包机在10时20分自跑道起飞。

7日下午2时许，陈云林一行所乘包机返抵北京，中台办、国台办主任王毅等在机场迎接。王毅发表讲话说，海协会协商代表团此次赴台商谈，为两岸关系书写了新的历史，是一次开拓之旅、合作之旅、和平之旅。

王毅说，陈会长和代表团全体成员不辱使命，不负重托，很好地完成了这次历史性的两会商谈任务。他代表中共中央台办和国务院台办欢迎大家平安归来，感谢大家为商谈付出的辛劳、祝贺访问取得了重要成果。

王毅指出，海协会代表团此次赴台商谈，为两岸关系书写了新的历史，这是一次开拓之旅。海协会会长首次访台，两岸首次在台北举行正式商谈，陈云林会长和代表团首次在岛内广泛接触各界人士。这些进展使两会从此进入制度化协商轨道，也推动两岸关系又向前迈出了重要一步。这是一次合作之旅。海协会秉承平等协商、互利双赢的精神，与海基会签署了四项重要协议并举行了一系列有益的交流活动。这些成果为两岸同胞带来了实实在在的利益，为两岸关系和平发展提供了重要动力，也为两岸各界增进相互了解构建了新的平台。这是一次和平之旅。陈会长和海协会代表团是为寻求和平而去。带去的是大陆同胞对台湾同胞的亲切问候；表达的是大陆各界愿意与台湾加强友好交流的美好心愿；展示的是我们期待两岸关系和平发展的最大诚意。

王毅表示，当前，两会制度化协商已经站在一个新的出发点上，两岸关系的发展已呈现出前所未有的光明前景。为两岸同胞谋福祉，为台海地区谋和平，携手迎接中华民族的伟大复兴，符合两岸同胞的共同愿望，符合历史潮流的前进方向。当然，我们知道前进的道路并不平坦，也知道这一使命的光荣与艰辛。但两岸同胞血脉相连，谁也无法改变；两岸同胞亲情相通，谁也无法割断；两岸同胞渴望交流的心愿，谁也无法阻挡；两岸关系迈向和平发展的势头，谁也无法逆转。中台办、国台办将坚持不懈地认真贯彻中央确定的对台大政方针，继续支持海协会履行应尽的职责，与两岸各界有识之士一道，共同为开创两岸关系和平发展新局面做出不懈努力。

陈云林在机场发表讲话说，我这次率海协会协商代表团到台湾去进行两会商谈，肩负着两岸同胞的期待。我们临行时的时候，中央领导同志嘱咐我们，你们全团同志这次去，责任重大，使命光荣。我们牢记中央领导同志的要求，经过全团同志的努力，完成了任务，取得了积极的重要成果。这次访问之所以能够获得成功，是中央正确决策的结果，是中台办、国台办指导的结果，是两岸同胞对我们支持、理解的结果。在这里，我代表全团同志，对中央领导同志的关心和爱护，对中台办和国台办的支持和指导，对两岸同胞对我们的理解和帮助，表示衷心感谢。

陈云林说，我们这次在台湾确实遇到了一些干扰，但是我们更多地受到大多数台湾同胞的热烈欢迎和热情鼓励，对两会协商的真心支持，对两岸关系和平发展的热切期盼。我们更加相信，随着两会商谈不断取得成果，随两岸关系持续改善和发展，会使更多的台湾同胞亲身体会到这对他们是有利的事情，会有越来越多的台湾同胞支持、理解我们，投身到促进两岸关系和平发展的大潮中来。我们更加坚信，两岸关系和平发展的道路会越走越宽广，这是任何干扰破坏都阻挡不了的。

陈云林表示，今后，海协会将继续秉持宗旨，努力地为两岸同胞服务，持续推动两岸制度化协商，为开创两岸关系和平发展新局面做出自己的贡献。

就在"陈江会谈"结束后的第三天，台湾"陆委会"公布了台湾民众对此次会谈看法的民调结果。该项民调显示，超过七成的民众支持两岸制度化的协商机制，七成到八成的民众对此次两会协商签署的四项协议感到满意，超过六成的民众认为这些具体成果对台湾经济发展有好的影响。对于两岸包机建立"截弯取直"的新航路、海运直航及两岸"邮务合作"的满意度更是超过八成。

在民调公布的座谈会上，台湾"陆委会"副主任刘德勋表示，从民调的结果可以看出民众高度肯定此次"江陈会谈"，"陆委会"将在此基础上持续将两岸协商的效益发挥到最大，为台湾人民创造更多福祉。

11月12日，在国台办举行例行的记者会上，发言人范丽青针对记者提出的如何评价陈云林会长此次台湾行的问题时说，陈会长此行获得了国内外高度评价。她指出，陈会长此次访台取得了令人满意的积极成果，主要体现在6个方面：一是签署了两岸空运直航、海运直航、邮政合作、食品安全四项协议。前三项协议的签署，使得两岸同胞期待了30年之久的两岸直接通航、通邮变为了现实。后一项协议，建立了两岸主管部门就食品安全进行信息通报与查询、协调处理的机制，有利于维护两岸消费者的权益和食品贸易的健康发展。

二是举办了两岸金融界座谈会和工商界、航运界座谈会，探讨应对当前国际金融风暴、加强两岸金融合作和经济合作的实际办法。

三是商讨了改善大陆居民赴台旅游的措施，提出了促进大陆居民赴台旅游的办法。

四是完成了两岸互赠大熊猫、珙桐树和长鬃山羊、梅花鹿的手续，解决了延宕3年多的赠台大熊猫赴台事宜。

五是商谈规划了下一阶段两会商谈的议题和加强两会会务联系与交流事宜。初步商定明年尽快就两岸金融合作、共同打击犯罪、两岸渔工劳务合作、两岸双向投资及签订投资保护协议、两岸动植检验检疫合作、两岸产业合作、两岸知识产权保护、两岸媒体记者常驻等问题进行商谈。

六是广泛接触了台湾各界人士，增进了了解，加深了感情。

针对有记者提出，昨天陈水扁在进入法庭之前说，马英九和共产党合作要把他抓起来，他遭到国共的"政治迫害"。同时，陈云林会长访台期间，台湾发生了多起抗议活动，发言人对此有何评价？范丽青指出，陈水扁的这种说法纯属造谣，他这种拙劣伎俩背后的目的是什么，相信大家会看穿的。

范丽青说，这次陈云林会长率领海协会协商代表团访问台湾，目的是加强两会的制度化协商，深化两岸经济合作，共谋两岸同胞的福祉，海协会与海基会围绕两岸的海运直航、空运直航、邮政合作和食品安全等议题进行了商谈，达成了协议。这些议题和达成的协议都与台湾同胞的切身利益密切相关。大家都看到了，大多数的台湾同胞对此都是欢迎和支持的。一些民进党人士煽动组织对抗性的活动并不代表台湾大多数民众的意愿。希望民进党人士能够真正从台湾同胞的切身利益出发，对两岸关系采取理性、客观的态度。我们仍然欢迎民进党人士以适当的身份来大陆走走看看，增进了解。

对于国台办发言人再次明确表示，欢迎民进党人士来大陆走走看看的明确表态，现场采访的记者一致予以高度评价。有记者即时发出电讯说，大陆坦然对待陈云林访台期间民进党人士组织的抗议活动，展现了大陆的宽广胸怀和对台湾人民的真诚善意。如果民进党不采取理性、客观的态度去处理两岸关系，坚持要一条路走到黑，那么只能走到绝路上去了。

陈云林一行的开拓之旅、合作之旅、和平之旅虽然结束了，但海外媒体仍然高度关注着、积极评价着。法国《欧洲时报》发表评论指出，中国大陆海协会会长陈云林访台，是两岸关系发展中的重要一步。评论说，所谓"患难见真情"，面对席卷全球的金融危机，两岸如果能携手共克时艰，或许可成为增进互信、走向和解的契机。评论说，相同的祖先给了两岸同胞同样的黄皮肤黑眼睛，同样的语言与文字，同样的文化与传统，同样的勤劳与智慧，同样的华夏子孙血脉，亦给了两岸同胞"砸断骨头连着筋"的兄弟亲情。

评论用诗一般语言评说道：既然是一家人，即使有误解、有纷争，也依然是一家人；即使"烧成灰"，但"汉魂唐魄仍然萦绕着那片厚土"；即使"改名换姓"，但也改变不了血管里流淌着的属于中华民族的热血。如今，陈云林终于跨越了这一浅浅的海峡，连接了两岸深深的亲情。

海外媒体还报道了海外侨胞对陈云林访台的感受，反映了海外侨胞对两岸关系改善所寄予的厚望。美国《世界日报》发表报道说，来自中国大陆的洛杉矶侨胞高度评价陈云林访台，认为此举有利于两岸和平与稳定，也有利于两岸同胞及海外侨胞的经贸发展。南加州中国和平统一联盟轮值主席周德昭表示，陈云林的访问，将改善两岸关系，使大陆及台湾双方都受益，具有特别意义，海外侨胞乐见其成。美国中华总商会副会长王震认为，陈云林访台，是良好开端。两岸关系改善，对海外侨胞也有好处。两岸关系好，海外华人不论到大陆还是台湾投资或做生意，都更加放心。他说，美国有一些生意是在台湾下单，大陆生产。两岸关系改善，做起生意来，都比较有利。

日本《关西华文时报》发表报道说，本报记就陈云林访台一事采访旅日侨团领袖和来自台湾的华侨华人,大家对此都表示欢迎。西日本新华侨华人联合会会长方苏春说:"我们在日华侨华人都很关注两岸关系的和平发展。希望大陆和台湾共同携手促进中华民族的兴起。"来日30年,生活在神户的一位台湾女士说:"交流是好事。尽管台湾人的立场并不完全一致,需要尊重不同立场人的意见,但无论怎样,不断地交流是重要的。"记者在采访华侨华人时,许多人都表示,在金融风暴席卷全球的情况下,这次"陈江会谈"对台湾和大陆的经济效益会起很大的促进作用。可以让两岸经贸关系更进一步发展。

(七)

11月18日,《人民日报》驻台北记者在台北海基会会客室采访了江丙坤。江丙坤一身深色西装,拿着一迭文件,边看边走进会客室。与记者握手后,来不及寒暄,坐下又独自埋头看起了文件。少顷,江丙坤抬起头说:"对不起!看了点资料。"

有人说:"江丙坤做事严谨周密,讲求效率,工作起来非常拼命,经常把公文装在一个红色带轮子的大行李箱里带回家批改。"看来,此言不虚。

江丙坤曾长期主管台湾经贸事务,有国民党"头号财经战将"之称。曾任台当局"经济部国贸局局长"、"经济部长"、"经建会主任委员",现任中国国民党副主席、海峡交流基金会董事长。

历史的因缘际会,让江丙坤走上了一个全新的历史舞台。2005年3月28日,江丙坤以中国国民党副主席的身份率领国民党参访团踏上大陆,展开"破冰之旅"。这是睽违了56年后,中国国民党第一次组团访问大陆。

3年后,2008年6月11日,出任海基会董事长不到两个月,江丙坤应海协会邀请前往北京,举行第一次"陈江会谈",中断长达10年的两会商谈终于恢复。

5个月后,江丙坤作为主人,在台北迎接大陆授权团体最高负责人——海协会会长陈云林第一次访台。

两岸关系发展的几次关键时刻,江丙坤均是历史的参与者和见证人。

专访中,记者问,担任海基会董事长半年多有何感触和体会?江丙坤说,这是毕生的荣幸,也深感责任重大。他说,我过去一直为台湾经济在努力,我的结论是,两岸和平,台湾的经济才能够繁荣。在任何场合,我都强调要利用大陆经济的成长来发展台湾经济。

记者问怎么评价第二次"陈江会谈"的成果和意义？江丙坤说这次会谈所作的决定、所签的协议，不仅一定会影响两岸的经贸关系，也会为两岸人民福祉的提升作出贡献。海基会、海协会成立到现在将近17个年头，期间，两岸虽然经济上交流频繁，但其实在政治上是对立的。今年6月，我和陈会长代表双方在北京签署两项协议，这次又完成四项协议，两次会谈六项协议，表明两岸关系在快速改善，影响所及是全面的，将改变两岸关系，增进两岸的福祉。

记者又问最近马英九的两岸政策引起绿营较强的反弹，这会不会影响将来台湾方面两岸政策的开放力度或走向？江丙坤坚定地答道不会。并说两岸政策方向马英九竞选时就已经确定，现在按部就班进行。两岸直航，民进党执政时代一直在推动，假如没有民进党推动，周末包机我们也不可能那么快完成。今后两会要谈的，包括食品安全、投资保障、避免双重课税、智慧财产权的保护、共同打击犯罪等问题，而是技术性的，没有一个是政治性的。而这些都是刻不容缓的问题，必须解决，因为他们对两岸包括台湾民众、在大陆的台商都有帮助。

记者再问您和陈云林会长认识由来已久，您认为自己和陈云林先生是谈判对手还是合作伙伴？江丙坤高兴地答道：我们是多年的朋友，也是合作的伙伴。每一次协商的时候，陈会长都会体谅我们这边的困难，比如上一次我们到北京去，他了解台湾民众希望对等商谈，所以签署协议的时候他说，"你就一定坐右边"。过去两会领导人是签完一份协议就换一个位置。这次在台北轮到我当主人，签协议时，他也说："你就在右边"，但我还是坚持让他在右边，表示有来有往。这次的整个安排他很满意，也表示体谅我们这边的困难。

当记者问江丙坤对自己在海基会董事长任内有何期许和目标时，江丙坤说，目前，我们会一步一步地走，因为往前走就对了。我们会先易后难，从经济议题开始，再进入政治议题。这个过程到底有多长，目前没有办法推测，相信两岸领导人对此应该胸有成竹。

半个小时的访问，江丙坤董事长念兹在兹的是自己所肩负的历史责任和使命。记者最后感慨地说道："这就是一位76岁老人的情怀！"

（八）

实现两岸"三通"，促进和平发展，是海峡两岸人民和广大职工的共同期盼。随着海协会成功访台，并与海基会就海运、空运、邮政、食品安全签

署四项协议，两岸"三通"框架基本成型。两岸工会和广大职工作为发展两岸关系的重要力量，在促进两岸"三通"中发挥了积极作用，作出了重要贡献。

为了进一步加强两岸工会和劳动界的交流与合作，充分发挥工会组织在促进两岸"三通"中的积极作用，"2008'海峡两岸工会论坛"于11月7日至9日在海南博鳌举行。两岸工会和劳动界以"通邮、通航、通商与工会作用"为主题，本着相互尊重、平等协商、求同存异、共谋发展的精神，把握两岸大局，紧跟时代步伐，坦诚交换意见，深入进行研讨，标志着两岸工会和劳动界的交流与合作进入了一个新的发展阶段。来自海峡两岸工会和劳工界代表共170多人参加了本届论坛。

在7日上午举行的开幕式上，中华全国总工会副主席孙春兰致开幕辞说，论坛的召开，充分体现了两岸工会和亿万职工拥护"三通"、支持"三通"、推动两岸关系和平发展的强烈愿望，符合两岸职工和工会的迫切要求和共同利益，符合两岸关系和平发展的方向，符合求和平、促发展、谋合作的时代潮流，标志着两岸工会和劳动界的交流与合作进入了一个新的发展阶段。

中国国民党中常委、台湾劳工联盟总会理事长侯彩凤在开幕式上致辞说，"三通"是长久以来两岸努力的结果。未来的"三通"标志着"两岸一日游"的生活圈即将启动，对两岸产业分工、效率提高、增强对外竞争力都具有重要作用，也给两岸商业带来无限契机。值此良机两岸工会和劳动界应团结合作，稳定交流，共创双赢。

论坛举办期间，与会者围绕着"通邮、通航、通商与工会作用"的主题发表了许多颇有见地的意见和建议。

孙春兰在题为《为推动两岸关系和平发展贡献力量》的发言中提出，发挥两岸工会独有的优势，继续促进"三通"深入发展。她说，目前，大陆工会会员达到2.09亿人，岛内工会会员也占了岛内劳动力人口总数的1/3。两岸职工是促进"三通"不断发展的重要力量，完全有能力在继续促进两岸"三通"中发挥重要的作用。她表示，我们愿意通过本届论坛进一步商讨，充分发挥两岸工会的特点和优势，凝聚两岸职工和工会的智慧与共识，采取更加有效的措施和方法，立足当前，着眼长远，打开思路，挖掘潜力，努力巩固和积极发展目前两岸"三通"中出现的有利局面，排除和化解"三通"中存在的一些不合理的障碍，团结动员亿万职工拥护"三通"、支持"三通"，广泛号召亿万职工为两岸"三通"勇挑重担、多做工作，为促进两岸"三通"全面发展作出扎扎实实的努力，为推动两岸关系和平发展贡献力量。

孙春兰还提出，要夯实交流平台，深化两岸工会合作。她说，长期以来，两岸工会共同致力于维护两岸职工合法权益，双方在劳动立法、工业安全、劳动保障及职业教育等方面的交流合作不断扩大和深化，在文化、体育等方面的交流合作也逐步展开。我们应当把握机遇，认真研究两岸工会的合作机制，强化交流渠道，夯实交流平台，加大宣传力度，总结推广经验，用新的思路、新的办法，积极开展两岸职工在技术、文化、旅游等方面实质性合作，更加广泛地团结两岸职工，努力探索符合两岸工会要求、适合两岸工会自身特点的交流合作途径和办法。

侯彩凤在以"发挥两岸工会在'三通'中的作用"为主题的发言中提出，两岸工会在两岸"三通"及和平发展的过程中应该在五个方面扮演重要角色：一是要具体阐释两岸"三通"带给两岸人民的经济商机及工作机会。二是要经由两岸工会互动往来，了解两岸"三通"所能带给劳工的相对利基，并加以积极的宣传。三是两岸"三通"，有助于台湾与大陆在经济整合、产业分工的全球布局。对此既要积极地参与，也要加以广泛的具体阐释。四是两岸工会的交流研讨，可以针对劳工事务课题提出见解，对于两岸劳工政策及法令之修订有相对建议的能力，如此将有助于两岸产业的和平稳定发展。五是要进一步加强两岸工会组织的定期交流，以及延伸后续干部及劳工的互访，这样可以更进一步增进彼此的认知，对于推动两岸和平发展建立更为扎实的基础。

中华全国总工会副主席徐振寰在发言中提出，两岸工会在促进两岸"三通"，实现两岸经济共同繁荣中，应在四个方面作出自己的努力：一是动员广大职工，营造支持"三通"的舆论环境。两岸工会要教育引导广大职工自觉承担起支持"三通"的共同责任，以做好工作的实际行动促进"三通"。在全社会形成大力支持"三通"，积极促进"三通"的强大舆论氛围。二是加强政策参与，形成支持"三通"的制度环境。两岸工会和劳动界都要加大涉及两岸劳动法律法规的参与力度，促进劳工立法的完善。三是维护职工权益，优化支持"三通"的社会环境。两岸工会要进一步加强沟通与协调，共同维护两岸职工的合法权益，为早日实现两岸"三通"优化环境，为两岸和平发展贡献力量。四是加强两岸工会交往，奠定支持"三通"的群众基础。自2006年首届两岸工会论坛举办以来，两岸工会和劳动界的交流与合作越来越活跃，在这一基础上应进一步加以推动，为促进两岸"三通"奠定更为坚实的群众基础。

台湾中华邮政工会理事长蔡两全就尽快建立快捷畅通两岸邮路发言说，

随着两岸经济社会的快速发展，两岸经济往来和人员交流更加频繁，资金流、物流、信息流的传递更加迫切，尤其是两岸包机和大陆居民赴台旅游的开通，给两岸邮政提供了巨大的合作空间。实现两岸全面、直接通邮，建立快捷畅通的邮路，增加开办除信函以外的包裹、汇兑、快递业务，是两岸民众长期的愿望。他强调，台湾中华邮政工会高度肯定海峡两岸邮工及一般人民与企业加强交流的必要性，不论台湾人、大陆人或全球各地的华人，大家都是炎黄子孙，任何事情应该都可以坐下来谈。两岸人民如兄如弟，血浓于水，应该紧密结合，共同努力建立正常的沟通管道，交换工作信息与实务经验。相信绝大多数的中国人都渴望过和平、安定的生活，因此，台湾中华邮政工会除了将透过适当管道建请台湾行政当局调整当前两岸政策，我们也衷心期望两岸劳工团结一心，光耀中华。

论坛结束后，与会的台湾代表赴北京等地参访。11日下午，中共中央政治局常委、全国政协主席贾庆林在人民大会堂亲切会见了参加论坛的部分两岸工会及劳动界代表。贾庆林指出，两岸工会和劳动界在推动两岸关系和平发展中负有重要责任。双方应该抓住难得的历史机遇，进一步加强交流与合作，共同致力于维护两岸职工权益，使两岸劳动者更多地分享经济社会发展的成果，为促进两岸关系和平发展，共同谱写中华民族伟大复兴的新篇章尽一份心力。

贾庆林说，当前，两岸关系和平发展呈现出前所未有的光明前景，两岸同胞比以往任何时候都更有条件也更加需要携手合作、共同发展。同时，两岸关系前进的道路并不平坦，国际金融危机也给两岸经济发展带来了新的困难、提出了新的课题。我们愿采取进一步积极的措施，尽力维护好、发展好两岸同胞的切身利益。同时积极开展两岸同胞和两岸各界的大交流，不断增进相互了解与相互信任。两岸双方还应该秉持建立互信、搁置争议、求同存异、共创双赢的精神，妥善处理好两岸关系中存在的历史遗留问题和今后遇到的新问题。总之，我们愿与台湾各界有识之士一道，不断巩固和加强两岸关系改善与发展的势头，不断开创两岸关系和平发展的新局面。

孙春兰、王毅、陈云林等参加了会见。

（九）

就在陈云林一行访台结束后的第二天，即从11月8日起，每周六、日晚黄金时间在台湾纬来电视台播出两集由大陆九洲音像出版公司出品的36集电视连续剧《台湾·1895》。此前，即从11月6日起，大陆中央电视台一套每晚黄金时间播出两集《台湾·1895》。从此，在这一时段，海峡两岸同时唱响了《台湾·1895》的主题曲："豪情义举中华剑，同根一脉保江山……风雨百年情不断，魂牵梦绕是台湾。"

就在大陆播出电视连续剧《台湾·1895》的前一天，11月5日首映了同样是描写台湾少数民族、客家人、闽南人合作反抗日本统治的电影《1895》。该剧改编自台湾著名客家籍作家李乔的小说《情归大地》。李乔以"寒夜三部曲"享誉台湾文坛。《1895》讲述了客家秀才吴汤兴投笔从戎，建立了客家义勇军奋战对抗日本侵略者的悲壮往事，穿插了他与妻子黄贤妹缠绵悱恻的爱情故事。影片既有情感纠结，又有战争场面，被岛内舆论称为近年来少见的史诗大作。

《1895》电影首映时就被台湾各界所重视。马英九特别率领"行政院"副院长邱正雄、"客委会"主任委员黄玉振、"新闻局长"史亚平等官员，一起出席首映式，为《1895》打气。有"台湾第一名模"之称的林志玲也到了现场。林志玲除了为自己出演的《赤壁》做过宣传外，还不曾为其他电影代言，由此可以看出台湾民众对《1895》的重视。

原本岛内舆论认为，电影《海角七号》创下台湾60年来"最卖座的本土电影"的纪录，岂料电影《1895》首映一周后就开出500多万新台币的票房，远远超过《海角七号》第一周开出214万的票房。

电影《1895》之所以获得台湾政要和一般民众的喜爱，主要原因之一是由于这部电影再现了台湾少数民族、客家人、闽南人共同抗日的那段历史。电影中运用了大量客家话、闽南语等台湾乡土语言，全片有60%是客家语发音。马英九在首映式上也以客家话问候现场来宾。他表示，在台湾拍电影不容易，尤其是拍一部描述客家历史的大制作，过程更是艰辛。熟读台湾历史的马英九在电影放映前向人们介绍了《1895》的故事背景，在放映后他表示，生长在这块土地上的人，如果能知道它的历史，会更加珍爱这块土地。

电视连续剧《台湾·1895》在台湾播出后，台湾《联合报》、《自由时报》、TVBS电视台等新闻媒体，都在娱乐版面大篇幅地介绍该剧。由于大陆古装历史剧在台湾一直拥有很高的收视率，而《台湾·1895》不但是央视的年度大戏，也是继《康熙王朝》和《大将施琅》等古装戏后，大陆所拍的与台湾关系最密切的作品，所以岛内娱乐圈普遍认为这部作品的收视率一定会很高。东森电视台称赞说，中央电视台耗资5000万元新台币，拍摄了这部大戏，从北京、福建转战到广东，拍摄手法细腻、场面浩大，再加上央视一套黄金时段播出，已经赢得大陆收视第一的宝座。TVBS电视台在专题报道中，详尽地述说了两岸同胞的"1895"抗日情怀，还特别提到《台湾·1895》中的一段话，"不计生死共御外敌，我们在台湾就算没有任何援助，就算弹尽粮绝，我们也要打"，称赞当时台湾民众抗日的勇气和决心。

《台湾·1895》聚焦中国近代史上的重大事件——甲午战争和《马关条约》的签订。该剧是大陆首次以台湾被割让和反"割台"经过为主题的历史大戏。该剧剧情是严格按照史书拍摄的，但是比历史教科更为鲜活生动。该剧表现的是一个场面恢宏、时空跨度巨大的历史画卷，为了全景式地展现中国近代史中这段屈辱的历史，再现反侵略、反"割台"波澜壮阔的斗争场面，剧中共塑造了一百多个真名实姓的人物，分为"侵台"的日本和法国侵略者、"弃台"的腐朽清朝统治者、"保台"的反侵略民族英雄三大阵营。三条主线、三组人物的戏剧冲突不断加深，使剧情逐步推向高潮，也使人物有血有肉。如潘虹饰演的慈禧、李雪健饰演的李鸿章、刘德凯饰演的刘铭传以及由常戎饰演的、第一次走上荧屏的黑旗将领刘永福等，既符合历史真实，又不概念化。特别是剧中再现了台湾爱国诗人、抗日英雄丘逢甲老先生的生动形象，让人肃然起敬。丘老先生在1896年写的"《马关条约》周年祭·春愁"的诗句："春愁难遣强看山，往事惊心泪欲潸。四百万人同一哭，去年今日割台湾！"此诗流传至今，深深感动着天下华人。此外，该剧在创作、拍摄的各个细节、各个方面都始终贯彻真实还原历史的原则。例如，许多剧中人物的形象和服装都是按照原始照片精心设计的，同时采用84段客观旁白还原历史的真实，并特别制作了近120分钟的特技，共六百多个镜头，重现了海战等重要场景。该剧总导演韩刚说，我们所做的种种努力就是为了真实地再现"割让台湾"这段让中华民族不能忘记的历史。

这样一部中国大陆拍摄的历史正剧，能够此时此刻在台湾播出，很多人感到多少有些讶异。台湾台北纬来电视网股份有限公司副董事长邓儒宗介绍说，纬来电视台共有6个频道，以前就播出过大陆拍摄的《黑洞》、《天下第一楼》、《大染坊》、《五月槐花香》、《宋莲生坐堂》等连续剧，都很受观众欢迎。纬来和九洲音像出版公司有很多次合作，"大家都是老朋友"。

邓儒宗认为，"现在台湾社会都在强调'多元'、'多角度'，历史很多情况下就是从什么角度来看问题，《台湾·1895》给台湾观众提供了一个不一样的角度。"他说："近期陈云林访台，这在台湾是一件大事。我们恰巧在这个时间推出这部剧，应该会引起很多人的注目。"他进一步表示，"近年来，台湾对历史的追求有点薄弱，没有很强调'我们的根'，而大陆这边有很多很真实的资料，呈现出来对台湾观众是蛮好的。台湾未来这种探讨、追求'台湾从哪里来'的想法和做法会越来越多。纬来也想借推出这部戏，引发不同观感，让台湾观众自己来看，来思索，来体验台湾在历史洪流中经历的过程。纬来很有幸能参与这个工作。"

该剧出品方大陆九洲音像出版公司总经理林大宁说，近十余年来，由于台湾有关方面采取了"割断文化脐带"的政策，在台湾播出的大陆电视剧越来越少。此次九洲音像积极促成《台湾·1895》在台湾播出，就是希望在两岸架起文化沟通的桥梁。

"以史为镜，可知兴替"。《台湾·1895》最终以抗战结束、台湾回归祖国怀抱为最后一幕，两岸同庆的欢乐场面也寄托了两岸人民的美好愿望。总导演韩刚自信地说："这部戏播出后一定会有很好的收视效果。"

（十）

就在陈云林一行访台即将结束的时候，即11月6日上午，第四届海峡两岸（三明）林业博览会在福建省三明市隆重开幕。

三明市地处福建省中部，是海峡西岸经济区的重要腹地和东南沿海与中西部地区的重要连接带，也是祖国大陆最靠近宝岛台湾的重点林区。全市面积2.29万平方公里，总人口268万人。拥有全国文明建设先进城市、国家园林城市、国家卫生城市、中国优秀旅游城市、全国社会治安综合治理优秀城市等荣誉。

三明是中国最绿省份最绿区域的"绿海明珠"，森林覆盖率高达76.8%，有国家级、省级森林公园21个，自然保护区11个。在三明市举办的林博会是全国唯一设立的林业对台交流合作的重要平台和国家级会展，是海峡两岸业界一年一度的共同盛会，已经连续成功地举办了三届。

"以林为桥，沟通两岸"。林博会受到海峡两岸业界的普遍关注，会展的影响和作用日益凸显。今年的林博会有来自35个国家和地区，以及全国二十多个省的来宾、客商三千多人参加，规模和层次在前三届的基础上有明显的提升。林博会的组织者介绍，本届林博会的重点要体现出三个"突出"：一是突出两岸合作。合作领域要从农林产业向工矿业、建筑业、旅游业、生物产业等延伸，合作区域从福建省扩大到海峡西岸4省（福建、广东、浙江、江西）20个市及其他地区；二是突出两岸经贸交流。在注重林业特色的基础上，进一步突出产业项目对接，开展科技和社会事业交流与合作，进行产品订货交易；三是突出林业改革。重点展示福建林业改革30年暨三明集体林区改革试验区建立20年成果，凸显福建省在全国林业改革的地位和影响，明确深化改革的方向，推进现代林业建设。

福建省委常委、常务副省长张昌平代表省委、省政府在林博会开幕式上致欢迎辞时说，三明是福建省重要林区和全国集体林区改革试验区，也是全国唯一的海峡两岸现代林业合作实验区，2005年以来已成功举办了三届林博会，为促进林业改革与发展发挥了积极作用，成为海峡两岸林业交流与合作的示范窗口。他指出，本届林博会对进一步深化集体林权制度改革，扩大两岸林产业的交流与合作，推进两个先行区建设有着重要意义，福建将以本届林博会为契机，紧紧围绕"展示改革开放成果，促进两岸交流合作"这一主题，不断拓展合作空间，推动林业科技交流，促进生物医药产业发展，带动两岸经贸、文化、科技等领域的合作，为实现海峡两岸和平发展、共同繁荣作出积极贡献。

开幕式结束后，参加林博会的来宾参观了林博会展馆。本届林博会由国家林业局和福建省政府共同主办，展馆面积比上届增加了一倍，达到2.1万平方米，分为特装展位和国际标准展位两个展厅，共有478家境内外企业参展。

在台湾展馆，人们惊讶地发现，竟有三明市沙县"森林人家"的特色农产品。这究竟是怎么回事？经讲解员解释，人们才明白，称赞这是"海峡两岸农林产业亲密合作的典范"。原来，沙县南霞镇茶坪村"森林人家"农业专业合作社，是今年初由茶坪村60户村民与台资企业三明嘉农农林发展公司以及海峡农业网共同发起成立的。三者结缘，牵线的恰恰就是林博会。

在上届林博会上，嘉农公司的技术总监王振陆结识了茶坪村的曹光辉，受邀到茶坪村参观。有"水墨山村，世外桃源"之称的茶坪村，让王振陆称赞赞叹不已，但村民的生活水平并不尽如人意。王振陆想，如果把台湾先进的农业生产经验引入，发展前景将十分广阔。经几番洽谈后，双方达成协议，再联合海峡农业网，共同成立了"森林人家"农业专业合作社。

合作社依托茶坪村特色农业资源和丰富的旅游资源优势，采取台湾"精致农业产销班"的模式进行管理，通过统一规划、统一品种、统一技术、统一品牌、统一采购、统一销售的"六统一"运作模式，挖掘培育特色产品，降低销售成本。目前，已建立了有机茶籽油、柑橘、毛竹等8个产销班。

另一方面，嘉农公司实行全程服务。在种植上先后引进台湾香米、地瓜等农产品，并跟踪指导，农民一旦遇到什么难题，一个电话，公司就会派专门的技术人员到现场帮助解决问题。今年秋天，作为试点的100亩台湾有机香米获得大丰收，一斤卖到近4元，而在以往，本地大米一斤才卖1.5元。产品销售由合作社统购统销，农民无需再像以前那样，骑着摩托车四处去卖。

曹光辉在接受记者采访时说，因为口感好，香米刚一丰收，在三明就被抢购一空。

在嘉农公司的指导下，茶坪村的农产品还统一注册了"松柏岩"品牌，实现分体包装销售，并在海峡农业网上做起了广告。这次，"松柏岩"香米等一一亮相林博会，广受好评。

"与嘉农公司和海峡农业网合作，并借鉴台湾的先进农业经验，把村民攥成一个拳头，发展得更好更快。"曹光辉高兴地告诉记者："以前怎么也想不到村里的农产品能亮相国家级的林博会！"

在台湾青年馆英韵茶庄的展位上，冻顶乌龙、金萱、奇南茶等以阿里山为名的系列茗茶摆满了整个展台，英韵茶庄公司的负责人李金英女士，不时地向客商介绍着展品。首次前来参加林博会的李金英，让她没想到的是不仅展品销售热络，而且当天就有好几位客商前来商洽合作事宜，她还同一位客商达成阿里山高山乌龙茶在广东总代理的合作意向。

李金英高兴地对现场采访的记者说，两岸两会刚刚签署的四项协议太好了！可以说是一场"及时雨"。两岸直航对于以中小企业居多的农林业台商来说，是最大的利好。她希望借此良机与更多的大陆客商建立联系，将她的系列茗茶推向大陆市场。

台湾云林县古坑农会会长王坤龙说，云林县盛产茶叶、咖啡和白柚等台湾水果，从高雄经厦金航线运往大陆以前需要3天的时间，不利于水果保鲜。直航后时间不仅减少到一天，而且一个普通货柜运费也从六百多元降低到三百元左右。"两岸直航的实现，又一次拉近了闽台两地之间的距离，肯定也将带来更多的商机。"王坤龙喜气洋洋地说。

今年林博会台湾馆还专门设立了一个阿里山馆，展示岛内少数民族的林业及加工产品，排湾族等几个台湾少数民族的相关企业首次组团参展。台湾少数民族产业发展协会执行长吴帝鞍参加了四届林博会，他说，林博会经过几年发展，已经成为两岸林业交流合作的最佳平台，吸引了越来越多人的关注，此次展会出现许多生物科技、观光休闲旅游等项目就是一个很好的例子。

林博会期间，还举办了海西现代林业高峰论坛、生物产业项目对接等活动。

与其他博览会不同的是，自开幕以来，连续3天的晚上给人们献上了不同的文艺大餐。本届林博会献上的"素面朝天"的晚会，本着"节俭办节，不请明星，全面展示"的原则，从室内剧院走向户外广场，让更多的参会客商和市民欣赏精彩纷呈的文艺演出。晚会节目带有浓郁的三明风情，集中展演了三明市第三届音乐舞蹈节和福建省第十届音乐舞蹈节的获奖作品。客家舞蹈《擂呀擂》擂出清香的擂茶，让人们欣赏到了"绿海明珠"、茶叶之乡的劳动之美；舞蹈《酒坊娘子》别出心裁，酿就醇香美酒，为每一位客人送上三明人的热情；沙县的肩膀戏《八仙聚会小吃城》，展现了三明独特的民俗风情；舞蹈《四季皆春》舞出了三明的青山秀水、明媚春光……台湾客商刘文先生看过演出后，由衷地感叹道："看着三明的特色舞蹈，一下子就喜欢上了这个城市！"

（十一）

在三明举行的第四届海峡两岸林业博览会刚刚落下帷幕，11月16日至18日，海峡两岸茶业博览会暨武夷山旅游节在世界自然与文化双遗产地的福建省武夷山市隆重举行。福建省委常委、常务副省长张昌平在开幕式上代表省委、省政府致欢迎词时说，福建是我国重要的茶叶产地和贸易中心，也是传统的茶文化发祥地之一。随着改革开放的不断深入，福建茶人与全国茶业界的相互学习借鉴更加广泛，与台湾茶业界的交流融合更加密切，福建茶产业、茶文化的发展进入了鼎盛时期。他说，本届茶博会在武夷山举办，这里是世界文化与自然遗产地，生态环境优美，旅游资源丰富，人文景观独特，茶文化底蕴深厚，为两岸茶业界的同仁创造了一个人与自然和谐相处、经贸与文化相互交融的最佳环境。本届茶博会通过茶产业、茶科技、茶贸易、茶文化的广泛交流，必将为进一步促进海内外茶产业的融合提升，增进海峡两岸的经贸往来、拓展海峡两岸人民的交流与合作，发挥更加积极的作用。

开幕式上，以武夷山水为舞台展示了武夷茶文化的大型茶歌舞实景演出，赢得阵阵掌声阵阵喝彩。

第四届武夷山旅游节也同期展开。

福建是茶之乡、茶之祖、茶之源。福建茶之韵十分浓郁、深厚。全国6大茶类就占有白茶、乌龙茶、绿茶、红茶4大类。乌龙茶是久负盛名的武夷岩茶的总称。"武夷岩茶"的茶树生长在武夷山岩石缝中，用采自这些茶树上的茶叶制作成的"武夷岩茶"，具有绿茶之清香、红茶之甘醇，是中国乌龙茶之极品，特别是该茶的代表作"大红袍"，更是名满天下。据史料记载，唐代民间就已将其作为馈赠佳品。宋、元时期已被列为"贡品"。清康熙年间，开始远销西欧、北美和南洋诸国。当时，欧洲人曾把它作为中国茶叶的总称。

本届茶博会凸显"两岸和谐"的主题，在六百余个展位中，来自台湾和福建省内的台资企业占有56个展位，台湾省农会组织了台湾主要产茶区县、乡农会积极参展。本届茶博会进一步挖掘了闽台两地深远的茶文化渊源和厚重的福建茶文化底蕴，推动了海峡两岸及全国各产茶区的茶叶交流、贸易合作。

闽台隔海相望，两地土壤、气候、制茶工艺、饮茶习惯等都很相似。台湾民众60%以上有饮茶习惯，且以乌龙茶为主。台湾产茶的历史有两百多年，品种及加工技术都是从福建传入的。闽台茶业的历史渊源，正是举办海峡两岸茶博会的重要原因之一。

在闽台交往中，武夷山市十分活跃。从上世纪80年代开始，武夷山市与台湾的茶文化交往日趋活跃。武夷山茶文化节、茶王赛等活动吸引了大批台湾民众参与，这些茶民俗也在台湾真情演绎、发展，使中华茶文化在闽台两地广为弘扬。武夷山市先后两次应台湾观光协会邀请，组团赴台参加台北中华美食展。武夷山茶文化艺术团两次赴台，每天都举办3场武夷茶艺表演。演出场场爆满，武夷茶艺表演已成为台北美食展上的一道亮丽风景线。

特别值得一提的是，2007年9月18日，武夷山华夏民族城内，一瓶取自台湾南投县鹿谷乡的山泉水和汲自武夷山的山泉水交融在一起，共同冲泡由台湾冻顶乌龙与福建武夷山大红袍拼配而成的乌龙茶。以闽台水共同冲泡同根茶在两地茶文化交流中尚属首次。两岸茶人还分别将精心挑选的武夷岩茶大红袍和台湾的冻顶乌龙茶原料一起倒入一个大铁桶中，用传统工艺将它们制成两块茶饼。茶饼中央印有"茶缘"二字，左右分别镌刻着武夷山玉女峰和台湾阿里山的图案。这两块茶饼分别由台湾崇德茶叶联谊会和武夷山市茶叶同业公会收藏。它们既印证了历史，也将见证未来。

本届茶博会形式多样，内容丰富，在开幕式上举办完山水实景茶歌舞演出后，又先后举办了茶叶国际高峰论坛、海峡民俗文化风情表演，万人品茗及亮点纷呈的活动，得到了与会来宾的一致好评。

茶博会上客商踊跃，规模空前，成果丰硕。2.3万平方米的茶展馆人流如潮，到会来宾超过万人。展会第三天已成交订货合同或意向协议已达320个，签约金额达到25.6亿元。主办茶博会的负责人兴高采烈地说，这样的规模已创下了全国专业茶展会的历史新高。在参展企业的强烈要求下，茶博会组委会决定，将茶博会茶展延长一周，推迟到25日结束。

本届茶博会期间，还出现了令人们感动的一幕，那就是台湾茶协会代表团到武夷市的建瓯县东峰镇桂林村百年乌龙茶园寻根问祖。

台湾茶协会理事长圣轮法师是台湾著名的禅茶专家和企业家。11月18

第十章 两岸积极互动 一心开创两岸和平发展春天般的新局面

日，他率领代表团一行12人来到全国最著名的北苑御茶园故地——建瓯县东峰镇桂林村百年乌龙茶园。桂林村这片有着160年以上历史的15亩茶园，种植的茶树品种为矮脚乌龙。1990年9月，台湾茶业界泰斗吴振锋教授经过缜密的科学考证，确认桂林村的矮脚乌龙为台湾青心乌龙的祖树，是台湾享有盛誉的"青心乌龙"和"冻顶乌龙"茶的祖籍园。为见证闽台乌龙茶品种的历史渊源，1991年6月，福建省南平地区行政公署、福建省茶叶学会和建瓯县人民政府对这片茶园立碑保护。茶园前所立的"百年乌龙"碑写道："采制半发酵的乌龙茶树品种，其栽培与加工技术均源自福建，引入台湾后，迄今成为台湾茶区的主要栽培良种，与台湾的青心乌龙有亲缘关系。永志海峡两岸茶业亲缘相依的关系。"

圣轮法师感慨地说："太让我惊讶了，台湾的冻顶乌龙茶和这里的百年乌龙茶真是一脉相承。花儿一样香、叶片一样大！闽台茶叶同宗同源。茶叶就像一座金色的桥梁，连接着两岸同源同种的文化，传递着两岸几代种茶人割舍不断的情谊。"

茶可感恩，茶可致礼，茶可结缘，茶可传情。台湾茶协会代表团一行还参观了全国重点文物保护单位——地处东峰镇焙前村的记述北苑植茶史事的摩崖石刻遗址、宋高宗赵构赐额的北苑茶祖——张延晖的"恭利祠"。在"恭利祠"前，代表一行种下了台湾青心乌龙和建瓯水仙茶树，真诚祝福海峡两岸和平、和谐、和气。

台湾茶协会秘书长、茶叶专家、茶事研究员张清宽说，青心乌龙对台湾经济、社会的影响都很大。这次寻根之旅能亲眼看见这片青心乌龙的母树，我感到非常的欣慰。

（十二）

武夷山市举办的第二届海峡两岸茶博会还没有落下帷幕，11月18日至22日，第十届海峡两岸花卉博览会暨台湾农产品博览会又在福建省漳州市隆重举行。

以"花开两岸，合作双赢"为主题的本届花博会，由国务院台湾事务办公室、农业部、国家林业局和福建省人民政府主力。花博会经过10年的培育，已经成为海峡两岸在农业领域加强交流合作、实现互惠互利、谋求科学发展的重要平台。

本届博览会共设4个展馆，集中展示花卉、水果、水产、蔬菜、食用菌、茶叶、畜牧等农产品及其加工品，以及农业生产资料、农业机械等。其中的台湾农博会展区面积近6000平方米，来自台湾23个县市的140家农业企业、农会、合作社、产销班等农业组织参展。展会还设有中国蘑菇节展区、福建品牌农业展区、闽台农业合作成果展区和两岸渔业合作成果展区等。

在花博会开幕前夕，中国国民党荣誉主席连战、主席吴伯雄分别发来贺词、贺电表示衷心的祝贺。

连战的贺词是："第十届海峡两岸花博会于本月18日至22日举办；2008年台湾农产品博览会、第二节中国蘑菇节亦同期举行，盛况可期，曷腾欣幸！第十届是一个重要里程，贵会耕耘有成，在迈入新阶段时，由衷祝福海峡两岸人民关系更密切，互利互荣，共创双赢。谨函致意，敬祝顺利成功！"

吴伯雄的贺电是："欣悉本月18日至22日'第十届海峡两岸花卉博览会、2008年台湾农产品博览会、第二届中国蘑菇节'同时于福建漳洲花博园举办，这是两岸农业交流的盛事，可喜可贺！"吴伯雄在贺电中强调："台湾和漳洲的关系，不论在历史上、地理上、人文上都至为密切。当两岸关系迈入新里程的时刻，相信美丽的花卉、养生的蘑菇以及丰富的台湾农产品，能使两岸人民情谊更深，共享人间的美好。谨此表达由衷的祝福，敬祝大会顺利成功！"

深秋的漳州，鲜花如海，60万盆鲜花盛开花博园。2.3万盆鲜花搭就的景观工程，一千多盆鲜花装饰而成的高大花柱，一千多个品种亮相的花卉展区，珍稀花草构成的七彩展台……锦绣园、棕榈园、榕景园、三角梅园、荷花园、萌生植物园、沙漠植物园、闽南瓜果园……一步一景，让人目不暇接。

花博会花卉展区的兰花精品馆里，四百多盆台湾精品兰花争奇斗艳，吸引着众多喜爱兰花的参观者驻足停留，恋恋不舍。这批精品兰花主要为国兰类和洋兰类。报岁兰、春兰、寒兰、墨兰等国兰荟萃一堂，幽香扑鼻。大陆市场正为台湾兰花产业提供了全新的发展空间。

"漳浦花卉给了我在大陆的创业平台，是我的事业的第二春。"漳浦台湾农民创业园的台商许慈颜在花博会现场接受记者采访时感慨地说。许先生是一个地地道道的台湾农民，经过多年打拼，如今已是台湾花卉业界的知名人物。2003年，许慈颜转道大陆投资创业，现为漳州富圣兰花生物科技有限公司的董事长。许先生在大陆的二次创业仍然瞄准花卉业，但却在传统经营方式中注入了"品牌"意识，他在漳州创立的兰花品牌"莎莉亚"已成为大陆花卉业的第一品牌。优良的品种和先进的种植技术使兰花迅速打开了市场，一些品种还出现在重要的外宾接待和国务活动场所。

说起五年来的创业历程，许慈颜信心满满地说："我希望通过我的努力，带动大陆花卉产业发展，让更多祖籍地在漳州的台胞回到故乡创业，真真实现花开两岸、共赢天下。"如今，像许慈颜先生这样的台农把自己再创业的落脚点定在漳浦，还有镇宇公司的张唐维、杰腾公司的卢哲民等五十多人。

作为东道的漳州市，已经将花卉培养为重要的特色产业。2000年漳州花卉出口仅4.1万美元，到2007年达1771.3万美元，年平均增长率超过100%。8年来，漳州出口花卉企业从原来的3家增到22家，出口品种从3种增到380种，出口市场从5个增到四十多个。

本届花博会人气最旺的，当数台湾农博会展区。可看可尝可买，游客争先到台湾水果展台，不少人尝过后就现场订购。开幕不久，在水果展区里，每公斤12元至20元的"黑珍珠莲雾"一下子就被订走二十多箱。台湾老板何先生说，这次展出的莲雾是用台湾最新的农业技术种植的，在漳州市龙海白水镇培植成的，口感好，价格也不贵。台湾展区销售员向现场采访的记者介绍说，他们摆在柜台上的样品水果也被抢购一空。

农博会是大陆规格最高、规模最大的台湾农产品展销会。已在上海、南京各举办过一次，今年首次在福建举办。农博会展区近6000平方米，由农特精品展示区、特色旅游推介区和综合销售区三大部分组成。农特精品展示区展出的莲雾、芒果、杨桃、葡萄柚、芭乐、柳丁、柠檬等十多种台湾原产地时令水果和五百多种台湾深加工农产品以及冰鲜鱼制品。特色旅游推介区分台湾北、中、南、东四个区域，结合地方特色伴手食品推介台湾地区旅游项目。综合销售区有109家台湾农业企业、农会、合作社、产销班等农业组织参展，涵盖了台湾地区所有县市。

中共福建省委常委、常务副省长张昌平在开幕式上致辞时说，本届花博会是在中共十七届三中全会胜利召开、纪念改革开放30周年、海峡两岸关系发生重大积极变化、两岸"三通"迈出重要步伐的大背景下召开的，大会围绕"花开两岸，合作双赢"的主题，充分展示了两岸农业合作成果、台湾农产品的最新成果，这必将使两岸农业在科技研发、良种引进、深度加工、食品安全等方面更好合作，发挥更加积极的意义。

中国国民党副秘书长张荣恭在开幕式上的致辞中指出，漳台两地有着深厚的渊源，漳州是最早的海峡两岸农业合作试验区之一，也是首批台湾农民创业园的所在地，必将成为两岸发展农业合作的先驱、先导和主要基地。他表示，两岸人民应进一步加强合作，取长补短，共同提升竞争力，促进两岸新的进一步的繁荣与发展。

在18日上午举行的开幕式上，大陆农业部宣布以福建农林大学为依托单位，建立"海峡两岸农业技术合作中心"，中心首席科学家、福建农林大学教授郑金贵说，台湾农产品，多以优质为长项；大陆农产品，多以高产为长项；优质与高产的嫁接，是一个很不错的发展方向！

18日下午，漳州市漳浦县台湾农民创业园举行了台湾农民创业园工作座谈会和创业孵化中心奠基仪式。漳浦台湾农民创业园是全国台湾农民创业园的发祥地。此次创立的创业孵化中心，占地500亩，计划投资1亿元，将建设综合服务区、组培基地、引种繁育基地、孵化基地，能够为台湾关键农业技术的产业化转移提供一个载体，推动两岸农业科技创新合作向更深层次发展。

展会期间，还先后举办了项目推介洽谈会与签约、花卉交易会、名贵花卉树木拍卖会、农业新成果展示等丰富多彩的经贸活动。

花博会的功能拓展，使两岸经贸交流合作也获得相当喜人的成果。展会首日举行的闽台农业合作项目对接洽谈会上，五十多个农业合作项目现场签约，总投资达16.2亿元人民币；龙海市九湖百花村交易会现场签下6600万元人民币的订单；"台湾原产地农特产品品鲜节"开幕式结束后，两岸客商又签下3000吨台湾水果及3000万元人民币的台湾深加工农产品采购意向。

花博会的举办，也极大地促进了漳台两地的文化交流，进一步增进了两岸同胞之间的相互了解，进一步沟通了彼此间的感情，为服务祖国统一大业发挥了十分积极的作用。

（十三）

就在第十届海峡两岸花博会开幕的当天，首届海峡妇女艺术节在福建省首府福州市也隆重地拉开帷幕。

福建省副省长洪捷序在开幕式上致欢迎辞时说，中华传统文化是海峡两岸人民共同的精神家园。多年来，海峡两岸的姐妹以亲情、友情、姐妹情为纽带，组织开展了一系列富有特色与成效的交流与合作活动。当前，两岸关系处于和平发展的大好时期，福建正着力加强两岸经贸合作，扩大两岸人民交流与合作的领域和范围。闽、台、港、澳四地妇女汇聚海西，举办首届海峡妇女艺术节，在两岸妇女间搭建了一个促进了解、增进感情、加强合作的新平台。他希望，两岸姐妹携起手来，弘扬光大中华文化，为推进祖国和平统一大业做出新的更的更大的贡献。

为期5天的艺术节期间，先后举办了闽台文化艺术论坛、海峡两岸妇女艺术作品展、"海西行"考察等系列活动。

开幕式结束后，与会代表便涌向了在福建省民间艺术馆举办的海峡两岸妇女艺术作品展上。这里人流如潮，万头攒动。人们争先恐后地欣赏着展示在这里的三百多件艺术作品。

"想不到展出的内容这么丰富，让人大开眼界，大饱眼福，这一趟来得真值！"台湾女画家郭彩萍在自己的参展作品边上留影后，兴致勃勃地对现场采访的记者说："我逛了一圈，看到有绘画、书法、摄影、刺绣、剪纸、编织、陶艺、雕刻等等，雕刻还分木雕、影雕、石雕、漆线雕，这些精美的作品充分反映了闽台两地妇女姐妹的多才多艺，其中很多大陆女同胞的作品非常棒。身为女性，我为她们感到自豪。"

台湾的陈郭宝桂女士送来的数件漂亮的毛线编织品参展，展柜前吸引了众多观众驻足欣赏。"这几条披肩花样很别致，颜色也搭配得很好。""那件线衫款式很新颖，我要叫我妈妈来看一看。""手机套可以这样钩啊，我回去也试一试。"……妇女姐妹们叽叽喳喳地议论着，大家发现，像编织这样的手工技能，两岸姐妹是相通的。

"原来花还可以做画，而且做出来这么美！"来自台中的萧珊珊的押花艺术引来姐妹们啧啧称赞。台湾另一位女艺人李秋香用稻草编出了画，在大陆生活了16年的女台胞吴清菊用缝纫机绣出了画，而来自南平的祖淑琴则用毛线做了画……件件别出心裁的艺术品，让人们感悟到心灵手巧，富有创意，是两岸妇艺术家的共同特质。参展的艺术家们感到，能欢聚一堂切磋艺术心得，这样的机会十分难得。展馆里，新朋友初识笑脸相迎，老朋友相见热情拥抱，欢声笑语，其乐融融的温馨场面处处呈现。

阵阵悠扬的乐声从展馆的一侧传来，吸引很多姐妹前往倾听，原来是几位漂亮的姑娘在表演古筝、琵琶、扬琴，不一会儿，舞台上锣鼓声齐鸣，一段戏曲唱腔声遏行云，富有福建地方特色的提线木偶表演开始了，精彩的演出赢得热烈的掌声。

在展馆的另一侧，两岸七位女画家共绘一幅国画的场面也很火爆，画案前挤得满满当当，好多部相机都聚焦于她们手中的画笔。艳丽的牡丹、傲雪的菊花、幽香的春兰……随着时间的推移，美丽的画面在人们眼前徐徐展现，两岸女画家为这幅画取名为《百花千卉芬芳图》。台湾女画家女诗人吕玉环感慨地说："不管是泼墨，还是工笔，都有异曲同工之妙，大家互取长处，绘出和谐之美，表现出两岸妇女姐妹间的浓浓爱意。"她为这场两岸女书画家笔会现场赋诗一首："一支毛笔千古事，两箸竹筷众生春。艺术交流情趣美，四海之内一家亲。"

福建省妇联主席刘群英将此次艺术节称为心灵之约、艺术之旅、创新之举、感受海西之行。她说："十年前，闽台妇女成功互访，如今，在两岸'三通'大迈步之际，闽台港澳和海外姐妹跨越海峡，牵手海西举办艺术节，乡情、友情、姐妹情在这里尽情释放，这是一场心灵之约。艺术节期间，两岸四地的姐妹们首次围绕文化艺术这一主题，举办展览和论坛，分享创作经验，达成合作共识，因此这又是一次艺术之旅。"刘群英的观点受到两岸四地姐妹们的一致认同。

从19日起，前来参加艺术节的两岸四地的妇女代表一起赴福建莆田、泉州、厦门等地朝拜妈祖、参观闽台缘博物馆和五缘湾等地，进一步感受闽台"地缘相近、血缘相亲、文缘相承、商缘相连、法缘相循"的"五缘"渊源，全面体验海峡西岸经济区建设所取得的成就，共同谋划两岸妇女儿童事业发展的未来。

（十四）

当上月29日台湾当局宣布，连战先生将代表台湾出席于11月22日在秘鲁举行的亚太经济合作组织（简称"APEC"）领导人非正式会议后，10月30日即成为岛内议论的焦点之一。尽管绿营挑拨这是大陆"拉连制马"的手段，但岛内舆论都肯定这是大陆释出的善意，认为这"将两岸和解的气氛延伸到国际场合，尤其具有重大的政治效应和实质意义"。

10月30日出版的台湾《中国时报》发表报道指出，连战是台湾政治人物中与大陆官方关系最好的一位。"在大陆民众中，他的知名度不亚于马英九。每次他造访大陆，当地民众都会和他打招呼，叫他连战、连先生以及已成为连战专属代名词的'连爷爷'"。报道还披露了一个细节：2005年，连战以国民党主席身份赴大陆展开"破冰之旅"，在北大演讲那一天，大陆某高层看到连战的讲稿后忍不住称赞他是"真君子"。"在两岸复杂的政治关系中，要彼此互信并不容易，不过要说连战是台湾政治人物中大陆高层最信赖的人，也不为过"。在台湾方面，马英九对连战也一向很尊重，连战级别高，站在国际舞台上别具意义，"当然是一张好牌，选择由他出任特使，也符合马英九提出的'没有意外'的原则"。

这一天的台湾《联合报》的报道说，连战拿的是芝加哥大学政治学博士学位，硕士主攻国际公法与外交学，"29岁那年返台服务，第一份政治职务就是驻萨尔瓦多共和国大使，后又接掌外交部长、出任APEC特使，对他来说驾轻就熟"。虽然两次竞选失利使其民间政治声望受挫，但2005年4月连战访问大陆，不仅写下两岸历史新页，也为自己的政治生涯赢得历史性地位。

11月13日，台湾"中央社"发表电讯说，连战与胡锦涛自2005年起已数度会晤，国共两党之间的论坛也持续运作。不过，APEC领袖会议将是两人首度在国际场合碰面，前副"总统"连战的身份则是领袖代表，一举一动势将受到格外瞩目，国际各大通讯社都已"预约"连战抵达秘鲁后的专访。

"中央社"在这一天发表的另一则电讯说，马英九今天下午接见连战时表示，连战参加APEC，对台湾的国际参与、两岸关系都是加分，也希望此模式成为固定发展方向，让台湾参与国际事务能有更好、更多、更实质性的方式。马英九表示，连战荣誉主席这次顺利成行，其实也是两岸善意的释放，他很珍惜。

台湾"中央社"11月21日从秘鲁首都利马发出电讯说，昨夜甫抵秘鲁的连战，第一个公开行程，就是与胡锦涛会晤。这场会晤历时约40分钟，地点就在胡锦涛下榻的海豚饭店12楼进行，会后胡锦涛亲自送连战步出饭店大门。

《人民日报》记者对此次"胡连会"作了比较详细的报道。报道说，胡锦涛在会见时表示，连主席是我们的老朋友，今天老朋友再次见面，我感到格外高兴。多年来，连主席为两岸关系和平发展进行了不懈努力，作出了积极贡献，我们对此高度评价。

胡锦涛指出，当前，两岸关系已呈现良好发展局面。前不久，海协会代表团访问台湾，同海基会共同签定了两岸空运、海运、邮政、食品安全四项协议，为两岸同胞谋得实质性利益。这次访问的成功，标志着两岸关系发展又掀开了新的一页。这也表明，两岸双方加强交流合作是人心所向、大势所趋。

胡锦涛强调，当前，国际金融危机正从局部向全球蔓延，从发达国家传导到新兴市场国家，从金融领域扩散到实体经济领域。两岸同胞是一家人，在这个关键时刻，两岸更应该加强沟通，积极推动互惠互利的经贸合作，努力化挑战为机遇。我们愿意采取实际行动，同台湾同胞携起手来，共渡难关。

胡锦涛强调，希望两岸双方抓住当前难得的历史机遇，多为两岸同胞做实事、做好事，切实为两岸同胞谋福祉，为台海地区谋和平。

连战对再次同胡锦涛相见感到十分高兴。他表示，这次会面象征着两岸关系进一步走向合作和发展。最近海基会和海协会签署的四项协议在台湾受到大多数民众欢迎。两岸关系发展不仅是两岸同胞之福，也为世人所乐见。

连战赞成胡锦涛关于两岸加强经济交流合作、应对国际金融危机的看法，表示两岸可以共同为全球经济发展作出贡献。

利马"胡连会"的举行，立即引起舆论的积极评价。

就在"胡边会"举行的当天，法新社发表电讯说，中国国家主席胡锦涛今天在此间会晤了一位台湾高级使者，这是自1949年分治以来两个对手之间在海外的一次级别最高的会晤。电讯说，连战强调了今年双方关系改善的历史性意义，说它的好处将超越边界。连战说，这对台海两岸人民、亚太地区及全世界都有好处。

11月22日出版的《澳门日报》发表题为"APEC显两岸互信"的报道说，台湾的政治人物中，在大陆风评最好的非连战莫属。涉台学者谈起连战几乎都称赞不已，肯定连战2005年不顾民进党的批评，勇敢地到大陆展开"破冰之旅"，而且说话算话、始终如一，评价连战是一个诚信的人。报道说，马英九这次请连战出马出席APEC峰会，有大陆学者认为是很好的安排，认为以连战和胡锦涛多年建立下来的交情，有助于全面有良好的气氛。这显示，两岸友好气氛达到新的高峰。

这一天的香港《新报》的报道说，此次"胡连会"虽不同于先前4次的"胡连会"，地点从大陆移到国外，但仍延续国共交流的模式。而会面安排在APEC会议之前、会议之外，避免"国际化"的用意更不在话下。报道说，从连战参加APEC会议，到在秘鲁举行"胡连会"的创举，均显示两岸关系正在积极发展中，只要维持良好局面，未来仍有不断创新的可能。

同一天的日本《朝日新闻》发表题为《"胡连会"意在拉近中台关系》的报道说，台湾"总统府"上月末任命连战担任亚太经合组织峰会的代表，从那时起中国方面就开始表现出协调的态度。过去，出席亚太经合组织的台湾代表只能由主管经济的部长或者企业家担任，而此次中国方面却没有提出异议。在民进党执政时期，中国对台湾采取强硬姿态，没有丝毫的妥协。而今，中国与国民党的马英九政权在"外交"方面已有了商量的余地。

台湾"中央社"11月23日发表电讯说，"连胡会"受到全球瞩目。连战笑着说，是否有成就他不敢讲，老朋友聚会也可以谈新的问题，不光是谈老问题。尤其两岸也好，国际也好，客观情势有不少改变，两岸关系进入新的阶段，他相信在优先次序一一定位后，未来两岸一定能开展更和平、稳健合作、双赢的大局势。

台湾《中国时报》11月23日发表题为《连胡会，务实路线获善意回应》

的文章指出，虽然连胡两人都说是"老朋友见面"，但这是两岸高层首度在APEC国际场合举行峰会，对两岸当局而言都是史无前例的决策经验。

文章说，马英九政府执政以来，对两岸共同参与国际事务，主张"和解休兵"；对突破孤立无援的"外交"处境，倡议"活路外交"。利马"胡连会"的顺利实现，对马英九政府推动务实的大陆政策路线，无疑是一次成功的试金石。

文章说，相对地，由中共总书记胡锦涛全盘主导的新时期对台决策，依然维系了今年3月以来灵活、弹性、务实的政策基调。因此，利马"连胡会"的背后，也让国际社会感受到胡锦涛积极进取的和解态度，与充满自信的决策作为。

文章特别提到，白宫国家安全委员会亚洲事务主任韦德宁昨天就说，台湾前"副总统"出席APEC峰会，这在8年前简直是"不可思议"的事。台湾前"副总统"与世界领导人一起坐在国际会议桌上，"这是一个真正的开放，真正的改变及真正的降低紧张"。

文章最后说，显而易见，利马"连胡会"的历史场景，让人们看到了国际社会的评价与肯定，也让人们感受到了胡锦涛的灵活与自信。同时，更明确地印证：要稳妥地走向国际舞台，台湾的务实主义路线，势必得充分取信于国际社会，并能获得对岸的善意理解。

（十五）

有近百位台湾女艺术家参加的首届海峡妇女艺术节在11月27日就要落下帷幕，也就在这一天，首届海峡两岸文化产业博览交易会在厦门市文化艺术中心隆重地拉开了帷幕。这是由海峡两岸共同举办的文化产业盛会，是推进海峡两岸文化交流与合作的一大盛事，是促进两岸文化大交流、大发展的一个大平台。会前，中国国民党主席吴伯雄发来的题词是："弘扬中华文化，共创两岸双赢"。国民党荣誉主席连战发来的题词是："一脉相承，创意未来"。国民党副主席、海基会董事长江丙坤发来的题词是："文化产业创新意，博览合作展未来"。海协会会长陈云林为文博会题词为："以中华文化为纽带，推动两岸交流合作。"

本届文博会以"一脉相承，创意未来"为主题，本着"闽台为主体、辐射东部、面向全国"的办会宗旨，突出两岸、突出产业、突出交易，充分彰显海峡西岸经济区建设的效应。台湾的台北市、台北县、台中市等8个县市、113家企业参加，参展展位占全部展位的1/3。大陆的浙江、上海、广东、安徽等8个省市，深圳、沈阳、济南、杭州等10个副省级城市，赣州、丽水、潮州、梅州等7个海西周边城市和福建省设区的市都纷纷组团，铆足了劲积极与会，着力推介本地的文化产业。与会客商和参观民众数以万计。

福建省委常委、宣传部部长唐国忠代表省委、省政府在开幕式上致辞说，首届海峡两岸文博会以"一脉相承，创意未来"为主题，以闽台为主体、立足海西、辐射东部、融合两岸，发挥"五缘"优势，突出"文缘相承"，安排了博览交易、高峰论坛、创意展示、文艺展演等重点活动，集两岸文化产业博览、交易、交流、合作和研讨为一体，旨在全面展示海西文化建设的最新成就和台湾文化创意发展的最新成果，充分体现海峡两岸文化产业发展的特色和水平，进一步推动两岸文化产业深入交流、密切合作，促进两岸文化产业繁荣发展、共创双赢。

唐国忠指出，一脉相承的闽台文化是悠久灿烂的中华文化的组成部分，是连接两岸同胞民族感情的重要纽带，是推动两岸人民交流合作的强大动力。我们真诚地希望通过文博会这一重要平台，推动海峡两岸以文化为沟通的桥梁，扩大交流，加强对话，不断加深两岸人民的理解和认知；以文化为互信的源泉，相互尊重，求同存异，不断扩大两岸共识和利益汇合点；以文化为合作的载体，突出交易，互惠互利，不断推动两岸文化产业有效对接和共同发展，真正把海峡两岸文博会打造成为两岸文化产业提升竞争力、走向国际市场的重要平台；成为深化两岸文化交流，提升民族文化自觉，促进两岸文化创新，弘扬中华传统文化，建设共有的精神家园，构建两岸命运共同体的实践舞台。

气温骤降，但首届海峡两岸文博会却热气腾腾。自文博会开幕以来，厦门文化艺术中心热闹得像过大年，人来人往，熙熙攘攘，除了与会的客商布展、洽谈外，还有20余万观众前来领略两岸的文化风情，欣赏精彩的民间艺术。

突出两岸，是本届文博会的最大亮点。台湾艺术家林智信的木刻彩雕版画《迎妈祖》，全长125米，文博会展馆的走廊不够版画的长度，工作人员只好将版画摆成多个"W"状来展示。《迎妈祖》作为闽南和台湾共同的民俗信仰活动，真实地铭刻于画卷之中。林智信接受记者采访时说，自己在40岁时就有了创作这幅版画的想法，历经20年才得以完成。"如果不好好地将影响深远的礼俗传承下去，恐怕两岸的民俗文化因时光的流逝而消失。"

文博会是在顺应两岸关系发生积极变化的趋势下举办的，它承载着深化两岸文化交流、促进两岸文化产业对接、提升两岸文化产业层次、推动海西文化大繁荣大发展的重要使命，以一个主展馆、四个分会场、2万平方米展出面积的宏大规模，全面展示海西文化产业的新成就和台湾地区发展文化创意产业的新成果。占全部展位1/3的台湾展位，突出地显示出"海峡两岸"的特色。

台湾文化产业界的作品，集中展示于设在厦门市文化艺术中心主会场里的主题馆、台湾文化创意馆、台湾当代艺术馆、台湾传统文化馆中。这些作品大胆地运用现代高科技技术，将创意巧思附着手精美的工艺制作之中，艺术性与实用性合二为一，让人们大开眼界。作品中所展现的浓浓的中华文化的韵味，让人们大为感动。

主题馆的台湾法蓝瓷展位前，簇拥着一批又一批参观者，法蓝瓷作品上花草绰约、虫鸟律动、人物欢腾旋舞等栩栩如生的画面吸引着大家的眼神，每个带相机的观众都不停地按着快门。大家不住地赞叹："它们实在太精美了！"同样以精美见长的还有神话岩饰、水凤凰首饰等展品，展位前簇拥着多位女性观众，人们不住口地啧啧称奇。

台湾艺术家黄心建的故事巢团队所创作的系列作品前更为火爆。该团队运用数码技术，将摄影、故事、音乐与影像等传统艺术形态，转化融合为截然不同的崭新面貌。在展示现场，很多参观者都要到数码科技设置的上海外滩场景里秀一场，只要挥一挥手，屏幕上的西式建筑就会跟着走，这奇巧的体验让人们屡试不爽。

黄心建对现场采访的记者说，近年来大陆的数码科技产业发展很快，文博会为两岸文化产业界搭建起了一个很好的学习交流的平台，我们的团队希望能在这里找到合作伙伴，携起手来一起开拓国际市场。

台北县和高雄县的专题展区人气同样很旺。带队参展的台北县副县长李鸿源向采访的记者说，台湾文化创意产业的13个类别中，工艺产业是最具地方特色、最有创意与发展潜力的项目，也是台北县推动文化创意产业的重点项目之一。眼下台北县的陶瓷、金属工艺、蓝染工艺等，不论数量、形态、质量还是产值都有不俗的业绩。

高雄县以"美丽在流动"为招牌，在展会上推出了琉璃珠、凤梨酥、檀香等招牌产品，参观的人们仔细地欣赏着、选购着。有的人在选购琉璃珠后，还要与一身民族服饰的高雄讲解员大姐合个影，因为她那身服饰也是一种文化的标志。

台湾文化创意馆，以时尚文化、创意生活、舒适生活三个主题构成自己的特色，陶艺、瓷器、绣品、琉璃、草编、染织等作品都登场亮相。在台湾民窑展位上，人们看到了这样的"奇观"：微缩版的台湾中央山脉在茶杯中慢慢隆起；只有公蛙亲吻母蛙，茶水才会从壶嘴里倒出来；茶叶在壶里遇上热水，会一上一下地打起太极拳……参观的人们异口同声地称奇、喝彩。作品的一位创作者麦传亮向采访的记者介绍说，制壶的创意借用了中国人特有的用器具隐喻的手法，让人们喝茶的同时，能领略到东方的意象美学的真谛。这就是创意生活、舒适生活、时尚文化。

在创意生活馆里，像台湾民窑这样将创意融入日常生活用具的例子不胜枚举。一位从江西景德镇前来参观的陶瓷企业负责人参观后感慨地说："台湾同胞在陶瓷工艺设计制作上十分用心，点子很多，他们的东西做得精致，概念上常常出新，能及时与国际同步接轨。我逛了一圈，发现值得我们学习借鉴的地方很多。"

在台湾传统文化馆，"郑成功主题馆"和"妈祖主题馆"的精彩展示，让人们感受到闽台两地深厚的"地缘相近、血缘相亲、文缘相承、商缘相连、法缘相循"的"五缘"关系；而台湾当代艺术馆举办的当地中生代艺术家联展则显露了台湾艺术与大陆艺术发展的一脉相承，作品处处可见东方古国的哲学思维。他们以自己的创作为中国传统人文艺术精神开出了一条与西文现代艺术行伍连接的道路。

首届文博会除了博览交易外，还举办了海峡两岸文化产业交流合作与城市发展论坛、海峡两岸新闻媒体视觉文化发展论坛、海峡两岸艺术产业互动论坛、海峡两岸数码科技与创意文化论坛、海峡两岸景观造园艺术文化交流论坛等系列高峰论坛，这些论坛围绕海峡两岸文化产业交流合作的各个专题开展理论探讨、经验总结，进行政策发布，为两岸文化产业的提升提供了助力。

在海峡两岸文化产业交流合作与城市发展论坛上，两岸专家学者和相关负责人围绕着"两岸携手合作，共推文化产业大发展"这一主题，提出了许多宝贵的建议和意见。

大陆文化部副部长赵少华在发言中说，当前，海峡两岸各领域的交流与合作处在一个新的历史起点上，两岸文化产业可以进一步整合资源，发挥各自优势，创造双赢局面。为此，他提出三点建议：一、优势互补，打造两岸文化产业链。大陆拥有深厚丰富的文化资源、功底扎实的艺术专业人才、广阔的市场、充沛的资金和强有力的政府支持。而台湾文化产业起步较早，在创意、开发、营销及品牌经营方面具有相当的优势和基础，两岸合作潜力巨大。二、促进学术交流，共同培养专业人才。我们将积极推动两岸文化产业领域的学术交流，鼓励两岸通过开展讲学、培训等方式，聚集两岸智力资源，增强整体竞争力。三、做大两岸文化产业，携手参与国际竞争。希望两岸业界同仁共同做大中华民族的文化产业，让两岸一脉相承的中华文化在国际文化竞争的舞台上发出属于我们的声音。

中国国民党中常委李德维在发言中说，大陆发展文化创意产业虽然起步较晚，但是大陆规划产业面向全球市场的特性，却是台湾必须积极参与交流的。因此，文博会的举办，让两岸在发展文化产业的策略、方法与务实经验上交流，建立长远合作机制，搭起了一个大平台。这是进一步促进两岸文化交流，两岸业界需共同努力的方向。他提出，两岸文化产业交流步伐应与时俱进，相关政策宜弹性运作。两岸在文化产业人才方面应相互交流合作，同时，两岸间应有更多的城市建立合作的正式机制，以进一步增强沟通、交通、合作。

他在发言中对文博会的举办大加赞赏。他说，首届文博会率先以"海峡两岸"为名，受到两岸文化界的共同关注，聚集了两岸优秀的文化产品和服务，构建起了海峡两岸文化产业交流与合作的综合平台，以中华文化为枢纽，不断促进两岸经济繁荣。

国家广电总局副局长田进在发言中指出，当前，海峡两岸文化产业发展共同面临着两个挑战，一个是发达国家文化产业带来的巨大压力，一个是先进科学技术推动产业调整升级的考验。因此，两岸都面临着推进文化创新、增强文化活力、调整产业结构、促进产业升级的重任。为此，他也提出三点建议：一、建立并完善促进两岸文化发展的沟通协调机制；培育两岸共同文化市场。二、充分发挥两岸文化产业互通优势、互补优势；共同促进文化创意产业发展。三、加强创意人才交流，加强创意思想碰撞，加强创意产业投入；共同开发中华文化的市场传播价值；加强联合研究制定共同战略。

本届文博会以中华文化为纽带，为海峡两岸文化产业的合作与对接搭建了一座座"鹊桥"。正如一位台湾诗人作诗所歌颂的："陈年历史恩怨消，云雨青山任翔遨；林花秋色好风景，两岸情义搭鹊桥！"

以文博会为"媒"，展会期间不少闽台企业"结缘定亲"，签署了文化产业的合作协议。歌仔戏，是台湾同胞和闽南人民共同培育和喜爱的地方戏曲剧种。明华园是台湾地区歌仔戏的金字招牌，在现任总团长陈胜福的带领下，明华园以其专业的戏剧制作和光鲜夺目的舞台演出，率先走向国际舞台。文博会期间，厦门吕塘戏校与明华园亲密牵手，双方计划共同投资1亿元，创建闽台戏剧影视制作中心，为海峡两岸的文化艺术交流和文化产业合作搭建一座亲情互动的舞台。

泉州市锦绣庄旅游文化开发有限公司与金门县旅行商业同行工会签约，双方联手投资1000万元，在泉州共建金门特产馆。锦绣庄总经理曾焕强在接受记者采访时说："泉州、金门的民间工艺、特产品交流，已有多年积淀，双方都曾派团相互考察，产生了良好的共识。在这个基础上，我们决定与金门县开展旅游文化的产业对接。通过合作，不仅可以引进金门的特色产品，还可以彼此交流在旅游文化开发方面的经验。"

本届文博会成果丰硕，截至11月30日，共签署了109个项目，签约金额为58.7226亿元；展会期间的交易额为1.7057亿元。来自44个国家和地区的国际友人也莅临文博会，对文博会的成功举办给予高度评价。

台湾文化创意产业协会理事长陈立恒已在厦门投资创业20年，此次文博会能在厦门举办让他感到十分欣喜。他在接受记者采访时说："台湾各城市的文化精粹，源于中华传统文化经典与现代多元文化的交融，这使得台湾成为悠游于传统文化与当代文明间的创意开拓者。海峡两岸握有共同的珍贵遗产，那就是中华经典文化，如何用传统的东西创造出新价值，将古人的智慧传承下来，成就感动当代的文化创意作品，酝酿出无形的价值，这是两岸文化创意产业人士的重要使命。"他指出，通过首届文博会，可以从文化的角度体验到两岸的"同"，从而能够更加了解且惺惺相惜，欣赏彼此的独特性，尊重各自的文化创作。他希望这个海峡两岸的文化盛会能够长久地举办下去，以文化聚首，以文化牵手，让两岸文化创意产业一同迈向全新的文化盛世。

九、大陆改革开放30年，为台商提供了大显身手的舞台；《告台湾同胞书》发表30周年，两岸"三通"终于实现

（一）

1978年12月18日至22日，中国共产党在北京举行了十一届三中全会，作出了把全党工作的重点转移到社会主义现代化建设上来的战略决策，从此拉开了改革开放的大幕，全党上下集中精力搞建设，一心一意谋发展。在纪念改革开放30周年的前夕，新华社、人民日报等主流媒体记者走访广东、福建、江苏、上海、浙江等台商企业聚集地，真切感受到祖国大陆改革开放，同样为台湾同胞创造了大显身手的舞台。

深耕珠江三角洲、北扩长江三角洲、情系海峡西岸经济区——这是台

商在大陆投资兴业的基本发展轨迹。改革开放30年来，尽管两岸关系时有阴晴，但两岸之间的经济往来却从未"断流"。据商务部统计，截至2008年9月底，祖国大陆累计批准台商投资项目76838项，台商实际投资472.2亿美元，在大陆外资来源的国家和地区中居第四位。

历经数十年的隔绝，两岸冰封在上世纪80年代被打破。从暗流涌动到春潮汹涌；从20世纪80年代开始起步、90年代日益增加，到21世纪初期形成相当规模；从第一波以轻纺为代表的劳动密集型产业，到第二波以石化为代表的资本密集型产业，再到第三波以电子为代表的技术密集型产业……台商投资大陆的轨迹，已成为大陆改革开放进程的"注脚"之一。

近30年来，祖国大陆心系台湾同胞、关心台商投资权益的努力和热忱始终如一。早在1979年元旦，全国人大常委会就发表了《告台湾同胞书》，呼吁海峡两岸"相互之间完全应当发展贸易，互通有无，进行经济交流"。1981年9月，叶剑英委员长在谈话中明确提出"欢迎台湾工商界人士回祖国大陆投资，兴办各种经济事业，保证其合法权益和利润"。长期中断的两岸经济联系开始解冻。

1983年4月，国务院发布《关于台湾同胞到经济特区投资的特别优惠办法》。1988年七月，国务院发布《关于鼓励台湾同胞投资的规定》，这是第一部较为系统的有关台湾同胞来祖国大陆投资以及发展两岸经贸关系的行政法规。

1994年3月，第八届全国人民代表大会常务委员会第六次会议通过了《中华人民共和国台湾同胞投资保护法》，进一步提升了保护台胞投资及其权益的法律层级。1999年12月，国务院颁布了这部法律的实施细则，进一步明确了依法保护台胞投资权益的措施。2005年3月14日，第十届全国人民代表大会第三次会议通过了《反分裂国家法》，明确规定"国家依法保护台湾同胞的权利和利益"，再次以法律的形式宣示保障台湾同胞的权益。

2007年10月15日，胡锦涛总书记在中国共产党第十七次全国代表大会的报告中再次强调："十三亿大陆同胞和两千三百万台湾同胞是血脉相连的命运共同体。凡是对台湾同胞有利的事情，凡是对维护台海和平有利的事情，凡是对促进祖国和平统一有利的事情，我们都会尽最大努力做好。我们理解、信赖、关心台湾同胞，将继续实施和充实惠及广大台湾同胞的政策措施，依法保护台湾同胞的正当权益，支持海峡两岸和其他台商投资相对集中地区经济发展。"

多年来，大陆对台商实行"同等优先、适当放宽"的优惠政策，极大地促进了台商在大陆投资的积极性。

台商来大陆投资的首选就是"深耕珠三角"。石碣，是广东省东莞市的一个小镇，拥有2万多员工的台达电子工业（东莞）有限公司就"藏"这座小镇里。1992年4月，台商曾纪坚来这里考察，不到100天，就租厂房开工生产，之后，公司改最初的租赁厂房为购买土地使用权，长期投资经营。曾纪坚说："16年前，台湾产业升级，劳动力和土地变得很金贵，企业生产难以为继。当我在东莞看到这么丰富的劳动力和土地后，高兴得跳起来，迫不及待地租厂招工。可以说，没有大陆的改革开放，没有大陆的生产要素，台达电子不可能自1971年创立以来，实现年均38%的高速增长率。"现在已是台达电子中国区副总裁的曾纪坚滔滔不绝地向记者介绍说，从东莞起步，台达电子目前已将生产触角伸向江苏吴江、安徽芜湖等地，2008年集团58亿美元的全球销售中，七成产品在大陆生产，实现了电源供应器、无刷直流风扇等多项产品超过一半的全球市场占有率。

全国台企联常务副会长、深圳台商协会会长黄明智，1991年到深圳投资灯饰。他说，当时，这里还只有山和池塘，电力也不足。但是，当地政府很快就改善了投资环境，他的企业也发展壮大起来。目前，他已在珠三角投资了5家企业，员工有近万人。谈起最近的金融危机，黄明智说："台商都比较保守，很少借贷经营，所以金融危机的冲击不太大。最近政府又出台了许多纾困的措施，实施积极的财政政策和适度宽松的货币政策、减轻企业税收负担、扩大内需等都是'大手笔'。特别是开的内需市场，可以使企业在海外失去的订单在内的市场得到补偿，有助于企业渡过难关。"

百脑汇是台湾著名上市公司蓝天电脑集团在大陆最大的投资项目，落脚广州仅10年，已成为中国大陆电脑著名品牌。广州公司副总经理王育智说："我们看好大陆的市场，扩大投资规模是必然的事。"

30年弹指一挥间。截至2008年6月底，广东共有台资企业两万多家，成为台资企业最多的省份。

"北扩长三角"，是台商在大陆投资兴业的又一趋势。

有人说，江苏昆山是一座台商参与创建的城市。此言不虚。可以说江苏昆山的发展是台商"北扩长三角"发展壮大的一个缩影。昆山曾被戏称为"小六子"，因为它在苏州所辖的县区排名中排在最后；而今，昆山因聚集了3200家台资企业而声名鹊起，成为全球电子信息产业重镇，成为"中国百强县之首"。

台商戚道阜，1991年从地处珠三角的深圳到昆山投资办厂，如今他参与创办的富士康电子工业发展（昆山）有限公司，已经成为富士康企业集团属下的一支劲旅。戚道阜说："看来昆山的时候，台湾朋友问我，昆山在那里，我要解释说是上海旁边的一个小县城。现在不同了，台湾的朋友都知道，大陆的小台北就是昆山。"

在最近台湾电公会对大陆城市投资环境评估中，昆山在15个单项评估中7项第一，综合排名位居第二。昆山，以全国万分之一的土地，吸引了占全国约四分之一的台资。

"昆山走出来的路首先是开放之路。"昆山市委书记张国华在接受记者采访时说，上世纪80年代初，昆山是一个在苏州排名末尾的农业县。90年代开始，昆山抓住浦东开发开放的机遇，全面实施开放带动战略，创办江苏省第一家中外合资企业、第一家外商独资企业、第一块有偿出让土地……目前，在昆山投资设厂的台企基本涵盖了各个领域。IT硬件零配件企业有"富士康"；生产集成电路板企业有"南亚电子"、"沪士电子"；生产电脑主机板企业有"微盟电子"；生产笔记本电脑企业有"仁宝"、"纬创"、"神达"、"伦飞"等；光盘制造企业有"沪铼光电"；生产自行车企业有"捷安特"等。据台湾《远见》杂志统计，台湾前100名制造业企业已有60家在昆山投资兴办了100家企业。

起初，昆山仅仅从台湾引入了几家笔记本电脑厂商，如今，全世界近四成的笔记本电脑、八分之一的数码照相机产自昆山。据测算，笔记本电脑的八百多个零部件中98%的零部件可在昆山采购。在笔记本电脑界有个玩笑说，只要昆山所有笔记本代工企业全面停产一天，全球的笔记本电脑将上涨5%的价格。

走进昆山捷安特有限公司，人们会发现这里只做车架和总装，其他零部件均从外面配套厂采购而来。公司负责人介绍说，捷安特已在昆山周边的江苏、浙江、上海一带形成了一个以捷安特有限公司为主体，由许多专业生产轮胎、车轴、齿轮等自行车零部件企业组成的自行车产业链。

有人说，台商成就了昆山，昆山也成就了台商。确实如此。昆山台办主任王建芬向记者介绍说，30年改革开放，台资企业在带动昆山巨变的同时，富士康、仁宝、沪铼、捷安特等台资企业也借助昆山这一"宝地"，创造了世界级产业，跻身于国际大企业的行列。

20世纪90年代初，与上海浦东开发同步，台资企业大举北扩，落脚长三角。近20年间，台商在长三角这片热土上，不断书写传奇。据不完全统计，长三角已累计吸引台资项目3.5万个，合同利用台资800亿美元以上，常驻台胞逾50万人。

突如其来的金融海啸带来的寒意,长三角的台资企业也感同身受。令人欣喜的是,台资企业已成为推动长三角区域经济结构调整、产业转型的重要力量。台资企业南京瀚宇欣科技公司从事大尺寸TFT—LCD液晶模块生产,为应对危机,目前正建设中尺寸液晶模块项目,新成立公司总投资额1亿美元,规划建设18条液晶模块生产线。公司总经理陈庆宗在接受记者采访时指出,提高企业科技含量和附加值时应对危机的有效方法,只有把企业做强,才能顶住大风浪。

长三角各地政府部门也制定了一系列奖励扶持措施,鼓励企业加快转型升级。昆山对于正处在转型升级过程的企业,在研发机构的设立、科研成果的产业化、品牌的争创等方面给予资金奖励,2007年政府给予企业的科技奖励已经达到了2243万元。在科技创新中投桃报李,在转型升级中政企互动,与昆山同呼吸、共命运的台资企业已经深深地融入了这座城市的血脉。

而今的长三角,在台商眼中越发"金彩"纷呈。金融、物流两大主轴,已超越传统产业,成为台商筑梦的新航向。几年前与东航集团成功合资的国泰人寿,初尝大陆市场甜头,2008年10月,国泰财险也率先"登陆",成为台湾首家在大陆营业的财险公司。在"越长越高"的上海陆家嘴金融区,台湾国泰世华、第一商银、土银、华一等银行纷纷设立代表处,元大京华、元富、群益等十多家台湾券商也纷至沓来。

80%的台湾同胞的祖籍地在福建,情系乡土,圆梦海峡西岸,是台商在大陆投资兴业的又一特点。

福建省委常委、宣传部长唐国忠在接受记者采访时说:"全国第一家台资企业出现在福建,闽台经济交流有得天独厚的优势,地缘近、血缘亲、文缘深、商缘广、法缘久,但优势还远远没有发挥出来。"他说,福建过去是两岸对峙的前线,发展受到限制。改革开放后,两岸关系有起伏跌宕。2007年,福建的就要努力把海峡西岸建设成为科学发展的先行区、两岸人民交流合作的先行区,先后推出一系列发展闽台关系的举措,促进了闽台经贸迈向了新阶段。

作为与台湾自然条件最相似的省份,福建具有无可比拟的发展对台农业优势。目前,全省累计批准台资农业项目2055项,合同金额25.9亿美元,实际到资14.8亿为美元,农业利用台资居全国各省市区之首。福建,在海峡两岸农业交流与合作中走在了全国各省市区的前面。

在闽台农业合作与交流中,漳州市表现尤为活跃。1981年,台商张诏光

第十章 两岸积极互动 一心开创两岸和平发展春天般的新局面

以港资名义在漳州市诏安县创办"诏正水产养殖有限公司"，揭开了漳州对台农业合作的新篇章。1997年7月，漳州被批准为大陆首批"海峡两岸农业合作实验区"之一。1999年1月18日，漳州市政府承办的"海峡两岸（福建漳州）花卉博览会"隆重举行。2006年4月，漳州市漳浦县"设立台湾农民创业园"，这是大陆第一家创办的"台湾农民创业园"……

漳州市委书记刘可清在接受记者采访时说："漳州的自然条件、气候等与台湾相似，适合台湾农作物的生长，是台湾农业转移的首选地。"他介绍道，从引进农作物良种开始，逐步朝种植业、农副产品深加工、休闲农业、土地成片开发和整体配套方向发展，漳台农业合作水平不断提高。"目前，漳州市已累计批办台资农业企业近千家，约占福建省的1/2、全国的1/10。"

在漳浦台湾农民创业园高优水果园的杨桃园里，台湾品种的软枝杨桃挂果累累，色泽亮丽，惹人喜爱。创业园管委会常务副主任王建文向记者介绍说，目前创业已吸引前来投资兴业的台资农业企业64家，总投资9950万美元，年产值达15亿元人民币。"创业园现在也正经历着加快发展观光农业的过程。"王建文说，"目前，创业园的核心区有瓜果观光园、牧场观光园和花卉观光园，主要让游客身在其中，呼吸新鲜空气，以采摘水果，其乐融融。这样的经营模式主要是从台湾引进过来的。"

由于地缘相近，现有台湾人口中祖籍为漳州的约占40%。以种茶、收茶、卖茶为业的天福集团是目前大陆最大的台资农业企业。"我的祖籍就是福建漳浦，所以来到大陆投资首先就想到家乡。"天福集团董事长李瑞河在接受记者采访时动情地说，1993年他在漳州市漳浦县创办天福集团，发展至今，天福已在大陆各地开办直营店达八百五十余家，并建立起了全国首屈一指的茶学院和茶博物馆。"大陆的土地资源丰富，台湾的农业管理、配送系统等比较科学完善，两岸农业合作有很好的互补性。"他说："这里是我圆梦的地方，我感恩这个社会，感恩这块大地。"

除农业外，台胞同样看好福建在其他领域的合作潜力，在福建投资的规模不断扩大，产业链效应已不断显现：电子行业形成了以冠捷电子、捷联电子为龙头，华映光电为配套的显示产业链。台湾中华映管在华映光电五期扩建后，又投资成立了华映显示，参股厦华电子，延伸产业链至终端产品。机械行业以东南汽车为龙头，吸引了一百多家配套厂商，形成年产值一百多亿元的汽车城。

近年来，漳州市已成为全国台商投资相对集中的地区之一。漳州市台办负责人向记者介绍说，台湾百家大企业和上市公司中已有台塑、灿坤、长春、统一、泰山、天仁、台湾玻璃等7家在漳州落户。以生产小家电闻名的灿坤实业，是漳州市迄今为止引进台湾的最大制造业项目，已建成占地180万平方米的巨型工厂。灿坤实业公司董事会秘书罗青兴在接受记者采访时说："灿坤在台湾原来规模很小，来到大陆得到了发展壮大。1993年我们先在大陆上市，2000年在台湾上市，是唯一在两岸股票市场都上市的台资公司。"他说，今年金融海啸导致不少同业关厂，灿坤的订单反而多了起来，成为企业扩大规模的机遇。罗青兴信心满满地说："危机就是转机。企业不会安于现状，在积极扩大内需市场的同时，将研发更多的节能、科技含量高的小家电，以应对未来激烈的市场竞争。"

大陆台商是对直接"三通"要求最迫切的群体之一。福建与台湾一海之隔，近在咫尺，这里的台商对"三通"的感触最深。全国台企联副会长、厦门台商协会会长、厦门多威电子有限公司董事长曾钦照先生告诉记者："日前海协会会长陈云林访台，与海基会签订四项协议，两岸'三通'有了重大进展。当时，我在台湾，心情十分激动。直航前，我们的货物要绕行第三地，费用高、时间长。海运要7—10天，直航后只要10个小时。空运原来要3天，直航后只要两三个小时。"

厦门已成为两岸交流合作的重要前沿平台。到2007年底，台商在厦门累计实现投资34.56亿美元，占外商实际投资的二成多。厦门与台湾之间在科技、教育、文化、艺术、宗教、民俗等方面的交流交往不断加强。

2008年12月2日下午，来厦门参访的国民党台中市委员会参访团一行25人，与二十多位厦门台商代表欢聚一堂，展开了一场别开生面的座谈会。座谈会上首先发言的是厦门台商协会会长曾钦照，他说："大陆改革开放以来，发生了翻天覆地的变化，发展迅猛。比起大陆这30年来的发展，台湾地区的发展滞后了。对此，我们感到蛮忧心的。"曾钦照郑重地向家乡来的"父母官"介绍道："我来厦门投资二十多年来，亲眼目睹了厦门的跨越式发展和巨大变化。我的家乡是台中，原来台中火车站是最繁华的地方，可现在看来，比起厦门真是太冷清了。而且，大陆的发展是全国性的，不仅仅是东南沿海，就连中西部地区这些年也得到了迅猛发展。"他真诚地希望："台中党部多组织些台中市民、工商业界人士来厦门、来大陆参观访问，到处走走看看，找找差距，寻找合作。台湾是个岛屿省份，在经济发展上要充分依存大陆，大陆有13亿人口，市场巨大，希望随着两岸往来的日益频繁，不断推动两岸经贸合作的更加热络。"

厦门台商协会荣誉会长吴进忠接着话题补充说："我是台南人，我1989

年来厦门投资时，发现厦门比台南落后30年，而现在，我回家乡，发现台南比厦门落后20年都不止了。应该说，我们这些台商在厦门、在大陆发展得都很好。"

率领本次参访团来厦参访的中国国民党台中市委员会主委张逸华听了台商们的发言非常激动，他说："你们在大陆发展得很好，我们对此倍感欣慰，也为你们感到骄傲和自豪。"随后，他提出了一个问题："有一个问题我一直比较关心，曾经有舆论说你们在大陆赚到钱，却很难把钱汇回家乡去，有没有这回事？"

吴进忠接过话筒解释道："根本没有这回事。只要企业帐户有钱，经董事会合议分配后，随时可以办理汇款手续。如果是台商私人的钱，在金门就可以把人民币兑换成新台币，很方便。"

张逸华又想起了另一个家乡人关注的话题："台商子女在大陆就学的，在教学上有什么问题吗？

对这一问题，台商们争先恐后地发言说："台商子女就学的，大体可分为两部分，一部分子女想在大陆发展的，就留在厦门上学，这方面，厦门市政府很支持，在各方面都有优惠，都优先安排；另一部分子女今后想回台湾继续深造的，可以去金门上学。"台商们说："厦门到金门，很方便，小孩子不到一个小时就能从厦金航线到达金门的学校。"

张逸华提出的另一个问题是，遇到全球金融危机，台商们过得怎么样？

台商陈信仲十分自信地回答说："多多少少也受到了一些影响，但可以说，在厦门的台商受影响都不大，因为大家都发展十几二十年了，都比较成熟。况且，大家都在努力克服。基本上说，台商们都能够从容应对，都能够渡过难关。"

座谈会结束时，张逸华喜气洋洋地说："非常高兴听到你有这么好的发展态势。台商们有这么好的发展，除了自身的努力，也离不开市政府提供的良好服务。"他建议大家鼓掌，"我们应该把掌声献给厦门，献给大陆！"

座谈会在阵阵掌声中结束。

福建省政府发展研究中心研究员和林振平在接受记者采访时指出，30年的改革开放之路，既是台湾同胞积极参与祖国大陆现代化建设、推动国家和民族富强的振兴之路，也是海峡两岸化解历史是非、增强了解互信、构建共同认识、培育共同发展基础、实现融合共生的合作之路，广大台商在其中已经并将继续作出重大的历史性贡献。

（二）

从1949年起，近60年过去了；从1979年元旦《告台湾同胞书》首先提出两岸"三通"以来，近30年过去了。然而浅浅的台湾海峡却似难以跨越的鸿沟天堑，两岸不知有多少颗忧伤的心，日日夜夜被思念牵动所折磨；又不知有多少双远眺的眼睛，朝朝暮暮为亲情而望穿秋水。这一切，终于在2008年12月15日化作历史。银燕展翅、百舸争流、鸿雁传书——随着两岸空运、海运直航和直接通邮的同步实施，"三通"终于在这一天从梦想变成了现实。

迎着冬日灿烂的阳光，东方航空公司MU9075航班15日上午8时许由上海浦东机场起飞，划破长空驶向台北桃园机场。这标志着"截弯取直"的台湾海峡北线空中双向直达航路正式开通启用。

几分钟后，台湾首架两岸直航航班——复兴航空332号航班从台北松山机场起飞前往上海。8时47分，这两架划时代的客机，在两岸新航路交接点以西空域相遇，创下两岸空运交流史上的永恒瞬间。

几乎与此同时，中国民航上海区域管制中心管制运行部主任钱海生通过热线电话，刚刚结束了与台北区域管制中心值班主任李亮的对话，这意味着上海飞行情报区与台北飞行情报区终于完成历史性的直接交接，两岸同胞期待已久的直接、双向、全面空中直航终于变为现实。

东航MU2075航班机长樊儒激动地说："我们等这一天等得太久了！"台湾中华文化协会会长范光陵先生在复兴航空332号航班上含泪写下诗句："海峡六十年，直航第一架，莫笑浮沉泪，乡情成一家。"

当天，从北京、上海、天津、深圳、杭州、广州，到台北桃园、松山，16个平日包机航班往返于两岸8个航点，上座率达到9成以上，上海、广州及杭州等航线均告客满。

从此，翱翔在台海天际的每一只银燕，将化身为承载着祥和与思念的使者，缩短两岸民众的距离，并促进人流、物流、资金流的大潮互动。两岸关系也将呈现"大交流、大合作、大融合、大发展"的崭新局面。

家住台北、工作在上海的林学恒，对两岸直航后的生活充满期待。他说："没有直航前，要回台湾休假，路上就要耗费六七个小时，回一次家很费时。两岸直航后，从上海到台北只要一个半小时。大家都说，以前回家赶晚饭，现在回家来得及吃中饭。这就是人们常说的'一日生活圈'。"喜悦之情溢于言表。

来自国家民航局的信息显示，与以往绕飞香港相比，取道"截弯取直"

后的新航路，北京和上海至台北的单程飞行距离分别缩短1100公里和1000公里，以空中客车330机型为例，单程可节约航油约8吨。台湾业者的统计是，台北到北京和上海分别节省50分钟和1个小时。

空运直航的启动，不仅慰藉了海峡两岸长达一个甲子的乡愁，筑成了便捷的"两岸一日生活圈"，也带来了搭乘平日包机赴台游的"新热点"。这条横跨海峡两岸上空的无形彩虹，必将成为一条名副其实的"黄金航线"。

台湾复兴航空公司总经理田地说："在吸引大陆观光客来台旅游方面，两岸直航无疑为台湾旅游业打下一剂强心针。"福建省康辉旅行社出境游中心经理董山静也对两岸旅游业的前景充满期待："我们11月底推出一个赴台旅游团，不到一个星期，近60个名额就被报满了，可以预见，直航后赴台游市场将更加火爆。"

15日15时，南方航空公司两岸货运包机从广州白云机场起飞，成为大陆首个飞往台湾的货运包机。根据《海峡两岸邮政协议》，客运包机去时可以在机舱内装邮件，返回时则可带回台湾水果。随着货运包机的启动，以后来往两岸的邮件有望实现"当日达"或"次日达"，从此终结"快件不快"的历史。

在上海举行的海峡两岸空中双向直航航路开通仪式上，国务院台办常务副主任郑立中期许说，空中直航有利于进一步加速两岸生产要素的流动和配置，有利于两岸产业的对接和融合，有利于两岸经济的互补。在全球金融危机的背景下，两岸实现空中直航"恰逢其时"，"为两岸共同战胜困难提供了强大的助力"。

15日上午10时15分，台湾长荣海运"立敏轮"缓缓驶离位于宝岛之南的高雄港，乘风破浪前往大陆北方大港天津。这趟航程不仅穿越台湾海峡，也跨越两岸近60年来不能直接海上通航的历史。《人民日报》驻台北记者为此写出题为《让春天从高雄出发》的文章加以报道。这个标题是台湾著名诗人余光中先生早年为高雄市写下一首诗中的一句话。这首诗是这样写的："让春天从高雄登陆/让海峡用每一阵潮水/让潮水用每一阵浪花/向长长的堤岸呼喊/太阳回来了/从南回归线/春天回来了/从南中国海……让春天从高雄出发"。诗人美好的愿望成了"立敏轮"此刻最恰当的写照。

文章说，12月15日一早，长荣海运"立敏轮"航运旗、彩球飘飞，在高雄港第五货柜中心79号码头，盛装静候着一个历史时刻的到来。"庆祝长荣立敏轮两岸直航首航"的红广告牌、鲜花簇拥的红舞台、大红的剪彩带……灰色的码头被这一簇簇的红色点缀得喜气洋洋。

长荣海运董事长王龙雄早早来到现场，喜悦之情溢于言表。他说，两岸直航后预估长荣每年可增加10万个标准箱的装卸量，未来3至5年内增加50万个标箱的装卸量。

高雄港务局长谢明辉同样格外开心。他说，天然良港高雄港拥有一百一十多座码头，集装箱港口曾经在世界排名第三，自2000年民进党执政后名次不断下滑，现已名列第八。谢明辉此前多次表达，两岸直航对高雄港的营运将有很大帮助。估算，高雄港现在年集装箱装卸量约1000万只，两岸海运直航后，每年约增加100万只。

上午10时，首航仪式正式开始。长荣集团首席副总裁林省三感慨地说，对于长期关心两岸直航的自己来说，今天是"感慨无限和最喜悦的一天"，他感赞，这是两岸"搁置争议，创造双赢"成果的具体实现。

10时20分，鞭炮齐鸣，彩球飘飞，在喷水船喷洒水柱的祝福中，"立敏轮"缓缓启锚。这艘1200个标准集装箱的货轮，装载着1194个标箱的货物，也承着开启两岸海运直航的使命，从高雄出发，驶往天津。

在"立敏轮"驶离高雄港15分钟后，台湾万海航运"明春轮"、阳明海运"宇明轮"、台湾航业"桃园轮"和福建华荣航运"康平轮"等4艘船舶，也纷纷驶离台湾北大港基隆港，驶向大陆。港口西岸的观礼人群爆发出热烈的掌声，空中气球和彩带漫天飘舞。30分钟后，砂石船"大邦轮"也从宝岛中部的台中港启程直航广州黄埔港。

当天，海峡这头的天津、上海、太仓、福州、厦门、泉州各港，锣鼓喧天，汽笛长鸣，掌声阵阵，喜悦之情洋溢在人们的脸上。"新烟台轮"、"大洋洲轮"、"新非洲轮"、"运河轮"、"天福轮"、"盛达2号货轮"等十多艘船舶，陆续驶出码头开往宝岛台湾。

前来天津参加"首届津台投资合作洽谈会"的连战先生和夫人，也出席了天津港举办的中国海运集团所属的"新烟台"号货轮直航台湾基隆港的首航仪式。隆重的首航仪式结束后，连战先生和夫人还兴致勃勃地站在即将踏上首航之旅的万吨巨轮"新烟台轮"前拍照留念，两岸同胞期盼已久的梦想实现后的高兴和喜悦之情同样洋溢在两位老人的脸上。

当天，正式展开的两岸海运直航，以两岸13家公司20艘船舶劈波斩浪的潇洒雄姿，纷制出一幅动人心魄的"两岸海景图"。

两岸贸易运输的95%以上是通过海运完成的。此前十多年来，两岸各种形式的海上间接往来运时长、运效低、物流成本高，远远满足不了两岸间每年的两位数增幅而且显密切的贸易关系，实现直接、全面、双向的海运直航成为两岸工商界人士一直以来的最大心愿。

根据前一个月签署的《海峡两岸海运协议》，大陆和台湾各自开放63个和11个港口，执行两岸海运直航。大陆方面开放的港口从南到北，遍及沿海和重要河流。台湾方面开放的港口也涵盖了其主要通商港口。双方相互开放的港口完全能够满足当前和未来一个时期两岸经贸交流的需要。而且双方商定，今后还可视两岸经贸发展的需求，开放新的港口。经初步估算，两岸海上直航后，每年可减少运输时间11万个小时，降低运输费用1亿多美元。

务实合作是两岸海运直航首航之日的最大特色，往返两岸的艘艘货轮满载着塑化原料、纺织品、化学纤维、玉米、淀粉、高粱及小麦等货物。

站从天津出发的"新烟台轮"甲板以上8层楼高的驾驶舱里，透过宽大的玻璃窗向外看去，约200米长、40米宽的甲板上，堆满了大大小小的集装箱。船长孙声远指着电子海图介绍说，这次直航将经由渤海、黄海北部、黄海中部、东海，过上海后直达台湾，航程预计48小时，抵达基隆港比过去绕行大约节省1天的时间，可节省燃油140吨。

在基隆港，现场采访首航仪式的记者一边拍摄着这难得的场景，一边哼起在台湾广为流传的闽南话歌曲《快乐的出航》："今日是快乐的出航期，无限的海洋也欢喜出航的日子……一路顺风念歌诗，手弹着轻松吉他，快乐地出航啦！"

在天津出席两岸海上直航仪式的中台办、国台办主任王毅致辞时说，两岸海上直航是惠及两岸同胞的又一件实实在在的好事。从此，两岸海上人员和货物往来的航行时间将大幅缩短，经济成本将大为降低。更重要的是，海上直航将使两岸之间的往来更加便捷，联系更加紧密，并为两岸关系和平发展提供新的重要动力。他祝愿两岸关系就像从天津港启航的两艘万吨巨轮一样，在和平发展的航道上乘风破浪，勇往直前。

在高雄港主持首航仪式的台湾当局领导人马英九在致辞时表示，两岸直航代表的意义就是两岸不再对立，以谈判取代对立，以和解取代冲突。主持这项典礼，使他百感交集，也很欣慰。

15日上午，在北京航空邮件交换站举行的两岸直接通邮仪式同样热烈而隆重。当81岁的郑坚老人被年轻人搀扶着缓缓走上鲜红的地毯，老人将第一封从大陆直邮到台湾的民众家书郑重地投入信筒时，现场顿时掌声雷动。

这位出生在台湾彰化、1946年赴大陆求学、1949年与台湾家人隔绝的八旬老翁对记者说，能第一次通过直邮把家书寄往台湾实在太激动了！"我在信中告诉我在台湾的两个妹妹，今天是两岸'三通'的大喜之日，也是国家的大喜之日，希望全家人都能分享这份喜悦。"

天津市民崔美英有幸成为这个城市第一位向台湾直邮包裹的人。她说，今天是个好日子，准备给台湾的叔叔邮寄两盒天津特产"十八街麻花"，一者想让他老人家尝尝故乡的味道，再者，也捎去我们对他老人家的祝福。

当天上午9时15分许，台湾中华邮政公司董事长吴民佑寄给中国邮政集团总经理刘安来的快捷邮件交到邮递员手中，这是首封从台湾直接寄往大陆的快捷邮件。随后，台湾邮政协会顾问邓添来给海峡两岸邮政交流协会顾问马军胜寄出第二封快捷邮件。邓添来说："这是我本人寄出的一小件，却是两岸邮政业务的一大件。"

搭载郑坚老人家书的台湾华航班机于15日14时35分从北京首都机场起飞，当日17时45分许抵达台北桃园机场，这架班机共载有从北京收寄的266公斤共164件邮包。而吴民佑寄出的快捷邮件搭乘上午从桃园机场起飞的华航班机，于中午抵达北京，刘安东和马军胜在下班前就可以收到邮件了。

曾几何时，一湾浅浅的海峡隔绝了两岸的骨肉亲情，在两岸邮路不畅的年代，"家书抵万金"成为两岸同胞苦涩的伤感的集体记忆。

为了实现两岸真正直接通邮，两岸同胞与邮政业者付出了漫长的等待与艰苦的努力：1979年，大陆先后开始收寄寄往台湾的平常和挂号函件；1988年，台湾开始通过红十字组织间接收寄寄往大陆的函件；1989年，台湾邮政部门正式收寄大陆的平常信件；1993年，根据海协会与海基会签署的有关协议，两岸邮政部门建立了信函查询关系；2008年11月4日，两岸两会在台北签署《海峡两岸邮政协议》，双方同意开办两岸直接的邮政函件、邮政包裹、特快专递、邮政汇兑等业务。直邮为两岸人民带来了方便与快捷。据台湾有关主管部门估算，从台湾寄往北京、上海等大陆城市的普通邮件，原来需要7—8天送达，采用直邮后估计可缩短为5—6天送达；其他地区平均可提前1天送达。台湾中会邮政公司表示，未来两岸包裹数量将显著增加，初期可望增加8%。

为纪念两岸直接通邮，两岸邮政部门15日同时发行了纪念邮品。大陆发行的纪念邮折封面，一边是上海浦东新港，一边是台北101大厦，中间碧水蓝天，彩虹飞架，一群和平鸽直飞苍穹。同时发行的纪念封张贴着大红色的中国结图案邮票，而首日封张贴的是"和谐"二字篆书印章图案的邮票。

台湾中华邮政公司发行的"海峡两岸通邮纪念邮资票"，也以和平鸽送信为主图，背景衬以蓝天白云，象征"为利兴利，两岸和平"。

在北京举行的两岸直接通邮仪式上，中国邮政集团公司准备了100套邮折和首日封，但早在仪式开始前就已售罄。"抢"到首日封的金先生高兴地对记者说，这是继北京奥运会开幕式纪念邮票后，今年最值得珍藏的邮品。

国家邮政局局长马军胜在仪式上致辞时说，随着两岸经济的不断发展，以及海上直航、空中直航的开通，两岸经贸交流和人员往来将更加频繁，信息流、物流、资金流的传递需求将更加迫切，给两岸邮政提供了巨大的合作空间。两岸要抓住难得的历史机遇，实现全面直接通邮，使两岸邮政相得益彰，两岸同胞共享其利，同受其惠。

专程从台湾赶到北京参加直邮仪式的中国国民党副主席林丰正在致辞时表示，台湾有句话叫"做对了事，才有出路"，两岸"三通"是两岸同胞都受惠的一件大好事，虽然是迟来的成果，但仍弥足珍贵。

（三）

"这样一个非同寻常的日子，相信每个中国人都会牢牢记住""这是全体中国人的共同愿望"……15日，海峡两岸同胞期待了数十年的两岸"三通"基本实现，大陆各大媒体和网民高度关注，反应十分热烈。这一天，近百家媒体在大陆现场采访了北京、天津、上海、广州、厦门等地举行的两岸空运、海运、直航及直接通邮的启动仪式；大陆主要电视台对仪式进行了现场直播并组织了专家访谈、电视新闻滚动播出等深入报道；平面媒体安排丰富版面，纷纷以图文并茂的生动形式刊发相关文章予以高度评价；新华网、新浪网等主要网站都进行了网上直播，并开设了新闻专版加以赞颂。

15日出版的大陆各大报刊几乎都不约而同地使用了"历史性时刻"、"里程碑意义"等形容词来对两岸直接"三通"基本实现进行评价。欣慰、喜悦、激动之情洋溢在字里行间。《人民日报》发表题为《抓住"三通"造就的新契机》的时评引用古人的诗句描述两岸"三通"虽有多种阻隔，但其势不可阻挡终于实现的景象："万山不许一溪奔，拦得溪声日夜喧。到得前头山脚尽，堂堂溪水出前村。"两岸"三通"基本实现，真可谓：一溪奔突，总有曲折迂回、艰难险阻，百折不挠，方能豁然开朗、拥抱大海。

时评说，两岸"三通"的实现，标志着两岸关系取得重大进展，两岸的人员往来与交流合作从此将呈现一幅全新的景象：一是将使两岸的往为更加便捷，了解更加深入；二是将使两岸的交流更加扩大，互动更加频繁；三是将使两岸的经济合作更加紧密，降低两岸营运成本，提升两岸经济竞争力，推动两岸经济共同发展；四是将为两岸关系和平发展增添新的动力，增进两岸同胞的共同福祉，拓展两岸民众的共同利益，强化两岸发展的良好势头。

时评强调，两岸同胞应当继续秉持推动"三通"实现的精神，抓住"三通"成就的新契机，携手合作，相互扶持，像中台办、国台办主任王毅希望的那样，通过两岸同胞大交流，促进两岸经济大合作，实现两岸关系大发展，共同开拓两岸关系和平发展的道路，共同分享两岸关系和平发展的成果，共同开创两岸关系和平发展的新局面。

新华社发表的评论欣喜地赞颂道，满载着两岸同胞欢欣的包机、航船和信笺，将在这彪炳史册的日子里，从北京、上海、天津、福州……从台北、基隆、高雄……在海峡两岸间交汇、串连起热络繁忙的"热线"和"黄金通道"，为我们勾勒出两岸交流"海阔天空"的绚丽远景。评论指出，"合则两利，通则双赢"。目前两岸间每年有480万人次的人员往来，1200多亿美元的货物贸易，数万家台资企业在大陆经营……海峡两岸之间的交流往来已发展至密不可分的程度。而直接"三通"无疑将使两岸交流突破瓶颈，开大门、迈大步。特别是在两岸共同应对国际金融危机挑战的关键时刻，直接"三通"犹如"久旱逢甘霖"，将为海峡两岸特别是台湾经济注入新的活力，创造新的商机。

评论强调，更为重要的是，两岸"三通"在今天跨越的新里程，为两岸关系和平发展奠定了更为坚实的基础，提供了更加充沛的动力。可以预见，两岸"三通"的基本实现以及未来进一步的发展，将使两岸民众的往来交流更加密切，两岸同胞的感情更加融洽，而这势必将有力地促进两岸关系的大发展。

《北京青年报》发表文章说，两岸直接"三通"基本实现，"张张邮票、船票、飞机票，让海峡两岸的人民乡愁不再，让北京、上海、台北、高雄都成为'一日生活圈'"。

大陆主要电视台在15日同样予以密集报道和高度评价。中央电视台的评论说："这是一个历史性的时刻，两岸民众都深深沉浸在两岸关系实现跨越的喜悦之中！""不仅是空间距离、心灵距离更近了，而且两岸经济贸易来往将更加便利。"浙江卫视主持人在"飞越海峡"直播节目中说："这是中华民族历史上浓墨重彩、值得书写的一页！"天津卫视记者在海运直航现场直抒胸臆："这里高高升起的红色气球，都代表了我们此刻激动的心情。"上海东方卫视在"跨越海峡'三通'梦圆"的专题节目中，还与台湾东森电视台进行了连线报道。

互联网上，网民们热烈地表达心声，大陆主要中文门户网站的有关评论、留言、跟帖在几个小时之内就达到数千条。在新浪网、搜狐网、网易网、新华网等大陆几大网站上，网友们热切地表达着对基本实现两岸直接"三通"的激动、振奋、欣喜之情。

有上海网友写道："等待好多年，不胜感慨！不胜激动！我一定要去台湾看看。"

一位浙江网友说："我不知道要用什么语句才能形容我既激动又兴奋的心情。盼望已久，鼓舞人心，这是造福两岸的大好事。"

陕西的网友评论道："激动得流泪！这是一个巨大的跨越，也是两岸人民交流的福音。"

在抒发喜悦之际，网友们还纷纷表达了对海峡两岸未来的美好期许。一位北京网友这样憧憬："'三通'后我们可以冬天去哈尔滨看雪，夏天到高雄看海，还可以到台北街头去吃小吃、槟榔。"

广东的一位网友写道："直接'三通'开启中华民族发展的新篇章！从此，两岸的空间距离变短了，感情拉近了。愿祖国早日统一，实现中华民族的伟大复兴！"

一位网友还写诗表达了心声："连理同根一峡隔，六十盛迎'三通'来。合家互利在当代，中华一统共期待！"

两岸"三通"5日全面启动，同样受到台湾舆论的普遍关注和高度评价。台湾《工商时报》在当天发表的社论中指出："就在今天，海峡两岸即将全面直航，两岸的飞机、轮船将搭载着人货直达对岸，不但可以节省可观现金、时间与体力成本，两岸间的人货直接交流与频繁往来，更将揭开中华民族的另一个新纪元。"这篇题为《期待两岸直航新世纪》的社论说，两岸海运、空运直航协议的达成，进而两岸飞机、轮船的相互驶入对方机场与口岸，不管从政治、经济、社会还是人文角度观察，都是历史性的大突破与大发展，值得两岸乃至全球深入观察与注意其内含意义与可能贡献。

社论认为，两岸的协商与交流不应只是促成直航，双方应朝更大格局、更有意义的目标继续努力合作。两岸如果能够继续诚心诚意合作，在政治、经贸、卫生、科技、文化等领域相互激励、相互学习，我们相信，凭着华人的智慧与毅力，应该可以创造更大的成就，造福两岸、嘉惠全球。

台湾《中国时报》在题为《迎接大三通所改写的两岸新局》的社论中指出，两岸海空运直航及通邮全面启动，是历史性的一刻，对两岸民间的互动将形成相当深远的效应。台湾行政当局财经官员和产业龙头，应思考怎么善用这个难得的历史机遇，重新拟定产业竞争的战略。

台湾《经济日报》发表题为《两岸直航是新经济之始》的社论说，12

月15日是两岸关系发展史上"最具意义的一天",两岸关系从今进入新的时代,也为台湾经济创造新的发展空间,让长期受制于两岸枷锁而畸形发展的台湾经济,终得以正常伸展,探触各种可能。

社论说,在实体经济层面,两岸直航不只让两岸间的往来截弯取直,更打通了台湾经济的血路,打开了台湾与世界经济舞台联结的关卡。当局和企业应在政策思维松绑及既有的产业优势下,运用刚刚打开的两岸通路,创造出更多样、更巨大的市场。

台湾《苹果日报》16日发表题为《大三通兴奋飙机,上海—台北 仅79分钟》的报道欣喜地说,两岸截弯取直新航路昨开通,机长忍不住兴奋,纷纷飙机,不少班机比预期时间提早抵达,复兴航空上海首航原定110分钟抵达,只花了85分钟;深圳航空从深圳抵台也只花了81分钟,比预定提早了19分钟。最惊人的还是复兴航空GE331班机,11时10分从上海起飞,12时29分就抵达松山,创下从上海到台北飞航仅79分钟的纪录,比搭高铁从台湾到嘉义的86分钟还快。报道说,深圳台商协会会长黄明智昨特地搭首班从深圳飞往台北松山的班机,再原机飞回深圳,17年来首次一天往返两岸的他感慨地说:"十多年的梦想终于成真,离家的路更近了。"

这一天的台湾《联合报》发表题为《鱼鲜蔬果当天上餐桌》的报道更是喜滋滋地说,马英九、刘兆玄昨天分别在高雄、基隆主持海运直航首航仪式,对于两岸前景都提出生动的描绘。刘兆玄表示,他担任"交通部长"时就在推动两岸直航,时隔多年,昨天终于实现。直航有什么好处呢?以客运来说,福建与基隆间以渡轮运输,大约8到10个小时就可抵达,等于是晚上8点或10点开航,一觉醒来就到厦门了。货运方面,晚上送出,次日就可在大陆结关,比快递还快。刘兆玄说,以后从基隆输出的石斑鱼和鲜虾,可以活蹦乱跳地在大陆上桌;早上还在基隆山上的竹笋和柚子,晚上就可出现在大陆的餐桌上。

岛内网民也纷纷上网赞扬两岸"三通"给两岸民众带来的种种好处。

两岸"三通"启动同样受到海外舆论的普遍关注和高度评价。新华社驻华盛顿记者15日发出电讯说,美国政府15日对台海两岸正式启动空运直航、海运直航及直接通邮表示欢迎。美国国务院副发言人罗伯特·伍德在当天的例行记者会上说:"跨越台湾海峡的这些交通联系是非常积极的举措,我们一直并将继续鼓励台海两岸对话。"

美联社发表评论说:"台湾与大陆平日包机15日实现首航,开启了两岸直航的新时代,正式结束了两岸近60年的常规联系禁令,是今年以来两岸关

系迅速升温的最明显一步。在全球经济危机的大背景下，直航能为两岸双方节省贸易成本并创造新商机。"

法新社驻上海记者发出电讯说，中国大陆与台湾今天开通每日直接通航、通邮和通商服务。这项历史性措施受到两岸民众的称赞，有助于巩固两岸关系走向缓和的新时代。马英九在台湾南部港口高雄的直航点的剪彩仪式上说，从现在起，对话将代替对抗。电讯说，中国大陆官员的情绪今天也同样乐观。中国台湾事务办公室主任王毅在中国北方港口城市天津的开航仪式上说，今天是两岸关系史上又一个重大的日子。他说，两岸和平发展关系的趋势不可阻挡，和平发展的前途更加光明。

路透社15日从台北发出电讯说，大陆与台湾今天开始了"大三通"，这两个对手之间曾经冰冷的关系进一步融化。电讯称，"大三通"旨在便利双向贸易，促进一度处于战争边缘的两岸政府间的政治信任。

俄塔社15日发表报道说，中国大陆和台湾今天开始实行"三通"。这是海峡两岸关系发展的重要里程碑。自从1949年以来，两岸一直没有直接的交通、通信联系和直接贸易。今年5月，以马英九为首的台湾新政府上台执政，才使北京和台北有可能改善关系。

《日本时报》在两岸"三通"启动后数日发表了题为《海峡两岸关系向前跃进》的社论说，随着台湾和中国大陆启动空运和海运直航，海峡两岸和解关系上周向前跃进了一大步。这种新的联系反映了把海峡两岸联结在一起的经济现实：台湾和大陆每年的贸易额大约有1000亿美元。政治问题曾经使两岸交流缓慢，但是这些障碍已经减少，海峡两岸关系正在快速地扩大。这一进展值得鼓掌喝彩，它使一个地区热点降温，而且有益于地区发展。社论指出，缩短距离将有助于促进更好的了解，降低两岸关系的周期性紧张状态。这种新的亲近关系应该会促进大陆人和台湾人认识到他们的命运是交织在一起的，不管他们是如何从政治上定义他们自己的。这对于他们来说是好事，而且对于该地区来说也是好事。

唐代大诗人李白在一千多年前写出这样的诗句："行路难，行路难，多歧路，今安在？长风破浪会有时，直挂云帆济沧海。"可以说，这诗句正是当今两岸关系的真实写照。两岸同胞期盼了数十年之久的"三通"梦终于圆了，这将翻开两岸关系发展的时代新篇章。"三通"犹如"三箭齐发"，已经和继续产生巨大的积极效应。

正如中台办、国台办主任王毅所言，两岸全面、直接、双向"三通"的实践告诉我们一个道理，凡是符合两岸同胞利益、符合两岸关系发展需要、符合历史前进潮流的事情，不管面临多少困难，遇到多少阻力，花费多少时间，终究都会在两岸同胞的共同努力下得以实现。两岸关系和平发展的势头不可阻挡，两岸关系和平发展的前景愈发光明。

十、为应对国际金融危机，大陆又推出十项惠台政策措施，吴伯雄主席称赞"这是扎扎实实的牛肉"，业者称赞这是"雪中送炭"

（一）

12月20日上午，第四届两岸经贸文化论坛在上海隆重开幕。中共中央政治局常委、全国政协主席贾庆林和中国国民党主席吴伯雄、荣誉主席连战等海峡两岸各界人士四百余人出席了论坛开幕式。

令人注目的是，台湾当局官员首次参加国共论坛。台湾《联合报》19日发表题为《我五官员首赴国共论坛》的报道说台湾"经建会副主委"单骥、"金管会银行局局长"张明道、"交通部民航局局长"李龙文、"交通部观光局局长"赖瑟珍、"经济部投资业务处处长"邱柏青等5位政府官员，以个人身份参加论坛。舆论认为，这是两岸关系进一步改善的一个标志。

在全球金融危机的背景下举办的本届论坛，以"扩大和深化两岸经济交流与合作"为主题，三项议题分别为"拓展两岸金融及服务业合作"、"促进两岸双向投资"、"构建两岸经济交流制度化安排"，这些议题都有很强的针对性，既解决当前金融危机下的迫切需求，也顺应了两岸经济交流合作的必然趋势。

论坛开幕式由中台办主任王毅与中国国民党副主席、国政研究基金会副董事长林丰正共同主持。

国民党主席吴伯雄致开幕辞说，今年是具有特殊意义的一年。两岸关系的转折，可以用"柳暗花明又一村，拨云见日现光明"来形容。近60年来，两岸关系走过了不平凡的历程。2005年连战主席访问大陆，与胡锦涛总书记达成"两岸和平发展共同愿景"。今年5月我率国民党访问团到北京，与胡锦涛总书记进行了深入坦诚的会谈。随后，两岸恢复了制度化协商并达成6项协议，促成了"大三通"的实现。这是以民为本的体现，多数台湾民众给予了高度评价。事实证明，国共两党领导人在关键时刻体现出了担当、勇气和决断力，改变历史的力量来自两岸绝大多数民众的支持。今天两岸呈现大和平、大发展、大交流的局面，我们必须好好珍惜，加速创造两岸同胞更大福祉。在当前全球经济形势恶化情况下，两岸应携手共同应对国际金融危机。希望两岸共同帮助大陆台商解决困难，相互开放对方企业参与相关投资和工程建设，加速扩大大陆游客赴台观光。吴伯雄强调，两岸同胞血浓于水的感情和共同的文化，是推动两岸关系和平发展的最大动力。五千年中华文化博大精深，是两岸同胞共同的资产，希望两岸同胞加强交流，使中华灿烂文化发扬光大。

贾庆林作了题为《把握两岸关系发展历史机遇，全面深化两岸经济交流合作》的演讲。他首先代表中共中央和胡锦涛总书记，对本届论坛的举办表示衷心祝贺。他说，来自海峡两岸的各界有识之士欢聚一堂，共商扩大和深化两岸经济交流合作大计，是新形势下两岸关系中的一件大事。本届论坛比以往具有更好的两岸关系环境，出席论坛的两岸专家学者更具有广泛性和代表性，研讨将更具务实性，达成的共识也将更有条件供两岸有关方面制定政策时参考。本届论坛的举办，对推动新形势下两岸经济交流合作，必将产生重要而积极的作用。欢迎台湾各界代表性人士热情支持论坛，积极参与论坛，努力使论坛成为两岸有识之士倾心对话的著名讲坛，成为两岸各界真诚交流的重要平台，为推动两岸关系和平发展做出新的更大贡献。

贾庆林指出，今年3月下旬，台湾局势发生了重大积极变化，两岸关系出现了历史性转机。5月以来，两岸双方秉持建立互信、搁置争议、求同存异、共创双赢的精神，相互释放善意，妥善处理了一些敏感问题，推动两岸关系步入和平发展的轨道。两岸在"九二共识"基础上恢复制度化协商，迈出了新形势下两岸关系改善和发展的重要一步。两岸周末包机、大陆居民赴台旅游如期实施，推动两岸直接通航和人员往来实现重大突破。海协会协商代表团首次访问台湾取得成功，同海基会共同签订两岸空运直航、海运直航、邮政合作、食品安全等四项协议，实现了两岸同胞期盼已久的直接通邮、通航，掀开了两岸关系发展的新篇章。在新形势下，两岸同胞对改善两岸关系、促进交流合作的愿望更加强烈，对两岸关系和平发展更加充满信心。我们将继续牢牢把握两岸关系和平发展的主题，再接再厉，不断开创两岸关系和平发展新局面，为两岸同胞谋福祉，为台海地区谋和平。

贾庆林表示，长期以来，两岸经济交流合作从无到有，由小到大，不断发展，已经具有相当规模。两岸经济联系日益紧密，基本形成互补互利的局面。广大台商积极推动两岸经济交流合作，成为促进两岸关系稳定发展的重要力量。在两岸经济交流合作蓬勃发展的进程中，我们获得了许多重要启示，积累了不少有益经验，这就是：两岸同胞血脉相连是两岸经济交流合作的天然纽带，互利共赢是两岸经济交流合作的重要目的，积极的政策措施是两岸经济交流合作的有力保证，台海和平稳定是两岸经济交流合作的必要条件，大陆经济持续快速发展是两岸经济交流合作的强劲动力。

贾庆林指出，当前两岸经济关系发展正处在新的历史起点上，面临着难得的历史机遇。同时，两岸经济发展都面临着国际经济金融形势复杂变化带来的严峻挑战。两岸双方必须牢牢把握和切实用好两岸关系发展难得的历史机遇，自觉顺应两岸同胞的愿望和要求，积极抓住有利因素，努力化解不利因素，全面扩大和深化两岸经济交流合作，促进两岸经济发展，更好地造福两岸同胞。为此，贾庆林提出五点建议：

一是积极开展合作，共同应对国际金融危机的冲击。"兄弟同心，其利断金"。两岸同胞应相互扶助，加强互惠互利的经济合作，共同应对国际金融危机，稳定经济，改善民生。如果世界经济形势持续恶化，台湾方面提出缓解经济困难的要求，大陆方面愿意尽最大努力，提供协助。

二是积极促进协商，推动两岸金融业合作取得实质进展。两岸双方应迅速采取实际措施，着力扩大两岸金融合作，增强两岸经济活力。有必要就建立两岸银行业、证券业、保险业监管合作机制和货币清算机制尽快进行商谈，争取尽早签署相关协议，解决两岸金融机构互设分支机构的问题；积极推动两岸金融业者开展交流，通过适当途径加强信息沟通、监管合作与业务往来，增强防范金融风险能力；改善大陆台资企业特别是中小企业的融资环境，帮助台资企业转型升级。

三是采取积极措施，拓展两岸产业合作的层次和领域。要着力提高两岸工业、农业合作的层次，支持台资传统产业转型升级，进一步推动两岸农业合作，继续充实惠及台湾农民的政策措施。要积极推动两岸产业界建立优势互补的合作机制，逐步形成合理的产业分工合作布局。要加强两岸高新技术、基础科学等方面的交流合作，创立共同的技术标准、知识产权和品牌，加快科研成果产业化进程。要鼓励两岸相关企业携手合作，共同开发油气资源。要加强两岸服务业领域的合作。

四是积极创造条件，加快实现两岸经济关系正常化。两岸双方应继续共同努力，加快推动两岸经济关系正常化，实现两岸资金、信息、技术等生产要素的正常流动。我们支持大陆企业赴台投资，希望台湾方面为大陆企业赴台投资创造必要的条件。大陆有实力的企业和资本可以根据台湾方面的需要，积极参与台湾的经济建设项目。两岸可就市场开放和弱势产业保护问题进行协商，妥善规范投资秩序和市场环境。

五是积极进行探讨，及早建立两岸经济合作机制。建立两岸经济合作机制，要从两岸实行不同经济制度和体制的实际出发，考虑两岸资源禀赋、经济规模、产业结构、市场容量等方面的差异；要遵循双向互惠、共同繁荣的原则和先易后难、逐步推进的步骤，确立正确的发展目标，制定具体的方法步骤。对台湾方面关于商签两岸综合经济合作协议的设想，我们十分重视，也愿予以认真研究。

贾庆林最后说，回首非同寻常的岁月，我们为两岸关系取得重大进展备感鼓舞；展望催人奋进的征程，我们对两岸关系发展的光明前景充满信心。让我们团结一心，通力合作，坚定不移地沿着两岸关系和平发展的康庄大道向前迈进，努力开创两岸大交流、大合作的新局面，为实现中华民族的伟大复兴共同奋斗！

国民党荣誉主席连战发表了题为《两岸和平发展的硬道理》的演讲。他说，在国共两党和两岸同胞共同努力下，两岸关系走上了和平发展的坦荡大道。两岸经贸文化坛论已举办三届，推动了两岸经贸合作发展。在新的形势下，论坛将发挥更重要的作用。两岸双方可以通过公开讨论，沟通彼此观念，就一些比较困难的议题，沟通意见，激发创见，找到解决老问题的新办法。论坛广邀两岸社会各界参与，可以凝聚主流民意，为两岸关系和平发展营造良好的环境和条件。国共两党开展交流是非常自然的。两党共同写下了中国近百年的历史，双方加强交流，是为了人民的福祉。为民族的发展和复兴而努力作贡献，是两党共同的责任。这是历史的必然，也是潮流所向。以恢宏的格局，正视现实，面向未来，共创双赢，对两岸关系和平发展，对中华民族的未来，具有非常重要的意义。连战指出，本届论坛的主题和议题，对两岸经济发展非常重要，有助于两岸携手合作，共同应对国际金融危机。两岸经贸交流十分密切，建立两岸经贸合作机制，具有战略意义。如何推动两岸经贸合朝正常化、机制化方向发展，希望两岸各界积极建言献策。期盼本次论坛能为促进两岸经济合作作出历史性贡献。

出席本届论坛开幕式的还有中共中央政治局委员、上海市委书记俞正声，上海市市长朝正，海协会会长陈云林，中国国民党副主席蒋孝严，亲民党副主席张昭雄、秘书长秦金生，新党主席郁慕明及台湾无党团结联盟主席林炳坤等。

（二）

20日晚9时，第四届两岸经贸文化论坛在上海香格里拉大酒店盛事堂举行了别开生面的文化沙龙，与会者纷纷来此参加文化沙龙，领略两岸文化名人的风采。

文化沙龙的主持人是台湾《远见》杂志创办人高希均先生和上海文广新闻传媒集团的曹可凡先生。当晚的4位主讲嘉宾是大陆著名作家王蒙、余秋雨，台湾艺术大学校长黄光男和台湾著名文化人、政论家南方朔。

72岁的高希均生在南京、长在上海，1949年随家人坐船离开上海赴台，住在台北松山附近。高希均幽默地说："5天前的12月15日，两岸终于实现了'三通'，让人难以想象的是，离开上海60年后，台北松山机场就有飞机直飞上海了，看来，如果你有足够的耐心，美好的事情就会发生。"话音刚落全场便响起热烈的掌声。

主讲嘉宾王蒙在演讲时说，谈文化是一个比较让人舒服的话题，文化让人容易动感情。他说，15年前在美国纽约，我在胡适先生创办的华美协进社举办了一个演讲。讲完后，一个美国人问我为什么华人一提到中国、中华，好像都特别来精神，而其他民族的人未必是这个样子。我一时找不到合适的答案，便带有戏言地说，首先，华人都喜欢唐诗宋词，其次，华人都喜欢中国菜。不成想，我的这个戏言后来竟被人说成："王蒙认为爱国热情是由唐诗宋词和中华美食构成的"，甚至有人为此还出了一本关于唐诗宋词和中国菜的书。我看到这本书后颇受感动。所以我认为，唐诗宋词就是"中国心"，中国菜就是"中国腹"，我和大家今晚在这里做一个推"心"置"腹"的交流，所谓文化交流就像"心腹之交"，我们大家互为"心腹"。听到这里，全场立刻掌声雷动大家直呼"精彩"。

轮到余秋雨演讲时，还没等他说话，主持人就说了两个关于余秋雨在台湾的趣事。

由于余秋雨的书在台湾很畅销，他的不少文章被台湾选入学生的课本中，很多学生读过他的文章。据说，余秋雨第一次去台湾时，许多学生见到他很是惊讶，说这个人怎么还活着？因为在台湾，余秋雨的文章和许多古代先贤的文章是放在一起的，以至许多学生把他当作过去朝代的人。为此，余秋雨曾对那些误以为他是"古人"的学生说，我余秋雨不仅活着，而且还活得挺好。

还有一次余秋雨去台湾演讲，时任台北市长的马英九也亲临现场听其演讲，而且从头到尾听完，之后还热情举手提问。可能是主持人没有看到他举手，也没有让他提问。马英九等到散场后，特别到后台和余秋雨交换了有关中国汉字、简体字、繁体字等许多文字方面的问题。

余秋雨在演讲时说，中华文化博大精深，它不断从至善之道、君子之道、中庸之道、潇洒之道里面吸取大量的营养，像我们的祖先一样，渡过无数的海啸和风暴，最后存活下来，这就是中华文化的希望……

与会者对别开生面的文化沙龙的举办备加赞赏，同时他们也十分关注在第四届两岸经贸论坛开幕前夕两岸文化交流的另一个平台的搭建，即12月18日上午，在杭州玛瑙寺举办的"连横纪念馆——台湾文化展"拉开了帷幕。

玛瑙寺依山而筑，粉墙黛瓦，掩映在葱郁的古树中，是杭州西湖风景名胜区的一座古代著名佛寺。连战的祖父、《台湾通史》作者、爱国史学家连横老先生1926年至1927年在杭期间，曾居住于该寺研究整理文史资料，其子连震东也曾来杭探亲居住于此，与玛瑙寺结下了渊源。2006年，连战首次来杭参访，对的建筑及环境保护给予高度评价，并提出了将玛瑙寺建成海峡两岸文化交流平台的设想。

18日上午，连战和夫人连方瑀，中台办主任王毅，海协会会长陈云林，浙江省委书记赵洪祝，杭州市委书记王国平等出席了"连横纪念馆——台湾文化展"开幕典礼。

连战在开幕典礼致辞时介绍了连横先生坎坷的一生，阐明了台湾与大陆之间不可分割的历史与文化联系。他表示，在日本对台湾50年的殖民统治中，台湾人民以有形的无形的各种方式对日本殖民统治进行了针锋相对的斗争。今天举办的这个展览，就是要告诉世界各地的同胞包括台湾同胞，虽然经历了50多年的殖民统治，但是中华文化从来就没有在台湾断过根。不管经过多少年，不管有多大的干扰，"去中国化"的企图是永远不会得逞的。

王毅在致辞时指出，连横先生的一生，以继存中华文化、弘扬民族精神、践行爱国主义为己任，为后人留下了一笔弥足珍贵的文化遗产和精神财富。来到连横纪念馆参观台湾文化展可以感悟到中华民族是一个多元体、兼容并包的大家庭；两岸同胞是血脉相连的命运共同体，大陆和台湾是我们的共同家园。

开幕式结束后，大批的参观者便进入纪念馆参观连横老先生为继存中华文化、弘扬民族精神、践行爱国主义所做的种种努力，大家为连横老先生所展现的爱国主义精神深深感动。

（三）

第四届两岸经贸文化论坛开幕以来，与会者围绕三项议题展开了热烈的讨论。

关于"拓展两岸金融及服务业合作"问题，两岸专家、业者都认为，在面对金融危机的关键时刻，两岸应共克时艰，共渡难关，开启两岸间金融合作的相关协商。两岸金融合作明显滞后于投资贸易关系的发展，这一制约两岸经贸关系发展的瓶颈亟须打破。

围绕"促进两岸双向投资"的议题，两岸经济专家和学者纷纷为大陆企业赴台投资出谋划策。厦门大学台湾研究中心副主任李非教授认为，资本的单向流动既不利于两岸经贸关系的正常发展，更不利于台湾经济的健康发展。台湾经济的发展困境需要新的投资动力注入。

多名专家学者就"构建两岸经济交流制度化安排"提出积极建议。中国社科院台湾研究所副所长张冠华说，"建立互信、搁置争议、求同存异、共创双赢"已成为推动两岸关系和平发展的重要共识，得到了两岸主流民意的认同，这一原则同样适用于推动建立两岸经济合作机制。

21日下午，第四届两岸经贸文化论坛举行闭幕式。中国国民党副主席曾永权宣读了《第四届两岸经贸文化论坛共同建议》。

论坛提出了九项共同建议：

第一项，积极合作应对国际金融危机的冲击。这项建议中重点有二：一是加强两岸互惠互利的经济合作，共同探讨应对国际金融危机的方法和途径。采取适当方式，在金融、经济方面加强相互支持，以促进两岸经济金融稳定发展。二是促进两岸加强合作，解决广大中小台资企业的融资问题，支持和帮助台资企业转型升级、持续发展。

第二项，促进两岸金融合作。该项建议中重点有三：一是两岸双方应尽快商谈建立银行业、证券业、保险业监管合作机制和货币清算机制，开展两岸证券交易所交流合作，为扩大两岸金融合作创造更好条件。二是加强两岸金融监管机构之间的资讯交流与监管合作，维护两岸金融机构稳定健康运行，增强防范金融风险的能力。三是鼓励和推动两岸金融业者采取多种形式，通过多种渠道开展人才培训和学术交流。

第三项，相互参与扩大内需及基础建设。该建议强调，为因应全球经济衰退，两岸皆在积极推动扩大内需及加强基础建设相关计划，双方应采取具体作为，支持两岸企业相互参与扩大内需及基础建设，创造新的商机，强化应对经济变局的能力。

第四项，深化两岸产业合作，拓展领域，提高层次。该项建议强调五点：一是加强两岸产业界交流和沟通，建立两岸产业优势互补的机制，逐渐形成合理的两岸产业分工合作布局。二是加大在资讯、通讯、环保、新能

源、生物科技、中草药、航空工业、纺织及纤维、LED照明、工业设计等领域的合作。三是推动两岸在高科技、基础科学等方面的深入合作，加强两岸共同制订电子信息等产业技术标准的合作，加快科技研发成果产业化进程。四是及早协商建立两岸农产品快速便捷的检验检疫程序，加强两岸检验检疫的技术交流与合作。五是鼓励两岸企业合作开发油气资源。

第五项，加强两岸服务业合作。该项建议重点有三：一是积极创造条件，鼓励和支持台湾服务业进入大陆市场，推动服务业成为两岸经济合作的新热点。二是加强信息服务业、运输物流、商业零售、医疗、会计、管理咨询、职业技术教育、文化创意、电信等多个服务业领域的合作。三是两岸进一步强化健康有序的旅游交流合作机制，共同简化赴台旅游申请流程，循序渐进地积极扩大大陆居民赴台旅游。

第六项，完善两岸海空直航。该项建议强调三点：一是两岸应根据市场需求增长情况，积极考虑增加班次，并尽速就常态包机转为定期航班作出安排，同时就建立更便捷直达航路及航空器安全技术事宜进行沟通和落实。二是尽速推动实现两岸航空公司在对方设立营利机构及办事机构，以扩大业者互利互惠的交流合作。三是两岸海运界加强联系，根据市场需求，合理安排运力，确保两岸海运市场规范有序。双方业务主管部门应采取切实有效措施，充分保障航运公司从事两岸海上直航的各项权益。

第七项，加强两岸渔业合作。该项建议重点有二：一是两岸尽早协商建立渔业劳务合作机制及渔事纠纷处理机制，落实各项管理措施，保障大陆船员及渔船船主的权益。二是加强两岸渔业资源相关议题的合作交流，共同保护作业渔场的渔业资源，让两岸渔业可以永续发展。

第八项，加强投资权益保障。该项建议强调三点：一是两岸尽快就投资权益保障问题进行商谈并签署协议，建立和完善两岸投资权益保障协调机制。二是两岸尽快就智慧财产权保护、避免双重课税、通关便利、标准检测及认证合作等攸关两岸企业利益的议题进行协商。三是大陆方面进一步落实台商投资权益保护的相关法律法规，完善相关工作机制。

第九项，实现两岸经济关系正常化，推动建立两岸经济合作机制。该项建议强调五点：一是加快推动两岸资金、资讯、技术正常流动，实现双向投资。二是台湾方面尽快就大陆企业参与台湾经济建设的方式和领域作出安排，尽快公布大陆企业资金进出、人员往来等配套措施，为大陆企业赴台投资创造必要的条件。三是两岸就市场开放和弱势产业保护问题进行协商，达成共识并作出安排。四是为维护两岸交流秩序，保障两岸同胞权益，推动尽快就共同打击犯罪进行协商。五是为解决两岸交流中的问题，扩大两岸经济互利合作，按照先易后难、逐步推进的步骤，推动建立两岸经济合作机制。

随后，中台办主任王毅就加强两岸合作，携手应对国际金融危机，宣布了大陆有关部门为此制定的10项政策措施。

这10项政策措施是：（一）支持大陆台资企业发展。大陆扶持中小企业的财税、信贷政策，同样适用于台资中小企业。支持台资企业参与大陆扩大内需的建设工程和项目。（二）加强台资企业融资服务。中国工商银行、中国银行近日分别决定，在今后2至3年内各自为大陆台资企业包括中小企业安排500亿元人民币的融资。国家开发银行在原有专项融资支持台资企业300亿元人民币的基础上，3年内再追加融资支持台资企业包括中小企业300亿元人民币。（三）支持和帮助大陆台资企业转型升级。成立由两岸专业人士共同组成的台资企业转型升级服务团队，12月22日正式启动，面向台资企业开展有关法规政策、产业资讯、技术创新、专利转让、人才培训等方面的辅导服务，促进台资企业在大陆可持续发展。（四）鼓励和扶持台资企业自主创新。鼓励台资企业参与国家和地方相关科技计划。支持台资企业参与国家和区域创新体系建设，并享受有关加强、鼓励和扶持企业自主创新能力的政策。（五）推动两岸双向投资。发展改革委员会和国务院台办近日出台《关于大陆企业赴台湾地区投资项目管理有关规定的通知》，支持有实力、信誉好的大陆企业，遵循市场经济规律，根据台湾方面的需要，参与台湾经济建设项目。（六）加强两岸产业合作。重点推动两岸在开发利用新能源、促进传统中药现代化、电子信息产业以及其他优势互补的产业合作，共同提高两岸产业在国际市场上的竞争力。（七）携手促进平板显示产业发展。大陆电子视像行业协会组织两岸相关企业，为此成立了工作组，大陆企业决定扩大采购台湾企业的面板，先期达成20亿美元的采购意向。（八）拓展两岸农业合作平台。经有关部门批准，新增设立江苏南京江宁、广东汕头潮南、云南昆明石林台湾农民创业园。中国进出口银行将台湾农民创业园基础设施建设，纳入国家出口基地建设贷款支持范围。（九）扩大台湾鲜活农产品在大陆销售。推动两岸尽早就台湾鲜活农产品在大陆销售的通关和检验检疫合作进行协商，尽快作出安排。回忆建立两岸检验检疫联系和通报机制，促进两岸农产品贸易健康发展。（十）允许符合条件的台湾居民在大陆从事律师职业。有关部门将于近日发布《取得国家法律职业资格的台湾居民在大陆从事律师职业管理办法》，允许符合条件的台湾居民在大陆按管理办法从事律师职业。

王毅在宣布的过程中，赢得一阵又一阵的热烈掌声，与会者纷纷赞扬这些政策措施务实和所展现的善意、诚意确实是应对国际金融危机的好办法。

贾庆林在闭幕式上致辞，代表中共中央和胡锦涛总书记对本届论坛取得圆满成功表示热烈祝贺。他说，本届论坛是在两岸关系开始步入和平发展轨道的新形势下，国共两党、两岸各界进一步深化交流的一次盛会。论坛形成了许多新的共识，提出了非常重要的9条"共同建议"，反映了两岸各界的共同期待，对两岸有关方面制定相关政策具有重要参考作用。大陆有关方面就加强两岸合作、共同应对国际金融危机出台的10项政策措施，充分体现了我们致力于为台湾同胞谋福祉的决心和诚意。论坛的成功举办表明，国共两党搭建的交流对话平台，进一步促进了两岸双方和社会各界的交流沟通，在两岸关系发展进程中具有不可或缺的重要作用。希望两岸双方共同努力，进一步完善促进两岸产业合作、金融与服务业合作以及建立经济交流制度化安排的规划和措施，以推动两岸经济议题协商取得实质进展，加快实现两岸经济关系正常化，造福两岸同胞。希望国共两党、两岸各界共同努力，把两岸经贸文化论坛继续办下去，而且越办越好。

贾庆林表示，新的时代赋予国共两党、两岸同胞新的使命。两岸关系的前途掌握在两岸同胞自己手中。让我们携起手来，共同努力，为不断扩大和深化两岸经济交流合作，为不断开创两岸关系和平发展新局面，为实现中华民族伟大复兴，作出新的更大贡献。

吴伯雄在致辞时指出，两岸经贸文化论坛首次由两岸执政党共同举办，意义重大。今年5月以来，两岸双方搁置争议、加强交流、促进合作，善意不断累积，互信不断提高。"大三通"的实现，使两岸人民往来更密切，隔阂会减少。两岸人民同属中华民族，要以中华文化为基础，加强彼此交流。本届论坛上，各界人士提出了许多建设性强、可行性高的建议，论坛形成的"共同建议"符合两岸各界的期待，有利于促进两岸深化合作、互利双赢。中共中央台办王毅主任宣布的大陆方面有关政策措施，扎扎实实，体现了很大诚意。两党建立定期沟通平台，与两岸协商并不冲突，而是相辅相成，就像两只脚交替前行，才能行稳致远。在新的形势下，国共交流对话平台应当进一步发挥功能，两岸经贸文化论坛应坚持每年至少举办一次，并扩大参与基础，使之更具有多元性，包容不同意见，寻求更大共识，共同推动两岸关系和平发展。

第四届两岸经贸文化论坛闭幕后，吴伯雄接受了记者采访，他对两岸经贸文化论坛这一国共交流平台给予高度评价。他说，国共论坛是两岸交流平台中一个相当重要的部分，在过去几年两岸关系一度紧张的时候，国共论坛发挥了润滑的功能；国民党在岛内成为执政党后，论坛则成为推动两岸和平发展的中流砥柱。

吴伯雄指出，国共论坛当然不会取代海协会与海基会的制度化协商，国共论坛与两会协商是交互前进、相辅相成的。他表示，两会协商是两岸正式授权可以达成协议的途径，国共论坛与两会协商的关系就像人的两只脚，只有相互交替前进才能行稳致远。

吴伯雄说，过去我们已经丧失了很多时间和机会，最近我们已经基本实现了两岸的"三通"，这是两岸关系发展的一个里程碑，两岸因此面临新的和平发展的契机，大家要加倍珍惜。他同时强调，两岸和平发展的许多问题并非一蹴而就，有了"三通"这个起步之后，彼此都应该对未来两岸关系的发展更有耐心、更有决心。此次经贸论坛上，中共中央台办主任王毅就加强两岸合作、携手应对国际金融危机，宣布了大陆各有关部门为此制定的10项政策措施，大陆方面释放出了非常大的善意。吴伯雄说，在论坛闭幕后，他就获知，许多台商都称赞这是给他们的一剂"强心针"。论坛取得的成果，关键还在于如实落实。吴伯雄指出，这次论坛与以往几届论坛不同的是，国民党现在已经在岛内执政，论坛上提出的共同建议等意见成为政策的可能性就更大。

在被问及论坛上台湾代表的代表性时，吴伯雄说，这次参加论坛的台湾与会者，多数不是国民党员，很多都是其他政党人士，包括亲民党、新党、无党联盟等，也有不少是大学教授、学者和专家。吴伯雄希望论坛的参与基础进一步扩大，希望民进党、台联党明年也来参加。

吴伯雄还特别提到大熊猫"团团"、"圆圆"赴台行程。他说，四川卧龙的一对大熊猫马上就要出发来台湾，台湾人民都非常高兴地欢迎"团团"、"圆圆"。台北市的动物园为了迎接熊猫来到，已经筹备多年，相关设备花费超过两亿元新台币。台湾将请专家对"团团"、"圆圆"给予特别的照顾。

（四）

21日结束的两岸"国共论坛"以及大陆方面提出的"十项惠台措施"，再次猛扫过去十几年两岸严重对峙积累的寒气。这次论坛端出"扎扎实实的牛肉"（吴伯雄语），更被台湾媒体评论为"春节前从天上掉下来的大红包"，是"雪中送炭"。再加上大熊猫"团团"、"圆圆"23日将到台

· 1213 ·

湾，台湾舆论感叹两岸间"春暖花开"。尽管台湾仍有一些人呼吁"提防中国"，宣称"天下没有白吃的牛肉"，一些亲绿媒体甚至用"糖衣毒药"的说法诬称大陆的惠台措施，但为大陆的善意叫好的声音显然在台湾舆论中占据了主流。

22日，台湾《中国时报》、《经济时报》、《工商时报》、《台湾新生报》、《联合晚报》等主要媒体均在头版以醒目标题报道了大陆最新出台的10项惠台措施。

《联合晚报》的社论说，国共论坛闭幕，国台办主任王毅宣布了"对台大利多"，特别是针对台商提供了各项融资和政策协助，"这真像是春节前从天上掉下来的大红包"。社论还说，"举世经济寒冬之中，对岸释出利多，让台商和国内业者都感受到一丝暖意。这件事自然具有积极和正面的意义"。

《中国时报》的报道说，国共论坛大陆实施10项利多，6000亿（新台币）救台商；详细列举了10项惠台新措施的具体内容，并借用国民党主席吴伯雄在闭幕式上的讲话指出，"这是扎扎实实的牛肉！"该报还专门配发一组文章，特别关注了"论坛"提出的9项建议中，有关促进两岸经济合作、台湾面板业（液晶显示器）面临的商机以及台湾律师到大陆执业等方面的内容。

《经济日报》发表了以"大陆砸650亿买台湾面板"为题的重点报道称赞道，这10项惠台措施是"大陆加强两岸合作，携手应对国际金融危机推出的新措施"。在目前的形势下，大陆指定采购20亿美元（约合650亿新台币）台湾企业面板的订单绝对是寒冬送暖，有助于开启两岸面板产业进一步合作。报道同时引述岛内内业者的议论说，这"绝对是雪中送炭的利多"。

参与论坛的台湾经济界人士对大陆推出的10项政策措施的欢迎、欣喜之情更是溢于言表。现场采访的新华社记者对此作了报道。

台湾力晶半导体董事长黄崇仁称赞这些新措施为"雪中送炭"。他说，虽然新措施不一定马上见效，但在全球金融危机的背景下，无疑对台湾经济和台商的信心将起到积极的提振作用。

台湾兆丰金控董事长王荣周对10项措施中的"加强台资企业融资服务"尤为关注。他说，大陆为面临融资困难的台资企业提供专案信贷帮助，并照顾到众多中小企业，对面临金融风暴的台企而言是很大的支持。

深圳台商协会会长黄明智说："论坛的成果鼓舞人心，真正给广大台商打了一针'强心剂'。相信10项措施对于两岸企业扩大市场，升级转型都大有裨益。"

西安市台湾同胞投资企业协会副会长、西安陆通科技发展有限公司董事长何善溪说："10项措施体现了大陆帮助台湾企业度危机、促发展的真心实意。尤其是'携手促进平板显示产业发展'这项措施，更能体现这种诚意。"

在高度评价惠台新措施的同时，广大台商对于扩大两岸经贸合作有着更多的期待。王荣周说，与两岸"三通"基本实现相比，两岸在金融领域的合作显得滞后了。如果两岸金融机构能够携手合作，一定可以共同应对金融风暴、共创双赢。

对于21日提出的10项惠台措施，台湾股市迅速做出响应。22日一开盘，台股指数即上涨4065点，尤其是在10项措施中明确受益的面板类股票，更是在这一重大利好消息的激励下表现更为抢眼。不少企业的股票也强势上涨。

香港《大公报》22日以《两岸经济关系将再上台阶》为题发表社评指出，第四届两岸经贸文化论坛取得很多重要成果，这对两岸间缓和关系加深了解亦将大有裨益，其政治影响同样不容忽视，如能全面落实，必将大力推动两岸经贸交往，使之能"再上台阶"。

香港《文汇报》22日也发表评论指出，两岸经贸文化论坛已日益成为两岸交流合作的重要平台，对保障和增进台湾同胞福祉、开创两岸关系和平发展的新局面具有重要作用。可以预见，随着共识的持续累积，两岸金融合作很快将"破茧而出"，迈出实质性步伐，"为两岸经贸交流合作注入更加充沛的动力"。

国际媒体同样对两岸经贸文化论坛高度关注，尤其对海峡两岸关系魔术般地从对抗转向对话、合作充满了兴趣，而21日结束的国共论坛成了新的观察点。路透社22日发表报道说，中国大陆向其"外交对手"伸出了援助之手，今后3年将向投资大陆的台商提供190亿美元的融资，这是北京近期做出的一系列"经济外交"举措的最新事例，自从马英九5月份就任台湾地区领导人后，两岸关系就开始升温。

《印度教徒报》22日发表报道说，中国大陆星期日公布了帮助台湾公司应对全球金融危机的一揽子经济援助计划，这是中国大陆向其主要竞争对手递出的橄榄枝。称赞这是"中国大陆向台湾提供帮助以克服经济危机"。

美国彭博新闻社评论说，中国大陆和台湾的执政党在上海举行经贸论坛，建议两岸当局在2009年签署一项促进金融关系的协议，这是以前两个政治敌人关系进一步走向和睦的象征。

"美国之音"22日发表报道说，"第四届国共论坛营造出两岸和乐融融的景象"，国民党主席吴伯雄也表示出乐观态度，他说："两岸关系能够走到大和平、大发展、大交流的明朗阶段，我们一定要好好地珍惜这样的基础，补救我们过去所流失的机会，加强创造条件，为两岸人民与企业，谋取更大福祉。"

一些台湾媒体在发表乐观报道的同时，也透露出对大陆有所提防的心理，比如有的媒体就刊文指出，对大陆提供的"牛肉"要"戒慎恐惧"，不能过分依赖大陆。但岛内舆论普遍认为，现在两岸关系已迈向无法逆转的进程。台湾《中国时报》22日的社论就表达了这样的观点。社论说："过去几年随着东亚经济的快速整合，同一时间内的台湾却长期陷于政治纷扰中，平白蹉跎了不少岁月，这种零和的对立迄今还未见完全纾缓……但不论怎么说，也绝不能再拉回到昔日那种弥漫意识形态攻伐的年代了，毕竟那样除了继续复制内耗冲突，根本不会产生任何正面意义。"社论强调，"谁都清楚两岸已经迈向一个再也无法逆转的进程"，国共论坛的顺利闭幕，乃至明年第三次江陈会谈的举行，都将会有更多更复杂的议题等着要端上台面，更敏感的议题也将陆续登场了。

十一、大熊猫"团团"、"圆圆"带着13亿大陆同胞的美好祝福，把和平、团结、友爱的种子播撒在台湾的土地上

（一）

冬至过后，成都平原气温骤降。但是，阴冷潮湿的天气阻挡不住台湾同胞迎接"团团"、"圆圆"的热情。

12月22日中午，台湾熊猫迎亲团一行106人搭乘长荣航空公司的BR1765次航班抵达成都后，连午饭都顾不上吃，便马不停蹄地赶往雅安碧峰峡大熊猫基地，一睹"团团"、"圆圆"的芳容。

22日下午，大熊猫基地的工作人员为台湾同胞安排"团团"、"圆圆"做临行前的最后一次公开展示。憨态可掬的"团团"和"圆圆"显得特别兴奋，主动凑到镜头前争相"抢镜"。

此次迎亲团的领队台北观光传播局局长羊晓东一边不停地按动着相机快门，一边高兴地说："大熊猫真是太可爱了。我昨天跟儿子说，爸爸要去大陆接猫熊回来了，他兴奋得不得了，闹着要跟我一起来。"一位来自台湾媒体的记者向大陆同行介绍说，"团团"、"圆圆"即将赴台的消息已经在岛内掀起了一股"猫熊热"，到动物园看望它们需要提前预约。

23日早上6点30分，"团团"和"圆圆"悠闲地走出2号大熊猫公寓，饲养员瞿春茂和游雪音已经给它们准备好了在大陆的最后一顿早餐——特制的窝头和胡萝卜。

　　为了两个小家伙的出行，工作人员忙得不亦乐乎，但"团团"和"圆圆"却清闲得很。它们每天要吃6顿，大约要吃掉50公斤竹子。除此之外，饲养员还专门配备一些辅助食物为它们加强营养，比如"大熊猫牌"窝窝头、胡萝卜和苹果。

　　"它们最喜欢吃苹果，因为甜嘛！它们就跟小孩子一样。"来自台北市立动物园的饲养员游雪音说。为了饲养好这一对小家伙，游雪音和另外两位同事来这里向大陆饲养员已经学习了一段时间，他们和"团团"、"圆圆"已经混得很熟了。游雪音说："不过我给它们的苹果不超过1公斤，免得它们得糖尿病"。这次出远门，雅安基地还给它们准备了一周的口粮：近400公斤家乡竹。

　　饲养员黄治告诉现场采访的记者，台湾饲养员学得很快，现在已经会制作"大熊猫牌"窝窝头了。"团团"和"圆圆"以后在台北也可以吃到家乡风味的可口饭菜。

　　早上7点，大熊猫开始装笼。用于转运"团团"和"圆圆"的钢笼长1.8米、宽1米、高1.2米，经过精心的设计，可在运输过程中随时观察"团团"和"圆圆"，并进行喂食。

　　8点20分，大熊猫基地的160位工作人员和近千名当地群众夹道欢送"团团"、"圆圆"，人们齐声表达着美好的祝愿："团团圆圆，幸福平安；两岸同胞，团团圆圆！"在人们热情的欢呼声中，"团团"和"圆圆"从雅安出发，前往成都双流国际机场。

　　中午11点，送亲车队抵达成都双流国际机场。台湾长荣航空公司白绿相间的波音747型客机已在停机坪等候多时，"团团"、"圆圆"最后的欢送仪式就在这里举行。

　　下午1点40分，装载"团团"、"圆圆"的钢笼和17株珙桐树苗的木箱通过升降式传送带平稳地进入专机货舱。为了保证"团团"、"圆圆"舒适赴台，负责载运的长荣航空公司做了精心安排。在180平方米熊猫货舱里，工作人员用4条航空标准绑带将钢笼固定在独立的货盘上，总固定力达到1吨以上，以确保运送途中的平稳安全。

　　和"团团"、"圆圆"同机前往台湾的17株珙桐树，被誉为"植物中的大熊猫"，是距今6500——180万年前的新生代第三纪留下的唯一物种。在第四纪冰川时期，地球上大部分地方的珙桐树相继灭绝，只在中国西南一些地区幸存下来。因此，珙桐树有"植物活化石"、"绿色大熊猫"的美誉，是国家一级濒危保护野生植物。珙桐树是落叶乔木，树高15至20米，胸径1米以上，其白色的花形如飞鸽展翅，整树犹如群鸽栖息，故被称为"鸽子树"，寓意"和平友好"。

在欢送仪式上，国台办常务副主任郑立中在整装待发的"猫熊专机"前致辞时说，"大熊猫相貌憨态可掬、快乐吉祥，它身上体现了'和'的精神，被誉为'和'的化身。"他强调，"团团"、"圆圆"将带着13亿大陆同胞的美好祝福，把和平、团结、友爱的种子播撒在台湾的土地上。中共四川省委副书记李崇禧致辞时表示，这17株珙桐树都来自曾得到台湾同胞大力支援的四川地震灾区，它们代表了四川人民对台湾同胞的衷心谢忱，也表达了四川人民重建家园的信心。珙桐树是两岸人民相互扶持的见证。

下午2点40分，运载大熊猫"团团"、"圆圆"和17株珙桐树苗的专机从成都起飞，前往台北桃园机场。

下午5点03分，长荣航空运送"团团"、"圆圆"的"猫熊专机"安全降落在台北桃园机场，以最快的速度办完通关检疫手续，"团团"、"圆圆"顺利地坐上了具有冷藏功能的货柜车，以1小时60公里左右的速度平稳地驶往台北市立动物园，沿途一路绿灯，有数辆警车在前开道。此时，"团团"、"圆圆"即将入住的"新光特展馆"门口已挤满了扛着摄像机、照相机的各家媒体记者，十几辆电视卫星转播车里灯火通明。新光特展馆里挂满了"团团"、"圆圆"的喷绘海报，三楼的国际会议厅里，有关"团团"、"圆圆"的专题片一遍又一遍地播放着。

7点30分，"团团"、"圆圆"的专车缓缓驶进新光特展馆，按动快门的噼啪声响成一片，相机的闪光灯处处闪烁，国际会议厅里即时播放着两个小家伙从笼中进入栏舍适应新环境的影像，当看到"团团"、"圆圆"摇摇摆摆地步入新家，经过一小段时间的探索，开始啃竹子喝水时，记者席上立刻响起一片欢呼声。

（二）

24日上午，台北市政府在台北市动物园举行欢迎大陆赠台大熊猫"团团"、"圆圆"入住新家仪式。台北市长郝龙斌在致辞时表示，请大陆人民放心，我们绝对会好好照顾"团团"、"圆圆"，让它们健健康康、快快乐乐地在这里早生贵子。郝龙斌说，"团团"和"圆圆"在大家千呼万唤中、在两岸人民的翘首企盼中终于平安顺利地抵达台北。台北动物园是大陆以外第十个拥有大熊猫展示的动物园，这是难得的机会，也是我们引以为傲的任务。大熊猫的到来，除了肯定台北动物园具备养育大熊猫的专业能力外，动物园今后所肩负的保育教育任务更是责无旁贷。今后有关两岸间交流事务、区域性保育及国际合作研究都将让台北动物园迎来更多的机会。

欢送"团团"、"圆圆"及珙桐树赴台代表团团长、中国野生动物保护协会会长赵学敏致辞时说，这对大熊猫是经过精心挑选的一对最优秀的大熊猫。为了选择它们，大陆专门成立了由经验丰富的专家组成的优秀大熊猫专家组，制订了以年龄、身体健康、心理健康、外部特征和遗传5方面的选择标准，最后从符合标准的11只大熊猫中选出这一对最佳搭配。"团团"、"圆圆"在过去的3年中受到特别的饲养、护理和安全守护，虽然经历了汶川大地震的惊扰，但经过工作人员精心的抚慰和疗养，送到台北的是完全身心健康、活泼可爱的"团团"和"圆圆"。赵学敏表示：'我们相信台北动物园一定能够将这一对大熊猫饲养好、管护好，让他们在这里生儿育女、繁衍后代，大陆有关方面也愿意在技术上毫无保留地提供支持。"

赵学敏说，"团团"、"圆圆"落户台湾，带来了大陆同胞的亲情、问候和祝福，它们在大陆渡过了一个欢乐温馨的童年，相信它们在台湾也必将会有一个幸福和辉煌的成年，给台湾同胞带来喜悦和欢乐。

在欢迎仪式上，赵学敏向郝龙斌赠送了"团团"、"圆圆"基因档案，象征交接手续正式完成。

在欢迎仪式上，此次熊猫赴台的幕后推手——台北市动物园之友协会理事长洪文栋成为众多媒体关注的焦点人物，20年来，为争取大陆熊猫赴台，洪文栋不遗余力，屡战屡挫，屡挫屡战，被誉为"台湾猫熊教父"，而今"团团"、"圆圆"终于住进了台北的新家，并安然度过了在台北的首夜，对此，洪文栋甚感欣慰。他说："当'猫熊专机'落地时，我真的好激动！盼了20年终于等到这一天！"

洪文栋告诉现场采访的记者，20年前他在日本上野动物园看到大陆赠送的大熊猫在那里展出，当时那盛况空前的场景让他印象深刻，从那一刻起，他就希望把大陆的大熊猫引进台湾。1988年，担任"立委"的洪文栋大胆地向"立法院"提出引进大熊猫的提案，但始终因政治因素无法成功。此后，他又屡屡为此提出提案。"从燃起希望到失望，又从失望到希望，反反复复，这一拖竟然拖了20年。"此次"团团"、"圆圆"赴台事宜终于确定，22日那天，洪文栋跟着迎亲团到四川雅安，他坚持要亲自把"团团"、"圆圆"接回台湾。

盼望大熊猫赴台的20年也是两岸关系曲折发展的20年。如今，"团团"、"圆圆"这两个可爱的小家伙的到来不仅给台湾同胞带来了欢乐，也带来了和平友爱的信息。洪文栋说，大陆野生动物保育协会长期与台湾动物园之友协会关系良好，双方的座谈研讨也十分频繁。相信两岸的交流合作会更加密切。

无独有偶，在大陆同样在20年前就有一位提出"向台湾同胞赠送一对大熊猫"的女士，她就是科学家、全国人大代表、全国台湾同胞联谊会理事刘彩品女士。

刘彩品71年前出生在台湾嘉义，1956年赴日本上大学。1971年，已为人妻的她举家搬回南京定居，成为紫金山天文台的研究员。刘彩品出色的工作成绩很快使她脱颖而出，成为大陆天文领域颇有建树的女学者。同时，由于出生于台湾这一特殊身份，刘彩品也成为留居大陆台湾同胞的"代言人"。

1981年12月，刘彩品等二十多位留居在大陆的台湾同胞被中央邀请到北京，参加中华全国台湾同胞联谊会成立的预备会。期间，邓颖超和彭冲同志多次和与会人员座谈，听取意见。刘彩品回忆说，有一次在彭冲出席的会议上，她半开玩笑地对彭冲说："你在江苏的时候（彭冲曾任江苏省委书记）说过，要请我吃福建米粉，几年过去了还没吃到。现在我不要米粉了，要大熊猫。"

彭乍一听有些诧异，刘彩品随即将早就打好"腹稿"的话一吐为快。"当时我提到了1978年，我到阔别已久的日本东京出差，由于两岸当时不能往来，我母亲匆匆从台湾赶到日本来看我。我和妈妈一起游玩了东京上野动物园，妈妈兴致勃勃地观赏了中国向日本赠送的大熊猫。当时，我母亲对我说：'大熊猫实在太可爱了！要是大陆也送给台湾一对该多好！'"刘彩品说，妈妈的这个愿望让她觉得既温暖又苦涩。

两天后，彭冲叫刘彩品到他在中南海的住处，兑现了吃福建米粉的承诺，赠台大熊猫的事也得到了默许。

1981年底，刘彩品当选为全国台湾同胞联谊会理事。1983年，刘彩品又当选为第六届全国人大代表，成为这届全国人民代表大会中13位台湾省籍代表中的一员。而这期间，刘彩品一直把赠送台湾一对大熊猫当成为"台湾同胞尽义务"的重要事项来不断呼吁。

1987年，刘彩品的呼吁终于凝聚为大陆同胞的共识。当年1月，全国台联二届二次理事会通过了刘彩品等理事提出的向台湾同胞赠送一对大熊猫的动议。同年4月，这个动议作为六届全国人大五次会议台湾省代表团的集体建议，呈交国家有关部门。此后不久，北京市动物园宣布，愿意赠送一对大熊猫给台北木栅动物园。刘彩品激动地说："赠送台湾大熊猫的建议得到了全国人民的支持，我的感激之情难以言表。"

刘彩品回忆说，为了让大熊猫早点到台湾，台湾民间有关人士为此辛劳奔走，祖国大陆有关单位又多次表达了赠送的意愿，还研拟了传授饲养技术、代培饲养人员等相关的配套措施。

1990年刘彩品又去了北京。那一年，中国野生动物保护协会选定了一对准备赠送给台湾同胞的幼年大熊猫"陵陵"和"乐乐"。刘彩品专门去北京动物园看望了它们。刘彩品说："就像现在的"团团"和"圆圆"一样，又健康又活泼，很可爱。"

刘彩品无奈地说："可是，那个时代的台湾当局认为赠送大熊猫是'统战'工作，一再以各种理由拒绝接受大熊猫来台。赠台大熊猫成为了无尽的盼望与等待。"

刘彩品说，大熊猫入台湾受挫也引起了台湾各界的极大反响，很多台湾民众给她写信表达希望早日见到大熊猫的意愿，有的还希望她够再帮帮忙。"记得上世纪90年代，我到台湾开一个学术会议，李远哲在大会致辞时特别对全场嘉宾说，很高兴看到刘彩品在场，但是遗憾没有看到大熊猫与她一起来……"

二十多年的岁月，弹指一挥间，可是当年伶牙俐齿的年轻女学者如今已是古稀老人。当现场采访的新华社记者问及刘彩品对"团团"、"圆圆"赴台即将成行的心情时，老人只说了一句话："等了太久，早该如此。"

25日，中国国民党荣誉主席连战先生在台北会见了欢送大熊猫"团团"、"圆圆"及珙桐树赴台代表团。连战对代表团的至来表示热烈欢迎。他说，"团团"、"圆圆"可以说是大熊猫家族迁台的"一世祖"，相信它们在台北动物园一定可以过得很好，代代繁衍；也相信它们会受到许许多多台湾同胞的喜爱。

连战表示，台湾"农委会"已经在南投找到一块与四川故土海拔相近的地方，准备栽种北川地震灾区羌族同胞赠送的珙桐树。相信等珙桐树生长开花之后，会有很多台湾同胞前往观看它们"和平鸽满树"的风姿。

当天，台湾海基会董事长江丙坤在台北宴请了欢送大熊猫"团团"、"圆圆"及珙桐树赴台代表团一行。江丙坤在致辞时表示，但愿在两岸人民共同的祝福下，"团团"、"圆圆"在台北健康成长，早生贵子。

宴会上始终洋溢着同胞情、手足爱的浓浓情谊。

（三）

大熊猫"团团"、"圆圆"几经波折终于登上宝岛的事实，引起海内外媒体的高度关注和积极评价。12月24日，《新华每日电讯》发表题为《看准了，不动摇》的评论说，好事多磨。越是多磨，越是考验耐心、诚意和韧性。发展两岸关系，造福血脉同胞，大陆方面的决心从未动摇。虽然国宝登岛之路因岛内少数人的阻挠而屡遭坎坷，但是象征和平团结友爱的"团团"、"圆圆"终于"零距离"走进台湾同胞的身边，正是耐心、诚意和韧性收获了两岸同喜的果实。

评论指出，在两岸关系中，两个小"天使"无疑富含大意味。2006年1月，在大陆有关方面举办的赠台大熊猫征名活动中，经过1亿多人的投票，"团团"、"圆圆"以高票当选。这两个名字，象征着同宗同源、同文同种的一个民族永不熄灭的期盼与渴望。正如国台办常务副主任郑立中所言："团团"、"圆圆"为两岸架起了和平之桥、团结之桥、友爱之桥；正如台湾《联合报》所论："团团"、"圆圆"是"两岸给下一代的和平承诺"。

评论强调，事实不仅是拉近两岸同胞的心需要耐心、诚意与韧性，所有美好的事，所有造福人民的事，都需要看准了不动摇，都需要排除万难去努力。

同一天的《人民日报》发表题为《春天就在不远处》的时评说，跨海而去的"团团"、"圆圆"和珙桐树承载着两岸同胞的骨肉情谊。性情温顺、憨态可掬的大熊猫是人见人爱的中国"国宝"。台湾同胞一直渴望大熊猫到台湾安家，带来欢乐、传播幸福。为满足台胞的这一愿望，祖国大陆早在1990年即选定一对大熊猫准备赠台，但由于种种原因未能成行。2005年，大陆再次宣布向台湾同胞赠送一对大熊猫，立即引发岛内"猫熊热"，台湾多家动物园抢着争取猫熊落户，男女老幼翘首期盼。虽然延宕多时，今日始得成行，但是，用国台办发言人的话说："这份感情没有受到任何挫折。"

时评说，珙桐树是中国特有的世界著名的珍贵观赏树种，被称为"绿色大熊猫"、"中国鸽子树"。四川汶川"5·12"特大地震发生后，台湾社会各界纷纷以各种方式表达关爱之情，伸出援助之手，充分体现了两岸同胞血浓于水、患难与共的骨肉亲情。为表达灾区同胞和大陆同胞对台湾同胞慷慨捐赠、无私援助的谢意，今年11月6日，海协会会长陈云林受"5·12"地震灾区羌族同胞的委托，宣布向台湾赠送17株出自北川县的珙桐树苗。四川人

· 1222 ·

民说，希望珙桐树成长为两岸人民血脉相连、共抗灾难的活纪念碑。

时评指出，跨海而去的"团团"、"圆圆"和珙桐树寄托着两岸同胞的共同心愿。外表可爱、品性孤洁的大熊猫，无忧无虑，与世无争，是人们心目中友爱、安宁、和平的美好象征，是两岸同胞祈愿和平的最佳具象。中国国民党主席吴伯雄说，它们是最可爱的和平天使，在年末之际，给台湾带来家家户户团团圆圆。而珙桐树花期来临时一树璀璨，仿佛集聚着无数飞翔的白鸽。它耐寒的特质与顽强的生命力，象征着中华民族无比坚韧的精神品质。相信大熊猫、珙桐树在台湾同胞精心的呵护下，会在台湾生存繁衍，开枝散叶，传播爱心、友谊与和平。

时评最后说，农历春节的前后，"团团"、"圆圆"将在台湾正式亮相，给台湾同胞带去春的祝福。两岸关系的又一个春天，就在不远处。

虽然"团团"、"圆圆"要到23日傍晚才能抵达台北，但连日来已在岛内未到先热，岛内已经掀起一股"猫熊热"。23日这一天"团团"、"圆圆"更成为媒体报道的头号明星和街头巷议的热门话题。

23日这一天，岛内主要报纸在头版或要闻版上以"'团团'、'圆圆'来啰"、"'团团''圆圆'今来台"、"爱上猫熊的100个理由"等醒目的标题引人注目，关于"团团"、"圆圆"的报道连篇累牍、巨细靡遗，包括赴台旅程怎么走，如何分辨"团团"和"圆圆"，它俩的爱情何时开花结果，来到台湾以后吃什么，住在新光特展馆会不会习惯等都有报道。"团团"、"圆圆"吃东西的样子，在雪中嬉戏的场景，甚至地震时被困在木梁下的可怜神情，以及震后与饲养员真情互动等图片，各大报纸都不吝版面展现出来。一家主要报纸甚至推出了两个整版大的"猫熊海报珍藏版"。

岛内电视媒体同样热烈"追星"，从23日早上9点开始，台湾7家电视新闻台就陆续开始进行台湾与四川间的现场直播节目，第一时间报道"团团"、"圆圆"上下飞机的场面，虽然大熊猫被关铁笼中，镜头根本看不到其身影，但就连最卖力报道民进党攻击"猫熊来台是统战"的两家亲绿电视台民视与三立也在成都和桃园机场忙着现场直播。

对于"逢中必反"的绿营骨干攻击"猫熊来台是统战"的噪音，媒体记者专访了台湾政治大学吴东野教授，吴教授说，在民进党的抨击与抗议下，猫熊仍顺利来台，显示出台湾的"台独"势力正在衰竭。他指出，绝大多数岛内民众知道，大陆愿意赠送"团团"、"圆圆"本身就是一种对台表达善意的行为，目前在台湾"两岸和解"是主流思想意识，所以大家一方面喜欢这两个"全球最可爱的动物"，一方面也期待两岸和解、促进台湾经济发展，有更光明的前景。吴教授认为，过去在民进党强力阻挠下，大家根本不敢相信猫熊今年就能来台，现在却成了事实，可见民进党只能靠执政机会阻挠两岸交流，一下台就抵不过台湾民众的渴望与期待，昨天没有民进党鼓动群众到桃园机场与动物"示威抗议"，可见民进党也知道他们不能"违反台湾民意"。

关于有人担心未来民进党再度上台，又将大熊猫遣送回大陆的忧虑，吴东野指出，以目前台湾整体民意气氛看，民进党再度上台的可能性很小，从整个世界趋势看，两岸和解也是一个时代的必然趋势，民进党如果还坚持"台独"、"仇中"，不要说无法上台，甚至政党本身是否还能继续生存和发展下去都会有很大问题，"驱赶猫熊"是一个不可能实现的笑话。

在全台一片"猫熊热"中，马英九也不落人后，他以专家的口吻解说为什么要称"猫熊"而不叫"大熊猫"，其实两种名称都通、都正确。由于中文的习惯在词尾应该点明属性，它是一种珍贵的熊，称之为"猫熊"比较妥帖。

就连一向剑拔弩张的台湾"立法院"，也受到"猫熊热"的影响，许多"立委"拿出特制的猫熊玩偶互相炫耀，其中也包括了不少绿色"立委"也参与这个游戏。

岛外媒体同样对猫熊赴台热评不止。

香港《南华早报》25日发表题为《能战胜几乎所有反对者的礼物》的社论说，大熊猫是中国人最珍爱的亲善大使。几十年来，中国政府多次把这种人见人爱的濒危动物送给它希望与之建立友好关系的国家和人民。社论指出，与台湾耐心示好的做法取得了成效。自从2005年以来，大陆一直想把"团团"、"圆圆"送给台湾。但是在亲"台独"的陈水扁担任"总统"的时候，不接受这个礼物。由于它们的名字，两只大熊猫肯定不会得到扁的喜爱。自从今年5月份国民党重新取得政权以来，两岸关系日益转暖，本周两只大熊猫抵达台北进一步加快了这一进程。

社论最后说，"团团"和"圆圆"太受欢迎了，没有人能抵挡住它们的魅力。任何称职的政治领导人都应该知道这一点。正是大熊猫这种人见人爱、能消除敌意的魅力，使得它们成为北京的政治王牌。

就在"团团"、"圆圆"乘专机飞抵台北的当天，德新社发表报道说，过去一个月里，有关两只大熊猫抵达的新闻占据了台湾媒体的头条，没有人因为大熊猫叫"团团"、"圆圆"而感到不安，这两个名字在中文里意味着"统一"。报道说，台湾东森新闻制作了一期猫熊特别节目，名叫"爱上猫熊的100个理由"。其它电视台说，台湾给了来自中国大陆的"客人"国家元首的待遇，因为包机的机组人员曾经运送过台湾前"总统"。

俄塔社的报道说，象征和平、团结和友爱的大熊猫"团团"和"圆圆"今天搭乘专机，从成都飞赴台湾。2005年，中国大陆就提出要赠送给台湾大熊猫。当时以陈水扁为首的台湾当局以赠台大熊猫有政治意义为由，拒绝接受。今年5月上台的国民党领导人马英九接受了大陆的建议，将其视为善意的表示。大熊猫到台湾意味着台海关系明显转暖。上周，海峡两岸隔绝了60年以后，首次实现了"三通"。考虑到金融危机的影响，中国政府还提出今后三年向台湾商人提供190亿美元的贷款。因此，大熊猫来得正是时候。

路透社的报道说，一架台湾飞机今天抵达中国成都，迎接北京赠台的一对大熊猫，这是两岸关系改善的最新迹象。报道引用美国战略与国际问题研究中心太平洋论坛主任布拉德·格洛瑟曼的话说："这显然是为了长期友好，这是一个良好的信号。"

大熊猫抵台后，外电仍然热评不止。

英国《独立报》在题为《来自中国的好消息》的报道中说，在世界形势日益惨淡之际，近来中国大陆与台湾之间悄悄地和解可谓罕见的希望亮点。仅在去年，北京与台北之间的分歧仍被视为最可能引发第三次世界大战的引爆点之一，双方的紧张关系起起伏伏已经持续将近60年。报道说，所有这一切在今年5月彻底改变，这一切并不意味着统一在即，"不过，这确实意味着2009年起世界或许少了一个摩擦点，我们至少应该为此感激"。

英国《独立报》在又一篇题为《大问题：为什么大熊猫备受尊崇？它是中国最具威力的秘密武器吗？》的文章中说，中国大陆推出其黑白色的毛茸茸的秘密武器，"大陆公众强烈支持通过向台湾赠送大熊猫增进台湾海峡两岸关系，大熊猫来自今年5月遭遇灾难性地震的四川，它们毛茸茸的黑白双肩承载着诸多善意"。

美国《时代》网站援引台湾专家杜中斌的话说："大熊猫只是一系列事件中的又一环，显示北京具有争取台湾人心的清晰计划。"林表示，北京对台湾立场已变得更坚定和自信。台湾的"独立"声音已不再激怒它，比如上月大陆高级特使访台时民进党发起的大规模抗议。大陆官员优雅地面对那次示威，并承诺定期会晤签订经贸协定。就在上周，中国大陆决定向在大陆的台湾投资者提供190亿美元的融资。林的言语之间洋溢着对大陆镇定自若、不断向台湾表达善意和诚意的实际行动的赞扬之情。

十二、胡锦涛总书记在纪念《告台湾同胞书》发表30周年座谈会上的重要讲话，受到海内外舆论的普遍关注和高度评价，岛内媒体赞扬这是"向台湾人民交心"

（一）

1979年1月1日，全国人大常委会发表《告台湾同胞书》，郑重宣布了争取祖国和平统一的大政方针和有关政策。这份文告标志着中共中央对台方针政策的重大发展，是指导两岸关系发展的历史性文献。为纪念《告台湾同胞书》发表30周年，国务院台办与人民日报、人民日报海外版、人民网共同举办了征文活动，从12月15日起开辟专栏发表纪念文章。这一活动受到海内外华人的高度关注和积极参与。许多作者结合自己的亲身经历，讲述30年来发生在两岸同胞间的动人故事，总结30年来两岸关系发展所取得的成果和经验，表达了为开创两岸关系和平发展新局面贡献力量的意愿。

12月25日的《人民日报·海外版》刊发的题为《两岸晴雨三十年，艰辛曲折总向前》的纪念文章就颇受读者关注，作者乐美真是全国政协委员、全国台湾研究会常务理事。

作者说，我从1978年12月参与对台工作，可说是经历了对台工作30年的全过程。抚今追昔，梳理了八点认识：

第一点，《告台湾同胞书》是和平统一事业的标志性开端。作者说，30年后重温《告台湾同胞书》，仍感受到它号角连营、振聋发聩的召唤和震撼力。之所以说是和平统一事业的标志性开端，是因为在这之前1个月，中国发生了几件重大的影响深远的事情，中国共产党召开了十一届三中全会；同月，中美发表建立联合公报，美国承认"中华人民共和国政府是中国的唯一合法政府"，"只有一个中国，台湾是中国的一部分"，承诺对台湾"废约、断交、撤军"。在这样的背景下，中共中央调整了对台工作领导小组。时任中共中央副主席、全国政协主席的邓小平同志在《告台湾同胞书》发表的同一天郑重宣布：今天，把台湾回归祖国、完成祖国统一大业提到具体日程上来了。这是十年动乱之后，式确立了在正确路线指引下对台工作的方向。从这一天起，两岸停止了炮击，后来又停止了喊话。

第二点，"和平统一、一国两制"概括了新时期对台政策。邓小平同志1979年1月30日访美时宣布："我们不再用'解放台湾'这个提法了。只要台湾归回祖国，我们将尊重那里的现实和现行制度"。1982年1月11日，邓小平同志在一次同客人谈话时说："九条方针是以叶剑英副主席的名义提出来的，实际上是'一个国家，两种制度'，两种制度是可以允许的，他们不要破坏大陆的制度，我们也不破坏他们那个制度。"这就首次把解决台湾问题的构想概括为"一国两制"。1983年6月26日，邓小平同志同一位客人谈话时说："和平统一已成为国共两党的共同语言。但不是我吃掉你，也不是你吃掉我。我们希望国共两党共同完成民族统一，大家都对中华民族作出贡献。"以此消除台湾当局的顾虑，并进一步向台湾民众和国际社会展现了我们和平解决台湾问题的善意和诚意。

第三点，落实台胞台属政策，为恢复和建立两岸联系打下基础。上世纪80年代初，中央对台工作领导小组制定和下发了落实台胞台属政策的文件，为大量冤假错案平反，逐一落实了政策。同时清理了一批不合时宜的规定，极大地调动了在大陆的台胞台属的积极性。两岸亲友的联系逐步恢复。作者特别提到，1982年7月，廖承志致蒋经国先生的信，希望国共两党"同捐前嫌"，"共同振兴中华之大业"。在此之后，最高人民法院、最高人民检察院发布不再追诉去台人员在解放前的犯罪行为的两次公告，解除了去台人员的顾虑，两岸人员往来的障碍被解除了。

第四点，台湾当局被迫开放民众探亲，两岸隔绝的藩篱被冲破。1987年11月，在蒋经国临终之前，台湾当局迫于民众的强烈要求，开放民众来大陆探亲。大陆立即适应局势，成立了国务院台湾事务办公室，协调边防、海关、交通、旅游等方面，全面接待如潮涌般的台湾探亲民众，使两岸大量人员往来步入了正规。迫于形势，台湾当局不得不终止"动员戡乱条例"，修改若干禁行法规，"以民促官"的局面逐步形成。两岸人员往来与各项交流日趋热络。

第五点，两岸交流衍生事件促使两岸坐下来商谈。1986年，台湾"华航"货机机长王锡爵飞抵大陆。台湾方面要求送还货机和部分机组人员。这就是当年轰动一时的"华航货机事件"。台湾"华航"与大陆中航驻香港的代表进行了4轮商谈，达成了在香港交接人机协议，签下"会议纪要"及交接程序的"附件"。1990年，由于台湾方面遣反大陆人员不人道的做法，造成两次46条人命的"遣返惨案"，引起轩然大波。两岸红十字会组织在金门进行了两天的工作商谈，本着务实精神，采取了灵活的策略，最终达成了"金门协议"。形势的发展要求两岸见面商讨，进而谈判成为必然。上世纪90年代初，台湾海基会与大陆海协会相继成立，被媒体戏称为官方授权的"白手套"开始握手。1993年的"汪辜会谈"标志着两岸建立了制度化的沟通管道，开始了制度化的商谈。

第六点，"台独"的倒行逆施，使两岸交往经历了曲折。李登辉的"两国论"和陈水扁的"一边一国"论，迫使"两会"联系中断。陈水扁"法理台独"的"宪改"和"公投"活动，把两岸关系带入了危险的边缘。为此，全国人民代表大会制订了《反分裂国家法》，向"台独"亮剑。该法通过不久，大陆接待了连战、宋楚瑜来访，并建立了党际沟通平台。两岸关系仍在曲折中前进。

第七点，经贸往来成为两岸关系的重要推手。大陆经济迅速发展，令世界刮目相看。而在这期间，台湾内斗内耗不断，在全球经济一体化的大潮中被逐步边缘化。这个此长彼消的变化，反映在两岸关系上，出现要求两岸"三通"，要求台湾经济以大陆为腹地，要求搭上大陆经济快车的呼声逐步高涨。百万台湾同胞相继在大陆创业、定居，事业证明，两岸经济利益的结合、互补是任何人都阻挡不了的。这只"看不见的手"在两岸关系发展中发挥着重要的作用。

第八点，和平发展的思路开启了对台工作的新时代。2005年胡锦涛总书记提出，两岸和平发展理应成为两岸人民共同的期盼。他在政协会议上讲的四点意见，开启了对台工作和两岸关系发展的新时代。"建立互信、搁置争议、求同存异、共创双赢"的十六字箴言，也使两岸在台湾政党轮替后，重启商谈对话，从而扎实地推动两岸关系不断改善和发展，开辟了新局面。最近，"两会"在北京、台北两次成功商谈签署的若干协议，使多年为之奋斗的大陆民众赴台旅游和两岸海空直航得以实现，使制度化协商得以落实。

文章最后说，30年沧桑巨变，30年风起云涌，两岸关系的发展在曲折中前进。从隔绝到交往，从交往到商谈，从商谈到和平发展，最后达致统一，这是不以人的意志为转移的两岸关系路线图。

这篇征文的作者结合自己的亲身经历，所梳理出的八点认识，客观地反映了"两岸晴雨三十年，艰辛曲折总向前"的真实情况，也可以说它是对30年来两岸关系发展的经验总结。

征文中关于讲述30年来发生在两岸同胞间的动人故事也屡见报端。比如发表在2009年1月15日《人民日报·海外版》上的题为《报国应忘老，愿作鼓吹声》的文章，读后就令人感动不已。作者是旅居美国84岁的范岳年老先生，他是为纪念《告台湾同胞书》发表30周年并怀念父亲的一生而作。

文章说，1945年秋，中国人民8年浴血抗战取得伟大胜利，日本无条件投降，台湾归还中国。家父范寿康作为台湾行政长官公署的一员离开祖国大陆飞往台北接管台湾。三十多年后，他终于在1982年春回到北京。1983年的元宵节父亲因心脏病猝发不幸与世长辞，享年88岁。父亲离开我们兄弟姐妹九人已25年了，他作为一位亲自接管台湾的中国官员，也是"台湾是中国不可分割的领土"的见证人。在纪念全国人大常委会发表《告台湾同胞书》30周年之际，谨撰短文缅怀他心系祖国的一生。

文章说，清朝末年（1895年）父亲出生在浙江上虞县。1914年与郭沫若、郁达夫等赴日本留学。1923年回国，从事编译、教育工作。西安事变后，国共两党开始第二次合作，1937年卢沟桥事变，抗日战争全面爆发。"国家兴亡，匹夫有责"，父亲毅然投笔从政。当时周恩来任军委政治部副部长，郭沫若任第三厅厅长，父亲任第三厅副厅长兼第七处处长，主持对敌宣传工作。皖南事变后，父亲辞去政职，应聘任商务、中华、正中、世界、大东、开明、交通七大书局七联处主任。

1945年秋，抗战胜利，父亲赴台参加接管，任台湾行政长官公署教育处长。1981年父亲所写"生平自述"中有如下一段叙述："台湾自割让以来，为时已五十年，日人实施皇民化教育，雷厉风行，无微不至。称日语为国语，讲日语，看日文报，读日文书。台湾同胞不准任小学教师。台北帝大（即今之台湾大学）只准台湾学生攻读农、医、理、工，不讲攻习文、法，且名额仅占学生八百人之四分之一。此外，又有所谓'国语家庭'，虽在家中，亦只准使用日语对话。'改姓名'则须将原来之姓改成日本之姓如小林、井上等等。余针对时弊乃以一切'中国化'为号召，组织国语推行委员会，普及国语教育，创立师范学院。积极培养合格教师，提倡讲中国话、看中文报纸、发扬祖国文化，宣扬血统一致。举凡能促进中国化之一切，无不尽力推行，期望台湾同胞皆能不忘祖先，投入祖国之怀抱。"1947年长官公署改组，父亲退出政界，执教于台湾大学文学院哲学系，晚年著《朱子及其哲学》一书。退休时年75岁。

文章说，1980年秋，《告台湾同胞书》发表一年以后，父亲由二姐陪同自台北飞华盛顿三妹家中。此时，祖国大陆已实行改革开放，父亲对祖国和中华民族的伟大复兴抱有强烈的信念，为三妹夫妇题诗留念："报国应忘老，人间爱晚晴。欣逢中兴日，愿作鼓吹声。"表达了他报效祖国的决心。离美国前，为在国内当了8年工人、自费出国留学的爱孙题诗云："飘飘宛似一沙鸥，华府逢秋月满楼。故国山河无限好，暮春飞渡上神州。"1982年4月18日，父亲在五弟夫妇陪同下回到祖国的首都北京，第二天他的老友、中共老党员成仿吾亲自到北京饭店下榻处话晤。同年5月由我二弟陪同，父亲回到了阔别35年的故乡浙江上虞。见到故乡建设巨变他又捉笔写下了"半生漂泊东归客，喜见故乡万象新"的诗句。在白马湖春晖中学，他受到青年学生们对这位50年前老校长的热烈欢迎。在北京，他参加了生前挚友郭沫若故居开幕典礼后写下怀沫若学兄诗一首："福冈惠书一朵云，申江远别见深情。半生漂泊今归去，遗恨无缘再见君。"同年又先后受到邓小平、邓颖超、廖承志、胡愈之、杨静仁以及民革、民盟中央负责人的会见，并被增补为第五届全国政协委员、常委。他还应邀列席中国共产党十二大开幕会，为此他写下了《预祝八十年代三大任务顺利完成》一文。那时父亲虽已耄耋之年，但仍思维清晰，耳聪目明。在他一生最后的日子里，仍笔耕不辍，为先辈经享颐先生撰写传记，还撰文怀念老友郁达夫等。

文章最后说，在纪念《告台湾同胞书》发表30周年之际，海峡两岸的关系有了历史性的突破。祖国和平统一大业已指日可待。谨以此文告慰他老人家的在天之灵。

发表在2009年1月3日《人民日报》专栏上的安徽张先涛老师写的题为《我的三个台湾学生》的文章同样感人至深。张老师说，去年春节，我接到一封台湾寄来的信。拆开一看，是我曾经教过的一个台湾女学生给我的拜年信。读着她的来信，教过的三个台湾学生的形象又浮现在我的眼前。这三个台湾学生是一对姐弟和他们的小姑。姐姐叫叶怡廷、弟弟叫叶唐旭、小姑叫叶以蓉，这封信就是小姑写来的。我开始教他们的时候，弟弟8岁，姐姐10岁，小姑13岁。因为长辈回大陆投资经商，他们便回到家乡读书，三人同级同班，我是班主任，教语文，一教就是五年。

张老师说，他们给我的印象是：品行端正，极富爱心。他家在台湾和大陆有好几处公司、商场，但三人从不乱花钱，不吃零食，衣着也很朴素。同学中谁家经济有困难，缺少学习用品，他们会默默地送去笔、本子和钱。得知社会上和学校里有人遭遇不幸，他们会主动捐款捐物。当年，我们学校与本市贫困山区的黄埔小学结对开展"手拉手心连心"活动，他们向贫困山区的小朋友捐了许多衣服、图书和文具，还打开了各自的储蓄罐，拿出两百多元钱，与山里娃结对，"一对一"地进行援助。逢节假日，三个台湾孩子还把结对的山区小朋友接到家中住上几天，带领他们参观市内名胜景点。

张老师在文章中特别提到，姐弟俩对早年回乡投资经商和捐资助学的爷爷叶百顺先生很敬佩，曾联名写了一篇题为《我们的台湾爷爷》的文章在市报上发表。文中深情地写道："爷爷是在青年时代被迫远离亲人辗转去了台湾的。从此海峡两岸，思断衷肠，盼团聚之心从此不灭。这一天终于到来，爷爷在改革开放春风的吹拂下，步履坚定地踏上了故土。爷爷多次说，他是多亏了邓小平爷爷的改革开放，才可以回到故里的。四十年风风雨雨，四十年荣辱沧桑，一捧褐色的故乡土就平衡了他的心。爷爷从台湾回来，就没有打算再回去，他终于可以落叶归根了。"他们从此爱上了写作，几年中有数十篇赞美家乡、学校、老师和讴歌改革开放的文章在《青少年文汇》、《农村孩子报和《花蕾报》上发表。

张老师最后说，由于家庭的原因，小姑和姐姐先后回到台湾已近十年了，弟弟仍在大陆读大学。这期间，小姑曾回大陆家乡三次，每次都来看望我这个昔日的老师。她在那次来信中，动情地诉说了对老师，对家乡山山水水的思念，并打算大学毕业后回大陆工作。信中还流露了渴盼海峡两岸早日统一的愿望。读完信，我深深地感到：她真的长大了！我这个白发老人，期待着早日与他们在校园里的百年香樟树下重聚！

读着这些动情的征文，重温《告台湾同胞书》这篇具有里程碑意义的文告，仍清晰地感受到它那振聋发聩的召唤力和震撼力。

（二）

12月31日，纪念《告台湾同胞书》发表30周年座谈会在人民大会堂隆重举行。中共中央总书记、国家主席、中央军委主席胡锦涛出席座谈会并发表重要讲话。他强调，我们要牢牢把握两岸关系和平发展的主题，把坚持大陆和台湾同属一个中国作为推动两岸关系和平发展的政治基础，把深化交流合作、推进协商谈判作为推动两岸关系和平发展的重要途径，把促进两岸同胞团结奋斗作为推动两岸关系和平发展的强大动力，携手共进，戮力同心，努力开创两岸关系和平发展新局面。

胡锦涛表示，明天是2009年元旦。每逢佳节倍思亲。我代表祖国大陆各族人民，向广大台湾同胞致以诚挚的问候和衷心的祝福。

胡锦涛强调，1979年元旦，全国人民代表大会常务委员会发表《告台湾同胞书》，郑重宣示了争取祖国和平统一的大政方针，两岸关系发展由此揭开新的历史篇章。《告台湾同胞书》发表以来，在两岸同胞和各界人士共同努力下，两岸关系发生了重大变化。今天，两岸同胞往来之频繁、经济联系之密切、文化交流之活跃、共同利益之广泛是前所未有的，世界各国普遍承认一个中国的格局不断巩固和发展。

胡锦涛强调，30年来两岸关系发展的实践告诉我们：推动两岸关系发展，实现祖国和平统一，最重要的是要遵循"和平统一、一国两制"的方针和现阶段发展两岸关系、推进祖国和平统一进程的八项主张，坚持一个中国

· 1231 ·

原则决不动摇，争取和平统一的努力决不放弃，寄希望于台湾人民的方针决不改变，反对"台独"分裂活动决不妥协，牢牢把握两岸关系和平发展的主题，真诚为两岸同胞谋福祉、为台海地区谋和平，维护国家主权和领土完整，维护中华民族根本利益。30年的实践充分证明，我们制定和实施的对台工作大政方针，顺应了时代潮流和历史趋势，把握了民族根本利益和国家核心利益，从而推动两岸关系发展取得了历史性成就。我们要继续长期坚持和全面贯彻这些被实践证明是正确的大政方针，继续推动祖国和平统一进程不断向前迈进。

胡锦涛指出，两岸关系历经风雨坎坷，站在了新的历史起点上。我们应该站在全民族发展的高度，以更远大的目光、更务实的思路，认真思考和务实解决两岸关系发展的重大问题。

胡锦涛强调，解决台湾问题的核心是实现祖国统一，目的是维护和确保国家主权和领土完整，追求包括台湾同胞在内的全体中华儿女的幸福，实现中华民族伟大复兴。以和平方式实现祖国统一最符合包括台湾同胞在内的中华民族根本利益，也符合求和平、谋发展、促合作的时代潮流。我们一定要以最大诚意、尽最大努力争取祖国和平统一。首先要确保两岸关系和平发展，这有利于两岸同胞加强交流合作、融洽感情，有利于两岸积累互信、解决争议，有利于两岸经济共同发展、共同繁荣，有利于维护国家主权和领土完整、实现中华民族伟大复兴。

胡锦涛就推动两岸关系和平发展提出六点意见：一、恪守一个中国，增进政治互信。维护国家主权和领土完整是国家核心利益。世界上只有一个中国，中国主权和领土完整不容分割。1949年以来，大陆和台湾尽管尚未统一，但不是中国领土和主权的分裂，而是上个世纪40年代中后期中国内战遗留并延续的政治对立，这没有改变大陆和台湾同属一个中国的事实。两岸复归统一，不是主权和领土再造，而是结束政治对立。两岸在事关维护一个中国框架这一原则问题上形成共同认知和一致立场，就有了构筑政治互信的基石，什么事情都好商量。两岸应该本着建设性态度，积极面向未来，共同努力，创造条件，通过平等协商，逐步解决两岸关系中历史遗留的问题和发展过程中产生的新问题。继续反对"台独"分裂活动是推动两岸关系和平发展的必要条件，是两岸同胞的共同责任。凡是有利于两岸关系和平发展的事都应该大力推动，凡是破坏两岸关系和平发展的事都必须坚决反对。

二、推进经济合作，促进共同发展。两岸同胞要开展经济大合作，扩大两岸直接"三通"，厚植共同利益，形成紧密联系，实现互利双赢。我们继续欢迎并支持台湾企业到大陆经营发展，鼓励和支持有条件的大陆企业到台湾投资兴业。我们期待实现两岸经济关系正常化，推动经济合作制度化，为两岸关系和平发展奠定更为扎实的物质基础、提供更为强大的经济动力。两岸可以为此签定综合性经济合作协议，建立具有两岸特色的经济合作机制，以最大限度实现优势互补、互惠互利。建立更加紧密的两岸经济合作机制进程，有利于台湾经济提升竞争力和扩大发展空间，有利于台湾经济提升竞争力和扩大发展空间，有利于两岸经济共同发展、有利于探讨两岸经济共同发展同亚太区域经济合作机制相衔接的可行途径。

三、弘扬中华文化，加强精神纽带。中华文化源远流长、瑰丽灿烂，是两岸同胞共同的宝贵财富，是维系两岸同胞民族感情的重要纽带。中华文化在台湾根深叶茂，台湾文化丰富了中华文化内涵。台湾同胞爱乡爱土的台湾意识不等于"台独"意识。两岸同胞要共同继承和弘扬中华文化优秀传统，开展各种形式的文化交流，使中华文化薪火相传、发扬光大，以增强民族意识、凝聚共同意志，形成共谋中华民族伟大复兴的精神力量。尤其要加强两岸青少年交流，不断为两岸关系和平发展增添蓬勃活力。我们将继续采取积极措施，包括愿意协商两岸文化教育交流协议，推动两岸文化教育交流合作迈上范围更广、层次更高的新台阶。

四、加强人员往来，扩大各界交流。两岸同胞要扩大交流，两岸各界及其代表性人士要扩大交流，加强善意沟通，增进相互了解。对于任何有利于推动两岸关系和平发展的建设性意见，我们都愿意作出积极回应。我们将继续推动国共两党交流对话，共同落实"两岸和平发展共同愿景"。对于部分台湾同胞由于各种原因对祖国大陆缺乏了解甚至存在误解、对发展两岸关系持有疑虑，我们不仅愿意以最大的包容和耐心加以化解和疏导，而且愿意采取更加积极的措施让越来越多的台湾同胞在推动两岸关系和平发展中增进福祉。对于那些曾经主张过、从事过、追随过"台独"的人，我们也热诚欢迎他们回到推动两岸关系和平发展的正确方向上来。我们希望民进党认清时势，停止"台独"分裂活动，不要再与全民族的共同意愿背道而驰。只要民进党改变"台独"分裂立场，我们愿意作出正面回应。

五、维护国家主权，协商涉外事务。我们一贯致力于维护台湾同胞在国外的正当权益。我们驻外使领馆要加强同台湾同胞的联系，诚心诚意帮助他们解决实际困难。我们了解台湾同胞对参与国际活动问题的感受，重视解决与之相关的问题。两岸在涉外事中避免不必要的内耗，有利于增进中华民族整体利益。对于台湾同外国开展民间性经济文化往来的前景，可以视需要进一步协商。对于台湾参与国际组织活动问题，在不造成"两个中国"、"一中一台"的前提下，可以通过两岸务实协商作出合情合理安排。解决台湾问题、实现国家完全统一是中国内部事务，不受任何外国势力干涉。

六、结束敌对状态，达成和平协议。海峡两岸中国人有责任共同终结两岸敌对的历史，竭力避免再出现骨肉同胞兵戎相见，让子孙后代在和平环境中携手创造美好生活。为有利于两岸协商谈判、对彼此往来作出安排，两岸可以就在国家尚未统一的特殊情况下的政治关系展开务实探讨。为有利于稳定台湾局势，减轻军事安全顾虑，两岸可以适时就军事问题进行接触交流，探讨建立军事安全互信机制问题。我们再次呼吁，在一个中国原则的基础上，协商正式结束两岸敌对状态，达成和平协议，构建两岸关系和平发展框架。

胡锦涛强调，两岸同胞是血脉相连的命运共同体。包括大陆和台湾在内的中国是两岸同胞的共同家园，两岸同胞有责任把她维护好、建设好。实现中华民族伟大复兴要靠两岸同胞共同奋斗，两岸关系和平发展新局面要靠两岸同胞共同开创，两岸关系和平发展成果由两岸同胞共同享有。我们要坚持以人为本，把寄希望于台湾人民的方针贯彻到各项对台工作中去，理解、信赖、关心台湾同胞，体察他们的意愿，了解他们的诉求，为他们排忧解难，满腔热情为台湾同胞多办好事、多办实事，依法保护台湾同胞正当权益，最广泛地团结台湾同胞一道推进两岸关系和平发展。台湾的前途系于两岸关系和平发展，系于中华民族伟大复兴。在推动两岸关系和平发展、实现中华民族伟大复兴的道路上，台湾同胞将同大陆同胞一道，共享一个伟大国家的尊严和荣耀，以做堂堂正正的中国人而骄傲和自豪。

中共中央政治局常委、全国人大常委会委员长吴邦国在主持座谈会时说，胡锦涛总书记的重要讲话，深刻地阐述了《告台湾同胞书》的重大意义，高度评价了邓小平同志为确立"和平统一、一国两制"的方针作出的历史性贡献，高度评价了江泽民同志为丰富和发展中央对台方针政策作出的重大贡献，全面总结了我们推动两岸关系发展的主要经验。讲话着重阐述了实现祖国和平统一的重大意义，提出了推动两岸关系和平发展的重要主张，体现了我们为两岸同胞谋福祉、为台海地区谋和平、为中华民族谋复兴的决心和诚意，对进一步做好对台工作具有十分重要的指导意义，对进一步做好对台工作具有十分重要的指导意义。我们要认真领会，切实贯彻，为开创两岸关系和平发展新局面作出贡献，为实现祖国和平统一继续努力奋斗。

座谈会上，全国人大常委会副委员长兼秘书长李建国围绕着"依法维护国家、民族利益和依法保护台湾同胞正当权益"的主题作了发言。他说，30年来，全国人大及其常委会依法行驶职权，为发展两岸关系，促进祖国和平统一，作出了不懈努力。"和平统一、一国两制"是解决台湾问题、完成祖国统一大业的基本方针，载入了1982年宪法。1994年3月，八届全国人大常委会第六次会议制定了台湾同胞投资保护法。2005年3月，十届全国人大第三次会议高票通过了反分裂国家法，充分体现了我们以最大的诚意、尽最大的努力争取和平统一的一贯主张，同时表明了全中国人民维护国家主权和领土完整、绝不允许"台独"分裂势力以任何名义任何方式把台湾从中国分裂出去的共同意志和坚定决心。这些年来，我们推动有关方面以贯彻实施台湾同胞投资保护法为重点，积极完善和落实惠及广大台湾同胞的政策措施，为台胞办实事、办好事，依法保护台湾同胞正当权益，改善投资环境，增进交流与合作，促进两岸关系朝着秤稳定方向发展。

全国政协副主席、台盟中央主席林文漪在发言中阐述了国家统一是中华民族核心价值观的观点。她说，中华文明绵延至今，国家统一始终是中华民族的核心价值观。具有爱国主义光荣传统的台湾同胞，历史上曾经用生命和鲜血书写了维护国家统一、捍卫民族尊严的壮丽篇章。两岸同胞历经悲欢离合，但血脉相连、骨肉相亲的感情永远割不断。今年5月四川汶川特大地震发生后，台湾同胞给予灾区同胞深切关怀和无私援助，谱写了两岸同胞患难与共、血浓于水的感人乐章。当前，金融危机肆虐全球，波及两岸，两岸同胞更是相互扶持，加强交流合作，共克时艰。今年3月以来，台湾局势发生了积极变化，两岸关系出现历史性转机并持续改善和发展，两岸同胞期盼已久的直接"三通"基本实现。牢牢把握两岸关系和平发展主题正在成为两岸同胞的自觉行动，进一步改善和发展两岸关系已经具备更为有利的条件。我们台胞为此深感欣慰，备受鼓舞，更有决心和信心为开创两岸关系和平发展新局面作出新的更大贡献。

全国青联副主席、全国学联主席刘凯在发言中表达了汇聚两岸青春力量为推动两岸关系和平发展作出贡献的决心。他说，《告台湾同胞书》发表30年来，大陆青年为发展两岸关系、促进祖国和平统一进行了不懈努力。两岸青年以特有的真诚和活力，积极投身两岸交流合作的大潮。蓬勃发展的两岸青年交流，为推动两岸关系发展发挥了重要作用。青年是两岸关系发展的未来。两岸青年要携起手来，共同肩负起开创两岸关系和平发展新局面、实现中华民族伟大复兴的光荣使命。两岸青年社团应当充分发挥自身优势，运用多种资源，搭建交流平台，扩大交流规模，拓展交流领域，构建交流机制，推动两岸青年交流再上新台阶。两岸青年要共同传承中华文化优秀传统，共同促进祖国和平统一伟大事业，共同担当中华民族伟大复兴的历史责任。面对新形势新任务，各级青联、学联要牢牢把握两岸关系和平发展的难得机遇，认真贯彻落实中央对台工作大政方针，为推动两岸关系和平发展作出应有贡献。

中台办、国台办主任王毅在发言中说，《告台湾同胞书》的发表，标志着中央对台工作方针政策的重大发展，具有划时代的意义。30年来，中央对台工作大政方针既一以贯之、一脉相承，又与时俱进、不断发展，指导对台工作不断取得新的成就，推动两岸关系不断取得新的进展。他指出，30年来，我们积极推动赞成发展两岸关系的台湾各党派、团体和代表性人士开展交流对话，取得政党交流的重大突破。2005年，胡锦涛总书记分别邀请中国国民党主席连战和亲民党主席宋楚瑜来访，写下了两岸关系新的历史篇章。国共两党领导人发布的"两岸和平发展共同愿景"，奠定了两党交往的政治基础，指明了两岸关系发展的正确方向。

王毅表示，30年来的两岸关系走过了不平凡历程，也取得了不平凡成就。今年3月以来，在两岸同胞共同努力下，两岸关系持续改善和发展，正在展现出和平发展的前景。我们决心在以胡锦涛同志为总书记的党中央正确领导下，继续贯彻党的十七大关于对台工作的总体要求，坚定不移地遵循中央对台工作大政方针，牢牢把握两岸关系和平发展的主题，扎实有效地做好各项对台工作，努力开创两岸关系和平发展新局面。

中共中央政治局常委、全国政协主席贾庆林，多位中共中央政治局委员和中央党政军群有关部门和北京市负责人，各民主党派中央、全国工商联负责人以及各界代表人士出席了座谈会。

（三）

胡锦涛总书记12月31日上午发表的重要讲话，下午就被台湾媒体迅速报道。讲话中提出的六点重要主张，受到岛内各界普遍关注和高度评价，被岛内媒体称为"胡六点"。岛内政界国民党、民进党及台军方等迅速作出回应。有学者分析认为，胡锦涛地讲话为开辟两岸关系新局面预留了广阔的空间，将产生积极而重要的影响。

中国国民党主席吴伯雄在接受记者采访时表示，国民党乐见胡锦涛讲话内容的实施，更希望在可见未来逐步获得具体成效。他指出，两岸人民有共同血缘，同属中华民族，理所当然要以中华文化为基础。当然两岸间还存在短期不易解决的问题，台湾社会也还有一些不能理解两岸关系发展的疑虑。但两岸唯有坚持搁置争议、共创双赢，才能持续良性互动。

国民党副秘书长张荣恭接受记者采访时表示，胡锦涛讲话释出两岸关系善意，两岸都应掌握此刻良性互动的契机，为两岸人民争取最大的利益。张荣恭说，胡锦涛讲话等于对未来的两岸经济合作的拍板，对两岸达成和平协议、建立军事互信机制的阐述，也是历年来最详细的一次，显示两岸不远的未来就相关议题展开协商。

台军方发言人回应说，两岸能够和平发展是亚太地区共同的意愿，他们乐观其成，同时也已经完成规划，一切将配合政策推行。台军方负责人近期曾表述对近、中、远程计划，近程是推动事务性议题；中程是推动高层接触，包括预先公告演习活动，主动公布海峡行动准则，降低敌意，防止军事误判；远程则是确保两岸永久和平。

台湾高雄辅英科技大学教授苏嘉宏在接受记者采访时说，胡锦涛的讲话理性务实，展示了大陆方面对台湾同胞的善意和诚意，必将对两岸关系朝着和平稳定方向发展产生重要而深远的影响。胡锦涛针对"台独"人士的讲话，展现了恢宏的气度，显示了实力不断增强的大陆方面在处理问题上更加自信，更加务实，更有耐心，更具弹性。

台湾《联合晚报》31日发表题为《30年一转折，两岸关系重定位》的文章说，若以沧海论桑田，30年真的不算长，然而因为《告台湾同胞书》而让蒋经国干脆宣布了不接触、不妥协、不谈判的"三不"政策，给了对岸一个闭门羹，但30年却也长得让这个政策融化消弥于无形。文章指出，历史有时就有着某种巧合，当年《告台湾同胞书》提议的两岸实现通航、通邮，就在30周年的前不久完成了。两岸不只接触、谈判，而且已经"三通"，两岸的联系与网络已然是紧密得难以分割了。

尽管民进党在第一时间对讲话习惯性地表示了强硬，民进党主席蔡英文仍然用"民主"去模糊其"台独"立场，但这一次却没有"仇中、仇共"的言论。整个台湾社会对胡锦涛讲话的反应空前积极。

胡锦涛讲话的当天就在台湾岛内激起了异乎寻常的密集关注。东森、中天等台湾电视台无一例外地将讲话作为头条新闻。"胡六点"更成为岛内媒体头版头条的新闻。台湾《联合报》形容"胡六点"是大陆对台的"温情喊话"，是在"向台湾人民交心"。主流媒体写出这样的话，在一年前的台湾简直不可想象。台湾《中国时报》则用"马胡默契开新局"的标题，为大陆善意在岛内激起的积极回应定了调子。

2009年1月1日上午，台湾当局领导人办公室为积极回应胡锦涛重要讲话专门召开记者会，发言人王郁琦在记者会上表示，胡锦涛发表的推动两岸关系和平发展的讲话，体现了30年来大陆对台政策的变迁与策进两岸关系发展的思路。我们乐见两岸关系能在"和平发展"的主轴上，务实促进两岸协商、交流与互惠，为终结两岸敌对状态，增进相互了解与合作开创新的契机。王郁琦说，当前两岸正处在经济发展的关键阶段，因此珍惜与巩固和平，应是两岸的共同利益和愿望。尤其当前两岸交流持续深化，同时又面对国际金融海啸的冲击，双方更要以真诚的态度，强化互助合作的努力，才能争取人民更多的信任和支持。他指出，近年来，大陆对台政策在胡锦涛领导下展现了新思维与务实作风，促进了两岸关系发展。两岸六项协议的签署、连战参加APEC会议，以及"大三通"的促成，都是双方在累积互信和突破对立思维后，所展现的成果。他说，我们期许，两岸能以更多智慧、理解、创意和包容，来共同处理并克服前面的障碍，继续开创两岸新格局。

台湾"陆委会"在记者会上也表示，目前双方处理的经济、文化交流事务与协商，都是民众最关切、亟待解决的议题，也是为累积互信奠定坚实的基础。两岸关系已出现明显和缓改善，双方应本着"搁置争议，追求双赢"，继续迈出稳健步伐，透过良性互动，共创两岸关系和平发展新局。

2009年1日出版的台湾各大报刊多在显要位置，以大篇幅报道和评述胡锦涛讲话。《联合报》发表署名文章说，胡锦涛在《告台湾同胞书》发表30周年前夕，针对现阶段两岸关系提出6点主张，体现了务实而积极的精神，为两岸开展全方位和谐与合作关系铺垫了新基石，堪称两岸高度合拍的政策展现，同时符合当下两岸人民的共同利益，势必成为今后几年左右两岸关系发展的主导纲领。

《中国时报》发表社论指出，2008年最后一天，胡锦涛总书记发表对台湾问题的重要讲话，这是今后几年大陆对台政策的基本方针。社论认为，讲话在处理两岸未来走向上，"做法"更圆融、更有弹性。该报同时发表的一篇特稿指出，胡锦涛讲话不但是大陆方面总结30年两岸发展进程的新论述，更是大陆开启未来两岸互动新局的纲领架构。两岸互动新局，和平仍是主旋律，发展还是硬道理。当前需要的不只是历史契机，更需要有共谋两岸和平发展的政治智慧。

《中央日报》网络报发表社评指出，胡锦涛总书记发表的重要讲话，有对过去发展历史的诠释，有对两岸问题的原则宣示，也有对未来发展方向的定调，而其中的六点意见，更值得注意。社评认为，在新的一年里，两岸关系仍将出现有利于双方人民的新发展。

《联合晚报》发表社论说，胡六点中的第三点提到"台湾同胞爱乡爱土的台湾意识不等于'台独'意识"，正面肯定了"台湾意识"的存在，意义重大。台湾政治大学教授吴东野在接受《环球时报》记者采访时表示，从这一点体现出大陆对台湾有更多的善意与谅解，对两岸进一步对话与交流当然大有益处。吴东野说，2008年初，人们无法断定两岸关系一定会向好的方向发展，而一年之后，"胡六点"的提出无疑将使2009年的两岸关系比2008年更加令人期待。

2日出版的台湾《联合报》发表社论指出，胡锦涛总书记的讲话就两岸关系提出的六点意见，内容积极明确，将成为下阶段大陆对台政策的主轴。社论说，胡锦涛的讲话表达了善意和理解，值得注意的包括：肯定台湾文化的价值，理解台湾意识不等于"台独"意识，这是向台湾人民交心；愿签订综合性经济合作协议，进而探讨两岸经贸与亚太区域经济合作机制衔接的可能性；在不造成"两个中国"、"一中一台"的前提下，可通过两岸务实协商对台湾参与国际组织活动问题作出合情合理安排。社论指出，讲话一方面宣告了大陆对台战略要向新的阶段进展，一方面也抓紧机会向台湾伸出善意之手，让两岸关系不再向"台独"的不归路上倾斜。社论提出，两岸关系应循经贸主轴渐次开展，从分歧最小的综合性经济合作协议开始，搭建起两岸综合性的经济合作，等双方往来模式逐步形成，再顺着经贸的主轴，渐次开展。社论指出，胡锦涛总书记的六点意见，显示大陆对台湾问题有了更开放的态度。台湾当局过去十多年故步自封，使台湾在两岸竞争中陷于劣势，台湾应用双赢的思维、灵活的战略扳回来。

台湾"中央社"6日发表报道说，马英九在接见美国史汀生中心高级研究员容安澜等人时，首度回应了胡锦涛的讲话。马英九说："从去年年底胡锦涛先生发表的六点声明来看，他也针对我们提出的诉求作了一些具体回应，我们一方面有些初步的回应，另外一方面我们还在进一步了解他这篇谈话内容在政策上所代表的涵义，希望能够有进一步的了解"。马英九表示，过去七个多月，政府推动两岸关系改善，获得了一些具体结果。尽管台湾内部确实还有一些不同的声音，但从整体来看，绝大部分的民众支持目前的两岸关系发展。

2009年1月1日出版的香港多份报章也纷纷刊发社论或评论，高度评价胡锦涛的重要讲话，认为讲话充分展现善意、务实及灵活态度，为两岸关系和平发展奠定更扎实的基础。

香港《文汇报》的社论说，胡锦涛呼吁两岸结束敌对状态，达成和平协议，这是北京对台释出善意的重要表态，也将是两岸关系未来发展的大方向。作为实践"一国两制"的第一站，香港回归祖国后保持繁荣稳定，与内地优势互补、互利双赢，证明"一国两制"完全可行。

香港《大公报》的社论认为，胡锦涛的重要讲话从六个方面提出了开拓两岸关系新格局的主张，为加快祖国的和平统一再创条件。胡锦涛提出的这些主张，围绕一个中心、就是"反独促统"。

香港《星岛日报》的社论指出，继两岸历史性"大三通"后，胡锦涛此次发表六点对台政策方针，展示了北京最高层的积极态度和灵活弹性，也显示了大陆对两岸问题拥有更大的自信。

香港《明报》的社论称赞说，胡锦涛讲话务实，且不乏创意和善意，显示了经过30年改革开放，中国国力陡增的信心。讲话展现了大陆对中长期两岸关系的愿景，具有里程碑意义。

香港《新报》发表题为《"胡六点"向台湾朝野伸出橄榄枝》的报道说，两岸关系冬去春秋，由对峙分隔已进入多方位的交流接触。"胡六点"再次向台湾朝野伸出橄榄枝，对此如何回应，考验台湾蓝绿两阵营的智慧。报道说，依"胡六点"的内容，将为台湾的经济发展、国际活动领域释放更大空间，但绿营对两岸交流抱有成见，担心台湾"被矮化"。马英九政府应把握目前难得的大环境，对大陆方面伸出的"橄榄枝"作出积极回应，"以大智慧、大勇气推动两岸的大交流、大发展"，创造两岸的"大和平、大繁荣"。

香港《东方日报》发表的题为《"胡六点"釜底抽薪，民进党生死存亡》的文章说，胡锦涛昨日发表对台工作六点意见，并首次直接对民进党喊话，动之以情，晓之以理，态度异常柔软。这六点攻心相当于釜底抽薪，计诱民进党去"台独"化。文章指出，北京对台政策自"叶九条"、"邓六条"到"江八点"，再到"胡六点"，不断根据实际情况进行策略性调整，但核心仍然不变，就是"反独促统"。文章认为，胡锦涛今次讲话中的最大新意，就是直接向民进党喊话，说民进党若放弃"台独"，将会给予正面回应。以前，北京将民进党与"台独"画等号，领导人在正式讲话中，根本不提民进党三个字。如今胡锦涛首次直呼民进党，表明对民进党的政策开始有所软化，起码将民进党与"台独"势力分成两个概念，希望民进党内的理智力量，能够顺应潮流，修改"台独"党纲。

文章分析道，"胡六点"为今后大陆对台政策定调，那就是在"台湾不独"的前提下，加强两岸经济往来。北京的侧重点仍然是做台湾人民的工作，也就是争取台湾民心，特别是通过经贸和文化交流与做法大挖民进党的基层支持者，这对民进党来讲是釜底抽薪。因为这些支持者因利益关系，最终会流向国民党，长此以往，民进党不要说再度执政，恐怕连生存都会很困难。

文中提到的"叶九条"，是指1981年9月30日，叶剑英向新华社记者发表谈话时，全面阐述了台湾回归祖国、实现和平统一的方针政策，提出九条对台方针，后被媒体称为"叶九条"。

"邓六条"，是指1983年邓小平同志在会见美国新泽西州西北大学教授杨力宇时提出的方针被称为"邓六条"。其核心内容是和平统一、平等会谈、台湾在统一的原则下可以保留一切特权。

"江八点"，是指江泽民同志于1995年春节前不久发表的《为促进祖国统一大业的完成而继续奋斗》的重要讲话中提出的对台湾问题的八条方针政策，后被称为"江八点"。前文已具体阐述了这八条方针政策。这八条方针政策是对"一国两制"构想的继承和发展。

2009年1月1日，全国政协副主席董建华在香港接受中央驻港媒体联合采访时表示，胡锦涛总书记的重要讲话，不仅回顾了过去30年两岸关系发展历程，也为开创两岸关系和平发展的新局面指明了方向，是一份重要的纲领性文件。他说，《告台湾同胞书》发表30年来，大陆采取了一系列措施鼓励两岸人民交流、经济合作，结束了两岸人民隔绝的状况。值得一提的是，经过两岸人民共同努力，30年前提出的两岸直接"三通"终于实现了。他指出，要珍惜当前两岸关系来之不易的良好发展势头，应在一个中国原则下，就如何结束两岸敌对状况，如何构建两岸和平发展的框架作出努力。他认为，构建两岸和平发展框架有深远的历史意义，前途是相当光明的。胡锦涛总书记在讲话中提到，两岸可以就在国家尚未统一的特殊情况下的政治关系展开务实探讨。而现在最重要的是推动和确保两岸关系的和平发展，努力地真诚地去开创两岸和平发展的新局面。

在谈及当前席卷全球的金融危机对两岸及香港的影响时，董建华说，这次金融危机的严重性是史无前例的，会给经济带来严重的、持续一段时间的衰退，还将令全球金融、经济格局产生变化。"对内地来说，金融危机、全球经济衰退当然有影响，但是经过改革开放30年的努力，内地取得了骄人成就，这些成就为我们抵御外来的金融、经济冲击提供了坚强的基础。"他强调，"其实台湾、香港都有独特的优势"，这种优势首先就是"祖国对台湾、对香港的关心"。国家的发展始终都是台湾、香港发展的最坚强后盾。面对困难，两岸和香港要加强沟通，加大经济开放，并加强实质性的合作，"我认为两岸和香港合作抵御金融危机和经济衰退会有很好的前景"。

胡锦涛总书记的重要讲话同样引起澳门社会各界的积极反响。各界人士纷纷表示，胡锦涛总书记的讲话为开创两岸关系和平发展的新局面指明了方向、规划了路径。澳门将继续发挥"一国两制"的优势，为和平统一祖国，实现中华民族伟大复兴而努力。

澳门地区中国和平统一促进会会长刘艺良在接受新华社记者采访时说："大陆向台湾人民和台湾当局释出了巨大的诚意和善意。"胡锦涛总书记的"六点意见"，体现了大陆对台政策坚持尊重历史、尊重现实、面向未来的高瞻远瞩的构想，也看到了国家领导人的高度政治智慧和宽阔胸怀。澳门地区中国和平统一促进会自成立以来，一直致力于加强两岸的沟通、交往，坚持反对任何形式的"台独"活动。

全国人大常委会委员贺一诚在接受记者采访时表示，"一国两制"在澳门的成功实践可以说为解决台湾问题发挥了良好的示范和窗口作用，有助于台湾同胞了解"一国两制"的丰富内涵，增进对"一国两制"的认同。澳门同胞亦一直以自身行动积极开展反"独"促统的活动，积极推进祖国的和平统一大业，团结反"独"促统的力量，为两岸之间的友好互动继续发挥桥梁作用。

87岁的全国政协常委何鸿燊老先生在接受记者采访时指出，实践证明"一国两制"在香港和澳门展现了强大的生命力。中央政府信守承诺，严格按照基本法办事，赢得港澳各界的信任与国际社会的赞誉。何老先生表示，两岸的交流与合作正处于一个新的历史起点，他将竭尽全力支持祖国的和平统一大业。

（四）

胡锦涛总书记的重要讲话在国内各界人士中引起更为强烈的反响。各界人士纷纷表示，胡总书记的重要讲话高屋建瓴，贴近实际，面向未来，充分展现了大陆方向推动两岸关系和平发展的诚意和善意，是新形势下对台工作的纲领性文件，对于进一步推动两岸关系发展具有重要的指导意义，必将对开创两岸关系和平发展的新局面产生重要而深远的影响，也有助于亚太地区的和平稳定。

全国台湾研究会执行副会长兼秘书长周志怀接受新华社记者采访时说，

讲话把"一国两制"理论与两岸关系发展的实践紧密结合，从两岸关系发展的实际出发，彰显了时代特征，突出了两岸关系发展的渐进过程，使和平统一的路径显得更加清晰，是对"一国两制"理论与实践的完善与新发展。讲话所蕴涵的时代精神、所揭示的规律、所展示的新的历史起点，对于引领两岸关系实现和平发展和构建两岸关系和平发展框架，对于推进祖国和平统一进程具有十分重要的现实意义和深远的历史意义。

大唐电信综合业务支撑部技术总监孔凡兵在接受记者采访时表示，胡总书记的讲话"动之以情，晓之以理"，在照顾到两岸历史和现实情况的同时，更以放眼未来的大视野、大胸襟发出了深情的呼吁，可以预见，讲话将进一步推动两岸经济合作向纵深发展，未来包括电信在内的两岸科技合作也有望纳入两岸经济合作机制的内容。作为一名电信业内人士，他非常乐见两岸能够建立起分享科技资源的机制与平台，促进两岸经济合作在"高、精、尖"的领域有所突破。

全国台联副会长、江苏省台联会长胡有清在接受记者采访时指出，胡总书记的讲话既正视现实，对目前台湾人民比较关心的一些具体问题提出了应对；又面向未来，以十分真诚的态度提出了发展两岸关系的途径，为两岸建立政治互信创造了更大的空间。相信这一讲话将赢得台湾社会各界的积极回应，为今后两岸关系的和平发展奠定基础。

福州台商协会会长庄福池说，胡总书记的讲话体现了大陆方面海纳百川的胸襟，这对于两岸关系和平发展是很有意义的，对强化当前两岸之间的和谐气氛有非常大的帮助，台商们对此感到很欣慰。胡总书记提出，两岸可以签订综合性经济合作协议，建立具有两岸特色的经济合作机制，这对台商来说是福音，对两岸经济往来也是很正面的。

在中国人民大学从事两岸政党合作研究的博士后研究员林承铎家住台湾南部。他在接受记者采访时说，这次胡锦涛提出了两岸关系发展的新观点，整体上传递出求同存异的态度，对当前两岸关系是很务实的。他强调："特别是'三通'之后，我们切身体会到两岸交流的便利，在这个时候胡锦涛提出颇有诚意的六点意见是很得岛内民心的。"

1月4日，台湾民主自治同盟中央委员会、中华全国台湾同胞联谊会在北京举行"学习贯彻胡锦涛总书记重要讲话暨纪念《告台湾同胞书》发表30周年座谈会"，一百五十多位在京台胞出席了座谈会。全国台联会长梁国扬、台盟中央副主席吴国祯、台湾同学会会长林盛中、老台胞陈弘和北京市台联副会长郑大先后发言。他们一致认为，胡锦涛总书记的重要讲话高屋建瓴，思想深刻，内涵丰富，积极务实，对做好新形势下的对台工作、开创两岸关系和平发展新局面，具有重大指导意义。

梁国扬发言时指出，胡总书记的重要讲话是新形势下指导对台工作的纲领性文件。讲话在党的十七大关于对台工作总体要求和中央对台大政方针基础上，根据两岸关系和台湾局势的发展变化，深刻阐述了中央为继续推进两岸关系和平发展、促进祖国和平统一提出的重大主张和方针政策，指明了对台工作的努力方向。他说，总书记的讲话立足于维护和发展中华民族整体利益，充满了高度的历史责任感，同时贯彻了寄希望于台湾人民的方针，表达了对台湾同胞的关怀和理解，显示了为两岸同胞谋福祉、为台海地区谋和平、为中华民族谋复兴的决心和诚意。他表示，我们愿与广大台湾乡亲携手并肩，进一步巩固两岸同胞血脉相连的命运共同体，努力维护和建设好两岸同胞的共同家园，推动两岸关系不断向前发展，为早日实现祖国和平统一和中华民族伟大复兴而继续奋斗。

吴国祯在发言中说，回首非同寻常的岁月，我们为两岸关系取得重大进展备感鼓舞；展望前景，我们对两岸关系和平发展更加充满信心。只要两岸双方牢牢把握和平发展的主题，珍惜难得的历史机遇，顺应两岸同胞的愿望和要求，努力推动两岸交流合作，就一定能进一步开创两岸关系和平发展的新局面。

1月5日下午，部分在京的台湾同学会会员汇聚一起对胡锦涛总书记的重要讲话进行座谈，大家一致认为，讲话以最大的诚意、最务实的态度、最富有创造性的构想为两岸关系的和平发展规划了蓝图，是两岸关系发展进程中的又一个极为重要的里程碑。胡锦涛提出的"六点意见"既高屋建瓴地把握了两岸关系发展的主脉，又细致入微地照顾了台湾民众的真实感受和切身利益，所涉及的问题正是大家长期所关心并一直盼望能够解决的问题。"六点意见"的提出，充分说明大陆是实实在在推动两岸关系和平发展、实实在在为两岸人民谋求共同福祉的。大家表示，今天的大好形势得之不易，但未来的道路依然不平坦，要认真按照胡锦涛总书记在新的历史时期构建的蓝图去努力，明天的两岸和平发展前景一定会更加美好。

胡锦涛总书记的重要讲话在海外华侨华人中同样引起了强烈的反响。海外华侨华人纷纷表示，胡锦涛总书记的讲话务实、中肯、灵活、富有新意。

英国华侨华人非常关注胡锦涛总书记的重要讲话。全英华人中国统一促进会会长单声说，胡锦涛的重要讲话不仅是对过去30年对台工作的重要总结，更是对未来对台工作的擘划。胡锦涛提出的确保两岸关系和平发展、达成和平协议，以及弘扬中华文化都是很新的内容。"五千年的中华文化将成为融合两岸同胞的纽带，血浓于水的民族感情将推动两岸合作，让两岸人民共同投身于中华民族的伟大复兴中来。"

英国四川同乡会会长周克明曾在台湾居住过一年。他认为，胡锦涛的讲话十分务实，对两岸关系的长期发展具有深远的历史意义。"胡主席此次正式提出结束两岸敌对状态，对两岸人民具有重要意义。"

葡萄牙中华总商会副会长、台胞简文达先生认为，胡锦涛的讲话比以往更实际，更具有实质性内容，更符合台湾同胞的利益，更容易让台湾同胞接受，体现了两岸人民的共同利益。讲话提到要建立两岸军事交流互信机制、对台湾参与国际组织活动作出合情合理的安排等，消除了台湾同胞的顾虑，顺应了台湾的民心民意，一定会受到台湾同胞的欢迎。

美国华盛顿地区中国和平统一促进会名誉会长沈己尧说，胡锦涛的讲话切实考虑到了台湾同胞的利益，相信将使两岸关系和平发展的前景更加光明。该会会长吴惠秋说，胡锦涛提出的六点意见中肯、务实，充满诚意和善意，符合包括台湾同胞在内的所有华夏儿女的根本利益，得到了广大海外华侨华人的充分肯定和拥护。

美国南加州中国和平统一促进会联盟执行会长刘青说，胡锦涛的讲话将两岸关系在新的、更加宽松的框架上得到进一步发展。讲话在强调恪守一个中国原则的同时，首次正面提及民进党、台湾意识以及台湾参与国际组织活动等敏感议题，表明大陆方面在发展两岸关系的态度上将更加灵活、更加务实。

美国华夏政略研究会执行理事、南加州大学教授张文基说，胡锦涛的讲话充分体现了大陆方面对台湾人民意愿的重视，其中提及的推进经济合作、扩大交流、台湾参与国际组织活动，以及两岸签订和平协议等问题，都是台湾许多人十分关心的。胡锦涛所提出的六点意见非常及时，其中关于弘扬中华文化、加强两岸同胞精神纽带的论述尤具现实意义。

美东华人社团联合总会执行主席黄克锵说，胡锦涛的讲话不仅再次展现通过平等协商谈判实现两岸和平统一的最大诚意，而且许多内容有新的表述、新的突破。

1月9日，纽约侨界举行座谈会，畅谈胡锦涛讲话的重要意义。与会侨领纷纷发言，一致赞同胡锦涛提出的六点意见，认为胡锦涛的讲话确实是纲领性文件，讲话立足于维护和发展中华民族的集体利益，显示了为两岸同胞谋福祉，为台海地区谋和平，为中华民族谋复兴的决心和诚意。

1月10日，来自大华府地区侨界、学界的近30名侨领和学生、学者代表在华盛顿举行座谈会，畅谈学习讲话的体会。代表们在发言中表示，胡锦涛总书记的重要讲话中肯、实际，充满了善意、诚意和包容性，顺应了历史发展的趋势，符合包括台湾同胞在内的所有中华儿女的根本利益，是实现祖国统一大业、实现中华民族伟大复兴的一份纲领性文件。代表们说，期待两岸务实探讨，早日推动两岸和平协议的签订，结束两岸敌对历史，在一个中国原则的基础上，构建两岸关系和平发展框架。代表们还结合自身在侨界工作的体会，提出建设和谐侨界的主张，希望加强两岸侨界社团的交流与合作，增进了解，携手并进，为推动两岸关系和平发展、实现祖国和平统一做出新的贡献。

1月8日，加拿大首都渥太华侨界代表在中华会馆举行座谈会，交流学习胡锦涛提出的六点意见的体会，表达共同努力开创两岸关系和平发展新局面的强烈愿望。

中华会馆、加拿大华人促进中国统一联盟、渥太华华人促进和平统一联合会、渥太华加华文化中心、渥太华华人联合会等二十多个华人社团代表出席座谈会。各位侨领认为，胡锦涛对台重要讲话充分显示了中国实现和平统一的坚定信心，显示了中央政府的博大胸怀和为两岸人民谋福祉的真诚愿望。他们表示，华人社团将继续坚持一个中国的原则不动摇，加强文化和精神上的联系，加强交流和团结，为祖国和平统一多作实际工作。

1月9日，旅俄华侨华人社团在莫斯科举行座谈会，学习胡锦涛总书记的重要讲话。俄罗斯中国和平统一促进会、莫斯科北方华人商会、莫斯科华侨华人教授协会、莫斯科妇女联合会、俄罗斯中国青年联合会等社团代表五十多人出席座谈会。

在座谈会上，旅俄华侨华人社团发表了题为《关于拥护胡总书记重要讲话，促进两岸关系和平发展》的联合声明。与会者纷纷表示，实现祖国完全统一是包括旅俄华侨华人在内的海内外中华儿女的共同心愿，是中华民族的根本利益所在。旅俄华侨华人愿在新的历史时期，继续保持和发扬爱国爱乡、团结协作的优良传统，为维护国家主权和领土完整、实现祖国和平统一和中华民族伟大复兴作出自己应有的贡献。

（五）

国际社会和海外媒体同样也高度关注胡锦涛发表的重要讲话并给予积极评价。

美联社、法新社、路透社等多家海外媒体在2008年12月31日这一天，就现场采访了在北京举行的纪念《告台湾同胞书》发表30周年座谈会。当天美联社发出题为《胡锦涛敦促与台湾改善关系》的电讯，报道了胡锦涛讲话的重要内容。电讯说，胡锦涛强调北京的"一个中国"政策。他说，"任何人、任何势力把台湾从中国分割出去的企图都是注定要失败的"，这得到了热烈的掌声。胡锦涛还说："我们再次呼吁，在一个中国原则的基础上，协商正式结束两岸敌对状态，达成和平协议。"他特别提到台湾支持独立的政党，敦促该党放弃这种政策。他说："只要民进党改变'台独'分裂立场，我们愿意作出正面回应。"

这一天，法新社发出题为《胡锦涛呼吁与台湾开展军事交流》的电讯，同样对胡锦涛的讲话作了重点报道。电讯说，中国国家主席胡锦涛今天呼吁与台湾开展军事对话，这是昔日两大敌人之间关系迅速改善的一个迹象。胡锦涛说："两岸可以适时就军事问题进行接触交流，探讨建立军事安全互信机制问题。"他说，这将"有利于稳定台海局势，减轻军事安全顾虑"。

这一天，路透社发表的题为《中国强调绝不允许台湾主权独立》的电讯说，中国国家主席胡锦涛今天说，他理解台湾同胞想参与"国际活动"的愿望，但强调说，决不会容忍任何把台湾从中国分割出去的举动。胡锦涛在讲话中呼吁在政治关系上采取务实态度，缓和对两岸军事紧张局势的担忧。他还说："对于台湾参与国际组织活动问题，在不造成'两个中国'、'一中一台'的前提下，可以通过两岸务实协商作出合情合理安排。"

进入2009年1月，国际社会和海外媒体仍然在积极地评价着胡锦涛的重要讲话。美联社、法新社、路透社、俄塔社、国际文传电讯社、共同社和日本《朝日新闻》、《日本经济新闻》、《产经新闻》、《每日新闻》，新加坡《联合早报》等世界主要通讯社和媒体，都大量报道了胡锦涛的讲话内容并进行分析和评述。

1月3日，新加坡外交部发表声明指出，中国国家主席胡锦涛就促进海峡两岸关系和平发展提出的六点意见是一个非常重要的发展，新加坡对此表示欢迎。声明说，"六点意见"对结束海峡两岸紧张关系无疑是一个历史机遇，这对于海峡两岸的全体中国人及整个地区都是有益的，海峡两岸关系的改善将会促进本地区的稳定与繁荣。

这一天出版的新加坡《联合早报》发表题为《台海两岸的善意和务实》的社论认为，胡锦涛讲话中的一些关键表述很有新意，令人耳目一新。胡锦涛在讲话中呼吁两岸结束敌对状态，签订和平协议，构建和平发展的新框架，就是希望两岸关系能够经得起时间的考验。

该报同时发表了由台湾中国文化大学大陆所教授兼所长邵宗海撰写的题为《解读胡锦涛对台政策六点主张》的文章。文章说，胡锦涛发表的《携手推进两岸关系和平发展，同心实现中华民族伟大复兴》的六点看法，非常值得解析。六点看法虽不脱离对台政策的基调，但隐含了突破与善意。

文章接着从五个方面对六点意见进行了解读：一是"一中原则"三阶段论的政治意涵得到重新调整。这次谈话特别强调"大陆和台湾尽管尚未统一，但不是中国领土和主权的分裂，而是中国内战遗留并延续的政治对立"，取代了过去"台湾与大陆同属一个中国"的说法，具有突破意义。

二是两岸之间有关"台湾的政治定位"将有新说法。胡六点特别提到"可以就在国家尚未统一的特殊情况下的政治关系展开务实探讨"。参考前面说过的"内战遗留并延续的政治对立"，这个"政治关系"可能是两岸谈判时名副其实的对等定位。

三是对民进党放宽接触条件。过去北京对台湾政党喊话，都是说"愿与支持一中原则的政党进行交流"。但这次特别点名民进党，而且说明"只要民进党改变'台独'分裂立场"，北京就愿意正面回应，没有再强调必须支持"一中原则"，可以看出立场开始调整。

四是北京对两岸共同参与国际空间的可行性划出底线，那就是在不造成"两个中国"或"一中一台"的前提下，通过两岸协商作合理安排。而且胡锦涛也了解到需要两岸"避免不必要的内耗"，如果在这样认知之下，台北也能体会来自对岸的善意，不再在"国家主体"的国际组织上进行参与，那么，2009年5月的世界卫生大会将是北京对台不再杯葛的指标。

五是两岸交流将遵循建构主义来建立机制与架构。譬如，胡锦涛提到要协商"两岸文化教育交流协议"，签订"综合性经济合作协议"，建立"具有两岸特色的经济合作机制"，这些都与台北过去的建议有交集。胡锦涛再次提到"和平协议与军事安全互信机制"，是台湾朝野所期待的。

1月3日出版的洛杉矶《中华商报》发表社论指出，胡锦涛就推动两岸关系和平发展提出的六点意见充分展示了大陆方面的善意，实为大陆对台政策的中长期纲领性文献。社论说，六点意见"释出大量实质善意"，两岸军事安全互信机制一旦建立，骨肉同胞兵戎相见的悲惨景象将不复重现。

美国《华盛顿时报》网站1月7日发表题为《大陆向台湾表达善意》的报道说，中国问题专家称美国新政府将利于近年来缓和中国大陆与台湾关系的最好机会，以缓解中美关系中长期存在的不利因素。报道说，中国国家主席胡锦涛在去年年底的讲话中，首次提到了与台湾展开安全和军事对话的可能性，而这种对话的可能会催生出一项和平协议。华盛顿战略与国际问题研究中心政策分析师葛来仪说，在台湾方面，去年5月上台，承诺缓和海峡两岸紧张态势的马英九政府暗示说，它可能放松限制，允许其"外交官"与大陆同行进行接触。葛来仪说，台北政府也可能放松对台湾退役军官不得到大陆旅游的禁令。报道指出，马英九在一项声明中将胡锦涛的谈话说成是"进步观点"。报道说，这些消息为即将就任的奥巴马政府缓解中美关系中长期存在的不利因素提供了良机。

新加坡《海峡时报》网站1月8日发表题为《中国对台湾展示新灵活性》的文章赞扬胡锦涛的六点意见促进了海峡两岸善意互动，两岸关系进入良性循环。

文章说，2008年岁末，中国国家主席胡锦涛就台湾问题提出六点意见，表明北京对台问题上增加了宽容度和灵活性。台湾和国际社会均对胡锦涛的建议作出了积极回应。

文章接着对胡锦涛的讲话进行了解读：首先，情况表明，这位中国领导人愿意给予台湾当局相当程度的认可。为了推动两岸谈判，胡锦涛提议，"两岸可以就在国家尚未统一的特殊情况下的政治关系展开务实探讨。"文章认为，这是对马英九去年11月提出的"互不否认"所作出的积极回应。

第二，胡锦涛呼吁两岸进行军事交流，从而推动建立军事安全互信机制。这是北京首次呼吁两岸军队进行交流。

第三，胡锦涛表示，大陆愿与台湾就"合情合理安排"台湾加入国际组织的问题进行磋商，条件是上述安排不会制造"一中一台"或"两个中国"的问题。换言之，胡锦涛即表明，北京愿就台湾加入国际组织的问题听取所有合理建议，但条件是这些建议不会制造错误印象。与此前就该问题发表的所有声明相比，此次表态显然具有开创性。

第四，北京首次表示，愿与台湾反对党民进党进行接触。而北京此前发表的官方文件从未点名提到过民进党。

最后，在"一个中国"这一主要原则性问题上，此次表态也进行了一定微调。北京试图以更能让台北方面接受的方式来阐述这一原则。胡锦涛表示，两岸虽未实现统一，但这并不是主权的分裂，而是上世纪40年代末的中国内战遗留下来的问题。胡锦涛承诺，只要双方维护"一中"框架，什么事情都好商量。

文章指出，胡锦涛的此次讲话与此前发表的政策性讲话相比，还有几个方面很引人注目。比如，胡锦涛在开场白中说："我们寄希望于台湾人民，也寄希望于台湾当局。"对于这个说法自1979年《告台湾同胞书》发表以来，一直沿用至1996年。由于1996年时任台湾领导人的李登辉访美时主张"台独"，该说法的后半部分被删除。此次恢复使用这一措词可被视为，北京对现任台湾领导人推行的友好政策表示公开赞许。

文章在仔细解析讲话的基础上，欣喜地赞扬道："台北关系已进入良性循环。一方作出积极姿态，另一方则回以善意。"

（六）

2009年1月7日，国台办在北京举行例行记者会，发言人杨毅对2008年两岸关系进行了回顾，并就2009年两岸关系发展进行了展望。

在回顾两岸关系时杨毅说，2008年是两岸关系发展进程中不平凡的一年。"台独"分裂势力推行举办的"入联公投"遭到挫败，台湾局势发生了积极变化，两岸关系发展迎来了难得的历史机遇，开始步入和平发展的轨道。大陆提出新形势下发展两岸关系的重要主张，希望两岸双方本着"建立互信、搁置争议、求同存异、共创双赢"的精神，推动两岸关系改善和发展；本着"平等协商、善意沟通、积累共识、务实进取"的精神，开展两岸制度化协商。海协会与海基会在"九二共识"的基础上恢复了制度化协商，签署了六项协议。两岸同胞期盼了30年之久的两岸直接"三通"基本实现。四川汶川特大地震发生后，台湾各界纷纷表达对灾区同胞的关心慰问和给予无私援助，充分体现了两岸同胞血浓于水的骨肉亲情。大陆居民赴台旅游如期实现，两岸同胞共襄北京奥运会百年盛举，大陆同胞赠送给台湾同胞的大熊猫"团团"、"圆圆"抵达台湾，受到台湾同胞普遍欢迎。两岸经济合作继续发展，面对国际金融危机，两岸积极探讨加强合作，研究共同应对之策。第四届两岸经贸文化论坛成功举办，中共中央政治局常委、全国政协主席贾庆林全面阐述了扩大和深化两岸经济交流合作的政策主张，中共中央台办主任王毅宣布的10项加强两岸合作、共同应对国际金融危机的措施，得到两岸各界的广泛响应。

杨毅表示，当前，两岸关系呈现良好发展势头。胡锦涛总书记在纪念《告台湾同胞书》发表30周年座谈会上的重要讲话，全面总结、高度肯定了两岸关系30年取得的历史性成果和主要经验，根据两岸关系面临的新形势，提出了首先要确保两岸关系和平发展的重要论断，阐述了构建两岸关系和平发展框架的重要主张，为推进两岸关系和平发展进一步指明了方向，是新形势下指导对台工作的纲领性文件。正如王毅主任今年1月1日在纪念《告台湾同胞书》发表30周年研讨会上指出的，胡锦涛总书记的重要讲话，立足于维护和发展中华民族的整体利益，贯穿了寄希望于台湾人民的方针，本着积极面向未来的务实态度，从政治、经济、文化、社会、涉外交往乃至军事安全等诸方面提出了一系列新的政策主张，充分显示了为两岸同胞谋福祉、为台海地区谋和平、为中华民族谋复兴的决心和诚意。这一重要讲话，对于我们做好新形势下的对台工作、开创两岸关系和平发展新局面，具有重大指导意义。

在展望2009年两岸关系发展时杨毅说，在新的一年里，我们将继续遵循中央对台工作的大政方针，全面贯彻落实胡锦涛总书记重要讲话精神，牢牢把握两岸关系和平发展的主题，继续采取积极措施加强两岸经济文化交流与合作，推进两岸对话协商，强化两岸关系改善与发展的势头，不断开创两岸关系和平发展新局面。

"晴雨三十载，海峡涌春潮"。两岸关系在2008年不断跨越新的里程，充分证明两岸关系和平发展符合两岸同胞的利益，是历史发展的正确方向。诚如中共中央台办、国务院台办主任王毅所说："道路已经打开，方向已经明确。我们愿与台湾各界朋友一道，携起手来，共同努力，持续不断地把两岸关系推向新水平，不断开创两岸关系和平发展新局面。"现在，海峡两岸和平发展的春天已经展现在我们面前，尽管前面的路并不平坦，尽管还有一段比较长的路要走，但是我们坚信，中华儿女实现祖国和平统一的愿望一定要实现，也一定能够实现。